Die
Deutsche Gebührenordnung für Rechtsanwälte

vom 7. Juli 1879

in der Fassung vom 20. Mai 1898

nebst den

landesgesetzlichen Vorschriften über die Gebühren der Rechtsanwälte
in **Preußen**, **Bayern**, **Sachsen**, **Württemberg** und **Baden**

erläutert

von

Albert Joachim,
Justizrat, Rechtsanwalt beim Kammergericht und Notar.

Fünfte Auflage des **Walter**'schen Kommentars
(**Zweite** Auflage der Neubearbeitung).

Berlin 1908.
Verlag von H. W. Müller.
W. 35, Potsdamerstr. 121 k.

Vorwort zur vierten Auflage.

Die vom Unterzeichneten übernommene Neubearbeitung des bewährten Walter'schen Kommentars, dessen letzte Auflage 1895 erschien, hat das ursprüngliche Ziel des Buches: „das richtige Verständnis der Gebührenvorschriften zu fördern, für das Liquidationsgeschäft der Anwälte und für die Kostenfestsetzungstätigkeit der Gerichte Klarheit zu schaffen und deren beiderseitige Ergebnisse miteinander in Übereinstimmung zu bringen“ weiter verfolgt. Dabei mußten jedoch neue, durch die veränderten Umstände gebotene Gesichtspunkte maßgebend werden.

Die am 1. Januar 1900 in Kraft getretene Gesetzgebung hat auch den Inhalt der Deutschen Gebührenordnung für Rechtsanwälte sehr erheblich verändert. Zwar sind die Änderungen des Textes, wie sie sich aus der neuen Fassung vom 20. Mai 1898 ergeben, nicht allzu zahlreich; indessen sind, bei dem engen Zusammenhange dieses Gesetzes mit der Zivilprozeßordnung und dem Gerichtskostengesetze, mit den zahlreichen Abänderungen dieser Gesetze auch in weitem Umfange die Grundlagen für die Gebührenordnung verändert worden; und noch tiefgreifender ist die Umgestaltung, welche der Inhalt des Gesetzes dadurch erfahren hat, daß das BGB. und seine Nebengesetze die grundlegenden zivilrechtlichen Begriffe und Rechtsgebilde, teilweise abweichend von den bisherigen Landesrechten, nunmehr einheitlich für das Reich ausgestaltet haben.

Es war die vornehmlichste Aufgabe der Neubearbeitung, diesen neuen Rechtszustand überall zur Anschauung zu bringen; insbesondere mußte deshalb das alle Fragen beeinflussende Rechtsverhältnis des Anwalts zu seinem Klienten einer eingehenden Erörterung und Feststellung nach den Grundsätzen des neuen Rechts unterzogen werden.

Die Rechtsprechung des Reichsgerichts, welche bei der bisherigen Unbeschränktheit der Beschwerde in Kostensachen in alle Winkel des Gesetzes hineinleuchten konnte, kann nunmehr nur spärlich fließen, weil die Beschwerde in Kostensachen durch das Erfordernis einer nicht unbeträchtlichen Beschwerdesumme fast ganz beseitigt worden ist. Die reichsgerichtliche Rechtsprechung hat danach einen gewissen Abschluß erreicht; an ihre Stelle tritt jetzt die Rechtsprechung der Instanzgerichte.

Die Neubearbeitung mußte sich daher die fernere Aufgabe stellen, die abgeschlossene Reichsgerichtsjudikatur nicht nur zur Darstellung zu bringen, sondern überall kritisch zu beleuchten, um so für die künftige Rechtsprechung der Instanzgerichte vorzuarbeiten.

Auch die Anlage des Buches hat vollständig verändert werden müssen. Zwar ist die Voranschickung des vollständigen Wortlauts der Motive und der sonstigen Entstehungsgeschichte der einzelnen Gesetzesbestimmungen als ein geeignetes Mittel zur Förderung des Verständnisses des Gesetzes beibehalten worden; im übrigen aber ist überall an die Stelle zusammenhangloser Anmerkungen eine systematische Bearbeitung des Stoffes getreten, die in eingehender wissenschaftlicher Erörterung die Ergebnisse der Rechtsprechung und Rechtslehre zu würdigen und die Ansichten des Verfassers zu begründen sucht. Um die Übersicht zu erleichtern, ist die Disposition für diese Erörterungen, unter Verweisung auf die durch Randziffern gezeichneten Teilabschnitte, der Erläuterung der einzelnen Bestimmungen als Vorbemerkung vorangestellt.

Berlin, 1. Januar 1904.

A. Joachim.

Vorwort zur fünften Auflage.

Seit Erscheinen der letzten Auflage hat die Rechtsprechung, insbesondere die der Oberlandesgerichte, zu zahlreichen Fragen der Gebührenordnung erneut Stellung genommen. Es war die Aufgabe der neuen Auflage, diese Rechtsprechung überall zu berücksichtigen und im Anschluß hieran die früher vertretenen Ansichten nachzuprüfen. In gleicher Weise haben auch die inzwischen erschienenen wissenschaftlichen Erörterungen Berücksichtigung gefunden.

Das neue Gesetz betreffend Änderungen der Zivilprozeßordnung vom 5. Juni 1905 bot nur wenig Veranlassung zu Ergänzungen.

Die eine anderweite Regelung der Schreibgebühren vorschlagenden Bestimmungen der augenblicklich dem Bundesrat vorliegenden Prozeßnovelle sind kurz erläutert im Anhang I wiedergegeben.

Zur Erhöhung der Brauchbarkeit des Buches erschien es zweckmäßig, auch den landesgesetzlichen Vorschriften über die Gebühren der Rechtsanwälte in den größten Bundesstaaten Aufnahme zu gewähren. Von einer eingehenden Kommentierung dieser Vorschriften mußte indessen aus den verschiedensten Gründen abgesehen werden. Nur das Preußische Gesetz ist durch Mitteilung der für anwendbar erklärten Bestimmungen anderer Gesetze ergänzt und in seinen Vorschriften kurz erläutert worden; eine eingehende und umfassende Erörterung gibt der Kommentar des Verfassers über das Preußische Gesetz, auf den hier verwiesen werden muß. Da das Preußische Gesetz vorbildlich für die Gesetze der anderen Bundesstaaten gewesen ist, werden diese Erläuterungen größtenteils auch für die anderen Gesetze verwendbar sein.

Berlin, Weihnachten 1907.

A. Joachim.

Inhaltsverzeichnis.

Abkürzungen.

AG. = Amtsgericht.
AGz. = Ausführungsgesetz zum (oder: zur).
AGZ. = Deutsche Allgemeine Gerichtsbeamten-Zeitung.
ALR. = Allgemeines Landrecht für die Preußischen Staaten.
Annal. = Annalen des Reichsgerichts.
ArbVers. = Die Arbeiter-Versorgung.
AV. = Allgemeine Verfügung.
BadAKZ. = Zeitschrift der Badischen Anwaltskammer.
BadAnn. = Annalen der Großherzoglich Badischen Gerichte.
Bad. Rechtspr. = Badische Rechtspraxis, Organ der Badischen Anwaltskammer.
Bbl. = Büreaublatt für gerichtliche Beamte. Berlin.
Bek. = Bekanntmachung.
BesBeilzReichsA. = Entscheidungen des Reichsgerichts. Besondere Beilage zum Deutschen Reichs- und Kgl. Preußischen Staats-Anzeiger.
BolzePr. = Die Praxis des Reichsgerichts in Zivilsachen. Von A. Bolze.
BreslAKZ. = Zeitschrift der Anwaltskammer im Oberlandesgerichts-Bezirke Breslau.
DJzZ. = Deutsche Justiz-Zeitung. Rheinberg.
DJZ. = Deutsche Juristen-Zeitung.
DRAZ. = Deutsche Rechtsanwalt-Zeitung. Von Fr. Wallmann, Lankwitz.
Dresd. Annal. = Annalen des Königlich Sächs. Oberlandesgerichts zu Dresden.
EHG. = Ehrengerichtshof für Deutsche Rechtsanwälte zu Leipzig.
Eger = Invaliditäts- und Altersversicherungsgesetz. Von G. Eger.
EGz. = Einführungsgesetz zum (oder: zur).
Entsch. = Entscheidungen des RG. in Zivils. Hrsg. v. d. Mitgl. d. RG.
Falkmann = Die Zwangsvollstreckung usw. Von R. Falkmann. Berlin.
Fenner-Mecke = Archiv f. zivilrechtl. Entsch. d. RG. Von Fenner u. Mecke.
FGG. = Reichsg. v. 17. 5. 98 üb. d. Angel. d. freiw. Gerichtsbarkeit.
Freudenthal = Jahrb. d. Rechtsprechg. z. ZPO. u. z. GVG. Von Freudenthal.
GKG. = Deutsches Gerichtskostengesetz.
GOfGV. = Deutsche Gebührenordnung für Gerichtsvollzieher.
GOfRA. oder bloß GO. = Deutsche Gebührenordnung für Rechtsanwälte.
Gruchot = Beiträge z. Erläuterung des Deutschen Rechts usw. Begründet von Gruchot.
GS. = Gesetz-Sammlung für die Königlichen Preußischen Staaten.
GVG. = Deutsches Gerichtsverfassungsgesetz.
Goltd.Arch. = Goltdammer's Archiv für Strafrecht.
Hergenhahn-Eccius = Rechtsprechg. üb. Prozßbevollm. u. RA. Von Th. Hergenhahn u. O. Eccius.
HGB. = Handelsgesetzbuch vom 10. 5. 1897.
Jahrbuch = Jahrbuch für Entscheidungen des Kammergerichts. Von Johow u. Ring.
JMBl. = Justiz-Ministerialblatt für die preußische Gesetzgebung und Rechtspflege.
Joachim = Die Gebühren der RA. u. Gerichtsvollzieher in Preußen. Von A. Joachim. Berlin 1900.
JW. = Juristische Wochenschrift. Organ des Deutschen Anwalts-Vereins.
JZfEL. = Juristische Zeitschrift für das Reichsland Elsaß-Lothringen.
KG. = Kammergericht.
KGBl. = Blätter für Rechtspflege im Bezirke des KG.
KO. = Deutsche Konkursordnung.
LG. = Landgericht.
Mater. = Die ges. Materialien zu den Reichs-Justizgesetzen. Hrsg. v. Hahn-Stegemann.
MecklZschr. = Mecklenburgische Zeitschrift für Rechtspflege und Rechtswissenschaft.
Mot. = Motive (zur ZPO., zur GO., zum GKG. usw.).
Müller = Die Preußische Justizverwaltung. Von H. Müller, Geh. Rechnungsrat.
NaumbAKZ. = Zeitung der Anwaltskammer im Oberlandesgerichtsbezirke Naumburg a. S.
OLG. = Die Rechtsprechung der Oberlandesgerichte von Mugdan u. Falkmann.
ObLG. = Oberstes Landesgericht für Bayern zu München.
OTr. = vormaliges Preußisches Obertribunal.

OVG. = Preußisches Oberverwaltungsgericht.
Pos. Mschr. = Juristische Monatsschrift für Posen, West- und Ostpreußen.
RA. = Rechtsanwalt.
RAO. = Deutsche Rechtsanwaltsordnung.
RZBl. = Zentralblatt für das Deutsche Reich. Hrsg. im Reichsamte des Innern.
Recht = Das Recht. Hrsg. von Dr. Soergel.
ReichsA. = Deutscher Reichs- und Königlich Preußischer Staats-Anzeiger.
RG. = Reichsgericht.
RGBl. = Reichsgesetzblatt.
RheinArch. = Archiv für das Zivil- und Kriminal-Recht der Preußischen Rheinprovinz.
ROHG. = Reichsoberhandelsgericht.
RTK. = Reichstagskommission.
RVA. = Reichsversicherungsamt.
SächsArch. = Sächsisches Archiv für Bürgerliches Recht und Prozeß.
Samml. = Sammlung von Entsch. des ObLG. in Gegenst. d. Zivilrechtes u. Zivilproz..
SchleswHA. = Schleswig-Holsteinische Anzeigen. Glückstadt.
Schreibst. = Für die Schreibstube. Zeitschrift für den Büreaubeamtenstand. Berlin.
SeuffArch. = J. A. Seuffert's Archiv für Entscheidungen.
StGB. = Strafgesetzbuch für das Deutsche Reich.
StPO. = Deutsche Strafprozeßordnung.
Strieth. = Archiv für Rechtsfälle des Pr. OTr. Von Th. Striethorst.
StS. = Strafsenat.
Thür. BlfR. = Blätter für Rechtspflege in Thüringen und Anhalt. Jena.
VZS. = Vereinigte Zivilsenate des Reichsgerichtes.
Wallm. = Deutsche Juristen-Zeitung. Lankwitz.
Walter's Zeitschr. f. ZfGV.
Wengler = Archiv f. zivilrechtl. Entsch. d. Sächs. Justizbehörden.
WürttGbl. = Württembergisches Gerichtsblatt. Stuttgart.
Württ.Z. = Zeitschrift für die freiwillige Gerichtsbarkeit. Stuttgart.
ZdRheinprARV. = Zeitschrift des Rheinpreußischen Amtsrichter-Vereins. Köln.
ZeitschrfPrR. = Zeitschrift für Preußisches Recht. Hrsg. von Wallmann.
ZZP. = Zeitschr. f. deutschen Zivilprozeß usw., von Busch, Schultzenstein u. Vierhaus.
ZfFranzZR. = Zeitschr. f. franz. Zivilrecht (jetzt: für deutsches bürgerl. Recht und französisches Zivilrecht).
ZfGV. (Walter's Zeitschr.) = Zeitschr. über Vollstreckungsrecht und Zustellungswesen. (Früher: „Zeitschrift für Gerichtsvollzieher".) Berlin.
ZfRhJS. = Zeitschrift für Rheinische Justiz-Subalternbeamte. Köln.
Zentralbl. = Zentral-Blatt der Abgaben-, Gewerbe- und Handels-Gesetzgebung und Verwaltung in den Königl. Preußischen Staaten.
ZK. = Zivilkammer.
ZPO. = Deutsche Zivilprozeßordnung.
ZS. = Zivilsenat.
Zusammenstellung = Zusammenstellung gewisser für die Auslegung besonders erheblicher Punkte, über deren Bedeutung im Laufe der Kommissionsberatungen die Übereinstimmung der Kommissionsmitglieder und der Vertreter der verbündeten Regierungen zu Protokoll festgestellt worden ist. Drucksachen des Reichstags 4. Legislaturperiode II. Session 1879 Nr. 137.

Die bekannten Lehrbücher und Kommentare sind lediglich nach den Namen der Verfasser bezeichnet.

Von Bearbeitungen der GO. sind benutzt und zitiert:

Drucker, Gebührenordnung f. Rechtsanwälte 1904.
Merzbacher, Gebührenordnung für Rechtsanwälte. 1900.
Meyer-Irmler, Gebührenordnung für Rechtsanwälte. 3. Aufl. 1899.
Osius und Bendix, Praktisches Handbuch für Rechtsanwälte.
Pfafferoth, Gebührenordnung für Rechtsanwälte. 4. Aufl. 1905.
Völk, Gebührenordnung usw. Mit Erläut. unter Berücksichtigung der Prot. der RTK.
Willenbücher, Das Kostenfestsetzungsverfahren und die Deutsche Gebührenordnung für Rechtsanwälte. 6. Aufl. 1906.

Für Anhang II A:

Joachim, die Gebühren der Rechtsanwälte und Gerichtsvollzieher in Preußen. Mit Komm. 1900.

Einleitung.

§ 1. Die Entstehungsgeschichte des Gesetzes.

Der Erlaß einer einheitlichen Anwaltsgebührenordnung für ganz Deutschland lag ursprünglich nicht in der Absicht der Reichsregierung.

Zu Beginn der Beratungen über den Entwurf einer Zivilprozeßordnung wurde in der mit der Vorberatung beauftragten Reichstagskommission an die Regierungskommissare die Anfrage gestellt, ob die Absicht bestehe, die Bestimmung der Gerichtskosten und der Gebühren der Anwälte der Landesgesetzgebung zu überlassen. Der Direktor im Reichskanzleramt von Amsberg beantwortete die Anfrage dahin, daß ein Gebührengesetz für das Reichsgericht eingebracht werden solle, im übrigen falle die Gebührenfrage unter die Justizverwaltung der Einzelstaaten, greife auch in deren Finanzverhältnisse ein.[1] Dieser Standpunkt erfuhr jedoch in der Kommission allseitigen Widerspruch; bei Beratung des Einführungsgesetzes wurde deshalb von der Kommission einstimmig folgender Beschluß gefaßt:[2]

> Die Justizkommission des Reichstages spricht die Überzeugung aus, daß der Deutsche Zivilprozeß, um zu einer wirklich einheitlichen Durchführung zu gelangen, einer gleichzeitigen Regulierung des mit dem Prozeß verbundenen Kostenwesens nach einem einheitlichen System nicht entbehren kann, und daß deshalb der vorgelegte Entwurf der Zivilproßordnung der Ergänzung durch Gesetzentwürfe über die Gerichtskosten (einschließlich der Gebühren für Zeugen und Sachverständige) sowie über die Anwaltsgebühren und über die Gerichtsvollziehergebühren unabweislich bedarf.
>
> Die Kommission beauftragt ihren Vorsitzenden, diesen Beschluß zur Kenntnis des Herrn Reichskanzlers zu bringen.

Bei der dritten Beratung des Einführungsgesetzes im Plenum des Reichstages wurde dann noch auf Antrag der Abgeordneten Miquel u. Gen. als § 1 a (jetzt § 2) in das Einführungsgesetz zur ZPO. die Bestimmung eingefügt:[3]

---

[1] Vgl. Prot. der Justizkommission S. 2; Hahn, Mat. z. ZPO. S. 526.
[2] Vgl. Prot. der Justizkommission S. 363—366; Hahn, Mat. z. ZPO. S. 819—821.
[3] Vgl. StenB. d. RT. 76, 999—1000; Hahn, Mat. z. ZPO. S. 1311.

Das Kostenwesen in bürgerlichen Rechtsstreitigkeiten wird für den ganzen Umfang des Reichs durch eine Gebührenordnung geregelt.

Bei der Abfassung des Deutschen Gerichtskostengesetzes ist man aus guten Gründen über den, durch diesen § 2 bestimmten Umfang der Regelung hinausgegangen und hat die Gerichtsgebühren nicht nur für das Gebiet der ZPO., sondern auch der StPO und KO. geordnet. Diesem Vorgange ist dann auch der Entwurf einer Gebührenordnung für Rechtsanwälte gefolgt.

Bevor der Entwurf den gesetzgebenden Faktoren unterbreitet wurde, hatte er zunächst einer Kommission von Rechtsanwälten aus verschiedenen Rechtsgebieten zur Begutachtung vorgelegen. An dieser Kommission hatten Teil genommen: 1. Obergerichtsanwalt, Justizrat Evers aus Celle, 2. Rechtsanwalt Dr. Goetz aus Stuttgart, 3. Rechtsanwalt Hofrat Kreitmair aus Bamberg, 4. Advokatanwalt Justizrat Lingmann aus Koblenz, 5. Advokat Justizrat Richter aus Leipzig, 6. Advokatanwalt Schneegans aus Straßburg i. E., 7. Rechtsanwalt Justizrat von Wilmowski aus Berlin, 8. Advokat Dr. J. Wolffson aus Hamburg. Dieselben hatten im Reichsjustizamte unter dem Vorsitze des damaligen Staatssekretärs, Dr. Friedberg, den Entwurf eingehenden Beratungen unterworfen, welche im allgemeinen Übereinstimmung der Ansichten über die Grundlagen des Entwurfs ergaben. Die im einzelnen geltend gemachten Bedenken und Vorschläge haben bei der demnächst vorgenommenen Umarbeitung des Entwurfs die tunlichste Berücksichtigung gefunden. —

Der in dieser Gestalt dann dem Bundesrate vorgelegte Entwurf wurde hier nur in unwesentlichen Punkten geändert. Am 18. Februar 79 gelangte der Entwurf darauf im Reichstage zur ersten Beratung und wurde am Schlusse derselben einer Kommission (der VI. Kommission des Reichstages zur Vorberatung des Entwurfs einer Gebührenordnung für Rechtsanwälte) von 21 Mitgliedern überwiesen, in welcher der Abgeordnete Advokat Dr. Wolffson aus Hamburg den Vorsitz führte und an welcher 10 Anwälte, ein Landrat, ein Oberbürgermeister, ein Oberstaatsanwalt und 8 dem Richterstande angehörige Mitglieder beteiligt waren.

Die Namen derselben sind:

1. Dr. Wolffson, Advokat, Vorsitzender,
2. v. Forcade de Biaix, Obertribunalsrat, Stellvertreter des Vorsitzenden,
3. Eysoldt, Advokat, Schriftführer,
4. Römer (Württemberg), Stellvertreter des Schriftführers,
5. Dr. Mayer, Appellationsgerichtsrat,
6. Grütering, Kreisrichter,
7. Pfafferott, Oberamtsrichter,
8. Schröder (Lippstadt), Rechtsanwalt a. D.,
9. Schenk (Cöln), Advokatanwalt,
10. v. Gerlach, Landrat,
11. Dr. Völk, Rechtsanwalt,

12. Laporte, Obergerichtsanwalt,
13. Witte, Appellationsgerichtsrat,
14. Dr. Rückert, Kreisgerichtsdirektor,
15. Thilo, Kreisgerichtsdirektor,
16. v. Heim, Oberbürgermeister,
17. Stellter, Justizrat,
18. Müller (Gotha), Rechtsanwalt,
19. v. Goßler, Oberverwaltungsgerichtsrat,
20. Saro, Oberstaatsanwalt,
21. Ackermann, Hofrat und Advokat.

Als Referenten wurden bestellt:

a) in Zivilprozeßsachen: Laporte und Witte,
b) in Konkurssachen: Eysoldt und v. Goßler,
c) im Strafprozesse: Thilo und Dr. Völk.

An den Kommissionsberatungen haben als Regierungskommissare Teil genommen die Herren:

1. Geh. Oberjustizrat Kurlbaum,
2. Geh. Oberregierungsrat Dr. Meyer,
3. Geh. Regierungsrat Kienitz und
4. der bayerische Bevollmächtigte zum Bundesrat, Oberappellationsgerichtsrat Kastner.

Die Kommission hat in ihren Sitzungen vom 3. März bis 2. April 79 den Entwurf in zwei Lesungen durchberaten und ihre Beschlüsse festgestellt. Hierüber sind fortlaufende Protokolle geführt, und schließlich gewisse für die Auslegung besonders erhebliche Punkte, über deren Bedeutung im Laufe der Kommissionsberatungen die Übereinstimmung der Kommissionsmitglieder und der Vertreter der verbündeten Regierungen zu Protokoll festgestellt worden war, zusammengestellt worden; ein schriftlicher Bericht ist jedoch nicht erstattet worden. Am 30. April 79 gelangte hierauf der Entwurf im Reichstage wieder zur Beratung, wobei der Abgeordnete Laporte als Berichterstatter tätig war.

Die von der Kommission vorgeschlagenen Änderungen waren teils bloß redaktioneller Natur, teils von nicht erheblicher materieller Bedeutung. Die für den Anwaltstand wichtigsten Änderungen materiellen Inhalts betrafen:

1. die Erhöhung des im § 9 des Entwurfs aufgestellten Gebührentarifs;
2. die Ausdehnung der Schreibgebühren auf alle Schriftstücke ohne Unterschied, soweit solche zur Ausführung des erteilten Auftrags erforderlich sind;
3. die neben der Vertragsfreiheit statuierte Befugnis des Anwalts, in außergewöhnlichen Fällen über die gesetzlich bestimmte Taxe hinaus noch eine außerordentliche Vergütung zu beanspruchen.

Von diesen drei wichtigsten Kommissionsbeschlüssen hat der Reichstag bei der zweiten Beratung in Plenum am 30. April und 3. Mai 79 nur den die Schreibgebühren betreffenden Kommissionsvorschlag angenommen, dagegen bei den beiden anderen Punkten zunächst den auf die Tariferhöhung des § 9 bezüglichen Kommissionsvorschlag nach längeren Debatten abgelehnt und den Entwurf wieder hergestellt. Über den letzten Punkt endlich, die Extrahonorarfrage, zersplitterten sich die Meinungen dergestalt, daß die Zurückverweisung an die Kommission zur nochmaligen anderweitigen Beratung unter Berücksichtigung der gestellten Abänderungsanträge geboten erschien und beschlossen wurde.

Die Kommission, welche hierüber am 27. Mai 79 Beratung gepflogen, änderte nun zwar den von ihr über das Extrahonorar in den Entwurf eingeschobenen § 94 a wesentlich ab, indem sie das dem Anwalte nach der früheren Fassung gewährte erzwingbare Recht auf eine außerordentliche Vergütung beseitigte und vorschlug, den Rechtsanwalt bloß für befugt zu erklären, ein Extrahonorar in Rechnung zu stellen, ohne daß ihm ein Rechtsanspruch darauf zustehen solle. Allein auch dieser neue Kommissionsvorschlag konnte bei der am 10. Juni 1879 im Plenum des Reichstags fortgesetzten zweiten Beratung keinen durchschlagenden Erfolg erringen, vielmehr wurde auch hier der Entwurf im Wesentlichen wiederhergestellt.

Alle übrigen minder wichtigen Abänderungsvorschläge der Kommission wurden bei der zweiten Beratung größtenteils ohne Diskussion angenommen.

Bei der dritten und letzten Beratung des Entwurfs im Reichstage am 17. Juni 79 fand nur eine Generaldebatte statt, nach deren Schlusse der Entwurf lediglich so, wie er aus den Beschlüssen der zweiten Beratung hervorgegangen war, unverändert en bloc angenommen wurde.

Nachdem er dann in dieser Gestalt noch vom Bundesrate genehmigt war, ist er als Gesetz mit dem Titel „Gebührenordnung für Rechtsanwälte“ und mit dem Datum vom „7. Juli 79“ verkündet worden und am 1. Oktober 79 in Kraft getreten.

Die Vorschriften der so zustande gekommenen Gebührenordnung sind bis jetzt im Wesentlichen unverändert in Geltung geblieben.

Die Novelle zum Deutschen Gerichtskostengesetz (Gesetz, betreffend die Abänderung von Bestimmungen des Gerichtskostengesetzes und der Gebührenordnung für Gerichtsvollzieher, vom 29. Juni 81 — RGBl. 81 S. 178 —), welche einige Ermäßigungen der Gerichtskosten und Gerichtsvollziehergebühren brachte, berührte die Gebührenordnung für Rechtsanwälte nur insofern, als einige Verweisungen auf das Gerichtskostengesetz sich änderten, ohne daß eine materielle Änderung der Gebührennormen eintrat.

Ein im Jahre 87 von der Reichsregierung gemachter Versuch, die Gebühren der Rechtsanwälte herabzusetzen, scheiterte schon in der Reichstagskommission. Mittels Schreibens des Reichskanzlers vom 24. März 87 war nämlich der Entwurf eines Gesetzes, betreffend die Abänderung von Bestimmungen des Gerichtskostengesetzes und der Gebührenordnung für Rechtsanwälte, wie solcher vom Bundesrate beschlossen worden, nebst Begründung dem Reichstage zur verfassungsmäßigen

Beschlußnahme vorgelegt. (Drucksachen des Reichstages 7. Legislaturperiode I. Session 87 Nr. 54.) Dieser Entwurf, welcher fast ausschließlich Bestimmungen aufstellte, die auf eine zum Teil recht erhebliche Herabsetzung der Rechtsanwaltsgebühren abzielten, wurde der XIII. Kommission des Reichstages zur Vorberatung überwiesen. Die Beratungen der Kommission erstreckten sich im wesentlichen auf die Voreröterung, ob die Frage einer Ermäßigung der Anwaltsgebühren jetzt überall bereits spruchreif, oder ob vielmehr zunächst noch die Beschaffung statistischer Unterlagen erforderlich sei. Von verschiedenen Seiten wurde die Ansicht verteidigt, daß man ohne derartiges Material an eine Beurteilung der Einzelbestimmungen der Vorlage überall nicht herantreten könne. Die Regelung der Angelegenheit sei durch den vorgelegten Entwurf, welcher durchaus einen stückwerkartigen Charakter trage und die wünschenswerte organische Einheit vermissen lasse, in wenig glücklicher Weise versucht worden, insbesondere aber könne die für das ganze Vorgehen auf dem in Rede stehenden Gebiete ausschlaggebende Frage, ob überall die Einkommensverhältnisse der Anwälte zur Zeit derartige seien, daß sie eine Herabminderung der Gebühren zulassen, ohne weitere statistische Erhebungen nicht beurteilt werden. Die Punkte, auf welche diese Erhebungen auszudehnen seien, sind im einzelnen von der Kommission festgestellt worden. Die Kommission beschloß demgemäß nach Inhalt ihres Berichtes vom 14. Juni 87 (Drucksachen des Reichstages 7. Legislaturperiode I. Session 87 Nr. 206), beim Plenum zu beantragen, der Reichstag wolle beschließen: den Bundesrat um Vornahme von Ermittlungen behufs Feststellung der betreffenden (das statistische Material ergänzenden) Punkte zu ersuchen, und von einer weiteren Beratung jetzt überall Abstand zu nehmen. Die Kommission kam nicht mehr in die Lage, ihren desfallsigen Bericht im Plenum des Reichstages zu erstatten. Auf diese Weise ist die Regierungsvorlage vom 24. März 87 schon in der Reichstagskommission „begraben" worden, d. h. bis auf weiteres zum Stillstande gebracht. Der Staatssekretär des Reichsjustizamtes erklärte auf eine Interpellation dieserhalb bei Gelegenheit der Etatsberatung in der Reichstagssitzung vom 31. Januar 88 wörtlich folgendes: „Die Kommission hat jede weitere sachliche Durchberatung (der Vorlage) davon abhängig gemacht, daß zunächst gewisse statistische Erhebungen über die Einnahmeverhältnisse der Anwälte und über die Schmälerung, welche dieselben durch die Vorschläge der Regierungen erfahren würden, angestellt würden. Dadurch ist leider die ganze Angelegenheit auf ein totes Geleise geraten. Ich habe mich an die Regierungen der größeren Bundesstaaten mit der Frage gewendet, ob sie es für ausführbar und für nutzbringend halten, die von der Kommission gewünschten Erhebungen vorzunehmen. Soweit mir die Antworten der Regierungen zugegangen sind, sind dieselben alle verneinend ausgefallen." [4])

[4]) Vgl. StenB. über die Vhdl. d. RT. 7. Legislaturperiode II. Session 87/88, 648. Über die gegen den gedachten E. erhobenen Ausstellungen, insbesondere über den dem E. mit Recht gemachten Vorwurf der Voreingenommenheit gegen den Anwaltstand, insofern derselbe nur nimmt und nichts gibt, obwohl zum Geben gleichfalls Gelegenheit vor-

Auch die aus Veranlassung der Einführung des Bürgerlichen Gesetzbuchs und der zahlreichen Änderungen der Reichsjustizgesetze notwendig gewordene Revision der Gebührenordnung für Rechtsanwälte hat an den Grundlagen der letzteren nicht gerüttelt, sondern nur solche Änderungen gebracht, die sich als Konsequenz der Änderungen der Reichsjustizgesetze darstellen. Diese Änderungen sind im Art. VII des Einführungsgesetzes zu dem Gesetze, betreffend Änderungen der Zivilprozeßordnung, vom 17. Mai 98 (RGBl. S. 332) enthalten; sie beziehen sich auf die §§ 12; 16 Abs. 1; 22; 23 Nr. 1; 24; 29 Nr. 4; 30 Abs. 1 Nr. 2, 3; 31 Abs. 2; 35; 37 Abs. 1; 39; 40 Abs. 1; 59 Abs. 1; ferner § 30, dem ein Abs. 3 hinzugefügt, und § 27 Abs. 3, der gestrichen ist. Auf Grund der durch Gesetz vom 17. Mai 98 (RGBl. S. 342) dem Reichskanzler erteilten Ermächtigung ist der Text der Gebührenordnung für Rechtsanwälte in der neuen Fassung durch die Bekanntmachung des Reichkanzlers vom 20. Mai 98 (RGBl. S. 369) veröffentlicht worden und seit dem 1. Januar 00 in Geltung.

§ 2. Die Grundzüge der Gebührenordnung.

Die Lösung der Aufgabe, die Gebühren der Rechtsanwälte auf dem Gebiete der Prozeßordnungen für den Umfang des Reichs einheitlich zu regeln, bot mancherlei Schwierigkeiten dar. Galt es doch nicht nur, für ein Verfahren die entsprechenden Gebührenvorschriften zu finden, das sich noch nicht in praktischer Anwendung gezeigt hatte, sondern auch, unter den verschiedenen Systemen, welche sich in den bisherigen Gesetzgebungen ausgebildet hatten, ein für die neuen, noch unbekannten Verhältnisse passendes zu wählen. Der Entwurf der Gebührenordnung ist schließlich nach folgenden Hauptgesichtspunkten ausgearbeitet worden, die auch die Grundlagen des Gesetzes, teilweise nach heißen Kämpfen, geblieben sind.

I.

Die Frage, ob und in welcher Tragweite eine gesetzliche Regelung der Vergütung für die Mühewaltung des Anwalts zu erfolgen habe, ist zu verschiedenen Zeiten und in verschiedenen Ländern in sehr verschiedenem Sinne beantwortet worden.[1]) Der Entwurf und das Gesetz haben sich dem, in dem überwiegend größten Teile Deutschlands zur Zeit bestehenden Rechtszustande und der in dem größeren Teile der Anwaltschaft Deutschlands kundgegebenen Auffassung[2]) der Hauptsache nach angeschlossen. Sie gehen von der Auffassung

---

lag, sowie über sonstige beachtliche Einzelheiten s. auch die Schrift: „Die geplante Herabsetzung der Rechtsanwaltsgebühren und Gerichtskosten von einem Rechtsanwalte". Berlin. In Kommission bei Carl Heymanns Verlag. 87.

[1]) Die den Mot. z. E. beigegebene Anlage A gibt darüber umfassenderen Aufschluß.

[2]) Ausführlicheres hierüber enthält der Bericht des Rechtsanwalts Fenner, über eine neue Gebührenordnung für die deutschen Rechtsanwälte. Berlin, W. Möser 74 S. 16 bis 23. Vgl. auch Vhdl. des vierten deutschen Anwaltstages zu Würzburg 74 S. 29 ff., S. 43 und Vhdl. des Anwaltstages zu Cöln 76 S. 47.

aus, daß für die Bestimmung des Honorars des Rechtsanwalts eine gesetzliche Taxe maßgebend sein soll, wo und insoweit nicht innerhalb der durch das Gesetz gegebenen Grenzen das Honorar durch Vertrag festgesetzt wird. Das Gesetz schließt sich weder der Auffassung an, daß eine gesetzliche Taxe überhaupt oder wenigstens für die Entschädigung durch die eigene Partei an sich ungerechtfertigt sei, noch der entgegengesetzten, welche eine Regelung der Entschädigung im Wege des Vertrages ganz verbietet.

Für diesen, vom Gesetze eingenommenen Standpunkt sind folgende Erwägungen maßgebend gewesen:

1. Es war zwar zuzugeben, daß eine Taxordnung für geistige Arbeiten der Art, wie solche von einem Rechtsanwalte geleistet werden, einer sicheren, für alle Fälle gleichmäßig passenden Grundlage entbehrt und insofern nicht mit Unrecht von der Dresdener Anwaltskammer in gewissem Sinne als ein unlösbares Problem bezeichnet worden ist.[3]) Denn die Arbeit des Anwalts ist an sich allerdings von dem Wertsbetrage des Gegenstandes unabhängig, weil Rechtsstreite über Gegenstände von großem Werte höchst einfacher Natur sein können, während ein Prozeß über einen höchst unbedeutenden Gegenstand dennoch die schwierigsten Tat- und Rechtsfragen umfassen kann. Auch der Umfang der anwaltlichen Tätigkeit, nach der äußeren Erscheinung bemessen, bietet keinen sicheren Maßstab für die aufgewendete Mühe: ein kurzes Plaidoyer oder eine nur wenige Seiten enthaltende Anwaltschrift kann das Ergebnis langer Studien sein, und umgekehrt gestattet der größere Umfang nicht immer einen richtigen Schluß auf die dazu verwandte Mühe und Zeit.[4])

Immerhin aber muß eine gesetzliche Taxordnung einen Maßstab als Grundlage der Schätzung aufstellen, und wenn sie sich dabei an die Regel hält, daß mit dem höheren Werte eines Streitgegenstandes, bzw. mit der größeren Bedeutung einer Sache auch die Mühewaltung sich steigert, so läßt sich allerdings der Einwand dagegen nicht widerlegen, daß damit schlechte und gute Arbeit in gleicher Weise belohnt wird. Eine gesetzliche Taxordnung muß aber einen Durchschnittsmaßstab sowohl rücksichtlich der Zeit als der Person annehmen.

Bei der Feststellung der Höhe der Entschädigung für die Tätigkeit des Anwalts kann ferner selbstredend nur die Zeit des Erlasses des Gesetzes maßgebend sein, und es ist somit nicht ausgeschlossen, daß bei einer Veränderung des Geldwertes die stabile Taxe entweder zu hoch oder zu niedrig gegriffen erscheinen wird.

Dennoch werden alle diese mit einer gesetzlichen Regelung der Gebühren verbundenen Mißstände, die sich übrigens analog auch bezüglich anderer geistiger Arbeiten, wie z. B. der Ärzte, geltend machen, durch die praktischen Rücksichten überwogen, welche für die Aufstellung einer Taxe geltend zu machen sind. Zwar

[3]) Vgl. Fenner a. a. O. S. 26 ff.

[4]) Vgl. Bemerkungen über die Anwaltsgebühren von Brauer im GerS. 3. Jahrg. 1, 319 ff. und Beschorner in der Z. f. Rechtspflege und Verwaltung im Königreich Sachsen 12, 328 ff.

ist anzuerkennen, daß eigentlich nur der Anwalt selbst imstande ist, den inneren Wert und den Preis seiner Arbeit zu bestimmen, auch kann zugegeben werden, daß der Anwaltstand in Deutschland das Vertrauen verdient, er werde von einer bewußten Überschätzung seiner Arbeiten und einer Übervorteilung des Publikums sich fern halten. Allein es wird sich vor Beginn eines Rechtsstreits nicht immer die Arbeit, welche er verursacht, übersehen lassen; gerade in dieser Hinsicht unterscheidet sich die rein geistige Tätigkeit eines Anwalts und Arztes von der oft zum Vergleiche herangezogenen Leistung eines Technikers oder Künstlers. Die Selbstschätzung vor dem Prozesse birgt in vielen Fällen Nachteile in sich nicht nur für die Partei, sondern auch für den Anwalt selbst und sie ist — wenn sie nach dem Prozesse geschieht — geeignet, das Vertrauen zu dem Anwalte zu erschüttern und zur Quelle unerfreulicher Streitigkeiten zu werden. Eine feste Taxe hat aber nicht nur den Vorteil für die Rechtsuchenden, daß sie die ihnen aus dem Prozesse erwachsenden Kosten schon vorher zu übersehen vermögen, sondern sie überhebt auch die Anwälte der — gerade für die zarter fühlenden — peinlichen Notwendigkeit wegen des Honorars mit den Parteien vor dem Beginne der Tätigkeit in Verhandlungen zu treten, sowie der nicht minder peinlichen Situation, sich nach beendigter Tätigkeit möglicherweise eine Ermäßigung von seiten des Gerichts gefallen lassen zu müssen. Das Vorhandensein einer festen Gebührenordnung verringert die Rechtsstreitigkeiten, welche sonst über die Gebühren entstehen würden.

Alle diese Gesichtspunkte haben dazu geführt, von einer gesetzlichen Taxe als der Regel auszugehen. Eine feste Norm hat sich selbst da, wo volle Vertragsfreiheit ohne gesetzliche Taxe herrscht, als unentbehrlich herausgestellt, so daß z. B. im Herzogtume Sachsen-Koburg-Gotha die Anwälte unter sich eine Gebührentaxe entworfen haben, welche die Gerichte in den meisten Fällen berücksichtigen. Gegen einen etwaigen Hinweis auf den Mangel von Taxen in England und Frankreich ist zu erwähnen, daß sich diese Taxfreiheit nur auf die plaidierenden Advokaten (avocats, barristers) bezieht, während in der deutschen Gesetzgebung die Trennung von Anwaltschaft und Advokatur keine Aufnahme gefunden hat.

2. Andererseits konnte es ebensowenig zweifelhaft sein, daß mit gewissen Einschränkungen es den Rechtsanwälten gestattet sein muß, die Entschädigung durch Vertrag zu vereinbaren. Ganz abgesehen davon, daß die gesetzliche Taxe, weil sie eben einen Durchschnittsmaßstab anwenden muß, im einzelnen Falle zu einer Entschädigung führen kann, welche zu der Leistung in einem grellen Mißverhältnisse steht, so ist der Gesichtspunkt allein ausschlaggebend, daß nach den Grundsätzen, von welchen die Rechtsanwaltsordnung ausgeht, der Rechtsanwalt in der Regel nicht verpflichtet ist, einen ihm erteilten Auftrag anzunehmen. Fällt aber die Verpflichtung des Rechtsanwalts zur Annahme eines ihm erteilten Auftrags fort, so fehlt es an jedem inneren Grunde, den Rechtsanwalt an der Abschließung von Verträgen zu hindern. Es ist vielmehr nur eine Konsequenz der Berechtigung des Rechtsanwalts, angetragene Aufträge

abzulehnen, daß die Taxe nur im Mangel eines freigeschlossenen Vertrages, also insbesondere da, wo die Annahme des Auftrags nicht auf dem freien Willen des Rechtsanwalts beruht, zur Anwendung kommt. Aus diesem Grunde rechtfertigt sich auch die im Eingange des § 93 getroffene Bestimmung, welche die Vertragsfreiheit da ausschließt, wo in Gemäßheit der Vorschriften der Zivilprozeßordnung §§ 107 Nr. 3, 609, 620 und 626 [jetzt §§ 115 Nr. 3, 668, 679 und 686], der Strafprozeßordnung §§ 140 ff. und der Rechtsanwaltsordnung §§ 33 ff. die Beiordnung eines Rechtsanwalts oder die Bestellung desselben zum Verteidiger seitens des Gerichts erfolgt.

Wenn demgemäß der Entwurf im Falle einer freiwilligen Annahme des Auftrags durch den Rechtsanwalt neben der gesetzlichen Taxe den Abschluß einer dieselbe abändernden Vereinbarung zuläßt, so mußten doch, im Hinblick auf die von sämtlichen Gesetzgebungen, welche die Vertragsfreiheit zulassen, getroffenen Kautelen, Schutzmittel aufgestellt werden, durch welche dem möglichen Mißbrauche der Vertragsfreiheit vorgebeugt wird. Zwar ist nicht ausgeschlossen, daß der Abschluß einer Vereinbarung zu hoher oder zu geringer Vergütungen eine Verletzung der allgemeinen Pflichten des Rechtsanwalts (Rechtsanwaltsordnung § 28) enthalten und ihn der ehrengerichtlichen Ahndung unterwerfen kann. Dieser Schutz erscheint aber unzureichend, nicht nur weil das ehrengerichtliche Verfahren kein Mittel bietet, dem Verletzten zu einer Schadloshaltung zu verhelfen, sondern auch, weil die Grenzen einer angemessenen Vergütung keineswegs nur dann als überschritten anzusehen sind, wenn sie zu einem disziplinarischen Einschreiten Veranlassung geben. Die für erforderlich erachteten Schutzmittel bestehen nach den §§ 93, 94 darin, daß:

a) der Auftraggeber an den Vertrag nur gebunden sein soll, soweit er ihn schriftlich abgeschlossen hat,
b) eine Herabsetzung des vereinbarten Honorars bis auf taxmäßigen Betrag bei Überschreitung der Grenzen der Mäßigung möglich sein soll,
c) im Verhältnis zum Erstattungspflichtigen die Vereinbarung nicht in Betracht kommen soll.

3. Bei diesen schon im Entwurf zum Ausdruck gelangten Grundsätzen ist es trotz der Modifikationsversuche geblieben.

Veranlaßt durch einen einstimmigen Beschluß des siebenten deutschen Anwaltstages zu Berlin [5]) hatte die Reichstagskommission beschlossen, folgenden § 94 a einzuschieben:

> Ist der Betrag der Vergütung nicht durch Vertrag festgesetzt, so kann der Rechtsanwalt, welcher nicht einer Partei zur Wahrnehmung ihrer Rechte beigeordnet oder als Verteidiger bestellt ist, in außergewöhnlichen Fällen neben der gesetzlich bestimmten Vergütung bei Mitteilung der Berechnung derselben (§ 85) eine außerordentliche Vergütung beanspruchen.

---

[5]) Über die. Vhdl. und Beschl. des siebenten deutschen Anwaltstages zu Berlin (1. und 2. März 79) vgl. die StenB. in der JW. 79 S. 80 ff.

Über die Zulässigkeit und Höhe des Anspruchs wird im Prozeßwege, nach eingeholtem Gutachten des Vorstandes der Anwaltskammer, entschieden.

In dieser Bestimmung erblickte die Kommission ein notwendiges Korrektiv gegenüber der festen Taxe des § 9, die nur auf die Durchschnittsfälle passe; für außergewöhnliche Fälle müsse Vorsorge getroffen werden, wenn durch die besondere Lage des Falles es sich als untunlich erweise, einen Honorarvertrag abzuschließen, sei es, daß erst im Verlauf der Sache sich die Schwierigkeit des Falles zeigt, sei es, daß aus diesem Grunde oder überhaupt es dem Gefühl des Anwalts widerspricht, seiner Partei gegenüber mit dem Verlangen auf Abschluß eines Honorarvertrages hervorzutreten.

Im Reichstag fand indessen diese Bestimmung Widerspruch; da bezüglich des Extrahonorars noch anderweitige Anträge gestellt waren, wurden die §§ 93ff. zur nochmaligen Beratung in die Kommission zurückverwiesen. Nunmehr änderte die Kommission ihren Vorschlag dahin, daß unter Streichung des Abs. 2 an Stelle des Wortes „beanspruchen" gesetzt werden sollte:

als solche in Rechnung stellen. Ein Rechtsanspruch auf diese Vergütung steht dem Rechtsanwalt nicht zu.

Damit war bereits der frühere Vorschlag verlassen; an Stelle des Rechtsanspruchs auf einen die Taxe ändernden Gebührensatz wurde nur das Recht statuiert, eine andere Gebühr zu erbitten, die Erfüllung dieser Bitte in das Belieben des Auftraggebers gestellt. Mit der Aufstellung dieses Satzes wollte man nunmehr lediglich einer mißbräuchlichen Anwendung des § 352 Strafgesetzbuchs entgegentreten. Auch dieser abgeschwächte Antrag wurde im Reichstage als überflüssig abgelehnt,[6]) nachdem von allen Seiten, auch von den Bundesratsvertretern, hervorgehoben war, daß das nachträgliche Verlangen einer außerordentlichen Vergütung, wenn dasselbe nicht als Recht geltend gemacht werde, niemals den Tatbestand des § 352 Strafgesetzbuchs erfülle. Es blieb sonach lediglich bei den Bestimmungen des Entwurfs.

II.

Was das der Taxe zugrunde zu legende System anbetrifft, so hat sich der Entwurf und das Gesetz für dasjenige fester Bauschgebühren entschieden, und zwar mit aus den Gründen, welche für die Annahme dieses Systems im Gerichtskostengesetze ausschlaggebend gewesen sind; diese Gründe wurden auch für die Anwaltsgebühren als zutreffend angesehen.

1. Die Grundsätze, von welchen die Partikulargesetzgebungen bei Regelung der Gebühren der Rechtsanwälte (Advokaten, Anwälte, Advokatanwälte, Prokuratoren) in bürgerlichen Rechtsstreitigkeiten ausgehen, sind unter einander ebenso verschieden, wie diejenigen, welche in den einzelnen Bundesstaaten für die Regelung des Gerichtskostenwesens maßgebend waren.[7])

[6]) Vgl. hierzu: Drucks. d. RT. 79 Nr. 37. StenB. 79 II, Sitzungen v. 30. April, 2. Mai, 10. Juni und 17. Juni 79.

[7]) In der als Anlage B den Mot. beigegebenen Darstellung ist der Versuch gemacht, eine Übersicht des bestehenden Rechtszustandes zu geben.

Wenn der Entwurf sich für eines der in den verschiedenen Partikulargesetzgebungen mehr oder weniger konsequent festgehaltenen Grundprinzipien entscheiden mußte, so konnte es nicht zweifelhaft sein, daß das Bauschsystem den Vorzug vor allen anderen verdient und dem Entwurfe zugrunde zu legen war. Von den deutschen Anwaltskammern hatten sich auch in den für den vierten deutschen Anwaltstag zu Würzburg erstatteten Gutachten 13 für dieses System und nur 9 für das ihm entgegengesetzte der Taxierung der einzelnen Handlungen des Anwalts ausgesprochen, während die übrigen 16 Gutachten Mittelwege einzuschlagen versuchten, welche sich mehr oder weniger dem Bauschsystem näherten.[8])

Der Entwurf konnte denjenigen Gebührenordnungen nicht folgen, welche eine Gebühr nach dem inneren Gehalte der Arbeit anstreben und zu diesem Behufe den Richter mit der Schätzung der Arbeit befassen. Zunächst entzieht sich ein erheblicher Teil der Arbeit des Anwalts, nämlich jener, welcher die Vorbereitung der prozessualischen Handlungen betrifft, überhaupt der richterrichterlichen Beurteilung. Zudem wirkt eine mit der Arbitrierung notwendig verbundene Kritik leicht verletzend, jedenfalls bringt sie den Anwalt in eine unangemessene Lage gegenüber dem Richter. Daß endlich subjektive Momente die Arbitrierung beeinflussen, würde sich auch kaum verhüten lassen.

Einen reelleren und deshalb objektiveren Maßstab bringen diejenigen Gebührenordnungen zur Anwendung, welche die Handlung eines Anwalts im Prozesse nach der auf dieselbe verwendeten Zeit schätzen, oder andererseits diejenigen, welche ohne Rücksicht auf den inneren Gehalt und die verwendete Tätigkeit lediglich das Objekt des Streites für die Höhe der Gebühren entscheidend sein lassen.

Innerhalb dieser sich in einem gewissen Gegensatze befindenden Anschauungsweisen ist vielmehr eine Annäherung an die eine oder an die andere versucht worden. Diejenigen Gebührenordnungen, welche rücksichtlich der Termine und Schriftsätze unterscheiden, ob dieselben die Hauptsache oder nur Nebenpunkte betreffen, lehnen sich an das System der Wertschätzung nach dem inneren Gehalt an, bemühen sich aber durch Aufzählung ganzer Kategorien dem freien Ermessen des Richters möglichst feste Schranken zu ziehen. Andere Gebührenordnungen glauben die Gebühren danach bemessen zu sollen, ob der Prozeß vor einem Einzelrichter oder vor einem Kollegialgerichte stattfindet, und noch andere unterscheiden die Gebühren nach den Prozeßarten, indem sie nach diesen die größere oder geringere Tätigkeit und Schwierigkeit abschätzen. Endlich ist für die höheren Instanzen, soweit diese nach dem einzelnen System überhaupt berücksichtigt werden, ein verschiedener Weg eingeschlagen, indem die Gebühren bald mit den Instanzen steigen, bald mit ihnen fallen, bald sich überhaupt nicht verändern.

Jeder einzelne der erörterten Gesichtspunkte hat eine gewisse innere Berechtigung, und es wird darum als ein Vorzug des Bauschsystems bezeichnet

---

[8]) Vgl. Fenner, Ber. über eine neue Gebührenordnung rc. S. 44 ff.: Vhdl. des vierten Anwaltstages S. 19 ff.

werden dürfen, daß dasselbe jene verschiedenen Anschauungen zu vereinigen versucht. Wenn als Repräsentant dieses Systems das preußische Gesetz vom 12. Mai 51 zu betrachten ist, so findet man in demselben einmal den objektiven Maßstab der Wertklassen, sodann die Berücksichtigung der verschiedenen Prozeßarten, indem darin die Gebühren im Bagatellverfahren, im Mandatsverfahren und im gewöhnlichen Prozeß verschieden bemessen werden. Auf den Zeitverlust und die größere Mühewaltung des Anwalts ist ferner insofern Rücksicht genommen, als die Gebühren bei erfolgter kontradiktorischer Verhandlung beziehungsweise bei Beweisaufnahme sich entsprechend erhöhen. Wenn der Entwurf sonach dasselbe System zum Grunde legte, welches in dem Gerichtskostengesetze Aufnahme gefunden hat, so treffen freilich dafür die Gründe, welche für dasselbe dort maßgebend gewesen sind, hier nur teilweise zu; es treten dafür aber andere Erwägungen und zwar mit entscheidendem Gewicht in den Vordergrund.

Den Vorteil hat das Bauschsystem hier wie bei den Gerichtskosten, daß es der Partei die Möglichkeit gewährt, die Kosten eines Rechtsstreits im Voraus mit annähernder Sicherheit zu übersehen. Ebenso wird auf den Vorzug der Einfachheit auch hier einiges Gewicht zu legen sein. Eine besondere Bedeutung aber hat das Bauschsystem für die Gebühren des Rechtsanwalts im Zivilprozesse, wie dieser durch die Zivilprozeßordnung gestaltet ist, indem die Vorschriften derselben gegenüber anderen Prozeßordnungen dem Anwalte die Möglichkeit zur Vervielfältigung der Einzelhandlungen in erhöhtem Maße darbieten. Es liegt daher eben so sehr im Interesse des Anwalts, wie der Partei, die Tätigkeit, welche der erstere zum Zwecke der Ausführung des ihm erteilten Auftrages zu entwickeln hat, als ein Ganzes aufzufassen und demgemäß auch im ganzen zu honorieren. Je weniger der Anwalt ein Interesse daran hat, die Zahl der von ihm vorzunehmenden Handlungen zu vermehren, je mehr er den Wunsch hegen muß, die Sache in tunlichst kurzer Zeit und in möglichst wenigen einzelnen Abschnitten zu Ende zu führen, desto eher wird die Sache beendigt sein, und eine schnelle Beendigung ist für ihn wie seinen Auftraggeber gleich vorteilhaft. Gerade dadurch wird der geschicktere und fleißigere Anwalt sich den ihm gebührenden Vorrang vor dem weniger geschickten und weniger fleißigen sichern. Das Bauschsystem gewährt sonach den entscheidenden Vorteil, daß es die möglichst energische Führung und schnelle Beendigung der Sache begünstigt, und dieser Vorteil wiegt um so schwerer, als, wie bereits angedeutet, die Gefahr einer Verschleppung der Sache nach den Grundsätzen des Verfahrens der Zivilprozeßordnung, welches die Eventual-Maxime als Regel nicht kennt, nicht ausgeschlossen ist. Umgekehrt wird bei dem Bauschgebührensysteme der Anwalt in betreff der Frage, wie und in welchem Umfange die einzelne Prozeßhandlung vorzunehmen sei, jeder hemmenden Rücksichtnahme auf den Kostenpunkt enthoben sein, da namentlich für die Vermutung, als sei das Vorgehen des Anwalts von der Rücksicht auf die Höhe der Gebühren beeinflußt, kein Anlaß geboten wird.

Es ist gegen das Bauschsystem der Einwand gemacht, daß, je mehr die einzelne Handlung des Anwalts gegenüber dem Gesamtergebnis in den Hintergrund tritt, der Anwalt desto weniger Sorgfalt und Mühe auf die einzelne Handlung verwenden werde. Der von Fenner a. a. O. S. 48 ff. zitierte „Bayrische Gutachter" führt aus, es liege in der menschlichen Natur, deren Gesetzen auch der Anwalt unterworfen ist, daß man Arbeiten lässig, jedenfalls unwillig vornimmt, für welche man eine besondere Belohnung nicht erhält, jedenfalls nicht zu erhalten glaubt, und daß man „bei einer Bauschgebühr fürchten müsse, die mit dem ersten Spatenstich verdiente Gebühr reiche nicht allzeitig als genügender Sporn für gleichmäßig tüchtige Arbeit des ganzen Prozesses aus, es trete nachgerade Nachlässigkeit ein". Allein dieser Einwand widerlegt sich — ganz abgesehen davon, daß diese Besorgnis durch die in den Rechtsgebieten des Bauschsystems gemachten Erfahrungen nicht unterstützt wird — durch die praktische Erwägung, daß der leichtfertige Anwalt die Folgen seiner Leichtfertigkeit zu eigenem Nachteil zu tragen haben wird. Es darf nicht übersehen werden, daß in der durch die Rechtsanwaltsordnung geschaffenen Freigebung der Rechtsanwaltschaft das beste Schutzmittel gegen Lässigkeit der Anwälte gegeben ist. Die Folge des Bauschsystems, daß für einen kurzen, sich rasch entwickelnden Prozeß ebensoviel gezahlt wird, wie für einen solchen, der lange und mühselige Arbeit verursacht, soll nicht geleugnet werden. Sie läßt sich indes bis zu einem gewissen Grade durch Festsetzung besonderer Tarifsätze für einzelne Prozeßarten einschränken Übrigens wird die Partei es mit ihrem Interesse durchaus vereinbar finden, für einen schnell beendigten Prozeß dieselben Gebühren zu bezahlen, wie für einen, auf dessen Beendigung sie vielleicht jahrelang warten müßte.

Läge bei dem Bauschsysteme die Gefahr vor, daß der Prozeß zu rasch betrieben würde — ein Nachteil, der immer noch in der Kontrolle der Partei oder des Gerichts seine Schranke finden würde —, so tritt bei dem Systeme der Einzelgebühren nicht bloß die Gefahr entgegen, daß der Anwalt zur Erzielung höherer Gebühren den Prozeß in die Länge ziehen kann, sondern der fast ebenso bedenkliche Umstand, daß er bei seinem Auftraggeber in den — vielleicht unbegründeten — Verdacht kommen kann, er wolle aus Eigennutz den Prozeß verschleppen. Schon dieser Verdacht, gegen den auch der gewissenhafteste Anwalt nicht immer gesichert sein wird, ist geeignet, das Vertrauen der Gerichtsgesessenen zu dem Anwaltsstand erheblich zu beeinträchtigen.

Schließlich dürfte auch das Bauschgebührensystem an sich der Würde des Anwaltsstandes förderlicher erscheinen als das System einer Gebührenberechnung, wonach die Tätigkeit des Anwalts in allen ihren Einzelheiten detalliert spezifiziert werden muß.[9])

2. Mußte sich demgemäß der Entwurf für das Bauschsystem entscheiden, so konnten die beiden Arten desselben in Frage kommen, welche sich am anschaulichsten in den Gesetzgebungen Preußens und Badens darstellen.

[9]) Vgl. Bauer, Bemerkungen über die Anwaltsgebühren a. a. O. S. 324–326, und die Gutachten der Anwaltskammern bei Fenner, in der Denkschrift für den Anwaltsverein a. a. O. S. 44–51.

In Baden (Verordn. v. 20. November 74 — Ges.- u. Verordn.-Bl. Nr. LIII. —) wird die Bauschgebühr für den ganzen Rechtszug, die ganze Instanz bezahlt, während in Preußen (Ges. v. 12. Mai 51 — GS. S. 656 —) die Bauschgebühr für einzelne Gruppen von Prozeßhandlungen innerhalb der Instanz festgesetzt wird. Bei genauerer Prüfung muß man dem preußischen Systeme den Vorzug einräumen. Dasselbe stuft die Belohnung nach den einzelnen Stadien des Verfahrens ab und bewirkt demnach, abgesehen von der durch den Prozeßgegenstand bedingten Verschiedenheit, auch in der Richtung einen Unterschied bei der Gebührenberechnung, daß der Anwalt in dem regelmäßig schwierigeren Prozesse, d. h. demjenigen, welcher mehrere solcher Stadien zählt, eine höhere Belohnung erhält. Dieses System erleichtert aber auch den Wechsel des Anwalts innerhalb des Laufes der Instanz.

Einzelne Gebührenordnungen waren genötigt, für den Fall des Wechsels des Rechtsanwalts im Laufe der Instanz, meistens mit großer Kasuistik, verschiedene Bestimmungen zu treffen, je nachdem der Wechsel mit oder ohne „Verschulden des Rechtsanwalts eintrat. Man war genötigt, bald den Anwalt zu schädigen, der in dem einen oder anderen Falle nicht seine volle Gebühr erhielt, bald die Partei, die doch immer etwas mehr bezahlen mußte, als sie ohne jenen Wechsel zu zahlen gehabt hätte. (Vgl. Preußen, Ges. v. 12. Mai 51 Tarif § 5 Nr. 7; — Baden, v. 17. Mai 67 bzw. Verordn. v. 20. November 74 § 14; — Hannover, Ges. v. 8. November 50 § 43, § 37; — Lippe Ges. v. 12. April 59 § 10; — Oldenburg, Ges. v. 28. Juni 59 Art. 33, § 3; — Lübeck, Ges. v. 26. Oktober 63 § 31; — Württemberg, ZPO. Art. 147 und Verordn. v. 29. Januar 69 § 21; — Sachsen-Meiningen, Ges. v. 19. Juli 62 Art. 22.) Die Fälle, daß die Tätigkeit des Rechtsanwalts inmitten des Prozesses aufhört, sind aber nicht selten; es gehört hierher nicht nur die Erledigung der Sache aus irgend welchen Gründen, sondern auch die Übertragung des Mandats auf einen anderen. Für alle solche Fälle wird die Regelung erleichtert, wenn sich die Bauschgebühr nach gewissen Stadien des Verfahrens berechnet, während man bei Bemessung nach der ganzen Instanz genötigt ist, entweder in einzelnen Fällen dem Rechtsanwalte seine ganze Gebühr zu belassen, oder Quoten aufzustellen, die weder das Interesse des Anwalts noch das der Partei entsprechend wahren. Die Folge würde dann leicht die sein können, daß die Partei, aus Rücksicht auf die Gebühren, veranlaßt würde, einem Anwalt ihr Mandat nicht zu entziehen, trotzdem derselbe ihr Vertrauen nicht mehr besitzt — eine Folge, die beiden Teilen nicht zum Vorteil gereichen würde.[10])

III.

Anlangend die Höhe der Taxe, so erschien bei der Anwaltsgebührenordnung wie bei dem Gerichtskostengesetz das Bestreben gerechtfertigt, den Rechtsweg nicht allzu sehr zu verteuern. Dagegen schieden hier Rücksichten staats-

[10]) Fenner, a. a. O. S. 51 ff.; Vhdl. des vierten Deutschen Anwaltstages S. 19 ff.

finanzieller Natur aus, welche dort allerdings ihre Berücksichtigung erheischten. Vor allem mußte hier als eine Bestimmung der Anwaltsgebühren im Auge behalten werden, dem für die Rechtspflege notwendigen Berufsstand eine angemessene Belohnung für seine Leistungen und damit zugleich eine würdige Lebensstellung zu sichern. Letzterer Gesichtspunkt ist für die Rechtspflege selbst von hoher Bedeutung; den je unabhängiger sich der Anwaltsstand infolge einer gesicherten Lebensstellung gestaltet, destomehr ist er geeignet, einen wohltätigen Einfluß zu der Hintanhaltung unnützer oder gar unlauterer Streitigkeiten auszuüben und damit zu der Kräftigung des Rechtsbewußtseins im Volke beizutragen.

§ 3. Verhältnis der Gebührenordnung zu anderen Reichsgesetzen.

Aus der Entstehungsgeschichte des Gesetzes ergibt sich seine nahe Beziehung zur Rechtsanwaltsordnung, zu den Reichsprozeßordnungen und zu dem Gerichtskostengesetz. Diese wird für das Verständnis des Gesetzes in manchen Stücken von Bedeutung, und deshalb hier zu erörtern sein. Die Gebührenordnung enthält aber auch vielfach Bestimmungen, die dem bürgerlichen Recht angehören; deshalb ist auch das Verhältnis des Gesetzes zum Bürgerlichen Gesetzbuch in Betracht zu ziehen (§ 4).

1. Während die Rechtsanwaltsordnung v. 1. Juli 78 eine Regelung der Verhältnisse der Deutschen Rechtsanwaltschaft aus öffentlichrechtlichen Gesichtspunkten enthält, beschäftigt sich die Gebührenordnung im wesentlichen mit der Regelung privatrechtlicher Verhältnisse der durch jenes Gesetz organisierten Rechtsanwaltschaft. Die Gebührenordnung ist daher der Rechtsanwaltsordnung gegenüber ein Spezialgesetz. Andererseits aber ist der nahe sachliche Zusammenhang zwischen beiden Gesetzen, wie er sich auf der Grundlage einer kongruenten Auffassung der Verhältnisse der Deutschen Rechtsanwaltschaft von selbst ergibt, auch für die richtige Auslegung der Gebührenordnung nicht ohne wesentliche Bedeutung. Aus dem Charakter der Berufsstellung des deutschen Anwalts, aus dem Inbegriffe der Rechte und Pflichten desselben innerhalb und außerhalb seines Berufs, lassen sich in gewissen Fällen auch geeignete Schlußfolgerungen ziehen auf die Berechtigung, die Art und das Maß der dem Rechtsanwalt zukommenden Vergütung.

2. Die Gebührenordnung ist im wesentlichen dazu bestimmt, die Vergütung der anwaltlichen Tätigkeit im Verfahren der Reichs-Prozeßordnungen, d. h. der Zivilprozeßordnung, Strafprozeßordnung und Konkursordnung, zu regeln; sie muß sich daher naturgemäß auf den Grundsätzen und Tatbeständen der Reichs-Prozeßordnungen aufbauen.

3. In engem Zusammenhange steht die Rechtsanwaltsgebührenordnung endlich auch mit dem Gerichtskostengesetz v. 18. Juni 78, welches das Gebührenwesen der Gerichte für den Umfang des Deutschen Reiches einheitlich geregelt hat. Beide Gesetze gehen von gleichen Grundanschauungen aus, indem

sie das *nämliche Taxsystem* zur Anwendung bringen und dabei im wesentlichen *dieselben Grenzen* einhalten. Aber auch die äußere Behandlung und Veranlagung des Stoffes ist in beiden Gesetzen fast durchgängig parallel. Diese Konformität erstreckt sich nicht bloß auf die Zahl und Ordnung der größeren Abschnitte, sondern zumeist auch auf die innerhalb der einzelnen Abschnitte getroffenen Sonderbestimmungen, wie im weiteren Verlaufe gezeigt werden soll. Auch hier bietet das Verhältnis der Gleichmäßigkeit und gegenseitigen Übereinstimmung dieser beiden Gesetze für die richtige Auslegung derselben nach dem Prinzipe der juristischen Analogie zahlreiche geeignete und willkommene Anhaltspunkte dar.

Die Rechtsanwaltsgebührenordnung zerfällt ebenso wie das Gerichtskostengesetz in sieben Abschnitte mit gleichmäßig untergeordnetem materiellen Inhalte und fast durchgängig genau übereinstimmenden Überschriften. Die Zahl der auf diese Abschnitte verteilten Paragraphen beläuft sich bei der Rechtsanwaltsgebührenordnung auf 95, beim Gerichtskostengesetze auf 102. Die Überschriften der Abschnitte und die Verteilung der Paragraphen auf die einzelnen Abschnitte veranschaulicht die nachfolgende Nebeneinanderstellung:

A. Gebührenordnung für Rechtsanwälte.		**B. Gerichtskostengesetz.**
	Erster Abschnitt: **Allgemeine Bestimmungen.**	
§§ 1–8.		§§ 1—7.
	Zweiter Abschnitt: **Gebühren in bürgerlichen Rechtsstreitigkeiten.**	
§§ 9—52.		§§ 8—49.
	Dritter Abschnitt: **Gebühren im Konkursverfahren.**	
§§ 53—62.		§§ 50—58.
	Vierter Abschnitt: **Gebühren in Strafsachen.**	
§§ 63—75.		§§ 59—78.
	Fünfter Abschnitt: **Auslagen.**	
§§ 76—83.		§§ 79, 80, 80a, 80b.
	Sechster Abschnitt:	
Einforderung von Gebühren und Auslagen.		**Kostenvorschuß und Kostenzahlung.**
§§ 84—86.		§§ 81—97.
	Siebenter Abschnitt: **Schlußbestimmungen.**	
§§ 87—95.		§§ 98—102.

Im weiteren Verfolg sollen auch bei *einzelnen Paragraphen* die zahlreichen Übereinstimmungen ebenso wie die (verhältnismäßig geringen) Abweichungen und Unterscheidungen der beiden analogen Gesetze, soweit es für das

Verständnis und die Auslegung von Bedeutung oder Interesse ist, namentlich hervorgehoben werden.

§ 4. Insbesondere das Verhältnis zum Bürgerlichen Gesetzbuch.

Die Gebührenordnung stellt Vorschriften auf über die Vergütung der Berufstätigkeit des Rechtsanwalts und bezweckt damit die Regelung des Rechtsverhältnisses zwischen dem Rechtsanwalt und Klienten, soweit das für die Dienste des Rechtsanwalts zu leistende Entgelt in Betracht kommt. Insoweit ist dieses Rechtsverhältnis aber ein rein privatrechtliches; es hat zur Grundlage den zwischen Rechtsanwalt und Klienten abgeschlossenen Vertrag; die Normen der Gebührenordnung sind daher privatrechtliche und gehören dem bürgerlichen Recht an.

Andererseits aber wollen diese Normen auch keineswegs diese Seite des Rechtsverhältnisses erschöpfend regeln. Sie beschränken sich vielmehr im wesentlichen auf die Bestimmung, wieviel der Rechtsanwalt an Gebühren im gewöhnlichen Falle der glatten Erledigung zu fordern hat, und lassen völlig außer Betracht die Folgen eines vertragswidrigen Verhaltens, die Fragen des berechtigten oder unberechtigten Rücktritts vom Vertrage, die Folgen der nachlässigen Führung der Sache durch den Anwalt usw. Es besteht kein Zweifel, und ist auch in den Motiven zu § 49 (jetzt § 50) ausdrücklich hervorgehoben, daß alle diese Fragen nach den Grundsätzen des Bürgerlichen Rechts zu beurteilen sind. Maßgebend waren früher die Partikulargesetze, jetzt das Bürgerliche Gesetzbuch.

Soweit nun aber die Gebührenordnung Normen aufstellt, ist das Verhältnis dieser Normen zum Bürgerlichen Gesetzbuch zu prüfen.

Nach Art. 32 EGzBGB. bleiben die privatrechtlichen Vorschriften der Reichsgesetze in Kraft; sie treten nur insoweit außer Kraft, als sich aus dem Bürgerlichen Gesetzbuch oder aus dessen Einführungsgesetz die Aufhebung ergibt. Erwägt man nun, daß die Gebührenordnung lediglich Spezialbestimmungen über die Vergütung in dem besonderen Rechtsverhältnis zwischen Rechtsanwalt und Klienten enthält, so kann die fortdauernde Gültigkeit sämtlicher Bestimmungen der GO. und ihr Vorzug vor etwa abweichenden Bestimmungen des BGB. nicht zweifelhaft sein. (Vgl. § 1 N. 4.) Nur in einer Beziehung ist eine Richtigstellung erforderlich.

Die Rechtsanwaltsgebührenordnung geht ebenso wie die Rechtsanwaltsordnung von der Anschauung aus, daß das Rechtsverhältnis zwischen dem Anwalte und demjenigen, welchem er als Anwalt seine Dienste leistet, nach den Grundsätzen des Vollmachtsauftrages zu behandeln sei; sie bedient sich demgemäß auch stets der Ausdrücke: „Auftrag", „Auftraggeber" usw. Über den wesentlichen Inhalt und die rechtlichen Wirkungen dieses Auftragsverhältnisses aber hat sie fast gar keine Bestimmungen getroffen. Die zivilrechtlichen Grundsätze über das Verhältnis zwischen dem Rechtsanwalt und seinem Auftraggeber — abgesehen von der durch die Gebührenordnung gesetzlich fixierten Taxe und den wenigen, in den §§ 30 ff. der Rechtsanwaltsordnung vorgesehenen Ausnahmevorschriften dieser Gattung — bestimmten sich daher früher lediglich nach den Vorschriften der Landesgesetze, seit dem Inkrafttreten des Bürgerlichen Gesetzbuchs aber nach diesem. Nach der Rechtssprache des BGB. ist nun aber das Rechtsverhältnis nicht als „Auftrag" anzusehen; der „Auftrag" geht nach § 662 BGB. auf unentgeltliche Geschäftsbesorgung und begründet keinen Anspruch auf Vergütung. Wird die Geschäftsbesorgung gegen Entgelt übernommen, so liegt ein Dienstvertrag (oder Werkvertrag) vor (§ 675 BGB.), dessen Gegenstand nach § 611 BGB. entgeltliche Dienste jeder Art, auch die sog. höheren Dienste, sein können.[1]) Für das Rechtsverhältnis zwischen dem Rechtsanwalt und Klienten kommen daher die Bestimmungen des BGB. über den Dienstvertrag (§§ 611—630, 675) zur Anwendung; der Eigenart dieses Rechtsverhältnisses wird das BGB. durch die Bestimmung des § 627 über Vertrauensdienste höherer Art und durch die in § 675 vorgeschriebene Anwendung einer Reihe von Bestimmungen über den „Auftrag" gerecht. Damit ist, wenn auch nicht der rechtliche Charakter, so doch jedenfalls die gesetzliche Benennung und Subsumierung des Rechtsverhältnisses geändert; trotzdem erscheint es aber statthaft und empfehlenswert, die Ausdrücke „Auftrag" und „Auftraggeber" beizubehalten.

§ 5. Auslegungsgrundsätze.

1. Wie jedes andere Gesetz ist auch die Gebührenordnung für Rechtsanwälte in erster Reihe aus ihrem eigenen Inhalte auszulegen; denn der in den Gesetzesworten zum Ausdrucke gebrachte Wille der gesetzgebenden Gewalt ist allein positives Recht. Mit dem Momente der Publikation hat das Gesetz selbständige Geltung erlangt, selbständiges Dasein gewonnen; die der Geburt desselben vorausgegangenen Vorarbeiten, Entwürfe, Motive, Erklärungen einzelner an dem Gesetzgebungswerke beteiligter Personen, selbst übereinstimmende Konstatierungen der gesetzgebenden Faktoren entbehren der Gesetzeskraft und sind daher nicht befähigt, den Gesetzesinhalt zu ersetzen bzw. gesetzesgleiche Bedeutung für sich in Anspruch zu nehmen, sondern nur als wissenschaftliche Hilfsmittel hauptsächlich zu der für jede Gesetzesinterpretation wichtigen historischen Betrachtung, d. h. zur Erforschung des richtigen Sinnes dunkler oder zweifelhafter Stellen des Gesetzestextes aus der Vorbereitung und Entstehung (aus dem Werdeprozesse) des Gesetzes heraus verwendbar.

Rücksichtlich der Terminologie darf angenommen werden, daß die sog. technischen Ausdrücke, wie: „bürgerliche Rechtsstreitigkeit", „mündliche Verhandlung", „Beweisaufnahme", „Streitgegenstand", „Hauptverhandlung" usw. in allen Reichsgesetzen der Justizorganisation von 79 eine gleichmäßige, scharf umgrenzte Bedeutung haben, daß dieselben also in der Gebührenordnung

[1]) Vgl. Sächs. OLG. 26, 326 ff.; OLG. 10, 206; Sächs. Arch. 15, 739 ff.

für Rechtsanwälte in demselben Sinne wie in den übrigen Justizorganisationsgesetzen des Reiches gebraucht sind, und daß einzelnen derselben nur dann eine abweichende Bedeutung beizumessen ist, wenn letztere in der Gebührenordnung selbst ausdrücklich vorgeschrieben ist, wie z. B. für den Begriff der Instanz (§§ 26 ff., 31 ff.), der Verhandlung im vorbereitenden Verfahren (§ 91 Abs. 2).

Daß bei der Gesetzesauslegung der eigentliche Wortausdruck — das sog. grammatische Element — nicht allein in Betracht zu ziehen ist, sondern daneben auch der Zusammenhang und die Wechselbeziehungen der einzelnen Vorschriften, deren Verbindung oder Trennung, Einteilung und Unterbringung in bestimmte Titel oder Abschnitte (Stellung im Systeme), sowie die besonderen Überschriften der letzteren — sog. logisches und dogmatisches Element — zu berücksichtigen und oft von geradezu ausschlaggebender Bedeutung sind, ist als allgemeiner Interpretationsgrundsatz anerkannt.

2. In zweiter Linie dienen die dem Gesetzgebungswerke vorangegangenen Vorarbeiten als hervorragende wissenschaftliche Hilfsmittel zur Ermittelung und Erläuterung des mit den Textesworten verknüpften gesetzgeberischen Gedankens. Unter diesen Vorarbeiten nehmen den ersten Platz ein die mit außerordentlicher Sorgfalt und Gründlichkeit ausgearbeiteten „Motive zu dem Entwurf einer Gebührenordnung für Rechtsanwälte" (Drucksachen des Reichstags 4. Legislaturperiode II. Session 79 Nr. 6). Dieselben geben über die Grundprinzipien des Gesetzes, sowie über quellenmäßigen Ursprung, Zweck und Tragweite der einzelnen Vorschriften zumeist erschöpfende Auskunft und bieten dazu in ihren fünf Anlagen mit den Überschriften:

A. Gesetzliche Taxe und Vertragsfreiheit — Geschichtliche Entwicklung:
B. Übersicht des bestehenden Rechtszustandes bezüglich der Anwaltsgebühren im Zivilprozesse;
C. Tabellarische Zusammenstellung der Gebühren des Entwurfs mit denen des preußischen Tarifs vom 12. Mai 51, bzw. 1. Mai 75;
D. Übersicht des bestehenden Rechtszustandes bezüglich der Anwaltsgebühren in Konkurssachen;
E. Übersicht des bestehenden Rechtszustandes bezüglich der Anwaltsgebühren in Strafsachen; —

ein höchst schätzbares historisches und statistisches Auslegungsmaterial. Selbstverständlich sind die Bemerkungen der Motive zu denjenigen Bestimmungen des Gesetzes, welche sich mit dem Regierungsentwurfe nicht in Übereinstimmung befinden, sondern in größerer oder geringerer Abweichung von demselben nachmals eine materielle Abänderung erfahren haben, zu Auslegungszwecken nicht unmittelbar verwendbar, bei Anwendung einer vorsichtigen, vergleichenden Kritik jedoch indirekt, z. B. unter Benutzung des argumentum e contrario, sehr wohl zu verwerten.

Von den Vorarbeiten kommen ferner in Betracht die Ergebnisse der Kommissionsberatungen, d. h. der auf Grund fortlaufend geführter Protokolle erstattete mündliche Bericht der VI. Kommission des Reichstages zur Vorberatung des Entwurfs einer Gebührenordnung für Rechtsanwälte und daneben die Zusammenstellung der Kommissionsbeschlüsse und namentlich die „Zusammenstellung gewisser für die Auslegung besonders erheblicher Punkte, über deren Bedeutung im Laufe der Kommissionsberatungen die Übereinstimmung der Kommissionsmitglieder und der Vertreter der verbündeten Regierungen zu Protokoll festgestellt worden ist." (Drucksachen des Reichstages 4. Legislaturperiode II. Session 79 Nr. 137.)

Sodann liefern auch die Stenographischen Berichte über die Reichstagsverhandlungen der mehrbezeichneten Session und Legislaturperiode, hauptsächlich über die 35., 36. und 61. Sitzung des Reichtages vom 30. April, 2. Mai und bzw. 17. Juni 79, in welchen über die wichtigsten Grundbestimmungen der Rechtsanwaltsgebührenordnung: „Tarif", „Vertrag" und „Extrahonorar" sehr lebhafte und ausführliche Debatten stattgefunden haben, recht beachtenswerte Interpretationsbeiträge.

3. Wie aus den Motiven hervorgeht, auch aus verschiedenen Bestimmungen der Gebührenordnung selbst deutlich zu entnehmen ist, hat dem Entwurfe der Gebührenordnung für Rechtsanwälte das ältere preußische Gesetz, betreffend den Ansatz und die Erhebung der Gebühren der Rechtsanwälte, vom 12. Mai 51 (preuß. GS. S. 656 ff.) vielfach zur Grundlage und zum Vorbilde gedient. Es dünkt demnach nicht unzulässig, bei denjenigen korrespondierenden Vorschriften der Gebührenordnung, welche offensichtlich jener Quelle entsprungen sind, soweit es zum Verständnisse oder zur Erläuterung derselben erforderlich erscheint, auf jenes ältere preußische Anwaltsgebührengesetz vom 12. Mai 51 in rechtsvergleichender Weise zurückzugreifen und bzw. dasselbe als Auslegungsmittel mit heranzuziehen, wobei nicht minder aus den Abweichungen der beiden homogenen Gesetze voneinander für die Bedeutung und Tragweite der neueren Bestimmungen sich oft lehrreiche Schlußfolgerungen ergeben. Auch der schon in dem preußischen Gesetze vom 12. Mai 51 durchgeführte Unterschied zwischen „Bauschgebühr" und „Sondergebühr (Einzelgebühr)", welchen die deutsche Gebührenordnung für Rechtsanwälte adoptiert hat, bleibt für die Auslegung von bemerkenswerter Bedeutung. Während die „Sondergebühr" einen einzelnen Tätigkeitsakt zu entschädigen bestimmt ist und daher ebenso oft in Ansatz gebracht werden darf, als dieser Akt auftragsgemäß vorgenommen wird, auch wenn die Wiederholung in ebendemselben Verfahren und für denselben Auftraggeber erfolgt, bildet die „Bauschgebühr" eine einmalige, einheitliche Abgeltung für eine ganze Gruppe von gleichartigen oder verschiedenartigen Geschäften, vorausgesetzt, daß sie zu einem und demselben Verfahren oder Verfahrensabschnitte gehören, und daß der Auftrag auf das ganze Verfahren oder den ganzen Verfahrensabschnitt sich erstreckt. Die unter diesen Gesichtspunkten miteinander in Zusammenhang gebrachten Geschäfte sind einzeln je für sich nicht vergütungsberechtigt, sie mögen noch so zahlreich sein und räumlich oder

zeitlich noch so weit auseinanderliegen: die einheitliche Gesamtentschädigung für alle umfaßt vielmehr die einmalige „Bauschgebühr“. Bei dem Mangel zuverlässiger, maßgeblicher Grenzbestimmungen rücksichtlich des Begriffes und Umfanges der verschiedenen einschlägigen Verfahrensarten und Verfahrensabschnitte ist es freilich oft sehr zweifelhaft, ob eine bestimmte Tätigkeit, z. B. ein vor dem Beginne des Verfahrens ausgeführter Vorbereitungsakt oder eine nach dem Abschlusse des Verfahrens zusätzlich vorgenommene Mühewaltung schon bzw. noch von der „Bauschgebühr“ ergriffen wird, oder zu einem besonderen, selbständigen Gebührenansatze berechtigt. Solche Zweifelsfälle werden füglich nach den unter der folgenden Nr. 4 entwickelten Gesichtspunkten zu entscheiden sein.

Daß endlich auch die zahlreichen korrelativen Beziehungen der Gebührenordnung für Rechtsanwälte zu der Rechtsanwaltsordnung einerseits und zum Gerichtskostengesetze andererseits sich für die Auslegung der Gebührenvorschriften vielfach fruchtbar erweisen können, ist bereits an anderer Stelle hervorgehoben.

4. Von nicht zu unterschätzender Wichtigkeit für die Auslegung ist auch der „nächste unzweifelhafte Grund“ des Gesetzes, mag man denselben nun in die Vergangenheit setzen und darunter den höheren Grundsatz, der das Gesetz beherrscht, (ratio juris) verstehen, oder mag man denselben in die Zukunft verlegen und darin die beabsichtigte Wirkung, den Zweck des Gesetzes (ratio legis), erkennen. Die Gebührenordnung für Rechtsanwälte geht nun, — wie aus den §§ 89 und 90 in Verbindung mit § 1 derselben sich klar ergibt, — von der Grundanschauung aus, daß kein Akt der anwaltlichen Berufstätigkeit unvergütet bleiben soll, daß vielmehr innerhalb der gezogenen Grenzen der Anwalt für jede auftragsgemäß unternommene Handlung vom Auftraggeber eine entsprechende Vergütung zu fordern befugt ist, auch wenn die Handlung als vergütungsberechtigte in der Gebührenordnung nicht ausdrücklich erwähnt ist.[1]) Dieses uneingeschränkte,[2]) die gesamte Berufstätigkeit des Rechtsanwalts um-

[1]) Hierauf beruht ein wesentlicher Unterschied zwischen der Gebührenordnung für Rechtsanwälte und dem Gerichtskostengesetze. Denn letzteres gestattet den Ansatz von Gerichtskosten nur für die darin ausdrücklich bezeichneten Fälle; soweit es keine Bestimmung trifft, dürfen, wie auch die Motive zum Gerichtskostengesetze S. 35 erkennen lassen, Gebühren nicht erhoben werden. Das Übergehen gewisser gerichtlicher Handlungen oder Verfahrensakte soll gerade die Bedeutung haben, daß diese Geschäfte von Gerichtskosten befreit sind.

[2]) Eine singuläre Ausnahme von ganz untergeordneter Bedeutung, welche der obigen Grundanschauung gegenüber nicht weiter ins Gewicht fällt, bildet die Vorschrift des § 6, wonach der Rechtsanwalt für Anfertigung und Übersendung von Rechnungen über Gebühren und Auslagen sowie für Zahlungsaufforderungen eine Gebühr nicht beanspruchen darf. Dasselbe gilt von § 35 der GO., inhalts dessen ebenfalls für einige ganz unbedeutende Akte im Zwangsvollstreckungsverfahren dem Rechtsanwalte unter gewissen Umständen ein Gebührenanspruch versagt ist; denn im wesentlichen kennzeichnet sich diese Vorschrift nicht als ein eigentliches Verbotsgesetz, sondern als eine bloße Erläuterung oder Deklaration zum Begriffe der Bauschgebühr. Der Umstand jedoch, daß man es überhaupt für notwendig gehalten hat, in der GO. solche ausdrücklichen Ausnahmebestimmungen in eingehendster Weise zu treffen, d. h. die Gebührenfreiheit einzelner, genau bezeichneter Anwaltstätigkeiten namentlich hervorzuheben, bestätigt und befestigt überdies gerade die Richtigkeit der oben aufgestellten Ansicht, daß man beim Erlasse der GO. von der Grundanschauung ausgegangen ist, daß ein Vergütungsanspruch des Rechtsanwaltes für seine Berufsleistungen jeglicher Art im allgemeinen die Regel bilden, bzw. daß grundsätzlich keine Mühewaltung des Rechtsanwaltes unbelohnt bleiben soll.

fassende Gebührenbezugsrecht erstreckt sich sogar auf bloße Einleitungs- oder Vorbereitungsakte (s. §§ 14, 43, 45, 90).

Von dieser Grundanschauung aus läßt sich eine der Aufgaben des Gesetzes darin erblicken, daß den deutschen Rechtsanwälten als solchen — im Gegensatze zu anderen Bevollmächtigten oder Prozeßvertretern, Beratern, Geschäftsbesorgern und dgl. — in bevorzugter Weise durch Festsetzung angemessener und ausreichender Gebühren für ihre Mühewaltungen materielle Vorteile geboten werden sollen mit der beabsichtigten Wirkung, dadurch den wirtschaftlichen Wohlstand dieses im deutschen Rechtsorganismus unentbehrlichen und hochwichtigen Berufsstandes zu befestigen und zu befördern. Dieser wohltätige gesetzgeberische Gedanke hat schon in der Einleitung zu den Motiven Ausdruck gefunden, indem daselbst wörtlich gesagt ist:

> „Vor allem mußte hier als eine Bestimmung der Anwaltsgebühren im Auge behalten werden, dem für die Rechtspflege notwendigen Berufsstande eine angemessene Belohnung für seine Leistungen und damit zugleich eine würdige Lebensstellung zu sichern. Letzterer Gesichtspunkt ist für die Rechtspflege selbst von hoher Bedeutung; denn je unabhängiger sich der Anwaltstand infolge einer gesicherten Lebensstellung gestaltet, desto mehr ist er geeignet, einen wohltätigen Einfluß zur Hintanhaltung unnützer oder gar unlauterer Streitigkeiten auszuüben und damit zur Kräftigung des Rechtsbewußtseins im Volke beizutragen."

Einen deutlichen Beweis für die bewußt wohltätige Absicht des Gesetzes liefert ferner die Vorschrift in § 92 desselben, wonach im Falle einer Konkurrenz von reichsrechtlichen und landesrechtlichen Normen über Anwaltshonorar zwar nur eine Bestimmung Platz greifen, jedoch die dem Rechtsanwalte (nicht die den Parteien, bzw. Auftraggebern) günstigere zur Anwendung kommen soll. Eine weitere Bestätigung der wohlwollenden gesetzgeberischen Intentionen findet sich in der häufig wiederkehrenden Betonung von Billigkeitsrücksichten, denen zugunsten der Rechtsanwälte auf dem Gebiete des Gebührenwesens Rechnung zu tragen sei, wie solche auch zu anderen Vorschriften dieses Gesetzes in den Motiven mehrfach zum Ausdrucke gebracht sind. Die Rechtsanwaltsgebührenordnung ist sonach, insofern sie für die deutschen Anwälte durch Statuierung von Benefizien, bzw. von privilegierten Ansprüchen mannigfacher Art singuläres Ausnahmerecht schafft, im großen und ganzen als ein Gesetz, dessen Bestimmungen nicht in odium, sondern in favorem der Rechtsanwälte erlassen sind, aufzufassen und als solches zwar in der Regel streng zu erklären, im Zweifel jedoch so, daß die unverkennbare wohltätige Absicht des Gesetzgebers dabei nicht verfehlt oder vereitelt werde.

I.

Gebührenordnung für Rechtsanwälte.

Vom 7. Juli 1879.

(RGBl. Nr. 23 S. 176—192.)

Fassung der Bekanntmachung des Reichskanzlers vom 20. Mai 1898. (RGBl. S. 692—708.)

Wir **Wilhelm**, von Gottes Gnaden Deutscher Kaiser, König von Preußen 2c. verordnen im Namen des Reichs, nach erfolgter Zustimmung des Bundesrats und des Reichstags, was folgt:

Erster Abschnitt.

Allgemeine Bestimmungen.

§ 1.

Die Vergütung für die Berufstätigkeit des Rechtsanwalts in einem Verfahren vor den ordentlichen Gerichten, auf welches die Zivilprozeßordnung, die Strafprozeßordnung oder die Konkursordnung Anwendung findet, sowie für die beratende Berufstätigkeit des Rechtsanwalts, welche den Beginn oder die Fortsetzung eines solchen Verfahrens betrifft, bestimmt sich nach den Vorschriften dieses Gesetzes.

Vorbemerkung.

Der § 1 GO. bestimmt, daß die Berufstätigkeit des Rechtsanwalts auf gewissen, näher bezeichneten, Gebieten nach den Sätzen der GO. vergütet werden soll: er gibt damit das Anwendungsgebiet der GO.

Der Erläuterung ist folgende Disposition zugrunde gelegt:

I. Motive (1).
II. Der Anspruch auf Vergütung (2).
1. Vereinbarung der Vergütung (3).
2. Höhe der Vergütung (4).
3. Gebühren und Auslagen (5).
4. Entstehung des Vergütungsanspruchs (6—11). Insbesondere bei Stellvertretung (8—9).
5. Gebührenschuldner. (Armenrecht, Staatskasse, Ehemann, Vater) (12—17).
6. Geltendmachung des Vergütungsanspruchs (18—26).
7. Verjährung des Vergütungsanspruchs (27—28).
III. Abgrenzung des Anwendungsgebiets der GO. (29).

1 **I. Motive.** „Das Gerichtskostengesetz beschränkt in § 1 den Kreis seiner Anwendung auf

die vor die ordentlichen Gerichte gehörigen Sachen, auf welche die Zivilprozeßordnung, die Strafprozeßordnung oder die Konkursordnung Anwendung findet.

Es schließt somit aus:

1. diejenigen Sachen, auf welche die Prozeßordnungen nicht Anwendung finden,
2. die vor andere Behörden als die ordentlichen Gerichte gehörigen Sachen.

Ob die Anwendbarkeit der Prozeßordnungen zutrifft, darüber haben im einzelnen Falle die Gerichte nach objektiven Merkmalen zu befinden. Bei der Frage aber, ob eine Sache im Sinne des Gerichtskostengesetzes als vor die ordentlichen Gerichte gehörig anzusehen ist, tritt dem objektiven Moment ein subjektives hinzu. Indem nämlich die Rechtsuchenden die ordentlichen Gerichte angehen, befassen sie dieselben mit der Prüfung ihrer Zuständigkeit. Deshalb gehört dann die Sache vor die ordentlichen Gerichte, selbst wenn sich im Laufe des Verfahrens ergibt, daß sie ihrem Gegenstande nach nicht vor dieselben gehört.

Danach tritt die Erhebung von Gerichtskosten nach Maßgabe des Gerichtskostengesetzes ein, wo eine Sache vor die ordentlichen Gerichte gebracht und von diesen nach den Prozeßordnungen behandelt wird.

Diese Grenzbestimmung für das Gebiet des Gerichtskostengesetzes ist eine Folge des Grundsatzes, daß die Reichsgesetzgebung nur soweit zur Regelung des Kostenwesens berufen ist, als sie das Verfahren selbst geregelt hat. — Dieser Grundsatz soll nach dem Standpunkte des Entwurfs auch in betreff der Anwaltsgebühren gelten. Aber er gestaltet sich für letztere in der Anwendung insofern abweichend, als die Tätigkeit der Anwälte keineswegs immer mit der Tätigkeit der Gerichte zusammentrifft.

Die Tätigkeit des Anwaltes beginnt in einer großen Zahl von Fällen vor dem Zeitpunkte, in welchem das Gericht mit der Sache befaßt ist. Diese Vorbereitung läßt sich aber von der Tätigkeit im gerichtlichen Verfahren nicht trennen; es würde offenbar der Natur der Sache widerstreiten, wenn mit der Anbringung der Sache bei Gericht die Tätigkeit des Anwaltes in zwei Teile zerfiele, deren einer nach Reichsrecht, der andere nach Landesrecht zu vergüten wäre; ersteres muß sich vielmehr auf die vorbereitende Tätigkeit, als integrierenden Teil der Gesamttätigkeit, miterstrecken.

Kann hiernach dem Zeitpunkte, in welchem das Gericht mit der Sache befaßt wird, eine Bedeutung in der erwähnten Beziehung nicht beigemessen werden, so erscheint es auch für die Frage, wieweit die Reichsgesetzgebung die Gebühren der Anwälte zu regeln habe, nicht von Belang, ob die Sache tatsächlich an die Gerichte gebracht ist; denn dieser Umstand ändert keinswegs das Wesen der zu vergütenden Tätigkeit. Die Reichsgesetzgebung muß daher auch in Fällen Platz greifen, in welchen das Gericht nicht mit der Sache befaßt wird.

Im übrigen mußte der Entwurf die Schranken einhalten, welche sich das Gerichtskostengesetz gesetzt hat. Die Tätigkeit des Anwaltes muß also eine Rechtssache betreffen, für welche das Verfahren durch die Prozeßordnungen geregelt ist und welche vor die ordentlichen Gerichte gehört. Erstere Voraussetzung bestimmt sich wieder nach objektiven Momenten. Für letztere ist die Intention des Auftraggebers von Bedeutung. Wird der Anwalt beauftragt, eine den Prozeßordnungen unterliegende Sache vor die ordentlichen Gerichte zu bringen, so bemißt sich die Vergütung nach Maßgabe des Entwurfs, auch wenn die vollständige Ausführung des Auftrags unterbleibt, z. B. weil der Anwalt die Belehrung erteilt, daß die Sache gar nicht vor die ordentlichen Gerichte gehöre. Das gleiche gilt, wenn ein solcher Auftrag auch nur bedingungsweise erteilt oder der Anwalt nur mit der Frage befaßt wird, ob die Sache vor die ordentlichen Gerichte gebracht werden soll.

Bei Einhaltung dieser Schranken der reichsgesetzlichen Regelung können allerdings im einzelnen Falle Zweifel entstehen, ob für die Vergütung der Anwälte Reichs- oder Landesrecht zur Anwendung kommen soll. Diese Zweifel würden sich aber nur vermeiden lassen, wenn der Entwurf es unternähme, die Anwaltsgebühren für alle Geschäfte zu regeln, welche Anwälten überhaupt aufgetragen werden können. Für ein derartiges Vorgehen ließe sich ein scheinbarer Grund aus der Rechtsanwaltsordnung herleiten, welche abgesehen von einzelnen Bestimmungen, die sich ihrer Natur nach nicht über den Geltungskreis der Reichsprozeßordnungen erstrecken können, sich auf die gesamte Berufstätigkeit der Rechtsanwälte bezieht. Aber auch die Rechtsanwaltsordnung gibt für die Art und den Umfang der in einem landesrechtlich geregelten Verfahren dem Anwalte obliegenden Leistungen keine Vorschriften, überläßt diese Frage vielmehr der Landesgesetzgebung. Dieser muß daher auch die Regelung der Vergütung für solche Leistungen anheimfallen. Zudem würde die Verschiedenheit, welche in den Landesrechten bezüglich der von den Reichsprozeßordnungen nicht betroffenen Angelegenheiten obwaltet, jedem Versuche, auch hier das Gebührenwesen einheitlich zu regeln, unüberwindliche Schwierigkeiten bereiten.

Das Nebeneinanderbestehen von Reichs- und Landesrecht bezüglich der Anwaltsgebühren macht Fälle einer Konkurrenz dieser Rechte denkbar, indem ein dem Anwalte aufgetragenes Geschäft einen Anspruch auf Vergütung nach

Reichs- und zugleich nach Landesrecht begründen kann. Für derartige Fälle ist der Grundsatz, nach welchem die Entscheidung zu treffen, in § 92 aufgestellt."

2 **II. Der Anspruch auf Vergütung.** Wie bereits in der Einleitung (§ 4) ausgeführt, enthält die Inanspruchnahme der Berufstätigkeit des Rechtsanwalts einen Dienstvertrag im Sinne der §§ 611 ff. BGB., der den Dienstberechtigten zur Gewährung einer Vergütung für die Dienste verpflichtet.

Einer Begrenzung des Begriffes der Berufstätigkeit bedarf es hier nicht. Die deutsche GO. setzt Gebühren nur fest für bestimmte Tätigkeiten, die von Rechtsanwälten ausgeführt werden; dann liegt aber immer eine Berufstätigkeit des Rechtsanwalts vor. (Vgl. hierzu noch § 7.)

3 Bezüglich des Vergütungsanspruches des Rechtsanwalts ist folgendes hervorzuheben:

1. Für seine Berufstätigkeit kann der Rechtsanwalt eine Vergütung beanspruchen, auch wenn eine besondere, darauf gerichtete Vereinbarung nicht getroffen ist. Nach § 612 BGB. gilt eine Vergütung als stillschweigend vereinbart, wenn die Dienstleistung den Umständen nach nur gegen eine Vergütung zu erwarten ist, und dies muß jedenfalls — beim Mangel einer auf Freigebigkeit gerichteten Absicht — angenommen werden, wenn Dienste geleistet werden, die zu den gewöhnlichen Berufsgeschäften des Dienstleistenden gehören (vgl. § 873 ALR. I, 11).

4 2. Für die Höhe der Vergütung würde nach den Bestimmungen des BGB. in erster Reihe die — formlose — Vereinbarung maßgebend sein, und erst beim Mangel einer solchen würde nach § 612 Abs. 2 BGB. die taxmäßige bzw. ortsübliche Vergütung als vereinbart anzusehen sein. Diese Regelung des BGB. greift indessen für die Vergütung einer innerhalb des Gebiets der Gebührenordnung für Rechtsanwälte liegenden Tätigkeit nicht Platz. Für ihren Geltungsbereich stellt die Gebührenordnung, wie in der Einleitung § 2 I. des näheren ausgeführt ist, den Grundsatz auf, daß die Höhe der Vergütung in erster Reihe nach den durch sie aufgestellten Sätzen zu bestimmen ist (§ 1), und daß nur unter gewissen Umständen und unter gewissen Kautelen der Betrag der Vergütung durch Vertrag abweichend von ihren Vorschriften festgesetzt werden darf (§ 93). Diese Bestimmungen der Gebührenordnung sind auch den abweichenden Vorschriften des BGB. gegenüber in Kraft geblieben. Nach Art. 32 EGzBGB. bleiben die Vorschriften der Reichsgesetze in Kraft, und treten nur insoweit außer Kraft, als sich aus dem BBG. oder dem EGzBGB. die Aufhebung ergibt. Wenngleich nun die Aufhebung nicht gerade unmittelbar ausgesprochen zu sein braucht, muß man doch, soweit reichsrechtlich das privatrechtliche Sonderrecht einzelner Stände geregelt ist, annehmen, daß dasselbe durch das BGB., das eine Kodifikation der allgemeinen Privatrechtsnormen enthält, nicht aufgehoben wird.[1])

5 3. Die Vergütung begreift sowohl die Gebühren als auch die Auslagen in sich. Die letzteren sind an sich Aufwendungen, welche der Beauftragte zum Zwecke der Ausführung des Auftrages macht; soweit dieselben den Umständen nach für erforderlich erachtet werden dürfen, ist der Auftraggeber zum Ersatz verpflichtet (§§ 670, 675 BGB.). Von diesem Begriff der Auslagen geht zwar auch die Gebührenordnung aus; sie macht jedoch, wie der Inhalt ihres fünften Abschnittes ergibt, aus Gründen der Zweckmäßigkeit einige positive Ausnahmen. Im § 77 ist eine bestimmte Art durchschnittlich geringfügiger Auslagen (für

[1]) Vgl. Neukamp, Das Verhältnis des BGB. zur GewO. im VerwArch. 5, 214; Goldmann und Lilienthal, Das BGB. S. 2; Aron, Das EGzBGB., im SächsArch. 6, 182.

Verpackung von Briefen und Akten) für nicht geeignet erklärt, zum Ersatz berechnet zu werden; auf der anderen Seite werden in den §§ 76 und 78 für zwei bestimmte Arten von Auslagen, für das Schreibwerk und für Geschäftsreisen, ein für allemal Vergütungssätze normiert, um die Schwierigkeiten der Ermittlung des für das einzelne Geschäft wirklich aufgewendeten Betrages zu vermeiden; hier kommt der tatsächlich aufgewendete Betrag, mag er geringer oder höher sein als der gesetzliche Satz, — abgesehen von einer Ausnahme bezüglich der Fuhrkosten — gar nicht in Betracht. Nichtsdestoweniger sind diese positiven Sätze nicht als ein Teil der Gebühren, sondern als „Auslagen" anzusehen, wie sich aus der Überschrift „Auslagen" des fünften Abschnitts ergibt, zu welchem jene §§ 76–78 gehören.[2]) Aber andererseits ergibt sich aus der Struktur der Gebührenordnung, daß der Ausdruck „Vergütung" sowohl die „Gebühren" als auch die „Auslagen" in sich begreift.[3])

4. Entstehung des Vergütungsanspruchs. Der Vergütungsanspruch entsteht regelmäßig mit der Leistung der aufgetragenen Dienste. Dabei kommt es nicht auf den Erfolg, sondern nur darauf an, daß diejenigen Dienste, welche nach dem Inhalt des Vertrages und den Bestimmungen der Gesetze zu leisten sind, auch wirklich geleistet worden sind. Dagegen ist die Tüchtigkeit der Dienste ohne Einfluß auf die Entstehung des Vergütungsanspruchs: die Untüchtigkeit kann eventuell nur einen Regreßanspruch des Auftraggebers begründen. Indessen handelt der Rechtsanwalt, welcher gegen das Verbot des § 31 Rechtsanwaltsordnung seine Berufstätigkeit gewährt, rechtswidrig und pflichtwidrig und hat für solche pflichtwidrig geleistete Berufstätigkeit gemäß §§ 134, 309 BGB. eine Gebühr nicht zu fordern und die erhobene zurückzugewähren.[4]) 6

Hervorzuheben sind folgende Besonderheiten:

a) Da der Rechtsanwalt Dienste höherer Art zu leisten hat, die auf Grund besonderen Vertrauens übertragen zu werden pflegen, so kann nach § 627 BGB. das Dienstverhältnis von jedem Teile ohne Einhaltung einer Kündigungsfrist gekündigt werden. Für solche Dienste, die nach dem Vertrage hätten geleistet werden sollen, aber infolge der Kündigung nicht geleistet sind, kann dann die Vergütung jedenfalls nicht verlangt werden, da nach der Kündigung von einem Annahmeverzuge des Dienstberechtigten nicht mehr die Rede sein kann (§ 615 BGB.); vielmehr ist nach § 628 BGB. immer nur ein Anspruch auf einen den bisherigen Leistungen entsprechenden Teil der Vergütung vorhanden, unbeschadet der hier nicht interessierenden Schadensersatzansprüche. Über die Bemessung der Höhe dieser Vergütung trifft § 50 GO. nähere Bestimmung. 7

Kann sonach eine Vergütung immer nur für die Dienste verlangt werden, die wirklich geleistet worden sind, so kann andererseits auch für wirklich geleistete Dienste der Vergütungsanspruch sortfallen. Wenn der Dienstverpflichtete gekündigt hat, ohne durch vertragswidriges Verhalten des anderen Teils dazu veranlaßt zu sein, oder wenn der Dienstverpflichtete durch sein vertragswidriges Verhalten die Kündigung des anderen Teils veranlaßt hat, so soll ihm nach § 628 BGB. ein Anspruch auf die Vergütung insoweit nicht zustehen, als seine bisherigen Leistungen infolge der Kündigung für den anderen Teil kein Interesse haben. Hier greift jedoch die Vorschrift des § 50 GO. ergänzend ein, welche in allen Fällen der Aufhebung des Auftrages vor Beendigung der Instanz, gleichviel aus welchem Grunde sie geschieht, dem Rechtsanwalt den Anspruch

[2]) Demgegenüber muß die in JW. 89, 465 mitgeteilte Entscheidung des 6. Zivilsenats des RG. vom 7. Dezember 85 unzutreffend erscheinen, welche als „Gebühr" im Sinne des § 6 GO. auch die Schreibgebühr ansehen will. Vgl. übrigens zu § 6 und JW. 01, 198.

[3]) Vgl. RG. 21, 350.

[4]) Vgl. hierzu RGSt. 14, 377 a. E.

auf die bereits verdienten Gebühren zuspricht und nur die zivilrechtlichen Folgen eines Verschuldens vorbehält.[4a]) Da der § 50 GO. als spezialgesetzliche Bestimmung der allgemeinen Bestimmung des § 628 BGB. vorgeht, (vgl. Einl. § 4), so kann nur im Falle des Verschuldens des Anwalts die Vorschrift des § 628 BGB. Platz greifen, nicht auch beim Mangel eines Verschuldens beider Teile.[5])

Die bisherigen Leistungen haben für den Auftraggeber insoweit kein Interesse, als derselbe die gleichen Gebühren einem neu zu bestellenden Anwalt noch einmal zu zahlen hat. Insoweit würde der Vergütungsanspruch des früheren Anwalts nicht etwa erst ope exceptionis zu beseitigen, sondern überhaupt nicht vorhanden sein.[6])

8 b) Nach § 613 BGB. hat der zur Dienstleistung Verpflichtete die Dienste im Zweifel in Person zu leisten.

Die Stellung der Partei zu dem von ihr erwählten Rechtsanwalte bringt es nun aber als Regel mit sich, daß sie bei gegebener Veranlassung die Ausübung der Anwaltstätigkeit durch einen Vertreter geschehen zu lassen hat.[7]) Muß sonach auch die Dienstleistung durch einen Stellvertreter als Erfüllung des Dienstvertrages angenommen werden und den Anspruch auf Vergütung zur Entstehung bringen, so wird doch immerhin zur Begründung einer nach der GO. zu bemessenden Vergütung, die ja die Berufstätigkeit des Rechtsanwalts zum Ausgangspunkt nimmt, nur die Tätigkeit eines solchen Vertreters in Betracht kommen dürfen, der die allgemeine Qualifikation zur Ausübung der Anwaltstätigkeit nach der Anschauung der beteiligten Kreise oder dem Ausspruche des Gesetzes besitzt.

9 Diese Voraussetzung liegt zweifellos vor, wenn der Vertreter ebenfalls ein Rechtsanwalt ist; sie ist auch niemals angezweifelt worden, wenn der Vertreter zwar nicht ein Rechtsanwalt, aber für den Rechtsanwalt gemäß § 25 der Rechtsanwaltsordnung von der Landesjustizverwaltung als Vertreter bestellt ist. Zweifelhaft aber ist die Frage in allen anderen Fällen; insbesondere aber ist zweifelhaft, ob die Vertretung durch einen im Justizdienste befindlichen Rechtskundigen, welcher mindestens zwei Jahre im Vorbereitungsdienste beschäftigt ist, auch dann jenen Voraussetzungen entspricht, wenn der Rechtskundige dem Rechtsanwalt nicht als Vertreter bestellt ist. Für das Anwendungsgebiet der GO. hat die Rechtsprechung des Reichsgerichts, welche auch zu einer Plenarentscheidung, allerdings nur für den besonderen Fall der Inanspruchnahme der Reisekosten aus § 78 GO., geführt hat,[8]) ganz allgemein die Frage konstant verneint,[9]) während die Instanzgerichte geschwankt haben.[10]) Die Begründung

[4a]) Vgl. Motive zu § 50 GO. und die Erläuterungen, ferner RG. 33, 369.

[5]) Ebenso LG. II Berlin im KGBl. 03 S. 39. Über die Fälle des Verschuldens vgl. die Erl. zu § 50 GO.

[6]) Als Wegfall des Vergütungsanspruchs ope exceptionis konstruiert in KGBl. 03 S. 110.

[7]) RG. in JW. 99 S. 695, 4.

[8]) RG. 21, 349.

[9]) RG. 31, 425 und die dort angeführten Entscheidungen.

[10]) Bejahend: OLG. Hamburg (Seuff. Arch. 38 Nr. 260); LG. Halle (Naumb. AKZ. 86 S. 7 Z. 1); LG. Hildesheim (JW. 86 S. 216); LG. Magdeburg (Naumb. AKZ. 86 S. 30 Z. 3); OLG. Dresden (Annal. Dresd. 7, 556 ff.; Seuff. Arch. 42 Nr. 147 S. 211, 212); OLG. Naumburg (Naumb. AKZ. 86 S. 70 Z. 3); OLG. Colmar (JZfEL. 11, 417); LG. I Berlin (Schreibst. IV S. 36, 37); OLG. Braunschweig (Seuff. Arch. 46 Nr. 126 S. 205, 206); OLG. Karlsruhe (Bad. AKZ. 15, 11); OLG. Oldenburg (Old. Ztschr. 97 S. 237).

Verneinend: LG. Naumburg (Naumb. AKZ. 86 S. 7 und 98 S. 19 Z. 2); LG. Halberstadt (Naumb. AKZ. 92 S. 52 Z. 3); OLG. Naumburg (Naumb. AKZ. 95 S. 103 Z. 2); LG. Düsseldorf (Z. der Rhpr. AV. 89 S. 91); LG. Dresden (Recht 01 S. 266).

des Reichsgerichts ist indessen nicht überzeugend und widerspricht auch der Entstehungsgeschichte des § 25 der Rechtsanwaltsordnung; sie geht davon aus, daß durch Abs. 3 des § 25 nichts weiter beabsichtigt worden, als den dort gekennzeichneten Rechtskundigen die Möglichkeit des Auftretens vor Gericht ohne die Gefahr der Zurückweisung zu geben. Dabei übersieht aber das Reichsgericht, daß eine solche Bestimmung doch nimmermehr gerade in der Rechtsanwaltsordnung hätte ihren Platz finden können, wenn sie nicht hätte in Beziehung stehen sollen zur Geschäftsführung des Rechtsanwalts. Und in der Tat ist es aus dem Gesamtinhalt des § 25 unverkennbar, daß den Gesetzgeber der Rechtsanwaltsordnung die bezeichneten Rechtskundigen nur deshalb und nur insoweit interessierten, als den Rechtsanwälten die Möglichkeit geboten werden sollte, in diesen Rechtskundigen geeignete Vertreter, auch ohne die Bestellung, zu finden. Indem aber der § 25 die Vertretung des Rechtsanwalts durch die bezeichneten Rechtskundigen zugelassen hat, hat er für die Fälle der Zulassung ihre Qualifikation derjenigen eines vertretenden Rechtsanwalts gleichgestellt. Wenn nun die Befugnis des Rechtsanwalts, sich in geeigneten Fällen bei der Dienstleistung vertreten zu lassen, auch vom Reichsgericht anerkannt ist, so folgt daraus, daß der Rechtsanwalt auch Anspruch auf die Gebühr hat, wenn er die Dienste durch einen nach der Anschauung des Gesetzes qualifizierten Vertreter leisten läßt. Die Entstehungsgeschichte des § 25 läßt aber weiter auch klar erkennen, daß dies auch die Auffassung des Gesetzgebers gewesen ist, denn in der Reichstagskommission war ein, die Klarstellung dieser Auffassung bezweckender Antrag gestellt und später zurückgenommen worden, nachdem derselbe für überflüssig erklärt und von der Kommission unter Zustimmung des Regierungsvertreters konstatiert worden war, „daß der Rechtsanwalt auch im Falle einer Stellvertretung denselben Anspruch auf Erstattung der Gebühren und notwendigen Auslagen hat, wie wenn er selbst die Partei vertritt." Trotz der Rechtsprechung des Reichsgerichts muß man demnach den Vergütungsanspruch des Rechtsanwalts nach den Sätzen der GO. auch im Falle seiner Vertretung durch einen Rechtskundigen anerkennen.[11]) Ebenso kann ein Unterschied zwischen Gebühren und Auslagen nicht gemacht werden, wenn die Gleichwertigkeit des Vertreters anerkannt werden muß.

Dagegen wird bei Vertretung des Rechtsanwalts durch eine andere Person (Büreauvorsteher, Prozeßagent ꝛc.) ein Anspruch des Rechtsanwalts auf taxmäßige Vergütung nach der Gebührenordnung nicht anzuerkennen sein, weil die Dienstleistungen dieser Personen die Anwaltstätigkeit gleichwertig zu ersetzen nicht geeignet sind. Hier wird nur ein Anspruch auf Ersatz der für die Bestellung einer solchen Person gemachten Aufwendungen begründet sein, insoweit man von dem Gesichtspunkte ausgehen kann, daß der Auftrag nach dem Parteiwillen und der Verkehrsübung auch darauf gerichtet war, im besonderen Falle eine solche Person zu bestellen. Dies wird insbesondere der Fall sein, wenn es sich um Wahrnehmung eines Termins bei einem Amtsgerichte handelt, bei dem ein Anwalt nicht zugelassen ist.[12])

c) Ist der Dienstvertrag mit mehreren Rechtsanwälten abgeschlossen, so daß **10** mehrere Dienstverpflichtete vorhanden sind, so regelt sich die Vergütung nach den Grundsätzen des § 2 GO. (s. Erläuterungen zu § 2).

d) Über die Fälligkeit des Vergütungsanspruchs bestimmt § 85 GO., auf **11** dessen Erläuterung verwiesen wird. Vgl. hierzu auch die Ausführungen zu Nr. 7 (Verjährung), N. 27.

[11]) Derselben Ansicht Meyer-Jrmler § 1 A. 3; Drucker § 1. III. AM. Willenbücher § 1 N. 2 b.

[12]) Vgl. hierzu RG. 10, 379.

12 5) **Gebührenschuldner** ist derjenige, welcher den Dienstvertrag mit dem Rechtsanwalt abgeschlossen hat. Dies kann natürlich auch durch einen Vertreter [13]) geschehen, sei es durch einen Bevollmächtigten, z. B. bei Übertragung des Auftrags durch einen anderen hierzu bevollmächtigten Rechtsanwalt, oder durch einen gesetzlichen Vertreter. Möglich ist aber auch die Übertragung des Auftrags für eigene Rechnung durch einen anderen, als die Prozeßpartei, z. B. durch den am Ausgange des Rechtsstreits beteiligten Zedenten oder den Bürgen oder durch die Versicherungsgesellschaft, welche die Folgen einer Haftpflicht übernommen und deren richterliche Feststellung zur Voraussetzung ihres Eintretens gemacht hat. Hier ist dieser Dritte der Auftraggeber und Gebührenschuldner; ob daneben auch die Prozeßpartei für die Gebühren haftet, wird nach der Lage des Falles zu entscheiden sein. Unter Umständen kann man in dem wissentlichen Dulden der Prozeßvertretung den stillschweigenden Abschluß eines Dienstvertrages finden. Wenn aber lediglich der dritte Auftraggeber ein materielles Interesse am Prozeßausgange hat, so wird gewöhnlich der Vertretene selbst eine Haftung für die Gebühren ablehnen dürfen.

Besondere Erwähnung verdienen hier folgende Fälle:

13 a) Auf Grund des § 115 Nr. 3 ZPO. und des § 34 RAO. kann der Rechtsanwalt in bürgerlichen Rechtsstreitigkeiten, auf Grund des § 14 des Gesetzes vom 17. Mai 1898 auch in Angelegenheiten der freiwilligen Gerichtsbarkeit, und auf Grund des § 419 Abs. 3 StPO. auch in Privatklagesachen,[14]) einer **armen Partei** zur **vorläufig unentgeltlichen** Wahrnehmung ihrer Rechte vom Gerichte **beigeordnet** werden.[15]) Diese Beiordnung begründet für den Rechtsanwalt einen Kontrahierungszwang, der sonst nicht besteht, d. h. die Verpflichtung, den Dienstvertrag mit der armen Partei abzuschließen und zu erfüllen. Gegenkontrahent ist daher nur die arme Partei und nur gegen sie entsteht der Vergütungsanspruch. Aber dieser Anspruch ist bedingt und betagt; der Rechtsanwalt kann die Vergütung erst dann fordern, wenn die arme Partei ohne Beeinträchtigung des für sie und ihre Familie notwendigen Unterhalts zur Nachzahlung der Beträge, von deren Berichtigung sie einstweilen befreit war, imstande ist.[16]) Ob die Verpflichtung zur Nachzahlung einen dieselbe aussprechenden Gerichtsbeschluß zur Voraussetzung hat, ist bestritten. Die Frage dürfte zu verneinen sein. Die Entziehung des Armenrechts während des Verlaufs des Prozesses verlangt allerdings einen Gerichtsbeschluß, auch wenn sie deshalb erfolgen soll, weil die Verhältnisse sich gebessert haben. (§ 121 ZPO.) Bei einer Veränderung der Verhältnisse nach Erledigung des Prozesses aber spricht die ZPO. (§ 125) nicht mehr von einer Entziehung des Armenrechts, sondern begnügt sich damit, die Verpflichtung zur Nachzahlung materiell festzustellen. Daraus folgt, daß es im letzteren Falle einer „Entziehung" des gewährten Armenrechts nicht bedarf, daß vielmehr ohne irgend welches Einschreiten des Gerichts die „vorläufige Unentgeltlichkeit" wieder wegfällt. Für einen, den Eintritt der Voraussetzungen der Nachzahlungspflicht feststellenden Gerichtsbeschluß liegt auch bezüglich der Anwaltsgebühren gar kein Bedürfnis vor. Für die nachträgliche Einziehung der Gerichtskosten einen Gerichtsbeschluß zu verlangen, mag immerhin sich daraus rechtfertigen, daß die Einziehung im Wege der Zwangsvollstreckung ohne besonderen Schuldtitel zulässig ist; der Anwalt aber muß sich behufs Einziehung seiner Gebühren immer erst einen

[13]) Vgl. jedoch hierzu auch die Entsch. in KGBl. 91 S. 55 und 01 S. 82, 83.
[14]) Vgl. hierzu Vorbem. z. vierten Abschnitt N. 19.
[15]) Vgl. zu folgendem **Breslauer**, Die rechtliche Stellung des Armenanwalts (Leipzig 94). **Schott**, das Armenrecht der deutsch. ZPO.
[16]) Vermögen zur ratenweisen Abzahlung genügt nicht. RG. 12, 417.

Schuldtitel verschaffen, so daß das Vorhandensein der Voraussetzungen der Nachzahlungspflicht auf Bestreiten immer erst durch das Prozeßgericht festgestellt werden muß, und zwar weit zuverlässiger und gründlicher, als dies durch den verlangten Gerichtsbeschluß geschehen könnte.[17]) Zum Gerichtsbeschluß ist nach der Ansicht des Reichsgerichts nur das erstinstanzliche Gericht zuständig, auch wenn es sich um die Kosten der höheren Instanzen handelt.[18]) Gegen den ablehnenden Beschluß hat der Rechtsanwalt keine Beschwerde.[19])

13a Unter gewissen Umständen erlangt der Rechtsanwalt einen *zweiten Gebührenschuldner* in der Person des Gegners der armen Partei; nach § 124 ZPO. ist der Rechtsanwalt berechtigt, seine Gebühren und Auslagen von dem in die Prozeßkosten verurteilten Gegner beizutreiben. Die rechtliche Natur dieses Anspruches ist streitig. Streit besteht darüber, ob § 124 eine teilweise gesetzliche Zession des Kostenerstattungsanspruchs der armen Partei an ihren Anwalt begründet oder dem Rechtsanwalt ein selbständiges Recht auf Kostenerstattung neben dem Rechte der Partei selbst verleiht.[20]) Das Reichsgericht hat sich der zweiten Meinung angeschlossen.[21]) Dann entsteht aber die weitere Frage, ob und inwieweit dadurch das eigene Recht der Partei auf Kostenerstattung eingeschränkt wird. Man wird annehmen müssen, daß die Partei nicht gegen den Willen oder ohne Wissen des Anwalts die Kostenerstattung betreiben darf,[22]) daß dagegen der Anwalt auf sein Recht verzichtet, wenn er die Kostenfestsetzung auf den Namen der Partei betreibt.[23])

14 b) Im Strafverfahren ist im Falle der *notwendigen Verteidigung* dem Angeschuldigten, welcher einen Verteidiger noch nicht gewählt hat, ein solcher von Amts wegen durch den Gerichtsvorsitzenden zu *bestellen* (§ 140 StPO.); dem zum Verteidiger bestellten Rechtsanwalte sind für die geführte Verteidigung die Gebühren nach Maßgabe der Gebührenordnung aus der Staatskasse zu bezahlen (§ 150 StPO.).[24])

Hier „bestellt" der Staat den Verteidiger; zwischen beiden entsteht dadurch ein Auftrags- bzw. Dienstverhältnis; Gebührenschuldner ist deshalb die Staatskasse. Dies ergibt schon der Wortlaut und Sinn der Bestimmungen, ist aber auch aus den parlamentarischen Verhandlungen zu entnehmen.[25])

[17]) Einen Gerichtsbeschluß fordern: *Gaupp-Stein* § 125 N. II; *Petersen-Anger* § 125 N. 1; *Meyer-Irmler* § 85 Nr. 6; KG. u. Vorst. AK. in JW. 83 S. 121; JW. 90 S. 358; Bresl. AKZ. 91 S. 17; Naumb. AK. in AKZ. 82 S. 32; 91 S. 56; Jena 98 in Thür. BlfR. 46, 87. Anderer Meinung die Bresl. AK. in Br. AKZ. 90 S. 34; Colmar 97 in JZfEL. 24, 61 u. ZfGV. 99 S. 60 und KGBl. 99 S. 36; *Wilmowski-Levy* § 167 N. 5 und § 117 N. 1. Der Ehrengerichtshof hält (3, 131) den Abzug der Gebühren von dem für die arme Partei eingezogenen Betrage für zulässig, „wenn entweder die Besserung der Vermögenslage der Partei eine so entschiedene ist, daß dadurch deren Leistungsfähigkeit außer Zweifel steht, weil in diesem Falle die Pflicht der Stundung unbedenklich aufhört, oder wenn die Partei mit dem Abzuge einverstanden ist." Das Reichsgericht läßt die Notwendigkeit dahingestellt (20 S. 417).

[18]) RG. 12, 417. Ebenso KG. XII 23. 1. 01 und OLG. Oldenburg II 23. 3. 01 in OLG. 2, 297. A. M. *Hellmann*, Lehrb. d. ZP. S. 222 und *Gaupp-Stein* § 125 N. II.

[19]) RG. 20, 417.

[20]) Vgl. hierzu Raddatz in Gruchot 39, 289 ff.

[21]) RG. bei Gruchot 45, 652.

[22]) RG. in JW. 04 S. 145.

[23]) OLG. (Dresden) 7, 287; OLG. Jena in ZfdZP. 31, 337.

[24]) Dem vom Schwurgerichtsvorsitzenden zum notwendigen Verteidiger bestellten Anwalt steht an die Staatskasse auch der Anspruch auf Zahlung der Gebühren für Einlegung und Rechtfertigung der *Revision* zu. Vgl. LG. Thorn in Pos.Mschr. 00 S. 135 mit ausführlicher Begründung gegen Urt. d. RG. 9. 12. 93 in JMBl. 94 S. 88. Ebenso LG. Posen in Pos. Mschr. 01 S. 81 unter Anlehnung an Goltd.Arch. 37, 310 und RGSt. 22, 397, JW. 91 S. 449, 4. Vgl. im übrigen die Vorbemerkungen zum vierten Abschnitt VI, 1 N. 16.

Ein Vergütungsanspruch des Anwalts gegen den Verteidigten selbst wird hier nur unter denselben Voraussetzungen anzuerkennen sein, wie im Falle des Dienstvertrags mit einem Dritten.

15 c) Unter den Voraussetzungen der §§ 57, 58, 668, 679, 686, 779, 787 ZPO. kann der Vorsitzende des Prozeßgerichts bzw. das Vollstreckungsgericht einen Rechtsanwalt als „besonderen Vertreter“ einer Partei bestellen. Wer ist in solchen Fällen Gebührenschuldner? Zunächst wohl der Vertretene, also der Prozeßunfähige ohne gesetzlichen Vertreter (§ 57 ZPO.), der Entmündigte (§§ 668, 679, 686 ZPO.), der Erbe (§ 779 ZPO.). Man muß annehmen, daß in diesen Fällen wegen Gefahr im Verzuge der Vorsitzende kraft gesetzlicher Ermächtigung Funktionen des Vormundschafts- bzw. Nachlaßgerichts ausübt, und daß für das Verhältnis des Rechtsanwalts zum Vertretenen die Vorschriften des § 1835 BGB. entsprechend anzuwenden sind. Wer ist aber der Vertretene in den Fällen der §§ 58 und 787 ZPO.?[26]) Der Vertreter wird zur „Wahrnehmung der sich aus dem Eigentum (an dem gemäß § 928 BGB. aufgegebenen Grundstücke) ergebenden Rechte und Verpflichtungen im Rechtsstreit“ bestellt; er soll Funktionen ausüben, die dem Eigentümer obliegen. Danach kann wohl nur der zukünftige Eigentümer der Vertretene sein; sicher nicht der frühere Eigentümer, der sein Eigentum unwiderruflich aufgegeben hat.

Neben dem Vertretenen auch den Antragsteller für die Gebühren haften zu lassen, weil die Vertretung in seinem Interesse angeordnet sei, läßt sich weder aus der ZPO., noch aus dem BGB. begründen. Praktisch wird indessen eine solche Haftung dadurch herbeizuführen sein, daß der Rechtsanwalt die Übernahme der Vertretung, zu deren Annahme er nicht verpflichtet ist, von der Übernahme der Haftung für die Vergütung durch den Antragsteller abhängig macht.

16 d) Die Veräußerung der in Streit befangenen Sache oder die Abtretung des geltend gemachten Anspruchs nach Eintritt der Rechtshängigkeit hat zwar auf den Prozeß keinen Einfluß (§ 265 ZPO.), wohl aber hat sie materielle Wirkung (RG. 40, 340). Wird nun der Erwerber bzw. der Zessionar auch Gebührenschuldner neben dem ursprünglichen Auftraggeber? Allerdings geschieht die weitere Prozeßführung wesentlich im Interesse des Zessionars; aber wie es möglich ist, daß ein anderer, als die Partei selbst, als alleiniger Auftraggeber des Rechtsanwalts im Vertragsverhältnis mit demselben stehen kann, so ist es auch nicht ausgeschlossen, daß trotz der Zession der Auftraggeber das Vertragsverhältnis fortsetzt, ohne daß auch der Zessionar in den Vertrag eintritt. Ein Anspruch auf Vergütung aus §§ 812, 818 BGB. ist hier gegen den Zessionar deswegen nicht gegeben, weil die Leistung des Rechtsanwalts nicht ohne rechtlichen Grund geschieht. Mangels einer besonderen — wenn auch nur stillschweigenden — Vereinbarung zwischen Anwalt und Zessionar entsteht daher ein Vergütungsanspruch gegen den letzteren nicht.

17 e) Dagegen erhält kraft besonderer Vorschriften des bürgerlichen Rechts der Anwalt **neben** dem Auftraggeber einen **zweiten Gebührenschuldner**, und zwar als Gesamtschuldner in zwei Fällen:

α) Nach §§ 1388, 1387 BGB. hat im gesetzlichen Güterstande der **Ehemann** als Gesamtschuldner zu haften für die Kosten eines Rechtsstreits, den die Frau führt, sofern nicht die Kosten gemäß §§ 1415, 1416 BGB. dem Vor-

[25]) Vgl. **Hahn**, Materialien zur StPO., insbes. I, 978; II, 1279ff., 1830ff., besonders 1835. Derselben Ansicht der Kammergerichtspräsident in KGBl. 93 S. 109 und JW. 01, 197.

[26]) Vgl. hierzu Motive z. BGB. 3, 327. Prot. 3, 184ff. **Petersen-Anger** § 58 Nr. 3; **Gaupp-Stein** § 58, II. und V.; Bericht d. Reichstagskommission zur ZP.Novelle S. 33.

behaltsgut zur Last fallen, und ebenso für die Kosten der Verteidigung der Frau in einem gegen sie gerichteten Strafverfahren, sofern die Aufwendung der Kosten den Umständen nach geboten ist oder mit Zustimmung des Mannes erfolgt. Ebenso haftet auch bei der allgemeinen Gütergemeinschaft gemäß §§ 1460 Abs. 2, 1459 Abs. 2 BGB. der Ehemann persönlich als Gesamtschuldner für die Kosten eines Rechtsstreits der Frau. Das gleiche gilt bei der Errungenschaftsgemeinschaft gemäß §§ 1529 Abs. 2, 1387, 1531, 1530 Abs. 2 BGB., und ebenso bei der Fahrnisgemeinschaft gemäß § 1549 BGB.

Daß zu den Kosten des Rechtsstreits bzw. der Verteidigung die von der Ehefrau aufzuwendenden Anwaltskosten gehören, kann nicht zweifelhaft sein. Der Ehemann haftet sonach dem Anwalt neben der Ehefrau als Gesamtschuldner; wie die Ehefrau, so ist auch der Ehemann zur Bestellung eines Vorschusses verpflichtet. (Vgl. Planck, Komm. z. BGB. § 1387 Note 1 c.)

β) Auch der Vater als Inhaber der elterlichen Gewalt haftet gemäß §§ 1654, 1388 BGB. für die Kosten eines Rechtsstreits, der für das Kind geführt wird, sofern sie nicht dem freien Vermögen zur Last fallen, sowie für die Kosten der Verteidigung des Kindes in einem gegen das Kind gerichteten Strafverfahren, und zwar als Gesamtschuldner neben dem Kinde.[27]) In gleicher Weise haftet auch die Mutter als Inhaberin der elterlichen Gewalt gemäß § 1686 BGB.

6) In der Geltendmachung des Vergütungsanspruches ist der 18
Rechtsanwalt nicht privilegiert; zwar braucht er vor Empfang der Vergütung die Handakten dem Auftraggeber nicht herauszugeben (§ 32 RAO.), für die gerichtliche Geltendmachung seines Anspruchs aber steht ihm nur der gewöhnliche Rechtsweg zu Gebote, der auch für die Geltendmachung anderer zivilrechtlicher Ansprüche gegeben ist, d. h. das Mahnverfahren und die Klage. (JW. 96 S. 146, 5.) Daraus folgt aber auch, daß eine etwa im Kostenfestsetzungsverfahren erfolgte Wertsfestsetzung oder Feststellung oder Ablehnung einer Gebühr die Geltendmachung im Prozesse gegen den Auftraggeber an sich nicht beeinflußt (vgl. §§ 11, 12 GO.).

Nur ein besonderer Gerichtsstand ist neben dem allgemeinen Gerichtsstande der §§ 13—19 ZPO. für die Klage des Rechtsanwalts als Prozeßbevollmächtigten oder Beistandes wegen Gebühren und Auslagen gewährt. § 34 ZPO. bestimmt:

„Für Klagen der Prozeßbevollmächtigten, der Beistände, der Zustellungsbevollmächtigten und der Gerichtsvollzieher wegen Gebühren und Auslagen ist das Gericht des Hauptprozesses zuständig."

Die Auslegung dieser Bestimmung führt zu folgenden Ergebnissen:[28])

a) Nur für „Klagen" ist der besondere Gerichtsstand gewährt, nicht auch 19
für das Mahnverfahren, für welches lediglich der ausschließliche Gerichtsstand des § 689 Abs. 2 ZPO. maßgebend bleibt.

b) Der besondere Gerichtsstand ist nur begründet für Klagen der Rechts- 20
anwälte aus ihrem Verhältnis als „Prozeßbevollmächtigte, Beistände oder Zustellungsbevollmächtigte". Indessen wird mit Recht aus dem Zwecke des § 34 eine weite Auslegung des Begriffes „Prozeßbevollmächtigte" gerechtfertigt, so daß darunter alle Personen fallen, die auf Grund einer ihnen erteilten Vollmacht

[27]) Auch wenn das Kind kein Vermögen, der Vater demnach auch keine Nutznießung hat. Vgl. LG. Meseritz in Pos. Mschr. 01, 43; OLG. Celle 13. Febr. 06 und OLG. Hamburg 13. Jan. 06 in OLG. 12, 325.

[28]) Vgl. hierzu außer den Kommentaren zur ZPO., noch den Aufsatz „Zur Auslegung des § 34 der ZPO." in JW. 83 S. 286, und die ausführliche Begründung in RG. 58, 109.

für die Partei und in deren Namen die mit der Prozeßführung verbundene Geschäftsbesorgung übernehmen. Danach wird auch der Unterbevollmächtigte sowie der Korrespondenzmandatar und der Vertreter bei der Beweisaufnahme als „Prozeßbevollmächtigte" im Sinne des § 34 ZPO. angesehen.[29]) In diesem weiteren Sinne wird auch die Gebühr für Ratserteilung über die Fortsetzung eines von einem anderen Anwalte geführten Prozesses im Gerichtsstande des § 34 eingeklagt werden können.

Zu den Prozeßbevollmächtigten gehören insbesondere auch die Bevollmächtigten, welche der Prozeßbevollmächtigte für die höheren Instanzen bestellt hat (§ 81 ZPO.); letzteren kommen dieselben Befugnisse zu, wie wenn sie die Partei selbst bestellt hat.[30])

Daß der Gerichtsstand auch für Klagen der Rechtsnachfolger der bezeichneten Personen begründet ist, folgt aus allgemeinen Rechtsgrundsätzen.[31])

21 c) Die Klage muß erhoben sein „wegen Gebühren und Auslagen", d. h. auf Entrichtung der Vergütung für die Dienstleistungen, mag nun eine Vergütung nach den Vorschriften der Gebührenordnung oder eine nach § 93 GO. vereinbarte Vergütung gefordert werden.[32])

Fraglich kann indessen sein, ob der besondere Gerichtsstand auch bei Klagen auf Vorschuß begründet ist; die Frage ist zu bejahen, da in dem Vorschuß tatsächlich Gebühren und Auslagen gefordert werden, deren Fälligkeit nur antedatiert ist.

22 d) Gegen wen die Klage sich richten muß, ist im § 34 nicht ausdrücklich bestimmt. Zunächst sind gemeint die Gebührenklagen gegen den Auftraggeber bzw. seine Rechtsnachfolger. Weiterhin wird der besondere Gerichtsstand auch begründet sein für Gebührenklagen gegen solche Personen, welche etwa neben dem Auftraggeber oder als Vertretene für die Vergütung haften, also gegen alle Gebührenschuldner ohne Ausnahme.[33]) (Vgl. N. 5, 14—16.) Der im Armenrecht bestellte Rechtsanwalt kann zwar auf Grund des § 124 ZPO. seine Gebühren und Auslagen von dem in die Prozeßkosten verurteilten Gegner direkt beitreiben; insofern wird hier ex lege ein besonderer Zahlungspflichtiger geschaffen. Indessen kann dieses Recht nicht im Wege der Klage, sondern nur im Wege des Kostenfestsetzungsverfahrens nach §§ 104 ff. geltend gemacht werden; denn es handelt sich hier nur um eine Übertragung des Ersatzanspruches kraft Gesetzes (§ 412 BGB.). Der Gerichtsstand des § 34 kann deshalb hier überhaupt nicht in Frage kommen.

23 e) Der besondere Gerichtsstand des § 34 hat zur Voraussetzung das Vorhandensein eines „Hauptprozesses". Als solcher kann nur ein Zivilprozeß gemeint sein, nicht ein Strafverfahren oder ein Konkursverfahren, welche in der Terminologie der Reichsjustizgesetze niemals „Prozeß" genannt werden.[34])

Zweifelhaft kann sein, ob man ein Mahnverfahren, ein Aufgebotsverfahren oder ein gerichtliches Zwangsvollstreckungsverfahren, insbesondere die Zwangs-

[29]) RG. 58, 109. Vgl. auch Gaupp-Stein § 34 II.

[30]) RG. 22, 397.

[31]) Ebenso Petersen-Anger zu § 34 Nr. 1; Gaupp-Stein zu § 34 II; Struckmann-Koch zu § 34 Nr. 5.

[32]) Vgl. Recht 01, 21 (LG. Mainz 30. März 00.) Eine Klage des Anwalts auf Anerkennung der Richtigkeit einer bereits bezahlten Liquidation hat das KG. im Gerichtsstande des § 34 nicht zugelassen. Vgl. KG. (10 ZS.) vom 31. Okt. 06 in Sachen St. : B.

[33]) Ebenso OLG. (Kiel) 7, 273. A. M. Willenbücher S. 1.

[34]) Vgl. ZZP. 9, 390 ff.; JW. 83, 286; Petersen-Anger § 34 Nr. 2 u. 3; Naumb. AKZ. 94 S. 15; Gaupp-Stein § 34 III, der jedoch das Konkursverfahren als „Hauptprozeß" angesehen wissen will.

versteigerung und Zwangsverwaltung von Grundstücken als „Hauptprozeß" im Sinne des § 34 anzusehen hat. Die Frage dürfte zu verneinen sein; gemeint ist wohl nur ein Prozeßverfahren.

f) Unter dem „Gericht, des Hauptprozesses" ist dasjenige Gericht zu ver- 24
stehen, bei welchem der Hauptprozeß in erster Instanz anhängig geworden ist, nicht etwa dasjenige Gericht, vor welchem der Hauptprozeß zu der Zeit, als die Gebühren und Auslagen entstanden, anhängig gewesen ist.[35])

Es ist daher auch für die Gebühren der zweiten und dritten Instanz der besondere Gerichtsstand nur bei dem Gerichte erster Instanz gegeben.

Auch die Gebühren für Vertretung im Wiederaufnahmeverfahren, selbst wenn dasselbe vor dem Berufungsgericht anhängig gemacht ist (§ 584 ZPO.), müssen vor dem Gericht des Hauptprozesses erster Instanz geltend gemacht werden, da die Wiederaufnahme nur eine Fortsetzung des Hauptprozesses, nicht ein neuer Prozeß ist.[36])

Die Bestellung des „Gerichts des Hauptprozesses" enthält nun eine 25
Regelung sowohl der örtlichen Zuständigkeit, als auch insbesondere der sachlichen Zuständigkeit; die Höhe des Streitgegenstandes kommt nicht in Betracht, so daß im Gerichtsstande des § 34 das Landgericht als Gericht des Hauptprozesses auch dann zuständig ist, wenn die eingeklagten Gebühren und Auslagen den Betrag von 300 Mk. nicht übersteigen, ebenso aber auch das Amtsgericht als Gericht des Hauptprozesses zuständig sein kann, wenn ein Gebührenbetrag von mehr als 300 Mk. eingeklagt wird.

Streitig ist, ob als „das Gericht des Hauptprozesses" im Sinne des § 34 26
anzusehen ist das Gericht als Ganzes ohne Rücksicht auf seine Gliederung in einzelne Abteilungen oder Kammern, oder das konkrete Gericht, die Abteilung oder Kammer, welche den Hauptprozeß verhandelt hat. Im ersteren Falle würde die Bestimmung derjenigen Abteilung oder Kammer, welche in Tätigkeit zu treten hätte, lediglich Gegenstand der Geschäftsverteilung sein und nur eine interne Bedeutung für das Gericht haben, im anderen Falle aber würde lediglich der Richter bzw. das Richterkollegium des Hauptprozesses zuständig sein, und die Klage bei derjenigen Abteilung, Zivilkammer oder Kammer für Handelssachen anzubringen sein, welche den Hauptprozeß verhandelt hat.

Der gesetzgeberische Grund für die Bestimmung des § 34 spricht für die letztere Ansicht; durch § 34 sollte ein Gerichtsstand des materiellen Zusammenhangs geschaffen werden, durch dessen Zulassung die sonst schwer zu vermeidende vorherige gerichtliche Festsetzung der einzuklagenden Gebühren und Auslagen erübrigt werden sollte.[37]) Ergibt sich hieraus, daß der Gesetzgeber den Gebührenprozeß als eine Fortsetzung des Hauptprozesses ähnlich wie das Kostenfestsetzungsverfahren im Prozesse gedacht hat, so konnte mit diesem Nachprozeß nur der Richter des Hauptprozesses betraut werden.[38])

7. Die **Verjährung** des Vergütungsanspruchs. 27

Nach § 196 Nr. 15 BGB. verjähren die Ansprüche der Rechtsanwälte „wegen ihrer Gebühren und Auslagen" in zwei Jahren. Die Verjährung be-

[35]) Vgl. Hahn, Materialien z. ZPO. S. 158, 975; ferner RG. 29, 414 und übereinstimmend sämtliche Kommentatoren der ZPO.

[36]) Vgl. JW. 6, 142 ff. und die Kommentare z. ZPO.

[37]) Vgl. Hahn, Materialien z. ZPO. S. 158.

[38]) Derselben Ansicht das Landgerichtspräsidium Berlin I, KGBl. 6, 113; Gaupp-Stein zu § 34, III; Foerster § 34 Nr. 2; vgl. RG. 33, 357. A. M. Willenbücher S. 2. Andere Schriftsteller, wie Petersen-Anger § 34 Nr. 6, lassen die Gebührenklage nach einem bei der Kammer für Handelssachen geführten Hauptprozeß auch bei der Zivilkammer zu, während Kleiner, Kommentar z. ZPO. I, 221 und Hellmann, Lehrbuch d. ZPRechts S. 124 ausschließlich die Zivilkammer für zuständig halten.

ginnt nach § 198 mit dem Schlusse des Jahres, in welchem der Anspruch **entstanden** ist. In den bisherigen Rechten und ebenso im Entw. I war der Beginn der Verjährung an den Zeitpunkt der **Fälligkeit** geknüpft, der nicht immer mit der Entstehung des Anspruchs zusammenzufallen braucht (Motive z. Entw. I. § 158 S. 307). Trotzdem liegt eine sachliche Differenz nicht vor, weil die Verjährung nach § 202 BGB. bis zur Fälligkeit gehemmt ist. Man wird daher auch nach den Vorschriften des BGB. den Beginn der Verjährung erst von der Fälligkeit zu rechnen haben. Die Fälligkeit des Anspruchs auf die Gebühren tritt nun nach § 85 GO. ein, sobald über die Verpflichtung, dieselben zu tragen, eine Entscheidung ergangen ist, sowie bei Beendigung der Instanz oder bei Erledigung des Auftrags. Dies stimmt auch im wesentlichen mit der Vorschrift des § 614 BGB. überein, nach welcher die Vergütung nach Leistung der Dienste zu entrichten ist.

28 Fraglich kann aber sein, wann die Verjährung für den Anspruch auf Erstattung der **Auslagen** beginnt. Der § 85 GO. bezieht sich nur auf die „Gebühren", nicht auf die „Auslagen"; bezüglich letzterer meinen die Motive zu § 85, daß der Rechtsanwalt „dieselben sofort erstattet verlangen kann, soweit er sie nicht vorschußweise erhalten hat". Dieser Ansicht dürfte aber nicht zuzustimmen sein. Die Erfüllung des mit dem Rechtsanwalte geschlossenen Dienstvertrages bedingt nicht nur die Leistung von Diensten, sondern auch die Leistung von Aufwendungen zwecks Ausführung des Auftrags; die aus §§ 670, 675 BGB. folgende Ersatzpflicht ist demnach keine selbständige Obligation, sondern nur ein Bestandteil der aus dem Dienstvertrage entstehenden Obligation. Und wenn man die Bestimmung des § 614 BGB. bezüglich der Fälligkeit dahin zu verstehen hat, daß nicht für jeden Einzeldienst besonders, sondern für die ganze Summe der zur Erledigung des Dienstvertrags (Auftrags) erforderlich gewesenen Einzeldienste einheitlich der Fälligkeitstermin bestimmt ist, so muß auch für die Fälligkeit der Auslagen gelten, was für die Fälligkeit der Gebühren gilt; der ganze Vergütungsanspruch wird gleichzeitig fällig, der Anspruch auf Erstattung der Auslagen also gleichzeitig mit dem Anspruch auf Zahlung der Gebühren. Von dieser Auffassung dürfte auch der § 196 Nr. 15 selbst nach seiner Fassung ausgehen (wegen ihrer „Gebühren und Auslagen", nicht „und ihrer Auslagen").

Unter den Auslagen in diesem Sinne sind alle Aufwendungen zu verstehen, die der Rechtsanwalt zum Zwecke der Ausführung des Auftrags für erforderlich halten darf (§ 670 BGB.), nicht nur die in der GO. §§ 76—83 bestimmten Auslagen. Es würden demnach hierunter auch die verauslagten Stempelkosten fallen; nicht dagegen die dem Rechtsanwalt von der Partei aufgetragene Verauslagung der Gerichtskosten, da diese nicht eine Aufwendung zwecks Ausführung des Auftrags ist.

29 III. Abgrenzung des Anwendungsgebiets der GO.

Nicht für die gesamte Berufstätigkeit des Rechtsanwalts wird die Vergütung durch die GO. bestimmt, sondern **nur für die Tätigkeit auf dem durch § 1 GO. begrenzten Gebiete**, welches dann durch § 91 GO. auf gewisse Verfahrensarten ausgedehnt ist.

Grundsätzlich sind sämtliche Bestimmungen des Gesetzes nur auf seinem, durch §§ 1 und 91 abgegrenzten, Geltungsgebiete zur Anwendung zu bringen. Dies ist insbesondere für die Anwendung des § 89 GO. hervorzuheben, der beim Mangel einer im Gesetze bestimmten Gebühr für ein dem Rechtsanwalt aufgetragenes Geschäft die entsprechende Anwendung der Bestimmungen der GO. vorschreibt. Hier wird immerhin ein Geschäft vorausgesetzt, welches in das Geltungsgebiet des § 1 resp. § 91 fällt; für ein außerhalb dieses Gebietes liegendes Geschäft, z. B. für ein solches, das in den Geltungsbereich der Landesgebührenordnungen fällt, ist die unmittelbare Anwendung des § 89 unzulässig.[39])

Wird zunächst von der Gebietserweiterung durch § 91 GO. abgesehen, so nimmt § 1 GO. die Anwendung der Bestimmungen des Gesetzes für zwei Hauptgruppen anwaltlicher Tätigkeit in Anspruch, einmal für die Tätigkeit in einem bestimmten Verfahren, dann für die beratende Tätigkeit, welche den Beginn oder die Fortsetzung eines solchen Verfahrens betrifft.

A. Für die erste Gruppe von Tätigkeiten im Verfahren stellt § 1 als 30
Voraussetzungen der Anwendung der Bestimmungen der GO. auf, daß es sich handeln muß:

um ein Verfahren, auf welches die Zivilprozeßordnung, die Strafprozeßordnung oder die Konkursordnung Anwendung findet, und zugleich um ein solches Verfahren vor den ordentlichen Gerichten.

Beide Voraussetzungen müssen zusammenfallen, um die Anwendung der GO. herbeizuführen; fehlt auch nur eine dieser Voraussetzungen, so ist die GO. nicht anwendbar.[30]) Dagegen ist es gleichgültig, ob die Zuständigkeit bei den ordentlichen Gerichten oder die Anwendung der Reichsprozeßordnungen auf reichsrechtlicher oder landesgesetzlicher Bestimmung beruht (§ 3 Abs. 1 und § 4 EGzGVG., § 3 Abs. 2 EGzZPO. und § 3 Abs. 2 EGzStPO.). So wird z. B. durch das Preußische Feld- und Forstpolizeigesetz vom 1. April 80 die Behandlung der betreffenden Strafsachen den Schöffengerichten überwiesen und — von kleinen Abweichungen abgesehen — die Strafprozeßordnung für anwendbar erklärt; damit sind beide Voraussetzungen des § 1 erfüllt, und die GO. zur Anwendung zu bringen.

Auch darauf kommt es nicht an, daß die Angelegenheit zunächst bei anderen Behörden, z. B. den Gemeindegerichten oder den Polizeiorganen anhängig gewesen und erst demnächst durch „Berufung auf den ordentlichen Rechtsweg" oder durch „Antrag auf gerichtliche Entscheidung" vor die ordentlichen Gerichte gebracht worden ist. (GVG. § 14 Nr. 3; § 79 Gesetzes, betr. die Gewerbegerichte vom 29. Juli 90; § 101 der Seemannsordnung vom 27. Dezember 72 in Verbindung mit § 5 EGzStPO.; ferner StPO. §§ 170, 453 ff., 459 ff.). Für das Verfahren vor den ordentlichen Gerichten kommt jedenfalls die GO. zur Anwendung, während für das Vorverfahren die Vorschriften der Landesgesetze maßgebend sein mögen.

Dagegen ist, wegen Fehlens einer der beiden Voraus- 31
setzungen, die Anwendung der GO. nach ihrem § 1 nicht gegeben:

1) bei allen Angelegenheiten, auf deren Verfahren die Reichsprozeßordnungen keine Anwendung finden, gleichgültig, ob für diese Angelegenheiten die ordentlichen Gerichte oder andere Behörden zuständig sind, und ob durch Reichsgesetz oder Landesgesetz ein von den Reichsprozeßordnungen abweichendes Verfahren vorgeschrieben ist. Hierher gehören

a) alle Verfahren, welche zwar vor die ordentlichen Gerichte gehören, aber 32
in anderen Reichsgesetzen besonders geordnet sind, so das Verfahren nach dem Reichsgesetz über die Zwangsversteigerung und die Zwangsverwaltung vom 24. März 97, nach der Reichs-Grundbuchordnung vom 24. März 97, nach dem Reichsgesetz über die Angelegenheiten der freiwilligen Gerichtsbarkeit vom 17. Mai 98, also, namentlich in Vormundschafts-, Nachlaß-, Testaments-, Grundbuch- und Registersachen. Für die

[30]) Vgl. noch Erläuterung zu V.

anwaltliche Tätigkeit in diesen Verfahren sind demnach die landesgesetzlichen Gebührenvorschriften maßgebend.

33 b) Hierher gehören ferner solche Verfahren, welche an sich gemäß § 3 EGzZPO. und § 3 EGzStPO. vor den ordentlichen Gerichten nach den Bestimmungen der Reichs-Prozeßgesetze zu behandeln wären, jedoch durch die Bestimmungen der Einführungsgesetze der landesgesetzlichen Regelung überlassen sind, und zwar dann, wenn die Landesgesetze ein von den Bestimmungen der Reichsprozeßgesetze abweichendes Verfahren verordnet haben. In Betracht können hier kommen:

34 aa) auf dem Gebiete der bürgerlichen Rechtsstreitigkeiten:

α) § 11 des EGzZPO., welcher lautet:

„Die Landesgesetze können bei Aufgeboten, deren Zulässigkeit auf landesgesetzlichen Vorschriften beruht, die Anwendung der Bestimmungen der Zivilprozeßordnung über das Aufgebotsverfahren ausschließen oder diese Bestimmungen durch andere Vorschriften ersetzen."

Auf Grund dieser Ermächtigung bestimmt z. B. für Preußen das Preuß. Ausführungsgesetz zur Zivilprozeßordnung, in der Fassung der Bekanntmachung vom 6. Oktober 99 (GS. S. 388):

„§ 10. Die Vorschriften der Zivilprozeßordnung über das Aufgebotsverfahren finden auf Aufgebote, deren Zulässigkeit auf landesgesetzlichen Vorschriften beruht, nur Anwendung, wenn nach den bestehenden Vorschriften der Eintritt von Rechtsnachteilen durch besonderen Beschluß des Gerichts festgestellt werden muß."

Die Aufgebotsfälle der §§ 7—9 Preuß. AGzZPO. gehören dagegen nicht hierher; sie betreffen nur landesgesetzliche Ergänzungen der Bestimmungen der Zivilprozeßordnung. Für ein Aufgebotsverfahren, auf welches die Vorschriften der ZPO. keine Anwendung finden, ist die anwaltliche Tätigkeit auch nicht nach der GO., sondern nach den landesgesetzlichen Bestimmungen, zu vergüten.[40])

35 β) In Betracht kommt ferner § 15 des EGzZPO., welcher lautet:

„Unberührt bleiben:

1. die landesgesetzlichen Vorschriften über die Einstellung des Verfahrens für den Fall, daß ein Kompetenzkonflikt zwischen den Gerichten und den Verwaltungsbehörden oder Verwaltungsgerichten entsteht;

2. die landesgesetzlichen Vorschriften über das Verfahren bei Streitigkeiten, welche die Zwangsenteignung und die Entschädigung wegen derselben betreffen;

3. die landesgesetzlichen Vorschriften über die Zwangsvollstreckung wegen Geldforderungen gegen den Fiskus, eine Körperschaft, Stiftung oder Anstalt des öffentlichen Rechts oder eine unter der Verwaltung einer öffentlichen Behörde stehende Körperschaft oder Stiftung, soweit nicht dingliche Rechte verfolgt werden;

4. die landesgesetzlichen Vorschriften, nach welchen auf die Zwangsvollstreckung gegen einen Rechtsnachfolger des Schuldners, soweit sie in das zu einem Lehen, mit Einschluß eines allodifizierten Lehens, zu einem Stammgute, Familienfideikommiß- oder Anerbengute gehörende Vermögen stattfinden soll, die Vorschriften über die Zwangsvollstreckung gegen einen Erben des Schuldners entsprechende Anwendung finden."

Der Ausdruck „unberührt bleiben" bedeutet, daß auf dem bezeichneten, an sich der Zivilprozeßordnung unterliegenden Gebiete eine Ergänzung oder Ab-

[40]) Vgl. hierzu auch die Erl. zu § 40 N. 2.

änderung der reichsgesetzlichen Vorschriften durch die Landesgesetzgebung nicht ausgeschlossen sein soll (vgl. RG. 7, 348). Soweit abweichende landesgesetzliche Bestimmungen nicht bestehen, verbleibt es daher bei der Anwendung der ZPO.

Zu Nr. 1. Die Entscheidung von Streitigkeiten über die Zulässigkeit des Rechtsweges ist in Preußen durch die Königliche Verordnung, betreffend die Kompetenzkonflikte, vom 1. August 79 (GS. S. 573) auf Grund des § 17 des EGzGVG. dem Gerichtshofe zur Entscheidung der Kompetenzkonflikte übertragen. Die Erhebung des Kompetenzkonflikts erfolgt bei dem Gerichte, bei welchem die Sache anhängig ist, durch die schriftliche Erklärung der Zentral- und Provinzial-Verwaltungsbehörde, daß der Rechtsweg für unzulässig erachtet werde (§§ 5, 6). Durch die Erhebung des Kompetenzkonfliktes wird für die Dauer des denselben betreffenden Verfahrens das Prozeßverfahren unterbrochen im Sinne des § 249 ZPO. (§ 7); ebenso muß die einstweilige Einstellung der Zwangsvollstreckung aus einem bereits erlassenen, vorläufig vollstreckbaren Urteile von Amts wegen angeordnet werden; gegen diese Entscheidung findet kein Rechtsmittel statt (§ 19). Im übrigen wird das Verfahren in den §§ 7—17 abweichend von den Bestimmungen der ZPO. geordnet. Für dieses Verfahren gelten danach die Vorschriften der GO. nicht, übrigens auch deshalb nicht, weil es nicht vor einem ordentlichen Gericht vor sich geht. 36

Landesgesetzliche Vorschriften der bezeichneten Art enthalten für Bayern das Gesetz vom 18. August 79 Art. 11—13; für Sachsen das Gesetz vom 3. März 79; für Württemberg das Gesetz vom 25. August 79 Art. 8ff.; für Baden das Gesetz vom 30. Januar 79; für Hessen das AGzZPO. §§ 22—30; für Braunschweig das Gesetz vom 4. April 79; für Mecklenburg die VO. v. 19. Mai 79.

Zu Nr. 2. Durch diese Bestimmungen wird die Anwendung der ZPO. in streitigen Zwangsenteignungssachen nicht gänzlich ausgeschlossen, aber verordnet, daß landesgesetzliche Vorschriften, welche über das Verfahren in solchen Sachen von der ZPO. abweichende Bestimmungen enthalten, dessen ungeachtet Geltung haben sollen, und zwar ohne Unterschied, ob sie die auf Zwangsenteignung bezüglichen Streitigkeiten vor andere Behörden als die bürgerlichen Gerichte verweisen oder unter Verweisung derselben vor die ordentlichen Gerichte für das Verfahren in denselben von der ZPO. abweichende Normen aufstellen.[40a]) 37

Das Preußische Gesetz über die Enteignung von Grundeigentum, vom 11. Juni 74 (GS. S. 221), und ebenso das sich anlehnende Gesetz, betreffend die Anlegung und Veränderung von Straßen und Plätzen, vom 2. Juli 75 (GS. S. 561), überweist das Enteignungsverfahren zunächst den Verwaltungsbehörden und eröffnet in § 30 gegen deren Entscheidung den Rechtsweg bei den ordentlichen Gerichten. Auf das Verfahren vor den Verwaltungsbehörden findet die ZPO. schon in Gemäßheit des § 3 EGzZPO. keine Anwendung. Soweit aber der „Rechtsweg" zugelassen ist, erfolgt die Beschreitung des Rechtswegs gemäß § 1 des Preuß. AGzZPO. durch Erhebung der Klage im ordentlichen Verfahren, so daß die Bestimmungen der ZPO. gelten, soweit nicht abweichende Einzelbestimmungen getroffen sind. Tatsächlich findet aber auf dieses letztere Verfahren die ZPO. Anwendung; die wenigen Sonderbestimmungen ändern daran nichts. Deshalb ist auch die Anwendung der GO. auf das gerichtliche Verfahren gegeben, während für das Vorverfahren die GO. nicht anwendbar ist.

Ähnlich verhält es sich in den anderen Bundesstaaten; vgl. für Bayern das Gesetz vom 17. November 37 in Verbindung mit Art 139 AGzBGB. und

---

[40a]) Vgl. RG. 7, 399.

Art. 16 ff. AGzZPO. in der Fassung vom 26. Juni 99 und das AGzZPO. Art. 45—55; für *Württemberg* das Gesetz vom 20. Dezember 88 in Verbindung mit Art. 209 ff. AGzBGB.; für *Baden* das EG. vom 11. März 79 § 113.

38 *Zu Nr. 3.* Die hier in Betracht kommenden landesgesetzlichen Vorschriften sind dazu bestimmt, eine Störung der ordnungsmäßigen Verwaltung der bezeichneten Schuldner durch die *Zwangsvollstreckung* zu vermeiden.

Für das frühere Gebiet des *Allgemeinen Landrechts* bzw. der Allgem. Gerichtsordnung macht die Allgem. Verfügung des Justizministers vom 24. März 82 (JMBl. 59) darauf aufmerksam, daß solche Zwangsvollstreckungen nicht nach den Vorschriften der ZPO., sondern nach denen der Allgem. Gerichtsordnung, § 33 I, 35 und §§ 153 und 242 des Anhanges, zu erledigen sind, daß dieselben den Gerichten zugewiesen sind und daher von Gerichtsvollziehern im Auftrage des Gläubigers nicht bewirkt werden dürfen. Zuständig ist das Amtsgericht als Vollstreckungsgericht.[41])

Für dieses ganze Vollstreckungsverfahren ist die Anwendung der Zivilprozeßordnung ausgeschlossen, damit aber auch die Anwendung der GO.; es kommen vielmehr die landesgesetzlichen Gebührenvorschriften zur Anwendung.

Ebenso verhält es sich im Gebiete des *rheinisch-französischen Rechts*. Hier findet eine Zwangsvollstreckung im gewöhnlichen Verfahren nicht statt, der Gläubiger hat sich vielmehr an die höhere Verwaltungsbehörde zu wenden, welche dann Art und Zeit der Tilgung der Schulden je nach den vorhandenen Mitteln bestimmt. (Arr. vom 12 Brum. XI; Staatsratsgutachten vom 12. August 1807 und 26. Mai 13; Rhein. Ressort-Reglement vom 20. Juli 18 § 25. Vgl. RG. 3, 337.) *Auch für dieses Verfahren ist die Anwendung der Zivilprozeßordnung und damit der GO. ausgeschlossen.*

In den *gemeinrechtlichen Landesteilen* dagegen erfolgt die Zwangsvollstreckung nach den Vorschriften der ZPO.; nur ist den Gerichtsvollziehern durch die Allgem. Verfügung des Justizministers vom 18. Juli 81 (JMBl. S. 160) bei Zwangsvollstreckungen gegen den Fiskus eine Benachrichtigung des Einnehmers oder Rendanten der betreffenden Kasse vorgeschrieben; erst eine Woche nach dieser Benachrichtigung darf eventuell die Pfändung erfolgen. *Hier ist deshalb die Anwendung der GO. nicht ausgeschlossen.*

Bezüglich anderer Bundesstaaten ist für *Bayern* auf das AGzZPO. Art. 9, für *Württemberg* auf das AGzZPO. Art. 18 (neuer Fassung), für *Sachsen* auf die VO. v. 20. November 99 zu verweisen.

39 Zu Nr. 4. Die hier aufgeführten landesgesetzlichen Vorschriften interessieren im einzelnen nicht; sie können nur die *Anwendung* bestimmter Vorschriften der Zivilprozeßordnung verordnen, *schließen* also *nicht* die Anwendung der Zivilprozeßordnung, *damit auch nicht die der GO. aus.*

40 bb) *Auf dem Gebiete der Strafsachen* kommen in Betracht:

α) Der § 3 des EGzStPO. bestimmt:

„Die Strafprozeßordnung findet auf alle Strafsachen Anwendung, welche vor die ordentlichen Gerichte gehören.

Insoweit die Gerichtsbarkeit in Strafsachen, für welche besondere Gerichte zugelassen sind, durch die Landesgesetzgebung den ordentlichen Gerichten übertragen wird, kann diese ein abweichendes Verfahren gestatten.

---

[41]) RG. in JW. 89 S. 287. Die noch in Betracht kommenden Bestimmungen der Allgem. Gerichtsordnung sind abgedruckt bei *Joachim* S. 22.

Die Landesgesetze können anordnen, daß Forst- und Feldrügesachen durch die Amtsgerichte in einem besonderen Verfahren, sowie ohne Zuziehung von Schöffen verhandelt und entschieden werden."

Es sind also insbesondere die Forst- und Feldrügesachen, soweit die Landesgesetze von der hier gegebenen Ermächtigung Gebrauch gemacht haben, von der Anwendung der Strafprozeßordnung, und damit auch der GO. ausgeschlossen; so ist z. B. in Preußen durch das Gesetz betreffend den Forstdiebstahl vom 15. April 78 (GS. S. 222) ein abweichendes Verfahren bestimmt.[42])

β) Der § 6 EGzStPO. bestimmt: 41

„Die prozeßrechtlichen Vorschriften der Landesgesetze treten für alle Strafsachen, deren Entscheidung in Gemäßheit des § 3 nach den Vorschriften der Strafprozeßordnung zu erfolgen hat, außer Kraft, insoweit nicht in der Strafprozeßordnung auf sie verwiesen ist.

Unberührt bleiben die landesgesetzlichen Bestimmungen:

1. über die Voraussetzungen, unter welchen gegen Mitglieder einer gesetzgebenden Versammlung während der Dauer einer Sitzungsperiode eine Strafverfolgung eingeleitet oder fortgesetzt werden kann;

2. über das Verfahren bei Zuwiderhandlungen gegen die Gesetze über das Vereins- und Versammlungsrecht;

3. über das Verfahren im Verwaltungswege bei Übertretungen, wegen deren die Polizeibehörden zum Erlaß einer Strafverfügung befugt sind, und bei Zuwiderhandlungen gegen die Vorschriften über die Erhebung öffentlicher Abgaben und Gefälle, insoweit nicht die §§ 453, 454, 455 und 459—463 der Strafprozeßordnung abändernde Bestimmungen treffen."

Unter die vorgedachten Bestimmungen fallen z. B. in Preußen folgende Gesetze:

Zu Nr. 2. Die Preußische Verordnung über die Verhütung eines die gesetzliche Freiheit und Ordnung gefährdenden Mißbrauchs des Versammlungs- und Vereinigungsrechts von 11. März 50 (GS. S. 277), (§§ 8 und 16), gibt Vorschriften über das Verfahren bei Schließung von Vereinen, die von den allgemeinen Bestimmungen der Strafprozeßordnung abweichen; die GO. findet hier keine Anwendung.

Zu Nr. 3. Ein von der Strafprozeßordnung abweichendes Verfahren bestimmt das Preußische Gesetz, betreffend das Verwaltungsstrafverfahren bei Zuwiderhandlungen gegen die Zollgesetze usw., vom 26. Juli 97 (GS. S. 237):[43])

cc) auf dem Gebiete des Konkurses. 42

§ 5 EGzKO. lautet:

„Unberührt bleiben die landesgesetzlichen Vorschriften, welche die Lehen, Stammgüter oder Familienfideikommisse betreffen."

und § 52 Konkursordnung lautet:

„Die Befriedigung der Lehen-, Stammguts- oder Familienfideikommiß-Gläubiger erfolgt abgesondert aus dem Lehen, Stammgute oder Familienfideikommisse nach den Vorschriften der Landesgesetze."

Soweit die landesgesetzlichen Vorschriften gelten, ist die Anwendung der GO. ausgeschlossen.

2) Die Anwendung der GO. ist ferner ausgeschlossen, wenn es sich nicht um ein Verfahren vor den ordentlichen Gerichten handelt. 43

---

[42]) Vgl. Pr. GO. Art. 2 N. 2 und Joachim S. 39.

[43]) Über die Gebühren in Preußen Pr.GO. Art. 2 Nr. 6 und Joachim S. 58.

„Ordentliche Gerichte" sind nach § 12 GVG. die Amtsgerichte, Landgerichte, Oberlandesgerichte, das bayrische Oberste Landesgericht und das Reichsgericht. Vor diese ordentlichen Gerichte gehören nach § 13 GVG. „alle bürgerlichen Streitigkeiten und Strafsachen, für welche nicht entweder die Zuständigkeit von Verwaltungsbehörden oder Verwaltungsgerichten begründet ist, oder reichsgesetzlich besondere Gerichte bestellt oder zugelassen sind"; doch kann die Landesgesetzgebung nach § 3 EGzGVG. die Gerichtsbarkeit in bürgerlichen Rechtsstreitigkeiten und Strafsachen, für welche besondere Gerichte zugelassen sind, den ordentlichen Landesgerichten übertragen, und denselben nach § 4 EGzGVG. auch jede andere Art der Gerichtsbarkeit sowie Geschäfte der Justizverwaltung übertragen.

Den Gegensatz zu den ordentlichen Gerichten bilden sonach einmal die Verwaltungsbehörden und Verwaltungsgerichte, sodann die besonderen Gerichte, welche entweder reichsgesetzlich bestellt oder reichsgesetzlich zugelassen, d. h. in das Belieben der Landesgesetzgebung gestellt sind. Für das Verfahren vor allen diesen Behörden ist die GO. nach ihrem § 1 nicht anwendbar.

Auszuscheiden sind daher:

44 a) Die ausländischen Gerichte; denn es ist davon auszugehen, daß unter „den ordentlichen Gerichten" nur die deutschen Gerichte zu verstehen sind.

45 b) Die Staatsanwaltschaft Ihre Funktionen werden zwar in den Deutschen Prozeßordnungen, insbesondere in der Strafprozeßordnung, behandelt, sie ist aber weder Gericht noch Bestandteil des Gerichts. Die Gerichte einerseits und die Staatsanwaltschaft andererseits bilden vielmehr zwei völlig selbstständige Zweige der Justiz, die zueinander in dem Verhältnisse gleichgeordneter Behörden stehen, ohne in ihren Amtsverrichtungen voneinander abhängig zu sein. Daß das Institut der Staatsanwaltschaft eine durchaus selbständige, neben den Gerichten stehende Behörde ist, ergibt sich nicht bloß aus den organisatorischen Bestimmungen des Gerichtsverfassungsgesetzes (Tit. 10 Staatsanwaltschaft §§ 142 ff., namentlich §§ 148, 149, 151, 152) ganz zweifellos und unbedenklich,[44]) sondern geht auch aus der in den Justizgesetzen überhaupt allenthalben gleichmäßig beobachteten und konsequent durchgeführten Auseinanderhaltung und Gegenüberstellung von „Gericht" und „Staatsanwaltschaft" klar und deutlich hervor. Vgl. in dieser Hinsicht besonders GVG. § 2 Abs. 3, § 162; StPO. §§ 156, 171, 460, 486, 493, 494, 501; ZPO. § 604.

Wenn hiernach die „Staatsanwaltschaft" als eine selbständige, von den „ordentlichen Gerichten" verschiedene Behörde gelten muß, so werden die Vorschriften der GO. nach der vorerläuterten Kompetenzbestimmung des § 1 selbstverständlich auf alle diejenigen Angelegenheiten keine Anwendung finden können, welche lediglich bei der „Staatsanwaltschaft" von Rechtsanwälten verhandelt und betrieben werden. Zu diesen Sachen werden vornehmlich zu rechnen sein: Anzeigen strafbarer Handlungen oder Strafverfolgungsanträge (StPO. § 156 ff.), dringliche Gesuche um Beschlagnahme (§§ 98, 100 a. a. O.), um Durchsuchung (§ 105 a. a. O.), oder um vorläufige Festnahme (§ 127 a. a. O.), die Vertretung oder Beistandleistung im Strafvollstreckungsverfahren (§§ 483 ff. a. a. O.) und demgemäß Strafaufschub-, Strafaussetzungs-, Strafteilungs-, Strafunterbrechungs-Gesuche (§§ 487 ff., 493 a. a. O.), sowie endlich alle zur Zuständigkeit der Staatsanwaltschaft gehörigen Beschwerdesachen (StPO. §§ 170 Abs. 1, 488, 490 und GVG. § 148).

[44]) Für Preußen erhellt dies auch aus § 61 des AGzGVG. vom 24. April 78 (GS. S. 230), welcher bestimmt, daß die Oberstaatsanwälte und die Staatsanwälte nicht richterliche Beamten sind.

Für alle diese Angelegenheiten ist demnach die anwaltliche Vergütung nicht nach der GO. zu bestimmen.[44a]) Vgl. jedoch für Gnadengesuche § 68 Nr. 4 GO.

c) Die Verwaltungsbehörden und Verwaltungsgerichte. Als reichsrechtliche Verwaltungsgerichte sind anzusehen: 46

α) Das Bundesamt für das Heimatwesen, welchem durch das Reichsgesetz über den Unterstützungswohnsitz v. 6. Juni 1870, in jetziger Fassung v. 12. März 94 (RGBl. Nr. 9), die letztinstanzliche Entscheidung von Streitigkeiten unter Armenverbänden übertragen ist.[45])

β) Das Patentamt, welchem durch §§ 10 ff., 13 ff., 28—34 des Patent- 47
gesetzes vom 7. April 91 die Entscheidung von Streitigkeiten über Nichtigkeit und Zurücknahme von Patenten überwiesen ist. Doch ist die Anwendung der GO. auf dieses Verfahren durch § 91 GO. vorgeschrieben.

γ) Die Gerichte der sozialpolitischen Gesetzgebung, nämlich die 48
Schiedsgerichte für Arbeiterversicherung und als höhere Instanz das Reichsversicherungsamt in den Angelegenheiten der Unfallversicherung sowie der Invaliditäts- und Altersversicherung. Die Gerichte sind bestellt zur Entscheidung über Ansprüche aus

αα) dem (neuen) Invalidenversicherungsgesetz vom 13./19. Juli 99 (RGBl. S. 373 und 463) §§ 103—111;

ββ) aus dem Gesetz betreffend die Abänderung der Unfallversicherungsgesetze vom 30. Juni 00 (RGBl. S. 335). Auf Grund des § 28 dieses Gesetzes ist durch Bekanntmachung des Reichskanzlers vom 5. Juli 00 (RGBl. S. 573) ein neuer Text der Unfallversicherungsgesetze veröffentlicht, der außer einem sog. Mantelgesetz das Gewerbe-Unfallversicherungsgesetz, das Unfallversicherungsgesetz für Land- und Forstwirtschaft, das Bau-Unfallversicherungsgesetz und das See-Unfallversicherungsgesetz enthält.

Der Geschäftsgang und das Verfahren des Reichsversicherungsamts ist geregelt durch die Kais. VO. v. 19. Oktober 00 (RGBl. S. 983), das Verfahren bei den Schiedsgerichten für Arbeiterversicherung durch die Kais. VO. v. 22. November 00 (RGBl. S. 1017).

Für die anwaltliche Tätigkeit in Versicherungssachen ist die GO. nicht anwendbar. Das Mantelgesetz enthält eine anderweitige Regelung des Gebührenwesens in seinem § 20, der lautet:

> Die Gebühren der Rechtsanwälte im Verfahren vor den Schiedsgerichten und dem Reichsversicherungsamte werden durch Kaiserliche Verordnung mit Zustimmung des Bundesrats, die Gebühren im Verfahren vor den Landes-Versicherungsämtern von den Landesregierungen festgesetzt.
>
> Eine Vereinbarung über höhere Beträge ist nichtig.

Die auf Grund dieser Vorschrift erlassene Kaiserliche Verordnung, betreffend die Gebühren der Rechtsanwälte im Verfahren vor den Schiedsgerichten und dem Reichsversicherungsamte, vom 22. Dezember 01 bestimmt folgendes:

> § 1. Die Vergütung für die Berufstätigkeit eines Rechtsanwalts bemißt sich im Verfahren vor einem Schiedsgerichte für Arbeiterversicherung auf den Betrag von drei bis dreißig Mark, im Verfahren vor dem Reichsversicherungsamt auf den Betrag von fünf bis fünfzig Mark.
>
> Schweben in einem Streitfalle gegen mehrere Bescheide Rechtsmittel, so gilt das Verfahren über dieselben, wenn über sie gleichzeitig erkannt wird, nur als ein Verfahren.
>
> § 2. Für die Teilnahme an Beweisverhandlungen außerhalb der Gerichts-

---

[44a]) Vgl. hierzu auch Vorbem. zum vierten Abschnitt N. 12.

[45]) Für Preußen vgl. Pr.GO. Art. 2 Nr. 4 und Joachim S. 46 ff.

stätte kann, wenn die Anwesenheit des Rechtsanwalts geboten war, eine angemessene Entschädigung außer der Vergütung zugebilligt werden.

Eine Erstattung der Kosten für eine Reise zur mündlichen Verhandlung sowie von sonstigen Auslagen findet nicht statt. Jedoch ist bei der Festsetzung der im § 1 bezeichneten Vergütung innerhalb der dort gezogenen Grenzen auf Schreibgebühren und Portoauslagen Rücksicht zu nehmen.

Auch die Gebühren im Verfahren vor den Landesversicherungsämtern sind bereits in einigen Bundesstaaten geregelt, so in Bayern durch V. v. 4. April 02 (GVBl. S. 155), in Mecklenburg-Schwerin durch M.Bek. v. 9. Jan. 02 (RGBl. S. 5), in Sachsen durch MVO. v. 27. Febr. 02 (GVBl. S. 98), in Württemberg durch MV. v. 22. Jan. 02 (RGBl. S. 18), in Mecklenburg-Strelitz durch Reg.Bek. v. 28. Jan. 02 (Off.Anz. S. 18), in Baden durch MVO. v. 14. Jan. 02 (GuVBl. S. 40).

49 d) Die reichsgesetzlich bestellten besonderen Gerichte, nämlich:

α) die Militärgerichte. Für bürgerliche Rechtsstreitigkeiten besteht im Frieden keine Militärgerichtsbarkeit, dieselbe beschränkt sich vielmehr auf die Strafgerichtsbarkeit (§ 39 des Reichs-Militärgesetzes vom 2. Mai 74 (RGBl. S. 187). Letztere ist geordnet durch die Militärstrafgerichtsordnung vom 1. Dezember 98 (RGBl. S. 1189). Nach der besonderen Bestimmung des § 17 des EG. zur Militärstrafgerichtsordnung soll auf die Berufstätigkeit der zum Auftreten vor den Militärgerichten zugelassenen Rechtsanwälte die GO. entsprechende Anwendung finden; dabei stehen im Sinne des § 63 GO. die Kriegsgerichte den Strafkammern, das Reichsmilitärgericht dem Reichsgericht gleich.

50 β) die Konsulargerichte. Dieselben sind bestellt durch das Gesetz vom 10. Juli 79, welches jetzt durch das Gesetz über die Konsulargerichtsbarkeit vom 7. April 00 (RGBl. S. 213) ersetzt ist. Die Konsulargerichtsbarkeit wird in den Ländern ausgeübt, in denen ihre Ausübung durch Herkommen oder durch Staatsverträge gestattet ist (§ 1). Die Ausübung geschieht nach § 5 durch den Konsul (§ 2 des Gesetzes, betreffend die Organisation der Bundeskonsulate, vom 8. November 67), durch das Konsulargericht und durch das Reichsgericht. Die sachliche Zuständigkeit bestimmen die §§ 7, 10 und 14. In Konsularsachen werden durch § 19 Ges. v. 7. April 00 die reichsgesetzlichen Bestimmungen über die Kosten in bürgerlichen Rechtsstreitigkeiten, Konkurssachen und Strafsachen grundsätzlich für anwendbar erklärt; nach § 76 soll jedoch, soweit die Gebühren der Rechtsanwälte durch Ortsgebrauch geregelt sind, dieser zunächst zur Anwendung kommen.

51 γ) die Gerichte der Deutschen Schutzgebiete. Das Reichsgesetz betreffend die Rechtsverhältnisse der Deutschen Schutzgebiete, in der Fassung der Bekanntmachung des Reichskanzlers vom 19. März 88 (RGBl. S. 75) und ebenso das neue „Schutzgebietsgesetz" vom 25. Juli 00, in der Fassung der Bekanntmachung vom 10. September 00 (RGBl. S. 813), verordnen in § 2 die entsprechende Anwendung des Konsulargerichtsbarkeitsgesetzes mit der Maßgabe, daß an Stelle des Konsuls der vom Reichskanzler zur Ausübung der Gerichtsbarkeit ermächtigte Beamte, und an Stelle des Konsulargerichts das nach Maßgabe der Bestimmungen über das letztere zusammengesetzte Gericht des Schutzgebietes tritt. Bezüglich der Gebühren der Rechtsanwälte gilt dasselbe wie in Konsularsachen, soweit nicht gemäß § 6 des Schutzgebietsgesetzes durch Kaiserliche Verordnung anderweitige Bestimmungen über die Kosten vorgeschrieben sind.

52 δ) die Prisengerichte, welche gemäß Gesetzes vom 3. Mai 84 (RGBl. 49) durch Kaiserliche Verordnung bestellt werden. Für die anwaltliche

Tätigkeit vor diesen Gerichten ist die GO. nicht anwendbar; es sind daher etwaige landesgesetzliche Vorschriften anzuwenden.[46])

ε) die Gewerbegerichte und die Kaufmannsgerichte. Die Gewerbegerichte waren ursprünglich, im § 14 Nr. 4 GVG. nur zugelassen; durch das Gesetz, betr. die Gewerbegerichte, vom 29. Juli 90, jetzt in der Fassung der Bekanntmachung vom 29. September 01 (RGBl. S. 353) ist aber ihre Einrichtung, ihre Zuständigkeit und ihr Verfahren vollständig reichsgesetzlich geordnet. Wenngleich daher ihre Errichtung nach § 1 nur eine fakultative ist, gehören sie doch zu den reichsgesetzlich bestellten besonderen Gerichten. Ebenso verhält es sich mit den Kaufmannsgerichten, die durch Reichsgesetz vom 6. Juli 04 (RGBl. S. 266) geordnet sind. 53

Nach § 55 Gesetzes vom 29. Juli 90, bzw. § 16 Ges. v. 6. Juli 04, finden in den vor die Gewerbegerichte und Kaufmannsgerichte gehörenden Rechtsstreitigkeiten die Rechtsmittel statt, welche in den zur Zuständigkeit der Amtsgerichte gehörenden bürgerlichen Rechtsstreitigkeiten zulässig sind. Die Berufung ist jedoch nur zulässig, wenn der Wert des Streitgegenstandes 100 Mk., bzw. 300 Mk. übersteigt. Entscheidungen über Festsetzung der Kosten sind nicht anfechtbar. Als Berufungs- und Beschwerdegericht ist das Landgericht, in dessen Bezirk das Gewerbegericht seinen Sitz hat, zuständig. Das Verfahren der Rechtsmittelinstanz richtet sich nach den Vorschriften der ZPO. Für die Rechtsmittelinstanz ist daher die Anwendung der GO. nicht ausgeschlossen, da es sich um ein Verfahren der ZPO. vor einem ordentlichen Gerichte handelt. Für das Verfahren vor den Gewerbegerichten und Kaufmannsgerichten selbst dagegen ist die GO. nicht anwendbar; es sind vielmehr die landesgesetzlichen Vorschriften zu berücksichtigen.[47])

Zu den Gewerbegerichten kann man auch die Innungs-Schiedsgerichte rechnen, deren Zuständigkeit geregelt ist durch § 97 Abs. 2 Nr. 4, § 97a Nr. 6, § 100d, § 100e Nr. 1, § 100i Abs. 2 der Reichsgewerbeordnung in Verbindung mit § 3 Abs. 1 des Gesetzes betreffend die Gewerbegerichte vom 29. Juli 90. Durch die Zuständigkeit einer Innung oder eines Innungsschiedsgerichts wird die Zuständigkeit eines für den Bezirk der Innung bestehenden oder später errichteten Gewerbegerichts ausgeschlossen (§ 79 Gesetzes vom 29. Juli 90.) Gegen die Entscheidungen der Innungen oder Innungsschiedsgerichte steht binnen 10 Tagen die Berufung auf den Rechtsweg durch Erhebung der Klage bei dem ordentlichen Gerichte offen (§ 79 Abs. 3 Gesetzes vom 29. Juli 90). Für dieses Verfahren kommt die GO. zur Anwendung. 54

e) Die reichsgesetzlich zugelassenen besonderen Gerichte. 55

Für bürgerliche Rechtsstreitigkeiten und Strafsachen sind reichsgesetzlich neben den ordentlichen Gerichten zugelassen eine Reihe von besonderen Gerichten, die die Landesgesetzgebung bestellen oder deren Gerichtsbarkeit sie auch den ordentlichen Landesgerichten übertragen darf (§ 3 EGzGVG) wobei sie auch ein von der ZPO. und StPO. abweichendes Verfahren gestatten kann (§ 3 EGzZPO. und § 3 EGzStPO.) Wird die Gerichtsbarkeit den ordentlichen Gerichten übertragen und dabei die Anwendung der Zivilprozeßordnung, bzw. Strafprozeßordnung vorgeschrieben, so liegen die Voraussetzungen der Anwendung der GO. nach deren § 1 vor. Anders aber, wenn dies nicht geschieht; insoweit ist die GO. nicht anwendbar.

α) Hier ist vorweg zu erwähnen die Gerichtsbarkeit für diejenigen Angelegenheiten, auf welche die Bestimmungen des GVG. gar keine oder doch nur beschränkte Anwendung finden, nämlich 56

[46]) Vgl. für Preußen Joachim S. 37.
[47]) Für Preußen vgl. Pr.GO. Art. 2 Nr. 1 und Joachim S. 37.

αα) nach § 7 EGzGVG. das landesgesetzlich den Standesherren gewährte Recht auf Austräge, welches nur für Strafsachen gegen Standesherren in Betracht kommt und die Gerichtsbarkeit den Austrägalgerichten überweist. Die Deutsche Bundesakte vom 10. Juni 15 Art. XIV hatte den Standesherren dieses Recht gewährleistet.

In Preußen ist dasselbe zunächst durch die Instruktion vom 30. Mai 20 (GS. S. 81) § 17 des Näheren geordnet, sodann, als der Verfassung nicht widersprechend, bestätigt durch Gesetz vom 10. Juni 54 (GS. S. 363) und neu geordnet durch die Königl. Verordnung vom 12. November 55 (GS. S. 686) § 3, welcher gemäß § 17 der Instruktion den Standesherren in „peinlichen Sachen" die Wahl zwischen dem Austrägalgericht und dem Obergericht läßt.

57 ββ) Nach § 5 EGzGVG. finden in Ansehung der Landesherren und der Mitglieder der landesherrlichen Familien sowie der fürstlichen Familie Hohenzollern die Bestimmungen des GVG. nur insoweit Anwendung, als nicht besondere Vorschriften der Hausverfassungen oder der Landesgesetze abweichende Bestimmungen enthalten.

In Preußen sind Rechtsangelegenheiten aller Art (mit Ausnahme des Grundbuchwesens) unter den Mitgliedern der Königlichen Familie der Gerichtsbarkeit der ordentlichen bürgerlichen Gerichte entzogen. Streitigkeiten unter denselben (auch Ehescheidungen) entscheidet der König, der verfassungsmäßig zugleich die Vormundschaftsbehörde ist. Die Angelegenheiten der freiwilligen Gerichtsbarkeit versieht das Ministerium des Königlichen Hauses. Für Klagen Dritter gegen den König und die Mitglieder des Königlichen Hauses ist der persönliche Gerichtsstand derselben bei dem mit dem Kammergericht verbundenen Geheimen Justizrat. (Verordnung vom 2. Januar 49 § 21, Gesetz vom 26. April 51 (GS. S. 182) Art. III, AGzGVG. vom 24. April 78 (GS. S. 230) § 18, AGzZPO. § 4). Für die Mitglieder der Fürstlichen Familie Hohenzollern gilt dasselbe nach Art. III des Gesetzes vom 26. April 51.

In anderen Bundesstaaten sind für Klagen gegen die Landesherren und Mitglieder der landesherrlichen Familien teils die ordentlichen Gerichte, teils besondere Gerichte zuständig. Vgl. für Bayern den Art. 1 AGzZPO.; für Sachsen das Gesetz vom 20. August 79; für Württemberg den Art. 1 AGzZPO., und das Württ. Hausgesetz vom 8. Juli 28 Art. 65, 66; für Hessen das Gesetz vom 7. Juni 79 und RG. 12, 417; für Mecklenburg den § 1 AVOzZPO.

58 β) In Betracht kommen ferner die durch § 14 GVG. zugelassenen besonderen Gerichte.

Der § 14 GVG. besagt:

„Als besondere Gerichte werden zugelassen:

1. die auf Staatsverträgen beruhenden Rheinschiffahrts- und Elbzollgerichte;
2. Gerichte, welchen die Entscheidung von bürgerlichen Rechtsstreitigkeiten bei der Ablösung von Gerechtigkeiten oder Reallasten, bei Separationen, Konsolidationen, Verkoppelungen, gutsherrlich-bäuerlichen Auseinandersetzungen und dergleichen liegt;
3. Gemeindegerichte, insoweit denselben die Entscheidung über vermögensrechtliche Ansprüche obliegt, deren Gegenstand in Geld oder Geldeswert die Summe von sechzig Mark nicht übersteigt, jedoch mit der Maßgabe, daß gegen die Entscheidung der Gemeindegerichte innerhalb einer gesetzlich zu bestimmenden Frist sowohl dem Kläger wie dem Beklagten die Berufung auf den ordentlichen Rechtsweg zusteht, und daß der Gerichtsbarkeit des Gemeindegerichts, als Kläger oder Beklagter, nur Personen unterworfen werden dürfen, welche in der Gemeinde den

Wohnsitz, eine Niederlassung oder im Sinne der §§ 18, 21 der ZPO. den Aufenthalt haben;

4. Gewerbegerichte."

Zu den einzelnen Nummern des § 14 ist folgendes hervorzuheben:

Zu Nr. 1. Durch die Revidierte Rheinschiffahrtsakte vom 17. Oktober 68 59
(Preuß. GS. 69 S. 798) ist zwischen den Rheinuferstaaten Preußen, Baden, Bayern, Frankreich, Hessen und den Niederlanden die Einsetzung von Rheinschiffahrtsgerichten vereinbart zur Entscheidung von gewissen Zivilsachen und Strafsachen.[48]) In Preußen sind nach dem Gesetze vom 8. März 79 (Pr.GS. S. 129) als erste Instanz gewisse Amtsgerichte, als zweite Instanz neben der in Art. 43 der Akte eingesetzten Zentralkommission in Mainz das OLG. in Köln bestellt. Vgl. bezüglich Bayerns das AGzGVG. vom 23. Februar 79 Art. 9 und die VO. v. 18. Juni 79; bezüglich Badens die VO. vom 24. Juni 79; bezüglich Elsaß-Lothringens das Gesetz v.21. April 32.

Die Elbzollgerichte beruhen auf der zwischen den Elbuferstaaten vereinbarten Elbschiffahrtsakte vom 23. Juni 21 (Pr.GS. 22 S. 10) und der Additionalakte vom 13. April 44 (Pr.GS. S. 458).[49]) Nach dem Preußischen Gesetz vom 9. März 79 (Pr.GS. S. 132) werden ihre Geschäfte in erster Instanz von gewissen Amtsgerichten unter der Bezeichnung „Elbzollgericht", in zweiter Instanz von den Landgerichten wahrgenommen. Vgl. bezüglich Sachsens die VO. vom 8. September 79, nach welcher ebenfalls in erster Instanz gewisse Amtsgerichte unter der Bezeichnung „Elbzollgericht", in zweiter Instanz das Landgericht Dresden entscheidet; bezüglich Anhalts das Gesetz vom 10. Mai 79.

Zu Nr. 2. Sog. Agrargerichte mit der bezeichneten Zuständigkeit bestehen 60
in Preußen, Sachsen, Hessen, Weimar, Altenburg und Anhalt, während in Baden besondere Vorschriften über das Verfahren vor den ordentlichen Gerichten in agrarischen Streitigkeiten bestehen. In Preußen sind Gerichte erster Instanz die Generalkommissionen, Gericht zweiter Instanz das Oberlandeskulturgericht, dritter Instanz das Reichsgericht.[50]) In Sachsen entscheiden nach den Gesetzen vom 17. März 32 und 23. Juli 61 in I. Instanz die Spezialkommission, in II. Instanz die Generalkommission, in III. Instanz ein durch zwei landwirtschaftliche Sachverständige verstärkter Senat des Oberlandesgerichts. In Württemberg bestehen die agrarischen Gerichte nicht als besondere Gerichte, sondern als Verwaltungsgerichte gemäß Art. 9 des Gesetzes v. 16. Dezember 76.

Zu Nr. 3. Gemeindegerichte bestehen nur in Württemberg nach 61
dem AGzZPO. vom 18. August 79 Art. 3—14 und in Baden nach dem EG. vom 3. März 79 §§ 115—123 und dem Gesetze vom 16. April 86.

Zu Nr. 4 vgl. oben Note 53. Soweit vor Erlaß des Reichsgesetzes vom 62
29. Juli 90 Gewerbegerichte bestanden, wie in der Preußischen Rheinprovinz, in Elsaß-Lothringen und in Sachsen, sind dieselben seit 1. April 92 aufgehoben, sofern nicht ihre Zusammensetzung den Bestimmungen des § 12 des Reichsgesetzes entspricht. In Preußen sind deshalb die sog. Königlichen Gewerbegerichte der Rheinprovinz durch das Gesetz vom 11. Juli 91 (GS. S. 311) den Bestimmungen des Reichsgesetzes angepaßt; ebenso in Sachsen die Bergschiedsgerichte durch Gesetz vom 5. März 92, während in Elsaß-Lothringen die früheren Gewerbegerichte nach Gesetz vom 23. März 80 als den reichs-

[48]) Näheres s. bei Joachim S. 37.
[49]) Näheres über ihre Zuständigkeit s. bei Joachim S. 38.
[50]) Näheres bei Joachim S. 39.

gesetzlichen Bestimmungen entsprechend durch das Oberlandesgericht Colmar anerkannt sind (vgl. JZfEL. 18, 222 ff.)

63 Bezüglich aller in den Nr. 1—4 erwähnten Angelegenheiten ist die GO. zur Anwendung zu bringen, wenn die Geschäfte dieser besonderen Gerichte durch die Landesgesetzgebung den ordentlichen Gerichten übertragen sind und auf das Verfahren die Reichsprozeßordnungen Anwendung finden, z. B. bei den Rheinschiffahrts- und Elbzollgerichten. Ist dies nicht der Fall, so sind die landesgesetzlichen Gebührenbestimmungen maßgebend, die allerdings zumeist die Anwendung der GO. vorschreiben.

64 **B.** Wenn es sich um ein nach den Erörterungen zu A der Zuständigkeit der GO. unterliegendes Verfahren handelt, so soll sich nach § 1 nicht nur die Vergütung für die Vertretungs-Tätigkeit des Rechtsanwalts im Verfahren, sondern auch die Vergütung für die beratende Tätigkeit, welche den Beginn oder die Fortsetzung eines solchen Verfahrens betrifft, nach den Sätzen der GO. bestimmen.

65 1) Die Motive zu § 1 GO. rechtfertigen diese Vorschrift damit, daß die „Tätigkeit des Rechtsanwalts in einer großen Zahl von Fällen vor dem Zeitpunkte, in welchem das Gericht mit der Sache befaßt ist, beginne, diese Vorbereitung sich aber von der Tätigkeit im gerichtlichen Verfahren nicht trennen lasse; es würde offenbar der Natur der Sache widerstreiten, wenn mit der Anbringung der Sache bei Gericht die Tätigkeit des Anwaltes in zwei Teile zerfiele, deren einer nach Reichsrecht, der andere nach Landesrecht zu vergüten wäre; ersteres müsse sich vielmehr auf die vorbereitende Tätigkeit, als integrierenden Teil der Gesamttätigkeit, miterstrecken." Der Gesetzgeber hat danach die anwaltliche Tätigkeit außerhalb der Vertretung bei Gericht nur insoweit in den Kreis seiner Vorschriften ziehen wollen, als sie die Vertretungstätigkeit selbst vorbereiten soll; nur wenn sie als Teil einer Gesamttätigkeit, gerichtet auf Vertretung in einem Verfahren nach den Prozeßordnungen, gewollt ist, unterliegt sie der Vorschrift des § 1. Es folgt daraus als notwendige Voraussetzung der Anwendung der GO., daß die Intention des Auftraggebers darauf gerichtet sein muß, die Tätigkeit des Anwalts zum Zwecke des Beginnens, resp. der Fortsetzung eines gerichtlichen Verfahrens in Anspruch zu nehmen; wo dieser subjektive Zusammenhang fehlt, ist die GO. nicht zur Anwendung zu bringen.[51]) Gleichgültig ist aber, ob die Beratung sich darauf bezieht, in welcher Weise ein Verfahren begonnen werden soll, oder darauf, ob ein Verfahren begonnen werden soll oder nicht.[52])

Auszuscheiden ist deshalb von der Anwendung der Gebührenordnung zunächst diejenige Tätigkeit, welche nicht ein Verfahren nach den Prozeßordnungen, sondern ein anderes Verfahren vorbereiten soll. Unrichtig erscheint aber auch die Ansicht von Kaufmann, welcher die GO. schon dann für anwendbar erklärt, wenn nur ojektiv die Ratserteilung eine Rechtssache betrifft, die gegebenenfalls vor die ordentlichen Gerichte gehören und auf welche die Prozeßordnungen Anwendung finden würden; jene notwendige Beziehung auf den Beginn eines Prozesses in allen Fällen zu unterstellen, ist nicht angängig und wird auch nicht, wie Kaufmann meint, durch die Motive der GO. gerechtfertigt. Letztere gehen vielmehr von einem, auf den Beginn eines Prozesses gerichteten Auftrage aus und führen folgerichtig weiter aus: Wird der Anwalt beauftragt, eine den Prozeßordnungen unterliegende Sache vor die ordentlichen

---

[51]) Vgl. hierzu und für das folgende die Aufsätze von Kaufmann in JW. 00 S. 501 und Türk in JW. 02 S. 85.

[52]) Vgl. Türk. S. 286; OLG. Frankfurt 11. März 02 im Recht 03 S. 295.

Gerichte zu bringen, so bemißt sich die Vergütung nach Maßgabe des Entwurfs, auch wenn die vollständige Ausführung des Auftrages unterbleibt, z. B. weil der Anwalt die Belehrung erteilt, daß die Sache gar nicht vor die ordentlichen Gerichte gehöre. Das gleiche gilt, wenn ein solcher Auftrag auch nur bedingungsweise erteilt oder der Anwalt nur mit der Frage befaßt wird, ob die Sache vor die ordentlichen Gerichte gebracht werden soll."

2) Welche Tätigkeit im einzelnen unter der „beratenden Berufstätigkeit des 66
Rechtsanwalts" zu verstehen ist, kann zweifelhaft sein. Es liegt nahe, als „beratende Berufstätigkeit" lediglich die „Ratserteilung" anzusehen. Muß es aber schon Bedenken erregen, daß dann das Gesetz für die gleiche Tätigkeit in § 1 einen anderen Ausdruck gewählt hätte als in § 47, so ergeben andererseits die Motive, daß doch etwas anderes, weitergehendes, gemeint war. Die Motive unterscheiden die Tätigkeit im gerichtlichen Verfahren und die *vorbereitende Tätigkeit*, die sie deshalb mit gutem Grunde nach demselben Gesetze wie die Tätigkeit im Verfahren selbst vergütet wissen wollen, weil die vorbereitende Tätigkeit als ein integrierender Bestandteil der Gesamttätigkeit des Prozeßbetriebes erscheint. Diese vorbereitende Tätigkeit wird im Gesetz „die beratende Berufstätigkeit" genannt, weil sie noch außerhalb der Vertretungstätigkeit im anhängigen Verfahren liegt. Zu dieser Tätigkeit gehört deshalb alles, was das gerichtliche Verfahren vorbereitet. So gehört dazu nicht nur die Ratserteilung bezüglich des Beginns, sondern auch die Informationseinziehung und die Anfertigung eines Schriftsatzes (§ 14 GO.).[53])

3) Nach den so festgestellten Grundsätzen wird die Frage der Anwendbarkeit 67
der GO. insbesondere in folgenden, in der Anwaltspraxis häufigen Fällen zu entscheiden sein:

a) Unter § 1 fällt nicht diejenige Tätigkeit, welche noch nicht auf Einleitung des Rechtsstreits, sondern erst darauf gerichtet ist, die materiell-rechtliche Grundlage für ein gerichtliches Verfahren zu schaffen, z. B. die *Kündigungsschreiben* und *Mahnschreiben*, welche die Fälligkeit des Anspruchs herbeiführen sollen. Ebenso verhält es sich aber auch mit den *Aufforderungsschreiben*, wenn der Rechtsanwalt den Auftrag erhalten hat, den Schuldner zur Leistung aufzufordern und, wenn diese nicht erfolgt, Klage zu erheben. Diese Aufforderungsschreiben sind gewiß nicht Akte zur Einleitung des gerichtlichen Verfahrens; sie sind vielmehr nach der Intention des Auftraggebers gerade dazu bestimmt, das gerichtliche Verfahren zu vermeiden und zu erübrigen. Sie stehen deshalb ganz und gar außerhalb der Prozeßführung und deren Vorbereitung, fallen also nicht unter § 1 GO., ihre Vergütung wird daher nicht durch die GO. sondern durch die landesgesetzlichen Gebührengesetze bestimmt.[54])[55])

---

[53]) Vgl. auch die Ausführungen zu § 13 N. 14; ebenso RGinJW. 03 S. 28, 27.

[54]) Vgl. hierzu die Aufsätze von *Kaufmann* in JW. 00 S. 502 und von *Aken* in JW. 01 S. 118; ferner *Seuffert*, BlfRA. 98 Bd. 63, S. 49, 296, 412; OLG. (Karlsruhe) 3, 167; OLG. Braunschweig in Braunschw. ZfRpfl. 01 S. 38, 39. Auf demselben Standpunkt steht u. a. auch das Preuß. Gebührengesetz vom 27. September 99 (und ihm folgend auch einige andere Landesgebührengesetze), wenn es in seinem Art. 9 über die Vergütung für „die der Einleitung eines Prozesses vorausgehenden Mahnungen, Kündigungen oder Schreiben ähnlicher Art" Bestimmung trifft; denn fiele diese Tätigkeit unter § 1 GO. so wäre die Preuß. Landesgesetzgebung zum Erlaß einer solchen Bestimmung gar nicht kompetent. Näheres s. *Joachim* zu Art. 9 N. 9—12.

[55]) Zweifelhaft ist, ob nicht trotz Nichtzugehörigkeit dieser Akte zum Prozeßbetrieb dennoch die dafür aufgewendeten Kosten im *Kostenfestsetzungsverfahren zu berücksichtigen* sind. Man wird dies zunächst nicht annehmen können bezüglich der Kosten für Kündigungs- und Mahnschreiben, die die Fälligkeit herbeiführen sollen; dieselben gehören nicht zu den Kosten der Rechtsverfolgung, werden vielmehr im BGB. §§ 1118 und 1210, sowie im Zwangsversteigerungsgesetz § 10 den Kosten der Rechtsverfolgung gegenübergestellt. Vgl. jedoch OLG. Braunschweig 4. Mai 00 in DJZ. 01 S. 240. Aber auch die

68 b) Geht der Auftrag lediglich auf Herbeiführung eines außergerichtlichen Vergleichs in einem noch nicht anhängigen Zivilprozeß- oder Konkursverfahren, so kann es nicht zweifelhaft sein, daß die zu entfaltende Tätigkeit nicht unter § 1 fällt, weil es sich nicht um Vorbereitung eines gerichtlichen Verfahrens, sondern vielmehr um Vermeidung eines solchen handelt. Dies ist auch in der Reichstagskommission ausdrücklich konstatiert worden. (Vgl. Beschlüsse der Reichstagskommission vom 11. und 12. März 79, Drucksachen Nr. 137.)[56])

69 c) Wenn der Auftrag zur Einleitung eines Verfahrens mit dem zur Herbeiführung eines Vergleichs verbunden ist, so sind zwei Fälle zu unterscheiden.

α) Ist mit dem Auftrage zur Herbeiführung eines außergerichtlichen Vergleiches eventuell und für den Fall, daß ein solcher Vergleich nicht zustande kommen würde, der Auftrag zur Einleitung des Rechtsstreits verbunden, so gilt, so lange die Vergleichsverhandlungen nicht gescheitert sind, der eventuelle Auftrag zur Klageerhebung als suspendiert; die in dem außergerichtlichen Vergleichsverfahren aufgewendete Tätigkeit fällt daher nicht unter § 1, unterliegt vielmehr der landesgesetzlichen Regelung. (Beschluß der Reichstagskommission vom 11. März 79 zu § 37, Drucksache 79 Nr. 137 S. 40.) Wird dann der Vergleich geschlossen, so ist ein Auftrag zur Einleitung des Rechtsstreits als erteilt nicht anzusehen; die Tätigkeit des Rechtsanwalts im Vergleichsverfahren ist nach dem Landesgesetz zu vergüten.[57]) Scheitern die Vergleichsverhandlungen aber, so lebt der Auftrag zur Einleitung des Rechtsstreits wieder auf; in diesem Falle will das Kammergericht (Entsch. des X. Zivilsenats vom 27. November 95 in KGBl. 96 S. 2) mit Recht die Sache so angesehen wissen, als ob von Anfang an Auftrag zur Klageerhebung erteilt wäre, so daß lediglich die Bestimmungen der GO. maßgebend sind und daher eine Gebühr für die vergeblichen Vergleichsverhandlungen ebensowenig wie innerhalb des Prozeßverfahrens zu liquidieren ist.[58])

Kosten für die zur Abwendung des Prozesses erlassenen Aufforderungsschreiben können nicht als Kosten des Rechtsstreits im Sinne des § 91 ZPO. angesehen werden, weil sie zu dem Rechtsstreit gar nicht gehören. Für Preußen hat übrigens diese Frage kein Interesse, weil nach Art 9 Pr. GO. eine Gebühr für diese Akte nicht gefordert werden kann, wenn dem Rechtsanwalt die Prozeßgebühr zusteht.

Eine andere Frage ist, ob der Gläubiger Ersatz der Kosten für Kündigungs-, Mahn- und Aufforderungsschreiben vom Schuldner verlangen kann, sei es, daß er denselben in einer besonderen Klage oder als Nebenforderung des Hauptanspruchs geltend macht. Diese Frage ist eine rein zivilrechtliche. Sie wird bezüglich der Kosten der Inverzugsetzung (Kündigung und Mahnung) verneint werden müssen, wenn diese Kosten nicht etwa durch besonderes Gesetz (§§ 1118, 1210 BGB., § 10 ZVG.) oder Vertrag dem Schuldner auferlegt sind, da diese Akte lediglich dem Gläubiger behufs Herbeiführung der Klagbarkeit seines Anspruchs dienen. Auch für den Ersatz der Kosten der Aufforderungsschreiben fehlt es an einem Rechtsgrunde. Wenn auch der Schuldner die durch den Vorzug veranlaßten Nachteile dem Gläubiger zu vergüten hat, so braucht er doch für überflüssige Aufwendungen nicht einzustehen, als welche der Regel nach die Kosten für Zuziehung eines Anwalts bei der Mahnung erscheinen werden. Ebenso OLG. (Karlsruhe) 3, 167. Vgl. jedoch Seuffert, BlfRA. 63, 412 und LG. Insterburg in Pos. Mschr. 01 S. 19 „weil Kläger die Forderung von vornherein durch seinen Anwalt erfolgreich mit dem Anspruch auf Kostenerstattung hätte einklagen dürfen, und daher jedenfalls die weit geringeren Kosten des bloßen Aufforderungsschreibens — ein minus — erstattet verlangen könne", und LG. I Berlin 26. Sept. 04 (KGBl. 05 S. 28).

[56]) Vgl. auch RG. 2. Dez. 02 (Bad. Rpr. 03 S. 153 u. JW. 03 S. 28, 27).

[57]) Vgl. für Preußen Joachim zu Art. 14 Nr. 6. AM. OLG. Karlsruhe im Recht 02 Nr. 500, Bad.Rpr. 02 S. 24.

[58]) Ebenso das Reichsgericht in JW. 03 S. 28. 27: „Die Tätigkeit des Rechtsanwalts läßt sich in einem solchen Falle nicht in der Weise scheiden, daß man sagen kann, die eine Handlung betrifft nur den angestrebten Vergleich, die andere hat bereits Bedeutung für den Prozeß; vielmehr ist dann die ganze, in beiden Richtungen vom Rechtsanwalt entfaltete Tätigkeit als den Prozeß vorbereitend anzusehen."

c) Hat dagegen der Rechtsanwalt den Auftrag zur Klageanstellung erhalten 70
und vor der Einreichung der Klage im Auftrage oder mit Billigung des Auftraggebers Vergleichsverhandlungen eingeleitet, die zum Abschlusse eines Vergleichs führen, so bewegt sich die gesamte Tätigkeit des Anwalts innerhalb des Rahmens der Vorbereitungstätigkeit, die mit der Ratserteilung und Informationseinziehung begonnen hat; es ist daher lediglich nach der GO. zu liquidieren (und zwar $^5/_{10}$ Prozeßgebühr, und gemäß § 89 unter entsprechender Anwendung der §§ 13 Nr. 3 und 37 GO. eine volle Vergleichsgebühr.)[59])

d) Ein in der Praxis häufiger Fall ist endlich der, daß der zum Prozeß-
bevollmächtigten bestellte Rechtsanwalt bei einem Vergleiche mitwirkt, der nicht 71
nur den anhängigen Rechtsstreit beilegt, sondern zugleich auch andere, sei es bereits in einem anderen Prozesse anhängige oder noch gar nicht anhängig gemachte Ansprüche erledigt. In einem solchen Falle hat das Reichsgericht (36, 404) die Berechnung der gerichtlichen Vergleichsgebühr nach dem höheren Objekt abgelehnt. Fraglich aber bleibt, ob und in welcher Höhe der Rechtsanwalt seinem Auftraggeber eine Gebühr bezüglich der nicht im Streit befangenen Ansprüche zu berechnen hat. Zweifellos geht seine Tätigkeit über den Rahmen der durch die Gebühren nach dem Streitwert abgegoltenen Tätigkeit hinaus, und es ist deshalb eine besondere Gebühr zu berechnen. Wenn nun das Reichsgericht (36, 404), unter Ablehnung des Ansatzes einer Vergleichsgebühr nach dem höheren Objekt, die Ansicht ausspricht, es bleibe nichts anderes übrig, als die Gerichtsgebühr für die nicht in Streit befangenen Ansprüche als Gebühr für einen Akt der freiwilligen Gerichtsbarkeit anzusetzen, so mag dies für die Gerichtsgebühr richtig sein; für die Bestimmung der Anwaltsgebühr aber eröffnet der § 1 GO., der ja gerade die Anwendung der GO. über den engeren Kreis des Gerichtsverfahrens hinaus zuläßt, einen anderen Weg.[60]) Es erscheint nämlich durchaus angängig, die Mitwirkung des Rechtsanwalts beim Vergleichsabschluß als eine beratende Tätigkeit aufzufassen, welche bezüglich noch nicht anhängiger Ansprüche den Beginn, bezüglich der schon in anderen Prozessen anhängigen Ansprüche die Fortsetzung eines Verfahrens nach der ZPO. vor den ordentlichen Gerichten betrifft; damit ist nach § 1 die GO. maßgebend, die Vergleichsgebühr für das nicht in Streit befangene Objekt gemäß §§ 89, 13 Nr. 3 und 37 auf $^{10}/_{10}$ zu normieren und in entsprechender Anwendung des § 48 GO. eventuell die Gesamtgebühr für den Vergleich auf die Vergleichsgebühr für das Gesamtobjekt zu reduzieren.[61]) Ob hier bei der Kostenfestsetzung auf Grund eines gerichtlich abgeschlossenen Vergleichs die Gesamtvergleichsgebühr oder die Vergleichsgebühr nur nach dem Streitgegenstand des Rechtsstreits zu berücksichtigen ist, ist zweifelhaft; das Kammergericht (IX, 17. November 91, KGBl. 92 S. 3 und das Oberlandesgericht Breslau (IV, 2. Dezember 98, Bresl. AKZ. S. 56) bewilligen nur die letztere; die Begründung der gegenteiligen Ansicht des Oberlandesgerichts Naumburg (II, 25. September 94, Naumb. AKZ. 95

[59]) Ebenso Kammergericht X, 8. März 99; KGBl. 99, S. 63.

[60]) Auch die Anwaltsgebühr will in diesem Falle nur nach dem für die Instanz festgesetzten Streitwert berechnen OLG. Colmar 25 Nov. 03 im Recht 03 S. 609.

[61]) Ebenso im Ergebnis Meyer-Irmler S. 47 Nr. 6; Hergenhahn in ZZP. 18, S. 142 und RG. I. 7. Juli 00 in Naumb. AKZ. 00 Nr. 12 und KGBl. 01 S. 12. Zu demselben Ergebnisse gelangt man übrigens für Preußen auch, wenn man die Gebühr nach der Pr. GO. bestimmen will, gemäß Art. 14 mittels analoger Anwendung der §§ 13 und 37 GO. Vgl. Joachim zu Art 1 N. 55 i f und zu Art. 14 Nr. 6. Eine andere Berechnungsweise geht dahin, daß zunächst von dem ganzen Objekt $^5/_{10}$ berechnet, und dazu $^5/_{10}$ von dem bisher nicht im Prozeß befangenen Objekt addirt werden. Dieser Berechnungsweise wird in der Praxis der Vorzug gegeben.

S. 7), daß durch den Vergleich eine Erweiterung des Streitobjekts herbeigeführt und deshalb die Vergleichsgebühr nach dem erweiterten Objekt zu berechnen sei, ist jedenfalls nicht zu billigen, weil eine Erweiterung nur durch Erweiterung des Antrages herbeigeführt wird. Neuerdings hat das Reichsgericht (I, 7. Juli 00 in Anm. 60 zitierter Entscheidung) die Festsetzung der Gesamtvergleichsgebühr zugelassen.[62])

72 **IV. Konkurrenzfälle.** Schließlich kann es auch vorkommen, daß eine und dieselbe, dem Rechtsanwalt aufgetragene Tätigkeit sowohl in den Kreis der Angelegenheiten fällt, deren Vergütung reichsgesetzlich, insbesondere durch die GO., geregelt ist, als auch in den Kreis der Angelegenheiten, deren Vergütung durch die Landesgebührenordnungen bestimmt ist. Diesen Fall behandelt § 92 GO., auf dessen Erläuterung hier verwiesen wird.

73 **V. Anhang. Gebühren außerhalb des Anwendungsgebiets der GO.**

Für diejenigen Gebiete, für welche die GO. nach ihren §§ 1 und 91 nicht zur Anwendung kommt, regelt sich die Gebührenfrage als Teil des anwaltlichen Dienstverhältnisses nach den Bestimmungen des BGB. Soweit indessen eine reichsgesetzliche Regelung des Gebührenwesens erfolgt ist, ist diese gemäß Art. 32. EGzBGB. neben und sogar vor dem BGB. maßgebend.

74 1. Eine besondere reichsgesetzliche Regelung haben die Anwaltsgebühren nur in sehr beschränktem Umfange gefunden, nämlich nur für das Verfahren vor einigen reichsgesetzlich bestellten besonderen Gerichten. (Vgl. N. 49—51.)

75 2. Soweit es an einer reichsgesetzlichen Regelung fehlt, ist zunächst der nach dem BGB. das bürgerliche Recht beherrschende Grundsatz der Vertragsfreiheit und der Formlosigkeit der Verträge maßgebend. Die Anwaltsgebühren können daher im Gegensatz zu den Grundsätzen der GO. und insbesondere zur Vorschrift des § 93 GO nicht nur formfrei vereinbart werden, sondern es ist auch diese Vereinbarung an keine Grenzen gebunden, es seien denn die Rücksichten auf den anwaltlichen Anstand. Erst beim Mangel einer Vereinbarung über die Höhe der Vergütung ist gemäß § 612 Abs. 2 BGB. beim Bestehen einer Taxe die taxmäßige Vergütung als vereinbart anzusehen. Als solche subsidiär maßgebenden Taxen sind die landesgesetzlichen Bestimmungen über die Gebühren der Rechtsanwälte aufzufassen, welche gewöhnlich das gesamte Anwaltsgebührenwesen regeln wollen, soweit es nicht reichsgesetzlich geregelt ist.[63]) [64])

Solche Landesgesetze haben nun vielfach die Bestimmungen der GO. auch in solchen Fällen entsprechend für anwendbar erklärt, in denen sie an sich nach den Vorschriften der §§ 1 und 91 GO. nicht anzuwenden wären. Bei der Anwendung dieser landesgesetzlichen Vorschriften wird aber immer zu beachten sein, daß es sich in solchen Fällen um eine Erweiterung des Geltungsgebiets der GO. durch landesgesetzlichen Akt handelt, und daher überall im einzelnen zu prüfen sein, ob die Landesgesetzgebung zu solcher Verfügung kompetent war.

---

[62]) Ebenso KG. in KGBl. 02 S. 15: „wenn die Parteien in einem vor dem Richter geschlossenen Vergleiche zum Ausdruck bringen, daß die Kosten des Vergleichs, auch soweit er über den Rechtsstreit hinausgeht, den Prozeßkosten gleich zu behandelnde und ebenso wie diese vollstreckbar sein sollen, so muß eine praktischen Zielen dienende Rechtsprechung in einer entsprechenden Anwendung des § 91 ZPO. das Mittel finden, die Absicht der Parteien zu verwirklichen, zumal da hierdurch ein neuer Prozeß vermieden wird.“ Ebenso OLG. Cöln 14. Juli 02 in DJZ. 03 S. 60; KG. XIV. 19. Jan. 05, KGBl. 05 S. 44. Dagegen jedoch OLG. (Marienwerder) 6, 388.

[63]) Vgl. z. B. die Pr. GO. vom 27. September 99 Art. 1, welcher die meisten anderen bundesstaatlichen Gebührenordnungen nachgebildet sind.

[64]) Näheres über den rechtlichen Charakter der landesgesetzlichen Gebührenvorschriften s. Joachim Einl. § 5 S 8ff., besonders S. 12 und Joachim in JW. 00 S. 433 ff.

Insbesondere ist dabei zu beachten, daß zwar die GO. als Reichsgesetz in jenem reichsgesetzlich begrenzten Gebiete auch gegenüber dem BGB. in Kraft geblieben ist (Art. 32 EGzBGB.), daß aber eine landesgesetzliche Vorschrift gegenüber dem BGB. niemals Anspruch auf Geltung hat, auch dann nicht, wenn sie für ihr Gebiet eine reichsgesetzliche Vorschrift für anwendbar erklärt; denn immer bleibt sie eine Vorschrift des landesstaatlichen Gesetzgebers.

Die Landesgesetze haben teils für bestimmte Verfahrensarten, insbesondere 76
für das Verfahren vor den reichsgesetzlich zugelassenen besonderen Gerichten, die GO. in ihrer Gesamtheit für anwendbar erklärt, teils haben sie für Angelegenheiten, deren Kosten sie landesgesetzlich besonders geregelt haben, im einzelnen die entsprechende Anwendung einzelner Bestimmungen der GO. vorgeschrieben. Im einzelnen muß hier auf die einzelnen Landesgesetze verwiesen werden.[65])

§ 2.

Für die Ausführung eines Auftrags, dessen gemeinschaftliche Erledigung mehreren Rechtsanwälten übertragen ist, steht jedem derselben die volle Vergütung zu.

Vorbemerkung.

Der § 2 behandelt den Fall, daß ein Auftraggeber mehrere Anwälte zu gemeinschaftlicher Tätigkeit bestellt.

Zu erläutern sind:

I. Die Entstehungsgeschichte (1).
II. Die materiellrechtliche Bedeutung des § 2 (2).
III. Die Anwendungsfälle des § 2 (3—4).
IV. Der Vollmachtsstempel nach Preuß. Recht (5).

I. Die Entstehungsgeschichte. Der § 2 lautete im Regierungsentwurfe 1
dahin:

„Für die gemeinschaftliche Ausführung eines mehreren Rechtsanwälten erteilten Auftrags steht jedem derselben die volle Vergütung zu."

Die Motive bemerkten dazu:

„§ 2 entscheidet den Fall, daß jemand mehreren Rechtsanwälten die gemeinschaftliche Ausführung eines Geschäfts aufträgt. In einem solchen Falle geht die Willensmeinung des Auftraggebers dahin, daß jeder Anwalt sich vollständig mit der ganzen Sache befasse. Ob und wie eine Teilung der Arbeit eintritt, ist den Anwälten überlassen und für das Verhältnis derselben zum Auftraggeber nicht von Belang. Möglich ist zwar, daß die Arbeit des einen Anwalts die Arbeit des anderen erleichtert; aber auch das Gegenteil ist denkbar. Dazu tritt, daß solche Fälle regelmäßig besonders schwierige oder verwickelte Rechtssachen betreffen werden. Es rechtfertigt sich daher die getroffene Entscheidung, daß jedem Rechtsanwalte die Gebühren voll zustehen sollen.

Unterschieden von dem Falle des § 2 ist der, wenn bei der Erteilung des Auftrags an mehrere Rechtsanwälte die Absicht des Auftraggebers nicht auf gemeinschaftliche Ausführung, sondern dahin ging, daß der Auftrag von dem einen oder dem anderen der Anwälte ausgeführt werde. Dies wird gemeinhin zutreffen, wenn die mehreren An-

---

[65]) Vgl. für Preußen GO. v. 27. September 99 Art. 2 und Art. 15. Im übrigen s. Anhang.

wälte sich zur gemeinsamen Ausübung der Rechtsanwaltschaft verbunden haben. In solchen Fällen können die mehreren Anwälte zusammen nur diejenige Vergütung beanspruchen, welche einem einzelnen Vertreter zustehen würde."

In der Reichstagskommission machte sich jedoch die Ansicht geltend, daß auch, wenn mehrere Anwälte sich zur gemeinsamen Ausübung der Rechtsanwaltschaft verbunden haben (Anwaltssozietät), die Bewilligung der vollen Gebühren an jeden derselben unter Umständen doch gerechtfertigt sein könnte, nämlich dann: wenn die Absicht des Auftraggebers ausdrücklich dahin gegangen sei, daß die beiden assoziierten Anwälte gemeinschaftlich den Auftrag erledigen (z. B. beide zugleich die Verteidigung in der Hauptverhandlung führen) sollen, worauf allerdings aus dem bloßen Sozietätsverhältnisse bzw. aus dem Umstande, daß der Auftraggeber sich an zwei assoziierte Anwälte gewendet hat, nicht schon ohne weiteres geschlossen werden könne, weil die Absicht auch dahin gehen könne, nur von einem der assoziierten Anwälte vertreten zu werden. Um nun dieser Anschauung in der Gesetzesvorschrift einen klareren Ausdruck zu verleihen, ist die jetzige Textfassung gewählt worden, vermöge deren gerade auf die gemeinschaftliche Erledigung bzw. auf den Umstand, daß die Absicht des Auftraggebers ausdrücklich auf gemeinschaftliche Vertretung gegangen sein muß, der Nachdruck gelegt werden sollte. Vgl. die Kommissionsprotokolle vom 3. und 31. März 79, auch Völk, GOfRA. Schlußabsatz der Anm. zu § 2.

2 **II. Die materiellrechtliche Bedeutung des § 2.** Die Vorschrift des § 2 enthält eine rein privatrechtliche Norm; sie entspricht auch ganz und gar den Grundsätzen des BGB.

Wenn die gemeinschaftliche Erledigung eines Auftrages mehreren Rechtsanwälten übertragen ist, so liegen — nach der Rechtssprache des BGB. — mehrere Dienstverträge vor, die auf Leistung der gleichen Dienste gerichtet sind. Jeder Dienstverpflichtete, welcher die aufgetragenen Dienste leistet, hat danach auch Anspruch auf die für die Dienste vereinbarte bzw. taxmäßige Vergütung. Nun hätte die „Taxe" in solchen Fällen die Gebühren jedes einzelnen Anwalts auch niedriger bestimmen können als bei Beauftragung eines einzigen Anwalts; die GO. hat sich aber auf diesen Standpunkt nicht gestellt; sie bewilligt jedem Anwalte die volle Vergütung, d. h. diejenigen Gebühren, die er für die geleisteten Dienste zu beanspruchen gehabt hätte, wenn der Auftrag ihm allein übertragen wäre.

Vorausgesetzt wird danach immer, daß die Dienste auch wirklich geleistet worden sind; ohne Dienstleistung entsteht kein Gebührenanspruch.

3 **III. Die Anwendungsfälle des § 2.** Die Vorschrift des § 2 soll zur Anwendung kommen, wenn mehreren Rechtsanwälten „die gemeinschaftliche Erledigung" eines Auftrags übertragen war. Es muß demnach die Absicht des Auftraggebers dahin gerichtet gewesen sein, daß die mehreren Rechtsanwälte gemeinschaftlich, d. h. nebeneinander die gleiche Tätigkeit ausüben sollten. Dies ist aber dann nicht der Fall, wenn der Auftraggeber mehrere Rechtsanwälte bestellt hat in der Erwartung, daß dieselben nicht nebeneinander, sondern daß der eine oder der andere tätig sein solle. Der Wille des Auftraggebers wird aus den Umständen des Falles zu ermitteln sein. Im allgemeinen ist es nicht üblich, daß ein Rechtsanwalt einen Auftrag annimmt, dessen Ausführung noch durch das Belieben eines anderen bedingt ist; nur in einem Falle hat sich eine gewisse Verkehrssitte herausgebildet. Haben sich nämlich mehrere Anwälte zum gemeinschaftlichen Betriebe der Praxis verbunden, so pflegt die Voll-

macht auf die mehreren verbundenen Anwälte gestellt zu werden, damit ein jeder von vornherein zur Vertretung der Partei berechtigt erscheine; hier geht, wenn nicht ein anderweitiger Wille des Auftraggebers erkennbar ist, die Absicht beider Vertragsparteien dahin, daß zwar jeder Anwalt zur Ausführung des Auftrages berechtigt sein, aber nur einer der Anwälte den Auftrag erledigen soll. Den Gebührenanspruch hat in diesem Falle derjenige Anwalt, der die gebührenpflichtigen Dienste wirklich geleistet hat; die Gebührenforderung sämtlicher Anwälte aber kann niemals den Betrag übersteigen, der bei Beauftragung eines einzigen Anwalts zu zahlen wäre. Hat z. B. bei Erteilung des Auftrages an die Anwaltssozien A und B eine wiederholte Verhandlung stattgefunden, bei der einmal A und einmal B tätig gewesen ist, so haben beide zusammen nur einmal die Verhandlungsgebühr zu liquidieren.

Verschieden von dem Falle des § 2 ist ferner der Fall, wenn in derselben 4
Rechtssache mehrere Anwälte nicht gemeinschaftlich, sondern hintereinander bzw. jeder für sich in einem besonderen Abschnitte des Verfahrens tätig sein sollen. Hierher gehört z. B. die Ausstellung der Vollmacht auf zwei Anwaltssozien, die bei Gerichten verschiedener Instanzen zugelassen sind; ebenso gehören hierher die Fälle der §§ 42 ff. GO.

IV. Der Vollmachtsstempel nach Preuß. Recht. Im Falle des § 2 liegen 5
nach den Ausführungen zu N. 2 mehrere Dienstverträge vor. Wenn nun die Bevollmächtigung der Anwälte in verschiedenen Urkunden beurkundet wird, so kann es nicht zweifelhaft sein, daß für jede Urkunde ein besonderer Stempel nach Tarifstelle 73 des Stempelsteuergesetzes vom 31. Juli 95 verwendet werden muß. Wenn dagegen die Bevollmächtigung der Anwälte in einer Urkunde geschieht, so kann es zweifelhaft sein, ob der einfache oder der mehrfache Stempel zu verwenden ist. Aus der Entstehungsgeschichte der Tarifstelle 73 wird zu entnehmen sein, daß in allen Fällen der Bevollmächtigung mehrerer Rechtsanwälte in einer Urkunde nur der einfache Vollmachtsstempel zu verwenden ist. Der Entwurf des Gesetzes hatte bei gewissen, an mehrere Personen in einer Urkunde erteilten Vollmachten die mehrfache Stempelung vorgeschrieben; dagegen wendete sich ein Antrag auf Streichung dieser Bestimmung, der nach der Erklärung des Antragstellers bezwecken sollte, die Erhebung des mehrfachen Stempels bei Bevollmächtigung mehrerer Personen in einer Urkunde allgemein zu beseitigen. Der Antrag wurde vom Abgeordnetenhause angenommen und die Bestimmung des Entwurfs gestrichen.[1])

§ 3.

Bei der Ausführung von Aufträgen mehrerer Auftraggeber durch dieselbe Tätigkeit haftet jeder Auftraggeber dem Rechtsanwalte für denjenigen Betrag an Gebühren und Auslagen, welcher bei abgesonderter Ausführung seines Auftrages erwachsen sein würde. Die Mitverhaftung der anderen Auftraggeber kann dem Rechtsanwalte gegenüber nicht geltend gemacht werden.

Vorbemerkung.

Der § 3 behandelt den Fall, daß ein Rechtsanwalt durch dieselbe Tätigkeit die Aufträge mehrerer Auftraggeber erledigt, und beantwortet die Frage, inwieweit jeder

[1]) G. A. Heinitz, Kommentar z. Stempelsteuergesetz (2. Aufl.) zu TSt. 73 S. 646. A. M. Noelle, Komm. z. Ststg. TSt. 73 Anm. 9. Vgl. hierzu auch die Entsch. d. RG. bei Gruchot 32, 1075 für das alte Stempelrecht.

einzelne Auftraggeber haftet. Wie hoch sich die Gesamtvergütung beläuft, wird an anderen Stellen (§§ 51, 62, 72, 79 GO.) bestimmt.

Die Erläuterung des § 3 geschieht nach folgender Disposition:

1 **I. Motive.** § 3 behandelt den nicht seltenen Fall, daß der Rechtsanwalt durch dieselbe Tätigkeit die Aufträge mehrerer Auftraggeber ausführt, beispielsweise wenn er in derselben Verhandlung mehrere Angeklagte verteidigt oder in demselben Verfahren mehrere Streitgenossen gleichzeitig vertritt.

In diesen Fällen tritt zunächst die Frage entgegen, wie hoch sich die Gesamtvergütung des Anwalts beläuft. Was hierbei zuvörderst die Auslagen anlangt, so liegt es im allgemeinen auf der Hand, daß die Vergütung des Anwalts für eine Auslage die gleiche sein muß, sei die Auslage für einen oder mehrere Auftraggeber gemacht. Bezüglich der Reisekosten, welche dem Rechtsanwalte zustehen, wenn er auf einer Reise die Aufträge mehrerer Auftraggeber erledigt hat, ist weiterhin (§ 79 des Gesetzes) die erforderliche Bestimmung getroffen. In betreff der Gebühren kann aber eine Konkurrenz mehrerer Aufträge verschiedener Personen eine Erhöhung rechtfertigen, da die Mehrheit der Auftraggeber auch das Maß der erforderlichen Tätigkeit steigern kann. Inwieweit einer solchen Steigerung Gewicht beizulegen ist, wird später im einzelnen zu erörtern sein. (Vgl. §§ 51, 62, 72 des Gesetzes.) Allein mit der Frage nach dem Betrage der Gesamtvergütung befaßt sich der § 3 nicht, vielmehr nur mit der anderweiten Frage, inwieweit in dem vorausgesetzten Falle der einzelne Auftraggeber haftet.

Bei Prüfung dieser Frage ist zunächst der einfachere Fall ins Auge zu fassen, wenn die Gesamtvergütung des Anwalts demjenigen Betrage gleich ist, welchen er von jedem einzelnen Auftraggeber zu beanspruchen haben würde, wenn kein weiterer Auftraggeber vorhanden wäre. Das trifft z. B. zu, wenn es sich um Vergütung einer Auslage handelt, ebenso bezüglich der Gebühren, wenn der Anwalt mehrere Streitgenossen, die ein gleiches Interesse am Streitgegenstande haben, bei einer Verhandlung im Zivilprozesse vertritt. In allen solchen Fällen haftet sachgemäß jeder Auftraggeber dem Anwalte für die ganze Vergütung, ohne Teilung (beneficium divisionis) beanspruchen zu können; denn keiner der mehreren Auftraggeber hat ein Recht darauf, aus der Beteiligung der übrigen auf Kosten des Anwaltes einen Vorteil zu ziehen. Die rechtlichen Beziehungen, in welchen die mehreren Auftraggeber zueinander stehen, mögen einen Anspruch auf Ausgleichung zwischen ihnen begründen; allein für das auf dem Auftrage beruhende Rechtsverhältnis des einzelnen zum Anwalte sind sie nicht von Erheblichkeit. Demgemäß spricht das Gesetz aus, daß die Mitverhaftung der anderen Auftraggeber dem Rechtsanwalte gegenüber nicht geltend gemacht werden kann.

Diese Bestimmung greift aus gleichem Grunde auch für den weiteren Fall Platz, wenn der Betrag, welchen der Anwalt für die einzelne Ausführung von einem der Auftraggeber zu beanspruchen haben würde, dem Betrage der Gesamtvergütung nicht gleichkommt. Das trifft beispielsweise in dem Falle der Verteidigung mehrerer Beschuldigter (§ 72) zu, desgleichen wenn der Anwalt in einem Zivilprozesse mehrere Streitgenossen vertritt, von denen einige bei dem ganzen Streitgegenstande, andere nur bei einem Teile desselben interessiert sind, sofern das geringere Interesse eine niedrigere Wertsklasse als der ganze Streitgegenstand bedingt. Unter dieser Voraussetzung handelt es sich nicht bloß darum, daß das Zusammentreffen der mehreren Aufträge dem Anwalte nicht nachteilig werde, sondern auch darum, daß kein Auftraggeber durch das Zusammentreffen geschädigt werde. Von dem Grundsatze ausgehend, daß das Vertragsverhältnis zu einem Auftraggeber dem Anwalte keinen Anspruch gegen einen anderen Auftraggeber gibt, beschränkt daher das Gesetz die Haftung jedes Auftraggebers auf denjenigen Betrag der Vergütung, welcher bei abgesonderter Ausführung seines Auftrags erwachsen sein würde. Wenn also, um ein Beispiel in Zahlen zu geben, in einem Rechtsstreite über 2000 Mk. der Anwalt den Beklagten und außerdem auf Grund einer gleichzeitig ausgestellten Vollmacht (§ 51) einen Intervenienten vertritt, welcher nur in Höhe von 100 Mk. bei dem Streite beteiligt ist, und die Gebühren das Doppelte des Gebührensatzes (§ 9) betragen, so haftet der Beklagte für 72 Mk., der Intervenient für 8 Mk., eine Solidarhaft ist daher nur in Höhe des letzteren Betrages vorhanden, indem die Gebühren überhaupt nur 72 Mk. betragen.

II. Das Gesamtschuldverhältnis und seine Folgen nach GO. und BGB. Wie aus dem Wortlaut und den Motiven ersichtlich, behandelt der § 3 nicht die Frage der Gesamtvergütung, sondern die Frage der Haftung jedes einzelnen Auftraggebers bei gleichzeitiger Ausführung mehrerer Aufträge durch dieselbe Tätigkeit. Die Vorschrift des § 3 enthält sonach die Lösung einer Frage, die dem reinen Privatrecht angehört; sie ist daher mit den Vorschriften des BGB. zu vergleichen und in Einklang zu bringen. 2

Richten sich die Aufträge mehrerer Auftraggeber auf dieselbe Tätigkeit, so liegen mehrere Dienstverträge vor, die auf denselben Gegenstand gerichtet sind. Wird die Dienstverpflichtung durch die Ausführung des Auftrages erfüllt, so schulden sämtliche Auftraggeber die Vergütung. Da dieselbe dem Rechtsanwalt in Geld zu leisten ist, und diese Leistung eine teilbare ist, so würde gemäß § 420 BGB. im Zweifel jeder Auftraggeber nur zu einem gleichen Teile verpflichtet sein, wenn nicht etwa eine Verpflichtung durch gemeinschaftlichen Vertrag anzunehmen wäre. (§ 427 BGB.) Hier greift nun § 3 insofern ergänzend ein, als er jeden Auftraggeber zur Bewirkung der ganzen Leistung, d. h. zur Zahlung des ganzen Vergütungsbetrages verpflichtet. Andererseits kann der Rechtsanwalt die Vergütung nur einmal fordern, weil nur eine Tätigkeit entfaltet ist. (§ 51 GO.) Für das Verhältnis des Rechtsanwalts zu den mehreren Auftraggebern kommt daher bezüglich der Vergütung die Vorschrift des § 421 BGB. zur Anwendung, nach welcher der Gläubiger (der Rechtsanwalt) die Leistung (die Vergütung) nach seinem Belieben von jedem der Schuldner (der Auftraggeber) ganz oder zu einem Teile fordern kann, und bis zur Bewirkung der ganzen Leistung sämtliche Schuldner verpflichtet bleiben. Hiermit stimmt die Vorschrift des Satz 2 des § 3 überein, nach welcher die Mitverhaftung der anderen Auftraggeber dem Rechtsanwalt gegenüber nicht geltend gemacht werden kann.

Eine Modifikation muß aber die entwickelte Regel deswegen erleiden, weil die 3
Höhe der Vergütung nicht allein von dem nicht immer für alle Auftraggeber gleichen Maß der Tätigkeit des Rechtsanwalts abhängt, sondern auch noch von anderen Faktoren, insbesondere dem Werte des für den einzelnen Auftraggeber in Betracht kommenden Streitgegenstandes bestimmt wird. Da dem einzelnen Auftraggeber nicht eine höhere Last daraus erwachsen darf, daß auch noch ein anderer Auftraggeber einen gleichen Dienstvertrag geschlossen hat, so muß die Haftung eines jeden Auftraggebers auf denjenigen Betrag der Vergütung be-

schränkt bleiben, welcher bei abgesonderter Ausführung seines Auftrages erwachsen sein würde. (N. 16—23.) Ein Gesamtschuldverhältnis im obigen Sinne besteht daher nur in Höhe desjenigen Betrages, den der Rechtsanwalt gleichmäßig von jedem einzelnen Auftraggeber zu fordern hat.

4 Soweit eine Gesamtschuld besteht, können Rechtsverhältnisse nach zwei Richtungen in Frage kommen, das Rechtsverhältnis des Rechtsanwalts zu den einzelnen Auftraggebern und das Rechtsverhältnis der Auftraggeber zueinander.

1. Der Rechtsanwalt kann gemäß § 421 BGB. die Vergütung nach seinem Belieben von jedem der Auftraggeber ganz oder zu einem Teile fordern. Da nach § 421 Abs. 2 BGB. sämtliche Auftraggeber bis zur Bewirkung der ganzen Leistung verpflichtet bleiben, kann der Rechtsanwalt auch sein ursprüngliches Vorgehen ändern; er kann sowohl von einem Auftraggeber, von dem er ursprünglich nur einen Teil verlangt hat, nachträglich — bis zur Befriedigung — die ganze Vergütung verlangen, als auch umgekehrt nachträglich statt der ganzen Vergütung nur einen Teil von einem der Auftraggeber verlangen, ohne daß die anderen Auftraggeber hieraus einen Einwand herleiten können. Im Falle des Konkurses eines oder mehrerer Auftraggeber greift die Vorschrift des § 68 KO. Platz: der Rechtsanwalt kann bis zu seiner vollen Befriedigung in jedem Konkursverfahren den Betrag geltend machen, den er zur Zeit der Eröffnung des Verfahrens zu fordern hatte.

Eine Veränderung dieses Rechtsverhältnisses durch Tatsachen, welche sich nur in der Person eines Auftraggebers ereignen, vollzieht sich nach den Vorschriften des §§ 422—425 BGB.

a) Durch die Zahlung des ganzen Vergütungsbetrages seitens eines Auftraggebers erlischt nach § 422 BGB. der Anspruch an sämtliche Auftraggeber. Der Zahlung steht gleich die Leistung an Erfüllungsstatt (§ 364 BGB.), die berechtigte Hinterlegung (§§ 372 ff. BGB.) und die Aufrechnung (§§ 387 ff.), die jedoch nur von demjenigen Auftraggeber ausgehen darf, dem die Forderung zusteht (§ 422 Abs. 2 BGB.). Soweit nach den Regeln des § 267 BGB. die Erfüllung (Zahlung) auch durch einen anderen als den Schuldner erfolgen kann, werden auch durch eine solche Erfüllung alle Auftraggeber befreit (Planck, Kommentar z. BGB. § 422 N. 1).

b) Ein zwischen dem Rechtsanwalt und einem der Auftraggeber vereinbarter Erlaß wird in der Regel nur zugunsten des einen Auftraggebers beabsichtigt sein; im Zweifel wird auch nur diese beschränkte Wirkung anzunehmen sein; die Wirkung auch für die übrigen Auftraggeber tritt nur ein, wenn die Absicht, sämtliche Auftraggeber zu befreien, ersichtlich ist. (§ 423 BGB.)

Dasselbe wird auch bei einem zwischen dem Rechtsanwalt und einem Auftraggeber abgeschlossenen Vergleiche (§ 779 BGB.) anzunehmen sein. Durch einen im Konkurse eines Auftraggebers geschlossenen Zwangsvergleich wird der Anspruch des Rechtsanwalts gegen die anderen Auftraggeber nicht berührt. (§ 193 KO.)

c) Daß der Annahmeverzug gegenüber einem Auftraggeber auch für die übrigen Auftraggeber wirkt (§ 424 BGB.), ist von geringer praktischer Bedeutung.

d) Nach der Vorschrift des § 425 BGB. wirken andere Tatsachen nur für und gegen den Auftraggeber, in dessen Person sie sich ereignen; dies gilt insbesondere von der Kündigung, dem Verzuge, dem Verschulden, von der Unmöglichkeit der Leistung in der Person eines Auftraggebers, von der Verjährung, deren Unterbrechung und Hemmung, von der Vereinigung der Forderung mit der Schuld und von dem rechtskräftigen Urteile.

Zwar ist auch die Vorschrift des § 425 BGB. nur dispositiver Natur; indessen wird bei der Eigenart des hier behandelten Rechtsverhältnisses eine anderweitige Regelung der Wirkungen kaum jemals anzunehmen sein.

2. Hat der eine Auftraggeber die ganze Vergütung oder einen Teil an den Rechtsanwalt geleistet, so kann er unter Umständen von den übrigen Auftraggebern Ersatz (Ausgleichung) verlangen. Die Beantwortung der Ausgleichungsfrage richtet sich in erster Reihe nach dem zwischen den Auftraggebern bestehenden Rechtsverhältnis; danach ist es möglich, daß im Verhältnis der Auftraggeber untereinander nur der eine, oder nur einige, oder daß sie sämtlich zu gleichen oder zu verschiedenen Teilen die Anwaltskosten zu tragen verpflichtet sind. Besteht ein solches Rechtsverhältnis nicht, so sind nach der Vorschrift des § 426 BGB. die Auftraggeber im Verhältnisse zueinander zu gleichen Teilen verpflichtet, und jeder Auftraggeber, der mehr als den auf ihn entfallenden Teil gezahlt hat, kann von den übrigen Auftraggebern die Ausgleichung, bei Zahlungsunfähigkeit eines Auftraggebers auch bezüglich des Ausfalls, verlangen. In Höhe der Ausgleichungsforderung geht nach Abs. 2 des § 426 BGB. die Forderung des Rechtsanwalts auf den zahlenden Auftraggeber über. 9

Die Ausgleichungspflicht kann insbesondere bei der Frage der Kostenerstattung durch den Gegner von praktischer Bedeutung werden. (Vgl. N. 24 ff.)

III. Die Voraussetzungen der Anwendung des § 3. Die Anwendung des § 3 hat zur Voraussetzung, daß Aufträge mehrerer Auftraggeber durch dieselbe Tätigkeit ausgeführt werden. Ob dies der Fall, oder ob verschiedene, wiewohl gleichzeitig vorgenommene bzw. nebeneinander hergehende, Tätigkeiten anzunehmen, ist nach der Lage des einzelnen Falles zu beurteilen; dabei sind jedoch die besonderen Bestimmungen zu berücksichtigen, welche sowohl in der GO. als auch in anderen Gesetzen in dieser Beziehung getroffen sind 10

1. In bürgerlichen Rechtsstreitigkeiten ist die Anwendung des § 3 nur dann möglich, wenn der Rechtsanwalt mehrere Streitgenossen vertritt. In diesem Falle sollen gemäß § 51 GO. dem Rechtsanwalte die Gebühren nur einmal zustehen. Als Streitgenossen können von vornherein mehrere Personen gemeinschaftlich klagen oder verklagt werden (§§ 59, 60 ZPO.); eine Streitgenossenschaft kann auch im Laufe des Prozesses dadurch entstehen, daß an Stelle einer Partei mehrere Rechtsnachfolger treten (§§ 239, 727 ZPO.). Eine Streitgenossenschaft kann ferner auch dadurch herbeigeführt werden, daß das Gericht gemäß § 147 ZPO. die Verbindung mehrerer bei ihm anhängiger Prozesse verschiedener Parteien zum Zwecke der gleichzeitigen Verhandlung und Entscheidung anordnet; dann werden die verschiedenen Kläger oder Beklagten Streitgenossen vom Augenblicke der Verbindung ab für die Zukunft;[1]) bis zur Verbindung dagegen, die nur auf Grund vorangegangener mündlicher Verhandlung ausgesprochen werden kann (vgl. RG. 24, 367,) liegt Streitgenossenschaft nicht vor, so daß für die bis dahin aufgewendete Tätigkeit des Rechtsanwalts die Anwendung des § 3 ausgeschlossen ist. 11

Der Nebenintervenient gilt zwar prozessualisch nur im Falle des § 69 ZPO. als Streitgenosse der Hauptpartei; für die Gebührenberechnung bei gleichzeitiger Vertretung der Hauptpartei und des Nebenintervenienten durch denselben Anwalt kommt aber ebenfalls in allen Fällen der § 51 GO. in Betracht. 12

2. Im Konkursverfahren werden nach § 62 der GO. die Gebühren 13

[1]) Vgl. RG. bei Gruchot 41, 1158. Gl. M. Gaupp-Stein § 147 III, Petersen-Anger § 147 N. 5, Reincke § 147 N. 2c.

für jeden Auftrag gesondert berechnet. Wenn aber bezüglich einer und derselben Forderung mehrere Mitberechtigte Auftrag erteilen, so liegt in Wirklichkeit nur ein Auftrag vor; die Gebühren können deshalb zwar nur einmal berechnet werden, der Fall des § 3 liegt aber nichtvor.

14 3. In Strafsachen kann das Verfahren entweder von vornherein gegen mehrere Beschuldigte gerichtet sein, oder es können mehrere zusammenhängende Strafsachen nachträglich verbunden werden. (§§ 2 ff., 236, 471 StPO.) Für alle Fälle bestimmt § 72 GO., daß bei Verteidigung mehrerer Beschuldigter durch einen gemeinschaftlichen Verteidiger die Gebühren nicht für jeden Auftrag besonders zu berechnen, sondern nur eine Gesamtgebühr anzusetzen ist. Hier kommt demnach § 3 zur Anwendung, und zwar selbst dann, wenn die mehreren Beschuldigten wegen verschiedener Straftaten zu verteidigen sind, so daß „dieselbe Tätigkeit“ zur Erledigung der mehreren Aufträge nur in der „gleichzeitigen“ Verteidigung zu finden ist. Dasselbe gilt nach § 73 GO. auch von der Vertretung mehrerer Privatkläger oder Nebenkläger.

15 4. Schließlich ist der § 3 noch nach ausdrücklicher Vorschrift des § 79 GO. für anwendbar erklärt bei einer Reise zur Ausführung der Aufträge mehrerer Auftraggeber.

16 **IV. Das Maß der Haftung der einzelnen Auftraggeber.** Es ist schon hervorgehoben, daß jeder Auftraggeber nur für denjenigen Betrag an Gebühren und Auslagen haftet, welcher bei abgesonderter Ausführung seines Auftrages erwachsen sein würde. Da nun die Höhe der Gebühren sich einerseits nach dem Maß der Tätigkeit (Bauschgebühren), andererseits nach dem Wert des Streitgegenstandes, an dem der Auftraggeber beteiligt ist, richtet, so können sich folgende Möglichkeiten herausstellen:

17 1. Der Rechtsanwalt vertritt mehrere Streitgenossen, welche in gleicher Weise am Streitgegenstand beteiligt sind, und für welche die gleiche gebührenpflichtige Tätigkeit aufgewendet wird, z. B. zwei Gesamtschuldner, welche als solche auf Höhe von 2000 Mk. verklagt und nach mündlicher Verhandlung verurteilt werden. Hier wird die Höhe der von dem einzelnen Auftraggeber zu leistenden Vergütung mit der Höhe der Gesamtvergütung übereinstimmen; gegenüber jedem Auftraggeber entsteht die Prozeßgebühr und Verhandlungsgebühr nach einem Objekt von 2000 Mk., gleich 72 Mk., und diese Gebühr darf gemäß § 51 GO. für die Ausführung beider Aufträge nur einmal berechnet werden.

18 2. Entweder die Beteiligung oder das Maß der Tätigkeit, welche aufzuwenden ist, ist bei den einzelnen Auftraggebern eine verschiedene; dann ist die Höhe der Vergütung, welche von dem einzelnen Auftraggeber zu leisten ist, geringer als die Höhe der Gesamtvergütung.

19 a) Die Beteiligung ist eine geringere, wenn der Wert des Streitgegenstandes für den einen Auftraggeber geringer ist als für den anderen. Vertritt z. B. der Rechtsanwalt den auf Zahlung von 2000 Mk. verklagten Hauptschuldner und zugleich den Bürgen, der nur in Höhe von 1000 Mk. zu haften hat und in Anspruch genommen wird, so beträgt der Wert des Streitgegenstandes für den Hauptschuldner 2000 Mk., für den Bürgen nur 1000 Mk. Bei Verurteilung beider Beklagten nach mündlicher Verhandlung würden die Gesamtgebühren 2 × 36 Mk. = 72 Mk. betragen, für welche der Hauptschuldner ganz, der Bürge aber nur in Höhe von 2 × 28 Mk. = 56 Mk. zu haften hätte.

20 b) Ein besonderer Fall ungleicher Beteiligung liegt vor, wenn gemäß § 60 ZPO. verschiedene Kläger in einem Prozesse gleichartige und auf einem im wesentlichen gleichartigen tatsächlichen und rechtlichen Grunde beruhende Ansprüche geltend machen, z. B. mehrere Angestellte eines Kaufmanns verklagen denselben auf rückständiges Gehalt. Hier werden für die Wertsbestimmung ge-

mäß § 5 ZPO. die mehreren in einer Klage geltend gemachten Ansprüche zusammengerechnet; aber jeder Kläger ist nur in Höhe des von ihm geltend gemachten Anspruchs beteiligt. Fordert daher der Kläger A 300 Mk., Kläger B 200 Mk. und Kläger C 100 Mk., so beträgt der Gesamtstreitwert 600 Mk., aber für A nur 300 Mk., für B nur 200 Mk., für C nur 100 Mk. Vertritt also der Rechtsanwalt sämtliche drei Kläger, so hat er nach Verhandlung zwar insgesamt Gebühren vom Streitwert von 600 Mk., also $2 \times 19 = 38$ Mk. zu fordern, es haftet ihm aber A nur für $2 \times 10 = 20$ Mk, B nur für $2 \times 7 = 14$ Mk. und C nur für $2 \times 4 = 8$ Mk.[2])

Dieselbe Lage kann sich bei der nach § 138 ZPO. zulässigen Verbindung mehrerer Prozesse durch das Gericht ergeben, wobei allerdings zu beachten ist, daß eine derartige Berechnung nur für die erst nach der Verbindung entstehenden Gebühren eintreten kann. (Vgl. N. 11.)

c) Ein dem vorhergehenden ähnlicher Fall ist der der Verteidigung mehrerer 21 Beschuldigter durch einen gemeinschaftlichen Verteidiger. Hier beträgt gemäß § 72 GO. die Gesamtgebühr z. B. bei Verteidigung in der Hauptverhandlung vor der Strafkammer 30 Mk., jeder Beschuldigte haftet aber nur in Höhe von 20 Mk.

d) Ist das Maß der gebührenpflichtigen Tätigkeit ein ver- 22 schiedenes für die einzelnen Auftraggeber, so sind auch die Gebühren verschieden. Wenn z. B. der Rechtsanwalt einen auf Zahlung von 2000 Mk. verklagten Hauptschuldner und zugleich den auf die gleiche Summe verklagten Bürgen vertritt, und es nur über die Frage der Bürgschaftsleistung zur Beweisaufnahme kommt, so würden dem Rechtsanwalt insgesamt zustehen $3 \times 36 = 108$ Mk., der Hauptschuldner würde aber nur in Höhe von 72 Mk., der Bürge dagegen in Höhe von 108 Mk. zu haften haben, weil die Beweisaufnahme und weitere Verhandlung sich nur auf den Anspruch gegen den Bürgen bezogen hat.

Gleichartig liegt der Fall, wenn etwa der Nebenintervenient erst nach 23 erfolgter Beweisaufnahme in den Prozeß eintritt und vom Rechtsanwalt bei der Nachverhandlung mitvertreten wird. Hier würden dem Rechtsanwalt bei einem Objekt von 2000 Mk. Gesamtgebühren in Höhe von $3 \times 36 = 108$ Mk zustehen, für welche die Hauptpartei zu haften hätte; der Nebenintervenient dagegen würde nur für Prozeß- und Verhandlungsgebühr zu haften haben, d. h. für $2 \times 36 = 72$ Mk. Daß der Auftrag des Nebenintervenienten ohne Benutzung des bisherigen Prozeßstoffs nicht ausführbar gewesen wäre, ist gleichgültig; deshalb ist die Entscheidung des Kammergerichts vom 7. Mai 92 (KGBl. 92 S. 71), welche aus diesem Grunde den Nebenintervenienten in gleicher Höhe wie die Hauptpartei haften läßt, nicht zu billigen.[3])

V. Die Kostenerstattung. Das eigenartige Rechtsverhältnis zwischen den 24 mehreren Auftraggebern und dem sie vertretenden Rechtsanwalt und untereinander wird auch bei der Festsetzung der etwa den Auftraggebern zu erstattenden Kosten nicht ohne jeden Einfluß bleiben können.

1. Wenn die mehreren durch einen Rechtsanwalt vertretenen Streit- 25 genossen obgesiegt haben, und die Kosten dem Gegner auferlegt sind, so kann es zunächst nicht zweifelhaft sein, daß der Gegner nur den Betrag zu erstatten hat, den sämtliche Auftraggeber insgesamt an den Rechtsanwalt zu zahlen haben. Andererseits kann ebensowenig bestritten werden, daß der einzelne Auftraggeber

[2]) Ebenso bei Vertretung mehrerer gemäß § 60 ZPO. in Anspruch genommenen Beklagten: OLG. Dresden in Sächs. Ann. 21, 454.

[3]) Der hier vertretenen Meinung ist auch Meyer-Jrmler § 3 Nr. 3 gegen Walter 3. Aufl. Note II.

für sich allein solche Kosten erstattet verlangen kann, welche nur er allein dem Rechtsanwalt zu zahlen hat (Fälle der N. 18—23). Wie steht es aber mit denjenigen Kosten, für welche alle Auftraggeber gemeinschaftlich dem Rechtsanwalt zu haften hatten? Wenn sämtliche Auftraggeber gemeinschaftlich die Erstattung dieser Kosten beantragen, so entsteht keine Schwierigkeit; die Festsetzung erfolgt für alle Auftraggeber zusammen, und da es sich um eine teilbare Leistung handelt, so wird nach der Regel des § 420 BGB. jeder Auftraggeber im Zweifel nur zu einem gleichen Anteile berechtigt sein. Verlangt dagegen nur einer der Auftraggeber für sich allein die Kostenerstattung, so wird die Kostenfestsetzung für ihn allein dann stattfinden müssen, wenn er durch Quittung des Rechtsanwalts glaubhaft macht, daß er den ganzen eingeforderten Kostenbetrag gezahlt hat. Daß der Zahlende nach § 426 BGB. einen Anspruch auf Ausgleichung gegen seine Streitgenossen habe, wird der Gegner schon deshalb nicht einwenden können, weil er auch den auf die Streitgenossen entfallenden Teil nach Geltendmachung des Ausgleichungsanspruchs an die letzteren erstatten müßte.[4]) Kann von dem Antragsteller die Zahlung des ganzen Betrages nicht glaubhaft gemacht werden, so wird jedenfalls die Erstattung des auf den Antragsteller nach § 426 BGB. fallenden Anteils gerechtfertigt erscheinen.[5])

26 2. Wenn von mehreren, durch denselben Rechtsanwalt vertretenen Streitgenossen der *eine obsiegt*, während die *anderen unterliegen*, so können sich bei der Kostenfestsetzung Schwierigkeiten verschiedener Art ergeben.

Die Grundlage der Kostenfestsetzung ist die *Kostenentscheidung*. Die ungenaue Fassung derselben durch die Instanzgerichte hat dem Reichsgericht bereits wiederholt Veranlassung zu Richtigstellungen gegeben.[6]) Nach § 91 ZPO. hat die unterliegende Partei die dem Gegner erwachsenen Kosten zu erstatten; deshalb ist weder die Entscheidung, daß der Gegner die dem Obsiegenden entstandenen *besonderen* Kosten zu tragen habe, noch auch die Entscheidung, daß der Gegner einen Teil der Gebühren und Auslagen des gemeinschaftlichen Anwalts zu tragen habe, sachgemäß, vielmehr ist lediglich die Verurteilung des Gegners zur Erstattung der dem Obsiegenden erwachsenen Kosten auszusprechen.

Welche Kosten sind aber nun dem obsiegenden Streitgenossen bzw. Nebenintervenienten erwachsen?

27 Der mehrere Streitgenossen vertretende Rechtsanwalt ist nicht verpflichtet, von dem einzelnen Auftraggeber nur einen der Zahl der Vertretenen entsprechenden Anteil an dem Gesamtgebührenbetrag zu fordern, er kann vielmehr nach den vorangeschickten Darlegungen von jedem Auftraggeber in manchen Fällen den ganzen Betrag, in anderen Fällen jedenfalls mehr als den Kopfteil beanspruchen. Die Bestimmung der Höhe der dem einzelnen Auftraggeber erwachsenden außergerichtlichen Kosten liegt daher bis zu einem gewissen Grade in der Willkür des vertretenden Anwalts. Daraus folgt zunächst, daß die für die Kostenfestsetzung erforderliche Glaubhaftmachung der Veranslagung nicht schon ohne weiteres durch Vorlegung der Anwaltsliquidation geschehen kann, sondern nur durch Vorlegung einer vom Rechtsanwalt ausgestellten Quittung über den vom Auftraggeber wirklich gezahlten Betrag oder durch Darlegung solcher Umstände, die ergeben, daß der Obsiegende diese Kosten gezahlt hat oder voraussichtlich wird zahlen müssen.[7])

[4]) A. A. OLG. Celle 3. Dez. 02 in Recht 03 S. 42.

[5]) Auf dem gleichen Standpunkte steht das Reichsgericht 31, 406. Vgl. auch *Willenbücher*, S. 43,

[6]) Vgl. hierzu den Aufsatz von *Radlauer*, Über die Kosten bei einer Streitgenossenschaft, in ZZP. 26, 442ff.; RG. 31, 409; 39, 385; JW. 98 S. 12, 32; S. 349, 6.

[7]) RG. 31, 406; 39, 409; *Bolze* 22, 709f.

Auch darüber kann füglich ein Streit nicht herrschen, daß diejenigen Kosten ganz zu erstatten sind, für welche der Erstattungsberechtigte bei ungleicher Beteiligung der Streitgenossen allein haftet, z. B. wenn nur bezüglich des Streitteiles, an dem lediglich der obsiegende Streitgenosse beteiligt war, Beweisaufnahme stattgefunden hatte und eine Beweisgebühr entstanden war.[8])

Nur bezüglich desjenigen Kostenbetrages, für den die mehreren Streitgenossen dem Rechtsanwalte als Gesamtschuldner haften, kann die Erstattungsfähigkeit beim Obsiegen des einen und Unterliegen des anderen Streitgenossen fraglich sein. Ist nämlich der ganze Kostenbetrag von dem obsiegenden Streitgenossen gezahlt, so steht demselben nach § 426 BGB. gegen die anderen Streitgenossen präsumtiv der Anspruch auf Ausgleichung zu. (Vgl. N. 9.) Die Frage ist nun, ob dieser Ausgleichungsanspruch bei der Kostenfestsetzung gegenüber dem unterlegenen Gegner in irgend einer Weise berücksichtigt werden muß. 28

Die Praxis des Reichsgerichts hat geschwankt. Der IV. ZS. des RG. hatte in dem Beschlusse vom 8. Juni 82 (Fenner-Mecke 3, 413; Bbl. 83 S. 141, 148; AGZ. 83 S. 123) die Erstattungspflicht für den vollen gezahlten Gebührenbetrag unter folgender Begründung angenommen: 29

„Die Verteilung von Prozeßkosten unter mehrere eine Partei bildende Personen nach Kopfteilen ist nach § 95 [jetzt § 100] ZPO. und § 91 GKG. nur für solche Fälle bestimmt, in welchen für den Justizfiskus Gerichtskosten oder von dem obsiegenden Gegner die ihm zu erstattenden Prozeßkosten eingezogen werden. Die gedachten Paragraphen entscheiden jedoch nicht über die Frage, inwieweit der eine von mehreren Auftraggebern, welcher dem gemeinschaftlichen Rechtsanwalte seine vollen Gebühren bezahlt hat, sich wegen Erstattung eines Teils derselben an einem Mitauftraggeber halten kann; vielmehr ist diese Frage allein aus den Grundsätzen des bürgerlichen Rechts zu beurteilen. Hat bei einer obsiegenden Partei, welche aus mehreren durch denselben Anwalt vertretenen Personen besteht, der eine Streitgenosse dem gemeinschaftlichen Anwalte seine vollen Gebühren bezahlt, wozu er gemäß § 3 GO. verpflichtet ist, ohne den Anwalt wegen eines Teils seiner Gebühren an die übrigen Streitgenossen verweisen zu dürfen, so gehören jene Anwaltsgebühren in ihrem vollen Betrage zu den ihm erwachsenen notwendigen Prozeßkosten. Sein Erstattungsanspruch ist daher auch für den vollen Betrag dem kostenpflichtigen Gegner gegenüber gerechtfertigt und es kann für dieses Kostenfestsetzungsverfahren nicht weiter in Frage kommen, ob der die Kostenfestsetzung betreibende Streitgenosse, welcher die Kosten des gemeinschaftlichen Anwalts voll bezahlt hat, wegen eines Teils dieser Kosten sich auch an seine übrigen Streitgenossen halten kann."

An dieser Ansicht hatte derselbe Senat in dem Beschlusse vom 7. Juni 83 festgehalten.[9])

In späteren Entscheidungen hat jedoch das Reichsgericht, teilweise in Auslegung der ergangenen Kostenentscheidung, diejenige Quote der Anwaltsgebühren, wegen deren der obsiegende Streitgenosse einen Ausgleichungsanspruch an seine Streitgenossen hat, im Zweifel die auf letztere entfallenden Kopfteile, von der

---

[8]) JW. 96 S. 654, 4; 97 S. 132, 5 und S. 342, 5.

[9]) Vgl. hierzu den Aufsatz in JW. 87 S. 35. Ebenso entschieden Landgericht I Berlin (KGBl. 90 S. 3); Kammergericht (KGBl. 91 S. 22), OLG. Breslau (Bresl. AKZ. 91 S. 13).

Erstattung durch den Gegner ausgeschlossen, so der IV. Senat (Entsch. 3. Dez. 85, Bolze 2 Nr. 1462), der VI. Senat (Entsch. 10. Okt. 86, Bolze 3 Nr. 1071 und JW. 87 S. 36; Entsch. 20. Sept. 93, JW. 93 S. 468, 8), der V. Senat (Entsch. 2. Mai 91 Naumb. AKZ. 79, 1 und Bolze 12 Nr. 660), der I. Senat (Entsch. 15. April 93 Naumb. AKZ. 93, IX).[10]

Später hat das Reichsgericht, III. Senat, in seiner Entscheidung vom 19. November 97 (JW. 98 S. 12, 32) sich dahin ausgesprochen:

„Allerdings wird im Kostenerstattungsverfahren nach derzeitiger feststehender Rechtsprechung dann, wenn von zwei durch denselben Anwalt vertretenen Streitgenossen der eine obsiegt, der andere unterliegt, der Obsiegende seinem Prozeßgegner gegenüber nur mit dem Anspruch auf Erstattung der Hälfte der Gebühren und Auslagen des gemeinschaftlichen Anwalts zugelassen, *aber auch hier nur in der Regel und aus praktischen Gründen, unter Vorbehalt des Anspruchs auf Erstattung des ganzen Gebührenbetrages in Ausnahmefällen* (vgl. Entsch. d. RG. Bd. 31 S. 409 unten). Jedenfalls aber liegt die Sache dann anders, wenn im Urteil über die einem solchen obsiegenden Streitgenossen vom Gegner zu erstattenden Kosten zu entscheiden ist. Hier hat nach § 87 [jetzt § 91] ZPO. dieser Streitgenosse ein Recht darauf, daß ihm die zur zweckentsprechenden Prozeßführung erforderlichen Kosten in vollem Umfange erstattet werden. Zu diesen Kosten können aber bei Zahlungsunfähigkeit den anderen, unterlegenen Streitgenossen die *sämtlichen* Kosten des gemeinschaftlichen Anwalts gehören, da Letzterer dieselben nach § 3 GO. von jedem der beiden Auftraggeber ohne Rücksicht auf die Mitverhaftung des anderen voll verlangen kann. Für einen solchen, gerade hier sehr leicht möglichen Fall ist zur Wahrung des Erstattungsanspruchs der obsiegenden Streitgenossen die unbeschränkte Verurteilung des Gegners zu Kostenerstattung geboten."

Noch weiter geht derselbe Senat des Reichsgerichts in seiner Entscheidung vom 3. Dezember 97 (JW. 98 S. 45, 3), indem er ohne Einschränkung den Grundsatz aufstellt:

„Wie der Mitbeklagte nach § 3 GO. verpflichtet war, seinem Vertreter die durch seinen Auftrag erwachsenen Kosten zu zahlen, ohne daß er sich auf das Vorhandensein von Streitgenossen berufen dürfte, so erscheint er *berechtigt, die von ihm zu zahlenden Kosten vom ersatzpflichtigen Gegner wieder einzuziehen.*"

Dagegen billigt wiederum der V. Senat in seiner Entscheidung vom 20. Dezember 97 (JW. 98 S. 74, 30) nur die Erstattung des auf den obsiegenden Streitgenossen entfallenden Kopfteils zu, weil die Streitgenossen — soweit nicht besondere Ausnahmen vorliegen — untereinander verpflichtet sind, die Last unter sich verhältnismäßig zu teilen; ebenso legt der VI. Senat in der Entsch. v. 25. April 99 (JW. 98 S. 349, 6) die Kostenentscheidung, daß die Kosten des obsiegenden Streitgenossen dem Gegner, die des unterlegenen Streitgenossen dieser selbst zu tragen habe, dahin aus, daß die Teilung der Kosten zur Hälfte als dem Urteil entsprechend anzusehen ist.

30 Eine selbständige Prüfung der Rechtsfrage führt zu dem Ergebnis, daß der obsiegende Streitgenosse, der die ganzen Gebühren an den Rechtsanwalt ge-

---

[10]) Angeschlossen haben sich dann dieser Meinung OLG. Naumburg (Naumb. AKZ. 91 S. 6, 2 und S. 21, 2), Kammergericht (KGBl. 95 S. 52), OLG. Jena (12. Okt. 98 Thür. BlfRpfl. 27, 106.)

zahlt hat, auch die Erstattung des ganzen gezahlten Betrages verlangen kann.[11])

Nach § 91 ZPO. sind der obsiegenden Partei sämtliche von ihr verauslagten (tarifmäßigen) Anwaltskosten zu erstatten; der Obsiegende muß von dem Unterliegenden bezüglich der Anwaltskosten vollständig schadlos gehalten werden; was er zum Zwecke der Prozeßführung aufwendet, muß ihm erstattet werden. Besteht eine Partei aus mehreren Streitgenossen, so hat jeder Streitgenosse das Recht, sich durch einen besonderen Rechtsanwalt vertreten zu lassen und die Kosten dieser Vertretung von dem unterlegenen Gegner erstattet zu verlangen. (RG. 14, S. 395; 30, S. 346; 31, S. 417.) Der Gegner hat danach auf die durch Bevollmächtigung eines gemeinschaftlichen Anwalts seitens mehrerer Streitgenossen entstehende Ersparnis an Kosten absolut keinen Anspruch. Nehmen nun die Streitgenossen einen gemeinschaftlichen Anwalt, so ist jeder Streitgenosse gemäß § 3 GO. dem Anwalt gegenüber zur Zahlung der ganzen Kosten verpflichtet; hat er dieser Verpflichtung genügt und die ganzen Kosten gezahlt, so ist für ihn tatsächlich und materiell derselbe Zustand eingetreten wie bei der Bevollmächtigung eines besonderen Anwalts, und ebenso wie dort muß folgerichtig auch hier der ganze von dem Streitgenossen für die Prozeßführung aufgewendete Kostenbetrag erstattet werden. Allerdings erwirbt in der Regel der Zahlende gemäß § 426 BGB. einen Anspruch auf Ausgleichung gegen seine Streitgenossen; aber dies ändert nichts an der Tatsache, daß der Zahlende den ganzen Kostenbetrag aufgewendet hat, sondern bietet nur die Aussicht, daß der Zahlende vielleicht später einen Teil der Aufwendung von anderer Seite zurückerhalten kann! Sollte nun der Gegner den Obsiegenden auf diese Aussicht vertrösten dürfen, statt ihn vollständig schadlos zu stellen, so würde einerseits der Obsiegende benachteiligt sein, weil er statt Geld nur Aussichten erhält, andererseits würde der Gegner eine Ersparnis machen, auf die er gar keinen Anspruch hat. Dies wäre nicht nur im höchsten Maße unbillig, sondern würde auch sonstigen Rechtsgrundsätzen widersprechen. Durch die Zahlung erwirbt der Zahlende sowohl einen Erstattungsanspruch gegen den Prozeßgegner als einen Ausgleichungsanspruch gegen seinen Streitgenossen; da ein jeder dieser Schuldner die ganze Leistung zu bewirken hat, sind beide Schuldner Gesamtschuldner, und es steht deshalb gemäß § 421 BGB. lediglich im Belieben des Gläubigers, von jedem Schuldner die Leistung ganz oder zum Teil zu fordern. Macht daher der Gläubiger den Erstattungsanspruch gegen den einen Gesamtschuldner, den Prozeßgegner, geltend, so kann ihn dieser nicht auf den Ausgleichungsanspruch gegen den anderen Gesamtschuldner verweisen. Schließlich sprechen aber auch die vom Reichsgericht betonten „praktischen Gründe" nicht für die Zulassung der Verweisung auf den Ausgleichungsanspruch. Letzterer ist in manchen Fällen überhaupt nicht, in manchen Fällen wenigstens nicht in Höhe des Kopfteils gegeben; soll nun etwa im Kostenfestsetzungsverfahren zwischen dem Streitgenossen und dem Prozeßgegner darüber gestritten und entschieden werden, ob und in welcher Höhe der Streitgenosse gegen die übrigen Streitgenossen einen Ausgleichungsanspruch hat? Hierzu ist doch wohl das Kostenfestsetzungsverfahren völlig ungeeignet, abgesehen davon, daß die Feststellung gegenüber den Streitgenossen unwirksam wäre und im Rechtsstreite derselben reprobiert werden könnte. Aus allen diesen Gründen ist allein berechtigt und aus den vom Reichsgericht betonten praktischen Gründen allein zulässig der Standpunkt, daß der Ersatzanspruch durch die Auf-

[11]) A. M. Walter in den früheren Auflagen; Pfafferoth Anm. 3 zu § 3. Willenbücher, der in früheren Auflagen letztere Ansicht teilte, ist jetzt (6. Aufl. S. 45) der hier vertretenen Ansicht; ebenso Meyer-Irmler, Anm. 5 zu § 3.

wendung der Kosten in voller Höhe entstanden und in voller Höhe geltend zu machen ist, und fraglich kann allein sein, ob der Erstattungspflichtige überhaupt aus dem Bestehen des Ausgleichungsanspruchs irgend einen Vorteil zu ziehen berechtigt ist. Allerdings soll der Obsiegende sich nicht bereichern, aber daraus würde nur folgen, daß der Ausgleichungsanspruch nach Erstattung fortfällt; wohl würde dann der unterlegene Streitgenosse für die Anwaltsvertretung nichts zu zahlen brauchen, aber das kann den Gegner nichts angehen und greift in keiner Weise in seine Rechtssphäre ein.

31 **VI. Vollmachtsstempel nach Preuß. Recht.**

Stellt jeder Auftraggeber eine besondere Vollmachtsurkunde aus, so ist jede Urkunde besonders zu verstempeln. Für den Fall der gemeinschaftlichen Ausstellung einer Vollmacht aber bestimmt das Preuß. Stempelsteuergesetz vom 31. Juli 95 in Tarifstelle 73 Abs. 6:

„Zu Vollmachten, in denen mehrere, nicht in einer Erb- oder sonstigen Rechtsgemeinschaft stehende Personen einen Bevollmächtigten bestellen, ist der Vollmachtsstempel so oft zu verwenden, als Vollmachtgeber vorhanden sind."

Daraus ist zu entnehmen, daß zu solcher Vollmacht nur dann der einfache Stempel zu verwenden ist, wenn die mehreren Vollmachtgeber in einer Rechtsgemeinschaft stehen.[12])

32 1. Die für einen Zivilprozeß von mehreren Streitgenossen ausgestellte Vollmacht ist nur dann einfach zu verstempeln, wenn die Streitgenossen in Ansehung des Streitgegenstandes in einer Rechtsgemeinschaft stehen, nicht auch, wenn sie nur aus demselben tatsächlichen und rechtlichen Grunde berechtigt oder verpflichtet sind (§ 59 ZPO.) und erst recht nicht im Falle der sog. unechten Streitgenossenschaft (§ 60 ZPO.). Rechtsgemeinschaft in Ansehung des Streitgegenstandes liegt vor, wenn Mitberechtigte oder Mitverpflichtete ein allen gemeinsames Recht verfolgen oder wegen einer gemeinsamen Pflicht verklagt werden, z. B. bei Miteigentum oder gemeinschaftlichen dinglichen Rechten anderer Art, bei Miterbrecht, Gesellschaftsverhältnis, Gesamtschuldverhältnis. Die Mitberechtigung oder Mitverpflichtung braucht aber nicht auf demselben Rechtsgrunde zu beruhen; z. B. kann Rechtsgemeinschaft vorliegen, wenn Eigentümer und Nießbraucher oder Pfandgläubiger, der Erbe und der Vermächtnisnehmer zusammen klagen oder verklagt werden, ebenso bei der Klage gegen Hauptschuldner und Bürgen.

33 2. Eine von mehreren Mitangeklagten oder mehreren Privatklägern auf einen gemeinschaftlichen Verteidiger bzw. Vertreter ausgestellte Vollmacht muß mehrfach gestempelt werden, weil eine Rechtsgemeinschaft unter den Vollmachtgebern nicht vorliegt. (AV. JustM. vom 15. Mai 99 im JMBl. S. 150.)[13])

34 3. Auch die Vollmacht mehrerer Konkursgläubiger auf einen gemeinschaftlichen Anwalt muß mehrfach gestempelt werden, weil Rechtsgemeinschaft unter den Vollmachtgebern nicht vorliegt.[14])

---

[12]) Vgl. für das folgende Heinitz, Kommentar z. Preuß. Stempelsteuergesetz 2. Aufl. S. 645.

[13]) Ebenso Gutachten des I Z S. Kammergerichts von 10 Mai 97 (KGBl. 99 S. 74) und Beschluß desselben Senats v. 23. Jan. 98 (Bresl. AKZ. 99 S. 27.)

[14]) Abweichend für das frühere Stempelrecht Entsch. d. RG. v. 15. März 87 (JMBl. S. 342).

§ 4.

Für die Tätigkeit als Beistand stehen dem Rechtsanwalte die gleichen Gebühren zu wie für die Vertretung.

I. Motive. Ob der Rechtsanwalt als Bevollmächtigter oder als Beistand einer Partei handelt, soll auf den Betrag der zustehenden Gebühren keinen Einfluß ausüben, wie dies auch in verschiedenen älteren deutschen Gebührenordnungen zum Ausdrucke gelangt ist. Gegen die Beistimmung, daß für die bloße Assistenz dieselben Gebühren wie für die Vertretung beansprucht werden können, läßt sich nur geltend machen, daß die Korrespondenz, welche dem Prozeßbevollmächtigten obliegt, im Falle einer bloßen Beistandleistung wegfällt. Auf dieser Erwägung beruht die Vorschrift in § 18 des Tarifs zum preußischen Gesetze vom 12. Mai 51, nach welcher für die Assistenz in einem einzelnen Termine zwei Dritteile desjenigen Satzes berechnet werden, welcher für Wahrnehmung des Termins von dem Bevollmächtigten beansprucht werden kann. Allein das Mehr der Tätigkeit des Prozeßbevollmächtigten im Vergleiche zu der des Beistandes erscheint so gering und die Korrespondenz an sich als ein so untergeordneter Teil der Tätigkeit, daß es um so mehr zulässig ist, von dieser Unterscheidung Abstand zu nehmen, als es dem Anwalte ja nicht verwehrt werden kann, die bloße Assistenz abzulehnen und dadurch die des Beistandes bedürftige Partei zur Bevollmächtigung zu veranlassen. Es erscheint aber auch für den Prozeßgang förderlicher, wenn die Partei, welche in ihrer Sache der Hülfe eines Rechtskundigen bedarf, durch die Gleichstellung der Gebühren veranlaßt wird, sich einen Prozeßbevollmächtigten zu bestellen. 1

II. Begriff der Beistandleistung. Was unter der „Tätigkeit als Beistand" zu verstehen ist, ergibt sich daraus, daß dieselbe gegenübergestellt wird der „Vertretung". Während der Vertreter statt der Partei handelt, wird der Beistand tätig neben der Partei. Es ist daher — wie auch die Motive erkennen lassen — vornehmlich an den Fall gedacht, daß der Rechtsanwalt in einem Termine neben der Partei und nicht als deren Prozeßbevollmächtigter erscheint. Indessen braucht doch der Vertreter nicht immer Prozeßbevollmächtigter zu sein; ein Rechtsanwalt kann auch zur Vertretung in einem Termine, sei es zur mündlichen Verhandlung oder in einem Beweistermin, bestellt werden, ohne damit Prozeßbevollmächtigter zu werden (§§ 43, 45 GO.); auch ein solcher Rechtsanwalt wird als Vertreter, nicht als Beistand tätig. 2

Zur Anwendung des § 4 gehört aber andererseits, daß der „Beistand" von der Partei bestellt und in einem Verfahren der ZPO., StPO. oder KO. tätig wird. Deshalb ist hier insbesondere nicht an den „Beistand" der §§ 1687 ff. BGB. zu denken.

III. Fälle der Beistandleistung. 3

1. Die ZPO. bestimmt in ihrem § 90, daß, soweit eine Vertretung durch Anwälte nicht geboten ist, eine Partei mit jeder prozeßfähigen Person als Beistand erscheinen kann. Nach § 157 ZPO. kann ein Rechtsanwalt, der als Beistand einer Partei erscheint, nicht zurückgewiesen werden, es sei denn, daß es sich um einen Sühnetermin in Ehesachen handelt (§ 610 ZPO.). Die Beistandleistung kann demnach in allen Terminen vor den Amtsgerichten geschehen, sowohl in Terminen zur mündlichen Verhandlung als auch in Beweisterminen. Sie ist ferner zulässig in jedem Verfahren vor dem beauftragten oder ersuchten

Richter, sowie bei Prozeßhandlungen, welche vor dem Gerichtsschreiber vorgenommen werden. (§ 78 Abs. 2 ZPO.)

2. Nach §§ 418, 427 StPO. kann in der Hauptverhandlung in Privatklagesachen sowohl der Privatkläger als auch der Angeklagte im Beistande eines Rechtsanwalts erscheinen.

3. In der KO. fehlt es an einer ausdrücklichen Bestimmung über Zulassung eines Beistandes. Doch dürfte nichts im Wege stehen, eine Beistandsleistung dort zuzulassen, wo eine Vertretung zulässig ist.

§ 5.

Für Unterzeichnung eines Schriftsatzes erhält der Rechtsanwalt die gleichen Gebühren wie für Anfertigung desselben.

1 **I. Motive.** Abgesehen von dem Anwaltsprozesse (ZPO. § 121 [jetzt 130] Nr. 6), ist die Unterzeichnung von Schriften durch einen Rechtsanwalt ererforderlich:

a) bei dem Antrage auf gerichtliche Entscheidung über einen von der Staatsanwaltschaft abgelehnten Antrag auf Erhebung der öffentlichen Klage (StPO. § 170);

b) bei Anbringung von Revisionsanträgen und deren Begründung in Strafsachen (StPO. §§ 385, 430);

c) bei dem Antrage auf Wiederaufnahme eines durch rechtskräftiges Urteil geschlossenen Strafverfahrens (StPO. §§ 406, 430).

Die Unterzeichnung soll eine Schutzwehr gegen unverständliche, unklare und völlig unberechtigte Anträge schaffen. Dieser Zweck würde aber nur unvollkommen erreicht werden, wenn durch Festsetzung eines geringeren Gebührensatzes für die Unterzeichnung, als für die Anfertigung eines Schriftsatzes, die Beteiligten angereizt würden, bei der Anfertigung von der Zuziehung eines Rechtsanwalts Umgang zu nehmen. Als Belag hierfür dürfen vorzugsweise die in Preußen gemachten Erfahrungen angeführt werden. Für die dort in Prozessen über Gegenstände von mehr als 150 Mark regelmäßig erforderliche Unterzeichnung der Prozeßschriften durch einen Rechtsanwalt (Verordnung vom 21. Juli 46, §§ 3, 7) ist diesen nur eine ganz geringfügige Gebühr im Höchstbetrage von ursprünglich 2 Taler, später 7,50 Mark gewährt (Tarif zum Gesetze vom 12. Mai 51 § 14 und Ges. vom 1. Mai 75). Als Folge dieser niedrigen Gebühr trat sehr bald die Neigung der Parteien hervor, statt die Führung des Prozesses einem Rechtsanwalte zu übertragen, den Betrieb selbst zu übernehmen, mit Anfertigung der Prozeßschriften aber einen Winkelkonsulenten zu betrauen und die auf diese Weise hergestellten Schriftsätze zur Legalisierung einem Rechtsanwalte vorzulegen oder vorlegen zu lassen. Von einer genauen Prüfung der Prozeßschrift und bzw. einer Verwerfung der letzteren ließ sich der Rechtsanwalt nur zu häufig durch die Rücksicht abhalten, daß die Partei die Ansicht haben könnte, seine Entschließung sei von der sich darbietenden Aussicht auf die höhere Gebühr für Anfertigung des Schriftsatzes beeinflußt. In einzelnen preußischen Bezirken, z. B. in Berlin, hatten daher die Rechtsanwälte untereinander vereinbart, nur im Falle besonderer Beziehung zu der nachsuchenden Partei dem Verlangen der Legalisierung einer von einem anderen gefertigten Prozeßschrift stattzugeben. Aber auch hierdurch hat dem Mißstande wirksam nicht begegnet werden können. Es erscheint daher richtiger und zweckmäßiger, die Gebühren für die Unterzeichnung und für die Anfertigung eines

Schriftsatzes gleich hoch festzusetzen. In dieser gleichen Bemessung liegt überdies keine Unbilligkeit. Einerseits nämlich übernimmt der Rechtsanwalt mit der Unterzeichnung der Schrift die gleiche Verantwortlichkeit für den Inhalt derselben, wie wenn er sie selbst angefertigt hätte. Andererseits aber macht auch sehr häufig die Prüfung eines Schriftstückes und die infolge derselben nötig werdende Verbesserung in den einzelnen Teilen mehr Schwierigkeiten, als die Anfertigung eines solchen auf Grund eines klar und übersichtlich zusammengestellten Materials.

Unter Schriftsätzen im Sinne dieses Gesetzes sind übrigens nicht nur diejenigen Schriften zu verstehen, welche in der Zivilprozeßordnung ausdrücklich als solche bezeichnet werden, sondern alle schriftlichen Anträge und Gesuche, welche bei Gericht gestellt werden.

II. Schriftsatz. Der Ausdruck „Schriftsatz" wiederholt sich in diesem Gesetze 2
noch in den §§ 14 und 46, während in § 68 von Schriften (zur „Rechtfertigung einer Berufung" bzw. „Begründung einer Revision"), in §§ 69, 70 von Anfertigung anderer (schriftlicher) Anträge, Gesuche und Erklärungen, im § 73 endlich von der Anfertigung einer Privatklage die Rede ist.

In allen diesen Fällen wird § 5 anwendbar sein, da nach den Motiven unter „Schriftsätzen im Sinne dieses Gesetzes" alle schriftlichen Anträge und Gesuche, welche bei Gericht gestellt werden, verstanden werden sollen.

III. Gebühren für Anfertigung eines „Schriftsatzes" bestimmen die 3
§§ 46, 68, 69, 73 und 74 GO.

§ 6.

Für Anfertigung und Übersendung von Rechnungen über Gebühren und Auslagen und für Zahlungsaufforderungen wegen derselben kann der Rechtsanwalt eine Gebühr nicht beanspruchen.

I. Motive. Die Vorschrift des Entwurfs ist ihrem Inhalte nach dem 1
§ 7 Abs. 2 des preußischen Gesetzes vom 12. Mai 51 entlehnt. Es erscheint nicht angezeigt, neben den für die Vornahme des Geschäfts dem Anwalte bewilligten Gebühren noch eine besondere Gebühr für die Aufstellung der Rechnung und für die Zahlungsaufforderung zu gewähren.

II. Bedeutung des § 6. Die Aberkennung des Anspruchs bezieht sich nur 2
auf die Gebühren, nicht auf die Auslagen, d. h. Schreibgebühren und Portoauslagen.

Der in den Motiven in bezug genommene § 7 des preußischen Gesetzes vom 12. Mai 51 lautet vollständig:

> „Bei Betreibung ihrer eigenen Prozeßangelegenheiten, namentlich auch, wenn solche die Einziehung ihrer Gebühren von ihren Mandanten betreffen, können die Rechtsanwälte von dem in die Kosten verurteilten Gegenteile nur die Hälfte der sonst zulässigen Gebühren liquidieren.
>
> Für die Anfertigung und Zustellung der Liquidation und für Zahlungsaufforderungen, die sie wegen ihrer Gebühren und Auslagen erlassen, können sie nichts liquidieren."

Auch das Gesetz vom 12. Mai 51 unterschied grundsätzlich zwischen Gebühren und Auslagen. Sein § 1 bestimmt, daß „die Gebühren und Auslagen der Rechtsanwälte künftig lediglich nach den Bestimmungen dieses Gesetzes und des ihm angefügten Tarifs erhoben werden" sollen, und der beigegebene Tarif besagt in seiner Nr. 1:

„Außer den in diesem Tarif bestimmten Gebührensätzen dürfen die Rechtsanwälte nur noch liquidieren: Schreibegebühren nach Maßgabe der folgenden (Nr. 2) Bestimmungen, Porto . . und andere notwendige bare Auslagen, zu welchen aber Emballage- und Verpackungskosten nicht gerechnet werden."

Wenn nun der § 7 Abs. 1 dem Rechtsanwalte beim Betrieb eigener Angelegenheiten nur „die Hälfte der sonst zulässigen Gebühren" bewilligte, so konnte es nicht zweifelhaft sein, daß eben nur die Liquidation der wirklichen Gebühren, nicht auch der entstandenen Auslagen beschränkt war. Während aber der Absatz 1 eine Beschränkung der Gebühren auf die Hälfte brachte, sollte nach Absatz 2 für gewisse, sonst unter Absatz 1 fallende Geschäfte Nichts, d. h. auch nicht einmal die Hälfte der sonst zulässigen Gebühren liquidiert werden Auch diese Bestimmung konnte sich daher nach dem Zusammenhange der beiden Absätze nur auf die Gebühren, nicht auf die Auslagen beziehen.

Wenn deshalb Pfafferoth (Anm. 1 zu § 6) und neuerdings auch Willenbücher (6. Aufl. Anm. 1 zu § 6) gerade mit Rücksicht darauf, daß das Vorbild des § 6, der § 7 des Gesetzes vom 12. Mai 51, den Anspruch auf Auslagen abgelehnt habe, unter „Gebühr" in § 6 auch die Auslagen verstanden wissen wollen, so ist schon die Prämisse unrichtig. Aber die Ausdrucksweise des § 6 ist noch viel deutlicher und bestimmter. Hier werden zunächst die Gebühren und Auslagen neben einander gestellt und dann nur der Anspruch auf „eine Gebühr" abgelehnt; hätte § 6 auch den Anspruch auf Erstattung der Auslagen ablehnen wollen, so würde er sicher doch auch das zweite Mal von „Gebühren und Auslagen" gesprochen haben.[1])

3 Daß aber die Schreibgebühren zu den Auslagen gehören, ist bei § 1 N. 5 des Näheren ausgeführt. Der Ansatz von Schreibgebühren wird danach durch § 6 nicht ausgeschlossen.

4 **III. Berechtigung zum Ansatz von Schreibgebühren und Porto.**

Wenn nun auch durch § 6 der Anspruch auf Erstattung der Auslagen für Liquidationen und Zahlungsaufforderungen nicht abgesprochen wird, so bewilligt doch auch andererseits der § 6 nicht ausdrücklich diesen Anspruch. Es bleibt daher immer noch die Berechtigung zum Ansatz von Schreibgebühren und Porto zweifelhaft. Diese Berechtigung wird jedoch mit Unrecht bestritten.

Die Zulässigkeit des Ansatzes wird vom Kammergerichtspräsidenten[2]) mit der Begründung verneint, daß nach den maßgebenden Grundsätzen des Auftrages und des Dienstvertrages nur für solche Aufwendungen Entschädigung gewährt werde, welche der Beauftragte „bei dem Geschäfte" bezw. „zum Zwecke der Ausführung des Auftrags" gemacht habe (§ 65 ALR. I, 13; §§ 670, 675 BGB.); die zur Anfertigung der Gebührenberechnung nach Erledigung des Auftrages und in Wahrnehmung eines eigenen Interesses des Anwalts aufgewendete Schreibgebühr könne aber als eine zum Zwecke der Ausführung des Auftrags gemachte Aufwendung nicht erachtet werden Die Lösung der Frage wird hier dem-

---

[1]) Daß § 6 sich nicht auf Auslagen bezieht, nehmen an Meyer-Irmler, Anm. 1 zu § 6, Drucker Anm. 3 zu § 6, Merzbacher Anm. 1 zu § 6; ferner OLGPr. Breslau (Br. AKZ. 84 S. 72), OLG. Breslau (Br. AKZ. 89 S. 76), Kammergericht (KGBl. 91 S. 54), ferner JW. 89 S. 465.

[2]) Vgl. KGBl. 93 S. 109 und neuerdings eine in JW. 01 S. 197 mitgeteilte Verfügung für den Fall der Liquidation des Offizialverteidigers gegenüber der Staatskasse.

nach aus dem bürgerlichen Recht versucht, was nur zutreffend wäre, wenn nicht die GO. selbst die Lösung ergäbe. Dies ist aber der Fall. Die GO. will, soweit ihr Geltungsbereich geht, nicht nur die Gebühren, sondern auch die Auslagen der Rechtsanwälte einheitlich regeln, sie gibt deshalb in ihrem fünften Abschnitt die Bestimmungen über „Auslagen". Nun enthält die GO. allerdings keine besonderen Bestimmungen darüber, wann der Ansatz von Schreibgebühren und Portoauslagen zulässig ist, vielmehr gibt insbesondere der § 76 GO. nur eine Bestimmung über die Höhe der Schreibgebühren, nicht auch eine Bestimmung darüber, für welche Schriftstücke Schreibgebühren berechnet werden dürfen.[3]) (Vergl. die Erläuterungen zu § 76 GO.) Soviel aber ergibt sich aus der ganzen Anlage der GO., daß sie überall dort, wo sie ein Geschäft als unter ihre Bestimmungen fallend angesehen wissen will, über die Gesamtvergütung, d. h. über die Gebühren und Auslagen Entscheidung treffen will. Wenn sie daher bei einem solchen Geschäfte, das sie besonders erwähnt, nur den Anspruch auf eine Gebühr ablehnt, nicht aber auch den Anspruch auf Erstattung der Auslagen, so liegt darin eine Anerkennung und stillschweigende Zubilligung des letzteren Anspruchs.

Aber auch, wenn man die Frage der Berechtigung lediglich nach dem Bürgerlichen Recht entscheiden will, ist die ablehnende Ansicht des Kammergerichtspräsidenten nicht begründet. Die Uebersendung der Gebührenberechnung steht durchaus nicht außerhalb „der Erledigung des Auftrages" und erfolgt auch nicht lediglich „in Wahrnehmung eines eigenen Interesses des Anwalts". Nach § 86 GO. ist die Einforderung der Vergütung erst dann zulässig, wenn vorher oder gleichzeitig die ordnungsmäßige Gebührenberechnung mitgeteilt ist. Danach gehört die Aufstellung und Uebersendung der Gebührenberechnung noch zu den Pflichten, welche der Anwalt durch den Dienstvertrag (Auftrag) übernommen hat; sie gehört zur vollständigen Ausführung des Auftrages ebenso wie die Rechenschaftspflicht, und ist nicht etwa im Interesse des Anwalts, sondern im Interesse des Auftraggebers durch § 86 GO. vorgeschrieben.[4])

§ 7.

Bei dem Betrieb eigener Angelegenheiten kann der Rechtsanwalt von dem zur Erstattung der Kosten des Verfahrens verpflichteten Gegner Gebühren und Auslagen bis zu dem Betrage fordern, in welchem er Gebühren und Auslagen eines bevollmächtigten Rechtsanwalts erstattet verlangen könnte.

Vorbemerkung.

§ 7 behandelt die Frage ob und inwieweit ein Rechtsanwalt Gebühren und Auslagen für eigene Vertretung vom Gegner erstattet verlangen kann. Es werden hier behandelt:

I. Motive (1).
II. Bedeutung der Vorschrift (2).
III. Betrieb eigener Angelegenheiten (3—5).
VI. Grenzen des Liquidationsrechts (6—14).

---

[3]) Vgl. auch RG. BZS. 28, 401.

[4]) Vgl. hierzu den Aufsatz: „Kann ein Rechtsanwalt als von Amtswegen bestellter Verteidiger für den Antrag auf Anweisung der ihm zustehenden Gebühren und Auslagen für die von ihm geführte Verteidigung die Erstattung der Auslagen für den Antrag verlangen?" in JW. 01 S. 196.

1 **I. Motive.** Im gemeinrechtlichen Prozesse besteht die Streitfrage, ob ein Advokat, welcher eigene Angelegenheiten betrieben hat, von seinem unterliegenden und in die Prozeßkosten verurteilten Gegner Advokatengebühren fordern dürfe. Überwiegend wird diese Streitfrage bejaht — (Gesterding Nachforschungen II. S. 296 ff., Busch im Archiv für zivilistische Praxis 16, 271 ff., Bayer ZP. S. 311) —. Auch in den neueren Gesetzgebungen ist die Berechtigung des Rechtsanwalts, in eigenen Angelegenheiten dieselben Gebühren zu fordern, die er beanspruchen könnte, falls er den Prozeß für einen anderen geführt hätte, vielfach anerkannt; so in der württembergischen Zivilprozeßordnung vom 3. April 68 Art. 148, in der braunschweigischen vom 19. März 50 § 403 Abs. 1, in dem meiningischen Gesetze vom 19. Juli 62 Art. 1, in Schwarzburg-Rudolstadt nach dem Gesetze vom 25. März 59 § 11, in Schwarzburg-Sondershausen nach dem Gesetze vom 26. Mai 30 § 16, in Lippe nach dem Gesetze vom 12. April 59 § 16. Die in Preußen nach dem Gesetze vom 12. Mai 51 § 7 bestehende Beschränkung auf die Hälfte der Gebühren, welche den Rechtsanwälten bei Betreibung ihrer eigenen Prozeßangelegenheiten, namentlich auch, wenn solche die Einziehung ihrer Gebühren von ihren Auftraggebern betreffen, zugebilligt wird, ist damit begründet worden, daß in den fraglichen Fällen die Informationseinziehung, die Konferenzen, die Korrespondenzen, die Ausfüllung der Vollmacht und die Belehrung hinwegfielen und die Bearbeitung der eigenen Angelegenheit überhaupt einfacher und leichter sei. Diese Gesichtspunkte sind aber keineswegs immer zutreffend. Die Anwendung der Berufstätigkeit in eigenen Angelegenheiten erzeugt vielfach Bedenken, die einem fremden Auftraggeber gegenüber gar nicht auftreten. Gerade hierdurch aber vermehrt sich nicht selten die Schwierigkeit in der Bearbeitung der Sache. Auch fällt die Informationseinziehung nicht regelmäßig bei dem Betriebe der eigenen Angelegenheiten für den Rechtsanwalt fort; er muß vielmehr oft selbst Erkundigungen einziehen und Material sammeln, welches ihm sonst der Mandant zu unterbreiten hat. Sonach ist kein innerer Grund vorhanden, dem Rechtsanwalte in seinen eigenen Angelegenheiten diejenige Vergütung seiner Arbeiten zu versagen, welche er sonst für seine Berufstätigkeit zu beanspruchen hat. Eine solche Beschränkung der Gebühren auf die Hälfte würde überdies im Anwaltsprozesse (ZPO. § 74, jetzt § 78) dem Gegner eine durch nichts begründete Vergünstigung gewähren und erscheint schon deshalb völlig ungerechtfertigt, weil es dem Rechtsanwalte ja unbenommen ist, sich vertreten zu lassen, und dann die Kosten der Vertretung der unterliegenden Partei zur Last fallen (ZPO. § 87, jetzt § 91).

2 **II. Bedeutung der Vorschrift.** Die GO. will die Vergütung bestimmen, welche der Rechtsanwalt auf Grund des Dienstvertrages für seine Berufstätigkeit von seinem Auftraggeber zu beanspruchen hat. Betreibt der Rechtsanwalt eigene Angelegenheiten, so kann von einem Dienstvertrage oder Auftrage, damit aber auch von einer Vergütung, nicht die Rede sein. Wenn nun der § 91 ZPO. bestimmt, daß die unterliegende Partei „die dem Gegner erwachsenen Kosten zu erstatten“ hat, so dürfte an sich der zur Kostenerstattung verpflichtete Gegner des Rechtsanwalts auch nur etwaige Aufwendungen zu erstatten haben, nicht aber auch Gebühren, welche gar nicht aufgewendet worden sind. Diese Folge wird durch die Bestimmung des § 7 abgewendet; der § 7 geht sonach über den Rahmen der GO. hinaus, und stellt eine Ergänzung des § 91 ZPO. dar, wenn er dem Rechtsanwalt beim Betriebe eigener Angelegenheiten einen Erstattungsanspruch bezüglich der Gebühren und Auslagen in demselben Umfange gibt, wie

wenn der Rechtsanwalt einen anderen Rechtsanwalt mit dem Betriebe der Angelegenheit beauftragt und dessen Tätigkeit zu vergüten hätte.[1])

III. Betrieb eigener Angelegenheiten. Aus der Tendenz des § 7 ergibt 3
sich, daß die Vorschrift sich auf alle eigenen Angelegenheiten des Rechtsanwalts erstreckt, natürlich soweit dieselben in den Bereich der durch die GO. § 1 und § 91 geordneten Gebiete fallen. Es gehören deshalb hierher

1. alle persönlichen Angelegenheiten, d. h. solche Rechtsangelegenheiten, in denen der Rechtsanwalt persönlich als Träger von Rechten und Pflichten in Betracht kommt, ohne jede Unterscheidung. Tritt der Rechtsanwalt im Zivilprozesse als Partei auf, so ist es gleichgültig, aus welchem Rechtsgrunde er klagt oder in Anspruch genommen wird; immer handelt es sich um eine eigene Angelegenheit. Dasselbe gilt im Strafprozesse, mag der Rechtsanwalt Privatkläger, Nebenkläger oder Beschuldigter sein, und ebenso im Konkursverfahren.

2. Um den Betrieb eigener Angelegenheiten des Rechtsanwalts handelt es 4
sich aber auch dann, wenn nicht der Rechtsanwalt selbst als Träger von Rechten und Pflichten erscheint, sondern eine andere Person, für welche der Rechtsanwalt als gesetzlicher Vertreter eintreten muß. Hierher gehören die Fälle, daß der Rechtsanwalt als Inhaber der elterlichen Gewalt, Vormund oder Pfleger Angelegenheiten der von ihm Vertretenen zu besorgen hat; hierunter fällt auch die Nachlaßpflegschaft aus §§ 1960, 1961 BGB. und die Nachlaßverwaltung aus § 1975 BGB., endlich auch die Fälle der „besonderen Vertretung" aus §§ 57, 58, 494 ZPO. und §§ 6, 7, 135 des Zwangsversteigerungsgesetzes.

3. Schließlich ist der Betrieb eigener Angelegenheiten im Sinne des § 7 5
auch dann anzunehmen, wenn der Rechtsanwalt nicht sein eigenes persönliches oder vermögensrechtliches Interesse, sondern „die ihm als Sachwalter anvertrauten selbständigen und nicht in Vertretung eines anderen Rechtssubjekts zu schützenden Interessen verfolgt", z. B. als Konkursverwalter, Zwangsverwalter, Pfleger aus § 1914 BGB., Testamentsvollstrecker.[2])

IV. Grenzen des Liquidationsrechts. Nach der Bestimmung des § 7 darf 6
der Rechtsanwalt beim Betrieb eigener Angelegenheiten vom erstattungspflichtigen Gegner Gebühren und Auslagen bis zu dem Betrage fordern, in welchem er Gebühren und Auslagen eines bevollmächtigten Rechtsanwalts erstattet verlangen könnte. Zur Bestimmung des Umfanges des Erstattungsrechts wird also fingiert, daß der Rechtsanwalt zum Betriebe der Angelegenheit einen anderen Rechtsanwalt bevollmächtigt hätte; soweit dann die Kosten dieser Vertretung erstattungsfähig wären, kann der Rechtsanwalt Gebühren und Auslagen liquidieren. Wie weit aber die Erstattungsfähigkeit geht, bestimmt sich nach den Vorschriften der Prozeßordnungen.

---

[1]) Dies allein ist der Sinn des § 7. Unrichtig dagegen und weder dem Wortlaute noch dem Sinn des § 7 entsprechend ist es, wenn Meyer-Irmler (Note 2 zu § 7), Willenbücher (Note 1 zu § 7) und auch das Reichsgericht (10, 376) meinen, das Gesetz gehe davon aus, daß der eigene Angelegenheiten betreibende Anwalt bezüglich der von dem in die Kosten verurteilten Gegner zu erstattenden Gebühren so angesehen werden solle, als wenn er den Prozeß als bevollmächtigter Anwalt für einen Dritten geführt hätte". Der bevollmächtigte Anwalt kann niemals Gebühren „erstattet verlangen", sondern immer nur die Partei; darum ist der letzte Satz des § 7 nicht dahin zu verstehen, „in welchem er Gebühren und Auslagen als bevollmächtigter Rechtsanwalt", sondern „für einen bevollmächtigten Rechtsanwalt erstattet verlangen könnte".

[2]) Vgl. hierzu Bunsen in ZZP. 26, 197ff., 253, der solche Personen „Parteien ohne selbstisches Interesse" nennt.

7 Vorweg ist jedoch zu bemerken, daß der bevollmächtigte Rechtsanwalt Gebühren und Auslagen nur für eine **Berufstätigkeit** liquidieren dürfte (§ 1 GO.). Daraus folgt, daß auch der eine eigene Angelegenheit betreibende Rechtsanwalt Gebühren und Auslagen nach der GO. **nur für eine Anwaltsberufstätigkeit** fordern kann; insoweit dagegen eine Tätigkeit entfaltet wird, welche sich nicht als besondere Berufstätigkeit des Rechtsanwalts darstellt, können Gebühren und Auslagen jedenfalls nicht nach den Vorschriften der GO. liquidiert werden. Es kann deshalb die Ansicht des Reichsgerichts (Entsch. 10, 374) nicht gebilligt werden, welche den Rechtsanwalt, der als Konkursverwalter zur Leistung eines ihm auferlegten Eides erscheint, für berechtigt erklärt, die Beweisgebühr gemäß § 13 Nr. 4 GO. zu fordern. Hier hat der Rechtsanwalt eine Berufstätigkeit nicht ausgeübt, sondern lediglich einen Parteieid geleistet, zu welchem Behufe ein Rechtsanwalt gar nicht bevollmächtigt werden konnte.[3])

8 Wird der Umfang der Erstattungsfähigkeit durch die Prozeßordnungen bestimmt, so ist im einzelnen Folgendes festzustellen.

1. Für den **Zivilprozeß** ist maßgebend § 91 ZPO. Danach sind die Gebühren und Auslagen des Rechtsanwalts der obsiegenden Partei in allen Prozessen zu erstatten, Reisekosten eines auswärtigen Rechtsanwalts jedoch nur insoweit, als die Zuziehung nach dem Ermessen des Gerichts zur zweckentsprechenden Rechtsverfolgung oder Rechtsverteidigung notwendig war.

9 a) Hat der Anwalt **selbst wie ein Prozeßbevollmächtigter** seinen Prozeß geführt, so kann er die Gebühren und Auslagen eines prozeßbevollmächtigten Anwalts erstattet verlangen. Reisekosten dagegen würden nicht zuzubilligen sein, wenn die Möglichkeit bestanden hätte, einen am Sitze des Gerichts wohnhaften Rechtsanwalt zu bestellen.

10 b) Hat der Anwalt **einen anderen Anwalt zum Prozeßbevollmächtigten bestellt**, so kann eine eigene Tätigkeit in zwei Richtungen in Betracht kommen:

α) Der Anwalt **informiert** seinen Prozeßbevollmächtigten. Hier kann die Frage entstehen, ob der Anwalt die **Korrespondenzgebühr** nach § 44 GO. ansetzen und erstattet verlangen kann. Dies würde nach § 7 nur dann der Fall sein können, wenn die Korrespondenzgebühr für einen Anwalt, den sich die Partei zur Erledigung der Korrespondenz genommen, erstattungsfähig wäre. Nach der ständigen Rechtsprechung des Reichsgerichts hat aber der unterliegende Gegner die Kosten eines Korrespondenzmandatars, der den Verkehr der Partei mit dem Prozeßbevollmächtigten vermittelt, nur dann zu erstatten, wenn die obsiegende Partei nach ihren Bildungsverhältnissen nicht in der Lage war, den Briefwechsel selbst zu führen oder die nötigen Erläuterungen mündlich zu erteilen.[4]) Da nun ein Rechtsanwalt, welcher in eigener Angelegenheit einen Prozeß führt, zur schriftlichen oder mündlichen Informationserteilung selbst imstande ist und deswegen eines Vermittlers nicht bedarf, so würden die Gebühren eines von ihm angenommenen Korrespondenzmandatars nicht erstattungsfähig sein. Damit entfällt aber auch die Zulässigkeit des Ansatzes einer Korrespondenzgebühr in eigener Sache; in ständiger Praxis wird auch vom Reichsgericht die Berechtigung zum Ansatz der Korrespondenzgebühr verneint.[5])

---

[3]) Ebenso kann der Rechtsanwalt als Konkursverwalter weder Reisekosten nach § 78, noch Erhebungsgebühren nach § 87 beanspruchen. So auch OLG. Darmstadt 6 März 03 Hess. Rechtspr. 4, 54, Recht 03, S. 459, und bezüglich der Korrespondenzgebühr des Rechtsanwalts als Vorsitzenden des Gläubigerausschusses OLG. (Karlsruhe) 11, 342.

[4]) Vgl. die Entscheidungen des Reichsgerichts 9, 356; 15, 403; JW. 95 S. 263, 4; 96 S. 250; 97 S. 303, 6; S. 447, 5; S. 458, 2; 98 S. 68, 3; S. 262, 20.

[5]) Vgl. Entsch. d. Reichsgerichts: Gruchot 34, 1188 und 38, 1167; JW. 90 S. 70

β) Der Rechtsanwalt nimmt einen, nicht am Sitze des Prozeßgerichts stattfindenden **Beweistermin** wahr. Hier kann die Frage entstehen, ob er die Gebühr aus § 45 GO. (Beweisgebühr und halbe Verhandlungsgebühr) ansetzen und erstattet verlangen kann. Würde der Rechtsanwalt zur Wahrnehmung des Beweistermins einen anderen Anwalt annehmen, so würde letzterer die Gebühr aus § 45 GO. ansetzen können, und diese Gebühr wäre auch neben den Gebühren des Prozeßbevollmächtigten erstattungsfähig; denn nach der Rechtsprechung des Reichsgerichts [6]) ist die Partei immer berechtigt, in einem Beweistermin sich durch einen Rechtsanwalt vertreten zu lassen, ohne Rücksicht darauf, ob das Beweisthema mehr oder minder schwieriger Natur war, und auch ohne Rücksicht darauf, ob die Partei selbst dem Termine hätte beiwohnen können; und grundsätzlich sind die für die Vertretung aufgewendeten Kosten vom Gegner zu erstatten. Der eigene Angelegenheiten betreibende Rechtsanwalt würde demnach ebenso die Gebühren aus § 45 GO. erstattet verlangen dürfen. [7]) 11

Etwaige Reisekosten zum auswärtigen Termine dagegen wären nicht zuzubilligen, wenn die Möglichkeit bestanden hätte, einen am Sitze des auswärtigen Gerichts wohnhaften Rechtsanwalt zu bestellen.

Die Gebühren aus § 45 GO. könnte der Rechtsanwalt aber nicht nur für Wahrnehmung von Beweisaufnahmeterminen erstattet verlangen, sondern auch für die Wahrnehmung eines Termins zur Leistung eines dem Gegner auferlegten Eides; denn auch hier ist eine Vertretungstätigkeit, damit also auch eine Anwaltsberufstätigkeit möglich. Anders jedoch bei Wahrnehmung eines Termins, in dem der Rechtsanwalt selbst einen Parteieid zu leisten hat; hier erscheint der Rechtsanwalt gar nicht zur Ausübung einer anwaltlichen Tätigkeit, für welche gar kein denkbarer Raum ist, und deshalb kann auch — wie schon zu N. 7 ausgeführt — eine Gebühr nicht verlangt werden. Etwaige Reisekosten aber würde der Rechtsanwalt erstattet verlangen können, weil nach § 91 ZPO. die Kostenerstattung auch die Entschädigung des Gegners für die durch notwendige Reisen entstandene Zeitversäumnis umfaßt, und die Reisegebühr aus § 78 GO. gerade auch die Zeitversäumnis zu vergüten bestimmt ist. (Motive zu § 77 d. Entwurfs.)

2. Für das **Strafverfahren** bestimmt § 499 Abs. 2 StPO., daß die dem Angeschuldigten erwachsenen notwendigen **Auslagen** der Staatskasse auferlegt werden können. Hierunter sind, wie die Verhandlungen und der Bericht der Reichstagskommission, der die Vorschrift ihre Entstehung verdankt, ergeben, [8]) **nur die wirklich aufgewendeten Auslagen** zu verstehen, die aber auch die Gebühren und Auslagen eines angenommenen Verteidigers umfassen können, wenn die Annahme eines solchen „notwendig" war. Eine solche Notwendigkeit wird man aber verneinen müssen, wenn der Angeschuldigte ein Rechtsanwalt ist, der ja die Fähigkeit besitzt, sich selbst zu verteidigen. Der Rechtsanwalt kann daher, wenn er sich selbst verteidigt hat, im Falle des § 499 Abs. 2 StPO. Gebühren der Staatskasse nicht liquidieren. [9]) 12

5; 91 S. 4, 4; 93 S. 498, 2; 98 S. 54, 31; Bolze 22, 709h. Ebenso entscheiden EGH. 5, 13; OLG. Naumburg in Naumb. AKZ. 94 S. 7; OLG. Köln in Rh. Arch. 85 I S. 126; Seuff. Arch. 49, S. 458, OLG. Posen 23. Sept. 02 Pos. Mtschr. 03 S. 28.

[6]) Vgl. Bolze 13 Nr. 625; 17 Nr. 705; 19 Nr. 761. Entsch. d. RG. 21, 407; Gruchot 40, 661; JW. 92 S. 130, 2; 96 S. 5, 20; 97 S. 447, 4; 98 S. 659, 8. Neben der grundsätzlichen Bewilligung behält das Reichsgericht nach JW. 95 S. 481, 17; 97 S. 78, 5; 98 S. 540, 6 Ausnahmefälle vor, in denen sie wegen Überflüssigkeit zu verneinen wäre.

[7]) Ebenso OLG. Königsberg, Pos. Mtschr. 03 S. 96.

[8]) Vgl. Hahn Mot. z. StPO. S. 1145—1146, 1592.

[9]) Zu demselben Ergebnisse gelangt mit unzutreffender Begründung das Justizministerialreskript vom 9. April 92 (BlRG. 93 S. 72).

13 Anders dagegen im Privatklageverfahren. Hier ist nach § 503 Abs 5 StPO. bezüglich der Gebühren und Auslagen eines angenommenen Rechtsanwalts nicht die „Notwendigkeit" der Annahme entscheidend, sondern es ist die Erstattungspflicht lediglich nach Maßgabe des § 87, jetzt § 91 ZPO. begründet. Es müssen daher auch im Privatklageverfahren die in Nr. 1 (N. 8—11) entwickelten Grundsätze für maßgebend erachtet werden; danach kann der in eigener Sache tätige Rechtsanwalt von dem unterlegenen Gegner Gebühren und Auslagen gemäß § 7 GO. erstattet verlangen.

14 3. Im Konkursverfahren können nach § 63 Nr. 2 KO. die Kosten, welche den einzelnen Gläubigern durch ihre Teilnahme an dem Verfahren erwachsen, überhaupt nicht geltend gemacht werden. Für die Anwendung des § 7 GO. ist daher im Konkursverfahren kein Raum. Ebenso ist für den Vergütungsanspruch des Rechtsanwalts als Konkursverwalter aus § 85 KO. schon deshalb der § 7 nicht verwendbar, weil ein erstattungspflichtiger „Gegner" nicht vorhanden ist.

§ 8.

Der niedrigste Betrag einer jeden nach den Vorschriften der Abschnitte zwei bis vier zu berechnenden Gebühr wird auf eine Mark bestimmt.

Vorbemerkung.

§ 8 bestimmt eine Mindestgebühr. Die Erklärung des § 8 erfolgt unter Hervorhebung folgender Gesichtspunkte:

I. Motive (1).
II. Beschränkung auf die Gebühren (2).
III. Bedeutung der Regel (3—4).
IV. Abrundung der Gebühr (5).

1 **I. Motive.** § 8 schließt sich an Nr. 5 der allgemeinen Bestimmungen des preußischen Tarifs zu dem Gesetze vom 12. Mai 51 [1]) an.

Höher als eine Mark konnte der Mindestbetrag der Gebühr eines Anwalts nicht gegriffen werden, wenn nicht in geringfügigen Sachen der Beistand eines Rechtsanwalts wegen zu hoher Gebühren ganz ausgeschlossen werden sollte.

2 **II. Beschränkung auf die Gebühren.** Der Wortlaut des § 8 ergibt, daß diese Vorschrift weder auf die im fünften Abschnitte behandelten Auslagen, noch auf die im siebenten Abschnitte „Schlußbestimmungen" geregelten Gebühren Anwendung findet. Die als Auslagen zu verrechnenden Schreibgebühren können daher ebenso wie die verauslagten Porti unter dem Betrag von 1 Mark verbleiben. Ebenso ist im Falle des § 87 Abs. 2 die Gebühr für Erhebung und Ablieferung von Wertpapieren im Werte von 100 bzw. 200 Mark nicht mit mindestens 1 Mark, sondern mit 50 bzw. 75 Pfg. anzusetzen, und auch die nach §§ 89, 90 unter entsprechender Anwendung der Bestimmungen der Gebührenordnung zu bemessende Gebühr kann unter dem Betrage von 1 Mark zurückbleiben.

3 **III. Bedeutung der Regel.** Nach Wortlaut und Sinn des § 8 soll nicht der Gesamtgebührenbetrag mindestens 1 Mark erreichen, sondern der Betrag einer jeden nach Abschnitt 2 bis 4 zu berechnenden Gebühr. Da nun die Gebührenordnung das System der Bauschgebühren für einzelne Gruppen

[1]) Diese Vorschrift lautet: „5. Der geringste Gebührensatz, welchen ein Rechtsanwalt für seine Leistungen liquidiren kann, wird in allen Fällen auf 10 Sgr. festgesetzt."

von Prozeßhandlungen aufgestellt hat, so können für Erledigung eines Auftrages mehrere dieser Bauschgebühren in Frage kommen; eine jede dieser Gebühren soll mindestens 1 Mark betragen.

Betrachtet man zunächst die nach dem zweiten Abschnitt zu berechnenden Gebühren in bürgerlichen Rechtsstreitigkeiten, so sind im § 13 die vier Arten von Bauschgebühren benannt, welche dem als Prozeßbevollmächtigten bestellten Rechtsanwalte zustehen, nämlich die Prozeßgebühr, die Verhandlungsgebühr, die Vergleichsgebühr und die Beweisgebühr. Wenn nun mehrere von diesen Bauschgebühren zusammentreffen, so wird jede einzelne für sich berechnet, und wenn sich der Einzelbetrag auf weniger als eine Mark beläuft, auf den Mindestbetrag von eine Mark erhöht. Wenn also beispielsweise in einem Wechselprozesse, dessen Streitgegenstand 15 M. beträgt, die Prozeßgebühr und die halbe Verhandlungsgebühr zum Ansatze gelangen, so wird nicht $^6/_{10} + {}^3/_{10} = {}^9/_{10}$ von 2 M. mit 1,80 Mark liquidiert, sondern $^6/_{10}$ Prozeßgebühr = 1,20 M. + $^3/_{10}$ Verhandlungsgebühr = 0,60 M. erhöht auf 1 M., insgesamt also 2,20 M.

Als eine selbständige Gebühr in diesem Sinne ist jedoch die sog. weitere Verhandlungsgebühr nach § 17 der Gebührenordnung nicht anzusehen. Nachdem im § 13 die vier Arten der Bauschgebühren benannt und zugleich ihr Normalbetrag bestimmt ist, werden die folgenden §§ 14—18 als Modifikationen der Vorschriften des § 13 aufgeführt, welche bestimmen sollen, wie sich in besonderen Fällen die Normalgebühr erniedrigt oder erhöht. Die weitere Verhandlungsgebühr des § 17 bildet sonach nur eine Modifikation der Verhandlungsgebühr des § 13 Ziffer 2, wie auch in der Reichstagskommission bei Beratung des § 25 ausdrücklich konstatiert worden ist (vgl. Völk N. 1 zu § 25), überdies sich auch aus den Worten des § 17 „erhöht sich die dem Rechtsanwalte zustehende Verhandlungsgebühr" deutlich ergibt. Hat also der Rechtsanwalt eine Partei sowohl bei der der Beweisaufnahme vorangegangenen, als auch bei der ihr folgenden Verhandlung vertreten, so hat er nicht zwei selbständige Bauschgebühren zu liquidieren, sondern nur eine, auf $^{15}/_{10}$ erhöhte, Verhandlungsgebühr, welche mindestens 1 M. betragen muß.[2] 4

IV. Abrundung der Gebühr. Dem § 8 dieses Gesetzes entspricht § 7 des deutschen Gerichtskostengesetzes, welcher bezüglich der Gerichtskosten bestimmt: 5

> „Der Mindestbetrag einer Gebühr ist zwanzig Pfennig.
> Pfennigbeträge, welche ohne Bruch nicht durch zehn teilbar sind, werden auf den nächst höheren durch zehn teilbaren Betrag abgerundet."

Eine gleiche Abrundung für die Anwaltsgebühren ist nach diesem Gesetze nicht ausdrücklich vorgeschrieben; es beruht dies wohl bloß auf einem Übersehen der gesetzgebenden Faktoren, da ein besonderer Grund für den Wegfall dieser Zweckmäßigkeitsbestimmung bei den Anwaltsgebühren nicht erfindlich ist. In Preußen war eine solche Abrundung bereits vorgesehen und eingeführt durch § 1 Abs. 2 des Gesetzes betreffend die Gebühren der Anwälte und Advokaten, vom 1. Mai 95 (preuß. GS. S. 209), welcher lautet:

> „Die bei einer Berechnung der Gebühren in Reichsmarkrechnung sich ergebenden Pfennigbeträge, welche nicht durch zehn teilbar sind, werden auf den nächsten durch zehn teilbaren Betrag erhöht."

Eine Abrundung der Sätze dieser Gebührenordnung, die allerdings nur höchst selten erforderlich werden wird, darf deshalb als zulässig angesehen werden.

[2]) Vgl. RG. 9, 332; ebenso LG. Halle (Naumb. AKZ. 88 S. 55) und LG. Berlin I (KGBl. 91 S. 80).

Zweiter Abschnitt.

Gebühren in bürgerlichen Rechtsstreitigkeiten.

Vorbemerkungen.

I. Der zweite Abschnitt des Gesetzes bestimmt die Gebühren in „bürgerlichen Rechtsstreitigkeiten". Letzterer Ausdruck wird dabei nicht in dem engeren Sinne genommen, in dem er nur den eigentlichen „Prozeß" umfaßt, sondern in dem weiteren Sinne, der jedes Verfahren in sich begreift, welches in der deutschen Zivilprozeßordnung behandelt ist. Zu den bürgerlichen Rechtsstreitigkeiten in diesem Sinne gehören deshalb auch die Entmündigungssachen, die Aufgebotssachen, das Sühneverfahren, das Mahnverfahren und das schiedsrichterliche Verfahren.

II. Das Gesetz hat, ebenso wie das Gerichtskostengesetz, in seinen Vorschriften das System der Bauschgebühren, und zwar für einzelne Gruppen von Prozeßhandlungen innerhalb der Instanz, und berechnet nach dem Werte des Streitgegenstandes, zugrunde gelegt. Zur Rechtfertigung dieses Systems machen die Motive die Ausführungen, welche in der Einleitung § 2 zu II (S. 10—14) abgedruckt sind. Auf diese Ausführungen wird hier verwiesen.

III. In Anwendung des Bauschgebührensystems werden zunächst in § 9 die nach dem Werte des Streitgegenstandes abgestuften Gebührensätze gegeben, sodann in §§ 10—12 die Regeln für die Berechnung des Streitwerts aufgestellt, und in § 13 die verschiedenen Anwaltstätigkeiten im Zivilprozesse bezeichnet, für welche die Gebührensätze bewilligt werden; die §§ 14—24 geben gewisse Modifikationen der in § 13 festgelegten Normen für Spezialfälle. Das Bauschgebührensystem wird dann zum Ausdruck gebracht in den Vorschriften der §§ 25 bis 36. Die weiteren Vorschriften (§§ 37—52) geben Normen für besondere Verfahrensarten und einige allgemeine Normen.

§ 9.

In bürgerlichen Rechtsstreitigkeiten werden die Gebühren nach dem Werte des Streitgegenstandes erhoben.

Der Gebührensatz beträgt bei Gegenständen im Werte:

1.	bis 20 Mark einschließlich			. . . .	2 Mark
2.	von mehr als	20	bis 60	Mark einschließlich	3 „
3.	„ „ „	60	„ 120	„ „	4 „
4.	„ „ „	120	„ 200	„ „	7 „
5.	„ „ „	200	„ 300	„ „	10 „
6.	„ „ „	300	„ 450	„ „	14 „
7.	„ „ „	450	„ 650	„ „	19 „
8.	„ „ „	650	„ 900	„ „	24 „
9.	„ „ „	900	„ 1200	„ „	28 „
10.	„ „ „	1200	„ 1600	„ „	32 „

11.	von mehr als	1600	bis	2100	Mark	einschließlich	36	Mark
12.	„ „ „	2100	„	2700	„	„	40	„
13.	„ „ „	2700	„	3400	„	„	44	„
14.	„ „ „	3400	„	4300	„	„	48	„
15.	„ „ „	4300	„	5400	„	„	52	„
16.	„ „ „	5400	„	6700	„	„	56	„
17.	„ „ „	6700	„	8200	„	„	60	„
18.	„ „ „	8200	„	10000	„	„	64	„

Die ferneren Wertsklassen steigen um je 2000 Mark und die Gebührensätze in den Klassen bis 50000 Mark einschließlich um je 4 Mark, bis 100000 Mark einschließlich um je 3 Mark und darüber hinaus um je 2 Mark.

Vorbemerkung.

Der § 9 enthält den Grundsatz, daß die Anwaltsgebühren, ebenso wie die Gerichtsgebühren, nach dem Werte des Streitgegenstandes berechnet werden. Unter Zugrundelegung dieses Maßstabes werden sodann die Gebührensätze aufgestellt.

Zur Erläuterung werden erörtert:

I. Entstehungsgeschichte. 1. Die Motive begründen § 9 des Entwurfs wie folgt: 1

„Der Entwurf bemißt die Gebühren des Rechtsanwalts im Zivilprozesse nach dem Werte des Streitgegenstandes. Er geht davon aus, daß im großen und ganzen der Aufwand von Zeit und geistiger Anstrengung bei Besorgung einer Rechtssache sich mit ihrer Bedeutung und ihrem Werte steigert. Jedenfalls ist anzuerkennen, daß für die pekuniäre Verantwortlichkeit des Anwalts der Wertbetrag des Streitgegenstandes der Regel nach maßgebend ist. Ja es lassen sich Fälle denken, in welchen auch das Maß der moralischen Verantwortlichkeit mit der geringeren Wichtigkeit der Sache sich mindert. Die nach Beschaffenheit der einzelnen Fälle notwendig sich ergebende Verschiedenheit in dem Umfange der zu ihrer Erledigung erforderlichen oder aufgewendeten Arbeit bleibt allerdings unberücksichtigt; es ist dies aber eine unvermeidliche Folge des Systems der festen Bauschgebühren, welche mit den Vorteilen desselben hingenommen werden muß.

Ebenso wie in § 8 des Gerichtskostengesetzes werden im § 9 des Entwurfs zuvörderst die einfachen Gebührensätze festgesetzt, wobei der „Gebührensatz" des § 9 der GO. der „vollen Gebühr" im § 8 des Gerichtskostengesetzes entspricht. Wie die meisten Gebührenordnungen gleiche Wertklassen für Anwalts- und Gerichtsgebühren feststellen, so sind auch in § 9 die Wertklassen des § 8 a. a. O. aufgenommen; insbesondere ist auch die Bestimmung festgehalten, daß von 10000 M. ab die ferneren Wertklassen um je 2000 M. steigen.

Die Beibehaltung der im Gerichtskostengesetze angenommenen Wertklassen empfahl sich schon durch die Erwägung des praktischen Vorteils, der sich bietet, wenn zwischen den Wertklassen für die Berechnung der Gerichtsgebühren und jenen für die Berechnung der Anwaltsgebühren kein Unterschied obwaltet, so daß auch bei der Feststellung des Wertes zum Zwecke der Ermittelung der maßgebenden Klasse im einzelnen Falle nach beiden Richtungen nur dieselben Gesichtspunkte in Frage kommen.

Was die Abmessung der Höhe des Gebührensatzes anlangt, so fehlte es hier freilich an denjenigen Hilfsmitteln, welche bei dem Entwurfe des Gerichtskostengesetzes einen wenigstens annähernden Anhalt gewährten. Während es dort möglich war, eine statistische Übersicht über den Umfang der von den Prozeßordnungen betroffenen Tätigkeit und die Einnahmen der Gerichte, sei es auch nur für Preußen, zu geben und bezüglich dieses Bundesstaates Vergleiche anzustellen, lag es hier nicht im Bereiche der Möglichkeit, einen Durchschnitt der bisherigen Einnahmen der Rechtsanwälte oder des Umfanges ihrer Tätigkeit, sei es auch nur für einen einzigen Bundesstaat, zu ermitteln, um so weniger den Umfang der Tätigkeit nach dem neuen Verfahren auch nur annähernd durch Vergleiche festzustellen. Gleichwohl mußte der Entwurf, wenn seine Vorschläge nicht jedweden Anhaltes entbehren sollten, bestehende Tarifsätze zum Ausgangspunkte nehmen. Zu diesem Behufe boten sich in erster Linie die preußischen Tarifbestimmungen dar, einmal weil das Rechtsgebiet, in welchem das preußische Gesetz vom 1. Mai 51 bzw. das Nachtragsgesetz vom 1. Mai 75 gilt, das bei weitem größte ist, indem es fast die Hälfte des Bundesgebietes umfaßt, und vorzugsweise deswegen, weil das System des Entwurfs sich am meisten dem des gedachten Gesetzes, wenngleich unter Berücksichtigung der durch die deutschen Prozeßgesetze geschaffenen Änderungen, nähert.

Für das Gebiet der preußischen Gesetze vom 12. Mai 51 und 1. Mai 75 darf es als eine allgemein anerkannte Tatsache hingestellt werden, daß die dort bestehenden Tarife geeignet sind, dem Anwalte eine würdige Lebensstellung zu sichern. Eine mäßige Erhöhung wird allerdings aus dem Grunde gerechtfertigt erscheinen, weil die Zivilprozeßordnung an die Tätigkeit des Anwalts stärkere Anforderungen stellt, als das in Altpreußen geltende Prozeßrecht. Sie wird auch im Interesse der Rechtsuchenden nicht zu beanstanden sein, weil Beschwerden über die Höhe der Anwaltsgebühren im Geltungsgebiete des preußischen Bauschgebührensystems gerade am wenigsten laut geworden sind.

Es ist daher bei Bemessung der Sätze des Entwurfs davon ausgegangen, daß die Anwaltsgebühren im großen und ganzen nicht erheblich höher sein sollen, als sie es nach dem preußischen Gesetze und Tarife vom 12. Mai 51 und dem Gesetze vom 1. Mai 75 zur Zeit sind. Dadurch ist selbstredend nicht ausgeschlossen, daß sie in einigen Klassen und für gewisse Arten der Erledigung des Prozesses höher, für andere niedriger zu stehen kommen. Nur die Beschränkung der Gebühren auf einen Höchstbetrag, wie z. B. ein solcher in Preußen früher in Höhe von 100 Talern, jetzt 375 M. besteht, ist aufgegeben, weil eine jede derartige Schranke willkürlich erscheint und die wenigen dabei in Betracht kommenden Sachen eine besondere Berücksichtigung nicht erheischen.

Aus einer vergleichenden Zusammenstellung der Gebührensätze des Entwurfs mit denen des preußischen Tarifs vom 12. Mai 51 bzw. 1. Mai 75 lassen sich hiernach auf die künftige Gesamteinnahme des preußischen Anwaltstandes folgende Schlüsse ziehen. Es steht eine Verringerung der Einnahmen gegen den bestehenden Zustand zu erwarten:

1. durch die Ausdehnung des Mahnverfahrens auf Ansprüche von mehr als 150 M.; hier bietet die im Entwurfe vorgeschlagene Sonderung des Mahnverfahrens von dem folgenden Rechtsstreite, welche der

preußische Tarif nicht kennt, zwar einigen aber nicht ausreichenden Ersatz;

2. durch die Erniedrigung der Gebühren im Wechselprozesse; hier sind die bestehenden preußischen Gebühren im Verhältnisse zur Arbeitsleistung auffallend hoch bemessen.

Dagegen wird eine Erhöhung des Einkommens der Rechtsanwälte in Aussicht zu nehmen sein:

1. im ordentlichen Zivilprozeßverfahren, weil die Sätze des Entwurfs regelmäßig über die preußischen hinausgehen, sowie infolge der Einführung des Anwaltszwanges;
2. in Strafsachen vermöge der Verpflichtung des Staates, die Gebühren der bestellten Verteidiger zu zahlen;
3. in Konkursen mit hoher Dividende, weil bei dieser sich die Tarifsätze des Entwurfs günstiger gestalten als die preußischen.

Andere Momente geringeren Belanges mögen sich vielleicht gegenseitig ausgleichen.

Als Endergebnis wird gegenüber den preußischen Verhältnissen eine wenn auch nicht bedeutende Erhöhung der gegenwärtigen Einnahme des Gesamtanwaltstandes, also bei sich gleichbleibender Zahl der Anwälte eine Vermehrung der Durchschnittseinnahme erstrebt. Ob dieses angestrebte Ziel erreicht ist, darüber wird sich erst an der Hand der Erfahrung ein Urteil fällen lassen.

2. Der § 9 ist vom Reichstage unverändert nach dem Entwurfe angenommen worden, — wiewohl erst nach langen und ausführlichen Debatten, welche indessen für die Auslegung des Gesetzes ohne wesentliche Bedeutung sind. Die Reichstagskommission hatte ein höheres Tarifsystem in Vorschlag gebracht, nämlich von der dritten Stufe ab 5, 8, 12, 17, 22, 27, 32 M. und dann weiter um je 4 M. steigend. Dieser Vorschlag ist indessen nicht durchgedrungen; der Reichstag lehnte denselben ab und beließ es bei dem Experimente des Entwurfs. —

II. Bedeutung des § 9. Der § 9 gibt nur die Gebührensätze als 2
Grundgebühren; welche Quote oder das Wievielfache der Grundgebühr im Einzelfalle zu berechnen ist, bestimmt sich nach den §§ 13ff.

Bemerkenswert ist hierbei, daß das Gesetz eine *Beschränkung der Gebühren auf einen Höchstbetrag nicht kennt*. Dagegen ist ein *Mindestbetrag* in § 8 bestimmt.

III. Wert des Streitgegenstandes. § 9 Abs. 1 dieses Gesetzes stimmt 3
mit § 8 Abs. 1 des Gerichtskostengesetzes wörtlich überein. In bürgerlichen Rechtsstreitigkeiten ist der *Wert des Streitgegenstandes* für die Berechnung und Erhebung sowohl der Gerichtskosten als auch der Anwaltsgebühren gleichmäßig ausschlaggebend und bestimmend.

Es ist daher hier in erster Reihe zu erörtern, was die GO. sowie das GKG. unter dem „Wert des Streitgegenstandes" verstehen; erst nach Feststellung dieser Begriffe werden (bei § 10) die Grundsätze für die Berechnung des Werts verständlich werden.

A. Der Streitgegenstand.

1. *Begriff.* Die richtige Beantwortung der Frage, was unter „*Streit-* 4
gegenstand" zu verstehen ist, wird oft Schwierigkeiten bereiten. Eine Definition des Begriffes „Streitgegenstand" ist in der ZPO. nicht enthalten. Auch die Kostengesetze haben sich auf einen solchen, jedenfalls nicht ungefährlichen Versuch nicht eingelassen und es ebensowenig für ratsam erachtet, durch Einzelentscheidungen dem Richter bestimmte Direktiven zu geben. Feste Grundsätze lassen sich bei der

großen Mannigfaltigkeit der einschlagenden Verhältnisse überdies schwer aufstellen, und gegen etwaige Fehlgriffe, die doch auf keinem Wege ganz ausgeschlossen werden können, sind ausreichende Mittel der Remedur gegeben.

Aus der Zivilprozeßordnung läßt sich nur soviel entnehmen, daß die Ausdrücke „Gegenstand der Klage" (§§ 5, 27, 253, 268 Ziff. 3), „Gegenstand des Streits" (§ 6) oder „des Rechtsstreits" (§ 60) oder „der Rechtsstreitigkeit" (§ 606 und „Gegenstand des Prozesses" (§§ 147, 205, 277, 348) im großen und ganzen gleichbedeutend gebraucht sind. Schon hieraus dürfte mit Grund zu folgern sein, daß auch das Gerichtskostengesetz und die Anwaltsgebührenordnung, wenngleich dieselben regelmäßig vom „Streitgegenstand" sprechen, doch auf das aus dem Wortsinne sich ergebende Unterscheidungsmerkmal des „Streitigseins" dabei keinen besonderen Nachdruck gelegt, sondern unter „Streitgegenstand" im wesentlichen ebenfalls „den Klagegegenstand" überhaupt oder schlechthin verstanden wissen wollen. Es erhellt dies ferner aus dem Umstande, daß sowohl in der ZPO. als auch im Gerichtskostengesetze der Ausdruck „Streitgegenstand" häufig schon für das Anfangsstadium des Verfahrens in Anwendung gebracht wird, wo sich noch gar nicht übersehen läßt, ob bzw. inwieweit der Streitgegenstand streitig ist (vgl. ZPO. § 3, § 253 Abs. 3, sowie GKG. § 14, § 46 Abs. 3, § 81 Abs 2). Erwägt man außerdem, daß nach der ZPO. und nach den Kostengesetzen zu den „bürgerlichen Rechtsstreitigkeiten" auch solche Verfahrensarten zu rechnen sind, welche an sich als „streitige" zumeist nicht zu erachten sein werden, wie das Mahnverfahren, das Sühneverfahren, das Aufgebotsverfahren, das Beweissicherungsverfahren (§§ 22, 30 GO.), und daß trotzdem auch in diesen Sachen ein der Wertberechnung zugrunde zu legender „Streitgegenstand" gemäß § 9 Abs. 1 der GO. wie gemäß § 8 Abs. 1 des GKG. angenommen werden muß, so kann es füglich keinem Bedenken unterliegen, daß im Sinne der Vorschriften über die Wertberechnung der Ausdruck „Streitgegenstand" in der Regel als identisch mit „Klagegegenstand" aufzufassen ist.

5 Gegenstand der Klage und somit Streitgegenstand ist das subjektive Recht, soweit durch die Klage die Feststellung bzw. Verwirklichung desselben beantragt wird, also der Anspruch, nicht der mit der Klage in Anspruch genommene Gegenstand.[1]) Durch den Antrag wird das in Anspruch genommene Recht und damit der Streitgegenstand begrenzt. Streitgegenstand ist sonach das vom Kläger geltend gemachte Recht in der durch den Klageantrag gegebenen Begrenzung. Aus dieser Begriffsbestimmung ergeben sich folgende Sätze:

6 a) Unerheblich ist, ob zwischen den Parteien ein eigentlicher Streit besteht oder nicht; unerheblich ist deshalb auch die spätere Einlassung des Beklagten, möge diese nun in einer Verteidigung gegen den Klageanspruch oder in einer Anerkennung desselben bestehen,[2]) überhaupt ist ohne Bedeutung, in welcher Art der Beklagte sich gegen die Klage verteidigt, insbesondere, ob er durch Zugeständnisse den Umfang des Streitstoffs mehr oder weniger verringert.[3]) Daher ist auch der Streitgegenstand und sein Wert lediglich nach dem Klageantrage zu bemessen, wenn der Beklagte nur die Fälligkeit oder die vom Kläger verlangte Art der Erfüllung bestreitet,[4]) ferner selbst dann, wenn

---

[1]) Vgl. Gaupp-Stein § 2 II; Wach I S. 368ff.

[2]) Vgl. RG. 3, 392 und 420; JW. 86 S. 71, 1; 92 S. 361, 1; 93 S. 73, 1; 94 S. 420, 2; 97 S. 190, 15; 98 S. 68, 2 und S. 348, 2; 00 S. 47, 2; OLG. 2, 430.

[3]) RG. JW 90 S. 255 und SeuffArch. 46, 92; JW. 91 S. 411; 93 S. 73 und 466; 96 S. 170; 00 S. 47, 2 und 827, 2. Gruchot 44, 1146; KG. XII in OLG. 2, 431.

[4]) OLG. Stuttgart 15. April 01 in OLG. 2, 430.

der Beklagte nur prozeßhindernde Einreden erhebt. Diese Einreden sollen dem Beklagten die Möglichkeit gewähren, die Einlassung auf die Klage so lange zu verweigern, bis über sie entschieden ist; sie sind also Verteidigungsmittel gegen die Klage selbst, woraus folgt, daß z. B. in einem Zwischenstreit über die Verpflichtung zur Stellung einer Sicherheit der Streitwert dem Werte des Streitgegenstandes für die Klage entspricht.[5]) Dies ist besonders für die Rechtsmittelinstanzen von Bedeutung, wenn lediglich gegen ein Zwischenurteil über eine prozeßhindernde Einrede ein Rechtsmittel eingelegt ist.

b) Ohne Bedeutung für den Umfang des Streitgegenstandes ist ferner, ob für die verlangte Leistung eine Gegenleistung zu machen ist, selbst wenn der Kläger unter Erbieten zur Gegenleistung klagt. Wenn aus einem wechselseitigen Rechtsgeschäft auf Erfüllung Zug um Zug gegen die schuldige Gegenleistung geklagt wird, z. B. auf Zahlung des Kaufpreises gegen Auflassung des verkauften Grundstücks, so wird der Wert des Streitgegenstandes lediglich durch den Wert der geforderten Leistung bestimmt; eine Zusammenrechnung des Werts der geforderten Leistung mit dem Wert der gebotenen Gegenleistung findet ebensowenig statt, wie etwa eine Aufrechnung der beiden Werte gegeneinander. Nicht das wirtschaftliche Interesse des Antragstellers an der Durchsetzung der Klageforderung bestimmt den Streitgegenstand und dessen Wert, sondern der klagend geltendgemachte Anspruch selbst; dieser aber ist auf die Leistung gerichtet, und deshalb bestimmt nur die Leistung ohne Abzug der für dieselbe aufzuwendenden Gegenleistung den Wert des Streitgegenstandes.[6]) Die Gegenleistung kommt, mag sie bestritten oder unbestritten sein, niemals in Abzug, auch nicht wenn es sich um die Aufhebung eines vollzogenen Vertrages z. B. um die Wandlung handelt; auch hier entscheidet lediglich die Leistung, die der Beklagte machen soll, nicht etwa die Leistung, zu welcher sich Kläger, z. B. der auf Auflösung klagende Käufer erbietet.[7]) 7

c) Da als Streitgegenstand das vom Kläger geltend gemachte Recht anzusehen ist, so kann es an sich keinen Unterschied machen, ob Leistung oder nur Feststellung beansprucht wird.[8]) Allerdings kann, da das Recht nur in seiner Begrenzung durch den Klageantrag in Betracht kommt, der gestellte Antrag einen weniger umfangreichen Streitgegenstand als bei der Leistungsklage bedingen. Deshalb ist der Entscheidung des Reichsgerichts II. ZS. vom 1. März 98[9]) zuzustimmen, daß bei dem Feststellungsanspruch nicht grundsätzlich und in allen Fällen der Wert des Streitgegenstandes sich mit demjenigen Vermögenswert deckt, welcher bei einer Leistungsklage in Betracht käme; unrichtig und der bisherigen ständigen Praxis widersprechend erscheint es indessen, wenn das Reichsgericht meint, es könne in solchen Fällen je nach der Lage der Sache lediglich das Feststellungsinteresse als Wertgegenstand in Frage kommen. Sonach ist in Fällen, wo nicht eine bestimmte Summe als der Betrag des festzustellenden Anspruchs angegeben ist, der Wert des Anspruchs nach freiem Ermessen festzusetzen.[10]) 8

Der Umfang und die Bedeutung des Klageantrages wird sich oft nicht aus

---

[5]) Vgl. RG. in DJZ. 86 S. 188; 40, RG. 416; JW. 98 S. 141, 10. und S. 657, 1.

[6]) RG. 5, 408; 12, 155; 46, 422; JW. 81 S. 155; 86 S. 38, 3; S. 71, 1; S. 313, 2; 93 S. 467, 5; 94 S. 180, 7; 95 S. 597, 1; 97 S. 190, 15; S. 267, 1; S. 400, 1; 99 S. 71, 1; 00 S. 520, 3; S. 747, 3 und S. 827, 3.

[7]) Gaupp-Stein § 2 II; RG. JW. 91 S. 411, 2; vgl. jedoch auch RG. JW. 93 S. 382 und 00 S. 747, 3. (Interesse).

[8]) RG. JW. 85 S. 193, 2; 86 S. 313, 2; 91 S. 305, 2; 92 S. 11, 1; Bolze Bd. 1 Nr. 334; Gruchot 29, 1047 und 46, 1043. Vgl. hierzu insbesondere RG. 57, 411.

[9]) JW. 98, S. 197, 1; vgl. auch Gaupp-Stein § 3 N. 18; Petersen-Anger § 3 N. 7; Meyer-Irmler zu § 10 N. 3i.

[10]) Z. B. beim Antrage anzuerkennen, daß die Entlassung des Klägers zu Unrecht

seinem Wortlaute allein mit voller Klarheit ergeben; dann wird zur Auslegung desselben die Klagebegründung herangezogen werden müssen.[11]) Insbesondere wird bei der negativen Feststellungsklage der wirkliche Inhalt des Klageantrages erst aus dem Verhalten oder den Erklärungen des Beklagten erkennbar sein. Wird z. B. auf Feststellung geklagt, daß dem Beklagten gegen den Kläger keinerlei Forderung zustehe, so wird der Anspruch, dessen sich der Beklagte berühmt hat, den Streitgegenstand bilden.[12])

9 d) Den Streitgegenstand bildet das Recht in seiner Begrenzung durch den Klageantrag; letzterer ist daher von maßgebender Bedeutung. Um seinen Inhalt und Umfang zu erkennen, wird mitunter die Klagebegründung herangezogen werden müssen (vgl. ad c); ausgeschlossen ist auch nicht die Richtigstellung eines falschen Wortlauts des Antrages. So wird z. B. bei einer Klage des Expropriaten, der mit der im Enteignungsverfahren festgesetzten Entschädigungssumme nicht zufrieden ist, nur der verlangte Mehrbetrag, nicht der ganze etwa im Antrage verlangte Entschädigungsbetrag den Gegenstand des Antrages bilden.[13]) Im übrigen ist folgendes hervorzuheben:

10 α) Nur im Umfange des Klageantrages ist der geltendgemachte Anspruch Streitgegenstand. Daher kommt nicht in Betracht der bei Anstellung der Klage leitend gewesene subjektive Beweggrund, ebensowenig das subjektive vermögensrechtliche Interesse, d. h. die wirtschaftliche Bedeutung, welche die Bejahung oder Verneinung des Klageanspruchs, die Befriedigung oder Nichtbefriedigung des Klägers für sein Vermögen hat.[14]) Wenn daher Kläger cum compensatione klagt, indem er selbst von dem eingeklagten Anspruch die Gegenforderung des Beklagten in Abrechnung bringt, so bildet nur der in der Klage verlangte Rest den Streitgegenstand.[15]) Ebenso bildet bei Einklagung eines Teilbetrages nur der letztere den Streitgegenstand, wenn auch in den Gründen über eine umfassendere Berechtigung entschieden werden muß.[16]) Die Möglichkeit einer Klageerweiterung bleibt dabei außer Betracht, solange nicht der Klageantrag geändert ist.[17])

Weil der Streitwert bestimmt wird durch das im Klageantrage gestellte Verlangen, erleidet der Streitgegenstand auch keine Änderung dadurch, daß die Parteien in den Prozeßvergleich außer dem Klageobjekt noch andere

---

erfolgt und Beklagter daher verpflichtet sei, den Kläger zu entschädigen: RG. bei Gruchot 46, 146. Vgl. auch RG. 40, 407; JW. 94 S. 572; 98 S. 197; 99 S. 27, 87, 276, 482; 00 S. 179; 01 S. 57; 02 S. 253, 17; Gruchot 46, 1042; OLG. Dresden im Recht 01 S. 124.

[11]) RG. JW. 98 S. 2, 1.

[12]) RG. 12, 361; JW. 83 S. 194, 2; 85 S. 121, 2; 86 S. 38, 3 u. S. 293, 1; 87 S. 415, 1; 89 S. 401, 1; 95 S. 197, 1; Gruchot 46, 1042. Vgl. auch RG. JW. 06, 755.

[13]) RG. 4, 388. Vgl. jedoch Kammergericht 20. 3. 01 in OLG. 2, 431.

[14]) S. RG. I. 6. Juli 81 (Entsch. B. 5, Nr. 119 S. 408, Fenner-Mecke 2, 421, sowie JW. 81 S. 155 und 82 S. 138), RG. 7. 4. 83 (Entsch. 12, 154), RG. I. 23. Dezember 85 (JW. 86 S. 38. 3), RG. II. 21. September 86 (JW. S. 313, 2), RG. 29. Januar 87 (Entsch. 17, 376), RG. 3. November 88 (Bolze Bd. 7 Nr. 861), RG. V. 23 November 89 (JW. S. 499, 1, Bbl. 90 S. 64, Gruchot 34, 1136), RG. IV. 25. November 89 (JW. S. 514, 1, Bbl. 90, S. 35), RG. I. 4. Oktober 90 (JW. 369, 1), RG. V. 9. Mai 91 (JW. 329, 1). GR. V. 2. Juli 92 (JW. 361, 1), RG. V. 27. September 93 (JW. 467, 5), RG. II. 13. März 94 (JW. 180, 7), RG. V. 23. November 95 (JW. 96 S. 2, 3), RG. I. 28. März 96 (JW. 248, 12), RG. VI. 23. Dezember 97 (JW. 98 S. 109, 3.), GR. VII. 1. 6. Juni 00 (JW. 520, 3) und Ehrengerichtshof 12. Januar 93. (JW. S. 195).

[15]) Gaupp-Stein § 2 II; Eccius bei Gruchot 30, 467 und RG. JW. 87 S. 37. A. M. Wach I S. 374; Kohler im ZivArch. 70, 224 N. 16 und ZZP. 20, 20; Muskat in ZZP. 12, 342.

[16]) RG. JW. 91 S. 411, 3.

[17]) RG. JW. 96 S. 248, 12; 98 S. 109, 3.

Gegenstände hineinziehen; bei der Festsetzung des Streitwerts kommen letztere daher nicht in Betracht.[18])

β) Den entwickelten Grundsätzen entspricht es, daß, soweit nach dem Klage- 11
antrage nur eine sachlich beschränkte Haftung in Anspruch genommen wird, auch der Streitgegenstand eine entsprechende Einschränkung erfährt; denn hier bildet die Beschränkung eine Qualifikation des Anspruchs selbst.[19]) Dies kommt namentlich in Betracht bei der Klage gegen den Erben unter Vorbehalt der beschränkten Haftung[20]) oder den Reeder, wo der geringere Wert des Befriedigungsobjekts (Nachlaß, Schiff) den Streitwert bestimmt.

γ) Bei Anträgen, welche alternative Ansprüche (§ 262 BGB.) zum 12
Gegenstand haben, kann nur ein Anspruch maßgebend sein, und zwar, sofern dem Beklagten die Wahl gelassen ist, der minderwertige, dagegen der höherwertige dann, wenn der Kläger sich selbst noch die Wahl vorbehält.[21]) Ein alternativer Anspruch liegt indessen nicht vor, wenn der Verpflichtete nur die Befugnis hat, sich durch eine andere als die allein geschuldete Leistung zu befreien, wie sie das BGB. in §§ 528. 2329 dem Beschenkten, in §§ 1973, 1992 dem Erben gewährt.[22])

δ) Wird in den Fällen, wo das Gericht den Umfang und Inhalt einer 13
Leistung durch Urteil nach eigenem Ermessen zu bestimmen hat, wie z. B. nach BGB. §§ 315, 319, 343, 655, 2048, 2156, 2192, ein bestimmter Betrag unter Vorbehalt der richterlichen Herabsetzung verlangt, so bildet der Anspruch in Höhe des verlangten Betrages den Streitgegenstand.[23])

ε) Ist neben einem prinzipalen Antrage für den Fall der Abweisung 14
oder Undurchführbarkeit desselben zugleich ein eventueller Antrag gestellt z. B. neben dem Anspruche auf Erfüllung einer Verpflichtung für den Fall der Nichterfüllung ein bestimmtes Interesse gefordert, so ist stets der den höheren Anspruch betreffende Antrag maßgebend; es liegt dann ein Doppelantrag vor, von dessen Beträgen der Kläger schon jetzt den mehrwertigen für einen von der Gerichtsentscheidung abhängigen Fall verlangt.[24])

e) Wie in erster Instanz der Streitgegenstand bestimmt wird durch den 15
Antrag der Klage (bzw. Widerklage), so bestimmt in den höheren Instanzen den Streitgegenstand der Antrag des Rechtsmittelklägers; zum Streitgegenstand wird hier der Beschwerdegegenstand.[25]) Ist ein Rechtsmittelantrag

---

[18]) Vgl. Celle 19. Januar 01, Kammergericht 19. 9. 00 und 6. 2. 01 in OLG. 2, 427; RG. JW. 96 S, 75, 37 und 01 S. 514, 2. Für die Anwaltsgebühren vgl. jedoch auch die Erl. zu § 1 N. 71 und OLG. Posen in Pos. Mschr. 01 S. 145.

[19]) Gaupp-Stein § 3 IV Abs. 3. RG. 25. 1. 87 in Bbl S. 69 und Bolze Bd. 4 Nr. 1070.

[20]) Das Reichsgericht hat jetzt (54, 411) diese Ansicht verlassen, und für den Streitwert als bedeutungslos erklärt, daß die Klage auf Zahlung aus den Mitteln und nach dem Bestande des Nachlasses gerichtet ist; weil die Vorschrift des § 781 ZPO. zur entsprechenden Anwendung komme und daher der ziffermäßige Betrag der dem Beklagten im Urteile (nach § 780) allgemein vorbehaltenen Beschränkung bis zur Erhebung von Einwendungen in der Zwangsvollstreckungsinstanz nicht zu beachten sei. Siehe dagegen Sächs. OLG. 24, 450.

Dagegen wird bei Klage auf Duldung der Zwangsvollstreckung in ein Grundstück nur der Grundstückswert, soweit er noch frei ist, also abzüglich der Hypotheken, für maßgebend erklärt. RG. JW. 03 S. 180, 26.

[21]) RG. 55, 81; JW. 90 S. 24, 1; 97 S. 145, 1; 99 S. 71, 1; 02 S. 130, 29. KGBl. 91 S. 90.

[22]) Vgl. Gaupp-Stein § 2 II; RG. Bolze Bd. 3 Nr. 305. Entsch. 20, 199.

[23]) Gaupp-Stein § 2 II.

[24]) Wach I S. 382. RG. in SeuffArch. 42, 467 u. 43, 223; JW. 86 S. 38, 3; 91 S. 305, 2; S. 465, 2; 95 S. 4, 2; 97 S. 190, 15; 00 S. 10, 1; 01 S. 717, 2; Gruch. 45, 647; KGBl. 03 S. 66.

[25]) § 546 ZPO. RG. 33 427; 47, 423. JW. 94 S. 542, 1; 95 S. 181, 2 u. S. 537, 1;

noch nicht gestellt, so bildet den Streitgegenstand bzw. Beschwerdegegenstand der ganze in der angefochtenen Entscheidung zuerkannte bzw. aberkannte Anspruch, soweit in der unteren Instanz gegen den Antrag des Rechtsmittelklägers erkannt ist.[26][27])

Ebenso wie in erster Instanz die Möglichkeit einer Klageerweiterung nicht in Betracht kommt, so ist in der höheren Instanz die Möglichkeit einer Erweiterung des Rechtsmittelantrages ohne Bedeutung, wenn nicht der Antrag geändert ist.

Wird gegen ein nur über den Grund des Anspruchs ergehendes Zwischenurteil (§ 304 ZPO.) Berufung eingelegt, so bemißt sich der Streitgegenstand für die Berufungsinstanz nach dem geforderten Betrage des Anspruchs, ohne Rücksicht darauf, inwieweit derselbe später zuerkannt werden wird.[28])

Der Beschwerdegegenstand kann wohl einen kleineren, niemals aber einen größeren Umfang haben oder ein anderer Gegenstand sein, als der — ursprüngliche oder im Laufe des Prozesses gewachsene — Streitgegenstand; darum kann auch sein Wert niemals höher sein als der des Streitgegenstandes.[29])

2. Änderung im Laufe des Prozesses. Der „Streitgegenstand"
16 braucht indessen nicht für den ganzen Rechtsstreit allenthalben der nämliche zu sein. Er kann für den einen Akt desselben Prozesses ein anderer sein, als für den anderen. So kann sich beispielsweise das Beweisaufnahmeverfahren nur auf einen Teil des Klageobjekts beschränken, während die Verhandlung das letztere in seinem vollen Umfange zum Gegenstande hat. Man wird hiernach die Höhe des Streitgegenstandes von Prozeßabschnitt zu Prozeßabschnitt zu prüfen haben und daran festhalten müssen, daß, insoweit ein Sachverhältnis im Verlaufe des Rechtsstreites Gegenstand eines prozessualischen Aktes ist, es im Verhältnisse zu dem letzteren als Streitgegenstand erscheint. Was hiernach als Gegenstand der Verhandlung, Beweisaufnahme bzw. Entscheidung anzusehen sei, das ist eine Frage des einzelnen Falles, welche nur durch eine Prüfung des konkreten Streitmaterials gelöst werden kann. Vgl. § 10.[30])

Dieser für die Gebührenberechnung sehr erhebliche Umstand ist auch schon bei der Beratung des Gerichtskostengesetzes in der Reichstagskommission zur Sprache gebracht worden und Gegenstand der Erörterung gewesen. Seitens eines Kommissionsmitgliedes wurde bei dieser Gelegenheit (zu § 15 GKG.) ohne Widerspruch innerhalb der Kommission folgendes ausgeführt:

„Die Festsetzung des Wertes als Grundlage für die Zuständigkeit des Prozeßgerichts wird (abgesehen von dem Falle der festzustellenden Revisionssumme) nur vorkommen für die Abgrenzung der landgerichtlichen und amtsgerichtlichen Zuständigkeit. Diese Zuständigkeit wird — abgesehen von dem Falle des § 467 ZPO. — nach dem aus der Formulierung der Klagebitte sich ergebenden Klagegegenstande zu bemessen sein; und soweit

---

96 S. 1, 1; S. 74, 26; 97 S. 57, 27 u. S. 287, 9; 00 S. 47, 2. DJZ. 01 S. 259. Vgl. jedoch auch Hergenhahn in ZZP. 18, 267. Wegen Nichteinrechnung der Kosten früherer Instanzen vgl. RG. 39, 386.

[26]) Vgl. RG. 17, 374; 25, 380; JW. 96 S. 302, 18; 97 S. 185, 1; 98 S. 144, 15; 00 S. 149, 1. OLG. (Hamburg) 7, 225.

[27]) Vgl. jedoch RG. JW. 00 S. 149, 1, wonach die einfache Erklärung, daß die Berufung nur wegen Zinsen und Kosten habe eingelegt werden sollen, bei Bemessung des Streitwerts zu berücksichtigen ist.

[28]) RG. JW. 96 S. 596, 2; 98 S. 385, 1. Vgl. dagegen JW. 94 S. 98.

[29]) RG. 47, 422. RG. 12. Januar 01 DJZ. 01 S. 259. RG. JW. 02 S. 269, 2; S. 362, 16; S. 391, 4. Denkbar ist jedoch die Erhöhung durch Erweiterung des Klageantrags in zweiter Instanz. Vgl. Wach I S. 377 N. 27; Schwalbach bei Gruchot 26, 174 ff. Vgl. ferner die Komplikation, wenn die Nebenforderung selbstständig wird. (§ 10 N. 58).

[30]) LG. Leipzig 10. Dezember 79 (Wallmann Bd. IV 80 S. 568).

nun dieser Klagegegenstand auch wirklich Streitgegenstand ist, läßt sich gewiß nichts dagegen erinnern, daß der Ausspruch über den Wert des für die Zuständigkeit maßgebenden Klagegegenstandes auch für die Berechnung der Gebühren entscheide (§ 15 GKG.). Es kommt aber nicht selten vor, daß der nach der Formulierung der Klagebitte sich ergebende Klagegegenstand durchaus nicht wirklicher Streitgegenstand ist. Für den Fall, daß sich durch die Verhandlung der Streitgegenstand im Vergleiche zum Klagegegenstande erhöht, wird — auch wenn die Parteien nicht von der Befugnis des § 467 ZPO. Gebrauch machen sollten — ohne Zweifel es berechtigt sein, die dem höheren Streitgegenstande entsprechenden höheren Gebühren zu erheben. In gleicher Weise muß aber auch, wenn durch die Verhandlung sich ergibt, daß der Streitgegenstand im Vergleiche zum Klagegegenstande geringer geworden ist, die Gebühr sich entsprechend verringern, jedenfalls die Verhandlungsgebühr; denn diese soll nach § 19 nur erhoben werden, „soweit in der Verhandlung von den Parteien einander widersprechende Anträge gestellt werden". Widersprechende Anträge liegen aber stets nur vor im Umfange des wirklichen Streites der Parteien. Ebenso wird es sich mit der Beweisgebühr verhalten. Nur das kann etwa in Frage kommen, ob nicht, insofern der an sich unbestrittene Teil des Klagegegenstandes nach dem Antrage des Klägers formell mit in die Verurteilung eingeschlossen wird, auch für diesen Teil des Urteils die Entscheidungsgebühr zu erheben sei, in gleichem Maße, wie dieselbe auch für Entscheidungen, welche auf Anerkenntnis ergehen, zur Erhebung kommen soll."

Dazu sind als sacherläuternde Beispiele aufgestellt worden:

a) Es wird eine Forderung von 1000 M. eingeklagt, aber nur ein Betrag derselben von 100 M. bestritten oder bloß eine Kompensationseinrede von 100 M. entgegengesetzt. Hiernach ist Klagegegenstand 1000 M., wirklicher Streitgegenstand nur 100 M.

b) Der Klageantrag ist darauf gerichtet, den Beklagten zu verurteilen, 100 Last Weizen frei in Königsberg zu liefern. Bei der Verhandlung stellt aber der Beklagte seine Verpflichtung den Weizen zu liefern, gar nicht in Abrede, sondern wendet lediglich ein, er brauche nicht in Königsberg, sondern nur in Pillau zu liefern. Hier muß eine ähnliche Herabminderung des Streitgegenstandes eintreten; denn das Streitinteresse besteht hier offenbar nur in der Differenz des Lieferungsortes.

c) Weil der Beklagte einen auf des Klägers Grundstücke stehenden Baum gefällt hat, klagt letzterer mit dem Antrage, ihn im Besitze seines Grundstückes zu schützen. Bei der Verhandlung stellt sich aber heraus, daß der Beklagte den Besitz des Klägers im allgemeinen nicht im mindesten bestreitet, sondern nur einen kleinen Grenzstreifen, auf welchem der abgehackte Baum gestanden hat, als zu seinem angrenzenden Grundstücke gehörig in Anspruch nimmt. Hier ist wirklicher Streitgegenstand nichts weiter als der bestrittene Grenzstreifen.

d) Es klagt jemand auf Teilung eines ihm und dem Beklagten gemeinschaftlichen Grundstückes. Die Verhandlung ergibt, daß sich der Streit darum dreht, ob eine frühere Teilung in der Benutzung als eine bleibende auch bezüglich des Eigentumes anzusehen sei. Hier liegt das wirkliche Streitinteresse nur in der halben Differenz des Wertes der beiderseits besessenen Anteile.

Der Regierungskommissar erklärte sich im allgemeinen mit der entwickelten Anschauung einverstanden. Er bezeichnete es namentlich als Absicht des Gesetzes, daß von der Verhandlungsgebühr regelrecht nur derjenige Teil des Anspruchs betroffen werden solle, rücksichtlich dessen ein wirklicher Streit zwischen den Parteien bestehe. Damit sei, da die Beweisgebühr sich nach dem Gegenstande der Beweisanordnung richte, auch für die Erhebung der Beweisgebühr eine Grenze nach oben hin gezogen. Anlangend jedoch die Entscheidungsgebühr, so werde dieselbe auch dann erhoben werden können, wenn im Verfahren sich eine Differenz zwischen den Parteien nicht herausstellen sollte, wie z. B. im Falle der agnitoria. In den meisten Fällen würden für die Berechnung der Entscheidungsgebühr wohl Streitgegenstand und Klagegegenstand sich decken. So in den beiden ersten der gewählten Beispiele (a und b), falls die Entscheidung über den ganzen Anspruch ergehe. Wie sehr aber die Frage, was als Gegenstand der Entscheidung zu gelten habe, eine quaestio facti sei, ergebe sich klar, wenn man das zweite Beispiel ein wenig verschiebe, etwa dahin, daß schon die Klage als einzigen Punkt, über welchen richterliche Entscheidung nachgesucht werde, die Differenz rücksichtlich des Lieferungsortes hinstelle. Unter dieser Voraussetzung werde nicht bloß für die Verhandlungsgebühr und die Beweisgebühr, sondern auch für die Entscheidungsgebühr das Interesse an dem einen oder anderen Lieferungsorte maßgebend sein. Ähnlich würde in den übrigen Beispielen nach Lage des Falles, und zwar nach dem Gesamtinhalte der Erklärung — nicht bloß nach dem Wortlaute der Entscheidung oder des etwa in derselben wiedergegebenen Klageantrages — zu prüfen sein, was als Gegenstand der Entscheidung anzusehen sei.

Im übrigen vgl. über den die Gebührenberechnung wesentlich beeinflussenden Umstand einer später eintretenden Veränderung des Streitgegenstandes die Erörterungen zu § 10, insbesondere Note 26 u. 75ff.

B. Der Wert des Streitgegenstandes.

17 1. Da Streitgegenstand der vom Kläger erhobene Anspruch ist, so bildet der Wert dieses Anspruchs den Wert des Streitgegenstandes. Dieser Wert bemißt sich folglich nach dem, was der Kläger haben oder erreichen will, darum ist nicht maßgebend, welches Interesse der Beklagte daran hat, den Anspruch des Klägers nicht zu befriedigen.[31])

In den Rechtsmittelinstanzen bestimmt den Antrag des Rechtsmittelklägers den Beschwerdegegenstand (N. 15). Hier ist demnach maßgebend der Wert, den der Streitgegenstand für den Rechtsmittelkläger hat, mag dies auch der Beklagte sein; doch kann der Wert niemals höher sein, wie der des Streitgegenstandes der ersten Instanz. (Vgl. N. 15.)

18 2. Als Wert des Streitgegenstandes ist in der Regel der nach allgemeinen Grundsätzen abzuschätzende wirtschaftliche Wert[32]) d. h. der gemeine Verkehrswert entscheidend (Nordd. Prot. I, 80); vgl. BGB. §§ 237, 501, 738. Nicht entscheidend ist der Preis, den jemand in Zwangslage wegen besonderer Verhältnisse vielleicht bieten muß.[32a])

Nur ausnahmsweise kann auch ein anderer höherer Wert zur Berücksichtigung kommen. Die Motive zur ZPO. (S. 49 und Mater. II, 147) erwähnen zwei Fälle dieser Art:

a) wenn nach dem Inhalte der Klage der sog. Affektionswert, d. i. der Wert der besonderen Vorliebe (im Sinne des Preuß. ALR. I 2 §§ 115, 118, I, 6 §§ 87, 96, 97, I 11 § 880), ausdrücklich beansprucht wird; die Besonderheit dieses Falles zerfällt indessen, wenn man erwägt, daß das Affektionsinteresse der Möglichkeit einer objektiven Meßbarkeit entbehrt und daher in der

---

[31]) Gaupp-Stein § 3 IV Abs. 2; Wach I S. 376ff. RG. 47, 423; JW. 97 S. 399, 11.
[32]) RG. 19, 418.
[32a]) RG. 4. 10. 02 im Recht 03 N. 219.

Praxis hier stets lediglich der vom Kläger in einer bestimmten Geldsumme auszudrückende Wertbetrag für maßgeblich zu erachten sein wird;[33])

b) wenn der Streitgegenstand bei besonderen sachlichen Verhältnissen für „eine der beiden Parteien" einen höheren als den gemeinen Wert hat. Damit ist der sog. außerordentliche Wert gemeint, welcher im wesentlichen identisch ist mit dem Interesse. Die Bemerkung der Motive geht jedoch zu weit, wenn sie beide Parteien, also auch den Beklagten, hierbei ins Auge faßt; denn da für die Wertberechnung der Zeitpunkt der Klageerhebung entscheidend ist (§ 4 ZPO., s. auch „mehrere Ansprüche" in § 5 ZPO.), so kann nur derjenige besondere Wert in Betracht kommen, welchen der Streitgegenstand wegen außergewöhnlicher Verhältnisse für den Kläger hat, gleichwie auch dann, wenn später an die Stelle des besonderen Wertgegenstandes nach § 268 Ziff. 3 ZPO. der Anspruch auf das Interesse tritt, nur das Interesse des Klägers entscheidet.[34]) (Vgl. zu N. 17.)

3. Aus der Rechtsprechung sind folgende Entscheidungen über die Auffassung des Wertbegriffes bemerkenswert: 19

a) Der Wert einer Sache bestimmt sich, mag man an den Gebrauchs- und Nutzungswert oder an den Tauschwert denken, nach der Beschaffenheit der Sache selbst und nach den Umständen, von welchen die Möglichkeit einer mehr oder minder vorteilhaften Verwertung der Sache oder ihres Ertrages abhängt. Dagegen ist derselbe unabhängig von den Rechtsverhältnissen, deren Gegenstand die Sache ist, daher auch unabhängig von etwaigen Pfandrechten an derselben. Nur scheinbar vermindert sich durch die Belastung eines Grundstückes mit Hypotheken der Tauschwert desselben; denn wenn auch der beim Verkaufe zu erzielende Kaufpreis sich um den Betrag der Hypotheken vermindert, welche der Käufer zu übernehmen hat, so stellt doch nicht allein der zu zahlende Kaufpreis, sondern auch die Befreiung des Verkäufers von den auf den Käufer übergehenden hypothekarischen Lasten das Tauschäquivalent dar.[35])

b) Die Klägerinnen beanspruchen ein durch Kauf und Übergabe erworbenes dingliches Recht auf eine bestimmte Grabstätte. Das beklagte Domkapitel hat den Klägerinnen andere Grabstätten zur Verfügung gestellt, welche nicht erheblich weiter von dem Grabe der Mutter der Klägerinnen liegen, als die beanspruchten. Wie hoch der Affektionswert des vorliegenden Anspruches zu schätzen sei, d. h. wie hoch die Geldsumme zu veranschlagen sei, welche die Klägerinnen verständigerweise für die Erlangung der streitigen Stellen höchstens zu opfern bereit sein könnten, daß ist unter Berücksichtigung der persönlichen Verhältnisse der Klägerinnen zu beurteilen.[36])

c) Der Wert einer Sache wird durch den Nutzen bestimmt, den sie dem Eigentümer gewährt. Der Verkaufswert — merkantile Wert — richtet sich zwar im allgemeinen auch nach der Benutzungsfähigkeit der Sache, wird aber auch durch andere Umstände beeinflußt, und kann jedenfalls dann nicht für maßgebend erachtet werden, wenn der Eigentümer eine ihm vorenthaltene Sache zurückfordert, die seinem persönlichen Bedürfnisse

---

[33]) Vgl. Gaupp-Stein ZPO. I, 30 in Note IV Abs. 1 zu § 3 und Wach 1, 383.

[34]) S. Gaupp-Stein ZPO. I, 32 in Note IV Abs. 2 zu § 3, ebenso Wach I, 376ff. Vgl. auch RG. V. 1. Juli 82 bei Wallmann Bd. VII 83 S. 427; RG. II 13. März 94 und II. 26. Juni 94 (JW. 94 S. 180,7 und 420, 2). RG 47, 423.

[35]) RG. I ZS. 6. Februar 86 (JW. S. 89, 2, Bbl. S. 75, DJZ. S. 150).

[36]) RG. 12. März 90 (JW. S. 150, 2 und Bolze Bd. 9 Nr. 642). Das „freie Ermessen" des Richters soll hier wie für schwer abzuschätzende (sog. „unschätzbare") Gegenstände den richtigen Weg zu finden suchen.

gedient hat und fortdauernd zu dienen bestimmt und geeignet ist. Von dem Werte der besonderen Vorliebe ist in solchem Falle nicht die Rede, nicht einmal von dem außerordentlichen Werte im Sinne des § 114 Tit. 2 T. I des ALR. Denn der Wert der Kleidungsstücke, zu deren Herausgabe an Kläger der Beklagte, welcher sie zur Reparatur empfangen hat, verurteilt worden ist, wird ja nur aus dem Gebrauche abgeleitet, zu welchem sie bestimmt sind, und aus dem Nutzen, welchen sie demgemäß dem Eigentümer gewähren und unter gleichen Umständen jedem Eigentümer gewähren würden. Übrigens würde auch die Berücksichtigung eines außerordentlichen Wertes bei Festsetzung des Streitgegenstandswertes nicht ausgeschlossen sein.[37])

§ 10.

Auf die Wertsberechnung finden die Vorschriften der §§ 9 bis 13 des Gerichtskostengesetzes Anwendung.

Vorbemerkung.

Der § 10 gibt die Vorschrift für die Berechnung des Werts des Streitgegenstandes, welcher nach § 9 für die Erhebung der Gebühren in bürgerlichen Rechtsangelegenheiten maßgebend ist. Was unter dem Streitgegenstand und dessen Wert zu verstehen ist, ist bei § 9 des näheren ausgeführt; hier werden die Grundsätze bestimmt, nach denen dieser Wert zu berechnen ist.

Die Erläuterung des § 10 geschieht nach folgender Disposition;

I. Motive (1).
II. Ausnahme von der Regel des § 10 (2).
III. Die maßgebenden gesetzlichen Bestimmungen (3).
IV. Verhältnis der Bestimmungen des GKG. zu denen der ZPO. und KO. (4).
V. Vermögensrechtliche u. nichtvermögensrechtliche Ansprüche (5—8).
VI. Die Wertsberechnung bei nichtvermögensrechtlichen und gemischten Ansprüchen (9—11).
VII. Die Wertsberechnung bei vermögensrechtlichen Ansprüchen.
A. Der allgemeine Grundsatz der Wertsberechnung nach freiem Ermessen (12).
1. Ausübung des freien Ermessens (13 bis 16).
2. Beschaffung der Grundlagen für dieselbe (17—19).
3. Kasuistik (20).
B. Die Einschränkungen des freien Ermessens (21).
AA. Grundsätze allgemeiner Natur.
1. Der für die Wertsberechnung entscheidende Zeitpunkt (22—28).
2. Klage und Widerklage. Wechselseitig eingelegte Rechtsmittel (29—37).
3. Häufung mehrerer Ansprüche (38 bis 44).
4. Klageverbindung gemäß § 254 ZPO. (45—48).
5. Haupt- u. Nebenforderung (49—73).
6. Wertsbestimmung für Teilakte, insbes. für Akte betr. Nebenforderungen und Prozeßkosten (74—88).
7. Konkursforderungen (89—96).
BB. Grundsätze für bestimmte Einzelfälle (97).
1. Besitz einer Sache (98—108).
2. Sicherstellung einer Forderung und Pfandrecht (109—126).
3. Grunddienstbarkeiten (127—134).
4. Pacht- u. Mietverhältnisse (135—144).
5. Rechte auf wiederkehrende Nutzungen oder Leistungen (145—162).
C. Kasuistik zu § 3 ZPO. (163—166).

1 **I. Motive.** Die §§ 10 bis 12 entsprechen insofern dem bestehenden Rechtszustande, als durchgehends in den bisherigen Anwaltsgebührenordnungen die Festsetzung des Wertes des Streitgegenstandes bei Berechnung der Anwalts-

[37]) RG. V. ZS. 14. März 91 (JW. S. 197, 2, Bbl. S. 152, 153).

gebühren nach denselben Grundsätzen erfolgte, wie bei Berechnung der Gerichtsgebühren. Daß der Entwurf an der Übereinstimmung der Grundsätze festhielt, rechtfertigt sich schon aus dem Mangel jeglichen Motivs, welches für eine Abweichung herangezogen werden könnte. Bei dieser Sachlage empfiehlt es sich zugleich, zur Vermeidung doppelter Arbeit und eventuell widersprechender Entscheidungen im Anschlusse an das preußische Gesetz v. 12. Mai 51 § 2 und das hannoversche Gesetz v. 8. November 50 § 34 der Wertfestsetzung, wo sie zur Berechnung der Gerichtsgebühren stattgefunden hat, auch für die Berechnung der Anwaltsgebühren maßgebende Bedeutung zu geben: nur kann dem Anwalte, weil er an jener Wertfestsetzung persönlich interessiert ist, die Beschwerde kraft eigenen Rechts, also auch seinem eigenen Machtgeber gegenüber, nicht versagt werden.

II. Ausnahmen von der Regel des § 10. Eine Ausnahme von der Regel des § 10 wird in § 39 Abs. 2 für die Vertretung im Verteilungsverfahren aufgestellt, indem dort eine abweichende besondere Art der Wertberechnung vorgeschrieben ist. Eine weitere Ausnahme besteht bezüglich der Berechnung des Wertes des Streitgegenstandes in Patentstreitigkeiten, worüber Erläuterung zu § 91 nähere Auskunft gibt. Sonstige besondere Erörterungen über die Berechnung des Streitgegenstandswertes als Grundlage für den Gebührensatz in bürgerlichen Rechtsstreitigkeiten siehe noch in den Erläuterungen zu § 12, § 13, § 22, § 23, § 28, § 31, § 34, § 38, § 39, § 41 und § 47. 2

III. Die maßgebenden gesetzlichen Bestimmungen, auf welche § 10 verweist, sind folgende: 3

DGKG. § 9. Für die Wertsberechnung sind die Vorschriften der Zivilprozeßordnung §§ 3 bis 9 und der Konkursordnung § 148 mit den nachstehenden Bestimmungen maßgebend.

§ 9a. Ist das Bestehen oder die Dauer eines Pacht- oder Mietverhältnisses für einen längeren als einjährigen Zeitraum streitig, so wird der Wert auf den Betrag des einjährigen Zinses berechnet.

Bei Ansprüchen auf Alimente, welche auf gesetzlicher Vorschrift beruhen, wird der Wert des Rechts auf die wiederkehrenden Leistungen, falls nicht der Gesamtbetrag der geforderten Leistungen geringer ist, auf den fünffachen Betrag des einjährigen Bezugs berechnet. Das gleiche gilt bei Ansprüchen auf Entrichtung einer Geldrente, welche nach den §§ 843, 844 des Bürgerlichen Gesetzbuchs oder nach den §§ 3, 3a, 7 des Gesetzes, betreffend die Verbindlichkeit zum Schadenersatze für die bei dem Betriebe von Eisenbahnen, Bergwerken usw. herbeigeführten Tötungen und Körperverletzungen, vom 7. Juni 71 erhoben werden.

Ist für die Dauer des Rechtsstreits, welcher eine Ehesache betrifft, über die Unterhaltspflicht der Ehegattten zu entscheiden, so wird der Wert des Rechts auf Entrichtung einer Geldrente auf den einjährigen Betrag derselben berechnet.

§ 10. Bei nicht vermögensrechtlichen Ansprüchen wird der Wert des Streitgegenstandes zu 2000 Mark, ausnahmsweise niedriger oder höher, jedoch nicht unter 200 Mark und nicht über 50000 Mark angenommen.

Ist mit einem nicht vermögensrechtlichen Anspruch ein aus ihm hergeleiteter vermögensrechtlicher verbunden, so ist nur Ein Anspruch, und zwar der höhere maßgebend.

§ 10a. Im Falle des § 254 der Zivilprozeßordnung ist für die Wertsberechnung nur einer der verbundenen Ansprüche, und zwar der höhere maßgebend.

§ **11.** Soweit Klage und Widerklage, welche nicht in getrennten Prozessen verhandelt werden, denselben Streitgegenstand betreffen, sind die Gebühren nach dem einfachen Werte dieses Gegenstandes zu berechnen. Soweit beide Klagen nicht denselben Streitgegenstand betreffen, sind die Gegenstände zusammenzurechnen.

Das gleiche gilt für wechselseitig eingelegte Rechtsmittel, welche nicht in getrennten Prozessen verhandelt werden.

§ **12.** Für Akte, welche einen Teil des Streitgegenstandes betreffen, sind die Gebühren nur nach dem Werte dieses Teils zu berechnen.

Sind von einzelnen Wertsteilen in derselben Instanz für gleiche Akte Gebühren zu berechnen, so darf nicht mehr erhoben werden, als wenn die Gebühr von dem Gesamtbetrage der Wertsteile zu berechnen wäre; treten für die Akte verschiedene Gebührensätze ein, so ist der höchste Satz maßgebend.

§ **13.** Für Akte, welche Früchte, Nutzungen, Zinsen, Schäden oder Kosten als Nebenforderungen ohne den Hauptanspruch betreffen, ist der Wert der Nebenforderungen insoweit maßgebend, als er den Wert des Hauptanspruchs nicht übersteigt.

Für Akte der Zwangsvollstreckung wegen einer Geldforderung werden die einzuziehenden Zinsen mitberechnet.

Für Akte, welche die Kosten des Rechtsstreits ohne den Hauptanspruch betreffen, ist der Betrag der Kosten maßgebend.

ZPO. § 3. *Der Wert des Streitgegenstandes wird von dem Gerichte nach freiem Ermessen festgesetzt; dasselbe kann eine beantragte Beweisaufnahme sowie von Amts wegen die Einnahme des Augenscheins und die Begutachtung durch Sachverständige anordnen.*

ZPO. § 4. *Für die Wertsberechnung ist der Zeitpunkt der Erhebung der Klage entscheidend; Früchte, Nutzungen, Zinsen, Schäden und Kosten bleiben unberücksichtigt, wenn sie als Nebenforderungen geltend gemacht werden.*

Bei Ansprüchen aus Wechseln im Sinne der Wechselordnung sind Zinsen, Kosten und Provision, welche außer der Wechselsumme gefordert werden, als Nebenforderungen anzusehen.

ZPO. § 5. *Mehrere in einer Klage geltend gemachte Ansprüche werden zusammengerechnet; eine Zusammenrechnung des Gegenstandes der Klage und der Widerklage findet nicht statt.*

ZPO. § 6. *Der Wert des Streitgegenstandes wird bestimmt: durch den Wert einer Sache, wenn deren Besitz, und durch den Betrag einer Forderung, wenn deren Sicherstellung oder ein Pfandrecht Gegenstand des Streits ist. Hat der Gegenstand des Pfandrechts einen geringeren Wert, so ist dieser maßgebend.*

ZPO. § 7. *Der Wert einer Grunddienstbarkeit wird durch den Wert, welchen dieselbe für das herrschende Grundstück hat, und wenn der Betrag, um welchen sich der Wert des dienenden Grundstücks durch die Dienstbarkeit mindert, größer ist, durch diesen Betrag bestimmt.*

ZPO. § 8. *Ist das Bestehen oder die Dauer eines Pacht- oder Mietverhältnisses streitig, so ist der Betrag des auf die gesamte streitige Zeit fallenden Zinses und, wenn der fünfundzwanzigfache Betrag des einjährigen Zinses geringer ist, dieser Betrag für die Wertsberechnung entscheidend.*

ZPO. § 9. *Der Wert des Rechts auf wiederkehrende Nutzungen oder Leistungen wird nach dem Werte des einjährigen Bezugs berechnet und zwar:*

auf den zwölfundeinhalbfachen Betrag, wenn der künftige Wegfall des Bezugsrechts gewiß, die Zeit des Wegfalls aber ungewiß ist;
auf den fünfundzwanzigfachen Betrag, bei unbeschränkter oder bestimmter Dauer des Bezugsrechts. Bei bestimmter Dauer des Bezugsrechts ist der Gesamtbetrag der künftigen Bezüge maßgebend, wenn er der geringere ist.

KO. § 148. *Der Wert des Streitgegenstandes eines Prozesses über die Richtigkeit oder das Vorrecht einer Forderung ist mit Rücksicht auf das Verhältnis der Teilungs- zur Schuldenmasse von dem Prozeßgerichte nach freiem Ermessen festzusetzen.*

IV. Verhältnis der Bestimmungen des GKG. zu denen der ZPO. und KO. 4

Nach dem Gerichtsverfassungsgesetze hängt die sachliche Zuständigkeit der Gerichte u. a. auch von dem Werte des Streitgegenstandes ab. Die Amtsgerichte sind nach § 23 GKG. u. a. zuständig für Streitigkeiten über vermögensrechtliche Ansprüche, deren Gegenstand an Geld oder Geldeswert die Summe von 300 M. nicht übersteigt, die Landgerichte nach § 70 GVG. für die Streitigkeiten, welche nicht den Amtsgerichten überwiesen sind. Zur Bestimmung der Zuständigkeit ist demnach in gewissen Fällen die Feststellung des Wertes des Streitgegenstandes erforderlich. Dieselbe Feststellung kann ferner erforderlich sein behufs Entscheidung über die Zulässigkeit der Revision (§ 546 ZPO.) bzw. der Beschwerde in Kostensachen (§§ 567, 568 ZPO.), sowie behufs Entscheidung über die vorläufige Vollstreckbarkeit eines Urteils (§ 709 Z. 4 ZPO.). Die ZPO. hat deshalb für die Feststellung des Wertes des Streitgegenstandes gewisse Normativvorschriften in ihren §§ 3 bis 9 gegeben.

Nach dem Werte des Streitgegenstandes bestimmt sich aber die sachliche Zuständigkeit der Gerichte und die Zulässigkeit der Revision, Beschwerde und vorläufigen Vollstreckbarkeit nur bei Streitigkeiten über vermögensrechtliche Ansprüche; für die ZPO. lag daher nur bei solchen Ansprüchen ein Interesse an der Feststellung des Streitwerts vor, und deshalb beziehen sich auch die betreffenden Vorschriften der ZPO. lediglich auf Gegenstände des Vermögensrechts, nicht jedoch auch auf nichtvermögensrechtliche Ansprüche. Für die letzteren ist vielmehr die Vorschrift über die Wertsbestimmung lediglich dem GKG. vorbehalten geblieben. (§ 10 GKG.)

Soweit nun die ZPO. Vorschriften über den Wert des Streitgegenstandes gegeben hat, mußten dieselben im wesentlichen auch für die Kostenberechnung für maßgebend erklärt werden; nur einige Ergänzungen und Abweichungen sind aus Zweckmäßigkeitsgründen im GKG. (§§ 10—13) für die Gebührenberechnung vorbehalten, die dann natürlich den Bestimmungen der ZPO. vorgehen.

Einer Sonderregelung bedurfte die Feststellung des Streitwerts bei Prozessen über die Richtigkeit oder das Vorrecht einer im Konkurse angemeldeten Forderung; dieselbe ist durch § 148 KO. erfolgt.

V. Vermögensrechtliche und nichtvermögensrechtliche Ansprüche. 5

Es ist schon hervorgehoben, daß die Vorschriften der ZPO. sich nur auf vermögensrechtliche Ansprüche beziehen, während der Streitwert bei „nichtvermögensrechtlichen Ansprüchen" sich lediglich nach § 10 GKG. berechnet. Entscheidend für die Frage, ob eine Rechtsstreitigkeit über einen vermögensrechtlichen Anspruch vorliegt, ist aber immer nur die Natur desjenigen Rechts, für welches die Klagepartei richterlichen Schutz verlangt; ist dieses ein Vermögensrecht, so ist es ohne Einfluß, ob der Beklagte die Handlungen, in denen der Eingriff in das Vermögensrecht gefunden wird, zur Wahrung von nichtvermögensrechtlichen

Interessen vorgenommen hat.[1]) Von durchgreifender Bedeutung ist deshalb die Feststellung des Begriffs der „vermögensrechtlichen“ bzw. der „nichtvermögensrechtlichen“ Ansprüche; erst wenn im Einzelfalle die Vorfrage, ob ein vermögensrechtlicher oder ein nichtvermögensrechtlicher Anspruch vorliegt, gelöst ist, können die richtigen Grundsätze für die Wertsberechnung gefunden werden.

6 1. Der Begriff „vermögensrechtliche Ansprüche“, welcher in den Reichsjustizgesetzen und als technischer Kunstausdruck wiederholt vorkommt (ZPO. §§ 20, 23, § 40 Abs. 2, § 546 Abs. 1, § 709 Ziff. 4; EGzZPO. § 5, GVG. § 23 Ziff. 1), ist nirgends näher erläutert bzw. festgestellt. Derselbe stammt aus dem früheren preußischen Prozeßrechte (Kabinettsorder vom 4. Juli 32 und Verordnung vom 14. Dezember 33 §§ 1 bis 3), ist jedoch jetzt selbständig und ohne Rücksicht auf die im preußischen Prozeßrechte begründeten Beschränkungen aus den Reichsprozeßgesetzen zu entwickeln. Hiernach sind darunter solche Ansprüche zu verstehen, deren Gegenstand ein vermögensrechtlicher, d. h. ein nach Gelde schätzbarer ist. Jede Klage auf ein Tun, Unterlassen oder Leisten, welches einen Vermögenswert hat, oder auf Anerkennung des Rechts, ein solches Tun, Unterlassen oder Leisten von einem anderen zu fordern, enthält einen vermögensrechtlichen Anspruch, gleichviel wie der Rechtsgrund juristisch beschaffen ist, auf welchem der Klageanspruch beruht. Es gehören daher hierher nicht bloß alle Klagen aus dinglichen, obligatorischen oder erbrechtlichen Verhältnissen, sondern auch gewisse Ansprüche, welche im Personen- oder Familienrechte wurzeln, aber eine vermögenswerte Leistung zum Gegenstande haben, wie z. B. der Anspruch auf Unterhalt, auf Aussteuer rc. Andererseits gilt als wesentliches Begriffsmerkmal, daß jeder Anspruch vermögensrechtlicher Natur nach Gelde abgeschätzt, bzw. in einen Geldwert umgesetzt werden kann; denn jedes Vermögensrecht betrifft einen gewissen Anteil, welcher dem Individuum an den der menschlichen Wirtschaft dienenden Objekten der Außenwelt zusteht; diese Objekte aber, einschließlich der Ansprüche gegen andere auf Leistung solcher Vermögensobjekte, gewinnen nur durch die Möglichkeit ihrer Verwertbarkeit im Haushalte der Menschheit rechtliche Bedeutung; sie müssen im letzten Grunde einer Zurückführung auf den allgemeinen Wertmesser aller Dinge, auf einen bestimmten Geldbetrag zugänglich sein.[2]) Daher sind vermögensrechtliche Ansprüche u. a. diejenigen, welche nach ihrer Bestimmung den Erwerbsinteressen dienen sollen, wie die Ansprüche aus dem Patentgesetz, den Musterschutzgesetzen, dem Warenzeichengesetz, dem Gesetz zur Bekämpfung des unlauteren Wettbewerbs,[3]) der Anspruch auf Unterlassung des unbefugten Gebrauchs einer kaufmännischen Firma (§ 37 HGB.).

7 2. Im Gegensatz hierzu sind als „nichtvermögensrechtliche Ansprüche“ diejenigen anzusehen, die nicht in Geld aufzulösen oder umzusetzen sind. Es gehören hierher diejenigen Ansprüche, welche den Personenstand, die Familienverhältnisse, die Ehrenrechte und Standesverhältnisse einer Person zum Gegenstande haben,[4]) nämlich

---

[1]) RG. 61, 91.

[2]) S. Gaupp-Stein Note II zu § 1. — Die Möglichkeit, daß der Streitgegenstand überhaupt nicht abzuschätzen sei (Preuß. ALR. I 2 § 119), ist nicht anerkannt (Nordd. Prot. 1, 86); es ist vielmehr stillschweigend vorausgesetzt, daß es auf dem Gebiete des Vermögensrechtes keine unschätzbaren Streitgegenstände gibt, sondern daß der Gegegstand eines jeden vermögensrechtlichen Anspruchs sich in Gelde abschätzen lasse. „Vermögensanspruch und Schätzbarkeit ist Einunddasselbe“ (v. Sarwey ZPO. 1, 15 u. 16).

[3]) RG. 40, 412.

[4]) „Familien- oder Standesverhältnisse, Ehrenrechte, Ehegelöbnisse oder Ehesachen“ gemäß § 1 der preußischen Verordnung über das Rechtsmittel der Revision und Nichtigkeitsbeschwerde v. 14. Dezember 33 (GS. S. 302 ff.) — im Gegensatze zu § 2 daselbst: „Betrifft dagegen die Revisionsbeschwerde lediglich das Vermögen rc.“

a) alle Statusklagen, insbesondere

α) die Klagen im Entmündigungsverfahren (§§ 645—687 ZPO.),

β) die Klagen in Ehesachen (§§ 606—639 ZPO.),

γ) die Klagen auf Feststellung des Bestehens oder Nichtbestehens eines Eltern- und Kindesverhältnisses oder auf Feststellung des Bestehens oder Nichtbestehens der elterlichen Gewalt (§§ 640—643 ZPO.),

δ) die Klagen auf Feststellung des Bestehens oder Nichtbestehens der unehelichen Vaterschaft (§ 644 ZPO., § 23 GVG.).[5])

b) die Klage auf Herausgabe von Kindern.

c) das Recht zum Gebrauche eines Namens (§ 12 BGB).[6])

d) das Recht der Zugehörigkeit zu einem Idealvereine;[7]) da indessen die Mitgliedschaft bei einem Vereine, dessen Zweck nicht auf einen wirtschaftlichen Geschäftsbetrieb gerichtet ist, auch vermögensrechtliche Ansprüche erzeugt, so wird im Einzelfalle die Absicht des Antragstellers entscheiden müssen.

e) der Anspruch auf Feststellung oder Gewährung von Ehrenrechten, wie des Patronats und der damit verbundenen Rechte,[8]) von Ehrenrechten innerhalb eines Vereins,[9]) Gewährung eines ehrlichen Begräbnisses „in der Reihe".[10])

f) der Anspruch auf Aufhebung einer polizeilichen Verfügung (nach hamburgischem Recht).[11])

3. An die außerhalb des Vermögensrechts stehenden Rechte können sich 8 vermögensrechtliche Wirkungen knüpfen, z. B. an die Vaterschaft die Unterhaltspflicht; umgekehrt können sich auch die vermögensrechtlichen Ansprüche solche ideeller Natur knüpfen, z. B. an das Recht zur Benutzung einer käuflich erworbenen Grabstelle. Maßgebend für die Beurteilung bleibt aber allein, welche Seite des Verhältnisses mit der Klage geltend gemacht wird, auch wenn zur Entscheidung über die Klage die Entscheidung der der anderen Seite angehörenden Vorfrage erforderlich ist. Macht z. B. ein Kind lediglich seinen Anspruch auf Unterhalt geltend mit der Begründung, daß der Beklagte sein Vater sei, so handelt es sich lediglich um einen vermögensrechtlichen Anspruch, wenn auch im Prozesse die Vaterschaft bestritten wird und zur Erörterung und Entscheidung kommt. Anders dagegen, wenn entweder schon durch die Klage von Anfang an oder durch Inzidentfeststellungsklage nach § 280 ZPO. die Vorfrage zur rechtskräftigen Entscheidung gebracht wird. Dann liegt eine Kumulation von vermögensrechtlichen und nichtvermögensrechtlichen Ansprüchen vor, z. B. bei der einstweiligen Verfügung aus § 627 ZPO. auf Gestattung des Getrenntlebens und Unterhaltsgewährung,[12]) oder bei der Klage auf Anerkennung der unehelichen Vaterschaft und Unterhaltsgewährung.[13])

[5]) Die Feststellung der unehelichen Vaterschaft wird nach der jetzigen Ausgestaltung durch das BGB. von Cohn in KGBl. 02 S. 11 lediglich für einen „vermögensrechtlichen Anspruch" gehalten, weil sie nur den vermögensrechtlichen Anspruch auf Unterhalt vorbereite und vorbereiten könne. Dabei wird jedoch übersehen, daß die uneheliche Vaterschaft auch die Grundlage für das Eheverbot in § 1310, für die Legitimation durch nachfolgende Ehe in § 1719 und für die Ehelichkeitserklärung in § 1723 BGB. bildet. Vgl. auch Begr. zu § 592c der Zivilprozeßnovelle und Gaupp-Stein § 644. Der hier vertretene Standpunkt wird prinzipiell geteilt vom Kammergericht in OLG. 4, 396 und JW. 02 S. 486.

[6]) Vgl. hierzu Ramdohr bei Gruchot 43, 1 ff.

[7]) Vgl. RG. JW. 97 S. 531, 9.

[8]) Für Preußen §§ 577, 588, 590—593 ALR. II, 11. Striethorst Archiv 93, 243.

[9]) OLG. Dresden in Sächs. Arch. Bd. 8, 432.

[10]) RG. 12, 280 ff. Dagegen ist der Anspruch auf eine bestimmte Grabstelle vermögensrechtlicher Natur. JW. 90 S. 150, 2.

[11]) RG. JW. 97 S. 167, 11.

[12]) RG. JW. 00 S. 601 und 853, 5. RG. 46, 382.

[13]) Vgl. JW. 01 S. 416 und 706. Vgl. dagegen die in JW. 02 S. 61 und 63 mitgeteilten landgerichtlichen Beschlüsse, in denen ausgeführt wird, daß die Feststellung der

9 **VI. Die Wertsberechnung bei nichtvermögensrechtlichen und gemischten Ansprüchen.**

A) Bei Streitigkeiten über nichtvermögensrechtliche Ansprüche soll nach der Vorschrift des § 10 GKG. der Wertsatz von 2000 M. die Regel bilden. Liegt keine Veranlassung vor, von diesem regelmäßigen Satze abzuweichen, so bedarf es auch einer besonderen Festsetzung nicht, es sei denn, daß dieselbe ausdrücklich von der einen oder anderen Partei beantragt wird (s. § 16 GKG. in Erläuterung zu § 12 GO.). Eine abweichende Angabe des Wertes seitens der Partei ist bedeutungslos, da die Frage, ob eine Ausnahme von der allgemeinen Regel nach oben oder nach unten zu machen sei, ausschließlich der richterlichen Entscheidung unterliegt. Allein auch für das Gericht sind hierbei bestimmte Grenzen gezogen, über welche es nicht hinausgehen darf, indem der Wert niemals höher als 50 000 M. und niemals geringer als 200 M. veranschlagt werden darf. Innerhalb dieses Spielraumes entscheidet das Gericht nach freiem Ermessen, für welches die besonderen Umstände des einzelnen Falles, die Standes- und Vermögensverhältnisse der Parteien, die größere oder geringere Bedeutung des Rechtsstreites in seinen Folgen für die sonstige Lebenslage der Parteien oder über deren Interessensphäre hinaus usw., geeignete Gesichts- und Anhaltspunkte darbieten können.[14])

10 B) Ist mit einem nichtvermögensrechtlichen Anspruche ein aus ihm hergeleiteter vermögensrechtlicher verbunden, so soll nach § 10 Abs. 2 GKG. nur ein Anspruch, und zwar der höhere maßgebend sein.

1. Zur Anwendung des § 10 Abs. 2 GKG. wird vorausgesetzt, daß der geltend gemachte vermögensrechtliche Anspruch aus dem geltend gemachten nichtvermögensrechtlichen Anspruch hergeleitet wird. Gemeint sind hier die Fälle der Erl. V N. 3. Wo dieser rechtliche Zusammenhang fehlt, ist § 10 Abs. 2 GKG. nicht anwendbar. Würde z. B. eine geschiedene Frau gegen den allein für schuldig erklärten Mann auf Herausgabe eines Kindes und in derselben Klage auf Gewährung von Unterhalt für sich selbst klagen, so würde § 10 Abs. 2 nicht zur Anwendung kommen, es müßte vielmehr der Wert der beiden Ansprüche zusammengerechnet werden (§ 5 ZPO.).

11 2. Im Falle des § 10 Abs. 2 GKG. wird eine doppelte Schätzung, sowohl des Werts der vermögensrechtlichen als auch des nichtvermögensrechtlichen Anspruchs, erforderlich, da erst nach Feststellung beider Werte festgestellt werden kann, welcher der höhere Anspruch ist. Da aber der geringste Wertsansatz bei nichtvermögensrechtlichen Ansprüchen 200 M. beträgt, so kann im Falle des § 10 Abs. 2 GKG. der Wert des Streitgegenstandes niemals geringer sein als 200 M.

Vaterschaft nach dem BGB. weder personenrechtliche noch erbrechtliche Wirkungen, überhaupt keine Wirkungen über den Unterhaltsanspruch hinaus habe, daher eine selbstverständliche und überflüssige Feststellung enthalte, welcher irgend eine selbständige Bedeutung nicht mehr beigemessen werden könne. Siehe auch Götte in Recht 03 S. 391.

[14]) S. Rittmann § 106 S. 137, OLG. Naumburg Feriensenat 2. August 89 (Naumb. AKZ. S. 85 Ziff. 3), OLG. Naumburg IV. CS. 16. Dezember 89 (NaumbAKZ. 90 S. 22, 23), KG. XII. 17. September 98, KGBl. 98 S. 74. RG. 16. September 90 (JW. S. 332 Ziff. 2, NaumbAKZ. 91 S. 88, 89 Ziff. 5); RG. JW. 93 S. 488, 12; 95 S. 537, 2; 96 S. 373, 19. — Der Richter kann hier bei Ausübung seines Ermessens auch das Interesse der beklagten Partei allein oder vorwiegend berücksichtigen; der Grundsatz, daß lediglich der Wert, welchen das Klageobjekt für den Kläger hat, maßgebend sei, gilt nur bei vermögensrechtlichen Ansprüchen.

VII. Die Wertsberechnung bei vermögensrechtlichen Ansprüchen. 12

A. Der allgemeine Grundsatz der Wertsberechnung nach freiem Ermessen (§ 3 ZPO.).

Für die Berechnung des Werts vermögensrechtlicher Ansprüche enthält die *grundlegende* Bestimmung der § 3 ZPO., demzufolge der Wert des Streitgegenstandes von dem Gerichte *nach freiem Ermessen* festgesetzt wird.

13 1. *Ausübung des freien Ermessens.* Dieselbe ist trotz der anscheinend kategorischen Vorschrift des § 3 ZPO. keineswegs eine völlig schrankenlose, vielmehr findet sie folgende *Einschränkungen*:

14 a) Die Anwendung des richterlichen Ermessens gemäß § 3 ZPO. ist der Regel nach dann ausgeschlossen, wenn der Streitgegenstand in einer *bestimmten* Geldsumme der (inländischen) Reichswährung besteht.[15] Handelt es sich um eine zahlenmäßig feststehende Summe, so bleibt für die Ausübung des richterlichen Ermessens gemäß § 3 der ZPO. kein Raum, gleichviel, ob die Verurteilung des Beklagten zur *Zahlung* des ziffermäßig bestimmten Betrages oder zur *Befreiung* von einer Schuld in *gleicher Höhe* verlangt wird,[16] und ohne Unterschied, ob die Zahlung an die Klagepartei selbst oder an einen von derselben bezeichneten Dritten erfolgen soll.[17] Bei der Bestimmung sonstiger Werte, wozu auch ein auf ausländische Währung gerichteter Antrag gehört, ist das Gericht an die gesetzlichen Begriffe des Streitgegenstandes und des Wertes gebunden. Nur unter der Voraussetzung einer richtigen Anwendung dieser Rechtsbegriffe ist das Ermessen des Gerichts darüber frei, wieviel für das rechtsgrundsätzlich richtig definierte Objekt der Wert ist.[18]

15 b) Die §§ 6 bis 9 ZPO. sollen nach den Motiven zur ZPO. (Hahn, Mat. S. 148) nicht im Widerspruche mit dem durch § 3 daselbst für entscheidend erklärten freien Ermessen des Gerichts stehen, „sie geben die leitenden Grundsätze für die Wertberechnung in einzelnen besonderen Fällen, welche in der Praxis oft vorkommen und in welchen die Feststellung des Wertes des Streitgegenstandes erfahrungsgemäß nach verschiedenen Grundsätzen geschieht. Eine solche verschiedenartige Praxis ist aber unerwünscht; es sollen daher die §§ 6 bis 9 ZPO. auf die Herbeiführung eines übereinstimmenden Verfahrens der Gerichte wirken und gleichzeitig für die Parteien bei der Beurteilung der Zuständigkeit des anzugehenden Gerichts als Anhalt dienen." Durch § 3 ZPO. wird aber nicht etwa ein höheres Prinzip aufgestellt, demzufolge sich das Gericht nach freiem Befinden der Anwendung der in den §§ 6 bis 9 ZPO. ausgesprochenen Grundsätze entschlagen könnte; vielmehr lassen der Zweck und die bestimmte Fassung der §§ 4 bis 9 ZPO. keinen Zweifel darüber, daß durch die hier enthaltenen Regeln über die Wertermittlung das freie Ermessen des Gerichts in der Festsetzung des Wertes eingeschränkt werden sollte. Die §§ 4 bis 9 ZPO. sind daher nicht etwa bloße Geschäftsanweisungen, sie binden vielmehr den Richter in vollem Umfange; ihre Verletzung ist Gesetzesverletzung.[19]

16 Abgesehen aber von diesen beiden Einschränkungen ist das richterliche Er-

---

[15] RG. III. ZS. 9. 1. 82 (*Fenner-Mecke* 3, 168) bzw. 13. 2. 82 (JW. S. 90); RG. JW. 96 S. 596, 2; 98 S. 385, 1.

[16] RG. V. ZS. 23. 11. 89 (JW. S. 499 Ziff. 1, Bbl. 90 S. 64).

[17] OLG. Colmar I. ZS. 2. 7. 90 (JZfEL. 16, 162 ff.).

[18] S. *Wilm.-Levy* ZPO. in Anm. 1 Abs. 4 zu § 3 ZPO.

[19] RG. I ZS. 10. 9. 80 (*Pfafferoth* GKW. Anmerk. 4 Abs. 2 zu § 3 ZPO. bei § 9 GKG. S. 32, 33). Ebenso OLG. Colmar 21. 2. 80 (JZfEL. 5, 165 und *Wallm.* Bd. 4. 80 S. 389 Nr. 80). Vgl. auch *Seuffert* ZPO. Note 3 Abs. 1 zu § 3 S. 4 und Note 1 Abs. 2 zu § 6 S. 8; *Petersen-Anger* § 3 N. 8 und 10; *Gaupp-Stein* § 3 N. VI.

messen gemäß § 3 ZPO. unbeengt. Dies ist um so bedeutungsvoller und notwendiger, als bei vermögensrechtlichen Ansprüchen durch die ZPO. der Begriff der Unschätzbarkeit im früheren Sinne ganz beseitigt ist, und bei vorhandener Schwierigkeit der Abschätzung, z. B. bei den Klagen wegen unlauteren Wettbewerbs, nicht etwa auf § 10 GKG. zurückgegriffen werden darf, der nur für den Wertansatz bei nicht vermögensrechtlichen Ansprüchen gilt.[20]) Die Vorschrift des § 3 ZPO. ermöglicht daher in solchen Fällen, wo es an einem Anhalte für die Schätzung eines Geldwertes fehlt und auch für eine Beweiserhebung (s. die folgende Note) kein Raum ist, den Streitwert in arbiträrer Weise festzusetzen. Hierbei kann das Gericht geeignetenfalls die in den §§ 65, 66, 69, 70 der KO. aufgestellten Bestimmungen über die Berechnung betagter und bedingter Ansprüche sowie wiederkehrender Hebungen sich als passende Anhaltspunkte dienen lassen, ist aber daran nicht gebunden; ebenso kann das Gericht die Bestimmungen der §§ 6 bis 9 ZPO. als Vorbild für die Schätzung in verwandten Fällen benutzen, auch aus dem Verhalten der Parteien z. B. bei einem Vergleiche Anhaltspunkte gewinnen.[21])

17 2. Beschaffung der Grundlagen für die Ausübung des freien Ermessens.

a) Es steht in der freien Beurteilung des Gerichts, ob zum Zwecke der Wertfeststellung eine Beweisaufnahme erforderlich ist. Fehlt es dem Gerichte an den notwendigen Grundlagen für die Wertfeststellung, so „kann" es sowohl eine von den Parteien beantragte Beweisaufnahme, als auch — in Anwendung der allgemeinen Vorschrift des § 144 ZPO. — von Amts wegen die Einnahme des Augenscheins und die Begutachtung durch Sachverständige anordnen. (S. Motive z. ZPO. in Hahn Mat. 2, 147.) Eine Pflicht hierzu besteht indessen selbst im Falle des übereinstimmenden Antrags beider Parteien nicht.[22]) Einer Beweisaufnahme bedarf es insbesondere nicht, wenn das Gericht die Angaben des Klägers über die Höhe des Wertes für glaubhaft erachtet.[23])

Eine etwaige Beweisaufnahme erfolgt nach den Vorschriften des vierten bis elften Titels im ersten Abschnitte des zweiten Buchs der ZPO. Alle Beweismittel sind zuzulassen, auch der Eid, soweit Tatsachen als Unterlagen zur Wertschätzung in Frage stehen; der Wert als solcher kann freilich nicht Gegenstand des Eides sein (§ 445). Der § 287 findet hier keine analoge Anwendung; auch die Vorschriften über die Glaubhaftmachung (§ 294) sind bei der Wertermittlung zum Zwecke der Kostenberechnung für ausgeschlossen zu erachten (anders im Falle des § 546 Abs. 3 ZPO.).

Wegen der Kosten einer solchen Beweisaufnahme bzw. der Abschätzung durch Sachverständige zum Zwecke der Wertfestsetzung vgl. § 17 GKG. unten bei § 12 der GO.

18 b) Um der richterlichen Würdigung Anhaltspunkte zu geben, ist instruktionell vorgeschrieben, daß einerseits in der Klageschrift, andererseits in der Revisionsschrift der Wert des nicht in einer bestimmten Geldsumme bestehenden Streitgegenstandes bzw. Beschwerdegegenstandes angegeben werden soll, wenn die Zuständigkeit des Gerichts bzw. die Zulässigkeit der Revision von diesem Werte abhängt (§§ 253 Abs. 3, 495, 554 Abs. 3 ZPO.). Diese instruktionelle An-

---

[20]) RG. 10, 322. A. M. Bayr. ObLG. bei Seuffert BlfRA. 63, 336.

[21]) Vgl. Gaupp-Stein § 3 N. III; RG. JW. 97 S. 572, 33; 98 S. 153, 1.

[22]) RG. I ZS. 29. 3. 93 (JW. S. 252 Ziff. 10). Vgl. auch Beschluß des Kammergerichts vom 29. 1. 90 in ZZP. 17, 142.

[23]) RG. V. ZS. 4. 5. 89 (NaumbAKZ. S. 53 Ziff 1).

weisung ist für die Gebührenerhebung im § 14 des GKG. wiederholt und auf alle bei Gericht gestellten Anträge ausgedehnt.

c) Die Anwendung des freien Ermessens seitens des Gerichts ist eine tat- 19 sächliche Würdigung; ein auf einer solchen Würdigung beruhendes Urteil und die darauf gestützte Wertfestsetzung kann in der Berufungsinstanz angefochten werden; der Berufungsrichter hat dann nach seinem freien Ermessen in Gemäßheit der §§ 3 bis 9 ZPO. über den Streitgegenstand und dessen Wert zu befinden (§ 525 ZPO.); er kann aber auch ohne Parteianregung im Laufe der Verhandlung die Wertfestsetzung des ersten Richters von Amts wegen nachprüfen und abändern (§ 16 GKG.). Dagegen ist die tatsächliche Würdigung allein — sofern nicht etwa die §§ 3 bis 9 ZPO. verletzt sind — keine Gesetzesverletzung und also kein Grund zur Revision (§ 549 ZPO.). Durch die Vorschrift in § 546 Abs. 2 ZPO., wonach behufs Prüfung der Zulässigkeit der Revision bei vermögensrechtlichen Ansprüchen inbetreff des Wertes des Beschwerdegegenstandes die Vorschriften der §§ 3 bis 9 ZPO. gleichfalls für anwendbar erklärt sind, ist jedoch auch dem Reichsgerichte das freie Ermessen eingeräumt.

Im übrigen vgl. bezüglich des Verfahrens bei der Wertfestsetzung zum Zwecke der Kostenberechnung die §§ 14 bis 17 des GKG. und die Erläuterungen dazu weiterhin bei §§ 11 und 12 der GO.

3. Kasuistik. Für die Art und Weise, in der die Gerichte das freie 20 Ermessen bei Abschätzung des Streitwerts walten lassen, hat die Praxis des Reichsgerichts eine überreiche Kasuistik geschaffen. Eine Reihe von typischen Beispielen sollen später vorgeführt werden, nachdem die Einschränkungen des freien Ermessens durch die gesetzlichen Bestimmungen §§ 4—9 ZPO., §§ 9—13 GKG. und § 148 KO., festgestellt sind.

B. Die Einschränkungen des freien Ermessens.

Es ist schon hervorgehoben worden, daß das in § 3 ZPO. statuierte freie 21 Ermessen gewisse Einschränkungen durch Aufstellung der Vorschriften der §§ 4 bis 9 ZPO. erfahren sollte. Diesen letzteren Vorschriften stehen in ihrer Wirkung gleich die §§ 9—13 GKG. und § 148 KO.; auch sie beschränken das freie richterliche Ermessen, indem sie Berücksichtigung erheischen.

Bei der Betrachtung aller dieser das freie Ermessen einschränkenden Bestimmungen zeigt sich, daß dieselben sowohl allgemeine, auf alle Rechtsfälle anzuwendende, Grundsätze enthalten, als auch Anweisungen zur Wertsberechnung in bestimmt gearteten Einzelfällen.

AA. Grundsätze allgemeiner Natur.

Hierher gehören die Bestimmungen der §§ 4, 5 ZPO. und §§ 10a, 11 bis 13 GKG.

1) Der für die Wertsberechnung entscheidende Zeitpunkt. (§ 4 ZPO.)

Für die Berechnung des Werts des Streitgegenstandes soll nach § 4 ZPO. 22 der Zeitpunkt der Erhebung der Klage entscheidend sein.

Analog wird man auch bei Ermittlung des Streitwerts einer Widerklage den Zeitpunkt der Erhebung derselben entscheiden lassen müssen.[24])

Bei der Beratung der Novelle zur ZPO. war in der Reichstagskommission beantragt worden, statt der Erhebung der Klage die Einreichung derselben bei der Gerichtsschreiberei als maßgebenden Zeitpunkt aufzustellen. Dieser in erster

[24]) Vgl. RG. JW. 88 S. 208, 1.

Lesung angenommene Antrag wurde indessen in zweiter Lesung wieder abgelehnt, nachdem darauf hingewiesen war, daß die bisherige Regelung eine notwendige Konsequenz des Parteibetriebs sei, und daß eine Änderung unvereinbar sei mit dem in § 235 enthaltenen Grundsatze, wonach der Zeitpunkt der Erhebung der Klage für die Zuständigkeit des Prozeßgerichts maßgebend sei.

23 a) Der Zeitpunkt der Erhebung der Klage bestimmt sich in der Regel durch die Zustellung der Klageschrift oder des die Klage enthaltenden Protokolls (§§ 253, 499 ZPO.). Erfolgt die Zustellung durch öffentliche Bekanntmachung, (in den Fällen des § 203 ZPO.), so gilt das eine Ladung enthaltende Schriftstück, falls das Gericht bei Bewilligung der öffentlichen Zustellung nicht den Ablauf einer längeren Frist für erforderlich erklärt hat, als an dem Tage zugestellt, an welchem seit der letzten Einrückung des Auszuges in die öffentlichen Blätter ein Monat verstrichen ist; enthält das Schriftstück aber keine Ladung, so ist dasselbe als zugestellt anzusehen, wenn seit der Anheftung des Schriftstücks an die Gerichtstafel zwei Wochen verstrichen sind. (§ 206 ZPO.)

Wenn an ordentlichen Gerichtstagen die Parteien zur Verhandlung eines Rechtsstreits ohne Ladung und Terminsbestimmung vor dem Amtsgericht erscheinen oder auf Ladung zum Sühneversuch beim Scheitern desselben vor dem Amtsgerichte den Rechtsstreit sofort verhandeln, so erfolgt die Erhebung der Klage durch den mündlichen Vortrag derselben im Termine. (§§ 500, 510 ZPO.)

Die Erweiterungsklage, die Inzidentfeststellungsklage und die Widerklage werden, wie alle erst im Laufe des Prozesses erhobenen Ansprüche, durch den Vortrag in der mündlichen Verhandlung erhoben. (§§ 250, 281 ZPO.)

Ist gegen einen Zahlungsbefehl im Mahnverfahren rechtzeitig Widerspruch erhoben, so wird die Klage, falls der Anspruch vor das Amtsgericht gehört, mit der Zustellung des Zahlungsbefehls als erhoben angesehen (§ 696 ZPO.), andernfalls bedarf es der Erhebung einer besonderen Klage, welche für die Wertsberechnung entscheidet.

24 b) Der Zeitpunkt der Klageerhebung ist auch dann für die Wertbestimmung maßgebend, wenn ausnahmsweise, wie im Falle des § 7 ZPO., das Vorbringen des Beklagten auf den Streitwert bestimmend einwirkt; denn der größere Betrag, um welchen sich der Wert des dienenden Grundstücks durch die vom Kläger angesprochene Dienstbarkeit mindert, ist hier nach dem Zeitpunkte der Klageerhebung zu bestimmen. Im übrigen kommt es jedoch nicht darauf an, wie durch die Verteidigung des Beklagten oder durch sonstige Vorgänge demnächst der Streitinhalt sich weiter entwickelt;[25]) insbesondere ist es gleichgültig ob der Beklagte den geltend gemachten Anspruch sofort ganz oder teilweise anerkennt, oder ob er nur die Fälligkeit, nicht den Anspruch selbst, bestreitet.

25 c) Der in dem Zeitpunkte der Klageerhebung vorhandene Wert bleibt zunächst für die Dauer des Rechtsstreits maßgebend (ZPO. § 263 Abs. 2 Ziff. 2), sofern nicht der Streitgegenstand selbst sich verändert (vgl. § 9 N. 16 und unten N. 26), und wird insbesondere durch nachfolgende Wertveränderungen nicht berührt.[26]) Es können deshalb auch Preisänderungen, welche nach Erhebung der Klage durch den Zeitablauf oder aus wirtschaftlichen Gründen an der dem Preiswechsel unterworfenen Kaufsache eingetreten bzw.

---

[25]) Wach S. 370 unter 2, S. 378 ff.; Planck S. 38 a. E. ff.: OLG. Celle II. ZS. 1. 6. 88 (SeuffArch. Bd. 44 Nr. 51 S. 94).

[26]) RG. V. ZS. 22. 6. 87 (SeuffArch. Bd. 42 Nr. 335 S. 476, Entsch. 11, 388); RG. JW. 89 S. 229 Ziff. 1; 93 S. 126, 8; 97 S. 77, 2.

durch besondere Konjunkturen im Handels- oder Gewerbeverkehre oder durch Maßregeln einer Behörde hervorgerufen sind, nicht in Anschlag gebracht werden.[27]) Bilden daher Staats- oder Kommunalpapiere, Aktien und andere, einen öffentlichen inländischen Börsenkurs habende, auch ausländische Wertpapiere den Streitgegenstand, so bestimmt sich der Wert, falls nicht durch Parteiabreden ein anderer Wert fixiert ist, nach dem Tageskurse zur Zeit der Klageerhebung; mit der gleichen Maßgabe richtet sich bei Handelswaren der Wert nach dem jeweiligen Marktpreise oder Börsenpreise am Tage der Klageerhebung. 26

d) Wohl zu unterscheiden von der Änderung des Werts des Streitgegenstandes nach der Klageerhebung ist die Änderung des Streitgegenstandes selbst. Die Bestimmung des § 4 ZPO. regelt nur die Frage, wie ein Gegenstand zu bewerten ist, der zwar in seinem Wert geschwankt hat, aber doch immer der gleiche geblieben ist; sie hat nichts mit dem Falle zu tun, daß sich der Streitgegenstand selbst verändert hat.[28])

Eine Änderung des Streitgegenstandes kann im Laufe des Verfahrens eintreten durch Erweiterung oder Ermäßigung des Klageanspruchs oder dadurch, daß gemäß § 268 Z. 3 ZPO. statt des ursprünglich geforderten Gegenstandes ein anderer Gegenstand oder das Interesse gefordert wird. Dann ist für das fernere Verfahren der Wert des neuen Streitgegenstandes maßgebend, während es für das bisherige Verfahren bei der früheren Wertsberechnung verbleibt.[29])

Der neue Streitgegenstand wird aber in den Prozeß erst dadurch eingeführt, daß der Klageantrag entsprechend geändert wird; bis zur Änderung des Klageantrages ist eine etwaige materielle Änderung für den Prozeß bedeutungslos, und selbst eine Anzeige der Änderung durch eine der Parteien verschlägt nichts.[30])

Eine Änderung des Streitgegenstandes kann auch dadurch eintreten, daß in den höheren Instanzen nicht mehr der ursprüngliche, sondern ein anderer resp. modifizierter Streitgegenstand zur Entscheidung gestellt wird Vgl. hierüber die Erl. zu § 9 N. 15.

e) Die Regel im ersten Satze des § 4 ZPO. ist jedoch nicht ohne Aus- 27
nahmen;

α) Nicht immer kann nämlich der Zeitpunkt der Erhebung der Klage, soweit Anwaltsgebühren in Frage kommen, deren Berechnung von dem Werte des Streitgegenstandes abhängt, für die Ermittlung und Feststellung des letzteren als maßgebend betrachtet werden. Die fragliche Zeitbestimmung erscheint zuvörderst nach der Natur der Sache dann ausgeschlossen, wenn eine Klageerhebung gar nicht stattfindet, sei es nun, daß die Inanspruchnahme des Rechtsanwalts sich auf Angelegenheiten beschränkt, welche überhaupt nicht bei Gericht anhängig gemacht werden, wie z. B. bei der beratenden Berufstätigkeit, oder daß es sich zwar um eine Vertretung vor Gericht handelt, aber in einem Verfahren, welches nicht durch Klageerhebung, sondern durch andere An-

---

[27]) OberstLG.. München 22. 2. 88 (SeuffArch. Bd. 43 Nr. 242 S. 368), 23. 4. 92 (Seuff. Arch. Bd. 49 Nr. 64 S. 112, 113) und 13. 10. 92 (in Sammlung ꝛc. 14, 265 nach Freudenthal II. S. 4 Buchst. a) S. auch RG. JW. 89 (S. 107 Z. 1; Bbl. S. 119, 120; Bes. BeilzRA. S. 241 ff.; ferner JW. 93 S. 126, 8. RG. III. ZS. 9. 1. 82 (Fenner-Mecke 3, 168) bzw. 13. 2. 82 (AGZ. 82 S. 120), RG. III. ZS. 11. 12. 85 (JW. 86 S. 13 Ziff. 16), RG. I ZS. 18. 1. 93 (JW. S. 126 Ziff. 8).

[28]) Vgl. RG. JW. 98 S. 657, 2.

[29]) RG. in Fenner-Mecke 3, 168; JW. 86 S. 13, 16; 93 S. 126, 8; 96 S. 657, 2.

[30]) RG. JW. 96 S. 410, 2; 98 S. 261, 15; 99 S. 275, 1.

träge der Parteien oder Dritter eingeleitet worden ist, wie z. B. im Zwangsvollstreckungs-, Entmündigungs-, Aufgebotsverfahren. Im letzteren Falle wird es für die Wertberechnung in der Regel auf den Tag ankommen, an welchem die Anträge bei Gericht eingereicht worden sind (vgl. § 14 GO.), in den anderen Fällen dagegen auf den Tag, an welchem der Auftrag dem Rechtsanwalte erteilt, bzw. dessen Tätigkeit in Anspruch genommen worden ist.

Allein auch bei eigentlichen Rechtsstreitigkeiten, deren Einleitung regelrecht durch Erhebung der Klage erfolgt, kann es vorkommen, daß für die der Anwaltsgebührenberechnung zugrunde zu legende Feststellung des Streitgegenstandswertes nicht der Zeitpunkt der Klageerhebung, sondern der Tag der Einreichung der Klageschrift bei Gericht für ausschlaggebend anzusehen ist. Dies trifft beispielsweise zu, wenn nach Einreichung, aber vor Zustellung der Klage der Streitgegenstandswert durch eine vom Beklagten gemachte Abschlagszahlung oder auf andere Weise, z. B. durch plötzliches Sinken des Börsenkurses, durch Heruntergehen des Marktpreises zc., eine Minderung erfährt, oder der Hauptanspruch durch Tilgung bzw. Leistung sich inzwischen vollständig erledigt; in diesen Fällen muß für die Berechnung der Prozeßgebühr lediglich der Streitgegenstandswert zur Zeit der Einreichung der Klage bei Gericht als maßgebend gelten, zumal auch die Zuständigkeit des Gerichts durch eine auf diese Weise eingetretene Wertveränderung nicht beeinflußt wird.[31]) Wegen dieser Fälle s. weiterhin die Erläuterungen zu § 14 der GO.

28 β) Auch wenn es sich um die Erstattung fortlaufender Auslagen handelt, kann der Tag der Klageerhebung nicht für entscheidend erachtet werden. Die Vorschrift des § 4 ZPO. kann naturgemäß nur solche Ansprüche im Auge haben, die in dem Zeitpunkte der Erhebung der Klage ihrem Grunde und ihrem hauptsächlichen Umfange nach bereits feststehen, und deren Zuwachs von diesem Zeitpunkte ab im Verhältnisse zu jenem hauptsächlichen Umfange von nur untergeordneter, nicht weiter in Betracht zu ziehender Bedeutung erscheinen kann. Bei den gedachten fortlaufenden Auslagen jedoch, welche in Lagergebühren, Kurkosten, Futtergeld und dergleichen bestehen können, greift eine solche Erwägung nicht Platz; sie tragen den Grund des Wachsens in sich selbst und verändern den Streitgegenstand selbst fortwährend; sie entstehen in den meisten Fällen ihrem Hauptbetrage nach erst nach der Erhebung der Klage, so daß dieser Zeitpunkt der Natur der Sache nach einen irgendwie brauchbaren Maßstab nicht zu bieten vermag. Als Endpunkt der Berechnung dient vielmehr — ähnlich wie bei dem Zinsenlaufe im Falle des § 13 Abs. 2 GKG. — der Tag des Urteils, sofern nicht der Lauf der Auslagen schon vorher ein Ende erreicht hat oder die Klage zurückgenommen wird und damit ein früherer Abschluß gegeben ist.[32]) (Vgl. auch N. 73.)

2. Klage und Widerklage. Wechselseitig eingelegte Rechtsmittel. (§ 11 GKG.)

29 Abweichend von der für die Regelung der Zuständigkeit maßgebenden Vorschrift des § 5 Satz 2 ZPO. bestimmt für die Gebührenerhebung der § 11 Abs. 1 GKG., daß, soweit Klage und Widerklage, welche nicht in getrennten Prozessen verhandelt werden, denselben Streitgegenstand betreffen, die Ge-

---

[31]) Vgl. Urteil des OLG. Hamburg vom 25. 5. 88 (SeuffArch. Bd. 44 Nr. 50 S. 91, 92); OLG. Marienwerder 22. 6. 01 in Pos. Mtschr. 01 S. 29; ähnlich Beschluß des RG. I. ZS. vom 3. 6. 93 (JW. S. 353 Ziff. 37); a. M. aber irrig OLG. Cöln 12. 3. 90 (ZdRheinprAV. 9. Jahrg. 91 Abt. I S. 50, 51).

[32]) S. Rittmann § 97 S. 116, 117 und Urteil des RG. VI. ZS. vom 15. 4. 89 BeiBeilzRA. S. 370 ff., 373; Bolze Bd. 7, Nr. 842); ferner RG. JW. 98 S. 353, 17; RG. 15, 75 und 23 S. 363; ebenso Beschluß des OLG. Breslau III. ZS. vom 13. 6. 94 (BreslAKZ. S. 38, 39).

bühren nach dem einfachen Werte dieses Gegenstandes zu berechnen, soweit aber beide Klagen nicht denselben Streitgegenstand betreffen, die Gegenstände zusammenzurechnen sind. Das gleiche soll auch von wechselseitig eingelegten Rechtsmitteln gelten.

Die Motive zum GKG. (S. 41) begründen die Vorschrift dahin:

„Die Frage einer Zusammenrechnung der Gegenstände der Klage und Widerklage liegt hier anders, als sie für die ZPO. (§ 5) in Betracht kommt. Die Zuständigkeit des Amtsgerichtes ist mit Recht für beide Klagen begründet, wenn sie für den Gegenstand einer jeden von ihnen einzeln begründet ist. Sollen aber Gebühren nach dem Streitgegenstande berechnet werden, so ist nicht zu verkennen, daß zwei Streitgegenstände vorliegen, soweit die beiderseitigen Anträge nicht einander ausschließen, die Gegenstände nicht zusammenfallen. Der Ausnahmefall, daß beide Klagen denselben Streitgegenstand betreffen, liegt aber sowohl dann vor, wenn die beiderseitigen Anträge sich auf denselben individuell bestimmten Gegenstand beziehen, z. B. confessoria und negatoria gegen einander stehen, als auch dann, wenn eine Gegenforderung erhoben wird, welche eine Kompensation mit der (an sich unbestrittenen) Forderung des Klägers begründen soll, deren überschießender Betrag aber widerklagend gefordert wird. In letzterem Falle ist nur der Betrag dieser Gegenforderung streitig (und also Gegenstandswert); der (zusammenzurechnende) Gesamtbetrag beider Forderungen jedoch, wenn die Klageforderung an sich bestritten, daneben aber eine Gegenforderung widerklagend erhoben und nur eventuell zugleich zur Kompensation gebracht wird. — Daneben hat die Anordnung der Verhandlung in getrennten Prozessen (ZPO. §§ 136, 274) sowohl für die in einer Klage vereinigten mehreren Ansprüche, als auch für die mittels Einrede geltend gemachten Gegenforderungen und für alle Fälle der Widerklage die abgesonderte Berechnung der Gegenstände ohne Zusammenrechnung zur natürlichen Folge. Dasselbe gilt für die getrennte Verhandlung wechselseitig eingelegter Rechtsmittel, welche eintritt, wenn das eine erst nach Erledigung des anderen zur Verhandlung kommt."

Die Anwendung der Bestimmung des § 11 GKG. führt zu folgenden Ergebnissen:

A. Für Klage und Widerklage. 30

a) Die Anwendung des § 11 hat zur Voraussetzung, daß Klage und Widerklage nicht in getrennten Prozessen, sondern in einem Prozesse verhandelt werden. Klage und Widerklage werden zunächst in demselben Prozesse geltend gemacht; denn es liegt im Wesen der Widerklage, daß sie sich einer Klage gegenüberstellt (§ 33 ZPO.). Neben dem Zusammentreffen von Klage und Widerklage durch Bestimmung der Parteien kann aber auch ein Zusammentreffen durch richterliche Anordnung erfolgen. Wenn nämlich gemäß § 147 ZPO. das Gericht die Verbindung mehrerer bei ihm anhängiger Prozesse derselben Parteien zum Zwecke der gleichzeitigen Verhandlung und Entscheidung anordnet, so wird, wenn in dem einen Prozesse die eine Partei, in dem anderen die andere Partei klagend aufgetreten ist, aus den beiden Klagen nach der Verbindung Klage und Widerklage.

Gemäß § 145 Abs. 2 ZPO. kann nun aber das Gericht anordnen, daß Klage und Widerklage in getrennten Prozessen verhandelt werden, wenn der Gegenanspruch mit dem in der Klage geltend gemachten Anspruch nicht in rechtlichem Zusammenhange steht. Durch den Trennungsbeschluß, der nur nach mündlicher Verhandlung ergehen kann, wird bewirkt, daß der ursprünglich einheitliche Prozeß in eine Mehrheit von Prozessen zerlegt wird, von denen jeder nach besonderer Verhandlung durch besonderes Urteil zu erledigen ist, gleichwie wenn von vornherein zwei selbständige Klagen erhoben wären. Hat man es nunmehr mit zwei selbständigen Prozessen zu tun, so hat auch die Gebührenberechnung für jeden Prozeß selbständig zu erfolgen.

„Getrennte Prozesse" liegen aber nicht vor, wenn nach § 302 ZPO. zunächst über die Klageforderung entschieden wird; denn nach § 302 Abs. 4 bleibt „in betreff der Aufrechnung der Rechtsstreit anhängig"; es soll sonach auch das Nachverfahren Bestandteil des Rechtsstreits bleiben.[33])

31 b) Für die Gebührenfrage kommt es natürlich nur darauf an, daß Widerklage erhoben ist, nicht aber auch, ob sie zulässig war. Ist sie z. B. nach § 33 ZPO. unzulässig gewesen und wird deshalb abgewiesen, so ist sie doch immerhin erhoben und kommt für die Gebührenberechnung in Betracht.[34]) Die eventuelle Erhebung einer Widerklage für den Fall, daß die Klage nicht abgewiesen wird, ist vom Reichsgericht (40, 331) in Übereinstimmung mit fast allen Kommentatoren der ZPO. für unzulässig erklärt.[35]) Nichtsdestoweniger kann eine solche Widerklage für die Prozeßgebühr, und wenn über dieselbe verhandelt ist, auch für die Verhandlungsgebühr in Betracht kommen, weil immerhin die besondere Mühewaltung des Rechtsanwalts für dieselbe aufgewendet ist.[36])

32 c) Ob Klage und Widerklage denselben Gegenstand betreffen oder nicht, ist Tatfrage. Bei der Würdigung ist jedoch davon auszugehen, daß es lediglich auf die Verschiedenheit des Streitgegenstandes, nicht etwa auf Verschiedenheit des Rechtsgrundes oder auf Verschiedenheit der in Klage und Widerklage gestellten Anträge ankommt.[37]) In der Regel wird Verschiedenheit der Streitgegenstände vorliegen, wenn die beiderseitigen Ansprüche nebeneinander bestehen können,[38]) dagegen Identität, wenn die Zuerkennung des einen Anspruchs die Geltendmachung des anderen ausschließt, insbesondere wenn der eine Anspruch nur die Verneinung des anderen bedeutet, wie bei confessoria und negatoria.

Zum Verständnis wird hier die Mitteilung einer Reihe von Fällen aus der reichen Judikatur des Reichsgerichts führen können.

33 α) Identität des Streitgegenstandes und deshalb nur Ansatz des einfachen Werts ist angenommen:

αα) wenn mit der Klage Leistung aus einem Vertrage, mit der Widerklage Feststellung des Nichtbestehens des Vertragsverhältnisses begehrt wird, oder umgekehrt;[39])

ββ) wenn der Kläger auf Löschung eines dinglichen Rechts klagt, mit der Widerklage aber die Leistung begehrt wird;[40])

γγ) wenn mit der Klage die Herausgabe einer Kaution verlangt wird, mit der Widerklage aber Gegenansprüche geltend gemacht werden, für welche die Kaution gestellt ist. Dasselbe gilt von der Arrestkaution. Hierher gehört auch die Retention, die gegen den Klageanspruch wegen des Widerklageanspruchs geltend gemacht wird;[41])

---

[33]) Für das frühere Recht vgl. die Plenarentscheidung des Reichsgerichts 31, 1. Ebenso RG. 18, 408; 28, 414; JW. 93 S. 471, 16. A. M. jedoch RG. JW. 90 S. 203, 5.

[34]) Vgl. auch RG. JW. 84 S. 197, 14; Bbl. S. 149.

[35]) Vgl. auch RG. JW. 99 S. 226, 84.

[36]) Vgl. RG. JW. 87 S. 115, 19; 92 S. 214, 3.

[37]) Vgl. RG. JW. 96 S. 358, 21: 97 S. 205, 1; 98 S. 433, 1; OLG. (Rostock) 7, 218.

[38]) Vgl. OLG. Jena 2. 3. 98 (Th.BlfR. 46, 101).

[39]) RG. bei Bolze Bd. 1 Nr. 1512; Bd. 2 Nr. 1417; Bd. 7 Nr. 85a; Bd. 8 Nr. 705; JW. 86 S. 38, 3; 92 S. 213, 2; 98 S. 433, 1.

[40]) RG. JW. 91 S. 297, 1; Bolze Bd. 7. Nr. 838.

[41]) RG. 31, 387; JW. 84 S. 260, 1; JW. 97 S. 322, 1: RG. 5, 410; 12, 154; Bolze Bd. 8 Nr. 796; Bd. 17 Nr. 670.

δδ) wenn Kläger die Vollstreckbarkeit eines Schiedsspruchs, der Beklagte die Aufhebung des Schiedsspruchs beantragt.[42])

εε) Hierher gehört auch der Fall, daß Kläger auf Unterlassung der Musterschutzverletzung klagt, der Beklagte Widerklage auf Beantragung der Löschung erhebt;

ζζ) ebenso, wenn Kläger auf Herstellung der häuslichen Gemeinschaft klagt, Beklagter Widerklage auf Ehescheidung erhebt.[43])

β) Verschiedenheit des Streitgegenstandes liegt vor und deshalb findet Zusammenrechnung statt:

αα) wenn gegenüber der Klage die Abweisung und daneben Verurteilung zum vollen Betrage des Widerklageanspruchs verlangt wird;[44])

ββ) wenn Kläger auf Auflassung des verkauften Grundstücks klagt, Beklagter Widerklage auf Zahlung des Kaufpreises erhebt.[45])

B. Für wechselseitig eingelegte Rechtsmittel. 34

Über den Streitgegenstand und seinen Wert bei Einlegung von Rechtsmitteln vgl. die Erläuterung zu § 9 N. 15. Den Streitgegenstand bildet hier der Beschwerdegegenstand.

a) Wechselseitig eingelegte Rechtsmittel liegen nicht nur dann vor, wenn die Rechtsmittel von beiden Seiten selbständig eingelegt sind, sondern auch, wenn nur die eine Partei das Rechtsmittel eingelegt hat, die andere Partei sich aber dem Rechtsmittel angeschlossen hat. §§ 521, 556 ZPO.[46])

b) Der Umstand, daß gegen einunddasselbe Urteil von beiden Seiten Berufung eingelegt wird, zieht keineswegs die Folge nach sich, daß dadurch zwei „getrennte Prozesse" entstehen, deren einheitliche Verhandlung nur durch Verbindung gemäß § 147 ZPO. herbeigeführt werden könnte. Infolge der Berufung wird der ganze Rechtsstreit innerhalb der durch die Anträge der Parteien bestimmten Grenzen vor dem Berufungsgericht von neuem verhandelt; auch der Berufungsbeklagte kann dem vom Gegner angefochtenen Urteile gegenüber seine darin nicht berücksichtigten Ansprüche geltend machen und sich der Berufung anschließen. Die Verhandlung wie die Entscheidung in der Berufungsinstanz erstreckt sich deshalb auch auf alle einen zuerkannten oder aberkannten Anspruch betreffenden Streitpunkte, bezüglich deren in Gemäßheit der Parteianträge eine solche erforderlich ist. (§§ 521, 525, 537 ZPO.) Die Einlegung von mehreren Rechtsmitteln gegen ein bestimmtes Urteil ändert hieran nichts und kann deshalb auch nicht die Folge haben, daß aus der bisher mit der Klage anhängig gemachten einen Streitsache zwei Prozesse entstehen; vielmehr haben die Parteien, gleichviel ob das Urteil nur von einer oder von beiden Seiten angefochten wurde, und ob in letzterem Falle der Berufungsbeklagte sich auf die Anschließung beschränkte oder selbständige Berufung einlegte, regelmäßig einen Anspruch darauf, daß bezüglich der ganzen Streitsache nur eine Verhandlung stattfinde und auch bloß ein Urteil ergehe. Nur wenn das Gericht von den ihm in den §§ 145, 146 ZPO. eingeräumten Befugnissen Gebrauch macht, findet eine Verhandlung „in getrennten Prozessen" statt. Soweit dies nicht geschieht, liegt eine einheitliche Streitsache mit einem einzigen Streitgegenstande für beide Rechtsmittel vor. Darum ist auch der Anspruch auf mehrere selbständige Prozeßgebühren unbegründet.[47]) 35

Anders dagegen liegt der Fall, wenn in erster Instanz zunächst ein Teil-

[42]) RG. 15. 12. 84 bei Pfafferoth Anm. 4 a zu § 11.
[43]) KG. XII. 12. 7. 01 in OLG. 4, 265.
[44]) RG. 5, 408: JW. 88 S. 341, 1: 90 S. 369, 1; 00 S. 11, 3.
[45]) RG. JW. 97 S. 190, 15.
[46]) RG. II. 26. 6. 83 im Bbl. S. 129; JW. 92 S. 97, 13: Entsch. 29, 349.
[47]) Vgl. die ausführliche Begründung des RG. JW. 92 S. 97, 13. Entsch. 29, 349.

urteil oder ein Zwischenurteil ergeht, gegen das von einer Seite Berufung eingelegt wird, sodann ein Endurteil, gegen das die andere Partei Berufung einlegt. Hier liegen zwei getrennte Berufungsverfahren vor, die so lange getrennt bleiben, bis sie vielleicht durch einen Verbindungsbeschluß gemäß § 147 ZPO. verbunden werden; bis dahin wird man auch von „wechselseitig" eingelegten Rechtsmitteln nicht sprechen können.[48])

36 c) Bezüglich der Trennung und Verbindung gilt dasselbe wie bei Klage und Widerklage. Vgl. N. 30.

37 d) Auch bezüglich der Identität oder Verschiedenheit des Gegenstandes der beiden Rechtsmittel ist auf die Ausführungen N. 32—33 zu verweisen. Identität ist, wie hervorgehoben werden mag, anzunehmen, wenn Kläger, der das vom Beklagten angefochtene Urteil gegen Sicherheitsleistung hat vollstrecken lassen, mittels Anschlußberufung die Rückgabe der Sicherheit beansprucht.[49])

3. Häufung mehrerer Ansprüche. (§ 5 ZPO.)

38 Nach § 5 ZPO. sollen für die Wertsberechnung mehrere in einer Klage geltend gemachte Ansprüche zusammengerechnet werden.

a) Nach § 260 ZPO. können mehrere Ansprüche des Klägers gegen denselben Beklagten, auch wenn sie auf verschiedenen Gründen beruhen, in einer Klage verbunden werden, wenn für sämtliche Ansprüche das Prozeßgericht zuständig und dieselbe Prozeßart zulässig ist. Zu einer solchen Verbindung kann es aber auch dadurch kommen, daß das Gericht gemäß § 147 ZPO. die Verbindung mehrerer bei ihm anhängiger Prozesse zur gleichzeitigen Verhandlung und Entscheidung anordnet. In diesem Falle bildet vom Zeitpunkt der Verbindung ab der Gesamtbetrag der einzelnen Streitgegenstände den neuen Streitgegenstand.[50]) Die von jenem Zeitpunkte ab entstehenden Gebühren des Rechtsanwalts sind daher gemäß § 10 GO. ebenfalls nach dem neuen Streitwert zu bemessen. Da aber die Verbindung mehrerer Prozesse erst auf Grund mündlicher Verhandlung beschlossen werden kann (RG. 24, 367), so ist jedenfalls die Prozeßgebühr und Verhandlungsgebühr nach den einzelnen Streitgegenständen für jeden Prozeß besonders zu berechnen. Rückwirkende Kraft ist der Verbindung nicht beigelegt.[51])

39 b) Der § 5 verordnet die Zusammenrechnung nur für den Fall der Verbindung mehrerer Ansprüche in der Klage. Wie bei Verbindung mehrerer Ansprüche in der Widerklage der Streitwert der Widerklage anzunehmen ist, hat weder die ZPO. noch das GKG. bestimmt. Daraus ist indessen nicht zu folgern, daß für die Widerklage nicht dasselbe gelten sollte wie für die Klage; vielmehr ist das Schweigen der ZPO. wohl nur darauf zurückzuführen, daß dieselbe in den §§ 3—9 nur die Wertsberechnung zur Ermittlung der Zuständigkeit feststellen wollte, für die letztere aber nur die Klage, nicht auch die

[48]) Vgl. OLG. Posen in Pos. Mschr. 99 S. 133; a. M. jedoch RG. JW. 84 S. 9, 11. Vgl. hierzu Erl. § 20 N. 4 und § 25 N. 6. Ist Teilurteil wegen der Hauptsache ergangen und angefochten, darauf Endurteil wegen der Kosten erlassen, das ebenfalls angefochten wird, so will OLG. Bamberg in OLG. 3, 436 für die letztere Berufung besondere Gebühren nicht bewilligen. Auch das KG. 5. 3. 02 in ZZP. 31, 339 will bei mehreren Berufungen gegen mehrere Teilurteile, wenn über sie zusammen verhandelt und entschieden wird, nur eine Instanz annehmen.

[49]) Vgl. RG. 31, 380. Dieses Verfahren ist jetzt nicht mehr nötig: die Rückgabe der Sicherheit kann nach § 109 ZPO. verfolgt werden.

[50]) RG. 5, 354; 6, 416; 44, 419; JW. 81 S. 211; 96 S. 687; 97 S. 236, 30; 98 S. 74, 30; 99 S. 90, 9.

[51]) Vgl. RG. 44, 419, worin auch einige frühere, anscheinend widersprechende Entscheidungen des Reichsgerichts richtig gestellt werden.

Widerklage in Betracht kommt. Was von der Klage gilt, ist aber auch auf die Widerklage anzuwenden; auch hier sind mehrere in einer Widerklage geltend gemachte Ansprüche zusammenzurechnen.[52])

Entsprechende Anwendung wird die Vorschrift des § 5 auch finden müssen, wenn es sich um Geltendmachung mehrerer Ansprüche in einem Zahlungsbefehle oder Arrestbefehle oder einer einstweiligen Verfügung bzw. den darauf hinzielenden Gesuchen handelt.[53])

c) Die Vorschrift des § 5 setzt eine Mehrheit von Ansprüchen voraus. 40
Es wäre nun verfehlt, den „Anspruch" im Sinne des § 194 BGB. aufzufassen; denn dann wäre die Klagenverbindung für den Fall mehrerer Feststellungsklagen ausgeschlossen, was mit der Bestimmung des § 615 ZPO. nicht vereinbar wäre. Unter „Anspruch" ist vielmehr hier lediglich das Klagebegehren zu verstehen.[54]) Wie nun ein einziges Klagebegehren auf verschiedene Rechtsgründe gestützt werden kann, ohne die Einheitlichkeit zu verlieren (arg. § 146 ZPO.), so können andererseits verschiedene Klagebegehren sowohl auf demselben Grunde wie auf verschiedenen Gründen beruhen, wie sich insbesondere aus § 260 ZPO. ergibt. Ebenso können aber auch die verschiedenen Ansprüche sowohl von einem als auch von mehreren Klägern geltend gemacht und gegen einen oder mehrere Beklagte gerichtet sein (arg. ex § 147 ZPO.).

Immerhin aber muß es sich um mehrere selbständige Klagebegehren 41
handeln. Dies ist nicht der Fall,

α) wenn die Klagebegehren nur auf eine einheitliche Leistung gerichtet sind, so bei der Klage gegen mehrere Gesamtschuldner (§§ 421, 428, 431, 432 BGB.),[55]) bei der Klage des Konkursgläubigers gegen die widersprechenden Gläubiger (§ 146 KO.) oder der Klage des dem Verteilungsplan widersprechenden Gläubigers gegen die beteiligten Gläubiger (§ 878 ZPO.);[56])

β) wenn das eine Klagebegehren zu dem anderen akzessorisch hinzutritt 42
und nicht selbständig ist. Dies ist in der Reichstagskommission ausdrücklich zu Protokoll konstatiert worden.[57]) Hierher gehört der mit dem Antrage auf Leistung verbundene Antrag auf Duldung der Zwangsvollstreckung gegen den Ehemann, Nießbraucher ꝛc. (§§ 737, 739, 743, 745, 748 ZPO.);[58]) die Verbindung der Pfandklage mit der persönlichen Klage, der Feststellungs- mit der Leistungsklage, z. B. Anerkennung des Eigentums und Freigabe bei der Interventionsklage, oder Anerkennung des Eigentums verbunden mit dem Anspruch auf Rechnungslegung und Ausantwortung der Nutzungen[59]), ferner des Leistungsanspruchs mit dem Anspruch auf Sicherstellung.[60]) Hierher gehören ferner die Klagen auf Zahlung des Kaufpreises und Abnahme der Ware, auf Rücknahme der Ware und Rückzahlung des Kaufpreises. Ebenso gehört hierher die Klageforderung verbunden mit dem Antrage auf Einwilligung in die Rückgabe des behufs Vollstreckung hinterlegten Betrages oder der Abweisungsantrag verbunden mit dem Antrage auf Rückzahlung des beigetriebenen Betrages. Sie

[52]) Ebenso Loening in ZZP. 4, 104. Seuffert ZPO. § 5 N. 1; Gaupp-Stein ZPO. § 4 N. III; Petersen-Anger § 5 N. 7.

[53]) Petersen-Anger § 260 N. 3; Seuffert ZPO. § 232 (alter Fassung) N. 2; Wilmowski-Levy § 232 N. 3.

[54]) Petersen-Anger § 5 N. 1; Gaupp-Stein § 260 N. II.

[55]) Vgl. Petersen-Anger § 5 N. 2; Gaupp-Stein § 5 N. I; Seuffert ZPO § 5 N. 1; Wach I S. 381; Seuffert BlfRA. 51, 172; ZZP. 6, 475.

[56]) Wach I S. 381 N. 42; Gaupp-Stein § 5 N. I.

[57]) Hahn Materialien z. ZPO. I. S. 528.

[58]) Gaupp-Stein § 5 N. I.

[59]) RG. JW. 02 S. 391, 5.

[60]) RG. JW. 92 S. 372, 10; 96 S. 270, 2; Bolze 22, 702.

bilden keinen neuen selbständigen Gegenstand des Prozesses, sondern enthalten im ersteren Falle lediglich einen weiteren Schritt zur Erreichung des Zweckes der Klage, im zweiten Falle lediglich die Rückgängigmachung einer prozessualen Maßregel.[61]) Dasselbe muß aber auch von den noch weiter auf Schadenersatz gehenden Rechtsbehelfen nach §§ 302 Abs. 4, 541 Abs. 2, 600 Abs. 2, 717 Abs. 2 ZPO. gelten.[62]) Hierher gehört endlich der Fall des § 255 ZPO. (Antrag auf Fristsetzung).[63])

43 γ) wenn die Klagebegehren nicht neben einander erfüllt werden können, sondern sich gegenseitig ausschließen.

Hierher gehören die alternativen Ansprüche. Hier wird tatsächlich nur eine Leistung verlangt, die Bestimmung derselben liegt in der Wahl einer der beiden Parteien. (Vgl. im übrigen § 9 N. 12.)

Hierher gehört ferner die Stellung eines Eventualantrages neben dem Prinzipalantrage. Hier begehrt der Kläger gar nicht ein Mehrfaches, sondern substituiert nur dem einen Begehren ein anderes für den Fall, daß das erste Begehren nicht erfüllt wird. (Vgl. § 9 N. 14.)

44 d) Von der Regel der Zusammenrechnung mehrerer Ansprüche sind zwei Ausnahmen gemacht

α) im Falle des § 254 ZPO. durch § 10a GKG.

β) beim Zusammentreffen von Haupt- und Nebenforderung durch § 4 ZPO. Diese beiden Fälle werden im folgenden besonders behandelt.

4. Klageverbindung gemäß § 254 ZPO. (§ 10a GKG.)

45 Nach der Vorschrift des § 10a GKG. soll im Falle des § 254 ZPO. für die Wertsberechnung nur einer der verbundenen Ansprüche, und zwar der höhere, maßgebend sein.

a) Nach § 254 ZPO. kann mit der Klage auf Rechnungslegung oder
46 auf Vorlegung eines Vermögensverzeichnisses oder auf Leistung des Offenbarungseides die Klage auf Herausgabe desjenigen verbunden werden, was der Beklagte aus dem zugrunde liegenden Rechtsverhältnis schuldet; in diesem Falle kann die bestimmte Angabe der Leistungen, welche der Kläger beansprucht, vorbehalten werden, bis die Rechnung mitgeteilt, das Vermögensverzeichnis vorgelegt oder der Offenbarungseid geleistet ist.

Es handelt sich hier in erster Reihe um Geltendmachung der Ansprüche aus §§ 259, 260, 1890 ff., 2027, 2028 BGB. Solche Ansprüche hat der Auftraggeber gegen den Beauftragten (§ 666 BGB.), der Geschäftsherr gegen den Geschäftsführer ohne Auftrag (§ 681 BGB.), der Gesellschafter gegen den geschäftsführenden Gesellschafter (§ 713), der Verpfänder gegen den antichretischen Pfandgläubiger (§ 1214), die Ehefrau gegen den Ehemann (§§ 1421, 1546), das Kind gegen den Inhaber der elterlichen Gewalt (§ 1681), der Mündel gegen Vormund und Pfleger (§§ 1890, 1915), der Erbe gegen den Erbschaftsbesitzer (§§ 2027, 2028), der Nachlaßgläubiger gegen den Erben (§§ 1978, 1990—1992), der Nacherbe gegen den Vorerben (§ 2130), der Erbe gegen den Testamentsvollstrecker (§ 2218); die Verpflichtung aus § 260 liegt u. a. dem Pächter (§ 581) und dem Nießbraucher (§§ 1035, 1048, 1055) ob. Erst nach Erfüllung der Verpflichtungen aus §§ 259, 260 BGB. ist der Kläger in der Lage, seine Ansprüche aus den vorbezeichneten Rechtsverhältnissen genau zu bestimmen; trotzdem ist ihm durch § 254 ZPO. die Möglichkeit er-

---

[61]) KGBl. 91 S. 18; RG. 9 S. 410; 23, 350; 31, 379; JW. 95 S. 222, 1; 97 S. 2, 3; Gruchot 34, 1138.

[62]) Ebenso Gaupp-Stein zu § 546 Anm. 15, zu § 600 Anm. 3 und zu § 717, III A. M. unter Heranziehung des Gesichtspunktes der Nebenforderung Petersen-Anger zu § 302 N. 6 am Ende, anscheinend im Widerspruch mit § 4 N. 19. Vgl. auch Erl. N. 55.

[63]) Vgl. Gaupp-Stein § 5 N. I.

öffnet, auch diesen zweiten Anspruch zusammen mit dem ersten klagend geltend-zumachen. Solchenfalls wird zunächst durch Teilurteil über die Verpflichtung des Beklagten zur Rechnungslegung usw. zu entscheiden und erst, nachdem dieses Urteil, nötigenfalls durch Zwangsvollstreckung (§§ 888, 889 ZPO.), zur Ausführung gebracht ist, über den Anspruch auf Herausgabe der nunmehr bestimmt zu bezeichnenden Gegenstände zu verhandeln sein.[64])

b) Die Bestimmung des § 10a GKG. ist bei Gelegenheit der Novelle zur ZPO. und aus Veranlassung des neu eingefügten § 230a (jetzt § 254) gegeben und damit begründet worden, daß die Fassung des § 235a den Schluß zulasse, daß es sich hier um die Geltendmachung zweier Ansprüche handele, die gemäß § 5 ZPO. und § 9 GKG. zusammenzurechnen wären. Tatsächlich sei aber die Rechnungslegung, die Vorlegung des Vermögensverzeichnisses, die Leistung des Offenbarungseides nur vorbereitender Natur, und das Interesse des Klägers an dem ganzen Prozesse beschränke sich in der Regel auf den Wert der Leistungen, die er als Ergebnis jener Feststellungen beanspruche. In Berücksichtigung dieser Sachlage wurde im Anschluß an die ähnliche Vorschrift des § 10 Abs. 2 GKG. bestimmt, daß in dem fraglichen Falle für die Wertsberechnung nur der höhere Anspruch maßgebend sei.[65]) 47

c) Bei der Anwendung der Vorschrift des § 10a GKG. ergeben sich Schwierigkeiten mannigfacher Art. 48

Da der höhere Wert maßgebend sein soll, muß für jeden Anspruch besonders der Wert ermittelt werden. Der Wert des Anspruchs auf Rechnungslegung, auf Vorlegung eines Vermögensverzeichnisses und auf Leistung des Offenbarungseides wird lediglich nach freiem Ermessen (§ 3 ZPO.) unter Berücksichtigung der Angaben der Parteien geschätzt werden müssen. Der Wert des Anspruchs auf Herausgabe, der sich mit dem Wert der geforderten Gegenstände deckt, wird zwar mit größerer Sicherheit, besonders wenn Geld gefordert wird, ermittelt werden können, aber doch erst wenn die **bestimmte** Angabe der herauszugebenden Gegenstände erfolgt, also gewöhnlich erst **nach vollständiger Erledigung** des Prozesses über den ersten Anspruch. Dabei kann es wiederum fraglich sein, ob für die Berechnung dieses letzteren Wertes bereits gemäß § 4 ZPO. der Zeitpunkt der Erhebung der Klage oder vielmehr der der bestimmten Angabe maßgebend ist. Man wird wohl das erstere annehmen müssen.

5. Haupt- und Nebenforderung. (§ 4 ZPO., § 13 GKG.)

Gleichsam eine Ausnahme von der Regel, daß mehrere in einer Klage geltend gemachte Ansprüche zusammengerechnet werden, bildet die Vorschrift des zweiten Satzes des § 4 ZPO., nach welcher **Früchte, Nutzungen, Zinsen, Schäden und Kosten, wenn sie als Nebenforderungen geltend gemacht werden, von der Berücksichtigung bei der Wertberechnung ausgeschlossen sein sollen.** 49

Die **Motive** zu § 4 ZPO. äußern sich über die Gründe dieser Ausnahmevorschrift wie folgt: 50

„Im Widerspruche insbesondere mit dem preußischen Rechte bestimmt der § 4, daß Früchte, Nutzungen (gesetzliche und vertragsmäßige — nordd. Prot. I S. 80 —), Zinsen, Schäden und Kosten bei der Wertsberechnung schlechthin und nicht etwa nur hinsichtlich des während der Dauer des Prozesses auflaufenden Betrages außer Betracht bleiben, insofern sie als Nebenforderungen geltend-

[64]) Vgl. Begr. zu § 230a der Zivilprozeßnovelle. S. 102; Prot. z. BGB. 2, 792 ff.; Gaupp-Stein § 254 N. I.

[65]) Vgl. Begr. S. 208.

gemacht werden ... Die Zweckmäßigkeit spricht entschieden für die Bestimmung des Entwurfs; es empfiehlt sich, daß die Wertsermittlung zum Zwecke der Kompetenzbestimmungen nach klaren und einfachen Regeln geschehe ... Das entgegengesetzte Prinzip würde, auch wenn es nur hinsichtlich der vor der Klageerhebung entstandenen Nebenforderungen Anerkennung fände, praktisch manche Schwierigkeiten und Weitläufigkeiten zur Folge haben, indem insbesondere bei feststehendem Werte des Hauptanspruchs die Wertsermittlung der Nebenforderungen oft schwierig sein und Beweiserhebungen veranlassen kann."

51 a) Nicht alle Nebenforderungen sollen für die Wertsberechnung unberücksichtigt bleiben, sondern nur die in § 4 ZPO. ausdrücklich bezeichneten fünf Kategorien von Nebenforderungen, nämlich „Früchte", „Nutzungen", „Zinsen", „Schäden" und „Kosten". Diese Aufzählung ist nicht bloß exemplifikativ zu nehmen, sondern erschöpft den Inhalt der Vorschrift des § 4, welche als Ausnahmevorschrift keine ausdehnende Anwendung auf andere verwandte Gattungen von Ansprüchen zuläßt.[66]) Es ist daher die analoge Ausdehnung der Vorschrift auf andere Nebenansprüche, wie auf Zuwachs (§ 946 BGB.), Zubehör §§ 97 ff. BGB.), die Nebenleistungen der §§ 507, 1185 BGB., nicht zulässig.

Wesen und Umfang der namentlich aufgeführten fünf Arten von Nebenansprüchen ist aus dem Bürgerlichen Recht zu bestimmen.

52 α) Früchte sind — nach § 99 BGB. — die Erzeugnisse einer Sache und die sonstige Ausbeute, welche aus der Sache ihrer Bestimmung gemäß gewonnen wird; Früchte eines Rechts sind die Erträge, welche das Recht seiner Bestimmung gemäß gewährt, insbesondere bei einem Recht auf Gewinnung von Bodenbestandteilen die gewonnenen Bestandteile; Früchte sind auch die Erträge, welche eine Sache oder ein Recht vermöge eines Rechtsverhältnisses gewährt. Für die Anwendung des § 4 ZPO. kommt es nicht darauf an, ob die Früchte noch vorhanden oder bereits verzehrt sind, und ob sie schon bezogen wurden oder nicht, wenn sie nur schon von der fruchttragenden Sache getrennt sind und deren Herausgabe oder Ersatz neben der Hauptsache verlangt wird. Würde dagegen die Herausgabe einer Sache in dem Zustande, in dem sie sich befindet, verlangt, so würde, wenn die Früchte von ihr noch nicht abgetrennt sind, der Wert der Früchte, soweit er den Wert der Sache erhöht, in Betracht kommen; denn hier werden gar nicht die Früchte neben der Sache geltend gemacht.[67])

53 β) Nutzungen sind nach § 100 BGB. die Früchte einer Sache oder eines Rechts sowie die Vorteile, die der Gebrauch der Sache oder des Rechts gewährt. In den „Nutzungen" sind demnach die „Früchte" enthalten; der Begriff der Nutzungen geht also weiter als der der Früchte. Hierzu gehören die Dividendenscheine der Aktien,[68]) hierher gehören ferner die auf Grund eines Miets- oder Pachtvertrages zu entrichtenden Miets- oder Pachtgelder, die man als fructus civiles im Gegensatz zu den fructus naturales bezeichnet. Zu den Nutzungen gehören endlich auch die Renten, welche auf Grund eines dauernden Bezugsrechts (§ 9 ZPO.) beansprucht werden. (Ob dieselben als Nebenforderungen anzusehen, vgl. N. 147 unten.)

54 γ) Zinsen sind die Entschädigung für die Nutzung eines Kapitals. Nach preußischem Rechte bezeichnete das Wort „Zinsen" bei Darlehnen „alles das, was der Schuldner dem Gläubiger für den Gebrauch des geliehenen Geldes entrichten muß" (§ 803 Tit. 11 T. I ALR.), umfaßte also, über das römischrechtliche Erfordernis der „Gleichartigkeit" hinausgehend, jeden als Entgelt für

---

[66]) RG. 13, 396; Gaupp-Stein § 4, III; Petersen-Anger § 4 N. 5.
[67]) Vgl. Petersen-Anger § 4 N. 7; Meyer-Irmler zu § 10 S. 27 Anm. 3a.
[68]) RG. JW. 93 S. 535, 1.

den entbehrten Kapitalsgebrauch ausbedungenen Vorteil, mithin auch die Lieferung anderer Sachen, ja selbst Arbeiten des Schuldners. Nach dem Rechte des BGB. dagegen wird man als „Zinsen" eines Kapitals nur Geldzinsen anerkennen, andersartige Entschädigungen aber unter den Begriff der Nutzungen fallen lassen müssen. Auf den Rechtsgrund der Zinsen kommt es nicht an, der § 4 bezieht sich daher sowohl auf die rechtsgeschäftlichen, wie auf die gesetzlichen Zinsen, insbesondere auch auf die Verzugszinsen.[69]) (§§ 246 ff., 288 ff., 291 BGB.)

Auch Zinskupons (Zinsscheine) gehören hierher; denn die Natur der Zinsen wird dadurch nicht geändert, daß das Zinsversprechen in Form von Scheinen au porteur ausgestellt ist; bei Ermittlung des Streitgegenstandswertes eines auf Herausgabe von Wertpapieren nebst Kupons gerichteten Anspruches bleibt deshalb der Wertbetrag der bis zur Klageerhebung verfallenen Kupons außer Berücksichtigung.[70])

δ) Schäden sind Schadensersatzansprüche jeder Art (soweit sie nur als 55
Nebenforderungen auftreten), ohne Unterschied, ob sie auf Gesetz oder auf Vertrag beruhen, ob es sich um wirklichen Schaden (damnum emergens) d. h. die Entziehung eines im Vermögen bereits vorhandenen Wertes, oder um entgangenen Gewinn (lucrum cessans), d. h. die durch Nichterfüllung einer Pflicht herbeigeführte Entziehung eines in Aussicht stehenden Wertes, handelt, ob der Schade ein mittelbarer oder ein unmittelbarer ist. Als „Schäden" im Sinne des § 4 kommen u. a. in Betracht: die eigene Provision des Wechselklägers,[71]) die eigene Provision des Verkäufers bei Vornahme des Selbsthilfeverkaufs nach § 354 HGB.;[72]) ferner die Interesseforderung wegen verspäteter Leistung, sofern sie neben der geschuldeten Leistung selbst verfolgt wird, nicht aber dann, wenn sie als eventueller Anspruch an Stelle des Hauptanspruches für den Fall der Abweisung oder Nichterfüllung des letzteren geltend gemacht ist;[73]) ebenso mit der gleichen Maßgabe d. h. wenn sie neben der Hauptsache eingeklagt wird, die Vertragsstrafe, indem dieselbe als das im voraus vertragsmäßig fixierte Interesse für die Nichterfüllung oder für die nicht gehörige bzw. nicht rechtzeitige Erfüllung sich darstellt (§§ 340, 341 BGB.); zu den Schäden gehören ferner die auf die Hauptsache gemachten Aufwendungen und Auslagen, wie Lagergeld[74]), Zoll- und Frachtauslagen,[75]) Leihgebühr[76]) und unter Umständen Futterkosten.[77]) (§ 304 BGB.) Ebenso ist der Anspruch auf Erstattung der Kosten des Entwehrungsprozesses eine Nebenforderung des Gewährleistungsanspruchs.[78]) Hierher gehören endlich auch die Schadensersatzansprüche aus

[69]) RG. JW. 96 S. 247, 1.
[70]) Förster ZPO. I, 11 in Note 3c Abs. 2 zu § 4; RG. JW. 93 S. 535, 1.
[71]) RG. 1, 228; 29, 332; 32, 75.
[72]) RG. JW. 94 S. 432, 36. Entsch. 33, 408.
[73]) RG. V. ZS. 20. 3. 89 (Bbl. 90 S. 137).
[74]) RG. JW. 97 S. 2, 3; 99 S, 28, 3. Entsch. 42, 388.
[75]) RG. bei Gruchot 50, 1047; JW. 06 S. 202.
[76]) RG. JW. 06, 116.
[77]) Gaupp-Stein § 4 III. Anm. 27. Allerdings wird es darauf ankommen, ob die Futterkosten als Nebenforderung erscheinen; dies wird nach § 304 BGB. in der Regel anzunehmen sein. Die Futterkosten bei der Wandlung will das Reichsgericht (13, 396) nach ALR. weder als Schäden oder Kosten noch als Nebenforderung ansehen und deshalb bei der Wertsberechnung berücksichtigen. Dieser Ansicht schließt sich das Kammergericht (KGBl. 01 S. 105) und OLG. Hamburg, Hans. GZ. 03 Beibl. 76 auch für das Recht des BGB. auf Grund des § 488 BGB. an. Dagegen aber wieder RG. II. 16. 9. 02 im Recht 02 S. 510, JW. 02 S. 543, 04, 530 und 52 S. 166, das die Futterkosten als Schäden und Nebenforderung erklärt; ebenso OLG. Rostock in DJZ. 00 S. 324; OLG. (Kiel) 13, 67 und OLG. Karlsruhe 10. 10. 02 im Recht 02 S. 534, während dasselbe Gericht 15. 4. 02 in Bad. Rechtpraxis 02 S. 271. entgegengesetzter Ansicht war.
[78]) RG. 55, 81.

§§ 302 Abs. 4, 541 Abs. 2, 600 Abs. 2, 717 Abs. 2 ZPO., wenn sie im anhängigen Hauptprozesse neben der Rückerstattung des Geleisteten geltend gemacht werden.[79])

56 ε) Kosten sind die vor Erhebung der Klage auf die Realisierung des Anspruchs verwendeten — sei es nun bereits bezahlten oder noch geschuldeten — Kosten, mithin sowohl die Prozeßkosten eines früheren Prozesses oder sonstigen vorgängigen Verfahrens,[80]) als auch außergerichtliche Kosten jeder Art, wie Kündigungskosten, Aufwendungen für Mahnbriefe, Protesterhebungsgebühren, Portoauslagen, Gutachten;[81]) ferner die aus Anlaß des der Klage zugrunde liegenden Rechtsgeschäfts entstandenen Kosten, wie die Kosten des Verkaufs von Handelswaren, welche dem Verderben ausgesetzt sind (HGB. § 373), die Kosten für Untersuchung und Feststellung des Zustandes beanstandeter Waren oder Frachtgüter (§ 438 HGB.), die Kosten der Hinterlegung und Versteigerung (§§ 381, 386 BGB.), die Vertragskosten bei der Wandlung (§ 467 BGB.) usw.

57 b) Die Nichtberücksichtigung bei der Wertberechnung ist an die Voraussetzung geknüpft, daß die betreffenden Ansprüche als Nebenforderungen geltend gemacht werden.

Von einer Nebenforderung könnte im weitesten Sinne dieses Begriffes die Rede sein, wenn sie überhaupt nur neben einer anderen Forderung zugleich mit dieser geltend gemacht wird. Daß in dieser Ausdehnung die Bedeutung der Nebenforderung im § 4 nicht gemeint sein kann, ergibt sich sofort aus der Bestimmung des § 5 ZPO., welcher verordnet, daß mehrere in einer Klage, also nebeneinander, geltend gemachte Ansprüche zusammengerechnet werden sollen. Es kann demnach der Begriff der Nebenforderung hier nur gedacht werden im Gegensatze zu einer Hauptforderung, durch welche sie bedingt ist und mit welcher sie zusammen erhoben wird. Diese Auffassung entspricht auch einerseits derjenigen der ZPO. im § 268 Ziff. 2 und im § 321 Abs. 1, wie andererseits dem allgemeinen Sprachgebrauche.[82]) Als Nebenforderung im Sinne des § 4 ZPO. charakterisiert sich mithin derjenige Anspruch, welcher unter mehreren gleichzeitig geltend gemachten Ansprüchen seinem Wesen und Bestande nach in einem rechtlichen Abhängigkeitsverhältnisse zu einem anderen dieser Ansprüche steht, während dieser letztere im Verhältnisse zu jenem als Hauptforderung erscheint.[83])

---

[79]) RG. 9, 410; 23, 350; 31, 379. Diese Entscheidungen beziehen sich allerdings nur auf die Vorschriften der alten ZPO, nach welcher nur Erstattung des Gezahlten oder Geleisteten verlangt werden konnte. Vgl. jedoch hierzu auch N. 42 und Anm. 62. Jedenfalls aber wird der über die Erstattung des Geleisteten hinausgehende Schadensbetrag als Nebenforderung zum Erstattungsanspruche angesehen werden können.

[80]) Z. B. auch die im Nachverfahren geforderten Kosten des vorangegangenen Urkundenprozesses, RG. 23, 351, ebenso die auf § 767 Abs. 2 BGB. gestützte Forderung gegen den Bürgen auf Erstattung der von dem Hauptschuldner zu ersetzenden Kosten der Rechtsverfolgung. RG. 56, 267. S. auch RG. Gruchot 49, 1006.

Bei Beschwerden gegen Entscheidungen über den Kostenpunkt allein gemäß § 99 Abs. 3 ZPO. sind die Kostenfestsetzungsgebühren des Anwalts, ebenso die Kosten eine vorangegangenen Beschwerde als Nebenforderung gemäß § 4 ZPO anzusehen: RG. JW. 00. S. 647, 2; 01 S. 329, 10. Das gleiche gilt im Falle der Beschwerde gegen einen Kostenfestsetzungsbeschluß bezüglich der gerichtlichen und außergerichtlichen Kosten des Festsetzungsverfahrens: RG. JW. 02 S. 181, 1.

[81]) RG. 1, 229; JW. 93 S. 12, 1; 94 S. 364, 16; 97 S. 210, 22. Pos. Mschr. 1 S. 105.

[82]) Vgl. RG. VZS. 19, 419.

[83]) Vgl. Seufert ZPO. Note 3 zu § 4 S. 5, Wach Bd. I. S. 384 Anm. 14, Planck S. 39 und RG. 18, 373; JW. 89 S. 167, 1; 98 S. 3, 2 und S. 353, 17; SeuffArch. Bd. 43 Nr. 241; ZZP. 13, 353, 354.

Es müssen sonach immer zwei Voraussetzungen vorliegen, gleichzeitige Geltendmachung und Abhängigkeitsverhältnis:

α) Demgemäß bleiben die aus der Zeit vor Erhebung der Klage herrührenden Forderungen an Früchten, Nutzungen, Zinsen, Schäden und Kosten bei der Wertberechnung nur dann außer Betracht, wenn sie zusammen mit dem Hauptanspruche den Gegenstand der Klage bilden und also in dem vorerörterten Sinne als Nebenforderungen geltend gemacht sind. Werden dagegen solche Forderungen selbständig eingeklagt, so daß sie für sich allein den Gegenstand der Klage ausmachen, ihre akzessorische Natur also nicht weiter in Betracht kommt: so stellt der bis zum Tage der Klageerhebung aufgelaufene Betrag derselben den Wert des Streitgegenstandes dar. Besteht demnach der Klageanspruch z. B. lediglich in Verzugszinsen für ein überhaupt nicht eingeklagtes, sondern freiwillig gezahltes Kapital aus der Zeit vor der erfolgten Zahlung, so bilden diese Zinsen ausschließlich den Streitgegenstand, da sie nicht in ihrem Verhältnisse zur Hauptforderung, d. h. nicht als Nebenforderung, sondern unabhängig von der Hauptforderung, als selbständiger Anspruch, geltend gemacht werden, so daß die Vorschrift des § 4 ZPO. in diesem Falle keine Anwendung finden kann.[84]) Ebenso liegt auch dann eine außer Betracht bleibende Nebenforderung nicht vor, wenn etwa der Kläger Zinsen eines Kapitals fordert, welches Gegenstand der Widerklage ist; auch hier fehlt es an der gleichzeitigen Geltendmachung beider Forderungen.[85])

Ist zwar mit der Klage eine Haupt- und eine Nebenforderung geltend gemacht, so daß letztere für die Wertsberechnung nicht in Betracht kommt, erledigt sich aber im Laufe des Rechtsstreits die Hauptforderung vollständig, so daß sie nicht mehr Gegenstand des Rechtsstreits ist, so verliert die Nebenforderung ihren Charakter als solche und wird selbständige Forderung.[86]) Wird ein Rechtsmittel nur bezüglich der Nebenforderung eingelegt, so ist für die Rechtsmittelinstanz die frühere Nebenforderung zu einem selbständigen Anspruche geworden, der den Beschwerdegegenstand allein bestimmt; von einer Nebenforderung im Sinne des § 4 ZPO. kann nicht mehr die Rede sein, wenn daneben überhaupt nichts geltend gemacht wird.[87]) Dies kann zu einem eigentümlichen Ergebnis führen, wenn neben einer 2500 Mk. nicht übersteigenden Hauptforderung zugleich eine mehr als 2500 Mk. betragende Nebenforderung zu- oder aberkannt ist; hier ist die Revision unzulässig, wenn sie Haupt- und Nebensache, dagegen zulässig, wenn sie nur die Nebensache betrifft. Zweifelhafter ist die Berechnung des Beschwerdegegenstandes, wenn die eine Partei wegen der zu- oder aberkannten Nebenforderung, die andere Partei wegen der ab- oder zuerkannten Hauptforderung ein Rechtsmittel eingelegt hat. In einem Beschlusse vom 29. März 1890 hatte der fünfte ZS. des Reichsgerichts[88]) ausgesprochen, daß eine an sich als Nebenforderung anzusehende Zinsforderung dadurch, daß sie zum Gegenstande eines besonderen Rechtsmittels gemacht worden sei, die Bedeutung einer selbständigen Forderung erlange, und daß diese Be-

---

[84]) Vgl. RG. 9, 415 und 10, 345. Gruchot 31, 1141; 40, 699; JW. 94 S. 504, 1; 96 S. 371, 12 und S. 398, 11.

[85]) RG. JW. 96 S. 410, 4.

[86]) Vgl. RG. 9, 415; JW. 94 S. 84, 14; Gruchot 38, 1192 und 41, 703. Vgl. auch die Erl. zu N. 82. Die Kosten werden erst dann zur selbständigen Forderung, wenn auch die Zinsen erledigt sind. Vgl. RG. JW. 94 S. 504, 1, SeuffArch. Bd. 52 N. 190 und die Erl. zu N. 86.

[87]) RG. 47, 259; JW. 03, S. 97, 174; 05, S. 342. Dasselbe wird zu gelten haben, wenn im Nachverfahren nach einem Urkundenprozeß eine frühere Nebenforderung nach Erledigung der Hauptforderung den alleinigen Streitgegenstand bildet. Vgl. § 28.

[88]) Bbl. 90 S. 113.

deutung ihr durch die nachträglich vom Gegner bezüglich der Hauptforderung eingelegte Revision nicht mehr entzogen werde. In einem Beschlusse vom 14. 5. 97 dagegen, der den Fall behandelt, daß der Kläger seine Schadensersatzforderung erst dann mittels Anschließung in vollem Umfange geltend machte, nachdem der Beklagte wegen Zuerkennung der Hauptforderung und Verurteilung zu 500 Mk. Schadensersatz Berufung eingelegt hatte, hat der zweite ZS. des Reichsgerichts [89]) die ganze Schadensersatzforderung als Nebenforderung angesehen. Dabei hat das Reichsgericht die Richtigkeit der Auffassung vom 29. 3. 90 zwar ununtersucht gelassen, jedoch gemeint, es sei dabei die neuere Rechtsprechung des Reichsgerichts zu berücksichtigen, nach welcher auch dann ein einheitlicher Rechtsstreit vorliege, wenn von beiden Seiten ein selbständiges Rechtsmittel eingelegt sei. (JW. 92 S. 97, 98 und 219.) In der Tat wird man die Auffassung des Beschlusses vom 29. 3. 90 kaum billigen können. [90]) Solange die frühere Nebenforderung allein in der Rechtsmittelinstanz schwebt, ist sie selbständig und zu berücksichtigen; sobald und soweit aber durch die Rechtsmittelanträge einer der beiden Parteien auch die frühere Hauptforderung der richterlichen Entscheidung unterbreitet wird, liegt wiederum, wie in der unteren Instanz, die gleichzeitige Geltendmachung von Haupt- und Nebenforderung in einem einheitlichen Verfahren vor; beide Forderungen werden dann vom Kläger geltend gemacht bzw. aufrechterhalten, die Verteilung der beiden Forderungen in die beiderseitigen Anträge ist nur eine Form, die durch die vorangegangene Entscheidung geboten gewesen ist. Nicht diese Formalität kann entscheidend sein, sondern lediglich die Tatsache, ob und inwieweit in der Rechtsmittelinstanz durch die beiderseitigen Anträge Haupt- und Nebenforderung zur richterlichen Entscheidung gestellt sind. Die Auffassung des Beschlusses vom 14. 5. 97 ist deshalb zu billigen, gleichgültig, ob es sich um zwei selbständige Berufungen handelt oder nicht, und gleichgültig, ob zuerst die Nebenforderung allein in die Rechtsmittelinstanz gelangt ist oder umgekehrt. (Vgl. auch die Ausführungen zu N. 34 u. 35.) Nur für die anwaltliche Prozeßgebühr wird die Nebenforderung, wenn sie jemals allein und selbständig in Frage stand, in Betracht kommen müssen.

59 β) Die zweite Voraussetzung ist das rechtliche Abhängigkeitsverhältnis der beiden Forderungen. Als Nebenforderungen hat man solche Forderungen anzusehen, die nicht entstehen können ohne die Existenz einer anderen Forderung, deren Gegenstand zum Gegenstande jener im Verhältnis der Hauptleistung zur Nebenleistung steht; insofern muß die Nebenforderung als Ausfluß der anderen und als durch sie bedingt anzusehen sein. [91]) Aber weiterhin muß auch die Nebenforderung als von der Hauptforderung abhängige, als ein accessorium, geltend gemacht sein; sie muß mit der Hauptforderung stehen oder fallen. Daher sind keine Nebenforderungen die Schadensersatzansprüche für die Vergangenheit, welche neben einem Anspruch auf Unterlassung für die Zukunft geltend gemacht werden, [92]) ebenso auch nicht die Interesseforderung, welche eventuell an Stelle des Hauptanspruchs verfolgt wird (§ 340 BGB.), [93]) während der Anspruch auf Schadensersatz neben der verspäteten Erfüllung Nebenforderung ist. [94]) Ebenso ist der Anspruch auf rückständige Leistungen neben dem Rechte

[89]) RG. JW. 97 S. 301, 1.

[90]) Gleicher Ansicht Pfafferoth S. 60; dagegen Meyer-Irmler zu § 4 ZPO. Anm. II, 1a, S. 26.

[91]) Vgl. Hölder, Kommentar z. BGB. (Allgemeiner Teil) zu § 224 BGB.; Wach I § 31. VIII S. 384; RG. JW. 93 S. 469, 12; RG. 55, 81.

[92]) RG. JW. 98 S. 219, 8.

[93]) Gaupp-Stein § 4 II Abs. 2.

[94]) RG. JW. 98 S. 353, 17.

auf die zukünftigen Leistungen nicht als Nebenforderung anzusehen, weil beide Ansprüche koordiniert sind.[95]) Dagegen ist nicht entscheidend, ob die beiden Forderungen auf demselben Rechtsgrunde beruhen oder nicht. So hat mit Recht das Reichsgericht bei einer Klage wegen Patentverletzung mit dem Antrag 1. auf Untersagung der ferneren Störung und 2. Zuerkennung eines Schadensersatzes von 25000 M. angenommen, daß die Schadensersatzforderung neben dem ersten Anspruche einzuschätzen sei, weil dieselbe nicht als eine von dem anderen Anspruch als dem Hauptanspruch abhängige, sondern als eine zwar mit dem anderen Anspruch auf demselben Rechtsgrund beruhende, jedoch selbständige Forderung eingeklagt sei.[96]) Andererseits hat das Reichsgericht in einem Falle, wo Kläger mit der Eigentumsklage die Zurückgabe eines Ackers und daneben den Ersatz von Früchten für die Jahre 1884 bis 1891 gefordert hatte, angenommen, der Anspruch auf die Früchte bzw. Geldersatz sei abhängig von dem Anspruch auf Herausgabe der Sache, des Ackers, von der Entstehung und dem Begründetsein dieses Anspruchs, er fließe aus diesem Anspruch und stehe insofern zu diesem im Verhältnis einer Nebenforderung zum Hauptanspruche; der Umstand, daß die Ersatzforderung für die Früchte einen weiteren selbständigen Entstehungsgrund — Unredlichkeit des Besitzes — zur Voraussetzung habe, ändere an diesem Verhältnisse nichts; ebenso sei unerheblich, daß Kläger die Ersatzforderung zeitlich und demgemäß ziffernmäßig fixiert habe; der Fall liege gleich mit dem Falle, wenn mit der Kapitalforderung Vertrags- oder Verzugszinsen geltend gemacht werden.[97])

Hiernach liegt Nebenforderung im Sinne des § 4 ZPO. nicht vor, wenn 60
etwa neben einem Kapitalsbetrage Zinsen eingeklagt werden, welche nicht zu dem eingeklagten Kapital, sondern zu einer anderen, nicht in Streit befangenen Hauptforderung gehören.[98]) Ebenso ist, wenn Kläger mit dem Antrage, 1. auf Minderung des Kaufpreises, 2. auf Feststellung, daß die Verzinsungspflicht erst mit der Rechtskraft des Urteils beginne, geklagt hat, der zweite Anspruch unabhängig von dem ersten und daher nicht als Nebenforderung anzusehen.[99])

Andererseits kann der Umstand, daß von den gleichzeitig mit dem Kapital 61
geltendgemachten Zinsen fernere Zinsen (Zinseszinsen) gefordert werden, die Natur der Zinsen als Nebenforderung im Sinne des § 4 ZPO. nicht ändern; die Zinsen nehmen dadurch nicht die Natur des Kapitals an, so daß sie mit als Hauptforderung anzusehen wären.[100]) Anders dagegen würde es sich verhalten, wenn die Zinsen durch besondere Vereinbarung zum Kapital geschlagen sind (Novation).[101]) Hier haben die Zinsen ihre Zinsnatur verloren. (Vgl. auch N. 64.) An der Natur der Zinsen als Nebenforderung wird dagegen auch dadurch nichts geändert, daß im Klageantrage Kapital und Zinsen zusammengerechnet sind; hier ist trotzdem nur der Kapitalsbetrag zu berücksichtigen,[102]) weil die Zinsen hierdurch nicht aufhören, Nebenforderung zu sein.

c) Für die Anwendbarkeit des § 4 ZPO. macht es keinen Unterschied, ob 62
es sich um eine Leistungsklage oder um eine Feststellungsklage

[95]) RG. VZS. 19, 416.
[96]) RG. JW. 98 S. 3, 2.
[97]) RG. JW. 93 S. 469, 12. Ebenso Gaupp-Stein § 4 II Anm. 14. A. M. anscheinend Meyer-Irmler § 10 zu § 4 II, 1b, aa.
[98]) Vgl. RG. SeuffArch. 43, 468.
[99]) RG. JW. 97 S. 54, 16.
[100]) RG. JW. 89 S. 452, 1. RG. 32, 379.
[101]) RG. 32, 378.
[102]) RG. 32, 378; JW. 93 S. 535, 2; 96 S. 300, 2; 97 S. 205, 1; 05 S. 620.

handelt, ob ferner die *Leistung selbst* oder nur für die Haupt- und Nebenforderung eine *Sicherstellung oder ein Vorzugsrecht* verlangt wird.[103])

63 Demnach *bleiben* insbesondere *die Zinsen und Kosten außer Betracht*

α) bei Streitigkeiten über die *vorzugsweise Befriedigung* aus den Erlösen von Pfandstücken;[104])

β) in den sog. *Exekutions-Interventionsprozessen* gemäß § 771 ZPO. Hier handelt es sich um die Wirksamkeit des Pfandrechts; ebenso wie der § 4 zur Anwendung kommt in den Prozessen, in denen der Pfandgläubiger mit dem Schuldner selbst über das Pfandrecht streitet (N. 115), muß dies auch da gelten, wo der Gläubiger sein Pfandrecht einem Dritten gegenüber verfolgt oder verteidigt;[105])

γ) bei Klagen aus § 767 ZPO. betr. *Einwendungen* gegen den durch Urteil festgestellten Anspruch. Diese Klagen bilden nach der Auffassung des Gesetzgebers im Grunde nur eine Fortsetzung des früheren Prozesses, nicht sog. Akte der Zwangsvollstreckung im Sinne des § 13 Abs. 2 GKG., sie gehen auf Beseitigung des der Zwangsvollstreckung zugrunde liegenden Schuldtitels. Auch daß der Klageantrag zugleich auf Aufhebung der erwirkten Zwangsvollstreckung gerichtet ist, ändert an der Sache nichts, diese ergibt sich aus der Beseitigung des Schuldtitels von selbst;[106])

δ) in Prozessen um ein *Absonderungsrecht* im Konkurse auf Grund einer vorausgegangenen Pfändung;[107])

ε) bei der *Anordnung eines Arrestes* und dem Streit über die *Rechtmäßigkeit* desselben. Hier kann insbesondere auch die Vorschrift des § 13 Abs. 2 GKG. nicht in Betracht kommen, da es sich nicht um einen Akt der Zwangsvollstreckung, die Vollziehung des Arrestes, handelt;[108])

ζ) bei Hypothekenklagen und Klagen auf Löschung einer Hypothek.[109])

64 In den bisher erörterten Fällen bildet die Hauptsumme nebst den Zinsen und Kosten immerhin den *unmittelbaren Gegenstand* des Rechtsstreits. Anders dagegen verhält es sich, wenn die ursprüngliche Hauptforderung und die dazu gehörigen Nebenforderungen durch arithmetische oder juristische Operationen vor Erhebung der Klage zu einem neuen selbständigen, *einheitlichen Gesamtanspruche* umgestaltet worden sind, so daß die Nebenforderungen ihren akzessorischen Charakter vollständig abgestreift haben, und die Einzelbeträge nunmehr nur noch als gleichberechtigte Faktoren jenes einheitlichen Gesamtanspruchs erscheinen und für denselben den Berechnungsmaßstab abgeben. Als Fälle dieser Art, in welchen demgemäß die Vorschrift des § 4 *nicht anwendbar* ist und die Zinsen und Kosten für die Wertsberechnung zu *berücksichtigen* sind, sind namentlich hervorzuheben:

α) der schon (N. 61) behandelte Fall, daß Zinsen durch ausdrückliche Vereinbarung (*Novation*) mit der Kapitalforderung zu einem einheitlichen Ganzen

[103]) RG. 4, 367; 7, 327; 10, 344 und 394; 18, 373; 26, 412; 28, 429; JW. 00 S. 292, 1.

[104]) RG. 4, 366; 18, 373; JW. 00 S. 292, 1.

[105]) RG. 10, 394; JW. 90 S. 41, 2; 91 S. 150, 5; 93 S. 233, 1 und S. 381, 2; 99 S. 423, 2; RG. 9. 5. 02 im *Recht* 02 S. 325; JW. 02 S. 358, 2. OLG. Köln im RhArch. 90 S. 1, 290; *Wach* I S. 384 N. 48; *Gaupp-Stein* zu § 4 II N. 18. A. M. *Walter* früher N. 30 zu § 6 ZPO. und OLG. Naumburg in Naumb. AKZ. 93 S. 38, 3.

[106]) RG. *Bolze* Bd. 10 Nr. 700. Entsch. 28, 429; RG. 30. 5. 02 im *Recht* 02 S. 462.

[107]) RG. 7, 327; JW. 84 S. 109, 1.

[108]) RG. 26, 412.

[109]) RG. 10, 344; JW. 84 S. 8 1 und S. 109, 1; 92 S. 158, 3.

verschmolzen worden, oder daß ein bestehendes Kontokorrentverhältnis die Verschmelzung herbeiführt;[110])

β) die Klagen auf Anfechtung von Rechtshandlungen, mit welchen Rückgewähr in Höhe der Hauptforderung nebst Zinsen und Kosten verlangt wird;[111])

γ) die condictio indebiti (§§ 812 ff. BGB.);[112])

δ) die Regreß- und Gewährleistungsklagen,[113]) z. B. wenn der Bürge alles dasjenige, was er infolge seiner Verurteilung an den Gläubiger hat zahlen müssen, d. h. die aus Kapital, Zinsen und Kosten zusammengesetzte Gesamtforderung dann im Regreßwege vom Hauptschuldner erstattet verlangt.

Infolge dieser Auffassung war vom Reichsgericht bei den Wechsel- 65
klagen bezüglich der Provision angenommen, daß die eigene Provision stets Nebenforderung sei, bezüglich der übrigen Forderungen aber zu unterscheiden sei, ob es sich um die Wechselklage gegen den Akzeptanten oder um die Regreßklage nach Art. 51, 1 WO. handle, bei welcher die gezahlte Summe als Einheit zu behandeln sei.[114]) Zur Beseitigung der aus dieser Rechtsprechung in der Praxis sich ergebenden Unzuträglichkeiten ist in der Reichstagskommission zur Beratung der Zivilprozeßnovelle der Abs. 2 des § 4 ZPO. beantragt und sodann zum Gesetz erhoben worden.[115]) Danach sind bei Ansprüchen aus Wechseln im Sinne der Wechselordnung die Zinsen, Kosten und Provision, welche außer der Wechselsumme gefordert werden, stets als Nebenforderungen anzusehen, also auch im Falle der Regreßklage nach Art. 51, 1 WO. Diese Ausnahmsbestimmung wird strikt zu interpretieren sein; sie kommt deshalb nicht zur Anwendung, wenn es sich nicht um einen Anspruch aus dem Wechsel, sondern um einen Anspruch auf Schadensersatz gegen den Nachmann, oder um den Bereicherungsansprnch gegen Aussteller oder Akzeptanten des präjudizierten oder verjährten Wechsels handelt.[116])

d) Von den erörterten Grundsätzen werden durch § 13 GKG. einige 66
Ausnahmen gemacht:

α) In einem Prozesse über Haupt- und Nebenforderung kann es vorkommen, daß gewisse Akte z. B. eine Beweisaufnahme lediglich die Nebenforderung ohne die Hauptforderung betrifft. Da nach § 4 ZPO. die Nebenforderung für die Wertsberechnung nicht in Betracht kommt, mußte für diesen Fall — der die nur für die Zuständigkeitsabgrenzung bestimmten Vorschriften der ZPO. nicht interessierte — im GKG. eine ergänzende Vorschrift getroffen werden. Dies ist im § 13 Abs. 1 dahin geschehen, daß für Akte, welche Früchte, Nutzungen, Zinsen, Schäden oder Kosten als Nebenforderungen ohne den Hauptanspruch betreffen, der Wert der Nebenforderungen insoweit maßgebend ist, als er den Wert des Hauptanspruches nicht übersteigt. Vgl. die Erläuterungen zu N. 81 ff.

β) Da der § 4 ZPO. nur dazu bestimmt ist, die Zuständigkeit für Klagen 67
zu regeln, so bedurfte es einer ergänzenden Vorschrift für diejenigen Akte, welche

[110]) RG. JW. 93 S. 535, 2; 97 S. 205, 1; RG. 32, 377.

[111]) RG. bei Bolze Bd. 1 Nr. 1115; Bd. 2 Nr. 1415; Bd. 4 Nr. 1077; JW. 87 S. 311, 1; 92 S. 460, 1; 96 S. 172, 14; 99 S. 423, 2; 00 S. 437, 2; RG. 26, 413.

[112]) RG. Bolze Bd. 22 Nr. 691; JW. 96 S. 300, 2.

[113]) RG. 8, 365; 10, 345; 32, 75; Gruchot 41, 1100.

[114]) RG. 29, 332 und 32, 75.

[115]) Reichst.-Drucks. 97/98 Nr. 340 S. 26; Sten.B. S. 9095.

[116]) Vgl. Gaupp-Stein zu § 4, IV.

die Zwangsvollstreckung betreffen. Abweichend von der Regel des § 4 bestimmt hier der § 13 Abs. 2 GKG., daß für Akte der Zwangsvollstreckung wegen einer Geldforderung die einzuziehenden Zinsen mitzuberechnen sind.

68 αα) Die Vorschrift des § 13 Abs. 2 GKG. will nur bestimmen, wie der Wert einer einzuziehenden Geldforderung zu berechnen ist; zur Berechnung des „Streitwerts" kommt sie daher nur dort in Betracht, wo der Streitwert durch die beizutreibende Geldforderung bestimmt wird. Über die Bestimmung des Streitwerts vgl. die Erläuterungen zu § 23 GO.

69 ββ) Was „Akte der Zwangsvollstreckung" sind, ergibt sich im allgemeinen aus dem achten Buche der ZPO. Es muß sich jedoch bereits um eine Vollstreckungsmaßregel selbst handeln, nicht erst um die Vorbereitung zu einer solchen oder gar um die Beschaffung des Schuldtitels. Zu den Akten der Zwangsvollstreckung gehören daher nicht die Erwirkung des Vollstreckungsbefehls, ferner nicht die Beantragung der Vollstreckungsklausel.[117])

70 Bei den ebenfalls im achten Buch der ZPO. behandelten Arrest und einstweiligen Verfügungen hat man zwischen der „Anordnung" und der „Vollziehung" zu unterscheiden. Die Arrestanordnung schafft in dem Arrestbefehle nur den Titel für die Anlegung des Arrestes, analog dem Urteile als dem Titel zur Zwangsvollstreckung; die Arrestanordnung ist demnach noch nicht ein Akt der Zwangsvollstreckung.[118]) Ebensowenig gehört der Streit über die Rechtmäßigkeit des Arrestes zur Zwangsvollstreckung. Erst bei den Vorschriften über die „Vollziehung" des Arrestes wird in § 926 ZPO. bestimmt, daß auf die Vollziehung des Arrestes die Vorschriften über die Zwangsvollstreckung entsprechende Anwendung finden. Die Vollziehungsmaßregeln sind demnach als Akte der Zwangsvollstreckung zu behandeln. Vgl. auch § 36 GO.

71 Auch die, ebenfalls im achten Buche der ZPO. behandelten Klagen aus §§ 771 und 767 (Interventionsprozesse und Einwendungen gegen den durch Urteil festgestellten Anspruch) gehören nicht zur Zwangsvollstreckung.[119]) Dagegen sind die Entscheidungen des Vollstreckungsgerichts auf Anträge und Erinnerungen bezüglich der Vollstreckung Akte der Zwangsvollstreckung.

72 γγ) Mitzuberechnen d. h. der Kapitalforderung zuzuschlagen sind die „einzuziehenden Zinsen", d. h. alle Zinsen, welche neben dem Kapitale gefordert und eingezogen werden dürfen, also die bis zur Einziehung laufenden Zinsen. Demnach sind alle Zinsen, welche bis zum Tage der Vollstreckungshandlung aufgelaufen sind, zu berücksichtigen.

73 e) Soweit die Nebenforderungen bei der Wertsberechnung überhaupt nicht in Betracht kommen, kann die Frage unerörtert bleiben, ob die nach Erhebung der Klage existent gewordenen Nebenforderungen Berücksichtigung finden. Anders jedoch, sobald die Nebenforderung für die Wertsberechnung in Betracht kommt, sei es, daß sich die Hauptforderung erledigt hat (N. 58), oder daß es sich um Akte handelt, welche die Nebenforderung ohne den Hauptanspruch betreffen (N. 81 ff.). Fraglich wird hier, ob die Regel des § 4 Satz 1 ZPO. Anwendung zu finden hat, so daß die Wertsberechnung mit dem Zeitpunkt der Erhebung der Klage abschneidet und demnach alles, was hinter diesem Zeitpunkt liegt, außer Betracht zu bleiben hat. Es ist nun schon bei der Erörterung des § 4 Satz 1 ZPO. (in N. 28) darauf hingewiesen worden, daß der Tag der Klageerhebung nicht für entscheidend erachtet werden kann, wenn es sich um Er-

[117]) RG. JW. 78 S. 42, 24; RG. 9, 364.
[118]) RG. 26, 414.
[119]) RG. 28, 429

stattung fortlaufender Ausgaben wie Lagergelder, Kurkosten, Futterkosten handelt. Dasselbe wird bei allen Nebenforderungen zu gelten haben, welche den Grund des Wachsens in sich selbst tragen;[120]) hier ändert sich der Streitgegenstand selbst fortwährend. Man wird daher den Wert solcher Forderungen nach dem Zeitpunkte der Einlegung des Rechtsmittels[121]) bzw. nach dem Zeitpunkte des Aktes, für den sie in Betracht kommen, zu berechnen haben.

6. Wertbestimmung für Teilakte. Insbesondere für Akte betr. Nebenforderungen und Prozeßkosten. (§§ 12, 13 GKG.)

Bei der allgemeinen Besprechung des Streitgegenstandes ist schon hervor- 74
gehoben worden (§ 9 N. 16), daß derselbe nicht während aller Prozeßabschnitte der gleiche zu sein braucht. Diesem Umstande wird durch die Bestimmungen des § 12 GKG. Rechnung getragen, nach welchem für Akte, welche nur einen Teil des Streitgegenstandes betreffen, die Gebühren nur nach dem Werte dieses Teils zu berechnen sind. Sind von einzelnen Wertsteilen in derselben Instanz für gleiche Akte Gebühren zu berechnen, so darf nicht mehr erhoben werden, als wenn die Gebühr von dem Gesamtbetrage der Wertsteile zu berechnen wäre; treten für die Akte verschiedene Gebührensätze ein, so ist der höchste Satz maßgebend.

a) Die Motive zu § 12 GKG. erläutern die Vorschrift in folgender Weise: 75
„Für die Berechnung des Wertes des Streitgegenstandes ist der Zeitpunkt der Erhebung der Klage oder der später eingetretenen Rechtshängigkeit des Anspruchs (ZPO. §§ 4, 281) entscheidend; eine während des Rechtsstreites eingetretene Wertveränderung muß daher unberücksichtigt bleiben. Dagegen kommt eine Änderung des Streitgegenstandes selbst beim Gebührenansatze für spätere Akte in Betracht, wenn sie die Festsetzung einer anderen als der früher zutreffenden Wertklasse bedingt.[122]) Soweit nach dem Systeme der Gebührenordnung für einzelne Akte Gebühren erhoben werden, kommt immer nur der Teil des Streitgegenstandes in Frage, welchen der zu besteuernde Akt betrifft. Die hiernach eintretende Besteuerung nach Teilen des Streitgegenstandes ist in vielen Fällen dem Kostenpflichtigen vorteilhafter, als eine Besteuerung nach der Summe aller Wertsteile. Wird z. B. in einem nach § 18 zu besteuernden Rechtsstreite über 900 M., nach kontradiktorischer Verhandlung über einen Teil von 600 M. und nach erfolgter Beweisaufnahme über einen Teil von 100 M. über das ganze Objekt entschieden, so betragen die Gebühren für die Instanz 50,60 M., nämlich 20 M. für die kontradiktorische Verhandlung, 4,60 M. für die Beweisanordnung und 26 M. für die Entscheidung, während sie, wenn überall der volle Betrag von 900 M. in Betracht käme, 78 M. betragen würden. Die Berechnung der Gebühren nach Teilen des Streitgegenstandes kann aber auch eine Erhöhung des Ansatzes über den Betrag hinaus zur Folge haben, welcher sich bei Berechnung nach der Summe der Wertsteile ergibt. Wird z. B. ein nach § 18 zu besteuernder Rechtsstreit über 1200 M. durch zwei Vergleiche je über 600 M. beendigt, so würde die Gebühr nach dem ungeteilten Objekte des Rechtsstreites 32 M., die Summe aber zweier Gebühren nach dem Objekte je von 600 M. 40 M. betragen. Die Teilrechnung würde in solchen Fällen zu Unbilligkeiten führen,

---

[120]) Wilmowski-Levy (7. Aufl.) II S. 771. RG. JW. 98 S. 353, 17.

[121]) RG. 15, 407.

[122]) Auf diesem Grundsatze beruhen z. B. die Beschlüsse des Reichsgerichts III. ZS. vom 9. 1. 82 (Fenner-Mecke 3, 168) und vom 11. 12. 85 (JW. 86 S. 13, 16), sowie des I. ZS. vom 18. 1. 93 (JW. S. 126, 8; Bbl. S. 51, 52).

insbesondere dann, wenn die Teilung des Aktes wider den Willen der Parteien durch die Sachleitung des Richters herbeigeführt würde. Der Entwurf läßt daher, wenn gleiche Akte derselben Instanz zu besteuern sind, diejenige der vorstehend einander gegenübergestellten Berechnungen eintreten, welche nach der im einzelnen Falle anzustellenden Probe dem Zahlungspflichtigen günstiger ist. Dieser Probe kann es auch dann bedürfen, wenn die gleichen Akte, welche Teile des Streitgegenstandes betreffen, einem für alle nicht gleich hohen Gebührensatze unterliegen, nur daß hier für die Berechnung nach der Summe der Wertsteile der höchste der bezüglichen Sätze zur Anwendung kommt. Ist z. B. bei einem Rechtsstreite über 1800 M. wegen eines Teils von 1300 M. zur Hauptsache, dagegen wegen eines Teils von 500 M. nur über eine prozeßhindernde Einrede kontradiktorisch verhandelt worden, so würde die Verhandlungsgebühr, nach den Teilen berechnet, betragen

a. für 1300 M. (§ 18) . . . . 38 M.
b. für 500 M. (§ 26 Nr. 1) . . . . . . 10 „

zusammen 48 M.,

es kommen aber nur 44 M. zur Erhebung, weil dieser Betrag zu berechnen wäre, wenn über den ganzen Streitgegenstand zur Hauptsache verhandelt worden wäre; denn die Ermäßigung des Gebührensatzes, welche für den Fall des § 26 Nr. 1 gewährt ist, darf eine Erhöhung der Gesamtgebühr nicht zur Folge haben.

Soweit von ungleichen Akten derselben Instanz Gebühren zu erheben sind, liegt kein Grund vor, von der Regel des § 12 Abs. 1 abzuweichen. Nur bei der Gebühr für Zurücknahme (§ 46) ist aus Gründen der Prozeßpolitik, welche eben eine Verminderung der Prozesse begünstigen muß, eine Ausnahme gemacht. Überdies ist zu berücksichtigen, daß eine und dieselbe Gebühr für Entscheidungen und für Vergleiche erhoben wird, denn hierdurch gestaltet sich praktisch die Berechnung ebenso, als wären Entscheidung und Vergleich gleiche Akte im Sinne des § 12 Abs. 2."

Die Reichtagskommission hat dann noch in Übereinstimmung mit den Regierungsvertretern über den Sinn und die Absicht des Absatz 2 des § 12 GKG. folgende Konstatierung zu Protokoll genommen:

„Treten für die gleichen Akte verschiedene Gebührensätze ein, so soll der nicht zu überschreitende Gesamtbetrag nach dem höchsten Gebührensatze berechnet werden." [123])

76 b) Der Ausdruck „Akte" bezeichnet die in den §§ 18 bis 24 des GKG. und in den §§ 13 bis 18 der GO. aufgeführten, teils nach ihrem regelmäßigen Verlaufe, teils nach bestimmten Modifikationen verschiedentlich als Grundlage für die Gebührenerhebung dienenden Hauptabschnitte des Prozeßverfahrens bzw. die innerhalb dieser Prozeßabschnitte als ein Ganzes zusammengefaßten Tätigkeitsgruppen des Gerichts und des Rechtsanwalts, welche deshalb nicht vollständig homogen sind, sondern nur teilweise zusammenfallen, weil das Maß der gerichtlichen Tätigkeit nicht immer dem Maße der anwaltlichen Tätigkeit entspricht, und ein Teil der letzteren außerhalb des gerichtlichen Verfahrens liegt. Als solche „Akte" kommen demgemäß gesondert in Betracht:

A. für den Gerichtskostenansatz:

a. die mündliche Verhandlung, sei es kontradiktorische (§ 18 Ziff. 1 GKG.), sei es nichtkontradiktorische (§ 20 GKG.), wofür die Verhandlungsgebühr bestimmt ist;

---

[123]) KommBer. S. 73.

b. die Anordnung einer Beweisaufnahme (§ 18 Ziff. 2, §§ 22, 24 GKG.), wofür die Beweisgebühr bestimmt ist;

c. die Aufnahme eines zur Beilegung des Rechtsstreites abgeschlossenen Vergleichs (§ 23 Abs. 2 a. a. O.), sowie jede andere Entscheidung, einschließlich der Anerkenntnis-, Versäumnisurteile und bedingten Endurteile (§ 18 Ziff. 3, § 23 Abs. 1, § 24 a. a. O.), welche durch die Entscheidungsgebühr abgegolten werden;

B. für die Berechnung der Rechtsanwaltsgebühren:

a. der Geschäftsbetrieb einschließlich der Information (§ 13 Ziff. 1, § 14 GO.), wofür die Prozeßgebühr gewährt ist;

b. die mündliche Verhandlung in kontradiktorischer und nichtkontradiktorischer Form vor und nach der Beweisaufnahme (§ 13 Ziff. 2, §§ 16, 17 a. a. O.), welche durch die Verhandlungsgebühr vergütet wird;

c. die Mitwirkung bei einem zur Beilegung des Rechtsstreites abgeschlossenen Vergleiche (§ 13 Ziff. 3, § 18 a. a. O.), wofür die Vergleichsgebühr entschädigt, und

d. die Vertretung bei einer Beweisaufnahme (§ 13 Ziff. 4 a. a. O.)., welche durch die Beweisgebühr abgegolten wird.

Wie die „Akte" des Verfahrens, so unterliegen auch die denselben entsprechenden vier Kategorien von Normalgebühren (Prozeßgebühr, Verhandlungsgebühr, Vergleichsgebühr, Beweisgebühr) mancherlei Veränderungen, welche teils in einer Steigerung oder Ermäßigung der regelmäßigen Höhe, teils in dem durch Anrechnung bedingten vollständigen Wegfalle zum Ausdrucke kommen. Hierüber sowie über den besonderen Charakter der vier Grundgebührensorten s. das Nähere in den Erläuterungen zu § 13 und § 18 der GO.

c) Über den für das Gebührenwesen teilweise abweichend von dem zivil- 77
prozessualischen Begriff konstruierten Umfang der „Instanz" vgl. §§ 25, 26 ff. der GO. und die Erläuterungen dazu.

d) Wenn die zur Berechnung kommenden Akte nur einen Teil des Streit- 78
gegenstandes betreffen (Fall des Abs. 1 des § 12 GKG.), so ist die Berechnung eine einfache. Wenn also auf Zahlung auf 900 M. Klage erhoben, sodann noch vor Eintritt des beklagtischen Anwalts auf 600 M. ermäßigt, darauf nur wegen 300 M. mündlich kontradiktorisch verhandelt und entschieden ist, so würde der Anwalt des Beklagten nur berechnen können

Prozeßgebühr von 600 M.
Verhandlungsgebühr von 300 M.

Es würde sonach jedenfalls weniger zu berechnen sein, als wenn nach dem ganzen Streitwert zu liquidieren wäre, was durchaus der Billigkeit entspricht. Zu einem unbilligen Ergebnis, nämlich einer höheren Liquidation infolge der Teilberechnungen, könnte man aber möglicherweise gelangen, wenn die Akte mehrfach für einzelne Wertsteile zu liquidieren (Fall des Abs. 2 Satz 1 des § 12) oder für die mehrfach anzusetzenden Akte verschiedene Gebührensätze zu berechnen sind (Fall des Abs. 2 Satz 2 des § 12). Um dies zu vermeiden, gibt der § 12 Abs. 2 folgende Vorschriften:

α) Wenn von einzelnen Wertsteilen für gleiche Akte Gebühren 79
zu berechnen sind, so gibt die Gebühr vom Gesamtbetrage für den betreffenden Akt die Höchstgrenze Es muß daher hier eine doppelte Berechnung, nach den einzelnen Wertsteilen und nach dem Gesamtwert, aufgestellt werden; die dem Zahlungspflichtigen günstigere entscheidet. Wenn z. B. in einem Rechtsstreit über 900 M. zunächst über einen Teilbetrag von 600 M. verhandelt ist und später über den Restbetrag von 300 Mk., so würde die Verhandlungsgebühr an sich

von 600 M. = 19 M. und von 300 M. = 10 M., zusammen 29 M. betragen; da aber die Verhandlungsgebühr von 900 M. nur 24 Mk. beträgt, so ist die Gebühr auf diesen Betrag zu ermäßigen.

80 β) Wenn von einzelnen Wertsteilen für gleiche Akte Gebühren zu berechnen sind, für diese Akte aber verschiedene Gebühren eintreten, so soll der höchste Satz maßgebend sein., d. h. (nach der authentischen Erklärung in der Reichstagskommission) der nicht zu überschreitende Gesamtbetrag soll nach dem höchsten Gebührensatz, welcher für den Gesamtbetrag der Wertsteile anzusetzen wäre, berechnet werden.[124]) Auch hier ist eine doppelte Berechnung anzustellen, eine solche nach den einzelnen Wertsteilen mit den verschiedenen Gebührensätzen und eine solche nach dem Gesamtwert und dem höchsten Gebührensatz; die dem Zahlungspflichtigen günstigere entscheidet. Wenn also z. B. in einem Rechtsstreite über 2000 M. über 1500 M. kontradiktorisch, über 500 M. nicht kontradiktorisch verhandelt wäre, so würde die Verhandlungsgebühr betragen von 1500 M. $^{10}/_{10}$ = 32 M., von 500 M. $^{5}/_{10}$ = 9 M. 50 Pf., zusammen 41 M. 50 Pf.; da aber der höchste Satz ($^{10}/_{10}$) vom Gesamtwert (2000 M.) nur 36 M. beträgt, so ist der Ansatz der Verhandlungsgebühr auf letzteren Betrag zu ermäßigen.

81 e) Als eine **besondere Anwendung** der Vorschrift des § 12 GKG. ist die Bestimmung des § 13 Abs. 1 GKG. anzusehen. Die Nebenforderungen sind Teile der Gesamtforderung; wenn sie auch nach § 4 ZPO. für die Wertsberechnung zunächst nicht in Betracht kommen, so bedurfte es doch einer Bestimmung für den Fall, daß sie ohne den Hauptanspruch den Gegenstand eines Aktes bilden. Es bestimmt deshalb § 13 Abs. 1 GKG., daß für Akte, welche Früchte, Nutzungen, Zinsen, Schäden oder Kosten als Nebenforderungen ohne den Hauptanspruch betreffen, der Wert der Nebenforderungen insoweit maßgebend sein soll, als er den Wert des Hauptanspruches nicht übersteigt.

82 α) Voraussetzung für die Anwendung des § 13 GKG. ist, daß Nebenforderungen ohne den Hauptanspruch, d. h. ohne ihre Eigenschaft als Nebenforderung verloren zu haben, Gegenstand eines Aktes werden.[125]) Haben sie diese Eigenschaft bereits verloren, weil der Hauptanspruch weggefallen ist, so sind sie nicht mehr Nebenforderung, sondern Hauptforderung; es fällt dann also insbesondere die Beschränkung auf den Wert des Hauptanspruchs weg.[126])

83 β) Eine weitere Voraussetzung der Anwendbarkeit des § 13 Abs. 1 besteht darin, daß in derselben Instanz nicht etwa für einen gleichartigen, den Hauptanspruch betreffenden Akt Gebühren zu berechnen sind. Ist letzteres der Fall, hat also z. B. in getrennten Akten je eine Beweiserhebung stattgefunden, zunächst über die Kapitalforderung und dann über die zugehörigen Zinsen, so bleibt § 13 Abs. 1 außer Anwendung, indem dann für den die Zinsen betreffenden Beweiserhebungsakt überhaupt nicht Gebühren zum Ansatze gelangen, weil die Beweisgebühr durch den die Hauptforderung betreffenden Beweiserhebungsakt bereits vollständig absorbiert und eine weitere Beweisgebühr in derselben Instanz nach dem Grundsatze des § 25 der GO. ausgeschlossen ist. Hat jedoch der erste Beweiserhebungsakt nur auf einen Teil der Hauptforderung, der zweite dagegen auf den ganzen Zinsenanspruch sich erstreckt, so bildet für letzteren der Betrag derjenigen Zinsen, welche zu dem von der Beweisaufnahme

[124]) Ebenso RG. JW. 83 S. 142; 94 S. 264, 13.
[125]) Vgl. RG. JW. 94 S. 504, 1; Bayr. OLG. 16, 302.
[126]) Vgl. Erl. N. 58 Abs. 2. A. M. anscheinend Walter in früherer Aufl. S. 174 Nr. 58.

nicht betroffenen Teile der Hauptforderung gehören, den Streitgegenstandswert. Für diesen Fall ist aber beim Ansatze der Beweisgebühren die Vorschrift in § 12 Abs. 2 des GKG. zu beachten, wonach die Summe der mehreren Teilgebühren für gleiche Akte den Betrag der nach dem ganzen Streitobjekte zu berechnenden vollen Gebühr nicht übersteigen darf. Ist also beispielsweise ein Kapital von 6000 M. nebst vierjährigen rückständigen Zinsen davon zu 5 Prozent Gegenstand des Rechtsstreites und finden zwei Beweisaufnahmen statt: zuvörderst wegen 2000 M. Kapital und sodann wegen der sämtlichen Zinsen von 6000 M., so ist die Beweisgebühr zu berechnen:

a. von 2000 M. Kapital mit	18 M.
b. von 5 Prozent Zinsen des Restkapitals von 4000 M. auf 4 Jahre d. h. von 8000 M. mit	12 „
Es kommen jedoch nicht diese	30 M.,

sondern 2 M. weniger zur Erhebung, weil von dem ganzen Streitobjekte im Werte von 6000 M. (ohne Zinsen, welche gemäß § 4 ZPO. unberücksichtigt bleiben) die volle Beweisgebühr bloß 28 M. beträgt.

f) Schließlich kann auch der Fall eintreten, daß einzelne Akte nur die Kosten des Rechtsstreits betreffen; diese können streng genommen nicht als Teil des Streitgegenstandes angesehen werden, für die Gebührenberechnung müssen sie jedoch als Teil des Gesamtstreites gelten, weil sie immerhin ein Annexum des Streitgegenstandes bilden. Es bestimmt nun der § 13 Abs. 3 GKG., daß für Akte, welche die Kosten des Rechtsstreits ohne den Hauptanspruch betreffen, der Betrag der Kosten maßgebend sein soll. 84

α) Die im ersten Absatze des § 13 GKG. gedachten „Kosten" sind mit den im dritten Absatze daselbst bezeichneten „Kosten des Rechtsstreites" nicht identisch; zwischen den beiden Arten von „Kosten" ist vielmehr streng zu unterscheiden. Denn der Absatz 1 bezieht sich lediglich auf Kosten als „Nebenforderungen" der Partei, welche diese schon in der Klage bzw. in der Widerklage zusammen mit dem Hauptanspruch gegen ihren Gegner geltend gemacht hat, und welche dann ausschließlich den Gegenstand eines besonderen Aktes bilden. Unter diesen Begriff können jedoch diejenigen Kosten nicht subsumiert werden, welche erst durch den schwebenden Prozeß selbst verursacht werden. Dies zeigt schon die verschiedene prozessuale Behandlung; während Nebenforderungen ohne Antrag nicht zugesprochen werden können (§ 308 Abs. 1 Satz 2 ZPO.), ist die Entscheidung über die Kosten von einem Antrage unabhängig (§ 308 Abs. 2 ZPO.). Auch die Motive zu § 13 GKG. bezeichnen den Kostenpunkt (§ 13 Abs. 3) als einen Streitpunkt, welcher weder mit dem Gegenstande der Klage, noch mit einem Teile desselben identisch ist.[127]) 85

β) Schon hieraus folgt, daß die Bezeichnung „Hauptanspruch" im § 13 Abs. 3 GKG. nicht dieselbe Bedeutung haben kann wie im Abs. 1. Während im Abs. 1. den Gegensatz zum „Hauptanspruch" die Nebenforderungen bilden, sind es im Abs. 3 die Kosten des Rechtsstreites, welche dem Hauptanspruch gegenübergestellt werden: „Hauptanspruch" ist deshalb hier gleichbedeutend mit „Hauptsache" im Sinne des § 99 ZPO., wo zwischen „Kostenpunkt" und „Hauptsache" geschieden wird. Dann ist aber Hauptsache alles, was nicht den Kostenpunkt betrifft, also sowohl die Hauptforderung wie die etwaigen Nebenforderungen. Hieraus ergibt sich, daß die im dritten Absatze erwähnten, erst durch den Rechtsstreit selbst erwachsenden Kosten als der für die Ge- 86

[127]) Vgl. die ausführliche Erörterung in JW. 83 S. 170—172.

bührenberechnung zugrunde zu legende Wert des Streitgegenstandes immer nur dann in Betracht kommen können, wenn der Hauptanspruch bereits vollständig, d. h. mit allen seinen Nebenforderungen, also auch einschließlich etwaiger Zinsen und Kosten im Sinne des ersten Absatzes durch Anerkenntnis, Verzicht, Zahlung oder auf andere Weise beseitigt bzw. erledigt ist, und also der ursprüngliche Streitgegenstand gar nicht mehr in Frage steht. Ebendarum muß insbesondere im Sinne des § 13 Abs. 3 auch ein an sich bloß akzessorischer Zinsanspruch dem Kostenpunkte gegenüber schon als Hauptanspruch angesehen werden. Wird also über Zinsen und Kosten gestritten, so bestimmt lediglich der Betrag der Zinsen den Streitwert.[128])

87 γ) Im Falle des § 13 Abs. 3 GKG. bildet die Summe der Gerichtskosten und der sog. außergerichtlichen Kosten beider Parteien, welche bis zur Erledigung des Hauptanspruches bzw. bis zu dem fraglichen lediglich die Kosten des Rechtsstreites betreffenden Akte aufgelaufen sind, den für diesen Akt maßgeblichen Wert des Streitgegenstandes, während demgegenüber die weiteren, durch den Akt selbst erst wieder erwachsenden Kosten gewissermaßen als Nebenforderung erscheinen und daher unberücksichtigt bleiben müssen.[129])

88 δ) Die Hauptanwendungsfälle des § 13 Abs. 3 ergeben sich, wenn die Klage, der Einspruch oder ein Rechtsmittel zurückgezogen, der Anspruch anerkannt oder fallen gelassen, und der Streit bezüglich der Prozeßkosten fortgesetzt wird. Anwendung wird der § 13 Abs. 3 ebenfalls finden müssen, wenn nach § 99 ZPO. ein Rechtsmittel wegen des Kostenpunktes allein eingelegt wird.

7. Konkursforderungen. (§ 148 KO.)

89 Für die Wertsberechnung in Prozessen über Konkursforderungen stellt der § 148 KO. die Regel auf, daß in Prozessen über die Richtigkeit oder das Vorrecht einer Forderung der Streitwert mit Rücksicht auf das Verhältnis der Teilungs- zur Schuldenmasse nach freiem Ermessen festzusetzen ist.

90 a) Aus der Stellung des § 148 im zweiten Buch, vierten Titel „Schuldenmasse" sowie aus dem Zusammenhange des § 148 mit den vorangehenden §§ 138 ff. ergibt sich, daß es sich um Konkursforderungen handeln muß, welche nach Betrag und Grund, sowie unter Angabe des beanspruchten Vorrechts anzumelden (§ 139) und im Prüfungstermine ihrem Betrage und ihrem Vorrechte nach zu erörtern sind (§ 141), deren Feststellung sodann entweder Mangels Widerspruchs des Verwalters oder eines Konkursgläubigers ohne weiteres erfolgt (§ 144) oder gegen die Bestreitenden im besonderen Prozesse betrieben werden muß (§ 146).

91 Hieraus folgt, daß der § 148 keine Anwendung findet

[128]) RG. JW. 85 S. 94, 18; 93 S. 266, 5; 94 S. 366, 20, S. 430, 31 und S. 504, 1; 97 S. 210, 22. RG. 39, 388; Gruchot 38, 1192.

[129]) Am deutlichsten ist die gleiche Ansicht zum Ausdruck gebracht in dem Beschlusse des OLG. Hamburg vom 5. 3. 88 (SeuffArch. Bd. 43 Nr. 295 S. 454), wo gesagt ist: „Im Falle der Erledigung des Streites über die Hauptsache und der Fortsetzung desselben über die Prozeßkosten bilden alle bis zum Zeitpunkte der Erledigung des Streites über die Hauptsache entstandenen Kosten nunmehr den Hauptgegenstand des Streites, demgegenüber die durch das Weiterprozessiren entstehenden Kosten als „Nebenforderung" sich darstellen. Somit kommen — in Anwendung des § 4 ZPO. rücksichtlich dieser letzteren Kosten — für die Bestimmung des Streitgegenstandswertes nur die bis zur Erledigung des Streites über die ursprüngliche Hauptsache entstandenen Kosten in Betracht." — Hiermit übereinstimmend im richtigen Endergebnisse, jedoch nicht ganz zutreffend bzw. ungenau in der Begründung, ist der Beschluß des OLG. Jena II. ZS. v. 6. 7. 86 (Thür.BlfR. 33, 367, SeuffArch. Bd. 42 Nr. 148 S. 212); vgl. ferner Beschluß des Landgerichts N. vom 9. 12. 84 in JW. 85 S. 179; RG. III. ZS. 6. 5. 87 (Bbl. S. 88); RG. JW. 97 S. 3, 4.

α) wenn es sich nicht um „Konkursforderungen" im Sinne der §§ 61 ff. handelt, sondern um Masseforderungen (§§ 57 ff.), um Ansprüche auf Aussonderung (§§ 43 ff.) oder um Ansprüche auf abgesonderte Befriedigung (§§ 47 ff.),[130])

β) wenn es sich nicht um einen Prozeß gegen den Konkursverwalter oder bestreitenden Gläubiger, sondern um einen solchen gegen den bestreitenden Gemeinschuldner handelt (§ 144 Abs. 2).[131])

b) Der Prozeß über die Richtigkeit der Forderung d. h. der Feststellungs- 92
prozeß kann entweder durch Erhebung der Klage begonnen werden (§ 146 Abs. 2), oder durch Aufnahme des zur Zeit der Konkurseröffnung bereits anhängigen Rechtsstreits verfolgt werden (§ 146 Abs. 3). Im letzteren Falle bleibt der bisherige Streitwert für die Berechnung der bereits vor der Aufnahme entstandenen Kosten maßgebend und nur für die Berechnung der künftig entstehenden Kosten entscheidet der neue Streitwert aus § 148 KO.[132])

c) In Prozessen über die Richtigkeit oder das Vorrecht einer Konkurs- 93
forderung soll also nicht der Nennwert der Forderung, sondern das Verhältnis der Teilungs- zur Schuldenmasse, d. h. die zu erwartende Dividende den Streitwert bestimmen.

Unter der „Teilungsmasse" ist dasjenige zu verstehen, was nach Befriedigung der Absonderungsberechtigten sowie nach Deckung der Masseschulden und Massekosten, wozu auch die gerichtlichen Kosten des Konkursverfahrens gehören, zur Verteilung an die Konkursgläubiger, d. h. zur Deckung der Schuldenmasse übrig bleibt (§§ 57, 58, 59 KO.).

Die „Schuldenmasse" ist der Gesamtbetrag der den bevorrechteten und nicht bevorrechteten Konkursgläubigern zustehenden Forderungen.

Das Verhältnis der beiden Massen ergibt die Dividende, welche der Konkursgläubiger zu erwarten hat. Um diese richtig berechnen zu können, muß zunächst auch die in Streit befangene Forderung selbst als zur Schuldenmasse gehörig angesetzt werden.[133]) Aber weiterhin müssen auch andere bestrittene Forderungen mit einer der Wahrscheinlichkeit einigermaßen entsprechenden Teilquote in die Berechnung der Schuldenmasse eingestellt werden.[134])

Fraglich kann nun sein, welcher Zeitpunkt für die Bestimmung des Ver- 94
hältnisses der Teilungs- zur Schuldenmasse maßgebend ist, der der Erhebung der Klage bzw. Aufnahme, oder der der Festsetzung des Streitwerts. Nach § 4 ZPO. würde der erstere Zeitpunkt maßgebend sein. Das Reichsgericht, 4. Senat, hatte in seiner Entscheidung vom 12. 2. 94[135]) den Zeitpunkt der Festsetzung für maßgebend erachtet, „da unter der Teilungsmasse im Sinne des (alten) § 136 KO. nur diejenige Masse verstanden werden kann, welche nach Abzug aller Kosten wirklich zur Verteilung zu bringen ist". Dagegen hat das Reichsgericht, 6. Senat, in der Entscheidung vom 6. 4. 99[136]) „gemäß den Vorschriften der durch § 136 KO. ergänzten §§ 3, 4 ZPO. für die Bestimmung des Wertes die Berechnung zur Zeit der Klageerhebung" für maßgebend erklärt. Letzteren Standpunkt wird man billigen, zugleich aber annehmen müssen, daß bei der Bestimmung nach dem Zeitpunkte der Klageerhebung alle voraussehbaren Veränderungen bereits in Berechnung gezogen werden müssen.

d) Im Prozesse über ein Vorrecht ist Streitwert die Differenz zwischen 95

---

[130]) RG. JW. 96 S. 281, 1. Bei Anmeldung „Für den Ausfall" vgl. OLG. 4, 267.

[131]) RG. 24, 405; RG. 17. 11. 90 in Seuff Arch. 46, 371.

[132]) RG. JW. 93 S. 126, 8; 94 S. 114, 7. Jaeger, Komm. z. KO. zu § 148 Anm. 3.

[133]) RG. JW. 96 S. 602, 22.

[134]) RG. JW. 99 S. 228, 17.

[135]) Gruchot, 38, 1180.

[136]) Gruchot, 43, 1217.

der aus dem Verhältnis der Teilungs- zur Schuldenmasse zu ermittelnden Konkursdividende und dem Betrage, den der Gläubiger bei Erstreitung des Vorrechts erhalten würde. Ist die Richtigkeit und das Vorrecht im Streit, so bildet den Streitwert der Betrag, den der Gläubiger bei Anerkennung seines Vorrechts erhalten würde.

96 e) Da nach § 62 KO. mit der Kapitalsforderung die vorkonkurslichen Kosten, die Vertragsstrafen und die bis zur Konkurseröffnung laufenden Zinsen angesetzt und berücksichtigt werden, so ist die Dividende von der Gesamtforderung, ohne Unterscheidung von Haupt- und Nebenforderung, zu berechnen.

BB. Grundsätze für bestimmte Einzelfälle.

97 Außer den Grundsätzen allgemeiner Natur, welche überall zur Anwendung kommen, hat die ZPO. Sonderbestimmungen für die Wertsberechnung in bestimmten Einzelfällen gegeben. Hierher gehören: die Vorschrift des § 6 ZPO., welche die Fälle behandelt, daß Streitgegenstand ist der Besitz einer Sache, die Sicherstellung einer Forderung oder ein Pfandrecht; die Vorschrift des § 7 ZPO. über den Wert einer Grunddienstbarkeit; die Vorschrift des § 8 ZPO. betr. das Bestehen oder die Dauer eines Pacht- oder Mietverhältnisses als Streitgegenstand, welche indessen durch § 9a GKG. modifiziert ist; die Vorschrift des § 9 ZPO. über den Wert des Rechts auf wiederkehrende Nutzungen und Leistungen, welche ebenfalls durch § 9a GKG. modifiziert ist.

1. Besitz einer Sache. (§ 6 ZPO.)

98 Nach § 6 ZPO. wird der Wert des Streitgegenstandes bestimmt durch den Wert einer Sache, wenn deren „Besitz" Gegenstand des Streites ist.[137])

99 a) Der Begriff „Besitz" ist hier im weitesten Sinne gemeint, in dem er auch die Gewahrsam umfaßt;[138]) Besitz ist die körperliche Innehabung (§§ 854 ff. BGB.). Gleichgültig ist, ob es sich um unmittelbaren oder mittelbaren Besitz (§ 858 BGB.), Eigenbesitz (§ 872 BGB.) oder Fremdbesitz handelt.

Da als „Sachen" nach § 90 BGB. nur die körperlichen Gegenstände anzusehen sind, so ist § 6 ZPO. jedenfalls nicht auf den Rechtsbesitz anwendbar; es kann deshalb dahingestellt bleiben, ob der Rechtsbesitz vom BGB. überhaupt anerkannt wird.[139]) Soweit dies der Fall, wird, wo es sich nicht um den Besitz einer Grunddienstbarkeit handelt und deshalb § 7 ZPO. maßgebend ist, eine analoge Anwendung des § 6 ZPO. zulässig sein.[140])

100 b) Der Besitz einer Sache bildet den Streitgegenstand, wenn das Klageverlangen auf Erlangung oder Wiedererlangung des Besitzes gerichtet ist.

101 Dies ist aber nicht der Fall,

α) wenn Kläger lediglich die Vorzeigung oder Vorlegung einer Sache oder die Vorlegung einer Urkunde verlangt (§§ 809, 810 BGB.), und ebensowenig bei Klagen auf Legung einer Rechnung oder eines Inventars;[141])

[137]) Vgl. hierzu: Gerlach, Einiges über den Wert des Streitgegenstandes, in Gruchot 31, 44 ff.

[138]) RG. 61, 92.

[139]) Die Entsch. RG. JW. 97 S. 71, 71, welche § 6 auch auf den Rechtsbesitz (Besitz an unkörperlichen Sachen) anwendet, ist jetzt nicht mehr zu verwerten; sie beruht auf dem Pr.ALR.

[140]) Wach I S. 385 Anm. 52; Gaupp-Stein § 6 I; Petersen-Anger § 6 N. 1.

[141]) Vgl. Petersen-Anger § 6 N. 3; Gaupp-Stein § 6 I; RG. JW. 95 S. 181, 2; SeuffArch. 51, 86; Bolze Bd. 4 Nr. 1079; Bd. 5 Nr. 958; Gruchot 33, 1130. Vgl. auch N. 166 Nr. 1.

β) bei Negatorienklagen, weil hier weder das Haben noch das Behalten einer Sache den Streitgegenstand bildet, sondern die Freiheit eines Sachenrechts.[142] Dasselbe ist auch bei konfessorischen Klagen anzunehmen;[143] insbesondere wird § 6 ZPO. keine Anwendung finden auf die Klage wegen Störung des Besitzes aus § 862 BGB.;[144]

γ) wenn das Klageverlangen nicht auf Erlangung, sondern gerade auf Erledigung des Besitzes gerichtet ist.[145] Dies ist namentlich der Fall bei der Klage auf Abnahme gekaufter Sachen,[146] sowie bei der Klage des Verkäufers auf Entgegennahme der Auflassung.[147]

In allen diesen Fällen (ad α—γ) kommt daher nicht der § 6, sondern 102
§ 3 ZPO. zur Anwendung, der Wert ist nach freiem richterlichen Ermessen zu schätzen.

Dagegen ist, wenn nur die Klage auf Erlangung des Besitzes gerichtet ist, 103
der Rechtsgrund der Klage völlig gleichgiltig; der § 6 findet deshalb nicht nur Anwendung bei den eigentlichen Besitzklagen, den Klagen aus dem Besitze, sondern auch, wenn ein Recht auf den Besitz geltend gemacht wird. Die Anwendbarkeit des § 6 auf die eigentlichen Besitzklagen beschränken will Wach, Handbuch I S. 286 Anm. 55, welchem das OLG. Braunschweig (SeuffArch. Bd. 37 Nr. 247) folgt. Nach Wach soll als Streit um den Besitz nur anzusehen sein die eigentliche Besitzesklage, sei sie Klage auf Schutz vorhandenen, oder Wiedererlangung verlorenen, oder Erlangung neuen Besitzes, nicht dagegen jede Klage, welche das Haben der Sache, gleichviel aus welchem Grunde, verfolgt, also nicht die Klage aus obligatorischem Verhältnisse, auf Grund dessen das Dare, Praestare, Restituere gefordert wird, oder die Klage aus dinglichem Recht, welche das Restituere fordert. Hier sei nicht der „Besitz" „Gegenstand des Streits", sondern das betreffende obligatorische, dingliche Recht, daher der Streitwert zu bestimmen nach diesem Objekt im Umfang des Petitums. Wortsinn und Zweck des Gesetzes lassen jedoch eine so eingeschränkte Auslegung nicht gerechtfertigt erscheinen. Denn das Gesetz selbst legt nicht auf den Rechtsgrund der Klage, sondern auf den Gegenstand der Leistung das entscheidende Gewicht. Mit Recht hat daher in Übereinstimmung mit fast sämtlichen Kommentatoren[148] die gerichtliche Praxis, insbesondere das Reichsgericht,[149] der weiterreichenden Auffassung Raum gegeben, wonach die Vorschrift des § 6 alle Klagen umfaßt, welche auf Erlangung, Erhaltung oder Herausgabe des Besitzes gerichtet sind, ohne Rücksicht auf den Rechtsgrund des Be-

---

142) Vgl. RG. 3, 390; SeuffArch. 45, 396; JW. 96 S. 1, 2; 97 S. 71, 71.

143) RG. JW. 97 S. 71, 71.

144) Vgl. Gaupp-Stein § 6 I; Petersen-Anger § 6 N. 4.

145) RG. JW. 90 S. 235, 1; Gruchot 34, 1138; Bolze Bd. 9 Nr. 644 b.

146) Ebenso RG. 57, 401 und bei Gruchot 51, 400. Für die Schätzung ist maßgebend das Interesse des Klägers, daß sein Lagerraum frei wird oder daß Lagergeld gespart wird.

147) Die Ansicht des RG. V. 16. 2. 89 (Bbl. S. 184; Bolze Bd. 7 Nr. 837), daß auch in diesem Falle den Gegenstand des Streites der Eigentumsbesitz des Grundstücks bilde, ist nicht zu billigen. In seiner Entscheidung vom 21. 9. 01 (Recht 01 S. 541 Nr. 2242) hat der V. Senat d. RG. diese Ansicht nunmehr verlassen, und nicht § 6, sondern § 3 ZPO. für anwendbar erklärt. Ebenso RG. JW. 99 S. 739, 1; 01 S. 718, 4; 02 S. 631; 05 S. 24. Gruchot 46, 1044; Recht 02 Nr. 1472 und 03 Nr. 374;

Für den Streitwert zu berücksichtigen ist dabei das wirtschaftliche Interesse, das Kläger an der Auflassung hat, insbesondere durch Befreiung von laufenden Lasten OLG. (Breslau) 6, 371.

148) Vgl. Gaupp-Stein § 6 I; Petersen-Anger § 6 N. 3; Wilmowski-Levy § 6 Anm. 2; Seuffert § 6 Anm. 2; Struckmann-Koch § 6 N. 1.

149) RG. JW. 81 S. 4; 86 S. 71, 1; 90 S. 235, 1; 93 S. 467, 5; 96 S. 355, 1; 97 S. 267, 1; 99 S. 423, 1; S. 694, 1; Gruchot 34, 1138. Bolze Bd. 22 N. 686.

sitzes, selbst wenn der Anspruch sich auf ein obligatorisches Rechtsverhältnis stützt und die Besitzübertragung die Erfüllung der Obligation enthält.[150])

104 Sofern das Klageverlangen auf Erlangung oder Erhaltung des Besitzes gerichtet ist, ist daher der Wert der Sache maßgebend, außer bei den eigentlichen Besitzklagen, insbesondere auch

α) bei Eigentumsklagen (Vindikation, Publizianische Klage) z. B. bei der Klage des Eigentümers auf Räumung der Sache oder Besitzübertragung;[151])

β) bei persönlichen Klagen auf Herausgabe z. B. Klagen aus einem Leihvertrage,[152]) Kaufvertrage, Verwahrungsvertrage,[153]) Miet- und Pachtvertrage, (hier unbeschadet der Vorschrift des § 8 ZPO.), aus Vorkaufs- und Wiederkaufsrechten.[154])

γ) Auch bei Klagen aus ungerechtfertigter Bereicherung (Rückgewähr wegen Nichtigkeit des Vertrages) ist § 6 anwendbar.[155]) Dasselbe muß auch von den Anfechtungsklagen des Konkursverwalters oder außerhalb des Konkurses auf Rückgewähr von Sachen gelten.[156])

δ) In ständiger Praxis wendet das Reichsgericht[157]) den § 6 auch an bei Klagen des Käufers auf Auflassung des gekauften Grundstücks, selbst dann, wenn das Grundstück bereits übergeben ist. Wenn auch der § 6 ZPO. seinem Wortlaute nach nur den Streit über den Besitz einer Sache zum Gegenstande habe, so liege doch wenigstens mittelbar auch ein Streit über den Besitz insofern vor, als von dem Kläger, wenn er mit seinem Anspruche auf Auflassung unterliege, weil ihm ein Recht auf Übertragung des Eigentums nicht zustehe, demnächst die Räumung des Besitzes würde verlangt werden, der Kläger also mit der Klage zugleich das Verlangen des Beklagten auf Wiederherausgabe des Grundstücks abwehren wolle. Diese Ausführung dürfte indessen zu weit gehen; sie wird auch vom Reichsgerichte selbst durch eventuelle Anwendung des § 3 wieder reprobiert. Dagegen wird man in der Klage auf Auflassung eines noch nicht übergebenen Grundstücks sehr wohl einen Streit um den Eigentumsbesitz erblicken können.

105 c) Über die Berechnung des Werts der Sache vgl. die Erläuterungen zu § 9 (N. 17—19). Hier ist jedoch folgendes hervorzuheben:

α) Der Wert einer Sache ist gemäß § 3 ZPO. nach freiem Ermessen zu schätzen, wobei der Kaufpreis einer verkauften Sache regelmäßig den Maßstab bilden mag. Dagegen ist die Sache lediglich nach ihrer Beschaffenheit d. h. unabhängig von den Rechtsverhältnissen, deren Gegenstand sie ist, insbesondere unabhängig von den an ihr bestehenden Pfandrechten zu schätzen; deshalb sind

---

[150]) Dasselbe gilt auch, wenn die Herausgabe von Sachen im Wege der einstweiligen Verfügung verlangt wird. Vgl. KG. XII in OLG. 4, 266.

[151]) RG. JW. 93 S. 73, 1; 96 S. 355, 1; 99 S. 423, 1; 04 S. 94; 05 S. 372; OLG. (Dresden) 13, 69.

[152]) BGB §§ 598, 604. RG. JW. 81 S. 4, 1.

[153]) BGB. § 695. RG. JW. 86 S. 21.

[154]) RG. JW. 86 S. 71, 1.

[155]) RG. JW. 97 S. 541, 1.

[156]) Ebenso Meyer-Irmler S. 29 Anm. 2a, cc. Dagegen für die Anfechtung im Konkurse RG. 34, 404; JW. 95 S. 38, 1; 01 S. 79, 1 und bei Gruchot 45, 367; außerhalb des Konkurses RG. 47, 375. Diese Urteile des Reichsgerichts wollen irrtümlich den wirtschaftlichen „Zweck" der Klage, gerichtet auf Beseitigung der für die Konkursmasse oder den Gläubiger aus der angefochtenen Handlung entstandenen Nachteile, entscheiden lassen und deshalb § 3 ZPO. anwenden; entscheidend ist aber immer nur das Klagebegehren (§ 9 N. 10) selbst, das unmittelbar auf Erlangung des Besitzes gerichtet ist.

[157]) JW. 93 S. 467, 5; 99 S. 694, 1; 00 S. 10, 2; 02 S. 630, 1; Bolze Bd. 3 Nr. 1025; Bd. 7 Nr. 837. Gruchot 44, 1146. Vgl. für die Klage des Verkäufers N. 101 ff.

niemals in Abzug zu bringen die etwa auf der Sache ruhenden Lasten und Schulden.[158]) Ebensowenig vermag eine angebotene Gegenleistung den Streitgegenstand und dessen Wert zu verändern, der sich vielmehr lediglich nach der vom Beklagten geforderten Leistung richtet.[159]) Wird daher die Auflassung eines Grundstücks im Werte von 300 000 M., welches mit Hypotheken in Höhe von 200 000 Mk. belastet ist, unter dem Erbieten zur Leistung des verabredeten Kaufpreises verlangt, so ist der Wert des Streitgegenstandes trotzdem 300 000 M.

β) Für die Bestimmung des Streitgegenstandes und des Werts desselben 106
macht es auch keinen Unterschied, zu welchen Zwecken und für welche Zeit oder Zeitdauer der Besitz in Anspruch genommen wird. Verlangt also der Leiher vom Verleiher oder einem Dritten die Herausgabe der Leihsache z. B. eines Pferdes, so ist Streitwert immer der Wert des Pferdes, gleichgültig, ob das Pferd nur noch einen Tag oder ein Jahr im Leihbesitz des Klägers verbleiben wird.[160]) So hat das Reichsgericht[161]) in einem Falle, (actio tutelae), wo darüber gestritten wurde, ob der auf Herausgabe des Mündelvermögens verklagte Vormund schon jetzt oder erst nach Volljährigkeit des Mündels zur Herausgabe verpflichtet sei, angenommen, daß als Streitgegenstand das ganze Vermögen — nicht, wie Beklagter wollte, bloß das Interesse des Klägers an der früheren Herausgabe desselben vor der Volljährigkeit des Mündels — anzusehen sei, da der Streit den Besitz des Vermögens betroffen habe.[162])

γ) Bei der Klage auf Herausgabe von Urkunden wird es darauf an- 107
kommen, ob die Urkunde Träger der Forderung ist oder nicht. Im ersteren Falle wird der Wert der Urkunde nach dem Betrage der Forderung zu bemessen sein; denn die Urkunde repräsentiert diesen Betrag. Dies gilt nicht nur von Inhaberpapieren, sondern auch von Namenspapieren, z. B. Namensaktien, und indossablen Papieren, wenn dieselben nur als Wertträger anzusehen sind. Wird dagegen die Herausgabe einer Beweisurkunde, einer Legitimationsurkunde oder einer sonstigen Urkunde verlangt, die nicht Wertträger ist, so ist nicht ohne weiteres der Wert der bescheinigten Forderung maßgebend, sondern der Wert der Urkunde nach Lage des einzelnen Falles gemäß dem Interesse des Klägers an der Herausgabe frei zu schätzen; dabei wird der Betrag der Forderung die Grenze nach obenhin bilden.[163])

---

158) RG. JW. 86 S. 89, 2; 88 S. 405, 2; 90 S. 370, 1; 96 S. 2, 3.

159) RG. 5, 410; 12, 155; 22, 388. JW. 93 S. 467, 5; 95 S. 597, 21; 97 S. 267, 1; S. 400, 1; Wach I § 31 Anm. 13; Gaupp-Stein § 2 N. 7.

160) Gaupp-Stein § 6 I Abs. 1. Naumb. AKZ. 90 S. 55, 1.

161) RG. I 10. 7. 80, JW. 81 S. 4 und Fenner-Mecke 2, 2.

162) Unrichtig ist deshalb die Entsch. OLG. Naumburg in Naumb. AKZ. 96 S. 131, welche bei der Klage des Ehemanns auf Herausgabe des eingebrachten Vermögens der Frau zur ehemännlichen Verwaltung nicht § 6, sondern § 9 ZPO. zur Anwendung brachte.

163) Über die Grundsätze bei der Schätzung ist folgende Judikatur zu vergleichen:
a) bei Wechseln: Gruchot 29, 418; JW. 84 S. 298, 11; 91 S. 384, 2; 99 S. 276, 2; 05 S. 113. Beim Anspruch auf Herausgabe einer Wechselunterschrift ist maßgebend das Interesse, das Kläger an dem Empfang der Wechselunterschrift des Beklagten hat OLG. Jena 12. 3. 03 Thür. BlfR. 50, 206.
b) bei Hypotheken- und Grundschuldbriefen: Gruchot 30, 1100; JW. 94 S. 239, 1; 97 S. 446, 2; KG. II 25. 10. 98 KGBl. 98 S. 95.
c) bei Schuldscheinen: JW. 94 S. 193, 2;
d) bei Sparkassenbüchern: RG. JW. 02 S. 358 1. LG. Halle in Naumb. AKZ. 93 S. 77 und LG. Leipzig bei Wengler 1, 560;
e) bei Lebensversicherungspolizen: RG. 22, 411; 28, 182; 37, 415; OLG. 6, 374 und 9, 50 (Hamburg);
f) bei Anteilscheinen einer Gesellschaft m. b. H.: JW. 98 S. 3, 3:

108 δ) Ist nur der Besitz eines Teiles der Sache oder nur der Mitbesitz Streitgegenstand, so entscheidet der Wert der Sache nur zu dem entsprechenden Teilbetrage;[164]) bei Streitigkeiten über die Höhe des Anteils, z. B. ob an dem Teile Alleinbesitz oder Mitbesitz, entscheidet der Wertunterschied in der beiderseitigen Behauptung.[165])

2. Sicherstellung einer Forderung und Pfandrecht. (§ 6 ZPO.)

109 Nach § 6 ZPO. wird der Wert des Streitgegenstandes bestimmt durch den Betrag einer Forderung, wenn deren Sicherstellung oder ein Pfandrecht Gegenstand des Streites ist. Hat der Gegenstand des Pfandrechts einen geringeren Wert, so ist dieser maßgebend.

A. Sicherstellung.

110 Ist die Sicherstellung einer Forderung Gegenstand des Rechtsstreites, so bestimmt sich der Wert stets nach dem Betrage der zu sichernden Forderung.

111 a) Voraussetzung sind hier lediglich Klagen, welche auf die Sicherstellung einer Forderung, d. h. die Erlangung einer erst noch zu leistenden Sicherheit gerichtet sind, nicht auch solche, welche auf die Realisierung der Sicherheit (z. B. Uebergabe der Faustpfandsache) oder auf die Rückgabe einer bestellten Sicherheit gerichtet sind. Auf den Rechtsgrund der verlangten Sicherstellung (Vertrag, Gesetz) kommt es jedoch hierbei ebensowenig an, wie auf die Mittel der Sicherstellung z. B. Bürgschaftsleistung, Pfandbestellung, Abtretung einer Forderung,[166]) Eintragung einer Vormerkung aus § 883 BGB.[167]) Gleichgiltig ist auch, ob es sich um eine Leistungsklage oder um eine Feststellungsklage handelt; der § 6 ist daher auch anwendbar bei der Klage auf Feststellung einer Bürgschaftsverbindlichkeit.[168])

112 Als Sicherstellung ist namentlich auch anzusehen die Pfändung von Forderungen und anderen Vermögensrechten (ZPO. §§ 828 ff.). Denn hier handelt es sich offenbar nicht um die richterliche Kognition über ein bestehendes Pfandrecht; ein solches kann nicht einmal ohne Weiteres durch den richterlichen Beschluß der Pfändung, sondern nur erst durch die vom Gläubiger zu bewirkende Zustellung des Pfändungsbeschlusses an den Drittschuldner zur Entstehung gelangen (§ 829 Abs. 3 ZPO.); es handelt sich vielmehr für das Gericht bei der Entscheidung über einen Antrag auf Pfändung einer Forderung zunächst um die Frage, ob für den vom Antragsteller geltend gemachten Anspruch die Voraussetzungen einer Zwangsvollstreckung gegeben sind, und auch in zweiter Linie nur darum, ob diejenigen Maßregeln verfügt werden können, durch welche es dem Antragsteller möglich wird, wegen seines Anspruches ein Pfandrecht an der Forderung seines Schuldners zu erwerben. Nicht ein Pfandrecht, sondern die Sicherstellung der Forderung des Antragstellers

---

g) bei vollstreckbaren Ausfertigungen: Gruchot 41, 1151.
h) bei Depotscheinen: OLG. Posen in Pos. Mschr. 01 S. 142.
i) bei Herausgabe von Geschäftsbüchern: Interesse des Klägers am Besitz. OLG. Colmar im Recht 04 S. 554.

[164]) Vgl. RG. bei Bolze Bd. 6 Nr. 854; Bd. 22 Nr. 685 und 686; JW. 96 S. 130, 1; S. 355, 1; 97 S. 106, 3; 00 S. 735, 1.

[165]) Vgl. RG. JW. 96 S. 270, 3.

[166]) Naumb. AKZ. 98 S. 53, 1.

[167]) RG. 35, 394; JW. 98 S. 657, 2; 99 S. 138, 1. Wo es sich dagegen darum handelt, der Gefährdung der für eine Forderung bereits durch Eintragung im Grundbuche bestehenden Sicherheit abzuhelfen oder Einhalt zu tun', ist § 6 nicht anwendbar; vgl. RG. JW. 99 S. 138, 1 i. f.

[168]) RG. 25, 366; JW. 98 S. 3, 4.

zum Zwecke seiner Befriedigung bildet somit den Gegenstand eines solchen Antrages. Daß hierzu das bezeichnete Befriedigungsmittel unzulänglich ist, erscheint für die Wertberechnung ebensowenig maßgebend, als es bei einer Mobiliarexekution für den Gebührenansatz des Gerichtsvollziehers von Bedeutung sein könnte, wenn das abpfändbare Mobiliar zu einer vollständigen Deckung der Forderung des Gläubigers unzureichend wäre. Die Ausnahmebestimmung im zweiten Satze des § 6 ZPO., wonach, wenn ein Pfandrecht Gegenstand des Streites ist und dessen Gegenstand einen geringeren Wert als die dadurch gesicherte Forderung hat, dieser geringere Wert maßgebend sein soll, kann daher im vorliegenden Falle nicht Platz greifen, vielmehr ist der Wert des Streitgegenstandes hier lediglich nach dem Betrage der Forderung des pfändenden Gläubigers und ohne Rücksicht auf den Betrag der zu pfändenden Forderung seines Schuldners zu bemessen.[169])

Einen ferneren häufigen Anwendungsfall der Sicherstellung einer Forderung bildet das Verfahren betreffend die Anordnung eines Arrestes oder einer einstweiligen Verfügung aus § 935 ZPO. nebst dem Widerspruchverfahren; für die Bewertung eines solchen Verfahrens ist daher ebenfalls regelmäßig der Forderungsbetrag maßgebend. Die entgegengesetzte Ansicht des Landgerichtes Hall,[170]) wodurch der geringere Wert der arrestierten Sachen für ausschlaggebend erklärt wurde, weil nach den Motiven zum Gerichtskostengesetze, wenn es sich um die Pfändung eines Gegenstandes handle, dessen Wert den Betrag der Forderung nicht erreiche, der geringere Wert des Gegenstandes für den Gebührenansatz entscheidend sei, kann nicht als richtig anerkannt werden. Denn geht man davon aus, daß die Bestimmungen der §§ 6 bis 9 ZPO. nicht bloß instruktionelle Bedeutung haben, sondern für das freie richterliche Ermessen ebenso formell bindend, wie sachlich maßgebend sein sollen (vgl. oben Note 27), so steht jener Auffassung schon der ausdrückliche Wortlaut der Vorschrift im § 6 der ZPO. entgegen, daß, wenn es sich um die Sicherstellung einer Forderung handelt, der Wert des Streitgegenstandes durch den Betrag dieser Forderung bestimmt werde, also nicht durch den Wert des Gegenstandes, mittels dessen die Sicherung geleistet werden soll. Demgegenüber ist es daher zum mindesten nicht konsequent, wenn die Motive zum Gerichtskostengesetze — abweichend von dem ohne Aufstellung einer Ausnahme für maßgebend erklärten § 6 ZPO. — sich dahin aussprechen, daß, wenn es sich um Pfändung eines Gegenstandes handle, dessen Wert den Betrag der Forderung nicht erreiche, der geringere Wert des Gegenstandes für den Gebührenansatz maßgebend sei; denn das Gesetz unterscheidet genau zwischen dem Falle einer erst zu leistenden Sicherheit und dem Falle, wo die Sicherheit durch ein Pfand bereits geleistet ist, und erklärt nur in diesem letzteren Falle den Wert des Pfandrechtsgegenstandes für entscheidend. Übrigens sind die Motive kein Gesetz, und entbehrt deshalb der lediglich auf jene Bemerkung der Motive gestützte Beschluß des Landgerichts Hall jeder gesetzlichen Begründung. 113

Das Reichsgericht will in konstanter Rechtsprechung[171]) die unmittelbare Anwendbarkeit der Vorschrift des § 6 auf die Bewertung von Anträgen auf Anordnung eines Arrestes oder einer einstweiligen Verfügung nicht gelten lassen, die Wertbestimmung in diesen Fällen vielmehr dem freien richterlichen Ermessen nach der Regel des § 3 ZPO. unterstellen.

---

[169]) LG. Chemnitz III. in Wengler 2, 807 und Wallmann VI 82 S. 605.

[170]) S. Beschluß desselben vom 1. 12. 81 (Württemb. Gerichtsbl. 20, 45 und Wallmann VII 83 S. 137). Ebenso RG. JW. 97 S. 572, 34, jedoch ohne nähere Begründung.

[171]) RG. 15, 434; 16, 333; 22, 425; 35, 394; JW. 90 S. 7, 1; 91 S. 551, 2; 93 S. 93, 1; 96 S. 74, 26; 97 S. 105, 1; S. 131, 1; S. 206, 3; S. 417, 2; 99 S. 175, 1; S. 739, 2; Recht 05, 19. Abweichend RG. 26, 412; JW. 97 S. 572, 34.

Zugleich ist wiederholt angenommen worden, daß der Wert des Streitgegenstandes bei Arresten und einstweiligen Verfügungen nicht ohne weiteres mit dem Werte des Streitgegenstandes der Hauptsache zu identifizieren, und ebensowenig andererseits dafür die Höhe der von dem Beklagten behufs Abwendung des Arrestes ꝛc. zu leistenden Sicherheit unbedingt maßgebend sei. Der § 6 ZPO. sei hierbei nur insofern zu entsprechender Anwendung geeignet, als in dem Falle, wo es sich darum handelt, den Streitgegenstandswert für das einen Arrest oder eine einstweilige Verfügung betreffende Verfahren vom Standpunkte des Antragstellers aus zu bestimmen, der Wert des Hauptanspruches, ähnlich wie beim Streite um ein Pfandrecht, als Maximum in Betracht kommen könne. Diese Auffassung des Reichsgerichts mag, soweit einstweilige Verfügungen aus § 940 ZPO. in Frage kommen, bei denen es sich nicht um die Sicherung einer Geldforderung, sondern um andere Rechtsschutzfälle, wie: um Sicherung der Zwangsvollstreckung zur Erwirkung von Handlungen oder Unterlassungen, um Verhinderung von Störungen des Eigentums oder Besitzes, um Verhütung wesentlicher Nachteile oder drohender Gewaltakte bei dauernden Rechtszustandsverhältnissen u. dgl. handelt, zutreffend erscheinen;[172]) derselben kann jedoch nicht zugestimmt werden, soweit sie das Arrestverfahren und die einstweilige Verfügung aus § 935 ZPO. betrifft. Der „Arrest" ist unstreitig im prägnantesten Sinne ein gesetzliches Mittel zur Sicherstellung einer Forderung. Das Gesetz erkennt dies ausdrücklich an, indem § 916 der ZPO. bestimmt: „Der Arrest findet zur Sicherung der Zwangsvollstreckung in das bewegliche oder unbewegliche Vermögen wegen einer Geldforderung oder wegen eines Anspruchs statt, welcher in eine Geldforderung übergehen kann." Der Arrestantrag bezweckt also die Erlangung einer zu leistenden Sicherheit für eine Geldforderung, hinsichtlich deren § 920 der ZPO. dahin noch genauere Anordnung trifft, daß im Arrestgesuche der Anspruch unter Angabe des Geldbetrages oder des Geldwertes zu bezeichnen und glaubhaft zu machen ist. Im Arrestverfahren bildet mithin die Sicherstellung einer bestimmt individualisierten Forderung recht eigentlich den wahren Gegenstand des Streites. Das Arrestverfahren kann ohne Rücksicht auf die bereits anhängige oder noch nicht anhängige Hauptsache seinen eigenen Weg gehen (vgl. §§ 926, 927 ZPO.); es ist also ein gesonderter Prozeß mit selbständigem Streitgegenstande, dessen Wert daher auch selbständig, d. h. ohne Hinblick auf den Streitgegenstandswert der Hauptsache und unbeeinflußt durch denselben, zu schätzen und festzusetzen ist. Für diese Wertschätzung ist nun ausschließlich maßgebend der § 6 ZPO., welcher gerade diesen Fall zum Gegenstande der Normierung gemacht hat, indem er mit ausdrücklichen Worten vorschreibt: „Der Wert des Streitgegenstandes wird bestimmt — — durch den Betrag einer Forderung, wenn deren Sicherstellung — — Gegenstand des Streites ist." Es muß hiernach, will man mit dem Gesetze nicht in Widerspruch treten, lediglich die Vorschrift des § 6 ZPO. auf das Arrestverfahren und die einstweilige Verfügung aus § 935 ZPO. zur Anwendung gelangen, und demgemäß angenommen werden, daß allemal der Betrag des Arrestanspruches für die Wertberechnung entscheidend ist.[173])

---

[172]) Vgl. hierzu KG. in OLG. 4, 266.

[173]) Der hier wie in früheren Auflagen vertretenen Ansicht sind auch Gaupp-Stein § 6 II für den Arrest (Anm. 9); Wach I, 391; Meyer-Irmler zu § 6 II, 2; Pfafferoth § 6 Anm. 5; S. 67. Dagegen sind der Ansicht des Reichsgerichts Willenbücher N. 52 zu § 10, Reincke § 6b Abs. 4 und Petersen-Anger § 6 N. 22, welche hervorheben, der Arrest bilde nur ein präparatorisches Verfahren, und deswegen werde ein Anspruch auf Sicherstellung nicht geltend gemacht.

b) Der Streitwert bestimmt sich nach dem Betrage der zu sichernden Forderung. 114

α) Die Berechnung des Forderungsbetrages ist nach §§ 9—13 GKG. und §§ 3—9 ZPO. vorzunehmen. Danach ist insbesondere der Zeitpunkt der Erhebung der Klage (bzw. des Arrestantrages) entscheidend (§ 4 ZPO.), und ferner bleiben die in § 4 ZPO. bezeichneten Nebenforderungen, wie Zinsen und etwaige Kosten (der Kündigung, einer bereits erfolgten Vorklage, der fruchtlos versuchten Beitreibung usw.) außer Berücksichtigung.[174]) Vgl. N. 49 ff., 62, 63.) Ebenso ist geeignetenfalls die Forderung nach § 3 zu schätzen; deshalb hat das Reichsgericht[175]) mit Recht beim Miteigentum mehrerer Erben an einem Kapital die Forderung eines Miterben, für die Sicherung verlangt war, nicht nach dem Nennwerte des Kapitals, sondern nach dem Anteile des Miterben geschätzt. 115

Daß bei gleichzeitiger Geltendmachung von Forderung und Sicherstellung nur der einfache Betrag der Forderung maßgebend ist, ergibt sich aus § 5 ZPO. Vgl. insbesondere N. 42 und Anm. 60.

β) Handelt es sich um Sicherstellung anderer Vermögensrechte als Geldforderungen z. B. um ein fideikommissarisches Erbfolgerecht, so ist analog der Wert des sicherzustellenden Rechts zu schätzen.[176]) 116

γ) Gleichgültig ist die Höhe des Betrages, mit welchem Sicherheit geleistet werden soll,[177]) mag dieser höher oder geringer als die Forderung sein. Falls nur Pfändung einer bestimmten Sache verlangt wird, deren Wert geringer als die sicherzustellende Forderung ist, muß immerhin der Forderungsbetrag entscheiden, weil nach § 6 bei der Sicherstellung, abweichend vom Pfandrecht, niemals der Wert des Gegenstandes der Sicherstellung in Betracht kommt[178]) 117

B. Pfandrecht.

Ebenso wie bei der Sicherstellung soll nach § 6 ZPO. der Wert des Streitgegenstandes durch den Betrag der Forderung bestimmt werden, wenn ein Pfandrecht Gegenstand des Streits ist; hat der Gegenstand des Pfandrechts jedoch einen geringeren Wert, so soll dieser maßgebend sein. 118

a) Voraussetzung der Anwendung des § 6 ist hier, daß ein schon bestehendes Pfandrecht den Streitgegenstand bildet. 119

α) Ein (schon bestehendes) Pfandrecht ist Gegenstand des Streits: bei der Klage auf Realisierung des Pfandrechtes (actio hypothecaria), bei Klagen auf Feststellung des Bestehens oder Nichtbestehens eines Pfandrechts, oder eines Absonderungsrechts im Konkurse,[179]) bei Klagen des Eigentümers auf Anerkennung bzw. Feststellung der Freiheit seines Eigentums von Pfandrechten, sowie auf Aufhebung eines Pfandrechtes, daher auch bei Klagen, mit welchen der Eigentümer der Pfandsache nach erfolgter Tilgung der Pfandschuld Quittungsleistung und Löschungsbewilligung fordert.[180])

---

[174]) RG. 7, 327; 10, 346 u. 394; 26, 412; JW. 93 S. 381, 2; 99 S. 423, 2. Anderer Ansicht Walter in früheren Aufl. N. 29 und Gaupp-Stein § 6 II Abs. 4 im Widerspruch mit § 4 II.

[175]) RG. JW. 98 S. 474, 2; a. M. Meyer-Irmler § 6 II, 3.

[176]) RG. JW. 91 S. 329, 2; Gruchot 35, 1177.

[177]) RG. JW. 89 S. 283, 2 und Bbl. 90 S. 18.

[178]) A. M. Meyer-Irmler § 6 II Anm. 3 Abs. 2.

[179]) RG. 22, 388; JW. 96 S. 281, 1. OLG. Colmar JZfEL. 00 S. 265.

[180]) RG. Bolze Bd. 22 Nr. 688; RG. 34, 173; JW. 93 S. 125, 3; 96 S. 170, 1; 98 S. 348, 2 und S. 433, 1; 00 S. 827, 2; OLG. (Braunschweig) 6, 373; OLG (Karlsruhe) 13, 70. Bei Kautionshypotheken (Sicherungshypotheken) entscheidet der eingetragene Höchstbetrag: RG. bei Gruchot 34, 1195; JW. 92 S. 330, 2.

120 Den häufigsten Fall der Anwendung dieser Vorschrift bieten jedoch in der Praxis zweifelsohne die sog. **Interventionsprozesse** in der Exekutionsinstanz auf Grund der §§ 771, 805 der ZPO. einschließlich des gewöhnlich vorausgehenden Verfahrens über Anträge auf Einstellung, Beschränkung oder Aufhebung der Zwangsvollstreckung; denn in diesen Sachen bildet der Regel nach **nicht das Eigentum** an den gepfändeten Gegenständen, sondern die Befreiung der letzteren von dem Pfändungspfandrechte des Gläubigers bzw. die rechtliche Wirksamkeit oder Unwirksamkeit dieses Pfandrechtes den eigentlichen Streitgegenstand.[181])

121 β) Dagegen ist das Pfandrecht **nicht** Gegenstand des Streits bei der actio pignoraticia, wenn ohne Streit über das Pfandrecht lediglich die Herausgabe (Rückgabe) der Pfandsache begehrt wird, und bei der persönlichen Forderungsklage gegen den Pfandschuldner; ersterenfalls betrifft der Rechtsstreit ausschließlich den Besitz der Pfandsache und ist demgemäß lediglich der Wert der Sache bestimmend, letzterenfalls ist stets der Betrag der Forderung maßgebend. — Wird die **persönliche Forderungsklage mit der Pfandklage**, oder die Klage auf Feststellung des Nichtbestehens der Forderung mit der Löschungsklage verbunden, so ist ebenfalls stets der Betrag der Forderung entscheidend, aber auch nur dieser, ohne daß eine Zusammenrechnung der Werte beider Klagen gemäß § 5 ZPO. stattfindet. Dagegen kommt in diesem Falle der Vorbehalt im zweiten Satze des § 6 nicht zur Anwendung, weil, wenn auch der Gegenstand des Pfandrechtes einen geringeren Wert hat, wegen der persönlichen Klage doch der ganze Betrag der Forderung Streitgegenstand ist; der Wertberechnung eines Pfandrechtes, welches neben der persönlichen Forderung, wofür das Pfand haften soll, geltend gemacht wird, ist demgemäß eine selbständige Bedeutung nicht beizumessen.[182])

122 Ebensowenig bildet ein Pfandrecht den Streitgegenstand, wenn ein **Zurückbehaltungsrecht** eingewendet wird. Die Klage ist die Vindikation, bei welcher sich der Wert gemäß § 6 nach dem Wert der verlangten Sachen bestimmt, ohne daß die gegen die Klage erhobenen Einwendungen in Betracht kommen; insbesondere ist es ohne Belang, ob die Klage auf Herausgabe der Sachen durch einen Retentionsanspruch des Beklagten veranlaßt ist.[183])

123 Auch bei **Prioritätsstreitigkeiten** mehrerer Pfandgläubiger d. h. beim Streit, wer von ihnen im Vorrang vor dem anderen den Pfandgegenstand zu beanspruchen habe oder aus dem Erlöse desselben zu befriedigen sei, bildet nicht das Pfandrecht den Streitgegenstand. Der § 6 ist deshalb jedenfalls nicht unmittelbar anwendbar, doch ist die analoge Anwendung nicht ausgeschlossen.[184])

124 b) Ist ein Pfandrecht Gegenstand des Streits, so kommt es für die Wert-

[181]) Vgl. OLG. Dresden in **Wallmann** 6, 623; OLG. Köln in DJZ. 86 S. 16; ferner RG. 10, 394; Bbl. 89 S. 65; JW. 88 S. 269, 1; 90 S. 333, 7; 93 S. 381, 2. Daran wird auch dadurch nichts geändert, daß etwa in erster Reihe der Kläger Feststellung seines Eigentums beantragt, welche immerhin nur als Voraussetzung für den Antrag auf Freigabe gedacht ist. RG. in DJZ. 87 S. 12. RG. JW. 06 S. 769 (Pfändung von Mieten). Vgl. hierzu **Begemann** in ZZP. 26, 519–533.

[182]) RG. 5, 410; JW. 86 S. 313, 2. Anders jedoch, wenn das Nichtbestehen der Forderung lediglich die Beseitigung des Pfandrechts begründen soll z. B. bei Klage auf Feststellung des Nichtbestehens einer Forderung und Rückgabe der Kaution: RG. 31, 386; JW. 94 S. 260, 1.

[183]) RG. 12, 155; JW. 93 S. 382, 3; 94 S. 260, 2; 99 S. 424, 3. S. dagegen OLG. Dresden im Sächs.Arch. 2, 787.

[184]) RG. 4, 366; 7, 327; 10, 346; 18, 372; 26, 412. **Bolze** 5 Nr. 965; JW. 00 S. 292, 1. Als Streitgegenstand ist dann stets nur der Betrag der kleineren der konkurrierenden Forderungen anzusehen, wenn nicht etwa der Wert des Befriedigungsobjekts noch geringer ist. OLG. (Celle) 13, 70.

berechnung darauf an, ob der Betrag der Forderung oder der Gegenstand des Pfandrechtes geringwertiger ist, und stellt dann der **geringere** Betrag den Wert des Streitgegenstandes dar. Betrifft also z. B. der Rechtsstreit die Entlassung mitverpfändeter Parzellen aus der Mithaft, so bestimmt sich der Streitgegenstandswert bald durch den Betrag der eingetragenen Forderung, bald durch den Wert des zu entlassenden Trennstückes, je nachdem der Wert des letzteren den Forderungsbetrag übersteigt oder nicht.

α) Ist hiernach der (geringere) Betrag der **Pfandforderung** maßgebend, 125
so gilt für die Berechnung das in N. 115 Ausgeführte, u. a. sind Zinsen und Kosten **als Nebenforderungen** zu behandeln und demgemäß nach
§ 4 ZPO. außer Betracht zu lassen.[185]) 126

β) Als der nach dem zweiten Satze des § 6 maßgebliche Wert des **Pfandrechtsgegenstandes** kommt auch hier lediglich der allgemeine Tausch- oder Verkehrswert in Betracht, und zwar ohne Rücksicht darauf, ob er sich für den Kläger durch anderweitige Belastung oder sonstige Verschlechterung des Pfandes verringert.[186]) (Vgl. N. 105.) Der Wert des „Pfandrechts„ selbst kommt niemals in Betracht.

3. Grunddienstbarkeiten. (§ 7 ZPO.)

Nach der Vorschrift des § 7 ZPO. wird **der Wert einer Grund-** 127
dienstbarkeit durch den Wert, welchen dieselbe für das herrschende Grundstück hat, und wenn der Betrag, um welchen sich der Wert des dienenden Grundstücks durch die Dienstbarkeit mindert, größer ist, durch diesen Betrag bestimmt.

a) Nach dem Zusammenhange des § 7 ZPO. mit den §§ 3 ff. ZPO. hat 128
die Anwendung des § 7 zur Voraussetzung, daß **eine Grunddienstbarkeit den Streitgegenstand bildet.** Dies ist nicht nur bei den dinglichen Klagen der Fall, sondern auch bei den obligatorischen Klagen auf Bestellung oder Einräumung einer Grunddienstbarkeit. Ebenso ist die Form, in welcher sich der Rechtsstreit bewegt, gleichgültig: es macht keinen Unterschied, ob der Eigentümer des herrschenden oder dienenden Grundstücks als Kläger auftritt. Den Hauptanwendungsfall wird allerdings die actio confessoria (§ 1027 BGB.) bilden; indessen auch Fälle der negatoria (§ 1004 BGB.) sind nicht ausgeschlossen, insofern letztere **unmittelbar** auf Aberkennung einer behaupteten Grunddienstbarkeit gerichtet ist oder die Zurückweisung eines solchen Eingriffs in das Eigentum, welcher als Ausübung einer Grunddienstbarkeit erscheint, zum Ziele hat, also schon in der Klage hervortritt, daß die **Freiheit** von der Grunddienstbarkeit den Streitgegenstand bildet. (Vgl. Nordd. Prot. S. 87.) Denn wenngleich als Rechtsgrund der actio negatoria das Eigentum erscheint, so ist doch für die Bemessung des Streitwerts nicht der Rechtsgrund, sondern

---

[185]) RG. JW. 00 S. 292, 1. A. M. **Walter** in früheren Aufl. N. 30. — Bei Klagen auf Löschung einer Hypothek entscheidet also nur der zu löschende Kapitalbetrag.

[186]) S. RG. 22, 388; JW. 96 S. 2 u. S. 281, 1; OLG. Dresden 4. 5. 92 (SächsArch. 2, 785); OLG (Rostock) 4, 267, ferner **Gaupp-Stein** in Anm. 12 zu Erläut. II bei § 6 und **Struckmann-Koch** ZPO S. 7 in Note 2 zu § 6. — A. M. **Wach** Bd. I § 31 Anm. 57 S. 386, **Seuffert** ZPO. in Note 5 zu § 6, sowie RG. 13. 5. 91 in **Gruchot** 35, 1177, welche den Wert des Pfandgegenstandes nur unter Abrechnung des durch vorhergehende Pfandrechte in Anspruch genommenen Wertes als maßgebend anerkennen, weil nur der Überschuß Deckung für den nachstehenden Pfandgläubiger biete und die Deckung, wenn sie hinter der Forderung zurückbleibt, das Entscheidende sei. Diese Auffassung ist jedoch weder mit dem Wortlaut des § 6, nach welchem nicht unterschieden wird, noch mit dem Grundsatze vereinbar, daß die rechtlichen Qualifikationen bei der Feststellung des Sachwertes nicht in Betracht kommen, und würde überdies bezüglich der richtigen Ermittelung des Deckungswertes Schwierigkeiten verursachen, welche die besondere Bestimmung des § 6 gerade vermeiden will.

nur der Gegenstand der Klage entscheidend.[187]) Anders wäre es, wenn die Störung des Eigentums sich nach dem Vortrage des Klägers nicht als Ausübung einer Dienstbarkeit darstellt, und die Klage auf Feststellung des Eigentums selbst gerichtet wäre; dann bildet das Eigentum nicht nur den Rechtsgrund, sondern auch den Streitgegenstand.[188])

129 Voraussetzung der Anwendung des § 7 wird aber ferner sein müssen, daß es sich um einen Streit über eine Grunddienstbarkeit zwischen den Eigentümern des herrschenden und des dienenden Grundstücks handelt; wenn andere Personen die Prozeßparteien bilden, wird der Wert lediglich nach § 3 ZPO. zu bestimmen sein.[189])

130 b) Was unter einer „Grunddienstbarkeit" zu verstehen, bestimmt das bürgerliche Recht, jetzt das BGB. Nach § 1018 BGB. liegt eine Grunddienstbarkeit vor, wenn ein Grundstück zugunsten des jeweiligen Eigentümers eines anderen Grundstücks in der Weise belastet ist, daß dieser das Grundstück in einzelnen Beziehungen benutzen darf, oder daß auf dem Grundstücke gewisse Handlungen nicht vorgenommen werden dürfen oder daß die Ausübung eines Rechtes ausgeschlossen ist, daß sich aus dem Eigentum an dem belasteten Grundstücke dem anderen Grundstücke gegenüber ergibt. Dasselbe wie bei Grundstücken gilt auch bei Erbbaurechten.[190])

131 Ausgeschlossen sind dagegen:

α) die beschränkten persönlichen Dienstbarkeiten, § 1090 BGB.;

β) die Reallasten, wenn sie auch zugunsten des jeweiligen Eigentümers eines anderen Grundstücks bestellt sind, § 1105 BGB.;

γ) persönliche Rechte, welche inhaltlich einer Grunddienstbarkeit ähnlich sind, z. B. Baubeschränkungen,[191]) Überbau;[192])

δ) Emphyteusis, Superficies, Lehen, Fideikommiß.

Dagegen wird eine analoge Anwendung des § 7 nicht ausgeschlossen sein bei Rechtsverhältnissen, die der Grunddienstbarkeit ähnlich sind, (Fall γ) oder bei den Rechtsverhältnissen des Nachbarrechts (§§ 906 ff. BGB.), z. B. der Klage auf Unterlassung schädlicher Immissionen.[193])

132 Soweit es sich um solche Rechte handelt, welche durch Art. 184 EGzBGB. aufrecht erhalten sind, kommen hier in Betracht alle Arten von Prädialservituten (servitutes rusticae und urbanae, continuae und discontinuae, apparentes und non apparentes), mögen dieselben die Eigentümer des praedium serviens zu einem Dulden oder zu einem Unterlassen verpflichten oder sogar mit einer persönlichen Leistung des Besitzers verbunden sein, insbesondere auch die sog. Notservituten (servitutes necessariae) d. h. diejenigen notwendigen Einschränkungen des Eigentums, ohne welche ein anderes Grundstück ganz oder zum Teil völlig unbrauchbar sein würde, und welche daher ein jeder Grundbesitzer sich gefallen lassen muß (§§ 3—10 preuß. ALR. I, 22), sowie die sog. Legalservituten d. h. diejenigen Einschränkungen des Eigentums, welche die Gesetze zum Besten des gemeinen Wesens bzw. des Nachbarn vorschreiben (§§ 33 ff., 97, 99, 102 ff. preuß. ALR. I, 8).[194])

---

187) Vgl. Gaupp-Stein zu § 7 I; Petersen-Anger § 7 Anm. 5. RG. 3, 390; JW. 96 S. 3, 9. OLG. Dresden in ZZP. 6, 476.

188) RG. JW. 95 S. 143, 1; 99 S. 482, 3.

189) RG. Bolze Bd. 6 Nr. 866.

190) § 1017 BGB. Dernburg BR. II § 165 Nr. 3.

191) Gaupp-Stein § 7 III. A. M. RG. 29, 406, jedoch mit unzureichender Begründung.

192) RG. JW. 94 S. 100, 7 und S. 420, 2. Vgl. auch RG. in SeuffArch. 49, 49.

193) RG. JW. 98 S. 153, 1.

194) Vgl. RG. JW. 87 S. 431, 2; RG. 8, 307.

c) Der Wert einer zugunsten eines Grundstückes bestehenden oder erst zu bestellenden Dienstbarkeit kann von zwei entgegengesetzten Gesichtspunkten aus gemessen werden: 133

a) positiv oder aktiv, d. h. vom Standpunkte des herrschenden Grundstückes aus, als Werterhöhung;

b) negativ oder passiv, d. h. vom Standpunkte des dienenden Grundstückes aus als Wertminderung.

Beide Gesichtspunkte sind nach der Vorschrift des § 7 ZPO. bei der Ermittlung und Berechnung des Streitgegenstandswertes zu berücksichtigen, und falls die beiden Messungsergebnisse (der Mehrwert des herrschenden und der Minderwert des dienenden Grundstückes) sich nicht decken, sondern voneinander abweichen, ist hier der höhere Betrag entscheidend. Insofern enthält § 7 eine Ausnahme von der Regel, daß immer nur das Interesse des Klägers entscheidet; auf die Parteirolle kommt es hier garnicht an. Für die Berechnung der Revisionssumme dagegen entscheidet wieder lediglich das Interesse des Revisionsklägers.[195])

Die Berechnung der Werterhöhung oder Wertminderung erfolgt gemäß 134 § 3 ZPO. nach freiem Ermessen.[196]) Dabei ist zu beachten, daß die Vorschrift des § 10 GKG. über Berechnung bei unschätzbaren Gegenständen keine Anwendung findet, da die Grunddienstbarkeit zu den Vermögensrechten gehört.[197]) Für die Schätzung des Mehrwerts des herrschenden Grundstückes sind die persönlichen Verhältnisse des Eigentümers des herrschenden Grundstücks gleichgültig; insbes. kommt es nicht auf einen etwaigen Mehrwert anderer Grundstücke desselben Eigentümers an.[198])

4. Pacht- und Mietverhältnisse. (§ 8 ZPO., § 9a GKG.)

Falls das Bestehen oder die Dauer eines Pacht- oder Mietverhältnisses streitig ist, soll nach § 8 ZPO. der Betrag des auf die gesamte streitige Zeit fallenden Zinses entscheiden. Der § 8 ZPO. hatte dann weiter als Höchstgrenze den fünfundzwanzigfachen Betrag des einjährigen Zinses festgesetzt. Dabei ist es zwar für die Ermittlung der Zuständigkeit geblieben; für die Gebührenberechnung hat jedoch, hiervon abweichend, der durch die Novelle vom 17. 5. 98 eingefügte § 9a Abs. 1 GKG. eine Höchstgrenze im Betrage des einjährigen Zinses geschaffen. 135

Der § 9a GKG. verdankt seine Entstehung einem Beschlusse der Reichstagskommission für die Zivilprozeßnovelle, der mit dem Hinweis darauf gerechtfertigt wurde, daß die Wertsberechnung nach Maßgabe des § 8 ZPO. bei den bezeichneten Streitigkeiten, insbesondere bei den sog. Exmissionsklagen, sehr häufig außerordentlich hohe Summen ergebe und dadurch ganz unverhältnismäßige Kosten veranlasse; ein entsprechender Vorschlag sei von den verbündeten Regierungen selbst zum Gerichtskostengesetz in einem im Jahre 1887 dem Reichstage vorgelegten, aber nicht zur Verabschiedung gelangten Gesetzentwurfe (Reichst.-Drucks. 87 Nr. 54) gemacht werden.[199])

a) Die Vorschrift des § 8 ZPO., deren Redewendung „Ist — streitig" mit „Betrifft der Streitgegenstand" für gleichbedeutend zu erachten ist, hat zur Voraussetzung, daß nach dem Klageantrag der Bestand (Fortbestand) oder die Dauer eines Pacht- oder Mietverhältnisses den Gegenstand des Rechtsstreites bildet und daß gerade hierüber ein Ausspruch des 136

[195]) RG. 16, 342; JW. 87 S. 431, 2; 88 S. 408, 9; 97 S. 6, 20 und S. 109, 14.
[196]) RG. Bolze Bd. 2 Nr. 1407; Bd. 6 Nr. 857.
[197]) RG. 10, 322.
[198]) RG. 20. 9. 01 Recht 01 S. 542 Nr. 2246. Vgl. auch RG. JW. 02 S. 395.
[199]) Komm.Ber. S. 26 Reichst.Drucksachen 97/98 Nr. 240.

Richters im entscheidenden Teile des Urteils begehrt wird.[200]) Die Bestimmung des § 8 findet daher **keine** Anwendung auf Klagen, in welchen auf Grund eines Pacht- oder Mietverhältnisses lediglich **Geldansprüche** erhoben oder sonstige **Leistungen** geltend gemacht werden, also z. B. Zahlung des Zinses, Erfüllung einer **Reparaturpflicht**, ordnungsmäßige Bewirtschaftung und dgl. begehrt wird. Ebensowenig bezieht sich der § 8 auf die **Dienstmiete** (locatio conductio operarum), da hierfür der Ausdruck „Zins" (statt „Lohn", „Gehalt", „Salair" u. dgl.) nicht sprachgebräuchlich ist;[201]) bei Klagen auf Leistung von Diensten ist vielmehr der Wert der Dienste mit Rücksicht auf die Natur derselben und auf ihre durch die vertrags- oder gesetzmäßige Kündigungsfrist begrenzte Dauer nach der Regel des § 3 ZPO. — also auch hier ohne Abzug der Gegenleistung — zu veranschlagen.[202]) Dasselbe gilt von der **Werkverdingung** (locatio conductio operis), nur mit dem Unterschiede, daß hier nicht die Zeitdauer, sondern der quantitative Umfang des Werkes für die Schätzung der Leistung den eigentlichen Maßstab abzugeben hat.

137 Dagegen ist § 8 nicht bloß auf die (positive und negative) Feststellungsklage,[203]) sondern auf Klagen aller Art anwendbar, welche die **Einräumung** (**Einweisung**) oder **Räumung** des Pacht- bzw. Mietbesitzes bezwecken (sog. **Immissions-** und **Exmissionsprozesse**), da auch in diesen Fällen der Gegenstand des Rechtsstreites im wesentlichen die Entscheidung der Frage betrifft, ob ein Pacht- oder Mietverhältnis **schon** oder **noch** zu Recht besteht und weiter dauert bzw. fortzusetzen ist, oder ob es zufolge Ablaufs der kontraktmäßigen Zeitdauer für aufgehoben zu erachten ist. **Für** die Beschränkung des § 8 auf die Feststellungsklagen ließe sich zwar der Umstand geltend machen, daß bei den Klagen auf Überlassung oder Räumung das Bestehen und die Dauer des Pacht- oder Mietverhältnisses häufig nur den Rechtsgrund des Anspruches, den wirklichen Gegenstand desselben aber nach dem **Klageantrage** selbst der Besitz der Pacht- oder Mietsache (§ 6 ZPO.) bildet. Allein aus den Vorarbeiten (Hann. Prot. 372, 385, 4770 und Preuß. Entw. § 51) ergibt sich, daß man bei der vorliegenden, dem Hann. und Preuß. Entwurfe entsprechenden Fassung, welche auch die Reichstagskommission beibehalten hat, — zum Unterschiede von § 23 Ziffer 2 Abs. 1 GVG. und § 709 Ziff. 1 ZPO., welche unter Berücksichtigung des Bundesrats-Entwurfes die entsprechende redaktionelle Aenderung erfuhren, — gerade die Klagen auf Überlassung und Räumung der gepachteten bzw. gemieteten Sachen vor Augen gehabt hat und davon ausgegangen ist, daß hierbei der Streitwert auch durch die einer Exmissionsklage gegenüber vom Beklagten aufgestellte Behauptung einer längeren Dauer des Pacht- bzw. Mietverhältnisses bestimmt werden könne, niemals aber der Streitwert nach dem Werte der Sache (§ 6 ZPO.) zu bemessen sei. Denn

---

[200]) RG. JW. 87 S. 37, 1; vgl. auch RG. II. ZS. 10. 5. 89 (Bbl. S. 162, 163) und **Rassow** in **Gruchot** 33, 889.

[201]) RG. 4, 399; JW. 81 S. 91. Nach dem Rechte des BGB. kann dies nicht mehr zweifelhaft sein; es kommen nur die Verhältnisse aus §§ 535—597 BGB. in Betracht: Dienstvertrag und Werkvertrag sind jetzt keine Unterarten des Mietvertrages.

[202]) Vgl. OLG. Cöln 7. 2. 93 in RhArch. Bd. 85 Abt. I S. 234 und **Freudenthal** II, 7 Buchst. a zu § 8.

[203]) Nur diese rechnen hierher unter Ausschließung der Anwendbarkeit des § 8 auf eigentliche Räumungsklagen: **Warmuth** in der ZZP. 5, 501 ff.; **Hellmann** ZPO. I, 60 ff. in Anmerk. 1 und 2 zu § 8; ferner die Kgl. **Sächsische** Spruchpraxis (s. **Wengler** N. F. 2, 676; 5, 562; 6, 28 und Annal. des OLG. Dresden 3, 440); anscheinend auch **Wach** I, 388 § 31 und **Förster** ZPO. I, 16 in Anmerk. 1 Abs. 1 zu § 8; sowie vereinzelt und unbestimmt RG. VI. ZS. 25. 9. 90 (Entsch. 26, 431, BesBeilzRA. S. 545 ff., SchleswHA. 91 S. 98 ff., Bbl. 91 S. 24, 25), wozu der Erklärungsversuch von **Rittmann** in der Anmerk. auf S. 59 seines Werkes zu vergleichen ist.

lediglich § 6 (nicht etwa § 3) hätte im Falle der Nichtanwendbarkeit des § 8 bei Räumungsklagen regelmäßig Platz greifen müssen, was zu großen Härten zu führen geeignet war. Es mangelt auch in der Tat an jedem stichhaltigen Grunde für die Annahme, daß der Gesetzgeber, nachdem er nun einmal diese Gattung von Streitverhältnissen einer besonderen Normierung für wert gehalten und unterworfen hat, gerade diejenigen zutreffenden Fälle, welche in der Praxis am allerhäufigsten vorkommen, bei der Normierung nicht im Auge gehabt haben sollte, bzw. durch die erlassene Spezialvorschrift nicht hätte mit umfaßt wissen wollen. Grund und Zweck des Gesetzes, wie die Entstehungsgeschichte desselben rechtfertigen somit diese weitergehende Auslegung. Man darf deshalb nicht die Fassung der Klageanträge allein, sondern die letzteren in Verbindung mit dem Klagegrund entscheiden lassen. Immerhin aber muß es sich um eine bestimmte Zeitdauer des streitigen Verhältnisses handeln. Mit Recht hat deshalb die Plenarentscheidung des Reichsgerichts vom 4. 6. 94 (33, 1) den § 8 für anwendbar erklärt bei Räumungsklagen, sofern der Klageanspruch darauf beruht, daß ein Pacht- oder Mietsvertrag von einer über den geltend gemachten Räumungszeitpunkt hinausgehenden Dauer nicht rechtsverbindlich zustande gekommen oder vor Ablauf jener Dauer wieder hinfällig geworden sei.[204])

Betrifft dagegen der Streit lediglich die Räumungspflicht, d. h. unabhängig von dem Bestande und der Dauer des betreffenden Pacht- oder Mietvertrages, worüber an sich kein Streit besteht, so ist bei Berechnung des Streitgegenstandswertes nicht nach § 8, sondern nach § 3 zu verfahren, also das freie richterliche Ermessen entscheidend.[205])

Schließlich wird noch daran festzuhalten sein, daß § 8 nur anwendbar ist 138
bei Klagen zwischen Mieter und Vermieter (Pächter und Verpächter) aus dem Miet- oder Pachtverhältnis,[206]) nicht bei einem Streite zwischen anderen Personen.

b) Was Gegenstand eines Pacht- oder Mietvertrages sein kann, ob ins- 139
besondere auch Rechte den Inhalt eines Pacht- oder Mietverhältnisses bilden können, bestimmt sich nach dem bürgerlichen Rechte. Die grundlegenden Begriffsbestimmungen gibt für die Miete der § 535 BGB., für die Pacht der § 581 BGB. Danach können Gegenstand eines Mietvertrages nur Sachen, d. h. nach § 90 BGB. nur körperliche Sachen, also bewegliche Sachen und Grundstücke, sein, u. a. z. B. auch ein Platz an der Mauer, in der Straßenbahn, im Schaufenster zu Reklamezwecken, ein Sitz im Theater.[207]) Dagegen ist nach § 581 die Pacht an „Gegenständen" jeder Art möglich d. h. nicht nur an Sachen, sondern auch an Rechten.[208]) Gegenstand des Pachtvertrages können daher auch nutzbare Rechte sein, z. B. Bergwerke, Patentrechte, Jagdrecht,[209]) Fischereirecht, Schankgerechtigkeit, Fährgerechtigkeit, Recht auf Er-

---

[204]) Gl. A. fast sämtliche Kommentatoren der ZPO. (außer Hellmann und Förster), wie Gaupp-Stein § 8 I; Petersen-Anger § 8 N. 7; ferner das Reichsgericht 17, 376; 33, 1 (VZS.); JW. 87 S. 64, 1; 98 S. 348, 1; 99 S. 1, 2. Durch die Plenarentscheidung im 33. Bde. ist die ältere abweichende Entscheidung des RG. 26, 431 reprobiert. Ebenso OLG. Cöln in OLG. 4, 262.

[205]) Vgl. RG. 30, 373 und JW. 93 S. 57, 1; JW. 95 S. 322, 2; OLG. Dresden in SächsArch. 2, 789.

[206]) RG. 3, 424; Rassow in Gruchot 33, 889; dagegen Gaupp-Stein § 8 I Anm. 6.

[207]) Vgl. Oertmann Komm. BGB. Vorb. I, 1 b vor § 535.

[208]) Vgl. Planck Komm. zu § 581 N. 1; Dernburg BR. II, 2 § 215 S. 149, 150.

[209]) RG. JW. 98 S. 188, 90. Vgl. auch § 835 Abs. 2 Satz 2 BGB. und Art. 71 Z. 6 EGzBGB.

hebung eines Wege- und Brückenzolls,[210]) Rechte auf Gewinnung von Bodenbestandteilen, wie Torf, Sand, Marmor usw. Auch ein Handelsgeschäft kann Gegenstand eines Pachtvertrages sein (§ 22 Abs. 2 HGB.) und zwar auch das eines Minderkaufmanns z. B. eine Gastwirtschaft.[211])

140 Zu den Miet- und Pachtverhältnissen gehört auch die Weitervermietung oder Weiterverpachtung im Sinne des § 549 BGB. Wenn die Dauer oder der Bestand eines solchen Verhältnisses streitig ist, so findet ebenfalls die Berechnung nach § 8 ZPO. statt.[212])

141 Nach dem bürgerlichen Rechte richtet sich auch die Bedeutung des Wortes „Zins"; dieser kann nicht bloß in Geld bestehen, sondern auch in Naturalien (Anteil am Ertrage), in Diensten oder in sonstigen Gegenleistungen, deren Wert nach erfolgter Umsetzung in Geld dann dem Barzinse hinzuzurechnen ist.[213]) Wegen Fehlens eines „Zinses" ist dagegen als Mietvertrag im Sinne des bürgerlichen Rechts nicht aufzufassen die Überlassung einer Dienstwohnung als Teil des Gehaltes; hier wird deshalb nicht § 8 ZPO., sondern § 3 zur Anwendung kommen.[214]) Ebenso liegt bei der Einräumung eines unentgeltlichen Wohnungsrechts ein Mietverhältnis nicht vor,[215]) da die Miete Entgeltlichkeit voraussetzt. (§ 535 BGB.)

142 c) Wie der Ausdruck „gesamte streitige Zeit" erkennen läßt, setzt die Anwendbarkeit des § 8 voraus, daß in der Klage eine bestimmte Dauer des Pacht- oder Mietverhältnisses behauptet oder negiert sein muß. Bei einem Pacht- oder Mietverhältnisse von unbestimmter Dauer wird daher § 8 nicht unmittelbar, wohl aber entsprechend zur Anwendung kommen dürfen. Ist in einem auf ungewisse Zeit ohne Bestimmung einer Endfrist abgeschlossenen Pacht- oder Mietvertrage eine Kündigungbefugnis durch Vereinbarung oder Gesetz (§§ 564, 565, 595 BGB.) gegeben, so wird in dem den Bestand oder die Dauer dieses Vertragsverhältnisses betreffenden Prozesse der Streitgegenstand durch den zunächst bevorstehenden Kündigungstermin als begrenzt anzunehmen sein, so daß also bei jährlichem Kündigungsrechte höchstens der Betrag eines Jahreszinses den Streitgegenstandswert darstellt.[216]) Ist keine Kündigung vorgesehen, und die künftige Beendigung an sich zwar gewiß, aber der Zeitpunkt derselben unbestimmbar, wie z. B. bei einem auf Lebenszeit des Pächters oder Verpächters eingegangenen Pachtvertrage, so wird — unter gleichzeitiger, analoger Anwendung der Vorschrift in § 9 ZPO. — der Wert des Streitgegenstandes nach § 3 zu bemessen sein.

Der Anfangstermin der „streitigen Zeit", deren Zins nach § 8 ZPO. der Berechnung des Streitgegenstandswertes bei Räumungsklagen zugrunde zu legen ist, bestimmt sich nach dem Zeitpunkte der Klageerhebung, nicht nach dem schon früheren Fälligkeitstage der ältesten, unberichtigt gebliebenen Zinsrate.[217])

143 d) Wenn die gesamte streitige Zeit ein Jahr und weniger beträgt, so bestimmt der auf sie entfallende Mietszins den Streitwert. Ist die streitige Zeitdauer eine längere, so ist für die Berechnung der Gerichtskosten und Anwalts-

---

[210]) Oertmann, Komm. BGB. Vorb. 4 vor § 581.
[211]) RG. JW. 95 S. 537, 3.
[212]) Vgl. Petersen-Anger zu § 8 N. 3.
[213]) Vgl. Planck, Komm. z. BGB. 535 N. 1 Abs. 3.
[214]) RG. 30, 372.
[215]) RG. JW. 99 S. 1, 1.
[216]) Vgl. RG. JW. 95 S. 537, 3; 98 S. 500, 3; SchlHolst.Arch. 05, 244 (Kiel) u. OLG. 13, 71.
[217]) So Kammergericht 25. 9. 88 (ZZP. 14, 256). Vgl. auch OLG. Naumburg in Naumb. AKZ. 95 S. 111.

gebühren nach § 9a GKG. der Wert auf den Betrag des einjährigen Zinses zu berechnen.

Ist bei einem Miet- oder Pachtvertrage der Zins ein wechselnder z. B. steigert sich bei der Pachtung eines Rittergutes der Pachtzins mit jedem Jahre, so wird man das für die Berechnung maßgebende Jahr mit der Erhebung der Klage beginnen lassen müssen.[218])

e) Wird neben der Räumungsklage zugleich auf Zahlung des Mietzinses 144 geklagt, so ist letzterer nicht als Nebenforderung zu behandeln; die Mietzinsforderung ist selbständig neben dem Räumungsanspruch geltend gemacht und nicht ein accessorium des letzteren.[219])

5. **Recht auf wiederkehrende Nutzungen oder Leistungen. Insbesondere Unterhaltsansprüche.** (§ 9 ZPO., § 9a GKG).

Der Wert eines Rechts auf wiederkehrende Nutzungen oder Leistungen soll 145 gemäß § 9 ZPO. nach dem Werte des einjährigen Bezuges berechnet werden und zwar

auf den zwölfeinhalbfachen Betrag, wenn der künftige Wegfall des Bezugsrechts gewiß, die Zeit des Wegfalls aber ungewiß ist;

auf den fünfundzwanzigfachen Betrag bei unbeschränkter oder bestimmter Dauer; im letzteren Falle ist der Gesamtbetrag der künftigen Bezüge maßgebend, wenn er geringer als der fünfundzwanzigfache Jahresbetrag ist.

Zu dieser, für die Bestimmung der Zuständigkeit maßgebend gebliebenen, Vorschrift des § 9 ZPO hat der § 9a GKG. in Abs. 2 und 3 für die Gebührenerhebung die Modifikation geschaffen, daß

1. bei gesetzlichen Alimentationsansprüchen und Ansprüchen auf Entrichtung einer Geldrente aus §§ 843, 844 BGB. und §§ 3, 3a, 7 des Haftpflichtgesetzes vom 7. Juni 1871 der Wert höchstens auf den fünffachen Betrag des einjährigen Bezuges,
2. in Ehesachen der Wert des Rechts auf Entrichtung einer Geldrente während der Dauer des Prozesses auf den einjährigen Betrag derselben zu berechnen ist.

Der eine erhebliche Herabsetzung des Streitwerts und damit der Gebühren bezweckende und herbeiführende § 9a GKG. verdankt seine Entstehung einem Beschlusse der Reichstagskommission für die Zivilprozeßnovelle, der damit begründet wurde, daß die Wertsberechnung nach § 9 ZPO. bei den Klagen auf Gewährung des Unterhalts zu den gleichen Mißständen geführt habe wie bezüglich der Räumungsklagen infolge des § 8 ZPO. Dieselben Erwägungen träfen auch bei den in § 9a bezeichneten Rentenansprüchen zu, welche wirtschaftlich den gleichen Zwecken dienten und auch in anderen Punkten (vgl. Art 42 Nr. III EGzBGB., § 648 Nr. 6, § 749 Abs. 1 Nr. 2, Abs. 3 ZPO. in der Fassung der Vorlage) wie die Alimentenforderungen behandelt würden.[220])

a) Im Gegensatze zu mehreren früheren Partikularrechten (z. B. Bayern 146 Art. 4, Württemberg Art. 21), welche bei Prozessen über das Recht auf wiederkehrende Leistungen regelmäßig den gesetzlichen Ablösungsbetrag als Streitwert berechneten, hat die ZPO., indem sie den Ablösungsgesichtspunkt teils wegen der kasuistischen Ermittlung, teils wegen der landesgesetzlich bestehenden Ungleichheit in der Berechnung des Ablösungswertes im Prinzipe nicht für ver-

---

218) OLG. Frankfurt in Rundschau 01 S. 43.
219) Vgl. Kammergericht 25. 9. 88 in ZZP. 14, 256.
220) Komm. Ber. S. 27—29. ReichstDrucks. 97/98 Nr. 240.

wendbar erachtete (s. Mot. in Hahn, Mater. II, 148), einen anderweitigen Berechnungsmodus aufgestellt, dessen Grundlage der Wert des einjährigen Bezuges und dessen Ergebniß eine Vervielfältigung dieses Wertes ist. Diese Vervielfältigung ist höher oder niedriger zu bemessen, je nachdem das Nutzungsrecht zeitlich beschränkt ist oder nicht. Hierbei hat der Bestimmung des § 9 ihrem wesentlichen Inhalte nach zum Vorbilde gedient die fast genau damit übereinstimmende Vorschrift in § 11 Ziff. 3 des preuß. Gesetzes v. 10. 5. 51 (GS. S. 622), welche lautet:

„Bei wiederkehrenden immerwährenden Nutzungen wird der fünfundzwanzigfache, bei Nutzungen, deren künftiger Wegfall gewiß, deren Dauer aber unbestimmt ist, der zwölfundeinhalbfache Betrag einer Jahresleistung als deren Kapitalswert angenommen.

Auf eine bestimmte Zeit eingeschränkte, periodische Nutzungen werden für die ganze Zeit ihrer Dauer zusammengerechnet, jedoch nur soweit, daß der Kapitalswert der immerwährenden Nutzungen niemals überschritten werden darf.

Rückstände periodischer Nutzungen werden jederzeit zusammengerechnet. Sie treten dem Kapitalswerte hinzu, wenn die Nutzungen selbst mit den Rückständen Gegenstand des Prozesses sind."

147 b) Die Vorschrift des § 9 bezieht sich nur auf Klagen, mittels welcher das Recht auf wiederkehrende Nutzungen (hier unterschiedlich von der Bedeutung nach § 4 ZPO. stets im Sinne „selbständiger" Rechte) oder Leistungen geltend gemacht wird, sei es allein oder in Verbindung mit dem Anspruche auf bereits verfallene Bezüge, nicht aber auf solche Klagen, mittels deren lediglich die Einforderung einzelner Rückstände betrieben wird. Werden solche, bis zur Klageerhebung fällig gewordene Rückstände[221]) zugleich mit und neben dem Rechte auf die künftigen Bezüge geltend gemacht, so ist deren Forderung als ein besonderer, kumulativer Anspruch, nicht als Nebenforderung, anzusehen, durch welchen die nach § 9 vorzunehmende Wertschätzung des Rechtes selbst in keiner Weise beeinflußt wird, der vielmehr gemäß § 5 ZPO. neben dem Werte des Bezugsrechts zu berechnen ist.[222]) Bilden einzelne Rückstände allein den Gegenstand des Rechtsstreites, ohne daß zugleich das Recht selbst Gegenstand der Entscheidung wird (vgl. § 280 ZPO.), so kommt für die Wertberechnung der § 9 überhaupt nicht in Betracht.

Was dagegen Gegenstand der Nutzungen oder Leistungen ist, ob Geld oder Naturalien, ist für die Anwendbarkeit des § 9 ebenso unerheblich, wie einerseits der Rechtsgrund, andererseits die dingliche oder persönliche Natur dieser Rechte. Auch die Form, in welcher der Anspruch geltend gemacht wird, ob mittels einer Leistungsklage oder einer Feststellungsklage, begründet keinen Unterschied.[223])

148 α) Wiederkehrende Leistungen oder Nutzungen sind solche, die sich in größeren oder kleineren, regelmäßigen oder unregelmäßigen (nicht notwendig alljährlichen) Zeitabschnitten als einheitliche Folgen eines Rechtsverhältnisses ergeben, mögen sie im einzelnen auch nur annähernd gleiche sein.[224]) Der § 9 findet deshalb

---

[221]) Die erst nach Klageerhebung fällig gewordenen Bezüge bleiben dagegen künftige Bezüge im Sinne des § 9 und sind daher nicht besonders zu berechnen. Vgl. RG. 23, 360; JW. 91 S. 221, 1; 94 S. 117, 2 und S. 420, 1.

[222]) RG. BZS. 19, 416. Dasselbe gilt auch im Falle des § 9a GKG. Vgl. Bischofswerder in JW. 03 S. 205; RG. JW. 04 S. 473, 15 und RG. 58, 294; KG. VIII. 6. 11. 01 in OLG. 4, 262; OLG. Karlsruhe 4. 10. 02 in Bad. Rechtspr. 02 S. 340 und Recht 03 S. 46; a. M. LG. Tilsit, PosMschr. 02, 26 und LG I. Berlin, KGBl. 04, 5.

[223]) RG. JW. 84 S. 169, 3.

[224]) Vgl. Gaupp-Stein zu § 9 I und zu § 258 I Abs. 2. Völlige Gleichheit verlangt RG. JW. 00 S. 48, 4 und SeuffArch. 43, 96, während RG. 36, 416 und JW. 96 S. 583, 2 von der — wenigstens analogen — Anwendung des § 9 ausgehen.

weder Anwendung auf Nutzungen von ununterbrochener Dauer, deren Unterlage der kontinuierliche Besitz einer Sache ist, wie Nießbrauch oder Wohnungsrechte,[225]) deren Wert vielmehr, wenn sie den Gegenstand eines Rechtsstreites bilden, nach § 6 ZPO. (Besitz von Sachen oder Rechten) geeignetenfalls zu berechnen ist, noch auch auf einmalige Leistungen, wenn sich auch deren Höhe (wie bei Lagergeld, Kurkosten, Futterkosten) nach einem für bestimmte Zeitabschnitte festgesetzten Einheitssatze berechnet.[226]) Desgleichen findet § 9 keine Anwendung auf Anträge, welche lediglich die bedingte Feststellung künftiger (noch nicht absehbarer) Rentenansprüche zum Gegenstande haben.[227]) Es erscheint nicht zulässig, den § 9 auf einen solchen Fall anzuwenden, in welchem es erst von einem nach einer Reihe von Jahren eintretenden ungewissen Ereignisse abhängt, ob es überhaupt zu der streitigen Leistung kommen wird, und den Wert einer bedingten und jedenfalls erst nach langer Zeit anfangenden jährlichen Leistung eben so hoch zu bestimmen, wie den Wert einer gegenwärtigen, unbedingten jährlichen Leistung; vielmehr ist in solchem Falle entsprechend dem § 3 ZPO. der Wert des Streitgegenstandes nach freiem richterlichen Ermessen festzusetzen.[228])

β) Der Berechnung nach § 9 unterliegen insbesondere: die Unterhaltsansprüche der Ehegatten und Verwandten sowie anderer Personen ohne Unterschied des Verpflichtungsgrundes z. B. auch aus §§ 843, 844 BGB., die Reallasten, soweit sie noch nicht zur Ablösung gelangt sind (§§ 1195 ff. BGB.); der Altenteil (Auszug, Altsitz, Leibzucht, Leibgedinge) d. h. der Inbegriff der von dem Übernehmer einer Rustikalstelle dem vorigen Besitzer zu seiner lebenslänglichen Versorgung angewiesenen Vorteile (Art. 15 Preuß. AGzBGB.);[229]) Leibrenten (§§ 759 ff. BGB.); das Wittum (§§ 458 ff. Tit. 1 T. II des preuß. ALR.); Patronatslasten; Renten aus dem Haftpflichtgesetze und aus den Versicherungsgesetzen;[230]) die Überbaurente (§§ 912 ff. BGB.), die Notwegrente (§ 917 BGB.), die Rente aus der Schenkung des § 520 BGB., endlich Gehälter und Pensionen. 149

γ) Der § 9 hat, wie aus den aufgestellten Normen für die Wertsberechnung gefolgert werden muß, ausschließlich Rechte auf wiederkehrende Nutzungen oder Leistungen von längerem, andauerndem Bestande im Auge.[231]) Darum wurde auch vom Reichsgericht die Anwendung des § 9 bei Rechten von vorübergehendem Bestande abgelehnt, so insbesondere bei Klagen und einstweiligen Verfügungen auf Alimentation der Ehefrau während des Scheidungsprozesses.[232]) Vgl. jedoch jetzt § 9a Abs. 3 GKG. bei N. 158 ff. 150

c) Die Zeit des Wegfalls ist im Sinne des Gesetzes stets ungewiß, sofern der äußerste Endtermin nicht kalendermäßig feststeht oder nicht für einen bestimmten Kalendertag im voraus zu berechnen ist. Dies trifft namentlich zu bei allen Rechten, welche auf Lebenszeit währen.[233]) Dasselbe ist auch anzunehmen beim Alimentenanspruch des unehelichen Kindes aus § 1708 151

---

[225]) RG. bei SeuffArch. 54, 210; JW. 99 S. 1, 1; OLG. (Celle) 13, 72. S. dagegen JW. 97 S. 305, 12 und OLG. Naumburg in Naumb. AKZ. 96 S. 131.

[226]) RG. JW. 84 S. 86, 2; 89 S. 230, 2; Bolze Bd. 7 Nr. 842.

[227]) RG. JW. 90 S. 177, 2; 98 S. 197, 1.

[228]) RG. JW. 90 S. 235, 2; 94 S. 117, 2; RG. 26, 409.

[229]) Gewährt ein Anteil Recht auf Wohnung und auf wiederkehrende Leistungen, so ist teils § 6 oder 3, teils § 9 anzuwenden. OLG. (Celle) 13, 72. Vgl. auch Anm. 225.

[230]) Vgl. Petersen-Anger Note 4 zu § 9, Struckmann-Koch ZPO. in Note 2 § 9; Gaupp-Stein ZPO. § 9 I und § 258 I.

[231]) RG. VZS. 8. 7. 89: 24, 373.

[232]) RG. 24, 373 und 37, 382; JW. 92 S. 237, 8; 93 S. 265, 1; 95 S. 477, 1 und S. 537, 2; 96 S. 69, 3.

[233]) RG. JW. 94 S. 117, 2; Bolze Bd. 7 Nr. 825.

BGB., weil die Möglichkeit des Wegfalls vor dem sechzehnten Lebensjahr vorhanden ist.[234])

152 d) Kehren die Nutzungen oder Leistungen in größeren als einjährigen Zwischenräumen wieder, so ist der einjährige Bezug auszumitteln und dann nach den Vorschriften des § 9 weiter zu verfahren. Kehren die Nutzungen oder Leistungen in regelmäßigen Perioden, aber in wechselnder Größe wieder, wie z. B. als unfixierte Zehnten, so ist nach einem gewissen durch richterliches Ermessen zu bestimmenden Durchschnittsmaßstabe der Jahresbetrag festzustellen und dieser dann der Berechnung nach § 9 zugrunde zu legen.[235]) Dasselbe gilt, wenn die Nutzungen oder Leistungen in unregelmäßigen Perioden und in wechselnder Größe wiederkehren, wie z. B. bei Kirchenbaulasten, bei dem Rechte auf freien Bezug von Bauholz, wennschon in diesen Fällen die Ermittlung des jährlichen Durchschnittsbetrages oft Schwierigkeiten bereiten wird. Das Gesetz schreibt jedoch schlechthin eine Reduktion auf den Jahreswert der Nutzung oder Leistung vor, und deshalb kann die Annahme, daß eine solche Reduktion in manchen Fällen unausführbar sei, nicht Platz greifen. Ist das Recht selbst ein schätzbares, so muß auch die Jahresnutzung des Rechts, ein aliquoter Teil des Ertrages, geschätzt werden können.[236])

153 e) Während nach § 9 im allgemeinen der zwölfeinhalbfache bzw. fünfundzwanzigfache Jahresbetrag den Wert des Bezugsrechts bildet, macht der § 9a GKG. zwei **Ausnahmen**:

154 α) der fünffache Jahresbetrag soll, sofern nicht der Gesamtbetrag der geforderten Leistungen geringer und dann maßgebend ist, als Wert des Rechts berechnet werden

αα) bei Ansprüchen auf Alimente, welche auf gesetzlicher Vorschrift beruhen.[237]) Die Vorschrift bezieht sich danach nicht — und es ist lediglich § 3 ZPO. maßgebend — auf Unterhaltsansprüche, welche auf Vertrag[238]) oder letztwilliger Verfügung beruhen z. B. auf Unterhaltsansprüche aus einem Altenteilsvertrage. Anwendbar ist dagegen § 9a bei der Unterhaltspflicht der Ehegatten während der Ehe (abgesehen vom Scheidungsprozeß) nach §§ 1360, 1361, 1386, 1389, 1608 BGB., ferner nach vollzogener Scheidung aus §§ 1578 ff., 1585, aus nichtigen Ehen nach § 1345 und nach der Todeserklärung des früheren Ehegatten im Falle des § 1351 BGB. Anwendbar ist § 9a ferner bei der Unterhaltspflicht der Verwandten in gerader Linie nach §§ 1601 ff., 1703, 1739 BGB. einschließlich der angenommenen Kinder nach §§ 1757, 1762 bis 1766 BGB., bei der Unterhaltspflicht des unehelichen Vaters und seines Erben gegenüber dem unehelichen Kinde aus §§ 1708 bis 1713; ferner bei der Unterhaltspflicht des Beschenkten gegenüber dem bedürftigen Schenker und dessen Unterhaltsberechtigten aus § 528 BGB. Dagegen wird § 9a nicht anwendbar sein auf die in Art. 103 EGzBGB. bezeichneten Ersatzansprüche, da es sich hier nicht um Alimentenansprüche handelt;

155 ββ) bei Ansprüchen auf Entrichtung einer Geldrente, welche

1. aus §§ 843, 844 BGB. erhoben werden. Wenn infolge der Ver-

---

[234]) RG. JW. 93. S. 196, 1; 94 S. 117, 2. Vgl. auch OLG. (Zweibrücken) 4, 264.

[235]) RG. JW. 04 S. 473.

[236]) S. Förster ZPO. I, 18 in Anm. 3 zu § 9, Struckmann-Koch ZPO. in Note 2 zu § 9, v. Wilmowski-Levy ZPO. I, 30 in Anm. 1 a. E. zu § 9 Gaupp-Stein ZPO. in Note I zu § 9. A. M. Hellmann ZPO. I, 62 Anmerk. 3.

[237]) Für die Übergangszeit ist zu bemerken, daß für die vor dem 1. 1. 00 bereits entstandenen Gebühren die Wertschätzung nach § 9 ZPO. maßgebend bleibt. Vgl. RG. JW. 00 S. 345, 14.

[238]) Ist nur die Erfüllungspflicht durch Vergleich geregelt, so findet § 9a Anwendung. OLG. (Stuttgart) 7, 217.

letzung des Körpers oder der Gesundheit die Erwerbsfähigkeit des Verletzten aufgehoben oder vermindert wird oder eine Vermehrung seiner Bedürfnisse eintritt, so ist nach § 843 BGB. dem Verletzten durch Entrichtung einer Geldrente Schadensersatz zu leisten. Im Falle der Tötung ist nach § 844 BGB. auch denjenigen Personen, welchen der Getötete unterhaltspflichtig war, in gleicher Weise Schadensersatz zu leisten.

Nicht anwendbar ist dagegen § 9a auf die an den Dienstberechtigten zu zahlende Rente aus § 845 BGB.

Der § 9a ist ferner nicht anwendbar auf solche Geldrenten, die ihre 156
Begründung in dem bis zum 1. 1. 00 in Geltung gewesenen Rechte finden z. B. dem preuß. ALR. I, 6 oder der lex Aquilia. Es ergibt sich dies aus dem Wortlaut und Inhalt des § 9a. Während nach demselben Ansprüche aus Miete und Pacht sowie auf gesetzliche Alimente ganz allgemein, ohne Rücksicht darauf, ob sie auf Grund des vor dem 1. 1. 00 geltenden Rechts oder auf Grund des BGB. erhoben sind, in den Rahmen des § 9a gezogen sind, ist dies bei Geldrenten auf Grund von Schadensersatzforderungen nur soweit geschehen, als sie nach §§ 843, 844 BGB. (oder nach dem Haftpflichtgesetze) zu beurteilen sind. Da auch die Entstehungsgeschichte des § 9a für eine anderweite Absicht der gesetzgebenden Faktoren keinen Anhaltspunkt bietet, so erscheint die Fassung des § 9a ausschlaggebend.[239])

2. Der § 9a ist auch maßgebend für die Schätzung der Geldrenten, welche 157
aus §§ 3, 3a und 7 des Haftpflichtgesetzes vom 7. 6. 71 (in der Fassung des Art. 42 EGzBGB.) geltend gemacht werden, sowohl bei Ansprüchen des Verletzten als auch der dritten Unterhaltsberechtigten. Überhaupt macht es für die Anwendung des § 843 keinen Unterschied, ob der Rechtsgrund der Haftung auf einer unerlaubten Handlung beruht oder ob dem Ersatzpflichtigen Verletzung einer vertragsmäßigen Sorgfaltspflicht zur Last fällt.[240]) Immerhin aber muß die Klage auf Zahlung einer Geldrente gerichtet sein; wird eine Kapitalabfindung verlangt, so ist deren Betrag maßgebend; wird auf Kapitalabfindung und eventuell auf Rente geklagt, so ist der höhere Betrag der Kapitalabfindung maßgebend, für welche eben § 9a GKG nicht gilt.[241])

Nicht anwendbar ist § 9a dagegen auf die Renten aus den Unfallversicherungsgesetzen und dem Invalidenversicherungsgesetz und ebenso auch nicht auf den Regreßanspruch der Berufsgenossenschaft aus §§ 136, 140 UnfallVG.[242])

3) Auf den einjährigen Betrag der Geldrente wird der Wert des Bezugs- 158
rechts geschätzt, wenn für die Dauer des Rechtsstreits, welcher eine Ehesache betrifft, über die Unterhaltspflicht der Ehegatten zu entscheiden ist.

Die Vorschrift bildet augenscheinlich die Festlegung der mit der Plenarentscheidung des Reichsgerichts vom 8. 7. 89 (24, 373) inaugurierten Praxis, daß auf Alimente, die nur vorübergehend z. B. für die Dauer eines Prozesses geltend gemacht werden, der § 9 ZPO. keine Anwendung findet, sondern der Wert gemäß § 3 ZPO. frei zu schätzen ist. Das freie Ermessen wird hier aber noch insofern eingeschränkt, als der einjährige Betrag immer maßgebend ist, gleichgültig, ob die Beendigung des Eheprozesses in weniger oder mehr als einem Jahre zu erwarten ist.

---

[239]) RG. bei Gruchot 45, 383; JW. 01 S. 458, 6 und S. 724, 18; 03 S. 27, 26. Dies ist feststehende Praxis des Reichsgerichts, vgl. III 354/99, III 23/00, II 27/00, VI 359/99, VI 15/00, VIa 396/99.

[240]) OLG. 13, 71 (Kammergericht XIV gegen XI); OLG. (Kammergericht) 13, 252; KGBl. 06, 28.

[241]) RG. JW. 04 S. 473, 15 und RG. 58, 295.

[242]) OLG. (Karlsruhe) 11, 168.

159 αα) Voraussetzung ist, daß der Rechtsstreit, für dessen Dauer die Geldrente zu entrichten ist, eine Ehesache betrifft. Ehesachen sind nach § 606 ZPO. die Rechtsstreitigkeiten, welche die Scheidung, Nichtigkeit oder Anfechtung einer Ehe oder die Feststellung des Bestehens oder Nichtbestehens einer Ehe zwischen den Parteien oder die Herstellung des ehelichen Lebens zum Gegenstande haben. Hat der Rechtsstreit die Scheidung, Nichtigkeit oder Anfechtung einer Ehe zum Gegenstande, so kann gemäß § 627 ZPO. durch einstweilige Verfügung für die Dauer des Rechtsstreits die gegenseitige Unterhaltspflicht der Ehegatten geregelt werden. Dies wird der gewöhnliche Fall der Anwendung des § 9a Abs. 3 GKG. sein; indessen ist doch auch eine besondere Klage auf Gewährung des Unterhalts während der Dauer des Eheprozesses nicht ausgeschlossen.[243])

160 ββ) Im Falle des § 627 ZPO. kann auch die „Unterhaltspflicht der Ehegatten den Kindern gegenüber im Verhältnisse der Ehegatten zueinander" geregelt werden; auch auf diese Regelung wird der Abs. 3 des § 9a GKG. nach Wortlaut und Sinn anwendbar sein. Bei einer Klage des Kindes selbst würde dagegen nach Abs. 2 des § 9a der fünffache Jahresbetrag maßgebend sein.

161 γγ) Werden Alimente „bis zur Wiederherstellung des ehelichen Zusammenlebens", also für die Dauer einer bloß tatsächlichen Trennung von unbestimmter zeitlicher Ausdehnung, gefordert, so ist Abs. 3 § 9a nicht anwendbar, sondern nach § 9a Abs. 2 der fünffache Jahresbetrag anzusetzen.[244])

162 δδ) Über die Berechnung des Gesamtwerts der einstweiligen Verfügung aus § 627 ZPO. vgl. die Erl. zu N. 8 und 10.

C. Kasuistik zu § 3 ZPO.

163 Aus den bisher entwickelten Grundsätzen ergibt sich, in welchen Fällen die Wertsfestsetzung gemäß § 3 ZPO. nach freiem richterlichen Ermessen geschieht, nämlich in allen Fällen, in denen nicht die Einschränkung des richterlichen Ermessens durch bestimmte, in N. 21 bis 162 dargestellte, gesetzliche Vorschriften (§§ 4—9 ZPO., §§ 9—13 GKG.) geschehen ist.

164 **I.** Das freie richterliche Ermessen kann natürlich niemals in richterliche Willkür übergehen. Vielmehr hat der Richter in erster Reihe die aus dem Begriffe des Streitgegenstandes und seines Werts sich ergebenden, bei § 9 in N. 4—19 dargestellten, Grundsätze zu beachten. Insbesondere ist zu beachten, daß überall nur das klägerische Interesse maßgebend ist, das abweichende Interesse des Beklagten aber zunächst nicht in Betracht kommt.[245]) Aber auch innerhalb dieser Grenzen bleibt für das richterliche Ermessen noch ein weiter Spielraum.

Zunächst kann das Gericht die Vorschriften der §§ 6—9 ZPO. als Vorbild für die Schätzung in verwandten Fällen benutzen.[246]) Ebenso werden auch, wie bereits in N. 16 hervorgehoben ist, die Schätzungsgrundsätze der §§ 65 ff. und 69 ff. KO. zu verwerten sein. Auch das Verhalten der Parteien im Prozesse wird oft Anhaltspunkte für die Schätzung bieten.[247]) Schließlich wird

[243]) RG. JW. 00 S. 826, 1.

[244]) RG. JW. 00 S. 180, 2.

[245]) So wird z. B. in OLG. 3 S. 159 der Streitwert bei Beseitigung der Ausweichung einer Mauer nach dem Maß der Entwertung des klägerischen Eigentums durch den widerrechtlichen Eingriff, nicht nach dem Werte dessen, was Beklagter zur Beseitigung aufzuwenden hat, berechnet.

[246]) Vgl. RG. JW. 98 S. 153, 1, wo Immission nach dem Vorbilde des § 7 ZPO. eingeschätzt ist.

[247]) Vgl. RG. bei Bolze Bd. 6 Nr. 846; JW. 97 S. 572, 33, wo ein zwischen den Parteien geschlossener Vergleich bei der Wertsfestsetzung herangezogen ist.

aber in solchen Fällen, in denen es an einem Anhalt für die Schätzung eines Geldwerts fehlt, die arbiträre Festsetzung in der Weise zulässig sein, daß der Richter ein Minimum oder Maximum als Streitwert ansetzt.[248]) Bei Verurteilung des Ehemanns zur Duldung der Zwangsvollstreckung wird zu ermitteln sein, ob für den Zugriff der Kläger ausschließlich oder zu welchem Teile nur das Eingebrachte in Frage kommt; ersterenfalls ist der Streitwert nach der ganzen Forderung anzusetzen.[249])

II. Für die Art und Weise, wie das richterliche Ermessen ausgeübt 165
worden ist, bietet die reichsgerichtliche Praxis ein reiches Material. Das Reichsgericht hat damit für große Gruppen von Rechtsstreitigkeiten gewisse Schätzungsgrundsätze und Anhaltspunkte festgelegt, die auch für verwandte Fälle zu verwerten sind.

Ein großer Teil der reichsgerichtlichen Judikatur über die Anwendung des § 3 ZPO ist bereits bei der Feststellung der Fälle, in denen das freie Ermessen durch gesetzliche Bestimmung eingeschränkt ist (N. 98—162), behandelt worden. Indem auf die Ausführungen insbesondere in den Noten 101, 102, 104—108, 121—123, 131 134, 137, 141, 148 verwiesen wird, soll hier noch die reichsgerichtliche Praxis bezüglich einiger Hauptgruppen zusammengestellt werden.

1. Bei präparatorischen Klagen d. h. solchen, welche erst die Geltend- 166
machung eines Leistungsanspruchs vorbereiten sollen, ist der Streitwert an sich keineswegs dem Streitwerte des Hauptanspruchs gleich; letzterer bildet nur die Maximalgrenze.[250]) Hierher gehören die actio ad exhibendum, die Klage auf Rechnungslegung oder Vorlegung eines (eidlich zu erhärtenden) Inventars, ebenso die Klagen, welche ein rechtliches Beweisinteresse verfolgen, wie die Klage auf Ausstellung einer Urkunde, Herausgabe, Edition derselben, Feststellung der Echtheit oder Unechtheit nach § 256 ZPO.[251]) Hierher gehören ferner die Streitigkeiten über das Bestehen eines Schiedsvertrages und die Ernennung eines Schiedsrichters.

a) Die Klage auf Rechnungslegung. Der Anspruch auf Rechnungslegung hat an sich keinen erkennbaren Wert; er erhält einen solchen erst im Hinblick auf den Wert des Anspruchs, welcher auf sie gegründet werden soll. Ihr Wert kann daher den Wert dieses Anspruchs nicht übersteigen, und da es zunächst vom Kläger überhaupt abhängt, zu bestimmen, in welcher Höhe ihm durch die Rechnungslegung ein Anspruch begründet werden könne, so ist bei dem Mangel einer Widerlegung der klägerischen Behauptungen seitens des Beklagten der vom Kläger angegebene Streitwert maßgebend.[252]) Der Wert des Anspruchs auf Rechnungslegung ist nicht allgemein dem Werte desjenigen Anspruchs gleich, zu dessen künftiger Realisierung die Rechnungslegung begehrt wird, sondern derselbe ist in jedem Falle selbständig gemäß § 3 ZPO. nach freiem richterlichen Ermessen zu schätzen.[253]) Dasselbe gilt von der Klage auf Leistung

---

248) Vgl. Komm-Prot. z. GVG. S. 175; RG. JW. 98 S. 279, 10.

249) OLG. 3 S. 160. Sächs. OLG. 22 S. 268.

250) RG. JW. 89 S. 283, 1; 90 S. 409, 1.

251) Wach, Handbuch I § 31 S. 390.

252) RG. JW. 82 S. 174.

253) RG. JW. 89 S. 283, 1 und Gruchot 33, 1129. Ebenso RG. JW. 90 S. 403, 1; 94 S. 542, 2. OLG. (Kiel) 6, 372; OLG. (Karlsruhe) 13, 67. Hiermit stimmen auch Wach, Handbuch des Zivilprozesses § 31, 390 und Gaupp, Komm. z. ZPO. 2. Aufl. S. 28 sub II überein, welche beiden Schriftsteller ausdrücklich betonen, daß der Wert des Anspruchs, welcher vorbereitet werden soll, nur als Maximalgrenze für den Wert präparatorischer Ansprüche in Betracht kommen könne. Vgl. auch OLG. Jena I. ZS. 12. 3. 91 (BlfR. 38, 262, 263), wo folgendes ausgeführt ist: Eine Klage auf Rechnungslegung setzt eine Vermögensverwaltung oder Geschäftsführung voraus, und es besteht das Interesse desjenigen, welcher die Rechnungslegung zu fordern befugt ist, darin, eine genaue Einsicht in

des Offenbarungseides gemäß bürgerlichen Rechts z. B. aus § 2028 BGB.[254])

b) Die Klage auf Inventarlegung. Der Wert einer Inventarlegung für sich bleibt im Zweifel weit hinter dem Werte der Gegenstände des Inventars zurück und kann nur nach freiem Ermessen bestimmt werden.[255])

c) Die Klage auf Herausgabe eines Nachlaßverzeichnisses. Bei dieser kann nicht schlechthin der Wert des Streitgegenstandes dem Betrage der auf den Antragsteller entfallenden Erbquote gleichgeachtet werden, zumal wenn etwa die Passiva die Aktiva übersteigen; es kann jedoch bei der Wertbestimmung immerhin der Umfang der betreffenden Hinterlassenschaft in aktiver und passiver Hinsicht mitbenutzt werden.[256])

d) Die Klage auf Vorlegung der Geschäftsbücher. Das Interesse, welches Kläger an der von ihm geforderten Vorlegung der Geschäftsbücher hat, kommt nicht unbedingt dem Werte der Forderung gleich, für welche sie beweiserheblich sind, und ist (im vorliegenden Falle) nach freiem Ermessen erheblich niedriger zu schätzen.[257])

e) Bei einem Streit über die Rechtmäßigkeit der Bestellung eines Schiedsrichters hatte das Reichsgericht in früheren Entscheidungen den Wert der durch das Schiedsgericht zum Austrag zu bringenden Frage für maßgebend erklärt.[258]) Später hat das Reichsgericht jedoch diese Ansicht aufgegeben und sich bei Klagen, welche die Ernennung oder Ablehnung eines Schiedsrichters oder ähnliche, zur Vorbereitung eines schiedsrichterlichem Verfahrens dienende Vorgänge betreffen, für eine niedrigere, wenn auch unter Berücksichtigung des Streitwerts des eventuellen schiedsgerichtlichen Verfahrens, doch nach freiem Ermessen vorzunehmende Wertschätzung erklärt, in der Erwägung, daß bei allen Streitigkeiten über die Bildung eines Schiedsgerichts doch der diesem eventuell zur Entscheidung zu unterbreitende Anspruch selbst noch nicht endgültig auf dem Spiele steht, und daher das vermögensrechtliche Interesse der Parteien an dem Ausgange jener vorbereitenden Streitigkeiten ein erheblich geringeres ist.[259])

2. Bezüglich der Klagen auf Herausgabe von Urkunden wird auf die Darstellung in N. 107 und insbesondere auf die in Anm. 163 mitgeteilten Schätzungsgrundsätze verwiesen.

---

die einzelnen die Vermögensverwaltung oder Geschäftsführung umfassenden Handlungen des Verwalters oder Geschäftsführers einschließlich der Belege zu erhalten, um die Richtigkeit des Gesamtergebnisses der Verwaltung oder Geschäftsführung kontrollieren zu können. Der Vermögenswert dieses Interesses nun deckt sich offenbar nicht allemal mit der Summe der vom Geschäftsführer oder Verwalter gehabten Einnahmen, ist vielmehr ganz nach den konkreten Umständen des einzelnen Falles zu bemessen. Die Klage kann lediglich zu dem Zwecke angestellt sein, um die Vermögensverwaltung oder Geschäftsführung zum ordnungsmäßigen Abschlusse zu bringen, und würde dann der Wert dieses Interesses den Wert des Streitgegenstandes bilden. In vielen Fällen wird die Klage auf Rechnungslegung dadurch veranlaßt sein, daß das wirkliche Ergebnis der Verwaltung oder Geschäftsführung den Erwartungen des Berechtigten (Geschäftsherrn) nicht entspricht und daß bei den Beteiligten eine Differenz bezüglich bestimmter Summen obwaltet, zu deren Geltendmachung die Rechnungslegung als vorbereitende Maßregel dienen soll. In solchen Fällen wird man die Höhe der Differenz angemessener Weise als Wert des Streitgegenstandes betrachten dürfen.

[254]) OLG. (Bamberg) 4, 266 und Bayr. OLG. 3, 10—15.

[255]) RG. JW. 91 S. 509, 2.

[256]) OLG. Dresden 6. 7. 82 in Annal. 4, 65.

[257]) RG. JW. 95 S. 2, 2.

[258]) RG. bei Bolze Bd. 5 Nr. 967.

[259]) RG. 41, 362; JW. 98 S. 200, 12. Zu beachten ist jetzt § 1045 ZPO. Vgl. auch § 22 N. 17. — Dagegen ist der Streitgegenstand der Klage auf Vollstreckungsurteil zum Schiedsspruch identisch mit dem Gegenstand dieses Schiedsspruchs selbst. RG. JW. 96 S. 685, 2.

3. Einstweilige Verfügungen[260]) haben zum Streitwert das Interesse, das der Antragsteller an der sofortigen Sicherung der Leistung oder an der Regelung des einstweiligen Zustandes hat,[261]) bei Streit um Aufhebung einer einstw. Verfügung das Interesse des Klägers an der Aufhebung.[262]) Dabei bildet der Wert der Hauptsache regelmäßig die Maximalgrenze, über welche nicht hinausgegangen werden kann.[263]) Dieser Grundsatz erleidet jedoch eine Ausnahme, insoweit einer der Fälle der §§ 6—9 ZPO. vorliegt, die in jedem Verfahren zur Anwendung kommen; wenn also z. B. eine einstweilige Verfügung auf Herausgabe von Sachen beantragt ist, so handelt es sich um den Besitz der Sachen und es bildet nach § 6 ZPO. der Wert der Sachen den Streitwert.[264])

4. Der Wert bedingter Ansprüche, z. B. einer Rente bei später möglicherweise eintretender dauernder Erwerbsunfähigkeit, ist unter Berücksichtigung der Wahrscheinlichkeit des Eintritts der Bedingung zu schätzen.[265])

5. Bezieht sich der Klageantrag lediglich auf die Art, die Zeit oder den Ort der Erfüllung eines (an sich nicht bestrittenen) Anspruchs, so ist nur das Interesse des Klägers an der beanspruchten Erfüllungsweise maßgebend.[266]) Als Ausführung dieses Grundsatzes ist die Entscheidung des Reichsgerichts II vom 22. 10. 80 anzusehen:[267]) „Gegenstand des Rechtsstreits bildet die Frage, ob Kläger verlangen dürfte, daß ihm die Geschäftsbücher der aufgelösten Gesellschaft E. & G. zum Zweck der ihm übertragenen Einziehung bestimmter Gesellschaftsausstände an seinen Wohnort gesendet würden, oder ob er sich damit begnügen müsse, Einsicht jener Geschäftsbücher beim Beklagten zu nehmen. Es handelt sich daher nicht darum, daß Einsicht und Gebrauch der fraglichen Geschäftsbücher dem Kläger überhaupt verweigert werden, in welchem Falle die Bestimmung des § 6 ZPO. analoge Anwendung finden könnte, sondern nur darum, daß ihm zugemutet wird, sich diese Einsicht und diesen Gebrauch in etwas umständlicherer und kostspieligerer Weise zu verschaffen. Unzweifelhaft steht hier ein vermögensrechtlicher Anspruch in Frage; das den Streitgegenstand bildende Vermögensinteresse des Klägers besteht jedoch bloß in den besonderen Kosten, die damit verbunden sind, daß der Kläger erforderlichenfalls selbst oder durch einen Mandatar die Bücher in dem entfernten Wohnorte des Beklagten einsehen oder Abschriften der betreffenden Einträge sich fertigen lassen muß." Ebenso ist deshalb bei der Bemessung des Streitwerts der Klage auf Feststellung der Ungültigkeit einer Dahrlehnskündigung als Interesse des Klägers nur anzusehen die Beeinträchtigung, die sein Vermögen dadurch erfahren würde, daß der Rückzahlungsanspruch schon jetzt, und nicht erst später geltend gemacht werden könnte.[268])

6. Bezüglich des Streitwerts bei Feststellungsklagen vgl. die Erläuterungen zu § 9 N. 8. Hier ist jedoch hervorzuheben:

---

[260]) Hier kommen nur die einstweiligen Verfügungen aus § 940 ZPO. in Betracht. Bei den einstweilgen Verfügungen aus § 935 ZPO. ist ebenso wie bei Arresten der Betrag der Forderung maßgebend. Vgl. die Ausführungen in N. 113 und die dort angeführten gegenteiligen Entscheidungen des Reichsgerichts.

[261]) RG. JW. 91 S. 551, 2; 96 S. 1, 1; 97 S. 417, 2; 00 S. 150, 2.

[262]) RG. JW. 03 S. 174.

[263]) RG. 7, 395; 34, 405; JW. 97 S. 105, 1.

[264]) KG. XII in OLG. 4, 266.

[265]) RG. JW. 96 S. 187, 1.

[266]) RG. JW. 93 S. 466, 2. Vgl. auch JW. 94 S. 193, 3. War dagegen der Klageantrag direkt auf Erfüllung z. B. Zahlung gestellt, und erhebt sich der Streit über Art oder Zeit erst im Laufe des Prozesses, so ist der ganze, im Klageantrage geltend gemachte Anspruch maßgebend, da die Einwendungen des Beklagten auf die Bemessung des Streitwerts einflußlos sind. Vgl. Erl. zu § 9 N. 6.

[267]) RG. 2, 403. Vgl. auch Bayr. ObersttLG. 28. 2. 81 in SeuffArch. 36, 364.

[268]) KG. IV. 11. 11. 01 in OLG. 4, 264.

Handelt es sich um Feststellung des Bestehens oder Nichtbestehens eines Rechtsverhältnisses, so muß als Unterlage für das Ermessen des Gerichts das Interesse des Klägers an der Aufrechterhaltung oder Aufhebung des Rechtsverhältnisses dienen. Nach diesem Grundsatze ist bei einer Klage auf Aufhebung eines gegenseitigen Vertrages wegen Betruges angenommen worden, daß die Nachteile, von denen der Kläger durch Aufhebung des Vertrages, nach welchem er noch auf 8 ½ Jahre dem Beklagten täglich 3000 kg Zellulose gegen eine Vergütung von 18 M. pro 100 kg zu liefern hätte, loszukommen sucht, weder in dem Werte der von ihm zu machenden Leistungen bestehen, weil er eine Gegenleistung erhält; noch in der Gegenleistung, weil ihm diese zugute kommt, sondern in dem Selbstkostenpreise seiner Leistung vermindert um den Betrag der Gegenleistung.[269]) Ebenso bildet bei der Klage auf Feststellung der Unverbindlichkeit eines Vertrages die Rückgängigmachung des Vertrages den Gegenstand des Rechtsstreits, und es ist der Streitwert gemäß § 3 ZPO. nach freiem Ermessen nach dem Interesse zu bestimmen, welches der Kläger an der Rückgängigmachung des Vertrages hat. Dieses deckt sich, soweit der Vertrag noch unerfüllt ist, also Restitution nicht stattfindet, weder mit dem Werte der Sache, die der Käufer nicht erwerben, noch mit dem Kaufpreise, den er nicht zahlen will, kann vielmehr nur unter Gegenüberstellung beider bemessen werden; maßgebend ist allein das Interesse, welches der Kläger an der Auflösung des Vertrages hat.[270])

7. Bei Klagen auf Teilung bzw. Aufhebung einer Gemeinschaft bestimmt sich der Streitwert nicht nach der Höhe der Teilungsmasse, sondern nach dem Interesse des Klägers an der Aufhebung der Gemeinschaft.[271]) Den Streitgegenstand bildet deshalb derjenige Betrag, den der Kläger durch die Klage erlangen will, z. B. bei der Erbteilung der Betrag des Erbteils.[272])

Nach demselben Grundsatze ist auch bei der Klage auf Nichtigkeitserklärung eines Testaments zu verfahren; auch hier entscheidet der Betrag, den der Kläger als Erbteil erlangen will.[273])

Ebenso ist, wenn unter Miterben darüber gestritten wird, ob einer der Miterben den Wert einer bestimmten Sache, eventuell die Sache selbst zur Teilung zu bringen habe, von den klagenden Miterben lediglich die Realisierung ihres Anspruchs auf Teilung der Nachlaßmasse und auf Befriedigung ihrer Erbquoten mit bezug auf ein einzelnes Nachlaßobjekt verfolgt; darum bestimmt lediglich der Betrag dieser Erbquoten den Streitwert.[274])

Bei der Klage auf Auflösung einer Gesellschaft m. b. H. gibt für das vom Kläger verfolgte Interesse die Höhe seiner gesellschaftlichen Beteiligung einen Anhaltspunkt, ist aber nicht ohne weiteres mit diesem Interesse identisch. Die Festsetzung des Streitwerts auf den vollen Betrag der Stammeinlage würde nur dann angezeigt sein, wenn die Auflösung zu dem Zwecke erstrebt wird, um den totalen Verlust der bisher unversehrten Einlage zu verhüten.[275])

[269]) RG. 40, 407. Vgl. auch RG. JW. 98 S. 597, 2; 00 S. 179, 1 und S. 339, 1; Kammergericht in ZZP. 17, 387.

[270]) RG. 52, 428; JW. 02 S. 248, 1; S. 253, 17; S. 630, 1; 03 S. 3, 1.

[271]) Bei Klage einer Ehefrau auf Aufhebung der ehemännlichen Verwaltung und Nießbrauch sind nicht die Wertziffern der einzelnen Bestandteile des Vermögens der Ehefrau maßgebend, sondern das Interesse der Ehefrau an der beantragten Maßregel. RG. JW. 05, 24 und Gruchot 49, 655.

[272]) RG. JW. 95 S. 537, 1.

[273]) RG. JW. 95 S. 537, 1.

[274]) RG. 33. 427; JW. 96 S. 412, 23 und S. 583, 3; 98 S. 474, 2; 99 S. 672, 2; S. 700, 12; 00 S. 47, 2; 01 S. 717, 3; 02 S. 362, 17; 03 S. 26, 19; Gruchot 45, 1215; 44, 1144.

[275]) RG. JW. 01 S. 395, 2; Gruchot 47, 1148; OLG. (Hamburg) 9, 50.

8. Auch bei Geltendmachung gemeinschaftlicher Rechte entscheidet nur die dem Kläger zustehende Quote. Wenn daher einer der Miterben, in Verfolgung des ihm zustehenden Individualrechts auf Feststellung und Sicherung des Nachlasses, auf Zahlung einer Nachlaßforderung zur Nachlaßmasse behufs Teilung unter die Erben klagt, so kann der Streitwert nur entsprechend der Erbquote des Klägers und seinem danach zu berechnenden Anteile an der Forderung angenommen werden, wobei es unwesentlich ist, daß ihm ein bestimmter Anteil an der Forderung vor der Teilung nicht zusteht.[276])

Ebenso ist bei einer Klage gegen einen Miterben auf Einwilligung in die Löschung einer zum Nachlaß gehörigen Hypothek nur der Anteil des beklagten Miterben maßgebend.[277])

9. Besondere Schwierigkeiten ergeben sich bei den Klagen aus gewerblichen Rechtsschutz-verhältnissen wie Patent, Musterschutz, unlauterem Wettbewerb. Hier kommt zunächst der Schätzungsmodus des § 10 GKG. nicht in Betracht, da es sich um vermögensrechtliche Angelegenheiten handelt.[278]) Im einzelnen sind folgende Entscheidungen hervorzuheben:

a) Die Klage ist auf Löschung des für den Beklagten eingetragenen Gebrauchsmusters gerichtet und darauf gegründet, daß dieses Gebrauchsmuster mit dem für den Kläger früher eingetragenen identisch sei. Die Klage hat die Natur der Negatorienklage. Es ist deshalb anzunehmen, daß das für die Wertsbemessung entscheidende Interesse des Klägers in der Beseitigung der Konkurrenz des Beklagten liege, und dieses Interesse ist ganz offensichtlich nicht nach dem Gewinn zu bemessen, den der Beklagte aus seinem Gebrauchsmuster zieht, sondern nach der Bedeutung, welche die Konkurrenz und deren Beseitigung für den Kläger hat.[279])

b) Bei den Klagen aus § 1 des Gesetzes über den unlauteren Wettbewerb ist nicht ausschließlich das Interesse des Klägers, sondern auch die dem Beklagten durch das Verbot erwachsende Beeinträchtigung seines Geschäfts zu berücksichtigen.[280])

c) Bei dem von einem Verbande zur Förderung gewerblicher Interessen auf Grund des Gesetzes über den unlauteren Wettbewerb erhobenen Anspruch auf Unterlassung gewisser Ankündigungen ist davon auszugehen, daß einerseits die Klage das Interesse aller betroffenen Gewerbetreibenden wahrnimmt, und daß andererseits der Geldwert dieses Interesses im wesentlichen dem Vorteile gleichkommt, den weiter zu ziehen der Beklagte durch die verlangte Untersagung gehindert werden soll.[281])

10. Bei Klagen eines Aktionärs auf Anfechtung eines Generalversammlungsbeschlusses gemäß Art. 190a HGB. (jetzt § 271 HGB.) ist, trotz der weitergehenden Wirkung der rechtskräftigen Ungültigkeitserklärung (§ 273 HGB.), der Streitwert nur nach dem Interesse des klagenden Aktionärs, welcher den Wert seines Aktienbesitzes nicht übersteigt, zu bemessen; weder die Wirkung der Aufhebung für die beklagte Aktiengesellschaft, noch auch das

---

276) RG. 33, 427; 38, 421; JW. 98 S. 474, 2; 01 S. 717, 3; 02 S. 362, 17; 03 S. 26, 19 und Gruchot 48, 1083. A. M. früher RG. bei Bolze Bd. 2 Nr. 1399 und Bd. 3 Nr. 1018.

277) RG. JW. 91 S. 551; 99 S. 334, 1; 00 S. 47, 2.

278) Für die Klagen wegen unlauteren Wettbewerbs vgl. RG. in JZfEL. 23, 80; JW. 98 S. 120, 19.

279) RG. JW. 96 S. 1, 2; 02 S. 309, 1 und 2. Bei den Popularklagen des Patentrechts und Gebrauchsmusterschutzes jedoch ist nicht das Interesse des Klägers maßgebend, sondern der Wert, den das Patent oder Gebrauchsmuster allgemein in der Hand eines Gewerbetreibenden hat. RG. JW. 02 S. 131, 34.

280) RG. 24. 3. 99, mitgeteilt bei Pfafferoth S. 51 Nr. 45; JW. 02 S. 130, 169.

281) RG. 11. 6. 97, mitgeteilt bei Pfafferoth S. 51 Nr. 45.

Interesse der an der Klage nicht beteiligten Aktionäre, für und gegen welche das rechtskräftige Urteil wirkt, kommt in Betracht.[282]) Ebenso ist bei der Klage eines Gewerken auf Aufhebung eines Gewerkschaftsbeschlusses nur das Interesse des klagenden Gewerken, welches über den Wert seiner gewerkschaftlichen Beteiligung nicht hinausgehen kann, maßgebend, und weder das Interesse der Gesamtheit, noch die Wirkung der Aufrechterhaltung oder Aufhebung des Beschlusses zu berücksichtigen.[283])

§ 11.

Die für die Berechnung der Gerichtsgebühren maßgebende Festsetzung des Wertes ist für die Berechnung der Gebühren der Rechtsanwälte maßgebend.

§ 12.

Gegen den im § 16 des Gerichtskostengesetzes bezeichneten Beschluß steht dem Rechtsanwalte die Beschwerde nach Maßgabe des § 567 Absatz 2 und der §§ 568—575 der Zivilprozeßordnung zu.

Vorbemerkung zu §§ 11 und 12.

Nachdem der § 10 die Berechnung des der Anwaltsrechnung zugrunde zu legenden Werts des Streitgegenstandes nach den für die Aufstellung der Gerichtsgebühren maßgebenden Vorschriften angeordnet hat, wird durch § 11 auch der bezüglich der Gerichtsgebühren ergangene Wertfestsetzungsbeschluß für maßgebend erklärt; um auf diesen, das materielle Interesse des Rechtsanwalts berührenden Beschluß einen Einfluß gewinnen zu können, erhält der Rechtsanwalt durch § 12 ein selbständiges Beschwerderecht.

Die Erläuterung beider Paragraphen erfolgt im Zusammenhange nach folgender Disposition:

I. Der Grundsatz des § 11 und seine Ausnahmen (1—5).
II. Die Festsetzung des Werts (6—34).
- A. Gesetzestext der §§ 14—17 GKG. (6).
- B. Motive zu §§ 14—17 GKG. (7).
- C. Erläuterungen zu §§ 14—17 GKG.
  1. Die Vorbereitung der Festsetzung (8).
  2. Die Fälle der Festsetzung (9—14).
  3. Die Zuständigkeit für die Festsetzung (15—16).
  4. Die Änderung der Festsetzung (17 bis 20).
  5. Die Anfechtung der Festsetzung (21, 22).
     - a) Beschwerderecht (23—25).
     - b) Form der Beschwerde (26).
     - c) Beschwerdesumme (27—29).
  6. Die Kosten des Verfahrens (30—34).

III. Wertsansatz bei Gelegenheit der Kostenfestsetzung (35—37).
IV. Die Wirkung der Wertsfestsetzung (38, 39).

1 **I. Der Grundsatz des § 11 und seine Ausnahmen.** Der in § 11 ausgesprochene Grundsatz war in Preußen schon vordem geltendes Recht; s. § 2 des preußischen Gesetzes, betreffend den Ansatz und die Erhebung der Gebühren der Rechtsanwälte, vom 12. 5. 51 (GS. S. 656 ff.); vgl. auch die Bemerkungen der Motive in Erläut. I zu § 10 GO. oben S. 92. Er ist die notwendige Folge der Vorschrift des § 10, nach welchem die Wertsberechnung für die Anwaltsgebühren nach denselben Grundsätzen erfolgen soll, wie für die Gerichtsgebühren.

---

[282]) RG. 24, 427. JW. 92 S. 461, 2; 94 S. 193, 3.
[283]) RG. JW. 01 S. 204, 1. RG. 48, 381.

1. Wie die Motive zum GKG. deutlich erkennen lassen, übrigens auch aus § 16 des GKG. klar hervorgeht (s. N. 6), ist unter der hier „maßgebenden Festsetzung" nur die richterliche Festsetzung zu verstehen, nicht etwa die lediglich vom Gerichtsschreiber bei Gelegenheit der Aufstellung der Gerichtskostenrechnung oder der Einforderung des Gerichtskostenvorschusses erfolgte Arbitrierung des Wertes. Dasselbe galt schon nach früherem preußischen Rechte; denn § 12 des Gesetzes, betreffend den Ansatz und die Erhebung der Gerichtskosten vom 10. 5. 51 (GS. S. 622 ff.) schrieb mit deutlichen Worten vor: „Die Ermittlung und Feststellung des Wertes erfolgt in allen Fällen durch den Richter unter folgenden näheren Bestimmungen ꝛc." 2

2. Der Grundsatz des § 11 gilt indessen nicht ausnahmslos. 3

a) Die GO. selbst statuiert eine Ausnahme in ihrem § 39 Abs. 2, indem sie bei der Vertretung im Verteilungsverfahren (ZPO. § 858 Abs. 6, §§ 872 bis 877, 882) nicht die für die Gerichtskosten maßgebende Höhe der Verteilungsmasse, sondern nur den geringeren Betrag der Forderung für maßgebend erklärt.

b) Der Grundsatz des § 11 hat ferner zur Voraussetzung, daß die Tätigkeit des Gerichts und die des Rechtsanwalts denselben Gegenstand betreffen; er muß versagen, wo der Gegenstand der Tätigkeit ein verschiedener ist. So kommt z. B. bei der Festsetzung des Streitwerts der Berufungsinstanz für die Gerichtskosten nur der Berufungsantrag, wie er in der mündlichen Verhandlung gestellt ist, in Betracht, während für die anwaltliche Prozeßgebühr der höhere Wert des im Schriftsatz angekündigten Berufungsantrages maßgebend ist.[1] Ebenso kommt ein in den Schriftsätzen vorbereiteter, in der mündlichen Verhandlung aber nicht verlesener Widerklageantrag bei Festsetzung des Streitwerts für die Gerichtskosten gar nicht in Betracht, wohl aber für die anwaltliche Prozeßgebühr. Trotz der Verschiedenheit des Streitwertes für die Gerichtskosten und die Anwaltsgebühren erfolgt die Festsetzung des Streitwertes lediglich gemäß § 16 GKG. für die Gerichtskosten, und dabei kann die Frage, ob den Parteivertretern für einzelne Akte ihrer Tätigkeit eine von einem höheren Streitwert zu berechnende Gebühr zusteht, nicht zur Erörterung gezogen werden;[2]) gleichwohl hat das Reichsgericht (in den zitierten Entscheidungen) anerkannt, daß der Anspruch auf Anwaltsgebühr nach dem höheren Streitwert zwischen den Beteiligten im Wege des Kostenfestsetzungsverfahrens oder im besonderen Rechtsstreite auszutragen ist, so daß schließlich der Grundsatz des § 11 nicht maßgebend bleibt. Dasselbe gilt von einem über das Klageobjekt hinausgehenden Vergleich (s. N. 10 zu § 9). 4

3. Hat eine richterliche Wertsfestsetzung nicht stattgefunden, so ist der Rechtsanwalt, welcher seinen Gebührenanspruch gegen den Auftraggeber einklagen will, nicht verbunden, vorerst eine Wertsfestsetzung herbeizuführen; vielmehr ist die Gebührenklage ohne weiteres zulässig, und wenn in diesem Rechtsstreite über den Streitwert des Hauptprozesses Differenzen entstehen, so hat der erkennende Richter auch über die Höhe des Streitwerts zu entscheiden.[3]) 5

II. Die Festsetzung des Werts. Die für die Berechnung der Gerichtsgebühren maßgebende Festsetzung des Wertes geschieht nach den Bestimmungen der §§ 14—17 GKG. 6

---

[1]) RG. 17, 374.

[2]) Vgl. RG. IV. 6. 12. 94 bei Bolze 21, 363; JW. 95 S. 10, 28; 98 S. 348, 2 und Gruchot 42, 1166; JW. 99 S. 540, 30; 03 S. 9.

[3]) RG. JW. 93 S. 270, 17.

A. Gesetzestext der §§ 14—17 GKG.

§ **14**. Bei jedem Antrag ist der Wert des Streitgegenstandes, sofern derselbe nicht in einer bestimmten Geldsumme besteht oder aus früheren Anträgen erhellt, und auf Erfordern auch der Wert eines Teils desselben schriftlich oder zum Protokolle des Gerichtsschreibers anzugeben.

Die Angabe kann jederzeit berichtigt werden.

§ **15**. Die zum Zwecke der Entscheidung über die Zuständigkeit des Prozeßgerichtes oder die Zulässigkeit des Rechtsmittels erfolgte Festsetzung des Wertes ist, unbeschadet der Vorschrift des § 9a, für die Berechnung der Gebühren maßgebend.

§ **16**. Soweit eine Entscheidung in Gemäßheit des § 15 nicht stattfindet, und nach der Natur des Streitgegenstandes oder durch den Antrag einer Partei die Festsetzung des Wertes erforderlich wird, erfolgt dieselbe gebührenfrei durch Beschluß des Prozeßgerichts, bei der Zwangsvollstreckung, falls der Wert noch nicht festgesetzt ist, durch Beschluß des Vollstreckungsgerichts. Die Festsetzung kann von dem Gerichte, welches dieselbe getroffen hat, sowie von dem Gerichte der höheren Instanz im Laufe des Verfahrens von Amts wegen geändert werden.

Gegen den Beschluß findet Beschwerde nach Maßgabe des § 567 Abs. 2 und der §§ 568—575 der Zivilprozeßordnung sowie des § 4 Abs. 3 dieses Gesetzes [4]) statt.

§ **17**. Wird eine Abschätzung durch Sachverständige erforderlich, so ist in dem Beschlusse, durch welchen der Wert festgesetzt wird (§ 16), über die Kosten der Abschätzung zu entscheiden. Dieselben können ganz oder teilweise der Partei zur Last gelegt werden, welche durch Unterlassung der ihr obliegenden Wertsangabe oder durch unrichtige Wertsangabe, unbegründetes Bestreiten der Wertsangabe oder unbegründete Beschwerde die Abschätzung veranlaßt hat.

B. Motive zu §§ 14—17 GKG.

7 Die Motive zu diesen Bestimmungen lauten:

„Zum Zwecke der Feststellung des Wertes ist die Vorschrift der ZPO. § 230 [jetzt § 253] über die Angabe des Wertes des Streitgegenstandes in der Klage, welche nur die Bestimmung der sachlichen Zuständigkeit berücksichtigt, zu verallgemeinern. Der Angabe der Partei war in Preußen, soweit schätzbare Gegenstände in Frage kommen, entscheidende Bedeutung gegen die Parteien beigelegt, so daß insbesondere auch der Gegner, wenn er der Angabe nicht rechtzeitig widersprach, an dieselbe gebunden blieb. Andere Gesetzgebungen dagegen lassen auch zugunsten der Parteien eine von deren Angabe unabhängige Festsetzung zu. Das GKG. folgt diesem letzteren Grundsatze, weil *jede* Partei bei Abgabe ihrer Erklärung *regelmäßig* von der Voraussetzung ausgeht, daß sie selbst an der Festsetzung kein Interesse hat, wohl aber der die Partei vertretende *Rechtsanwalt*, falls, wie vorausgesetzt wird, auch für die Berechnung der Anwaltsgebühren die Festsetzung maßgebend sein soll, *ein dem Interesse der Partei entgegenstehendes Interesse* hat. Die Angabe soll daher nur zur Information des selbständig prüfenden Richters dienen.

---

[4]) Nach § 4 Abs. 3 GKG. kann die Einlegung von Erinnerungen oder Beschwerden durch Erklärung zum Protokolle des Gerichtsschreibers oder schriftlich ohne Mitwirkung eines Anwalts erfolgen.

Soweit infolge eines Streites der Parteien über die Zuständigkeit des Prozeßgerichtes dieses über den Wert des Streitgegenstandes Bestimmung trifft, ist diese Entscheidung selbstverständlich auch für die Gebührenberechnung maßgebend. Im übrigen soll die erforderliche Wertfestsetzung durch eine der Beschwerde unterliegende Entscheidung des Gerichtes erfolgen. Wird der Wert durch den Betrag einer Geldforderung bestimmt, mag diese selbst Streitgegenstand sein oder dessen Wert bestimmen (§§ 6, 8, 9 ZPO.), so bleibt die Berechnung demjenigen, welcher die Gebühren aufzustellen hat, überlassen, und erst besondere Anträge der Beteiligten führen die Festsetzung herbei.

Die Möglichkeit, die Festsetzung auch von Amts wegen zu ändern, dient dem Interesse der beteiligten Staatskasse, insbesondere auch für den Fall, daß das mit der Hauptsache befaßte Beschwerdegericht den Wert vollständiger zu übersehen imstande ist. Sie schließt aber die Feststellung einer Notfrist für die Beschwerde aus.

Behufs Festsetzung des Wertes des Streitgegenstandes wird es der Regel nach einer Abschätzung durch Sachverständige nicht bedürfen. Für diejenigen Fälle aber, in welchen dem Gerichte jeder Anhalt zur Ermittlung des ungefähren Wertes fehlt, oder die Parteiangaben offenbar unrichtig erscheinen, ohne daß das Maß der Abweichung von der Wahrheit klar erhellt, oder in welchen eine Beschwerde eine förmliche Taxe notwendig macht, ist eine Bestimmung über die Kosten der Abschätzung notwendig. Es erscheint unbedenklich, die Kosten der Abschätzung der Partei zur Last zu legen, wenn sie dieselbe schuldhafterweise veranlaßt hat. Im übrigen fallen sie, da die Wertfestsetzung zunächst im Steuerinteresse erfolgt, der betreffenden Kasse zur Last."

C. Erläuterungen zu §§ 14—17 GKG.

1. Die Vorbereitung der Festsetzung. Um dem festsetzenden 8
Richter einen Anhalt zu verschaffen, ist die Angabe des Wertes in § 14 GKG. ebenso wie in § 253 ZPO. dem Antragsteller zur Pflicht gemacht. Wird diese Pflicht außer acht gelassen, oder werden unrichtige Angaben gemacht, so können die Partei unter Umständen (§ 17 GKG.) Kosten treffen, andere Rechtsnachteile aber können daraus nicht entstehen. Andererseits hat aber die Wertsangabe durchaus keine entscheidende Bedeutung: selbst wenn der Wert von den Parteien übereinstimmend angegeben wird, ist der Richter nicht gebunden und hat immer noch nach freiem Ermessen zu entscheiden (§ 3 ZPO.).[5])

Zur Vorbereitung der Entscheidung kann der Richter ferner von Amts wegen die Einnahme des Augenscheins und die Begutachtung durch Sachverständige anordnen, eine anderweitige Beweisaufnahme aber nur auf Antrag einer Partei (§ 3 ZPO.). Vgl. Erl. zu § 10 N. 17—19. Aber auch die Anordnung dieser vorbereitenden Maßregeln liegt ganz und gar im Ermessen des Richters.

2. Die Fälle der Festsetzung. Die Festsetzung des Wertes erfolgt 9
a) zum Zwecke der Entscheidung über die Zuständigkeit des Prozeßgerichts oder die Zulässigkeit des Rechtsmittels d. h. wenn die Zuständigkeit oder die Zulässigkeit des Rechtsmittels von einem bestimmten Werte des Streitgegenstandes abhängig ist.

α) Die Zuständigkeit des Gerichts, und zwar lediglich des Gerichts 10
erster Instanz, ist nur durch § 23 Nr. 1 GVG. vom Werte des Streitgegenstandes abhängig gemacht, insofern als die Zuständigkeit des Amtsgerichts, soweit

---

[5]) Vgl. RG. JW. 95 S. 480, 17; 97 S. 57, 27.

nicht das Amtsgericht oder das Landgericht ohne Rücksicht auf den Wert zuständig ist, nur Streitigkeiten über vermögensrechtliche Ansprüche umfaßt, deren Gegenstand an Geld oder Geldeswert die Summe von 300 M. nicht übersteigt. Da aber auch das unzuständige Gericht durch ausdrückliche oder stillschweigende Vereinbarung der Parteien zuständig wird (§§ 38, 39 ZPO.), so kann eine Entscheidung nur bei Geltendmachung der Unzuständigkeit, nicht jedoch von Amts wegen erfolgen. Ergeht aber eine Entscheidung über die Zuständigkeit, was nur durch Urteil geschehen kann, so enthält dieses Urteil gleichzeitig auch eine Festsetzung des Wertes. Indessen muß doch diese Regel eine Ausnahme erleiden in den Fällen, in denen sich die Wertsberechnung für die Kosten nach anderen Grundsätzen bestimmt als die Wertsberechnung zur Ermittlung der Zuständigkeit. Der § 15 GKG. hat deshalb ausgenommen den Tatbestand des § 9a GKG., der mit den §§ 8 und 9 ZPO. nicht übereinstimmt; dasselbe wird auch zu gelten haben im Falle des mit § 5 ZPO. nicht übereinstimmenden § 11 GKG.

11 β) Die Zulässigkeit des Rechtsmittels hängt von einem bestimmten Streitwert ab

αα) bei der Revision, deren Zulässigkeit nach § 546 ZPO. in Rechtsstreitigkeiten über vermögensrechtliche Ansprüche durch einen den Betrag von 2500 M. übersteigenden Wert des Beschwerdegegenstandes bedingt ist. Die Entscheidung über die Zulässigkeit enthält gleichzeitig auch die Wertsfestsetzung;

ββ) bei der Beschwerde in Kostensachen, insofern als gemäß §§ 567 Abs. 2 und 568 Abs. 2 gegen Entscheidungen der Landgerichte eine weitere Beschwerde nur zulässig ist, wenn die Beschwerdesumme den Betrag von 50 M. übersteigt, während eine Beschwerde oder weitere Beschwerde gegen Entscheidungen der Oberlandesgerichte unzulässig ist. Die Entscheidung über die Zulässigkeit des Rechtsmittels enthält gleichzeitig auch die Wertsfestsetzung.

12 Eine Anfechtung der Entscheidung über den Wert des Streitgegenstandes ist in allen diesen Fällen nur zugleich mit der Anfechtung der Hauptentscheidung möglich; sie ist deshalb dem Rechtsanwalte als solchem versagt; die Beschwerdebefugnis des § 12 GO. trifft diese Fälle des § 15 GKG. nicht.

13 b) Die Festsetzung des Streitwerts hat ferner zu erfolgen auf Antrag einer Partei, und zwar kann dieser Antrag in jeder Instanz von neuem gestellt werden,[6]) und zwar in jedem Stadium des Prozesses.[7])

14 c) Die Festsetzung des Streitwerts soll endlich, gleichviel ob die Parteien über den Wert streiten oder nicht, von Amts wegen erfolgen, soweit dieselbe nach der Natur des Streitgegenstandes erforderlich ist, d. h. wo der Wert nicht durch den Betrag einer Geldforderung bestimmt wird, so daß für das richterliche Ermessen kein Raum bleibt.[8])

15 3. Die Zuständigkeit für die Festsetzung. Zuständig für die Wertsfestsetzung nach § 16 GKG. ist das Prozeßgericht, d. h. das Gericht derjenigen Instanz, für welche der Streitgegenstand festgesetzt werden soll. Da der Streitgegenstand in jeder Instanz verschieden sein kann, so kann auch die Wertsfestsetzung für jede Instanz verschieden sein; die Wertsfestsetzung für die höhere Instanz ist deshalb für die untere Instanz an sich nicht maßgebend: die beiden Festsetzungen können nebeneinander bestehen.[9]) Ebenso kann aber auch der

---

[6]) RG. JW. 98 S. 418, 11 und Gruchot 42, 1164, JW. 04 S. 149. Dem Anwalt wird ein selbständiges Antragsrecht mit Recht versagt vom Obst.LG. München in Seuff. Bl.f.RA. 00 S. 150.

[7]) RG. JW. 02 S. 391.

[8]) RG. JW. 89 S. 499; 97 S. 57, 27 und S. 400; 98 S. 385.

[9]) Vgl. auch Meyer-Irmler § 10 Anm. 2b; eine etwa abweichende Meinung des Reichsgerichts ist aus dem Wortlaut der Entscheidung in JW. 97 S. 531, 8 nicht erkennbar.

Wert des Streitgegenstandes bei der Zwangsvollstreckung verschieden von dem der Prozeßinstanzen sein; in diesem Falle, und ebenso bei Zweifelhaftigkeit des Werts mangels Festsetzung durch das Prozeßgericht, hat das Vollstreckungsgericht den Wert festzusetzen.

Das Instanzgericht kann den Wert des Streitgegenstandes für seine Instanz auch noch dann festsetzen, wenn das Verfahren in dieser Instanz bereits abgeschlossen ist.[10]

Hat sonach jedes Gericht für seine Instanz die Festsetzung vorzunehmen, 16
welche — wie unten besprochen werden soll — der Beschwerde unterliegt, so ist doch auch abgesehen vom Falle der Beschwerde die Festsetzung dem höheren Gericht für die untere Instanz nicht ganz versagt. Nach § 16 GKG. kann die Festsetzung von dem Gerichte der höheren Instanz „im Laufe des Verfahrens" von Amts wegen geändert werden, d. h. die höhere Instanz kann auch von Amts wegen an Stelle der Festsetzung der unteren Instanz für diese letztere eine anderweitige Festsetzung treffen, an welche die untere Instanz gebunden ist (vgl. unten Nr. 4 N. 19). Danach hat aber die höhere Instanz nur eine Abänderungsbefugnis, die das Vorhandensein eines Festsetzungsbeschlusses der unteren Instanz zur Voraussetzung hat; dagegen ist die höhere Instanz nicht befugt, von sich aus den Streitwert der unteren Instanz festzusetzen, wenn die untere Instanz selbst einen Festsetzungsbeschluß gar nicht erlassen hat.[11])

4. Die Änderung der Festsetzung von Amts wegen.[12]) Da 17
an der Festsetzung in erster Reihe die Staatskasse beteiligt ist, so erschien es zweckmäßig, neben der Anfechtung des Wertsfestsetzungsbeschlusses im Wege der Beschwerde auch eine Abänderung von Amts wegen zuzulassen.

a) Das Prozeßgericht kann seinen Wertsfestsetzungsbeschluß jederzeit 18
von Amts wegen ändern. Und ebenso wie das Gericht die Festsetzung für seine Instanz auch nach Abschluß des instanzlichen Verfahrens vornehmen kann (vgl. N. 15), muß es auch zu einer Änderung nach Abschluß des Verfahrens für befugt erachtet werden. Die Abänderungsbefugnis steht jedoch dem Gericht nur dann zu, wenn es den Wert gemäß § 16 GKG. festgesetzt hat, nicht aber, wenn die Festsetzung des Werts zum Zwecke der Entscheidung über die Zuständigkeit des Prozeßgerichts oder die Zulässigkeit des Rechtsmittels erfolgt ist (§ 15 GKG.). Derartigen Festsetzungen gegenüber steht ebenso wie gegenüber dem Ausspruch über die Zuständigkeit oder die Zulässigkeit des Rechtsmittels nur der Weg der Anfechtung offen. Die Festsetzung ist in solchen Fällen der Rechtskraft fähig. Ist also z. B. die Einrede der sachlichen Unzuständigkeit des Landgerichts verworfen, weil der Streitwert 300 M. übersteige, so kann der Streitwert später nicht mehr auf einen niedrigeren Betrag als 300 M. herabgesetzt werden.[13])

Eine weitere Ausnahme ergibt sich aus dem Instanzverhältnis. Hat die höhere Instanz, sei es auf Beschwerde oder im Wege der Abänderung (s N. 19), den Wert für die untere Instanz festgesetzt, so kann letztere diese Festsetzung nicht mehr ändern.[14])

b) Auch die höhere Instanz kann die Festsetzung der unteren Instanz 19
von Amts wegen ändern, jedoch nur „im Laufe des Verfahrens" d. h. wenn der Rechtsstreit selbst durch Einlegung eines Rechtsmittels an das Gericht höherer Instanz erwachsen ist. Diese Befugnis wird man dem höheren Gerichte auch

[10]) RG. bei Gruchot 35, 1168; JW. 91 S. 336, 14; 95 S. 382, 15 und 480, 14; 96 S. 671, 8; 97 S. 57, 27. Dagegen KG. in ZZP. 14, 159.
[11]) Vgl. RG. in JW. 98 S. 576, 18.
[12]) Vgl. Wolff im Arch. f. ziv. Pr. 86, 339.
[13]) Vgl. RG. JW. 98 S. 279, 10.
[14]) Vgl. RG. JW. 96 S. 301, 8.

nur so lange einräumen dürfen, als das Verfahren vor demselben noch nicht (durch Urteil oder sonst) abgeschlossen ist („im Laufe des Verfahrens“).[15]

Voraussetzung der Abänderungsbefugnis ist, daß die Sache selbst an das höhere Gericht gelangt ist. Es liegt daher nicht auch in der Befugnis des Beschwerdegerichts, bei Gelegenheit einer an dasselbe erwachsenen Beschwerde über die Festsetzung die letztere von Amts wegen abzuändern. Daß unter demjenigen Verfahren, von dessen Laufe im § 16 GKG. die Rede ist, nicht etwa auch ein solches Verfahren mitverstanden ist, welches gerade nur eine über die Höhe der Wertsfestsetzung erhobene Beschwerde betrifft, erhellt daraus, daß allererst in Abs. 2 des § 16 diese Beschwerde in das Gesetz eingeführt wird, als ein Rechtsmittel, welches gegen alle im ersten Absatze erwähnten Beschlüsse, sowohl gegen die ursprünglichen Wertsfestsetzungsbeschlüsse, als auch gegen die „im Laufe des Verfahrens“ von Amts wegen ergehenden abändernden Beschlüsse, stattfinden soll. Der sonst für die Beschwerde geltende Grundsatz, daß auf dieselbe keine Abänderung zum Nachteile des Beschwerdeführers erfolgen dürfe, ist durch die die Abänderung betreffende Bestimmung des § 16 Abs. 1 GKG. nicht berührt.[16]) Die Richtigkeit dieser Ansicht ist jedoch durch die Entscheidung der vereinigten Zivilsenate des Reichsgerichts vom 24. 6. 99 (RG. 44, 403) in Frage gestellt. Zwar ist dort zunächst nur die Frage bejaht, ob das Gericht der höheren Instanz, auch wenn es nicht mit der Sache selbst befaßt ist, sondern nur über eine auf die Kostenfestsetzung bezügliche Beschwerde zu entscheiden hat, von Amts wegen die in der unteren Instanz getroffene Festsetzung des Streitwerts ändern kann; indessen trifft die Begründung der Entscheidung ebenso auf den Fall der Beschwerde über die Wertsfestsetzung zu. Die Gründe dieser Entscheidung sind nun zwar wenig überzeugend; sie laufen darauf hinaus, daß mit den von der Reichstagskommission in den Entwurf eingefügten Worten „im Laufe des Verfahrens“ eine sachliche Änderung des Entwurfs nicht beabsichtigt worden sei, eine Annahme, die völlig willkürlich erscheinen muß, weil die Kommission einen schriftlichen Bericht nicht erstattet hat, und auch aus den weiteren Verhandlungen sich über die Absicht und den Zweck dieser Einfügung nichts ergibt. Immerhin wird man der maßgebenden Bedeutung einer Plenarentscheidung Rechnung tragen müssen.

Unbedenklich ist es, daß die höhere Instanz selbst eine von ihr früher im Beschwerdewege getroffene Festsetzung des Streitwerts der Vorinstanz wieder von Amts wegen ändern kann, wenn die Sache in die höhere Instanz gediehen ist.[17])

20 c) Zu der Abänderung von Amts wegen können die Parteien die Anregung geben; wird der Anregung seitens des Gerichts nicht gefolgt, so findet gegen die Ablehnung keine Beschwerde statt; sonst hätte es eine Partei in der Hand, sich durch Vorbringung einer derartigen Anregung gegenüber einer mit weiterer Beschwerde nicht mehr anfechtbaren Entscheidung des Beschwerdegerichts indirekt eine weitere Beschwerde gegen letztere zu verschaffen.[18])

21 5. Die Anfechtung der Wertsfestsetzung. Gegen den Wertsfestsetzungsbeschluß findet Beschwerde nach Maßgabe der §§ 567 Abs. 2, 568—575 ZPO. und § 4 Abs. 3 GKG. statt. Voraussetzung der Beschwerde ist aber das Vorliegen eines förmlichen Wertsfestsetzungsbeschlusses des Gerichts gemäß § 16 GKG. Weder die zu den Gerichtsakten gemachte Notiz über den Wert des Streitgegenstandes, mag sie auch auf einem internen Beschluß des Gerichts be-

[15]) Vgl. RG. JW. 95 S. 382, 15 und 480, 15; 96 S. 74, 28; Bolze 22, 711; Seuff. Arch. NF. Bd. 10 Nr. 236. Dagegen jedoch RG. DJZ. 86 S. 150.

[16]) Vgl. RG. 14, 353; JW. 87 S. 115, 18; 93 S. 488, 11; 97 S. 466, 26; 98 S. 419, 13.

[17]) Vgl. RG. 33, 377; JW. 96 S. 301, 8; 98 S. 418, 11; Gruchot 42, 1164.

[18]) RG. JW. 95 S. 480, 15.

ruhen, noch die auf Grund dieser Notiz zum Zweck der Einziehung der Kosten aufgemachte Rechnung über die Gerichtskosten bildet einen Anlaß zur Beschwerde.[19]) Selbst die in den Gründen eines Kostenfestsetzungsbeschlusses enthaltene Äußerung über den Wert des Streitgegenstandes kann nicht die Grundlage für eine Beschwerde gegen den Wertsansatz bilden.[20]) Ist ein förmlicher Wertsfestsetzungsbeschluß noch nicht ergangen, so muß derselbe zunächst herbeigeführt werden.

Die Beschwerde folgt den im allgemeinen für die Beschwerde gegebenen Vorschriften der §§ 567 ff. ZPO., sie ist die einfache, an keine Notfrist gebundene Beschwerde, bei welcher das Gericht, dessen Entscheidung angefochten wird, der Beschwerde ganz oder teilweise abzuhelfen in der Lage ist (§ 571 ZPO.). Die weitere Beschwerde gegen die Entscheidung des Beschwerdegerichts ist durch das Vorhandensein eines neuen, selbständigen Beschwerdegrundes bedingt. Gegen die Entscheidung des Oberlandesgerichts findet jedoch eine weitere Beschwerde nicht mehr statt. (§ 568 Abs. 4 ZPO.) 22

Indessen sind doch eine Reihe von Besonderheiten hervorzuheben:

a) Beschwerderecht haben 23

α) die Staatskasse durch den ihre Interessen vertretenden Beamten. Dies ist daraus zu folgern, daß nach § 4 GKG. Erinnerungen der Staatskasse gegen „den Ansatz von Gebühren oder Auslagen" und gegen die ergehende Entscheidung des Gerichts Beschwerde zulässig ist, und daß unter den Ausdruck „Ansatz von Gebühren" nicht nur der bestimmte Geldansatz, sondern auch der Wert des Streitgegenstandes mit Rücksicht auf dessen Einfluß auf den Kostenansatz fällt.[21])

β) Beschwerderecht haben ferner die Prozeßparteien. Da jedoch jedes Rechtsmittel ein entsprechendes Interesse des Beschwerdeführers voraussetzt, und die Parteien wohl an der Verminderung, nicht aber an der Erhöhung der Prozeßkosten ein Interesse haben können, so ist nach feststehender Praxis des Reichsgerichts die Beschwerde der Partei nur zum Zwecke der Herabsetzung des Streitwerts, nicht aber zum Zwecke der Erhöhung zulässig. Auch die Rücksicht auf eine etwa beabsichtigte, von dem Vorhandensein der Revisionssumme abhängige Einlegung der Revision ist nicht geeignet, ein die Zulassung rechtfertigendes Interesse zu begründen, da das Revisionsgericht diese Frage selbständig zu prüfen hat und hierbei an die vorausgegangene Festsetzung des Streitwerts nicht gebunden ist.[22]) 24

γ) Beschwerderecht hat auch der Rechtsanwalt nach der besonderen Bestimmung des § 12 GO. Der Rechtsanwalt kann nur ein Interesse an der Erhöhung des Streitwerts haben; seine Beschwerde ist deshalb nur zulässig, wenn und insoweit er Erhöhung des Streitwerts verlangt, und diese Erhöhung auf seine Gebührenforderung von Einfluß ist. Daraus folgt auch, daß das Beschwerderecht nur zusteht dem Anwalt derjenigen Instanz, für welche der Streitwert festgesetzt werden soll, also nicht dem zweitinstanzlichen Anwalt bezüglich der Wertfestsetzung für die erste Instanz;[23]) ebenso auch nicht dem erstinstanzlichen Anwalt gegen die Wertfestsetzung für die zweite Instanz, es sei denn, daß dieselbe auch für die 25

[19]) RG. III 25. 11. 86 bei Bolze Bd. 3 Nr. 1027.
[20]) RG. JW. 93 S. 563, 25; 97 S. 240, 48; 98 S. 144, 14.
[21]) RG. IV. 28. 12. 83 bei Gruchot 28, 1178; OLG. 3, 160.
[22]) Vgl. RG. 22, 425; JW. 92 S. 213, 1; 94 S. 55, 3; S. 514, 3; S. 544, 11; 95 S. 102, 6; 97 S. 268, 5; 98 S. 578, 29.
[23]) Vgl. RG. JW. 99 S. 335, 2; Rhein. Arch. 93 II 32; Sächs. Arch. 8, 704.

erste Instanz Wirkung äußert, oder beim Nachweis eines sonstigen Interesses z. B. zum Zwecke der Berechnung der Korrespondenzgebühr.[24])

Demnach sind die Interessen des Anwalts und der Partei widerstreitende; ein jeder kann selbständig seine Interessen im Wege der Beschwerde geltend machen.[25]) Dies kann sowohl gleichzeitig geschehen, als auch nacheinander; so kann, wenn der Anwalt eine Erhöhung erwirkt hat, die Partei wiederum die Herabsetzung sogar unter den Betrag der ursprünglichen Festsetzung im Wege der Beschwerde gegen letztere beantragen; ebenso aber auch umgekehrt der Anwalt; daß letzterer nach Herabsetzung des Streitwerts auf Beschwerde der Partei die Beschwerde nur in Höhe des Mehrbetrages des erstinstanzlichen Beschlusses haben soll, wie das Reichsgericht in JW. 96 S. 693, 22 annimmt, ist nicht einzusehen, da die Beschwerde an keine Frist gebunden ist, und deshalb auch nicht davon ausgegangen werden kann, daß der Anwalt sich beim erstinstanzlichen Beschluß beruhigt habe, wenn er nicht sofort Beschwerde dagegen einlegte.

Wegen der widerstreitenden Interessen und der durch das Interesse bedingten Zulässigkeit der Beschwerde, muß aus der Fassung der Beschwerde hervorgehen, ob der Anwalt im eigenen Namen oder im Namen der Partei Beschwerde einlegt. Im Zweifel muß das Gericht zunächst den Anwalt befragen.[26])

26 b) Form der Beschwerde. Die Beschwerde der Staatskasse und der Prozeßparteien unterliegt nicht dem Anwaltszwang. Der § 16 Abs. 2 GKG. verweist bezüglich der Beschwerde u. a. auf § 4 Abs. 3 GKG., nach welchen die Einlegung der Beschwerde mündlich zum Protokoll des Gerichtsschreibers oder schriftlich ohne Mitwirkung eines Anwalts erfolgen kann.

Anders bei der Beschwerde des Rechtsanwalts auf Grund des § 12 GO. Hier fehlt die Verweisung auf § 4 Abs. 3 GKG., es sind vielmehr lediglich die Bestimmungen der §§ 567 ff. ZPO. über die Beschwerde anzuwenden, und daraus folgt, daß nach § 569 Abs. 2 ZPO. und 78 ZPO. der Anwaltszwang besteht, wenn nicht der Rechtsstreit bei einem Amtsgericht anhängig ist oder anhängig war.[27]) Der Anwalt muß also, wenn er die Beschwerde bei einem Gericht einlegt, bei dem er nicht zugelassen ist, sich eines dort zugelassenen Anwalts bedienen.[28])

27 c) Beschwerdesumme. Nach §§ 568 und 567 Abs. 2 ZPO. (in der Fassung des Gesetzes vom 5. 6. 05 (RGBl. S. 536) ist die Beschwerde gegen Entscheidungen in betreff der Prozeßkosten nur beschränkt zulässig; es unterliegen Entscheidungen der Landgerichte einer weiteren Beschwerde nur, wenn die Beschwerdesumme den Betrag von fünfzig Mark übersteigt, und gegen Entscheidungen der Oberlandesgerichte ist die Beschwerde nur zulässig, wenn die Beschwerdesumme den Betrag von einhundert Mark übersteigt, die weitere Beschwerde aber unzulässig.

Es kann nun bei der ausdrücklichen Verweisung auf § 567 Abs. 2 ZPO. sowohl in § 16 Abs. 2 GKG. als in § 12 GO. keinem Zweifel unterliegen, daß die Entscheidung über den Streitwert als Entscheidung in betreff der Prozeßkosten anzusehen ist.[29]) Schwierigkeiten können sich aber bei der Berechnung der Beschwerdesumme ergeben.[30]) Hier werden die Grundsätze für die Berechnung

[24]) Vgl. RG. JW. 97 S. 572, 33; 98 S. 576, 19; 01 S. 226, 2.
[25]) RG. 37, 384.
[26]) RG. JW. 00 S. 124, 3.
[27]) Vgl. RG. 10, 374.
[28]) RG. JW. 89 S. 528, 5; 96 S. 584, 5. A. M. OLG. Dresden 10. 4. 00 in Sächs. Ann. 21, 442.
[29]) Vgl. RG. JW. 00 S. 590, 9.
[30]) Vgl. hierzu Landsberg in Pos. Mschr. 2, 121 ff.

der Revisionssumme, an welche sich das durch die Zivilprozeßnovelle geschaffene neue Institut augenscheinlich anlehnt, entsprechende Anwendung finden müssen.[31]) Danach bildet die Beschwerdesumme die Differenz zwischen dem, was der Beschwerdeführer durch die angefochtene Entscheidung erlangt hat, und dem, was er durch die Beschwerde erlangen will.[32]) Maßgebend ist also das Interesse des Beschwerdeführers, ganz ebenso wie für Bestimmung des Wertes des Beschwerdegegenstandes.[33]) Danach ist die Beschwerde der Partei von der des Anwalts zu unterscheiden:

α) Wenn die Partei mittels Beschwerde die Herabsetzung des Streitwerts verlangt, so wird der Wert des Gegenstandes der Beschwerde durch den Unterschied zwischen denjenigen beiden Kostenbeträgen bestimmt, welche sich ergeben, je nachdem die Kosten nach Maßgabe des festgesetzten oder des von ihr in Antrag gebrachten Wertes des Streitgegenstandes berechnet werden. Dabei sind neben den Gerichtskosten die beiderseitigen Anwaltsgebühren zu berücksichtigen.[34]) Indessen kann doch der Wert des Beschwerdegegenstandes noch ein geringerer sein. Sind z. B. die Kosten rechtskräftig jeder Partei zur Hälfte auferlegt, so kann die Differenz der Kosten jede Partei nur zur Hälfte beschweren, da die andere Hälfte von der Gegenpartei getragen werden muß. Hier wird der Beschwerdegegenstand und die Beschwerdesumme nur die Hälfte jener Differenz betragen. 28

β) Wenn der Rechtsanwalt mittels Beschwerde die Erhöhung des Streitwerts verlangt, so besteht sein Interesse lediglich darin, daß er von seinem Auftraggeber seine Gebühren, statt nach dem festgesetzten Streitwert, nach dem mit der Beschwerde beantragten Streitwert erhält. Sein Interesse, und damit die Beschwerdesumme, ergibt sich daher lediglich aus der Differenz seiner Gebühren nach dem festgesetzten oder nach dem begehrten Streitwert; daß die erlangte Erhöhung dann auch für die Gerichtskosten und die Gebühren des Gegenanwalts von Bedeutung wird, ändert daran nichts.[35]) 29

6.) Die Kosten des Verfahrens. Die Festsetzung des Werts erfolgt nach § 16 GKG. zunächst gebührenfrei durch Beschluß des Prozeßgerichts bzw. des Vollstreckungsgerichts. Auch die von Amts wegen erfolgende Änderung der Festsetzung wird gebührenfrei zu erfolgen haben. Es macht keinen Unterschied, ob die Festsetzung von Amts wegen oder auf Antrag einer Partei erfolgt; denn immerhin erfolgt die Festsetzung zunächst im Steuerinteresse. Dennoch ist, wenn eine Abschätzung durch Sachverständige erfolgte, in dem Wertsfestsetzungsbeschlusse über die Kosten der Abschätzung zu entscheiden. Dieselben sind der Staatskasse aufzuerlegen, können aber auch ausnahmsweise ganz oder teilweise der Partei zur Last gelegt werden, welche durch Unterlassung der ihr obliegenden Wertsangabe oder durch unrichtige Wertsangabe oder unbegründetes Bestreiten der Wertsangabe die Abschätzung veranlaßt hat. 30

Der Wertsfestsetzung kann nun aber gemäß § 3 ZPO. außer der Abschätzung auch die Einnahme des Augenscheins, und auf Antrag auch eine andere Beweisaufnahme vorangehen. Wer die Kosten hierfür zu tragen hat, ist nicht bestimmt. Man muß davon ausgehen, daß diese Kosten immer von der Staatskasse zu tragen sind, weil für diese Fälle eine Ausnahme von der in § 16 prinzipiell gewährten Gebührenfreiheit nicht gemacht ist.

Die Gebührenfreiheit ist aber nur für den Wertsfestsetzungsbeschluß des Prozeßgerichts und dessen Abänderung von Amts wegen gewährt, nicht jedoch

---

[31]) RG. JW. 00 S. 650, 8.
[32]) Vgl. Gaupp-Stein ZPO. zu § 567 III.
[33]) Vgl. RG. 45, 402.
[34]) RG. V. 19. 12. 96 bei Gruchot 41, 1136.
[35]) RG. BS. 45, 402; JW. 00 S. 147; 03 S. 26.

auch für das Beschwerdeverfahren. Für dieses bestimmt § 45 Abs. 1 GKG. die Gebühr; Gebührenfreiheit tritt nur ein, soweit nicht die Beschwerde als unzulässig verworfen oder zurückgewiesen wird, oder nicht die Kosten des Verfahrens einem Gegner zur Last fallen.[36])

Danach erledigt sich die Kostenfrage in folgender Weise:

31 a) Für eine erfolglos eingelegte Beschwerde werden Gebühren nach § 45 GKG. berechnet; diese Kosten sind gemäß § 97 ZPO. dem Beschwerdeführer zur Last zu legen, und zwar dem Anwalt selbst, wenn er in eigenem Namen gemäß § 12 GO. Beschwerde eingelegt hatte.[37])

32 b) Ist der Beschwerdeführer durchgedrungen, so können ihn natürlich nicht die Kosten des Verfahrens treffen; es werden deshalb Gebühren nur dann berechnet, wenn die Kosten des Beschwerdeverfahrens einem Gegner zur Last fallen. Letzteres würde sich nur aus § 91 ZPO. rechtfertigen lassen; dann muß aber ein „unterliegender" Gegner überhaupt vorhanden sein. Für den Fall der Beschwerde des Anwalts gemäß § 12 GO. hat das Reichsgericht bereits ständig angenommen, daß ein Beschwerdegegner, insbesondere in der Person der Gegenpartei, nicht vorhanden ist.[38]) Aber auch, wenn die Partei Beschwerde eingelegt hat, fehlt es an einem „unterliegenden" Gegner. Beide Parteien haben dasselbe Interesse an Herabsetzung des Streitwerts und können auch nur ein solches Interesse haben; zudem wird die Gegenpartei zumeist gar nicht gehört, und unterliegen kann nur, wer im Verfahren als Streitteil mitgewirkt hat, zum mindesten gehört ist.[39])

33 c) Der der Kostenberechnung zugrunde zu legende Wert des Beschwerdegegenstandes richtet sich nach dem Interesse des Beschwerdeführers. (Vgl. N. 27 bis 29.)

34 d) Die Anfechtung der Kostenentscheidung allein ist nach § 99 ZPO. unzulässig[40]) bezw. beschränkt.

35 III. Wertsansatz bei Gelegenheit der Kostenfestsetzung.

Bei der Festsetzung der zu erstattenden Kosten muß das festsetzende Gericht sich darüber schlüssig machen, nach welchem Streitwert die Gerichtskosten und Anwaltsgebühren anzusetzen sind. Das Gericht kann dann entweder in der Begründung des Kostenfestsetzungsbeschlusses sich über den zugrunde gelegten Streitwert aussprechen oder auch neben dem Kostenfestsetzungsbeschlusse noch einen förmlichen Wertsfestsetzungsbeschluß erlassen. Der letztere wird nach den bisherigen Erläuterungen behandelt; er hat seine selbständige Existenz und Bedeutung neben dem Kostenfestsetzungsbeschluß und kann schließlich gemäß § 107 ZPO. zu einer Abänderung des mit der Beschwerde nicht mehr anfechtbaren Kostenfestsetzungsbeschlusses führen.

Ist aber nur bei Gelegenheit der Kostenfestsetzung ein Wertsansatz gemacht, so hindert dies nicht, daneben später auf Antrag oder von Amts wegen einen Wertsfestsetzungsbeschluß zu erlassen. Beide Verfahren laufen dann selbständig nacheinander bzw. nebeneinander. Das Kostenfestsetzungsverfahren und insbesondere das Rechtsmittelverfahren folgt lediglich seinen eigenen Vorschriften; der Wertsansatz ist nur ein Teil der Begründung, der wie jeder andere Entscheidungsgrund behandelt wird. Daraus folgt:

[36]) Vgl. hierzu Salinger in JW. 01 S. 74, und den Artikel „Über die Kostenpflicht im Beschwerdeverfahren" in JW. 88 S. 360.

[37]) RG. JW. 91 S. 311, 18; 98 S. 279, 10.

[38]) RG. 12, 361. JW. 97 S. 466, 26; 98 S. 153, 1.

[39]) Ebenso KG. V. 11. 6. 87 in JW. 88 S. 360.

[40]) Vgl. RG. JW. 98 S. 144, 14.

a) Gegen den Kostenfestsetzungsbeschluß hat der Rechtsanwalt keine selbständige Beschwerde, weil der Kostenfestsetzungsbeschluß sich nur als Ergänzung des Urteils darstellt und Recht nur zwischen den Parteien macht. Fühlt der Rechtsanwalt sich durch den Wertsansatz beschwert, so muß er zunächst einen Wertsfestsetzungsbeschluß herbeiführen, gegen welchen ihm die Beschwerde aus § 12 GO. zusteht.[41]) Eine Ausnahme macht nur der § 124 ZPO., der dem Armenanwalt eine selbständige unmittelbare Forderung gegen den unterlegenen Gegner zuspricht. 36

b) Dagegen können die Parteien den Kostenfestsetzungsbeschluß auch deshalb anfechten, weil der zugrunde gelegte Wert unrichtig angesetzt ist. Hierbei hat das Reichsgericht, entgegen den bei der Anfechtung des Wertsfestsetzungsbeschlusses angenommenen Grundsätzen, auch die Anfechtung wegen zu niedrigen Wertsansatzes zugelassen, weil die Partei unter Umständen ihrem Anwalt höhere Kosten zu zahlen haben könnte (z. B. bei höherem Wertsansatz im Wertsfestsetzungsbeschluß), ohne deren Erstattung später wegen der Rechtskraft des Kostenfestsetzungsbeschlusses betreiben zu können.[42]) Diese Erwägungen können indes jetzt nicht mehr zutreffen, da nach § 107 ZPO. jede Wertsfestsetzung auch zum Antrag auf Abänderung des Kostenfestsetzungsbeschlusses berechtigt. 37

IV. Wirkung der Wertsfestsetzung. 38

Die Wertsfestsetzung ist maßgebend für den Ansatz der Gebühren beider Anwälte. Jede nachträgliche Wertsfestsetzung von Amts wegen oder auf Beschwerde beeinflußt auch die Höhe der Anwaltsgebühren. Insbesondere ist die auf Beschwerde eines Rechtsanwalts gemäß § 12 GO. erfolgte Erhöhung des Streitwerts nicht nur für den Gebührenansatz des Beschwerdeführers, sondern auch für den des Gegenanwalts und für die Gerichtskosten maßgebend, weil die Festsetzung nur eine einheitliche für alle Faktoren sein kann.[43])

Der Rechtsanwalt ist daher dem Auftraggeber gegenüber bei nachträglicher Erhöhung des Streitwerts zur Nachforderung berechtigt, bei nachträglicher Herabsetzung zur Rückzahlung verpflichtet. Der Ausgleich zwischen den Parteien kann jetzt durch die Abänderung der Kostenfestsetzung gemäß § 107 ZPO. herbeigeführt werden.

Vorbemerkung zu §§ 13—18.

Die §§ 13—18 bestimmen die Normalgebühren für den prozeßbevollmächtigten Rechtsanwalt im ordentlichen Prozeßverfahren. Der § 13 gewährt je für bestimmte Momente der anwaltlichen Tätigkeit eine Prozeßgebühr, eine Verhandlungsgebühr, eine Vergleichsgebühr und eine Beweisgebühr. Die §§ 14—18 geben dann gewisse Modifikationen der in § 13 getroffenen Vorschriften, indem sie einige Fälle aufführen, in welchen die in § 13 bestimmten vollen Gebührensätze mit Rücksicht auf die geringfügigere oder größere Tätigkeit des Rechtsanwalts oder auf die Billigkeit eine Minderung bzw. Erhöhung erfahren sollen. § 14 betrifft die Prozeßgebühr, §§ 15—17 die Verhandlungsgebühr, § 18 die Vergleichsgebühr.

Das Ergebnis der in §§ 13—18 betroffenen Bestimmungen stellt sich für den regelmäßigen Prozeßgang folgendermaßen dar:

a) Wird der Prozeß ohne kontradiktorische Verhandlung durch Versäumnisurteil erledigt, so erhält der Rechtsanwalt die Prozeßgebühr und die halbe Verhandlungsgebühr, d. h. die Sätze des § 9 zum $1\frac{1}{2}$ fachen Betrage.

---

[41]) Vgl. RG. 9, 390; JW. 93 S. 37, 5; S. 563, 25; 94 S. 9, 15; 96 S. 57, 7; 97 S. 240, 48; S. 543, 5; 98 S. 144, 14. OLG. (KG.) 2, 268; OLG. Colmar in JZſEL. 26, 141; OLG. (Bamberg) 5, 469.

[42]) Vgl. RG. bei Bolze Bd. 6 Nr. 1219; JW. 93 S. 344, 8.

[43]) Vgl. RG. 31, 393.

b) Wird der Prozeß auf kontradiktorische Verhandlung ohne Beweisaufnahme durch Endurteil erledigt, so erhält der Rechtsanwalt die Prozeßgebühr und die Verhandlungsgebühr, d. h. die Sätze des § 9 zum doppelten Betrage.

c) Wird der Prozeß nach erfolgtem Beweisaufnahmeverfahren auf weitere mündliche Verhandlung durch Endurteil erledigt, so erhält der Rechtsanwalt die Sätze des § 9 dreifach, nämlich einmal als Prozeßgebühr, 1 1/2 fach als Verhandlungsgebühr und zur Hälfte als Beweisgebühr.

d) Wird ein Vergleich geschlossen, so erhöhen sich die Gebühren um den vollen oder halben Satz des § 9.

§ 13.

Die Sätze des § 9 stehen dem als Prozeßbevollmächtigten bestellten Rechtsanwalte zu:

1. für den Geschäftsbetrieb, einschließlich der Information (Prozeßgebühr);
2. für die mündliche Verhandlung (Verhandlungsgebühr);
3. für die Mitwirkung bei einem zur Beilegung des Rechtsstreites abgeschlossenen Vergleiche (Vergleichsgebühr).

Die Sätze des § 9 stehen demselben zu fünf Zehnteilen zu:

4. für die Vertretung in dem Termine zur Leistung des durch ein Urteil auferlegten Eides sowie in einem Beweisaufnahmeverfahren, wenn die Beweisaufnahme nicht bloß in Vorlegung der in den Händen des Beweisführers oder des Gegners befindlichen Urkunden besteht (Beweisgebühr).

Vorbemerkung.

Der § 13 bestimmt die Gebühren des als Prozeßbevollmächtigten bestellten Anwalts im gewöhnlichen Prozesse; er findet seine Ergänzung durch § 17, welcher noch eine besondere Gebühr für die Verhandlung nach einem Beweisaufnahmeverfahren bewilligt.

Die Erläuterung des § 13 geschieht nach folgender Disposition:

I. Motive (1).
II. Gemeinsame Grundsätze für alle Gebührenarten (2—11).
III. Die Prozeßgebühr (12).
  1. Zum Geschäftsbetrieb gehörige Tätigkeiten (13—21).
  2. Unerheblichkeit des äußeren Umfangs des Geschäftsbetriebs (22).
  3. Selbständige Natur der Prozeßgebühr insbes. im Verhältniß zur Verhandlungsgebühr (23—26).
  4. Wertsberechnung für die Prozeßgebühr (27—37).
IV. Die Verhandlungsgebühr (38).
  1. Die mündliche Verhandlung (39—44).
  2. Modifikationen der Verhandlungsgebühr (45).
  3. Höhe der Verhandlungsgebühr (46).
  4. Wertsberechnung (47—48).
V. Die Vergleichsgebühr (49).
  1. Begriff des Vergleichs (50—53).
  2. Mitwirkung. Vergleichsschrift (54—55).
  3. Gebührenanspruch bei Wegfall des Vergleichs (56—57).
  4. Wertsberechnung (58).
VI. Die Beweisgebühr (59).
  A. Vertretung im Termine zur Eidesleistung (60—66).
  B. Vertretung in einem Beweisaufnahmeverfahren (67).
    1. Objektive Voraussetzung (68—78).
    2. Subjektive Voraussetzung (79 bis 87).
    3. Wertsberechnung (88).
  C. Vertretung im Eidesleistungstermine und im Beweisaufnahmeverfahren (89).

1 **I. Motive.** § 13 führt im Anschlusse an § 18 des GKG. die Momente der anwaltlichen Tätigkeit auf, mit welchen im ordentlichen Prozeßverfahren die Gewährung von Anwaltsgebühren verbunden ist. Daß diese Momente mit den

im § 18 a. a. O. bezeichneten prozessualen Akten nur teilweise zusammenfallen, findet seine Rechtfertigung in dem Umstande, daß das Maß der gerichtlichen Tätigkeit nicht immer dem Maße der Tätigkeit des Anwalts entspricht und ein Teil der letzteren außerhalb des gerichtlichen Verfahrens liegt.

Vor allem erscheint die Absonderung der Gebühr für die mündliche Verhandlung von der Gebühr für den Geschäftsbetrieb, einschließlich der Information, angezeigt. Einerseits gewährt diese Absonderung die unmittelbare Anwendbarkeit der zu treffenden Bestimmungen auf die ohne mündliche Verhandlung zur Erledigung kommenden Rechtssachen; andererseits erleichtert sie die entsprechende Regelung für den Fall, daß die mündliche Verhandlung einem anderen, als dem zur Führung des Prozesses bevollmächtigten Rechtsanwalte übertragen wird. Hauptsächlich kommt aber für diese Absonderung nachfolgende Erwägung in Betracht:

Die Verhandlungsgebühr muß danach abgestuft werden, je nachdem die Verhandlung eine kontradiktorische ist oder nicht (§ 16), weil sie im ersteren Falle unzweifelhaft die Zeit und die geistige Kraft des Anwalts in erheblich höherem Maße in Anspruch nimmt. Dieses Moment der Steigerung trifft für die Prozeßgebühr nicht zu. Die Informationstätigkeit des Rechtsanwalts kann zwar größer werden, wenn sie sich auf Einwendungen des Beklagten mit erstrecken muß; ebenso die Tätigkeit im Prozeßbetriebe dann, wenn außer der Klage vorbereitende Schriftsätze zugestellt werden. Beides ist aber nach dem Verfahren der Zivilprozeßordnung mit jeder kontradiktorischen Verhandlung nicht notwendigerweise verbunden; es kann bei dieser fehlen; es kann auch ohne dieselbe vorkommen. In der mündlichen Verhandlung tritt nur das Ergebnis der vor derselben entwickelten Tätigkeit des Anwalts zutage. Diese vorhergegangene Tätigkeit wird oftmals dieselbe sein, gleichviel, ob die Verhandlung später eine kontradiktorische wird oder nicht, da der Rechtsanwalt bei seiner Vorbereitung dies nicht immer wird vorhersehen können. Durch die Sonderung der Prozeßgebühr von der Verhandlungsgebühr ist danach der Vorteil gewonnen, daß das in dem kontradiktorischen Charakter der mündlichen Verhandlung liegende Moment für eine Steigerung der Vergütung auf den Teil der Tätigkeit beschränkt werden kann, für welchen es von wesentlichem Einflusse ist.

Die Prozeßgebühr umfaßt in ihren verschiedenen Abstufungen die gesamte Tätigkeit des Rechtsanwalts außerhalb der mündlichen Verhandlung, insbesondere die Information, die Anfertigung aller vorkommenden Schriftsätze oder schriftlichen Anträge, die Wahrnehmung von Terminen, soweit solche neben der mündlichen Verhandlung etwa vorkommen, und den zur Prozeßführung erforderlichen Verkehr mit den Parteien, dem Gerichte und den Gerichtsvollziehern. Da die Anfertigung von Schriftsätzen in gewissem Umfange in jedem Prozesse erforderlich ist, so erscheint es angemessener, dieselben bei Bemessung der Bauschgebühr in Rücksicht zu ziehen, als sie, wie dies z. B. die Gesetzgebungen von Hannover, Oldenburg usw. getan haben, besonders zu berechnen. Hierdurch erübrigen sich die verschiedenen Vorkehrungen, welche verschiedene Gebührenordnungen dagegen treffen zu müssen glaubten, daß der Gebühren wegen die Schriftsätze über das notwendige und statthafte Maß hinaus vermehrt oder ausgedehnt würden. Es ließe sich zwar gegen das Prinzip des Entwurfs einwenden, daß dasselbe den Rechtsanwalt leicht veranlassen könnte, gegen das Interesse der Sache die Schriftsätze zu sehr einzuschränken. Allein dies ist kaum zu befürchten, da der Anwalt an der möglichst raschen Erledigung des Rechtsstreites, welche durch eine sorgfältige Anfertigung der vorbereitenden Schriftsätze wesentlich bedingt wird, selbst interessiert ist. — Eine Teilung dieser Prozeßgebühr, oder die Gewährung einer besonderen Gebühr für den außergerichtlichen

Betrieb der Sache nach dem Vorgange der Gesetzgebungen von Braunschweig, Hannover und Lippe erscheint nicht angezeigt, am allerwenigsten aber eine Berechnung der Gebühr nach der während des Prozesses verlaufenen Zeit (Braunschweig und Hannover nach Monaten, Mecklenburg nach Jahren), weil diese den Anwalt geradezu zur Verschleppung herausfordert.

Die vorherbenannten beiden Gebühren — die Prozeßgebühr und die Verhandlungsgebühr — müssen in jedem Zivilprozesse zum Ansatze kommen, wenn er den regelmäßigen Verlauf bis zum Endurteile nimmt. Daneben können noch zwei andere Gebühren in Frage kommen, eine für die Tätigkeit des Rechtsanwalts bei der Beweisaufnahme (Beweisgebühr), die andere für die Mitwirkung bei einem zur Beilegung des Rechtsstreites abgeschlossenen Vergleiche (Vergleichsgebühr).

Die Aufstellung einer besonderen Beweisgebühr soll dem Mehraufwande an Zeit und Tätigkeit Rechnung tragen, welchen unzweifelhaft eine Beweisaufnahme bedingt. Dieses Mehr an Arbeit wird geringer zu veranschlagen sein, als die gesamte Tätigkeit für die Information und den Prozeßbetrieb; die Beweisgebühr ist daher nur auf die Hälfte der Prozeßgebühr normiert. Als ein Beweisaufnahmeverfahren im Sinne der GOfRA. wird es aber nicht angesehen, wenn die Beweisaufnahme nur in der Vorlegung der in den Händen des Beweisführers oder des Gegners befindlichen Urkunden besteht, da die Notwendigkeit eines besonderen Verfahrens in diesem Falle allzusehr von dem Belieben der Rechtsanwälte abhängt. Dagegen ist mit Rücksicht auf die entsprechende Bestimmung des GKG. (§§ 24, 18 Nr. 2) die Vertretung in dem Termine zur Leistung des durch ein bedingtes Urteil auferlegten Eides (ZPO. § 427 Abs. 2), einerlei, ob der Eid geleistet wird oder nicht, bezüglich der dem Rechtsanwalte zustehenden Gebühren einer Beweisaufnahme gleichgestellt worden.

Die Festsetzung einer besonderen Gebühr für einen unter Mitwirkung des Rechtsanwalts zur Beilegung des Streites geschlossenen Vergleich, welche in ihrer Höhe den übrigen Gebühren des Hauptverfahrens gleichgestellt ist, findet nicht nur ein Vorbild in einer großen Zahl von Gesetzgebungen (Hannover, Ges. vom 8. 11. 50 bzw. Tarif vom 1. 5. 60 Nr. 16; Lippe, Ges. vom 12. 4. 59 bzw. 15. 6. 64 Taxe B 1; Braunschweig, Anh. zur ZPO. § 402 Taxe Nr. 16, 17; Lübeck, Ges. vom 26. 10. 63 § 32; Oldenburg, Ges. vom 28. 6. 58 Art. 34; Sachsen, revid. Taxordnung vom 3. 6. 59 Taxe Nr. 8; Sachsen-Meiningen, Ges. vom 19. 7. 62 bzw. 16. 3 75 Tarif Nr. 11 u; Sachsen-Weimar, Ges. vom 29. 10. 40 Taxe s. v. Vergleich; Württemberg, Verordnung vom 29. 1. 69 §§ 25, 27), sondern sie rechtfertigt sich auch vorzugsweise durch die Erwägung, daß Verhandlungen, welche zu einem Vergleiche führen, regelmäßig ein gründliches Eingehen in den Rechtsstreit, eine ausführliche Erörterung desselben und einen nicht geringen Zeitaufwand erfordern. Auch liegt es sowohl im Interesse der Parteien, wie der Rechtspflege überhaupt, die Rechtsanwälte durch Bestimmung einer besonderen Gebühr vorzugsweise für das Zustandekommen eines Vergleichs zu interessieren. Die Parteien aber werden, wenn sie auch an den Rechtsanwaltsgebühren durch den Abschluß des Vergleichs nichts ersparen, doch an Gerichtskosten weniger aufzuwenden haben, ganz abgesehen von den sonstigen heilsamen Folgen des Vergleichs an sich, welche ihn der besonderen Berücksichtigung und Begünstigung durch das Gesetz empfehlen. Inwiefern dieser Grundsatz eine Modifikation zu erleiden hat, wenn der Vergleich nach stattgehabter Verhandlung vor dem mit der Prozeßsache befaßten Richter abgeschlossen wird, ist bei § 18 zu erläutern. Für den Begriff eines Vergleiches sind selbstverständlich die zivilrechtlichen Bestimmungen maßgebend. Vereinbarungen, welche sich darauf beschränken, für eine nach keiner Richtung hin bestrittene Forderung lediglich Zahlungsfrist zu gewähren, sind nicht als Vergleich aufzufassen.

II. Gemeinsame Grundsätze für alle Gebührenarten. 2

1. Die im § 13 benannten Gebühren bilden die normale Vergütung für die Anwaltstätigkeit, welche in der regelrechten Vertretung einer Partei im ordentlichen bürgerlichen Rechtsstreite besteht, und sind lediglich für den zum Prozeßbevollmächtigten bestellten Rechtsanwalt bestimmt. Prozeßbevollmächtigter ist nur derjenige, der Vollmacht zu allen, den Rechtsstreit betreffenden Prozeßhandlungen, also für den Prozeß als Ganzes, hat (§ 81 ZPO.), nicht auch derjenige, dem nur für einzelne Prozeßhandlungen Vollmacht erteilt ist. Prozeßbevollmächtigter ist der Anwalt immer in Anwaltsprozessen, d. h. vor dem Landgericht und den höheren Instanzen (§§ 78, 83 Abs. 2 ZPO.). Im Amtsgerichtsprozeß kann der Anwalt sowohl Prozeßvollmacht für die Führung des ganzen Prozesses, als auch Vollmacht für einzelne Prozeßhandlungen haben (§ 83 Abs. 2 ZPO.), z. B. lediglich zur Vertretung in einem oder mehreren Terminen zur mündlichen Verhandlung. Bestellt ein Prozeßbevollmächtigter auf Grund der Ermächtigung des § 81 ZPO. einen Vertreter, sei es für einzelne Prozeßhandlungen oder für einen ganzen Komplex von solchen, z. B. für die ganze Instanz, so wird letzterer damit nicht zum Prozeßbevollmächtigten.[1]) Dies gilt insbesondere auch von dem auswärtigen Anwalte, den der nicht am Sitze des Prozeßgerichts wohnhafte Prozeßbevollmächtigte zum Vertreter bestellt; letzterer kann daher nicht nach § 13 liquidieren. Dagegen wird der gemäß der Ermächtigung des § 81 ZPO. vom Prozeßbevollmächtigten bestellte Bevollmächtigte für die höhere Instanz selbst Prozeßbevollmächtigter, wenn auch mit Beschränkung auf die höhere Instanz.[2])

Die Gebühren, welche dem nicht zum Prozeßbevollmächtigten bestellten Rechtsanwalte, welcher einer Partei aus Anlaß einer bürgerlichen Rechtsstreitigkeit oder im Verlaufe derselben bedient ist, zustehen, sind in den §§ 43 bis 49 der GO. besonders bestimmt. 3

2. Die Normalgebühren des § 13 beziehen sich zunächst auf das regelmäßige, ordentliche Verfahren in bürgerlichen Rechtsstreitigkeiten sowie auf das Verfahren in Ehesachen und Entmündigungssachen; sie kommen ferner — wenngleich mit Modifikationen — zur Anwendung im Urkunden- und Wechselprozesse, im Arrestverfahren und in der Zwangsvollstreckung. Dagegen bestehen für die besonderen Prozeßarten des Sühneverfahrens, Mahnverfahrens, Verteilungsverfahrens und Aufgebotsverfahrens auch rücksichtlich der Rechtsanwaltsgebühren Sondervorschriften. In diesen besonderen Verfahrensarten finden also die normalen Rechtsstreitgebühren des § 13 keine unmittelbare Anwendung; wohl aber kann, wenn es demnächst zum ordentlichen Prozesse kommt, eine Anrechnung der Sondergebühren auf die künftigen, normalen Rechtsstreitgebühren einzutreten haben. S. hierüber §§ 37 bis 40 der GO. und die Erläuterungen daselbst. 4

3. Die Gebührensätze des § 13 erleiden gewisse Modifikationen durch die Bestimmungen der §§ 14—18 und 21 GO., welche mit Rücksicht auf die geringere oder größere Tätigkeit des Anwalts in bestimmten Fällen eine Minderung oder Erhöhung der Sätze vorschreiben, und zwar §§ 14 und 21 bezüglich der Prozeßgebühr, §§ 15—17 bezüglich der Verhandlungsgebühr, § 18 bezüglich der Vergleichsgebühr. 5

Eine weitere Änderung (Erhöhung um $^{3}/_{10}$) erfahren die Sätze des § 13

[1]) Vgl. RG. 11, 368; Gruchot 36, 1225.
[2]) RG. 22, 397; JW. 87 S. 473; 97 S. 629, 4.

durch die Vorschrift des § 52 für die beim Reichsgericht zugelassenen Anwälte in der Revisionsinstanz.

6 4. Jede der im § 13 benannten Normalgebühren (mit den aus den §§ 14 bis 18 sich ergebenden Modifikationen) kann der zum Prozeßbevollmächtigten bestellte Rechtsanwalt in jeder Instanz rücksichtlich eines jeden Teils des Streitgegenstandes nur einmal beanspruchen. § 25. — Die im § 13 benannten Gebühren umfassen die gesamte Tätigkeit des Rechtsanwalts von dem Auftrage bis zur Beendigung der Instanz. § 29 Abs. 1. — Die richtige Anwendung dieser Grundsätze führt in der Praxis zu folgenden Ergebnissen:

7 a) Der Gesamtbetrag, welcher aus je einmaligem Ansatze einer jeden der im § 13 benannten vier Normalgebühren — einschließlich der nach § 17 zulässigen Steigerung der Verhandlungsgebühr — sich zusammensetzt, stellt im Höchstbetrage diejenige Vergütung dar, welche ein prozeßbevollmächtigter Rechtsanwalt für seine gesamte, die Vertretung einer Partei in einer bürgerlichen Rechtsstreitigkeit umfassende Tätigkeit innerhalb einer Instanz zu liquidieren befugt ist. Es würde also, vorausgesetzt daß der Streitgegenstand bzw. der Wert desselben vom Anbeginne des Rechtsstreites bis zur Beendigung der Instanz keine Änderung erleidet, der entsprechende Satz des § 9 günstigenfalls in vierfacher Vervielfältigung zum Ansatze kommen dürfen, nämlich:

als Prozeßgebühr einmal (§ 13 Nr. 1),
als Verhandlungsgebühr einundeinhalbmal (§ 13 Nr. 2, § 17),
als Beweisgebühr einhalbmal (§ 13 Nr. 4),
als Vergleichsgebühr einmal (§ 13 Nr. 3).

In der Regel wird jedoch die Vergütung des prozeßbevollmächtigten Anwalts bloß in dem dreifachen, die vorstehend unter a bis c aufgeführten Posten umfassenden Satze des § 9 bestehen, wenn der Prozeß mit Beweisaufnahme vollständig zur Durchführung kommt. Nur ganz ausnahmsweise kann die volle Prozeßgebühr doppelt zum Ansatze gelangen, so daß also dann eventuell der fünffache Satz des § 9 als Gesamtvergütung für eine Instanzvertretung sich ergeben würde, wenn nämlich der günstigste Fall des § 51 eintreten sollte, d. h. wenn der Rechtsanwalt im Laufe des Verfahrens noch die Vertretung von fünf Streitgenossen seiner Partei übernimmt, welche nachträglich dem Prozesse beitreten und je in Höhe des ganzen Streitobjektes mitbeteiligt sind. Weitere Vervielfältigungen irgend einer der im § 13 benannten Gebühren sind innerhalb derselben Instanz und rücksichtlich desselben Rechtsanwalts unbedingt ausgeschlossen. Wenn die GO. für gewisse Komplikationen eine weitere Gebühr bestimmt, so behandelt sie den betreffenden Vorgang als „neue Instanz“ z. B. im § 27. Daß es auf den Umfang der Tätigkeit des Anwalts, und darauf, ob derselbe durch Häufung von Angriffs- und Verteidigungsmitteln, durch getrennte Verhandlungen innerhalb desselben Rechtsstreites, durch wiederholte Beweisaufnahmen usw. im einzelnen Falle besonders erhöht wird, ganz und gar nicht ankommt, entspricht dem in den §§ 25 und 29 Abs. 1 der GO. aufgestellten Grundsatze sowie dem Wesen der Bauschgebühr.[3])

8 b) Aus dem in § 29 Abs. 1 der GO. aufgestellten Grundsatze ergibt sich ferner, daß neben den nach den §§ 13 bis 18 zulässigen Rechtsstreitgebühren dem zum Prozeßbevollmächtigten bestellten Rechtsanwalte anderweitige, besondere Gebühren für etwaige Nebentätigkeiten, welche innerhalb der Vertretung im Rechtsstreit geleistet werden, nur dann zustehen, wenn die GO. dies ausdrücklich vorgesehen hat. Im Bereiche der deutschen GO. kommen als be-

[3]) Vgl. RG. II. ZS. 17. 9. 86 (JW. S. 318, 14; Naumb. AKZ. S. 92, 93, 1) und RG. I. ZS. 28. 9. 87 (BesBeilzReichsA. S. 431, Bbl. 88 S. 15, DJZ. 88 S. 47, 48).

sondere Gebühren dieser Art namentlich in Betracht: die Gebühr für Erhebung und Ablieferung von Geldern und Wertpapieren (§ 87) und die Gebühr für Ausarbeitung eines Gutachtens mit juristischer Begründung (§ 88). Eine analoge Gewährung zugelassener Ausnahmegebühren ist unstatthaft, soweit nicht ein Fall des § 89 GO. vorliegt, d. h. eine nicht den Prozeßbetrieb betreffende Tätigkeit vorliegt.[4])

c) Daß dem prozeßbevollmächtigten Rechtsanwalte neben seinen Rechts- 9
streitgebühren ferner alle für den Rechtsstreit aufgewendeten, notwendigen und nützlichen Auslagen — namentlich auch die Schreibgebühren, sowie die Reisekosten und Tagegelder für Instruktions- und Terminsreisen — besonders zu vergüten sind, ist ein aus der Natur des Dienstverhältnisses sich von selbst ergebender Grundsatz.[5])

5. Dem Ansatze bzw. der Bezugsberechtigung einer jeden der im § 13 10
benannten 4 Arten von Gebühren dient je ein gesonderter, völlig selbständiger materieller Inhalt zur Grundlage. Der § 13 unterscheidet, genau entsprechend den aufgestellten vier Gebührensorten, vier besondere Tätigkeitsgruppen bzw. vier getrennte Abschnitte der Vertretungstätigkeit des prozeßbevollmächtigten Rechtsanwalts im bürgerlichen Rechtsstreite, nämlich:

a) die den Geschäftsbetrieb im allgemeinen einschließlich der Informationseinziehung betreffende Tätigkeit,

b) die Tätigkeit in der mündlichen Verhandlung,

c) die mitwirkende Tätigkeit bei einem zur Beilegung des Rechtsstreites abgeschlossenen Vergleiche und

d) die Tätigkeit bei der Beweisaufnahme.

Jede dieser vier Tätigkeitsgruppen wird im § 13 als ein von der anderen verschiedener und unabhängiger, für sich bestehender Gegenstand der Vergütung behandelt. Daraus folgt, daß der Gebührenanspruch für die eine Tätigkeit unabhängig von dem Gebührenanspruche für die andere Tätigkeit besteht. Das Recht zum Ansatze einer jeden einzelnen der vier Rechtsstreitgebühren hat demgemäß grundsätzlich lediglich zur Voraussetzung, daß die konkrete Mühewaltung des Rechtsanwalts in den Kreis derjenigen Tätigkeitsgruppe einschlägt, für welche die betreffende Gebühr bestimmt ist, und daß sie dieser besonderen Normalgebühr qualitativ und quantitativ entsprechend geleistet ist; der Umfang und die Beschaffenheit der sonstigen, einen anderen Prozeßabschnitt betreffenden und also eine andere Rechtsstreitgebühr bedingenden Mühewaltungen kommen nur ganz ausnahmsweise für die Bemessung der Höhe jener Gebühren in Betracht (§§ 17, 18).[6]) Ebensowenig vermögen andere, außerhalb der anwaltlichen Tätigkeit liegende Momente, z. B. die richterliche Prozeßleitung, Art und Umfang der gerichtlichen Entscheidung usw., auf das Bezugsrecht und auf das Maß der vier Rechtsstreitgebühren irgend welche bestimmende Wirkung auszuüben.

6. Auch die Berechnung nach dem Werte des Streitgegenstandes 11
ist für jede der vier Gebührenarten eine selbständige. Sie geschieht nach dem höchsten Werte, welcher im Laufe des Prozesses für die betreffende, für die Gebühr maßgebende Tätigkeitsgruppe anzunehmen war. Wird also zunächst wegen 1000 M. geklagt, sodann auf 2000 M. erweitert, in der mündlichen Verhandlung zunächst über 1800 M., später nur in Höhe von 1500 M. ver-

---

[4]) RG. 9, 329.

[5]) S. hierüber die Vorbemerkungen zum 5. Abschnitte „Auslagen", sowie die Erläuterungen zu den §§ 76 bis 83 daselbst; vgl. auch die Erl. N. 5 zu § 1.

[6]) Vgl. hierzu die Erl. N. 76 zu § 10.

handelt und nur für einen Teil von 1200 M. Beweis erhoben, so ist der Wert des Streitgegenstandes für die Prozeßgebühr 2000 M., für die Verhandlungsgebühr 1800 M., für die Beweisgebühr 1200 M.

12 **III. Die Prozeßgebühr.**

In der Prozeßgebühr erhält der Anwalt die Vergütung für den gesamten, innerhalb einer Instanz erforderlichen, Geschäftsbetrieb d. h. für die gesamte Tätigkeit außerhalb der mündlichen Verhandlung und Beweisaufnahme, insbesondere für die Information, die Anfertigung aller vorkommenden Schriftsätze und Anträge im Rahmen der ZPO., für den Verkehr mit den Parteien, dem Gericht und dem Gerichtsvollzieher. Wie die Motive ausdrücklich hervorheben, hat das Gesetz eine Unterscheidung zwischen der Tätigkeit, die die Anfertigung der Schriftsätze betrifft, und dem außergerichtlichen Betrieb nicht machen wollen, sondern beide Arten von Tätigkeiten in der Prozeßgebühr abgegolten.

13 1. Zum Geschäftsbetriebe gehörige Tätigkeiten. In den durch die Prozeßgebühr gedeckten Geschäftsbetrieb fällt die gesamte Tätigkeit des Anwalts, welche die ZPO. außerhalb der mündlichen Verhandlung und der Beweisaufnahme zwecks Betriebes des Prozesses vorschreibt.

14 A) Es gehören hierher, als durch die Prozeßgebühr gedeckt, insbesondere:

a) die Information und sämtliche Besprechungen mit der Partei. Dabei ist es gleichgültig, ob die Information von der Partei direkt erteilt wird, oder von dem Anwalte erst anderweitig beschafft werden muß, etwa durch Einsichtnahme von, nicht in den Händen der Partei befindlichen, Urkunden oder von, der Partei nicht zugänglichen, Aktenstücken bei Gerichten, Behörden, Archiven usw. oder durch Verhandlungen mit Behörden oder dritten Privatpersonen.[7][8]) Auch die etwa zum Zwecke der Besichtigung oder aus anderen Gründen erforderlichen Termine gehören zur Information und können nicht

[7]) A. M. LG. Hamburg in HansGerZ. Beibl. 1900 S. 245, welches besondere, nicht in dem Verkehr mit der Partei oder den Prozeßbehörden bestehende vorbereitende Mühewaltungen besonders honorieren will. Auch Walter in den früheren Auflagen (3. Aufl. S. 215) will für diesen Fall dem Anwalt eine besondere Informationsgebühr, in Preußen nach § 12 des Tarifs vom 12. Mai 1851, der insofern noch jetzt gültig sei, bewilligend die Prozeßgebühr beziehe sich einerseits nur auf den Geschäftsbetrieb im Laufe oder während der Dauer des bereits schwebenden bzw. anhängigen oder doch mindestens festbeschlossenen Rechtsstreits, betreffe also nicht Mühewaltungen des Anwalts, welche vor der Einleitung des Prozesses, wenngleich zum Zwecke eventueller Vorbereitung desselben, aufgewendet werden; andererseits umschließe die Prozeßgebühr die Information nur insoweit, als dieselbe vom Mandanten unmittelbar eingeholt werden könne, nicht aber soweit dieselbe aus anderen entlegenen Quellen zu schöpfen sei. Diese Ansicht und Begründung kann für zutreffend nicht erachtet werden. Entgegen steht ihr der § 1 GO., welcher auch für die beratende Berufstätigkeit in bezug auf den Beginn eines Prozeßverfahrens lediglich die Bestimmungen der GO. unter Ausschluß jeder partikulären Vorschrift für anwendbar erklärt (§ 1 N. 66). Trifft aber die GO., und zwar § 13, auch die Informationseinziehung vor Beginn des Prozesses, so ist das Maß der hierbei aufgewendeten Arbeit für die Gebühr gleichgültig.

[8]) Die obige Ansicht wird auch vom Ehrengerichtshof vertreten in Entsch. 8, 253. Nimmt der Anwalt jedoch von dritten Personen eidesstattliche Versicherungen auf, um dieselben etwa zur Glaubhaftmachung bei Intervention, Arrest, einstweiliger Verfügung zu verwenden, so geht dies über den Rahmen der Information hinaus und ist besonders zu honorieren. Ebenso OLG. (Kammergericht) 13, 261. Dagegen erachtet das Kammergericht (OLG. 7, 224) die Herstellung eines solchen Entwurfs jedenfalls dann als in den Prozeßbetrieb fallend und durch die Prozeßgebühr gedeckt, wenn die eidesstattliche Versicherung vom Antragsteller selbst abgegeben ist; dies sei nur eine besonders qualifizierte Form der Parteierklärung.

besonders liquidiert werden.[9]) Die Besprechungen mit der Partei oder mit dritten von der Partei bezeichneten oder vom Anwalt herangezogenen Personen dienen ebenfalls der Information. Soweit es sich dabei um Auskunfts- oder Raterteilung handelt, ist eine besondere Gebühr für den Prozeßbevollmächtigten ausgeschlossen (§ 47 GO.).

b) die erforderlichen Mitteilungen an die Partei.[10])

c) die Anfertigung der erforderlichen Schriftsätze.

d) der Betrieb des Prozesses durch Verkehr mit dem Gegner, dem Gericht und dem Gerichtsvollzieher, also insbesondere die Empfangnahme, Einreichung und Zustellung der Schriftsätze und die Empfangnahme und Zustellung der Entscheidungen (§ 29 Abs. 2 Nr. 7).

e) die Streitverkündung. 15

B) Ob die Bestellung und Rückforderung prozessualischer Sicherheiten in den durch die Prozeßgebühr abgegoltenen Geschäftsbetrieb fällt, kann zweifelhaft sein. In Betracht können hier kommen die Bestellung einer Prozeßkostensicherheit (§ 110 ZPO.), ferner die Fälle der Sicherheitsleistung zur Erlangung oder Abwendung der Vollstreckbarkeit einer Entscheidung (§§ 89, 707, 710, 713, 719, 732, 769, 771, 890 Abs. 3 ZPO.) oder zur Erlangung oder Aufhebung eines Arrestes und einer einstweiligen Verfügung (§§ 921, 923, 925, 927, 936, 939 ZPO.), endlich die Fälle der Sicherheitsleistung aus §§ 269 Abs. 3, 272 Abs. 3, 309, 320 HGB. und § 75 Ges. betr. Gesellschaften m. b. H.

Die Rechtsprechung des Reichsgerichts hat sowohl die Bestellung,[11]) als auch die Rückforderung[12]) der prozessualischen Sicherheit als eine Tätigkeit angesehen, die in den durch die Prozeßgebühr abgegoltenen Geschäftsbetrieb fällt.

a) Was die Bestellung einer prozessualischen Sicherheit betrifft, so hat 16
das Reichsgericht insbesondere für die Hinterlegung zur Herbeiführung der Vollstreckbarkeit eines Urteils angenommen, daß dieselbe ebenso zum Prozeßbetriebe gehöre, wie die Besorgung dessen, was erforderlich sei, das Urteil rechtskräftig zu machen.[13]) Den Einwand Walter's,[14]) daß das Hinterlegungsverfahren

---

[9]) Für solche Informationsreisen können allerdings neben der Prozeßgebühr die Reisekosten aus § 78 liquidiert werden; dieselben sind überhaupt nicht „Gebühren" sondern, wie die Überschrift des den § 78 umfassenden fünften Abschnitts zeigt, „Auslagen". Ebenso RG. JW. 86 S. 13, 18.

[10]) Der Anwalt kann auch nicht ein besonderes Honorar für Führung des Schriftwechsels in einer fremden Sprache beanspruchen; für diese Anwendung seines privaten Wissens darf er ebensowenig ein besonderes Honorar verlangen, wie wenn er auf anderen Gebieten durch eigene Befähigung die Zuziehung von Hilfspersonen, z. B. bei Anfertigung einer Situationsskizze, bei Erläuterung technischer Vorgänge, erspart hätte. RG. JW. 99 S. 771, 12.

[11]) RG. 9, 329; 11, 364; JW. 91 S. 485, 2; 97 S. 323, 3; 98 S. 262, 20.

[12]) RG. JW. 92 S. 372, 11; 93 S. 561, 15; 98 S. 437, 13; Gruchot 44, 207. Ebenso OLG. (RG. VI. 4. 11. 01) 4, 270.

[13]) RG. 9, 329 und 11, 364. Ebenso OLG. Karlsruhe im Recht 02, Nr. 2276 und Bad. Rpr. 02 S. 236.

[14]) Walter führt gegen diese Judikatur (in der 3. Aufl. S. 209—211) folgendes aus: „Es kann nach den Regeln der Logik und einer richtigen Gesetzesauslegung keinem Bedenken unterliegen, erscheint vielmehr selbstverständlich, daß die Prozeßgebühr, gleichwie jede andere der im § 13 erwähnten Gebühren, nicht über den Umfang des im § 1 dieser Gebührenordnung streng begrenzten Geltungsgebietes hinausreicht und also nur diejenigen Tätigkeiten des Rechtsanwalts zu vergüten bestimmt sein kann und soll, welche in einem bürgerlichen Rechtsstreitverfahren vor den ordentlichen Gerichten nach Maßgabe der Vorschriften der Reichszivilprozeßordnung vorkommen bzw. den Beginn oder die Fortsetzung eines solchen Verfahrens betreffen. Denn es muß angenommen werden, daß der Gesetzgeber nur unter den Voraussetzungen des § 1 bzw. innerhalb der daselbst gezogenen Grenzen wie alle sonstigen in diesem Gesetze normierten Gebühren so auch die im § 13 bezeichneten Rechtsstreitgebühren hat aufstellen und zulassen wollen. Auch aus den Motiven ist nichts von dieser Grundanschauung Abweichendes zu entnehmen; im Gegenteil

nicht durch die ZPO. geregelt sei, sondern nach den Landesgesetzen sich bestimme, so daß die bezügliche Tätigkeit des Anwalts gemäß § 1 GO. überhaupt nicht nach der GOfRA. abzugelten sei, erachtet das Reichsgericht [15]) als auf einer unrichtigen Auslegung des § 1 GO. beruhend; nach dessen klarem Wortlaute sei die Anwendung der GOfRA. nicht auf diejenige Tätigkeit des Rechtsanwalts beschränkt, die in den Prozeßordnungen geregelt ist, vielmehr sei

---

es wird vielmehr die Richtigkeit dieser Auffassung dadurch wesentlich verstärkt, daß die, Motive bei der namentlichen Aufführung der Tätigkeiten, welche die Prozeßgebühr umfasse, nur den zur Prozeßführung erforderlichen d. h. durch die Natur und das Bedürfnis der eigentlichen Prozeßvertretung gebotenen Verkehr des Anwalts mit den Parteien, dem Gerichte und den Gerichtsvollziehern — nicht aber mit anderen Behörden oder Personen — ausdrücklich betonen. Entscheidend für die Frage, welche Tätigkeiten des Anwalts durch die Prozeßgebühr abgegolten werden, ist also lediglich der Umstand, daß diese Tätigkeiten die Parteivertretung ausschließlich in einem durch die deutsche Zivilprozeßordnung geregelten bürgerlichen Rechtsstreitverfahren vor den ordentlichen Gerichten zum Gegenstande haben. Dieser Grundsatz kann auch nicht durch die Erwägung beeinträchtigt werden, daß die von dem prozeßbevollmächtigten Rechtsanwalte anderweit aufgewendeten Tätigkeiten zu dem fraglichen Prozeßverfahren in einer mehr oder weniger engen Beziehung stehen; es erscheint vielmehr, sobald die Tätigkeiten aus dem Rahmen des § 1 dieses Gesetzes heraustreten, vollkommen gleichgültig und unerheblich, ob dieselben zum eigentlichen Betriebe des Prozesses im engeren oder weiteren Sinne zu rechnen sind, bzw. als zugehörige Teile des Prozeßbetriebes angesehen werden müssen, oder nicht, ganz abgesehen davon, daß diese zumeist sehr zweifelhafte Frage der verschiedenartigsten Beurteilung unterliegen kann und für eine zuverlässig richtige und maßgebende Beantwortung derselben nur in den seltensten Fällen ein ausreichend autoritativer Anhalt vorhanden sein wird.

Als Anwaltstätigkeiten, welche hiernach durch die Prozeßgebühr nicht für abgegolten zu erachten sind, vielmehr neben derselben eine besondere — nach Landesrecht zu bestimmende — Vergütung erheischen, stellen sich vor allem diejenigen Mühewaltungen dar, welche darin bestehen, daß der Rechtsanwalt als Prozeßbevollmächtigter im Auftrage seines Mandanten prozessualische Sicherheiten (Prozeßkostenkaution, Arrestkaution u. dgl.) bestellt oder zurückfordert, gleichviel ob dieselben vom Prozeßgerichte, Vollstreckungsgerichte oder Arrestgerichte angeordnet und zu welchen Zwecken sie geleistet bzw. zu leisten sind. Denn die Bestellung einer prozessualischen Sicherheit wird gemäß § 101 der ZPO. der Regel nach durch Hinterlegung in barem Gelde oder in Wertpapieren bewirkt. Das hierbei zu beobachtende Verfahren hat jedoch nicht die Zivilprozeßordnung geregelt: dasselbe bestimmt sich vielmehr nach Landesrecht. Demgemäß findet die Hinterlegung zumeist nicht bei den ordentlichen Gerichten statt, sondern bei einer anderen landesgesetzlich zur Annahme von Depositen ermächtigten Behörde oder Anstalt, speziell in Preußen nach den Vorschriften der Hinterlegungsordnung vom 14. 3. 79 (GS. S. 249 ff.) bei den zu diesem Behufe besonders errichteten Hinterlegungsstellen. Überdies ist die Hinterlegung kein Akt der streitigen Gerichtsbarkeit, sondern ein zu den nichtstreitigen Angelegenheiten zu rechnender Verwaltungsakt (vgl. für Preußen AGO. Teil II Vorbemerkung vor Titel 1 unter III). Das Hinterlegungswesen, indem es weder vor die ordentlichen Gerichte gehört noch Gegenstand der Vorschriften der Zivilprozeßordnung ist, liegt mithin völlig außerhalb des im § 1 bezeichneten Herrschaftsgebietes der GOfRA. Es kann daher auch die Prozeßgebühr des § 13 Nr. 1 nicht auf diejenige anwaltliche Tätigkeit für anwendbar erachtet werden, welche sich insonderheit mit der Hinterlegung befaßt, mag dieselbe immerhin bei Gelegenheit oder in Veranlassung eines Prozesses verursacht worden sein. Es würde zudem gegen die — auch von der GO. in weitem Sinne anerkannten — Grundsätze der Billigkeit verstoßen, wenn der Rechtsanwalt in den beregten Fällen eine besondere Vergütung außer der Prozeßgebühr nicht sollte beanspruchen dürfen, da der Verkehr mit den Hinterlegungsstellen mancherlei formellen Schwierigkeiten unterliegt und für den Rechtsanwalt neben der auf die eigentliche Prozeßführung zu verwendenden Tätigkeit stets einen beträchtlichen Mehraufwand an Zeit und Arbeitsanstrengung notwendig im Gefolge hat. Aus diesen Gründen kann die entgegengesetzte Ansicht des Reichsgerichtes, daß die fraglichen Mühewaltungen des prozeßbevollmächtigten Anwaltes zum Prozeßbetriebe zu rechnen seien und daher schon durch die Prozeßgebühr mit abgegolten werden, nicht für richtig anerkannt werden. Vielmehr hat der Rechtsanwalt für jeden von ihm gefertigten oder unterzeichneten Hinterlegungsantrag, auch wenn derselbe innerhalb der Instanz des Rechtsstreites, in welcher der Rechtsanwalt als Prozeßbevollmächtigter fungiert, gestellt wird, neben der Prozeßgebühr nach § 13 Nr. 1 GO. eine besondere Vergütung nach landesgesetzlicher Taxvorschrift zu beanspruchen."

[15]) JW. 91 S. 485, 2; Gruchot 44, 207.

das Gesetz anwendbar auf die Berufstätigkeit des Anwalts in einem Verfahren, auf welches die Prozeßordnungen Anwendung finden; danach gehöre die Hinterlegung zwecks Herbeiführung der Vollstreckbarkeit eines Urteils zum Geschäftsbetriebe im Sinne des § 13 Nr. 1 GO.

Diesen Ausführungen des Reichsgerichts kann indessen nicht zugestimmt werden. Ihr Ausgangspunkt, die Gleichstellung der Herbeiführung der Vollstreckbarkeit durch Hinterlegung mit der Herbeiführung der Rechtskraft eines Urteils, läßt die Frage für die Fälle der Hinterlegung behufs Abwendung der Zwangsvollstreckung offen, ist aber auch überhaupt unzutreffend. Zur Herbeiführung der Rechtskraft bedarf es nur der, nach § 29 Nr. 7 GO. zweifellos zum Geschäftsbetrieb gehörigen, Zustellung des Urteils und eventuell der Erwirkung des Rechtskraftzeugnisses, für welche nach besonderer Vorschrift des § 35 eine Gebühr ausdrücklich versagt ist; zur Herbeiführung der Vollstreckbarkeit dagegen ist außer der Zustellung und Vollstreckungsklausel noch ein, außerhalb der ZPO. liegendes, Zeit, Arbeit und Verantwortung beanspruchendes Verfahren bei der Hinterlegungsbehörde erforderlich. Und wenn es auch richtig ist, daß die Anwendbarkeit der Bestimmungen der GO. nach ihrem § 1 nicht auf die durch die Prozeßordnungen direkt geregelte Tätigkeit des Anwalts beschränkt ist, so muß es sich doch — auch nach der Auslegung des Reichsgerichts — immerhin um eine anwaltliche Tätigkeit handeln in einem Verfahren, auf welches die Prozeßordnungen, hier die ZPO., Anwendung finden. Um eine solche anwaltliche Tätigkeit handelt es sich nun zwar, soweit sie darauf gerichtet ist, eine Entscheidung des Gerichts über die Zulässigkeit oder Art der Sicherheitsleistung herbeizuführen; auf das Verfahren der Hinterlegung selbst aber, nach Erlaß der gerichtlichen Entscheidung, findet nicht die ZPO., sondern gemäß Art. 144 EGzBGB. die Landesgesetzgebung Anwendung, in Preußen die Hinterlegungsordnung vom 14. 3. 79 §§ 1, 2, 70.

Die Hinterlegungstätigkeit fällt deshalb nicht in den Rahmen der GO., kann deshalb auch nicht durch die Prozeßgebühr abgegolten sein, sondern ist nach dem Landesgesetz besonders zu honorieren.[16]) [17])

b) Bezüglich der Rückforderung einer bestellten Sicherheit hat die 17
Zivilprozeßnovelle neues Recht insofern geschaffen, als nunmehr die Vermittlung des Gerichts angegangen werden kann. Nach § 715 ZPO. kann, wenn die Sicherheit behufs Vollstreckung eines Urteils oder behufs Abwendung der Vollstreckung geleistet ist (§§ 710, 713 ZPO.), das Gericht, welches die Sicherheitsleistung angeordnet oder zugelassen hat, auf Antrag die Rückgabe der Sicherheit nach Vorlegung eines Rechtskraftzeugnisses anordnen. In den anderen Fällen der Sicherheitsleistung hat gemäß § 109 ZPO. nach Wegfall der Veranlassung auf Antrag das Gericht zunächst eine Frist zu bestimmen, binnen welcher die Gegenpartei die Einwilligung in die Rückgabe zu erklären oder die Erhebung der Klage wegen ihrer Ansprüche nachzuweisen hat; nach fruchtlosem Ablauf der Frist hat das Gericht auf Antrag die Rückgabe der Sicherheit anzuordnen.

Für das Verfahren nach § 109 ZPO. ist dem Rechtsanwalt durch § 30 18

[16]) In Preußen nach dem Ges. v. 27. 9. 99. Hier wird für den Hinterlegungsantrag eine Zweizehntelgebühr aus Art. 8 und außerdem für Empfang und Auszahlung bzw. Ablieferung von Geld oder Wertpapieren gemäß Art. 13 die Gebühr aus § 13 Abs. 1 Nr. 1, Abs. 2 und 3 NotariatsGebO. anzusetzen sein. (Vgl. Joachim, Preuß. GO. Art. 13 N. 82 ff.)

[17]) Die Erstattungsfähigkeit der Hinterlegungskosten wird vom Reichsgericht (Gruchot 44, 209 und JW. 98 S. 437, 13) abgelehnt. A. M. OLG. (Hamburg) 2, 433. Die Frage wird aus § 91 ZPO. beantwortet werden müssen.

Nr. 3 GO. in Verbindung mit § 38 Nr. 2 GKG. eine Gebühr aus § 23 GO. als „besondere" Gebühr bewilligt und damit zum Ausdruck gebracht, daß die Tätigkeit des Anwalts in diesem Verfahren nicht durch die Prozeßgebühr mit abgegolten ist. Für das Verfahren aus § 715 ZPO. dagegen fehlt es an einer solchen Bestimmung, und es bleibt daher zweifelhaft, ob die Tätigkeit in diesem Verfahren in den durch die Prozeßgebühr gedeckten Geschäftsbetrieb fällt. Daß zunächst auf diese Tätigkeit die Bestimmungen der GO. Anwendung finden, unterliegt keinem Zweifel, da es sich um ein Verfahren nach der ZPO. handelt. Der § 24 GO. in Verbindung mit § 47 Nr. 16 GKG. sieht auch für diese Tätigkeit eine Gebühr von zwei Zehnteln vor, fraglich ist nur, ob dies eine besonders zu erhebende Gebühr wie die für das Verfahren aus § 109 ZPO. ist, oder ob die Tätigkeit durch die Prozeßgebühr mit abgegolten ist. Man wird sich dafür entscheiden müssen, daß auch diese Gebühr besonders zu erheben ist.

Für die Erhebung einer besonderen Gebühr wird geltend gemacht,[18]) daß § 29 Nr. 6 GO. als zur Instanz gehörig nur die im GKG. § 47 unter 1—12 bezeichneten Streitpunkte und Anträge, nicht aber auch die unter Nr. 16 bezeichneten Anträge aus § 715 ZPO. aufführe, überdies aber auch die Mühewaltung des Rechtsanwalts im Falle des § 715 die gleiche sei wie im Falle des § 109 ZPO. Das letztere Argument ist jedoch nicht ganz zutreffend; die Prüfung, ob „die Veranlassung für eine Sicherheitsleistung weggefallen sei", ist unter Umständen recht schwierig, während im Falle des § 715 ZPO. lediglich ein Rechtskraftzeugnis zu beschaffen und vorzulegen ist; indessen ist dieser Ungleichheit bereits dadurch Rechnung getragen, daß die GO. selbst in § 23 für die Tätigkeit aus § 109 ZPO. eine höhere Gebühr bewilligt als für die aus § 715 ZPO. nach § 24. Bei Würdigung des ersten Arguments ist allerdings zuzugeben, daß § 29 GO. keine abschließende Aufzählung der zur Instanz gehörigen Angelegenheiten geben will, sondern — wie aus dem eingangs gebrauchten „insbesondere" hervorgeht — nur Beispiele vielleicht zweifelhafter Akte. Aber daraus folgt noch nicht, daß die in § 47 Nr. 16 GKG. aufgeführte Tätigkeit aus § 715 ZPO. zur Instanz gehört, vielmehr hat mit gutem Grunde der § 29 GO. nur die Nr. 1—12 des § 47 GKG. als zur Instanz gehörend bezeichnet, und die — bezüglich der Zugehörigkeit gewiß zweifelhaften — Nr. 13 bis 16 deshalb weggelassen, weil sie nicht mehr zur Instanz gehören. Die Instanz ist mit der Zustellung des Urteils abgeschlossen (vgl. Erl. zu § 25 und 29), die Tätigkeiten aus Nr. 13—16 aber liegen jenseits der Zustellung. Daß dies der Standpunkt der GO. ist, ergibt sich klar daraus, daß im § 35 durch besondere Bestimmung die Gebühr für die Tätigkeit aus Nr. 15 und 16 des § 47 GKG. (alter Fassung) dem Anwalt der Instanz abgesprochen ist, was überflüssig gewesen wäre, wenn sie ihm schon deshalb nicht zugestanden hätte, weil die Tätigkeit zur Instanz gehörte. Wenn demnach die Tätigkeit aus § 715 ZPO. nicht zur Instanz gehört, andererseits aber die hierfür in § 24 GO. bestimmte Gebühr dem Anwalte der Instanz nicht abgesprochen ist, da § 35 sich hierauf nicht bezieht, so muß die Gebühr als besondere Gebühr neben der Prozeßgebühr zu erheben sein.[19]) [20])

[18]) Insbesondere von Meyer-Irmler § 13 II, 3. Ebenso OLG. (Köln 12. 2. 01) 2, 270; OLG. (Karlsruhe, 23. 3. 01) 3, 169; OLG. Celle 21. 11. 02 in JW. 03 S. 119; OLG. Posen in Pos. Mschr. 03 S. 29; OLG. (Rostock) 9, 170; OLG. Dresden III. Annalien 27, S. 185; OLG. (Augsburg) 13. 258

[19]) Unrichtig erscheint deshalb der Beschluß des OLG. Jena vom 10. 10. 00 in OLG. 2, 269, welcher die besondere Vergütung namentlich mit Rücksicht darauf ablehnt, daß Anträge der vorliegenden Art auf der Grundlage des bisherigen Rechts in Theorie und

C) Zum Geschäftsbetriebe gehören nicht und werden daher durch 19
die Prozeßgebühr nicht gedeckt:

a) die Kündigungs-, Aufforderungs- und Mahnschreiben. Bezüglich dieser Schreiben ist bereits in den Erläuterungen zu § 1 [21]) dargetan, daß sie nicht unter § 1 GO. fallen, sonach auch nicht durch § 13 Nr. 1 mit abgegolten sein können.

b) die Empfangnahme der Streitsumme. Die Tätigkeit des 20
Prozeßbevollmächtigten, welche in der Erhebung der Streitsumme für den Antraggeber und in der Ablieferung derselben an ihn besteht, wird weder von der Zivilprozeßordnung noch von der Anwaltsgebührenordnung als eine zum Prozeßbetriebe gehörige Mühewaltung behandelt. Die ZPO. erklärt im § 81 zwar die Empfangnahme der von dem Gegner zu erstattenden Kosten als in der Prozeßvollmacht begriffen, nicht aber die Empfangnahme der Streitsumme, und zwar, wie die Motive zum § 75 des Entwurfs der ZPO. [22]) zutreffend bemerken, aus dem Grunde, weil die Erfüllung der streitigen Verpflichtung eine außerhalb des Rechtsstreites liegende Handlung ist. Hiermit übereinstimmend gewährt die GO. im § 87 für die Erhebung und Ablieferung von Geldern eine besondere Vergütung um deswillen, weil diese Tätigkeit, sie mag im Laufe des Prozesses oder außerhalb desselben stattfinden, zu dem durch die Bauschgebühr des § 13 Nr. 1 zu vergütenden Prozeßbetriebe nicht gehört. Daher wird auch die Gebühr, welche der Prozeßbevollmächtigte für die Gelderhebung nach § 87 zu beziehen hat, von der Verurteilung des Beklagten in die Kosten des Rechtsstreits nicht berührt. Es bedarf deshalb auch nicht der Untersuchung, ob diese Gebühr, wenn sie zu den Kosten des Rechtsstreits gehörte, zu den notwendigen Kosten zu rechnen sein würde, auf welche die Erstattungspflicht der Gegenpartei nach § 91 der ZPO. beschränkt ist. [23]) Hieran wird auch nichts geändert, wenn in einem einzelnen Falle die Ermächtigung des Prozeßbevollmächtigten zur Empfangnahme der Streitsumme in die Prozeßvollmacht aufgenommen worden ist. [24])

Dasselbe gilt auch von der Tätigkeit des Prozeßbevollmächtigten, welche in 21
der Erhebung der Streitsumme vom eigenen Auftraggeber und in der Ablieferung derselben an den Prozeßgegner besteht. S. Erläuterungen zu § 87 GO.

2. Unerheblichkeit des äußeren Umfangs des Geschäftsbe- 22
triebes. Im Wesen der Bauschgebühr ist es begründet, daß es auf den äußeren

---

Praxis zur Instanz gerechnet wurden (JW. 92 S. 372; 98 S. 437, 13), der Gesetzgeber demnach alle Veranlassung gehabt hätte, die besondere Vergütung der Tätigkeit aus § 715 ZPO. ebenso, wie dies für die aus § 109 ZPO. geschehen, in § 30 GO. auszusprechen. Der ablehnenden Entscheidung schließen sich die meisten OLGerichte an, so KG. in OLG. 4, 270; KGBl. 03, S. 62; 04, S. 47; Darmstadt in Hess. Rpr. 3, 115; Karlsruhe in Bad. Rpr. 03, S. 152; Hamburg, Posen, Jena in OLG. 7, 226 ff.; Frankfurt, Rostock, Kassel in OLG. 11, 154 ff.; Kiel, Kolmar in OLG. 13, 259 ff.

[20]) Für den direkten Antrag an die Hinterlegungsstelle auf Rückgabe der Sicherheit ist in Gemäßheit der Ausführungen zu N. 16 nach dem Landesgesetz besonders zu liquidieren (vgl. Anm. 16). Anders KG. IV 30. 4. 03, KGBl. S. 62, das auch diesen Antrag als unter die Prozeßgebühr fallend ansieht.

[21]) Vgl. § 1 N. 67 und Anm. 54, 55 (S. 49).

[22]) Vgl. Hahn, Mat. z. ZPO. I, 191.

[23]) RG. I. ZS. 6. 3. 86 (JW. S. 113, 3; Bbl. S. 132; Bolze Bd. 2 Nr. 1468); ebenso OLG. Dresden I. ZS. 19. 12. 88 (Annal. 10, 324, 325), RG. III. ZS. 20. 6. 89 (Thür. BlfR. 37, 65, 66; SeuffArch. Bd. 45 Nr. 219, S. 359), LG. I Berlin 5. ZK. 21. 3. 92 (KGBl. S. 69, Bbl. S. 145) und RG. I. ZS. 2. 7. 92 (JW. S. 372, 11; Bbl. S. 178); OLG. (Dresden) 13, 97.

[24]) RG. I. ZS. 21. (29.) 5. 86 (JW. S. 230, 19; Bbl. S. 131, 132; Bolze 3, 314); vgl. auch RG. JW. 84 S. 170, 8 und RG. V. ZS. 3. 4. 89 (JW. S. 168, 4, Bbl. 90 S. 73).

Umfang der entwickelten Tätigkeit an sich nicht ankommt, insoweit nicht das Gesetz selbst die Höhe der Bauschgebühr unter gewissen Umständen einschränkt, wie dies bezüglich der Prozeßgebühr in §§ 14 und 21 geschehen ist. Der Anspruch auf die normale Prozeßgebühr ist daher dem Anwalt erwachsen, sobald derselbe nur irgend eine zum Geschäftsbetrieb gehörige Tätigkeit als Prozeßbevollmächtigter entwickelt hat. Ob er die angefertigte Klage zugestellt oder als Anwalt des Beklagten die im vorbereitenden Schriftsatz geltend gemachte Widerklage vorgetragen hat (§ 281 ZPO.), ist gleichgültig.[25]) Der Anspruch auf die normale Prozeßgebühr ist ferner nicht etwa dadurch bedingt, daß der Rechtsanwalt während der ganzen Dauer des Rechtsstreites, d. h. von der mit Einreichung der Klage oder Zustellung der Klagebeantwortung bzw. Widerklage begonnenen Einleitung des Prozeßverfahrens an bis zur Beendigung der Instanz, ununterbrochen als Prozeßbevollmächtigter tätig gewesen ist. Vielmehr steht die Prozeßgebühr zum normalen Betrage ebensowohl demjenigen Rechtsanwalte zu, dessen Auftrag vor Beendigung der Instanz erlischt (s. § 50 GO.), ja selbst vor dem Beginne der mündlichen Verhandlung sich erledigt, sofern er nur die Klage (Berufung, Revision) eingereicht hat oder einen Gegenschriftsatz hat zustellen lassen (s. § 14 GO.), wie andererseits demjenigen Rechtsanwalte, welcher erst in einem späteren Abschnitte des Verfahrens, nach der mündlichen Verhandlung, nach stattgehabter Beweisaufnahme, kurzum vor Beendigung der Instanz, sei es durch Vergleich, sei es durch Urteil, gleichviel in welchem früheren oder späteren Zeitpunkte zum Prozeßbevollmächtigten bestellt wird, sofern derselbe nur durch Einziehung von Information zum Zwecke der Ausführung des Auftrages oder durch einen sonstigen Akt des Geschäftsbetriebes die der Prozeßgebühr entsprechende Tätigkeit, wenngleich in noch so beschränktem Umfange, ausgeübt hat. Man wird daher auch dem Rechtsanwalte, welcher erst nach dem Schlußverhandlungstermine von einer Partei mit Prozeßvollmacht versehen wird, dessen geschäftsleitende Tätigkeit sich also auf die Veranlassung der Urteilszustellung beschränkt, die volle Prozeßgebühr für die betreffende Instanz prinzipiell nicht versagen dürfen.[26]) Eine singuläre im Gesetze aus-

[25]) RG. JW. 87 S. 42, 22; 93 S. 470, 15; 95 S. 198, 4.

[26]) Zustimmend das RG. II. ZS. 25. 11. 90 (JW. 91 S. 4, 6; BefBeilzRA. 91 S. 76, 77; Naumb. AKZ. 91 S. 46, 2) und RG. JW. 91 S. 528, 10, wo die volle Prozeßgebühr mit Rücksicht darauf zugebilligt wird, daß die Prozeßgebühr nicht als Belohnung für einzelne bestimmte Tätigkeiten des Anwalts zu gelten hat, sondern, von den in der GO. besonders bezeichneten Ausnahmen abgesehen, durch jede Tätigkeit des Prozeßbetriebes verdient ist, ohne Rücksicht darauf, welche und wie viele der im § 29 GO. aufgeführten Einzeltätigkeiten er besorgt hat; insbesondere könne die Vorschrift des § 21 GO. weder unmittelbar auf einen anderen Fall angewandt werden, noch zu der Folgerung berechtigen, daß, weil hier die Gebühr mit Rücksicht auf den regelmäßig geringeren Umfang der Tätigkeit des Anwalts ermäßigt werde, die Absicht des Gesetzes allgemein auf eine solche Ermäßigung in denjenigen Fällen gerichtet sei, in welchen die Tätigkeit nicht den bei Normierung der Gebührensätze regelmäßig vorausgesetzten Umfang habe, eine Absicht, welche der Gebühren-Normierung nach, mit dem Werte des Streitgegenstandes sich abstufenden, Bauschsätzen nicht entsprechen würde.

Derselben Ansicht und einer auf § 20 GO. gestützten Gegenmeinung entgegentretend RG. JW. 92 S. 39, 6, wo ausgeführt ist:

„Wenngleich der RA. N. erst nach stattgehabter Schlußverhandlung und nach Verkündung des Urteils I. Instanz zum Prozeßbevollmächtigten der Kläger bestellt worden ist, so nimmt doch das OLG. mit Unrecht an, daß auf den vorliegenden Fall der § 20 der GOfRA. in Verbindung mit § 26 Ziff. 4 des GKG. anwendbar sei. Letztere Vorschrift gewährt nur $^{5}/_{10}$ der Gebühr, wenn der Akt ausschließlich einen der in den Nummern 1 bis 10 daselbst bezeichneten Gegenstände betrifft. Die Tätigkeit des RA. N. müßte sich also nach § 20 a. a. O. auf die Aufnahme des unterbrochenen Verfahrens beschränkt haben, wenn obige Bestimmung anwendbar sein soll. Dies trifft aber schon deshalb nicht zu, weil RA. N. außer der Aufnahme des Verfahrens auch die Zustellung des Urteils an die Gegenpartei bedrückliche vorgesehene Ausnahme bildet (außer dem Falle des § 14) der Fall, daß der Rechtsanwalt erst nach dem Erlasse eines bedingten Endurteils zum Prozeßbevollmächtigten bestellt wird, seine Vertretungstätigkeit mithin ausschließlich die Erledigung des bedingten Urteils zum Gegenstande hat: in diesem Falle, in welchem die den Geschäftsbetrieb und die Information betreffende Mühewaltung eine ungleich einfachere und geringere ist, soll dem Rechtsanwalte neben seinen sonstigen Gebühren die Prozeßgebühr bloß zur Hälfte zustehen. S. § 21 der GO.

3. Selbständige Natur der Prozeßgebühr insbes. im Verhältnisse zur Verhandlungsgebühr. Es ist bereits hervorgehoben (s. Note 10), daß die vier im § 13 benannten Rechtsstreitgebühren je einen völlig selbständigen Inhalt haben und voneinander gänzlich unabhängig sind dergestalt, daß sowohl hinsichtlich des Bezugsrechtes an sich wie auch hinsichtlich der Höhe des Ansatzes der Schluß von der einen Gebühr auf die andere schlechthin unzulässig erscheint. Dies gilt in bevorzugtem Maße von der Prozeßgebühr im Verhältnisse zur Verhandlungsgebühr. Eine etwa aus der späteren Entwicklung des Prozesses abzuleitende gegenseitige Beeinflussung dieser beiden Gebührenforderungen durcheinander ist regelmäßig ausgeschlossen. Der Anspruch auf die Prozeßgebühr ist qualitativ und quantitativ lediglich bedingt durch die Art und den Wert des Gegenstandes oder Prozeßstoffes, auf welchen die informatorische und geschäftsleitende Tätigkeit des prozeßbevollmächtigten Rechtsanwalts, wofür die Prozeßgebühr speziell das Entgelt darstellt, sich erstreckt hat, ohne daß es weiter darauf ankommt, ob und bzw. in welcher Höhe demnächst noch eine Verhandlungsgebühr für denselben Rechtsanwalt zur Entstehung kommt bzw. zum Ansatze gelangt. Die Beschaffenheit und der Umfang dessen, was Gegenstand der mündlichen Verhandlung wird oder geworden ist, bildet zwar den Maßstab für die Berechnung der Verhandlungsgebühr, ist aber regelmäßig ohne rückwirkende Kraft auf die für einen wesentlich verschiedenen Akt bestimmte, einzig und allein nach diesem Akte zu bemessende, zu einem festen, unabänderlichen Betrage bereits erwachsene und erworbene Prozeßgebühr. Die Richtigkeit dieser Auffassung, auf welcher im letzten Grunde gewissermaßen auch die Bestimmungen in den §§ 12 und 13, sowie in § 26 Abs. 2 des GKG. beruhen, wird unterstützt durch die Vorschrift in § 14 GO., wonach dem Rechtsanwalte die Prozeßgebühr im vollen Umfange auch dann zusteht, wenn der Auftrag vor der mündlichen Verhandlung sich erledigt, sobald 23

---

wirkt hat, womit eine anwaltliche Tätigkeit ausgeübt wurde, welche nicht zur Aufnahme des unterbrochenen Verfahrens gehört. Sobald aber die Ausnahmebestimmung des § 20 GO. nicht Platz greift, liegt kein rechtlicher Grund vor, dem bestellten Prozeßbevollmächtigten die volle Prozeßgebühr etwa deshalb abzusprechen, weil seine Tätigkeit nach Lage der Sache nur eine beschränkte sein konnte. Das Gesetz kennt eine Unterscheidung nach dieser Richtung nicht, bewilligt vielmehr — abgesehen von den im Gesetze selbst gemachten Ausnahmen — dem Rechtsanwalte die volle Prozeßgebühr für jede in den Kreis des prozessualischen Geschäftsbetriebes fallende Tätigkeit (§ 13 Ziff. 1 GO.)."

Abweichender Ansicht, insofern sie im gleichen Falle § 20 GO. in Verbindung mit § 26 Nr. 4 GKG. für maßgebend erklären und demgemäß bloß die halbe Prozeßgebühr zubilligen: OLG. Kassel 13. 12. 87 (ZZP. 14, 505, NaumbAKZ. 90 S. 103 Ziff. 3), KG. II. ZS. 4. 3. 90 (BadAnn. S. 61) und KG. III. ZS. 18. 12. 91 (JW. 92 S. 39, 7; Bbl. 92 S. 35); letztere Entscheidung behandelt indessen einen besonderen Tatbestand, der eine Abweichung von der Regel insofern bedingte, als die Zustellung des Urteils als in die Aufnahme des Verfahrens hineinfallend anzunehmen war.

Der oben entwickelten Ansicht sind auch Meyer-Irmler zu § 13, II, 4c, Pfafferoth § 13 Anm. 3, während Willenbücher § 29 II, 7 die abweichende Meinung vertritt.

nur die Klage bei Gericht eingereicht oder ein vorbereitender Schriftsatz zugestellt ist, ferner durch die Vorschrift in § 16 der GO., welcher im Falle der nichtkontradiktorischen Verhandlung zwar die Verhandlungsgebühr um die Hälfte verkürzt, aber keineswegs eine Verminderung der Prozeßgebühr anordnet, endlich durch die Vorschrift in § 42 GO., wonach dem zum Prozeßbevollmächtigten bestellten Rechtsanwalte die volle Prozeßgebühr selbst in dem Falle belassen bleibt, daß die Vertretung in der mündlichen Verhandlung von einem anderen Rechtsanwalte geführt wird.[27]) Ebenso bringen die Motive zu § 13 GO. den selbstständigen Charakter dieser beiden Gebühren klar zur Anschauung, indem dieselben als einen mit der Absonderung der Verhandlungsgebühr von der Prozeßgebühr angestrebten Hauptzweck die erleichterte Regelung für den Fall, daß die mündliche Verhandlung einem anderen als dem zur Führung des Prozesses bevollmächtigten Rechtsanwalte übertragen werde, ausdrücklich betonen und weiterhin hervorheben: in der mündlichen Verhandlung trete nur das Ergebnis der vor derselben entwickelten Tätigkeit des Anwalts zutage: diese vorhergegangene (durch die Prozeßgebühr abzugeltende) Tätigkeit werde oftmals dieselbe sein, gleichviel ob die Verhandlung später eine kontradiktorische werde oder nicht, da der Rechtsanwalt bei seiner Vorbereitung dies nicht immer werde vorhersehen können; durch die Sonderung der Prozeßgebühr von der Verhandlungsgebühr sei mithin der Vorteil gewonnen, daß das in dem kontradiktorischen Charakter der mündlichen Verhandlung liegende Moment für eine Steigerung der Vergütung auf denjenigen Teil der Tätigkeit beschränkt werden könne, für welchen es von wesentlichem Einflusse sei.

Nur in einem Falle liegt scheinbar eine Rückwirkung der Verhandlung auf die Höhe der Prozeßgebühr vor: wenn nämlich erst bei der mündlichen Verhandlung der Klageantrag erweitert oder Widerklage erhoben wird, so wirkt die Erhöhung des Streitgegenstandes auch auf die Höhe der Prozeßgebühr insofern ein, als letztere nunmehr ebenfalls nach dem höheren Wert zu berechnen ist. Der Grund hierfür liegt aber nicht sowohl in der Notwendigkeit der Kongruenz der beiden Gebühren, als vielmehr darin, daß der Geschäftsbetrieb, wie er schon in der Stellung der notwendigerweise schriftlichen Anträge zum Ausdruck kommt, immer auf den ganzen Streitstoff gerichtet ist und deshalb im Augenblicke der Erweiterung des Streitstoffs ebenfalls in demselben Maße wächst.

24 Die selbständige Natur der Prozeßgebühr zeigt sich insbesondere in den Fällen, wo zwar der Geschäftsbetrieb bzw. die Information auf die Hauptsache gerichtet gewesen ist,[28]) die mündliche Verhandlung aber lediglich einen beschränkten Prozeßstoff betrifft, wie Unzuständigkeit, Wiedereinsetzung ꝛc. (§ 20 GO., § 26 GKG.). Hier ist, gleichgültig welche Verhandlungsgebühr entsteht, doch immer die volle Prozeßgebühr anzusetzen.[29]) Überblickt man die hierzu ergangene Rechtsprechung, so ergibt sich folgendes:

25 a) Die hier vertretene Auffassung ist auch in der Rechtsprechung der Gerichte vorwiegend vertreten und namentlich in folgenden Entscheidungen des Reichsgerichts zur Geltung gebracht:

α) Wenn der Anwalt des Beklagten ungeachtet der von ihm geltend gemachten Einrede der Unzuständigkeit sofort zur Hauptsache zu verhandeln bereit und imstande war, so steht ihm, auch wenn demnächst die Verhandlung

[27]) Vgl. Beschluß des Vorstandes der Anwaltskammer bei dem Reichsgericht vom 9. 7. 88 (JW. S. 325 bis 327).

[28]) Dies ist nicht der Fall, wenn z. B. gegen ein die Klage wegen Unzuständigkeit abweisendes Urteil ein Rechtsmittel eingelegt wird, welches sich nur mit der Frage der Zuständigkeit zu beschäftigen hat (§ 538 Nr. 2 ZPO.). Hier ist deshalb auch die Prozeßgebühr nach § 20 GO. zu berechnen.

[29]) Ebenso Meyer-Irmler § 13, II 2d.

auf den Einwand der Unzuständigkeit beschränkt wird, dennoch die volle Prozeßgebühr zu, da er tatsächlich den Prozeß in seinem ganzen Umfange betrieben hat und seine durch die Prozeßgebühr mitzuvergütende Information sich auf die ganze Sache bezogen haben muß. Die Voraussetzung des § 20 der GOfRA. ist daher für die Prozeßgebühr in solchem Falle nicht vorliegend.[30])

β) Der Anwalt des Beklagten hat zwar schon in der schriftlichen Klagebeantwortung die Unzuständigkeit des angegangenen Gerichts behauptet, gleichwohl aber in diesem Schriftsatze auf die Hauptsache selbst sich eingelassen, auch in der mündlichen Verhandlung diese Behauptung wiederholt, zugleich jedoch erklärt, die Einlassung auf die Hauptsache nicht verweigern zu wollen. Daraufhin ist die abgesonderte Verhandlung, welche zur Abweisung der Klage wegen Unzuständigkeit des Gerichts geführt hat, von Amts wegen angeordnet worden. Bei dieser Sachlage kann die Anrechnung der vollen Prozeßgebühr seitens des Anwalts des Beklagten einem gegründeten Bedenken nicht unterliegen. Die Prozeßgebühr wird nach § 13 der GOfRA. dem als Prozeßbevollmächtigten bestellten Rechtsanwalte gewährt für den Geschäftsbetrieb einschließlich der Information; nur fünf Zehnteile dieser Gebühr sollen nach § 20 a. a. O. alsdann berechnet werden dürfen, wenn die dem Anwalte zu vergütende Tätigkeit ausschließlich die im Gerichtskostengesetze § 26 Nr. 1 bis 10 bezeichneten Gegenstände betrifft. Hätte also im vorliegenden Falle die Tätigkeit des Anwalts sich ausschließlich auf die Frage der Unzuständigkeit beschränkt, so würde er ohne Zweifel nur die halbe Prozeßgebühr anzurechnen befugt sein. Der Anwalt hat aber auch über die Hauptsache sich informiert, einen darauf bezüglichen Schriftsatz eingereicht und zur mündlichen Verhandlung sich diesfalls vorbereitet, es hat also seinerseits ein über die bloße Zuständigkeitsfrage hinausgehender Geschäftsbetrieb samt Information stattgefunden. Damit ist für den Anwalt ein Anspruch auf die volle Prozeßgebühr erwachsen gewesen. Dieser Anspruch kann aber nicht deshalb zur Hälfte wieder hinwegfallen, weil in der mündlichen Verhandlung nur über die Unzuständigkeit des Gerichts verhandelt und nur eine hierauf sich einlassende gerichtliche Entscheidung getroffen wurde. Vielmehr ist dieser Fall analog demjenigen zu behandeln, wenn im mündlichen Termin der Klageanspruch ermäßigt wird, in welchem Falle die Prozeßgebühr nach dem ursprünglichen Klageantrage berechnet werden darf, weil die Tätigkeit des Anwalts bereits auf diesen höheren Streitgegenstand sich erstreckt hatte.[31])

γ) Das Oberlandesgericht hat die volle Prozeßgebühr des Anwalts des Beklagten in der Revisionsinstanz zur Erstattung festgesetzt, obgleich in dieser Instanz nur über den Antrag des Klägers auf Wiedereinsetzung in den vorigen Stand, nicht aber zur Hauptsache verhandelt worden ist. Dabei ist zu erwägen, daß der Anwalt des Beklagten darauf vorbereitet sein mußte, in dem anberaumten Verhandlungstermine zur Hauptsache zu verhandeln, weil nach

[30]) RG. V. ZS. 26. 10. 81 (Becker-Groch S. 9 Anmerk. 4).

[31]) RG. III. ZS. 4. 5. 88, RG. 20, 426; JW. S. 245, 10, NaumbAKZ. S. 87 Ziff. 1) unter Berufung auf Entsch. des RG. 7, 356. Ebenso RG. V. ZS. 3. 4. 86 bei Bolze Bd. 3 Nr. 1081; VI. ZS. 19. 3. 91 (JW. S. 224, 10), VI. ZS. 28. 9. 91 (JW. S. 473, 23, NaumbAKZ. S. 103 Ziff. 1) und III. ZS. 7. 2. 99 (JW. S. 166, 16), wo ausgeführt wird: „Hat der Anwalt des Beklagten von seiner Partei Auftrag und Information nicht bloß für die Einrede der Unzuständigkeit des Gerichts, sondern auch für die Hauptsache erhalten, so gebührt ihm die Prozeßgebühr ganz, auch wenn er sich in der Verhandlung unter Verweigerung der Einlassung zur Hauptsache auf die Geltendmachung der Einrede der Unzuständigkeit beschränkt hat. Von vornherein ist es für unwahrscheinlich zu erachten, daß sich der Anwalt der beklagten Partei Auftrag und Information nur für die Einrede der Unzuständigkeit erteilen läßt."

§ 226 (jetzt 238) ZPO. das Verfahren über den Antrag auf Wiedereinsetzung mit dem Verfahren über das versäumte Rechtsmittel zu verbinden ist, so daß es eine Nachlässigkeit des Anwalts gewesen sein würde, sich auf die Verhandlung zur Hauptsache nicht vorzubereiten. Seine Tätigkeit in dieser Richtung habe der Anwalt des Beklagten auch äußerlich dadurch erkennbar gemacht, daß er beantragt habe, die Revision als unzulässig zu verwerfen, eventuell sie als unbegründet zurückzuweisen. Diese Erwägungen sind durchaus geeignet, den Schluß auf eine solche Tätigkeit des Anwalts des Beklagten, welche den Ansatz der vollen Prozeßgebühr begründet, zu rechtfertigen.[32])

d) Der Entscheidungsgrund des angefochtenen Beschlusses lautet: „Da der Klageanspruch bezüglich der Hauptsache sofort anerkannt war, bedurfte es bezüglich seiner einer Rechtsverteidigung überhaupt nicht. Die unterliegende Partei hat aber nur diejenigen Kosten zu erstatten, welche zur zweckentsprechenden Rechtsverteidigung notwendig waren. Daraus folgt, daß nur die zwischen den Parteien streitigen Zinsen und die Kosten des Rechtsstreites ihrer Gesamtsumme nach berechnet werden durften, um als Grundlage für die Berechnung der Prozeßgebühr zu dienen, auf deren Erstattung der Beklagte Anspruch hat." Diese Ausführung kann als zutreffend nicht anerkannt werden. Denn für das Bedürfnis der Rechtsverteidigung ist entscheidend der Angriff, welcher durch dieselbe abgewehrt werden soll, also der Antrag, welcher in der dem Beklagten zugestellten Klageschrift gestellt ist. Mit dieser Zustellung tritt der Angriff und somit das Bedürfnis der Verteidigung ein (vgl. § 4 ZPO.). Der Antrag der Klageschrift ging aber auf Verurteilung des Beklagten zur Zahlung von 3562 M. Zur Verteidigung gegen diesen Anspruch bedurfte der Beklagte eines Rechtsanwalts als Vertreters. Schon die Entgegennahme der Information seitens des letzteren war nach § 13 Nr. 1 der GOfRA. ein Teil desjenigen Geschäftsbetriebes, für welchen die Prozeßgebühr zusteht, und die Information mußte sich nach der damaligen Sachlage auf den ganzen von der Klägerin geltend gemachten Anspruch von 3562 M. erstrecken. Die Prozeßgebühr wurde nicht dadurch geringer und die beim Beginne des Rechtsstreites notwendige Rechtsverteidigung nicht — etwa vermöge Rückwirkung — dadurch eine teilweise unnötige, daß Klägerin im Laufe des Rechtsstreits ihren Klageantrag ermäßigte. Der Geschäftsbetrieb, welcher durch die Prozeßgebühr abgegolten wird, ist ein einheitlicher und bestimmt sich am allerwenigsten nach demjenigen, was bei der Abfassung des Urteils noch streitig ist.[33])

26 b) Gegen die oben entwickelte, den mitgeteilten Entscheidungen des Reichsgerichts und einem Beschlusse des OLG. Karlsruhe vom 1. 3. 84 (ZZP. 12, 170) zu grunde liegende, Ansicht hat das Reichsgericht sich anscheinend ausgesprochen in einer Reihe anderer, unten[34]) mitgeteilter Entscheidungen. In dem Beschlusse vom 20. 10. 86 hat das Reichsgericht folgenden Grundsatz aufgestellt:

„Hat die in der mündlichen Verhandlung geübte Tätigkeit des prozeßbevollmächtigten Rechtsanwalts lediglich einen, eine verminderte Vergütung rechtfertigenden, eingeschränkteren Umfang gehabt, so ist im

---

[32]) RG. I. ZS. 17. 9. 98 (JW. S. 576, 21).

[33]) RG. IV. ZS. 20. 9. 88 (JW. S. 394, 2 und 3; NaumbAKZ. 103 Ziff. 2; Bbl. 89 S. 89, 90 und S. 106, 107).

[34]) RG. I. ZS. 20. 10. 86 (RG. 19, 429; JW. S. 349, 12; Bbl. S. 186, 187; NaumbAKZ. S. 93 Ziff. 2; DJZ. 87 S. 64) RG. I. ZS. 30. 3. 89 (JW. S. 171, 16), RG. I. ZS. 17. 6. 93 (JW. S. 335, 39; Bbl. S. 140, 141), RG. VI. ZS. 31. 5. 95 (JW. S. 330, 24) und RG. I. ZS. 21. 12. 95 (JW. 96 S. 75, 39).

Sinne der Gebührenordnung auch bei Vergütung der Tätigkeit für den Geschäftsbetrieb nur der eingeschränktere Gegenstand zugrunde zu legen. Anderenfalls käme es, was nicht im Sinne der Gebührenordnung liegen kann, immer im einzelnen Falle auf die Ermittlung und Erörterung an, ob sich die Informationseinziehung über den eingeschränkteren Prozeßstoff (z. B. über eine prozeßhindernde Einrede) hinaus erstreckt hat oder nicht."

Hiernach soll es also beispielsweise in den Fällen des § 20 der GO. auch für die Ausmessung der Prozeßgebühr maßgebend sein, worüber bzw. in welchem Umfange mündlich verhandelt worden ist, oder mit anderen Worten: die Einschränkung der mündlichen Verhandlung auf einen dieser geringer zu vergütenden Akte soll auch stets die entsprechende Ermäßigung der Prozeßgebühr zu Folge haben, sofern nicht eine weitergehende informatorische bzw. geschäftsleitende Tätigkeit des Rechtsanwalts äußerlich dem Gerichte vor Augen tritt oder erwiesen wird. Diese Auffassung, welcher demnächst auch einzelne Instanzgerichte gefolgt sind, z. B. das OLG. Breslau in dem Beschlusse des II. ZS. vom 30. 12. 87 in Sachen Calvary wider Frommer VII. O. 190 87 (JW. 89 S. 104), muß als ebenso unrichtig bezeichnet werden, wie andererseits der Versuch verfehlt erscheint, welchen das Reichsgericht in dem Beschlusse vom 4. 5. 88 (s. vorstehend Anm. 28) gemacht hat, um den zwischen den beiden verschiedenen Ansichten der Entscheidungen vom 20. 10. 86 und 4. 5. 88 hervorgetretenen Widerspruch abzuschwächen, indem daselbst ausgeführt wird:

„Die vom Reichsgerichte früher getroffene Entscheidung vom 20. 10. 86 steht der hier entwickelten Ansicht nicht entgegen. Die Beschränkung auf die Hälfte der Prozeßgebühr mag dann am Platze sein, wenn aus den Akten nicht erhellt, ob in einer durch Inkompetenzbeschluß erledigten Streitsache die Tätigkeit des Anwalts über die Zuständigkeitsfrage sich hinauserstreckt hat, weil dem Richter nicht zugemutet werden kann, in derartigen Fällen erst eine Erörterung darüber anzustellen, in welchem Umfange die Information des Anwalts stattgefunden hat und ob derselbe sonstwie außerhalb der Akten tätig geworden ist."

Gerade die umgekehrte Auffassung muß als die allein richtige Platz greifen. Der Prozeßbevollmächtigte ist nach § 81 ZPO. zu allen, den ganzen Rechtsstreit betreffenden Handlungen ermächtigt. Es ist deshalb von vornherein ohne Weiteres vorauszusetzen, daß der zum Prozeßbevollmächtigten bestellte Rechtsanwalt infolge der Übernahme des Auftrags pflichtmäßig über die gesamte Rechtslage sich informiert, um überhaupt beurteilen zu können, welche Maßnahmen er seinem Auftraggeber als zweckmäßig werde empfehlen können. Von dieser Voraussetzung, als der Regel, hat auch der mit der Kostenfestsetzung befaßte Richter zunächst auszugehen und davon nur dann abzuweichen, wenn das Gegenteil bzw. eine Ausnahme nachgewiesen ist. Eine solche Ausnahme kann aber nur dann vorliegen, wenn der Rechtsanwalt ausdrücklich bloß zur Vertretung in den Grenzen eines beschränkteren bzw. minderwertigen Prozeßstoffes bevollmächtigt worden ist, und demgemäß auch seine durch die Prozeßgebühr zu entschädigende, informatorische Tätigkeit lediglich innerhalb dieser engeren Schranken ausgeübt hat, statt dieselbe — wie es sonst der Regel nach geschieht — auf den Prozeß im ganzen zu erstrecken. Dies für den einzelnen Fall eventuell anderweitig zu erforschen und zweifellos festzustellen, falls das in den gerichtlichen Akten enthaltene Material darüber keinen hinlänglichen Aufschluß gewährt, muß allerdings dem Richter zugemutet werden; denn es liegt recht eigentlich im Bereiche der dienstlichen Obliegenheiten des zur Kostenfestsetzung berufenen Richters, die Richtigkeit der einzelnen Ansätze der Rechtsanwaltsgebühren nach den jeweiligen tatsächlichen Unterlagen einer pflichtmäßigen, gewissenhaften Prüfung zu unterziehen und, sofern diese Prüfung aus den gerichtlichen Akten oder Vorkommnissen allein sich nicht zuverlässig ermöglichen läßt, darüber anderweitig die erforderlichen Ermittlungen oder Erörterungen anzustellen. Weshalb eine derartige Ermittlung nicht im Sinne der Gebührenordnung liegen soll, die doch, wie oben gezeigt, für jede der vier Rechtsstreitgebühren einen besonderen, für sich bestehenden, völlig selbständigen Inhalt als materielle Grundlage geschaffen und hiernach die Vergütungen des Rechtsanwalts festgesetzt und bzw. verschieden bemessen hat für seine mehrseitigen Prozeßtätigkeiten, wie sie in Wirklichkeit geleistet, nicht, wie sie für den Richter bloß zur äußeren Wahrnehmung gelangt sind — ist völlig unerfindlich.[35])

Während nun in den mitgeteilten Entscheidungen die Streitfrage immerhin schließlich nur zur Beweisfrage wird, geht das Reichsgericht weiter in der Entscheidung vom 21. 12. 95 (JW. 96 S. 75, 39). Hier wird ausgeführt:

> „Wennschon die Information des Anwalts des Beklagten auch auf die Hauptsache gerichtet gewesen, so wird doch die Prozeßgebühr für die Gesamtheit derjenigen Information vom Gesetz zugebilligt, welche erforderlich ist, den Anwalt in den Stand zu setzen, diejenigen prozessualen Akte vorzunehmen, welche er demnächst tatsächlich vornimmt. Und wenn das Gesetz die Höhe der Gebühr auch für die Information nach den im Prozeß vorgenommenen Akten bemißt, so ist es unzulässig, die Gebühr für die zur Vornahme dieser Akte erforderliche Information höher zu bemessen, weil dieselbe nach ihrem Inhalte auch geeignet ist, den Rechtsanwalt in den Stand zu setzen, weitere Akte vorzunehmen, die er nicht vorgenommen hat und nicht vornehmen sollte, insonderheit also über die Hauptsache selbst zu verhandeln. Wird ein Rechtsanwalt beauftragt, eine Klage auf Zahlung fälliger Zinsen zu erheben, so wird zur Begründung des Zinsanspruchs auch die Information erforderlich, welche zur Begründung des Anspruchs auf das Kapital geeignet ist, und in vielen Fällen wird die dem Rechtsanwalt des Beklagten nach Erhebung der Zinsklage zu erteilende Information sich auf Einreden erstrecken, mittels deren dargelegt wird, daß dem Kläger keine Zinsforderung zustehe, weil er keine Kapitalforderung hat. Daß aber in diesem Falle die Rechtsanwälte die Prozeßgebühr wegen des Inhalts der erforderlichen Information nach der Höhe der Kapitalsumme, wegen derer gar kein Prozeß geführt ist, berechnen dürften, wird niemand behaupten wollen."

Das letztere ist gewiß richtig, aber der Vergleich ist unzutreffend. Streitgegenstand ist in dem angenommenen Falle nur die Zinsforderung, nicht die Kapitalforderung; der Betrag der letzteren kann deshalb niemals für irgend eine Gebühr in Betracht kommen. Im vorliegenden Falle aber handelt es sich garnicht um eine Verschiedenheit des Streitgegenstandes. Im übrigen geht die Entscheidung von der falschen Prämisse aus, daß „das Gesetz die Höhe der Gebühr auch für die Information nach den im Prozeß vorgenommenen Akten bemißt", wobei sie augenscheinlich unter „Akt" nur die vor Gericht sich äußernde Tätig-

---

[35]) Vgl. auch den Aufsatz von Rechtsanwalt Bellerode „Die Ausmessung der Prozeßgebühr" in JW. 89 S. 103—106 und von Rechtsanwalt Zuelzer „Zur Erläuterung des § 20 GO." in JW. 96 S. 65—67.

keit versteht und übersieht, daß schon der Geschäftsbetrieb selbst und die Entgegennahme der Information ein gebührenpflichtiger Akt im Sinne des Gesetzes ist.

4. Wertsberechnung für die Prozeßgebühr. Für die Berechnung der Prozeßgebühr ist zunächst der Wert desjenigen Streitgegenstandes maßgebend, welcher zur Zeit der Vorbereitung des Instanzverfahrens, also zur Zeit des Wechsels der vorbereitenden Schriftsätze (Klage — Klagebeantwortung — Widerklage, Berufungsschrift — Berufungsbeantwortung — Anschlußberufung, Revisionsschrift — Revisionsbeantwortung — Anschlußrevision) vorliegt, auch wenn demnächst die vorher angekündigten Anträge, sei es vor, sei es bei der mündlichen Verhandlung, sich teilweise erledigen bzw. auf einen Teil des ursprünglichen Wertes beschränkt oder gänzlich zurückgenommen werden. Aus der Selbständigkeit der Prozeßgebühr (N. 23) folgt, daß es nicht darauf ankommt, inwieweit die im Schriftwechsel angekündigten Anträge später Gegenstand der mündlichen Verhandlung werden. Andererseits können aber auch bei der mündlichen Verhandlung — ebenso wie vorher — die angekündigten Anträge erhöht, insbesondere der Klageantrag erweitert werden; wie oben N. 23 gezeigt ist, erhöht sich damit der Gegenstand des Geschäftsbetriebes. Es ist deshalb als Grundsatz für die Berechnung der Prozeßgebühr festzustellen, daß dieselbe durch den Wert des höchsten Streitgegenstandes während des ganzen Laufes des Prozesses bestimmt wird.[36]) 27

Dieser Grundsatz führt im einzelnen zu folgenden Ergebnissen:

a) Wird die Klage ganz oder teilweise, bei der mündlichen Verhandlung oder vorher durch Zustellung eines Schriftsatzes, zurückgenommen, so wird die Prozeßgebühr dennoch nach dem Werte des ganzen Streitgegenstandes berechnet.[37]) Für den Anwalt des Beklagten entsteht die Prozeßgebühr nach dem vollen Streitwert, wenn er vor der prozeßordnungsmäßig erfolgenden Zurücknahme eintritt. Hat der Anwalt des Beklagten auch einen Schriftsatz zugestellt, so steht ihm vom vollen Streitwert auch die volle ($^{10}/_{10}$) Prozeßgebühr zu. Hat er einen Schriftsatz jedoch nicht zugestellt, so kommt es darauf an, ob sein Auftrag vor der mündlichen Verhandlung erledigt ist oder nicht (§ 14 GO.); ist die Klage vor dem Verhandlungstermin in gehöriger Form zurückgenommen, und findet eine mündliche Verhandlung überhaupt nicht statt, so sind nur $^{5}/_{10}$ zu berechnen; ist es dagegen zur mündlichen Verhandlung gekommen, sei es auch nur, daß bei derselben die Zurücknahme erklärt[38]) oder auch nur Verurteilung in die Kosten einer vorher durch Schriftsatz zurückgenommenen Klage beantragt wird, so steht dem Anwalt des Beklagten die volle ($^{10}/_{10}$) Prozeßgebühr zu (vgl. § 14 N. 7). 28

Dasselbe gilt bei Zurücknahme eines Rechtsmittels, wo überdies auch bei Zurücknahme vor der mündlichen Verhandlung die Möglichkeit einer Verhandlung zur Hauptsache, nämlich über den Verlust des Rechtsmittels, besteht. 29

Gleichgültig für die Prozeßgebühr des Anwalts des Beklagten ist natürlich, ob bei seinem Eintritt der materielle Anspruch, z. B. durch Tilgung, bereits außergerichtlich beseitigt war; nur die Erledigung des formellen Anspruchs (Klage, Rechtsmittel) kann in Betracht kommen.[39]) 30

---

[36]) RG. JW. 87 S. 42, 21; 88 S. 393, 2; 93 S. 485, 2; RG. 17, 274.
[37]) RG. 7, 356.
[38]) RG. JW. 93 S. 470, 15.
[39]) RG. 7, 358; JW. 82 S. 182; 88 S. 394, 2; 93 S. 353, 37; 96 S. 602, 23; RG. in NaumbAKZ. 86 S. 21, 1 und 97 S. 6, 1; Gruchot 40, 846; KGBl. 95 S. 9. A. M. OLG. Karlsruhe in Bad. AKZ. 98 S. 6, 11 b. Vgl. auch § 14 N. 7.

31 b) Eine im Schriftwechsel angekündigte Erweiterung des Klageantrages begründet die Berechnung der Prozeßgebühr nach dem Werte des erweiterten Streitgegenstandes selbst dann, wenn die Erweiterung später durch Schriftsatz zurückgezogen oder in der mündlichen Verhandlung nicht vorgetragen wird.[40])

32 c) Wird Widerklage erhoben, so ist für die Wertsberechnung das zu § 10 N. 30—33 Ausgeführte maßgebend. Wird der Widerklageantrag durch Zustellung eines Schriftsatzes angekündigt, so ist die Prozeßgebühr nach dem durch Widerklage eventuell erweiterten Streitwert entstanden, auch wenn es schließlich zur Erhebung der Widerklage, die nur durch den Vortrag in der mündlichen Verhandlung geschieht, nicht gekommen ist, sei es, daß Kläger die Klage zurückgenommen und dadurch die Erhebung der Widerklage unmöglich gemacht hat (§ 271 Abs. 3 ZPO.), oder daß der Beklagte aus anderen Gründen die angekündigte Widerklage nicht erhebt. Dies gilt nicht nur für den Anwalt des Beklagten, sondern auch für den Anwalt des Klägers, der die Information und Vorbereitung der mündlichen Verhandlung auch auf den angekündigten Widerklageanspruch erstrecken mußte.[41])

Bezüglich der „eventuellen" Widerklage vgl. Erl. zu § 10 N. 31.

33 Dasselbe gilt auch von der Anschlußberufung (Anschlußrevision). (§§ 521, 556 ZPO.)

34 d) Wird ein Rechtsmittel eingelegt und in der Rechtsmittelschrift ein bestimmter Antrag gestellt, so bestimmt letzterer für die Prozeßgebühr den Streitwert; die spätere Ermäßigung des Antrages hat keinen Einfluß, dagegen erhöht sich der Streitwert bei späterer Erhöhung des Antrages, auch wenn die Erhöhung bei der mündlichen Verhandlung nicht geltend gemacht wird.[42])

35 Wird dagegen im Rechtsmittelschriftsatz ein bestimmter Antrag nicht gestellt, auch sonst nicht deutlich erkennbar gemacht, daß das Vorderurteil nur in beschränktem Umfange angefochten werden soll, so muß angenommen werden, daß das Rechtsmittel und der Beschwerdegegenstand den Umfang hat, in welchem das Urteil gegen den Antrag des Rechtsmittelklägers in der Vorinstanz entschieden hat; wird der Berufungsantrag später eingeschränkt, so hat diese Einschränkung auf die Berechnung der Prozeßgebühr keinen Einfluß.[43])

36 Für die Berechnung der Prozeßgebühr des Rechtsmittelbeklagten ist ent-

---

[40]) RG. 34, 426. Ebenso bei Erweiterung in der Berufungsschrift RG. JW. 00 S. 46, 1.

[41]) RG. JW. 87 S. 42, 22; 95 S. 198, 4; OLG. Karlsruhe in Bad. AKZ. 97 S. 7, 18. Dagegen lehnt RG. JW. 99 S. 339, 11 die Festsetzung dieser Gebühr ab, weil diese Kosten nicht Bestandteil des Prozeßstoffs geworden und nicht zu den Kosten des Rechtsstreits gehören; ebenso KG. in OLG. 3, 128. Auch die Vereinigten Zivilsenate des Reichsgerichts haben in dem Beschlusse vom 21. 6. 02 (RG. 51, 5) denselben Standpunkt eingenommen, wenn nicht etwa nach dem Tatbestande oder nach den Gründen der Urteilssatz, in welchem schlechthin einer Partei „die Kosten des Rechtsstreits" auferlegt sind, dahin auszulegen ist, daß er die Kosten der angekündigten Widerklage mitumfaßt.

[42]) RG. JW. 00 S. 46, 1.

[43]) RG. 17, 374; 25, 380; JW. 85 S. 250, 3; 89 S. 288, 18 und S. 500, 3; 96 S. 302, 19; 97 S. 185, 1; S. 417, 1; S. 634, 18; 98 S. 144, 15 u. S. 348, 2; OLG. (Hamburg) 7, 225. Vgl. aber auch JW. 00 S. 149, 1, wo der Erklärung, es habe nur wegen der Zinsen und Kosten das Rechtsmittel eingelegt werden sollen, maßgebende Bedeutung beigemessen ist. Dagegen vertritt RG. JW. 92 S. 11, 1 ganz allgemein die Ansicht, daß nur der in der mündlichen Verhandlung verlesene Antrag entscheidet. Vgl. hierzu auch § 9 N. 15.

scheidend der Umfang des Beschwerdegegenstandes zur Zeit der Zustellung des Gegenantrages.[44])

Ob das Rechtsmittel zulässig war oder nicht, kann nicht in Betracht 37
kommen; immerhin ist die Rechtsmittelinstanz eröffnet und damit ein Streit über die Sache selbst erhoben bzw. fortgesetzt.[45]) Wenn aber die Rechtsmittelschrift zwar eingereicht, doch nicht zugestellt ist, so ist die Prozeßgebühr für den Anwalt des Rechtsmittelklägers gemäß § 14 GO. nur zu $^{5}/_{10}$ zu berechnen, immerhin aber der Streitwert nach den obigen Ausführungen zu bestimmen. Im Falle des § 706 Abs. 3 ZPO. ist die Gebühr für den gegnerischen Anwalt nach § 35 GO. zu bestimmen.

IV. Die Verhandlungsgebühr.

Die Verhandlungsgebühr steht dem Rechtsanwalte zu „für die mündliche 38
Verhandlung". Daraus folgt, daß sie nicht schon entsteht mit der Wahrnehmung eines Termins zur mündlichen Verhandlung, sondern daß sie zur Voraussetzung hat, daß im Termine wirklich mündlich verhandelt wird. Kommt es zur Verhandlung nicht, so entsteht auch keine Verhandlungsgebühr.

1. Die mündliche Verhandlung. Der Begriff der mündlichen Ver- 39
handlung ist in der ZPO. nicht definiert.[46]) Unter Berücksichtigung der Bestimmungen in §§ 137, 138 ZPO. und des Sprachgebrauchs wird unter „verhandeln" diejenige Tätigkeit der Parteien zu verstehen sein, in welcher sie untereinander vor dem Richter einen unter ihnen vorwaltenden Rechtsstreit von entgegengesetztem Standpunkt aus erörtern, und — eine jede in ihrem Interesse — diejenigen tatsächlichen Umstände, rechtlichen Ausführungen und Anträge vorbringt, durch welche sie eine ihren Absichten entsprechende Entscheidung des Richters herbeiführen will. Unter diesen Begriff fällt nicht bloß dasjenige Parteiverfahren, in welchem beide Parteien wirklich gleichzeitig handeln, sondern auch dasjenige, in welchem sie nach der Absicht des Gesetzgebers gleichzeitig handeln sollen, das Versäumnisverfahren.[47]) Zur mündlichen Verhandlung gehört daher alles dasjenige, was die Parteien in tatsächlicher und rechtlicher Beziehung über das Streitverhältnis zur Erreichung ihres Zweckes vor dem Richter vorbringen. Ganz wesentlich für dieses Vorbringen der Parteien sind aber ihre Anträge (§ 130 Nr. 2 ZPO.); denn in ihnen ziehen die Parteien das Endergebnis aus ihren tatsächlichen und rechtlichen Ausführungen und rufen mit deren Formulierung den Richter an, dasjenige zu ihrem Vorteile anzuordnen, was sie als die berechtigte Folgerung aus ihrem gesamten Vortrag ansehen. Die Anträge sind daher, wie auch § 4 der allgemeinen Begründung des Entwurfs der ZPO. ergibt, als ein integrierender Teil der mündlichen Verhandlung anzusehen; mit der Bestimmung des § 137 Abs. 1 ZPO. und dem darin gebrauchten Ausdruck „einleiten" will die ZPO. die Anträge nicht in einen die Zugehörigkeit ausschließenden Gegensatz zu der mündlichen Verhandlung bringen, sondern nur anordnen, daß die mündliche Verhandlung mit dem Verlesen der Anträge zu beginnen hat.

Ob nun die Verlesung der Anträge allein ein Verhandeln im Sinne 40

[44]) S. die Entscheidungen in vor. Anm.

[45]) Mit Unrecht will das RG. JW. 87 S. 313, 10 bei verspäteter Einlegung der Berufung den Streitgegenstand erster Instanz ganz außer Betracht lassen, weil die Sache garnicht Gegenstand der Verhandlung und Entscheidung in der Berufungsinstanz geworden sei.

[46]) Den Begriff der Verhandlung definiert in ausführlicher Begründung die Entscheidung des Reichsgerichts in RG. 10, 386, der sich der obige Text anschließt. Vgl. hierzu auch den Aufsatz von Hofmann, Über die mündliche Verhandlung des Rechtsstreits durch die Parteien, bei Gruchot 38, 816 ff. und OLG. Jena im Recht 02 S. 512.

[47]) Vgl. Hahn, Mat. z. ZPO. 1, 125 und RG. 8, 381.

des § 334 ZPO. enthält, kann hier dahingestellt bleiben. Da nach dem System der Bauschgebühr der Umfang der durch die Gebühr abzugeltenden Tätigkeit gleichgültig ist, so muß die Verhandlungsgebühr dem Rechtsanwalte auch schon dann zustehen, wenn mit der Verlesung der Anträge die Verhandlung begonnen hat.

Daß die Verlesung der Anträge zur Begründung der Verhandlungsgebühr genügt, ist aber ferner auch aus den Bestimmungen der §§ 18 Nr. 1 und 19 GKG. zu folgern, welch letzterer auch für die Liquidation der Rechtsanwälte (§ 16) maßgebend ist und ausdrücklich vorschreibt, daß die Verhandlung als kontradiktorische gilt, soweit in derselben von beiden Parteien einander widersprechende Anträge gestellt sind. Diese Ansicht ist auch vom Reichsgericht in ständiger Praxis festgehalten worden.[48]) Dabei ist es unerheblich, ob der verlesene Antrag später fallen gelassen wird.[49])

41 Genügt einerseits die Verlesung der Anträge zur Annahme einer Verhandlung im Sinne des § 13 Nr. 2, so fehlt es andererseits an einer Verhandlung und die Verhandlungsgebühr wird nicht begründet:

a) wenn vor Verlesung der Anträge die Klage zurückgenommen wird. Die Zurücknahmeerklärung ist keine Verhandlung, erübrigt vielmehr gerade die Verhandlung und begründet deshalb nicht die (nicht kontradiktorische) Verhandlungsgebühr.[50]) Indessen kann es hier doch zu einer Verhandlung über die Kosten kommen.[51]) Wird ein Rechtsmittel zurückgenommen, so kann es zur Verhandlung über den Antrag aus §§ 515 Abs. 3, 566 ZPO. auf Verlust des Rechtsmittels kommen, wobei der ganze Streitgegenstand der Hauptsache das Objekt der Verhandlung bildet;[52])

42 b) wenn die Parteien übereinstimmend erklären, daß der Rechtsstreit erledigt sei; auch diese Erklärung erübrigt die Verhandlung. Auch hier kann es zu einer Verhandlung über die Kosten kommen; die Begründung der Kostenanträge vom Standpunkte der Parteien bezüglich des Hauptanspruchs ist keine Verhandlung über die Hauptsache;[53])

43 c) wenn ohne Stellung der Anträge nur allgemeine Erörterungen der Parteien über die zwischen ihnen obwaltenden Streitpunkte stattfinden;[54])

44 d) wenn lediglich der Abschluß eines Vergleichs erörtert ist.[55])

45 2. Modifikationen der Verhandlungsgebühr finden sich in den §§ 15, 16, 17 GO. § 15 schließt unter gewissen Umständen die Verhandlungsgebühr trotz Verhandlung aus; § 16 bestimmt eine Ermäßigung der Verhandlungsgebühr bei nichtkontradiktorischer Verhandlung; § 17 bewilligt eine Erhöhung der Verhandlungsgebühr bei sog. weiterer Verhandlung.

---

[48]) RG. 10, 388; JW. 84 S. 32; 95 S. 127, 10; 98 S. 418, 11. u. S, 607, 34. Ebenso OLG. Karlsruhe in Bad. AKZ. 95 S. 36, 7a und NaumbAKZ. 95 S. 112, 3. Dagegen erfordern ein über die Verlesung der Anträge hinausgehendes Verhandeln OLG. Stuttgart 7. 5. 97 DJZ. 97 S. 268; OLG. Posen 8. 3. 00 in Pos. Mschr. 00 S. 56; OLG. Königsberg 5. 10. 03 in Pos. Mschr. 03 S. 179 und Recht 04, 49; Schönfeld in Seuff. Bl.f.RA. 71. Jg. 442—445. Vgl. hierzu auch die Erl. zu § 16 N. 2—10.

[49]) RG. JW. 85 S. 125, 13; 92 S. 481, 13; 95 S. 84, 8. Unzutreffend ist deshalb RG. JW. 87 S. 273, 13.

[50]) RG. JW. 82 S. 95; 97 S. 136, 22; RG. 20, 414; EGH. 8, 251.

[51]) RG. JW. 86 S. 118, 23; 93 S. 470, 15.

[52]) RG. JW. 94 S. 85, 19.

[53]) Ebenso KG. in KGBl. 91 S. 83.

[54]) RG. 33, 406; EGH. 8, 254.

[55]) OLG. Dresden in Ann. 2, 343 und SächsArch. 1, 635; OLG. Jena in ThürBlfRpfl. 41, 25. Vgl. auch OLG. Oldenburg, DJZ. 03, 504.

3. Höhe der Verhandlungsgebühr. Da die Verhandlungsgebühr für „die mündliche Verhandlung", und nicht für Wahrnehmung des Verhandlungstermins bewilligt ist, ist es gleichgültig, ob die Verhandlung in einem Termine abschließt oder sich auf mehrere Termine erstreckt; es kann immer nur eine Verhandlungsgebühr berechnet werden. Nur die sog. weitere Verhandlung (§ 17) bildet insofern eine Ausnahme, als sie eine „Erhöhung" der Verhandlungsgebühr bewirkt. Andererseits ist die volle Verhandlungsgebühr verdient, sobald nur einmal kontradiktorisch verhandelt ist (§ 16), gleichgültig, ob spätere Verhandlungen nur eine ermäßigte Verhandlungsgebühr begründen.[56]) 46

4. Wertsberechnung. Die Verhandlungsgebühr bemißt sich stets nach der Art und dem Werte des Streitgegenstandes, über welchen in Wirklichkeit verhandelt worden ist, gleichviel welcher qualitativ oder quantitativ davon abweichende Anspruch in dem Antrage der Klage oder Widerklage ursprünglich geltend gemacht wurde. Hat also die mündliche Verhandlung einen eingeschränkten oder eine geringere Vergütung rechtfertigenden Umfang gehabt, z. B. bloß die Einrede der Unzuständigkeit betroffen, so ist auch die Verhandlungsgebühr lediglich nach dem eingeschränkten Gegenstande zu berechnen, wenngleich die Vorbereitung des Rechtsanwalts zum Verhandlungstermine auf die ganze Sache sich erstreckt hat. (Vgl. Erl. zu § 10 N. 74ff.) Immerhin wird jedoch im Falle mehrfacher Verhandlung die Verhandlungsgebühr nach dem höchsten Gegenstande, über den jemals verhandelt ist, berechnet. Hat also z. B. der Kläger nach Verhandlung bei der fortgesetzten Verhandlung den Klageantrag erweitert, so ist die Verhandlungsgebühr nach dem erweiterten Antrage zu berechnen. 47

Hat sich die mündliche Verhandlung auf die Prozeßkosten beschränkt, so bilden letztere für den Ansatz der Verhandlungsgebühr den ausschließlichen Streitgegenstand.[57]) In diesem Falle sind daher lediglich die Kosten des schwebenden Rechtsstreites, d. h. der durch Zusammenrechnung der gerichtlichen Kosten und der außergerichtlichen Kosten beider Parteien sich ergebende Gesamtbetrag an bisher erwachsenen Kosten des Prozeßverfahrens als Gegenstandswert für die Berechnung der Verhandlungsgebühr zugrunde zu legen. Dasselbe gilt natürlich auch, wenn im Termine zur mündlichen Verhandlung vor deren Beginne die Klage zurückgenommen und dann im Anschlusse daran auf Antrag des Beklagten gemäß § 271 Abs. 3 der ZPO. die Verpflichtung des Klägers, die Kosten des Rechtsstreites zu tragen, durch Urteil ausgesprochen wird. Das gleiche gilt ferner bei der Zurücknahme der Berufung oder Revision im Falle des § 515 Abs. 3 bzw. § 566 der ZPO., sofern nur über die Verpflichtung, die durch das Rechtsmittel entstandenen Kosten zu tragen, verhandelt und entschieden wird. Die durch das Rechtsmittel erwachsenen, bisherigen gerichtlichen und außergerichtlichen Kosten zweiter bzw. dritter Instanz bilden dann das Streitobjekt für die Bemessung der Verhandlungsgebühr.[58]) Erstreckt sich indessen die Verhandlung und Entscheidung zugleich auf den Antrag, „den Verlust des Rechtsmittels auszusprechen", so bildet der ganze ursprüngliche Wert des Beschwerdegegenstandes das Objekt, nach welchem die Verhandlungsgebühr zu berechnen ist, jedoch unter Beachtung von § 20 dieser GO. und § 26 Nr. 5 des GKG.[59]) 48

---

[56]) Vgl. die Erl. zu § 16 N. 26.
[57]) Vgl. Erl. zu § 10 N. 87 und Anm. 129.
[58]) Vgl. Erl. zu § 20 N. 28.
[59]) Vgl. Erl. zu § 20 N. 27.

49 **V. Die Vergleichsgebühr.**

Wie aus den Erörterungen über die allgemeinen Grundsätze ersichtlich, beschäftigt sich § 13 Nr. 3 nur mit dem Prozeßvergleich, d. h. einem Vergleich zur Beilegung des Rechtsstreits. Ein solcher Vergleich ist daher nur möglich, nachdem der Rechtsstreit anhängig geworden und bevor er rechtskräftig entschieden ist. Für einen außerhalb dieses Stadiums abgeschlossenen Vergleich würde nicht nach § 13 Nr. 3, sondern höchstens in analoger Anwendung dieser Bestimmung nach § 89 zu liquidieren sein. (Vgl. § 1 N. 71.)

Dagegen trifft § 13 Nr. 3 sowohl den vor Gericht abgeschlossenen als auch den außergerichtlichen Vergleich. Inwiefern sich bei Abschluß eines gerichtlichen Vergleichs die Gebühr ermäßigt, bestimmt § 18, auf dessen Erläuterung verwiesen wird.

50 1. Begriff des Vergleichs. Der Begriff des „Vergleiches“ bestimmt sich auch für die Gebührenfrage lediglich nach den Vorschriften des bürgerlichen Rechts, da etwas in dieser Beziehung Abweichendes weder in den Prozeßordnungen noch in den Kostengesetzen angeordnet wird.[60])

Nach § 779 BGB. ist der Vergleich ein Vertrag, durch den der Streit oder die Ungewißheit der Parteien über ein Rechtsverhältnis im Wege gegenseitigen Nachgebens beseitigt wird; der Ungewißheit über ein Rechtsverhältnis soll es gleichstehen, wenn die Verwirklichung eines Anspruchs unsicher ist. Voraussetzung für das Vorliegen eines Vergleichs ist daher nur, daß das Rechtsverhältnis unter den Parteien streitig oder ungewiß oder die Verwirklichung des Anspruchs unsicher ist, und daß der Streit oder die Ungewißheit oder die Unsicherheit durch gegenseitiges Nachgeben beseitigt werden. Ein Streit liegt deswegen nicht weniger vor, weil der Richter in der Lage ist, ihn sofort zu entscheiden, und ungewiß ist auch, was nur die Parteien nicht wissen. Daß sich das beiderseitige Nachgeben im Sinne des Gesetzes aber auf die auch nur unter den Parteien streitigen und ungewissen Ansprüche beziehen soll, ergibt sich aus dem Zusammenhange und der Natur der Sache. Wollte man davon ausgehen, daß wirklich zu Recht bestehende Ansprüche teilweise oder ganz aufgegeben werden müssen, so könnte der Vergleich den Streit oder die Ungewißheit nicht beseitigen; es müßte dann hierüber immer erst eine richterliche Entscheidung ergehen, die gerade der Vergleich doch entbehrlich machen will und soll.[61])

51 Geht man von dieser Begriffsbestimmung aus, so lassen sich die in der Praxis bisher hervorgetretenen Zweifel leicht lösen.

a) Die Bewilligung einer Zahlungsfrist (Stundung), eines Nachlasses oder von Ratenzahlungen ist dann als Vergleich anzusehen, wenn auch der Schuldner „nachgegeben“ hat z. B. dadurch, daß er den bisher von ihm bestrittenen Anspruch anerkennt.[62])

52 b) Die Zurücknahme der Klage oder eines Rechtsmittels kann sehr wohl in Ausführung eines abgeschlossenen Vergleichs geschehen, dann liegt aber der Vergleich nicht in der Zurücknahme, derselbe hat vielmehr in anderen Momenten seinen Inhalt.[63])

---

[60]) Als Literatur über den Vergleich vgl. Oertmann, Der Vergleich im gemeinen Zivilrecht; Kretschmar, Der Vergleich im Zivilprozeß; Paul im Sächs. Arch. Erg=Bd. zu Bd. 8 und Bd. 9 S. 1ff.; hierzu Kleinfeller in Krit. VJschr. 99 S. 419ff; Risch, Die Lehre vom Vergleich; Tröltzsch: Der Prozeßvergleich; Wolf im Arch.f.c.Pr. 88, 153ff.; Kohler in Gruchot 31, 314, 481; Keidel in BlfRA. Erg.=Bd. 15, 129.

[61]) RG. bei Gruchot 45, 365.

[62]) LG. Chemnitz in Wengler 1, 553 und Wallmann Bd. IV 80 S. 664; OLG. Dresden in Dresd. Ann. 2, 343; Wallmann Bd. VI, 82 S. 94. OLG. (Dresden) 13, 253. Vgl. auch Planck, Komm. II S. 253; Dernburg, BR. II, 2 § 202.

[63]) Vgl. RG. JW. 97 S. 56, 26; KG in KGBl. 91. S. 91.

Was die Zurücknahme als Vergleichsinhalt selbst anbetrifft, so ist darin, daß vor dem Beginne der mündlichen Verhandlung der Kläger erklärt, daß er die erhobene Klage unter Übernahme der Prozeßkosten zurücknehme, und die Beklagte die Rücknahme genehmigt, ein Vergleich nicht zu finden, weder über die Hauptsache, noch über den Kostenpunkt. Zur Zurücknahme der Klage vor Beginn der mündlichen Verhandlung bedarf es nach § 271 Abs. 1 der ZPO. überhaupt nicht der Zustimmung des Beklagten, und da andererseits der Kläger dem Beklagten gegenüber durch die Zurücknahme der Klage kein Recht aufgibt, weil nach § 271 Abs. 3 daselbst der Anspruch selbst von diesem Vorgange nicht berührt wird, während die Verbindlichkeit des Klägers zur Kostentragung ohne weiteres als gesetzliche Folge der Zurücknahme eintritt, so macht auch der Kläger dem Beklagten durch die Erklärung, kostenpflichtig die Klage zurückzunehmen, keine Konzession. Wenn daher in einem solchen Falle die Zurücknahme nebst ihrer gesetzlichen Kostenfolge äußerlich in Vertragsform gebracht wird, so ist damit kein Vergleich, selbst auch nicht über die Prozeßkosten, zustande gekommen. Es ist nicht abzusehen, worin das Nachgeben des Beklagten in Ansehung des Kostenpunktes bestehen sollte, wenn er sich damit einverstanden erklärt, daß der Kläger die ganzen Prozeßkosten übernehme. Hiermit erlangt der Beklagte alles, was er äußerstenfalls begehren kann, und wenn man etwa seine Gegenleistung darin finden wollte, daß seine Zustimmungserklärung auszulegen sei als Verzicht auf das ihm nach § 271 Abs. 3 der ZPO. zustehende Recht, auf Verurteilung des Klägers in die Kosten anzutragen, und sich dadurch einen zur Zwangsvollstreckung geeigneten Titel zu verschaffen, so würde man auch damit nicht weiter kommen; denn wäre aus diesem Grunde der Vorgang als Vergleich aufzufassen, so würde der Beklagte dadurch ja dennoch nach § 794 Nr. 1 der ZPO. einen zur Zwangsvollstreckung geeigneten Titel erlangen, und zwar mindestens mit nicht geringerer Steigerung der Kostenlast für den Kläger, als wenn er durch seinen Antrag das in § 271 Abs. 3 der ZPO. vorgesehene Urteil erwirkte. Eben darum wäre es aber auch ganz grundlos, in der Zustimmungserklärung des Beklagten jenen Verzicht zu finden.[64])

Aus denselben Gründen wird man auch darin, daß Kläger bzw. Rechtsmittelkläger die Klage bzw. das Rechtsmittel nach Eintritt in die Verhandlung zurücknimmt und der Beklagte bzw. Rechtsmittelbeklagte hierzu die erforderliche Zustimmung erteilt, einen Vergleich nicht finden können, wenngleich diese Prozeßhandlungen die Ausführung eines abgeschlossenen Vergleichs enthalten können.

c) Auch die Erklärung der Parteien, daß der Rechtsstreit in der Hauptsache 53
erledigt sei und der Beklagte (oder der Kläger) die Kosten übernehme, ist kein Vergleich. Gewiß nicht bezüglich der Hauptsache, aber auch nicht bezüglich der Kosten, bezüglich deren nur ein Anerkenntnis anzunehmen ist.[65]) Werden dagegen die Kosten von jeder Partei zu einem Teile übernommen, so wird man darin einen Vergleich bezüglich der Kosten zu erblicken haben.

2. Mitwirkung. Vergleichsschrift. Eine „Mitwirkung“ bei einem 54
abgeschlossenen Vergleiche kann erfolgt sein, ohne daß der Rechtsanwalt beim Abschluß des Vergleichs unmittelbar tätig oder persönlich anwesend war, also namentlich auch schon dann, wenn der Rechtsanwalt nur mit der Gegenpartei vorher über den abzuschließenden Vergleich unterhandelt oder zu dem nachher ohne seine Zuziehung abgeschlossenen Vergleiche seinem Auftraggeber vorher Rat erteilt hat. Es erscheint deshalb zur Begründung der Vergleichsgebühr keineswegs unbedingt notwendig, daß der Rechtsanwalt das eigentliche Zustande-

---

[64]) RG. 20, 414; JW. 88 S. 99, 11

[65]) Vgl. RG. JW. 98 S. 75, 31.

kommen des Vergleiches bewirkt hat und beim Abschlusse selbst zugegen gewesen ist. Wesentlich, aber auch ausreichend, ist vielmehr einerseits, daß in Wirklichkeit ein Vergleich zur Beilegung des Rechtsstreits abgeschlossen worden ist, andererseits, daß der Rechtsanwalt bei dem Vergleichsabkommen im Verkehre mit der einen oder anderen Partei in irgend einer Weise, z. B. durch Beratung über Vergleichsmodalitäten mit der eigenen Partei, gutachtliche Äußerungen oder dgl. Bemühungen aufgewendet hat.[66]) Der gewöhnliche, sprachgebräuchliche Sinn des gewählten Ausdrucks: „Mitwirkung", worunter gemeinhin jede größere oder geringere Beteiligung an einem Erfolge ohne Rücksicht auf die Art, wie sie sich äußert, und ohne Feststellung eines bestimmten Maßes oder Umfanges verstanden wird, rechtfertigt zweifellos diese ausgedehntere Auslegung. Auch steht dieser Auffassung der § 18 nicht entgegen. Denn die daselbst vorgeschriebene Herabminderung der Vergleichsgebühr ist nicht allein und ausschließlich die Folge der geringer veranschlagten anwaltlichen Tätigkeit, wenn der Vergleich vor dem Prozeßgerichte oder einem ersuchten oder beauftragten Richter abgeschlossen wird, sondern hat vielmehr zugleich und vornehmlich zur Voraussetzung, daß der Anwalt bereits die volle Verhandlungsgebühr verdient hat, also ohnehin bereits umfänglich mit der ganzen Sache befaßt gewesen ist.

55 Wie nun einerseits ein noch so geringes Maß der Beteiligung am Erfolge die Vergleichsgebühr zu begründen geeignet ist, so wird andererseits durch die Vergleichsgebühr jede Art der Beteiligung am Vergleichsabschluß, mag sie auch noch so umfangreich sein, ein für allemal unter Ausschluß anderer Gebühren abgegolten. Durch die Vergleichsgebühr gedeckt ist daher namentlich die Anfertigung der Vergleichsschrift, auch wenn dieselbe noch so umfangreich ist. Es muß unzulässig erscheinen, hierfür noch eine besondere Gebühr für Vertragsentwurf zu liquidieren, weil die Vergleichsanfertigung nur eine Art der „Mitwirkung" ist.[67])

56 3. Gebührenanspruch bei Wegfall des Vergleichs. Der Ver-

---

[66]) Ebenso RG. JW. 97 S. 56, 26; KG. in KGBl. 91 S. 92; OLG. Dresden in Sächs.Arch. 4, 123. Ebenso auch Meyer-Irmler § 13, IV. 3; Willenbücher § 13, IV, 9. Dagegen fordert EGH. 10, 54 als Voraussetzung der Gebühr, daß der Rechtsanwalt gegenüber dem Gegner seines Mandanten eine anwaltliche Tätigkeit, die auf den Vergleichsabschluß abzielte, entwickelt und nicht etwa nur mit seiner Partei allein Erwägungen und Vorbereitungen für den Vergleich vorgenommen hat. Dies erscheint indessen zu eng; auch wenn die mit der eigenen Partei besprochenen Vergleichsmodalitäten von der Partei selbst dem Gegner mitgeteilt werden, hat eine „Mitwirkung" des Rechtsanwalts beim Vergleichsabschlusse stattgefunden. Allerdings wird sich die Grenze zwischen der Mitwirkungstätigkeit und der einfachen Beratung manchmal schwer feststellen lassen. — Als eine „Mitwirkung" ist es auch anzusehen, wenn der von der Partei selbst geschlossene Vergleich in seinem Bestande von der Zustimmung des Anwalts abhängig gemacht und dieselbe dann erfolgt ist.

[67]) Gl. A. Meyer-Irmler § 13, IV N. 5; Willenbücher § 13 N. 9; Pfafferoth § 13 N. 13. A. M. Walter in früh. Aufl., weil es sich um schriftliche Abfassung der Bedingungen eines bereits fertig abgeschlossenen Vergleiches, durch welchen der Rechtsstreit beendigt worden ist, handle. In dieser Weise läßt sich indessen der Vergleichsabschluß nicht auseinanderreißen; die Vergleichsschrift ist der — schriftlich abgeschlossene — Vergleich, vor ihrer Anfertigung und Vollziehung ist der Vergleich noch gar nicht zum Abschluß gelangt und die anwaltliche Mitwirkungstätigkeit noch nicht beendet. Würde dagegen nach vollständiger Beendigung der Anwaltstätigkeit und nach beendetem Vergleichsabschluß hinterher der Anwalt noch den Auftrag zur schriftlichen Formulierung des Vergleichs erhalten, so würde hierfür eine Entwurfsgebühr begründet sein.

Wird der Vergleich, z. B. zur Ermöglichung der Vollstreckbarkeit, notariell aufgenommen, so steht dem Notar, selbst wenn er beim Vergleichsbeschluß mitgewirkt und die Vergleichsgebühr liquidiert hat, auch die Notariatsgebühr zu, weil der Notariatsakt außerhalb der anwaltlichen Mitwirkungstätigkeit liegt und ein besonderes Amtsgeschäft ist.

gleich ist ein Vertrag; die Anfechtung oder Aufhebung dieses Vertrages kann die für den Abschluß verdiente Gebühr nicht wieder nehmen. So wird insbesondere, wenn hinterher die Unwirksamkeit des geschlossenen Vergleichs nach § 779 BGB. sich herausstellt, die durch den Abschluß entstandene Gebühr nicht wieder fortfallen. Ebenso ist, wenn nur mit dem Vergleichsabschluß die Beilegung des Rechtsstreits bezweckt war, für den Gebührenanspruch ganz gleichgültig, ob trotzdem der Prozeß von den Parteien fortgesetzt wird, der Prozeß als solcher formell also nicht durch den Vergleich beigelegt ist.[68])

Dagegen ist ein die Vergleichsgebühr begründender Abschluß eines Vergleichs 57
nicht anzunehmen, wenn seine Wirksamkeit von einer später nicht eintretenden Bedingung abhängig gemacht war, z. B. wenn ein Vergleich unter Vorbehalt der Genehmigung eines Dritten oder unter Vorbehalt des Widerrufs abgeschlossen, die Genehmigung aber versagt oder der Widerruf erklärt wird.[69])

Ist der Vergleich über Gegenstände geschlossen, die der Disposition der Parteien entzogen sind z. B. ein Vergleich, wonach eine Ehe getrennt werden soll, oder ein Vergleich, der gegen die guten Sitten verstößt, oder ein Vergleich, der einen Verzicht auf zukünftigen Unterhalt (§§ 1614, 1714 BGB.) enthält, so ist der Vergleich von Anfang an nichtig gewesen, ein Vergleich also gar nicht zustande gekommen. Hier wird auch die Vergleichsgebühr nicht liquidiert werden können.

4. Wertsberechnung. Für die Wertsberechnung kann immer nur der 58
Streitgegenstand maßgebend sein, der durch den Vergleich seine Erledigung finden soll, insbesondere nicht der Betrag, der vergleichsweise gewährt wird. Hieraus folgt:

a) Wird nur ein Teil des Streitgegenstandes des Prozesses durch Vergleich erledigt, so ist die Vergleichsgebühr nach diesem Teile zu bemessen.[70])

b) Wird durch den Vergleich nicht nur der Streitgegenstand, sondern auch noch ein anderer Anspruch erledigt, so ist die Gebühr des § 13 Nr. 3 an sich nur nach dem Streitgegenstand zu berechnen; für den Vergleich bezüglich der anderweitigen Ansprüche ist aber unter entsprechender Anwendung des § 13 Nr. 3 zu liquidieren, wie des näheren zu § 1 N. 71 ausgeführt ist.

c) Erledigt ein Vergleich zugleich den Hauptprozeß und einen daneben schwebenden Arrestprozeß, so kann die Vergleichsgebühr nur einmal nach dem Wert des Hauptprozesses verlangt werden, da, soweit der Vergleich in Betracht kommt, das Verfahren verbunden ist (§ 29 Nr. 4 GO.).[71])

VI. Die Beweisgebühr. 59

Nach der Bestimmung des § 13 Nr. 4 stehen dem als Prozeßbevollmächtigten bestellten Rechtsanwalte die Sätze des § 9 zu fünf Zehnteilen zu für die Vertretung in dem Termine zur Leistung des durch ein Urteil auferlegten Eides, sowie in einem Beweisaufnahmeverfahren, wenn die Beweisaufnahme nicht bloß in Vorlegung der in den Händen des Beweisführers oder des Gegners befindlichen Urkunden besteht (Beweisgebühr). Damit hebt der § 13 Nr. 4 die bezeichneten Vertretungstätigkeiten aus der Gesamtheit der zur Führung des Prozesses erforderlichen Vertretungshandlungen

---

[68]) Ebenso Meyer-Irmler § 13, IV N. 4 und RG. 19. 11. 97, mitget. bei Pfafferoth § 13 N. 11; OLG. (Hamburg) 11, 152. Dagegen KG. in KGBl. 96 S. 62 und Willenbücher § 13 N. 10.

[69]) A. M. LG. Erfurt in Naumb.AKZ. 91 S. 104, 8.

[70]) RG. JW. 99 S. 815, 10.

[71]) RG. JW. 92 S. 372, 10; Bolze Bd. 22 Nr. 702g.

heraus und macht sie zur Grundlage einer besonderen Gebühr, die „Beweisgebühr" genannt wird, weil sie die Tätigkeit des Anwalts in dem, der Beweiserhebung dienenden Teile des Verfahrens entgelten soll.

A) Vertretung im Termin zur Eidesleistung.

60 In den §§ 445—477 regelt die ZPO. den Beweis durch Eid. Auf die Leistung eines (zugeschobenen oder zurückgeschobenen) Eides ist gemäß § 460 ZPO. in der Regel, auf einen sog. richterlichen Eid nach § 477 Abs. 3 ZPO. in allen Fällen durch bedingtes Endurteil zu erkennen. Die Beweisaufnahme geschieht durch Leistung, Verweigerung oder Erlassung des Eides (§§ 463, 464 ZPO.); bei Nichterscheinen des Schwurpflichtigen in dem zur Eidesleistung bestimmten Termine ist — mit den in den §§ 465—468 ZPO. bezeichneten Modifikationen — der Eid als verweigert anzusehen.

61 1. Nur wenn es sich um die Leistung eines Eides auf Grund eines nach §§ 460, 477 ZPO. erlassenen bedingten Endurteils handelt, ist eine Beweisaufnahme und damit die Voraussetzung für eine Beweisgebühr gegeben. Ist hingegen eine Partei antragsgemäß zur Leistung eines Eides verurteilt z. B. zur Leistung eines Offenbarungseides oder eines Eides zur Erhärtung eines vorzulegenden Inventars, so bildet die Eidesleistung keinen Akt der Beweisaufnahme, sondern die Leistung selbst, zu der die Partei verurteilt ist; der Ansatz einer Beweisgebühr ist daher in diesen Fällen ungerechtfertigt.[72])

62 2. Die Beweisgebühr entsteht nur dann, wenn der Anwalt im Termine zur Eidesleistung anwesend gewesen ist und seine Partei in demselben vertreten hat. Dies folgt aus dem Wortlaut des § 13 Nr. 4, insbesondere der inhaltlich abweichenden Verfügung bezüglich des Beweises durch Eidesleistung auf Grund bedingten Endurteils und eines sonstigen Beweisverfahrens.[73])

63 a) Die Eidesleistung erfolgt in der Regel vor dem Prozeßgericht, kann aber auf Anordnung desselben gemäß § 479 ZPO. auch vor dem beauftragten oder ersuchten Richter erfolgen. Diese Anordnung kann erst getroffen werden, wenn nach Rechtskraft des Urteils der Eid geleistet werden soll, nicht etwa schon im bedingten Endurteil;[74]) ob vorgängige mündliche Verhandlung notwendig ist, kann zweifelhaft sein, die Praxis hält dieselbe nicht für erforderlich. Ob nun der Eid geleistet wird oder nicht, ist ganz gleichgültig; auch die Nichtleistung (Verweigerung, Erlassung, Nichterscheinen) hat den Charakter der Beweisaufnahme. Wird in den Fällen der §§ 465, 466, 467, 468 ZPO. nachträglich ein neuer Termin zur Eidesleistung angesetzt, so begründet die Wahrnehmung desselben nicht eine zweite Beweisgebühr. Nach dem Grundsatze des § 25 GO. ist für die Wahrnehmung sämtlicher Eidesleistungstermine nur eine einmalige Beweisgebühr anzusetzen, andererseits entsteht aber diese Gebühr auch schon dann, wenn nur ein einziger Termin zur Eidesleistung wahrgenommen wird.

64 b) Andere Tätigkeiten zur Erledigung des Urteils als die Wahrnehmung des Termins zur Eidesleistung genügen nicht zur Begründung der Beweisgebühr. Zweifelhaft ist der Fall, wenn zur Eidesleistung geladen ist, im Termine aber beantragt und gemäß § 479 ZPO. beschlossen wird, den Eid durch Ersuchen eines anderen Gerichts abzunehmen. Hier wird man die Beweisgebühr zubilligen müssen, auch wenn der Termin vor dem ersuchten Richter

[72]) RG. 14, 395. Auch wenn etwa nach Hergabe des Inventars die Eidesleistung durch „Beweisbeschluß" angeordnet ist, entsteht keine Beweisgebühr: OLG. (Oldenburg) 7, 218. A. M. OLG. Karlsruhe in Bad.AKZ. 97 S. 7, 17.

[73]) RG. JW. 99 S. 229, 21; RG. 43, 415. A. M. KG. in ZZP. 13, 430.

[74]) RG. Gruchot 28, 1151; JW. 86 S. 247.

nicht wahrgenommen wird. Dafür spricht der Wortlaut des § 13 Nr. 4, ferner aber auch die Bedeutung des Termins. Ist nämlich zur Eidesleistung vor das Prozeßgericht geladen, so treten beim Ausbleiben des Schwurpflichtigen die Folgen des § 465 ZPO. ein, auch wenn die Voraussetzungen des § 479 an sich vorliegen, es sei denn, daß das Gericht jetzt noch einen Beschluß nach § 479 faßt.[75]) Das Beweisverfahren durch Eid, welchem Zwecke der Termin nach dem Inhalte der Ladung dienen soll, hat daher zum mindesten bereits begonnen; ähnlich wie im Falle der §§ 465—467 wird nur die vollständige Erledigung noch an weitere Voraussetzungen geknüpft. Wie bei Wahrnehmung auch nur eines der Eidesleistungstermine in jenen Fällen muß auch hier die Beweisgebühr auch schon bei Wahrnehmung des einen Eidesleistungstermins entstehen.

Wird dagegen ohne mündliche Verhandlung die Anordnung aus § 479 ZPO. getroffen, so entsteht die Beweisgebühr nur, wenn der zur Eidesleistung bestimmte Termin wahrgenommen wird.

3. Die Beweisgebühr entsteht in derjenigen Instanz, die das bedingte Endurteil erledigt, also gewöhnlich in der Instanz, die das Urteil erlassen hat, ausnahmsweise nach § 537 Satz 3 ZPO. in der Berufungsinstanz bei Erledigung eines erstinstanzlichen Urteils. 65

4. Die Wertsberechnung geschieht nach §§ 12, 13 GKG. (vgl. § 10 N. 74 ff.) d. h. von demjenigen Streitgegenstand, der durch das bedingte Urteil seine Entscheidung findet, also nach der Differenz der Zuerkennung bei Leistung oder Nichtleistung des Eides. 66

B) Vertretung in einem Beweisaufnahmeverfahren.

Der Ansatz der zweiten Art der Beweisgebühr aus § 13 Nr. 4 hat zweierlei Voraussetzungen: 67

1. Es muß ein Beweisaufnahmeverfahren stattgefunden haben das nicht bloß in Vorlegung der in den Händen des Beweisführers oder des Gegners befindlichen Urkunden besteht (Objektive Voraussetzung). 68

Hier ist die begriffliche Bedeutung des Wortes „Beweisaufnahmeverfahren" nach der ZPO. zugrunde zu legen; dabei ist zu berücksichtigen, daß § 13 Nr. 4 weder von Vertretung in „Beweisterminen" spricht, noch von Vertretung „bei der Beweisaufnahme", wie in den §§ 22, 45 GO. Daraus folgt, daß diesem Verfahren nicht nur die Beweisaufnahme selbst angehört, sondern auch schon die, in der ZPO. aufgeführten, zur Vorbereitung und unmittelbaren Herbeiführung der Beweisaufnahme selbst dienenden Akte des Gerichts, wie z. B. die Bestimmung von Ort und Zeit zur Beweiserhebung und die Ladung der zu vernehmenden Personen zum Termine. Dieses ganze Beweisaufnahmeverfahren ist hinsichtlich der Anwaltsgebühr als ein besonderer und für sich bestehender Abschnitt des Rechtsstreits ausgeschieden.[76])

Ein Beweisaufnahmeverfahren in diesem Sinne findet statt zum Zwecke der Erhebung der in den Titeln 5—12 des ersten Abschnitts des zweiten Buchs der ZPO. bezeichneten Beweise. Als ein Beweisaufnahmeverfahren ist aber ferner auch anzusehen die gemäß § 144 ZPO. angeordnete Einnahme des Augenscheins.[77])

Bezüglich der Voraussetzungen eines Beweisaufnahmeverfahrens im Sinne des § 13 Nr. 4 hat die Rechtsprechung des Reichsgerichts geschwankt. 69

Zunächst verlangte der erste Zivilsenat des Reichsgerichts in seinem Be-

[75]) Vgl. Gaupp-Stein § 479 II, 1 und § 465 N. 3 und 10.
[76]) RG. 44, 398; Gruchot 29, 1028.
[77]) RG. JW. 96 S. 151, 30.

schlusse vom 29. 9. 83[78]) als Vorbedingung für den Ansatz der Beweisgebühr, soweit dieselbe nach § 13 Nr. 4 die Vertretung in einem Beweisaufnahmeverfahren abzugelten bestimmt sein soll, Zweierlei, nämlich: 1. daß das Beweisverfahren durch einen förmlichen Beweisbeschluß eingeleitet worden sei, und 2. daß die Beweisaufnahme in einem von der vorhergehenden mündlichen Verhandlung getrennten Verfahren, d. h. in einem weiteren, besonderen Termine stattgefunden habe. Die Begründung dieses reichsgerichtlichen Beschlusses stützte sich im wesentlichen auf die §§ 323 ff. [jetzt §§ 358 ff.] der ZPO., in welchen das Beweisaufnahmeverfahren in seinen verschiedenen gesetzmäßigen Formen geregelt sei, und in welchen ein Beweisbeschluß und die Aufnahme des Beweises in einem anderen Termine als demjenigen, in welchem dieser Beschluß gefaßt worden, vorausgesetzt werde, — ferner auf die Erwägung, daß in § 13 Nr. 4 der GO. nicht von der Vertretung bei einer Beweisaufnahme, sondern von der Vertretung in einem Beweisaufnahmeverfahren gesprochen werde, und daß in dem daneben geregelten Falle der Vertretung in dem Termine zur Leistung des durch ein Urteil auferlegten Eides der Termin zur Eidesleistung doch notwendig verschieden sei von dem Termine der Fällung des Eidesurteils, mithin in diesem dem ersteren durchaus gleichgestellten Falle die Aufstellung eines besonderen Beweistermines doch offensichtlich die notwendige Vorbedingung für die im § 13 Nr. 4 normierte Beweisgebühr bilde, — endlich auf den Inhalt und Wortlaut der Motive, welche den in § 13 Nr. 4 bezeichneten Ausnahmefall (der bloßen Vorlegung von in den Händen des Beweisführers oder des Gegners befindlichen Urkunden) dadurch motivieren, daß die Notwendigkeit eines „besonderen Verfahrens" in diesem Falle allzusehr von dem Belieben der Rechtsanwälte abhänge, und zu § 17 hervorheben, daß auch für die weitere mündliche Verhandlung an sich die Verhandlungsgebühr des § 13 nicht wiederholt in Ansatz kommen könne, wenn der Anwalt die Vertretung bereits in der dem „Beweisbeschlusse" vorausgegangenen mündlichen Verhandlung geführt habe.

Diese Ansicht wurde zunächst vom Reichsgericht in späteren Entscheidungen unbeirrt festgehalten;[79]) sie begegnete indessen nicht nur bei den Instanzgerichten[80]) sondern auch ganz allgemein in der Literatur[81]) begründetem

---

[78]) RG. 10, 370 ff; s. auch JW. 83 S. 292 — 295, Bbl. 83 S. 162 ff., Annal. 8, 437 ff: Wallmann Bd. IX 84 S. 170—175.

[79]) Vgl. V. ZS. 19. 11. 84 (JW. S. 302, 28), II. ZS. 17. 4. 85 (JW. S. 186, 22), III. ZS. 22. 9. 85 (RG. 14, 394, JW. S. 322, 11), III. ZS. 24. 1. 88 (JW. S. 100, 13, DJZ. S. 192, Bbl. 89 S. 10), III. ZS. 28. 2. 88 (JW. S. 137, 9, DJZ. S. 160, Thür. BlfR. 35, 271, 11), V. ZS. 21. 9. 89 (JW. S. 403, 12, Bbl. 90 S. 174) mit der Modifikation, daß der Beweisbeschluß nicht nach Vorschrift des § 324 ZPO. formuliert zu sein braucht, I. ZS. 17. 9. 90 (JW. S. 333, 8, Naumb. AKZ. S. 102, 1), IV. ZS. 16. 4. 91 (JW. S. 274, 13, Naumb. AKZ. S. 89, 1), IV. ZS. 19. 9. 92 (JW. S. 421, 3).

[80]) So hatte z. B. der III. ZS. des Kammergerichtes schon in dem Beschlusse vom 8. 11. 81 (AGer.BeamtZ. 81 S. 114) sich grundsätzlich dahin ausgesprochen, daß die Vorlegung von bei dem Gerichte bereits befindlichen Akten behufs Aufnahme eines von den Parteien angetretenen Beweises in der mündlichen Verhandlung, ohne daß dieser Vorlegung ein förmlicher Beweisbeschluß vorhergegangen ist, die Gebühren des § 13 Nr. 4 und des § 17 begründe. Diesen Grundsatz hat das Kammergericht aufrecht erhalten in den Beschlüssen vom 11. 7. 83 (JW. S. 293) und vom 27. 9. 86 (Schreibst. III. Jahrg. S. 11). In gleichem Sinne hat sich das OLG. Jena in der Entscheidung des I. ZS. vom 23. 5. 87 (Thür. BlfR. 35, 147, 148) ausgesprochen, indem daselbst ausgeführt ist:

> „Kläger hat die Akten der Königl. Preußischen Spezialkommission zu Meiningen, betreffend die Separation des auf dem rechten Werraufer belegenen Teiles der Feldmark Waltershausen vorgelegt und aus diesen verschiedene Tatsachen vorgetragen. Diese Akten befanden sich nicht in den Händen des Beweisführers, sondern waren laut Beschlusses des Vorsitzenden der Zivilkammer I des Landgerichtes zu Meiningen vom 8. 12. 85 von der genannten Spezialkommission beigezogen und dem Kläger

Widerspruch. Insbesondere wurde mit Recht gegen diese Ansicht und ihre Begründung von Walter in der früheren Auflage Folgendes ausgeführt:

„Gegen die aus den Motiven hervorgeholten, scheinbaren Begründungsmomente ist zunächst geltend zu machen, daß die Motive keine Gesetzesvorschrift sind, sondern lediglich ein zwar beachtliches, jedoch immerhin nur unter Anwendung der peinlichsten Sorgfalt zu verwertendes Erläuterungsmaterial darbieten; sodann erscheinen aber diese den Motiven entnommenen Begründungsmomente auch an sich hier in keiner Weise zutreffend und stichhaltig. Denn aus den daselbst ohne besondere Beziehung und Betonung, vielmehr offenbar ganz zufällig gewählten Ausdrücken: „Notwendigkeit eines besonderen Verfahrens" und „dem Beweisbeschlusse vorausgegangene mündliche Verhandlung" kann sicherlich nicht eine zwingende Schlußfolgerung des Inhaltes gezogen werden, daß unter dem in § 13 Nr. 4 schlichtweg gebrauchten Ausdrucke „Beweisaufnahmeverfahren" lediglich und ausschließlich nur das gemäß § 323 der ZPO. durch Beweisbeschluß anzuordnende besondere Beweisaufnahmeverfahren verstanden werden müsse. Die beregten Worte der Motive sind ebensowenig sakramental, wie der Ausdruck des Gesetzes in § 13 Nr. 4: „Vertretung in einem Beweisaufnahmeverfahrens", was schon aus der abweichenden aber doch gleichbedeutenden Redewendung in § 22: „Vertretung bei der Beweisaufnahme," sowie aus der im allgemeinen für denselben Begriff anderweitig gewählten Ausdrucksweise des § 45 sich ergibt. Sodann verkennt das

---

hierdurch zugänglich gemacht worden. Wenn nun auch die Beiziehung und Benutzung der fraglichen Akten nicht auf Grund eines diesfallsigen Beweisbeschlusses erfolgt ist, so ist doch die von dem Anwalte bewirkte Vorlegung derselben in der mündlichen Verhandlung zum Zwecke der Beweisführung als ein Beweisverfahren im Sinne des § 13 Ziff. 4 der GOfRA. anzusehen, wodurch sich in Verbindung mit § 17 derselben der Ansatz der Beweis- und weiteren Verhandlungsgebühr rechtfertigt." Ebenso das OLG. Dresden in dem Beschlusse des Feriensenates vom 17. 7. 88 (Ann. Bd. X 89 S. 340 ff.), inhalts dessen der Ansatz der Gebühren des § 13 Nr. 4 und des § 17 für zulässig erklärt ist, wenn auch die mündliche Verhandlung, die Verkündung des auf dieselbe gegründeten Beweisbeschlusses auf Eid, die Abnahme des Eides und die Schlußverhandlung an einem und demselben Tage unmittelbar aufeinander folgen, d. h. in einem Termine stattfinden — ferner das LG. I. Berlin vom 11. 4. 90 und KG. vom 5. 8. 90 (KGBl. 90 S. 41 und 76) unter ausdrücklicher Mißbilligung der in dem reichsgerichtlichen Beschlusse vom 29. 9. 83 aufgestellten entgegengesetzten Ansicht — desgleichen das OLG. Jena in dem Beschlusse des I. ZS. vom 23. 10. 90 (Thür. BlfR. 38, 155, 156), wo insbesondere noch zutreffend darauf hingewiesen ist, daß überdies die in § 13 Ziff. 4 statuierte Ausnahme, betreffend die „Beweisaufnahme", welche nur in Vorlegung von in den Händen der Parteien befindlichen Urkunden besteht, recht deutlich zeige, daß auch eine solche ein besonderes Verfahren ganz und gar nicht erfordernde Beweisaufnahme als ein „Beweisaufnahmeverfahren" im Sinne der GOfRA. vom Gesetzgeber angesehen worden ist, weil es ja sonst der gedachten Ausnahmevorschrift überhaupt nicht bedurft hätte — und schließlich das OLG. Colmar in dem Beschlusse des I. ZS. vom 1. 2. 94 (ELZ. 19. Jahrg. 94 Ziff. 87 S. 311).

[81]) S. Willenbücher in früheren Aufl.; Meyer, GOfRA. S. 35, 36 in Anm. 6b zu § 13; Pfafferoth in seinem Handbuche, wo S. 16 in Nr. 4 Abs. 2 des Art. 17 zur „Beweisgebühr" bemerkt wird: „Das Beweisaufnahmeverfahren beschränkt sich sich hier nicht nur auf das durch förmlichen Beweisbeschluß angeordnete besondere Verfahren, sondern begreift jede gerichtsseitig angeordnete oder zugelassene Beweisaufnahme", desgl. in seinem GKW., wo S. 63 in Anm. 1 Abs. 2 zu der analogen Vorschrift in § 18 Ziff. 2 des GKG. betont ist, daß die gerichtliche Beweisgebühr für jede richterliche Entschließung, welche eine Beweisaufnahme anordnet oder zuläßt, und nicht bloß für den förmlichen Beweisbeschluß des § 323 ZPO. zu erheben sei. Ebenso in betreff der gerichtlichen Beweisgebühr Hörkens „Die deutschen Gerichtskostengesetze" S. 66 in Note 2 Abs. 2 zu § 18 GKG. — Vgl. auch Rechtsanwalt Heer in BreslAKZ. 90 S. 36 bis 38 und RA. Seifert bei Gruchot 38, 681 ff.

Reichsgericht bei seiner Argumentation die Bestimmungen der ZPO. über das Beweisaufnahmeverfahren in Ansehung des Umfanges und der Tragweite durch eine ungerechtfertigt eingeschränkte Auslegung dieses Begriffes. Denn wenngleich die §§ 323 ff. in dem Titel, welcher „Allgemeine Bestimmungen über die Beweisaufnahme" überschrieben ist, enthalten sind, so kennt doch die ZPO. noch andere, von den Fällen der §§ 323 ff. verschiedene Arten von Beweisaufnahmeverfahren, welche keinen förmlichen Beweisbeschluß voraussetzen, wie einerseits schon aus dem Wortlaute des § 323 mit Grund zu folgern ist, wonach nur dann, wenn die Beweisaufnahme ein besonderes Verfahren erfordert, dasselbe durch Beweisbeschluß anzuordnen ist, mithin im Gesetze selbst die Möglichkeit zugegeben ist, daß auch Beweisaufnahmen ohne ein besonderes Verfahren, welche nicht durch Beweisbeschluß eröffnet zu werden brauchen, vorkommen können, andererseits aus § 257 der ZPO. klar und deutlich hervorgeht, inhalts dessen „die Beweisaufnahme" und „die Anordnung eines besonderen Beweisaufnahmeverfahrens durch Beweisbeschluß nicht etwa identifiziert, sondern unterschiedlich einander gegenüber gestellt werden. Als Beweisaufnahmen dieser Art, welche keines besonderen Verfahrens benötigten, kommen z. B. die Anordnungen des Gerichts zur Einnahme des Augenscheins oder zur Vernehmung Sachverständiger von Amts wegen gemäß § 135 ZPO., sowie zur Feststellung unbekannter Rechtsnormen fremder Staaten gemäß § 265 a. a. O. in Betracht. Daß in solchen Fällen kein förmlicher Beweisbeschluß erforderlich ist, ergibt sich zweifellos aus den in § 324 ZPO. namentlich aufgeführten, wesentlichen Merkmalen des Beweisbeschlusses, welche auf diese Arten eines Beweisaufnahmeverfahrens gar nicht passen. Auch wenn eine wahre Beweisaufnahme sofort vor dem Prozeßgerichte erfolgen kann, z. B. durch Vorlegung des Gegenstandes der Augenscheinseinnahme, durch Einsicht von Urkunden bzw. Akten, welche sich am Sitze des Prozeßgerichtes befinden und alsbald herbeigeschafft werden können, oder durch Vernehmung gestellter (ohne Ladung erschienener) Zeugen oder Sachverständiger, bedarf es keines förmlichen „Beweisbeschlusses", da ein solcher eben nach § 323 a. a. O. nur dann zu erlassen ist, wenn die Beweisaufnahme ein „besonderes Verfahren" erfordert, weil sie nicht sofort bewirkt werden kann. Es wird hiernach mit Grund nicht bezweifelt werden dürfen, daß auch jede solche ohne förmlichen Beweisbeschluß vorgenommene richterliche Beweishandlung sich als ein „Beweisaufnahmeverfahren" im Sinne der ZPO., mithin auch im Sinne des § 13 Nr. 4 der GO. darstellt, und da letztere Gesetzesvorschrift zwischen einem Beweisaufnahmeverfahren ohne oder mit vorgängigem Beweisbeschlusse nicht ausdrücklich unterscheidet, sondern von dem „Beweisaufnahmeverfahren" schlichtweg redet, so entbehrt die Meinung, daß die Beweisgebühr demjenigen Rechtsanwalte, welcher die Partei lediglich in einem ohne förmlichen Beweisbeschluß stattgefundenen Beweisaufnahmeverfahren vertreten hat, zu versagen sei, jeder stichhaltigen Begründung. Hätte in die Vorschrift des § 13 Nr. 4 die engere Bedeutung hineingelegt werden sollen, so wäre es für den Gesetzgeber mit Rücksicht auf die in den Reichsgesetzen im übrigen streng durchgeführte Terminologie und allenthalben gleichmäßige Verwendung der technischen Ausdrücke ein pflichtmäßiges Gebot gewesen, die vom Reichsgerichte befürwortete Beschränkung in § 13 Nr. 4 namentlich, etwa durch die Worte „Vertretung in einem besonderen Beweisaufnahmeverfahren" zum Ausdrucke zu bringen. Daß dies nicht geschehen ist, obwohl die in § 257 der ZPO. betonte Unterscheidung zwischen „Beweisaufnahme" und „Anordnung eines besonderen Beweisaufnahmeverfahrens durch Beweisbeschluß" dies nahe legen mußte, liefert für die Hinfälligkeit der reichsgerichtlichen Ansicht einen unwiderleglichen Beweis. Von ausschlaggebender Bedeutung ist endlich der vom Reichsgerichte völlig übersehene Umstand, daß die Richtigkeit der hier dargelegten Auffassung — also das Gegenteil der reichsgerichtlichen Ansicht — im Gesetze selbst ausdrücklich anerkannt ist. Denn der Schlußsatz des § 43 der GO., welcher lautet: „Erstreckt sich die Vertretung auf eine mit der mündlichen Verhandlung verbundene Beweisaufnahme (§ 13 Nr. 4) so erhält der Rechtsanwalt außerdem die Beweisgebühr" läßt klar und deutlich erkennen, daß der Gesetzgeber den Fall einer an die mündliche Verhandlung sich unmittelbar anschließenden Beweisaufnahme, welche noch in dem Verhandlungstermine, nicht in einem davon verschiedenen Termine zur Ausführung kommt, also kein besonderes Verfahren erfordert und demgemäß auch keines vorgängigen Beweisbeschlusses bedarf, sehr wohl im Auge gehabt hat und die Vertretungstätigkeit des Rechtsanwalts auch in einem solchen Beweisaufnahmeverfahren, wie obendrein das Allegat: „(§ 13 Nr. 4)" gänzlich außer Zweifel stellt, als ein durch die Beweisgebühr des § 13 Nr. 4 vergütungsberechtigtes Berufsgeschäft hat angesehen wissen wollen. Bei dieser hiernach aus den gesetzlichen Bestimmungen durchaus gerechtfertigten Auffassung erscheint es vollkommen nebensächlich und gleichgültig, daß in einem ohne förmlichen Beweisbeschluß angeordneten und eventuell an die mündliche Verhandlung in demselben Termine sich anschließenden Beweisaufnahmeverfahren der Mehraufwand an Zeit- und Arbeitsanstrengung seitens des die Partei vertretenden Rechtsanwalts unter Umständen — was indessen keineswegs immer zutreffen wird, — weniger erheblich sein kann, zumal es nach dem von der Gebührenordnung angenommenen Bauschgebührensysteme auf das Maß und den Umfang der im Einzelfalle entfalteten Mühewaltung des Anwalts an sich ankommt, was die Motive ebenfalls zum Ausdrucke bringen.

Die hier verteidigte Auffassung hat auch in den Motiven zum Gerichtskostengesetze [82]) entsprechenden Ausdruck gefunden."

In neuerer Zeit hat dagegen das Reichsgericht den im Beschlusse vom 29. September 1883 eingenommenen Standpunkt gänzlich verlassen und nunmehr in ständiger Rechtsprechung folgende, durchaus billigenswerte, Grundsätze aufgestellt: 70

a) Zur Begründung der Beweisgebühr bedarf es nicht eines förmlichen Beweisbeschlusses nach §§ 358, 359 ZPO., wenn nur die Absicht des 71

---

[82]) Die betreffende Bemerkung der Motive zu § 18 GKG. lautet:
„Wie die Fassung der Nr. 2 des § 18 ergibt, kommt die Beweisgebühr nicht zum Ansatze, wenn eine Beweisaufnahme ohne eine darauf gerichtete Anordnung des Gerichts stattfindet, z. B. bei Vorlegung von Urkunden in der mündlichen Verhandlung im Falle des § 385 der ZPO. Daran wird auch nichts geändert, wenn der Vorsitzende den Prozeßgegner des Produzenten zur Erklärung über die Echtheit der Urkunden auffordert (vgl. § 47 Nr. 1). Dagegen wird im Falle der Vernehmung von Zeugen oder Sachverständigen über die Echtheit die Beweisgebühr auch dann zu erheben sein, wenn dieselben zum Termine gestellt sind, und sofort gehört werden."
Hiernach soll ein gebührenpflichtiger Beweisaufnahmeakt schon dann angenommen werden, wenn auch ohne vorgängigen Beweisbeschluß die ohne Ladung erschienenen Zeugen oder Sachverständigen alsbald im Verhandlungstermine, nicht in einem abgesonderten Beweistermine vernommen werden.

Gerichts, eine Beweisaufnahme anzuordnen, deutlich erkennbar ist.[83]) Insbesondere braucht der die Herbeischaffung und Vorlegung von Akten anordnende Beschluß den Anforderungen des § 359 ZPO. nicht zu entsprechen, es genügt vielmehr, daß die Vorlegung erkennbar zwecks Beweiserhebung über eine streitige Behauptung und nicht bloß zur Information des Gerichts angeordnet war, wobei es unerheblich ist, ob es sich um Akten eines fremden oder des eigenen Gerichts handelt. Es kommt nur darauf an, ob irgend etwas streitig war, was nach dem Antrage einer Partei mittels der beigebrachten Akten bewiesen werden sollte.[84]) Ist dagegen nicht erkennbar, daß die Vorlegung zwecks Beweiserhebung angeordnet ist, so ist die Beweisgebühr nicht begründet.[85])

Zweifelhaft ist die Entstehung der Beweisgebühr, wenn nicht das Gericht, sondern der Richterreferent vor der Verhandlung Akten hat beifügen lassen, und diese Akten dann in der mündlichen Verhandlung „zum Zwecke der Beweisaufnahme vorgelegt" sind. Indessen auch in diesem Falle wird man die Beweisgebühr zubilligen müssen, da eine wirkliche Beweisaufnahme stattfindet, und zwar aus den beigefügten, und nun in Verwahrung des Gerichts befindlichen Akten; daß es an einem förmlichen Beweisbeschluß und einem „besonderen" Verfahren fehlt, verschlägt nichts.[86])

72 b) Es ist auch keine Voraussetzung der Beweisgebühr, daß die Beweisaufnahme in einem vor dem Verhandlungstermine zeitlich getrennten Termine stattfindet, vielmehr entsteht die Beweisgebühr auch dann, wenn die vom Gericht angeordnete Beweisaufnahme dem Beweisbeschlusse unmittelbar in demselben Termine nachfolgt z. B. ein von der Partei zur Stelle gebrachter Zeuge sofort vernommen, ein durch Beweisbeschluß auferlegter Eid sofort geleistet wird.[87]) Es genügt, daß eine Spaltung des Verfahrens in einen den Behauptungen der Parteien und einen der Beweisaufnahme gewidmeten Abschnitt erkennbar hervortritt.[88])

73 c) Voraussetzung der Beweisgebühr ist aber das Vorhandensein eines Beweisaufnahmeverfahrens. Dasselbe muß jedenfalls bereits begonnen haben. Die Anordnung der Beweisaufnahme allein (im Gegensatz zu § 22 GKG. für die Gerichtskostenerhebung) genügt nicht;[89]) es muß vielmehr bereits ein zur Vorbereitung der Beweisaufnahme selbst dienender Akt des Gerichts vorliegen, z. B. die Ladung zum Beweistermine, die Aufforderung an den Sachverständigen zur Abgabe eines schriftlichen Gutachtens. Diese Akte aber liegen bereits innerhalb des Beweisaufnahmeverfahrens.[90])

Wenn nun das Beweisaufnahmeverfahren bereits begonnen hat, so kommt es nicht darauf an, ob die beschlossene Beweisaufnahme auch wirklich

---

[83]) RG. JW. 89 S. 403, 12; 95 S. 10, 26; 96 S. 35, 27 und S. 151, 30; 97 S. 532, 11; 99 S. 6, 20.

[84]) RG. JW. 03 S. 124, 5; OLG. (Hamburg) 11, 150; OLG. (Karlsruhe) 13, 256. Vgl. auch OLG. Dresden in Annalen 27, 180.

[85]) RG. JW. 91 S. 274, 13; 95 S. 242, 15; 96 S. 35, 27 und S. 176, 32; 97 S. 532, 10 und. S. 532, 11; 99 S. 6, 20.

[86]) RG. JW. 97 S. 532, 11. Vgl. auch die in Anm. 80 mitgeteilten Entscheidungen der Instanzgerichte.

[87]) RG. 32, 410; Bd. 36, 386. JW. 94 S. 84, 18.

[88]) OLG. Darmstadt 19. 9. 02 in Hess. Rechtspr. 3, 158.

[89]) RG. JW. 92 S. 421, 4; 96 S. 176, 32; Bolze Bd. 22 Nr. 714.

[90]) JW. 88 S. 137, 9; 95 S. 63, 10 und S. 481, 18; 98 S. 201, 14; RG. 12, 393; 44, 398; Gruchot 29, 1028; Kammergericht in ZZP. 16, 545 und in KGBl. 90 S. 89; 91 S. 38 und 92; 93 S. 71; 97 S. 32; OLG. Breslau im Recht 02 Nr. 2273.

zur Ausführung gekommen ist, ob z. B. der beschlossene Eid abgenommen oder die geladenen Zeugen vernommen worden sind.[91])

Das Beweisaufnahmeverfahren ist abgeschlossen und beendet, sobald gerichtsseitig alles geschehen ist, was zur Ausführung des Beweisbeschlusses zu geschehen hatte.

d) Die Beweisgebühr entsteht nach der ausdrücklichen Vorschrift des § 13 74
Nr. 4 nicht, wenn die Beweisaufnahme bloß in Vorlegung der in den Händen des Beweisführers oder des Gegners befindlichen Urkunden besteht.[92])

α) Die Vorlegung der in den Händen des Beweisführers befindlichen Urkunden ist nicht Beweisaufnahme, sondern Antretung des Beweises (§ 420 ZPO.). Mit Recht halten deshalb die Motive diesen Fall gar nicht für einen Fall eines Beweisaufnahmeverfahrens, übergehen ihn vielmehr und begründen die Nichtentstehung der Beweisgebühr nur für den Fall, daß die Beweisaufnahme nur in der Vorlegung der in den Händen des Gegners befindlichen Urkunden besteht. In diesem Falle ist das Verfahren der §§ 421—425 ZPO. notwendig; weil die Notwendigkeit dieses Verfahrens „allzusehr von dem Belieben der Rechtsanwälte abhängen" würde, ist die Beweisgebühr versagt.

αα) Die Beweisaufnahme besteht „bloß in Vorlegung der im Besitz des 75
Beweisführers befindlichen Urkunden" auch dann, wenn derselbe sich die Urkuuden erst nach dem Beweisbeschluß beschaffen muß; die Urkunden befinden sich dann jedenfalls zur Zeit der Vorlegung in seinen Händen.[93]) Dasselbe wird gelten müssen, wenn die Urkunde in den Händen eines Dritten ist (§ 428 ZPO.); hier ist der Antrag auf Fristbestimmung zur Herbeischaffung nur die Antretung des Beweises. Dagegen wird, wenn die Urkunde in den Händen einer öffentlichen Behörde oder eines öffentlichen Beamten sich befindet, und der Beweisführer dieselbe ohne Mitwirkung des Gerichts sich nicht verschaffen kann (§ 432 Abs. 2 ZPO.), so daß das gerichtliche Ersuchen erforderlich ist (§ 432 Abs. 1 ZPO.), die Beweisgebühr entstehen, da die Beweisaufnahme hier überhaupt nicht durch Vorlegung seitens der Partei geschieht.

ββ) Die Beweisaufnahme besteht bloß in Vorlegung der in den Händen 76
des Gegners befindlichen Urkunden, wenn der Gegner die Urkunde, sei es sofort oder nach Erlaß der in § 425 ZPO. bezeichneten Anordnung vorlegt oder die Vorlegung unterläßt (§ 427 ZPO.). Bestreitet dagegen der Gegner den Besitz der Urkunde, und wird deshalb von ihm der Editionseid erfordert

---

[91]) Vgl. die Entsch. in voriger Anm. Dagegen früher RG. JW. 88 S. 137, 9 und S. 395, 7; ferner OLG. Oldenburg in Old. Ztschr. 22, 108, 110; ObstLG. München 5. 3. 97 in Samml. 97 S. 318. Gegen obige nunmehr ständig aufrechterhaltene Ansicht des Reichsgerichts sprechen sich zwei Entscheidungen des LG. Berlin I in der Beschwerdeinstanz vom 9. 2. 00 und 20. 6. 01 (KGBl. 01 S. 111) aus. Ihr Hauptargument ist, daß nach dem Wortlaut des § 13 Nr. 4 die Beweisgebühr nur erwirkt sein soll, wenn die Beweisaufnahme nicht bloß in der Vorlegung der Urkunden „besteht", woraus sich ergebe, daß notwendigerweise auch irgend ein Beweis erhoben, eine Beweisaufnahme stattgefunden haben müsse. Diese Konsequenz ergibt sich aber durchaus nicht genügend aus dem Wortlaute; auch wenn der Gesetzgeber von der vom Reichsgericht festgelegten Auffassung des Begriffs „Beweisaufnahmeverfahren" ausging, konnte er den Wortlaut der Ausnahmevorschrift gar nicht anders formulieren Im übrigen widersprechen die Entscheidungen den Grundsätzen des Bauschsystems. Die Ausführungen des Landgerichts sind denn auch bereits reprobiert vom KG. VIII 18. 10. 02 in KGBl. 03 S. 12.

[92]) Wenn die Partei Urkunden vorlegen könnte, aber nicht vorlegt, und deshalb die Beiziehung von Akten erforderlich ist und angeordnet wird, in denen sich die Urschrift der Urkunde befindet, so entsteht die Beweisgebühr. Anders zu Unrecht OLG. (Kolmar) 11, 151.

[93]) RG. JW. 93 S. 184, 13; 94 S. 18, 41.

(§ 426 ZPO.), so besteht die Beweisaufnahme „nicht bloß" in Vorlegung der Urkunde; deshalb ist in diesem Falle die Beweisgebühr gerechtfertigt.

77 β) Wenn die Beweisaufnahme im Auslande erfolgen soll, so kann das Gericht — abgesehen vom Ersuchen an den Reichskonsul — entweder die ausländische Behörde um die Beweiserhebung ersuchen, oder dem Beweisführer die Beibringung einer den Gesetzen des fremden Staats entsprechenden öffentlichen Urkunde über die Beweisaufnahme aufgeben (§ 364 ZPO.). Die Beibringung dieser Urkunde ist nicht als „Vorlegung einer in den Händen des Beweisführers befindlichen Urkunde" im Sinne des § 13 Nr. 4 anzusehen; die Beschaffung derselben ist die Ausführung des Beweisbeschlusses an Stelle des Gerichts. Da zweifellos die Beweisgebühr für den Anwalt entsteht, wenn das Gericht die ausländische Behörde ersucht, so muß sie um so mehr gerechtfertigt sein, wenn die Beweisaufnahme dem Parteibetrieb überlassen wird.

78 γ) Wird nach Vorlegung der Urkunde über deren Echtheit gestritten und Beweis erhoben (§§ 437—444 ZPO.), so entsteht für das hierauf gerichtete Beweisaufnahmeverfahren die Beweisgebühr.[94])

79 2. Es muß eine Vertretung im Beweisaufnahmeverfahren stattgefunden haben (Subjektive Voraussetzung).

Das Beweisaufnahmeverfahren ist hinsichtlich der Anwaltstätigkeit als ein besonderer und für sich bestehender Abschnitt des Rechtsstreits ausgeschieden,[95]) der mit den zur Vorbereitung der Beweisaufnahme dienenden Akten beginnt, mit der Erledigung derselben abschließt. Unter der „Vertretung" in diesem Verfahren könnte man nun zweierlei verstehen. Einmal die bloße Tatsache, daß der Anwalt während dieses Stadiums Prozeßbevollmächtigter gewesen ist, ohne Rücksicht darauf, ob er während dieses der Offizialtätigkeit des Gerichts überlassenen Verfahrens irgend eine eigene Tätigkeit entfaltet oder sich ganz passiv verhalten hat. Die Prozeßvollmacht dauert regelmäßig bis zur Beendigung der Instanz; in der Regel wird daher der Anwalt auch während dieses Stadiums Prozeßbevollmächtigter gewesen bzw. geblieben sein; dem prozeßbevollmächtigten Anwalte würde demnach in allen Fällen die Beweisgebühr zustehen. In diesem weitesten Sinne wird indessen der Ausdruck „Vertretung" von Theorie und Praxis nicht verstanden. In der Tat rechtfertigen die Motive die Ablehnung dieser Ansicht, wenn sie die Beweisgebühr als Entgelt „für den Mehraufwand an Zeit und Tätigkeit, welchen unzweifelhaft eine Beweisaufnahme bedingt" angesehen wissen wollen. Mit der Praxis wird man deshalb als „Vertretung" eine besondere Tätigkeit des Anwalts innerhalb des Beweisaufnahmeverfahrens erfordern und die Beweisgebühr dann versagen müssen, wenn eine solche Tätigkeit nicht stattgefunden hat. Diese Tätigkeit braucht aber nicht notwendig gegenüber dem Gerichte oder dem Gegner entfaltet zu sein,[96]) (Vertretung der Person der Partei) wozu sich in vielen Fällen, z. B. bei einer Beweisaufnahme vor einem auswärtigen Gericht, gar keine Gelegenheit bieten wird, vielmehr genügt, wie bei der Prozeßgebühr, der mündliche oder schriftliche Verkehr zwischen Anwalt und Partei, insbesondere die Informationseinziehung, die Raterteilung, die Übermittlung von Nachrichten (Vertretung der Interessen der Partei).[97]) Diese Tätigkeit kann auch nicht als durch die Prozeßgebühr abgegolten angesehen werden, weil eben das Beweisaufnahmeverfahren als besonderes Stadium ausgeschieden ist

[94]) Vgl. auch die Motive zu § 18 GKG.
[95]) RG. 44, 398.
[96]) Wie OLG. Dresden 29. 10. 94 in Ann. 16, 155 meint.
[97]) Vgl. den Aufsatz in JW. 82 S. 186.

und deshalb für dieses Stadium die allgemeine Prozeßgebühr nicht bestimmt ist. Auf den Umfang der innerhalb des Beweisaufnahmeverfahrens entwickelten Tätigkeit kommt es dann, nach den Grundsätzen des Bauschsystems, nicht an; es genügt jede Art von Tätigkeit des Rechtsanwalts, die mit der Beweisaufnahme in direktem Zusammenhang steht.[98]

a) Nicht erforderlich ist deshalb zur Begründung der Beweisgebühr, daß der Rechtsanwalt den Beweistermin wahrgenommen hat, wenn er nur eine anderweite Tätigkeit entwickelt hat. An dieser Ansicht hat das Reichsgericht unentwegt festgehalten.[99] Daß die Wahrnehmung eines Beweistermins, wenn sie erfolgt, eine die Beweisgebühr begründende Tätigkeit enthält, ist unzweifelhaft. 80

b) Das Reichsgericht unterschied früher zwischen der sich nur auf vorbereitende gerichtliche Akte beziehenden und der auf die Ausführung der Beweiserhebung selbst bezüglichen Tätigkeit des Anwalts.[100] Diese Unterscheidung ist nach den obigen Ausführungen (N. 73) mit Recht fallen gelassen worden. 81

Nach der berichtigten Auffassung ist als eine, die Beweisgebühr zur Entstehung bringende Tätigkeit im Beweisaufnahmeverfahren anzusehen:

α) Die Empfangnahme der Ladung zum Beweistermin[101], da die Ladung schon zum Beweisaufnahmeverfahren gehört, dessen Zwecken sie dadurch, daß der Partei Gelegenheit zum Erscheinen im Termin und zur Wahrnehmung ihrer Interessen gegeben wird, zu dienen bestimmt ist. Kann hier immerhin noch zweifelhaft sein, ob schon eine Tätigkeit aufgewendet ist, so ist dies gewiß der Fall, wenn der Anwalt von der Terminsansetzung seine Partei benachrichtigt.[102] 82

Dasselbe muß von der Empfangnahme der Mitteilung über Aufhebung des Beweistermins und Benachrichtigung der Partei hiervon gelten.[103]

β) Als eine die Beweisgebühr begründende Tätigkeit im Beweisaufnahmeverfahren ist es ferner anzusehen, wenn der Anwalt einen auswärtigen Anwalt mit der Wahrnehmung eines Beweistermins beauftragt.[104] 83

γ) Die Wahrnehmung eines Beweistermins, d. h. das Erscheinen in demselben, selbst wenn es nicht zur Beweisaufnahme kommt.[105] 84

Dagegen kommt die Beweisgebühr nicht zur Entstehung für eine Tätigkeit, welche vor Beginn oder nach Abschluß des Beweisaufnahmeverfahrens fällt. Darum wird die Beweisgebühr nicht begründet für die Empfangnahme des Beweisbeschlusses allein und dessen Mitteilung an die Partei, da dies noch nicht zum Beweisverfahren gehört;[106] ebenso aber auch nicht für die Empfangnahme des Beweisprotokolls und Mitteilung des Ergebnisses an die Partei, da diese Tätigkeit schon nach Abschluß des Beweisaufnahmeverfahrens entfaltet wird.[107] 85

---

[98]) RG. 44, 398.

[99]) RG. 93 S. 161, 18; 95 S. 481, 18; 96 S. 671, 9; 97 S. 347, 21; 21 S. 407; 26, 378; 44, 398; Gruchot 27, 1137; 28, 1183; 29, 1028. Gegen diese Ansicht hat Walter in den früheren Aufl. (III. Aufl. S. 230 ff.) mit längeren Ausführungen angekämpft, die indessen der in ständiger Praxis des Reichsgerichts festgelegten Auffassung des Begriffs „Beweisaufnahmeverfahren" und dem Grundsatze, daß es auf Art und Umfang der Tätigkeit innerhalb eines Verfahrensabschnitts nicht ankommt, widersprechen.

[100]) RG. JW. 87 S. 314, 11; 88 S. 395, 17; 89 S. 69, 12; RG. 12, 393.

[101]) RG. JW. 84 S. 214, 15; 98 S. 390, 19.

[102]) RG. JW. 95 S. 48, 18; 99 S. 493, 30.

[103]) RG. JW. 96 S. 150, 29 und 321, 12.

[104]) RG. 26, 378; JW. 94 S. 64, 12; 99 S. 493, 30.

[105]) RG. JW. 95 S. 63, 10.

[106]) RG. JW. 87 S. 314, 11; KG. in ZZP. 13, 432.

[107]) RG. JW. 98 S. 390, 19; vgl. aber auch RG. JW. 97 S. 347, 21.

86 Ebenso wird die Beweisgebühr auch nicht begründet durch eine Tätigkeit, die nur zeitlich in das Stadium des Beweisaufnahmeverfahrens fällt, aber ihre Bedeutung für andere Teile des Rechtsstreits hat z. B. die nachträgliche Angabe der Adresse eines Zeugen, da diese schon mit der Beweisantretung verbunden werden muß; diese Tätigkeit wird vielmehr durch die Prozeßgebühr abgegolten.[108])

87 Endlich wird die Beweisgebühr auch nicht entstehen, wenn etwa nicht auf Grund eines Beweisbeschlusses zum Zwecke der Beweisaufnahme, sondern lediglich zur Information für den Abschluß eines Vergleiches ein Zeuge oder Sachverständiger in einem Sühnetermin vernommen wird.[109])

88 3. Die Wertsberechnung für die Beweisgebühr geschieht nach §§ 12, 13 GKG. (vgl. § 10 N. 74 ff.) d. h. nach dem Gegenstand des Beweisverfahrens, der geringer, aber niemals höher sein kann, als der Streitgegenstand.[110]) Nach dem in N. 11 erörterten Grundsatz ist der Wert des höchsten Gegenstandes zu irgend einer Zeit des Beweisverfahrens maßgebend, so daß eine nach Beginn desselben eingetretene Verringerung, z. B. durch Teilzahlung, nicht in Betracht kommt.[111])

C) Vertretung im Eidesleistungstermin und im Beweisaufnahmeverfahren.

89 Wenn der Rechtsanwalt in derselben Instanz die Partei sowohl in einem Beweisaufnahmeverfahren, als auch in einem Termine zur Leistung des durch ein Urteil auferlegten Eides vertreten hat, so steht ihm die Beweisgebühr dennoch nur einmal zu, weil nach § 25 der Gebührenordnung jede der im § 13 benannten Gebühren, also auch die in Nr. 4 daselbst benannte Beweisgebühr, in jeder Instanz betreffs desselben Streitgegenstandes nur einmal erhoben werden kann. Wenn in § 13 Nr. 4 neben dem Beweisaufnahmeverfahren auch noch von der Leistung des durch Urteil auferlegten Eides die Rede ist, so geschieht dies nur, um diese Art der Eidesleistung einer Beweisaufnahme gleichzustellen (vgl. auch die Motive in Erläuterung I Abs. 6 zu § 13 oben S. 166), keineswegs aber in der Absicht, dafür eine besondere (zweite) Beweisgebühr zu begründen.[112]) Auch dann, wenn nach Durchführung eines Beweisverfahrens ein außergerichtlicher Vergleich abgeschlossen wird und hinterher in bezug auf diesen Vergleich sich Anstände ergeben, welche ein neuerliches Beweisverfahren veranlassen, kann gleichwohl im Hinblick auf § 25 der Rechtsanwalt die Beweisgebühr nur einmal beanspruchen, weil durch den außergerichtlichen Vergleich die Einheit der Instanz nicht aufgehoben wird.[113])

§ 14.

Soweit der Auftrag vor der mündlichen Verhandlung erledigt ist, ohne daß der Rechtsanwalt die Klage eingereicht hat oder einen Schriftsatz hat zustellen lassen, steht ihm die Prozeßgebühr nur zu fünf Zehnteilen zu.

In einem Verfahren, für welches eine mündliche Verhandlung durch

[108]) RG. bei Gruchot 31 S. 1134; JW. 99 S. 493, 30.

[109]) RG. JW. 00 S. 51, 15; OLG. (Karlsruhe) 11, 339.

[110]) OLG. (Karlsruhe) 11, 342.

[111]) KG. in KGBl. 91, S. 38.

[112]) RG. II. ZS. 6. 4. 83 (Bd. 9, 333, JW. S. 207; Bbl. S. 85) und RG. II ZS. 17. 3. 85 (JW. S. 159, 10; Bolze 1, 353); ebenso OLG. Dresden I. ZS. 10. 11. 80 (Wengler III 81, S. 113 Nr. 8; Wallmann VI 82 S. 766, 767); desgl. Kammergericht VIII. ZS. 1. 10. 81 (AGer.BeamtZ. 81 S. 77).

[113]) OLG. Kolmar I. ZS. 11. 10. 93 (ZfEL. 19. Jahrg. 94 S. 157 Ziff. 40).

das Gesetz nicht vorgeschrieben ist, findet die gleiche Ermäßigung statt, soweit der Auftrag erledigt ist, bevor der Antrag an das Gericht eingereicht, der mündliche Antrag gestellt oder der Auftrag an den Gerichtsvollzieher oder den diesen Auftrag vermittelnden Gerichtsschreiber erteilt ist.

Vorbemerkung.

§ 14 verordnet eine Ermäßigung der nach § 13 anzusetzenden Prozeßgebühr. Zur Erörterung gelangen:

I. Motive (1).
II. Abgrenzung des Anwendungsgebiets (2).
III. Subjektive Voraussetzungen (3—4).
IV. Objektive Voraussetzungen.
A. Die Fälle des Abs. 1 (5—12).
B. Die Fälle des Abs. 2 (13—14).
V. Teilweise Erledigung des Auftrags (15).
VI. Wertsberechnung (16).
VII. Kostenerstattung (17).

1 **I. Motive.** Da die Prozeßgebühr eine Vergütung für die Information und den Betrieb der ganzen Sache sein soll, so muß sie entsprechend verkürzt werden, wenn der Auftrag erledigt ist, ehe die Tätigkeit des Anwaltes nach außen zur Erscheinung gekommen ist. Dies ist namentlich der Fall, wenn der Rechtsstreit nicht bis zur mündlichen Verhandlung fortgeführt wird und auch der Anwalt die Klage noch nicht eingereicht hat, bzw. dem Gegner einen Schriftsatz noch nicht hat zustellen lassen. Darauf, ob der Anwalt die Klage bzw. den Schriftsatz angefertigt hat, konnte das entscheidende Gewicht nicht gelegt werden; vielmehr erschien es zweckmäßiger, die Zulässigkeit der vollen Gebühr von feststehenden Ereignissen abhängig zu machen. Die Bestimmung des § 14 geht davon aus, daß in den bezeichneten Fällen die Einziehung der Information, auf welche sich dann die Tätigkeit des Anwaltes beschränkt, ebenso hoch anzuschlagen ist, als der ganze Prozeßbetrieb.

In entsprechender Weise mußte in Abs. 2 für das Verfahren, für welches eine mündliche Verhandlung durch das Gesetz nicht vorgeschrieben ist, diejenige Handlung bezeichnet werden, welche zwischen den Fällen der ganzen und halben Gebühr die Scheidelinie ziehen soll. Als eine solche Handlung gilt sachgemäß die Einreichung des schriftlichen Antrages bei Gericht, die Stellung des mündlichen Antrages und die Erteilung des Auftrages an den Gerichtsvollzieher bzw. an den Gerichtsschreiber.

II. Abgrenzung des Anwendungsgebiets.

2 Der § 14 sieht den Fall der Erledigung des Rechtsstreites in einem besonders frühen Stadium vor, in welchem von anderen Gebühren, als von der Prozeßgebühr, der Natur der Sache nach nicht die Rede sein kann, und auch die ganze Prozeßgebühr als eine zu hohe Vergütung erscheint. Wird der Auftrag in einem späteren Abschnitte des Verfahrens (durch Zurücknahme der gestellten Anträge, Befriedigung des Klägers, Untergang der streitigen Sache oder aus anderen Gründen) „erledigt“, so bestimmt sich die Vergütung des Rechtsanwaltes nach dem Grundsatze des § 50. Er hat dann die Prozeßgebühr und die übrigen Gebühren zu beanspruchen je nach Maßgabe der Tätigkeiten, welche er bis zur Erledigung des Auftrages im Prozesse entfaltet hat. Vgl. § 50 und die Erläuterungen dazu.

3 **III. Subjektive Voraussetzungen.** Die Gebührensätze des § 13 sind, wie in Erl. zu § 13 N. 2 hervorgehoben, nur für den Rechtsanwalt als Prozeßbevollmächtigten bestimmt; da § 14 nur eine Modifikation eines nach § 13 zu liquidierenden Satzes geben will, so hat auch § 14 zur Voraussetzung, daß

der liquidierende Anwalt zum Prozeßbevollmächtigten bestellt war. Ist dies nicht der Fall gewesen, sondern liegt nur ein Auftrag zu einzelnen Prozeßhandlungen vor, so ist § 14 nicht, jedenfalls nicht unmittelbar, anwendbar, sondern nach §§ 43—48, eventuell nach §§ 89, 90 GO. zu liquidieren.

4 Andererseits aber bezieht sich der § 14 nicht bloß auf die Tätigkeit des prozeßbevollmächtigten Anwalts des Klägers, sondern eines jeden, für den Prozeß bestellten prozeßbevollmächtigten Anwalts, also auch des Anwalts des Beklagten, des Streitgenossen, Nebenintervenienten und der prozeßbevollmächtigten Anwälte der höheren Instanzen. Die Richtigkeit dieser Auffassung ergibt sich schon aus der Erwägung, daß das Gesetz selbst zwischen den beiden Anwälten der Parteien nicht unterscheidet, sondern von dem „Rechtsanwalt" schlechtweg spricht, worunter sowohl der Anwalt des Klägers, als auch der Anwalt des Beklagten, sowie überhaupt jeder prozeßbevollmächtigte Anwalt (besonderer Anwalt eines Streitgenossen, Nebenintervenienten ꝛc.) und zwar für alle Instanzen verstanden werden muß; sie ergibt sich aber auch aus dem Wortlaute der Vorschrift des § 14, da der Passus „oder einen Schriftsatz hat zustellen lassen" auf jeden prozeßbevollmächtigten Rechtsanwalt paßt, also mit gleichem Rechte auf den Anwalt des Beklagten anzuwenden ist und wohl gerade vornehmlich auf diesen Bezug haben soll (§§ 132, 272 ZPO.). [1])

IV. Objektive Voraussetzungen.

A) Die Fälle des Abs. 1.

5 Das maßgebende Kriterium für die Ermäßigung der Prozeßgebühr soll nach der Absicht des Gesetzes die Tatsache sein, daß die Tätigkeit des Anwalts nach Außen hin, d. h. über den Verkehr mit der Partei hinaus, noch nicht zur Erscheinung gekommen ist. Einen solchen Tatbestand nimmt die GO. in ihrem § 14 an, wenn zwei Voraussetzungen zusammentreffen: [2])

6 1. Der Auftrag muß vor der mündlichen Verhandlung erledigt sein.

a) Die ZPO. behandelt in ihrem ersten Buch, dritten Abschnitt, erster Titel die „mündliche Verhandlung"; sie spricht zunächst in §§ 129—135 von der Vorbereitung der mündlichen Verhandlung, insbesondere durch die Schriftsätze, sodann in § 136 von der Eröffnung der mündlichen Verhandlung, und schließlich in den folgenden Paragraphen von dem Hergange der mündlichen Verhandlung selbst, welche nach § 137 durch die Stellung der Anträge eingeleitet wird. Ist es nun bis zur Eröffnung der mündlichen Verhandlung gekommen, so kann man nicht mehr sagen, daß „vor" der mündlichen Verhandlung der Auftrag seine Erledigung gefunden habe. Der § 14 wird demnach unanwendbar sein, wenn die mündliche Verhandlung überhaupt eröffnet worden ist, ohne daß es darauf ankommt, in welcher Weise verhandelt worden ist. Deshalb kann insbesondere nicht in Betracht kommen, ob zur Hauptsache verhandelt worden ist oder nicht.

7 Die ZPO. nennt mündliche Verhandlung auch eine solche, in welcher nicht zur Hauptsache verhandelt ist, und namentlich auch im Falle der Klagezurücknahme gemäß § 271 ZPO., indem daselbst von einer Zurücknahme der Klage „bei der mündlichen Verhandlung" (Abs. 2) gesprochen wird, welche erfolgt ist „vor der mündlichen Verhandlungen des Beklagten zur Hauptsache (Abs. 1), also, weil der Regel nach der Kläger vor der Zurücknahme der Klage

---

[1]) Vgl. RG. V. ZS. 7. 3. 91 (JW. S. 200, 13; Bbl. S. 107; Naumb. AKZ. S. 54).

[2]) Vgl. hierzu den Aufsatz: „Die Ausmessung der Prozeßgebühr" von Bellerode in JW. 89 S. 103.

nicht erst zur Hauptsache verhandeln wird, auch in dem Falle, wenn überhaupt nicht zur Hauptsache verhandelt ist.[3]) Dasselbe muß auch gelten, wenn irgend eine Erklärung zur Hauptsache nicht abgegeben ist, sondern lediglich über die Kosten verhandelt ist.[4]) Aber auch dann muß die Ausnahmevorschrift des § 14 für unanwendbar erklärt werden, wenn nach Eröffnung der Verhandlung lediglich die Vertagung beantragt und beschlossen ist; auch hier ist es zur Eröffnung der mündlichen Verhandlung gekommen und der Anwalt als Prozeßbevollmächtigter in die Erscheinung getreten.[5])

Dieselben Grundsätze müssen auch bei Zurücknahme eines Rechtsmittels zur Anwendung kommen.

b) Der Auftrag muß erledigt sein; es kommt deshalb nicht darauf an, 8
daß der materielle Anspruch etwa durch Befriedigung, Verzicht, Vergleich erledigt, d. h. beseitigt ist, wenn noch der (nicht gekündigte) Auftrag zu irgend einer formellen Tätigkeit Raum bietet.[6])

2. Als weitere Voraussetzung für die Ermäßigung der Prozeßgebühr fordert 9
§ 14, daß der Rechtsanwalt noch nicht die Klage eingereicht oder einen Schriftsatz hat zustellen lassen. Die Anfertigung der Klage oder der Schriftsätze ist gleichgültig.

a) Zur Abwendung der Ermäßigung genügt für den Anwalt des Klägers 10
die Einreichung der Klage bei Gericht zum Zwecke der Terminsbestimmung; für jeden anderen Anwalt genügt nicht die Einreichung, sondern erst die Bewirkung der Zustellung eines Schriftsatzes. Insbesondere genügt für den Anwalt des Beklagten, der Widerklage erheben will, nicht die Einrichtung des den Widerklageantrag enthaltenden Schriftsatzes; ebensowenig genügt die Einreichung der Einspruchsschrift der Berufungsschrift oder der Revisionsschrift. In allen diesen Fällen ist vielmehr die Bewirkung der Zustellung erforderlich.[7])

b) Als Schriftsatz wird nur ein sog. vorbereitender Schriftsatz zu gelten 11
haben; es muß aber genügen, wenn derselbe lediglich den Antrag ohne nähere Begründung enthält; andererseits genügt bei Einspruch, Berufung und Revision die Einhaltung der Mußvorschriften (§§ 340, 518, 553 ZPO.).

c) Der Rechtsanwalt „hat einen Schriftsatz zustellen lassen", wenn er 12
alles getan hat, was zur Bewirkung der Zustellung seinerseits getan werden kann, also wenn er den Schriftsatz mit dem Auftrage zur Zustellung dem Gerichtsvollzieher, oder, soweit eine Zustellung durch Vermittlung des Gerichtsschreibers zulässig ist (§ 166 ZPO.), dem letzteren übergeben oder bei der Zustellung von Anwalt zu Anwalt den Schriftsatz dem gegnerischen Anwalt mit dem Ersuchen um Empfangsbekenntnis übersandt hat. Die wirklich erfolgte Zustellung wird man nicht verlangen dürfen, wie sich schon aus der analogen Bestimmung des Abs. 2 des § 14 ergibt.

B) Die Fälle des Abs. 2.

Einer besonderen Bestimmung bedurfte es für solche Verfahren, für welche 13
eine mündliche Verhandlung durch die ZPO. nicht vorgeschrieben ist. Hier kommen vornehmlich in Betracht das Kostenfestsetzungsverfahren (§§ 104 ff.

---

[3]) RG. V. ZS. 10. 3. 86 (JW. S. 118 Ziff. 23; Bbl. S. 146; Naumb. AKZ. S. 85 Ziff. 2); ebenso RG. V. ZS. 20. 9. 93 (JW. S. 470, 15; Bbl. S. 182, 183).

[4]) RG. 7, 356.

[5]) A. M. ohne nähere Begründung RG. JW. 91 S. 200, 13.

[6]) Vgl. RG. 7, 358.

[7]) A. M. Bellerode a. a. O. S. 104. Die Entscheidung des RG. in JW. 87 S. 42, 22 spricht nicht gegen obige Ansicht.

ZPO.), das Beschwerdeverfahren (§§ 567 ff. ZPO.), das Zwangsvollstreckungsverfahren (§§ 704 ff. ZPO.) und das Arrestverfahren (§§ 916 ff. ZPO.). Hier muß die eine Voraussetzung des § 14, Erledigung des Auftrages vor der mündlichen Verhandlung, natürlich wegfallen; ebensowenig kann eine Zustellung in Betracht kommen, da bei diesen Verfahren Zustellungen nicht vorgeschrieben sind.

Die Voraussetzung für die Erwerbung der vollen Prozeßgebühr ist hier die Einreichung des schriftlichen oder die Stellung des mündlichen Antrages bei Gericht bzw. in den Fällen des Verkehrs mit dem Gerichtsvollzieher, wie bei der Zwangsvollstreckung in das bewegliche Vermögen, die Erteilung des Auftrages an den Gerichtsvollzieher oder den diesen Auftrag vermittelnden Gerichtsschreiber.

14 Dies gilt nicht nur für den Anwalt des Antragstellers, sondern auch für den des Antragsgegners; auch diesem steht die volle Prozeßgebühr erst mit der Einreichung eines schriftlichen oder Stellung eines mündlichen Antrages zu, z. B. bei Beantwortung einer Beschwerde oder bei Beschwerdeführung über einen vollstreckbaren Gerichtsvollzieher.

15 **V. Teilweise Erledigung des Auftrags.** Die Ermäßigung der Prozeßgebühr tritt nur ein, soweit der Auftrag vor der bezeichneten Tätigkeit erledigt ist. Betrifft nun die Erledigung nur einen Teil des Auftrages, so tritt die Ermäßigung nur für diesen Teil ein. Wird z. B. der Rechtsanwalt mit Einklagung einer Forderung von 1200 M. beauftragt, erledigt sich aber vor Einreichung der Klage der Auftrag infolge Teilzahlung von 700 M., so ist die volle Prozeßgebühr nur von 500 M., von 700 M. dagegen nur die halbe Prozeßgebühr zu liquidieren. Nach der Vorschrift des § 12 Abs. 2 GKG., die nach § 10 GO. zur Anwendung zu kommen hat (vgl. Erl. zu § 10 N. 80) darf hier jedoch die Gebühr jedenfalls nicht mehr als $^{10}/_{10}$ von 1200 M. betragen; es ist deshalb nicht 19 + 12 = 31 M., sondern nur 28 M. zu liquidieren.

16 **VI. Wertsberechnung.** In den Fällen des § 14 muß die Regel des § 4 ZPO., daß für die Wertsberechnung der Zeitpunkt der Klageerhebung maßgebend ist, versagen, da es zur Zustellung der Klage nicht kommt (vgl. Erl. § 10 N. 27). Ist die Einreichung der Klage erfolgt, so muß diese für die Wertsberechnung maßgebend sein. (Vgl. Erl. zu § 10 N. 27 Anm. 28.) Ist es aber auch nicht zur Einreichung gekommen, so wird schließlich der Zeitpunkt der Erteilung des Auftrags maßgebend sein müssen.

17 **VII. Kostenerstattung.** Wenn der Auftrag sich vor der Einreichung der Klage erledigt, z. B. durch Tilgung der einzuklagenden Forderung, so kann es keinem Zweifel, unterliegen, daß die Erstattung der Kosten nur durch eine, die Erstattungspflicht nach dem bürgerlichen Recht begründende Klage erlangt werden kann, und zwar bei einem für diesen Erstattungsanspruch sachlich und örtlich zuständigen Gericht.

Wenn aber die Klage bereits eingereicht, vor ihrer Zustellung jedoch die Klageforderung getilgt ist, so ist es streitig, ob zur Gewinnung eines Schuldtitels für die bisher entstandenen Kosten (Anwaltsgebühr und Gerichtsgebühr nach § 46 GKG.) das Verfahren fortgesetzt werden kann,[8]) oder eine neue Klage auf Kostenerstattung erhoben werden muß.[9])

---

[8]) Diese Ansicht wird vertreten von Willenbücher 5. Aufl. S. 9; ferner in den Aufsätzen in JW. 84 S. 264 (Linckelmann), 86 S. 211 (Staub); S. 368 mit Einschränkungen (anonym); S. 372 mit Einschränkungen (anonym) und 89 S. 359 (Staub); ebenso OLG. Kolmar in ElsZ. 20, 414; OLG. Hamburg in SeuffArch. 44, 91; 49, 219 und OLG.

Es ist zunächst unzweifelhaft, daß der Anwalt nicht trotz der Befriedigung die Klage zustellen lassen darf; sie würde als zur Zeit der Anhängigkeit nicht mehr begründet abgewiesen werden und dies würde gemäß § 91 ZPO. die Verurteilung des Klägers in sämtliche Kosten herbeiführen.[10]) Der Streit kann demnach nur darüber bestehen, ob es statthaft ist, die eingereichte und mit Terminsnote versehene Klage zugleich mit einer Nachschrift zuzustellen, in welcher die Erledigung des ursprünglichen Klagebegehrens erklärt und der Antrag auf Verurteilung in die bisher entstandenen Kosten eingeschränkt wird.

Augenscheinlich ist in diesem Falle ein Rechtsstreit in der Hauptsache gar nicht anhängig geworden; dieselbe ist erledigt und soll auch gar nicht der richterlichen Entscheidung unterbreitet werden. Damit fehlt es aber auch an einem Rechtsgrunde für die Entstehung von Prozeßkosten als solchen; es ist kein Raum für die Anwendung der Bestimmungen der ZPO. über die Prozeßkosten, weil dieselben nur als annexum des Rechtsstreits in der Hauptsache gedacht und beurteilt sind; weder kann der § 308 Abs. 2, noch der § 91 ZPO. in Betracht

6, 387; OLG. Jena in Thür. BlfR. 45, 267; LG. I Berlin in KGBl. 92 S. 25; 95 S. 18; 04 S. 101; LG. Halle in Naumb. AKZ. 94 S. 16 Z. XI, 1. Diese Ansicht wurde auch von Walter in den früheren Auflagen vertreten mit folgender Begründung: „Jede Klage enthält einen im Antrage zumeist namentlich ausgedrückten, doppelten Gegenstand, nämlich den Hauptanspruch einschließlich etwaiger Nebenforderungen und den Anspruch auf Ersatz der erwachsenden Prozeßkosten. Der letztere gilt auch ohne namentliche Bezeichnung in der Klage stets als vorhanden. Denn nach § 279 Abs. 2 der ZPO. hat das Gericht über die Verpflichtung, die Prozeßkosten zu tragen, auch ohne Antrag, also von Amts wegen, zu erkennen, um den nach § 98 der ZPO. zum Zwecke der Kostenerstattung notwendigen vollstreckbaren Titel für die Parteien zu schaffen. Dieser mit der Klage gleichzeitig geltend gemachte Anspruch auf Feststellung der Kostenpflicht ist nun durch bloße Zahlung der Streitsumme noch nicht beseitigt, und also auch der Rechtsstreit nicht völlig gegenstandslos geworden. Unter Beschränkung auf diesen Gegenstand muß daher auch die Fortsetzung des Prozeßverfahrens durch Zustellung der Klageschrift für zulässig erachtet werden. Richtig ist es zwar, daß dadurch die Kosten zum Nachteile des Beklagten vermehrt werden; dies ist aber eine notwendige Folge des bereits bei Einreichung der Klageschrift eingetretenen Verzuges des Beklagten, welcher der Beklagte übrigens dadurch wirksam begegnen kann, daß er gleichzeitig mit Zahlung der Streitsumme oder, wenn er zu dieser Zeit von der Klageanstellung noch keine Kenntnis hatte, spätestens bei Zustellung der Klage den Betrag der bisherigen Kosten sofort zur Verfügung stellt. Die Mehrkosten würden sich dann lediglich auf die geringfügigen Zustellungskosten des Gerichtsvollziehers beschränken. Durch Anstellung einer besonderen Schadensersatzklage würden die Kosten unnötigerweise erheblich vergrößert werden, indem dann die Anwalts- und Gerichtskosten des neuen Rechtsstreites zu den früheren Kosten noch hinzutreten."

[9]) Diese Ansicht wird von fast allen Kommentatoren der ZPO. vertreten, so von Gaupp-Stein zu § 91, II; Petersen-Anger zu § 91, I S. 233; Foerster I S. 388; Struckmann-Koch § 91 Nr. 1; Wilmowski-Levy § 87 Nr. 1 S. 157; ferner in den Aufsätzen bei Gruchot 35, 616 (Waldstein); 36, 241 (Landsberg); in JW. 84 S. 190 (anonym); S. 245 (Bassermann); 86 S. 370 (Peimer); in Naumb. AKZ. 87 S. 74 (Stern); ebenso LG. I Berlin in KGBl. 92 S. 45, AG. Rybnik in Bresl. AKZ. 96 S. 17; OLG. Naumburg in SeuffArch. Bd. 46 Nr. 55; LG. Halle in Naumb. AKZ. 99 S. 54; OLG. Hamburg in ZZP. 30, 131; OLG. Karlsruhe in Bad. Rpr. 03, 67. Vgl. auch Gerson in ZZP. 19, 262.

[10]) RG. 15, 426; LG. Halle in Naumb. AKZ. 97 S. 19. In vielen Fällen wird es dem Anwalt garnicht mehr möglich sein, die Zustellung zu verhindern; dann ist die Klage mit dem Klagepetitum anhängig geworden. Hier war nach dem früheren Recht nicht zu helfen; die Kosten des anhängig gewordenen Prozesses mußten gemäß § 91 ZPO. dem Kläger auferlegt werden, obgleich materiell die Kosten bis zur Befriedigung dem Beklagten zur Last zu legen wären. Dieser Widerspruch zwischen dem materiellen und formellen Recht kann jetzt in folgender Weise beseitigt werden: Der Kläger ändert die Klage durch Zustellung eines Antrages und Vortrag in der mündlichen Verhandlung dahin, daß an Stelle des ursprünglichen Anspruchs der Anspruch auf Ersatz der bisher aufgelaufenen, ziffernmäßig im Antrag festzustellenden Kosten geltend gemacht wird; diese zweifellose Klageänderung wird sodann vom Gericht auf Grund der neuen Bestimmung des § 264 ZPO. zugelassen, weil durch die Änderung die Verteidigung des Beklagten nicht wesentlich erschwert wird.

kommen. Der Kostenanspruch bildet sonach einen selbständigen mit irgend einem anderen Anspruche nicht mehr zusammenhängenden Anspruch, der nicht aus der ZPO., sondern nur aus dem bürgerlichen Recht begründet werden kann.

Da nun durch die Zustellung der Klage mit der Nachschrift nur dieser selbständige Kostenanspruch anhängig gemacht wird, so hat man es hier tatsächlich gar nicht mehr mit der Weiterverfolgung des durch die Klageeinreichung eingeleiteten Rechtsstreits, sondern mit einen neuen, eine Kostenerstattungspflicht aus dem bürgerlichen Recht verfolgenden Rechtsstreit zu tun; die Darstellung der ursprünglichen Klage ist nur ein Teil der nunmehr erforderlichen Darstellung, welche die Begründung des jetzigen Klageantrages enthalten soll. Von einer Klageänderung kann deshalb nicht die Rede sein, weil eine anders begründete Klage ja niemals rechtshängig geworden ist. Diese einen selbständigen Anspruch verfolgende Klage muß nun alle Erfordernisse einer Klage erfüllen (§ 253 ZPO.), insbesondere einen bestimmten Antrag enthalten; es genügt deshalb nicht der Antrag, den Beklagten zur Tragung der bisher entstandenen Kosten zu verurteilen, sondern es müssen diese Kosten ziffernmäßig berechnet verlangt werden. Ebenso ist die Klage bezüglich der Zuständigkeit selbständig zu prüfen; ist das mit der Einreichung der Klage angerufene Gericht sachlich oder örtlich unzuständig, so wird lediglich wegen dieser Unzuständigkeit zur Vermeidung einer Abweisung der Klage das obengedachte Verfahren unzweckmäßig und die Klage bei dem zuständigen Gericht anzubringen sein.[11])

Die Streitfrage wird demnach dahin zu entscheiden sein, daß, wenn das für den ursprünglichen Klageanspruch angerufene Gericht auch für den Erstattungsanspruch zuständig ist, der Kläger die Wahl hat, entweder die ursprüngliche mit Terminsnote versehene Klageschrift mit einer den Rechtsstreit auf den Kostenerstattungsanspruch beschränkenden und denselben aus dem bürgerlichen Recht begründenden Nachschrift zuzustellen oder ein neues Verfahren einzuleiten.[12])

Nach dem bürgerlichen Recht wird der Anspruch auf Erstattung der aufgewendeten Kosten aus dem Verzuge oder als Schadensersatzforderung aus § 823 BGB. zu begründen sein.[13])

§ 15.

Die Verhandlungsgebühr steht dem Rechtsanwalte nicht zu, welcher zur mündlichen Verhandlung geladen hat, ohne daß dieselbe durch das Gesetz vorgeschrieben oder durch das Gericht oder den Vorsitzenden angeordnet war.

1 **I. Motive.** Eine gänzliche Ausschließung der Verhandlungsgebühr, wie sie gemäß § 21 des GKG. eintritt, wenn ein zur Beilegung des Rechtsstreites abgeschlossener Vergleich aufgenommen oder auf Grund eines Anerkenntnisses oder Verzichtes eine Entscheidung erlassen wird, bevor die Anordnung einer Beweisaufnahme oder eine andere gebührenpflichtige Entscheidung voraufgegangen ist, würde den Rechtsanwälten gegenüber nicht gerechtfertigt sein. Der Staat kann, um die in jeder Beziehung erwünschte Art der Erledigung eines Rechtsstreites

---

[11]) Ebenso LG. I Berlin in KGBl. 92 S. 45.

[12]) Die von Walter in den früheren Auflagen gegen die Möglichkeit eines neuen Verfahrens angeführten Entscheidungen des RG. JW. 89 S. 41, 6 und S. 244, 4 betreffen nur die selbständige Einklagung von „Prozeßkosten"; um solche handelt es sich hier aber, wie oben gezeigt, gar nicht. — Mit den obigen Ausführungen in Einklang RG. 54, 37 und JW. 03 S. 237. Aus dieser Entscheidung läßt sich nicht mit Willenbücher, 6. Aufl. S. 11, die Notwendigkeit einer neuen Klage folgern.

[13]) Vgl. LG. Breslau in Bresl. AKZ. 8, 66 und 11, 2; AG. und LG. I Berlin in KGBl. 90 S. 43, 04 S. 101.

durch Vergleich zu fördern, auf die ihm zustehenden Gebühren verzichten; den Rechtsanwälten aber kann es nicht angesonnen werden, daß sie die in der mündlichen Verhandlung liegende Mehrarbeit ohne Vergütung verrichten sollen. — Wohl aber wird dem Rechtsanwalte, welcher eine Angelegenheit unnötigerweise zur mündlichen Verhandlung bringt, ohne daß die letztere durch das Gesetz vorgeschrieben oder durch das Gericht oder den Vorsitzenden angeordnet war, die Gebühr für dieselbe nicht zugebilligt werden können. Dies bezweckt die Vorschrift des § 15.

II. Anwendungsfälle. Die Verhandlungsgebühr wird dem Rechtsanwalte 2
versagt, der unnötigerweise zur Verhandlung geladen hat. Immerhin ist Voraussetzung der Anwendung des § 15, daß auf die Ladung eine mündliche Verhandlung wirklich stattgefunden hat; denn sonst könnte das Entstehen einer Verhandlungsgebühr überhaupt nicht in Frage kommen. Weitere Voraussetzung der Anwendung des § 15 ist, daß die mündliche Verhandlung weder gesetzlich vorgeschrieben, noch durch das Gericht oder den Vorsitzenden angeordnet war.

1. Vorgeschrieben ist die mündliche Verhandlung nur in den Fällen, 3
in denen eine Entscheidung nur auf Grund einer mündlichen Verhandlung ergehen kann (sog. obligatorische Verhandlung, z. B. §§ 71, 135, 320, 321 u. a.); nicht dagegen in den Fällen, in denen die Entscheidung auch ohne vorgängige mündliche Verhandlung erfolgen kann. Hierher gehören die Fälle des § 46 ZPO. (Entscheidung über ein Ablehnungsgesuch), § 102 Abs. 2 ZPO. (Auferlegung von Kosten bei grobem Verschulden), § 105 ZPO. (Kostenfestsetzung), § 126 ZPO. (Bewilligung und Entziehung des Armenrechts), § 204 ZPO. (Bewilligung der öffentlichen Zustellung), § 319 ZPO. (Berichtigung von Schreibfehlern 2c.), § 406 ZPO. (Ablehnung eines Sachverständigen), § 490 ZPO. (Sicherung des Beweises), § 573 ZPO. (Entscheidung über die Beschwerde), §§ 921, 936 ZPO. (Anordnung eines Arrests oder einer einstweiligen Verfügung). Würde in diesen Fällen trotzdem der Anwalt ohne weiteres zur mündlichen Verhandlung laden, so würde für diese die Verhandlungsgebühr zu versagen sein.

2. In den Fällen, in denen eine mündliche Verhandlung nicht vorgeschrieben 4
ist, kann dieselbe doch durch das Gericht oder den Vorsitzenden angeordnet werden (sog. fakultative Verhandlung.) Wenn auf Grund einer solchen vorausgegangenen Anordnung der Rechtsanwälte zur mündlichen Verhandlung ladet, so ist diese Ladung keine unnötige, daher § 15 nicht anwendbar.

Daß in der vom Vorsitzenden auf eingehende Ladung ohne materielle Prüfung erfolgenden Terminsbestimmung eine solche „Anordnung" nicht zu finden ist, kann nicht zweifelhaft sein.

III. Verhandlungsgebühr des gegnerischen Anwalts. Die Versagung der 5
Verhandlungsgebühr ist nur für den Anwalt ausgesprochen, der unnötigerweise zur mündlichen Verhandlung ladet; dem Anwalte des Gegners, der auf die Ladung verhandelt, steht dagegen die Verhandlungsgebühr zu.

§ 16.

Für eine nicht kontradiktorische Verhandlung (Gerichtskostengesetz § 19) steht dem Rechtsanwalte die Verhandlungsgebühr nur zu fünf Zehnteilen zu. Diese Minderung tritt in den im § 20 Nr. 1 des Gerichtskostengesetzes bezeichneten Rechtsstreitigkeiten nicht ein, sofern der Kläger verhandelt.

Die Verhandlung im vorbereitenden Verfahren (Zivilprozeßordnung §§ 348 bis 351) gilt als kontradiktorische mündliche Verhandlung.

Vorbemerkung.

§ 16 ist die ergänzende Vorschrift zu § 13 Nr. 2 über die Berechnung der Verhandlungsgebühr. Zur Erläuterung werden behandelt:

I. Entstehungsgeschichte (1).
II. Die angezogenen Bestimmungen des GKG. (2—3).
III. Kontradiktorische und nichtkontradiktorische Verhandlung (4).
A) Kontradiktorische Verhandlung (5—7).
B) Nichtkontradiktorische Verhandlung (8—9).
C) Gemischte Verhandlung (10).
IV. Gebührenbezug. Ausnahme des Satz 2 Abs. 1 (11—25).
V. Bemessung der Verhandlungsgebühr (26).

1 **I. Entstehungsgeschichte.** Im Gesetze vom 7. 7. 79 hatte Satz 2 des ersten Absatzes des § 16 in Übereinstimmung mit dem GKG. folgende Fassung:

„Diese Minderung tritt in Ehesachen und in den vor die Landgerichte gehörigen Entmündigungssachen nicht ein, sofern der Kläger verhandelt."

Die Motive erläuterten den § 16 wie folgt:

„Indem die GO. bei nichtkontradiktorischer Verhandlung die Gebühr auf die Hälfte herabgesetzt hat (§ 16 Abs. 1), ist sie dem in einem großen Teile des Deutschen Reiches bestehenden Rechtszustande gefolgt. Die Bestimmung im zweiten Satze und im Absatze 2 des § 16 entspricht den im § 20 des GKG. getroffenen Vorschriften. Aus den bereits in den Motiven zu § 18 des Entwurfs eines Gerichtskostengesetzes (Drucksachen des Reichstages II. Session 78 Nr. 76 S. 51 ff.) ausgeführten Gründen kann auch hier in Ehesachen und in den vor die Landgerichte gehörigen Entmündigungssachen der Unterschied, ob eine mündliche Verhandlung kontradiktorisch geworden ist, für den Fall, daß der Kläger verhandelt, nicht aufrecht erhalten werden.

Ebenso rechtfertigt sich auch die Gleichstellung des vorbereitenden Verfahrens in Rechnungssachen und ähnlichen Prozessen (ZPO. §§ 313 bis 316) mit der kontradiktorischen mündlichen Verhandlung sowohl wegen der in solchen Sachen regelmäßig hervortretenden größeren Schwierigkeit und Verwicklung des Rechtsstreites, als auch wegen der Folgen, welche die Zivilprozeßordnung (§ 316, § 318 Abs. 2) mit dem Nichterscheinen einer Partei in diesem Verfahren verbindet."

Die jetzige Fassung hat der § 16 durch das Einführungsgesetz zu dem Gesetze betreffend Änderungen der ZPO., vom 17. 5. 98, erhalten, welches durch Art. IV Nr. 6 zunächst den Wortlaut des § 20 Nr. 1 GKG. geändert und sodann durch Art. VII Nr. 2 die alte Fassung durch Bezugnahme auf den neuen § 20 Nr. 1 GKG. ersetzt hat.

2 **II. Die angezogenen Bestimmungen des GKG.** haben folgenden Wortlaut:

1. **§ 19 GKG.**: „Die Verhandlung gilt als kontradiktorisch (im Sinne des § 18 Nr. 1), soweit in derselben von beiden Parteien einander widersprechende Anträge gestellt werden."

Die Motive zum GKG. bemerken hierzu erläuternd:

„Die Vorschrift des § 19 bezweckt nur, Bedenken und Zweifeln vorzubeugen, welche daraus entstehen können, daß die bestehenden Prozeßordnungen in Ansehung des Begriffes der „kontradiktorischen Verhandlung" nicht übereinstimmen. Vorausgesetzt wird, daß beide Teile verhandeln und daß dem Antrage einer Partei ein Antrag der Gegenpartei widerspricht. Wo diese Voraussetzung nur für einen Teil des Streitgegenstandes zutrifft, da ist die Verhandlungsgebühr nach dem Werte dieses Teiles zu berechnen (§ 12 Abs. 1)."

2. **§ 20 Nr 1. GKG.**: „Die Verhandlungsgebühr kommt auch zur Erhebung: 3

1. für eine nicht kontradiktorische mündliche Verhandlung in Ehesachen, in Rechtsstreitigkeiten, welche die Feststellung des Rechtsverhältnisses zwischen Eltern und Kindern zum Gegenstande haben, in den vor die Landgerichte gehörigen Entmündigungssachen und in dem Verfahren über die gegen eine Todeserklärung erhobene Anfechtungsklage, sofern der Kläger verhandelt."

Die Motive zu § 20 Nr. 1 GKG. alter Fassung, welche mit der alten Fassung des Satz 2 Abs. 1 des § 16 übereinstimmte, bemerkten:

„In Ehesachen und in den vor die Landgerichte gehörigen Entmündigungssachen kann, da hier die Vorschriften der ZPO. über die Wirkung eines Anerkenntnisses und die Folgen einer unterbliebenen oder verweigerten Erklärung überhaupt keine, und die über den Erlaß eines Versäumnisurteils gegen den Beklagten nur beschränkte Anwendung finden, die Unterscheidung, ab eine mündliche Verhandlung kontradiktorisch geworden ist, für den Fall, daß der Kläger verhandelt, nicht aufrecht erhalten werden. Es muß daher in diesem Falle jede mündliche Verhandlung als kontradiktorisch gelten, um eine angemessene Besteuerung dieser Prozesse zu erzielen."

Durch die neue Fassung des § 20 Nr. 1 ist die Vorschrift auf alle diejenigen Rechtsstreitigkeiten ausgedehnt, für welche die Zivilprozeßnovelle das Verfahren in Anlehnung an die für Ehe- und Entmündigungssachen geltenden Vorschriften ordnet, insbesondere die Erlassung eines Versäumnisurteils gegen den Beklagten ausschließt.

III. **Kontradiktorische und nichtkontradiktorische Verhandlung.** Der § 16 steht im engsten Zusammenhange mit § 13 Nr. 2; beide Vorschriften zusammengenommen führen zu dem Ergebnis, daß die volle Verhandlungsgebühr des § 13 Nr. 2 nur für eine kontradiktorische Verhandlung anzusetzen ist, während für die nichtkontradiktorische Verhandlung dem Anwalt die Verhandlungsgebühr in der Regel nur zu fünf Zehnteilen zusteht. 4

Voraussetzung des Entstehens einer jeden Verhandlungsgebühr ist das Vorliegen einer Verhandlung. Wie zu § 13 Nr. 2 (N. 39, 40) des näheren ausgeführt ist, entscheidet aber nicht der prozessuale Begriff der „mündlichen Verhandlung", vielmehr liegt nach § 19 GKG. für die Gebührenerhebung eine Verhandlung und zwar eine kontradiktorische, vor, wenn von beiden Parteien einander widersprechende Anträge gestellt werden. Nichtkontradiktorisch ist danach die Verhandlung, wenn entweder nur von einer Seite ein Antrag gestellt wird, oder wenn die beiderseitigen Anträge sich nicht widersprechen. Die Aufnahme der Anträge in das Sitzungsprotokoll ist nicht erforderlich; es genügt, wenn nur die Sachlage ergibt, ob und welche Anträge die Parteien gestellt haben. [1])

---

[1]) RG. JW. 97 S. 86, 29; 98 S. 418, 12.

A. Kontradiktorische Verhandlung.

5 1. Eine kontradiktorische Verhandlung liegt nach § 19 GKG. vor, wenn von beiden Parteien einander widersprechende Anträge gestellt werden.

a) Ob die widersprechenden Anträge durch den Parteivortrag gerechtfertigt sind oder nicht, ist unerheblich. Deshalb ist die Verhandlung selbst dann eine kontradiktorische, wenn der Beklagte seine Verpflichtung an sich zwar anerkennt, aber Abweisung der Klage beantragt. [2])

b) Einander widersprechend sind die Anträge auch, wenn der Kläger Verurteilung beantragt, der Beklagte dagegen den Antrag stellt, den Klageanspruch für erledigt zu erachten. [3]) Auch hier ist deshalb die Verhandlung kontradiktorisch

c) Widersprechende Anträge müssen auch für vorliegend erachtet werden, wenn der Kläger die Verurteilung des Beklagten, letzterer aber als Erbe beantragt, ihn nur unter dem Vorbehalt der beschränkten Haftung zu verurteilen. [4])

d) Unerheblich ist schließlich auch, daß der widersprechende Gegenantrag nur eventuell gestellt worden ist. [5]).

6 2. Nach der Vorschrift des Abs. 2 des § 16 gilt als kontradiktorische Verhandlung auch die Verhandlung im vorbereitenden Verfahren (§§ 348—351 ZPO.). Das vorbereitende Verfahren, welches vor einem beauftragten Richter stattzufinden hat, kann in Prozessen, welche die Richtigkeit einer Rechnung, eine Vermögensauseinandersetzung oder ähnliche Verhältnisse zum Gegenstande haben, bei einer erheblichen Anzahl von streitigen Ansprüchen oder Erinnerungen angeordnet werden. Die Anordnung ist zulässig in jedem Verfahren vor einem Kollegialgericht, nicht jedoch auch im amtsgerichtlichen Verfahren (§ 508 ZPO.); ferner ist das vorbereitende Verfahren für zulässig erklärt im Verfahren vor den Konsular- und Kolonialgerichten (RGes. über die Konsulargerichtsbarkeit vom 7. 4. 00 (RGBl. S. 213) § 41, und Schutzgebietsgesetz vom 25. 7. 10. 9. 00 (RGBl. S. 809 ff.) § 3). [6])

In diesem Verfahren selbst werden Anträge überhaupt nicht gestellt; wollte man aber auch die Verhandlung vor dem beauftragten Richter der mündlichen Verhandlung vor dem erkennenden Gerichte gleichstellen, so bestand doch die Möglichkeit des Nichterscheinens einer Partei (§ 351) und damit einer einseitigen Verhandlung. Das Verfahren ist deshalb nicht eine kontradiktorische Verhandlung, sondern wird derselben nur für die Gebührenerhebung gleichgestellt.

7 Da das vorbereitende Verfahren erst in der mündlichen Verhandlung angeordnet werden kann, [7]) eine kontradiktorische Verhandlungsgebühr demnach schon vor der Anordnung entstanden ist, so konnte der Zweifel entstehen, ob nicht die Verhandlungsgebühr für das vorbereitende Verfahren neben der sonstigen Verhandlungsgebühr in Ansatz zu bringen ist. [8]) Dies ist indessen zu ver-

---

[2]) RG. JW. 83 S. 5, 12; Ann. d. RG. 7, 85; Thür. BlfR. 28, 258.

[3]) RG. JW. 86 S. 317, 13.

[4]) Daß hier kontradiktorisch verhandelt ist, erkennt das KG. in KGBl. 97 S. 79 an, unzutreffend unterscheidet es aber in diesem Falle eine nichtkontradiktorische Verhandlung über die „Hauptsache" und eine kontradiktorische Verhandlung über den „Einwand" der Rechtswohltat des Inventars. Zwar gibt es eine verschiedene Behandlung einzelner Teile des Streitgegenstandes; der „Einwand" aber betrifft den ganzen Streitgegenstand.

[5]) RG. in Bresl. AKZ. 95 S. 43.

[6]) Über die Anwendung der GO. in den Konsulargerichtsbezirken und Schutzgebieten vgl. § 1 N. 50, 51.

[7]) Vgl. Gaupp-Stein § 348, I, 3.

[8]) Vgl. den Aufsatz in JW. 90 S. 331 ff.

neinen. Das vorbereitende Verfahren ist ein Ergänzungsverfahren zum Hauptstreite, dazu bestimmt, das gesamte tatsächliche Material umfassend zu ordnen und klarzulegen und dadurch die demnächstige mündliche Verhandlung vor dem erkennenden Gerichte und dessen endgültige Entscheidung vorzubereiten. Es bildet somit keine eigene Instanz, gehört vielmehr im Sinne des § 29 der GO. zu der betreffenden Instanz des Hauptstreites, in welcher es angeordnet ist. Nach dem Grundsatze des § 25 der Gebührenordnung darf daher der Rechtsanwalt neben der für die mündliche Verhandlung im Hauptstreite nach § 13 Nr. 2 der Gebührenordnung geforderten Gebühr nicht noch eine weitere Gebühr für das vorbereitende Verfahren beanspruchen, vielmehr ist dieselbe in der ihm für die kontradiktorische mündliche Verhandlung des Hauptstreites zustehenden Gebühr mitenthalten. Das vorbereitende Verfahren vermehrt auch an sich die Arbeit des Rechtsanwaltes nicht, dasselbe ist ein „Surrogat" der mündlichen Verhandlung und die Erörterung der vorhandenen Streitpunkte durch den beauftragten Richter wird in der Regel eine entsprechende Abkürzung der Verhandlung vor dem Prozeßgerichte nach sich ziehen. Deshalb ist auch keineswegs die Annahme geboten, daß der Gesetzgeber beabsichtigt habe, für das vorbereitende Verfahren in allen Fällen eine besondere Gebühr zu gewähren, und die Bestimmung in § 16 Abs. 2 der GO. besagt dies auch nicht. Die Ansicht, die Vorschrift in § 16 Abs. 2 GO. erscheine gegenstandslos bzw. unverständlich, wenn sie nicht dahin aufgefaßt werde, daß für das vorbereitende Verfahren — außer und neben der Gebühr für die mündliche Verhandlung im Hauptstreite — allemal noch eine weitere volle Verhandlungsgebühr berechnet werden dürfe, ist unzutreffend. Die Bestimmung in § 16 Abs. 2 GO. wird vielmehr dann wirksam, wenn eine Partei im vorbereitenden Verfahren sich eines anderen Rechtsanwalts bedient als in der mündlichen Verhandlung vor dem Prozeßgerichte, und sie wird namentlich auch für die Frage der Erstattungsfähigkeit nach § 91 Abs. 2 ZPO. von Bedeutung, wenn der Wechsel in den Personen der Anwälte notwendig war.[9])

B. Nichtkontradiktorische Verhandlung.

1. Eine nichtkontradiktorische Verhandlung liegt vor, wenn entweder 8
nur von der einen Partei verhandelt und ein Antrag gestellt wird, weil die andere Partei ausbleibt oder nicht verhandelt (§ 333 ZPO.), oder wenn die Anträge der beiden Parteien sich nicht widersprechen. Der gewöhnlichste Fall der nicht kontradiktorischen Verhandlung ist der des Versäumnisverfahrens, jedoch ist dies nicht der einzige Fall. Wenn Kläger Antrag auf Verurteilung stellt und Beklagter, ohne einen Gegenantrag zu stellen, geltend macht, der Kläger habe auf das eingeklagte Recht verzichtet, so liegt trotz des Streites über die Wirksamkeit des Verzichts eine nichtkontradiktorische Verhandlung vor.[10]) Auch die Verhandlung, auf welche ein Anerkenntnisurteil ergeht, ist eine nichtkontradiktorische.

2. Die Gebühr für die nichtkontradiktorische Verhandlung erhält nicht nur 9
der Anwalt, der einen Antrag gestellt hat, sondern auch der Anwalt, der, ohne einen Antrag zu stellen, zur Hauptsache Erklärungen abgibt, z. B. ein Anerkenntnis, oder einen Verzicht bzw. die Erklärung, einen Anspruch fallen zu lassen.[11]) Auch hierin liegt eine Verhandlung, zu deren Begriff es gar nicht gehört, daß ein Antrag gestellt wird.

---

[9]) OLG. Dresden II. ZS. 7. 1. 91 (SächsArch. 1, 630, 631); dasselbe Sächs. Ann. 18, 284.

[10]) RG. 33, 403.

[11]) Vgl. Osius-Bendix Handbuch S. 383 zu § 16; OLG. Jena im Recht 02 Nr. 2421.

C. Gemischte Verhandlung.

10 Die Verhandlung kann auch bezüglich eines Teiles des Streitgegenstandes kontradiktorisch, bezüglich eines anderen Teiles nichtkontradiktorisch sein. Nur „soweit“ widersprechende Anträge gestellt sind, ist die Gebühr für kontradiktorische Verhandlung entstanden.[12]

Wird insbesondere dem Klageantrag in der Hauptsache nicht widersprochen und nur über die Kostenpflicht kontradiktorisch verhandelt z. B. bei Anerkenntnis im Falle des § 93 ZPO., so ist neben der halben Verhandlungsgebühr für die nichtkontradiktorische Verhandlung zur Hauptsache die volle Verhandlungsgebühr für die Verhandlung über die Kosten anzusetzen, allerdings mit der durch § 12 GKG. gegebenen Begrenzung.[13]

IV. Gebührenbezug. Ausnahme des Satz 2 Abs. 1.

11 Aus § 16 in Verbindung mit § 13 Nr. 2 ergibt sich für den Gebührenbezug als Regel, daß für eine kontradiktorische Verhandlung die volle, für eine nichtkontradiktorische Verhandlung nur die halbe Verhandlungsgebühr anzusetzen ist. Haben in derselben Instanz mehrere Verhandlungstermine stattgefunden, und ist auch nur in einem derselben kontradiktorisch verhandelt worden, so erhält der Rechtsanwalt gemäß § 25 einmal die volle Verhandlungsgebühr, wenn auch in anderen Terminen nicht kontradiktorisch verhandelt ist.[14]

12 Von dieser Regel macht der Satz 2 des Abs. 1 des § 16 insofern eine Ausnahme, als er für die nichtkontradiktorische Verhandlung in den in § 20 Nr. 1 GKG. bezeichneten Rechtsstreitigkeiten den Ansatz der vollen Verhandlungsgebühr zubilligt, wenn der Kläger verhandelt.

13 1. Die hier in Betracht kommenden Rechtsstreitigkeiten sind

a) Die Ehesachen. Als „Ehesachen“ bezeichnet § 606 ZPO. die Rechtsstreitigkeiten, welche zum Gegenstande haben:

α) die Scheidung einer Ehe (§ 1564 BGB.), worunter gemäß § 639 ZPO. auch die Aufhebung der ehelichen Gemeinschaft (§ 1575 BGB.) zu verstehen ist;

β) die Nichtigkeit einer Ehe (§§ 1324 ff. BGB.);

γ) die Anfechtung einer Ehe (§§ 1331 ff., 1350 BGB.);

δ) die Feststellung des Bestehens oder Nichtbestehens einer Ehe zwischen den Parteien;[15]

ε) die Herstellung des ehelichen Lebens (§§ 1353 ff. BGB.).

14 Dagegen sind nicht Ehesachen:

α) die Rechtsstreitigkeiten, welche die vermögensrechtlichen Folgen der Ehe oder ihrer Auflösung, insbesondere die Unterhaltspflicht, betreffen; ebensowenig die Klagen auf Eingehung einer Ehe, welche durch § 1297 BGB. beseitigt sind;

15 β) die Klagen, durch die ein Dritter die Nichtigkeit der Ehe nach ihrer Auflösung[16] (§ 1329 BGB.) oder ihr Bestehen oder Nichtbestehen geltend macht, oder die ein Ehegatte über diese Fragen gegen einen Dritten erhebt, insbesondere die in den Unfallversicherungsgesetzen vom 5. 7. 00 (RGBl. S. 573 ff.) vorgesehenen und auf den ordentlichen Rechtsweg verwiesenen Rechtsstreitigkeiten der Witwe eines Getöteten über Bestehen oder Nichtbestehen der Ehe;[17]

---

[12] Vgl. auch RG. JW. 85 S. 268, 8.

[13] RG. JW. 91 S. 93, 16; 94 S. 430 u. RG. 33, 403.

[14] RG. JW. 92 S. 481; 98 S. 418, 12.

[15] Planck, Komm., Vorbem. vor § 1323, IV.

[16] Schmidt und Habicht, Komm. z. Familienrecht zu § 1329 N. 2.

[17] Gew.UVG. § 77; Landw.UVG. § 83; BauUVG. § 39; SeeUVG. § 81.

γ) ob die einstweiligen Verfügungen gemäß § 627 ZPO., welche 16
auf Widerspruch oder auf eine dahingehende Anordnung des Gerichts zur mündlichen Verhandlung gelangen können, als Ehesachen im Sinne des ersten Abschnitts des sechsten Buchs der ZPO. anzusehen sind, kann zweifelhaft sein. Da jedoch ihr Verfahren sich gemäß § 627 Abs. 4 ZPO. nach §§ 936—944 ZPO. richten soll, das Verfahren der §§ 606 ff. ZPO. also nicht eintritt,[18]) so können sie auch nicht als Ehesachen im Sinne des § 20 Nr. 1 GKG. angesehen werden.[19])

b) Die Rechtsstreitigkeiten, welche die Feststellung des 17
Rechtsverhältnisses zwischen Eltern und Kindern zum Gegenstande haben. Hierher gehören alle im zweiten Abschnitt des sechsten Buchs der Zivilprozeßordnung, welcher obige Überschrift führt, aufgeführten Rechtsstreitigkeiten, nämlich

α) Rechtsstreitigkeiten, welche die Feststellung des Bestehens oder Nicht- 18
bestehens eines Eltern- und Kindesverhältnisses zwischen den Parteien zum Gegenstande haben (§ 640 ZPO.). Hierher gehört insbesondere auch die Gültigkeit oder Ungültigkeit einer Annahme an Kindes Statt (§ 1741 ff., 1757 BGB.) oder der Legitimation eines unehelichen Kindes (§ 1719 BGB.). Ausgenommen ist hier jedoch durch die besondere Vorschrift des § 644 ZPO. der Rechtsstreit, der die Feststellung des Bestehens oder Nichtbestehens der unehelichen Vaterschaft zum Gegenstande hat. Für einen solchen Rechtsstreit gelten nicht die Vorschriften der §§ 640—643 ZPO., sondern die gewöhnlichen Vorschriften über das ordentliche Verfahren; er fällt deshalb auch nicht unter § 20 Nr. 1 GKG. Dagegen ist ein Rechtsstreit, welcher die außereheliche Abstammung von einer Frau zum Gegenstande hat, nach § 640 ZPO. zu behandeln und fällt deshalb auch unter die Bestimmung des § 20 Nr. 1 GKG.

Werden derartige Rechtsstreitigkeiten nicht zwischen Eltern und Kind, sondern gegen einen Dritten geführt, so ist § 20 Nr. 1 GKG. nicht anwendbar, insbesondere auch nicht bei Rechtsstreitigkeiten des Kindes eines Getöteten aus den Unfallversicherungsgesetzen (vgl. N. 15).

β) Rechtsstreitigkeiten, welche die Feststellung des Bestehens oder Nicht- 19
bestehens der elterlichen Gewalt der einen Partei über die andere zum Gegenstande haben (§ 640 ZPO.). Hierher gehören auch Streitigkeiten über die Gültigkeit einer Volljährigkeitserklärung (§ 3 BGB.) oder über Verwirkung der elterlichen Gewalt (§§ 1680, 1771, 1697 BGB.). Nicht hierher gehören dagegen die Rechtsstreitigkeiten über vormundschaftliche Verhältnisse.

γ) Anfechtungsklagen, welche gegen die Ehelichkeit eines Kindes oder die 20
Anerkennung der Ehelichkeit von dem Ehemann der Mutter erhoben werden (§ 641 ZPO.) und zwar gegen das Kind (§§ 1596, 1599 BGB.). Die Anfechtung der Ehelichkeit durch Dritte, die durch § 1593 BGB. eingeschränkt, aber z. B. auf Grund des Art. 59 EGzBGB. und Art. 89 Preuß. AGzBGB. durch Lehns- und Fideikommißanwärter noch statthaft ist (§ 17 ff. PrALR. II, 1), gehört nicht hierher und fällt demnach auch nicht unter § 20 Nr. 1 GKG.

c) Die vor die Landgerichte gehörigen Entmündigungs- 21
sachen. Die Entmündigung, welche wegen Geisteskrankheit, Geistesschwäche, Verschwendung und Trunksucht zulässig ist (§ 6 BGB.), erfolgt ebenso wie ihre Wiederaufhebung auf Grund eines Amtsverfahrens beim Amtsgericht durch amtsrichterlichen Beschluß (§§ 645, 648, 675, 680, 685 ZPO.). Der die Entmündigung aussprechende und der die Wiederaufhebung der Entmündigung ver-

---

[18]) Erler, Ehescheidungsrecht S. 208. Vgl. auch RG. in Gruchot 47, 1167.
[19]) Ebenso Gaupp-Stein, Vorbem. zu § 606, III letzter Absatz und zu § 627, IV.

sagende Beschluß kann jedoch im Wege der Klage angefochten werden (§§ 664, 679, 684, 686 ZPO.). Für diese Klagen ist das dem Entmündigungsgericht übergeordnete Landgericht ausschließlich zuständig (§§ 665, 679 Abs. 4, 684 Abs. 4, 686 Abs. 4 ZPO.). Für das Verfahren in diesen Prozessen sind besondere Vorschriften gegeben (§§ 670, 671 ZPO.), die sich dem Verfahren in Ehesachen anschließen, so daß die Ausnahmevorschrift des § 20 Nr. 1 GKG. gerechtfertigt erscheint.[20])

22 d) Die gegen eine Todeserklärung erhobene Anfechtungsklage. Die Todeserklärung erfolgt im Wege des Aufgebotsverfahrens (§§ 13 ff. BGB., §§ 960 ff. ZPO.) durch Ausschlußurteil.[21]) Gegen letzteres findet die Anfechtungsklage beim Landgericht statt (§§ 957, 973—976 ZPO.), deren Verfahren ähnlich wie bei der Anfechtung der Entmündigung gestaltet ist (§ 975 ZPO.).

23 2. Der Ansatz der vollen Verhandlungsgebühr trotz nichtkontradiktorischer Verhandlung ist an die Voraussetzung geknüpft, daß der Kläger verhandelt. Es kommt danach nicht darauf an, ob der Beklagte im Verhandlungstermine erscheint, ob er verhandelt und ob und welche Anträge er stellt; ein Versäumnisurteil kann gegen den Beklagten niemals erlassen werden, vielmehr muß immer eine sachliche Prüfung und Würdigung eintreten. (§ 618 ZPO.)[22]) Der verhandelnde Kläger hat dann immer eine volle Verhandlungsgebühr zu berechnen. Aber auch der Anwalt des Beklagten hat, wenn er nur überhaupt verhandelt, gleichgültig, welche Anträge er stellt, im Falle der Verhand-

---

[20]) Besondere Vorschriften für die Vertretung im amtsgerichtl. Entmündigungsverfahren gibt die GO. überhaupt nicht (vgl. Erl. zu § 23 N. 1). Die Entmündigungssachen sind, auch soweit die Amtsgerichte ausschließlich zuständig sind, den bürgerlichen Rechtsstreitigkeiten im Sinne dieser GO. völlig gleichgestellt; es kommen also die regelmäßigen Rechtsstreitgebühren der §§ 13 ff. unverkürzt zur Anwendung, sofern nur ein Auftrag zur Vertretung im Entmündigungsverfahren vorliegt. Da jedoch das amtsgerichtliche Entmündigungsverfahren kein ordentlicher, ein Urteil erheischender Prozeß ist, sondern ein auf dem Offizialprinzipe beruhendes Beschlußverfahren ohne eigentliche mündliche Verhandlung, so kann für die Tätigkeit der Rechtsanwälte in diesem Verfahren als Vertreter des Antragstellers oder des Provokaten eine Verhandlungsgebühr nicht in Frage kommen (vgl. ZZP 14, 342), sondern nur die für den Geschäftsbetrieb einschließlich der Information bestimmte Prozeßgebühr und für Wahrnehmung der Beweistermine (§ 653 ZPO.), welche der Vertretung in einem prozessualischen Beweisaufnahmeverfahren gleichzuachten ist, eventuell unter Anwendung des § 89 GO., die Beweisgebühr. Diese Gebühren gelangen hiernach zum vollen normalmäßigen Betrage des § 13, d. h. die Prozeßgebühr mit $^{10}/_{10}$, die Beweisgebühr mit $^{5}/_{10}$ der Sätze des § 9, zur Erhebung. Erhält dagegen der Rechtsanwalt lediglich den Auftrag zur Anfertigung des Entmündigungsantrages, so kann er hierfür gemäß § 46 GO. nur fünf Zehnteile der Prozeßgebühr berechnen.

Gemäß § 658 ZPO. werden die Kosten des Verfahrens, wenn die Entmündigung erfolgt, dem Entmündigten, anderenfalls der Staatskasse auferlegt. Ob nun die Gebühren und Auslagen der im Entmündigungsverfahren vertretenden Anwälte im Wege des Kostenfestsetzungsverfahrens erstattungsfähig sind, ist im Prinzip streitig. (Für die Erstattungsfähigkeit Gaupp-Stein § 658; gegen: Friedlaender in Arch.f.zPr. 86, 474, KG. in OLG. 15, 76 und LG. Gnesen in ZZP. 20, 171, weil es in diesem Verfahren keine Parteien gebe). Nimmt man die Erstattungsfähigkeit an, so ist der Beschluß zwar im Falle der Ablehnung der Entmündigung ein zur Zwangsvollstreckung gemäß § 794 Nr. 3 ZPO. geeigneter Schuldtitel (§ 104 ZPO.), nicht aber im Falle der Entmündigung, da Beschwerde nicht zulässig ist. Im letzteren Falle wird hieran die Kostenfestsetzung scheitern müssen.

[21]) Die Gebühren für das Aufgebotsverfahren behandelt § 40 GO.

[22]) Erscheint der Beklagte in Ehesachen im ersten Verhandlungstermine nicht, so findet überhaupt keine Verhandlung statt; der Kläger kann dann eine Verhandlungsgebühr überhaupt nicht liquidieren. Beim Nichterscheinen oder Nichtverhandeln des Klägers dagegen kann gegen ihn, wie in anderen Prozessen, ein Versäumnisurteil ergehen (§§ 330, 635, 638 ZPO.); der verhandelnde Beklagte kann dann nur eine nichtkontradiktorische Verhandlungsgebühr liquidieren. Vgl. RG. 28, 393 und JW. 95 S. 224.

lung des Klägers immer eine volle Verhandlungsgebühr zu berechnen, da die Vorschrift des § 16 Abs. 1 Satz 2 nicht auf die Gebühr des klägerischen Anwalts beschränkt ist.

Als Kläger ist auch der Widerkläger zu behandeln, so daß umgekehrt 24
der § 16 GO. auch Anwendung findet, wenn der Beklagte als Widerkläger verhandelt, gleichgültig, wie sich der Kläger als Widerbeklagter verhält.

Für die Rechtsmittelinstanzen kommt es zunächst ebenfalls darauf 25
an, ob die Partei, die in erster Instanz Kläger oder Widerkläger war, verhandelt. Ist der Kläger Rechtsmittelkläger, so kann gegen den Beklagten und Rechtsmittelbeklagten ein Versäumnisurteil nicht ergehen;[23]) der gesetzgeberische Grund für die Bestimmung des § 16 GO. liegt also auch hier vor. Ist aber der Beklagte Rechtsmittelkläger und verhandelt er nicht, während der Kläger als Rechtsmittelbeklagter verhandelt, so kann auf Antrag des letzteren ein Versäumnisurteil gegen den Beklagten und Rechtsmittelkläger ergehen;[24]) hier entfällt demnach der gesetzgeberische Grund für die Bestimmung des Satz 2 Abs. 1 des § 16; man wird deshalb hier, trotz des allgemein gehaltenen Wortlauts der Bestimmung des § 16 dem verhandelnden Kläger und Rechtsmittelbeklagten die volle Verhandlungsgebühr nicht zubilligen können.[25])

Legt der Beklagte unter Erhebung einer Widerklage ein Rechtsmittel ein, so wird er damit auch Kläger für die Rechtsmittelinstanzen, und es gilt nunmehr dasselbe, wie wenn er in erster Instanz Kläger gewesen wäre.

Wird dagegen ohne Erhebung einer Widerklage ein Rechtsmittel eingelegt, um auch die Schuldigerklärung des Gegners herbeizuführen (§ 1574 Abs. 3 ZPO.), so gilt für die Behandlung der Schuldfrage nicht die durch § 617 Abs. 2 ZPO. angeordnete Ausschließung der Dispositionsbefugnis;[26]) der gesetzgeberische Grund und damit die Anwendung des § 16 Abs. 1 Satz 2 entfällt also hier gänzlich.

V. Bemessung der Verhandlungsgebühr. Die „volle" Verhandlungs- 26
gebühr beträgt nicht in allen Fällen $^{10}/_{10}$, vielmehr sind z. B. in den §§ 19, 20, 22, 23, 24 GO. Verfahrensarten und Verfahrensteile angeführt, für welche die Verhandlungsgebühr („die in den §§ 13—18 bestimmten Gebühren") niedriger zu bemessen ist. In solchen Fällen beträgt die Gebühr für die nichtkontradiktorische Verhandlung auch nur fünf Zehnteile der für diese Fälle bestimmten Verhandlungsgebühr. So trägt z. B. bei ausschließlicher Verhandlung über die Zulässigkeit der Berufung oder über den Verlust des Rechtsmittels nach dessen Zurücknahme die Gebühr für die kontradiktorische Verhandlung gemäß § 20 GO., § 26 Nr. 5 GKG. nur $^{5}/_{10}$, für die nichtkontradiktorische Verhandlung daher nur $^{5}/_{20}$ der Sätze des § 9.[27])

---

[23]) RG. 27, 362; SeuffArch. Bd. 39 Nr. 168; JW. 98 S. 83, 55. Entgegen der Ansicht des Reichsgerichts wollen für die Revisionsinstanz das Versäumnisurteil gegen den Beklagten und Revisionsbeklagten geben: Bayr. ObLG. in SeuffArch. Bd. 46 Nr. 294 sowie Gaupp-Stein § 618 VII Abs. 2; Petersen-Anger § 618 N. 8.

[24]) Näher begründet mit dem Fortfall der ratio legis in RG. 27, 362.

[25]) Daß gegen den Kläger und Rechtsmittelkläger Versäumnisurteil zulässig ist, ist nicht zweifelhaft: der verhandelnde Anwalt hat in solchen Fällen nur die halbe Verhandlungsgebühr.

[26]) RG. JW. 99 S. 606, 1; OLG. (Stettin) 1, 444.

[27]) RG. JW. 94 S. 85, 19; 00 S. 71, 4; OLG. (Darmstadt) 3, 168.

§ 17.

Insoweit sich in den Fällen des § 13 Nr. 4 die Vertretung auf die weitere mündliche Verhandlung erstreckt, erhöht sich die dem Rechtsanwalte zustehende Verhandlungsgebühr um fünf Zehnteile und, wenn die weitere mündliche Verhandlung eine nicht kontradiktorische ist, um die Hälfte dieses Betrags.

Vorbemerkung.

§ 17 gewährt in gewissen Fällen eine Erhöhung der in § 13 Nr. 2 bestimmten Verhandlungsgebühr. Zur Erläuterung des § 17 werden behandelt:

1 **I. Motive.** Die Verhandlungsgebühr umfaßt zufolge des im § 25 ausgesprochenen Grundsatzes die Tätigkeit des Anwaltes in der gesamten mündlichen Verhandlung der Instanz, gleichviel ob die Verhandlung in einem oder in mehreren Terminen stattfindet. Demgemäß kann auch für die weitere mündliche Verhandlung, welche einem Beweisaufnahmeverfahren nachfolgt, die Verhandlungsgebühr des § 13 nicht wiederholt in Ansatz kommen, wenn der Anwalt die Vertretung bereits in der dem Beweisbeschlusse vorausgegangenen mündlichen Verhandlung geführt hat. Immerhin erscheint es jedoch im Hinblick auf den Mehraufwand an Zeit und Mühe, welche die Vertretung in einer solchen weiteren Verhandlung regelmäßig verursacht, angezeigt, die Tätigkeit des Anwaltes bei der Gebührenbestimmung besonders zu berücksichtigen. Dies geschieht, indem § 17 für den bezeichneten Fall eine Erhöhung der Verhandlungsgebühr (§ 13 Abs. 1 Nr. 2) eintreten läßt, und zwar um die Hälfte oder um ein Vierteil, je nachdem die fragliche weitere Verhandlung eine kontradiktorische ist oder nicht.

Einer besonderen Hervorhebung wird es kaum bedürfen, daß zufolge der erwähnten maßgebenden Bestimmungen in dem Falle, wenn der Anwalt die Vertretung in der dem Beweisbeschlusse vorausgegangenen Verhandlung nicht hatte, sondern erst später eintritt, ihm für die Vertretung in der dem Beweisaufnahmeverfahren nachfolgenden Verhandlung nur die einfache Verhandlungsgebühr (§ 13 Abs. 1 Nr. 2, § 16) zusteht.

II. Erhöhung der Verhandlungsgebühr.

2 Bei den Erörterungen zu § 13 Nr. 2 ist ausgeführt, daß die Verhandlungsgebühr zum Satze des § 9 die gesamte Tätigkeit des Anwalts bei der mündlichen Verhandlung abzugelten bestimmt ist, mag letztere in einem oder mehreren Terminen stattgefunden haben. Von diesem Grundsatz macht § 17 insofern eine Ausnahme, als er unter gewissen Voraussetzungen eine Erhöhung der Verhandlungsgebühr vorschreibt.

3 Die Gebühr des § 17 ist daher keine Sondergebühr, sondern eine Verhandlungsgebühr; von ihr gilt deshalb alles, was von der Verhandlungsgebühr gilt. Hat bei Vorliegen der übrigen Voraussetzungen eine weitere Verhandlung stattgefunden, so ist, da die Verhandlungsgebühr die mündliche Verhandlung, nicht die Terminswahrnehmung, abgelten soll, die Zusatzgebühr des § 17 entstanden, gleichgültig ob in einem neuen Termine oder in demselben Termine, in welchem die erste Verhandlung stattgefunden hat, weiter verhandelt ist. Es kann daher unter Umständen ein einziger Termin ausreichend sein, um den An-

spruch auf die volle Verhandlungsgebühr des § 13 Nr. 2, auf die Beweisgebühr des § 13 Nr. 4 und auf die erhöhte Verhandlungsgebühr des § 17 zu begründen, wenn nämlich gleich im ersten Verhandlungstermine vor dem Prozeßgericht sofort z. B. durch Vernehmung der von einer Partei gestellten Zeugen Beweis erhoben und unmittelbar hierauf weiter verhandelt wird.[1])

Ebenso aber, wie die Verhandlungsgebühr des § 13 Nr. 2 gemäß § 25 GO. 4
nur einmal verlangt werden kann, wenn auch in mehreren Terminen verhandelt ist, kann auch die Erhöhung der Verhandlungsgebühr aus § 17 nur einmal (und nicht für jede Verhandlung nach Beweisaufnahme besonders) verlangt werden. Wenn im § 25 GO. bestimmt ist, daß jede der im § 13 benannten (nicht: bestimmten) Gebühren nur einmal beansprucht werden könne, und im § 29 erklärt ist, daß die im § 13 benannten Gebühren die gesamte Tätigkeit des Rechtsanwalts umfassen, so hat das Gesetz dabei nicht nur die Normalgebühr, welche § 13 bestimmt, im Auge, sondern auch die in den §§ 14—18 enthaltenen Modifikationen derselben, wie dies auch in der Reichstagskommission ausdrücklich anerkannt worden ist.[2])

Daraus, daß die Gebühr des § 17 nur eine Erhöhung der Verhandlungs- 5
gebühr, nicht aber eine selbständige Gebühr darstellt, folgt auch, daß auf sie der § 8 keine Anwendung findet, so daß der Betrag der Erhöhung auch geringer als 1 M. sein kann.[3])

III. Voraussetzungen der Erhöhung.

Die Erhöhung der Verhandlungsgebühr ist an die Voraussetzung geknüpft, 6
daß sich in den Fällen des § 13 Nr. 4 die Vertretung auf die weitere mündliche Verhandlung erstreckt.

1. Voraussetzung ist demnach, daß derjenige Anwalt bei der weiteren mündlichen Verhandlung vertritt, welcher auch schon bei der früheren Verhandlung vertreten hat; sonst könnte man von einem „Sicherstrecken" der Vertretung und von einer „Erhöhung", die eine bereits verdiente Verhandlungsgebühr voraussetzt, nicht sprechen, wie dies auch schon in den Motiven hervorgehoben ist. Wenn daher der Anwalt bei der sogenannten weiteren Verhandlung zum ersten Male in Vertretung der Partei verhandelt, so gebührt ihm für die Verhandlung nicht die Gebühr aus § 17, sondern die Verhandlungsgebühr aus § 13 bzw. 16[4]) Wird indessen auf diese Verhandlung nochmals Beweis erhoben und dann weiterverhandelt, so würde für diese letzte Verhandlung wieder die Voraussetzung des § 17 vorliegen.

Andererseits ist aber lediglich gefordert, daß der Anwalt bei der weiteren 7
Verhandlung vertritt. In welcher Weise diese Verhandlung vor sich geht, ist gleichgültig. Es ist daher insbesondere nicht erforderlich, daß die weitere Verhandlung auf die frühere Verhandlung oder auf die Beweisaufnahme Bezug nimmt und sich mit deren Ergebnissen beschäftigt.[5]) Darum ist die Gebühr aus § 17 insbesondere auch dann begründet, wenn nach der Beweisaufnahme wegen Nichterscheinens des Gegners das Versäumnisurteil beantragt wird, in welchem Falle das Ergebnis der Beweisaufnahme außer Betracht bleibt.[6]) Zwar liegt

[1]) Vgl. RG. 32, 410 gegenüber RG 10, 370. Ebenso LG. I Berlin in KGBl. 90 S. 41. Vgl. auch RG. JW. 94 S. 81, 18; 95 S. 16, 26; 96 S. 35, 28; 97 S. 532, 11; 99 S. 6, 20.

[2]) Vgl. Völk, Komm. zu § 25; RG. 9, 332; JW. 83 S. 207; 85 S. 159, 10.

[3]) Vgl Erl. zu § 8 N. 4.

[4]) Vgl. OLG. Karlsruhe in Bad. AKZ. 96 S. 39, 15.

[5]) OLG. (Hamburg) 7, 225; OLG. Marienwerder in Pos. Mschr. 03, 133.

[6]) RG. 23, 395; Bolze Bd. 7 Nr. 915; JW. 94 S. 245, 8; OLG. Karlsruhe in Bad. AKZ. 96 S. 48, 7.

der Grund, aus welchem im § 17 eine Zusatzgebühr für die daselbst vorgesehenen Fälle bewilligt wird, in der Erwägung, daß in diesen Fällen der Regel nach dem Rechtsanwalt ein besonderer Aufwand von Zeit und Arbeit erwächst; wo indessen dieser Grund nicht zutrifft, greift die Rücksicht durch, daß bei der Bestimmung der Gebühr nach dem Bauschsystem und dem Werte des betreffenden Gegenstandes die nach Maßgabe des Zeit- und Arbeitsaufwandes bei der einen Sache nicht entsprechende Vergütung ausgeglichen werden soll durch die Fälle, bei denen das Gegenteil eintritt, d. h. mehr als in dieser Beziehung entsprechend gewährt wird. — Aus denselben Gründen ist die Gebühr aus § 17 auch zuzubilligen für die Verhandlung nach einer zwar begonnenen, aber nicht zu Ende geführten Beweisaufnahme. [7])

8 2. Weitere Voraussetzung ist das Vorliegen der Fälle des § 13 Nr. 4. Hier kann zweifelhaft sein, ob als Voraussetzung gefordert wird, daß die Vertretung in einem Beweisaufnahmeverfahren 2c. stattgefunden haben, und dem Rechtsanwalt dafür die Beweisgebühr zustehen müsse. Aus dem Wortlaut des § 17 wäre diese Auffassung immerhin zu begründen. Sie kann jedoch als richtig nicht anerkannt werden; vielmehr sind die Worte des § 17 nur dahin zu verstehen, daß ein Beweisaufnahmeverfahren oder ein Termin zur Leistung eines Urteils stattgefunden haben muß, an welches sich eine weitere Verhandlung anschließt. Es fehlt an jedem Anhaltspunkte für die Annahme, daß der die Partei bei der weiteren Verhandlung vertretende Anwalt die erhöhte Verhandlungsgebühr nur dann zu fordern berechtigt sei, wenn er die Partei auch im Beweisaufnahmeverfahren 2c. vertreten und Anspruch auf die Beweisgebühr habe. Die erhöhte Verhandlungsgebühr soll eine Vergütung für den Mehraufwand an Zeit und Arbeit sein, der bei einer an ein Beweisaufnahmeverfahren sich anschließenden Verhandlung entsteht; dieser Mehraufwand ist aber davon, ob der Anwalt auch im Beweisaufnahmeverfahren vertreten hat, ganz unabhängig und nur durch die objektive Sachlage bedingt. [8])

Die Gebühr aus § 17 steht daher auch dem Anwalte zu, welcher den Antrag auf Läuterung eines bedingten Endurteils stellt, nachdem der Eid in einem vom Anwalt nicht wahrgenommenen Termine geleistet ist, so daß dem Anwalt die Beweisgebühr nicht zusteht.

9 Ein Fall des § 13 Nr. 4 liegt dagegen nicht vor und es ist deshalb die Gebühr aus § 17 nicht begründet, wenn die Beweisaufnahme lediglich in der Vorlegung von Urkunden durch eine Prozeßpartei geschieht. (Vgl. hierzu § 13 N. 74—78.) [8a])

IV. Bemessung der Erhöhung.

10 Der § 17 bemißt die Erhöhung auf $^{5}/_{10}$, wenn die weitere Verhandlung kontradiktorisch, auf $^{5}/_{20}$, wenn sie nichtkontradiktorisch ist. Über den Begriff der kontradiktorischen und nicht kontradiktorischen Verhandlung vgl. die Erl. zu § 16. Als kontradiktorisch ist auch hier diejenige Verhandlung anzusehen, welche nach § 16 wie eine kontradiktorische behandelt wird [9]) und die Ansetzung der vollen Verhandlungsgebühr begründet. So wird z. B. in Ehesachen, wenn der Kläger nach der Beweisaufnahme allein verhandelt, die schon $^{10}/_{10}$ betragende Verhandlungsgebühr nicht um $^{5}/_{20}$, sondern um $^{5}/_{10}$ zu erhöhen sein.

11 Im übrigen wird es nicht zweifelhaft sein, daß auch hier kontradiktorische

---

[7]) Ebenso Meyer-Irmler § 17 N. 4; RG. bei Gruchot 40, 1138; JW. 99 S. 493, 30 und Bd. 44, 399. KG. XII in KGBl. 00 S. 3. Vgl. dagegen RG. JW. 97 S. 421, 21.

[8]) Ebenso RG. 10, 377; OLG. Celle in JW. 82 S. 205; OLG. Dresden in Sächs. Ann. 15, 333; 21, 557; Meyer-Irmler § 17 N. 4.

[8a]) OLG. Dresden in Sächs.Arch. 96, 249.

[9]) Vgl. Erl. zu § 16 N. 12 ff.

Verhandlung vorliegt, wenn die Parteien in der nach stattgehabter Beweisaufnahme fortgesetzten mündlichen Verhandlung ihre früheren einander widersprechenden Anträge wiederholen. Es wird dies aber auch in dem Falle angenommen werden können, wenn die Parteien nach etwaigen nichtdispositiven Erklärungen bzw. Ausführungen über das Beweisergebnis bei den früheren Anträgen lediglich stillschweigend stehen geblieben sind, da nach dem den § 278 ff. ZPO. zugrunde liegenden Prinzipe der Einheit der mündlichen Verhandlung die sogenannte „weitere" Verhandlung nur als eine Fortsetzung der vor der Beweisaufnahme abgebrochenen Verhandlung anzusehen ist. Der Umstand, daß eine derartige anderweite Verhandlung im wesentlichen zumeist bloß eine Kritik der erfolgten Beweisaufnahme enthalten wird, entkleidet dieselbe noch nicht ihrer Eigenschaft als einer kontradiktorischen, sobald nur die Parteien beide erschienen sind und von den früheren einander widersprechenden Anträgen nicht abgehen. Die „weitere" Verhandlung wird daher hauptsächlich nur dann als nichtkontradiktorisch anzusehen sein, wenn entweder die Parteien sich gleich nach der Beweisaufnahme einverstanden darüber erklären, wie nunmehr zu entscheiden sei, oder wenn eine Partei gar nicht erschienen ist.[10])

Dagegen kann man von einer stillschweigenden Aufrechterhaltung der früheren Anträge dann nicht sprechen, wenn eine Verhandlung in Frage steht, welche nach Erlaß eines bedingten Endurteils stattgefunden und lediglich die Läuterung dieses Urteils nach erfolgter Eidesleistung zum Gegenstande gehabt hat. Denn durch das bedingte Endurteil sind die früheren Anträge der Parteien beseitigt und die neuen sachgemäßen Anträge können der Regel nach nur dahin gehen, daß beantragt wird, die in dem bedingten Endurteil festgesetzten Folgen der Leistung bzw. Nichtleistung des Eides nunmehr durch Endurteil auszusprechen. Wenn in diesem Falle die eine Partei keine Anträge stellt, so kann dies in sachgemäßer Weise nur dahin gedeutet werden, daß sie den Anträgen der Gegenpartei nicht widersprechen wolle. Es liegt dann also eine nicht kontradiktorische Verhandlnng vor.[11])

V. Grenzen der Erhöhung.

§ 17 bewilligt die Erhöhung „insoweit sich in den Fällen des § 13 12
Nr. 4 die Vertretung auf die weitere mündliche Verhandlung erstreckt", d. h. nicht „wenn" eine weitere Verhandlung stattfinden mußte, sondern „in dem Umfange," in dem sie stattfinden mußte. Der Teil, mit dem sich die „weitere" Verhandlung beschäftigt, stimmt mit dem der Beweisaufnahme unterworfenen Teile überein; nur insoweit liegt überhaupt eine „weitere" Verhandlung im Sinne des § 17 vor, während die sonstige Verhandlung nach der Struktur der ZPO. dieselbe und nur eine wiederholte ist, rücksichtlich welcher die Tätigkeit des Rechtsanwalts mit der vollen Verhandlungsgebühr abgegolten ist, die nur einmal gewährt wird, gleichviel ob sich die Verhandlung in einem oder in mehreren Terminen abgespielt hat.[12])

Daraus folgt:

1. Umfaßt die Beweisaufnahme nur einen Teil des Streitgegenstandes, so 13
ist die Gebühr des § 17 auch nur nach dem Werte dieses Teils zu bemessen,

---

[10]) S. Beschlüsse des OLG. Dresden vom 16. 6. 80 (Dresd. Ann. 2, 241) vom 22. 9. 80 (Wengler S. 128 und Wallm. V 81 S. 382 Nr. 165) und vom 17. 7. 88 (Ann. Bd. 10 89 S. 343); vgl. auch RG. JW. 89 S. 245, 8 und 97 S. 86, 29.

[11]) Vgl. RG. JW. 98 S. 575, 17; KG. in KGBl. 00 S. 3; OLG. Köln in Rhein. Arch. 97, 136.

[12]) RG. 42, 409; Gruchot 43, 513; OLG. Köln in Rhein.Arch. 91, 87.

auch wenn die Verhandlung nach der Beweisaufnahme den ganzen Streitgegenstand betrifft.[13])

14 2. Ist über 1000 M. verhandelt, Beweis erhoben und weiter verhandelt, und wird bei der Weiterverhandlung auf 2000 M. erhöht, so ist zwar die Prozeß- und Verhandlungsgebühr von 2000 M. zu berechnen (vgl. § 13 N. 27 und 47), die weitere Verhandlungsgebühr aber ist, ebenso wie die Beweisgebühr, nur von 1000 M. zu liquidieren.

15 3. Ist hintereinander über verschiedene Teile des Streitgegenstandes Beweis erhoben und weiter verhandelt, so ist die weitere Verhandlungsgebühr gemäß § 12 Abs. 2 GKG. von der Gesamtheit der Teile, und wenn teils kontradiktorisch, teils nichtkontradiktorisch weiter verhandelt wurde, nach dem höheren Satze zu berechnen. (Vgl. hierzu Erl. zu § 10 N. 44 ff.) Wenn also z. B. über 2000 M. verhandelt, darauf über 1000 M. Beweis erhoben und kontradiktorisch weiter verhandelt, sonach noch über 500 M. Beweis erhoben und nicht kontradiktorisch verhandelt ist, so beträgt die Verhandlungsgebühr 36 M.; sie wird erhöht nicht um 14 M. ($^{5}/_{10}$ von 1000 M.) + 4,75 M. ($^{5}/_{20}$ von 500 M.) = 18,75 M., sondern um 16 M. ($^{5}/_{10}$ von 1500 M.).

§ 18.

Die Vergleichsgebühr steht dem Rechtsanwalte nur zu fünf Zehnteilen zu, wenn ihm für denselben Streitgegenstand die volle Verhandlungsgebühr zusteht und der Vergleich vor dem Prozeßgericht oder einem ersuchten oder beauftragten Richter abgeschlossen ist.

Vorbemerkung

§ 18 schreibt eine Ermäßigung der Vergleichsgebühr unter gewissen Voraussetzungen vor. Erörtert werden:

I. Motive (1).
II. Voraussetzungen der Ermäßigung (1—8).
III. Vergleich über den Streitgegenstand hinaus (9).

1 **I. Motive.** Der Entwurf knüpft eine Ermäßigung der Vergleichsgebühr an zwei Voraussetzungen, nämlich:

1. daß dem Rechtsanwalte für eine kontradiktorische Verhandlung bereits die volle Verhandlungsgebühr zusteht,
2. daß der Vergleich vor dem mit der Sache befaßten Prozeßrichter abgeschlossen ist.

Es könnte in Frage kommen, ob nicht schon die erstere Voraussetzung allein den Wegfall oder die Ermäßigung der Vergleichsgebühr zur Folge haben soll, da dann die dem Vergleiche gewöhnlich vorangehenden Erörterungen durch die kontradiktorische Verhandlung vorweg genommen werden und deshalb das Zustandebringen des Vergleiches der Regel nach einen geringeren Aufwand von Mühe und Zeit erfordert. Allein auch nach stattgehabter kontradiktorischer Verhandlung wird der Vergleich im Interesse der Parteien möglichst zu begünstigen sein, und es erscheint daher zweckmäßig, dem Rechtsanwalte, welcher kontradiktorisch verhandelt hat, deshalb allein die Vergleichsgebühr nicht zu schmälern.

---

[13]) Vgl. die Entsch. in vor. Anm. Ebenso Meyer-Irmler § 17 N. 7; Willenbücher § 17 N. 3; Pfafferoth § 17 N. 5. A. M. Walter in früh. Aufl. zu § 17 II; OLG. Dresden in Ann. 8, 267; OLG. Stuttgart in Württ. Jahrb. 6, 225; OLG. Jena in Thür. BlfR. 42, 245; KG. in KGBl. 91, 38; Drucker § 17 III 2.

Tritt aber die zweite Voraussetzung noch hinzu, so muß die Vergleichsgebühr unter dem regelmäßigen Betrage normiert werden, weil dann der Regel nach anzunehmen ist, daß die richterliche Tätigkeit auf das Zustandekommen des Vergleiches von Einfluß gewesen ist.

II. Voraussetzungen der Ermäßigung der Vergleichsgebühr.

Nach § 13 Nr. 3 steht die Vergleichsgebühr dem prozeßbevollmächtigten Anwalt znm vollen Satze des § 9 zu; die Ermäßigung auf fünf Zehntel ist an das Zusammentreffen der beiden in § 18 bezeichneten Voraussetzungen geknüpft. 2

1. Dem Anwalt muß für denselben Streitgegenstand die volle Verhandlungsgebühr zustehen. 3

a) Die „volle Verhandlungsgebühr" steht dem Anwalt nicht zu, wenn er überhaupt keine Verhandlungsgebühr berechnen darf, z. B. wenn es gar nicht zur Verlesung der Anträge gekommen ist. In diesem Falle hat der Rechtsanwalt zwar keine Verhandlungsgebühr, aber die volle Vergleichsgebühr zu beanspruchen. [1])

Ist aber eine Verhandlungsgebühr entstanden, so ist dieselbe die „volle" Gebühr nur dann, wenn sie die in der betreffenden Prozeßart regelmäßige und nicht ermäßigte Verhandlungsgebühr ist. Die Minderung der Vergleichsgebühr tritt demnach nicht ein, falls die Verhandlungsgebühr gemäß § 16 (nichtkontradiktorische Verhandlung), oder gemäß §§ 20, 21, 22, 23, 24 GO. ermäßigt ist, während für den Urkundenprozeß die Verhandlungsgebühr von sechs Zehnteln die regelmäßige ist (§ 19).

b) Ist der Streitgegenstand, von dem die volle Verhandlungsgebühr zu berechnen ist, nicht derselbe wie der der Vergleichsgebühr, so kann es nach dem Wortlaute des § 18 zweifelhaft sein, ob überhaupt eine Ermäßigung der Vergleichsgebühr eintritt, [2]) oder ob nicht wenigstens eine Ermäßigung bezüglich des mit der vollen Verhandlungsgebühr abgegoltenen Teiles des Streitgegenstandes einzutreten hat. [3]) Man wird sich für die erste Ansicht entscheiden und die Ermäßigung ganz ausschließen müssen, weil die Ermäßigung nach dem Worlaute des § 18 an die Bedingung der Gleichheit des Streitgegenstandes geknüpft ist; hätte das Gesetz nur bestimmen wollen, in welchem Umfange die Ermäßigung eintreten soll, so würde es den sonst überall (z. B. §§ 14, 17, 20) gebrauchten Ausdruck „soweit" auch hier gebraucht zu haben. 4

Daß im Falle der Annahme der zweiten Ansicht die beiden verschiedenen Vergleichsgebühren höchstens den Betrag der vollen Vergleichsgebühr für das Vergleichsobjekt erreichen dürfen, ergibt sich aus § 12 Abs. 2 GKG.

2. Der Vergleich muß vor dem Prozeßgericht oder einem ersuchten oder beauftragten Richter abgeschlossen sein. 5

Wann ein Vergleich in diesem Sinne als ein „vor dem Prozeßgericht abgeschlossener" zu erachten ist, kann zweifelhaft sein. Die Frage wird in der Praxis besonders brennend, wenn die Parteien einen Vergleich unter Mitwirkung der Rechtsanwälte abgeschlossen und daneben vereinbart haben, daß derselbe — zur Erzielung eines urkundlichen Abschlusses des Prozesses und

---

[1]) Vgl. OLG. Dresden in Sächs.Ann. 2, 343 und Sächs.Arch. 1, 635; OLG. Jena in Thür. BlfR. 41, 25.

[2]) Die Ermäßigung schließt in diesem Falle aus Pfafferoth zu § 18 Anm. 1 Abs. 3.

[3]) Diese Ansicht vertreten Meyer-Irmler § 18 N. 5 und Willenbücher § 18 N. 1.

eines vollstreckbaren Titels — demnächst noch zu gerichtlichem Protokoll erklärt werden soll. Dieses Ziel würde nicht zu erreichen sein, wenn die Parteien sich mit der Anzeige des Vergleichsabschlusses begnügen, gleichviel ob dabei die Vergleichsbedingungen ganz oder teilweise in das Protokoll oder eine Anlage aufgenommen werden;[4]) es muß deshalb die Erklärung des Vergleichs zu gerichtlichem Protokoll wiederholt werden.

6 Über diese Streitfrage verbreitet sich zuerst ein Beschluß des OLG. Jena vom 16. 6. 81,[5]) in welchem ausgeführt wird, daß ein Vergleich vor dem Richter abgeschlossen sei, wenn er als ein „gerichtlicher" anzusehen sei, also nicht bloß dann, wenn der Richter den Vergleich zu Protokoll aufnehme, sondern auch dann, wenn er den bereits vorher von den Parteien außergerichtlich geschlossenen und schriftlich überreichten Vergleich zu gerichtlichem Protokolle feststelle. Dieser Auffassung hat sich dann auch das Reichsgericht[6]) angeschlossen mit folgenden Ausführungen: Wenn die GOfRA. die Gebühr für die „vor Gericht abgeschlossenen" Vergleiche auf die Hälfte der allgemeinen Vergleichsgebühr bestimme, so bezeichne sie mit ersterem Ausdrucke diejenige Art der Vergleiche, denen die Prozeßgesetze gerade als gerichtlichen spezifische Wirkungen beilegen, namentlich die Wirkung, daß sie gleich dem Urteile den Rechtsstreit formell beendigen und gleich demselben ohne weiteres vollstreckbar sind (§ 702 Ziff. 1 ZPO.). Diese Eigenschaft könne aber dem von den Parteien in der mündlichen Verhandlung zu Protokoll erklärten Vergleiche nicht abgesprochen werden, auch wenn man annehmen wolle, daß sich die Parteien über den Vergleich schon vorher verständigt hatten. Wäre selbst der Vergleich schon vorher außer Gericht bindend zwischen den Parteien zustande gekommen, so wären sie doch nicht behindert, ihn nochmals vor Gericht zu bereden. Die Tatsache allein, daß der Rechtsstreit bereits durch einen außergerichtlich beredeten Vergleich beigelegt war, stehe demnach der Anwendung der angezogenen Gesetzesvorschrift nicht entgegen.

7 Dieser Ansicht des Reichsgerichts kann jedoch nicht zugestimmt werden; die Begründung derselben, deren Richtigkeit an sich dahingestellt bleiben mag, ist jedenfalls für die Auslegung des § 18 dieses Gesetzes nicht zutreffend.

Wie aus den Motiven deutlich hervorgeht, ist bei Aufstellung der zweiten Vorbedingung für die Anwendbarkeit des § 18, daß nämlich „der Vergleich vor dem Prozeßgerichte abgeschlossen ist", als maßgebender Gesichtspunkt die Auffassung zugrunde gelegt worden, daß in diesem Falle — wie der Regel nach anzunehmen sei — die richterliche Tätigkeit auf das Zustandekommen des Vergleiches von hervorragendem Einflusse sein werde, und daß also das für Herabminderung der dem Rechtsanwalte zuzubilligenden Vergleichsgebühr im allgemeinen ausschlaggebende Motiv, nämlich der geringere Aufwand an Zeit und Mühe bei solchen bloßen Vergleichsvorverhandlungen, dann gerade im bevorzugten Maße zutreffe. Man hat demgemäß vorausgesetzt, daß der Vergleich vor dem Eingreifen der richterlichen Tätigkeit noch nicht zustande gekommen sei, daß ein fertiger Vergleich noch nicht vorliege. Dieser gesetzgeberische Grundgedanke darf bei der Auslegung nicht außer acht gelassen werden, ist für dieselbe vielmehr bestimmend. Es ergibt sich daraus, daß es nicht allein und vornehmlich darauf ankommt, daß der Vergleich

---

[4]) RG. JW. 88 S. 395, 8; OLG. Dresden in Sächs. Ann. 2, 87.

[5]) Thür BlfR. 29, 64.

[6]) RG. JW. 88 S. 100, 12 und S. 395, 8; Naumb.AKZ. 91 S. 87, VIII; zuletzt auch noch JW. 98 S. 608, 36. Ebenso das OLG. Köln vom 13. 7. 89 und 24. 5. 95 in Rh.Arch. 80, 77 und 89, 73.

durch die Mitwirkung des Richters lediglich zu einem „gerichtlichen" gemacht werde, um dadurch demselben zugleich die Vollstreckbarkeit zu verleihen, — was übrigens ebensogut in anderer Weise, d. h. ohne richterliche Beihilfe erreicht werden kann, z. B. durch vollstreckbare Notariatsurkunde und in Preußen durch Angehen eines Schiedsmannes (§ 32 der Schiedsmannsordnung vom 29. 3. 79) — sondern daß der eigentliche Schwerpunkt der fraglichen Vorschrift darin zu suchen und zu finden ist, daß das wirkliche Zustandebringen, der definitive Abschluß des Vergleichs — also dasjenige, was den Bemühungen des Rechtsanwaltes nicht gelungen ist und dieselben darum geringwertiger erscheinen läßt — das schließliche Ergebnis der richterlichen Tätigkeit sein muß. War nun der Vergleich, zu dessen „Abschluß" nur die Willensübereinstimmung der Parteien erforderlich, aber auch ausreichend ist, schon zustande gekommen, bevor die Parteien vor Gericht erschienen, um ihn zu Protokoll beurkunden zu lassen, so ist derselbe auch nicht vor Gericht, sondern bereits vorher außergerichtlich abgeschlossen. Daß eine demnächstige gerichtliche Beurkundung dabei vorgesehen war, steht der Gebundenheit der Parteien und damit dem „Abschluße" des Vergleichs nicht entgegen, wenn nicht etwa die Parteien die Existenz und Gültigkeit des Vergleichs von der Beurkundung abhängig gemacht haben (vgl. § 125 Satz 2 BGB.). Eine Mitwirkung des Gerichts zum Zustandebringen des Vergleichs hat in diesen Fällen nicht stattgefunden.

Als ein „vor dem Prozeßgerichte abgeschlossener" Vergleich im Sinne des § 18 kann daher nur derjenige angesehen werden, welcher nach vorgängiger vergeblicher Mühewaltung des Rechtsanwaltes erst durch die erfolgreichere Mitwirkung des Richters wirklich zustande gebracht wird. In diesem Falle soll dem Rechtsanwalte für seine niedriger zu veranschlagende Tätigkeit bloß die halbe Vergleichsgebühr zustehen. Wenn dagegen der Vergleich schon durch die außergerichtlichen Bemühungen des Anwaltes allein zum bindenden Abschlusse gekommen ist und dann vor dem Gerichte bloß zum gerichtlichen Protokolle festgestellt oder verlautbart wird, so liegt wohl ein gerichtlich aufgenommener, nicht aber ein „vor dem Prozeßgericht rc. abgeschlossener" Vergleich vor; auch das GKG. §§ 21, 23 unterscheidet zwischen der Aufnahme und dem Abschluß des Vergleichs. In solchem Falle tritt die Ermäßigung der Vergleichsgebühr nicht ein.[7])

Von ausschlaggebender Bedeutung ist aber auch noch ein anderer Gesichtspunkt. Durch den Abschluß eines bindenden außergerichtlichen Vergleichs hat der Anwalt die volle Vergleichsgebühr nach § 13 Nr. 3 bereits verdient. Es wäre nun unerfindlich, wieso das Gesetz dazu kommen sollte, eine bereits verdiente Gebühr um deswillen auf die Hälfte zu ermäßigen, weil der Rechtsanwalt noch eine umfangreichere Tätigkeit, nämlich auch noch die Wahrnehmung eines Termins zur gerichtlichen Beurkundung des abgeschlossenen Vergleichs, aufgewendet hat. Es wäre dies nicht nur unverständlich und unnatürlich, sondern es würde auch den sonst überall maßgebenden Grundsätzen der Gebührenordnung widersprechen, die dahin gehen, daß z. B. ein Rechtsanwalt der im Prozesse einmal kontradiktorisch

[7]) Die hier vertretene Ansicht haben neuerdings ausgesprochen OLG. Hamburg in Hans. GZ. 92 Beibl. S. 175 u. 98 Beibl. S. 119; OLG. Colmar 30. 4. 98 in ZſEL. 23, 125 u. 24, 39, JW. 02 S. 247; OLG. Cöln 19. 4. 99 in Ztschr. f. Rhein. Just. Subalternbeamte 10, 576 und Bad. Rpr. 99 S. 148. OLG. (Hamburg) 11, 152; OLG. München JW. 04 S. 604; OLG. Bamberg im Recht 05 S. 22. Ebenso Walter Ztschr. 99 S. 102; Schoenfeld, GO. § 18; Pfafferoth § 18 in früheren Aufl.; van Aken in JW. 02 S. 247 und jetzt auch Willenbücher § 18 N. 2; Drucker § 18, N. 2. A. M. Meyer-Irmler § 18 N. 2.

verhandelt und damit die volle Verhandlungsgebühr verdient hat, durch eine spätere nichtkontradiktorische Verhandlung jene volle Gebühr nicht wieder verliert. Ebenso muß dem Rechtsanwalt, der einmal die volle Vergleichsgebühr durch den Abschluß eines außergerichtlichen Vergleichs verdient hat, diese Gebühr auch verbleiben, wenn er später noch eine Tätigkeit entwickelt, für welche er an sich nur die halbe Vergleichsgebühr erhalten würde.[8])

8 Aus demselben Grunde liegt ein „vor dem Richter abgeschlossener" Vergleich auch dann nicht vor, wenn ein Teil dem Vergleich nicht sofort zustimmt, sondern erst später binnen bewilligter Frist durch Anzeige an die Gegenseite oder das Gericht den Vergleich annimmt bzw. den vorbehaltenen Widerruf nicht erklärt.[9])

9 **III. Vergleich über den Streitgegenstand hinaus.** Wirkt der Rechtsanwalt bei einem Vergleiche mit, der nicht nur den Streitgegenstand des Prozesses, sondern zugleich auch andere Ansprüche erledigt, so ist die Gebühr nach den Ausführungen N. 71 zu § 1 zu bestimmen. Auf diese Ausführungen kann hier verwiesen werden.[10])

Vorbemerkung zu §§ 19—24.

Die §§ 19 bis 24 bestimmen diejenigen Fälle, in welchen wegen der weniger umfassenden oder einfacheren Tätigkeit des Rechtsanwaltes geringer Sätze als die vollen des § 9 angemessen erscheinen. Dabei beziehen sich § 21 nur auf die Prozeßgebühr, § 22 nur auf die Prozeßgebühr und die Verhandlungsgebühr, §§ 19, 20, 23, 24 auf alle Gebühren.

§ 19.

Sechs Zehnteile der in den §§ 13 bis 18 bestimmten Gebühren erhält der zum Prozeßbevollmächtigten bestellte Rechtsanwalt für die Vertretung im Urkunden- oder Wechselprozesse (Zivilprozeßordnung §§ 592 bis 605).

Vorbemerkung.

§ 19 regelt die Gebühren für den Urkunden- und Wechselprozeß. Im Zusammenhange mit § 19 steht § 28, welcher die Gebühren für das nachfolgende ordentliche Verfahren (§§ 596, 600 ZPO.) bestimmt. Zu erörtern sind:

I. Motive (1).
II. Berechnung der Gebühren.
A) Allgemeines (2—3).
B) Besonderes.
1) Prozeßgebühr (4).
2) Verhandlungsgebühr (5).
III. Gebühren des Nachverfahrens (6).
IV. Wertsberechnung (7).

1 **I. Motive.** Der § 19 des Entwurfs bestimmt im Anschlusse an § 25 des GKG., daß ebenso wie die Gerichtsgebühren auch die Anwaltsgebühren im Urkunden- und Wechselprozesse (ZPO. §§ 555 bis 567) nur mit sechs Zehnteilen der in den §§ 13 bis 18 bestimmten Gebühren berechnet werden sollen. Die Bestimmung rechtfertigt sich aus der Einfachheit des Verfahrens, welches ebensosehr eine geringere Arbeit der Gerichte, als auch eine minder bedeutende Tätigkeit des Anwaltes erfordert und einen geringeren Zeitaufwand in Anspruch nimmt. Eine Vergleichung mit den früheren preußischen Gebühren-

---

8) Ebenso jetzt Willenbücher S. 144.
9) Vgl. den Aufsatz in Bad. Rechtspraxis 01 Nr. 26. und in JW. 02 S. 247.
10) Die Erstattungsfähigkeit der Gesamtgebühr nimmt jetzt auch KG. in KGBl. 02 S. 15 an.

sätzen ergibt hier eine mehr oder weniger erhebliche Reduktion und zwar auch schon dann, wenn der Prozeß durch Versäumnisurteil erledigt wird.

II. Berechnung der Gebühren.

A. Allgemeines.

1. Im Urkunden- und Wechselprozeß sind sämtliche Gebühren, welche im gewöhnlichen Prozesse nach §§ 13 bis 18 GO. entstehen können, nicht in voller Höhe, sondern nur zu $^{6}/_{10}$ in Ansatz zu bringen. Die Prozeßgebühr, die Verhandlungsgebühr und die Vergleichsgebühr beträgt demnach je $^{6}/_{10}$ vom Normalsatze bzw. $^{3}/_{10}$ in denjenigen Fällen, wo die Prozeßgebühr bzw. Verhandlungsgebühr und Vergleichsgebühr sich auf den halben Normalsatz ermäßigt, die Beweisgebühr, die ja auch vorkommen kann $^{3}/_{10}$; im Falle des § 17 erhöht sich die Verhandlungsgebühr um $^{3}/_{10}$ bzw. um $^{3}/_{20}$. 2

Wenn also z. B. Kläger 1000 M. einklagt und dann, weil Beklagter inzwischen bezahlt hat, nur Verurteilung in die Kosten beantragt, so erhält der Anwalt:

Prozeßgebühr $^{6}/_{10}$ (1000 Mk.)	16,80 M.
Verhandlungsgebühr nichtkontradiktorisch $^{3}/_{10}$ von der Normalgebühr unter Zugrundlegung des Betrages der Prozeßkosten (20—60 M.)	1,— „

Wenn Kläger 1000 M. fordert und Beklagter die Echtheit des Wechsels bestreitet und darüber ein Eid geleistet und dann erkannt wird, so bekommt der Anwalt:

Prozeßgebühr $^{6}/_{10}$	16,80 M.
Verhandlungsgebühr kontradiktorisch	16,80 „
Beweisgebühr	8,40 „
Verhandlungsgebühr nach § 17	8,40 „

bzw. statt des letzten Satzes nur 4,20 M., wenn etwa nach geleistetem Eide die eine Partei keinen widersprechenden Antrag stellt oder ausbleibt.

2. Eine Reduktion auf $^{6}/_{10}$ erfahren jedoch **nicht** auch solche Gebührensätze, welche in anderen Paragraphen als den §§ 13 bis 18 bestimmt sind. Insbesondere ist die in den Fällen des § 20 bestimmte Fünfzehntel-Gebühr im Urkunden- und Wechselprozesse nicht noch einmal auf $^{6}/_{10}$ d. h. schließlich auf $^{3}/_{10}$ zu reduzieren.[1]) (Vgl. Erl. zu § 20 N. 8.) 3

B. Besonderes. 4

1. Die **Prozeßgebühr** ist, wenn nur schließlich im Urkunden- oder Wechselprozeß **geklagt** ist, auch dann nur in Höhe von $^{6}/_{10}$ (nicht $^{10}/_{10}$) zu berechnen, wenn der Anwalt eventuell auch schon für den Fall der Abstandnahme weitere Information eingezogen hat.[2])

2. Im Urkunden- und Wechselprozesse ist es möglich, daß der Beklagte bei der mündlichen **Verhandlung** lediglich dem geltend gemachten Anspruch widerspricht, um sich den Vorbehalt der Ausführung seiner Rechte im Nachverfahren zu sichern. Dieser **Widerspruch** (§ 599 ZPO.) kann ganz allgemein und ohne jede Begründung erklärt werden, er bedarf gar keiner Form und insbesondere nicht eines besonderen Antrages auf Vorbehalt; ein Widerspruch kann selbst neben sonstiger Unterwerfung unter den Klageantrag erklärt werden.[3]) 5

[1]) Vgl. Reichst.Drucks. 79 Nr. 137 S. 40 und § 20 Anm. 2. OLG. Posen in Pos.Mschr. 03, 157.

[2]) Vgl. RG. JW. 86 S. 349, 12.

[3]) Motive z. ZPO. S. 354; Hahn, Mater. I S. 394; Stein, Urkunden- und Wechselprozeß (87) S. 187 ff., 214 ff.; Gaupp-Stein § 599 I Abs. 3; Petersen-Anger § 599 N. 1; Reincke § 599, II, 1.

Hat nun der Beklagte einen Abweisungsantrag nicht gestellt, sondern lediglich „widersprochen“, so ist die Verhandlung nicht kontradiktorisch im Sinne des § 19 GKG.; der Widerspruch als solcher ist überhaupt kein Antrag, geschweige denn ein dem Klageantrag widersprechender.[4])

6 **III.** Über die Gebühren des **Nachverfahrens** s. § 28.

7 **IV.** Über die **Wertsberechnung** bei Ansprüchen aus Wechseln s. § 4 Abs. 2 ZPO. und die Erl. zu § 10 N. 65.

§ 20.

Fünf Zehnteile der in den §§ 13 bis 18 bestimmten Gebühren erhält der Rechtsanwalt, soweit die durch die Gebühr zu vergütende Tätigkeit ausschließlich die im Gerichtskostengesetze § 26 Nr. 1 bis 10 bezeichneten Gegenstände betrifft.

Vorbemerkung.

Der § 20 führt in Anlehnung an § 26 GKG. eine Reihe von Verfahren und Teilen des Prozeßverfahrens auf, in welchen die Tätigkeit des Anwalts nur durch Gebühren in Höhe von $^5/_{10}$ abgegolten werden soll.

Die Erläuterung erfolgt in folgenden Abschnitten:

1 **I. Entstehungsgeschichte.** 1. Motive. Der § 20 lehnt sich an § 26 Abs. 1 des Gerichtskostengesetzes an. . . . .

Voraussetzung der Anwendbarkeit des § 20 des Entwurfs ist jedoch, daß die Tätigkeit des Prozeßbevollmächtigten ausschließlich die im § 26 des Gerichtskostengesetzes bezeichneten Fälle betrifft. Die geringere Gebühr rechtfertigt sich hier wie dort aus der einfacheren Tätigkeit des Rechtsanwaltes sowohl als des Gerichtes.

Die Vorschrift in Abs. 2 des § 26 des GKG. konnte hier keine Anwendung finden. Sie bezweckt nämlich, die Höhe der Gerichtsgebühren von der richterlichen Prozeßleitung möglichst unabhängig zu stellen. Dieser Gesichtspunkt kann aber im Verhältnisse des Anwaltes zur Partei nicht in Betracht kommen.[1])

---

[4]) Stein, Urk. S. 215 N. 8; OLG. Rostock in Meckl. Ztschr. 12, 157; OLG. Oldenburg in OldZ. 20, 91; OLG. Cöln in Rh.Arch. 85 I, 187; OLG. Kolmar in ELZ. 18, 240; OLG. Marienwerder in Pos. Mschr. 3, 155 und OLG. 2, 269. AM. OLG. Dresden in Sächs.Ann. 3, 158 und ZZP. 6, 511.

[1]) Abs. 2 des § 26 GKG. lautet:

„Ist in den Fällen der Nr. 1, 2 der Kläger abgewiesen, oder in den Fällen der Nr. 5, 6 die Wiedereinsetzung, Berufung, Revision, Wiederaufnahme oder der

2. Zum Verständnis der Anwendung des § 20 ist in der Reichtagskommission ausdrücklich zu Protokoll konstatiert worden:

„Die fünf Zehnteile in § 20 sollen berechnet werden von den vollen Gebühren, wie sie in §§ 13 bis 18 bezeichnet sind, ohne Rücksicht auf § 19. Dagegen spricht § 21 von der Prozeßgebühr in concreto, wie sie sich nach Maßgabe aller vorstehenden Paragraphen berechnet. In § 23 wird wiederum § 19 ausgeschlossen. Diese Unterscheidung in der Bezeichnung ist durchaus im Entwurfe festgehalten. Da, wo ein vorausgehender Paragraph bei Bestimmung der Quote einer Gebühr ausgeschlossen werden soll, ist dies in der betreffenden Bestimmung stets ausdrücklich hervorgehoben.“ [2])

3. Der Regierungsentwurf hatte hier, wie in den folgenden §§ 21—24 und in § 41, die Gebühr bestimmt für den „zum Prozeßbevollmächtigten bestellten Rechtsanwalt“. In der Reichtstagskommission wurden jedoch diese Worte gestrichen. Zur Begründung wurde ausgeführt, daß die in diesen Paragraphen gegebenen Gebührensätze der Rechtsanwalt erhalten solle, gleichgültig, ob er für die Durchführung der ganzen Sache oder nur eines einzelnen Abschnittes des Prozesses beauftragt sei. Im Wesentlichen werde es nach der Vorlage darauf ankommen, ob der Rechtsanwalt eine auf den ganzen Prozeß oder nur auf eine einzelne Handlung bezügliche Vollmacht sich vollziehen lasse. Dies müsse aber für die Gebühren gleich sein. Im übrigen würde es in vielen Fällen zu gleichen Resultaten führen. Bekomme der zum Prozeßbevollmächtigten bestellte Rechtsanwalt $^{3}/_{10}$ der in den §§ 13 bis 18 bestimmten Gebühren für die Tätigkeit bei der Zwangsvollstreckung, so bekomme der nicht zum Prozeßbevollmächtigten bestellte Rechtsanwalt für die gleiche Tätigkeit nach § 89 eine entsprechende Vergütung, worunter kein Mensch einen anderen Gebührensatz als ebenfalls $^{3}/_{10}$ verstehen werde.

Der Regierungsvertreter hatte gegen den Streichungsantrag bemerkt, daß derselbe den Grundgedanken der Vorlage, welcher auf der preußischen Anwaltsgebührenordnung basiere, verwische. Danach seien die Gebühren zunächst für den zum Prozeßbevollmächtigten bestellten Rechtsanwalt ausgeworfen, diesem seien die Gebühren für den zu einer einzelnen Handlung beauftragten Rechtsanwalt gegenübergestellt, dergestalt, daß man für einzelne bestimmte Handlungen des Einzelbevollmächtigten Gebühren wie im § 45 festgesetzt und, da sich alle Einzelhandlungen im voraus nicht übersehen ließen, zur Ergänzung etwaiger Lücken im § 89 eine Generalklausel geschaffen habe. Streiche man nun nach dem Vorschlage die Worte „zum Prozeßbevollmächtigten bestellter“, so könne man leicht zu der Annahme kommen, daß auch für Handlungen des Einzelbevollmächtigten, welche unter § 13 fallen, also z. B. für Abschluß eines Vergleiches, die analoge Gebühr zu bezahlen sei, was gegen die Absicht des Gesetzes gehe.

4. Durch die Gesetzgebung im Anschluß an das BGB. hat der § 26 KGG. und damit auch der Inhalt des § 20 GO. einige kleine Veränderungen erfahren; der Text des § 20 ist unverändert geblieben.

Einspruch als unzulässig verworfen, so werden auch für eine Verhandlung zur Hauptsache nur fünf Zehnteile der Gebühr erhoben, sofern die Entscheidung auf diese Verhandlung ergangen ist.“

[2]) Vgl. Protokolle vom 3. 3. und 2. 4. 79 sowie die Zusammenstellung derjenigen Punkte in dem Entwurfe einer GOfRA., über deren Bedeutung im Laufe der Kommissionsberatungen die Übereinstimmung der Kommissionsmitglieder und der Vertreter der verbündeten Regierungen zu Protokoll festgestellt worden ist, unter Nr. 1. (Drucksachen des Reichstages 4. Legislaturperiode II. Session 79 Nr. 137 S. 40.) Ebenso OLG. Posen in Pos. Mschr. 03, 157.

2 **II. Der Text des § 26 Nr. 1—10 GKG. lautet:**

Fünf Zehnteile der Gebühr (§§ 18 bis 24) werden erhoben, wenn der Akt ausschließlich betrifft:

1. prozeßhindernde Einreden (Zivilprozeßordnung § 274);
2. die Unzuständigkeit des Gerichts, die Unzulässigkeit des Rechtsweges, den Mangel der Parteifähigkeit, der Prozeßfähigkeit, der Legitimation eines gesetzlichen Vertreters oder der erforderlichen Ermächtigung zur Prozeßführung, sofern dieselben von Amtswegen berücksichtigt sind (Gerichtsverfassungsgesetz § 17 Abs. 1, Zivilprozeßordnung §§ 40, 56);
3. die Entlassung des Beklagten aus dem Rechtsstreite (Zivilprozeßordnung §§ 75 bis 77), oder die Übernahme des Rechtsstreits durch den Rechtsnachfolger (Zivilprozeßordnung § 266);
4. die Aufnahme eines unterbrochenen oder ausgesetzten Verfahrens (Zivilprozeßordnung §§ 239 bis 250);
5. die Zulässigkeit der Wiedereinsetzung in den vorigen Stand, der Berufung, Revision oder der Wiederaufnahme des Verfahrens oder die Zurücknahme eines Rechtsmittels (Zivilprozessordnung §§ 238, 515 Abs. 3, §§ 535, 566, 589);
6. den Einspruch (Zivilprozeßordnung §§ 341, 345, 346, 700), sowie die gegen ein Versäumnisurteil eingelegten Rechtsmittel (Zivilprozeßordnung § 513 Abs. 2, § 566);
7. die vorläufige Vollstreckbarkeit eines Urteils;
8. die Erteilung der Vollstreckungsklausel, sofern sie im Wege der Klage beantragt oder angefochten wird (Zivilprozeßordnung §§ 731, 738, 742, 744, 745 Abs. 2, §§ 749, 768), oder Einwendungen gegen die Zwangsvollstreckung, welche den Anspruch selbst betreffen, sofern der § 767 Abs. 2 oder § 796 Abs. 2 der Zivilprozeßordnung Anwendung findet, oder die Zulassung der Zwangsvollstreckung aus dem Urteil eines ausländischen Gerichts oder aus einem Schiedsspruche (Zivilprozeßordnung §§ 722, 1042);
9. die Anordnung, Abänderung oder Aufhebung eines Arrestes oder einer einstweiligen Verfügung, sofern die Entscheidung durch Endurteil zu treffen ist (Zivilprozeßordnung § 922 Abs. 1, §§ 925, 926 Abs. 2, §§ 927, 936);
10. die Unzulässigkeit des schiedsrichterlichen Verfahrens oder die Aufhebung eines Schiedsspruchs (Zivilprozeßordnung § 1046).

3 **III. Gemeinsame Grundsätze.**

1. Ausschließlicher Gegenstand der Tätigkeit. Die Anwendung der im § 20 enthaltenen Bestimmung ist nicht auf die Fälle zu beschränken, in welcher nur über einen der in § 26 Nr. 1 bis 10 GKG. bezeichneten Gegenstände und nicht zur Sache selbst verhandelt wird (bzw. überhaupt ein Verfahren anhängig ist; die Anwendbarkeit der gedachten Bestimmung ist vielmehr nur an die Voraussetzung geknüpft, daß der prozessualische Akt, um den es sich gerade handelt, also z. B. der Akt der Verhandlung oder Beweisaufnahme, ausschließlich einen dieser Gegenstände betroffen hat, gleichviel, ob im übrigen das ganze Verfahren über diesen Gegenstand ein gesondertes ist, oder als Teil des über die Hauptsache anhängigen Verfahrens sich

darstellt. Die Anwendbarkeit des § 20 ist demnach für jede der vier Gebühren besonders zu prüfen; es folgt dies aus der bei § 13 (N. 10) hervorgehobenen Selbständigkeit der vier Tätigkeitsgruppen für die Gebührenerhebung. Hat also der in der Hauptsache tätige Rechtsanwalt die Partei bei dieser Gelegenheit in einem Beweisaufnahmeverfahren vertreten, welches lediglich auf einem der in § 26 GKG. bezeichneten Gegenstände z. B. auf die Einrede der Unzuständigkeit des Gerichtes beschränkt war, so soll er auch in diesem Falle als Beweisgebühr für den betreffenden Akt nicht den regelmäßigen Satz des § 13 Nr. 4, sondern gemäß § 20 nur die Hälfte, d. h. fünf Zwanzigstel des in § 9 bestimmten Gebührensatzes beanspruchen dürfen.[3])

a) Die Gebühr des § 20 kann also für den zugleich mit der Vertretung in der Hauptsache befaßten Rechtsanwalt immer nur dann in Ansatz kommen, wenn der gebührenpflichtige Akt „ausschließlich" einen der in § 26 GKG. bezeichneten Gegenstände betrifft, mithin ein weiterer gleichartiger Akt zur Hauptsache in derselben Instanz und hinsichtlich desselben Streitgegenstandes nicht vorliegt. Lediglich in diesem Sinne ist auf das Wort „ausschließlich" der Nachdruck zu legen. Soweit dem Rechtsanwalte in der hervorgehobenen Hinsicht für seine Tätigkeit in dem Verfahren über die Hauptsache schon die regelmäßigen Gebühren zustehen, wird durch diese Gebühren nach dem im § 25 ausgesprochenen Grundsatze eine gleichartige, nach § 20 zulässige Gebühr absorbiert, da das ganze Verfahren nur eine Instanz bildet.[4]) Dieser Grundsatz ist im GKG. ausdrücklich ausgesprochen worden; § 28 GKG. schreibt in Satz 2 ausdrücklich vor: „Treffen für gleiche Akte die volle Gebühr und die Gebühr des § 26 rücksichtlich desselben Streitgegenstandes zusammen, so kommt nur die volle Gebühr zur Erhebung"; in die GO. ist dieser Satz, wie die Motive zu § 25 bemerken, bloß deshalb nicht ausdrücklich aufgenommen, weil er für selbstverständlich gehalten wurde.[5]) 4

b) Liegt innerhalb eines Prozesses für verschiedene Streitgegenstände eine verschiedene Tätigkeit vor, so ist die Gebühr für jeden Streitgegenstand besonders zu prüfen. Wird z. B. über die Gültigkeit einer einstweiligen Verfügung und gleichzeitig über eine Widerklage verhandelt, so steht den Anwälten nicht nur $^{5}/_{10}$ für die Verhandlung der einstweiligen Verfügung, sondern daneben die volle Verhandlungsgebühr für das die Widerklage betreffende Verfahren zu; nach § 12 Abs. 2 GKG. muß aber an Stelle der beiden Gebühren der nach dem Gesamtbetrage beider Streitwerte zu berechnende höchste Gebührensatz treten.[6]) 5

c) Entscheidend ist nur die vom Anwalt entwickelte Tätigkeit; der Umfang seiner Vollmacht ist dagegen gleichgültig.[7]) Wie bei der Selbständigkeit der einzelnen Gebührenarten die Prozeßgebühr zu berechnen ist, vgl. Erl. zu § 13 Nr. 24 ff. 6

[3]) RG. IV. ZS. 29. 3. 83 (Ann. 7, 495; JW. 83 S. 157, 22; Bbl. 83 S. 84); vgl. auch RG. JW. 85 S. 126, 14.

[4]) Bloß rücksichtlich des „Einspruchs" ist in § 27 eine Ausnahme von diesem Grundsatze statuiert.

[5]) Vgl. RG. JW. 89 S. 307, 16. Wenn noch, während die Berufung gegen das Urteil erster Instanz in betreff einer prozeßhindernden Einrede unerledigt schwebte, die Berufung in der Hauptsache hinzutrat, und beide Berufungen zusammen verhandelt und durch ein Urteil entschieden wurden, will das RG. (JW. 84 S. 9, 11) die vollen Gebühren nur einmal bewilligen, weil hier von einer zu zwei wiederholten Malen erfolgten Beschreitung und Erledigung der II. Instanz nicht die Rede sein könne. Diese Begründung erscheint unrichtig; es liegen bis zur Verbindung zwei Berufungen vor. (Vgl. § 10 N. 35 Abs. 2.)

[6]) RG. JW. 94 S. 264, 13.

[7]) RG. JW. 85 S. 126, 14.

7 2. Zusammentreffen mehrerer Gegenstände des § 26 GKG. Wenn mehrere der in § 26 GKG. unter Nr. 1 bis 10 aufgeführten Gegenstände für denselben gebührenpflichtigen Abschnitt eines Rechtsstreites (Verhandlung, Beweisaufnahme) zusammentreffen, so kommt die ermäßigte Gebühr des § 20 GO. nach Analogie des in § 25 GO. enthaltenen Grundsatzes dennoch nur einmal zur Erhebung.[8]) — Andererseits hat jedoch in solchem Falle nicht etwa eine weitere Teilung der bereits geminderten Gebühr des § 26 GKG. und des § 20 der GO. zu erfolgen, sondern es ist die auf fünf Zehnteile ermäßigte Gebühr ohne Unterschied zum Ansatze zu bringen.[9]) Die zehn Fälle, in welchen die Gebühr auf $^5/_{10}$ beschränkt ist, sind koordiniert neben einandergestellt; dies schließt es aus, daß bei der Berechnung der Gebühr für einen dieser Fälle noch auf einen der anderen Rücksicht genommen und infolge hiervon eine mehrfache Teilung vorgenommen werden soll — etwa eine dreifache, wenn im Arrestprozesse eine der in Nr. 1 und 2 erwähnten Einreden vorgeschützt, gegen das Urteil Berufung eingelegt und diese zurückgenommen worden ist.

8 3. Berechnung im Urkunden- und Wechselprozeß. Handelt es sich um einen der in § 26 Nr. 1 bis 10 GKG. bezeichneten prozessualen Akte im Urkunden- und Wechselprozeß, so tritt — wie in anderen Prozessen — die Berechnung der Gebühren zu $^5/_{10}$ ein. Daraus, daß der § 19 im § 20 nicht erwähnt ist, sondern nur die §§ 13 bis 18, folgt, daß nicht etwa $^5/_{10}$ von $^6/_{10}$ d. h. nur $^3/_{10}$ zu berechnen sind, vielmehr auch im Falle des § 19 die Gebühr mit $^5/_{10}$ von § 13 anzusetzen ist. (Vgl. die Feststellung der Reichstagskommission zu N. 1 und Anm. 2.)

IV. Die einzelnen Fälle des § 26 Nr. 1 bis 10.

9 **A. Nr. 1 und 2.** a) Die Tatbestände der Nr. 1 und Nr. 2 sind identisch. Nr. 1 betrifft die Fälle, daß Einreden, welche als prozeßhindernde im Sinne des § 274 ZPO. anzusehen sind, vom Beklagten wirklich erhoben und zum Gegenstande besonderer Verhandlung und Entscheidung gemacht werden. Nr. 2 geht davon aus, daß gewisse prozeßhindernde Einreden nicht erhoben worden sind, deren Tatbestand trotz Nichterhebung von Amts wegen berücksichtigt werden muß, so daß sie deshalb zum Gegenstand besonderer Verhandlung und Entscheidung gemacht werden.

10 b) Prozeßhindernde Einreden sind nach § 274 ZPO.:

1. Die Einreden der Unzuständigkeit des Gerichts, d. h. des Mangels der örtlichen oder sachlichen Zuständigkeit (§§ 1, 11—40 ZPO.). Hierher gehört jedoch nicht der Einwand, daß eine vor die Zivilkammer gebrachte Sache vor die Kammer für Handelssachen gehört und umgekehrt (§§ 101, 106 GVG.) oder die Berufung auf die Geschäftsverteilung des Gerichts. Von Amts wegen ist die Unzuständigkeit zu berücksichtigen im Falle des § 40 ZPO. (Ausschließlicher Gerichtsstand, nichtvermögensrechtliche Ansprüche) mit der durch § 528 für die Berufungsinstanz, und durch § 566 für die Revisionsinstanz gemachten Einschränkung. — Der Antrag und die Verweisung des Rechtsstreits an das zuständige Gericht gemäß §§ 276, 505 ZPO. ist nur eine Folge der Unzuständigkeit; auch in diesem Falle ist deshalb nur die halbe Gebühr zu berechnen. Im Falle des § 506 ZPO., wenn im Amtsgerichtsprozeß durch Widerklage oder Antragserweiterung die sachliche Unzuständigkeit des Amts-

---

[8]) RG. III. ZS. 21. 9. 83 (JW. S. 269, 14; Bbl. S. 172) und RG. I. ZS. 15. 12. 84 bei Pfafferoth § 20 N. 4.

[9]) RG. JW. 87 S. 273, 14; Bolze Bd. 1 Nr. 1599.

gerichts herbeigeführt und auf Antrag an das Landgericht verwiesen wird, kann zweifelhaft sein, ob die Ermäßigung der Gebühr eintritt. Meyer-Irmler (§ 20 N. 5), Pfafferroth (§ 20 N. 10) und Willenbücher (§ 20 N. 5) verneinen die Frage, weil weder die Einrede der Unzuständigkeit vorliege, noch eine Berücksichtigung von Amts wegen eintrete. In der Stellung des Verweisungsantrages liegt jedoch auch die Geltendmachung der Einrede der Unzuständigkeit; ebenso wie in den anderen Fällen der Unzuständigkeit wird auch hier Vereinbarung der Zuständigkeit angenommen, wenn der Antrag nicht „vor weiterer Verhandlung zur Hauptsache" gestellt wird. Es wird deshalb der Fall des § 26 Nr. 1 GKG. für vorliegend zu erachten und die Verhandlungsgebühr zu ermäßigen sein.[10])

Wenn etwa zum Verständnis der Einrede der Unzuständigkeit der Prozeßstoff der Hauptsache vorgetragen werden mußte, so wird dadurch dennoch nicht die volle Gebühr begründet.[11])

2. Die Einrede der Unzulässigkeit des Rechtsweges, d. h die Einrede, daß der Rechtsstreit gemäß gesetzlicher Vorschrift nicht vor den bürgerlichen Gerichten, sondern im Verwaltungswege zum Austrag zu bringen sei.[12]) 11

Eine vertragliche Ausschließung des Rechtsweges fällt nicht unter diese Einrede. Ebensowenig handelt es sich um Unzulässigkeit des Rechtsweges, wenn geltend gemacht wird, daß der Prozeßweg verschlossen sei, sei es weil der Anspruch mittels eines anderen Verfahrens geltend zu machen ist, z. B. wenn der Kostenerstattungsanspruch eingeklagt wird[13]) oder das Klagerecht wegen Verjährung erloschen ist.[14]) Endlich ist die Einrede nicht bestimmt, alle Prozeßeinreden zu decken, welche zur Abweisung der Klage ohne Sachentscheidung führen, so die Rüge der Nichtordnungsmäßigkeit der Klageerhebung, die des mangelnden rechtlichen Interesses an alsbaldiger Feststellung, oder die des mangelnden rechtlichen Zusammenhangs bei der Widerklage.[15])

3. Die Einrede, daß die Entscheidung des Rechtsstreits durch Schiedsrichter zu erfolgen habe. Diese Einrede ist durch die Zivilprozeßnovelle eingefügt; sie trifft sowohl den Fall des § 1025, als auch die Fälle des § 1048 ZPO., nicht jedoch den Fall, daß Dritten (arbitratores, Schätzungsmänner, Schiedsgutachter ꝛc.) nicht die Entscheidung eines Rechtsstreits, sondern die Feststellung eines einzelnen tatsächlichen Punktes, wie die Feststellung eines Unfalls, der Ursächlichkeit zwischen Unfall und Invalidität, des Grades der Erwerbsunfähigkeit, der Höhe eines Schadens usw. übertragen ist. 12

4. Die Einrede der Rechtshängigkeit (§ 263 Nr. 1 ZPO.). 13

5. Die Einrede der mangelnden Sicherheit für die Prozeßkosten (§§ 110—113 ZPO.).[16]) 14

6. Die Einrede, daß die zur Erneuerung des Rechtsstreits erforderliche Er- 15

---

[10]) Ebenso RG. JW. 89 S. 171, 16; RG. 30, 334; vgl. aber auch anscheinend abweichende RG. JW. 98, 418, 12. Daß im Verweisungsantrag die Einrede der Unzuständigkeit enthalten ist, nehmen ebenfalls an Gaupp-Stein § 506, II; Wach I S. 511. Übrigens hat die Frage nur geringe Bedeutung, weil das amtsgerichtliche und landgerichtliche Verfahren gemäß § 26 GO., § 30 GKG. als eine Instanz gelten.

[11]) RG. JW. 92 S. 206, 10; 93 S. 353, 39; 96 S. 75, 39.

[12]) Vgl. RG. 8, 350; 10, 368; 28, 157; JW. 99 S. 767, 3.

[13]) RG. JW. 95 S. 238, 5.

[14]) RG. JW. 96 S. 71, 15.

[15]) Diese Einrede als clausula generalis für Rüge aller möglichen Mängel will Fitting, Handb. d. ZP. § 55 S. 304 ff. auffassen, der von Hoffmann in Gruchot 38, 827 widerlegt wird. Vgl. auch RG. JW. 88 S. 22, 32.

[16]) Hierher gehören jetzt nicht mehr die Fälle der §§ 269, 272, 309, 320 HGB. Vgl. Staub HGB. zu § 272 N. 9.

stattung der Kosten des früheren Verfahrens noch nicht erfolgt sei (§ 271 Abs. 4 ZPO.).[17])

16 6. Die Einrede der mangelnden Parteifähigkeit, der mangelnden Prozeßfähigkeit und der mangelnden gesetzlichen Vertretung[18]) (§§ 50—56 ZPO.). Diese Mängel sind auch von Amts wegen zu berücksichtigen (§ 56 ZPO.).

17 c) Der Wert des Streitgegenstandes bemißt sich stets nach dem Klageantrage, nicht nach den Einreden. Vgl. hierzu die Ausführungen zu § 9 N. 6.

18 d) Wegen der verschiedenen Berechnung der Prozeßgebühr und der anderen Gebühren vgl. die Ausführungen zu § 13 N. 24 ff.

19 **B. Nr. 3.** Die Ermäßigung der Gebühren tritt nur bezüglich der Tätigkeit ein, welche lediglich den Streit über die Entlassung des Beklagten oder die Übernahme durch den Rechtsnachfolger betrifft. Die Hauptintervention selbst und der durch sie eingeleitete Streit fallen hierunter nicht.[18a]) Die Ermäßigung wird daher zumeist nur die Gebühren des Anwalts des Beklagten oder des Rechtsnachfolgers treffen.

20 **C. Nr. 4.** Die Anwendung der Vorschrift der Nr 4 und damit die Ermäßigung der Gebühren hat zur Voraussetzung, daß es sich ausschließlich um die Aufnahme eines unterbrochenen oder ausgesetzten Verfahrens handelt. Hat der Anwalt daneben auch noch die Zustellung des Urteils bewirkt, so steht ihm die volle Prozeßgebühr zu. Vgl. die Ausführungen zu § 13 N. 22 und Anm. 24.

Der Aufnahme steht gleich die Anzeige aus § 244 ZPO. Da bei der Ladung zur Aufnahme zugleich zur Verhandlung zur Hauptsache zu laden ist, so wird eine getrennte Verhandlung über die Aufnahme nur auf Grund besonderer Anordnung aus § 146 ZPO. möglich sein.

21 **D. Nr. 5.** Es liegt keine Veranlassung vor, diese Vorschrift über ihren Wortlaut hinaus auch auf solche Tätigkeiten auszudehnen, welche mit den in dieser Nummer aufgeführten Tätigkeiten eine gewisse Ähnlichkeit haben. So ist insbesondere die Anwendung der Vorschrift nicht gerechtfertigt für die Verhandlung über die Zulässigkeit des Widerrufs eines Urteilseides gemäß §§ 470, 471, 477 ZPO.[19])

22 Für die einzelnen Fälle dieser Nr. ist folgendes zu bemerken:

a) Nach Vorschrift des § 238 ZPO. ist das Verfahren über den Antrag auf Wiedereinsetzung mit dem Verfahren über die nachgeholte Prozeßhandlung zu verbinden; nur auf besonderen Gerichtsbeschluß kann das Verfahren zunächst auf die Verhandlung über den Antrag beschränkt werden. Der Rechtsanwalt muß daher auch auf die gleichzeitige Verhandlung zur Hauptsache, welche den Regelfall bildet, vorbereitet sein und sich dafür informiert haben; daraus

---

[17]) Nur bei Zurücknahme der früheren Klage, nicht bei Abweisung derselben durch Urteil, RG. 15, 382 und Bd. 33, 359; auch nicht bei Wiederholung einer Rechtsmitteleinlegung: OLG. Jena in SeuffArch. 38, 228 und OLG. Karlsruhe in SeuffArch. 40, 101.

[18]) Hierher gehört nicht die Legitimation des Testamentsvollstreckers: RG. bei Gruchot Bd. 32, 1185.

[18a]) RG. in JW. 95 S. 226 und Sächs. Arch. 96, 248.

[19]) Entgegengesetzter Ansicht Walter in fr. Aufl. § 20 IV B 2c, weil ein der „Wiederaufnahme" analoges Verfahren vorliege. Der oben vertretenen Ansicht sind auch Meyer-Irmler § 20 N. 5b, Willenbücher § 20 N. 5 d, dd; Pfafferoth § 20 N. 15.

folgt, daß er in jedem Falle die volle Prozeßgebühr, nicht nur eine gemäß § 26 Nr. 5 GKG. ermäßigte, beanspruchen kann.[20])

b) Eine Vorabverhandlung über die Zulässigkeit der Berufung bzw. Revision kann in den Fällen der §§ 535, 566 ZPO. eintreten; hier ist jedenfalls die Prozeßgebühr wegen der erforderlichen Vorbereitung auf die Hauptsache in voller Höhe anzusetzen. Die Zulässigkeit der Berufung kann aber auch dann den ausschließlichen Gegenstand bilden, wenn in der Revisionsinstanz lediglich über die Zulässigkeit der Berufung gestritten wird. Wird gegen ein die Berufung als unzulässig verwerfendes Urteil Revision eingelegt (§ 547 Nr. 1 ZPO.), so ist nach § 26 Nr. 5 GKG. nicht nur die Verhandlungsgebühr, sondern auch die Prozeßgebühr zu ermäßigen.[21]) 23

c) Die Zulässigkeit der Wiederaufnahme des Verfahrens ist ausschließlicher Gegenstand im Falle der Vorabverhandlung aus §§ 589, 598 Abs. 2 ZPO. Auch hier wird von der Ermäßigung nur die Verhandlungsgebühr betroffen, nicht auch die Prozeßgebühr, da der Anwalt auf die gleichzeitige Verhandlung der Hauptsache, welche den Regelfall bildet, vorbereitet sein muß. Auf das Wiederaufnahmeverfahren selbst findet § 26 Nr. 5 GKG. keine Anwendung.[22]) 24

d) Nur die Zurücknahme eines Rechtsmittels, nicht auch die Zurücknahme der Klage (Widerklage) wird von der Vorschrift des § 26 Nr. 5 GKG. betroffen. Nach Zurücknahme des Rechtsmittels kann die Verhandlung nur noch den Antrag auf Verlust des Rechtsmittels und Verurteilung in die Kosten des Rechtsmittels betreffen. (§§ 515 Abs. 3, 566 ZPO.) 25

α) Die Prozeßgebühr ist die volle, wenn der Anwalt vor der Zurücknahme eingetreten und einen Schriftsatz zugestellt hat (vgl. § 14 GO.). Ist dagegen der Anwalt (des Rechtsmittelbeklagten) erst nach der Zurücknahme eingetreten, so wird auch die Prozeßgebühr nach § 26 Nr. 5 GKG ermäßigt. (Vgl. § 13 N. 28 und 36.) 26

β) Die Gebühr für den Antrag auf Verlust des Rechtsmittels unterliegt immer der Ermäßigung aus § 26 Nr. 5 GKG.; sie beträgt bei kontradiktorischer Verhandlung $^{5}/_{10}$, bei nicht kontradiktorischer Verhandlung nach § 16 $^{5}/_{20}$ nach dem Streitwert der Hauptsache.[23]) (Vgl. auch § 13 N. 41.) 27

Wird nur über den Antrag auf Verurteilung in die Kosten des Rechtsmittels verhandelt, so ist der Streitwert nur nach den bis zur Verhandlung entstandenen Kosten des Rechtsmittels, nicht des ganzen Verfahrens, zu berechnen.[24]) Auch hier ist weiterhin die Gebühr nach § 26 Nr. 5 GKG. auf $^{5}/_{10}$ und event. nach § 16 auf $^{5}/_{20}$ zu ermäßigen. 28

E. Nr. 6. Der Einspruch ist ausschließlicher Gegenstand, wenn es sich lediglich um die Verhandlung über die Zulässigkeit in den Fällen der §§ 341, 345 ZPO. oder des § 700 ZPO. (Einspruch gegen den Vollstreckungsbefehl) oder um den Verzicht oder die Zurücknahme des Einspruchs und deren Folgen (§ 346 ZPO.) handelt. Wenn dagegen Einspruch unter Ladung des Gegners zur mündlichen Verhandlung über die Hauptsache (§ 340 Nr. 3 ZPO.) eingelegt ist, und die Partei nicht erscheint oder nicht zur Hauptsache verhandelt, so ergeht zwar nach § 345 ZPO. ein Versäumnisurteil auf Verwerfung des Ein- 29

[20]) RG. JW. 98 S. 576, 21.

[21]) Vgl. RG. 3. 3. 82 bei Fenner und Mecke 3, 350, wo dies für die Gerichtskostenerhebung ausgesprochen wird.

[22]) Kammergericht in ZZP. 16, 319.

[23]) RG. JW. 83 S. 269, 14; 94 S. 85, 19.

[24]) Vgl. hierzu oben § 10 N. 87 und Anm. 129; Bayr. ObLGZ. 4, 141.

spruchs, die nicht kontradiktorische Verhandlung aber war eine solche zur Hauptsache. Es ist deshalb § 20 nicht anwendbar; der Gegner hat für die nichtkontradiktorische Verhandlung $^{5}{}_{10}$, nicht etwa nur $^{5}{}_{20}$ zu berechnen.[25])

30 Als *Rechtsmittel gegen ein Versäumnisurteil* ist gemäß §§ 513 Abs. 2, 521 Abs. 2, 566 ZPO. nur bei Unstatthaftigkeit des Einspruchs die Berufung bzw. Revision zulässig, die sich darauf stützt, daß der Fall der Versäumung nicht vorgelegen habe. Wird hierüber vorabverhandelt, so ist die Verhandlungsgebühr nach § 26 Nr. 6 GKG. zu bemessen.

31 **F. Nr. 7.** Hierher gehört der Fall, daß in der Berufungsinstanz über die vorläufige Vollstreckbarkeit *vorab* verhandelt und entschieden ist (§ 718 Abs. 1 ZPO.) und später eine Entscheidung in der *Hauptsache nicht* ergeht, sowie der wenig praktische Fall, daß die Berufung *ausschließlich* gegen den die Frage der vorläufigen Vollstreckbarkeit betreffenden Teil eines Urteils eingelegt ist, oder endlich der Fall des in den §§ 321, 716 ZPO. gedachten *Ergänzungsverfahrens*, sofern der Rechtsanwalt mit der Vertretung in diesem Verfahren *ausschließlich* — d. h. also ohne vorher in der Hauptsache Vertreter gewesen zu sein — betraut ist. Der Streitgegenstand ist hier überall identisch mit dem des Anspruchs, um dessen Vollstreckung es sich handelt. In allen übrigen Fällen decken sich das Verfahren über die Vollstreckbarkeit und das Verfahren in der Hauptsache sowohl hinsichtlich des *Gegenstandes* als auch der *Gebühren*.

32 Das Verfahren betreffend die Vollstreckbarkeit der durch Rechtsmittelanträge nicht angefochtenen Teile eines Urteils (§§ 534, 560 ZPO.) fällt unter § 23 Nr. 1 GO. und § 47 Nr. 11 GKG., die Anträge auf vorläufige Einstellung, Beschränkung oder Aufhebung der Zwangsvollstreckung unter § 23 Nr. 1 GO. und § 35 Nr. 1 GKG.[25a])

33 **G. Nr. 8.** Unter dieser Nummer sind drei Gruppen von Tätigkeiten aufgeführt, welche die Vorbereitung oder Abwendung der Zwangsvollstreckung aus einem Schuldtitel betreffen.

34 1. *Die Erteilung der Vollstreckungsklausel, sofern sie im Wege der Klage beantragt oder angefochten wird.*[26]) Durch die neuere Gesetzgebung ist der Kreis dieser Klagen erheblich erweitert. Die alte ZPO. kannte nur die Erteilungsklage aus § 667 a. F., jetzt § 731, wenn der Gläubiger den erforderlichen Nachweis der Tatsache oder Rechtsnachfolge durch öffentliche Urkunde zu führen nicht imstande war, und die Anfechtungsklage aus § 687 a. F., jetzt § 768, wenn der Schuldner den bei Erteilung der Vollstreckungsklausel als bewiesen angenommenen Eintritt der Tatsache oder Rechtsnachfolge bekämpfte. Der § 26 Nr. 8 GKG. a. F. zitierte deshalb auch nur die §§ 667, 687 ZPO. Nach der jetzigen Fassung der ZPO., die nunmehr auch in den Zitaten des § 26 Nr. 8 GKG. n. F. berücksichtigt ist, treten noch hinzu die Fälle der §§ 738, 742, 744, 745 Abs. 2, 749 ZPO., welche die Erteilung der Vollstreckungsklausel bei Nießbrauchsbestellung oder bei Eintritt oder Veränderung eines ehelichen Güterstandes nach Rechtskraft des Urteils oder aus einem für oder gegen den Erblasser ergangenen Urteile für und gegen den Testamentsvollstrecker betreffen.

35 Die Vorschrift findet auch Anwendung, wenn die Vollstreckungsklausel für die in §§ 796, 797 ZPO. bezeichneten Schuldtitel (Vollstreckungsbefehle, gericht-

[25]) Ebenso KG. XIV. 9. 7. 03, KGBl. 03 S. 96. Vgl. jedoch hierzu den Aufsatz von Petersen ebenda S. 103.

[25a]) OLG Kolmar ZfEL. 6, 73.

[26]) Wegen der sonstigen Fälle der Erteilung der Vollstreckungsklausel s. § 24 GO., i. Verb. mit § 38 Nr. 3 und § 47 Nr. 15 GKG.

liche Urkunden einschließlich der in § 794 Nr. 1 und 2 ZPO. bezeichneten Vergleiche, notariellen Urkunden) beantragt oder angefochten wird.[27]) Das Gesetz unterscheidet hier nicht.

Eine Klage auf Erteilung oder Anfechtung des Rechtskraftzeugnisses als Analogon zu derjenigen bezüglich der Vollstreckungsklausel ist in der ZPO. nicht ausgebildet; vielmehr gibt es nur das Verfahren aus §§ 706, 576 ZPO. Es ist deshalb unrichtig, hier den § 26 Nr. 8 GKG. analog anwenden zu wollen.[28]) 36

Bezüglich der Wertsberechnung vgl. § 10 N. 69. 37

2. Einwendungen gegen die Zwangsvollstreckung, welche den Anspruch selbst betreffen, sofern §§ 767 Abs. 2 oder 796 Abs. 2 ZPO. Anwendung finden. Diese Einwendungen sind gemäß § 767 ZPO. im Wege der Klage geltend zu machen.[29]) 38

a) Voraussetzungen der Anwendbarkeit des § 26 Nr. 8 GKG. sind: 39

α) Die Einwendung muß sich gegen den Anspruch selbst richten z. B. dessen Tilgung, Verjährung, Stundung, Erlaß, Vergleich geltend machen.[30]) Daher findet § 26 Nr. 8 keine Anwendung auf Klagen aus § 771 ZPO. (Interventionsklagen).[31]) Zweifelhaft ist die Anwendung bei Klagen aus §§ 781 bis 786 ZPO., mittels deren der Erbe (Ehegatte, Übernehmer eines Vermögens, Vermächtnisnehmer) die Beschränkung seiner Haftung geltend macht. Die Erledigung dieser Klagen soll gemäß § 785 ZPO. nach der Bestimmung des § 767 ZPO. erfolgen. Schon daraus kann man folgern, daß diese Einwendung an sich nicht den Anspruch selbst betreffen; denn sonst wäre die ausdrückliche Vorschrift des § 785 überflüssig. Die Einwendung betrifft aber auch gar nicht den Anspruch selbst; dieser soll vielmehr so, wie er zuerkannt ist, nicht bemängelt werden, nur das Maß der Vollstreckungsmöglichkeit wird erörtert. Der § 26 Nr. 8 GKG. findet daher auf solche Klagen keine Anwendung.[32])

β) Die Einwendung muß im Wege der Klage geltend gemacht werden. Daraus folgt, daß wenn der Schuldner einem Vollstreckungsantrage aus § 887 ZPO. (Erwirkung von Handlungen) einredeweise widerspricht, die Anwendung des § 26 Nr. 8 GKG. ausgeschlossen ist.[33])

γ) Die Vorschrift des § 767 Abs. 2 (bzw. § 797 Abs. 2) muß Anwendung finden, d. h. die Gründe, auf denen die Einwendungen beruhen, müssen erst nach dem Schlusse derjenigen mündlichen Verhandlung, in welcher Ein-

---

[27]) RG. JW. 96 S. 175, 31.

[28]) Anscheinend nach dem Vorgange des KG. in Naumb. AKZ. 89 S. 84, 2 vertreten die analoge Anwendung Meyer-Irmler § 20 N. 5 zu Nr. 8e und die frühere Aufl. Willenbücher § 20 N. 5e, dd. Denkbar wäre eine Klage auf Feststellung der Rechtskraft, die aber mit der Klage auf Erteilung der Vollstreckungsklausel nichts gemein hat.

[29]) Nicht zu verwechseln mit den Einwendungen gegen die Art und Weise der Zwangsvollstreckung oder das Verfahren des Gerichtsvollziehers aus § 766 ZPO.; Gebühren für diese s. § 23.

[30]) Aus der reichen Judikatur vgl. die Urteile d. RG. 21, 331, 379; 23, 366; 25, 426; 27, 384; 30, 197.

[31]) RG. JW. 94 S. 142, 15.

[32]) Die Anwendung des § 26 Nr. 8 verneint auch das RG. in JW. 88 S. 244, 9 (Naumb. AKZ. 89 S. 30, 1; Bresl. AKZ. 88 S. 58). Ebenso Meyer-Irmler § 20 N. 5 zu Nr. 8b und Willenbücher § 20 N. 5g, bb.

[33]) Die Anwendbarkeit des § 26 Nr. 8 GKG. bejaht auch für diesen Fall OLG. Kolmar 5. 1. 94 in ELZ. 19, 332 und ihm folgend Walter in fr. Aufl. Dagegen Meyer-Irmler § 27 N. 5 zu Nr. 8, der richtig auch hervorhebt, daß dies gegen §§ 23, 31 GO. verstoßen würde. Vgl. auch § 31.

wendungen spätestens hätten geltend gemacht werden müssen, entstanden sein und durch Einspruch nicht mehr geltend gemacht werden können. Daraus folgt ebenfalls die Nichtanwendbarkeit des § 26 Nr. 8 bei den Klagen aus §§ 781 bis 786 ZPO.; ferner folgt daraus aber auch die Nichtanwendbarkeit bei Einwendungen gegen den Anspruch, der auf einem gerichtlichen Vergleiche und gerichtlichen oder notariellen Urkunden (§ 794 ZPO.) beruht, da auf diese die beschränkende Vorschrift des § 767 Abs. 2 gemäß § 797 Abs. 4 ZPO. keine Anwendung findet.[34]) Für derartige Prozesse sind sonach die vollen Gebühren zu liquidieren.

40 b) Ist die Klage nur erkennbar aus § 767 ZPO. angestellt, so kommt es für die Anwendbarkeit des § 26 Nr. 8 GKG. nicht darauf an, ob sie etwa wegen Nichtzutreffens der behaupteten Voraussetzungen des § 767 Abs. 2 oder aus anderen Gründen (z. B. weil die Zwangsvollstreckung noch nicht begonnen hatte)[35]) unzulässig war, oder ob sie auch noch aus anderen Gründen gerechtfertigt wurde.[36])

41 c) Der Gegenstand dieser Klagen hat, wenn nicht eine Ermäßigung stattfindet, denselben Wert, wie der des Schuldtitels, um dessen Beseitigung es sich handelt. Wird zugleich die Einwilligung in die Auszahlung hinterlegter Summen verlangt, so ist dies eine Nebenforderung, welche nicht besonders in Betracht kommt. Bezüglich der Nichteinrechnung der Zinsen vgl. § 10 N. 71.

42 3. Die Zulassung der Zwangsvollstreckung aus dem Urteil eines ausländischen Gerichts oder aus einem Schiedsspruche betrifft die Klage auf Erlassung des Vollstreckungsurteils aus §§ 722, 723 ZPO. und aus § 1042 ZPO.

Der Wert des Streitgegenstandes steht dem des Urteils oder Schiedsspruchs gleich; wird das Vollstreckungsurteil auch wegen der Kosten des schiedsrichterlichen Verfahrens oder wegen dieser allein beantragt,[37]) so sind auch die Kosten zu berücksichtigen.

43 **H. Nr. 9.** Für das Verfahren des Arrests und der einstweiligen Verfügung finden sich Gebührenbestimmungen an verschiedenen Stellen der GO. Das Verhältnis dieser Bestimmungen zueinander ist folgendes:

Aus § 29 Abs. 2 Nr. 4 und § 30 Nr. 2 ergibt sich die Unterscheidung, ob das Verfahren mit dem Verfahren über die Hauptsache verbunden oder von demselben getrennt ist, wobei es zweifelhaft bleibt, wohin die Stellung des Antrages in einem besonderen Schriftsatze zu rechnen ist, wenn nicht auch verhandelt ist.[38]) Im ersteren Falle (§ 29) gehört es zur Instanz der Hauptsache und begründet keine besondere Gebühr, im zweiten Falle (§ 30) sind besondere Gebühren zu berechnen. Die Höhe dieser besonderen Gebühren bestimmt sich sodann danach, ob die Anordnung 2c. durch Beschluß geschieht ($^{3}/_{10}$ nach § 23 GO., i. Verb. mit § 35 Nr. 3 GKG.) oder ob die Entscheidung durch Endurteil zu treffen ist ($^{5}/_{10}$ nach § 20 GO. i. Verb. mit § 26 Nr. 9 GKG.).

44 Zu unterscheiden von dem Verfahren über Anordnung, Änderung oder Aufhebung des Arrests oder der einstweiligen Verfügung ist aber weiter die nachfolgende Vollziehung des Arrests oder der einstweiligen Verfügung (§§ 928 ff. ZPO.), welche sich zu jenem Verfahren wie die Zwangsvollstreckung

[34]) RG. JW. 97, 110, 18; 99 S. 97, 35; RG. 21, 345; 31, 396; 35, 398; 37, 416.
[35]) RG. JW. 95 S. 330, 25.
[36]) RG. JW. 91 S. 572, 5.
[37]) Was zulässig ist: RG. 19, 406. Vgl. auch Bayr. ObLGZ. 3, 625.
[38]) Vgl. u. a. RG. 8, 429; 13, 323. Vgl. des näheren die Erl. zu § 29 Nr. 4 und § 30 Nr. 2, insbesondere N. 16 ff.

zu dem dem Urteil vorangehenden Verfahren verhält. Die Vollziehung, welche nach den Vorschriften über die Zwangsvollstreckung geschieht (§§ 928, 936 ZPO.), begründet wiederum die besonderen Gebühren für die Zwangsvollstreckung[39]) (§§ 36, 23 Nr. 2, 31, 33, 34 GO.).

An dieser Stelle handelt es sich nur um die Gebühr für Akte, welche die Anordnung, Abänderung oder Aufhebung eines Arrests oder einer einstweiligen Verfügung betreffen, sofern die Entscheidung durch Endurteil zu treffen ist. 45

a) Durch Endurteil ist die Entscheidung zu treffen: 46

α) wenn über das Gesuch um Anordnung des Arrests oder der einstweiligen Verfügung nach vorgängiger mündlicher Verhandlung entschieden wird (§§ 922, 936 ZPO.). Eine Ausnahme bildet hier der Erlaß einer einstweiligen Verfügung in dringenden Fällen durch das Amtsgericht aus § 942 ZPO., welcher nur durch Beschluß geschieht, auch dann, wenn mündliche Verhandlung stattgefunden hat;[40])

β) über die Rechtmäßigkeit des Arrests oder der einstweiligen Verfügung, 47 wenn gegen den Beschluß Widerspruch erhoben (§§ 924, 925, 936 ZPO.) oder nach § 942 ZPO. zur Verhandlung über die Rechtmäßigkeit vor das Gericht der Hauptsache geladen ist;[41])

γ) wenn wegen veränderter Umstände die Aufhebung des Arrests beantragt 48 wird (§§ 927, 936 ZPO.). Dagegen erfolgt die Aufhebung eines vollzogenen Arrests gegen Hinterlegung von dem Vollstreckungsgericht gemäß § 934 ZPO. immer durch Beschluß;

δ) wenn bei nicht anhängiger Hauptsache der Gläubiger der Anordnung, 49 binnen bestimmter Frist Klage zu erheben, nicht Folge leistet, und der Schuldner deshalb die Aufhebung des Arrestes beantragt (§§ 926, 936 ZPO.). Hat jedoch das Amtsgericht aus § 942 ZPO. eine einstweilige Verfügung unter Bestimmung einer Frist zur Ladung des Gegners über die Rechtmäßigkeit vor das Gericht der Hauptsache erlassen, so geschieht die Aufhebung nach fruchtlosem Ablauf der Frist immer durch Beschluß.

b) Als „Anordnung“ ist auch die Rechtmäßigkeitserklärung bzw. Be- 50 stätigung anzusehen.[42]) Dahin gehört auch die Erläuterung, Ergänzung, Modifikation, die u. a. auch als Abänderung gelten kann.

Unter der „Aufhebung“ ist im Sinne des § 26 Nr. 9 GKG. nur die auf Antrag des Gegners des Antragstellers ausgesprochene Aufhebung zu verstehen, die in dem fünften Abschnitte des achten Buchs der ZPO.: „Arrest und einstweilige Verfügungen“ behandelt ist. Weder gehört hierher die von einem Dritten aus § 771 ZPO. gegen die Vollziehung des Arrestes gerichtete Widerspruchsklage,[43]) noch die Anfechtung des Arrestpfandrechts nach der Konkursordnung oder dem Anfechtungsgesetz.[44])

Der § 26 Nr. 9 findet auch Anwendung für die Rechtsmittelinstanz; auch hier handelt es sich um die Anordnung, Abänderung oder Aufhebung.

c) Die Ermäßigung des § 26 Nr. 9 GKG. trifft sämtliche im Verfahren 51 entstehenden Gebühren des § 13; eine jede dieser Gebühren kann als Pauschgebühr gemäß § 25 nur einmal beansprucht werden. Das gesamte Verfahren

[39]) RG. JW. 85 S. 126, 14; 90 S. 273, 1; RG. 8, 402; 26, 414. Bayr. ObLGZ. 16, 333. Vgl. auch Erl. zu § 36.

[40]) RG. 13, 324.

[41]) RG. 8, 338; 13, 322; OLG. Köln. 25. 11. 98 in RhArch. 94 I S. 181.

[42]) RG. JW. 84 S. 9, 10.

[43]) RG. JW. 92 S. 481, 13.

[44]) RG. JW. 86 S. 147, 12; Bolze Bd. 3 Nr. 1089.

vom Antrage an bildet ein Ganzes, wie sich insbesondere aus der Bestimmung des § 29 Nr. 4 und § 30 Nr. 2 ergibt.

Wie die Prozeß- und Verhandlungsgebühr kann im Arrestverfahren auch eine Beweisgebühr entstehen, zB. wenn die von einer Partei gestellten Zeugen vernommen werden. Die Vernehmung geschieht hier allerdings nur zum Zwecke der Glaubhaftmachung, ist aber immerhin eine Beweisaufnahme, wie § 294 Abs. 2 ZPO. ergibt.[45])

52 Was insbesondere die Prozeßgebühr betrifft, so ist durch dieselbe auch der Geschäftsbetrieb bezüglich der Ergänzung oder Erläuterung der einmal erwirkten einstweiligen Verfügung mit abgegolten.[46]) Wird gegen den Arrest Widerspruch erhoben, so kann neben der Prozeßgebühr für dieses Verfahren nicht auch noch die Prozeßgebühr aus § 23 Nr. 1 für das Arrestgesuch beansprucht werden. Dies folgt schon aus dem Wesen der Bauschgebühr, ergibt sich aber auch deutlich aus dem in § 23 Nr. 1 angezogenen § 35 Nr. 3 GKG., welcher eine Gebühr überhaupt nur bewilligt, „soweit nicht nachträglich eine Gebühr des § 26 Nr. 9 zur Erhebung kommt.[47])

Dasselbe muß auch angenommen werden in dem Falle, daß gemäß § 942 ZPO. das Amtsgericht eine einstweilige Verfügung erläßt, und über die Rechtmäßigkeit vor das Gericht der Hauptsache geladen ist; auch hier gilt das Verfahren vor dem Amtsgericht und dem Gericht der Hauptsache als ein einheitliches Ganzes.[48])

53 d) Bezüglich der Wertsberechnung vgl. § 10 N. 113.

54 **I. Nr. 10.** Die Unzulässigkeit des schiedsrichterlichen Verfahrens und die Aufhebung des Schiedsspruchs wird durch Klage gemäß §§ 1041, 1046 ZPO. geltend gemacht.[49]) Sie können aber auch gegenüber einer Klage auf Erlaß des Vollstreckungsurteils (§ 1042 ZPO.) einredeweise oder als Widerklage geltend gemacht werden (§ 1042 Abs. 2 ZPO.). Dann kommen sie für die Berechnung des Streitwerts nicht besonders in Betracht (vgl. Erl. zu § 10 N. 33 δδ).

Der Streitwert der Klagen ist gleich dem Werte des durch den Schiedsspruch anerkannten Anspruchs.

§ 21.

Der Rechtsanwalt erhält neben den ihm sonst zustehenden Gebühren die Prozeßgebühr nur zu fünf Zehnteilen, wenn seine Tätigkeit ausschließlich die Erledigung eines bedingten Urteils betrifft.

1 **I. Entstehungsgeschichte.** 1. Motive. In Übereinstimmung mit § 24 des Gerichtskostengesetzes gilt ein bedingtes Urteil als Beweisanordnung und die Erledigung desselben als Beweisaufnahmeverfahren; demnach steht dem Rechtsanwalte, welcher die Partei in dem ganzen Prozesse vertreten hat, für die Erledigung eines bedingten Urteils dieselbe Ge-

---

[45]) OLG. (Hamburg) 9, 169.

[46]) RG. JW. 87 S. 42, 23; EGH. 8, 250.

[47]) RG. JW. 84 S. 9, 10; 92 S. 371, 9; OLG. Kolmar 27. 6. 98 in ZfEL. 24, 137.

[48]) KG. XII. 10. 10. 00 in OLG. 2, 271, während RG. 13, 320 die besondere Gebühr für den Antrag zugelassen hat.

[49]) Früher waren in § 26 Nr. 10 auch „die Ernennung oder Ablehnung eines Schiedsrichters" und „das Erlöschen eines Schiedsvertrages" aufgeführt. Mit Rücksicht auf die durch § 1045 ZPO. herbeigeführte Änderung des Verfahrens sind diese Akte im neuen GKG. hier ausgeschieden und als § 34 Nr. 2 GKG. aufgeführt, während der Rechtsanwalt jetzt hierfür nach dem neuredigierten § 22 GO. zu liquidieren hat. Vgl. Erl. zu § 22.

bühr, wie für eine Vertretung im Beweisaufnahmeverfahren, nämlich die Hälfte der im § 9 bestimmten Sätze zu; außerdem kann eine Erhöhung der Verhandlungsgebühr in Gemäßheit des § 17 eintreten. § 21 des Entwurfs will jedoch den Fall besonders vorsehen, wenn der Rechtsanwalt erst nach Erlaß des bedingten Urteils eintritt und seine Vertretung ausschließlich die Erledigung des bedingten Urteils zum Gegenstande hat. In diesem Falle soll der Rechtsanwalt nur $^5/_{10}$ der durch § 13 beziehungsweise § 19 bestimmten Prozeßgebühr erhalten, daneben aber die Beweisgebühr, die Verhandlungsgebühr und nach Umständen die Vergleichsgebühr nach Maßgabe der Bestimmungen in § 13 Abs 1 Nr. 2, § 18. Die geringere Prozeßgebühr rechtfertigt sich aus der Erwägung, daß für den Rechtsanwalt, welcher nach Erlaß des bedingten Urteils eintritt, der Prozeßbetrieb und die Information eine ungleich einfachere ist.

2. In der Reichstagskommission ist, ebenso wie bei § 20, die Fassung des Entwurfs: „Der zum Prozeßbevollmächtigten bestellte Rechtsanwalt" durch Streichung der Worte „zum Prozeßbevollmächtigten bestellte" verändert; außerdem sind die Worte: neben den ihm sonst zustehenden Gebühren" von der Reichstagskommission eingeschaltet, womit jedoch nur eine Änderung redaktioneller Natur vorgenommen ist.

II. Geltungsgebiet des § 21. § 21 schließt keinen Paragraphen aus und führt auch keinen Paragraphen besonders an; er bezieht sich mithin auf alle vorstehenden Paragraphen, also auch auf § 19. Die auf die Hälfte reduzierte Prozeßgebühr des § 21 beträgt demgemäß im Urkunden- und Wechselprozesse nur $^3/_{10}$ von dem Satze des § 9.[1]) 2

III. Voraussetzung der Anwendbarkeit des § 21 ist, daß die Anwaltstätigkeit ausschließlich die Erledigung eines bedingten Urteils betrifft. Dies ist dann der Fall, wenn der Rechtsanwalt erst nach Erlaß des bedingten Urteils eintritt; die Einfachheit des Prozeßbetriebs und der Information soll hier die Ermäßigung der Prozeßgebühr rechtfertigen. 3

1. Die Erledigung eines bedingten Urteils geschieht durch Herbeiführung des Läuterungsurteils (§§ 462—469 ZPO.). In den Fällen der §§ 470, 471, 477 ZPO. (Verurteilung der Schwurpflichtigen wegen wissentlicher Verletzung der Eidespflicht, Tod, Eidesunfähigkeit des Schwurpflichtigen, Aufhören der gesetzlichen Vertretung) findet aber eine Erledigung des bedingten Urteils nicht statt; wird hier eine anderweite Entscheidung beantragt, so sind die Gebühren nicht nach der Ausnahmebestimmung des § 21, sondern nach den gewöhnlichen Vorschriften zu berechnen. 4

2. Stirbt nach Erlaß eines bedingten Urteils der Prozeßbevollmächtigte, so daß das Verfahren unterbrochen wird, so ist für den neuen, zwecks Aufnahme des Verfahrens und Erledigung des bedingten Urteils bestellten Prozeßbevollmächtigten die Prozeßgebühr nicht zu ermäßigen, da seine Tätigkeit nicht ausschließlich die Erledigung des bedingten Urteils, [ebenso auch nicht ausschließlich die Wiederaufnahme (§ 20 GO., § 26 Nr. 6 GKG.)] betrifft. 5

3. Der § 21 ist nicht anwendbar auf den Fall, daß der Anwalt erst nach Erlaß eines unbedingten Urteils, z. B. zum Zwecke der Zustellung, bestellt wird.[2]) Dem Anwalt steht dann die volle Prozeßgebühr, bzw. die halbe nach § 14 zu. 6

---

[1]) Der Fall kann praktisch freilich nur dann vorkommen, wenn das Gericht der ausdrücklichen Vorschrift des § 595 Abs. 4 ZPO. zuwider den Eid im Urkunden- oder Wechselprozesse zum Erkenntnisse stellen sollte.

[2]) RG. JW. 91 S. 528, 10.

7 4. Wird dem Anwalte nicht die Erledigung eines bedingten Urteils, sondern nur die Vertretung im Eidesleistungstermine übertragen, so bestimmen sich die Gebühren nach § 45 GO.

§ 22.

Der Rechtsanwalt erhält die Prozeßgebühr und die Verhandlungsgebühr nur zu fünf Zehnteilen, wenn seine Tätigkeit Anträge auf Sicherung des Beweises (Zivilprozeßordnung §§ 485 bis 494) oder eine gerichtliche Entscheidung über die Ernennung oder Ablehnung eines Schiedsrichters, das Erlöschen eines Schiedsvertrags oder die Anordnung der von Schiedsrichtern für erforderlich erachteten richterlichen Handlungen (Zivilprozeßordnung § 1045) betrifft. Für die Vertretung bei der Beweisaufnahme erhält der Rechtsanwalt die Beweisgebühr (§ 13 Nr. 4).

Vorbemerkung.

Der § 22 verordnet eine Ermäßigung der Prozeß- und Verhandlungsgebühr in gewissen Fällen.

Erörtert werden:

I. Entstehungsgeschichte (1).
II. Anträge auf Sicherung des Beweises (2 bis 10).
III. Anträge bezüglich des schiedsrichterlichen Verfahrens (11—17).

1 **I. Entstehungsgeschichte.** 1. Motive. Die Bestimmung des Entwurfs hat zwei Fälle im Auge, in denen die Tätigkeit des Rechtsanwaltes

1. Anträge auf Sicherung des Beweises nach den Vorschriften der §§ 447 bis 455 der ZPO.,
2. Die Anordnung der vom Schiedsrichter für erforderlich erachteten richterlichen Handlungen (ZPO. § 862)

zum Gegenstand hat.

Auch das Gerichtskostengesetz hat in den §§ 36 und 34 Nr. 3 die erwähnten Fälle als Gegenstände einer besonderen Besteuerung erachtet und erhebt von dem ersteren fünf, von dem letzteren drei Zehnteile der vollen Gebühr. Beide stellen besondere Arten des Verfahrens dar, die sich durch ihren beschränkteren Inhalt von dem gewöhnlichen Prozesse unterscheiden. Es rechtfertigt sich daher die Herabsetzung auf die Hälfte in betreff der Gebühr für den Prozeßbetrieb, sowie der Gebühr für die mündliche Verhandlung, sofern es zu einer solchen überhaupt kommt. Denn die Tätigkeit des Rechtsanwaltes ist in beiden Richtungen auf einen bestimmten Punkt begrenzt und andererseits tritt, falls die Hauptsache nicht anhängig ist, eine mündliche Verhandlung bei dem Verfahren zur Sicherung eines Beweises so sehr als eine selbständige hervor, daß die Gebühr für dieselbe nicht etwa in Anrechnung auf diejenige gebracht werden kann, welche der Rechtsanwalt etwa später bei Führung des Hauptprozesses erhält (vgl. unten § 30 Nr. 1); es wird sich nicht selten ereignen, daß die Tätigkeit des Rechtsanwaltes im Hauptprozesse durch das vorhergegangene Verfahren auf Sicherung des Beweises nur wenig berührt wird.

Falls in den vorgesehenen Fällen ein Beweisverfahren stattfindet, so ist die Tätigkeit des Anwaltes in einem solchen wesentlich dieselbe, wie in den im § 13 Nr. 4 vorgesehenen Fällen, so daß dann auch die Beweisgebühr gewährt werden kann.

2. Der frühere Text des § 22 ist durch das AGzZP.Novelle insofern geändert worden, als die Anträge auf „eine gerichtliche Entscheidung über die Ernennung oder Ablehnung eines Schiedsrichters“ und „das Erlöschen eines Schiedsvertrags“, nachdem ihr Verfahren durch § 1045 ZPO. geändert, aus dem früheren § 26 Nr. 10 GKG. und damit aus dem Bereiche des § 20 GO. ausgeschieden und nun in den § 22 gesetzt sind.

II. Anträge auf Sicherung des Beweises. 2

Nach § 485 ZPO. kann die Einnahme des Augenscheins und die Vernehmung von Zeugen und Sachverständigen zur Sicherung des Beweises erfolgen, wenn zu besorgen ist, daß das Beweismittel verloren oder die Benutzung desselben erschwert werde. Auch ohne diese Voraussetzungen kann die Beweisaufnahme gemäß § 488 ZPO. beantragt werden, wenn Mängel einer Sache oder eines Werkes festzustellen sind (§§ 477, 485, 493, 524, 639 BGB.), aus denen ein Recht gegen den Gegner hergeleitet werden soll, oder wenn der Zustand eines Gutes festzustellen ist, für dessen Beweis ein Kommissionär, Spediteur, Lagerhalter oder Frachtführer zu sorgen verpflichtet ist (§§ 379, 388, 407, 417 HGB.). Unter gewissen Umständen (§ 488 Abs. 2 ZPO.) kann auch der Veräußerer oder der Unternehmer eines Werkes den Antrag auf Beweissicherung stellen. Auch wenn alle diese Voraussetzungen nicht vorliegen, kann mit Zustimmung des Gegners die beantragte Beweisaufnahme angeordnet werden (§ 489 ZPO.).[1])

Zu bemerken ist hier folgendes:

1. Die Bestimmung darüber, ob das Verfahren zur Sicherung des Beweises zur Instanz gehöre oder ob die Gebühren dafür besonders erhoben werden, findet sich in § 29 Nr. 3 und § 30 Nr. 1; ersteres ist der Fall, wenn die Hauptsache bereits anhängig ist, letzteres, wenn sie noch nicht anhängig ist.[2]) Der zum Prozeßbevollmächtigten bestellte Anwalt erhält also die Gebühren des § 22 nicht, wenn die Hauptsache anhängig ist. 3

2. In allen anderen Fällen dagegen, also insbesondere auch, wenn sich die Tätigkeit des Rechtsanwaltes auf die Vertretung in dem Verfahren zur Sicherung des Beweises beschränkt, kommen die Gebühren des § 22 zum Ansatze: 4

a) die Prozeßgebühr in Höhe von fünf Zehnteilen entsteht durch die Einreichung des Antrages;[3]) kommt es nicht zur Einreichung, so entsteht gemäß § 14 Abs. 2 die Gebühr nur zur Hälfte d. h. zu fünf Zwanzigsteln.

b) die Verhandlungsgebühr entsteht nur dann, wenn ausnahmsweise (§ 490 Abs. 1 ZPO.) in diesem Verfahren eine mündliche Verhandlung über die Zulässigkeit des Antrages stattgefunden hat, nicht aber, wenn dem gestellten Antrage auf Beweissicherung durch sofortige Anordnung der Beweisaufnahme stattgegeben worden ist.[4]) 5

c) für die Vertretung „bei der Beweisaufnahme“ erhält der Rechtsanwalt die Beweisgebühr, und zwar die volle Beweisgebühr des § 13 Nr. 4 d. h. fünf Zehntel der Sätze des § 9. 6

Fraglich ist, ob mit der Vertretung „bei der Beweisaufnahme“ hier das

[1]) Die Fälle, welche nicht in ZPO. §§ 485, 488, 489 geregelt sind, gehören zum Verfahren der freiwilligen Gerichtsbarkeit, unterliegen daher nach § 1 GO. nicht dem § 22, sondern sind nach den Landesgebührenordnungen zu honorieren. So Art. 7 Ges. 14. 3. 84 (RGBl. 88 S. 151) verb. mit § 1 Ges. 21. 11. 87 (RGBl. 88 S. 169); § 11 Binnenschiffahrtsgesetzes und § 8 Flößereiges. v. 15. 6. 95; FGG. §§ 164, 145.

[2]) Vgl. hierzu die Erläuterungen zu § 30 Abs. 1 Nr. 1, insbesondere N. 5—10. Vgl. auch OLG. (Hamburg) 4, 273.

[3]) OLG. (Hamburg) 4, 273.

[4]) Vgl. RG. JW. 85 S. 127, 15.

selbe gemeint ist, wie mit dem Wortlaute des § 13 Nr. 4, ob also insbesondere auch schon die Vertretung in einem Beweisaufnahmeverfahren ohne Vollendung der Beweisaufnahme die Beweisgebühr begründet. Für die Bejahung der Frage sprechen einmal die Motive, welche für die Beweisgebühr die Tätigkeit des Rechtsanwalts in einem „Beweisverfahren", die wesentlich dieselbe sei wie im Falle des § 13 Nr. 4, voraussetzen. Dann aber zeigt auch die Struktur des § 22, daß nichts anderes gemeint sein kann: die Prozeßgebühr (und eventuell die Verhandlungsgebühr) wird bewilligt für die Tätigkeit, welche den **Antrag** auf Beweissicherung betrifft. Diese Tätigkeit ist mit der Bewilligung des Antrages, dem Beschlusse des § 490 Abs. 2, erledigt und abgeschlossen, ebenso wie mit dem Beweisbeschluß im gewöhnlichen Verfahren. Die Tätigkeit, welche sich auf die Ausführung des Beschlusses bezieht, betrifft nicht mehr den Antrag; für sie wird daher im § 22 eine besondere Gebühr gewährt, die wegen der völlig gleichen Tätigkeit wie bei Ausführung eines Beweisbeschlusses auch die gleiche Gebühr ist, nämlich die Beweisgebühr des hier besonders angezogenen § 13 Nr. 4. Für diese Beweisgebühr andere Voraussetzungen aufzustellen wie für die Beweisgebühr des § 13 Nr. 4 fehlt es an jedem erkennbaren Grunde. Auch hier ist also insbesondere die Wahrnehmung des Beweistermins nicht erforderlich, wenn nur sonst eine Tätigkeit im Beweisaufnahmeverfahren stattgefunden hat.[5])

7 d) Eine **Anrechnung** der Gebühren auf die Gebühren der etwa später anhängig werdenden Hauptsache findet **nicht** statt, da sie nirgends vorgeschrieben ist.

8 3. Für die Berechnung der Anwaltsgebühren im Beweissicherungsverfahren gemäß § 22 GO. ist als **Streitgegenstandswert** in der Regel derselbe Wert für maßgebend zu erachten, nach welchem im Hauptprozesse die Beweisgebühr zu berechnen ist, bzw. falls es zur Anhängigmachung der Hauptsache nicht kommen sollte, daß Interesse des Antragstellers an dem Ausfalle der Beweisaufnahme. Nach diesem Objekte hat auch der gegnerische Anwalt die Gebühren zu berechnen.

9 4. Die Sicherung des Beweises enthält eine antizipierte Beweisaufnahme, dazu bestimmt, der Partei das Beweismaterial für einen künftigen oder bereits anhängigen Prozeß zu erhalten. Sie steht im engsten Zusammenhange mit dem Hauptverfahren, in welchem über den Rechtsstreit selbst entschieden wird, und dient gleich der Beweisaufnahme des Hauptverfahrens, der sie sich im Falle der Benutzung einfügt, mit zur Verfolgung der Ansprüche des Klägers, bzw. zur Rechtsverteidigung des Beklagten. **Die dafür aufgewendeten Kosten fallen deshalb unter den § 91 der ZPO.** und sind auf Grund der Kostenentscheidung im Hauptverfahren zu erstatten, wenn sie zur zweckentsprechenden Rechtsverfolgung oder Rechtsverteidigung notwendig waren.[6])

10 5. Werden nacheinander **mehrere**, denselben Streitgegenstand betreffende Anträge auf Sicherung des Beweises gestellt, so wird es darauf ankommen, ob der spätere Antrag ein selbstständiger, das bereits abgeschlossene frühere Beweissicherungsverfahren nicht mehr berührender ist, oder ob er nur die Ergänzung

---

[5]) Ebenso **Meyer-Irmler** § 22 N. 2; **Willenbücher** § 22 N. 3. A. M. **Pfafferoth** § 22 N. 3. Dagegen ist — ebenso wie bei Anwendung des § 13 (N. 73 und Anm. 84) — die Beweisgebühr nicht schon dadurch verdient, daß der Anwalt den Gerichtsbeschluß entgegennimmt, seiner Partei mitteilt und dem Gegner gemäß § 491 ZPO. zustellt. Vgl. KG. V. 26. 3. 02 in OLG. 4, 273 Anm. 1 u. RG. JW. 87, 16.

[6]) RG. bei **Gruchot** 32, 1168, 1169; vgl. auch RG. V. ZS. 10. 6. 91 (BesBeilzRA. S. 377, 378; Bbl. S. 152; NaumbAKZ. S. 85). Ebenso OLG. Naumburg v. 14. 12. 91 in ZZP. 19, 292, wo mit Recht hervorgehoben wird, daß auf Grund der Kostenentscheidung des Hauptprozesses die Kosten des Beweissicherungsverfahrens nur in den Streitwertgrenzen des Hauptprozesses in Betracht kommen können.

des früheren Verfahrens bezweckt. Im letzteren Falle wird für die erneute Tätigkeit nach dem System der Pauschgebühren nicht liquidiert werden können, während an sich für jedes neue Verfahren auch von neuem liquidiert werden kann.[7])

III. Anträge bezüglich des schiedsrichterlichen Verfahrens.

Während für die Klagen anläßlich des schiedsrichterlichen Verfahrens (§§ 1042, 1046 ZPO.) die Gebühren in § 20 GO. i. Verb. m. § 26 Nr. 8 und 10 GKG. normiert sind, beschäftigt sich § 22 mit der Tätigkeit auf Erlangung der in § 1045 ZPO. dem Beschlußverfahren überwiesenen gerichtlichen Entscheidungen. Es sind dies die gerichtlichen Entscheidungen über die Ernennung (§§ 1029, 1031 ZPO.) oder die Ablehnung (§ 1032 ZPO.) eines Schiedsrichters oder über das Erlöschen eines Schiedsvertrages (§ 1033 ZPO.) oder über die Anordnung der von den Schiedsrichtern für erforderlich erachteten richterlichen Handlungen (§ 1036 ZPO.). Die Entscheidung kann nach Anhörung des Gegners ohne mündliche Verhandlung ergehen; gegen die Entscheidung findet sofortige Beschwerde statt. 11

1. Die Gebühren des § 22 können besonders liquidiert werden, auch wenn der Anwalt die Partei im schiedsrichterlichen Verfahren vor dem Schiedsgerichte selbst vertritt und hierfür die Gebühren gemäß § 91 Nr. 1 GO. bezieht. Eine Ausnahme ist nur durch § 91 Abs. 2 insofern gemacht, „als für die Berechnung der Gebühren des im schiedsrichterlichen Verfahren als Prozeßbevollmächtigten bestellten Rechtsanwalts das gerichtliche Verfahren im Falle des § 1036 ZPO. als zum schiedsrichterlichen Verfahren gehörig gilt." Dieses „gerichtliche Verfahren" ist die Vornahme der von den Schiedsrichtern für erforderlich erachteten richterlichen Handlungen und deren Anordnung; wenn auch die Anordnung gemäß § 1045 ZPO. geschieht und dieser Paragraph nicht allegiert ist, so kann doch keinem Zweifel unterliegen, daß das „gerichtliche Verfahren" die Entscheidung über den Antrag mitumfaßt, zumal im § 1036 auch von dem Antrag und seiner Zulässigkeit die Rede ist, und der mit dem jetzigen § 1036 gleichlautende frühere § 862 ZPO. die alleinige sedes materiae war. Der Rechtsanwalt, dem für Vertretung beim Schiedsgericht die Prozeß- und Verhandlungsgebühr zusteht, hat danach für den Antrag auf Anordnung der richterlichen Handlungen keine besondere Prozeß- und Verhandlungsgebühr aus § 22 zu fordern; auch die Beweisgebühr für Vertretung im Beweisaufnahmeverfahren steht ihm nur dann zu, wenn er nicht schon eine Beweisgebühr für Vertretung bei einer vom Schiedsgericht vorgenommenen Beweisaufnahme hatte. (§ 1035 ZPO.) 12

2. Für jedes der in § 22 bezeichneten Verfahren kann, wenn dieselben hinter einander betrieben werden, von neuem liquidiert werden; die Anträge sind qualitativ verschieden, und es ist deshalb für die Anwendung des Grundsatzes der der Bauschgebühren kein Raum. 13

Wird dagegen die Anordnung richterlicher Handlungen mehrmals hinter einander beantragt, so werden bezüglich des Gebührenbezuges dieselben Grundsätze Anwendung finden müssen, wie bei der Wiederholung von Anträgen auf Beweissicherung. (N. 10.)

3. Die Gebühren für die Tätigkeit in den obenbezeichneten Fällen stellen sich folgendermaßen: 14

a) Der Rechtsanwalt des Antragstellers erhält die Prozeßgebühr für den Antrag und die gesamte, den Antrag vorbereitende Tätigkeit, insbesondere

[7]) Ebenso OLG. (Hamburg) 11, 341. Vgl. auch Meyer-Irmler § 22 N. 4.

auch für die dem Antrag voraufgehenden Aufforderungen, für welche nicht besonders liquidiert werden darf. Der Anwalt des Gegners erhält die Prozeßgebühr für seine gesamte Tätigkeit bis zur Entscheidung, insbesondere für die in § 1052 Abs. 2 ZPO. vorgeschriebene Äußerung.

15 b) Wird mündliche Verhandlung angeordnet, so steht beiden verhandelnden Anwälten die Verhandlungsgebühr zu, die auch eine nichtkontradiktorische und dann nur mit $^{5}/_{20}$ zu berechnende sein kann.

16 c) Was die in § 22 Satz 2 bestimmte Beweisgebühr betrifft, so kann es nicht zweifelhaft sein, daß dieselbe die Vertretung in einem durch die beantragte Entscheidung angeordneten Beweisaufnahmeverfahren abzugelten bestimmt ist. Eine Beweisaufnahme vor Erlaß der in § 1045 ZPO. bezeichneten Entscheidung ist hier nicht gemeint; für die Tätigkeit bei einer solchen eine besondere Norm aufzustellen, lag auch bei der früheren Fassung des § 22 gar keine Veranlassung vor, da eine Beweisaufnahme zur Vorbereitung der Anordnung der richterlichen Handlungen nicht gut denkbar war. Nachdem aber das Anwendungsgebiet des § 22 auf die eine gerichtliche Entscheidung über die Ernennung oder Ablehnung eines Schiedsrichters oder das Erlöschen eines Schiedsvertrages betreffende Tätigkeit ausgedehnt ist, ist eine die gerichtliche Entscheidung vorbereitende Beweisaufnahme sehr wohl denkbar. Zwar kommt die Vorlegung der die vorangegangene Aufforderung beweisenden Urkunden gemäß § 13 Nr. 4 nicht in Betracht; indessen kann es doch zu einer Beweisaufnahme z. B. über das bestrittene Vorliegen der Voraussetzungen des § 1033 ZPO. kommen. Ist hier die volle Beweisgebühr oder die halbe oder gar keine zu liquidieren? Der § 22 läßt ganz und gar im Stich; sein Schweigen ist aber nicht so zu verstehen, daß eine Beweisgebühr etwa ausgeschlossen sei, er hat nur an die Möglichkeit eine Beweisaufnahme vor der Entscheidung nicht gedacht. Da im § 22 nur die Prozeß- und Verhandlungsgebühr ermäßigt wird, könnte man annehmen, daß die Beweisgebühr zur vollen Höhe des § 13 Nr. 4 zu berechnen sei. Dies erscheint indessen nicht angängig, man würde sonst zu dem Ergebnis kommen, daß zwar bei den Klagen anläßlich des schiedsrichterlichen Verfahrens (§§ 1042, 1046 ZPO.) gemäß § 20 GO. i. V. m. § 26 Nr. 8 und 10 GKG. sämtliche Gebühren, auch die Beweisgebühr, nur zu fünf Zehnteln in Ansatz kommen, bei den Anträgen aus § 22 aber, welche „einen beschränkteren Inhalt" (Motive) haben, die Beweisgebühr die volle Höhe des gewöhnlichen Prozesses habe. Der Gesetzgeber hat hier eben bei der Neuredaktion des Gesetzes eine Omission begangen; die Lücke kann aber nur nach dem Geiste des Gesetzes ausgefüllt werden, und diese Erwägung führt dahin, auch die Beweisgebühr nur zu fünf Zehnteln d. h. mit $^{5}/_{20}$ zu gewähren.[8])

17 4. Der Wert des Streitgegenstandes ist bei den Anträgen auf Ernennung oder Ablehnung eines Schiedsrichters nicht gleich dem Wert des der Entscheidung des Schiedsgerichts zu unterbreitenden Anspruchs, sondern nach § 3 ZPO. niedriger und frei zu schätzen, wenn auch unter Berücksichtigung jenes Anspruchs.[9]) Auch bei dem Verfahren betreffend Erlöschen des Schiedsvertrages wird freie Schätzung nach § 3 ZPO. eintreten müssen, die indessen die Gesamtheit der durch den Schiedsvertrag geregelten Rechtsverhältnisse berücksichtigen muß.

Bei dem Antrage auf Anordnung richterlicher Handlungen dagegen, die als Teil des Verfahrens anzusehen ist, ist der Streitwert dem des schiedsrichterlichen Verfahrens gleich.

---

[8]) Die volle Beweisgebühr bewilligt Willenbücher N. 3.

[9]) Vgl. hierzu Erl. zu § 10 N. 166, 1e S. 148.

§ 23.

Drei Zehnteile der in den §§ 13 bis 18 bestimmten Gebühren erhält der Rechtsanwalt, wenn seine Tätigkeit betrifft:

1. die im Gerichtskostengesetze § 27 Nr. 1, § 35 Nr. 1, 3, § 38 Nr. 1, 2, § 47 Nr. 1 bis 12 bezeichneten Angelegenheiten;

2. die Zwangsvollstreckung.

Vorbemerkung.

Der § 23 zählt eine Reihe von Fällen auf, in denen die Gebühren der §§ 13—18 nur in Höhe von je $^3/_{10}$ zu berechnen sind.

Erörtert werden:

I. Entstehungsgeschichte (1—3).
II. Die angezogenen Bestimmungen des GKG. (4).
III. Bedeutung des § 23. Allgemeines (5—7).
IV. Die einzelnen Fälle des § 23.
A) § 27 Nr. 1 GKG. (8—14).
B) § 35 Nr. 1 GKG. (15—16).
C) § 35 Nr. 3 GKG. (17—19).
D) § 38 Nr. 1 GKG. (20—24).
E) § 38 Nr. 2 GKG. (25—28).
F) § 47 Nr. 1—12 GKG. (29—42).
G) Die Zwangsvollstreckung (43—47).

I. Entstehungsgeschichte. 1. In der früheren Fassung lautete § 23 Nr. 1: 1
die im GKG. § 27 Nr. 1, § 34 Nr. 1, § 35 Nr. 2, 4, § 47 Nr. 1—12 bezeichneten Angelegenheiten.

Die Motive, welche auch die Frage, ob die Gebühren unter allen Umständen oder nur unter gewissen Voraussetzungen zu liquidieren wären, behandelten, begründeten den § 23 wie folgt:

„Der Entwurf zählt im Anschluß an die bezüglichen Bestimmungen des Gerichtskostengesetzes eine Reihe von Fällen auf, in welchen eine Herabsetzung der gewöhnlichen Gebühren der §§ 13—18 auf drei Zehnteile erfolgen soll. Diese Minderung bezieht sich nur auf die Höhe, so daß je nach dem Gange des Prozesses jede Art der Gebühren in Anwendung kommen kann. Die Fälle, welche § 23 hervorhebt, sind folgende:

1. die § 34 Nr. 1 des Gerichtskostengesetzes aufgeführten, d. h. Anträge auf Festsetzung der vom Gegner zu erstattenden Prozeßkosten (ZPO. § 99), wobei nur zu erwähnen ist, daß der Betrag der geforderten Kosten den Wert des Streitgegenstandes bildet,

2. die Zwangsvollstreckung im allgemeinen.

Die Gebühren für die Vertretung in den in Nr. 1 und 2 bezeichneten Angelegenheiten stehen dem Rechtsanwalte unter allen Umständen zu, gleichviel ob er von der Partei ausschließlich mit diesen beauftragt war oder ob er diese Tätigkeit infolge und in Verbindung mit der ihm übertragenen Vertretung im Hauptprozesse leistet.

3. die in § 35 Nr. 2, 4 des Gerichtskostengesetzes aufgeführten Fälle, nämlich Anträge auf vorläufige Einstellung, Beschränkung oder Aufhebung einer Zwangsvollstreckung (ZPO. §§ 647, 657, 688, 690 Abs. 3, §§ 696, 710 Abs. 4) und auf Anordnung oder Aufhebung eines Arrestes oder einer einstweiligen Verfügung (ZPO. §§ 801, 802, 813, 815 bis 822). Für das Verfahren in diesen Fällen stehen dem Rechtsanwalte, welcher im Hauptprozesse tätig ist, besondere Gebühren nur zu, so-

fern das Verfahren von dem der Hauptsache getrennt ist (§ 30).

4. Außerdem wird in § 23 eine Reihe von Streitigkeiten und Anträgen aufgezählt, für welche dem Rechtsanwalte nur dann eine besondere Vergütung gebührt, wenn er lediglich in der Betreibung dieser die Partei vertritt, nicht aber wenn dieselben im Laufe eines Rechtsstreites in Frage kommen, für welchen der Rechtsanwalt zum Prozeßbevollmächtigten bestellt ist. Der Entwurf entnimmt diese besonders zu vergütenden Handlungen dem Gerichtskostengesetze, nämlich

a) dem § 27 Nr. 1 die Zulässigkeit einer Nebenintervention (ZPO. § 68);

b) dem § 47 Nr. 1—12 die Verhandlung und Entscheidung über die dort bezeichneten Angelegenheiten. [1])

In allen Fällen des § 47 GKG. werden Gerichtsgebühren nicht erhoben. Diese Gebührenfreiheit begründet sich hauptsächlich durch die Erwägung, daß die gedachten Akte großenteils zur Prozeß- und Sachleitung gehören oder sich als regelmäßige Vorbereitungen des Verfahrens oder als Anhängsel desselben darstellen, oder daß bei diesen Akten das öffentliche Interesse oder das der Beamtendisziplin überwiegend in den Vordergrund tritt. — Vgl. über die einzelnen Fälle die Begründung des Entwurfes eines GKG. § 41 in den Drucksachen a. a. O. S. 60 bis 64. — Alle diese Gesichtspunkte konnten bei der Frage, ob Anwaltsgebühren erhoben werden sollen, wenn sich die Tätigkeit des Rechtsanwaltes ausschließlich auf die erwähnten Angelegenheiten erstreckt, nicht entscheidend sein. Hier bleibt allein maßgebend, daß der RA. eine Tätigkeit leistet, welche eine Vergütung verdient. Letztere kann jedoch entsprechend dem durchschnittlichen Aufwande an Zeit und Arbeit nur niedrig bemessen werden.

In den Fällen der Nr. 13 und 14 des § 47 des GKG. ist für die Tätigkeit des Rechtsanwaltes die Gebührenbestimmung des § 23 Nr. 2 maßgebend."

2 2. Nach der Abänderung und der demgemäß berichtigten neueren Fassung, welche das GKG. vom 18. Juni 1878 durch die Novelle vom 29. Juni 1881 erfahren hatte, entsprachen von den in diesem § 23 vorkommenden Zitaten der § 34 Nr. 1 dem späteren § 38 Nr. 1 und § 35 Nr. 2, 4 dem späteren § 35 Nr. 1, 3. Durch das EGzZPNovelle sind die zitierten Bestimmungen des GKG. ergänzt und die Fassung des § 23 diesen Bestimmungen angepaßt worden.

3 3. Der Entwurf führte auch den Fall des § 34 Nr. 2 des GKG. (jetzt § 34 Nr. 1) — Anträge auf Entmündigung oder Wiederaufhebung einer Entmündigung, soweit die Amtsgerichte zuständig sind (ZPO. §§ 593 bis 603, 616 bis 619, 621 bis 623, 625) — auf. Die Reichstagskommission hat diesen Fall gestrichen (Protokoll vom 16. 3. 79). Der Rechtsanwalt erhält also in Entmündigungssachen unterschiedslos die vollen Rechtsstreitgebühren nach §§ 13 ff. [2])

4 **II. Die angezogenen Bestimmungen des GKG. lauten:**

GKG. § 27. Drei Zehnteile der Gebühr (§§ 18 bis 24) werden erhoben, wenn der Akt betrifft:

1. Die Zulässigkeit einer Nebenintervention (Zivilprozeßordnung § 71).

---

[1]) Vgl. die Aufzählung in Erl. II N. 4.

[2]) Vgl. Anm. 20 zu § 16 S. 216.

§ 35. Zwei Zehnteile der Gebühr (§ 8) werden erhoben für die Entscheidung, einschließlich des vorangegangenen Verfahrens, über Anträge:

1. auf vorläufige Einstellung, Beschränkung oder Aufhebung einer Zwangsvollstreckung (Zivilprozeßordnung §§ 707, 719, 769, 771 Abs. 3, §§ 785, 786, 805 Abs. 4, § 810 Abs. 2);
3. auf Anordnung oder Aufhebung eines Arrestes oder einer einstweiligen Verfügung (Zivilprozeßordnung §§ 921, 922, 934, 936 bis 944), soweit nicht nachträglich eine Gebühr des § 26 Nr. 9 zur Erhebung kommt:

§ 38. Ein Zehnteil der Gebühr (§ 8) wird erhoben für die Entscheidung, einschließlich des vorangegangenen Verfahrens, über Anträge:

1. auf Festsetzung der vom Gegner zu erstattenden Prozeßkosten, sofern dieselbe im besonderen Verfahren erfolgt (Zivilprozeßordnung § 105), oder auf Abänderung der Kostenfestsetzung (Zivilprozeßordnung § 107);
2. auf Bestimmung einer Frist zur Rückgabe und auf Anordnung der Rückgabe einer Sicherheit in den Fällen des § 109 Abs. 1, 2 der Zivilprozeßordnung.

§ 47. Gebühren werden nicht erhoben für die Verhandlung und Entscheidung:

1. über die Prozeß- oder Sachleitung, einschließlich der Bestimmung oder Änderung von Terminen und Fristen;
2. über die Bewilligung oder Entziehung des Armenrechts, sowie die Verpflichtung zur Nachzahlung von Kosten (Zivilprozeßordnung § 126);
3. über die Zuständigkeit des obersten Landesgerichts (§ 7 des Einführungsgesetzes zur Zivilprozeßordnung) oder der Kammer für Handelssachen (Gerichtsverfassungsgesetz §§ 103 bis 106), über die Bestimmung des zuständigen Gerichts (Zivilprozeßordnung § 36), die Übernahme eines Entmündigungsverfahrens (Zivilprozeßordnung § 650 Abs. 3, § 651 Abs. 2), die Bestimmung eines Gerichtsvollziehers (Zivilprozeßordnung § 827 Abs. 1, § 854 Abs. 1) oder eines Sequesters (Zivilprozeßordnung §§ 848, 855);
4. über die Ablehnung eines Richters, eines Gerichtsschreibers oder eines Sachverständigen (Zivilprozeßordnung §§ 42 bis 49, 406);
5. über die Verpflichtung eines Gerichtsschreibers, gesetzlichen Vertreters, Rechtsanwalts oder anderen Bevollmächtigten, sowie eines Gerichtvollziehers zur Tragung der durch Verschulden derselben veranlaßten Kosten (Zivilprozeßordnung § 102);
6. über die Verpflichtung eines Rechtsanwalts zur Zurückgabe einer vom Gegner ihm mitgeteilten Urkunde (Zivilprozeßordnung § 135);
7. über die Verpflichtung zur Abgabe eines Zeugnisses oder Gutachtens (Zivilprozeßordnung §§ 386 bis 389, 408);
8. über die Zwangsmaßregeln gegen einen Zeugen oder Sachverständigen, sowie die Verurteilung derselben zu Kosten und Strafe (Zivilprozeßordnung §§ 380, 381, 390, 409);
9. über die Bestellung eines Vertreters für eine nicht prozeßfähige oder unbekannte Partei, für ein von dem Eigentümer aufgegebenes Grundstück oder für einen Erben, der die Erbschaft noch nicht

angenommen hat (Zivilprozeßordnung §§ 57, 58. 494, 668. 679, 686. 779, 787);

10. über die Berichtigung eines Urteils oder des Tatbestandes desselben (Zivilprozeßordnung §§ 319, 320);

11. über die Vollstreckbarkeit der durch Rechtsmittelanträge nicht angefochtenen Teile eines Urteils (Zivilprozeßordnung §§ 534. 560);

12. über die Zulassung einer Zustellung oder eines Aktes der Zwangsvollstreckung zur Nachtzeit oder an einem Sonntag oder allgemeinen Feiertage (Zivilprozeßordnung §§ 188. 761).

5 **III. Bedeutung des § 23. Allgemeines.**

1. Im § 23 ist nur die Höhe der Gebühren im allgemeinen bestimmt. Die Frage, ob für die einzelne Tätigkeit besondere Gebühren angesetzt werden dürfen, oder ob diese Tätigkeit zur Instanz gehört, wird erst in §§ 29 ff., 75 GO. geregelt. Die Gebühren des § 23 sind aber jedenfalls zu liquidieren, wenn die Tätigkeit des Anwalts sich ausschließlich auf die erwähnten Angelegenheiten erstreckt.

6 2. Der Rechtsanwalt erhält drei Zehntel der in den §§ 13 bis 18 bestimmten Gebühren, so daß je nach dem Gange des Prozesses jede Art von Gebühren in Anwendung kommen kann, mithin nicht blos die Prozeßgebühr, sondern auch die Verhandlungsgebühr und die Beweisgebühr, falls eine mündliche Verhandlung und eine Beweisaufnahme stattfindet.[3])

7 3. Dagegen ist § 19 nicht angeführt; der Rechtsanwalt erhält daher in den Fällen des § 23 auch im Urkunden- oder Wechselprozesse dieselben Gebühren, wie im gewöhnlichen Prozesse, d. h. normale drei Zehntel, nicht etwa blos drei Zehntel von sechs Zehnteln.[4]) Beispielsweise sind also, um einen besonders praktischen Fall hervorzuheben, die Gebühren für die Zwangsvollstreckung allenthalben dieselben, gleichviel ob das zu vollstreckende Urteil im gewöhnlichen Prozesse oder im Urkunden- bzw. Wechselprozesse ergangen ist.

Ebenso ist auch § 20 nicht angeführt, woraus zu folgern ist, daß auch für eine dem § 23 entsprechende Tätigkeit in den Fällen des § 20 nicht $^{3}/_{10}$ von $^{5}/_{10}$, sondern immer $^{3}/_{10}$ zu liquidieren ist.

8 **IV. Die einzelnen Fälle des § 23.**

A. § 27 Nr. 1 GKG. betrifft die Zulässigkeit einer Nebenintervention. Über die Zulässigkeit wird nur bei Widerspruch einer Partei verhandelt und durch Zwischenurteil entschieden (§ 71 ZPO.); widerspricht keine Partei, so ist der Nebenintervenient zugelassen. Dasselbe gilt, wenn auf Streitverkündung der Dritte dem Streitverkünder beitritt. (§ 74 ZPO.) Die Vorschrift des § 27 Nr. 1 GKG. bezieht sich nur auf den durch den Widerspruch erhobenen Zwischenstreit.

9 1. Kommt es nicht zum Zwischenstreit, so stehen auch dem Anwalt des Nebenintervenienten für die Vertretung die gewöhnlichen Gebühren, wie dem Anwalt der Hauptpartei zu.

10 2. Wird Widerspruch gegen die Zulassung erhoben, und entsteht damit der Zwischenstreit, so ist zu unterscheiden:

a) Der Anwalt der Hauptpartei kann für diesen Zwischenstreit be-

[3]) S. KG. in KGBl. 92 S. 53, 54; OLG. Cöln Rhein.Arch. 88, 130; RG. JW. 97 S. 240, 47; 99 S. 493, 31.

[4]) Vgl. die dem Kommissionsberichte hinzugefügte „Zusammenstellung ꝛc." unter Nr. 1 (Drucksachen des Reichstages 4. Legislaturperiode II. Session 79 Nr. 137 S. 40); s. auch Erläuterung zu § 20 N. 1 und Anm. 2.

sondere Gebühren nicht liquidieren, da nach § 29 Nr. 2 GO. Zwischenstreite mit Nebenintervenienten zur Instanz gehören. Denkbar wäre allerdings, daß im Zwischenstreit eine Beweisaufnahme stattfindet, im Hauptstreit dagegen nicht; dann würde, weil eine Beweisgebühr und weitere Verhandlungsgebühr im Hauptstreit nicht entsteht, eine solche für den Zwischenstreit zu liquidieren sein, und zwar mit der Ermäßigung auf $^{5}/_{10}$ der gewöhnlichen Gebühren.

11 b) Auch der Anwalt des Nebenintervenienten würde Gebühren für den Zwischenstreit nur liquidieren können, soweit ihm Gebühren für Vertretung im Hauptstreit nicht zustehen d. h. wenn seine Tätigkeit sich ausschließlich auf den Zwischenstreit bezieht. Wird daher — wie wohl in der Regel — der Widerspruch erst erhoben, nachdem der Anwalt für den Nebenintervenienten eingetreten ist, so steht dem letzteren die volle Prozeßgebühr zu. Da der Nebenintervenient gemäß § 71 Abs. 3 ZPO. bis zur rechtskräftigen Unzulässigkeitserklärung im Hauptverfahren zugezogen werden muß, so werden ihm in den meisten Fällen auch die weiteren — vollen — Gebühren des Hauptverfahrens zustehen, so daß es zur Liquidation für den Zwischenstreit gewöhnlich nicht kommen wird.

12 3. Der Wert des Streitgegenstandes für den Zwischenstreit ist nicht immer dem Werte des Hauptstreites gleich, sondern richtet sich nach dem Interesse, das der Nebenintervenient am Ausgange der Hauptsache hat.[5])

13 4. Bezüglich der Erstattung der Kosten, von denen die Gerichtskosten immer besonders neben den sonstigen Kosten berechnet werden,[6]) trifft § 101 ZPO. Bestimmung.

14 5. Über die Gebühren für Vertretung mehrerer Streitgenossen einschließlich der Nebenintervenienten bestimmt § 51 GO. (Vgl. die Erl. zu § 51.)

15 B. § 35 Nr. 1 GKG. betrifft die vorläufige Einstellung, Beschränkung oder Aufhebung einer Zwangsvollstreckung und zwar im Falle der Wiedereinsetzung in den vorigen Stand (§ 707 ZPO.), der Einlegung des Einspruchs oder eines Rechtsmittels gegen ein für vorläufig vollstreckbar erklärtes Urteil (§ 719), der Geltendmachung der in den §§ 767, 768 ZPO. bezeichneten Einwendungen durch Klage (§ 769), ferner im Falle der Widerspruchsklage Dritter (Intervention) (§ 771 Abs. 3), bei Geltendmachung der Beschränkung der Haftung durch Erben, Ehegatten, durch den Übernehmer eines Vermögens, Abkömmlinge und Vermächtnisnehmer (§ 785, 786), ferner bei Geltendmachung des Anspruchs auf vorzugsweise Befriedigung (§ 805), endlich bei Widerspruch des Grundstücksgläubigers gegen Pfändung von Früchten auf dem Halm (§ 810 ZPO.).

16 Gebühren für die bezeichneten Tätigkeiten können aber nur dann erhoben werden, wenn die Vertretung sich darauf beschränkt, oder gemäß § 30 Nr. 2, sofern das Verfahren von dem Verfahren über die Hauptsache getrennt ist,[7]) wobei bezüglich der Fälle der §§ 707 und 719 ZPO. ein Zweifel bleibt.

17 C. § 35 Nr. 3 GKG. betrifft die Anordnung oder Aufhebung eines Arrestes oder einer einstweiligen Verfügung.

1. Bei der Erläuterung des § 20 i. V. m. § 26 Nr. 9 GKG. (§ 20 N. 43) ist bereits ausgeführt, daß besondere Gebühren für dieses Verfahren nur dann zu berechnen sind, wenn dasselbe von dem Verfahren über die Hauptsache getrennt ist.[8]) Das gleiche gilt natürlich, wenn sich die anwaltliche Tätigkeit

---

[5]) Vgl. Bayr. ObLG. 16, 375 und RG. in Naumb.AKZ. 95 S. 59, 1.

[6]) RG. 10, 339. Vgl. hierzu auch Willenbücher S. 11 (c) u. S. 24 (8.) und Gaupp-Stein zu § 101 ZPO.

[7]) Vgl. Erl. zu § 30 Nr. 2, insbesondere N. 22–27.

[8]) Vgl. hierzu § 20 N. 43—53, sowie § 29 Nr. 4 und § 30 Nr. 2, insbesondere N. 11 ff.

auf das Arrestverfahren beschränkt. Die Berechnung der Gebühren richtet sich dann danach, ob die Entscheidung durch Endurteil zu treffen ist oder nicht. Im ersteren Falle findet § 20 Anwendung; im zweiten Falle, also wenn die Entscheidung durch Beschluß zu treffen ist, ist § 23 anwendbar.

18 2. Da nach § 921 ZPO. die Entscheidung ohne mündliche Verhandlung erfolgen kann, so wird dies der Regelfall sein; es ist daher für den Antrag zunächst die Prozeßgebühr in Höhe von $^3/_{10}$ gemäß § 23 zu liquidieren. Wird später mündliche Verhandlung angeordnet oder tritt ein sonstiger Fall ein, in welchem die Entscheidung durch Endurteil zu treffen ist,[9]) so ist die Prozeßgebühr ($^3/_{10}$) aus § 23 auf die Prozeßgebühr ($^5/_{10}$ aus § 20 anzurechnen, wie sich aus dem einschränkenden Zusatz des § 35 Nr. 3 GKG ergibt.

19 3. § 35 Nr. 3 spricht nur von der Anordnung einer einstweiligen Verfügung, nicht auch von den „einstweiligen Anordnungen" gemäß §§ 572, 732, 766 ZPO. Auf diese Bestimmungen erstrecken sich auch nicht die Zitate des § 35 Nr. 3 GKG. Anträge auf solche „einstweiligen Anordnungen" fallen daher nicht unter § 23; da dieselben gewöhnlich ein Teil des die Beschwerde, Einwendung oder Erinnerung enthaltenen Antrages sind, so werden sie nicht besonders honoriert.

D. § 38 Nr. 1 GKG betrifft die Kostenfestsetzung.

20 1. Hier sind zwei Fälle zu unterscheiden:

a) nach § 103 ZPO. kann im Verfahren vor den Amtsgerichten der Betrag der zu erstattenden Prozeßkosten, wenn er sofort zu ermitteln ist, in dem Urteile festgesetzt werden. Hier findet ein besonderes Verfahren nicht statt, es sind deshalb auch nicht Gebühren nach § 23 zu liquidieren, sondern die auf die Feststellung der zu erstattenden Kosten verwendete Tätigkeit ist ein Teil des Geschäftsbetriebes und wird durch die Prozeßgebühr abgegolten.[9a])

b) In allen anderen Fällen erfolgt die Festsetzung der vom Gegner zu erstattenden Prozeßkosten in einem besonderen Verfahren, in der Regel ohne mündliche Verhandlung (§ 105 ZPO.). Sind die Prozeßkosten ganz oder teilweise nach Quoten verteilt, so findet ein Ausgleichsverfahren statt, nachdem die eine Partei auf Aufforderung der anderen ihre Kostenberechnung eingereicht hat. (§ 106 ZPO.) Falls nach erfolgter Kostenfestsetzung eine von der ihr zugrunde liegenden Wertsberechnung abweichende Festsetzung des Werts des Streitgegenstandes ergeht, so ist auch eine entsprechende Abänderung der Kostenfestsetzung zulässig. (§ 107 ZPO.)

Für dieses besondere Verfahren der §§ 105—107 ZPO. sind die Gebühren des § 23 i. V. m. § 38 Nr. 1 GKG. bestimmt.

21 2. Die Gebühren für Vertretung im Kostenfestsetzungsverfahren werden immer besonders erhoben, auch wenn der Anwalt die Partei in der Hauptsache vertreten hat. Dabei bilden jedoch die Festsetzung der Kosten gemäß §§ 105, 106 ZPO. und die etwaige Abänderung der Festsetzung gemäß § 107 ZPO. für den Gebührenbezug nur Eine Instanz. (§ 30 Abs. 1 Nr. 3 und Abs. 2.)[10])

22 3. Gebühren stehen demjenigen Anwalte zu, welcher die Festsetzung beantragt, also in der Regel nur dem Anwalt der erstattungsberechtigten Partei; doch ist es nicht ausgeschlossen, daß das Gericht auf das Festsetzungsgesuch dem Anwalt des Gegners Gelegenheit zur Erklärung gibt; für diese Erklärung würde dann auch dem Gegenanwalt eine Gebühr zustehen, da eine Tätigkeit innerhalb des — besonders zu honorierenden — Festsetzungsverfahrens stattge-

[9]) Vgl. § 20 N. 52.
[9a]) OLG. Königsberg in Pos. Mschr. 03, 9.
[10]) Näheres s. bei § 30.

funden hat. Für die Entgegennahme des Festsetzungsbeschlusses, der dem Gegenanwalt zuzustellen ist, steht demselben eine besondere Gebühr nicht zu. In der Regel erfolgt die Festsetzung ohne vorgängige mündliche Verhandlung; dann ist nur eine Prozeßgebühr mit $^3/_{10}$ verdient; kommt es dagegen auch zur mündlichen Verhandlung, so steht dem verhandelnden Anwalt neben der Prozeßgebühr von $^3/_{10}$ auch eine Verhandlungsgebühr von $^3/_{10}$ bzw. $^3/_{20}$ zu.

Im Ausgleichsverfahren (§ 106 ZPO.) sind regelmäßig beide Anwalte tätig; beiden steht die Prozeßgebühr zu, durch welche auch die vorangehende Aufforderung mitvergütet wird.[11])

4. Für die Wertsberechnung ist derjenige Kostenbetrag maßgebend, 23
dessen Erstattung verlangt wird. Im Falle des § 104 ZPO. d. h. wenn die Erstattung sämtlicher Kosten, event. mit Abzug eines bestimmten Quantums, verlangt wird, ergibt sich die Höhe ohne weiteres aus dem Gesuche; die etwaigen Abstriche verändern den Streitwert nicht[12]) Für die Wertsberechnung der Abänderung (§ 107 ZPO.) ist der Unterschied zwischen der bisherigen und der beantragten neuen Festsetzung maßgebend.[13])

Im Ausgleichsverfahren dagegen kann die Wertsberechnung zweifel- 24
haft sein. Hier stehen sich zwei Meinungen gegenüber. Die einen[14]) meinen, daß der Wert nur nach dem bei der Ausgleichung ermittelten Festsetzungsbetrage zu berechnen sei, während die anderen[15]) für die Anwaltsgebühr den Betrag der einzelnen zum Verfahren angemeldeten Kostenrechnung für maßgebend erachten. Die letztere Ansicht erscheint im Prinzip, jedoch mit einer Modifikation als die richtige. Wie das Reichsgericht in wiederholten Entscheidungen[16]) überzeugend festgestellt hat, betrifft im Ausgleichsverfahren die Entscheidung zwei gesonderte, voneinander unabhängige Kostenforderungen; die Festsetzung des zu erstattenden Betrages beruht nur auf einer Rechenoperation, bei welcher die beiden einzelnen, vom Richter festgesetzten Liquidationen die Grundlage bilden. Es handelt sich daher in Wirklichkeit um zwei Entscheidungen über zwei Festsetzungsgesuche. Geht man aber von dieser Struktur des Verfahrens aus, so unterscheidet sich die Wertsberechnung im Ausgleichsverfahren von der des gewöhnlichen Festsetzungsverfahrens nur darin, daß in ersterem jede Partei nicht die Festsetzung der gesamten Kosten, sondern nur der in dem maßgebenden Urteil dem Gegner auferlegten Quote verlangt. Das für die Wertsberechnung maßgebende Interesse jeder Partei bestimmt sich daher im Verfahren der § 106 ZPO. durch den Betrag, welchen die dem Gegner auferlegte Quote seiner Gesamtkosten ausmacht.

Wenn als z. B. in einem Prozesse in dem die Kosten zu $^2/_3$ dem Kläger, zu $^1/_3$ dem Beklagten auferlegt sind, die Kosten des Klägers 100, die des Beklagten 90 M. betragen, so ist der Wert des Festsetzungsverfahrens für Kläger $^1/_3$ von $100 = 33\,^1/_3$ M., für Beklagten $^2/_3$ von $90 = 60$ M.

[11]) Ebenso OLG. (Kiel) 13, 258. Dem Anwalt des Gegners spricht die Gebühr ab OLG. (Hamm) 11, 152, weil er kein Festsetzungsgesuch anbringe. Hier wird augenscheinlich übersehen, daß die Gebühr nicht für das Gesuch, sondern für Vertretung im Verfahren zusteht.

[12]) RG. 1. 11. 92 in Bad.AKZ. 94 S. 22, 13c.

[13]) Vgl. Erl. zu § 30 N. 31.

[14]) RG. bei Bolze Bd. 3 Nr. 1011; JW. 97 S. 240, 46; KG. in ZZP. 12, 510 und 29, 251; OLG. Naumburg in Naumb.AKZ. 88 S. 103, 3; OLG. Kolmar 30. 9. 03, Recht 03 S. 505; OLG. (Hamburg) 11, 63. Pafferoth § 23 N. 4. Willenbücher XI N. 6 S. 57. Hergenhahn in ZZP. 17, 111; Haas bei Gruchot 31, 598.

[15]) Meyer-Irmler § 23 N. 6b; Drucker § 23 A. 1f.; Walter (fr. Aufl.) S. 312; anscheinend auch KG. in KGBl. 95 S. 10; OLG. Colmar in ELZ. 18, 422.

[16]) RG. 27, 403; 33, 391; JW. 96 S. 653, 3; ihm folgend KG. in KGBl. 95 S. 10.

25 E. § 38 Nr. 2 GKG. betrifft das Verfahren behufs Erlangung der Rückgabe einer Sicherheit, wenn die Veranlassung zur Sicherheitsleistung weggefallen ist (§ 109 ZPO.).[17])

26 1. Gemäß § 30 Nr. 3 GO. werden die Gebühren für dieses Verfahren stets besonders erhoben; doch bildet das ganze Verfahren gemäß § 30 Abs. 3 nur eine Instanz, so daß jede Gebühr nur einmal zur Hebung kommt[18])

27 2. Zur Erledigung des Verfahrens werden regelmäßig zwei Anträge erforderlich sein, zunächst der Antrag auf Bestimmung einer Frist und nach deren Ablauf oder nach Erklärung der Einwilligung der Antrag auf Anordnung der Rückgabe. Für alle erforderlichen Anträge und sonstigen Schriften ist die Prozeßgebühr von $^3/_{10}$, und zwar gemäß § 30 Abs. 3 nur einmal anzusetzen. Gibt der Anwalt des Antragsgegners eine Erklärung ab, sei es, daß er dem Antrage widerspricht, die Einwilligung erklärt oder die Erhebung der Klage nachweist, so hat auch er in dem Verfahren eine Tätigkeit entwickelt, welche für ihn die Prozeßgebühr in Höhe von $^3/_{10}$ begründet. Findet auf Anordnung des Gerichts eine mündliche Verhandlung statt, so entsteht auch die Verhandlungsgebühr in Höhe von $^3/_{10}$ bzw. $^3/_{20}$; auch eine Beweisgebühr ist nicht ausgeschlossen.[19])

28 3. Der Streitwert wird hier durch den Betrag bzw. Wert der Sicherheit bestimmt, deren Rückgabe verlangt wird.

29 F. § 47 Nr. 1—12 GKG. zählt eine Reihe von Tätigkeiten auf, für welche die Gebühren in Höhe von $^3/_{10}$ anzusetzen sind. Gemäß § 29 Abs. 2 Nr. 6 gehören indessen alle diese Streitpunkte und Anträge zur Instanz; nach dem Grundsatze des § 25 können deshalb Gebühren für dieselben nur dann zum Ansatz gelangen, wenn die Tätigkeit des Anwalts dieselben ausschließlich betrifft, oder wenn und soweit sie die anderweit verdienten gleichartigen Gebühren übersteigen.[20]) Wenn also z. B. der Anwalt zunächst über den Antrag auf Vertagung der Verhandlung (§ 47 Nr. 1 GKG.) und nach erfolgter Vertagung nur noch über die Kosten kontradiktorisch verhandelt hat, so steht ihm die etwa höhere Gebühr aus § 23 für die erstere Verhandlung zu.

30 AA. § 47 Nr. 1 GKG. betrifft die Prozeß- und Sachleitung einschließlich der Bestimmung oder Änderung von Terminen und Fristen.

1. Zur Prozeß- und Sachleitung gehören alle Entscheidungen, welche lediglich den Gang des Verfahrens betreffen, an dem Streitverhältnisse selbst dagegen nichts ändern.[21]) Hierher gehören außer den auf Sachleitung bezüglichen Anordnungen, z. B. denjenigen aus §§ 140, 141 ZPO., die Entscheidungen über die Unterbrechung und Aussetzung des Verfahrens, über die Art der Zustellung, sowie die Verbindung mehrerer Prozesse und die Anordnung einer getrennten Verhandlung. Außer diesen Entscheidungen, auf welche bereits in der Begründung zu § 47 Nr. 1 GKG. verwiesen ist, sind auch solche Beschlüsse hierher zu rechnen, durch welche lediglich eine von einer Partei beantragte sachliche Entscheidung abgelehnt wird, weil die Voraussetzungen hierzu zurzeit nicht gegeben seien, welche also darauf hinauslaufen, daß in der Sache weiter verhandelt werden müsse, einer Wiederholung des gestellten Antrages

---

[17]) Für das Verfahren betr. Rückgabe einer Sicherheit gemäß § 715 ZPO. wird die Gebühr in § 24 GO. bestimmt.

[18]) Vgl. Erl. zu § 30 N. 32.

[19]) Die Empfangnahme der Sicherheit von der Hinterlegungsstelle liegt außerhalb des prozessualen Verfahrens und begründet die besondere Gebühr des § 87. Vgl. § 13 N. 16 ff.

[20]) RG. JW. 85 S. 29, 17; 97 S. 240, 47; 99 S. 493, 31.

[21]) RG. 40, 380.

dagegen nicht entgegenstehen. Hierher gehört der Beschluß, durch den der Erlaß eines Teilurteils abgelehnt wird;[22] ebenso der Beschluß gemäß § 335 ZPO, durch den der Antrag auf Erlaß des Versäumnisurteils zurückgewiesen wird.[23]) Ebenso ist auch die Entscheidung, daß eine Klageänderung nicht vorliege, im wesentlichen prozeßleitender Natur, da sie nur dem Beklagten die Einlassung auf die weitere Verhandlung auferlegt[24]) Auch der Streit über die beantragte Verweisung einer Sache von der Zivilkammer an die Kammer für Handelssachen betrifft nur die Prozeßleitung.[25]) Dagegen ist der Beschluß, durch welchen gemäß § 506 ZPO. das Amtsgericht seine Unzuständigkeit ausspricht und den Rechtsstreit an das Landgericht verweist, keine prozeßleitende Verfügung, sondern eine sachliche Entscheidung, so daß die vollen Gebührensätze zur Anwendung kommen.[26])

2. Eine besondere Erwähnung verdient die zur Prozeßleitung gehörige Vertagung von Terminen.[27]) Die Prozeßgebühr wird für den Vertagungsantrag kaum in Betracht kommen, da in der Regel die volle Prozeßgebühr bereits verdient ist. Was aber die Verhandlungsgebühr betrifft, so findet eine die Gebühr begründende Verhandlung jedenfalls dann statt, wenn die Vertagung von der einen Partei beantragt, von der anderen bekämpft, also darüber kontradiktorisch verhandelt wird. Wenn dagegen beide Anwälte übereinstimmend die Vertagung beantragen, oder der eine Anwalt Vertagung beantragt, der andere nicht widerspricht, so findet überhaupt gar keine Verhandlung über den Vertagungsantrag statt; es ist deshalb hier auch für eine nichtkontradiktorische Verhandlungsgebühr kein Raum.[28]) 31

3. Die Wertsberechnung richtet sich nach dem Streitgegenstande der Hauptsache. 32

BB. § 47 Nr. 2 GKG. Betreffs der Höhe der Kosten für Anbringung eines Armenrechtsgesuches bestimmt § 23 GO. i. V. m. § 47 Nr. 2 GKG., daß der Rechtsanwalt drei Zehnteile der in den §§ 13 bis 18 bestimmten Gebühren erhalte. Der § 13 a. a. O. setzt nun aber die Gebühren fest, welche dem Anwalte für seine Tätigkeit im Prozesse zustehen. Demnach weist ihm der § 23 den daselbst bestimmten Bruchteil von eben dieser nach dem Streitwerte der Hauptsache bemessenen Gebühr zu, nicht aber Bruchteile einer Gebühr, deren ganzer Betrag erst durch eine besondere Schätzung des Interesses an der Bewilligung des Armenrechts zu ermitteln wäre.[29]) Dasselbe wird auch von dem Antrage auf Entziehung des Armenrechts zu gelten haben. Dagegen wird für das Verfahren betr. die Nachzahlung der Kosten (§§ 125, 126 ZPO.) nur der Betrag dieser Kosten den Streitwert bilden. 33

CC. § 47 Nr. 3 GKG. Der § 7 EGZPO. kommt nur für das Bayerische Oberste Landesgericht in Betracht. Die §§ 103—106 GVG. behandeln die Ver- 34

---

[22]) RG. JW. 87 S. 111, 3; Bolze Bd. 4 Nr. 418.

[23]) RG. 40, 380; JW. 98 S. 53, 28. Ebenso OLG. Rostock in Meckl. Ztschr. 3, 42 und Kapf in ZZP. 23, 51. Dagegen Ztschr. f. rheinpr. JSubalternbeamte 8, 449.

[24]) Vgl. Begr. zu § 47 GKG. S. 62.

[25]) OLG. Dresden 10. 1. 05 in Annalen 27, 176.

[26]) RG. 30, 330.

[27]) Vgl. hierzu den Aufsatz von Landsberg in Pos. Mschr. 02 S. 1.

[28]) Zu demselben Ergebnis gelangt Landsberg S. 2; auf diese Weise löst sich auch leicht der scheinbare Widerspruch zwischen den Entsch. d. RG. JW. 97 S. 240, 47 und 99 S. 493, 31, die die Gebühr bewilligen, und JW. 91 S. 200, 13 und 93 S. 564, 26, die sie ablehnen. Vgl. hierzu auch RG. 23, 369 und Meyer-Irmler § 23 S. 64. Ebenso OLG. (Jena) 11, 340. A.M. Drucker § 23, A. zu GKG. § 47, 1.

[29]) RG. JW. 86 S. 145, 3; OLG. (Kiel) 4, 273.

weisung des Rechtsstreits von einer Kammer für Handelssachen an eine Zivilkammer und umgekehrt. Die Bestimmung des zuständigen Gerichts erfolgt in den Fällen des § 36 Nr. 1—6 ZPO. durch das im Instanzenzuge zunächst (gemeinschaftlich) höhere Gericht. Die §§ 650 Abs. 3 und 651 Abs. 2 ZPO. verordnen für den Fall der Ablehnung der Übernahme eines von einem anderen Amtsgericht überwiesenen Entmündigungsverfahrens die Entscheidung des gemeinschaftlich zunächst übergeordneten Gerichts. § 827 ZPO. betrifft die Bestimmung eines Gerichtsvollziehers im Falle der Nachpfändung, § 854 ZPO. im Falle der Pfändung eines Anspruchs für mehrere Gläubiger, §§ 848, 855 ZPO. die Bestellung eines Sequesters bei Pfändung eines Anspruchs, welcher eine unbewegliche Sache betrifft. In allen diesen Fällen ist die Gebühr ($^{3}_{10}$) nach dem Streitwert der Hauptsache zu berechnen.

35 DD. § 47 Nr. 4 GKG. Der Streitwert für das Verfahren betreffend Ablehnung des Gerichts, Gerichtsschreibers oder Sachverständigen ist nicht mit dem der Hauptsache identisch, sondern unter Berücksichtigung desselben besonders festzustellen, jedenfalls aber nicht höher.[30])

Das Verfahren über Ablehnung eines Schiedsrichters fällt unter § 22.[31])

36 EE. § 47 Nr. 5 GKG. Der § 102 ZPO. ist auch anwendbar auf den nach § 25 RAO. bestellten Vertreter eines Rechtsanwalts.[32])

37 FF. § 47 Nr. 6 GKG. Die Verpflichtung zur Rückgabe wird durch Zwischenurteil nach vorgängiger mündlicher Verhandlung ausgesprochen; es entsteht also hier immer auch eine Verhandlungsgebühr von $^{3}_{10}$ bzw. $^{3}_{20}$.

38 GG. § 47 Nr. 7 und 8 GKG. Über die Rechtmäßigkeit der Weigerung wird gemäß § 387 ZPO. nach Anhörung der Parteien entschieden; es entsteht also in der Regel eine Verhandlungsgebühr.

Der Streitwert wird nicht nach der Höhe der Strafe sondern nach dem Werte der Hauptsache bemessen.

39 HH. § 47 Nr. 9 GKG. Der Streitwert bemißt sich nach dem Werte der Hauptsache, im Falle des § 58 ZPO. jedoch nach dem Werte des Rechts am Grundstücke, das mit der Klage geltend gemacht werden soll.

40 JJ. § 47 Nr. 10 GKG. bezieht sich lediglich auf das die Berichtigung des Urteils oder des Tatbestandes desselben betreffende Verfahren gemäß §§ 319, 320 ZPO. Dagegen hat das in § 321 ZPO. behandelte Ergänzungsverfahren, dessen gerichtsseitige Besteuerung in § 29 GKG. besonders vorgesehen ist, in der GO. keine Berücksichtigung gefunden. Zweifellos gehört dieses Ergänzungsverfahren zur „Instanz“ des Rechtsstreites. Dem Rechtsanwalte stehen daher nach dem Grundsatze des §29 GO. für seine Tätigkeit in einem solchen Ergänzungsverfahren keine besonderen Gebühren zu, wenn er bereits in dem zugehörigen Rechtsstreite die Partei als Prozeßbevollmächtigter vertreten und dafür die regelmäßigen Rechtsstreitgebühren nach §§ 13 ff. bezogen hat. Wird aber dem Rechtsanwalte von einer Partei, deren Prozeßbevollmächtiger er bisher nicht gewesen ist, lediglich die Einleitung und Durchführung eines solchen Ergänzungsverfahrens aufgetragen, so ist rücksichtlich seiner Vergütung für diese ausschließliche Tätigkeit zu unterscheiden, ob das Ergänzungsverfahren die Nachholung der Entscheidung über die vorläufige Vollstreckbarkeit des Urteils bezweckt (§ 716 ZPO.), oder ob es einen anderen Haupt- oder Nebenanspruch zum Gegenstande hat. Ersterenfalls hat der Rechtsanwalt gemäß § 20 GO. in Verbindung mit § 26 Nr. 7 GKG. nur

[30]) RG. JW. 89 S. 480, 10; 97 S. 348, 22.
[31]) Vgl. § 22 N. 11 ff.
[32]) RG. JW. 94 S. 534.

fünf Zehnteile der in den §§ 13 bis 18 bestimmten Gebühren zu beanspruchen.[32a]) In allen übrigen Fällen stehen dem Rechtsanwalte für den ausschließlichen Betrieb des Ergänzungsverfahrens die vollen normalmäßigen Rechtsstreitgebühren nach §§ 13 ff. zu; der Gebührenberechnung ist jedoch als Streitwert lediglich der Betrag des Anspruches, bezüglich dessen die Ergänzung beantragt wird, zugrunde zu legen, gleichviel ob es sich dabei um einen Teil des ursprünglichen Hauptanspruches oder um einen Nebenanspruch handelt, da für eine Unterscheidung zwischen Haupt- und Nebenanspruch gemäß § 4 ZPO. in diesen Fällen kein Raum ist.

KK. § 47 Nr. 11 GKG. Für das Verfahren betr. die Vollstreckbarkeit der durch Rechtsmittelanträge nicht angefochtenen Teile eines Urteils (§§ 534, 560 ZPO.) ist als Streitwert der Wert des nicht angefochtenen Teiles anzusetzen, um dessen Vollstreckbarkeit es sich handelt. Daß hier nicht der Anspruch selbst, sondern nur dessen Vollstreckbarkeit erörtert wird, kommt in der geringeren Gebühr zum Ausdruck; für eine besondere Schätzung des Interesses des Antragstellers an der Erlangung der Vollstreckbarkeit liegt keine Veranlassung vor; Streitgegenstand bleibt immerhin der Anspruch selbst.[33]) 41

LL. § 47 Nr. 12 GKG. Ist der Anwalt nicht nur zur Erwirkung der Zulassung einer Zustellung gemäß § 188 ZPO. bestellt, sondern auch zur Vornahme der Zustellung, so hat er die volle bzw. halbe Prozeßgebühr,[34]) nicht aber außerdem die Gebühr aus § 23. Für die Einwirkung der Erlaubnis zu einer Zwangsvollstreckung bei Nachtzeit 2c. (§ 761 ZPO.) dagegen kann die Gebühr aus § 23 i. V. m. § 47 Nr. 12 GKG. auch derjenige Anwalt besonders berechnen, der die zugelassene Zwangsvollstreckung betreibt. Man wird die auf Erwirkung der Erlaubnis gerichtete Tätigkeit des Anwalts nicht als eine die Zwangsvollstreckung betreffende Tätigkeit im Sinne des § 23 Nr. 2 ansehen können, sondern nur als eine besondere vorbereitende, erst die Voraussetzungen der Zwangsvollstreckung schaffende. So ist diese Tätigkeit auch vom Gebührengesetz aufgefaßt; gehörte sie bereits zur Zwangsvollstreckung, so wäre ihre Aufführung im § 23 Nr. 1 überflüssig. 42

G. Die Zwangsvollstreckung.

Der Abs. 2 des § 23 gibt die Gebührennorm für das Gebiet der Zwangsvollstreckung.

1. Nach der Vorschrift des § 1 und der Spezialvorschrift des § 31 Abs. 2 GO. findet jedoch § 23 nur Anwendung auf eine solche Zwangsvollstreckung, welche den Vorschriften der ZPO. unterliegt d. h. im achten Buch der ZPO. (§§ 704 bis 945) geordnet ist, insbesondere nicht auf die Zwangsversteigerung und Zwangsverwaltung nach dem Reichsgesetze vom 24. 3. 97.[35]) 43

2. Soweit es sich um eine Zwangsvollstreckung nach der ZPO. handelt, sollen „drei Zehnteile der in den §§ 13—18 bestimmten Gebühren" erhoben werden. Auch für die Zwangsvollstreckung werden daher die Gebühren nach Maßgabe der in § 13 bestimmten Tätigkeiten erhoben, also die Prozeßgebühr, Verhandlungsgebühr, Beweisgebühr und Vergleichsgebühr, je nachdem eine diesen Gebühren entsprechende Tätigkeit aufgewendet ist. Überall aber beträgt die Gebühr — wo sie im ordentlichen Prozesse mit $^{10}/_{10}$ bemessen ist — nur $^{3}/_{10}$; dies aber auch, wenn es sich um eine Zwangsvollstreckung nach einem 44

[32a]) Vgl. § 20 N. 31.
[33]) Vgl. auch § 20 N. 31. A. M. Meyer-Irmler § 23 Anm. 8.
[34]) Vgl. § 21 N. 6.
[35]) Vgl. Näheres bei § 31 N. 2 ff.

Urkunden- oder Wechselprozeß handelt, da der § 19 nicht als anwendbar mitangeführt ist.[36])

Auch diese Gebühren sind Pauschgebühren d. h. sie entgelten nicht nur eine einzelne Tätigkeit, sondern einen ganzen Tätigkeitskomplex. Während aber im Prozesse die Zusammenfassung der Tätigkeiten durch die „Instanz" begrenzt werden kann (§ 25), fehlt es bei der Zwangsvollstreckung an einem solchen Bande; die GO. hat deshalb in den §§ 31—36 solche „Instanzen" der Zwangsvollstreckung durch Feststellung der für die Gebührenerhebung zusammenfassenden Tätigkeitskomplexe geschaffen.

45 3. Wann eine anwaltliche Tätigkeit die Zwangsvollstreckung betrifft und der Honorierung nach § 23 Nr. 2 GO. unterliegt, wird zumeist nicht zweifelhaft sein; indessen kann doch bei gewissen, die Zwangsvollstreckung vorbereitenden Handlungen die Frage aufgeworfen werden, ob sie bereits in den Bereich des Zwangsvollstreckungsverfahrens fallen. Hierher gehören insbesondere die Erwirkung des Rechtskraft- oder Notfristzeugnisses, der Vollstreckungsklausel oder der weiteren vollstreckbaren Ausfertigung und deren Zustellung, die Hinterlegung der erforderlichen Sicherheit und Zustellung der Hinterlegungsquittung. Diese Tätigkeiten enthalten noch nicht den Beginn der Zwangsvollstreckung, sie hängen aber mit derselben organisch zusammen und bilden notwendige Vorbereitungsakte der Zwangsvollstreckung. Mit gutem Grunde hat sie deshalb die ZPO. in ihrem die Zwangsvollstreckung behandelnden achten Buch geordnet; und wenn sie auch trotzdem prozessualisch nicht als Akte der Zwangsvollstreckung anzusehen sein mögen,[37]) so kommen deren Kosten doch ebenso als Kosten der Zwangsvollstreckung in Betracht, wie zu den Kosten des Rechtsstreits auch solche Beträge gehören, welche vor seinem Beginne zu seiner Vorbereitung aufgewendet worden sind.[38]) Für das Gebiet der GO. ergibt sich die Zugehörigkeit solcher Akte zum Zwangsvollstreckungsverfahren insbesondere auch aus § 32 GO., welcher das Verfahren über den Antrag auf Erteilung einer weiteren vollstreckbaren Ausfertigung zu einer besonderen Instanz der Zwangsvollstreckung erhebt, sowie aus § 35 GO., welcher nach seiner Stellung im System Gebühren der Zwangsvollstreckung ordnen will und die Erwirkung des Rechtskraftzeugnisses und der Vollstreckungsklausel erwähnt.[39])

Dagegen gehört noch nicht zur Zwangsvollstreckung die briefliche Androhung derselben durch den Gläubiger.[40])

46 Eine die Zwangsvollstreckung betreffende Tätigkeit enthält vornehmlich der an das Gericht oder an den Gerichtsvollzieher gerichtete Antrag bzw. Auftrag zur Vornahme der Zwangsvollstreckung[41]) oder zur Vollziehung eines Arrests.[42]) Sobald dieser Antrag eingereicht oder im Bureau des Gerichtsvollziehers niedergelegt ist, hat der Rechtsanwalt den Anspruch auf die Gebühr des § 23 Nr. 2 erworben. Erledigt sich jedoch der vom Gläubiger erteilte Auftrag zur Zwangsvollstreckung schon vorher, d. h. nachdem der Antrag vom Rechtsanwalte zwar angefertigt, aber noch nicht an das Gericht bzw. an den Gerichtsvollzieher ab-

[36]) Vgl. N. 7.

[37]) Vgl. RG. (VS.) 42, 421.

[38]) Gaupp-Stein II Vorb. vor § 704 S. 340.

[39]) A. M. Willenbücher § 23 Nr. 17a; Walter in fr. Aufl. zu § 23, VII S. 280, ebenso RG. JW. 87 S. 42, 24.

[40]) RG. JW. 84 S. 303, 28; 99 S. 746, 16. OLG. (Colmar) 15, 80. Sie ist nach den Landesgesetzen zuvergüten. Vgl. Anm. 44.

[41]) Ebenso RG. III ZS. 21. 10. 90 III B 90/90 (Bbl. 91 S. 194); a. M. vereinzelt LG. Frankenthal, JW. 89 S. 62 und Naumb. AKZ. 92 S. 99 sowie OLG. Zweibrücken in ZZP. 19, 48. Vgl. auch die ausführliche Widerlegung dieser irrigen Ansicht in ZfGV. IV. Jahrg. 90 S. 33, 34.

[42]) RG. 8, 402; 26, 414; JW. 97 S. 572, 34; Gruchot 44, 202.

gegeben war, so kann der Rechtsanwalt für diese seine Mühewaltung gemäß § 14 Abs. 2 der GO. nur die Hälfte der Gebühr des § 23 Nr. 2, also bloß drei Zwanzigstel der im § 13 bestimmten Gebühr in Ansatz bringen.

Als besondere Anwendungsfälle des § 23 Nr. 2 GO. seien noch hervorgehoben:

a) die private Vorpfändungserklärung in Gemäßheit des § 845 der ZPO. Eine solche Benachrichtigung des Drittschuldners und bzw. des Schuldners seitens des Gläubigers über das Bevorstehen einer Forderungspfändung ist als eine Vollstreckungsmaßregel zu erachten, da dieselbe nach § 845 Abs. 2 ZPO. unter der daselbst aufgestellten Bedingung die Wirkung eines Arrestes d. h. wie aus der Allegierung des § 930 ZPO. hervorgeht, eines durch Pfändung vollzogenen Arrestes hat. Der Anwendbarkeit des § 23 Nr. 2 GO. (bzw. des § 36 GO.) auf diesen Fall anwaltlicher Tätigkeit kann mithin ein Bedenken nicht entgegenstehen.[43]) — Die singuläre Vorschrift des § 845 ZPO. läßt jedoch eine analoge Anwendung auf Pfändungen anderer Objekte nicht zu; es kann deshalb auch nicht anerkannt werdeu, daß eine Mitteilung des Gläubigers an den Schuldner über das Bevorstehen einer Pfändung, deren Gegenstand nicht eine Forderung bildet, eine Vollstreckungsmaßregel im Sinne des Gesetzes darstelle; es kann daher für Anfertigung eines solchen Mitteilungsschreibens auch nicht der Anspruch auf die Gebühr des § 23 Nr. 2 GO. erwachsen.[44])

b) der Antrag auf gerichtliche Pfändung einer Forderung gemäß § 829 ZPO.

c) der Antrag auf Überweisung einer gepfändeten Geldforderung an den Gläubiger zur Einziehung oder an Zahlungs Statt zum Nennwerte gemäß § 835 ZPO.

d) die Erklärung, inhalts deren der Gläubiger auf die durch Pfändung und Überweisung zur Einziehung erworbenen Rechte unbeschadet seines Anspruches verzichtet, gemäß § 843 ZPO.

e) der Antrag auf gerichtliche Anordnung einer anderen Art der Verwertung an Stelle der Überweisung gemäß § 844 ZPO.

f) die Erklärung gemäß § 840 ZPO. namens des Drittschuldners.[45])

g) der Antrag auf Ermächtigung des Gläubigers, eine Handlung zu deren Vornahme der Schuldner verpflichtet ist, auf Kosten des Schuldners durch einen Dritten vornehmen zu lassen oder sie selbst vorzunehmen (§ 887 Abs. 1 ZPO.).[46])

h) der Antrag, dem Gegner die durch Urteil auferlegte Aufstellung und Beeidigung eines Inventars bei Vermeidung einer Strafe aufzugeben.[47])

---

[43]) So auch LG. Halle in Naumb.AKZ. 86 S. 77, 2; LG. Dresden in ZZP. 24, 267; LG. I Berlin in KGBl. 95 S. 135 u. 02 S. 60. Ebenso RG. JW. 95 S. 127, 5 und 98 S. 644, 15. Erfolgt später die Pfändung gemäß § 845 Abs. 2 ZPO., so ist gemäß § 31 GO. für Vorpfändung und Pfändungsantrag zusammen nur einmal die Gebühr aus § 23 zu berechnen. RG. JW. 97 S. 468, 29. OLG. 4, 272. A. M. Bad.Rpr. 01, 204 und Busch 24, 267.

[44]) Vgl. RG. JW. 84 S. 303, 28; 99 S. 746, 16; Gruchot 29, 1032. A. M. anscheinend Meyer-Irmler § 20 Anm. 9b.

[45]) S. Beschluß des OLG. Karlsruhe vom 10. 10. 84 (ZZP. 12, 155), inhalts dessen die betreffende Anwaltsgebühr sogar als Bestandteil der Kosten des durch die fragliche Erklärung veranlaßten Rechtsstreites behandelt und demgemäß für erstattungsfähig erachtet worden ist.

[46]) Vgl. OLG. Kolmar III. ZS. 5. 1. 94 (JZfEL. 19. Jahrg. 94 Nr. 99 S. 332ff.). Wegen § 887 Abs. 2 ZPO. s. weiterhin § 33 Abs. 1 GO.

[47]) RG. JW. 93 S. 88, 5.

i) der Antrag auf Löschung der infolge einer einstweiligen Verfügung eingetragenen Vormerkung im Grundbuche, welcher auf Grund eines die einstweilige Verfügung aufhebenden gerichtlichen Urteiles beim Grundbuchrichter gestellt wird; denn die Maßnahme, welche darauf gerichtet ist, denjenigen Zustand wiederherzustellen, der vor Erlaß der aufgehobenen einstweiligen Verfügung bestand und auf dessen Wiederherstellung die obsiegende Partei nach dem erstrittenen Urteile ein Recht erlangt hat, stellt sich als Zwangsvollstreckungshandlung dar, und dieser Charakter als Vollstreckungshandlung kann einer solchen Maßnahme insonderheit auch deshalb nicht abgesprochen werden, weil sie ohne Mitwirkung derjenigen staatlichen Organe (Gerichtsvollzieher, Vollstreckungsgericht 2c.) in Vollzug gesetzt wird, welche sonst der Regel nach mit Durchführung von Zwangsvollstreckungen in bürgerlichen Rechtstreitigkeiten betraut werden.[48])

47 3. In Zwangsvollstreckungssachen ist für die Wertsberechnung die Vorschrift des § 13 Abs. 2 der GKG. (s. oben S. 118) zu beachten, wonach bei Akten der Zwangsvollstreckung wegen einer Geldforderung die einzuziehenden Zinsen mitberechnet werden. Im übrigen vgl. wegen des Streitgegenstandswertes in der Zwangsvollstreckung Erläut. zu § 10 Note 112 sowie §§ 31—38.

§ 24.

Zwei Zehnteile der in den §§ 13 bis 18 bestimmten Gebühren erhält der Rechtsanwalt, wenn seine Tätigkeit die im Gerichtskostengesetze § 38 Nr. 3, § 47 Nr. 15, 16 bezeichneten Anträge oder Gesuche betrifft.

1 **I. Entstehungsgeschichte.** 1. Der § 24 hatte in der Fassung des Entwurfs und des früheren Gesetzes die „im Gerichtskostengesetze § 35 Nr. 1, § 38 bezeichneten Anträge oder Gesuche" im Auge. Hierzu bemerkten die Motive:

„§ 24 regelt die Gebühr für die Fälle, wenn die Tätigkeit des Rechtsanwaltes betrifft:

Anträge auf Erteilung oder Zurücknahme der Vollstreckungsklausel, sofern die Anträge nicht im Wege der Klage gestellt werden (ZPO. §§ 662, bis 666, 668, 703 704 Abs. 1, § 705 Abs. 3, § 809), oder auf Erteilung einer weiteren vollstreckbaren Ausfertigung (ZPO. § 669) oder auf Erteilung des Zeugnisses der Rechtskraft oder auf Erteilung des Zeugnisses, daß innerhalb der Notfrist ein Schriftsatz zum Zwecke der Terminsbestimmung nicht eingereicht sei (ZPO. § 646).

Diese Handlungen erfordern gewöhnlich ein so geringes Maß von Tätigkeit, daß sie mit in die Bauschgebühr für die betreffende Instanz oder für den Betrieb der Zwangsvollstreckung hineingezogen werden können (vgl. § 35). Wo aber diese Möglichkeit nicht obwaltet, wird dem Anwalte für solche Handlungen eine Vergütung zuzubilligen sein, jedoch nur zu dem geringsten Pauschsatze, welchen der Entwurf kennt, nämlich zu zwei Zehnteilen der Normalsätze.

2. Von den allegierten Paragraphen des GKG. entsprach nach der durch die Novelle vom 29. 6. 81 veränderten Fassung der frühere § 35 Nr. 1 dem § 38 Nr. 2 und dem § 47 Nr. 15, dagegen der frühere § 38 dem § 47 Nr. 16.

3. Durch das EG. zur ZPO. Art IV wurde wiederum die Ziffer des

---

[48]) RG. X in RGBl. 94 S. 56, 57.

GKG. § 38 Nr. 2 in Nr. 3 geändert und § 47 Nr. 16 durch Aufnahme einer Bestimmung über die Anordnung der Rückgabe einer Sicherheit nach § 715 ZPO. ergänzt. Demzufolge hat auch die GO. bei der Neuredaktion vom 17. 5. 98 die obige Fassung erhalten.

II. Die angezogenen Bestimmungen des GKG. lauten: 2

§ 38 Nr. 3 GKG. (Anträge) auf Erteilung der Vollstreckungsklausel in den Fällen, in welchen dieselbe auf Anordnung des Vorsitzenden zu erfolgen hat, oder auf Zurücknahme der Vollstreckungsklausel, sofern diese Anträge nicht im Wege der Klage gestellt werden (Zivilprozeßordnung §§ 726 bis 730, 732, 738, 742, 744, 745 Abs. 2, §§ 749, 795, 796 Abs. 1, § 797 Abs. 3, § 929), oder auf Erteilung einer weiteren vollstreckbaren Ausfertigung (Zivilprozeßordnung § 733).

§ 47 Nr. 15 GKG. (Anträge) auf Erteilung der Vollstreckungsklausel (Zivilprozeßordnung §§ 724, 725, 795, 797 Abs. 1), sofern nicht Gebühren nach den Vorschriften des § 26 Nr. 8 oder des § 38 zu erheben sind;

§ 47 Nr. 16 GKG. (Anträge auf Anordnung der Rückgabe einer Sicherheit im Falle des § 715 der Zivilprozeßordnung, sowie über Gesuche um Erteilung des Zeugnisses der Rechtskraft oder um Erteilung des Zeugnisses, daß innerhalb der Notfrist ein Schriftsatz zum Zwecke der Terminsbestimmung nicht eingereicht sei, oder um Bestimmung einer Frist zum Nachweise der Zustellung eines Schriftsatzes (Zivilprozeßordnung § 706).

III. Allgemeines.

1. Der § 24 bestimmt nur die Höhe der Gebühren; ob diese Gebühren immer besonders zu liquidieren sind, oder nur dann, wenn Tätigkeit des Anwalts sich auf die bezeichneten Akte beschränkt, ergibt sich insbesondere aus den §§ 32, 35 GO.[1]) 3

2. Auch hier ist § 19 nicht erwähnt, auch in Wechselsachen ist daher $^2/_{10}$, und nicht etwa nur $^6/_{10}$ von $^2/_{10}$, in Ansatz zu bringen. 4

IV. Die einzelnen Fälle des § 24.

A. § 38 Nr. 3 und § 47 Nr. 15 GKG. beziehen sich auf Anträge welche die Erteilung oder Zurücknahme der Vollstreckungsklausel oder Erteilung einer weiteren vollstreckbaren Ausfertigung betreffen. (§§ 726—730; 732; 733; 738; 742; 744; 745 Abs. 2; 749; 795; 796 Abs. 1; 797 Abs. 3; 929 ZPO.) 5

1. Die Erteilung der Vollstreckungsklausel geschieht entweder ohne weiteres oder auf Anordnung des Vorsitzenden in bestimmten Fällen vom Gerichtsschreiber, oder es muß die Erteilung im Wege der Klage erwirkt werden. Den letzteren Fall behandelt § 20 i. Verb. mit § 26 Nr. 8 GKG. (vgl § 20 N. 34, 35), den Fall der Erteilung durch den Gerichtsschreiber ohne Mitwirkung des Gerichts der § 47 Nr. 15 GKG., endlich den Fall der Erteilung auf Anordnung des Vorsitzenden der hier angezogene § 38 Nr. 3 GKG. 6

a) Die Vollstreckungsklausel wird in der Regel ohne weiteres vom Gerichtsschreiber erteilt (§§ 724 Abs. 2; 725; 797 Abs. 1), dagegen nur auf Anordnung des Vorsitzenden in den Fällen des § 726 Abs. 1 und der §§ 727—729 ZPO. (§ 730 ZPO.). Wird der Schuldner vor der Entscheidung gehört (§ 733 Abs. 2 ZPO.) und mit der Erklärung ein Anwalt befaßt, so steht demselben dieselbe Gebühr wie dem Anwalt des Antragstellers zu.

[1]) Ebenso Willenbücher Anmerk. 2 zu § 24 S. 156.

7 b) Das gleiche gilt von der Erteilung der Vollstreckungsklausel für notarielle Urkunden (§ 797 Abs. 2 ZPO).

8 c) Der Wert des Streitgegenstandes richtet sich bei Urteilen nach dem Werte des zuerkannten Rechts, ohne Rücksicht darauf, ob dasselbe durch Zwangsvollstreckung geltend gemacht werden kann; denn die Vollstreckungsklausel hat auch die Bedeutung, die Gültigkeit, Rechtswirksamkeit oder Unanfechtbarkeit des Urteils außer Zweifel zu stellen;[2]) bei Vergleichen dagegen kann, da schon die einfache Ausfertigung zur Feststellung des Vergleichs genügt, die Vollstreckungsklausel Sinn und Bedeutung nur insofern haben, als durch den Vergleich Leistungen übernommen sind, rücksichtlich deren eine Zwangsvollstreckung in Frage kommen kann; nur nach dem Werte dieser Leistungen bestimmt sich daher der Wert des Streitgegenstandes für den Antrag auf Erteilung der Vollstreckungsklausel.[3])

9 2. Die Zurücknahme der erteilten Vollstreckungsklausel kann entweder im Wege der Klage beantragt werden (§ 768 ZPO.), oder durch Einwendung gegen die Zulässigkeit der Vollstreckungsklausel (§ 732 ZPO.). Ersterenfalls bestimmt sich die Gebühr nach § 20 i. Verb. m. § 26 Nr. 8 GKG. (vgl. § 20 N. 34, 35), letzterenfalls nach § 24 i. Verb. m. § 38 Nr. 3 GKG.

Auch hier sind die zu Nr. 1 (N. 6—8) aufgestellten Grundsätze zu beachten. Wird mündliche Verhandlung angeordnet (§ 732 Abs. 1 S. 2), so entsteht neben der Prozeßgebühr auch eine Verhandlungsgebühr.

Wird die in § 732 Abs. 2 zugelassene „einstweilige Anordnung" erlassen, so ist dafür eine besondere Gebühr nicht zu erheben; selbst wenn man dieselbe für eine „einstweilige Verfügung" hält, würde das Verfahren gemäß § 29 Abs. 2 Nr. 4 als zur Instanz gehörig anzusehen sein.

10 3. Die Erteilung einer weiteren vollstreckbaren Ausfertigung darf nur auf Anordnung des Vorsitzenden geschehen (§ 733 ZPO). Hier gilt ebenfalls das zu N. 6—8 Ausgeführte.

11 B. § 47 Nr. 16 GKG. betrifft

1. Anträge auf Anordnung der Rückgabe einer Sicherheit im Falle des § 715 ZPO. d. h. wenn die Sicherheit behufs vorläufiger Vollstreckbarkeit eines Urteils geleistet und letzteres rechtskräftig geworden ist.

Diese Gebühr kann neben der Prozeßgebühr besonders liquidiert werden, da das Verfahren nicht zur Instanz gehört.[4])

12 2. Anträge auf Rechtskraft- und Notfristzeugnis und die vorbereitende Fristsetzung aus § 706 Abs. 3 ZPO.

Die Gebühr für solche Anträge ist nach § 35 GO. von dem Anwalt der Instanz oder der Zwangsvollstreckung nicht besonders zu liquidieren.

Vorbemerkung zu §§ 25—30.

Die §§ 25 bis 30 behandeln den für die Gebührenerhebung maßgebenden Begriff der „Instanz". Die §§ 25, 26 und 29 Abs. 1 bestimmen in dieser Hinsicht das Prinzip („den Grundgedanken des Pauschgebührensystems"), während die anderen Paragraphen einige Modifikationen bzw. Ausführungen desselben enthalten.

---

[2]) Vgl. RG. 16, 421.
[3]) RG. JW. 98 S. 569, 2.
[4]) Vgl. hierzu die Ausführungen zu § 13 N. 18.

§ 25.

Jede der im § 13 benannten Gebühren kann der Rechtsanwalt in jeder Instanz rücksichtlich eines jeden Teils des Streitgegenstandes nur einmal beanspruchen.

Vorbemerkung.

Der § 25 in Verbindung mit § 29 Abs. 1 spricht den Grundgedanken des Pauschsystems aus, daß nämlich die in § 13 bezeichneten Gebühren die gesamte Tätigkeit des Rechtsanwaltes bis zur Beendigung der Instanz umfassen, und daß der Rechtsanwalt jede dieser Gebühren in jeder Instanz rücksichtlich eines jeden Teiles des Streitgegenstandes nur einmal beanspruchen kann.

Erläutert werden:

I. Motive (1—3).
II. Bedeutung des § 25 (4).
III. Die im § 13 „benannten" Gebühren (5).
IV. Begriff der Instanz (6).
V. Berechnung der Gebühren (7).

I. Motive. 1. Zur GO.: „Was den Begriff der „Instanz" anlangt, so hat das Gerichtskostengesetz diesen aus der Zivilprozeßordnung entnommen, ihn jedoch, wie die Ausführungen zu den §§ 23 bis 28 des Entwurfes eines Gerichtskostengesetzes — vgl. Drucksachen des Reichstages II. Session 78 Nr. 76 S. 54 ff. — ergeben, gewissen Modifikationen unterworfen, um eine der Billigkeit entsprechende Erhebung der Gerichtsgebühren herbeizuführen. Die GOfRA. schließt sich in dieser Beziehung dem Gerichtskostengesetze an, da es zu den größten Unzuträglichkeiten führen müßte, wenn das Gerichtskostengesetz und die Anwaltsgebührenordnung den gedachten Begriff in einem verschiedenen Sinne auffaßten. Insbesondere darf hier hervorgehoben werden, daß auch nach der GOfRA. eine neue Instanz dann als begonnen anzusehen ist, wenn ein Gericht höherer Ordnung mit dem Rechtsstreite befaßt wird. 1

Der zweite Satz des § 28 des Gerichtskostengesetzes,[1]) welcher in dem Entwurfe desselben fehlte und von der Kommission des Reichstages hinzugefügt wurde, ist in den § 25 der GO. nicht mit aufgenommen worden, indessen nur deswegen, weil er selbstverständlich ist. Hätte z. B. der Rechtsanwalt über eine prozeßhindernde Einrede (ZPO. § 247) und gleichzeitig in der Sache selbst verhandelt, so kann er die Gebühr des § 13 Nr. 2 nicht etwa zum 1½fachen Betrage, sondern nur einmal beanspruchen. Dasselbe gilt, wenn der Rechtsanwalt über eine prozeßhindernde Einrede und, nachdem dieselbe verworfen worden ist, zur Hauptsache verhandelt hat. Anders liegt die Sache, wenn der Rechtsanwalt bezüglich eines Punktes der Klage sich auf eine prozeßhindernde Einrede beschränkt, dagegen bezüglich eines anderen Punktes zur Sache verhandelt hat; alsdann erhält er für seine Tätigkeit in betreff des ersteren Punktes die Gebühr des § 20, für in betreff des zweiten dagegen die Gebühr des § 13. Bei der Berechnung sind jedoch § 10 der GO. und § 12 des Gerichtskostengesetzes zu beachten."

2 2. Zu §§ 28—33 GKG. Von besonderer Wichtigkeit, weil von hervorragender sinnerläuternder Bedeutung, sind hier zugleich die Erörterungen über den Begriff der „Instanz", welche in den Motiven zum Gerichtskosten-

[1]) „Treffen für gleiche Akte die volle Gebühr und die Gebühr des § 26 rücksichtlich desselben Streitgegenstandes zusammen, so kommt nur die volle Gebühr zur Erhebung."

gesetze zu den §§ 28 bis 33 desselben gegeben werden. Dieselben mögen deshalb hier ebenfalls Aufnahme finden:

„Das regelmäßige Mittel, einen Rechtsstreit anhängig zu machen, ist die Erhebung der Klage (ZPO. § 235). Mit der Zustellung einer Klageschrift beginnt daher ein neuer Rechtsstreit, gleichviel ob die Klage einen neuen oder einen schon früher geltend gemachten Anspruch betrifft. Danach sondern sich für die Gebührenerhebung die Wiederaufnahme des Verfahrens von dem durch rechtskräftiges Endurteil geschlossenen Rechtsstreite (ZPO. § 541), das landgerichtliche von dem amtsgerichtlichen Verfahren in Entmündigungssachen (ZPO. §§ 605, 620, 624, 626), die Anfechtung eines Ausschlußurteils von dem Aufgebotsverfahren (ZPO. § 834), sowie die Geltendmachung von Einwendungen in der Zwangsvollstreckung, welche den durch das Urteil festgestellten Anspruch selbst betreffen, von dem vorausgegangenen Verfahren (ZPO. § 686).

Mit Anträgen und Gesuchen dagegen in einem anhängigen Prozesse beginnt der Regel nach kein neuer Rechtsstreit. Eine Ausnahme schafft der Entwurf (§ 39) für die im § 27 bezeichneten Streitigkeiten,[2] weil die in denselben anzusetzenden Gebühren anderen Personen, als den Prozeßparteien, auferlegt werden können.

Eine weitere Ausnahme enthält der Entwurf hinsichtlich des Urkunden- und Wechselprozesses. Während gemäß §§ 559, 563 der Zivilprozeßordnung nach der Abstandnahme von dieser Prozeßreform sowie nach dem mit Vorbehalt erlassenen Urteile der Rechtsstreit im ordentlichen Verfahren anhängig bleibt, trennt der Entwurf letzteres von dem vorausgegangenen Verfahren. Diese Absonderung erscheint geboten, weil auch die im Urkunden- oder Wechselprozesse ergehende Entscheidung ihre selbständige Bedeutung hat, und die durch das zweifache Verfahren eintretende Vermehrung der Prozeßakte auf dem Willen derjenigen Partei, welcher schließlich die Kosten auferlegt werden (ZPO. § 563), und nicht auf der richterlichen Prozeßleitung beruht.

Anlangend den Begriff der „Instanz“, so gebraucht der Entwurf diese Bezeichnung nicht in dem weiteren Sinne, nach welchem darunter ein nach beliebigen Gesichtspunkten abgegrenzter Abschnitt des Verfahrens verstanden wird, sondern in dem beschränkteren, nach welchem eine neue Instanz beginnt, wenn ein Gericht höherer Ordnung mit dem Rechtsstreite befaßt wird.

Eine neue Instanz tritt daher nicht ein, wenn ein anhängiger Rechtsstreit infolge der Verweisung an eine andere Kammer desselben Gerichtes (GVG. §§ 103 ff.) gelangt, auch nicht, wenn an Stelle des an sich zuständigen ein anderes Gericht bestimmt wird, weil ersteres an der weiteren Ausübung des Richteramtes verhindert war (ZPO. § 36 Nr. 1, §§ 41 ff.). Das gleiche gilt von den übrigen Fällen des § 36 der Zivilprozeßordnung.

Wird auf Grund der Bestimmungen über die sachliche Zuständigkeit der Gerichte ein Rechtsstreit vom Landgerichte an das Amtsgericht oder von diesem an jenes verwiesen (ZPO. §§ 249, 466), so hat das die Unzuständigkeit aussprechende Urteil über die Kosten des bisherigen Verfahrens zu entscheiden. Die Kostenpflicht ist nicht abhängig von der bei Fortsetzung des Rechtsstreites ergehenden Entscheidung, für die Gebührenerhebung ist also das eine Verfahren von dem anderen zu sondern. Eine Ausnahme von dieser Regel rechtfertigt sich jedoch aus Billigkeitsrücksichten in Fällen des § 30. Im Falle des Absatzes 1 tritt die Unzuständigkeit des Gerichtes erst im Laufe des Rechtsstreites ein, ohne daß die Parteien ein Vorwurf trifft. Im Falle des Absatzes 2 erscheint die Vermehrung der Prozeßakte über das sonst notwendige Maß lediglich als eine Folge der mit der Abgrenzung der sachlichen Zuständigkeit der Gerichte verbundenen Schwierigkeiten und Mißstände. Die Ausnahme des § 30 bezweckt darnach nur eine Ausgleichung von Härten.

Das Rechtsmittelsystem der Zivilprozeßordnung läßt ferner eine gleichzeitige Verhandlung des Rechtsstreites in mehreren Instanzen zu, insbesondere bei Einlegung eines Rechtsmittels gegen ein Teilurteil oder ein Zwischenurteil, welches in betreff der Rechtsmittel als Endurteil anzusehen ist.

Der Erlaß von Teilurteilen (ZPO. § 273) hat die betreffende Instanz die Anwendung des § 12 zur Folge. Dagegen gelten die gegen solche Urteile eingelegten Rechtsmittel, sofern sie nicht zusammen verhandelt werden, als verschiedene Instanzen. Dadurch kann zwar eine Steigerung der Gebühren über den Betrag hinaus eintreten, welcher zu berechnen wäre, wenn in höherer Instanz über den

---

[2] Nämlich: die Zulässigkeit einer Nebenintervention (ZPO. § 71) und die Zwangsvollstreckung zur Erwirkung von Handlungen oder Unterlassungen (ZPO. §§ 887 bis 891).

ganzen Streitgegenstand zugleich verhandelt worden wäre: es läßt sich indes auf keine Weise der Einfluß der Prozeßleitung auf den Betrag der anzusetzenden Gebühren völlig beseitigen.

Wird der Grund eines nach Grund und Betrag streitigen Anspruches vorab durch Entscheidung festgestellt (ZPO. § 276), so schließt das in erster Instanz ergehende Zwischenurteil die Instanz nicht ab, die erstinstanzliche Verhandlung über den Betrag des Anspruches gilt daher als Fortsetzung der Instanz. Dagegen sind die der Zeit nach auseinander fallenden Rechtsmittel über den Grund und über den Betrag des Anspruches, falls sie nicht zusammen verhandelt werden. jedes für sich zu besteuern.[3])

Dem entsprechend gestaltet sich die Gebührenerhebung in den sonstigen Fällen, in welchen Zwischenurteile in Ansehung der Rechtsmittel den Endurteilen gleichgestellt sind (ZPO. §§ 248, 502)."

3. In der Reichstags-Kommission ist die Frage angeregt worden, ob es nicht geraten sei, nach „§ 13" einzuschalten: „und § 17". Infolge dieser Anregung wurde konstatiert, daß die Einfügung des „§ 17" nicht nötig sei, weil die im § 17 für gewisse Fälle zugedachte Verhandlungsgebühr für den eintretenden Fall lediglich ein Teil der im § 13 Nr. 2 aufgeführten Verhandlungsgebühr ist und somit unter § 13 fällt.[4]) 3

II. Bedeutung des § 25. Wenn der § 25, welcher zunächst nur auf den prozeßbevollmächtigten Anwalt Bezug hat und erst vermöge der Kombination mit § 48 der GO. auch auf jeden anderen Rechtsanwalt Anwendung erleiden kann, bestimmt, daß der (d. h. der eine bzw. jeder einzelne prozeßbevollmächtigte) Rechtsanwalt jede der im § 13 benannten Gebühren in jeder Instanz nur einmal beanspruchen dürfe, so ist dadurch lediglich der Grundsatz zum Ausdrucke gebracht, daß für ein und denselben Rechtsanwalt der doppelte oder mehrfache Ansatz derselben Rechtsstreitgebühr in einer Instanz nicht gestattet sein soll. Damit ist jedoch keineswegs gesagt, daß auf einer Parteiseite in jeder Instanz jede der im § 13 benannten Gebühren überhaupt nur einmal liquidiert werden dürfe; denn der Grundsatz des § 25 gilt eben bloß subjektiv für die Person des Rechtsanwaltes, nicht objektiv für die Sache; er lautet nicht dahin: 4

> „Jede der im § 13 benannten Gebühren kann in jeder Instanz nur einmal zum Ansatze kommen"

sondern besagt vielmehr:

> „Jede der im § 13 benannten Gebühren kann der Rechtsanwalt in jeder Instanz nur einmal beanspruchen",

und es beweist dies auch der Umstand, daß unbeschadet des Grundsatzes in § 25 Häufungen von Gebührenansprüchen in den §§ 42, 43, 44, 45, 47 und 48 der GO. ausdrücklich zugelassen sind.[5]) Es ist demgemäß unbeschadet des im § 25 aufgestellten Prinzips durchaus nicht ausgeschlossen, daß auf Seiten derselben Partei und in der nämlichen Instanz dennoch sämtliche im § 13 benannten Gebühren in mehrfacher Wiederholung zum Ansatze kommen können, wenn nämlich beispielsweise die Partei mehrere Rechtsanwälte als Prozeßbevollmächtigte bestellt hat, welche den Prozeß in jedem Verfahrensabschnitte gemeinschaftlich betreiben (s. § 2 GO.), oder wenn ein Wechsel in der Person des Anwalts eingetreten ist, oder wenn neben dem Prozeßbevollmächtigten ein Vertreter in einem Beweistermine bestellt ist, oder wenn eine Partei aus

---

[3]) Vgl. hierzu RG. III. ZS. 12. 2. 89 (Bbl. S. 163), sowie die Erläuterung III zu dem folgenden § 26 GO.

[4]) S. Völk, GOfRA. Note 1 zu § 25 S. 57, 58. Vgl. auch Erläut. zu § 8 N. 4 S. 77.

[5]) OLG. Jena II. ZS. 27. 2. 90 (Thür. BlfR. 38, 54).

mehreren physischen Personen besteht und jede dieser Personen (Streitgenossen) für sich einen besonderen Prozeßbevollmächtigten aufstellt.[6])

5 **III. Die im § 13 „benannten" Gebühren.** Im § 13 sind die vier Arten von Pauschgebühren, nämlich die Prozeßgebühr, die Verhandlungsgebühr, die Beweisgebühr und die Vergleichsgebühr benannt, und ist zugleich der Normalbetrag dieser Gebühren bestimmt. Die folgenden §§ 14—18 sind nur Modifikationen des § 13; sie bestimmen, wie sich in den besonderen Fällen die Normalgebühr erniedrigt oder erhöht, betreffen aber ebenfalls die im § 13 „benannten" vier Arten von Pauschgebühren. Wie in der Reichstagskommission (s. Anm. 4) die Gebühr des § 17 als unter die in § 13 benannten Gebühren fallend erachtet worden ist, so gilt dasselbe auch von den Gebühren der §§ 14 bis 16 und 18.[7])

6 **IV. Begriff der Instanz.**

1. Der Begriff der Instanz ist zunächst der ZPO. entnommen. Hier bedeutet Instanz die Gesamtheit der Verhandlungen des Prozeßstoffes vor dem Gericht einer bestimmten Ordnung bis zu dessen vollständiger Erledigung; sie beginnt mit der Zustellung oder Einreichung der sie begründenden Prozeßhandlung (Klage, Berufung, Revision, Beschwerde) und endet mit der Zustellung des Schlußurteils.[8]) Wenn daher über eine prozeßhindernde Einrede ein Zwischenurteil ergangen ist, so ist die Verhandlung zur Hauptsache die Fortsetzung der Instanz, die erst mit dem materiellen Urteil erledigt ist. Ebenso bildet das getrennte Verfahren gemäß §§ 145, 302 ZPO. und das Nachverfahren bei vorbehaltenen Verteidigungsmitteln gemäß § 541 ZPO. keine besondere Instanz, sondern nur die Fortsetzung der Instanz.[9])

Ebenso tritt eine neue Instanz nicht ein, wenn ein anhängiger Rechtsstreit infolge Verweisung an eine andere Kammer desselben Gerichts gelangt (GVG. §§ 103 ff.) oder wenn in den Fällen des § 36 ZPO. an Stelle des zuständigen ein anderes Gericht bestellt wird.

Dagegen eröffnet die erneute Erhebung einer Widerklage, nachdem eine solche bereits zurückgenommen war, eine neue Instanz im Sinne des § 25; denn die erste Widerklage war durch die Zurücknahme erledigt, die neue Widerklage begann einen neuen Rechtsstreit.[10])

Aus den entwickelten Grundsätzen folgt aber auch ferner, daß die Wiederaufnahme eines rechtskräftig abgeschlossenen Rechtsstreits (§ 578 ff. ZPO.) eine besondere Instanz gegenüber dem früheren Verfahren bildet, daß ferner das landgerichtliche von dem amtsgerichtlichen Verfahren in Entmündigungssachen (§§ 664, 680, 684, 686 ZPO.), die Anfechtung eines Ausschlußurteils von dem Aufgebotsverfahren (§ 957 ZPO.), die Geltendmachung von Einwendungen im Wege der Klage gemäß § 767 ZPO. von dem vorausgegangenen Verfahren gesondert sind und besondere Instanzen bilden.

In den Rechtsmittelinstanzen wird mit der Erledigung des eingelegten Rechtsmittels auch die Instanz erledigt; da nun aber die Verhandlung der unteren Instanz zu mehreren Teilurteilen und anfechtungsfähigen Zwischenurteilen führen kann, so sind auch mehrere Rechtsmittel in derselben Sache

---

[6]) S. RG. 21, 409; 22, 432; 26, 377; JW. 90 S. 180, 11 und RG. VI. ZS. 30. 6. 90 (BesBeilzRA. S. 468, 469; Bbl. S. 200, 201); JW. 93 S. 161, 18.

[7]) RG. 9, 332.

[8]) Gaupp-Stein zu § 176 ZPO. I, 1 S. 405. Vgl. auch RG. 8, 434; 10, 346; 13, 311; 19, 397; 39, 398 und VS. 41, 427.

[9]) OLG. Naumburg in Naumb.AKZ. 92 S. 44, 1; OLG. Posen in Pos. Mschr. 00, 8.

[10]) RG. 28, 404.

möglich; mit der Erledigung eines einzelnen Rechtsmittels endet auch immer die Instanz.[11]) Wenn also zunächst gegen ein Zwischenurteil, z. B. über eine prozeßhindernde Einrede oder über den Grund des Anspruchs Berufung eingelegt und eine Entscheidung über die Berufung ergangen ist, demnächst aber auch gegen das Endurteil Berufung eingelegt wird, so wird mit diesem neuen Rechtsmittel auch eine neue Instanz eröffnet.[12]) Dasselbe ist auch der Fall, wenn in einer Sache, welche infolge eines Rechtsmittels in die untere Instanz zurückverwiesen war, gegen das neuerliche Urteil derselben nochmals ein Rechtsmittel eingelegt wird; auch hierdurch wird eine neue Instanz eröffnet.[13])

2. In den Gebührengesetzen ist indessen der Umfang der „Instanz" mehrfach modifiziert. Das GKG. hat in seinen §§ 30—33, um eine der Billigkeit entsprechende Gebührenerhebung herbeizuführen, einige abändernde Bestimmungen getroffen, von denen § 30 sich auf die Fälle der §§ 506, 700 ZPO., § 31 auf §§ 538, 539, 565 ZPO., § 32 auf das Einspruchsverfahren und § 33 auf das ordinarium nach dem Urkundenprozeß bezieht. Die GO. schließt sich in den §§ 26 ff. im wesentlichen dem GKG. an, indem sie in § 26 die §§ 30, 31 GKG. für anwendbar erklärt und in §§ 27—30 einige selbständige Bestimmungen trifft, welche die Eigenart der Anwaltsvertretung erforderlich macht. Dieser Eigenart trägt vor allem der § 29 Rechnung, welcher den Beginn der Instanz bereits vor die Erteilung des Auftrages datiert. Im einzelnen vgl. Erl. zu §§ 26—30.

V. Berechnung der Gebühren. Die Prozeßgebühr, die (einfache oder 7
erhöhte) Verhandlungsgebühr, die Beweisgebühr und die Vergleichsgebühr sollen in jeder Instanz rücksichtlich eines jeden Teils des Streitgegenstandes nur einmal erhoben werden. Wenn in einer Instanz auch Anlaß zu mehrfachem Ansatz dieser Pauschgebühren — sei es von dem ganzen Streitgegenstand oder nur von einem Teile desselben — vorhanden wäre, so soll die Pauschgebühr dennoch nur einmal zur Hebung kommen. Wenn also mehrfach verhandelt wird oder mehrfach Beweis erhoben wird, so entsteht dennoch nur eine Verhandlungsgebühr oder eine Beweisgebühr. Ebenso ist, wenn z. B. einmal über eine prozeßhindernde Einrede, dann zur Hauptsache verhandelt ist, und überhaupt, wenn die Verhandlung zur Hauptsache neben der Verhandlung über irgend einen der in §§ 20, 23 aufgeführten Anträge geschehen ist, immer nur eine Verhandlungsgebühr zu liquidieren. Ebenso ist nur eine Verhandlungsgebühr anzusetzen für die getrennte Verhandlung gegen mehrere Streitgenossen, und die Vergleichsgebühr nur einmal für mehrere Vergleiche mit mehreren Gegnern.[14]) Handelt es sich um mehrfache Akte bezüglich verschiedener Wertsteile, so ist die Vorschrift des § 12 GKG. zu beachten. (Vgl. § 10 N. 74 ff.)

§ 26.

Für die Bestimmung des Umfanges einer Instanz im Sinne des § 25 finden die Vorschriften der §§ 30, 31 des Gerichtskostengesetzes entsprechende Anwendung.

I. Motive. Der Begriff der Instanz wird im GKG. durch die §§ 30 bis 1
33 desselben festgestellt, indem teils Rechtsstreitigkeiten, welche sich im Sinne der ZPO. als eine neue Instanz darstellen würden, im Sinne des Gebühren-

[11]) Jede Berufung gegen jedes Teilurteil eröffnet zunächst eine neue Instanz: OLG. (Hamburg) 7, 222.

[12]) RG. 8, 434; 10, 425; JW. 93 S. 563, 23; 96 S. 152, 33.

[13]) RG. 10, 426. Vgl. auch § 26 N. 9.

[14]) OLG. Stuttgart in Württ.Jahrb. 5, 42 und OLG. Dresden in Sächs. Ann. 10, 336.

gesetzes zu der alten Instanz gerechnet werden, teils solche, welche gemäß den Vorschriften der ZPO. eine Fortsetzung derselben Instanz bilden, für die Gebührenerhebung als eine neue Instanz betrachtet werden. Der Entwurf hat zuvörderst die Vorschriften der §§ 30, 31 des GKG. auch auf die Anwaltsgebühren für anwendbar erklärt.

Die Zusammenfassung des Verfahrens vor dem Landgerichte mit dem vorausgegangenen vor dem Amtsgerichte in den Fällen der §§ 467, 640 [jetzt 506, 700] der ZPO. wird in den Motiven des GKG. (Drucksachen des Reichstages, 3. Leg.-Per. II. Session 78 S. 55) durch Billigkeitsgründe motiviert, welche für die Anwaltsgebühren nicht Platz greifen. Sie erscheint aber auch hier gerechtfertigt, weil die Tätigkeit des Anwaltes in den bezeichneten Fällen nur im geringfügigen Maße sich steigert.

Wird eine Sache zur anderweite Verhandlung an das Gericht unterer Instanz zurückgewiesen (ZPO. §§ 500, 501, 528 [jetzt 538, 539, 565]), so bezweckt das neue Verfahren in unterer Instanz eine Verbesserung oder Ergänzung des früheren fehlerhaften oder unvollständigen, welches von Anfang an in der von dem oberen Gerichte angeordneten Art hätte stattfinden sollen. Auch hier erscheint also die fernere Tätigkeit des Rechtsanwaltes nicht als eine neue, sondern nur als eine Fortsetzung bzw. Ergänzung der vorher verwendeten und wird deshalb von einer gesonderten Gebührenerhebung für jedes einzelne Verfahren um so mehr Abstand zu nehmen sein, als im anderen Falle sich nur zu häufig die Frage aufwerfen würde, wer die entstehenden Mehrkosten verschuldet, eine Frage, die unter Umständen zu unerquicklichen Streitigkeiten führen könnte.

2 **II. Die §§ 30, 31 GKG.** lauten:

> § 30. Verweist das Amtsgericht einen Rechtsstreit vor das Landgericht, weil durch Widerklage oder durch Erweiterung des Klagantrags ein Anspruch erhoben ist, welcher zur Zuständigkeit der Landgerichte gehört, oder die Feststellung eines Rechtsverhältnisses beantragt worden ist, für welches die Landgerichte zuständig sind (Zivilprozeßordnung § 506), so bildet das weitere Verfahren vor dem Landgerichte mit dem Verfahren vor dem Amtsgericht im Sinne des § 28 Eine Instanz.
>
> Das Gleiche gilt, wenn der Einspruch gegen einen Vollstreckungsbefehl von dem Amtsgerichte für zulässig befunden und die Klage während der Rechtshängigkeit des Anspruchs bei dem Landgericht erhoben ist (Zivilprozsßordnung § 700), für das amtsgerichtliche Verfahren über die Zulässigkeit des Einspruchs und das Verfahren vor dem Landgerichte.
>
> § 31. Wird eine Sache zur anderweiten Verhandlung an das Gericht unterer Instanz zurückverwiesen (Zivilprozeßordnung §§ 538, 539, 565), so bildet das weitere Verfahren mit dem früheren Verfahren vor diesem Gericht im Sinne des § 28 Eine Instanz.

3 **III. Verweisung an das zuständige Gericht.**

Wenn ein Rechtsstreit vor ein unzuständiges Gericht gebracht wird, so muß, eventuell nach Erhebung der Einrede der Unzuständigkeit, die Klage abgewiesen werden. Damit ist der Rechtsstreit und die Instanz beendet; wird später beim zuständigen Gericht geklagt, so ist dies ein neuer Rechtsstreit, für welchen von neuem zu liquidieren ist.[1])

---

[1]) Dies ist auch in der Reichstagskommission im Protokoll vom 10. 3. 79 festgestellt worden. Vgl. Völk N. 2 Abs. 2 zu § 26 S. 61.

Die ZPO. kennt aber auch Fälle, in denen die Unzuständigkeit des Gerichts nicht die einfache Abweisung der Klage herbeiführt, sondern eine Verweisung an das zuständige Gericht. Hier ist zu unterscheiden:

1. Wird die Unzuständigkeit des Gerichts auf Grund der Bestimmungen über die sachliche Zuständigkeit der Gerichte ausgesprochen, so ist gemäß §§ 276 und 505 ZPO. im Urteile zugleich auf Antrag des Klägers der Rechtsstreit an das zuständige Amtsgericht bzw. Landgericht zu verweisen; mit der Rechtskraft des Urteils gilt der Rechtsstreit als bei dem Amtsgerichte bzw. Landgerichte anhängig. Hier bedarf es demnach keiner neuen Klageerhebung; nichtsdestoweniger bildet jedes dieser Verfahren für die Kostenerhebung eine besondere Instanz mit besonderen Gebühren selbst dann, wenn unzulässigerweise im Urteil die Entscheidung über die Kosten des ersteren Verfahrens dem Urteile des zweiten Verfahrens vorbehalten ist.[2]) 4

2. Wenn dagegen der Rechtsstreit zunächst vor das zuständige Amtsgericht gebracht und erst durch Widerklage, Klageerweiterung oder Inzidentfeststellung die Zuständigkeit des Landgerichts begründet wird, so wird auf Antrag einer Partei der Rechtsstreit durch Beschluß an das Landgericht verwiesen und damit gilt der Rechtsstreit als beim Landgericht anhängig (§ 506 ZPO). Nach Abs. 2 Satz 2 des § 506 ZPO. werden dann die im Verfahren vor dem Amtsgericht erwachsenen Kosten als Teil der bei dem Landgericht erwachsenden Kosten behandelt. Dasselbe bestimmt § 30 GKG., nach welchem das Verfahren vor beiden Gerichten Eine Instanz bilden soll. 5

IV. Vollstreckungsbefehl und Nachverfahren. Der amtsgerichtliche Vollstreckungsbefehl im Mahnverfahren steht einem Versäumnisurteil gleich, gegen welches Einspruch stattfindet. Gehört der Anspruch nicht vor die Amtsgerichte, z. B. wenn der Betrag 300 M. übersteigt, so wird bei dem Amtsgericht nur über die Zulässigkeit des Einspruchs verhandelt und entschieden (§ 700 ZPO.). Die Wirkungen der Rechtshängigkeit, welche mit Zustellung des Zahlungsbefehls eingetreten ist, erlöschen, wenn nicht binnen 6 Monaten von der Rechtskraft des den Einspruch für zulässig erklärenden Urteils des Amtsgerichts die Klage beim zuständigen Gericht erhoben wird (§§ 700, 697 ZPO.) Wird nun innerhalb der Frist, also während der Rechtshängigkeit des Anspruchs, die Klage beim Landgericht erhoben, so gilt das amtsgerichtliche Verfahren über die Zulässigkeit des Einspruchs und das Verfahren vor dem Landgericht als Eine Instanz (§ 30 GKG). 6

Wird jedoch die Klage erst nach Ablauf der Frist erhoben, so daß die Wirkungen der Rechtshängigkeit erloschen sind, so begründet erst die Klage von neuem die Rechtshängigkeit; der Rechtsstreit des Mahnverfahrens hat seine Erledigung gefunden etwa wie eine zurückgenommene Klage, und es kann daher für das Verfahren beim Amtsgericht besonders liquidiert werden. 7

V. Zurückverweisung in die untere Instanz. Eine Zurückverweisung in die untere Instanz findet statt 8

A. seitens des Berufungsgerichts

1. soweit eine weitere Verhandlung der Sache erforderlich ist, obligatorisch in den fünf Fällen des § 538 ZPO.;

2. fakultativ, wenn das Verfahren erster Instanz an einem wesentlichen Mangel leidet (§ 539 ZPO.);

---

[2]) RG. JW. 93 S. 97, 17; 96 S. 188, 1. OLG. Jena in Thür. Bl. 30, 64.

B. seitens des Revisionsgerichts unter den Voraussetzungen des § 568 ZPO.

In allen diesen Fällen bildet das weitere Verfahren vor dem unteren Gericht mit dem früheren Verfahren vor demselben Gericht Eine Instanz. Daraus folgt insbesondere, daß wenn das eine prozeßhindernde Einrede zulassende Urteil erster Instanz in der Berufungsinstanz abgeändert und nach der Zurückverweisung zur Hauptsache verhandelt wird, die Gebühr für die Verhandlung über die prozeßhindernde Einrede durch die Gebühr für die spätere Verhandlung zur Hauptsache absorbiert wird, und im ganzen nur einmal $^{10}/_{10}$ Verhandlungsgebühr zu liquidieren ist.

9 Zu beachten ist indessen, daß die Vorschrift des § 31 GKG. sich nur auf das Gericht der unteren Instanz bezieht. Wird dagegen das infolge der Zurückverweisung ergehende neue Urteil der unteren Instanz wiederum durch ein Rechtsmittel angegriffen, so bildet das damit von neuem beginnende Verfahren vor dem Gericht höherer Instanz mit dem früheren Verfahren vor demselben Gerichte im Sinne der GO. durchaus nicht Eine Instanz, die Gebühren für das zweite Rechtsmittel sind vielmehr von neuem zu berechnen.[3])

10 **VI. § 112 Genossenschaftsgesetzes.** Außer den Fällen der §§ 30, 31 GKG. ist trotz Verhandlung vor verschiedenen Gerichten nur Eine Instanz anzunehmen im Falle des § 112 des Genossenschaftsgesetzes in der Fassung der Bekanntmachung vom 20. 5. 98 (RGBl. 98 S. 810) bei Klagen auf Anfechtung der im Genossenschaftskonkurse aufgestellten Vorschuß- und Nachschußberechnung.

§ 112. Die Klage ist ausschließlich bei dem Amtsgerichte zu erheben, welches die Berechnung für vollstreckbar erklärt hat. Die mündliche Verhandlung erfolgt nicht vor Ablauf der bezeichneten Notfrist. Mehrere Anfechtungsprozesse sind zur gleichzeitigen Verhandlung und Entscheidung zu verbinden.

Übersteigt der Streitgegenstand eines Prozesses die sonst für die sachliche Zuständigkeit der Amtsgerichte geltende Summe, so hat das Gericht, sofern eine Partei in einem solchen Prozesse vor der Verhandlung zur Hauptsache darauf anträgt, durch Beschluß die sämtlichen Streitsachen an das Landgericht, in dessen Bezirke es seinen Sitz hat, zu verweisen. Gegen diesen Beschluß findet die sofortige Beschwerde statt. Die Notfrist beginnt mit der Verkündung des Beschlusses.

Ist der Beschluß rechtskräftig, so gelten die Streitsachen als bei dem Landgerichte anhängig. Die im Verfahren vor dem Amtsgerichte erwachsenen Kosten werden als Teil der bei dem Landgerichte erwachsenen Kosten behandelt und gelten als Kosten einer Instanz.

Die Vorschriften der Zivilprozeßordnung §§ 769, 770 über die Einstellung der Zwangsvollstreckung und die Aufhebung der Vollstreckungsmaßregeln finden entsprechende Anwendung.

Die Bestimmung des § 112 Gen.G. und das darauf folgende Verfahren ist durch § 52 des Gesetzes betr. die privaten Versicherungsunternehmen vom 12. 5. 01 auch auf den Konkurs der Versicherungsvereine auf Gegenseitigkeit für anwendbar erklärt.

11 **VII. Mehrere Anwälte.** Wie schon bei § 25 N. 14 ausgeführt, wird durch denselben nur die Gebühr eines einzelnen Anwalts beschränkt. Vertreten

---

[3]) RG. 10, 426. Vgl. auch § 25 N. 6 Anm. 13.

mehrere Anwälte nacheinander, so stehen jedem von ihnen die Gebühren ohne Rücksicht auf den anderen Anwalt zu. Besonders häufig wird im Falle der Verweisung vom Amtsgericht an das Landgericht oder im Falle des § 700 ZPO ein Wechsel in der Person des Anwalts geboten sein. Daß dann jeder Anwalt die während seiner Vertretung entstandenen Gebühren liquidieren kann, ist zweifellos; aber auch erstattungsfähig sind die Gebühren beider Anwälte.[4])

Der Anwalt des amtsgerichtlichen Verfahrens wird bei Verweisung 12
in der Regel zu liquidieren haben:

1. die Prozeßgebühr nach dem Klage- und Widerklageobjekt (vgl. § 10 N. 29 ff.);[5]) war also ein Teilbetrag eingeklagt und Widerklage wegen der ganzen Forderung erhoben, so berechnet sich die Prozeßgebühr nach der ganzen Forderung.[6])

2. die Verhandlungsgebühr kann verschieden sein:

a) ist der Antrag auf Abweisung der Widerklage verlesen, so ist damit gemäß § 18 GKG. die kontradiktorische sachliche Verhandlung über die Widerklage erfolgt; es kann deshalb die ganze Verhandlungsgebühr ($^{10}/_{10}$) nach dem vollen Objekt liquidiert werden;[7])

b) ist dagegen lediglich der Verweisungsantrag gestellt, so ist lediglich über die Unzuständigkeit verhandelt und die Verhandlungsgebühr nach § 20 GO. i. V. m. § 26 Nr. 1 GKG. auf $^{5}/_{10}$ bzw. $^{5}/_{20}$ zu bemessen.

§ 27.

Im Falle der Zurücknahme oder Verwerfung des gegen ein Versäumnisurteil eingelegten Einspruchs gilt das Verfahren über denselben für die Gebühren der Rechtsanwälte, mit Ausnahme der Prozeßgebühr, als neue Instanz.

Im Falle der Zulassung des Einspruchs steht dem Rechtsanwalte des Gegners der den Einspruch einlegenden Partei die Gebühr für die mündliche Verhandlung, auf welche das Versäumnisurteil erlassen ist, besonders zu.

Vorbemerkung.

Der § 27 behandelt das Verfahren nach Einlegung des Einspruchs gegen ein Versäumnisurteil. Erläutert werden:

I. Entstehungsgeschichte (1).
II. Der Einspruch und seine Verhandlung (2—3).
III. Der Gebührenbezug im Einspruchsverfahren (4–13).
IV. Anhang. Nichterscheinen im Eidesleistungstermine (14).

I. Entstehungsgeschichte. 1. Motive. Der § 27 behandelt das im 1
§ 32 GKG. vorgesehene Verfahren bei dem Einspruche gegen ein Versäumnisurteil (ZPO. §§ 306, 310, 311), ohne jedoch, wie dies bezüglich der §§ 30, 31 des GKG. geschehen konnte, den § 25 ohne weiteres für entsprechend an-

[4]) RG. 22, 432; 26, 417; JW. 87 S. 416, 8; 89 S. 171, 17; 92 S. 12, 3; 98 S. 278, 9; 99 S. 490, 19.

[5]) Neben der vollen Prozeßgebühr billigt dem Amtsgerichtsanwalt, welcher die Korrespondenz mit dem Landgerichtsanwalt führt, auch noch eine Korrespondenzgebühr aus § 44, aber nur zu $^{5}/_{10}$, zu das RG. JW. 99 S. 180, 19. Dagegen versagt die Gebühr aus § 44 gänzlich OLG. Posen 21. 10. 03 Pos. Mtschr. 03 S. 181 und Recht 04, 49. Die Versagung erscheint begründet, da das Verfahren vor beiden Gerichtn nur Eine Instanz bildet, in der nicht neben der Prozeßgebühr noch eine Korrespondenzgebühr entstehen kann.

[6]) OLG. (Kiel) 7, 224.

[7]) RG. 30, 330.

wendbar zu erklären. Die Erhebung einer Gerichtsgebühr rechtfertigt sich nämlich in jedem solchen Falle, weil immer eine Partei, es sei durch Versäumnis oder durch unberechtigten Antrag auf Erlaß des Versäumnisurteils, das Verfahren herbeigeführt hat. In bezug auf die Anwaltsgebühren mußte jedoch die im Entwurfe gemachte Unterscheidung getroffen werden. Wird nämlich der Einspruch zugelassen, so kann nur für den Rechtsanwalt des Gegners der den Einspruch einlegenden Partei eine besondere Gebührenerhebung erfolgen, da der Rechtsanwalt dieser letzteren nur die seitens seiner Partei (wenn auch ohne seine Schuld) versäumte Handlung nachholt. Im Falle der Zurücknahme oder Verwerfung des Einspruchs erzeugt das Verfahren für die beiden Rechtsanwälte, sowohl für den der Partei, welche den Einspruch erhoben hat, als für den des Gegners, eine besondere Tätigkeit, die mit der auf das Hauptverfahren zu verwendenden in keinem Zusammenhange steht. Aus diesem Grunde spricht Absatz 1 im § 27 des Entwurfes die Gebühren des Einspruchsverfahrens als einer neuen Instanz jedem Rechtsanwalte zu.

Selbstverständlich handelt es sich im Falle des zweiten Absatzes an sich nur um die Gebühr für die frühere Verhandlung, deren Ergebnis infolge der Zulassung des Einspruches beseitigt wird. Diese Verhandlungsgebühr wird nach § 16 Abs. 1 zu bemessen sein. Im Falle des ersten Absatzes kann dagegen eine besondere Prozeßgebühr für das Verfahren über den Einspruch deshalb nicht gewährt werden, weil dieses eine erhebliche Vermehrung der Tätigkeit nur bezüglich der mündlichen Verhandlung, nicht aber bezüglich der Information und des Prozeßbetriebes veranlaßt. Für die Verhandlungsgebühr dieser Instanz ist in betreff der Rechtsanwälte beider Teile § 20 des Entwurfes bzw. § 26 Nr. 6 des Gerichtskostengesetzes maßgebend.

2. Der bis zum 1. 1. 00 in Geltung gewesene Text des § 27 enthielt noch einen dritten Absatz, der das Versäumnisurteil gegen den Schwurpflichtigen, welcher in dem zur Eidesleistung bestimmten Termine nicht erscheint (§ 430 ZPO.), behandelte. Durch die Zivilprozeßnovelle ist das Eidesverweigerungs-Zwischenurteil beseitigt und demzufolge durch das EGzZPO.-Novelle Art. VII Nr. 6 der dritte Absatz des § 27 gestrichen worden.

II. Der Einspruch und seine Behandlung.

2 Versäumnisurteil ist nur ein gegen die säumige Partei erlassenes Urteil. Das Urteil, welches trotz Nichterscheinens des Beklagten die Klage abweist (§ 331 Abs. 2 ZPO.), ist kein Versäumnisurteil; gegen ein solches, einem kontradiktorischen Urteil gleichstehendes, Endurteil steht dem Kläger die Berufung zu. Dasselbe gilt auch von dem bei Säumnis des Berufungsbeklagten gemäß § 542 ZPO. etwa ergehenden Urteil auf Zurückweisung der Berufung; gegen dasselbe gibt es nur zulässigenfalls — die Revision. Dagegen steht der Vollstreckungsbefehl im Mahnverfahren dem Versäumnisurteil gleich (§ 700 ZPO.) (vgl. auch § 26 GO.).

Der Partei, gegen welche ein Versäumnisurteil erlassen ist, steht gegen dasselbe der Einspruch zu (§ 338 ZPO.); ergeht jedoch gegen dieselbe Partei infolge ihrer Säumnis in dem auf den Einspruch angesetzten Termine ein zweites Versäumnisurteil, so steht ihr gegen dasselbe ein weiterer Einspruch nicht zu (§ 345 ZPO.), sondern nur eine in ihren Voraussetzungen beschränkte Berufung (§ 513 Abs. 2 ZPO.).

Der § 27 trifft nun ausschließlich die Fälle der Einlegung des Einspruchs, berührt aber nicht den Fall der Berufung, durch welche jedesmal eine neue Instanz eröffnet wird.

Das Schicksal des Einspruchs kann ein verschiedenes sein: 3

1. Der Einspruch kann durch Verzicht oder Zurücknahme erledigt werden; dann finden die Vorschriften über den Verzicht auf die Berufung oder die Zurücknahme derselben (§§ 514, 515 ZPO.) entsprechende Anwendung (§ 346 ZPO.) d. h. die Zurücknahme des Einspruchs ist ohne Einwilligung des Gegners nur bis zum Beginn der mündlichen Verhandlung des Gegners zulässig; die Zurücknahme, welche entweder bei der mündlichen Verhandlung erklärt werden oder durch Zustellung eines Schriftsatzes erfolgen kann, hat den Verlust des Einspruchs und die Verpflichtung zur Tragung der durch denselben entstandenen Kosten zur Folge, und diese Wirkungen sind auf Antrag durch Urteil auszusprechen.

2. Von Amts wegen ist zu prüfen, ob der Einspruch an sich statthaft ist (z. B. §§ 238, 345 ZPO.), und ob er in der gesetzlichen Form und Frist eingelegt ist; beim Fehlen dieser Erfordernisse ist er als unzulässig zu verwerfen (§ 341 ZPO.).

3. Wird der Einspruch als zulässig erkannt, sei es durch Zwischenurteil oder ohne ausdrücklichen Ausspruch, so wird der Prozeß in die Lage zurückversetzt, in der er sich vor Eintritt der Versäumnis befand (§ 342 ZPO.); der Rechtsstreit wird also in derselben Instanz fortgeführt.

III. Der Gebührenbezug im Einspruchsverfahren. 4

Aus den in den Motiven entwickelten Gründen unterscheidet der § 27 für die Gebührenerhebung im Einspruchsverfahren die beiden Fälle, daß

1. entweder der Einspruch zurückgenommen oder verworfen wird, oder

2. daß der Einspruch zugelassen wird.

A. Im **ersteren** Falle gilt das Verfahren über den Einspruch für die Gebühren der Rechtsanwälte, mit Ausnahme der Prozeßgebühr, als neue Instanz. Daraus folgt: 5

a) Wird der Einspruch *zurückgenommen*, ohne daß über denselben verhandelt wird, so entsteht für die Anwälte, welchen die Prozeßgebühr bereits zusteht, keine weitere Gebühr für den Einspruch, es sei denn, daß über den Verlust des Einspruchs oder über die Kosten des Einspruchs verhandelt wird;

α) für die Verhandlung über den Verlust des Einspruchs würde eine Verhandlungsgebühr in Höhe von $^5/_{10}$ bzw. nichtkontradiktorisch $^5/_{20}$ gemäß § 20 GO. und § 26 Nr. 5 GKG. zu berechnen sein, da auf die Zurücknahme des Einspruchs gemäß § 515 ZPO. die Vorschriften über die Zurücknahme der Berufung Anwendung finden;

β) bei Verhandlung lediglich über die Kosten würde eine Verhandlungsgebühr von $^{10}/_{10}$ bzw. nichtkontradiktorisch $^5/_{10}$ nach dem Betrage der bis zur Verhandlung entstandenen Kosten des Einspruchs (nicht der des früheren Verfahrens, über die schon erkannt ist) entstehen. (Vgl. § 10 N. 87.)

Ist der Anwalt erst im Einspruchsverfahren bestellt, so wird es für die *Höhe seiner Prozeßgebühr* darauf ankommen, ob er vor oder nach der Zurücknahme bestellt ist. Ist er vor der Zurücknahme bestellt, so ist es nicht angängig, ihm die Prozeßgebühr gemäß § 20 GO. und § 26 Nr. 6 GKG nur zu $^5/_{10}$ zu bewilligen, weil seine Tätigkeit nur den Einspruch betreffe; denn im Falle der Zulassung des Einspruchs wird sofort auch über die Hauptsache verhandelt, die Einspruchsladung geht auch direkt auf Verhandlung über die Hauptsache (§ 340 Nr. 3 ZPO.), so daß die Vorbereitung sich auch auf die Hauptsache erstrecken muß. Bei Bestellung nach der Zurücknahme dagegen kann 6 nur der Verlust des Einspruchs oder der Kostenpunkt Gegenstand der Tätigkeit werden; hier wird deshalb die Prozeßgebühr ebenso wie die Verhandlungsgebühr nur zu $^{5}/_{10}$ zu berechnen sein.[1])

7 b) Wird der Einspruch verworfen, so steht, da dies nur auf Grund mündlicher Verhandlung geschehen kann, den verhandelnden Anwälten eine besondere Verhandlungsgebühr und eventuell auch eine besondere Beweisgebühr zu. Diese Gebühren sind aber, weil die Akte ausschließlich den Einspruch betreffen, nach § 20 GO., § 26 Nr. 6 GKG. nur mit $^{5}/_{10}$ bzw. $^{5}/_{20}$ anzusetzen. Nur im Falle des § 345 ZPO. lautet zwar das Versäumnisurteil ebenfalls auf Verwerfung des Einspruchs, es ergeht aber auf mündliche Verhandlung zur Hauptsache; für diese (nichtkontradiktorische) Verhandlung ist daher $^{5}/_{10}$ anzusetzen.[2])

8 B. Im Falle der Zulassung des Einspruchs soll nur dem Anwalte des Gegners, nicht auch dem Anwalte des Einspruchsklägers, eine besondere Gebühr zustehen, und zwar die Gebühr für die mündliche Verhandlung, auf welche das Versäumnisurteil erlassen ist.

9 a) Voraussetzung der besonderen Gebühr ist nicht, daß das Gericht die Zulassung in einer besonderen Entschließung, etwa durch Zwischenurteil, erklärt.[3]) Die „Zulassung" ist nur als Gegensatz zur „Verwerfung" gedacht; sie braucht nicht ausdrücklich ausgesprochen zu werden, sondern liegt schon in dem Eingehen auf die Hauptsache.

10 b) Da das Verfahren auf den Einspruch mit dem bisherigen Verfahren prozessual Eine Instanz bildet, so würde an sich nach der Regel des § 25 die (eventuell nach § 17 erhöhte) Verhandlungsgebühr für alle Verhandlungen vor und nach dem Einspruch nur einmal zu liquidieren sein. Von dieser Regel macht § 27 eine Ausnahme, indem er die Versäumnis-Verhandlung aus den Gesamtverhandlungen heraushebt und für diese eine besondere Gebühr bewilligt. Dies führt zu folgenden Ergebnissen:

11 α) Die Versäumnisverhandlung ist eine nichtkontradiktorische. Nach § 16 Satz 1 steht deshalb für dieselbe dem Anwalt die Verhandlungsgebühr nur zu $^{5}/_{10}$ zu.[4]) Betraf die Verhandlung nur einen der im § 20 oder § 23 aufgeführten Gegenstände, so beträgt die Gebühr auch nur $^{5}/_{10}$ von $^{5}/_{10}$ bzw. $^{3}/_{10}$ d. h. $^{5}/_{20}$ bzw. $^{3}/_{20}$ (vgl. § 16 N. 26).

12 β) Da die Versäumnisverhandlung als besonders gebührenpflichtig aus den Gesamtverhandlungen herausgehoben ist, so kommt es nicht darauf an, ob nach der Regel des § 25 für diese Verhandlung sonst eine Gebühr entstanden wäre oder nicht. Wenn demnach in einem Prozesse kontradiktorisch verhandelt, im Termine zur Fortsetzung der Verhandlung aber nicht kontradiktorisch verhandelt wird und ein Versäumnisurteil ergeht, so hat der Anwalt gemäß § 25 nur die volle Verhandlungsgebühr und keine fernere Gebühr für die nichtkontradiktorische Verhandlung. Wird dagegen Einspruch eingelegt, so erwächst bei Zulassung desselben dem Anwalt der nichtsäumigen Partei für jene Versäumnisverhandlung eine besondere Gebühr, die durch sonstige Verhandlungsgebühren nicht berührt oder gedeckt wird. Ebenso würde, wenn das Versäumnisverfahren nur einen Zwischenstreit betraf (§ 347 Abs. 2 ZPO.), z. B. in den Fällen der §§ 71, 102, 135, 387, 402 ZPO., eine besondere Gebühr auch

---

[1]) Unrichtig ist daher ebenso die Ansicht von Meyer-Irmler § 27 N. 1a, welcher unterschiedslos nur $^{5}/_{10}$ bewilligt, wie die Ansicht von Walter § 27 III (früh. Aufl.), welcher unterschiedslos $^{10}/_{10}$ zubilligt. Ebenso jetzt Willenbücher N. 1 A.

[2]) Vgl. § 20 N. 29.

[3]) Dagegen OLG. Jena 29. 4. 95 in Thür. BlfR. 44, 41.

[4]) RG. JW. 98 S. 288, 39.

dann anzusetzen sein, wenn sonst für den Zwischenstreit Gebühren neben denjenigen für den Hauptstreit gemäß §§ 25, 29 ausgeschlossen wären. Die Folge der Heraushebung der Versäumnisverhandlung ist ferner, daß die Gebühr für dieselbe auch gegenüber einer späteren Verhandlungstätigkeit nicht in Betracht kommt. Wenn also im ersten Verhandlungstermine Versäumnisurteil ergeht, dagegen Einspruch eingelegt und nunmehr kontradiktorisch verhandelt wird, so entsteht neben der Gebühr für die Versäumnishandlung noch die volle Verhandlungsgebühr für die spätere Verhandlung auf den Einspruch.[5]) 13

γ) War die Versäumnisverhandlung eine weitere Verhandlung nach der Beweisaufnahme im Sinne des § 17 GO., so ist zweifelhaft, ob die Gebühr einfach nach § 16 zu berechnen oder nicht vielmehr nach § 17 GO. noch um die Hälfte zu ermäßigen ist. Die Entscheidung muß mit dem Reichsgericht[6]) dahin erfolgen, daß der § 17 nicht zu berücksichtigen ist. Daß die Tarifierung, welche die Versäumnisverhandlung im einzelnen Falle erfährt, für die fragliche besondere, also außerdem verdiente, Gebühr nicht in Frage kommt, ist daraus zu entnehmen, daß dieselbe auch dann zu bewilligen ist, wenn jene mündliche Verhandlung einer Gebührenpflicht überhaupt nicht mehr unterliegt, weil schon für eine in der Instanz vorhergegangene Verhandlung eine gleichhohe oder höhere Gebühr zum Ansatze gekommen ist (vgl. N. 12). Es ist daher auch für die Versäumnisverhandlung nach der Beweisaufnahme $^{5}/_{10}$, und nicht nur $^{5}/_{20}$ zu berechnen.

IV. Anhang. Nichterscheinen im Eidesleistungstermine. 14

Erscheint der Schwurpflichtige im Termin zur Eidesleistung nicht, so ergeht kein die Eidesverweigerung feststellendes Urteil mehr, sondern es wird gemäß § 465 ZPO. die Eidesverweigerung bei der Verhandlung zur Hauptsache unterstellt. Diese Unterstellung kann nur durch den Antrag auf nachträgliche Abnahme des Eides beseitigt werden (§ 466 ZPO.). Dieses Verfahren ist ein Teil des Beweisaufnahmeverfahrens und wird jetzt lediglich durch die Beweisgebühr abgegolten. (Vgl. § 13 N. 63.)

§ 28.

Das ordentliche Verfahren, welches nach der Abstandnahme vom Urkunden- oder Wechselprozesse sowie nach dem mit Vorbehalt in demselben erlassenen Urteil anhängig bleibt (Zivilprozeßordnung §§ 596, 600), gilt für die Berechnung der Gebühren des Rechtsanwalts als besonderer Rechtsstreit; der Rechtsanwalt muß sich jedoch die Prozeßgebühr des Urkunden- oder Wechselprozesses auf die gleiche Gebühr des ordentlichen Verfahrens anrechnen.

Vorbemerkung.

§ 28 steht im Zusammenhang mit § 19. Während in § 19 die Gebühren für den Urkunden- und Wechselprozeß geregelt werden, bestimmt § 28 die Gebühren für das folgende ordentliche Verfahren (§§ 598, 600 ZPO.). Zu erörtern sind:

I. Entstehungsgeschichte (1).
II. Die Fälle des § 28 (2).
III. Besonderer Rechtsstreit (3—8).
IV. Die Anrechnung d. Prozeßgebühr (9—13).

I. Entstehungsgeschichte. Motive. „Der diesem § 28 entsprechende 1
§ 33 des GKG. behandelt den Urkunden- oder Wechselprozeß und das in dem

[5]) RG. JW. 99 S. 341, 18.
[6]) RG. 44, 401. JW. 99 S. 492. A. M. Petersen in KGBl. 03, 103.

anhängigen Rechtsstreite folgende ordentliche Verfahren wie zwei voneinander gesonderte Rechtsstreite. Der Entwurf kann diesem Vorgange nicht durchweg folgen. Allerdings bringt das doppelte Verfahren auch eine Steigerung der Tätigkeit des Anwaltes mit sich; doch trifft diese hauptsächlich nur die mündliche Verhandlung und die Beweisaufnahme. Dagegen wird die Information für das eine wie für das andere Verfahren im wesentlichen dieselbe sein, und wird sich die Information für den Wechsel- oder Urkundenprozeß regelrecht schon mit auf die Umstände erstrecken müssen, welche später im ordentlichen Verfahren zur Sprache kommen können. Es erscheint daher billig, daß der Rechtsanwalt sich die Prozeßgebühr des Urkunden- oder Wechselprozesses auf die gleiche Gebühr des ordentlichen Verfahrens anrechne."

Der letzte Satz in diesem Paragraphen war von der Reichstagskommission gestrichen worden; derselbe wurde indessen in der zweiten Beratung des Plenums zufolge eines Zusatzantrages des Abgeordneten Thilo in der Sitzung vom 2. 5. 79 wiederhergestellt (Stenogr.Ber. II. S. 912, 913, 918, 919).

2 **II. Die Fälle des § 28.** Der durch die Zustellung der Klage im Urkundenprozeß anhängig gewordene Rechtsstreit bleibt im ordentlichen Verfahren anhängig:

1. wenn der Kläger vom Urkundenprozesse absteht (§ 596 ZPO.), was nur bis zum Schlusse der mündlichen Verhandlung erster Instanz statthaft ist; [1])

2. wenn ein den Beklagten unter Vorbehalt der Ausführung seiner Rechte verurteilendes Urteil im Urkundenprozesse erlassen wird. Ergeht das Vorbehaltsurteil in erster Instanz, so bleibt der Rechtsstreit in erster Instanz anhängig, und wenn dieses Urteil in der Berufungsinstanz bestätigt wird, so wird gemäß § 538 Nr. 4 ZPO. die Sache an das Gericht erster Instanz zurückverwiesen [2]) (was eigentlich gar nicht nötig wäre). Ist dagegen, in Abänderung einer abweisenden oder ohne Vorbehalt erlassenen Entscheidung erster Instanz, ein Vorbehaltsurteil erst in zweiter Instanz ergangen, so bleibt der Rechtsstreit in zweiter Instanz anhängig. [3])

3 **III. Besonderer Rechtsstreit.** Die Vorschrift, daß das anhängig bleibende ordentliche Verfahren für die Berechnung der Gebühren als besonderer Rechtsstreit gilt, äußert ihre Wirkung nach zwei Richtungen, einmal bezüglich des nach dem Maße und der Art der Tätigkeit sich abstufenden Gebührensatzes, und dann bezüglich des Werts des Streitgegenstandes.

4 1. Gilt das Nachverfahren als besonderer Rechtsstreit im ordentlichen Verfahren, so sind auf dasselbe alle Gebührenvorschriften anwendbar, die für die Tätigkeit des Anwalts im ordentlichen Prozesse gegeben sind. Deshalb sind z. B. für Akte, welche lediglich prozeßhindernde Einreden betreffen, gemäß § 20 GO., § 26 Nr. 1 GKG. nur fünf Zehnteile zu berechnen. [4])

5 2. Bezüglich des Streitwerts ist davon auszugehen, daß das Verfahren zwar mit der Zustellung der Klage im Urkundenprozeß anhängig geworden und deshalb der Streitwert an sich nach diesem Zeitpunkte zu berechnen ist, daß aber sowohl bis zur Abstandnahme bzw. dem Erlaß eines Vorbehaltsurteils eine Änderung des Streitgegenstandes und seines Werts eingetreten

---

[1]) Vgl. RG. 5, 353; Gruchot 26, 1176; JW. 98 S. 246, 6.

[2]) RG. JW. 92 S. 218; 97 S. 82, 17.

[3]) RG. 29, 368; Gruchot 38, 171; Seuff.Arch. 49 Nr. 134; JW. 97 S. 82, 17. Dagegen wollen das Nachverfahren in jedem Falle in die erste Instanz verweisen KG. in KGBl. 91 S. 4; Stein S. 315ff.; Gaupp-Stein § 600, III.

[4]) Vgl. RG. bei Gruchot 44, 1226.

sein kann, als auch im Nachverfahren selbst noch eintreten kann. Streitgegenstand des „besonderen Rechtsstreits“ ist deshalb derjenige Gegenstand, der im Zeitpunkte der Abstandnahme bzw. des Vorbehaltsurteils in Betracht kam, soweit nicht im Nachverfahren selbst eine Änderung eingetreten ist.[5])

Der Streitgegenstand kann im Nachverfahren geringer oder größer werden. 6
Er wird geringer, wenn z. B. nur noch wegen eines Teils des ursprünglichen Gegenstandes gestritten wird, oder wenn im Nachverfahren eine dem Betrage nach geringere Nebenforderung ohne die Hauptforderung den alleinigen Streitgegenstand bildet. Er wird größer insbesondere dadurch, das der Beklagte nunmehr die im Urkundenprozeß unstatthafte (§ 595 ZPO.) Widerklage erhebt (vgl. § 10 N. 29 ff.) oder wenn im Nachverfahren eine frühere Nebenforderung nach Erledigung der Hauptforderung den alleinigen Streitgegenstand bildet und diese größer ist als die Hauptforderung; denn da es sich für die Gebührenberechnung um einen „besonderen Rechtsstreit“ handelt, so muß auch die in § 13 GKG. vorgeschriebene Beschränkung auf den Wert der Hauptforderung wegfallen (vgl. Erl. zu § 10 N. 58 Abs. 2 und N. 82).

Hervorzuheben ist jedoch:

a) Verlangt der Beklagte neben Aufhebung des Vorbehaltsurteils auch die 7
Rückzahlung der von ihm bereits gezahlten bzw. Erstattung der von ihm aufgewendeten Kosten des Urkundenprozesses, so bildet der Betrag dieser Kosten nur den Gegenstand einer aus dem Prozeßverhältnis entspringenden Nebenforderung und bleibt deshalb für die Berechnung des Streitwerts außer Betracht. (Vgl. § 10 N. 56, 57 ff.)

b) Der (für das ordentliche Verfahren nicht wesentliche) Antrag auf Er- 8
stattung des auf Grund des Vorbehaltsurteils Gezahlten oder Geleisteten betrifft nicht den Gegenstand des anhängigen Rechtsstreits, ist vielmehr nur ein dem Beklagten freigestelltes Mittel, um die Beseitigung der ungerechtfertigten Wirkungen eines aufgehobenen Prozeßaktes herbeizuführen, und kann deshalb auch auf den Wert des Streitgegenstandes einen ändernden Einfluß nicht haben.[6]) Dasselbe wird aber auch von dem über den Erstattungsanspruch hinaus durch § 302 Abs. 4 ZPO. gegebenen Schadensersatzanspruch zu gelten haben; auch dieser kommt für die Wertsberechnung nicht in Betracht.[7])

IV. Die Anrechnung der Prozeßgebühr. Die besondere Berechnung der 9
Gebühren für das weitere Verfahren kann natürlich nur eintreten, soweit ein solches Verfahren wirklich stattfindet. Bevor ein solches durch Zustellung eines Schriftsatzes wirklich begonnen ist, kann auch keine Prozeßgebühr dafür entstehen, da so lange nur die ermäßigte Prozeßgebühr des § 14 ($^5/_{10}$) zu berechnen sein würde, welche indessen durch die Prozeßgebühr des Urkundenprozesses ($^6/_{10}$) bereits gedeckt wird.

Ist der Streitgegenstand des Nachverfahrens identisch mit dem des 10
Urkundenprozesses, so ist das Ergebnis der Anrechnung das, daß als Prozeßgebühr für das Nachverfahren nur $^4/_{10}$ der vollen Gebühr anzusetzen ist.

Zweifelhaft und schwieriger ist die Anrechnung jedoch bei Verschieden- 11
heit des Streitgegenstandes.

1. Tritt das weitere Verfahren nur über einen Teil des ursprünglichen Streitgegenstandes ein, so wird nach diesem Teile die normale Prozeßgebühr berechnet und auf diesen Betrag soviel von der Prozeßgebühr des Urkunden-

---

[5]) Vgl. hierzu und für das Folgende RG. 23, 350.
[6]) RG. 9, 410; 23, 350.
[7]) Ebenso Gaupp-Stein zu § 546 Anm. 15, zu § 600 Anm. 3, zu § 717, III. Vgl. auch Erl. zu § 10 N. 42.

prozesses in Anrechnung gebracht, als davon übrig bleibt, wenn diese Gebühr zunächst nach dem anderen, zum weiteren Verfahren nicht gediehenen Teile des Streitgegenstandes berechnet und der hiernach festgestellte Betrag von der ursprünglichen ganzen Prozeßgebühr des Urkundenprozesses abgezogen wird. Im ganzen darf jedoch nach dem in § 12 GKG. enthaltenen Prinzipe nicht mehr erhoben werden, als die normale Prozeßgebühr für den ganzen ursprünglichen Streitgegenstand beträgt: Zum Beispiel: Im Urkundenprozesse betrug der Streitgegenstand 18000 Mk. und also die Prozeßgebühr 48 Mk. Zum weiteren Verfahren gelangen 14000 Mk. Auf die normale Prozeßgebühr dieser 14000 Mk. entfallen von der ursprünglichen Urkundenprozeßgebühr von 48 Mk. nur noch 19,20 Mk. als anzurechnender Rest, da zunächst für die anderen (nicht zum ordentlichen Verfahren gediehenen) 4000 Mk. die Urkundenprozeßgebühr mit 28,80 Mk. zu berechnen und von der ursprünglichen Urkundenprozeßgebühr von 48 Mk. in Abzug zu bringen ist (= 19,20 Mk.). Die normale Prozeßgebühr für ein Objekt von 14000 Mk. beträgt 72 Mk., auf welche diese 19,20 Mk. anzurechnen sind, so daß übrig bleiben 52,80 Mk. Es würden somit der Regel zufolge als Prozeßgebühr im ganzen 48 Mk. + 52,80 Mk. = 100,80 Mk. herauskommen. Da nun aber die normale Prozeßgebühr für das ganze Objekt von 18000 Mk. bloß 80 Mk. beträgt, und dieser Satz nicht überschritten werden darf, so kann als Prozeßgebühr für das ordentliche Verfahren neben der Urkundenprozeßgebühr von 48 Mk. nur noch 32 Mk. erhoben werden.[8])

12 Dieselbe Berechnung wird auch vorzunehmen sein, wenn aus anderen Gründen der Streitgegenstand des ordentlichen Verfahrens geringer ist als der des Urkundenprozesses (vgl. Erl. III, 2 N. 6).[9])

13 2. Ist der Streitgegenstand des Nachverfahrens höher als der des Urkundenprozesses (vgl. Erl. III, 2 N. 15), so ermäßigt sich die Prozeßgebühr des Nachverfahrens um den Betrag der Prozeßgebühr des Urkundenprozesses. Z. B. der Streitgegenstand des Urkundenprozesses betrug 14000 Mk; im ordentlichen Verfahren ist eine daneben in Betracht kommende Widerklage in Höhe von 4000 Mk. erhoben. Die Prozeßgebühr des Nachverfahrens von 18000 Mk. würde 80 Mk. betragen; davon ist abzuziehen die Prozeßgebühr des Urkundenprozesses von 14000 Mk. mit 43 Mk. 20 Pf., so daß nur noch anzusetzen sind 36 Mk. 80 Pf.

§ 29.

Die im § 13 benannten Gebühren umfassen die gesamte Tätigkeit des Rechtsanwalts von dem Auftrage bis zur Beendigung der Instanz.

Zu der Instanz gehören insbesondere:

[8]) Vgl. Osius-Bendix, Handbuch für Rechtsanwälte S. 394. Ebenso Meyer-Irmler § 28 N. 2c und Willenbücher § 28 N. 2. A. M. jedoch Pfafferoth § 28 N. 2, welcher gestützt auf eine Entscheidung des Kammergerichts vom 8. 5. 89 (ZZP. 14, 506) und einen Aufsatz im Bbl. 93 S. 31, 42 in allen Fällen eine Prozeßgebühr für das ordentliche Verfahren nur soweit bewilligt, als sie die Prozeßgebühr im Urkundenprozeß übersteigt. Eine andere Berechnungsart gibt OLG. (Posen 25. 9. 02) 7, 230: „der Anwalt hat auf die Prozeßgebühr des ordentlichen Verfahrens denjenigen Betrag anzurechnen, den er bereits von dem in das ordentliche Verfahren übergegangenen Teile des Streitgegenstandes als Prozeßgebühr für den Urkundenprozeß erhalten hat." Im obigen Beispiel würde danach von der Prozeßgebühr von 14000 M. des ordentl. Verf. = 72 M. abzuziehen sein die Urkunds-Prozeßgebühr von 14000 M., = 43,20 M., so daß verbleiben 28,80 M.

[9]) Anders berechnet in diesem Falle Meyer-Irmler § 28 N. 2e; er will in diesem Falle die volle Prozeßgebühr der Nebenforderung mit der alleinigen Beschränkung des § 13 GKG. ansetzen; diese Beschränkung kommt jedoch nach den Ausführungen zu III, 2 und § 10 N. 58 u. 82 hier gar nicht in Betracht.

1. das Verfahren behufs Festsetzung des Wertes des Streitgegenstandes;
2. Zwischenstreite mit Nebenintervenienten sowie mit Zeugen oder Sachverständigen;
3. das Verfahren zur Sicherung des Beweises (Zivilprozeßordnung §§ 485 bis 494), wenn die Hauptsache anhängig ist;
4. das Verfahren über einen Antrag auf Anordnung oder Aufhebung eines Arrestes oder einer einstweiligen Verfügung, sowie über einen Antrag auf vorläufige Einstellung, Beschränkung oder Aufhebung einer Zwangsvollstreckung (Zivilprozeßordnung §§ 707, 719, 769, 771 Absatz 3, §§ 785, 786 805 Absatz 4, § 810 Absatz 2), soweit das Verfahren mit dem Verfahren über die Hauptsache verbunden ist;
5. das Verfahren über einen Antrag auf Änderung einer Entscheidung des beauftragten oder ersuchten Richters oder des Gerichtsschreibers (Zivilprozeßordnung § 576);
6. das Verfahren über die im Gerichtskostengesetze § 47 Nr. 1 bis 12 bezeichneten Streitpunkte und Anträge;
7. die Zustellung und Empfangnahme der Entscheidungen und die Mitteilung derselben an den Auftraggeber;
8. die Übersendung der Handakten an den Bevollmächtigten einer anderen Instanz.

Vorbemerkung.

Während in § 25 der zivilprozessuale Begriff der Instanz zugrunde gelegt und in den §§ 26—28 gewissen Modifikationen unterworfen ist, um eine der Billigkeit entsprechende Gebührenerhebung herbeizuführen, wird in § 29 eine nähere Begrenzung der zur Instanz gehörigen Tätigkeiten im Sinne der GO. gegeben und zur Beseitigung von Zweifeln ein Katalog aufgestellt.

Erläutert werden:

I. Motive (1).
II. Die in § 13 „benannten" Gebühren (2).
III. Begrenzung der Instanz (3—6).
IV. Bedeutung des Katalogs (7).
V. Die einzelnen Fälle des Katalogs (8 bis 18).

I. Motive. In § 29 wird der Begriff der Instanz im Sinne dieser 1
Gebührenordnung näher erläutert, indem unter acht Nummern verschiedene Punkte als zur Instanz gehörig bezeichnet werden, bei denen es zweifelhaft sein könnte, ob sie nicht eine neue Instanz würde bilden können. Von diesen Punkten bedürfen nur folgende einer Erläuterung bzw. Begründung.

Zu Nr. 2. Die Bestimmung, nach welcher auch Zwischenstreite mit (Neben-)Intervenienten zu der Instanz gerechnet werden sollen, bedarf einer Rechtfertigung, da es an sich möglich wäre, diese Zwischenstreite aus der Instanz auszuscheiden. Es kommen hier nur die Nebenintervenienten in Betracht, da die Hauptintervention stets ein besonderes Verfahren neben dem Hauptprozesse bedingt (ZPO. §§ 61, 62). Die Aussonderung der Zwischenstreite mit den Nebenintervenienten empfiehlt sich indes nicht. Für den Anwalt des Nebenintervenienten ist sie ohne Bedeutung, wenn seine Tätigkeit mit der Beendigung des Zwischenstreites abschließt, also namentlich, wenn die Intervention zurückgewiesen wird; in diesem Falle stehen ihm Gebühren überhaupt nur nach Maßgabe des § 23 Nr. 1 des Entwurfes, bzw. § 27 Nr. 1 des GKG. zu. In allen anderen Fällen ist die Aussonderung aber unbillig. Verhandelt der Anwalt des Nebenintervenienten nämlich zur Hauptsache, so wird in den meisten Fällen sein Aufwand an Zeit und Arbeit nicht erheblich größer sein, als wenn er ohne Streit zugelassen wäre. Und ebensowenig wird die Arbeit und Mühe des Anwaltes des Gegners durch den Streit über die Zulässigkeit der Intervention in solchem Grade vermehrt, daß man den letzteren als besondere Instanz auffassen müßte. Im Zweifel wird man geneigt sein, den Umfang der durch die Bauschgebühr zu vergütenden Leistungen eher zu weit als zu eng zu ziehen, weil die Berücksichtigung der zufällig das gewöhnliche Maß übersteigenden Mehrarbeit den Anwalt leicht dem Vorwurf aussetzt, die größere Schwierigkeit absichtlich herbeigeführt zu haben.

Zu Nr. 4. Die Bestimmung des Entwurfs schließt sich an das preußische Recht an. Nach § 8 des Tarifs vom 12. 5. 51 bzw. § 9 des Gerichtskostengesetzes vom 10. 5. 51 stehen dem Rechtsanwalte für „die Verhandlung schleuniger Arrestsachen, welche nicht mit der Hauptsache verhandelt werden" (AGO. I 29 §§ 30 bis 40), sowie für „Regulierung eines Interimistikums, welches in besonderen Verhandlungen erfolgt", auch besondere Gebühren zu. Aus diesen Vorschriften ergibt sich, daß nur im Falle der Sonderung des Arrestverfahrens von dem Hauptverfahren dem Rechtsanwalte für das erstere Gebühren bewilligt werden. In der Tat hat auch nur in diesem Falle der Rechtsanwalt von dem Arrestverfahren einen besonderen Zuwachs an Arbeit und Zeitaufwand, während im Fall der Verbindung mit der Hauptsache — ZPO. §§ 806, 807 — das Arrestverfahren als Inzidentpunkt in dieser erscheint.

Das gleiche gilt rücksichtlich der Anträge auf vorläufige Einstellung, Beschränkung oder Aufhebung einer Zwangsvollstreckung (ZPO. §§ 647, 657, 688, 690 Abs. 3, §§ 696, 710 Abs. 4).

Zu Nr. 5. In diesen Fällen liegt hier die Sache anders als im GKG. (§ 45 Abs. 2). Die dort vorgesehene Gerichtsgebühr hat unter anderem den Zweck, unnütze Anträge zu verhüten; die Gewährung einer besonderen Gebühr für den Anwalt würde aber diesem Zwecke nicht dienen.

Zu Nr 6 vgl. oben Motive zu § 23 Nr. 4.

Zu Nr. 7 und 8. Die Zustellung und Empfangnahme von Entscheidungen, ihre Mitteilung an den Auftraggeber, die Übersendung der Handakten an den Bevollmächtigten einer anderen Instanz sind Handlungen, die in dem Prozeßbetriebe liegen und daher schon durch die Prozeßgebühr ihre vollständige Vergütung finden. —

2 **II. Die im § 13 „benannten" Gebühren.** Im § 13 sind die vier Arten von Pauschgebühren, welche dem als Prozeßbevollmächtigten bestellten Rechtsanwalte zustehen, „benannt", nämlich die Prozeßgebühr, die Verhandlungsgebühr, die Vergleichsgebühr und die Beweisgebühr, und es ist dort zugleich der Normalbetrag dieser Gebühren bestimmt. Die folgenden §§ 14—18 sind wie die Motive aussprechen, als Modifikationen der Vorschriften des § 13 zu betrachten, d. h. sie bestimmen, wie sich der Betrag der dort benannten Gebühren in besonderen Fällen erniedrigt oder erhöht. Wenn daher im § 29 bestimmt wird, daß die im § 13 benannten Gebühren die gesamte Tätigkeit des Rechtsanwaltes von dem Auftrage bis zur Beendigung der Instanz umfassen, so hat das Gesetz hierbei nicht bloß die im § 13 vorgesehenen Normalgebühren im Auge, sondern auch die Modifikationen derselben, welche die §§ 14 bis 18 enthalten.[1])

3 **III. Begrenzung der „Instanz".** Begriff und Umfang der Instanz ist bei § 25 erläutert. § 29 gibt als Grenzen, welche die durch die in § 13 benannten Gebühren abgegoltene Tätigkeit umspannen, einerseits die Auftragserteilung, andererseits die Beendigung der Instanz.

---

[1]) RG. II. ZS. 6. 4. 83 (JW. S. 207; RG. 9, 333). S. auch Erl. zu § 17 N. 4.

1. Die Instanz wird für den Gebührenbezug des Anwalts *eröffnet* 4
mit der Auftragserteilung. Zur Instanz gehört daher auch die anwaltliche
Tätigkeit bis zur Anhängigmachnng des Rechtsstreits, insbesondere also auch die
Informationseinziehung vor Anfertigung der Klage.[2])

2. Die Instanz ist für den Gebührenbezug nicht schon *beendet* mit dem 5
Erlaß bzw. der Zustellung des Endurteils,[3]) sondern es gehört dazu noch die
Anwaltstätigkeit, welch sich darauf bezieht, das Prozeßergebnis dem Auftraggeber
zugänglich zu machen und mit demselben zu besprechen, nach der besonderen
Vorschrift des § 29 Nr. 8 auch die Übersendung der Handakten an
den Bevollmächtigten einer anderen Instanz.

Zur Instanz gehören ferner gemäß besonderer Vorschrift unter gewissen 6
Voraussetzungen die Einwirkung der nach dem Urteile zu erlassenen Strafandrohung
aus § 890 Abs. 2 ZPO. (§ 33 Abs. 3 GO.) sowie die die Zwangsvollstreckung
vorbereitenden Handlungen, wie die Einwirkung des Rechtskraftzeugnisses
oder der Vollstreckungsklausel (§ 35 GO).

IV. Bedeutung des Kataloges. Die Aufzählung der Tätigkeitsgruppen, 7
welche zur Instanz gehören, ist nur eine exemplikative. Aus den Motiven ergibt
sich, daß die Aufzählung den Zweck haben sollte, eine Reihe von Tätigkeiten
aufzuführen, von denen es zweifelhaft sein könnte, ob sie nicht eine neue
„Instanz" für die Gebührenerhebung bilden könnten; im Gesetz ist dieser Gedanke
zum Ausdruck gelangt durch die Einführung des Kataloges mit „insbesondere".
Daraus folgt, daß auch andere Tätigkeitsgruppen, als die im § 29
aufgezählten zur Instanz gehören können, so z. B. die im GKG. § 47 unter
Nr. 15 und 16 bezeichneten Tätigkeiten,[4]) bei denen also immer eine besondere
Untersuchung erforderlich ist,[5]) ebenso die Ergänzung des Urteils
(§§ 321, 716 ZPO.), die Bestimmung der Einspruchsfrist nach § 339 Abs. 2
ZPO. u. a.

V. Die einzelnen Fälle des Kataloges im Abs. 2.

A. Nr. 1. *Das Verfahren behufs Festsetzung des Wertes* 8
des Streitgegenstandes ist bei § 11 N. 6—29 eingehend behandelt.
Das Verfahren gehört zu derjenigen Instanz, für welche die Wertsfestsetzung
begehrt wird, eventuell auch zur Vollstreckungsinstanz.[6]) Ändert die höhere
Instanz die Festsetzung der unteren Instanz gemäß § 16 GKG. von Amts wegen
ab,[7]) so gehört dieses Verfahren zur höheren Instanz. Hat in diesem Verfahren
ein Anwalt (durch Anregung oder sonst) mitgewirkt, der nicht bereits
Gebühren für die höhere Instanz z. B. für die Berufung, Beschwerde rc. bezieht,
so steht ihm für das Verfahren eine besondere Gebühr zu.

Die *Beschwerde* gegen den Wertfestsetzungsbeschluß eröffnet eine neue
Instanz. Für eine Beschwerde aus § 12 GO. kann jedoch der Rechtsanwalt
eine Gebühr seinem Auftraggeber nicht berechnen, weil er sie lediglich in eigenem
Interesse einlegt,[8]) ebenso aber auch nicht der Gegenpartei bei der Kostenerstattung,
weil dieselbe nicht Beschwerdegegnerin ist.[9])

B. Nr. 2. *Zwischenstreite mit Nebeninterventienten sowie* 9

---

[2]) Vgl. § 13 N. 14.
[3]) Vgl. § 25 N. 6.
[4]) OLG. (Jena) 2, 269.
[5]) Vgl. § 13 N. 17 und 18.
[6]) Vgl. § 11 N. 15.
[7]) Vgl. § 11 N. 19—20.
[8]) Vgl. § 11 N. 25. Ebenso *Meyer-Irmler* § 29 Anm. 2.
[9]) Vgl. § 11 N. 32, insbes. Anm. 38.

mit Zeugen und Sachverständigen Im Entwurfe stand bloß: „Intervenienten". Um jeden Zweifel auszuschließen, hat die Reichstagskommission dafür „Nebenintervenienten" gesetzt. Eine sachliche Änderung ist hierin nicht zu finden, da die Hauptintervention stets ein selbständiges, besonderes Verfahren bildet. (§§ 64, 65 ZPO.)

10 1. Zwischenstreite mit Nebenintervenienten gehören hiernach für die Gebührenerhebung zur Instanz der Hauptsache; es kann also, wenn solche im Laufe des Rechtsstreites in Frage kommen, für welchen der Rechtsanwalt zum Prozeßbevollmächtigten bestellt ist, besondere Vergütung für dieses Verfahren nicht beansprucht werden, vielmehr findet dann der in den §§ 25, 29 ausgesprochene Grundsatz der Pauschgebühr Anwendung Der anscheinend abweichende Beschluß des RG. II. ZS. vom 2. 1. 83 (RG. 10, 339) hat lediglich auf die Gerichtskostenerhebung Bezug, für welche der entgegengesetzte Grundsatz gilt, daß die Gebühr für das Verfahren über die Zulässigkeit einer Nebenintervention (§ 27 Nr. 1 GKG.) im Falle des Zusammentreffens mit der vollen Gebühr (§§ 18—24 GKG.) durch letztere nicht absorbiert wird, vielmehr daneben besonders zu berechnen ist.

11 Nur wenn die Vertretung ausschließlich einen Streit wegen Zulassung oder Zurückweisung eines Nebenintervenienten (§ 71 ZPO.) zum Gegenstande hat und mit Beendigung dieses Zwischenstreites auch die anwaltliche Tätigkeit abschließt, sind gemäß § 23 Abs. 1 i. V. mit § 27 Nr. 1 GKG. drei Zehntel der in den §§ 13 bis 18 bestimmten Gebühren (auch im Urkunden- und Wechselprozesse) in Ansatz zu bringen. Wenn dagegen der Anwalt des Nebenintervenienten sich an der Verhandlung zur Hauptsache beteiligt, so bildet auch für ihn der Streit über seine Zulassung nur einen zur Instanz gehörigen und nicht besonders zu honorierenden Zwischenstreit.[10])

12 2. Dasselbe muß auch für den Fall der Streitverkündung gelten, wenn der Dritte dem Streitverkünder beitritt, da alsdann der Litisdenunziat den Parteien gegenüber nach § 74 ZPO. als Nebenintervernient anzusehen ist.

13 3. Wegen der Zwischenstreite mit Zeugen und Sachverständigen vgl. §§ 387, 389, 408 ZPO. und § 23 N. 38. Auch hier ist eine Gebühr ($^3/_{10}$ nach § 23) nur dann anzusetzen, wenn die Tätigkeit des Anwaltes ausschließlich diesen Zwischenstreit betrifft z. B. bei Vertretung des Zeugen oder Sachverständigen.

14 C. Nr. 3. Das Verfahren zur Sicherung des Beweises gehört zur Instanz, wenn die Hauptsache anhängig ist; dagegen werden nach § 30 Nr. 1 die Gebühren für dieses Verfahren besonders erhoben — und zwar nach § 22 — wenn die Hauptsache noch nicht anhängig ist. Über den Gegensatz s. Erl. zu § 30 Nr. 1, N. 5ff

15 D. Nr. 4. Das Verfahren, betreffend Anordnung oder Aufhebung eines Arrestes oder einer einstweiligen Verfügung sowie betreffend Einstellung, Beschränkung oder Aufhebung einer Zwangsvollstreckung gehört zur Instanz, wenn dasselbe mit dem Verfahren über die Hauptsache verbunden ist, wird dagegen gemäß § 30 Nr. 2 besonders honoriert, wenn es von dem Verfahren über die Hauptsache getrennt ist. Darüber, was unter „Verbundensein" und „Getrenntsein" zu verstehen, vgl. die Erl. zu § 30 Nr. 2, N. 11ff.

16 E. Nr. 5. Das Verfahren, betreffend Änderung einer Entscheidung des beauftragten oder ersuchten Richters oder des Gerichtsschreibers gehört zur Instanz; der Rechtsanwalt erhält dafür

[10]) Vgl. RG. JW. 90 S. 375, 14; 95 S. 226, 17.

Gebühren nur dann, wenn seine Tätigkeit sich auf dieses Verfahren beschränkt. Vgl. Erl. zu § 41 Nr. 2.

F. Nr. 6. Das Verfahren über die im GKG. § 47 Nr. 1—12 bezeichneten Streitpunkte und Anträge. Im einzelnen vgl. hier- 17
über § 23 N. 29—42.

G. Nr. 7 und 8. Vgl. die Erl. zu II. N. 2 und § 44. Für den Fall, 18
daß sich die Tätigkeit des Anwalts auf die Urteilszustellung beschränkt, vgl. die Erl. zu § 13 Anm. 26.

§ 30.

Die Gebühren werden besonders erhoben für die Tätigkeit bei Streitigkeiten und Anträgen, welche betreffen:

1. die Sicherung des Beweises (Zivilprozeßordnung §§ 485 bis 494), wenn die Hauptsache noch nicht anhängig ist;
2. das Verfahren über einen Antrag auf Anordnung oder Aufhebung eines Arrestes oder einer einstweiligen Verfügung, sowie über einen Antrag auf vorläufige Einstellung, Beschränkung oder Aufhebung einer Zwangsvollstreckung (Zivilprozeßordnung §§ 769, 771 Absatz 3, §§ 785, 786, 805 Absatz 4, § 810 Absatz 2), sofern das Verfahren von dem Verfahren über die Hauptsache getrennt ist;
3. die im Gerichtskostengesetze § 38 Nr. 1, 2 bezeichneten Angelegenheiten.

Wird die vorläufige Einstellung, Beschränkung oder Aufhebung der Zwangsvollstreckung bei dem Vollstreckungsgericht und bei dem Prozeßgericht beantragt, so wird die Prozeßgebühr nur einmal erhoben.

Die im besonderen Verfahren erfolgte Festsetzung der Kosten und die Abänderung der Kostenfestsetzung (Gerichtskostengesetz § 38 Nr. 1 bilden Eine Instanz. Das gleiche gilt von dem Verfahren über die im Gerichtskostengesetze § 38 Nr. 2 bezeichneten Anträge.

Vorbemerkung.

Im Gegensatz zu § 29 führt § 30 eine Reihe von Tätigkeiten auf, für welche besondere Gebühren erhoben werden sollen; auch hier wird ein Katalog aufgestellt.

Erläutert werden

I. Entstehungsgeschichte (1—3).
II. Bedeutung des § 30 und des Katalogs (4).
III. Die einzelnen Fälle des § 30.
A. Sicherung des Beweises. (§ 30 Abs. 1 Nr. 1.) (5—10).
B. Anordnung oder Aufhebung eines Arrestes oder einer einstweiligen Verfügung (§ 30 Abs. 1 Nr. 2). (11—21).
C. Vorläufige Einstellung, Beschränkung oder Aufhebung der Zwangsvollstreckung (§ 30 Abs. 1 Nr. 2 und Abs. 1). (22—27).
D. Kostenfestsetzung (§ 30 Abs. 1 Nr. 3 und Abs. 3 Satz 1). (28—31).
E. Rückgabe einer Sicherheit (§ 30 Abs. 1 Nr. 3und Abs. 3 Satz 2). (32).

I. Entstehungsgeschichte. Der dem Reichstage vorgelegte Regierungs- 1
entwurf hatte zu § 30 folgende Fassung:

„Die Gebühren werden besonders erhoben für die Tätigkeit bei Streitigkeiten und Anträgen, welche betreffen:

1. Die Sicherung des Beweises (Zivilprozeßordnung §§ 447 bis 456), wenn die Hauptsache noch nicht anhängig ist;
2. das Verfahren über einen Antrag auf Anordnung oder Aufhebung eines Arrestes oder einer einstweiligen Verfügung, sowie über einen

Antrag auf vorläufige Einstellung, Beschränkung oder Aufhebung einer Zwangsvollstreckung (Zivilprozeßordnung §§ 688, 690 Abs 3, §§ 696, 710 Abs. 4), sofern das Verfahren von dem Verfahren über die Hauptsache getrennt ist;

3. den Betrag der zu erstattenden Prozeßkosten (Zivilprozeßordnung §§ 98, 98).

Die Prozeßgebühr ist in den Fällen der Nr. 2 auf die Prozeßgebühr des Rechtsanwalts in der Hauptsache anzurechnen."

Diese Fassung wurde durch folgende Motive begründet:

„Bezüglich der Nr. 1 vgl. die Bemerkungen zu § 22, bezüglich der Nr. 2 vgl. die Bemerkungen zu § 29 Nr. 4. In diesen beiden Fällen sind besondere Gebühren dann zuzubilligen, wenn die Hauptsache noch nicht anhängig ist, bzw. wenn das Verfahren sich von jenem in der Hauptsache trennt.

Es kann sich nur fragen, ob, wenn es nachher zum Hauptprozesse kommt, nicht die Anrechnung der in dem vorhergegangenen besonderen Verfahren erhobenen Gebühren auf die des Hauptprozesses angemessen erscheint. Bei Streitigkeiten zur Sicherung des Beweises ist von einer solchen Anrechnung abgesehen. Dies Verfahren wird nicht selten eingeschlagen werden, um zunächst die Aussichten eines beabsichtigten Prozesses zu prüfen, für welchen es von vornherein zweifelhaft ist, ob der Beweis der erheblichen Tatsachen sich werde erbringen lassen. Ein solches Vorgehen verdient Begünstigung weil es den Prozeß möglicherweise erübrigt. Diesem Zwecke dient aber die Sonderung der Gebührenberechnung für das Vorverfahren von der für das eventuell einzuleitende Hauptverfahren.

Diese Erwägung trifft bei den Fällen der Nr. 2 nicht zu. Hier wird die Mehrarbeit des Rechtsanwaltes wesentlich nur dadurch bedingt, daß eine besondere mündliche Verhandlung und Beweisaufnahme in dem von der Hauptsache getrennten Verfahren stattfindet. Nur für diese ist daher die Erhebung einer besonderen Gebühr billigenswert, während es wiederum angemessen erscheint, die Prozeßgebühr des getrennten Verfahrens auf die Prozeßgebühr der Hauptsache in Anrechnung zu bringen.

Die in Nr. 3 aufgeführten Streitigkeiten über die von dem Gegner zu erstattenden Prozeßkosten (§ 34 Nr. 1 GKG.)[1]) gehören nach der Vorschrift in § 98 Abs. 2 der ZPO. nicht zur Instanz, in welcher die Kosten entstanden sind. Die Vergütung für die Tätigkeit des Anwaltes in solchen Streitigkeiten konnte danach, wenn keine Sondergebühr gewährt würde, nur in die Pauschgebühr des erstinstanzlichen Anwaltes hineingezogen werden. Dies würde aber zu offenbaren Unbilligkeiten führen. Daß der Wert des Streitgegenstandes im vorliegenden Falle durch den Betrug des Kostenanspruchs gebildet wird, ist bereits hervorgehoben.[2])

Der Entwurf hat endlich nicht unerwogen gelassen, ob im Falle des § 48 GKG. den Anwälten besondere Gebühren zuzubilligen sein möchten. Nach § 48 kann das Gericht im Falle einer Verschleppung des Prozesses „durch Verschulden einer Partei oder eines Vertreters derselben" beschließen, daß der volle Betrag oder doch ein Teil der dadurch bedingten Gerichtsgebühren gleichsam als Strafe „für die verursachte weitere Verhandlung" sowie „für die durch das neue Vorbringen veranlaßte nochmalige Beweisanordnung" zu erheben sei. Der Entwurf des GKG. hat ein anderes Prinzip aufgestellt, nach welchem

[1]) Jetzt § 38 Nr. 1 GKG.
[2]) Motive zu § 23.

die durch das Verschulden veranlaßten weiteren Akte aus der Instanz ausscheiden und für sich besteuert werden sollten. Vgl. Entwurf eines GKG. § 42 und Motive S. 64 ff. a. a. O. Dieses Prinzip ist infolge der Beschlüsse des Reichstags aufgegeben worden, und der nunmehrige § 48 des GKG. macht eine Übertragung des in ihm enthaltenen Grundsatzes auf die Gebühren der Rechtsanwälte untunlich. Überdies könnte das Gesetz im Falle des § 48 besondere Gebühren den Rechtsanwälten nur insoweit zubilligen, als diese nicht an der Verschleppung der Sache selbst die Schuld tragen. Das Gericht wird aber bei den in § 48 a. a. O. bezeichneten Beschlüssen nicht in der Lage sein, darüber zu befinden, ob die Verschuldung der Partei oder dem Anwalte zur Last fällt, da die Vorgänge zwischen diesem und seinem Klienten dem Gerichte in der Regel unbekannt sein werden. Es würde daher die Entscheidung darüber, wem die Verschleppung eigentlich zur Last fällt, einem besonderen Prozesse überlassen bleiben müssen. Unter diesen Umständen erscheint es richtiger, eine den Gerichtskosten entsprechende Erhöhung der Anwaltsgebühr in solchen Fällen nicht eintreten zu lassen.“ —

Bei den Beratungen in der Reichstagskommission wurde jedoch 2
die Bestimmung des Abs. 2 der Regierungsvorlage als zu weitgehend bemängelt und an deren Stelle die jetzige Fassung des Abs. 2 gesetzt, welche lediglich Anträge auf vorläufige Einstellung, Beschränkung oder Aufhebung der Zwangsvollstreckung betrifft und sich darauf beschränkt, im Falle der § 769 ZPO. die doppelte Erhebung der Prozeßgebühr auszuschließen. Bei den Beratungen der Reichstagskommission wurde zugleich auf Anregung von dem Regierungskommissar bestätigt und von der Kommission zum Protokolle vom 10. 3. 79 konstatiert,[3])

> daß die Worte in § 30 Nr. 2: „sofern das Verfahren von dem Verfahren über die Hauptsache getrennt ist“ im Gegensatze zu den korrespondierenden Worten in § 29 Nr. 4: „soweit das Verfahren mit dem Verfahren über die Hauptsache verbunden ist“ die Bedeutung haben sollen, daß das Arrestverfahren nach § 30 besonders liquidiert wird, sobald dasselbe neben dem Hauptverfahren besonders behandelt wird, und zwar gleichgültig, ob das Hauptverfahren und der Hauptprozeß bereits anhängig oder noch nicht anhängig ist, wogegen die Bestimmung in § 29 Nr. 4 nur dann anwendbar ist, wenn das Arrestgesuch im Hauptverfahren nur nebensächlich zugleich mit der Hauptsache in denselben Schriftsätzen und in denselben Verhandlungen, in denen die Hauptsache zur Verhandlung kommt, behandelt wird, so daß keinerlei von der Hauptsache getrennte Verhandlungen eintreten.

Bei der von der Kommission vorgeschlagenen Fassung des Abs. 2 ist es demnächst verblieben.

Im EG. zur ZP.-Novelle (Art. VIII Nr. 8) hat sodann der § 30 noch 3
einige, durch die Änderungen des Verfahrens notwendig gewordene Ergänzungen bzw. Abänderungen erfahren. Außer der Richtigstellung der Zitate sind als Nr. 3 des ersten Absatzes neben dem Kostenfestsetzungsverfahren (§ 38 Nr. 1 GKG.) noch die Anträge aus § 38 Nr. 2 GKG. aufgenommen und der jetzige Absatz 3 hinzugefügt worden.

II. Bedeutung des § 30 und des Katalogs. Überblickt man die Ge- 4
samtheit der Gebührenbestimmungen, welche die in § 30 behandelten Angelegenheiten betreffen, so ergibt sich, daß der § 30 in seinem ersten Absatz eigentlich ganz überflüssig ist, und seine Bestimmungen im Gesetze hätten fehlen

[3]) Vgl. Völk, GOfRA. § 30 Anm. 3 S. 69.

können, ohne daß dadurch eine Lücke entstanden wäre.[4]) „Der Absatz 1 des § 30 enthält überhaupt keinen selbständigen gesetzgeberischen Gedanken und kann daher nur eine redaktionelle Bedeutung haben, die zu finden ist in der Absicht des Gesetzgebers, die Fälle der besonderen Erhebung von Nebengebühren in einen Paragraphen zusammenzustellen.“[5])

Zunächst ist hervorzuheben, daß § 30 über die Höhe der Gebühren keine Bestimmung trifft; dieselbe befindet sich vielmehr bezüglich der Nr. 1 (Sicherung des Beweises) in § 22, bezüglich der Nr. 2 (Arrest, einstweilige Verfügung, Einstellung ꝛc. der Zwangsvollstreckung) in §§ 20, 23, bezüglich Nr. 3 (Kostenfestsetzung und Rückgabe einer Sicherheit) in § 23. Alle diese Paragraphen bestimmen aber nicht nur die Höhe der Gebühren, sondern verordnen zugleich, daß Gebühren für die in ihnen bezeichneten Tätigkeiten zu erheben sind, soweit sie nicht selbst Einschränkungen ergeben oder solche aus dem in § 25 ausgesprochenen und in § 29 spezialisierten Prinzip der Pauschgebühren zu folgern sind. Dies ergibt sich aus der Struktur der GO., wie sie insbesondere aus den Motiven erkennbar wird. Danach werden in § 13 die Momente der anwaltlichen Tätigkeit aufgeführt, mit welchen im ordentlichen Prozeßverfahren die Gewährung von Anwaltsgebühren verbunden sein soll;[6]) die §§ 14—18 enthalten dann die Modifikationen der in § 13 getroffenen Vorschriften bezüglich der Höhe der Gebühren. Die §§ 19—24 sollen sodann diejenigen Fälle bestimmen,[7]) in welchen wegen der weniger umfassenden oder einfacheren Tätigkeit geringere Sätze als die vollen des § 9 angemessen erscheinen.[8]) An sich sind daher die Gebühren der §§ 19—24 ebenso zu erheben wie der des § 13 bzw. §§ 14—18, soweit nicht in den §§ 19—24 selbst schon Einschränkungen enthalten sind. Solche Einschränkungen sind in §§ 20 und 21 insofern gegeben, als die zu vergütende Tätigkeit „ausschließlich“ die dort bezeichneten Gegenstände betreffen muß. Jede Gebührenerhebung unterliegt aber fernerhin auch der weiteren Einschränkung des § 25, daß die in § 13 „benannten“ Gebühren in jeder Instanz nur einmal zu erheben sind. Um den Begriff der „Instanz“, welche für die Frage, ob Gebühren zu erheben sind, von maßgebender Bedeutung ist, klarzustellen, ist die Bestimmung des § 29 aufgestellt. Daraus ergibt sich, daß die Erhebung der Gebühren der §§ 19—24, abgesehen von der erörterten Selbstbeschränkung, nur der Einschränkung aus § 19 unterliegt, in allen anderen Fällen aber diese Gebühren „besonders“ zu erheben sind. Einer Spezialisierung der besonders zu erhebenden Gebühren im § 30 bedurfte es daher gar nicht. Hat aber § 30 nur die Bedeutung einer Zusammenstellung der nach der Einschränkung der §§ 25, 29 verbliebenen Fälle der besonderen Gebührenerhebung, so wird für die Auslegung des § 30 der § 29 von ausschlaggebender Bedeutung sein müssen.

5 **III. Die einzelnen Fälle des § 30.**

A. Sicherung des Beweises (§ 30 Abs. 1 Nr. 1).

Die Vorschrift des § 30 Abs. 1 Nr. 1 steht im engsten Zusammenhange mit der des § 29 Abs. 2 Nr. 3. Das Verfahren zur Sicherung des Beweises gehört nur dann zur Instanz, wenn die Hauptsache anhängig ist, unterliegt dagegen dann der besonderen Gebührenerhebung, und zwar aus § 22, wenn die Hauptsache noch nicht anhängig ist.[9])

[4]) Vgl. hierzu: Begemann, Gebühren des Rechtsanwalts in den Fällen des § 30 Nr. 2 GO. in ZZP. 28, 447 ff., 457, 458.
[5]) Begemann a. a. O. S. 458. [6]) Mot. zu § 13 S. 35. [7]) Mot. zu §§ 14—18 S. 38.
[8]) Motive zu §§ 19—24 S. 41.
[9]) Vgl. § 22 N. 2 ff. Die Erstattung kann nur verlangt werden, falls der Anspruch

6 1. Die Sicherung des Beweises erfolgt während eines anhängigen Prozesses zu einer Zeit, wo die Beweisaufnahme vom Prozeßgericht noch nicht angeordnet ist. Sie gehört dann zur Instanz; die Folge davon ist, daß die Gebühren des § 22 durch die verdiente Prozeß-, Verhandlungs- und Beweisgebühr des Hauptprozesses absorbiert werden, auch wenn etwas gemäß § 486 Abs. 2 (in Fällen dringender Gefahr) das Amtsgericht angerufen war. Auch in diesem Falle gehört das Verfahren zur Instanz des Hauptprozesses. Kommt es im Hauptprozeß nicht zu einer Beweisaufnahme, so ist für das Beweissicherungsverfahren eine Beweisgebühr anzusetzen (nicht jedoch auch eine Prozeßgebühr).

7 2. Eine Hauptsache wird anhängig mit der Zustellung der Klage (§ 263 ZPO.) oder mit der Erhebung der Widerklage in der mündlichen Verhandlung (§ 281 ZPO.). Ein vor diesen Zeitpunkten begonnenes Beweissicherungsverfahren gehört daher nicht zur Instanz der Hauptsache. So insbesondere auch der zugleich mit der Klageschrift eingereichte Antrag[10]) oder ein auf die bereits durch Schriftsatz angemeldete Widerklage bezüglicher Antrag vor der mündlichen Verhandlung.

8 3. Da die Rechtshängigkeit bis zur rechtskräftigen Entscheidung fortdauert, die Instanz dagegen mit der Zustellung des Endurteils ihr Ende erreicht und eine neue Instanz prozeßordnungsmäßig erst durch Zustellung bzw. Einreichung der Rechtsmittelschrift eröffnet wird, so kann fraglich werden, zu welcher Instanz ein nach Zustellung des Urteils aber vor Einlegung des Rechtsmittels beantragtes Verfahren gehört. Die prozessuale Streitfrage, welches Gericht nach § 486 ZPO. zuständig ist,[11]) kann hier auf sich beruhen: für die Gebührenerhebung gehört das Verfahren zur Instanz desjenigen Gerichts, welches tatsächlich angegangen worden ist.

9 4. Hauptsache ist dasjenige Verfahren, in welchem Beweisverhandlungen gemäß § 493 ZPO. prozessualisch benutzt werden sollen. Die Beweissicherung ist eine antizipierte Beweisaufnahme; da letztere auch in anderen Verfahren als im gewöhnlichen Prozesse, z. B. innerhalb des Zwangsvollstreckungsverfahrens, möglich ist, so braucht als Hauptsache nicht immer gerade der gewöhnliche Prozeß angesehen zu werden.[12])

10 5. Eine Anrechnung der Gebühren, welche für eine Beweissicherung vor Anhängigkeit der Hauptsache entstanden sind, auf die Gebühren für Vertretung in der Hauptsache, findet nicht statt. Sie war selbst im Regierungsentwurf nicht in Aussicht genommen und kann nach der Entstehungsgeschichte des § 30 gar nicht in Frage kommen.

11 B. Anordnung oder Aufhebung[13]) eines Arrestes oder einer einstweiligen Verfügung (§ 30 Abs. 1 Nr. 2).

Die Höhe der Gebühren bestimmt sich nach §§ 20 und 23.[14]) Auch die

---

nach allg. Grunds. begründet sein würde. RG. 13, 325; OLG. (Karlsruhe) 5, 165. — Der Vortrag der Beweisprotokolle des Sicherungsverfahrens im Verfahren der Hauptsache begründet allein keine Beweisgebühr für das letztere Verfahren, wenn nicht etwa die Akten des Sicherungsverfahrens zwecks Beweisaufnahme vorgelegt sind. Vgl. RG. JW. 97 S. 347; OLG. Colmar in ZEK 23, 116; OLG. Dresden in Sächs. Arch. 91, 632; OLG. Frankfurt in Rundschau 93, 198; OLG. Stuttgart in Württ. Jahrb. 3, 15; OLG. (Rostock) 1, 330; Willenbücher § 30 N. I; Drucker Anm. 1.

[10]) OLG. (Hamburg) 4, 273; vgl. § 22 Anm. 2.

[11]) Vgl. Gaupp-Stein § 486, I, 2. Petersen-Anger § 486 Anm. 2.

[12]) Für die Höhe der Gebühren der Beweissicherung außerhalb der Hauptsache ist es aber gleichgültig, welches Verfahren als Hauptsache anzusehen ist.

[13]) Hier ist nur an die „Aufhebung" der Arrestanordnung auf Antrag des Arrestbeklagten in den Fällen der §§ 924—927 ZPO. gedacht, nicht jedoch an die Aufhebung der Arrestvollziehung gemäß § 934 ZPO., welche zur Zwangsvollstreckung gehört und beim Vollstreckungsgericht zu beantragen ist. Vgl. RG. 15, 409 und RG. JW. 95 S. 299, 22. Vgl. auch Erl. zu § 36.

[14]) Vgl. § 20 N. 43 ff. und § 23 N. 47 ff.

Frage, ob Gebühren zu liquidieren sind, ist nach der Ausführung zu II durch § 29 entschieden: Gebühren sind zu erheben, wo die Voraussetzungen des § 29 nicht zutreffen; § 30 enthält nur eine Rekapitulation.

12 1. Bei Vergleichung des Textes von § 29 Nr. 4 und § 30 Nr. 2 ergibt sich eine Differenz: § 29 betrachtet das Verfahren als zur Instanz gehörig, „soweit" es mit dem Verfahren über die Hauptsache verbunden ist; § 30 bewilligt besondere Gebühren, „sofern" das Verfahren von dem Verfahren über die Hauptsache getrennt ist. Wäre hier nun eine Divergenz in den Absichten des Gesetzgebers anzunehmen, so würde nach den Ausführungen zu II nur der Text des § 29 maßgebend sein. Bei dem Verhältnis der beiden Paragraphen, das auch in der Erklärung des Regierungskommissars und der protokollarischen Feststellung seine Bestätignng gefunden hat,[15]) ist indessen anzunehmen, daß der Ausdruck „sofern" im § 30 nur dasselbe besagen will, wie der Ausdruck „soweit" im § 29.

Geht man nun davon aus, daß das Verfahren nur „insoweit" zur Instanz der Hauptsache gehört, als es mit dem Verfahren über die Hauptsache verbunden ist (§ 29), dagegen besonders gebührenpflichtig ist, „insoweit" es von dem Verfahren über die Hauptsache getrennt ist, so ergibt sich, daß für die Anwendbarkeit des § 29 oder des § 30 nicht notwendig vorausgesetzt wird, daß die beiden Verfahren von Anfang an und bis zum Schlusse ununterbrochen entweder verbunden oder getrennt waren; vielmehr kommen diese Vorschriften auch dann zur Anwendung, wenn einzelne Stadien der beiden Verfahren verbunden sind, andere Stadien dagegen getrennt behandelt werden. *Für die Frage der Gebührenerhebung ist daher immer zu untersuchen, ob gerade derjenige Teil des Verfahrens, um dessen Abgeltung es sich handelt, mit dem Verfahren über die Hauptsache verbunden ist oder nicht.* Dieser Grundsatz ist denn auch in der Entscheidung des Reichsgerichts vom 2. 5. 85 festgelegt[16]) und bisher in Theorie und Praxis nicht mehr angefochten worden.

13 2. Bei Zugrundelegung des vorher erörterten Grundsatzes ist die Entscheidung unzweifelhaft, wenn die Hauptsache noch *gar nicht anhängig* geworden oder in der Instanz, in der der Arrest bzw. die einstweilige Verfügung oder deren Aufhebung beantragt wird, das Endurteil bereits ergangen ist,[17]) oder wenn der Antrag gar nicht beim Gericht der Hauptsache, sondern gemäß §§ 919, 942 ZPO. beim Amtsgericht gestellt wird. In allen diesen Fällen ist eine Verbindung des Verfahrens mit dem der Hauptsache unmöglich; die Gebühren sind daher immer besonders zu berechnen.

14 3. Wenn die Hauptsache bereits oder noch *anhängig* ist, also ein Verbundensein der beiden Verfahren und damit die Anwendung des § 29 möglich ist, so ist zunächst zu untersuchen, in welchem Sinne das Gesetz von „Verbundensein" und „Getrenntsein" spricht. Die Beantwortung der Frage wird man nur aus den Grundsätzen und dem Sprachgebrauch der ZPO. entnehmen können; denn die GO. baut sich auf der Grundlage der ZPO. auf und gibt Bestimmungen lediglich im Anschluß an die Vorschriften der ZPO.; sie kann deshalb unmöglich mit den gleichen Worten einen anderen Sinn verbinden wollen, als die ZPO. Nun kennt die ZPO. sowohl die „Verbindung" getrennter Prozesse (§§ 147, 300 ZPO.), als auch die Anordnung der Verhandlung mehrerer in einer Klage erhobener Ansprüche in getrennten Prozessen (§ 145 ZPO.). Schon der Kläger kann mehrere An-

[15]) Vgl. oben N. 2 und Anm. 3.
[16]) RG. JW. 85 S. 194, 6; *Gruchot* 29, 1029.
[17]) RG. JW. 98 S. 288, 38; OLG. (Kolmar) 1, 332.

sprüche d. h. Rechtsschutzbegehren [18]) in einer Klage geltend machen (subjektive und objektive Klagenhäufung §§ 59, 60, 260 ZPO.); dann ist die Geltendmachung der Ansprüche zu einem Prozesse verbunden so lange, bis das Gericht die Trennung beschließt. Die Verbindung durch den Parteiwillen des Klägers kann aber, wenn man von der für unsere Untersuchung nicht interessierenden subjektiven Klagenhäufung absieht, nur erfolgen, wenn für die Ansprüche u. a. dieselbe Prozeßart zulässig ist (§ 260 ZPO.). Eine weitergehende Befugnis hat das Gericht; dasselbe kann bisher selbständige Prozesse nicht nur dann verbinden, wenn die Ansprüche in einer Klage hätten geltendgemacht werden können, sondern auch dann, wenn die Ansprüche in rechtlichem Zusammenhang stehen (§ 147 ZPO.). Die Verbindung erfordert einen Verbindungsbeschluß des Gerichts.

Wendet man diese Grundsätze auf den zu untersuchenden Fall an, so ergibt sich: Arrest und Hauptsache sind verschiedene „Ansprüche"; denn „Anspruch" im Sinne der ZPO. ist der Rechtsschutzanspruch, das Rechtsschutzbegehren, [19]) das verschieden bei Arrest und Hauptsache ist. Wollte man selbst „Anspruch" im materiellrechtlichen Sinne nehmen, so würde es sich ebenfalls um zwei verschiedene „Ansprüche" handeln; denn sonst würde mit der Anbringung des Arrestantrages auch die Rechtshängigkeit der Hauptsache eintreten. Diese verschiedenen Ansprüche können aber durch Parteiwillen niemals verbunden werden, weil die Prozeßarten ganz verschiedene sind, und schon die gleichzeitige Geltendmachung (durch Klagezustellung und Antragseinreichung) unmöglich ist; die Verbindung kann vielmehr nur durch Verbindungsbeschluß des Gerichts herbeigeführt werden. Daraus folgt, daß das Verfahren über den Arrest und das Verfahren über die Hauptsache immer getrennt sind bis zu dem Zeitpunkte, wo das Gericht die Verbindung beschließt, und daß erst vom Zeitpunkte der gerichtlichen Verbindung ab ein „Verbundensein" eintritt. 15

Daraus ergeben sich nun für die Frage der Gebührenerhebung folgende Resultate: 16

a) Für die Anbringung des Antrages auf Anordnung oder Aufhebung des Arrestes oder der einstweiligen Verfügung ist, wenn es nicht zur Verhandlung kommt, unter allen Umständen eine besondere Gebühr ($^3/_{10}$ als Prozeßgebühr) zu liquidieren, da in diesem Stadium von einem „Verbundensein" niemals die Rede sein kann. [20])

Das Reichsgericht hat indessen in ständiger Rechtsprechung diese besondere Gebühr verweigert; bei der großen praktischen Bedeutung dieser Frage und in Anbetracht der Tatsache, daß die Verweigerung der Gebühr in Anwaltskreisen allgemein, als Unbilligkeit empfunden wird, möge neben der vorausgeschickten Begründung der diesseitigen Ansicht eine eingehendere Würdigung der reichsgerichtlichen Rechtsprechung hier Platz finden. 17

Die Verweigerung wird in der Entscheidung des II. Zivilsenats vom 13. 3. 83 [21]) wie folgt begründet:

„Nach § 29 Nr. 4 GO. umfassen die in § 13 benannten Gebühren auch das Verfahren über einen Antrag auf Anordnung einer einstweiligen Verfügung, soweit dasselbe mit dem Verfahren in der Hauptsache ver-

[18]) Gaupp-Stein § 260, II.

[19]) Gaupp-Stein Vorb. zu § 253, III S. 515 und § 260, II. Vgl. RG. 26, 400.

[20]) Gleicher Ansicht sind Meyer-Irmler § 29 Anm. 5c.; Willenbücher in früh. Aufl. § 30 Anm. 2; (a. M. 6. Aufl. Anm. 3); Begemann a. a. O.

[21]) RG. 8, 428; IW. 83 S. 159.

> bunden ist, und es bestimmt demgemäß § 30, daß die Gebühren für dieses Verfahren nur besonders erhoben werden, sofern es vom Verfahren über die Hauptsache getrennt ist. Aus den Motiven, insbesondere zum § 30, geht hervor, daß der Gesetzgeber eine solche Trennung der Verfahren unterstellt, bei welchen durch eine besondere mündliche Verhandlung und bzw. Beweisaufnahme eine Mehrarbeit des Rechtsanwalts bedingt wird.
>
> Das Oberlandesgericht hat deshalb mit Recht angenommen, daß, obgleich der Antrag auf Erlassung der einstweiligen Verfügung in einem besonderen Schriftsatze eingereicht worden ist, eine Trennung des Verfahrens im Sinne der §§ 29 Nr. 4, 30 a. a. O. nicht stattgefunden habe, bzw., daß die Stellung eines Antrages in einem besonderen Schriftsatze noch nicht genüge, um für den einen oder anderen Parteibevollmächtigten den Anspruch auf eine besondere Prozeßgebühr zu begründen.
>
> Demnach ist bei Festsetzung der Anwaltsgebühr davon auszugehen, daß es sich sowohl in der Hauptsache als auch beim Antrage auf Erlassung der einstweiligen Verfügung um einen einheitlichen, ungetrennt verhandelten Rechtsstreit handle."

Dieselbe Ansicht mit der gleichen Begründung haben sodann auch andere Zivilsenate des Reichsgerichtes aufgestellt.[22]) In allen diesen Entscheidungen wird daran festgehalten: maßgebend für die Bewilligung einer besonderen Gebühr sei lediglich die Erwägung, daß es sich in allen in § 30 Nr. 2 vorgesehenen Fällen um eine Mehrarbeit des Rechtsanwaltes handle, welche besonders zu honorieren sei, sobald eine mündliche von dem Hauptverfahren gesonderte Verhandlung stattgefunden habe; es genüge deshalb die Stellung eines bezügliches Antrages in einem Schriftsatze für sich allein noch nicht, um den Anspruch des Prozeßbevollmächtigten auf eine besondere Prozeßgebühr zu begründen. — Dieser Auffassung des Reichsgerichtes haben sich auch die Instanzgerichte angeschlossen, und zwar zumeist, ohne in eine eigene selbständige Prüfung der Kontroverse einzutreten, lediglich mit der reichsgerichtlichen Begründung.[23])

Die Begründung des Reichsgerichtes ist indessen in mehrfacher Hinsicht unzutreffend.[24]) Unter völliger Außerachtlassung der in der ZPO. festgelegten Begriffe „Verbindung" und „Trennung" stützt sie sich ausschließlich auf die Motive zu § 30. Die Berufung auf die Motive ist aber hier deshalb ganz unzulässig, weil die entsprechende Bemerkung der Motive, wie bereits hervorgehoben, ledig-

---

[22]) Vgl. insbes. I. ZS. 14. 11. 83 (JW. 84 S. 9, 11), III. ZS. 29. 2. 84 (JW. S. 113, 19), III. ZS. 28. 1. 85 (JW. S. 126, 14; RG. 13, 322), V. ZS. 2. 5. 85 (JW. S. 194, 6; Gruchot 29, 1029), VI. ZS. 4. 6. 88 (JW. S. 289, 13), IV. ZS. 24. 9. 88 (NaumbAKZ. S. 95, 1), V. ZS. 19. 12. 88 (JW. 89 S. 43, 10; NaumbAKZ. 89 S. 13, 1), IV. ZS. 24. 11. 90 (NaumbAKZ. 91 S. 20), V. ZS. 3. 6. 93 (JW. S. 353, 38).

[23]) Vgl. z. B. OLG. Breslau FerienZS. 26. 7. 83 (Wallm. IX 84 S. 204, 205); OLG. Karlsruhe 12. 5. 85 (ZZP. 12, 171); OLG. Naumburg I ZS. 12. 12. 85 (Naumb. AKZ. 86 S. 37, 2); OLG. Kolmar III. ZS. 11. 5. 89 (JZfEL. 14. Jahrg. 89 S. 452) und I. ZS. 28. 6. 89 (ebenda S. 455); OLG. Cöln I. ZS. 31. 10. 90 Rhein.Arch. Bd. 82 Abt. I S. 36, 37); OLG. Kolmar I. ZS. 24. 2. 91 (JZfEL. 16. Jahrg. 91 S. 401—403); OLG. Karlsruhe 3. 12. 95 (Bad. AKZ. 97 S. 58, NaumbAKZ. 98 S. 19, 1); OAG. Hamm I. ZS. 12. 2. 96 (NaumbAKZ. 96 S. 50, IX). Ebenso auch ObLG. München 3. 1. 99 in SeuffBl. 99 S. 406. Dagegen für die hier vertretene Auffassung OLG. Naumburg 22. 11. 87 (NaumbAKZ. 88 S. 6, 1).

[24]) Vgl. hierzu Begemann in ZZP. 28, 448 ff.

lich die im Entwurfe vorgeschlagene, aber durch die Reichstagskommission beseitigte Bestimmung rechtfertigen sollte, daß die Prozeßgebühr in allen Fällen auf die Prozeßgebühr der Hauptsache anzurechnen sei. Schon aus diesem Grunde kann das vom Reichsgerichte für seine Ansicht geltendgemachte, ursprüngliche gesetzgeberische Motiv, wonach als wesentliche Voraussetzung für die besondere Honorierung diejenige Mehrarbeit des Rechtsanwaltes zu betrachten sei, welche durch eine besondere mündliche Verhandlung und bzw Beweisaufnahme in dem von der Hauptsache getrennten Verfahren bedingt werde, nicht maßgebend sein, nachdem, wie gezeigt, der auf dieses Motiv gegründete Gesetzesvorschlag (§ 30 Absatz 2 der Regierungsvorlage) die Zustimmung der übrigen gesetzgebenden Faktoren nicht erlangt hat, und somit dieses Motiv selbst für aufgegeben zu erachten ist. Dasselbe entbehrt aber auch an sich der Berechtigung. In dem einen Arrest oder eine einstweilige Verfügung betreffenden Verfahren ist der Zuwachs an Arbeit und Zeitaufwand für den in der Hauptsache zum Prozeßbevollmächtigten bestellten Rechtsanwalt nicht bloß in einer besonderen mündlichen Verhandlung bzw. Beweisaufnahme zu finden, vielmehr enthält gerade auch die besondere Informationseinziehung, die Sammlung des Materials zur Glaubhaftmachung und der ganze einleitende Geschäftsbetrieb für ein solches Verfahren eine bedeutende Arbeitsvermehrung; auch die besondere Anfertigung eines Arrestgesuches verursacht im Hinblick auf die gesetzlich vorgeschriebene, umständliche und schlüssige Substantiierung in Ansehung der Arrestgründe sowie des Arrestanspruches selbst und deren Glaubhaftmachung, mit Rücksicht ferner auf die besondere Prüfung der Zuständigkeitsfrage und auf etwaige damit im Zusammenhange stehende, notwendige Erörterungen über die zu wählenden Arrestobjekte, deren rechtliche Lage und Beschaffenheit, 2c. 2c. dem Rechtsanwalte in allen Fällen einen beträchtlichen Mehraufwand an Zeit und Arbeitsanstrengung, ganz abgesehen davon, daß gerade die Anbringung derartiger Anträge in der Regel eine ganz besonders schleuniges und schlagfertiges Eingreifen der anwaltlichen Tätigkeit erforderlich macht, was für die besondere Honorierung doch ebenfalls ins Gewicht fallen muß. Die Motive zu § 30 sind demnach hier für die Auslegung überhaupt nicht zu verwenden, und es ist verfehlt, wenn das Reichsgericht aus den Motiven zu § 30 eine Auffassung des Gesetzgebers über die Begriffe „Verbundensein“ und „Getrenntsein“ entnehmen zu können glaubt, welche die vorher erörterte Auffassung der ZPO. in ihr Gegenteil verkehrt. Das Reichsgericht geht für die Festsetzung der Anwaltsgebühr davon aus, daß Arrestverfahren und Hauptsache einen „einheitlichen Rechtsstreit“ bilden, so lange, bis getrennt verhandelt wird, während nach den bereits eingehend erörterten Grundsätzen der ZPO. Arrestverfahren und Hauptsache so lange als zwei verschiedene Rechtsstreite zu erachten sind, bis ein Gerichtsbeschluß sie verbindet.

Für die hier vertretene Auffassung und gegen die Ansicht des Reichsgerichts spricht aber ferner noch eine andere, aus dem Wortlaute der §§ 30 und 29 entnommene Erwägung. Beide Paragraphen sprechen nur von der Verbindung bzw. Trennung des „Verfahrens über einen Antrag auf Anordnung“ 2c. Unter „Verfahren“ kann man aber immer nur das Verfahren vor Gericht verstehen. Es mag nun dahingestellt bleiben, ob der Antrag auf Anordnung eines Arrestes bzw. auf Erlaß einer einstweiligen Verfügung schon zum „Verfahren“ im Sinne der fraglichen Gesetzesvorschriften zu rechnen ist, weil die verschiedenartige Behandlung der fertigen Anwaltsschriften hinsichtlich der Gebührenpflichtigkeit mit Rücksicht auf den im § 14 der GO. aufgestellten Gesichtspunkt — je nachdem dieselben noch im Büreau des Rechtsanwaltes lagern oder bereits bei Gericht eingereicht sind 2c. — der einwandsfreien

Entscheidung dieser Frage Schwierigkeiten bereiten kann.[25]) Sicherlich kann jedoch darüber kein Zweifel bestehen, daß die Informationseinziehung, welche die Anfertigung eines Antrages dieser Art erst ermöglichen soll, außerhalb des gedachten „Verfahrens" liegt, daß also die Vorschrift in § 29 Nr. 4 und in § 30 Nr. 2 auf die als Vergütung für diese Informationseinziehung bestimmte Prozeßgebühr keinen unmittelbaren Bezug haben kann, daß vielmehr die Erhebung einer besonderen Prozeßgebühr gemäß den Erörterungen unter II in allen Fällen gerechtfertigt erscheint, in denen zwecks Anbringung eines Arrestgesuches oder eines Antrages auf Erlaß einer einstweiligen Verfügung der Rechtsanwalt eine besondere, von der Informationseinziehung für das Hauptverfahren verschiedene informatorische Tätigkeit ausgeübt und das Ergebnis dieser Tätigkeit in einem besonderen, von der Hauptklage getrennten Schriftsatze zum Ausdrucke gebracht hat. Eine besondere Informationseinziehung ist aber immer notwendig, weil für das Arrestverfahren zu der Information über den Anspruch auch die Sammlung des Materials für den Arrestgrund und für die Glaubhaftmachung hinzukommt.[26])

Endlich darf auch nicht ganz unberücksichtigt bleiben, daß die — den berechtigten Schluß auf eine besondere Informationseinziehung zulassende — Anfertigung und Einreichung eines besonderen Schriftsatzes in den beregten Fällen nach den Vorschriften der Zivilprozeßordnung die Regel bildet. Denn nach § 920 bzw. § 936 der ZPO. wird das Verfahren über einen Arrest oder eine einstweilige Verfügung eingeleitet durch ein besonderes schriftliches[27]) Gesuch an das Gericht, nicht durch einen an den Gegner zuzustellenden Schriftsatz. Ein solches besonderes Gesuch ist stets erforderlich, auch dann, wenn die Klage wegen des Hauptanspruches gleichzeitig zur Terminsbestimmung auf der Gerichtsschreiberei niedergelegt wird; denn die Urschrift jenes Gesuches muß bei den Gerichtsakten bleiben, während die Urschrift der Hauptklage an den Kläger zurückgeht. Dieser gesetzlich vorgesehenen Verschiedenheit in der Form der Anhängigmachung der beiden Prozeduren wird in den von den meisten deutschen Justizverwaltungen für die Gerichtsschreibereien erlassenen Geschäftsordnungen auch bei der büreaumäßigen Behandlung der entsprechenden Prozeßsachen Rechnung getragen, indem für die ordentlichen Zivilprozesse einerseits und für Arreste und einstweilige Verfügungen andererseits sowohl bei den Amtsgerichten als auch bei den Landgerichten zumeist die Anlegung besonderer Aktenstücke bzw. Blattsammlungen, sowie eine durchaus getrennte Behandlung der bezüglichen Schriftstücke in den Registern bzw. Listen vorgeschrieben ist.[28])

---

[25]) Weiter geht Begemann a. a. O. S. 453, welcher annimmt und an der Hand der Motive zu § 23 nachzuweisen sucht, daß die „Anträge" von dem „Verfahren über die Anträge" zu unterscheiden sind, und auf erstere die Bestimmungen der §§ 30, 29 sich gar nicht beziehen.

[26]) Daß diese Informationen für Hauptsache und Arrest gleichzeitig gegeben werden, kann nicht, wie Pfafferoth § 30 Anm. 5 annimmt, die besondere Mühewaltung und damit die besondere Gebühr ausschließen.

[27]) Ein in der mündlichen Verhandlung der Hauptsache mündlich erklärtes Gesuch dieser Art bildet keine geeignete Grundlage für die Anordnung des Arrestes bzw. der einstweiligen Verfügung und verpflichtet das Gericht nicht zur Berücksichtigung, da es weder zur Verhandlung der Hauptsache gehört, noch die Form eines „Gesuchs" im Sinne der ZPO. hat. S. vWilmLevy ZPO. in Anm. 1 zum früheren § 800. Gaupp-Stein § 920, I Anm. 3.

[28]) S. für Preußen die Geschäftsordnung für die Gerichtsschreibereien der Amtsgerichte vom 1. 8. 79 (Anlage I zum JMBl. Nr. 32 von 79) § 23 Abs. 6 und Abs. 10, 3, sowie die Geschäftsordnung für die Gerichtsschreibereien der Landgerichte vom 3. 8. 79

b) Kommt es zu einer Verhandlung über den Antrag, und ist dieselbe 18
von der Verhandlung über die Hauptsache getrennt, so kann die besondere Gebührenerhebung keinem Zweifel unterliegen; es entsteht eine Verhandlungsgebühr von $^5/_{10}$ nach § 20 GO.

Auch die Prozeßgebühr entsteht in Höhe von $^5/_{10}$ bzw. sie erhöht sich von $^3/_{10}$ auf $^5/_{10}$. Der V. Zivilsenat des Reichsgerichts [29]) kommt in diesem Falle zu dem eigentümlichen Ergebnis, daß zwar für die getrennte Verhandlung eine Verhandlungsgebühr, nicht jedoch auch eine Prozeßgebühr zu liquidieren sei. Diese Ansicht beruht auf der als irrtümlich nachgewiesenen Unterstellung, daß Arrestverfahren und Hauptsache so lange als „einheitlicher Rechtsstreit" anzusehen sei, bis eine Trennung stattgefunden; sie verkennt aber auch, daß die Trennung der Verhandlung ein „Getrenntsein" des Verfahrens über den Arrest vom Verfahren über die Hauptsache bedeutet, und daß die besonders abzugeltende Vertretung in jenem getrennten Verfahren außerhalb der mündlichen Verhandlung, die nur ein Teil des getrennten Verfahrens ist, die Prozeßgebühr zur Entstehung bringt. Auch der Regierungsentwurf ging mit Recht davon aus, daß in diesem Falle außer der Verhandlungsgebühr auch eine Prozeßgebühr entstehe; er wollte nur dieselbe, nachdem sie entstanden, auf die spätere Prozeßgebühr in der Hauptsache anrechnen; und nur diese Anrechnungspflicht hat der Gesetzgeber gestrichen. Ist sonach auch eine Prozeßgebühr und zwar in Höhe von $^5/_{10}$ zu liquidieren, so kann nur noch in Frage kommen, ob daneben dem Anwalte für den Antrag die Prozeßgebühr von $^3/_{10}$ aus § 23 verbleibt. Dies ist zu verneinen. Die Prozeßgebühr von $^5/_{10}$ entlohnt die gesamte Tätigkeit des Anwalts außerhalb der mündlichen Verhandlung, insbesondere auch den Antrag, so daß für eine doppelte Gebühr kein Raum bleibt. [30])

Daß eine besondere Beweis- und weitere Verhandlungsgebühr entstehen kann, ist nicht zweifelhaft. Auch die Vergleichsgebühr kann entstehen, fraglich ist dies nur, wenn durch denselben Vergleich sowohl die Hauptsache als auch das Arrestverfahren erledigt wird. Das Reichsgericht [31]) lehnt in solchem Falle die besondere Vergleichsgebühr für das Arrestverfahren ab, weil in dem Vergleiche beide Sachen verbunden waren. Dies wird für den gerichtlichen Vergleich zutreffen, weil hier eine gerichtlich angeordnete Verbindung angenommen werden kann. Aber auch beim außergerichtlichen Vergleich wird man den — in diesem Stadium durch die ZPO. (§ 260) nicht mehr gehinderten — Parteiwillen auf Verbindung beider Verfahren unterstellen müssen, wenn nicht aus Form und Inhalt des Vergleichs sich das Gegenteil ergibt; in letzterem Falle wird die Vergleichsgebühr besonders zu liquidieren sein. [32])

c) Wird die Verhandlung über den Arrest 2c. mit der über die Haupt- 19
sache verbunden, was jedenfalls erst nach der Einreichung des Antrages geschehen kann, [33]) so kann eine besondere Verhandlungsgebühr nicht entstehen. Es

(Anlage II zum JMBl. Nr. 32 von 79) § 19 Abs. 7, 2, woselbst insbesondere angeordnet ist, daß alle Anträge auf Erlaß von Arrestbefehlen und einstweiligen Verfügungen unter besonderer Nummer in den Zivilprozeßregistern einzutragen sind.

[29]) RG. V. ZS. 2. 5. 85 (JW. 85, S. 194, 6; Gruchot 29, 1029).

[30]) Vgl. hierzu die Erl. zu § 20 N. 52 und Anm. 47.

[31]) RG. JW. 92 S. 372, 10.

[32]) Insoweit ist die Ausführung zu § 13 N. 58 bei Anm. 71 zu ergänzen.

[33]) Die Frage, ob der Verbindungsbeschluß nicht auch hier eine getrennte mündliche Verhandlung voraussetzt, mag auf sich beruhen bleiben; immerhin wäre schon in dieser Verhandlung das Verfahren über den Arrest von dem Verfahren über die Hauptsache nicht mehr „getrennt", da die Erörterung, ob die Verbindung sich empfiehlt, eben beide Angelegenheiten umfassen muß.

ist aber bereits für den Antrag, wie wenn es nicht zur Verhandlung gekommen wäre, die Prozeßgebühr mit $^3/_{10}$ entstanden, weil „insoweit" die beiden Verfahren getrennt waren (vgl. die Erörterungen zu N. 12). Daß die bereits entstandene Prozeßgebühr nicht durch die Anordnung der mündlichen Verhandlung wieder entzogen werden kann, folgt schon aus der selbständigen Natur der Prozeßgebühr;[34]) die nachträgliche Entziehung wäre aber auch im höchsten Grade unbillig: nicht genug, daß die Anordnung der mündlichen Verhandlung dem Anwalt eine bedeutende Mehrarbeit aufbürdet, für welche er keine Gebühr bezieht, soll sie ihm auch die bereits verdiente Gebühr für die ursprüngliche Arbeit nehmen! Eine solche Unbilligkeit kann nicht in der Absicht des Gesetzgebers gelegen haben.[35])

20 4. Die Gebühren für das Arrestverfahren brauchen auf etwaige Gebühren desselben Anwalts für die Hauptsache nicht angerechnet zu werden. Die Bestimmung des Abs. 2 des Entwurfs, die die Anrechnung für die Prozeßgebühr vorschrieb, ist gestrichen bzw. auf einen anderen Fall eingeschränkt worden.

21 Eine andere Frage ist es aber, ob, wenn im Falle des § 942 ZPO. zunächst das Amtsgericht um Erlaß einer einstweiligen Verfügung angegangen und sodann über die Rechtmäßigkeit vor das Gericht der Hauptsache geladen ist, die Gebühren für das Verfahren vor dem Amtsgericht und die für das Verfahren vor dem Gericht der Hauptsache nebeneinander zu liquidieren sind. Die Frage ist zu verneinen und es sind die Gebühren nur einmal mit je $^5/_{10}$ (Prozeßgebühr und Verhandlungsgebühr) zu liquidieren. Vor dem Gericht der Hauptsache beginnt nicht etwa ein neues selbständiges Verfahren oder eine höhere Instanz, sondern es wird nur das Verfahren über die Anordnung einer einstweiligen Verfügung behufs Erlassung einer endgültigen Entscheidung an Stelle der provisorischen fortgesetzt. Beide Verfahren bilden, ebenso wie wenn dasselbe Gericht eine einstweilige Verfügung erlassen und auf Widerspruch über die Rechtmäßigkeit erkannt hätte, ein einheitliches Ganzes. Dazu kommt noch, daß nach § 35 Nr. 3 GKG., auf welches § 23 Nr. 1 GO. verweist, die Gebühr für das Beschlußverfahren nicht zur Hebung kommt, soweit nachträglich eine Gebühr aus § 26 Nr. 9 GKG. erhoben wird.[36])

22 C. Vorläufige Einstellung, Beschränkung oder Aufhebung einer Zwangsvollstreckung (§ 30 Abs. 1 Nr. 2 und Abs. 2).

Der § 30 Nr. 2 führt neben dem Arrest und der einstweiligen Verfügung auch die vorläufige Einstellung, Beschränkung oder Aufhebung der Zwangsvollstreckung auf, und macht im Zusammenhang mit § 29 Nr. 4 die Erhebung besonderer Gebühren davon abhängig, inwieweit das Verfahren von dem Verfahren über die Hauptsache getrennt oder mit demselben verbunden ist.

23 1. Während beim Arrest und der einstweiligen Verfügung das Verfahren über dieselben grundsätzlich als so lange von dem Verfahren über die Hauptsache getrennt anzusehen ist, bis eine Verbindung eintritt, ist es hier umgekehrt: das Verfahren über Anträge auf Einstellung rc. der Zwangsvollstreckung ist an sich kein selbständiges, sondern ein Annexum des Hauptverfahrens; es ist daher nicht ohne weiteres von dem Verfahren über die Hauptsache getrennt, die Trennung muß vielmehr immer erst besonders angeordnet werden.[37])

---

[34]) Erl. zu § 13 N. 23.

[35]) Die hier vertretene Ansicht teilen Meyer-Irmler § 29 Anm. 5a und Drucker Anm. 1a.

[36]) Vgl. KG. XII in OLG. 2, 271. Vgl. auch Erl. § 20 N. 52 Anm. 48.

[37]) RG. in NaumbAKZ. 91 S. 14, 1; LG. Dessau in NaumbAKZ. 98 S. 10.

Diese Trennung wird in der Regel nur für die mündliche Verhandlung angeordnet werden.

2. Daraus ergibt sich für die Gebührenerhebung folgender Zustand: 24
a) Wird mündliche Verhandlung nicht angeordnet oder findet die mündliche Verhandlung nicht getrennt von der der Hauptsache statt, so ist weder eine Prozeßgebühr noch eine Verhandlungsgebühr zu liquidieren.

b) Findet eine von der Hauptsache getrennte mündliche Verhandlung statt, 25
so ist sowohl die Verhandlungsgebühr mit $^3/_{10}$ nach § 23 i. V. m. § 35 Nr. 1 GKG., als auch die Prozeßgebühr mit $^3/_{10}$ zu liquidieren, letztere aus den bei B in N. 18 erörterten Gründen.

3. Die Einstellungsanträge aus §§ 707, 719 ZPO. sind zwar bei § 29 26
Nr. 4 als zur Instanz gehörig angeführt, nicht jedoch auch bei § 30 Nr. 2 als besonders gebührenpflichtig im Falle der Trennung der Verfahrens. Daraus wird gefolgert, daß jene Anträge immer zur Instanz gehören und niemals besonders gebührenpflichtig sind.[38]) Da indessen auch sie gemäß § 29 Nr. 4 nur dann zur Instanz gehören, wenn das Verfahren mit dem der Hauptsache verbunden ist, muß trotz ihrer Weglassung in den Zitaten zu § 30 Nr. 2 von ihnen dasselbe gelten, wie von den anderen Anträgen.[39])

4. In dringenden Fällen kann die Anordnung vom Vollstreckungs- 27
gericht unter Bestimmung einer Frist zur Beibringung der Entscheidung des Prozeßgerichts erlassen werden (§ 769 ZPO.). Hier sind zwei Anträge bei verschiedenen Gerichten notwendig. Das Verfahren vor dem Vollstreckungsgericht ist hier von dem Verfahren über die Hauptsache getrennt; darum ist für ersteres eine Prozeßgebühr von $^3/_{10}$ begründet und im Falle mündlicher Verhandlung auch eine Verhandlungsgebühr von $^3/_{10}$. Für das Verfahren vor dem Gericht der Hauptsache dagegen sind Gebühren nur dann zu erheben, wenn dasselbe vom Verfahren über die Hauptsache getrennt ist. Ist dies der Fall, so würde an sich die Prozeßgebühr und Verhandlungsgebühr mit je $^3/_{10}$ von neuem entstehen. Nach der besonderen Vorschrift des Absatzes 2 des § 30 soll jedoch die Prozeßgebühr für das Verfahren beim Vollstreckungsgericht und das beim Prozeßgericht zusammen nur einmal erhoben werden. Etwaige Verhandlungsgebühren werden indes von dieser Vorschrift nicht betroffen; die Verhandlungsgebühr kann daher für jedes Verfahren besonders liquidiert werden.

D. Kostenfestsetzung. (§ 30 Abs. 1 Nr. 3 und Abs. 3 Satz 1.) 28

Nach Nr. 3 des ersten Absatzes des § 30 werden die Gebühren besonders erhoben für die Tätigkeit bei Streitigkeiten und Anträgen, welche die im GKG. § 38 Nr. 1 bezeichneten Angelegenheiten betreffen. § 38 Nr. 1 GKG. betrifft:

> Anträge auf Festsetzung der vom Gegner zu erstattenden Prozeßkosten, sofern dieselbe im besonderen Verfahren erfolgt (ZPO. § 105), oder auf Abänderung der Kostenfestsetzung (ZPO. § 107).

1. Die Höhe der Gebühren in diesem Verfahren ist in § 23 bestimmt.[40]) 29
Nach den Ausführungen zu II. N. 4 sind diese Gebühren schon deshalb immer besonders zu erheben, weil das Verfahren nicht im § 29 als zur Instanz gehörig bezeichnet ist; auch die ZPO. (§ 104 Abs. 2) behandelt die Kostenfestsetzung als nicht zu der Instanz gehörig, in welcher die Kosten entstanden sind, sondern verweist sie immer an das Gericht erster Instanz. Der § 30 stellt dies noch besonders klar.

---

[38]) Pfafferoth § 30 Anm. 9; Meyer-Irmler § 29 Anm. 5d.
[39]) Vgl. hierzu die Ausführungen zu II N. 4.
[40]) Vgl. § 23 N. 20—24.

30 2. Wenn nun auch die Kostenfestsetzung gegenüber dem Rechtsstreit, in dem die Kosten entstanden sind, als besonderes gebührenpflichtiges Verfahren anerkannt ist, so kann doch noch der Zweifel entstehen, ob dieses Verfahren als solches als eine Instanz zu behandeln ist, so daß für sämtliche in demselben vorkommenden Anträge nur einmal Gebühren zu erheben wären. Die GO. hat dies nirgends ausgesprochen, vielmehr im Absatz 3 nur angeordnet, daß die Festsetzung der Kosten und die Abänderung der Kostenfestsetzung im Sinne des § 67 ZPO. Eine Instanz bilden sollen. Da nun aber die Zulässigkeit wiederholter Kostenfestsetzungen in demselben Verfahren in der Theorie allgemein angenommen und von den Vereinigten Zivilsenaten des Reichsgerichts durch Beschluß vom 9. 2. 91 anerkannt ist,[41]) so rechtfertigt die Tatsache, daß der Gesetzgeber bei der Revision der GO. sich auf die Anordnung der Zusammengehörigkeit der Festsetzung und der Abänderung dieser Festsetzung aus § 107 ZPO. beschränkt hat, den Schluß, daß im übrigen die wiederholten Festsetzungen nicht als eine Instanz anzusehen, sondern immer besonders gebührenpflichtig sind.[42]) Überdies würde, wenn das ganze Festsetzungsverfahren in allen seinen Stadien als eine einzige Instanz hätte angesehen werden sollen, die Anordnung der Zusammenfassung von Festsetzung und Abänderung zu einer Instanz überflüssig gewesen sein, so daß auch schon aus der ausdrücklichen Anordnung in dem einen Falle sich das Gegenteil für die anderen Fälle ergibt.[43])

31 3. Die Wertsberechnung wird sich im Falle der Festsetzung und Abänderung der Festsetzung folgendermaßen stellen: Wird die Herabsetzung der Kosten beantragt, so entsteht eine weitere Gebühr neben der durch den früheren Festsetzungsvertrag verdienten nicht, da der Streitwert in dem Streitwert des ersten Antrages enthalten ist. Wird die Erhöhung beantragt, so ist der Streitwert höher als der frühere; es bleibt daher Raum für eine neue Gebühr, die in dem Mehrbetrag der nach den Gesamtkosten zu berechnenden Gebühr besteht. Ist also der Kostenbetrag auf 100 Mk. festgesetzt (Gebühr 1 M. 20 Pf.) und später Erhöhung auf 200 M. beantragt (Gebühr 2 M. 10 Pf.), so ist für den Abänderungsantrag 90 Pf. zu liquidieren, da für beide Anträge nicht über 2 M. 10 Pf. erhoben werden dürfen.[44])

32 E. Rückgabe einer Sicherheit (§ 30 Abs. 1 Nr. 3 und Abs. 3 Satz 2).

---

[41]) RG. 27, 402.

[42]) Gl. A. Walter in früh. Aufl. Erl. IV; Meyer-Irmler § 30 Anm. 3^{b}; Willenbücher S. 58 Nr. 8; OLG. Jena in NaumbAKZ. 91 S. 104; LG. I Berlin in KGBl. 93 S. 91; OLG. Königsberg in Pos. Mschr. 99 S. 65; vgl. auch JW 00 S. 330 und S. 385; a. M. LG. Naumburg in NaumbAKZ. 91 S. 81.

[43]) Eine andere Frage ist, ob die Kosten der wiederholten Festsetzung erstattungsfähig sind. Es wird nach § 91 ZPO. darauf ankommen, ob sie zur zweckentsprechenden Rechtsverfolgung notwendig waren. In der Tat kann in vielen Fällen die Wiederholung einer Festsetzung geboten und unvermeidlich sein, z. B. im Falle der Nachliquidation von Gerichtskosten, die von der unterliegenden Partei nicht beigetrieben werden konnten und deshalb von der obsiegenden Partei eingefordert sind, oder falls wegen der Kosten jeder Instanz besondere Festsetzung nachgesucht wird, was rücksichtlich der Kosten der höheren Instanz namentlich dann gerechtfertigt erscheint, wenn über dieselben bereits definitiv erkannt ist, während die Entscheidung über die Kosten der Vorinstanz noch aussteht, etwa noch von einem Eide abhängig ist. Vgl. Meyer-Irmler § 30 Anm. 3^{b}; OLG. Karlsruhe in Bad. AKZ. 96 S. 75; LG. I Berlin in KGBl. 01 S. 91; LG. I ebendort 90 S. 33; Kammergericht ebendort 90 S. 49; OLG. Jena und OLG. Naumburg in Naumb. AKZ. 91 S. 104 und 95 S. 12. Jedenfalls aber sind die mehrfachen Anwaltsgebühren insoweit erstattungsfähig, als bei einmaliger Gesamtliquidation eine höhere Wertstufe und dadurch eine höhere Gebühr entstanden sein würde. Vgl. OLG. Königsberg in Pos. Mschr. 99 S. 65.

[44]) Vgl. Motive zur ZP.-Novelle zu EG. Art. IV § 38 S. 209.

Nach Nr. 3 des ersten Absatzes des § 30 werden die Gebühren ferner besonders erhoben im Falle des § 38 Nr. 2 GKG., welcher betrifft:

> Anträge auf Bestimmung einer Frist zur Rückgabe und auf Anordnung der Rückgabe einer Sicherheit in den Fällen des § 109 Abs. 1, 2 ZPO.

Hier ist zunächst hervorzuheben, daß nur Rückgabeanträge aus § 109 ZPO. durch § 30 für besonders gebührenpflichtig erklärt sind, nicht auch Rückgabeanträge aus § 715 ZPO.; indessen ist bezüglich der letzteren bereits in den Erl. zu § 13 N. 18 des näheren ausgeführt worden, daß auch sie trotz Nichterwähnung im § 30 besonders zu honorieren sind.

Was nun die hier aufgeführten Anträge aus § 109 ZPO. anbetrifft, so ist zu bemerken:

1. Die Höhe der Gebühren bestimmt § 23 Nr. 1 i. Verb. mit § 38 Nr. 2 GKG. auf drei Zehnteile.[45])

2. Die Gebühr ist eine Pauschgebühr für das ganze Rückgabeverfahren, das in der Regel zwei Anträge erfordert, den Antrag auf Fristbestimmung und den Antrag auf Anordnung der Rückgabe; die Gebühr ist daher nur einmal zu erheben.[46]) Dies ist die Bedeutung des zweiten Satzes des Absatz 3 des § 30. Wird dagegen gemäß § 109 Abs. 4 ZPO. Beschwerde eingelegt, so eröffnet dieselbe eine neue Instanz, für welche besondere Gebühren zu erheben sind.

Vorbemerkung zu §§ 31—35, 39.

Die §§ 31—35 und 39 bestimmen den für die Gebührenerhebung festzusetzenden Begriff der Instanz in dem Zwangsvollstreckungsverfahren, da dasselbe in seiner mannigfaltigen Entwicklung und bei der infolgedessen höchst verschiedenartigen Tätigkeit des Rechtsanwaltes nicht immer als eine einzige Instanz aufgefaßt werden kann.

§ 31.

In der Zwangsvollstreckung bildet eine jede Vollstreckungsmaßregel zusammen mit den durch dieselbe vorbereiteten weiteren Vollstreckungshandlungen bis zu der durch die Maßregel zu erlangenden Befriedigung des Gläubigers Eine Instanz.

Die landesgesetzlichen Bestimmungen in betreff der Gebühren für eine den Vorschriften der Zivilprozeßordnung nicht unterliegende Zwangsvollstreckung bleiben unberührt.

Vorbemerkung.

Der § 31 gibt in seinem ersten Absatz den regelmäßigen Begriff der Instanz in der Zwangsvollstreckung, während die §§ 32—35, 39 Modifikationen und Ausnahmen der Regel enthalten. Der zweite Absatz enthält den Vorbehalt landesgesetzlicher Bestimmungen für alle Arten von Zwangsvollstreckung, die nicht in der ZPO. geregelt sind.

Erläutert werden:

I. Entstehungsgeschichte (1).
II. Anwendungsgebiet des ersten und des zweiten Absatzes des § 31 (2—5).
III. Instanzen der Zwangsvollstreckung (6 bis 12).

I. Entstehungsgeschichte. 1. Bis zum 1. 1. 00 hatte der Absatz 2 die Fassung: „für eine den Landesgesetzen unterliegende Zwangsvollstreckung", 1

[45]) Vgl. Erl. zu § 23 N. 25—28.
[46]) Vgl. auch Erl. zu § 23 N. 27.

da die Zwangsvollstreckung in das unbewegliche Vermögen im wesentlichen landesgesetzlich geordnet war. Nachdem durch Reichsgesetz über die Zwangsversteigerung und die Zwangsverwaltung vom 24. 3. 97 auch diese Arten der Zwangsvollstreckung reichsgesetzlich geordnet worden, ist die jetzige Fassung durch die Novelle vom 17. 5. 98 gewählt worden, die eine materielle Änderung nicht enthält.

2. Motive. Der § 31 gibt den regelmäßigen Begriff der Instanz in der Zwangsvollstreckung. Auch für diese zeigte sich aus den schon mehrfach erörterten Gründen das Bedürfnis tunlichst die Einzelhandlungen für die Gebührenbemessung zusammenzufassen und also insofern von den entsprechenden Bestimmungen des Gerichtskostengesetzes (§§ 35, 39) abzuweichen. Die Durchführung jeder einzelnen Vollstreckungsmaßregel gibt sowohl für den Rechtsanwalt des Gläubigers, wie für den des Schuldners, falls dessen Tätigkeit überhaupt eintritt, die natürlichen Grenzen eines an sich abgeschlossenen Verfahrens. Demgemäß spricht § 31 im ersten Absatze die Regel dahin aus, daß jede Vollstreckungsmaßregel mit den durch dieselbe vorbereiteten weiteren Vollstreckungshandlungen bis zu der durch die Maßregel herbeigeführten Befriedigung des Gläubigers eine Instanz bilden soll. Diese Regel bezieht sich aber nicht auf das Verteilungsverfahren (ZPO. §§ 758 bis 763, 768), welches als ein für sich bestehendes Verfahren weiter unten (§ 39) besonders in Betracht gezogen ist. Der Vorbehalt des zweiten Absatzes beruht darauf, daß die Zwangsvollstreckung in das unbewegliche Vermögen nach § 757 der ZPO. sich nach der Landesgesetzgebung bestimmt und daher auch die Vergütung der Anwaltstätigkeit in derselben nach § 1 des Entwurfes diesem nicht unterliegt. Insoweit nach § 755 a. a. O. eine Anordnung der Zwangsvollstreckung in ein Grundstück durch das Amtsgericht als Vollstreckungsgericht erfolgen muß, steht dem Rechtsanwalte für einen Antrag auf Erlaß dieser Anordnung eine Gebühr nach den Vorschriften dieses Gesetzes zu.

Die Regel des ersten Absatzes erleidet ferner die in den folgenden Paragraphen bezeichneten Modifikationen und Ausnahmen.

2 **II. Anwendungsgebiet des ersten und des zweiten Absatzes des § 31.**

Aus dem Zusammenhang der beiden Absätze des § 31 sowie aus der Regel des § 1 ergibt sich, daß hier nur in Betracht kommen die Vollstreckungsmaßregeln, welche ihre Ordnung in der Zivilprozeßordnung gefunden haben, daß dagegen auszuscheiden sind und sowohl bezüglich der Gebühren als auch bezüglich der Normierung des Instanzbegriffes der landesgesetzlichen Bestimmung unterliegen alle diejenigen Vollstreckungsmaßregeln, welche in anderen Gesetzen als in der Zivilprozeßordnung, seien jene nun Reichs- oder Landesgesetze, geregelt sind.

3 A. In der ZPO. (VIII. Buch: Zwangsvollstreckung) sind geregelt und fallen deshalb unter die Reichsgebührenordnung und unter die Bestimmung des Abs. 1 des § 31 — vorbehaltlich der Modifikationen der §§ 32—35, 39 — folgende Vollstreckungsmaßregeln:

1. Die Zwangsvollstreckung wegen Geldforderungen und zwar:

a) die Zwangsvollstreckung in das bewegliche Vermögen, wobei unterschieden wird α) die Zwangsvollstreckung in körperliche Sachen (§§ 808 bis 827 ZPO.),

β) die Zwangsvollstreckung in Forderungen und andere Vermögensrechte (§§ 828—863 ZPO.),

γ) das Verteilungsverfahren (§§ 872—882 ZPO.).

b) Von der Zwangsvollstreckung in das unbewegliche Vermögen — welcher unterliegen die Grundstücke, die Berechtigungen, für welche die sich auf Grundstücke beziehenden Vorschriften gelten, und die im Schiffsregister eingetragenen Schiffe (§ 864 ZPO.) — ist in der ZPO. nur die Eintragung einer Sicherungshypothek geregelt (§§ 866—868 ZPO.),[1] während die Zwangsversteigerung und Zwangsverwaltung einem besonderen Gesetze vorbehalten sind (§ 869 ZPO.).

2. Die Zwangsvollstreckung zur Erwirkung der Herausgabe oder Leistung von Sachen (§§ 883—886 ZPO.).

3. Die Zwangsvollstreckung zur Erwirkung von Handlungen oder Unterlassungen (§§ 887—898 ZPO.).

4. Offenbarungseid und Haft (§§ 899—915 ZPO.).

B. In der ZPO. sind nicht geregelt und unterstehen deshalb landesgesetzlicher Bestimmung: 4

1. Die Zwangsversteigerung und die Zwangsverwaltung nach dem Reichsgesetze vom 24. 3. 97.[2]) Nach dem früheren Recht konnte es zweifelhaft sein, ob nicht für den Antrag auf Anordnung der Immobiliar-Zwangsvollstreckung reichsgesetzlich (§ 23 Nr. 2 GO.) zu liquidieren war, weil § 755 ZPO. diese Anordnung dem Amtsgericht als Vollstreckungsgericht überwies;[3]) nach jetzigem Recht ist § 755 in Fortfall gekommen und auch die Anordnung in §§ 15, 146 des ZVG. geregelt, so daß die Anwendung landesgesetzlicher Gebührenvorschriften auch für den Antrag auf Anordnung keinem Zweifel unterliegt.

2. Die Zwangsvollstreckung wegen Geldforderungen gegen den Fiskus, eine Körperschaft, Stiftung oder Anstalt des öffentlichen Rechts oder eine unter der Verwaltung einer öffentlichen Behörde stehende Körperschaft oder Stiftung, soweit dieselbe nach dem Vorbehalte des § 15 Nr. 3 EGzZPO. landesgesetzlich geregelt ist.[4])

3. Die Vollstreckung von Entscheidungen und Anordnungen der Verwaltungsbehörden und Verwaltungsgerichte.[5])

C. Die Anwendbarkeit der Vorschriften des achten Buchs der ZPO. ist reichsgesetzlich ausgedehnt. Nach den Vorschriften der ZPO. regelt sich 5

1. die Vollstreckung von Vermögensstrafen und Bußen gemäß § 495 StPO.;

2. die Vollstreckung der eine Geldstrafe aussprechenden Entscheidung im ehrengerichtlichen Verfahren gemäß § 97 Rechtsanwaltsordnung;

3. die Vollstreckung in Gewerbestreitigkeiten gemäß § 56 Reichsges. v. 29. 7. 90 und in Kaufmannsgerichtssachen gemäß § 16 Reichsges. v. 6. 7. 04.

---

[1]) Vgl. hierzu Schanz in JW. 05, 196 und Willenbücher § 31 Anm. 2 Abs. 2.

[2]) Vgl. die landesgesetzlichen Gebührenvorschriften im Anhang; für Preußen vgl. Art. 4—6 Ges. 27. 9. 99 und Joachim, Pr. GO. S. 62ff.

[3]) Vgl. Meyer-Irmler § 31 Anm. 3; dagegen Walter in III. Aufl. S. 315 zu § 31.

[4]) Vgl. hierüber § 1 N. 38 und Joachim, Pr. GO. Art. 1 N. 22—25.

[5]) Vgl. für Preußen: VO. v. 15. 11. 99 und Joachim, Pr. GO. Art. 2 N. 22.

6 **III. Instanzen der Zwangsvollstreckung.** Die Grundregel für die Zusammenfassung der Einzelhandlungen zu einem Komplex, einer „Instanz“, gibt § 31 dahin, daß die einzelnen Vollstreckungshandlungen im Verhältnis von Vorbereitung und Ausführung stehen müssen, und daß die „Instanz“ erst mit der durch die gewählte Maßregel zu erlangenden Befriedigung des Gläubigers ihre Endschaft erreicht.

7 A. Voraussetzung für den geforderten Zusammenhang ist, daß die Einzeltätigkeiten ihre Beziehung zu der einmal gewählten und in Gang gebrachten Vollstreckungsmaßregel behalten, daß also die ferneren zur Erzielung der Befriedigung noch erforderlichen Handlungen lediglich als Fortsetzung der früheren Maßregel sich darstellen. Es bilden also z. B. der beim Gerichtsvollzieher angebrachte Antrag auf Vornahme der Zwangsvollstreckung unter gleichzeitiger Zustellung des Schuldtitels, die infolgedessen ausgeführte Pfändung beweglicher Sachen und die darauf folgende Versteigerung der gepfändeten Sachen einschließlich aller hierauf bezüglicher etwaiger Zwischenanträge über Abholung und Unterbringung der Pfandstücke, über verkürzte Anberaumung des Versteigerungstermins oder dgl. zusammen bis zu der durch diese Maßregeln herbeigeführten, vollständigen oder teilweisen Befriedigung des Gläubigers eine Instanz. Ist aber der Gläubiger hierdurch nur teilweise oder gar nicht befriedigt, und wird später auf Grund des früheren, noch nicht erledigten Schuldtitels von dem Rechtsanwalte ein neuer Antrag auf Vornahme der Zwangsvollstreckung beim Gerichtsvollzieher angebracht oder ein Antrag auf Forderungspfändung bei Gericht eingereicht, so steht diese Vollstreckungsmaßregel mit den früheren Vollstreckungshandlungen nicht mehr in jenem inneren Zusammenhang von Vorbereitung und Ausführung, das neue Verfahren bildet deshalb wieder eine besondere Instanz der Zwangsvollstreckung, und es steht dafür auch die Gebühr gemäß § 23 Nr. 2 dem Rechtsanwalte wieder von neuem zu.[6]) Das gleiche gilt auch, wenn nach fruchtloser Vollstreckung bei einem von zwei Gesamtschuldnern der Auftrag zur Vollstreckung bei dem anderen Gesamtschuldner erteilt wird; wird dagegen der Auftrag zur Vollstreckung gegen beide Gesamtschuldner gleichzeitig erteilt, so liegt überhaupt nur eine Vollstreckungsmaßregel vor, die nur zu einer Gebühr berechtigt.[7])

8 B. Die Grenze für die Zusammenfassung ist die „durch die Maßregel zu erlangende Befriedigung des Gläubigers“. Die einmal gewählte Vollstreckungsmaßregel mit allen ihren, zur Erreichung des Zweckes der Befriedigung getätigten Ausführungsmaßregeln ist erledigt, sobald die durch die Maßregel gesuchte Befriedigung eingetreten ist. Erledigt ist die Maßregel aber auch dann, wenn trotz Erschöpfung der vom Gesetz gegebenen Handhaben der beabsichtigte Erfolg der Befriedigung endgültig der Maßregel versagt geblieben ist. Ist z. B. die versuchte Pfändung fruchtlos gewesen, so ist die gewählte Maßregel erledigt; eine später vorgenommene Pfändung ist eine neue Maßregel und begründet eine neue Instanz. Ebenso tritt die Erledigung der Maßregel ein, wenn der Gläubiger die Pfandstücke freigibt,[8]) oder nach § 843 ZPO. auf sein Pfandrecht verzichtet, oder wenn die Zwangsvollstreckung gemäß § 775 Nr. 1 ZPO. endgültig eingestellt oder für unzulässig erklärt wird. Dagegen wird durch die einstweilige Einstellung der Vollstreckung (§ 755 Nr. 2 ZPO.) oder Aufhebung gegen Sicherheitsleistung die Zwangsvollstreckung noch nicht erledigt.[9])

[6]) Vgl. RG. 1. 11. 92 (JW. 92 S. 481, 15; Bad.AKZ. 94 S. 21, 22 Ziff. 13; Bolze 22 Nr. 713c); LG. Halle in Naumb.AKZ. 91 S. 6, 3.

[7]) Vgl. Falkmann gegen das LG. Hannover in Walter Ztschr. f. Vollstr. 96 S. 1.

[8]) Sächs. Arch. 7, 578.

[9]) RG. Gruchot 41, 1186; SeuffA. 52, 277; Gaupp-Stein, Vorb. vor § 704, VII, 2c.

Das an eine fruchtlose Zwangsvollstreckung sich anschließende Verfahren zur Abnahme des Offenbarungseides ist nach besonderer Vorschrift des § 32 eine besondere Instanz der Zwangsvollstreckung.

Überblickt man von diesen Gesichtspunkten ausgehend die einzelnen Voll- 9
streckungsarten, so ist hervorzuheben:

1. Bei der Zwangsvollstreckung in körperliche Sachen wegen Geldforderungen endet die Zwangsvollstreckung nicht schon mit der Versteigerung oder dem freihändigen Verkauf, sondern erst mit der Ablieferung des Erlöses an den Gläubiger bzw. dem Zuschlag an den Gläubiger im Falle des § 817 Abs. 4 ZPO. Wird daher der Erlös hinterlegt, so fallen in die Instanz gemäß § 31 auch noch alle auf Erwirkung der Auszahlung gerichteten Akte wie z. B. die Aufforderung zur Einwilligungserklärung an andere Prätendenten.[10]) Ein etwaiges Verteilungsverfahren dagegen bildet gemäß § 39 eine besondere Instanz. Ebenso sind etwaige Prioritäts- oder Interventionsprozesse als besondere Instanzen auszuscheiden.

2. Bei der Zwangsvollstreckung in Forderungen beginnt die Zwangs- 10
vollstreckung bereits mit der sog. Vorpfändung aus § 845 ZPO. Die in der Frist des § 845 ZPO. erfolgende gerichtliche Pfändung ist die Fortsetzung der Vollstreckung und bildet deshalb mit der Vorpfändung eine Instanz;[11]) ist jedoch die Frist fruchtlos verstrichen und damit die Wirkung der Vorpfändung beseitigt, so ist die mit der Vorpfändung begonnene Vollstreckungsmaßregel erledigt, gleich als wenn auf die Rechte aus der Vorpfändung verzichtet worden wäre; die gerichtliche Pfändung derselben Forderung begründet dann eine neue Instanz.

Zu der Pfändung bildet die Fortsetzung die Überweisung der Forderung; beide bilden eine Instanz. Mit der Überweisung an Zahlungs Statt endet die Vollstreckung, da gemäß § 835 Abs. 2 ZPO. Befriedigung des Gläubigers eingetreten ist. Ebenso endet die Vollstreckung mit der Überweisung zur Einziehung bezüglich einer Forderung gegen den Gläubiger selbst;[12]) nicht jedoch auch mit der Überweisung zur Einziehung in den anderen Fällen. Die Einziehungstätigkeit gehört noch zur Vollstreckung[13]) und damit noch zur Instanz gemäß § 31; der Prozeß gegen den Drittschuldner bildet natürlich eine besondere Instanz. Bei der Pfändung des Anspruchs auf Herausgabe einer körperlichen Sache gehört im Falle des § 847 ZPO. auch noch die Verwertung, d. h. die Versteigerung bis zur Ablieferung des Erlöses zur Vollstreckung und damit zu der durch die Pfändung begonnenen Instanz. Die Ausführung der Zwangsvollstreckung in ein gepfändetes Vermögensrecht durch Verwaltung dagegen bildet nach der besonderen Vorschrift des § 32 eine besondere Instanz.

3. Die Zwangsvollstreckung zur Erwirkung der Herausgabe von 11
Sachen endet erst mit der Ablieferung an den Gläubiger; die Exmission gemäß § 885 ZPO. mit der Einweisung des Gläubigers.[14])

4. Für die Zwangsvollstreckung zur Erwirkung von Handlungen 12
oder Unterlassungen sind die „Instanzen“ durch §§ 33, 34 besonders geordnet; auf die Erläuterungen derselben wird hier verwiesen.

[10]) Vgl. KG. X in KGBl. 94 S. 84 ff. Unrichtig erscheint indessen der Abstrich einer Gebühr für den Entwurf der Erklärung; dies ist eine besonders zu vergütende, zu dem Betriebe der Zwangsvollstreckung nicht gehörige, Tätigkeit.

[11]) Vgl. § 23 N. 46 Anm. 43. Vgl. auch ZZP. 24, 267.

[12]) LG. I in KGBl. 95 S. 90.

[13]) RG. 40, 372; Gruchot 38, 192; JW. 96 S. 57, 5; 01 S. 330, 13.

[14]) RG. JW. 99 S. 164, 12.

§ 32.

Das Verfahren über einen Antrag auf Erteilung einer weiteren vollstreckbaren Ausfertigung (Zivilprozeßordnung § 733), das Verfahren zur Abnahme des Offenbarungseides (Zivilprozeßordnung §§ 900, 901) und die Ausführung der Zwangsvollstreckung in ein gepfändetes Vermögensrecht durch Verwaltung (Zivilprozeßordnung § 857 Absatz 4) bilden besondere Instanzen der Zwangsvollstreckung.

1 **I. Motive.** Der § 32 erwähnt drei Fälle, welche jeder für sich eine besondere Instanz der Zwangsvollstreckung bilden sollen.

Diese Fälle sind:

1. das Verfahren über einen Antrag auf Erteilung einer weiteren vollstreckbaren Ausfertigung (ZPO. § 669). Hier rechtfertigt sich die Aussonderung durch die Erwägung, daß die weitere vollstreckbare Ausfertigung nur ausnahmsweise erteilt wird, daß in den meisten Fällen eine besondere Tätigkeit des Anwaltes erforderlich sein wird, um den Vorsitzenden des Gerichtes zur Anordnung dieser Erteilung zu veranlassen, und daß mitunter sogar eine Art kontradiktorischen Verfahrens stattfinden wird, weil der Schuldner „von dem Vorsitzenden über den Antrag gehört werden" kann.

2. das Verfahren zur Abnahme des Offenbarungseides (ZPO. §§ 781, 782, 711, 769). Im Gegensatze zu § 6 des preußischen Tarifs, nach welchem „namentlich für die durch Abfordern des Manifestationseides bewirkte Vermögensermittlung — nichts liquidiert werden darf," glaubte der Entwurf das gedachte Verfahren besonders behandeln zu müssen, da dasselbe gemäß § 781 ZPO. durch Ladung seitens des Gläubigers eingeleitet werden muß und sich schon deswegen seiner Natur nach von der Zwangsvollstreckung ausscheidet. Überdies kann das Verfahren zur Abnahme des Offenbarungseides nicht bloß in Verbindung mit einer anderen Vollstreckungsmaßregel, sondern auch unabhängig von einer solchen vorkommen, z. B. wenn der Gläubiger, ohne eine Pfändung zu beantragen, glaubhaft macht, daß er durch eine solche seine Befriedigung nicht vollständig erlangen könne (§ 711 ZPO.). Immer aber wird eine besondere Tätigkeit des Rechtsanwaltes erforderlich sein.

3. die Ausführung der Zwangsvollstreckung in ein gepfändetes Vermögensrecht durch Verwaltung (ZPO. § 754 Abs. 3). Das Verfahren enthält mancherlei Komplikationen. Zunächst kann die Tätigkeit des Anwaltes erforderlich werden, um dem Schuldner die Detention der Sache zu entziehen und sie dem Verwalter zu übertragen. Es kann sich hieran eine Reihe von Verhandlungen mit dem Verwalter wegen der ihm zustehenden Vergütung und wegen der ihm obliegenden Rechnungslegung, sowie mit den anderen Gläubigern bezüglich der Art der Revenüenverteilung knüpfen, so daß die auf dieses Verfahren verwendete Tätigkeit des Rechtsanwaltes in keiner Weise durch die Gebühr der Zwangsvollstreckung überhaupt angemessen vergütet wird.

2 **II. Bedeutung des § 32.** Der § 32 enthält eine Modifikation des in § 31 ausgesprochenen Grundsatzes; aus dem Vollstreckungsverfahren hebt er drei Tätigkeitskomplexe heraus, welche unter allen Umständen als besondere Instanzen der Zwangsvollstreckung besonders honoriert werden sollen. Innerhalb der so konstruierten besonderen Instanzen gilt wieder das Prinzip des § 31, d. h. die besondere Instanz wird gebildet durch eine jede Vollstreckungsmaßregel zusammen mit den durch dieselbe vorbereiteten weiteren Vollstreckungshandlungen

desselben Verfahrens. Die Höhe der Gebühren bestimmt für den ersten Fall § 24, für die beiden anderen Fälle § 23 Nr. 2. — Folgerichtig hätte hier auch das Verteilungsverfahren angeführt werden müssen (§ 39).

III. Die Fälle des § 32.

A. Erteilung einer weiteren vollstreckbaren Ausfertigung. 3
Bezüglich der Gebühren und der Wertsberechnung vgl. § 24 N. 10 und 6 bis 8. Da für die Gebührenberechnung das Verfahren zur Zwangsvollstreckung gehört, so werden gemäß § 13 Abs. 2 GKG. die einzuziehenden Zinsen mitberechnet.

B. Verfahren zur Abnahme des Offenbarungseides. Wie 4
die Allegierung der §§ 900, 901 ZPO. ergibt, ist hier nur an das Offenbarungsverfahren aus §§ 807 und 883 ZPO., d. h. nach fruchtlos versuchter Pfändung bzw. Unauffindbarkeit einer herauszugebenden Sache, gedacht, nicht jedoch an den ganz anders geordneten Fall des § 889 ZPO., wenn der Schuldner auf Grund des bürgerlichen Rechts zur Leistung eines Offenbarungseides verurteilt ist. Über den Gebührenansatz im Falle des § 889 ZPO. vgl. die Erl. zu § 34 N. 5.

Was das im § 32 gedachte Verfahren anbetrifft, so gestaltet sich die Gebührenrechnung wie folgt:

1. Die Wertsberechnung bestimmt sich im Falle des § 883 ZPO. 5
nach dem Werte der herauszugebenden Sache. Im Falle der § 807 ZPO. pflegt in der Absicht der Kostenersparnis der Antrag nur wegen eines geringeren Teiles der Forderung gestellt zu werden; indessen bestimmt sich der Wert nicht nach einer solchen Angabe, sondern nach dem Betrage, wegen dessen die Pfändung fruchtlos versucht worden ist. Die Abnahme des Offenbarungseides hat den Zweck, in einem eine bestimmte Schuldsumme betreffenden Zwangsvollstreckungsverfahren dem Gläubiger durch Klarlegung des Vermögens des Schuldners die Durchführung der Beitreibung dieses Forderungsbetrages zu ermöglichen; in diesem Sinne erscheint die Verpflichtung sowie der Anspruch auf die Leistung des Offenbarungseides als eine unteilbare, und es kann deshalb als Streitwert nur diejenige Summe in Betracht kommen, deren Beitreibung der Gläubiger auf Grund des vollstreckbaren Schuldtitels wirklich beabsichtigt hat. Selbstverständlich ist, daß wenn inzwischen der Anspruch teilweise erloschen ist, der Streitwert für das weitere Verfahren sich entsprechend herabsetzt.[1]) Daß die miteinzuziehenden Zinsen mitberechnet werden, ergibt sich aus § 13 Abs. 2 GKG.

2. Für das Verfahren sind gemäß § 23 Abs. 2 die Gebühren zu drei 6
Zehnteln anzusetzen; zweifelhaft aber kann nach der Neuordnung, welche das Verfahren durch die Zivilprozeßnovelle erfahren hat, sein, welche Gebühren anzusetzen sind.

a) Der Anwalt des Gläubigers erhält für den Antrag bzw. die Ladung aus § 900 ZPO. eine Prozeßgebühr von $^3/_{10}$; wenn der Auftrag sich vor der Einreichung erledigt (§ 14 Abs. 2) die Hälfte.[2]) Die Anwesenheit des Gläubigers im Termin ist nicht erforderlich. Nimmt ein Anwalt den Termin nicht wahr, so entsteht keine Verhandlungsgebühr; wird der Antrag auf Haftbefehl schriftlich gestellt, so ist er durch die Prozeßgebühr mitabgegolten. Wenn dagegen der Anwalt des Gläubigers den Termin wahrnimmt, so entsteht

[1]) Vgl. hierzu LG. Elberfeld 13. 8. 00 im Recht 00 S. 466 und Gaupp-Stein zu § 900, IV.

[2]) Die Zustellung ist für die Gebühr gleichgültig. OLG. 4, 271.

für eine etwaige Verhandlung auch eine Verhandlungsgebühr[3]) und zwar eine kontradiktorische in Höhe von $^3/_{10}$, wenn der Schuldner erscheint, seine Verpflichtung bestreitet und über den Widerspruch verhandelt wird, dagegen eine nichtkontradiktorische in Höhe von $^3/_{20}$, wenn der Schuldner nicht erscheint und gegen ihn der Haftbefehl beantragt wird;[4]) wenn dagegen der Schuldner widerspruchslos den Eid leistet, so kommt es gar nicht zu einer Verhandlung, es entsteht deshalb auch keine Verhandlungsgebühr, vielmehr wird die Anwesenheit im Termin bereits durch die Prozeßgebühr abgegolten.[5]) Findet bei Widerspruch des Schuldners eine Beweisaufnahme statt, so kann auch die Beweisgebühr und eventuell die weitere Verhandlungsgebühr entstehen.

7 Ob die Ausführung des Haftbefehls und insbesondere der Auftrag zur Verhaftung an den Gerichtsvollzieher eine neue Gebühr begründet, hängt von der Entscheidung der Frage ab, ob das Verfahren mit der Anordnung der Haft zum Abschlusse kommt oder ob die Ausführung des Haftbefehls noch zum Verfahren gehört. Man wird das letztere annehmen müssen. Die Ladung zum Offenbarungseid bildet nur eine Vorbereitung der Erzwingung der Eidesleistung durch die Anordnung der Haft und letztere wieder die Vorbereitung zum Vollzug der Haft. Die Ausführung des Haftbefehls gehört deshalb nach dem, hier wieder zur Anwendung kommenden, Grundsatze des § 31 zur Instanz des Verfahrens zur Abnahme des Offenbarungseides und berechtigt nicht zu einer besonderen Gebühr, vielmehr wird die Tätigkeit des Anwalts durch die Prozeßgebühr mitabgegolten.[6])

8 b) Der Anwalt des Schuldners, der insbesondere zur Ausführung des Widerspruchs aus § 900 Abs. 3 ZPO. bestellt sein wird, erhält zunächst die Prozeßgebühr in Höhe von $^3/_{10}$ und sodann für die Wahrnehmung des Termins und Erhebung des Widerspruchs die Verhandlungsgebühr, und zwar die kontradiktorische mit $^3/_{10}$, wenn der Gläubiger erschienen ist und bei seinem Antrage auf Abnahme des Eides bzw. Verwerfung des Widerspruchs beharrt, dagegen die nichtkontradiktorische mit $^3/_{20}$, wenn der Gläubiger nicht erschienen ist. Daneben kann auch eine Beweisgebühr bzw. weitere Verhandlungsgebühr entstehen.

9 C. Die Ausführung der Zwangsvollstreckung in ein gepfändetes Vermögensrecht durch Verwaltung. Auf die Zwangsvollstreckung in andere Vermögensrechte als Geldforderungen finden nach § 857 ZPO. die Vorschriften über die Zwangsvollstreckung in Geldforderungen entsprechende

[3]) Dem Rechtsanwalt allgemein die Verhandlungsgebühr auf Grund der Bestimmung des § 15 GO. zu versagen (Bresl.AKZ. 88, S. 46 und neuerdings OLG. (Königsberg) 11, 153), erscheint ganz ungerechtfertigt, da die Ladung eventuell auch auf die Verhandlung über die Verpflichtung zur Eidesleistung gerichtet ist, die als eventueller Zweck des Termins kraft Gesetzes feststeht. Vgl. Gaupp-Stein zu § 900, S. 720. Verhandlungsgebühr bewilligen u. a. LG. Schneidemühl und Halle in Naumb.AKZ. 87 S. 24 und 94 S. 68; LG. I Berlin in KGBl. 94 S. 90; Meyer-Jrmler § 23 Anm. 4b. Willenbücher § 32 Anm.

[4]) Ebenso LG. Halle (Naumb.AKZ. 87 S. 7); OLG. Naumburg (AKZ. 89 S. 31); LG. und OLG. Cöln (Naumb.AKZ. 96 S. 19.) A. M. LG. Stendal (Naumb.AKZ. 89 S. 67); Meyer-Jrmler § 23 Anm. 4b.

[5]) EGH. 5, 124, 125; Meyer-Jrmler § 23 Anm. 4b. A. M. Walter (fr. Aufl.) § 32, III.

[6]) Ebenso EGH. 5, 123, 124; LG. I Berlin in KGBl. 90 S. 28 und 94 S. 90: OLG. (Kammergericht FS.) 7, 231; Meyer-Jrmler § 32 Anm. 2. A. M. dagegen Walter (fr. Aufl.) zu § 32, III S. 318 u. S. 504: das in § 31 für die Beendigung einer Zwangsvollstreckungsinstanz als maßgeblich vorgesehene Kennzeichen treffe hier nicht zu, weil das in der Abnahme des Offenbarungseides bestehende Verfahren die Realisierung des Gläubigeranspruches nicht unmittelbar zum Gegenstande habe, mithin von einer „durch die Maßregel zu erlangenden Befriedigung des Gläubigers" der Regel nach nicht die Rede sein könne; für die besondere Honorierung spreche auch die in § 33 Abs. 2 und bzw. in § 34 kundgegebene, analoge Auffassung der GO.

Anwendung; auch sie geschieht durch Pfändung, d. h. Zustellung eines gerichtlichen Pfändungsbeschlusses. Die Verwertung geschieht durch Überweisung; bei der Zwangsvollstreckung in unveräußerliche Rechte, deren Ausübung einem Anderen überlassen werden kann, können vom Gericht besondere Anordnungen über die Verwertung getroffen, insbesondere kann bei der Zwangsvollstreckung in Nutzungsrechte [7]) eine Verwaltung angeordnet werden. Diese Ausführung der Zwangsvollstreckung durch Verwaltung soll — aus den in den Motiven angeführten Gründen — immer eine besondere Instanz bilden, während sie nach der Regel des § 31 an sich nur eine Fortsetzung der durch die Pfändung vorbereiteten Vollstreckung wäre. Der Anwalt wird daher bei einer derartigen Zwangsvollstreckung zu liquidieren haben

1. $^3/_{10}$ für seine Tätigkeit bis zur Anordnung der Verwaltung einschließlich der Pfändung, welche durch Zustellung des Pfändungsbeschlusses oder durch Übergabe der zu benutzenden Sache an den Verwalter bewirkt wird;

2. $^3/_{10}$ für seine gesamte Tätigkeit bei der Ausführung der Verwaltung bis zur Erledigung derselben; also insbesondere für alle Verhandlungen mit dem Verwalter, dessen Beaufsichtigung, Rechnungslegung und Revenuenverteilung.

Vorbemerkung zu §§ 33 und 34.

Die §§ 33 und 34 enthalten Modifikationen des Grundsatzes des § 31 für die im dritten Abschnitt des achten Buches der ZPO. behandelte Zwangsvollstreckung zur Erwirkung von Handlungen und Unterlassungen. § 33 bezieht sich auf die Fälle der §§ 887, 890 ZPO., § 34 auf die Fälle der §§ 888, 889 Abs. 2 ZPO.

§ 33.

Die Vollstreckung der Entscheidung, durch welche der Schuldner nach Maßgabe des § 887 Absatz 2 der Zivilprozeßordnung zur Vorauszahlung der Kosten verurteilt wird, scheidet aus der Zwangsvollstreckung zur Erwirkung der Handlung als besonderes Verfahren aus.

Soll die Zwangsvollstreckung auf Unterlassung oder Duldung einer Handlung durch Strafen ausgeführt werden (Zivilprozeßordnung § 890 Absatz 1), so bildet eine jede Verurteilung zu einer Strafe nach Maßgabe der Vorschriften des § 29 den Schluß der Instanz.

Die Erwirkung der einer Verurteilung vorausgehenden Strafandrohung (Zivilprozeßordnung § 890 Absatz 2) gehört zur Instanz der Hauptsache; dem Rechtsanwalte, welcher diese Instanz nicht geführt hat, steht die im § 23 bestimmte Gebühr zu.

I. **Motive.** Die §§ 33 und 34 beschäftigen sich speziell mit den Fällen, 1
in welchen es sich um Vornahme einer Handlung oder aber um Unterlassung bzw. Duldung einer solchen handelt. Der Entwurf ist auch hier bestrebt, den Rücksichten der Billigkeit Rechnung zu tragen.

Hat im Falle des § 773 ZPO., wenn die Zwangsvollstreckung auf Erwirkung einer Handlung des Schuldners gerichtet ist, der Gläubiger neben seiner Ermächtigung, die Handlung auf Kosten des Schuldners vornehmen zu lassen, auch eine Verurteilung des Schuldners zur Vorauszahlung dieser Kosten erlangt (§ 773 Abs. 2 a. a. O.), so geht die unmittelbar gegen das Vermögen des Schuldners gerichtete Vollstreckung der letzteren Verurteilung neben dem

[7]) Gemeint ist insbesondere der Nießbrauch (§ 1059 BGB.).

weiteren Verfahren zur Vornahme der Handlung ihren eigenen Weg und bedingt eine besondere Tätigkeit des Anwaltes. Diesem Verhältnisse entspricht die Sonderung des Verfahrens bezüglich der Anwaltsgebühren im Absatze 1 des § 33.

Ebenso entspricht es der prozessualen Gestaltung des Verfahrens und der damit verbundenen Tätigkeit des Anwaltes, wenn zufolge der Vorschrift in Abs. 2 des § 33 in Fällen wiederholter Verurteilung des Schuldners zur Strafe wegen wiederholter Zuwiderhandlung gegen seine Verpflichtung, eine Handlung zu dulden oder zu unterlassen (ZPO. § 775), jede Verurteilung für sich als Schluß einer Instanz betrachtet wird, so daß mit dem weiteren Antrage auf weitere Verurteilung eine neue Instanz beginnt.

Die einer solchen Voraussetzung des Schuldners zur Strafe vorausgehende Strafandrohung (ZPO. § 775 Abs. 2) kann an sich mit dem die Verpflichtung des Schuldners aussprechenden Urteile verbunden werden; Abs. 3 des § 33 verfügt deshalb die Einrechnung in die Instanz der Hauptsache auch in dem Falle, wenn die Einwirkung der Strafandrohung dem Urteile in der Hauptsache nachfolgt; eine Sondergebühr nach § 23 steht für den Anwalt nur dann in Frage, wenn sich seine Tätigkeit auf die Erwirkung der Strafandrohung beschränkt.

2 **II. Die Fälle des § 33.** Bei der Zwangsvollstreckung zur Erwirkung von Handlungen und Unterlassungen unterscheidet die ZPO., ob der Schuldner die Verpflichtung, eine Handlung vorzunehmen, nicht erfüllt (§§ 887, 888, 889 Abs. 2 ZPO.), oder ob er der Verpflichtung, eine Handlung zu unterlassen oder die Vornahme einer Handlung zu dulden, zuwiderhandelt (§ 890 ZPO.). Im erstgenannten Falle wird weiter unterschieden, ob die Vornahme der Handlung durch einen Dritten geschehen kann (§ 887 ZPO.) oder nicht (§ 888 ZPO.).

§ 33 gibt Bestimmungen über Abgrenzung der Instanzen in den Fällen der §§ 887 und 890 ZPO.

3 A. Fall des § 887 ZPO. (Abs. 1 des § 33.) Der Gläubiger betreibt die Zwangsvollstreckung dadurch, daß er sich vom Prozeßgericht erster Instanz ermächtigen läßt, auf Kosten des Schuldners die Handlung vornehmen zu lassen. Innerhalb der Instanz wird in diesem Falle neben dem Antrag auf Ermächtigung auch die gesamte Tätigkeit des Anwaltes liegen, welche die Vornahme der Handlung durch einen Dritten betrifft, insbesondere also auch die nach § 892 ZPO. zur Beseitigung des Widerstandes erfolgende Zuziehung eines Gerichtsvollziehers. Für die gesamte Tätigkeit ist die Gebühr — Prozeßgebühr und ev. für Verhandlung (§ 891 ZPO.) Verhandlungsgebühr — nur einmal zu liquidieren.

4 Nach § 887 Abs. 2 ZPO. kann aber der Gläubiger neben der Ermächtigung zugleich auch beantragen, den Schuldner zur Vorauszahlung der Kosten zu verurteilen, welche durch die Vornahme der Handlung entstehen werden. Die Vollstreckung dieser Entscheidung soll nach der Bestimmung des Abs. 1 des § 33 aus der Zwangsvollstreckung zur Erwirkung der Handlung als besonderes Verfahren ausscheiden d. h. zum Bezuge besonderer Gebühren neben der vorgenannten Gebühr berechtigen. Dabei ist zu bemerken:

5 1. Der Antrag auf Verurteilung, mag er gleichzeitig mit dem Antrage auf Ermächtigung gestellt sein oder nachträglich, begründet noch keine besondere Gebühr; er gehört vielmehr zu der durch den Antrag auf Ermächtigung begonnenen Instanz.

2. Ist eine verurteilende Entscheidung erfolgt, so bildet die Voll- 6
streckung dieser Entscheidung für die Gebührenerhebung ein besonderes Verfahren. Dieses Verfahren ist die Zwangsvollstreckung wegen einer Geldforderung, die auf die verschiedenste Weise betrieben werden kann. Dieses Zwangsvollstreckungsverfahren bildet durchaus nicht immer nur eine Instanz, vielmehr folgt es ganz denselben Regeln, wie jede andere Zwangsvollstreckung wegen Geldforderungen (§ 31). Eine fruchtlose Vollstreckung beendet also z. B. die Instanz, ein neuer Vollstreckungsversuch eröffnet eine neue Instanz, das Offenbarungsverfahren bildet wiederum eine besondere Instanz.

3. Der Wert des Streitgegenstandes für dieses Verfahren ist 7
der objektive Wert der zu erzwingenden Handlung, der naturgemäß durch den vorauszuzahlenden Kostenbetrag gegeben ist.[1])

B. Fall des § 890 ZPO. (Abs. 2 und 3 des § 33). Handelt der 8
Schuldner der Verpflichtung zuwider, eine Handlung zu unterlassen oder die Vornahme einer Handlung zu dulden, so ist er wegen einer jeden Zuwiderhandlung auf Antrag des Gläubigers von dem Prozeßgericht erster Instanz zu einer Geldstrafe oder Haftstrafe zu verurteilen. Der Verurteilung muß eine Strafandrohung vorausgehen, welche, wenn sie in dem die Verpflichtung aussprechenden Urteile nicht enthalten ist, auf Antrag von dem Prozeßgericht erster Instanz erlassen wird. Auch kann der Schuldner auf Antrag des Gläubigers zur Bestellung einer Sicherheit für den durch fernere Zuwiderhandlung entstehenden Schaden auf bestimmte Zeit verurteilt werden.

1. Die Strafandrohung. Ist die Strafandrohung bereits in dem 9
Urteil enthalten, so kommt sie für die Gebührenerhebung nicht in Betracht; der Antrag gehört eo ipso zur Instanz der Hauptsache. Ist sie dagegen noch nicht im Urteil enthalten, so muß sie vor dem Antrag auf Verurteilung zur Strafe beantragt werden. Die Strafandrohung ist bereits eine Maßregel der Zwangsvollstreckung.[2]) Nach der besonderen Vorschrift des Abs. 3 des § 33 soll deren Erwirkung jedoch zur Instanz der Hauptsache gehören. Der Anwalt, welcher in der Hauptsache tätig war, erhält sonach, wenn er die Strafandrohung nachträglich erwirkt hat, ebenso wenig eine besondere Gebühr, wie wenn er gleich bei Vertretung der Hauptsache die Aufnahme der Strafandrohung in das Urteil erwirkt hätte. Dies kann aber nur vom Anwalt derjenigen Instanz gelten, die die Verurteilung ausgesprochen hat und deshalb gleichzeitig auch die Strafandrohung hätte aussprechen können. Der Anwalt, der diese Instanz nicht geführt hat, soll für die Erwirkung der Strafandrohung die Gebühr des § 23 erhalten (Abs. 3 Satz 2 des § 33). Was hiermit gemeint ist, kann indessen zweifelhaft sein. Geht man mit dem Reichsgericht a. a. O. davon aus, daß die Strafandrohung bereits eine Maßregel der Zwangsvollstreckung ist, so würde sie als Vorbereitung der Verurteilung zu Strafe gemäß § 31 mit letzterer zusammen eine Instanz der Zwangsvollstreckung bilden; dann würde die Bemerkung der Motive richtig sein, daß eine Sondergebühr nach § 23 für den Anwalt nur dann in Frage steht, wenn seine Tätigkeit sich auf Erwirkung der Strafandrohung beschränkt. Aber nach der ausdrücklichen Vorschrift der GO. gehört die Erwirkung der Strafandrohung gar nicht zur Zwangsvollstreckung, sondern zur Instanz der Hauptsache;[3]) die notwendige Folge davon ist aber, daß dann für diese Erwirkung der Anwalt besonders liquidieren kann, wenn er nur die Instanz der

---

[1]) RG. JW. 86 S. 147, 13; Gruchot 30, 1102; Bolze Bd. 3 Nr. 1009.

[2]) RG. BZS. 42, 419.

[3]) Dasselbe hatten übrigens auch für die prozessuale Seite der VI. und III. ZS. des Reichsgerichts angenommen, Bd. 20, 386; 37, 410; Gruchot 41, 427. Erst die Plenarentscheidung 42, 519 hat diese Ansicht reprobiert.

Hauptsache nicht geführt hat, gleichgültig, ob er noch die bereits zur Zwangsvollstreckung gehörige Verurteilung zur Strafe erwirkt oder nicht. Diese Ansicht des Gesetzgebers ergibt sich auch aus dem Wortlaut sowie daraus, daß hier die Höhe der Gebühr bestimmt wird, während im übrigen der § 33 nur die Instanzen bestimmt und nach seiner Stellung im System auch nur bestimmen soll. Man muß deshalb annehmen, daß für die Erwirkung der Strafandrohung von dem Anwalt, der die Instanz der Hauptsache nicht geführt hat, immer besonders nach § 23 liquidiert werden kann, daß also die Strafandrohung nicht mit der Strafverurteilung eine Instanz bildet.

10 2. Die Strafentscheidungen. Da die Pflicht des Unterlassens oder Duldens in der Regel eine fortdauernde ist, kann es zu wiederholten Zuwiderhandlungen und damit zur Notwendigkeit wiederholter Verurteilung zu Strafe kommen. Nach der besonderen Vorschrift des Abs. 2 des § 33 bildet jede Verurteilung den Schluß der Instanz; jeder Antrag auf eine neue Strafe eröffnet danach wieder eine neue Instanz.

11 Eine weitere Tätigkeit des Gläubigers zur Vollstreckung der Strafentscheidung kann nicht in Frage kommen. Die Strafe hat im Falle des § 890 ZPO. nicht den Charakter eines Zwangsmittels, sondern ist eine wirkliche Strafe, die von Amts wegen, nicht auf Betreiben des Gläubigers, vollstreckt wird;[4]) insbesondere erfolgt die Vollstreckung der Haft nicht nach den Vorschriften der §§ 904 ff.[5])

12 3. Die Verurteilung zur Sicherheitsstellung fällt ganz aus dem Rahmen des Zwanges durch Strafen heraus; sie ist eine eigene Maßregel der Zwangsvollstreckung, die jedenfalls mit der Strafentscheidung nicht im Verhältnis von Vorbereitung und Ausführung steht. Im Sinne des § 31 muß sie deshalb als besondere Instanz der Zwangsvollstreckung angesehen werden und zu besonderen Gebühren berechtigen.

13 Die Rückgabe der Sicherheit kann nach § 109 ZPO. angeordnet werden hierfür ist nach § 30 Nr. 3 eine besondere Gebühr von $^{3}/_{10}$ nach § 23 zu berechnen.

14 4. Die Wertberechnung richtet sich bei der Strafandrohung und der Strafentscheidung nicht nach der Höhe der Strafe, sondern nach dem Werte des geschützten Rechts.[6]) Bei dem Antrag auf Verurteilung zur Bestellung einer Sicherheit dagegen wird der Wert der verlangten Sicherheit maßgebend sein müssen.

§ 34.

Bei Ausführung der Zwangsvollstreckung auf Vornahme einer Handlung durch Geldstrafen oder Haft (Zivilprozeßordnung § 888) bildet das gesamte Verfahren eine Instanz.

1 **I. Motive.** Daß im Falle des § 774 ZPO., wenn der Schuldner zur persönlichen Vornahme einer Handlung durch Strafen angehalten werden soll,

---

[4]) Vgl. RG. 36, 417; JW. 96 S. 149,19; Gaupp-Stein § 890, III; Petersen-Anger § 890 Anm. 6 und Vorb. zu §§ 899 ff. Anm. 4.

[5]) Vgl. insbesondere auch die Preuß. Geschäftsanweisung f. Gerichtsvollzieher v. 1. 12. 99 § 83 Nr. 7 und § 90 Nr. 3.

[6]) Vgl. OLG. Breslau in Bresl.AKZ. 88 S. 35. Vgl. aber auch RG. JW. 89 S. 429, 1, wonach der Streitwert nach § 3 ZPO. i. V. m. § 9 GKG. auch niedriger bemessen werden kann, weil durch keine einzelne Strafvollziehung jemals die Unterlassung in ihrer Totalität erzwungen, sondern immer nur die einzelne Zuwiderhandlung bestraft werden kann.

es angezeigt erscheint, nach der Regel des § 31 des Entwurfes das gesamte Vollstreckungsverfahren als *eine* Instanz aufzufassen, wie § 34 ausdrücklich vorsieht, findet darin seine Rechtfertigung, daß es sich hier im wesentlichen nur um ein und denselben, wenn auch mit Steigerungen fortgesetzten Zwang handelt, wobei die einzelnen Akte immer auf der gleichen Sachlage beruhen.

II. Die Fälle des § 34 (§§ 888, 889 Abs. 2 ZPO.).

A. Erfüllt der Schuldner die Verpflichtung nicht, eine *Handlung vor-* 2
zunehmen, welche von einem Dritten nicht vorgenommen werden kann, so ist, wenn sie ausschließlich vom Willen des Schuldners abhängt, auf Antrag von dem Prozeßgericht erster Instanz zu erkennen, daß der Schuldner zur Vornahme der Handlung durch Geldstrafen oder durch Haft anzuhalten sei. (§ 888 ZPO.)

1. Hier soll das *gesamte Verfahren* als *Eine* Instanz gelten, weil 3
es sich immerhin nur um den Zwang zu einer bestimmten Handlung, wenn auch durch verschiedene Zwangsmaßregeln handelt. Für wiederholte Anträge auf Strafe kann daher — abweichend vom Falle des § 890 ZPO. — nur einmal liquidiert werden.

Die Geldstrafe wie die Haft ist im Falle des § 888 ZPO. nicht, wie im Falle des § 890 ZPO., Strafe, sondern ein lediglich zur Verfügung des Gläubigers stehendes Zwangsmittel. Die Vollstreckung erfolgt deshalb hier nicht durch das Gericht, sondern durch den Gläubiger, wenngleich die Geldstrafe an den Fiskus abzuführen ist.[1] Die Tätigkeit des Anwalts kann sich hier deshalb über die Erwirkung der Strafentscheidung hinaus auch auf deren *Vollstreckung* durch Beauftragung des Gerichtsvollziehers zur Einziehung der Geldstrafe oder Verhaftung des Schuldners erstrecken. Auch für diese Vollstreckungstätigkeit kann, da das gesamte Verfahren eine Instanz bilden soll, eine besondere Gebühr nicht liquidiert werden. Dies ist zwar unbillig, aber Gesetz.

2. Die *Wertberechnung* für dieses Verfahren bestimmt sich nicht nach 4
der Höhe der beantragten Strafe, sondern nach dem Werte der zu erzwingenden Handlung.[2]

B. Ist der Schuldner *auf Grund der Vorschriften des bürger-* 5
lichen Rechts[3] *zur Leistung eines Offenbarungseides* verurteilt, so erfolgt die Eidesleistung vor dem Prozeßgericht erster Instanz. Erscheint der Schuldner in dem zur Eidesleistung bestimmten Termine nicht, oder verweigert er die Eidesleistung, *so ist nach* § 888 ZPO. *zu verfahren* (§ 889 Abs. 2 ZPO.), d. h. der Schuldner ist zur Eidesleistung durch Geldstrafe oder Haft anzuhalten.

Auch auf diesen Fall ist die Anwendung des § 34 auszudehnen,[4] wenngleich bei der Neuredaktion übersehen ist, auch den § 889 zu zitieren; denn auch hier liegt ein Fall der „Ausführung der Zwangsvollstreckung auf Vornahme einer Handlung durch Geldstrafe oder Haft" vor. Das gesamte Verfahren nach § 888 ZPO. einschließlich der Vollstreckung der Geldstrafen oder Haft bildet daher auch hier *Eine* Instanz. Fraglich kann nur sein, ob für das dem Verfahren des § 888 ZPO. vorangegangene Verfahren besonders zu liquidieren

[1] Vgl. hierzu *Gaupp-Stein* § 888, II, 1 u. 2, besonders Anm. 36, 40. OLG. Jena in Thür. BlfRpfl. 39, 257; OLG. Dresden im Sächs. Arch. 6, 642. Ebenso RG. 53, 182. So auch für die Haft: Preuß. Gesch. A. f. GV, § 83 Nr. 1, dagegen für die Geldstrafe § 90 Nr. 3.

[2] RG. JW. 89 S. 429, 1.

[3] §§ 259, 260, 2006, 2038, 2057 BGB.

[4] So auch *Gaupp-Stein* § 889 Anm. 14.

ist. Die Frage ist zu verneinen, da der Antrag auf Eidesabnahme zusammen mit den weiteren Maßregeln nach dem Grundsatz des § 31 als Eine Instanz anzusehen ist.

§ 35.

Für die einmalige Erwirkung des Zeugnisses der Rechtskraft (Zivilprozeßordnung § 706) oder der Vollstreckungsklausel (Zivilprozeßordnung §§ 724—730, 738, 742, 744, 745 Abs. 2, §§ 749, 795, 796 Abs. 1, § 797 Abs. 1, 2, § 929) steht weder dem Rechtsanwalte der Instanz, in welcher dieselben zu erteilen, noch dem Rechtsanwalte, welcher mit dem Betriebe der Zwangsvollstreckung beauftragt ist, und für die Aufhebung einer Vollstreckungsmaßregel weder dem Rechtsanwalte, welcher deren Vornahme veranlaßt hat, noch dem Rechtsanwalte, welcher mit dem Betriebe der weiteren Zwangsvollstreckung beauftragt ist, eine Gebühr zu.

1 **I. Motive.** Der § 35 bezeichnet einige unbedeutende Akte der Zwangsvollstreckung, welche diese entweder bloß vorbereiten, wie die einmalige Erwirkung des Zeugnisses der Rechtskraft (ZPO. § 646) oder der Vollstreckungsklausel (ZPO. §§ 662—666, 703, 704 Abs. 1, § 705 Abs. 1, 2, § 809), oder welche die Zwangsvollstreckung durch Zurücknahme des gestellten Antrages beendigen. Wegen der Geringfügigkeit dieser Handlungen des Rechtsanwaltes soll demselben eine Vergütung nur in den Ausnahmefällen zustehen, welche sich aus § 35 dahin ergeben, daß der Rechtsanwalt weder in der Hauptsache, noch in der Zwangsvollstreckung tätig gewesen ist. Der Betrag bemißt sich dann nach § 23 Nr 2.[1])

2 **II. Bedeutung des § 35.** Im Sinne der GO. sind die im § 35 bezeichneten Tätigkeiten als zur Zwangsvollstreckung gehörig anzusehen. Für die Frage, ob dieselben besonders gebührenpflichtig sind, würde daher allein der Grundsatz des § 31 maßgebend sein; sie würden sonach gebührenpflichtig sein, wenn sie die einzigen Akte der Zwangsvollstreckung wären. Wegen ihrer Geringfügigkeit ist nun im § 35 die Gebührenpflichtigkeit noch an weitere Voraussetzungen geknüpft.

III. Die Normen des § 35.

3 A. Für die einmalige Erwirkung des Zeugnisses der Rechtskraft oder der Vollstreckungsklausel steht weder dem Rechtsanwalte der Instanz, in welcher dieselben zu erteilen, noch dem Rechtsanwalte, welcher mit dem Betriebe der Zwangsvollstreckung beauftragt, eine Gebühr zu. Der Sinn dieser Vorschrift kann nur sein, daß diese Akte sowohl durch die Zwangsvollstreckungsgebühren, als auch durch die Instanzgebühren als abgegolten anzusehen sind.

4 1. Das Zeugnis der Rechtskraft und die Vollstreckungsklausel werden nach § 706 und § 724 ZPO. vom Gerichtsschreiber erster Instanz und, solange der Rechtsstreit in einer höheren Instanz anhängig ist d. h. die Prozeßakten sich in höherer Instanz befinden,[2]) von dem Gerichtsschreiber dieser Instanz erteilt. Im ersten Falle ist der Anwalt zweiter Instanz, im zweiten Falle der Anwalt erster Instanz nicht Anwalt der Instanz, in welcher das Zeugnis zu erteilen ist,

---

[1]) Diese Angabe im letzten Satze der Motive ist unrichtig: s. d. folgende Erläuterung II.

[2]) Vgl. Gaupp-Stein § 706, II.

und hat daher Anspruch auf eine Gebühr,[3]) wenn er nicht mit der Zwangsvollstreckung beauftragt ist. Nach dem Wortlaute des § 35 genügt aber schon der Auftrag zur Zwangsvollstreckung, um die Gebühr zu beseitigen; eine wirkliche Tätigkeit in der Zwangsvollstreckung ist nicht nötig. Erledigt sich nun der Auftrag vor dem wirklichen Beginn der Zwangsvollstreckung, so steht dem Anwalt die Gebühr für Zwangsvollstreckung nach § 14 nur zu $^{5}/_{10}$ d. h. also nur mit $^{3}/_{20}$ zu; auch diese Gebühr bringt die Gebühr für Rechtskraftzeugnis oder Vollstreckungsklausel zum Wegfall, obgleich letztere höher sein würde, nämlich $^{2}/_{10}$ nach § 24.

2. Nur die **einmalige** Erwirkung ist gebührenfrei. Um einmalige Er- 5
wirkung des Rechtskraftzeugnisses handelt es sich auch dann nur, wenn gemäß § 706 Abs. 2 vorher das Notfristattest, oder nach § 706 Abs. 3 vorher noch die Fristsetzung beantragt ist; denn dies sind lediglich vorbereitende Schritte zur Erwirkung des Rechtskraftzeugnisses.

Was nun aber von der Erwirkung des Zeugnisses gilt, muß ebenso auch 6
gelten, wenn lediglich diese vorbereitenden Anträge gestellt sind, ohne daß es zur Erwirkung des Rechtskraftzeugnisses kommt; deshalb sind unter denselben Voraussetzungen auch der Antrag auf Notfristattest oder Fristsetzung gebührenfrei.[4])

Wird indessen eine solche Tätigkeit nicht nur einmal, sondern **wieder-** 7
holt vorgenommen, so ist § 35 nicht anwendbar. Für die Frage, ob dafür eine besondere Gebühr zu erheben ist, wäre entscheidend, daß diese Akte im Sinne der GO. zur Zwangsvollstreckung gehören. Betreibt daher der Anwalt außerdem auch die Zwangsvollstreckung, so würden sie gemäß § 31 zur Zwangsvollstreckungsinstanz gehören und durch die Zwangsvollstreckungsgebühr absorbiert werden. Eine Ausnahme würde dann der Antrag auf Erteilung der weiteren vollstreckbaren Ausfertigung machen, der nach § 32 eine besondere Instanz bildet und deshalb jedenfalls besonders — nach § 24 i. V. m. § 38 Nr. 3 GKG. mit $^{2}/_{10}$ — zu honorieren ist.

B. Für die **Aufhebung einer Vollstreckungsmaßregel** steht 8
weder dem Rechtsanwalte, welcher deren Vornahme veranlaßt hat, noch dem Rechtsanwalte, welcher mit dem Betriebe der weiteren Zwangsvollstreckung beauftragt ist, eine Gebühr zu.

1. Die Motive verstehen unter „Aufhebung einer Vollstreckungsmaßregel" 9
die Beendigung der Zwangsvollstreckung durch Zurücknahme des gestellten Antrages. Dies ist zu eng. Aufhebung der Vollstreckungsmaßregel wird jede freiwillige Beendigung der Zwangsvollstreckung sein, u. a. also auch die Freigabe der Pfandstücke, der Verzicht auf die Pfändung einer Forderung (§ 843 ZPO.), die Löschung der Sicherungshypothek.

2. Daß der Anwalt, der die Vornahme der Vollstreckungsmaßregel ver- 10
anlaßt hat, deren Aufhebung nicht besonders liquidieren kann, folgt schon aus § 31. Die Besonderheit der Vorschrift des § 35 liegt darin, daß auch derjenige Anwalt, der die Vornahme nicht veranlaßt hat, der also für die Aufhebung an sich würde liquidieren können, dann keine Gebühr erhalten soll, wenn er mit dem Betriebe der weiteren Zwangsvollstreckung beauftragt ist. In der Tat ist in diesem Falle die Aufhebung der früheren Vollstreckungsmaßregel im wesentlichen nur die Vorbereitung für die weitere Zwangsvollstreckung, der sie den Weg öffnet; die Versagung der Sondergebühr ist deshalb nicht unbillig.

---

[3]) Und zwar $^{2}/_{10}$ nach § 24, nicht wie die Motive (Schlußsatz) irrig annehmen, $^{3}/_{10}$ nach § 23. Vgl. auch RG. JW. 00 S. 51, 16.

[4]) Die Gebühr würde ebenfalls nach § 24 i. V. m. § 47 Nr. 16 GKG. $^{2}/_{10}$ betragen.

11 3. Wenn die beiden Voraussetzungen nicht vorliegen, die Tätigkeit des Anwalts sich vielmehr auf die Aufhebung der Vollstreckungsmaßregel beschränkt, so entsteht dafür eine Gebühr von $^3/_{10}$ nach § 23 Nr. 2.

§ 36.

Die Vorschriften der §§ 31 bis 33 finden bei Vollziehung eines Arrestbefehls oder einer einstweiligen Verfügung (Zivilprozeßordnung §§ 928—934, 936) entsprechende Anwendung.

Die Instanz dauert bis zur Aufhebung des Arrestes oder der einstweiligen Verfügung oder bis zum Anfange der Zwangsvollstreckung aus dem in der Hauptsache erlassenen Urteile.

1 **I. Motive.** Wie in der prozessualischen Ausführung die Vollziehung eines Arrestes oder einer einstweiligen Verfügung (ZPO. §§ 808 bis 813, 815) der Zwangsvollstreckung gleichsteht, so rechtfertigt sich auch eine gleiche Gebührenerhebung der Anwälte für beide Fälle. Demgemäß dehnt § 36 die in den §§ 31 bis 35 für die Zwangsvollstreckung gegebenen Vorschriften auf die Vollziehung des Arrestbefehls bzw. einer einstweiligen Verfügung entsprechend aus.

Nur die Bestimmung über die Beendigung der Instanz mußte natürlich abweichend sich gestalten; es ergibt sich die im Abs. 2 getroffene Vorschrift aus der Natur der Sache.

2 **II. Bedeutung des § 36.** Die ZPO. unterscheidet zwischen Anordnung des Arrestes und Vollziehung desselben; die Anordnung des Arrestes bzw. der einweiligen Verfügung entspricht dem Urteil, die Vollziehung des Arrests bzw. der einstweiligen Verfügung der Zwangsvollstreckung aus dem Urteil; der Arrestprozeß ist eine Unterart des Erkenntnisverfahrens, eine besondere summarische Prozeßart, deren Endziel eine richterliche Entscheidung bildet; die Vollziehung des Arrestes dagegen ist eine Unterart der Zwangsvollstreckung.[1])

Der § 36 beschäftigt sich nun lediglich mit der Vollziehung als einer Unterart der Zwangsvollstreckung. Für das Verfahren über Anordnung oder Aufhebung eines Arrestes oder einer einstweiligen Verfügung ist die Gebührenerhebung anderweitig geordnet, und zwar bezüglich der Höhe der Gebühren in §§ 20 und 23 Nr. 1, bezüglich der Gebührenpflichtigkeit in §§ 29 Nr. 4 und 30 Nr. 2. Daraus folgt auch, daß der Rechtsanwalt die Gebühren für die Vollziehung neben den Gebühren für die Erwirkung der Anordnung bezieht.[2])

Der § 36 verordnet nun auch für die Vollziehung eines Arrestes oder einer einstweiligen Verfügung die entsprechende Anwendung der für die Zwangsvollstreckung geltenden Regeln der §§ 31—35 und gibt gleichzeitig in seinem zweiten Absatz eine aus der Natur des Arrestes bzw. der einstweiligen Verfügung sich ergebende Modifikation.

III. Begrenzung der Instanz.

3 1. Die Instanz beginnt mit der ersten Vollziehungsmaßregel. Da die Vollziehung des Arrestes in bewegliches Vermögen durch Pfändung geschieht,

---

[1]) Gaupp-Stein, Vorb. vor § 916, I, 1 u. 2.

[2]) RG. 8, 400; 26, 414; JW. 97 S. 572, 34. Bayr. ObLG. 16, 333. Vgl. auch OLG. Karlsruhe in ZZP. 12, 156 bezüglich der Erstattung dieser Gebühren.

so beginnt die Instanz mit dem Auftrag an den Gerichtsvollzieher oder mit dem Antrage auf Pfändung einer Forderung beim Arrestgericht. Wird der letztgedachte Antrag schon mit dem Arrestantrage verbunden, was statthaft ist, so fällt der Arrestantrag noch in die Anordnungsinstanz, und erst der Pfändungsantrag in die Vollziehungsinstanz; es kann deshalb für ersteren nach § 23 Nr. 1 und für letzteren besonders nach § 23 Nr. 2 liquidiert werden.[3]) Die Vollziehung des Arrestes in ein Grundstück beginnt mit dem Antrag auf Eintragung einer Sicherungshypothek. Bei der *einstweiligen Verfügung* hängt die Vollziehung von deren Inhalt ab, da das Gericht nach freiem Ermessen bestimmt, welche Anordnungen zur Erreichung des Zweckes erforderlich sind. Besteht die einstweilige Verfügung in einem Gebot oder Verbot, so beginnt ihre Vollziehung mit der Zustellung an den Schuldner.[4]) Ist die Zustellung aber schon Vollstreckungsmaßregel, so beginnt die Instanz schon mit dem Auftrage zur Zustellung; schon dieser begründet deshalb die Gebühr.

2. Die Instanz *dauert bis* zu Aufhebung des Arrestes oder der einst- 4
weiligen Verfügung oder bis zum Anfang der Zwangsvollstreckung aus dem in der Hauptsache erlassenen Urteil.

a) Wird der Arrest bzw. die einstweilige Verfügung aufgehoben, so wird 5
damit jede weitere Vollziehungsmaßregel unstatthaft. Dasselbe gilt aber auch von der Aufhebung des Arrestvollzuges (Aufhebung eines vollzogenen Arrestes), welche gemäß § 934 ZPO. gegen Hinterlegung des im Arrestbefehl bestimmten Geldbetrages beim Vollstreckungsgericht beantragt werden kann.[5])

b) Wird die Zwangsvollstreckung aus dem in der Hauptsache ergangenen 6
Urteil begonnen, so wird damit die Vollziehung des Arrestes überflüssig; es beginnt damit auch die Instanz der wirklichen Zwangsvollstreckung, die von der Instanz der Arrestvollziehung begrifflich gesondert ist. Während die Vollziehung des Arrestes nur dem Zwecke der Sicherung des Gläubigers dient und enden muß, wo dieser Zweck erreicht ist z. B. mit der Pfändung, soll die Zwangsvollstreckung zur Befriedigung des Gläubigers führen; sie endet daher nicht schon mit der Pfändung, sondern erst mit der Versteigerung und Abführung des Versteigerungserlöses an den Gläubiger. Die Zwangsvollstreckung aus dem Urteile wird gerade dort einsetzen, wo die Vollziehung wegen ihres beschränkten Zweckes *aufhören* mußte. Sind daher in Vollziehung eines Arrestes Sachen gepfändet, und werden die Pfandstücke nun auf Grund des Urteiles versteigert, so ist die Vollziehungsinstanz beendet und die Zwangsvollstreckungsinstanz begonnen; der Rechtsanwalt erhält deshalb eine Gebühr für die Vollziehung aus § 36 und eine Gebühr für die Zwangsvollstreckung aus § 31.[6]) Daß es sich um zwei verschiedene Instanzen handelt, ergibt sich schon aus der Verschiedenheit der Schuldtitel.

§ 37.

Für die Mitwirkung bei einem der Klage vorausgehenden Sühneverfahren (Zivilprozeßordnung §§ 510, 609, 610) erhält der Rechtsanwalt drei Zehnteile der Sätze des § 9.

Diese Gebühr wird im Falle der Verhandlung des Rechtsstreits vor dem Amtsgericht auf die Prozeßgebühr angerechnet.

---

[3]) Vgl. für die Gerichtskosten RG. JW. 96 S. 338, 32 und JMBl. 95 S. 308.
[4]) *Gaupp-Stein* § 938, II, 1; RG. 21, 416; 40, 383.
[5]) Vgl. RG. 15, 409; JW. 95 S. 299, 22.
[6]) RG. 44, 373; JW. 99 S. 439.

Ist in dem Falle des § 510 der Zivilprozeßordnung unter der Mitwirkung des Rechtsanwalts ein Vergleich geschlossen, so erhält er die vollen Sätze des § 9.

1 **I. Entstehungsgeschichte.** Der Abs. 2 des § 37 lautete im Entwurf:

„Diese Gebühr wird auf eine in dem Rechtsstreite zustehende Prozeßgebühr angerechnet."

Die Motive begründeten den § 37 wie folgt:

„Daß dem zum Prozeßbevollmächtigten bestellten Rechtsanwalte für die Mitwirkung bei einem Sühneverfahren in den Fällen der der §§ 471, 571 der ZPO. ebensowenig wie im Falle des § 268 der ZPO. eine besondere Vergütung zusteht, bedarf keiner ausdrücklichen Festsetzung, da seine desfallsige Tätigkeit mit zum Prozeßbetriebe gehört. Es mußte aber noch der Fall vorgesehen werden, daß der Auftrag des Rechtsanwaltes sich lediglich auf das Sühneverfahren bezieht. Für eine derartig beschränkte Tätigkeit des Rechtsanwaltes erscheint eine Vergütung, wie sie Abs. 1 in geringem Maße bestimmt, durchaus angemessen. Ebenso entspricht es aber der Billigkeit, daß diese Gebühr auf eine etwa später zu erhebende Prozeßgebühr in Anrechnung gebracht werde, weil die Information, welche der Rechtsanwalt zu der Vertretung im Sühneverfahren nötig hatte, oder im Sühnetermine gewinnt, ihm bei Führung des Prozesses zugute kommt.

Ist im Falle des § 471 ZPO. durch den Anwalt ein Vergleich unter den Parteien zustande gekommen, so muß ihm die volle Vergleichsgebühr zugesprochen werden, da seine bezügliche Tätigkeit nicht geringer angeschlagen werden kann, als wenn der Vergleich im Laufe des Prozesses zustande kommmt."

In der Reichstagskommisson wurde jedoch die Fassung des Abs. 2 des Entwurfs abgelehnt und die Anrechnung nur für den Fall der Verhandlung des Rechtsstreits vor dem Amtsgerichte vorgeschrieben (Protokoll vom 2. 4. 79).

Auf Antrag eines Abgeordneten wurde von der Reichstagskommission ferner konstatiert (Protokoll vom 11. 3. 97), daß in dem Falle, daß zu einem auf Antrag einer Partei festgesetzten gütlichen Verhöre die eine Partei mit einem Rechtsanwalte oder durch einen Rechtsanwalt erscheint, die Gegenpartei jedoch nicht erscheint, und somit die Sühneverhandlung nicht stattfindet, der erschienene Rechtsanwalt immer nur $^3/_{10}$ der Gebühr des § 9, dagegen nicht etwa noch $^5/_{10}$ der Prozeßgebühr, wie man vielleicht nach Analogie des § 45 annehmen könnte, erhalte.

Im übrigen wurde in betreff der Auslegung des Abs. 3 in der Reichstagskommission ohne Widerspruch von irgend einer Seite und unter Zustimmung der Regierungskommissare zum Protokoll vom 11. 3. 79 konstatiert:[1])

Der § 37 Abs. 3 bezieht sich nur auf die Fälle des § 471 ZPO., dagegen ist die Tätigkeit eines Rechtsanwaltes zur Herbeiführung eines Vergleiches in einer noch nicht anhängigen Sache außerhalb der Fälle der §§ 471, 571 ZPO. im außergerichtlichen Wege dann, wenn der Antrag auf Herbeiführung eines Vergleiches gerichtet ist, nach der für

[1]) Vgl. Zusammenstellung der protokollarischen Feststellungen Nr. 2, Drucksachen des Reichstags 79 Nr. 137 S. 40 und JW. 79 S. 148. Vgl. weiter § 1 N. 69.

das Bundesland, in welchem der Anwalt seinen Wohnsitz hat, bestehenden Landestaxordnung zu liquidieren und zu honorieren. Das gleiche gilt bezüglich eines vom Rechtsanwalt vermittelten außergerichtlichen Arrangements zur Abwendung eines Konkursantrages.

II. Das Sühneverfahren. Die ZPO. kennt ein Sühneverfahren im Laufe eines Rechtsstreits, den Sühneversuch nach § 296 ZPO. Dieses Verfahren gehört zur Instanz und berechtigt nicht zu besonderer Gebührenerhebung. 2

Daneben kennt die ZPO. aber auch ein der Klage vorausgehendes Sühneverfahren in den Fällen der §§ 510 und 609 ZPO.

1. Nach § 510 ZPO. kann, wer eine Klage zu erheben beabsichtigt, zum Zwecke des Sühneversuchs den Gegner vor das Amtsgericht laden, bei dem ein Vergleich geschlossen oder auf Antrag beider Parteien sofort verhandelt werden kann. Geschieht beides nicht, so muß eventuell die Klage vor dem zuständigen Gericht erhoben werden.[2])

2. Bevor eine Scheidungsklage oder eine Klage auf Herstellung des ehelichen Lebens erhoben werden kann, muß der Kläger den Beklagten zum Sühnetermin vor das zuständige Amtsgericht laden (§§ 608, 609, 610, 611 ZPO.).

III. Die Gebühren für das Sühneverfahren.

A. Allgemeines. Der § 37 bewilligt dem Rechtsanwalt für die Mitwirkung bei einem Sühneverfahren drei Zehnteile der Sätze des § 9. 3

1. Als „Mitwirkung" ist jede in Ansehung eines Sühneverfahrens entwickelte Tätigkeit, insbesondere auch schon die Erwirkung der Terminbestimmung und die Besorgung der Ladung anzusehen; eine Mitwirkung im Sühnetermin selbst ist zur Begründung der Gebühr nicht erforderlich, im Falle des § 609 nach § 610 ZPO. unter Umständen auch gar nicht möglich.[3]) 4

2. Die Gebühr für die gesamte Tätigkeit beträgt — abgesehen von dem unten zu behandelnden Falle des Abs. 3 — nur einmal drei Zehntel. Unter dem Ausdrucke „die Sätze des § 9" versteht die GO. den Gebührensatz des § 9, also den einmaligen Gebührenansatz, wie er in § 9 normiert ist; die Mehrheitsbezeichnung „Sätze" ist gebraucht, weil § 9 einen Gebührentarif nach der Höhe des Streitwerts aufstellt und danach die Sätze sich verschieden gestalten. Wo die Gebührenordnung nicht nur eine einmalige Gebühr, sondern die Gebühren des § 13, d. h. die Prozeßgebühr, Verhandlungsgebühr ꝛc. bewilligen will, spricht sie von den „in § 13 benannten Gebühren" oder den „in den §§ 13—18 bestimmten Gebühren" wie z. B. in §§ 19, 20, 22, 23, 24, 25, 29, 41 GO.[4]) Es kann daher insbesondere für die Wahrnehmung des Sühnetermins nicht eine besondere Verhandlungsgebühr liquidiert werden.[5]) 5

3. Die Gebühr des § 37 ist immer besonders zu berechnen. Das Sühneverfahren gehört nicht zu dem mit der Klage beginnenden Rechtsstreit, dem es gerade vorbeugen soll. Eine etwaige Verschmelzung der Gebühr des § 37 mit der Prozeßgebühr des Rechtsstreits zufolge des in § 25 aufgestellten 6

---

[2]) Bei manchen Amtsgerichten ist es üblich, in Vormundschaftssachen den als Vater des unehelichen Kindes Bezeichneten vorzuladen und mit dem Vormund über die Unterhaltspflicht verhandeln bzw. einen Vergleich abschließen zu lassen. Dieses Verfahren hat Analogien zu dem des § 510; für die Mitwirkung bei diesem Verfahren wird analog aus § 37 zu liquidieren sein.

[3]) RG. JW. 95 S. 10, 27. Ebenso KG. in ZZP. 26, 95; OLG. Colmar in ZfEL. 94 S. 537 und OLG. Posen in Pos.Mschr. 02, 183.

[4]) RG. JW. 90 S. 116, 16.

[5]) Vgl. LG. Dresden im Sächs.Arch. 1, 636 und die Konstatierung der Kommission N. 1.

Grundsatzes wäre auch schon deshalb unstatthaft, weil § 25 lediglich auf die normalen, in § 13 benannten Rechtsstreitgebühren Bezug hat, zu welchen die anders geartete Gebühr des § 37 (drei Zehntel der Sätze des § 9) garnicht gehört. Es folgt dies schließlich auch daraus, daß in dem besonderen Falle des Abs. 2 die Anrechnung auf eine Prozeßgebühr besonders vorgeschrieben ist, was nicht erforderlich wäre, wenn die Anrechnung ohne weiteres stattzufinden hätte.[6])

7 B. Besonderheiten im Falle des § 510 ZPO. (§ 37 Abs. 2 u. 3).

Die Absätze 2 und 3 des § 37 geben zwei Besonderheiten, die sich jedoch nur auf den Fall des § 510 ZPO. beziehen.

8 1. Abs. 2 bestimmt die Anrechnung der Sühnegebühr auf die Prozeßgebühr „im Falle der Verhandlung des Rechtsstreits vor dem Amtsgericht". Die Anwendbarkeit der Bestimmung auf den Fall des § 609 ZPO. ist hier schon deshalb ausgeschlossen, weil Ehesachen jedenfalls vor das Landgericht gehören.[7])

9 Der Regierungsentwurf wollte die Anrechnung in allen Fällen, in denen es nach fruchtloser Sühne zum Rechtsstreit kommt, weil die Information für das Sühneverfahren dem Rechtsanwalt bei Führung des Prozesses zugute komme. Die Reichstagskommission hat die Anrechnung auf den Fall des jetzigen Abs. 2 beschränkt. Dabei konnte jedoch nicht die Unterscheidung zwischen Verhandlung des Rechtsstreits vor dem Amtsgericht oder vor dem Landgericht maßgebend sein; denn, wenn der Grund der Anrechnung die Erleichterung der Information sein soll, so liegt letztere ebenso vor, wenn der Rechtsstreit bei einem Landgericht verhandelt wird, wie bei der Verhandlung vor einem Amtsgericht. Augenscheinlich muß deshalb die Einschränkung einen anderen, nämlich folgenden Sinn haben. Nach § 510 Abs. 2 wird, wenn ein Vergleich nicht zustande kommt, auf Antrag beider Parteien der Rechtsstreit sofort vor dem Amtsgericht verhandelt; die Erhebung der Klage erfolgt in diesem Falle durch den mündlichen Vortrag derselben. Hier wird allerdings der erheblichste Teil des Prozeßbetriebes, die Anfertigung und Zustellung einer Klageschrift, wegfallen, und die Information des Anwalts ist durch die Information für das Sühneverfahren gedeckt; die Anrechnung der Sühnegebühr auf die Prozeßgebühr des Rechtsstreits entspricht daher in diesem Falle durchaus der Billigkeit. Die Anrechnung ist demnach auf die sofortige Verhandlung des Rechtsstreits vor dem Amtsgerichte gemäß § 518 Abs. 2 ZPO. zu beschränken.

10 2. Abs. 3 bewilligt dem Anwalt „die vollen Sätze des § 9", wenn in dem Falle des § 510 ZPO. unter seiner Mitwirkung ein Vergleich geschlossen ist. In diesem Falle hat der Anwalt nur einmal den vollen Satz des § 9, wie sich aus der Erörterung zu N. 5 ergibt. Die Gebühr ist nicht etwa identisch mit der Vergleichsgebühr des § 13; neben der Gebühr des § 37 steht dem Anwalt auch nicht etwa noch eine Prozeßgebühr zu; vielmehr absorbiert die Gebühr des § 37 Abs. 3 — ebenso wie die des Abs. 1 — die gesamte Tätigkeit des Anwalts im Sühneverfahren.[8])

---

[6]) Vgl. RG. 18. V. 83 in Annalen 8, 88; RG. 45, 368. A. M. jedoch KG. in ZZP. 13, 366. Dagegen folgt die Erstattungsfähigkeit für den Fall des § 510 aus 510 Abs. 3 ZPO. und für den Fall des § 609 ZPO. daraus, daß das Sühneverfahren eine gesetzlich gebotene unmittelbare Voraussetzung der Scheidungsklage ist. Vgl. auch hierzu RG. 45, 368 u. JW. 00 S. 13. Ebenso OLG. Naumburg in Naumb.AKZ. 94 S. 120 und KG. 5. 11. 98 in ZZP. 26, 95.

[7]) RG. JW. 95 S. 27; 00 S. 13; RG. 45, 368; Annalen 8, 88.

[8]) Über die in der Reichstagskommission angeregte Frage der Honorierung von Vergleichsverhandlungen in einer noch nicht anhängigen Sache vgl. die Ausführungen zu § 1 N. 68—71.

§ 38.

Im Mahnverfahren erhält der Rechtsanwalt von den Sätzen des § 9:

1. drei Zehnteile für die Erwirkung des Zahlungsbefehls, einschließlich der Mitteilung des Widerspruchs an den Auftraggeber;
2. zwei Zehnteile für die Erhebung des Widerspruchs;
3. zwei Zehnteile für die Erwirkung des Vollstreckungsbefehls.

Die Gebühr in Nr. 2 wird auf die in dem nachfolgenden Rechtsstreite zustehende Prozeßgebühr und die Gebühr in Nr. 3 auf die Gebühr für die nachfolgende Zwangsvollstreckung angerechnet.

I. Motive. Im Mahnverfahren kann der Natur der Sache nach 1 von den im § 13 erwähnten Gebühren keine Rede sein. Auch muß hier eine Herabsetzung des aus § 9 sich ergebenden Gebührensatzes angeordnet werden, welche sich am angemessensten dem § 37 GKG. anschließt. Bezüglich der Gerichtsgebühren genügte es, solche für die Entscheidung über das Gesuch um Erlassung des Zahlungsbefehls und über das Gesuch um Erlassung des Vollstreckungsbefehls festzusetzen. Diesen Gebühren entspricht die Gebühr in Nr. 1 und in Nr. 3 des § 38; es mußte aber noch eine Gebühr für den Anwalt des Gegners hinzukommen, welcher gegen den Zahlungsbefehl Widerspruch erhebt. Diese ist in Nr. 2 vorgesehen. Da die Tätigkeit bei Erhebung des Widerspruchs und bei Erwirkung des Vollstreckungsbefehls an sich eine einfachere ist, als die auf Erlaß eines Zahlungsbefehls gerichtete, so mußten die Gebühren der Nr. 2 und 3 niedriger sein, als die der Nr. 1, wobei noch hervorzuheben ist, daß die Mitteilung des erhobenen Widerspruchs an die Partei nicht besonders zu vergüten ist. Im Falle einer Beschwerde gegen den Beschluß des Gerichtes, durch welchen das Gesuch um Erlaß des Vollstreckungsbefehls zurückgewiesen wird. (ZPO. § 639 Abs. 2), tritt die Gebühr des § 41 hinzu.

Was die Frage anlangt, inwieweit die von den Rechtsanwälten in dem Mahnverfahren zu erhebenden Gebühren auf die in dem etwa nachfolgenden ordentlichen Verfahren zu erhebenden in Anrechnung zu bringen sind, so erachtete der Entwurf es nicht für rätlich, die Gebühr des klägerischen Rechtsanwaltes in Nr. 1 auf die nachfolgende Prozeßgebühr zu verrechnen, weil alsdann die im Mahnverfahren verwendete Arbeit und Mühe des Rechtsanwaltes gar keine Vergütung erhielte und somit das ganze Mahnverfahren unter der Ungunst der Rechtsanwälte leiden möchte. Anders liegt die Sache im Falle der Nr. 2 für den Rechtsanwalt des Beklagten, für welchen die Erhebung des Widerspruchs ein nicht zu berücksichtigendes Minimum von Arbeit ist, wenn er die zum Zwecke desselben etwa erteilte Information für das ordentliche Verfahren verwerten kann. Ebenso erscheint die Anrechnung der Gebühr der Nr. 3 auf die Gebühr der nachfolgenden Zwangsvollstreckung als der Billigkeit entsprechend.

II. Charakter der Gebühren.

1. Die Gebühren des § 38 stehen, ebenso wie die Gebühren des § 37, 2 in keinerlei Beziehung zu § 13; insbesondere sind sie nicht etwa Teile oder Ermäßigungen einer Prozeßgebühr, sondern völlig selbständig. Es versteht sich deshalb von selbst, daß die Gebühr des § 38 voll und unverkürzt auch dann Platz greift, wenn der Anspruch ein derartiger ist, daß er demnächst im Urkunden- oder Wechselprozesse geltend gemacht werden kann. Dies

ist auf Anfrage eines Abgeordneten auch in der Reichstagskommission ausdrücklich konstatiert worden zum Protokolle vom 11. 3. 79.

3 2. Andererseits wird durch die drei bezeichneten Gebühren die gesamte Tätigkeit des Anwalts innerhalb des Mahnverfahrens abgegolten; irgend eine andere Gebühr kann innerhalb des Mahnverfahrens nicht in Betracht kommen. Insbesondere sind Ratserteilungen und Mitteilungen an die Partei ebensowenig besonders zu honorieren wie die vom Anwalt zu besorgenden Zustellungen. Dagegen wird durch eine innerhalb des Mahnverfahrens erhobene Beschwerde gemäß § 41 die Beschwerdegebühr begründet, wie die Motive mit Recht hervorheben.

4 3. Die im § 38 bestimmten Gebühren entgelten aber immerhin nur die spezielle Tätigkeit des Anwalts in dem durch die ZPO. umgrenzten Mahnverfahren; dagegen begründet jede aus dem Mahnverfahren heraustretende oder über dasselbe hinausgehende Tätigkeit eine besondere Honorirung. Wenn demnach etwa nach Erlaß des Zahlungsbefehls der Anwalt mit dem Schuldner einen Vergleich abschließt, so ist dies nicht mehr eine Tätigkeit im Mahnverfahren; für den Vergleich ist deshalb eine besondere Gebühr, etwa nach Analogie des § 13 Nr. 3, zu liquidieren. Über die Tätigkeit im Mahnverfahren hinausgehend ist insbesondere die Ladung gemäß § 696 Abs. 2 ZPO.; sie eröffnet bereits den ordentlichen Rechtsstreit, nachdem das Mahnverfahren durch den Widerspruch seinen Abschluß gefunden hat; deshalb begründet sie auch bereits die Prozeßgebühr des Rechtsstreits für beide Anwälte, für den Anwalt des Beklagten natürlich unter der Voraussetzung, daß sein Auftrag sich auch auf die Empfangnahme der Ladung erstreckt. Dasselbe gilt auch von der Erhebung des Einspruchs gegen den Vollstreckungsbefehl (§ 700 ZPO.); wird beim Amtsgericht nur über die Zulässigkeit des Einspruchs verhandelt, so betragen die Gebühren für den Einspruch gemäß § 20 i. V. m. § 26 Nr. 6 GKG. nur fünf Zehnteile.[1])

III. Wertsberechnung.

5 Die Gebühren des § 38 sind nach dem Werte des Streitgegenstandes zu berechnen, dessen Schätzung nach den allgemeinen Grundsätzen (§§ 3 ff. ZPO., §§ 9 ff. GKG.) zu erfolgen hat; im Falle der Nr. 1 bildet also z. B. die Summe der in dem Gesuche um Erlaß des Zahlungsbefehls vom Schuldner geforderten Kapitalsbeträge (ohne Berücksichtigung der Nebenforderungen) den Streitwert, ohne Unterschied, ob dem Gesuche im vollen Umfange stattgegeben oder ob dasselbe teilweise (bei Verbindung mehrerer Ansprüche) zurückgewiesen wird (anders bei der Gerichtskostenerhebung nach § 37 Abs. 2 GKG.). Auf die größere oder geringere Einfachheit der Sache kommt es bei der Gebührenbemessung selbstverständlich nicht an; eine Herabsetzung der Gebühr aus diesem Grunde erscheint unzulässig.[2]) Der Streitwert für den Widerspruch ergibt sich aus dem Betrage des Zahlungsbefehls; ebenso auch der Streitwert des Antrages auf Vollstreckungsbefehl; Zinsen und Kosten kommen nicht in Betracht, da der Vollstreckungsbefehl noch nicht zur Zwangsvollstreckung gehört.

IV. Die Gebühren im Mahnverfahren.

6 A. Die Gebühr für Erwirkung des Zahlungsbefehls beträgt drei Zehnteile der Sätze des § 9. Durch diese Gebühr wird das ganze Stadium des Mahnverfahrens bis zur Erwirkung des Vollstreckungsbefehls abgegolten, also nicht nur die Erwirkung des Zahlungsbefehls, sondern auch dessen

[1]) Darüber, daß dieses Einspruchsverfahren mit dem nachfolgenden landgerichtlichen Verfahren Eine Instanz bildet, vgl. § 26 N. 6.

[2]) Vgl. RG. JW. 89 S. 21, 16.

Zustellung und die diesbezüglichen Mitteilungen an die Partei, ferner nach der ausdrücklichen Vorschrift des Gesetzes auch noch die Mitteilung des etwa erhobenen Widerspruchs an die Partei.

Die Gebühr ist aber andererseits schon verdient mit der Stellung des 7
Antrages auf Zahlungsbefehl, wenn auch der Antrag abgelehnt wird, so daß der Zahlungsbefehl tatsächlich nicht „erwirkt“ wird. Wie überall, so ist auch hier die Gebühr gegeben für die anwaltliche Tätigkeit behufs Erwirkung, auf den Erfolg kommt es nicht an.

Erledigt sich der Auftrag vor Einreichung des Antrages, so beträgt die 8
Gebühr gemäß § 14 Abs. 2 nur drei Zwanzigstel.

B. Die Gebühr für Erhebung des Widerspruchs beträgt zwei 9
Zehnteile der Sätze des § 9. Sie steht nur dem Anwalte des Schuldners zu; der Anwalt des Gläubigers wird für die Entgegennahme und Mitteilung des Widerspruchs durch die Gebühr des § 38 Nr. 1 abgegolten.

C. Die Gebühr für die Erwirkung des Vollstreckungsbefehls 10
beträgt zwei Zehnteile der Sätze des § 9. Ebenso wie die Gebühr der Nr. 1 für die anwaltliche Tätigkeit zur Herbeiführung des Zahlungsbefehls ohne Rücksicht auf den Erfolg gegeben ist, ist es auch die Gebühr der Nr. 3. Wird also der Vollstreckungsbefehl abgelehnt, weil bereits Widerspruch erhoben ist, so ist dennoch die Gebühr für den Antrag verdient.[3])

Für die nach § 796 ZPO. etwa erwirkte Vollstreckungsklausel zum Voll- 11
streckungsbefehl ist die Gebühr ($^2/_{10}$) nach § 24 anzusetzen, wobei jedoch die Vorschrift des § 35 zu beachten ist.

V. Die Anrechnung der Gebühren.

1. Wenn gegen den Zahlungsbefehl Widerspruch erhoben oder gegen den 12
Vollstreckungsbefehl Einspruch eingelegt ist, so kann sich an das Mahnverfahren ein Rechtsstreit anschließen. Der Absatz 2 des § 38 schreibt nun vor, daß die Gebühr für Erhebung des Widerspruchs auf die in dem nachfolgenden Rechtsstreite zustehende Prozeßgebühr angerechnet werden soll. Die Anrechnung kann danach nur auf die Prozeßgebühr des Anwalts des Schuldners erfolgen; denn nur dieser hat eine Gebühr für Erhebung des Widerspruchs. Irgend eine Anrechnung auf die Prozeßgebühr des Anwalts des Gläubigers ist nicht vorgeschrieben.

2. Wird auf Grund des Vollstreckungsbefehls von dem Anwalt, welcher 13
denselben erwirkt hat, auch Zwangsvollstreckung betrieben, so ist nach der weiteren Bestimmung des Abs. 2 die Gebühr für den Vollstreckungsbefehl auf die Vollstreckungsgebühr anzurechnen. Die Anrechnung kann indessen nur auf die Gebühr für den ersten Vollstreckungsantrag erfolgen; betreibt dagegen der Rechtsanwalt nach Erledigung der ersten Vollstreckungsmaßregel eine neue Zwangsvollstreckung, so steht ihm hierfür die Gebühr ungeschmälert zu.

3. Jede der nach § 38 zu berechnenden Gebühren ist eine für sich be- 14
stehende, selbständige Gebühr und demgemäß der nach § 8 GO. zugelassenen

---

[3]) Ebenso Meyer-Irmler § 38 Anm. 3; Willenbücher § 38 Anm. 3. OLG. Stuttgart in Würt. Jahrb. 04 S. 59. Anderer Meinung LG. I Berlin in KGBl. 93 S. 38, OLG. (Karlsruhe) 13, 261, Drucker A. 2. und Walter in früh. Aufl. § 38, VII. Soll aber der Ausdruck „Erwirkung“ entscheiden, so müßte man dem Anwalt auch die Gebühr der Nr. 1 absprechen, wenn der Zahlungsbefehl abgelehnt wird. Dies wäre eine Verleugnung des sonst überall geltenden Prinzips, daß es auf den Erfolg der anwaltlichen Tätigkeit nicht ankommt, die sicherlich begründet worden wäre, wenn sie in der Absicht des Gesetzgebers gelegen hätte.

Erhöhung auf den Mindestbetrag von 1 Mark fähig. Lediglich diese nach § 8 erhöhte Gebühr kommt auch bei der nach § 38 Abs. 2 vorgeschriebenen Anrechnung in Betracht. Dagegen ist es unstatthaft, die Differenz zwischen den beiden bei der Anrechnung konkurrierenden Gebühren, falls sie weniger als eine Mark beträgt, von neuem auf den in § 8 bestimmten Mindestbetrag zu erhöhen bzw. abzurunden, da diese Differenz keine selbständige Gebühr darstellt, sondern lediglich den Restbetrag einer durch Anrechnung bereits modifizierten Gebühr. Wenn also z. B. der Rechtsanwalt einen Vollstreckungsbefehl in Höhe von 75 Mk. erwirkt hat, so beträgt seine Gebühr nach § 38 Nr. 3 hierfür $^2/_{10}$ von 4 Mk. = 0,80 Mk. bzw. nach der gemäß § 8 eintretenden Erhöhung 1 Mk. Wird von demselben Rechtsanwalte demnächst auf Grund des erwirkten Vollstreckungsbefehls ein Antrag auf Zwangsvollstreckung gestellt, so steht ihm nach § 23 Nr. 2 dafür als Gebühr $^3/_{10}$ von 4 Mk. oder 1,20 Mk. zu. Auf diese 1,20 Mk. ist jedoch die für Erwirkung des Vollstreckungsbefehls gemäß § 38 Nr. 3 liquidierte Gebühr von 1 Mk. in An- und Abrechnung zu bringen, so daß für den Zwangsvollstreckungsantrag nur noch eine Gebühr von 20 Pf. zur Erhebung kommt, die nicht mehr erhöht wird.

VI. Erstattungsfähigkeit der Mahngebühren.

15 Obwohl für das Mahnverfahren kein Anwaltszwang besteht, so können doch die Parteien Anwälte annehmen. Ist dies seitens des Gläubigers geschehen, so sind unter den Kosten des Mahnverfahrens auch die Anwaltsgebühren nach diesem § 38 von dem kostenpflichtigen Mahnschuldner zufolge des im § 91 Absatz 2 der ZPO. aufgestellten Grundsatzes in allen Fällen zu erstatten, und zwar selbst dann, wenn der Gläubiger nach seinem Bildungsgrade zweifellos fähig und imstande war, die im Mahnverfahren erforderlichen Schriftstücke ohne Hilfe eines Rechtsanwaltes anzufertigen und bei Gericht einzureichen.[4])

16 Der Anwalt des Klägers muß die sämtlichen Kosten (also auch seine Gebühren und Auslagen), die der Beklagte bezahlen soll, in dem Mahngesuche bereits liquidieren, damit dieselben in den Zahlungsbefehl, welcher gemäß § 692 ZPO. außer dem Hauptanspruche und den geforderten Zinsen auch „die dem Betrage nach zu bezeichnenden Kosten des Verfahrens" begreifen soll, mit aufgenommen werden können. Ingleichen ist die Gebühr für Erwirkung des Vollstreckungsbefehls (§ 38 Nr. 3) vom Rechtsanwalte in dem betreffenden Gesuche samt den sonstigen Kosten, welche nach Erlaß des Zahlungsbefehls[5]) dem Kläger etwa noch erwachsen sind (z. B. Portoauslagen, Zustellungskosten und andere Kosten einer notwendigen Zwischenkorrespondenz) in Ansatz zu bringen, damit alle diese Kosten im Vollstreckungsbefehle, in welchen gemäß § 699 ZPO. die vom Gläubiger zu berechnenden Kosten des bisherigen Verfahrens aufzunehmen sind, und welcher in dieser Hinsicht zugleich die Natur eines Kostenfestsetzungsbeschlusses annimmt, mit berücksichtigt werden können. Aus diesen Gründen erscheint ein besonderes Kostenfestsetzungsverfahren in Mahnsachen nicht angezeigt und wird deshalb in der Literatur wie in der Praxis der Gerichte mit Recht nicht zugelassen.[6]) Dagegen unterliegen in Verbindung mit den Kosten des

[4]) A. M., aber irrig, OLG. Naumburg in Naumb.AKZ. 89 S. 31, 2.

[5]) Die nachträgliche Aufnahme der Gebühr des Rechtsanwalts für Erwirkung eines Zahlungsbefehls, in welchem dieselbe mangels rechtzeitiger Liquidirung keine Berücksichtigung gefunden hat, in den Vollstreckungsbefehl ist für unstatthaft erklärt vom LG. Düsseldorf in ZdRhein ARV.VII. Jahrg. 89 Abt. I S. 94, 95. Dies entspricht indessen nicht der Vorschrift des § 699 ZPO.; es steht nichts im Wege, die bei Erlaß des Zahlungsbefehls nicht berücksichtigten Kosten in den Vollstreckungsbefehl mit aufzunehmen. Vgl. auch Schultzenstein in ZZP 16, 564.

[6]) Ebenso Willenbücher S. 4 zu B. 2.; Petersen-Anger § 699 Anm. 2; Gaupp-Stein § 699, LG. I Berlin in KGBl. 97 S. 13.

ordentlichen Rechtsstreites auch die Kosten eines vorgängigen Mahnverfahrens der besonderen Festsetzung in dem gemäß §§ 104 ff. ZPO. geregelten Verfahren. [7])

§ 39.

Für die Vertretung im Verteilungsverfahren (Zivilprozeßordnung § 858 Abs. 6, §§ 872 bis 877, 882) stehen dem Rechtsanwalte fünf und, falls der Auftrag vor dem Termine zur Ausführung der Verteilung erledigt wird, drei Zehnteile der Sätze des § 9 zu.

Der Wert des Streitgegenstandes wird durch den Betrag der Forderung und, wenn der zu verteilende Geldbetrag geringer ist, durch diesen Betrag bestimmt.

I. Motive. Die Bestimmung über die Gebühren des Rechtsanwalts im 1
Verteilungsverfahren schließt sich in dem ersten Absatze eng an die entsprechende Vorschrift des GKG. (§ 42) an, und ist ebenso wie in diesem auch bei Festsetzung der Anwaltsgebühren der größeren oder geringeren Ausdehnung des Verfahrens Rechnung getragen.

Es bedurfte aber außerdem noch einer besonderen Bestimmung über den Wert des Streitgegenstandes. Die Vorschrift des § 11 des Entwurfs, nach welcher die für die Berechnung der Gerichtsgebühren maßgebende Festsetzung des Wertes auch für die Berechnung der Gebühren der Rechtsanwälte maßgebend sein soll, würde im Verteilungsverfahren zur Folge haben, daß die Anwaltsgebühren stets nach dem Bestande der Verteilungsmasse zu berechnen sein würden. Dies würde jedoch offenbar unbillig sein, wenn die Forderung des Auftraggebers an sich, oder derjenige Teil derselben, wegen dessen die Befriedigung aus der Verteilungsmasse beansprucht wird, geringer ist, als die letztere. Das Interesse des Machtgebers kann selbstverständlich den Betrag der Forderung, für welche er Befriedigung sucht, nicht übersteigen. Andererseits erhält dieses Interesse auch eine Höchstgrenze in dem Betrage der Masse. Der geringere von beiden Beträgen muß danach maßgebend sein.

II. Fälle und Gang des Verteilungsverfahrens.

Das Verteilungsverfahren tritt ein, wenn bei der Zwangsvollstreckung 2
in das bewegliche Vermögen ein Geldbetrag hinterlegt ist, welcher zur Befriedigung der beteiligten Gläubiger nicht hinreicht (§ 872 ZPO). Jeder Gläubiger hat eine Berechnung seiner Forderung an Kapital, Zinsen, Kosten und sonstigen Nebenforderungen einzureichen. Sodann wird vom Gericht ein Teilungsplan angefertigt und zur Erklärung über denselben sowie zur Ausführung der Verteilung ein Termin bestimmt. Erfolgt ein Widerspruch gegen den Teilungsplan, so führt die Erörterung entweder zur Einigung oder der widersprechende Gläubiger muß Klage erheben und die Klageerhebung binnen einem Monat dem Verteilungsgericht nachweisen. Auf Grund des Urteils wird dann die Auszahlung oder das anderweite Verteilungsverfahren vom Verteilungsgericht angeordnet. (§§ 873—882 ZPO.)

Nach dem durch die Zivilprozeßnovelle eingefügten § 858 ZPO. tritt ein Verteilungsverfahren auch dann ein, wenn bei der Zwangsvollstreckung

[7]) Willenbücher S. 23 unter II A 6 und S. 36 Ziff. 15; vgl. auch KG. in ZZP. 14, 328 und 15, 519; Stedl, Mahnverfahren S. 166.

in den Anteil an einem im Schiffsregister eingetragenen Schiffe (Schiffspart) der Auszug aus dem Schiffsregister ergibt, daß die Part mit einem Pfandrechte belastet ist, welches einem anderen als dem betreibenden Gläubiger zusteht. Der Erlös ist dann zu hinterlegen und nach Maßgabe der §§ 873–882 ZPO. zur Verteilung zu bringen.

3 **III. Die Gebühren für das Verteilungsverfahren.**

1. Das Verteilungsverfahren gehört zur Zwangsvollstreckung; nach der Regel des § 31 würde deshalb dem Anwalt, der die Zwangsvollstreckung betrieben hat, die zum Verteilungsverfahren führt, eine besondere Gebühr für das Verteilungsverfahren nicht zustehen. Aus der Stellung des § 39 im System sowie daraus, daß § 39 eine ganz anders geartete Gebühr festsetzt, als die des § 23 Nr. 2 folgt aber, daß die Gebühren des § 39 dem Anwalte immer besonders zustehen, auch wenn er bereits für den Betrieb der Zwangsvollstreckung die Gebühren des § 23 Nr. 2 bezieht.[1])

4 2. Der § 39 setzt eine einzige Gebühr für die gesamte Vertretung im Verteilungsverfahren fest. Diese Gebühr ist nicht eine der im § 13 benannten Gebühren, sondern — ebenso wie in §§ 37, 38, 40 — eine selbständige, ganz anders geartete. Aber auch hier ist der Umfang der Tätigkeit nicht ganz ohne Einfluß auf die Höhe der Gebühr. Falls der Auftrag schon vor dem Termin zur Ausführung der Verteilung erledigt wird, beträgt die Gebühr drei Zehnteile der Sätze des § 9, sonst fünf Zehnteile dieser Sätze.

5 a) Der Auftrag erledigt sich vor dem Termine, wenn der Auftrag vor dem Termine zurückgenommen wird, oder die Parteien sich vorher über die Verteilung verständigt haben, ebenso auch, wenn der Auftrag überhaupt nur auf diejenige Tätigkeit sich beschränkt, welche dem Termin vorauszugehen hat z. B. die Einreichung der Berechnung. Wenn dagegen der mit der Vertretung im Verteilungsverfahren beauftragte Anwalt nur den Termin nicht wahrnimmt z. B. weil derselbe bei einem auswärtigen Gericht stattfindet, so ist damit der Fall der Ermäßigung noch nicht gegeben.

6 b) Andererseits wird mit der Gebühr des § 39 die gesamte Tätigkeit im Verteilungsverfahren abgegolten. Zu diesem Verteilungsverfahren gehören zwar auch die nach dem Termine an das Gericht zu richtenden Anzeigen und Nachweise (§ 878 ZPO.), nicht dagegen auch die anzustellenden Prozesse (§ 879 ZPO.)

7 Fraglich kann sein, ob das in dem auf die Widerspruchsklage ergehenden Urteil etwa angeordnete „anderweite Verteilungsverfahren" noch zum ursprünglichen Verteilungsverfahren gehört, oder ein neues, zu neuen Gebühren berechtigendes, Verfahren darstellt. Für letztere Ansicht wird angeführt,[2]) daß „die Einsicht und Prüfung des neuen Teilungsplans und die Wahrnehmung des neuen Termins zur Erklärung im wesentlichen denselben Aufwand an Zeit und Arbeit verursacht, wie das vorangegangene Verfahren, und es deshalb angemessen erscheint, ihm auch dieselben Gebühren für diese erneute Tätigkeit wiederholt zuzubilligen." Indessen kann doch diese Ansicht nicht gebilligt werden. Die Gebühr des § 39 ist „für die Vertretung im Verteilungsverfahren" bestimmt, ersichtlich also für das ganze Verteilungsverfahren bis zu seinem Abschluß. Be-

[1]) Dasselbe meinen wohl Meyer-Irmler § 39 N. 3, Willenbücher § 39 N. 1 und Walter in fr. Aufl., wenn sie hervorheben, daß die Gebühren des § 39 dem Rechtsanwalte auch dann besonders zustehen, wenn er Prozeßbevollmächtigter ist. Auf die Tatsache, daß der Anwalt Prozeßbevollmächtigter ist, kann es schon deshalb nicht ankommen, weil die Verteilung zur Zwangsvollstreckung, nicht zum Prozeß selbst, gehört.

[2]) Walter in fr. Aufl. zu § 39, II; ebenso Pfafferoth zu § 39 Anm. 3.

endigt wird das Verteilungsverfahren aber erst durch die Ausschüttung der Masse. Der Plan für diese Ausschüttung wird zunächst provisorisch aufgestellt und erst nach den Verhandlungen der Beteiligten festgelegt, sei es durch deren Einverständnis oder durch die Entscheidung des Prozeßgerichts. Die Entscheidung auf die Widerspruchsklage gibt danach nur einen von den verschiedenen Ansätzen des Teilungsplans; das anderweite Verteilungsverfahren dient nichts anderem, als der vom Prozeßgericht angeordneten Berichtigung des ursprünglichen Planes, bildet also nur die Fortsetzung des Verteilungsverfahrens, in welchem deshalb auch die durch die Entscheidung nicht berührten Grundlagen des Plans bestehen bleiben.[3]) Der Anwalt, welcher die Partei sowohl vor als auch nach dem Widerspruchsprozeß im Verteilungsverfahren vertritt, hat deshalb nur Anspruch auf die einmalige Gebühr.[4])

IV. Berechnung des Streitwerts.

Der für die Bestimmung des Streitgegenstandswertes nach dem Abs. 2 des 8
§ 39 maßgebliche „Betrag der Forderung" ergibt sich aus der dem Gerichte einzureichenden Berechnung der Forderung (§ 873 ZPO.); diese Forderung begreift sowohl Kapital wie auch Zinsen, Kosten und sonstige Nebenforderungen in sich; diese ganze Forderung ist zu berücksichtigen. Zu den „Kosten" gehören auch die Auslagen des Gläubigers für seine Teilnahme am Verteilungsverfahren, insbesondere die nach § 39 zu berechnenden Anwaltsgebühren; dieselben sind ein Teil der in § 788 ZPO. gedachten Zwangsvollstreckungskosten, welche zugleich mit dem Hauptanspruch beigetrieben werden.[5])

Ist indessen der zu verteilende Geldbetrag geringer als die Forderung des vertretenen Gläubigers, so wird der Streitwert durch den geringeren Geldbetrag gebildet. Zu verteilen ist der hinterlegte Betrag abzüglich der vorweg zu entnehmenden Kosten des Verfahrens d. h. der gemeinschaftlichen Kosten im Gegensatz zu denen des einzelnen Gläubigers.

Vertritt der Anwalt mehrere Gläubiger, was nicht ausgeschlossen erscheint; so geschieht die Berechnung für jeden Vertretenen besonders; eine Zusammenrechnung der Forderungen erscheint hier nicht angängig.

§ 40.

Im Aufgebotsverfahren (Zivilprozeßordnung §§ 946 bis 956, 959 bis 972, 977 bis 1024) stehen dem Rechtsanwalt, als Vertreter des Antragstellers (Zivilprozeßordnung § 947), drei Zehnteile der Sätze des § 9 zu:

1. für den Betrieb des Verfahrens, einschließlich der Information;
2. für den Antrag auf Erlaß des Aufgebots;
3. für den Antrag auf Anordnung der Zahlungssperre, sofern derselbe vor dem Antrag auf Erlaß des Aufgebots gestellt wird;
4. für die Wahrnehmung des Aufgebotstermins.

Als Vertreter einer anderen Person erhält der Rechtsanwalt diese Gebühr nur einmal.

---

[3]) RG. 26, 420; Gaupp-Stein § 880, II.

[4]) Ebenso Meyer-Irmler § 39 Anm. 4; Willenbücher § 39 Anm. 1.

[5]) Ebenso Meyer-Irmler § 39 Anm. 2; Willenbücher § 39 Anm. 2; Gaupp-Stein § 874, II. Seuffert ZPO. Anm. 3 zu § 759 S. 868; vWilmLevy Anm. 5 zu § 759; Förster ZPO. II, 557 Anm. 3 Abs. 3 zu § 759 und S. 439 Anm. 2 zu § 697; Petersen-Anger § 873 N. 1; Falkmann, Zwangsvollstreckung S. 286 Anm. 5. Anderer Meinung Walter in fr. Aufl. § 39, III; Schönfeld, Verteilungsverfahren Anm. 22 S. 24; Struckmann-Koch Anm. 3 zu § 874 und vSarwey 2, 252.

1 **I. Entstehungsgeschichte.** Der Entwurf und § 40 des Gesetzes in der bis zum 1. 1. 00 gültigen Fassung hatte nur drei Gebühren bestimmt, die der jetzigen Nummern 1, 2 und 4; die Nummer 3 ist durch das EG. zur Zivilprozeßnovelle Art. VII Nr. 14 eingefügt worden.

Der Entwurf hatte folgende Motive: „Inbetreff des Aufgebotsverfahrens (ZPO. §§ 823 bis 833, 836 bis 850) enthält § 44 GKG. drei Gebühren in Höhe von je drei [1]) Zehnteilen der vollen Gebühr für die drei Hauptmomente des Verfahrens, nämlich:

1. für die Entscheidung über die Zulässigkeit des Antrages;
2. für die Verhandlung im Aufgebotstermine;
3. für die Endentscheidung.

Diesen entsprechen die im § 40 des Entwurfs präzisierten drei Gebühren des Vertreters des Antragstellers für diejenigen Tätigkeiten, welche die gedachten gerichtlichen Akte zur Folge haben, nur daß an Stelle einer Gebühr für die Endentscheidung eine solche für den ganzen Betrieb einschließlich der Information treten mußte. Die Fassung des Entwurfs läßt es zweifellos, daß die Tätigkeit bei Beantragung des Aufgebotes bzw. bei Wahrnehmung des Aufgebotstermines, als eine einheitliche zusammengefaßt wird, so daß eine Erhöhung der Gebühr nicht eintritt, wenn nacheinander mehrere Anträge zu stellen bzw. mehrere Termine wahrzunehmen sind.

Wie die Begründung des GKG. — Motive zu § 38 S. 60 a. a. O. — ergibt, sollte durch die Teilung der Bauschgebühr in drei einzelne Gebührensätze die Möglichkeit gegeben werden, die Kosten für den Fall zu ermäßigen, daß das Verfahren nicht bis zu seinem regelrechten Abschlusse fortgeführt wird. Derselbe Gesichtspunkt muß auch bezüglich der Anwaltsgebühren maßgebend sein.

Für den Anwalt des Antragstellers können die drei Gebührensätze des § 40 dann eintreten, wenn das Aufgebotsverfahren dem Antrage entsprechend endet. Die Tätigkeit des Anwaltes einer anderen Person, für welche der Anwalt aus Anlaß der in dem Augebote enthaltenen Aufforderung Ansprüche oder Rechte anmeldet, ist eine verhältnismäßig so geringfügige, daß sich die Gebühr, wie sie in dem Schlußabsatze vorgesehen ist, rechtfertigt."

Bei der Beratung in der Reichstagskommission ist zum Protokolle vom 10. 3. 79 noch ausdrücklich konstatiert worden, daß im § 40 Nr. 3 unter „Wahrnehmung des Aufgebotstermines" auch die Wahrnehmung der mehreren in einer Sache vorkommenden Anfgebotstermine zu verstehen sei.

II. Anwendungsgebiet des § 40.

2 Der § 40 kann nur für ein solches Aufgebotsverfahren in Betracht kommen, auf welches die Vorschriften der Zivilprozeßordnung Anwendung finden.[2]) Dies folgt aus der Vorschrift des § 1. Finden aber die Vorschriften der ZPO. Anwendung, so ist es gleichgültig, ob die Zulässigkeit des Aufgebotsverfahrens auf reichsgesetzlicher oder landesgesetzlicher Vorschrift beruht. Nur wo Reichs- oder Landesgesetz die Anwendung der Vorschriften der ZPO. ausschließen, sind nicht die Gebühren des § 40, sondern die landesgesetzlichen Gebühren zum Ansatz zu bringen.[3])

[1]) Durch die Novelle zum GKG. vom 29. 6. 81 sind die Gerichtsgebührensätze des in den Motiven in bezug genommenen § 44 des GKG. von je $^3/_{10}$ auf je $^1/_{10}$ ermäßigt worden.

[2]) Vgl. § 1 N. 34.

[3]) Reichsgesetzlich zugelassene Aufgebote, auf welche die ZPO. keine Anwendung findet, sind z. B. die Aufforderung an die Nachlaßgläubiger gemäß § 2061 BGB. oder das Aufgebot gemäß §§ 44, 50 des Personenstandsgesetzes. Bezüglich der landesgesetzlichen Aufgebote vgl. für Preußen Joachim, Pr. GO. § 1 N. 18.

Die meisten und wichtigsten der früher landesgesetzlich geregelten Aufgebotsfälle haben nunmehr ihre Regelung in der ZPO. gefunden. Allerdings sind bezüglich einzelner Aufgebotsfälle in den §§ 1023, 1024 ZPO. gewisse Abweichungen der Landesgesetzgebung vorbehalten worden; dieselben sind indessen so geringfügig, daß das Verfahren im wesentlichen das der ZPO. bleibt.

Die ZPO. gibt in ihren §§ 946—959 zunächst allgemeine Bestimmungen, 3
und sodann besondere Bestimmungen für die Aufgebote

1. zum Zwecke der Todeserklärung (§§ 960—976);
2. zum Zwecke der Ausschließung eines Grundstückseigentümers nach § 927 BGB. (§§ 977—981 ZPO.);
3. zum Zwecke der Ausschließung eines Hypotheken-, Grundschuld- oder Rentenschuldgläubigers gemäß §§ 1170, 1171 BGB. (§§ 982—987);
4. zum Zwecke der in den §§ 887, 1104, 1112, 1269 BGB. für die Vormerkung, das Vorkaufsrecht, die Reallast und für das Pfandrecht an Schiffen bestimmten Ausschließung des Berechtigten (§ 988);
5. zum Zwecke der Ausschließung von Nachlaßgläubigern nach § 1970 BGB. (§§ 989—1000);
6. zum Zwecke der nach §§ 1489 und 1970 BGB. zulässigen Ausschließung von Gesamtgutsgläubigern (§ 1001);
7. zum Zwecke der Ausschließung von Schiffsgläubigern nach § 765 HGB. und § 110 des Binnenschiffahrtsgesetzes (§ 1002);
8. zum Zwecke der Kraftloserklärung von Urkunden (§§ 1003—1023).

III. Die Gebühren im Aufgebotsverfahren.

Auch die Gebühren im Aufgebotsverfahren sind nicht die im § 13 be- 4
nannten Gebühren, sondern selbständige und eigenartige, wie die Gebühren der §§ 37, 38, 39. Sie erschöpfen die gesamte Tätigkeit des Rechtsanwalts im Aufgebotsverfahren, so daß für andere Gebühren kein Raum bleibt. Ebenso sind für die gesamte Tätigkeit höhere Gebühren als die viermalige Gebühr von $^{3}/_{10}$ d. h. $^{12}/_{10}$ niemals anzusetzen, mögen noch soviele Anträge gestellt oder Termine wahrgenommen werden.

Indessen ist doch zu beachten, daß das Aufgebotsverfahren beendet ist mit 5
dem Erlaß des Ausschlußurteils. Eine Tätigkeit des Anwalts, welche sich bereits auf ein erlassenes Ausschlußurteil stützt, gehört nicht mehr zum Aufgebotsverfahren und berechtigt daher zu besonderen Gebühren. So werden z. B. besondere Gebühren anzusetzen sein, wenn der Anwalt gemäß § 800 BGB. oder § 228 HGB. die Erteilung einer neuen Schuldverschreibung oder Aktie, oder gemäß § 67 Grundbuchordnung die Erteilung eines neuen Briefes beantragt.

Mit der Erhebung der Anfechtungsklage gemäß §§ 957 ff. ZPO. beginnt eine neue Prozeßinstanz.

Für die Höhe der Gebühren unterscheidet der § 40, ob der Rechtsanwalt Vertreter des Antragstellers oder einer anderen Person ist.

A. Der Rechtsanwalt als Vertreter des Antragstellers erhält die Gebühren des Abs. 1. Antragsteller ist der Antragsberechtigte, der den Antrag auf Erlaß des Aufgebots gemäß § 947 ZPO. stellt. Antragsberechtigt sind die in §§ 962, 984, 988 Abs. 2, 991, 998, 999, 1000, 1002, 1004 ZPO. näher bezeichneten Personen.

Für den Vertreter des Antragstellers sind die Gebühren in der Weise be- 6
stimmt, daß eine Gebühr, die sog. Betriebsgebühr, als Gebühr für die allgemeine Tätigkeit anzusetzen ist, und daneben, je nach dem Umfange der Vertretung in einem oder mehreren Stadien des Verfahrens, weitere Gebühren in Ansatz kommen.

Im einzelnen ist zu bemerken:

7 1. Für den Betrieb des Verfahrens einschließlich der Information erhält der Anwalt eine Gebühr von drei Zehnteilen der Sätze des § 9. Daraus, daß für den Antrag auf Erlaß des Aufgebots und die Wahrnehmung des Aufgebotstermins weitere Gebühren bewilligt sind, ergibt sich, daß die Betriebsgebühr bestimmt ist, die Mühewaltung des Anwalts außerhalb der Antragstellung und der Termine abzugelten, also insbesondere die Information, die Sammlung des Materials, die Beibringung der erforderlichen Zeugnisse (§§ 1010, 1011), die etwaigen sonstigen Korrespondenzen sowie die Tätigkeit bei den etwa nach § 952 ZPO. angeordneten Ermittlungen. Daraus folgt aber weiter, daß der Anwalt, der mit der Vertretung beauftragt ist, die Betriebsgebühr auch dann erhält, wenn es zum Antrage nicht gekommen ist oder der Antrag nicht vom vertretenden Anwalt gestellt ist. Die Betriebsgebühr steht demnach dem den Antragsteller vertretenden Anwalt unter allen Umständen zu, gleichgültig ob ihm noch die weiteren Gebühren der Nr. 2—4 zustehen oder nicht.

8 2. Für den Antrag auf Erlaß des Aufgebots erhält der vertretende Anwalt eine Gebühr von drei Zehnteilen der Sätze des § 9. Diese Gebühr erhält der Rechtsanwalt neben den ihm etwa sonst zustehenden Gebühren im Aufgebotsverfahren, insbesondere neben der Betriebsgebühr (§ 40 Nr. 1).

Die Gebühr entsteht und ist anzusetzen „für den Antrag auf Erlaß des Aufgebots". Hier muß schon die Anfertigung eines solchen Antrages zur Begründung der Gebühr genügen; die Vorschrift des § 14 ist unanwendbar, da von einer „Prozeßgebühr" hier nicht die Rede ist.

Andererseits aber erfährt die Gebühr keinerlei Erhöhung, wenn etwa der erste Antrag nicht ausreicht, sondern ergänzt oder wiederholt werden muß. Für die gesamte, noch so ausgedehnte Tätigkeit im Stadium der Antragstellung erhält der Anwalt immer nur die Eine Gebühr (neben der Betriebsgebühr). Durch die Antragsgebühr wird namentlich auch mitabgegolten der Antrag auf Zahlungssperre, sofern derselbe zugleich mit dem Antrag auf Aufgebot oder nachträglich gestellt wird. (Vgl. zu Nr. 3.)

9 3. Für den Antrag auf Anordnung der Zahlungssperre, sofern derselbe vor dem Antrag auf Erlaß des Aufgebots gestellt wird, erhält der Anwalt ebenfalls eine Gebühr von drei Zehnteilen der Sätze des § 9.

Bezweckt das Aufgebotsverfahren die Kraftloserklärung eines Inhaberpapiers, so ist auf Antrag auch die Zahlungssperre anzuordnen. Der Antrag kann regelmäßig erst gleichzeitig mit dem Aufgebotsantrag gestellt werden; ist jedoch nach § 1015 Satz 2 ZPO. die Einleitung des Aufgebotsverfahrens deshalb unzulässig, weil ein Aufgebotstermin binnen Jahresfrist mit Rücksicht auf die Wartefristen der §§ 1010, 1011, 1013, 1014 ZPO. noch nicht anberaumt werden kann, so kann nach § 1020 ZPO. die Zahlungssperre als selbständige Maßregel schon vor der Einleitung des Aufgebotsverfahrens angeordnet werden.

Nur für diesen letztgedachten Fall ist die Gebühr der Nr. 3 des § 40 bestimmt. Wird später, nachdem das Aufgebotsverfahren zulässig geworden, auch der Antrag auf Erlaß des Aufgebots gestellt, so steht dem Anwalt für letzteren Antrag auch die Gebühr der Nr. 2 zu.

10 4. Für die Wahrnehmung des Aufgebotstermins erhält der Anwalt drei Zehnteile der Sätze des § 9. Daß sich bei Wahrnehmung mehrerer Aufgebotstermine die Gebühr nicht erhöht, ergibt sich aus dem Charakter

der in § 40 bestimmten Gebühren, ist aber auch in den Motiven und im Protokoll der Reichstagskommission noch ausdrücklich hervorgehoben.

Nach der bis zum 1. 1. 00 in Geltung gewesenen Bestimmung des § 829 der ZPO. war die Wahrnehmung des Aufgebotstermins durch den Antragsteller erforderlich, weil der Antrag auf Erlaß des Ausschlußurteils nur im Termine gestellt werden konnte. Nach dem jetzigen § 952 ZPO. genügt es, daß der Antrag schriftlich vor dem Aufgebotstermine gestellt wird. Für einen solchen schriftlichen Antrag wird eine besondere Gebühr nicht zu berechnen sein, vielmehr wird derselbe als durch die Betriebsgebühr mit abgegolten anzusehen sein.

B. Der Anwalt als Vertreter einer anderen Person als des Antragstellers erhält für seine gesamte Tätigkeit nur einmal drei Zehnteile der Sätze des § 9. 11

Hier kommen insbesondere solche Personen in Betracht, welche ihre durch das Aufgebot mit Ausschluß bedrohten Rechte anmelden, z. B. der anmeldende Nachlaßgläubiger, der Verschollene, der sich meldet, oder solche Personen, welche durch ihre Anmeldung das vom Antragsteller behauptete Recht bestreiten (§ 952 ZPO.).

Vertritt der Anwalt eine dieser Personen, so kann er für die ganze erforderliche und aufgewendete Tätigkeit, mag dieselbe nur in der schriftlichen Anmeldung oder auch in der Wahrnehmung der Aufgebotstermine und in der Beschaffung von Material bestehen, immer nur einmal drei Zehntel beanspruchen.

IV. Wertsbestimmung. Der Maßstab für die Wertsberechnung wird, in analoger Anwendung der für Klagen gegebenen Grundsätze, in dem Werte des vom Antragsteller in Anspruch genommenen Gegenstandes zu finden sein. Der Streitwert bestimmt sich daher für den Vertreter des Antragstellers 12

a) beim Aufgebot zwecks Todeserklärung nach dem Werte des Nachlasses;

b) zwecks Ausschließung eines Grundeigentümers nach dem Werte des Grundstücks;

c) zwecks Ausschließung eines Hypotheken-, Grundschuld- oder Rentenschuldgläubigers oder eines dinglich Berechtigten gemäß § 988 ZPO. nach dem Betrag der Hypothek (Grundschuld, Rentenschuld), eventuell aber gemäß § 6 ZPO. nach dem geringeren Werte des Grundstücks;

d) zwecks Ausschließung von Nachlaßgläubigern nach freiem Ermessen (§ 3 ZPO.) unter Berücksichtigung des Interesses des Antragstellers an der Feststellung sicherer Rechtsverhältnisse;

e) zwecks Kraftloserklärung von Urkunden, je nachdem die Urkunde Träger der Forderung ist oder nicht.[4]) Ersterenfalls ist der Betrag der Forderung maßgebend, anderenfalls ist, wie zu d, zu schätzen.[5])

Bei Vertretung einer anderen Person als des Antragstellers richtet sich der Streitwert nach dem Werte des angemeldeten oder dem Antragsteller entgegengesetzten Rechts, z. B. bei Vertretung des sich meldenden Nachlaßgläubigers nach dem Betrage der Forderung desselben. 13

---

[4]) Vgl. § 10 N. 107 und Anm. 163.

[5]) Beim Aufgebot von Hypothekenbriefen setzt das Amtsgericht Berlin-Mitte den Wert regelmäßig auf $^{1}/_{10}$ des Forderungsbetrages fest: vgl. Meyer-Irmler § 40 N. 4. Den vollen Forderungsbetrag erachtet für maßgebend AG. Halle in Naumb.AKZ. 87 S. 12 u. S. 93, während LG. Oels in Bresl.AKZ. 88 S. 59 den Wert nur nach dem Betrag der Wiederherstellungskosten bemessen will, wogegen Willenbücher § 40 N. 3 mit Recht einwendet, daß diese Kosten sich nur unter Zugrundlegung eines bestimmten Objektswerts berechnen lassen.

14 **V. Verbindung mehrerer Aufgebote.** Gemäß § 959 ZPO. kann das Gericht die Verbindung mehrerer Aufgebote anordnen. Eine solche Verbindung ist für die Berechnung der Gebühren des Anwalts, welcher mehrere Antragsteller vertritt, belanglos, da weder die Vorschrift des § 3 noch die des § 51 GO. Anwendung finden können, weil es sich um Tätigkeiten in verschiedenen Angelegenheiten handelt. Der Anwalt hat daher für jede Aufgebotssache besonders zu liquidieren.[6])

§ 41.

Drei Zehnteile der in den §§ 13 bis 18 bestimmten Gebühren erhält der Rechtsanwalt:

1. in der Beschwerdeinstanz;
2. wenn seine Tätigkeit sich auf ein Verfahren beschränkt, welches die Änderung einer Entscheidung des beauftragten oder ersuchten Richters oder des Gerichtsschreibers (Zivilprozeßordnung § 576) betrifft.

In der Instanz der an eine Notfrist nicht gebundenen Beschwerde steht dem Rechtsanwalte die Prozeßgebühr nicht zu, wenn ihm dieselbe oder eine der in den §§ 37 bis 40 bezeichneten Gebühren in der Instanz zustand, in welcher die angefochtene Entscheidung ergangen ist.

1 **I. Motive.** Der § 41 regelt im Anschlusse an § 35 des GKG. die Gebühren der Anwälte für die in den §§ 530 bis 540 der ZPO. vorgesehenen Fälle, nämlich für die Beschwerdeinstanz sowie für Anträge auf Änderung einer Entscheidung des beauftragten oder ersuchten Richters oder des Gerichtsschreibers.

Hervorzuheben ist nur, daß letztere Anträge nicht besonders vergütet, sondern zur Instanz berechnet werden, wenn der Rechtsanwalt zur Führung des Prozesses bevollmächtigt ist (§ 29 Nr. 5).

Eine Modifikation erleidet ferner die Vorschrift des ersten Absatzes, wenn es sich nicht um eine sofortige Beschwerde, d. h. wenn es sich um eine Beschwerde handelt, welche an eine Notfrist nicht gebunden ist. Die Fälle, in welchen diese stattfindet, sind im allgemeinen von geringer Bedeutung, so daß dem Rechtsanwalte, welchem in der Instanz der angefochtenen Entscheidung eine Prozeßgebühr überhaupt oder eine der in den §§ 37 bis 40 bestimmten Gebühren zusteht, die Prozeßgebühr in der Beschwerdeinstanz nicht zu gewähren ist.

II. Gebühren in der Beschwerdeinstanz.

2 1. Die Bauschgebühren werden für das ganze Verfahren einer jeden nach den Vorschriften der ZPO. zu erledigenden Beschwerde erhoben, ohne daß eine Unterscheidung der verschiedenen Arten von Rechtsstreitigkeiten stattfindet; insbesondere sind also, da § 19 nicht angeführt ist, die Gebühren im Urkunden- und Wechselprozesse ebenso hoch, wie im gewöhnlichen Prozesse. Eine Ermäßigung tritt aber ferner auch dann nicht ein, wenn es sich nur um die Zulässigkeit der Beschwerde handelt, da auch § 20 nicht angeführt ist. Hat, was in der Praxis allerdings nur selten vorkommen wird, eine mündliche Verhandlung bzw. ein Beweisaufnahmeverfahren stattgefunden, und der Rechtsanwalt die Vertretung darin geführt (§ 573 ZPO.), so kann auch die

---

[6]) Ebenso Meyer-Irmler N. 4; Willenbücher N. 4; Pafferoth N. 2.

Verhandlungs- bzw. Beweisgebühr nach den in den §§ 13 bis 17 vorgesehenen Abstufungen und unter Zugrundelegung von $^3/_{10}$ als Normalgebühr berechnet werden. Die Beweisgebühr wird demgemäß stets $^3/_{20}$ betragen, die Verhandlungsgebühr kann sich, außer auf $^3/_{10}$, auch auf $^{15}/_{40}$ ($^3/_8$) oder $^9/_{20}$ belaufen, je nachdem noch eine weitere nichtkontradiktorische oder kontradiktorische Verhandlung stattgefunden und die Vertretung des Anwaltes sich hierauf erstreckt hat. In der Regel wird jedoch bloß die Prozeßgebühr in Frage kommen, da über Beschwerden meistens ohne Verhandlung und ohne Beweisaufnahme entschieden werden kann. Die Vertretung wird dann in der Regel für den Beschwerdeführer nur in der Anfertigung der Beschwerdeschrift, für den Beschwerdegegner nur in der Abgabe einer etwa erforderten Erklärung auf die Beschwerde bestehen. Dabei ist nicht etwa die Gebühr des § 41 gemäß § 46 auf die Hälfte zu ermäßigen, selbst dann nicht, wenn etwa der Auftrag sich auf die Anfertigung der Beschwerdeschrift beschränkte.[1])

2. Die Vorschrift der besonderen Vergütung für die Tätigkeit in der 3
Beschwerdeinstanz gilt für die sofortige Beschwerde ausnahmslos, gleichviel ob diese Beschwerde vom Prozeßbevollmächtigten erhoben wird oder ob sich die Tätigkeit des Anwaltes auf die Beschwerdeinstanz beschränkt.

Handelt es sich dagegen um eine gewöhnliche Beschwerde, welche nicht an eine Notfrist gebunden ist, so fällt die besondere Prozeßgebühr nach § 41 fort, falls dem Rechtsanwalte in der Instanz, in welcher die angefochtene Entscheidung ergangen ist, entweder eine Prozeßgebühr — wenn auch nur eine ermäßigte nach §§ 19, 20, 23 usw. — oder eine der in den §§ 37 bis 40 bezeichneten Gebühren, d. h. im Falle der Beschwerde

a) im Sühneverfahren die Gebühr des § 37,
b) im Mahnverfahren eine der Gebühren des § 38,
c) im Verteilungsverfahren die Gebühr des § 39,
d) im Aufgebotsverfahren eine der Gebühren des § 40

für das Verfahren, welches zur Beschwerde führt, zugestanden hatte. In allen diesen Fällen erhält also der Anwalt für die Beschwerdeinstanz überhaupt nur dann eine Gebühr nach § 41, wenn im Beschwerdeverfahren ausnahmsweise mündliche Verhandlung bzw. mit Beweisaufnahme angeordnet ist, nämlich die Verhandlungs- und bzw. Beweisgebühr. Voraussetzung des Fortfalls der Beschwerdeprozeßgebühr ist aber ferner lediglich, daß in der Vorinstanz überhaupt eine Prozeßgebühr zugestanden hat, nicht aber, daß gerade für den Gegenstand der Beschwerde eine besondere Gebühr zu erheben war. Betrifft also die Beschwerde einen Gegenstand, für dessen Betrieb in der Vorinstanz auf Grund des § 29 keine besonderen Gebühren zu erheben waren, z. B. eine nicht getrennte einstweilige Verfügung, so entfällt die Beschwerdegebühr, wenn nur überhaupt eine Prozeßgebühr zustand.[2])

Im Falle einer weiteren Beschwerde entfällt deshalb auch die Ge- 4
bühr für denjenigen Anwalt, der bereits in der Beschwerdeinstanz die Gebühr des § 41 bezogen hat; denn auch diese letztere ist eine Prozeßgebühr.

3. Der Streitwert der Beschwerde braucht nicht identisch zu sein mit 5
dem Streitwert der Hauptsache; maßgebend ist vielmehr der Beschwerdegegenstand d. h. der Streitgegenstand des Beschwerdeantrages.[3])

Dabei wird oft das Interesse, das der Beschwerdeführer an der Änderung

---

[1]) Vgl. RG. JW. 90 S. 84, 17.

[2]) RG. 8, 428.

[3]) RG. JW. 94 S. 173, 9. Vgl. hierzu die Ausführungen zu § 9 N. 15 und die dort angeführten Entscheidungen, jedoch auch Hergenhahn in ZZP. 18, 267.

der angefochtenen Entscheidung hat, nach freiem Ermessen einzuschätzen sein z. B. bei Beschwerde über Ablehnung der Erklärung einer Sache als Feriensache

III. Der Fall der Nr. 2 hat mit der Beschwerde eine gewisse Ähnlichkeit. Das Verfahren, welches die Änderung einer Entscheidung des beauftragten oder ersuchten Richters oder des Gerichtsschreibers betrifft, gehört nach § 29 Abs. 2 Nr. 5 zur Instanz; der Prozeßbevollmächtigte kann deshalb besondere Gebühren hierfür nicht beanspruchen. Wenn dagegen die Tätigkeit eines Anwalts sich auf dieses Verfahren beschränkt, so entstehen hierfür die Gebühren des § 41. Der Fall ist wenig praktisch.

Vorbemerkung zu §§ 42—46.

Die §§ 42—46 enthalten Gebührenvorschriften für die Fälle der Teilung der Tätigkeit bei der Prozeßführung zwischen dem Prozeßbevollmächtigten und einem anderen Anwalte, wenn diese Teilung auf Verlangen der Partei geschieht. Im einzelnen behandeln die §§ 42, 43 die Teilung der Tätigkeit bei der mündlichen Verhandlung, § 44 die Tätigkeit des sog. Korrespondenzmandatars, § 45 die Tätigkeit eines nicht zum Prozeßbevollmächtigten bestellten Anwalts bei der Beweisaufnahme, § 46 die Anfertigung eines Schriftsatzes.

§ 42.

Der zum Prozeßbevollmächtigten bestellte Rechtsanwalt, welcher auf Verlangen der Partei die Vertretung in der mündlichen Verhandlung einem anderen Rechtsanwalt übertragen hat, erhält neben den ihm zustehenden Gebühren fünf Zehnteile der Verhandlungsgebühr. Diese Gebühr wird auf eine ihm zustehende Verhandlungsgebühr angerechnet.

§ 43.

Dem Rechtsanwalte, welchem von der Partei oder auf deren Verlangen von dem Prozeßbevollmächtigten nur die Vertretung in der mündlichen Verhandlung oder die Ausführung der Parteirechte in derselben übertragen ist, steht neben der Verhandlungsgebühr die Prozeßgebühr zu fünf Zehnteilen zu. Letztere Gebühr steht ihm auch dann zu, wenn der Auftrag vor der mündlichen Verhandlung erledigt wird. Erstreckt sich die Vertretung auf eine mit der mündlichen Verhandlung verbundene Beweisaufnahme (§ 13 Nr. 4), so erhält der Rechtsanwalt außerdem die Beweisgebühr.

1 **I. Materialien zu den §§ 42, 43.** 1. Motive: Der gewöhnlichste Fall einer Anwendung der Gebührensätze der §§ 13 bis 18 wird der sein, daß ein Rechtsanwalt mit der Führung des Rechtsstreites befaßt ist. Diesem Falle steht zufolge der Vorschrift des § 2 der seltenere gleich, wenn mehrere Prozeßbevollmächtigte den Prozeß gemeinschaftlich führen. Außerdem kann der Machtgeber bei Bestellung mehrerer Prozeßbevollmächtigter jedem einen beschränkten Kreis der Tätigkeit zuweisen. Dann tritt für jeden derselben eine Einschränkung des gesetzlichen Umfanges der Vollmacht ein. Dieser Einschränkung ist, wenn sie auch zufolge des § 79 der ZPO. dem Prozeßgegner gegenüber wirkungslos bleibt, für das Verhältnis zwischen dem Auftraggeber und dem Anwalte maßgebend und kann deshalb auch für den Gebührenanspruch des letzteren von Bedeutung sein. Der Entwurf kann sich jedoch nicht die Aufgabe stellen, für alle

in der bezeichneten Weise möglichen Fälle je nach ihrer Eigenart Einzelbestimmungen zu treffen. Aus dem Systeme des Entwurfs, nach welchem die Gebühren des Anwaltes in der Weise geregelt sind, daß für seine Tätigkeit nach gewissen einzelnen Hauptakten der Instanz feste Gebührensätze bestimmt sind, folgt, daß die Tätigkeit des Prozeßbevollmächtigten bei einem solchen Akte die volle für diesen Akt bestimmte Gebühr begründet, so daß die hinzutretende Tätigkeit eines zweiten Anwaltes bei demselben Akte eine Herabsetzung der Gebühren des ersteren nicht herbeiführen kann. Die Beseitigung etwaiger Bedenken, welche sich bei strikter Durchführung dieses Grundsatzes ergeben können, wird man der freien Vereinbarung um so mehr überlassen können, als solche Fälle doch voraussichtlich nur selten, bei einer von der regelmäßigen abweichenden Sachlage vorkommen werden. Für einen in der Rechtsanwaltsordnung vorgesehenen Fall verwandten Charakters glaubt jedoch der Entwurf Vorsorge treffen zu müssen, da er vermutlich nicht selten eintreten wird.

Von dem Lokalisierungsprinzipe der Rechtsanwaltsordnung macht § 27 derselben insofern eine Ausnahme, als nach dieser Vorschrift in der mündlichen Verhandlung, einschließlich der vor dem Prozeßgerichte erfolgenden Beweisaufnahme, jeder Rechtsanwalt die Ausführung der Parteirechte und für den Fall, daß der bei dem Prozeßgerichte zum Prozeßbevollmächtigten bestellte Rechtsanwalt ihm die Vertretung überträgt, auch diese übernehmen kann. Als nächstliegende Regelung dieses Falles würde diejenigen erscheinen, bei welcher mit der Trennung der Funktionen auch eine Trennung der Gebühren einzutreten hätte, so daß der zum Prozeßbevollmächtigten bestellte Rechtsanwalt, welcher nicht die mündliche Verhandlung führt, auf die Prozeßgebühr beschränkt bleibt, derjenige Rechtsanwalt dagegen, welcher nur die Vertretung der Parteirechte in der mündlichen Verhandlung übernimmt, bloß die Verhandlungsgebühr erhielte. Gegen eine solche einfache Teilung der Gebühren spricht die Rücksicht auf das Maß von Arbeit und Mühe, welches in einem solchen Falle jedem der beiden Anwälte obliegt. Der Prozeßbevollmächtigte, welcher die Ausführung der Parteirechte oder die Vertretung in der mündlichen Verhandlung einem anderen Rechtsanwalte überträgt, hat immer noch einen besonderen Verkehr mit diesem zur Vorbereitung der Verhandlung oder auch zum Zwecke der weiteren Prozeßführung zu führen. Andererseits bedarf auch der Rechtsanwalt, welchem nur die Vertretung in der mündlichen Verhandlung oder nur die Ausführung der Parteirechte in derselben übertragen wird, für seine Tätigkeit ohne Zweifel der Information, welche durch die Prozeßgebühr mitvergütigt wird. Es muß deshalb jedem der beiden Anwälte ein entsprechendes Maß der einen oder der anderen Gebühr zukommen. Immer ist dabei vorausgesetzt, daß die Trennung der Funktionen auf besonderem Verlangen der Partei beruht. Ist sie von einem Anwalte ohne ein solches Verlangen, insbesondere aus Gründen, die in der Person des Anwaltes liegen, vorgenommen, so fehlt es an einer Verpflichtung der Partei zur Zahlung erhöhter Gebühren; vielmehr wird es dann Sache der Anwälte sein, sich untereinander abzufinden.

Von diesem Gesichtspunkte gehen die §§ 42, 43 des Gesetzes aus, indem sie dem Prozeßbevollmächtigten außer der vollen Prozeßgebühr fünf Zehnteile der Verhandlungsgebühr und dem Vertreter in der mündlichen Verhandlung außer der vollen Verhandlungsgebühr fünf Zehnteile der Prozeßgebühr zubilligen.

Wenn mit der mündlichen Verhandlung eine Beweisaufnahme verbunden ist, kann natürlich der Vertreter auch noch die Beweisgebühr beanspruchen.

Daß im Falle des § 42 diese Quote der Verhandlungsgebühr dem Prozeßbevollmächtigten auf eine ihm sonst zustehende Verhandlungsgebühr angerechnet wird, bedarf mit Rücksicht auf § 25 keiner näheren Begründung.

Da die Gewährung einer Quote der Prozeßgebühr im Falle des § 43 auf einer zur Vorbereitung für die mündliche Verhandlung erforderlichen Tätigkeit des Anwaltes beruht, so kann diese Gebühr nicht dadurch wegfallen, daß der erteilte Auftrag sich erledigt, bevor es zur mündlichen Verhandlung kommt. Immerhin wird aber zufolge des Begriffes der Prozeßgebühr vorausgesetzt, daß der Anwalt in irgend einer Weise, z. B. durch Einziehung von Information, eine Tätigkeit geleistet hat, für deren Vergütung die Prozeßgebühr bestimmt ist. Trifft diese Voraussetzung nicht zu, so würde ein Anspruch auf Gebühren nicht bestehen.

Wenn die Übertragung der „Ausführung der Parteirechte" nur in § 43 und nicht in § 42 erwähnt ist, so erklärt sich dies daraus, daß eine solche Übertragung für die Gebühren des Prozeßbevollmächtigten einflußlos ist. Da dieser in einem solchen Falle die Vertretung in der mündlichen Verhandlung führt, so steht ihm die Verhandlungsgebühr unverkürzt zu.

2 2. Der Eingang des § 43 lautete im Entwurfe: „Dem Rechtsanwalte, welchem auf Verlangen der Partei nur die Vertretung usw."; die jetzige Fassung: von der Partei oder auf deren Verlangen" beruht auf einem Beschlusse der Reichstagskommission, in der erwogen wurde, daß die Partei selbst im Anwaltsprozesse einem anderen, bei dem Prozeßgerichte zugelassenen Rechtsanwalte, und in einem Prozesse, in welchem eine Vertretung durch Anwälte nicht geboten ist, jedem Rechtsanwalte die Vertretung übertragen kann. Ebenso ist der dritte Satz: „Erstreckt sich 2c." ein Zusatz der Reichstagskommission, in welchen noch im Reichstage die Bezugnahme auf § 13 Nr. 4 aufgenommen wurde, um zum Ausdruck zu bringen, daß nur eine Beweisaufnahme im Sinne des § 13 Nr. 4 gemeint ist, also nicht eine solche, die nur in Vorlegung der in Händen des Beweisführers oder des Gegners befindlichen Urkunden besteht. (Sten.Ber. über die Sitzung vom 2. 5. 79.)

II. Voraussetzungen der Anwendbarkeit der §§ 42, 43.

3 1. Im Entwurfe und nach den Ausführungen der Motive haben die §§ 42, 43 unzweifelhaft nur den Fall behandeln wollen, daß neben dem Prozeßbevollmächtigten auf Verlangen der Partei noch ein anderer Anwalt an der Prozeßführung beteiligt wird. Es sollten lediglich die Gebühren für jeden der beiden Anwälte bestimmt werden, die nach § 27 der Rechtsanwaltsordnung in Betracht kommen können, welcher bestimmt:

> „Insoweit eine Vertretung durch Anwälte geboten ist, kann nur ein bei dem Prozeßgerichte zugelassener Rechtsanwalt die Vertretung als Prozeßbevollmächtigter übernehmen.
>
> In der mündlichen Verhandlung, einschließlich der vor dem Prozeßgericht erfolgenden Beweisaufnahme, kann jedoch jeder Rechtsanwalt die Ausführung der Parteirechte und für den Fall, daß der bei dem Prozeßgerichte zum Prozeßbevollmächtigten bestellte Rechtsanwalt ihm die Vertretung überträgt, auch diese übernehmen.

§ 42 gab dann die Gebühren für den Prozeßbevollmächtigten, § 43 für den anderen Anwalt. Da die „Vertretung" im Anwaltsprozesse nicht von der Partei, sondern gemäß § 27 RAO nur von dem Prozeßbevollmächtigten übertragen werden kann, so war der Eingang des § 43 im Entwurf sachgemäß dahin gefaßt: „Dem Rechtsanwalte, welchem auf Verlangen der Partei nur die Vertretung 2c."

Diese Fassung des § 43 des Entwurfs hat aber in der Reichstagskommission eine Änderung insofern erfahren, als an Stelle der früheren Worte „auf Verlangen der Partei" getreten sind die Worte: „von der Partei oder auf deren Verlangen von dem Prozeßbevollmächtigten," und zwar in der Erwägung, daß die Partei selbst in einem Prozesse, in welchem eine Vertretung durch Anwälte nicht geboten ist, jedem Anwalte die Vertretung übertragen kann. Es fragt sich nun, ob hierdurch nicht die Bedeutung des § 43 und seine Beziehung zu § 42 verändert ist, insbesondere, ob nicht nunmehr der § 43 auch dann anwendbar ist, wenn ein zum Prozeßbevollmächtigten bestellter Anwalt überhaupt nicht vorhanden, sondern — im Amtsgerichtsprozeß — nur ein von der Partei mit der Vertretung in der mündlichen Verhandlung beauftragter Anwalt. Die Frage ist von großer praktischer Bedeutung, wenn die Partei selbst die Klage bei einem auswärtigen Gericht angestellt hat und nur für die mündliche Verhandlung einen Anwalt bestellt.

Auszuscheiden ist hier zunächst der Fall, daß die Partei, nachdem sie selbst die Klage angestellt hat, den Rechtsanwalt zum Prozeßbevollmächtigten bestellt. Daß dann nicht § 43, sondern § 13 maßgebend ist, unterliegt keinem Zweifel. Wenn aber die Partei den Anwalt nicht zum Prozeßbevollmächtigten, sondern lediglich zum Vertreter in der mündlichen Verhandlung bestellt, so wird man allerdings, nach der veränderten Fassung des § 43, ebenfalls den § 43 für anwendbar erachten müssen.[1]) Daß der Wortlaut des § 43 diese Annahme zuläßt, ist nicht zu bestreiten; ein innerer Grund für die verschiedene Honorierung, je nachdem die Vertretung von einem anderen Anwalt oder von der Partei übertragen wird, ist nicht zu erkennen. Es kommt aber ferner in Betracht, daß bei Ablehnung der Anwendbarkeit des § 43 es an einer anderen zutreffenden Gebührenbestimmung fehlen würde; denn es ist nicht richtig, daß die volle Prozeßgebühr und Verhandlungsgebühr gemäß § 13 zu erheben sein würde: § 13 ist unanwendbar, weil er zur Voraussetzung hat, daß der Anwalt Prozeßbevollmächtigter ist.

2. Voraussetzung der Anwendbarkeit der §§ 42, 43 ist jedenfalls, daß die vom Prozeßbevollmächtigten dem anderen Anwalt übertragene Vertretung in der mündlichen Verhandlung auf Verlangen der Partei geschieht. Es kann gar nicht davon die Rede sein, daß etwa der Anwalt auf Grund seines Substitutionsrechts in der Lage sei, durch Bestellung eines Vertreters für die mündliche Verhandlung der Partei Mehrkosten zu verursachen oder auch nur dem Vertreter einen Gebührenanspruch gegen die Partei zu verschaffen.[2]) Die Partei muß die Übertragung der Vertretung „verlangen" d. h. einen besonderen, hierauf gerichteten Auftrag erteilen. Allerdings wird man in gewissen Fällen einen solchen Auftrag als stillschweigend erteilt anzusehen haben; wenn z. B. der Anwalt als Prozeßbevollmächtigter für einen bei einem Amtsgerichte anzustellenden Prozeß bestellt wird, so wird als Wille der Partei zu unterstellen sein, daß zu der mündlichen Verhandlung bei dem entfernt gelegenen Amtsgericht 4

[1]) Gegenteiliger Ansicht Meyer-Irmler Anm. 5; und Walter (in früh. Aufl.) N. III; AG. und LG. Freiberg i/S. in ZZP. 22, 160. Die hier vertretene Ansicht wird geteilt vom LG. Torgau in Naumb.AKZ. 99 S. 7 und vom Preuß. Oberverwaltungsgericht, welches in ständiger Praxis von denselben Grundsätzen ausgeht bei Bemessung der nach § 103 des Landesverwaltungsgesetzes erstattungsfähigen Gebühren; vgl. Beschl. vom 11. 10. 01 in KGBl. 01 S. 122. Ebenso jetzt Willenbücher Anm. 3c und Drucker § 43 A. 3.

[2]) Vgl. hierzu die Entsch. in KGBl. 91 S. 55 und 01 S. 82, 83.

nicht der Prozeßbevollmächtigte eine kostspielige Reise macht, sondern daß er die Vertretung in der mündlichen Verhandlung einem am Sitze des Prozeßgerichts wohnhaften Anwalt überträgt. Wenn dagegen der Prozeßbevollmächtigte lediglich aus Gründen, die in seiner Person liegen, z. B. wegen Krankheit, Abwesenheit oder sonstiger Verhinderung, einem anderen Anwalt die Vertretung in der mündlichen Verhandlung überträgt, so sind die §§ 42, 43 nicht zur Anwendung zu bringen.[3])

III. Der Gebührenanspruch aus §§ 42, 43.

5 A. **Der Prozeßbevollmächtigte** hat nach § 42 zu liquidieren, der nur eine Modifikation des § 13 enthält. Für die Anwendung des § 42 macht es aber keinen Unterschied, ob es sich um einen Anwaltsprozeß oder um einen Amtsgerichtsprozeß handelt. Es ist deshalb auch in dem praktisch besonders wichtigen Falle, daß der Prozeßbevollmächtigte zur Wahrnehmung des Verhandlungstermins bei einem auswärtigen Prozeßgericht einen dort wohnhaften Anwalt als Vertreter bestellt, die Anwendung des § 42 nicht ausgeschlossen. Voraussetzung der Anwendung ist aber immer, daß die Vertretung einem Anwalt übertragen wird, Vertretung durch einen Prozeßagenten oder sonstigen Nichtanwalt genügt nicht.

6 1. Die Prozeßgebühr steht dem Prozeßbevollmächtigten gemäß § 13 Nr. 1 zu; hieran ändert der § 42 nichts, da er nur die Regelung der Verhandlungsgebühr bezweckt.

7 2. Die Verhandlungsgebühr entsteht nach § 13 Nr. 2 „für die mündliche Verhandlung". Wenn der Prozeßbevollmächtigte die mündliche Verhandlung nicht geführt hat, so hat er an sich auch keinen Anspruch auf die Verhandlungsgebühr. Hier greift nun der § 42 ein, indem er dem Prozeßbevollmächtigten fünf Zehnteile der Verhandlungsgebühr auch dann zubilligt, wenn er nur deshalb an der Verhandlung nicht teilgenommen, weil er auf Verlangen der Partei die Vertretung in der mündlichen Verhandlung einem anderen Anwalt übertragen hat. Hierzu ist zu bemerken:

8 a) Der Prozeßbevollmächtigte nimmt nur dann an der mündlichen Verhandlung nicht Teil, wenn er die Vertretung einem anderen Anwalt übertragen hat; der Vertreter ist berechtigt, an Stelle des Prozeßbevollmächtigten alle dem letzteren zustehenden Funktionen auszuüben. Anders, wenn dem anderen Anwalte lediglich die Ausführung der Parteirechte übertragen ist; dieser ist nur Beistand und insbesondere zur Stellung der Anträge nicht befugt. Hier ist also die Teilnahme des Prozeßbevollmächtigten an der mündlichen Verhandlung erforderlich; es kommt daher nicht § 42, sondern lediglich § 13 Nr. 2 zur Anwendung. Der Fall der Übertragung der Ausführung der Parteirechte ist deshalb auch in § 42 — im Gegensatze zu § 43 — nicht erwähnt.

9 b) Die Höhe der dem Prozeßbevollmächtigten zustehenden Gebühr wird auf „fünf Zehnteile der Verhandlungsgebühr" festgesetzt. Hier kann fraglich sein, ob unter allen Umständen, da als Verhandlungsgebühr nach § 13 die Sätze des § 9 zustehen, fünf Zehnteile der Sätze des § 9 zu liquidieren sind, oder ob auch die Modifikationen der §§ 16, 17 einzutreten haben. Letzteres erscheint schon wegen der allgemeinen Benennung „Verhandlungsgebühr" und aus inneren Gründen zutreffend, und man wird deshalb den Gebührenansatz so zu bestimmen haben, daß der Prozeßbevollmächtigte fünf Zehnteile derjenigen Verhandlungsgebühr erhält, welche ihm für die Teilnahme an

---

[3]) Vgl. hierzu auch Erl. § 1 N. 8, 9.

der Verhandlung zugestanden hätte. Ist also die Verhandlung eine
nicht kontradiktorische, so erhält er nur fünf Zwanzigstel der Sätze des § 9.
c) Der Satz 2 des § 42 verordnet die Anrechnung der Gebühr „auf 10
eine ihm zustehende Verhandlungsgebühr“. Damit soll zum Ausdruck gebracht
werden, daß auch für die im § 42 bewilligte Verhandlungsgebühr das Prinzip
des § 25 gilt. Der Prozeßbevollmächtigte erhält also auch nur dann die Ge-
bühr des § 42, wenn er bei Teilnahme an der mündlichen Verhandlung eine
Verhandlungsgebühr erhalten hätte. War die mündliche Verhandlung eine solche
nach der Beweisaufnahme, so hätten dem Prozeßbevollmächtigten für die Ver-
handlung fünf Zehnteile zugestanden; gemäß § 42 erhält er fünf Zwanzigstel,
welche nicht auf die frühere Verhandlungsgebühr angerechnet werden. Insofern
ist die Fassung des Satz 2 des § 42 nicht ganz korrekt.
3. Die Beweisgebühr steht dem Prozeßbevollmächtigten dann zu, wenn 11
die Voraussetzungen des § 13 Nr. 4 in seiner Person vorliegen. Wenn also
die Beweisaufnahme mit der mündlichen Verhandlung verbunden ist, die der
Prozeßbevollmächtigte nicht wahrnimmt, so kann dennoch eine Beweisgebühr
entstehen, wenn nur sonst eine Vertretung im Beweisaufnahmeverfahren statt-
gefunden hat.[4])

B. **Der Rechtsanwalt, dem die Vertretung in der mündlichen Ver-** 12
handlung oder die Ausführung der Parteirechte übertragen ist, erhält Ge-
bühren nach Maßgabe des § 43. Die Vorschriften des § 13 kommen gar nicht
in Betracht, da der Rechtsanwalt nicht Prozeßbevollmächtigter ist. Dagegen
richtet sich die Höhe der Gebühren nach der Art des Prozesses; es folgt dies
schon daraus, daß nach § 48 die Gebühr nicht höher sein darf, als die des
Prozeßbevollmächtigten. Für eine Tätigkeit im Wechsel- und Urkundenprozeß
kommt also die Ermäßigung des § 19 in Betracht, für den Arrestprozeß § 20 usw.[5])
1. Der Anwalt erhält die Prozeßgebühr zu fünf Zehnteilen. Diese 13
Gebühr soll die zur Vorbereitung für die mündliche Verhandlung erforderliche
Tätigkeit abgelten; daraus folgt, daß, wie Satz 2 besonders hervorhebt, diese
Gebühr auch dann zu erheben ist, wenn der Auftrag vor der mündlichen Ver-
handlung erledigt ist. Immerhin aber muß bereits irgend eine vorbereitende
Tätigkeit stattgefunden haben, wenn dieselbe auch nur in der Information aus
den Akten besteht.
Fraglich kann sein, ob der Rechtsanwalt, wenn ihm, nachdem er bereits 14
einmal in der mündlichen Verhandlung vertreten hat, zum zweiten Male die
Vertretung übertragen wird, von neuem fünf Zehnteile der Prozeßgebühr
liquidieren darf. Eine erneute Vorbereitung, vielleicht mit ganz neuem Prozeß-
stoff, muß in den meisten Fällen stattfinden; auch die Vorschrift des § 48 steht
der zweiten Liquidation nicht entgegen. Wenn es sich daher um zwei getrennte
Aufträge handelt, so muß die zweimalige Erhebung der Gebühr gerechtfertigt
erscheinen. Allerdings hat das Reichsgericht[6]) in dem verwandten Falle des
§ 45 die Erhöhung der Prozeßgebühr unter Hinweis auf § 25 abgelehnt; in-
dessen gilt § 25 doch nur für die Gebühren des Prozeßbevollmächtigten,
während die entsprechende Einschränkung für einen anderen Anwalt in § 48
gegeben ist.
2. Für die mündliche Verhandlung erhält der Rechtsanwalt die Ver- 15
handlungsgebühr, und zwar für die kontradiktorische zehn, für die nicht-
kontradiktorische fünf Zehnteile. Dabei ist es gleichgültig, ob die Verhandlung

[4]) Vgl. hierzu Erl. § 13 N. 79—84.
[5]) Vgl. EGH. 5, 123.
[6]) RG. 47, 412; vgl. auch RG. JW. 00 S. 124, 4.

vor oder nach der Beweisaufnahme stattfindet, wenn der Rechtsanwalt sich zum ersten Male an der Verhandlung beteiligt; denn auch der Prozeßbevollmächtigte würde im Falle erstmaliger Verhandlung die Gebühr aus § 13 Nr. 2 bzw. § 16, und nicht die aus § 17 beziehen.[7])

16 Fraglich aber kann die Gebühr und deren Höhe sein, wenn der Rechtsanwalt wiederholt die Vertretung in der mündlichen Verhandlung führt. Ist die zweite Verhandlung, ebenso wie die erste, eine Verhandlung vor der Beweisaufnahme, so entsteht eine neue Verhandlungsgebühr nicht, weil eine solche auch für den Prozeßbevollmächtigten nicht entstehen würde, und § 48 die Höhe der Gebühr auf die des Prozeßbevollmächtigten beschränkt. Aus demselben Grunde würde aber umgekehrt für eine neue Verhandlung nach der Beweisaufnahme die Erhöhung der Verhandlungsgebühr gemäß § 17 gerechtfertigt sein, da diese Erhöhung die Vertretung im Beweisaufnahmeverfahren nicht zur Voraussetzung hat.[8])

17 3. Nach der Vorschrift des Satz 3 des § 43 erhält der Rechtsanwalt auch die Beweisgebühr, wenn sich die Vertretung auf eine mit der mündlichen Verhandlung verbundene Beweisaufnahme erstreckt.

a) Als „Beweisaufnahme" ist hier, wie der Hinweis auf § 13 Nr. 4 ergibt, nur eine solche im Sinne dieser Vorschrift zu verstehen, nicht also die Vorlegung der in den Händen des Beweisführers oder des Gegners befindlichen Urkunden.

b) Ist die Beweisaufnahme von der mündlichen Verhandlung getrennt, so ist nicht § 43, sondern eventuell § 45 anwendbar. Über die Berechtigung einer neuen Prozeßgebühr vgl. Erl. zu § 45 N. 13.

18 4. Eine Vergleichsgebühr würde dem Rechtsanwalt nur in analoger Anwendung des § 13 Nr. 3 zustehen.

IV. Die Erstattungsfähigkeit der Gebühren des § 43.

19 Nach der Vorschrift des § 97 Abs. 2 Satz 2 ZPO. sind die Kosten mehrerer Rechtsanwälte nur insoweit zu erstatten, als sie die Kosten eines Rechtsanwalts nicht übersteigen, oder als in der Person des Rechtsanwalts ein Wechsel eintreten mußte. Eine Prüfung, ob darüber hinaus nicht die Zuziehung eines zweiten Anwalts zweckentsprechend und notwendig war, findet nicht statt.[9]) Die Erstattung einer mehrfachen Prozeßgebühr wird demnach ausgeschlossen sein, während die Verhandlungsgebühr des zweiten Anwalts erstattungsfähig ist, soweit eine Verhandlungsgebühr für den Prozeßbevollmächtigten nicht entstanden ist. Die Kosten des zweiten Rechtsanwalts sind daher nur insoweit zu erstatten, als durch dessen Vertretung Gebühren des Prozeßbevollmächtigten erspart worden sind.

§ 44.

Dem Rechtsanwalte, welcher lediglich den Verkehr der Partei mit dem Prozeßbevollmächtigten führt, steht eine Gebühr in Höhe der Prozeßgebühr zu. Er erhält nur fünf Zehnteile, wenn ihm in unterer Instanz die vorbezeichnete Gebühr oder die Prozeßgebühr zustand.

Die mit der Übersendung der Akten an den Rechtsanwalt der höheren Instanz verbundenen gutachtlichen Äußerungen dienen nicht zur Begründung dieser Gebühr, wenn nicht zu denselben Auftrag erteilt war.

---

[7]) Vgl. Erl. § 17 N. 6.
[8]) Vgl. Erl. § 17 N. 8.
[9]) RG. JW. 88 S. 66, 2.

I. Motive. Die Prozeßgebühr allein gibt ihrer Natur nach die ange- 1
messene Vergütung für den Fall, wenn die Tätigkeit des Rechtsanwaltes lediglich darin besteht, daß er den Verkehr der Partei mit dem Prozeßbevollmächtigten führt. Die Bestimmung des preußischen Tarifs vom 12. 5. 51 § 19, nach welcher dem sogenannten Korrespondenz-Mandatar nur die Hälfte der für den ganzen Prozeßbetrieb bestimmten Gebühr zusteht, kann nicht als maßgebend erachtet werden, weil der preußische Tarif eine Gebühr für den Prozeßbetrieb im Sinne des Entwurfes und daneben eine besondere Verhandlungsgebühr nicht kennt. Hat der Rechtsanwalt die in dem § 44 bezeichnete Gebühr oder als Prozeßbevollmächtigter die Prozeßgebühr bereits für die untere Instanz zu beanspruchen, so erscheint für die höhere Instanz die Hälfte um so mehr ausreichend, als nach § 29 Nr. 8 des Entwurfs die Übersendung der Handakten an den Bevollmächtigten einer anderen Instanz nicht besonders vergütet wird. Auch die etwa mit dieser Übersendung verbundenen gutachtlichen Äußerungen des in unterer Instanz tätig gewesenen Anwaltes sind nicht von der Bedeutung, daß sie regelmäßig einen Anspruch auf besondere Vergütung rechtfertigen könnten; sie sollen daher die in diesem Paragraphen normierte Gebühr nur dann begründen, wenn sie von der Partei ausdrücklich verlangt waren.

II. Führung des Verkehrs. Der § 44 bestimmt eine Gebühr für den 2
Rechtsanwalt, der den Verkehr der Partei mit dem Prozeßbevollmächtigten führt. Der Rechtsanwalt vermittelt hier den Verkehr der Partei mit ihrem Prozeßbevollmächtigten. Seine Tätigkeit muß zu der Prozeßführung als solcher in irgend einer Beziehung stehen; ein Verkehr, welcher nicht die Prozeßführung selbst betrifft, fällt nicht unter die Bestimmung des § 44. Darum ist z. B. in der bloßen Übersendung des Vorschusses und der Gebührenabrechnung ein solcher Verkehr nicht zu erblicken.[1])

Der Verkehr kann ein schriftlicher oder mündlicher sein.

Als Verkehr im Sinne des § 44 ist nicht anzusehen die Übersendung 3
der Akten an den Anwalt der höheren Instanz; diese Tätigkeit gehört vielmehr nach § 29 Nr. 8 zur Instanz und wird durch die Prozeßgebühr abgegolten. Werden mit der Übersendung gutachtliche Äußerungen verbunden, so sollen dieselben nach der ausdrücklichen Vorschrift des Abs. 2 des § 44 nur dann als eine, die Gebühr begründende Verkehrsführung angesehen werden, wenn zu denselben Auftrag erteilt war. Danach werden auftraglose Äußerungen lediglich als ein Teil des Übersendungsaktes angesehen. Der Auftrag muß hier besonders auf die Äußerungen gerichtet sein; eine unbestimmte allgemeine Ermächtigung, die Einlegung des Rechtsmittels und das Verfahren höherer Instanz zu veranlassen, genügt nicht.[2])

III. Die Korrespondenzgebühr. Für die Führung des Verkehrs mit dem 4
Prozeßbevollmächtigten steht dem Rechtsanwalte die Gebühr des § 44, die sog. Korrespondenzgebühr zu. Die Fassung des ersten Satzes und insbesondere das Wort „lediglich“ wollen nur die Begrenzung der anwaltlichen Tätigkeit, welche durch die Gebühr des § 44 abgegolten werden soll, geben; es ist dabei an den Gegensatz zum Prozeßbevollmächtigten gedacht. Keineswegs hat aber bestimmt werden sollen, daß die Gebühr des § 44 ausgeschlossen sei, wenn der Rechtsanwalt zwar den Verkehr führt, aber darüber hinaus noch

---

[1]) OLG. Kolmar 4. 7. 81 (Wallm. VI 82 S. 384; JZfEL. VI S. 444).
[2]) RG. 8, 374; JW. 83 S. 79, 24.

eine andere Tätigkeit entfaltet z. B. noch einen Beweistermin wahrnimmt.[3]) Eine andere Frage ist es, wie im letztgedachten Falle die Höhe der Gebühr zu bestimmen sei. (Vgl. Erl. § 45 N. 13.)

Bezüglich der Korrespondenzgebühr ist im übrigen hervorzuheben:

5 1. Voraussetzung der Gebühr ist ein Auftrag zur Führung des Verkehrs. Dieser Auftrag liegt für den Anwalt der ersten Instanz nicht etwa schon in der Prozeßvollmacht; der in letzterer enthaltene Auftrag geht zwar schon auf die Bestellung eines Bevollmächtigten für die höhere Instanz, nicht aber auch ohne weiteres auf die Führung des Verkehrs mit demselben.[4])

6 2. Die Gebühr des § 44 ist eine Bauschgebühr für die gesamte Tätigkeit des Korrespondenzanwalts als solchen. Es darf deshalb einerseits nicht daneben noch für einzelne, zu dieser Tätigkeit gehörige Mühewaltungen z. B. für Konferenzen, durch welche das Material zu der aufgetragenen Korrespondenz beschafft wird, besonders liquidiert werden.[5]) Andererseits ist aber die Gebühr des § 44 auch dann zu liquidieren, wenn die Tätigkeit nur in der Entgegennahme und Mitteilung der Termine oder Entscheidungen besteht.

7 3. Die Höhe der Gebühr bemißt § 44 nach der Prozeßgebühr. Damit kann nur die Prozeßgebühr des Prozeßbevollmächtigten gemeint sein, mit dem der Verkehr geführt wird; für die Höhe der Korrespondenzgebühr kommen deshalb nicht nur § 13 Nr. 1, sondern auch die §§ 19, 20, 23, 41 in Betracht, so daß z. B. bei Korrespondenz für einen Wechselprozeß die Gebühr nur $^6/_{10}$ beträgt.

8 4. § 44 bewilligt eine Gebühr in Höhe der Prozeßgebühr, ermäßigt jedoch die Gebühr auf fünf Zehnteile dieses Satzes, wenn dem Korrespondenzanwalt „in unterer Instanz die vorbezeichnete Gebühr oder die Prozeßgebühr zustand".

9 a) Die Ermäßigung ist sonach nur vorgeschrieben für den Verkehr mit einem Prozeßbevollmächtigten höherer Instanz. Anwendbar dürfte die Vorschrift indessen auch in dem Falle sein, daß das Amtsgericht sich für unzuständig erklärt und den Rechtsstreit an das Landgericht verweist, und nunmehr der beim Amtsgericht zum Prozeßbevollmächtigten bestellte Rechtsanwalt den Verkehr mit dem Prozeßbevollmächtigten des Landgerichts führt. Wenn es sich hier auch nicht um zwei voneinander getrennte selbständige Instanzen handelt, so wird doch die Ermäßigung eintreten müssen, da der Grund des Gesetzes für die Herabminderung der Gebühr, daß der Anwalt von seiner früheren Tätigkeit her mit der Sachlage schon vertraut ist und ihm daher die Führung der Korrespondenz eine geringere Mühe verursachen muß, auch hier zutrifft.[6])

10 b) Die zweite Voraussetzung der Ermäßigung ist, daß dem Anwalt schon in unterer Instanz die Korrespondenzgebühr oder die Prozeßgebühr zustand. Unter der „Prozeßgebühr" ist hier die Gebühr des § 13 N. 1 mit den Modifikationen der §§ 19, 20, 23, 41 zu verstehen; hat jedoch dem Anwalt nur ein Teil der Prozeßgebühr zugestanden, z. B. im Falle des § 43, so ist die Voraussetzung der Ermäßigung nicht gegeben.

IV. Erstattungsfähigkeit der Korrespondenzgebühr.

11 Die Frage, ob die aufgewendete Korrespondenzgebühr von dem zur Kosten-

[3]) RG. JW. 90 S. 360, 5; 92 S. 235, 1; 97 S. 548, 19; 99 S. 180, 19; Naumb. AKZ. 96 S. 81. A. M. OLG. Dresden in Sächs. Ann. 12, 384. Vgl. auch N. 9 und Anm. 6 sowie § 26 Ann. 5. Dagegen kann der Prozeßbevollmächtigte niemals eine Korrespondenzgebühr liquidieren, insbes. nicht für die Informierung des auswärtigen Terminsvertreters. OLG. (KG.) 15, 195.

[4]) RG. 8, 374. [5]) RG. bei Bolze Bd. 2 Nr. 1483; EGH. 4, 63.

[6]) RG. JW. 99 S. 180, 19. Dagegen versagt die Korrespondenzgebühr gänzlich OLG. Posen 21. 10. 03 Pos. Mschr. 03 S. 181. Vgl. § 26 Anm. 5.

tragung verurteilten Gegner erstattet werden muß, ist nach § 91 Abs. 1 ZPO. zu entscheiden. Zwar hatte das Reichsgericht in einer Entscheidung vom 1. 6. 83[7]) die Erstattung auf Grund des Abs. 2 § 91 ZPO. abgelehnt, später aber in ständiger Praxis[8]) den Abs. 1 § 91 für anwendbar erklärt und die Erstattung bewilligt, insoweit die Zuziehung eines Korrespondenzanwalts, nach freiem Ermessen des Gerichts, zur zweckentsprechenden Rechtsverfolgung oder Rechtsverteidigung notwendig war.

Für die Bejahung oder die Verneinung dieser Voraussetzung hat die bisherige Judikatur eine reiche Kasuistik geschaffen, deren Grundzüge sich in folgendem darstellen:

1. Erstattungsfähig ist die Korrespondenzgebühr, wenn die Partei nach den 12
Umständen des Falles, insbesondere in Berücksichtigung ihrer Persönlichkeit und der Natur des Rechtsstreites, nicht imstande ist, ihrem Anwalt die zur richtigen Einleitung und Durchführung des Rechtsstreits erforderliche Information brieflich zu erteilen und deshalb genötigt ist, sich der Vermittlung eines Anwalts zu bedienen.[9]) Wären jedoch durch Reisen der Partei zum Prozeßbevollmächtigten behufs mündlicher Information geringere Kosten entstanden, so ist die Korrespondenzgebühr nur in Höhe dieses Kostenbetrages erstattungsfähig.[10]) Unter allen Umständen ist aber die Korrespondenzgebühr erstattungsfähig bis zum Betrage derjenigen Kosten, die durch eine anderweitige Information entstanden wären.[11])

2. Erstattungsfähig ist in der Regel nicht die Gebühr für die Korre- 13
spondenz mit dem Anwalt der Revisionsinstanz. Hier sind neue tatsächliche Anführungen ausgeschlossen, und über das bisherige tatsächliche Material kann sich der Revisionsanwalt aus den Akten informieren; rechtliche Erörterungen des Korrespondenzanwalts aber müssen als überflüssig erscheinen, da der Revisionsanwalt selbst die Rechtslage zu beurteilen imstande ist.[12]) Indessen ist doch die Notwendigkeit einer Korrespondenz und damit die Erstattungsfähigkeit einer Korrespondenzgebühr in Ausnahmefällen nicht zu bestreiten, wenn tatsächliche Anführungen über den Wert des Beschwerdegegenstandes und damit die Revisibilität oder über die Ordnungsmäßigkeit der Zustellung des Urteils oder der Revisionsschrift zu machen sind.[13])

Das gleiche muß auch von den gutachtlichen Äußerungen des erstinstanz- 14
lichen Anwalts an den Berufungsanwalt gemäß § 44 Abs. 2 GO. gelten, wenn dieselben gebührenpflichtig sind; auch dann ist die Gebühr nicht erstattungsfähig, da die Begutachtung überflüssig erscheinen muß.[14])

3. Für die Korrespondenz mit dem Prozeßbevollmächtigten in eigener 15
Sache kann die Erstattung einer Korrespondenzgebühr niemals verlangt werden.[15])

---

7) RG. 9, 356. 8) RG. 15, 402; 26, 379; Annalen 8, 443; JW. 87 S. 351, 2; 88 S. 66, 2; S. 393, 1; 94 S. 64, 12; 95 S. 263, 4; 96 S. 250, 20; S. 669, 1; 97 S. 303, 6; S. 447, 5; S. 458, 2; 98 S. 68, 3; S. 262, 20; 99 S. 815, 10.

9) RG. 15, 402 und die in Anm. 8 angeführten Entscheidungen. Ebenso OLG. (Hamburg) 13, 101. Daß der Partei nicht zugemutet werden darf, an Stelle eines Anwalts einen Rechtskonsulenten oder sonstigen Vermittler zu wählen, erkennen an RG. JW. 86 S. 72, 2; 94 S. 64, 12.

10) RG. JW. 88 S. 393, 1; 96 S. 249, 19; 97 S. 3, 6. Vgl. jedoch OLG. Oldenburg in DJZ. 02 S. 348.

11) RG. JW. 95 S. 263, 4; S. 384, 23; 96 S. 249, 19; S. 250, 20; 97 S. 3, 6 u. 7.

12) RG. JW. 88 S. 66, 2; 92 S. 219, 21; 95 S. 357, 1; 03 S. 237; Gruchot 40 S. 1138.

13) Gl. A. Meyer-Irmler § 44 Anm. 5e; JW. 96 S. 321, 13.

14) Annalen 7, 293; JZfEL. 17, 390.

15) Vgl. § 7 N. 10; OLG. Hamburg in DJZ. 02 S. 560; OLG. Posen in Pos.MSchr. 03, 28.

16 4. Die Gebühr eines ausländischen Anwalts steht mit den Gebühren der die Partei im Prozesse vertretenden Anwälte, von welchen im § 91 Abs. 2 ZPO. die Rede ist, in keinem Zusammenhange; die Erstattungsfähigkeit ist davon abhängig, ob die Zuziehung des ausländischen Anwalts zur Vermittlung des Verkehrs mit dem inländischen Anwalt notwendig war.[16])

§ 45.

Der Rechtsanwalt, dessen Tätigkeit sich auf die Vertretung in einem nur zur Leistung des durch ein Urteil auferlegten Eides oder nur zur Beweisaufnahme bestimmten Termine beschränkt, erhält neben der dem Prozeßbevollmächtigten im gleichen Falle zustehenden Beweisgebühr eine Gebühr in Höhe von fünf Zehnteilen der Prozeßgebühr. Letztere Gebühr steht ihm auch dann zu, wenn der Auftrag vor dem Termin erledigt wird.

Die Wahrnehmung eines weiteren Termins zur Fortsetzung der Verhandlung begründet nicht eine Erhöhung der Gebühr.

§ 46.

Beschränkt sich die Tätigkeit des Rechtsanwalts auf die Anfertigung eines Schriftsatzes, so erhält er eine Gebühr in Höhe von fünf Zehnteilen der Prozeßgebühr.

1 **I. Entstehungsgeschichte der §§ 45, 46.** 1. Die beiden Fälle der §§ 45, 46 waren im Entwurf in einem § 45 behandelt, der folgenden Wortlaut hatte:

> „Dem Rechtsanwalte, welcher, ohne zum Prozeßbevollmächtigten bestellt zu sein, einen Schriftsatz anfertigt oder welcher den Auftraggeber in einem anderen, als dem zur mündlichen Verhandlung bestimmten Termine vertritt, steht eine Gebühr in Höhe von fünf Zehnteilen der Prozeßgebühr zu.
>
> Die Wahrnehmung eines weiteren Termins zur Fortsetzung der Verhandlung begründet nicht eine Erhöhung der Gebühr für Vertretung im Termine.
>
> Wird der Auftrag vor der Ausführung erledigt, so erhält der Rechtsanwalt fünf Zehnteile des im ersten Absatze bestimmten Betrages."

Diese Bestimmung wurde in den Motiven wie folgt begründet: „Endlich sind noch diejenigen Fälle der Tätigkeit eines Rechtsanwaltes zu berücksichtigen, welche sich nicht auf eine Beteiligung an der eigentlichen Prozeßführung beziehen, sondern nur einzelne Handlungen zum Gegenstand haben. Der Entwurf zählt als solche einzelne Handlungen die Wahrnehmung von Terminen auf, die nicht zur mündlichen Verhandlung bestimmt sind, und die Anfertigung von Schriftsätzen. Die gedachten Fälle haben das Erfordernis einer Information gemeinsam, da ohne dieselben weder eine Vertretung in einem Termine noch die Abfassung eines Schriftsatzes möglich ist. Es rechtfertigt sich daher, zum Maßstab der Vergütung für diese Tätigkeit die Prozeßgebühr zu nehmen."

2 2. In der Reichstagskommission wurde nun von einem Abgeordneten eine Anfrage über den Sinn der vorgeschlagenen Bestimmung gestellt

---

[16]) RG. JW. 99 S. 45, 43; KG. in KGBl. 02, 8; RG. in Bad. Rpr. 03, 230.

Es wurde darauf von seiten des Regierungskommissars bemerkt (Protokoll vom 11. 3. 79), daß in diesem Paragraphen im Gegensatze zu den früheren Paragraphen, bei denen es sich um die Gebühr des zum Prozeßbevollmächtigten bestellten Anwaltes gehandelt, nur von der Gebühr des Anwaltes, der nicht zum Prozeßbevollmächtigten bestellt sei, die Rede sei. Derselbe solle, wenn er z. B. vom Prozeßbevollmächtigten substituiert sei, der Abhörung von Zeugen beizuwohnen, nur $^5/_{10}$ der Prozeßgebühr, dagegen keine Beweisgebühr erhalten, und zwar gleichgültig, ob beispielsweise zur Abhörung der Zeugen ein oder mehrere Termine stattgefunden hätten. Die letztere Bedeutung habe Absatz 2.

Der anfragende Abgeordnete erklärte nun, daß er so den Absatz 1 nicht verstanden, sondern geglaubt habe, daß dessen Sinn der sei, daß der nicht zum Prozeßbevollmächtigten bestellte Anwalt in Ansehung der Prozeßgebühr nur die Hälfte, dagegen für seine übrige Tätigkeit je nach dem Umfange dieselbe Gebühr erhalte, wie der Prozeßbevollmächtigte selbst, und deshalb auch eventuell bei Vertretung in der Beweisaufnahme die Beweisgebühr.

Da die Vertreter der Regierung sodann erklärten, daß dies nicht die Absicht des Entwurfs sei, so wurde infolgedessen und um die Vorlage in der angegebenen Richtung zu ändern, der Antrag eingebracht, in § 45 Absatz 1 statt der Worte: „steht eine Gebühr" zu setzen: „steht die Prozeßgebühr nur zu fünf Zehnteilen zu." Dieser Antrag wurde angenommen, jedoch in der Redaktionskommission, welche von der Kommission zur Feststellung und redaktionellen Richtigstellung der Beschlüsse erster Lesung niedergesetzt wurde, dahin gefaßt, daß der Schluß des Absatzes 1 dieses § 45 zu lauten habe: „steht die Prozeßgebühr, welche in gleichem Falle der Prozeßbevollmächtigte erhalten würde, nur zu fünf Zehnteilen zu." [1])

Nachdem nun in zweiter Lesung beschlossen war, in den §§ 20 bis 24 und 41 die Worte: „zum Prozeßbevollmächtigten bestellte" zu streichen, und man in dieser Streichung der Fassung des § 45 gegenüber nicht bloß eine redaktionelle, sondern eine materielle Änderung des Entwurfs erblicken wollte (s. oben Erläut. I, 3 zu § 20), wurde zur zweiten Lesung ein neuer Antrag eingebracht, welcher Inhalt und Wortlaut des § 45 folgendermaßen wiedergab:

> „Der Rechtsanwalt, welcher den Auftraggeber ausschließlich in dem Termine zur Leistung des durch ein Urteil auferlegten Eides oder in einem Beweisaufnahmeverfahren vertritt, erhält neben der ihm zustehenden Beweisgebühr die Prozeßgebühr nur zu fünf Zehnteilen.
>
> Insofern in diesem Gesetze nicht eine andere Gebühr bestimmt ist, erhält der Rechtsanwalt eine Gebühr von fünf Zehnteilen der Prozeßgebühr, welche im gleichen Falle der Prozeßbevollmächtigte erhalten würde, wenn seine Tätigkeit ausschließlich die Anfertigung eines Schriftsatzes oder die Vertretung in einem anderen als dem zur mündlichen Verhandlung bestimmten Termine betrifft.
>
> Die Wahrnehmung eines anderen Termins zur Fortsetzung der Verhandlung begründet nicht eine Erhöhung der Gebühr für Vertretung im Termine.
>
> Wird der Auftrag vor der Ausführung erledigt, so erhält der Rechtsanwalt fünf Zehnteile der im ersten und zweiten Absatze bestimmten Gebühren".

Dieser Antrag wurde in zweiter Lesung von der Kommission angenommen, je-

[1]) Vgl. Zusammenstellung des Entwurfes einer GOfRA. mit den vorläufigen Beschlüssen der Redaktionskommission, JW. 79 S. 130.

doch die Fassung der Redaktionskommission vorbehalten. Die letztere hat nun vorgeschlagen, die Materie in zwei Paragraphen zu behandeln, und diese so zu fassen, wie sie in den mündlichen Bericht (Drucksachen des Reichstags Nr. 137 S. 21) übergegangen sind. Diese — dem jetzigen Gesetzestexte entsprechende — Fassung hat der Reichstag sodann angenommen. Auf diese Weise sind aus dem ursprünglichen § 45 die heutigen §§ 45 und 46 entstanden und zum Gesetze geworden. Ein materieller Unterschied zwischen dem von der Kommission angenommenen obigen Antrage und den §§ 45 und 46 besteht nicht. [2])

3 **II. Bedeutung des § 45.** Aus der in Erört. I entwickelten Entstehungsgeschichte des § 45 ergibt sich als Sinn seiner Vorschrift folgendes:

Der lediglich mit der Vertretung in einem Beweistermine betraute Rechtsanwalt erhält bei vollständiger Ausführung des Auftrages zwei Gebühren,

a) die Beweisgebühr (für Wahrnehmung des Beweistermins), und zwar zu demselben Betrage bzw. nach demselben Berechnungsmodus, wie solche im gleichen Falle der Prozeßbevollmächtigte zu liquidieren befugt sein würde;

b) eine Gebühr in Höhe der halben Prozeßgebühr (als Vergütung für die Informationseinziehung oder Vorbereitung zum Termine).

Auf letztere Gebühr, für deren Berechnung die dem Prozeßbevollmächtigten zustehende Prozeßgebühr zum Anhalte dient, beschränkt sich der Anspruch, wenn der Auftrag vor dem Beweistermine sich erledigt. [3])

4 Der § 45 findet danach nur auf denjenigen Rechtsanwalt Anwendung, welcher nicht Prozeßbevollmächtigter ist, sondern nur zur Wahrnehmung eines Beweistermins vor dem beauftragten oder ersuchten Richter von dem Prozeßbevollmächtigten oder der Partei bestellt ist. Dabei haben die Worte „sich beschränkt" dieselbe Bedeutung, wie das Wort „lediglich" im § 44; sie wollen nur die Tätigkeit umgrenzen, für welche die Gebühr des § 45 bestimmt ist, besagen indessen nicht, daß dem Anwalt die Gebühr des § 45 nicht zusteht, wenn er außer der in § 45 bezeichneten noch eine andere Tätigkeit entwickelt. [4]) Dagegen hat ein prozeßbevollmächtigter Rechtsanwalt, dessen Tätigkeit sich auf die Vertretung in einem Beweistermine beschränkt, weil er kurz vor dem Termine erst zum Prozeßbevollmächtigten bestellt worden ist und unmittelbar nach dem Termine infolge Kündigung, Wohnsitzveränderung, Aufgabe der Praxis oder aus anderen Gründen des Vollmachtsauftrages wieder enthoben wird, — auf welchen also die Vorschrift des § 45 dem äußeren Anscheine nach ebenfalls passen würde, — gleichwohl nicht nach § 45, sondern nach § 13 in Verbindung mit § 50, bzw. nach § 21 der GO. Vergütung zu beanspruchen, also neben der Beweisgebühr eventuell die volle Prozeßgebühr oder nach § 21 die Verhandlungsgebühr und die halbe Prozeßgebühr.

5 Die Beziehung auf den Prozeßbevollmächtigten und die Prozeßgebühr ergibt, daß auch für die Gebühren des § 45 die Ermäßigungen der §§ 19, 20 zc. maßgebend sind, so daß z. B. im Wechselprozeß die Gebühren nur zu sechs Zehnteln zu berechnen sind.

III. Die beiden Gebühren des § 45.

6 A. Die Beweisgebühr erhält der Anwalt für die Vertretung in einem zur Eidesleistung oder zur Beweisaufnahme bestimmten Termine, während

---

[2]) S. Völk, GOfRA. Anm. zu § 45 S. 88 bis 90; JW. 79 S. 147.
[3]) RG. 21, 408.
[4]) Vgl. § 44 N. 4 und unten N. 13. A. M. OLG. (Posen) 15, 195.

der Prozeßbevollmächtigte die Beweisgebühr für die Vertretung in einem Beweisaufnahmeverfahren erhält, auch wenn er den Beweistermin nicht wahrnimmt. Die Erhebung der Beweisgebühr ist danach für den nicht zum Prozeßbevollmächtigten bestellten Anwalt durch die Wahrnehmung des Beweistermins bedingt.

1. Wird der Beweistermin nicht wahrgenommen, sei es, daß derselbe 7
wieder aufgehoben wird, oder daß der Anwalt aus irgend einem Grunde zum Termine nicht erscheint, so ist die Beweisgebühr nicht zu liquidieren.[5])

2. Erscheint der Anwalt im Beweistermine als Vertreter der Partei, so 8
entsteht ihm die Beweisgebühr, gleichgültig, ob es zur Beweisaufnahme kommt, oder dieselbe etwa wegen Nichterscheinens des Zeugen nicht stattfindet. Es kommt nur darauf an, daß der Termin zur Beweisaufnahme bestimmt war.

3. Hat der Anwalt mehrere Beweistermine wahrgenommen, sei es in- 9
folge eines Auftrages oder mehrerer getrennter Aufträge, so entsteht die Beweisgebühr für jede Instanz immer nur einmal. Dies folgt aus der Vorschrift des § 48, der die Gebühren für Wahrnehmung von Beweisterminen auf die dem Prozeßbevollmächtigten dafür zustehende Gebühr beschränkt; letzterer würde aber gemäß § 13 Nr. 4 und § 25 immer nur eine Beweisgebühr erhalten.

B. Die Gebühr von fünf Zehnteilen der Prozeßgebühr ist 10
als Vergütung für die Information und Vorbereitung zum Beweistermine gedacht; sie vergütet auch den etwaigen Schriftwechsel mit der Partei, dem Prozeßbevollmächtigten und dem Gegner. Sie ist demnach das Analogon zu der Prozeßgebühr des Prozeßbevollmächtigten, wie auch daraus hervorgeht, daß sie zur Prozeßgebühr in Beziehung gebracht wird.

Aus diesem Charakter der Gebühr ergibt sich:

1. Diese Gebühr steht dem Anwalt auch dann zu, wenn es zur Vertretung 11
im Beweistermine nicht kommt, die Beweisgebühr also auch nicht entstanden ist. Dies ist im zweiten Satze des ersten Absatzes des § 45 noch besonders hervorgehoben.

2. Hat der Anwalt mehrere Aufträge zur Vertretung in Beweisterminen 12
erhalten, so würde er an sich mehrmals nach § 45 liquidieren können. Wie aber die Beweisgebühr gemäß §§ 48, 25 in jeder Instanz nur einmal liquidiert werden kann, so ist auch diese zweite Gebühr gemäß §§ 48, 25 in jeder Instanz nur bis zur Höhe der vollen Prozeßgebühr zu erheben.[6])

3. Hat der Anwalt, welcher die Partei in einem Beweistermine vertreten 13
hat, auch die Korrespondenz geführt (§ 44) oder die Vertretung in der mündlichen Verhandlung bzw. die Ausführung der Parteirechte gehabt (§ 43), so kann er zwar die Gebühr mehrmals liquidieren,[7]) jedoch gemäß § 48 in jeder Instanz immer nur bis zur Höhe der vollen Prozeßgebühr.

4. Der Sinn und die Bedeutung des Abs. 2, der aus der ursprünglichen, 14
wesentlich veränderten Fassung des § 45 übernommen ist, ist dunkel und aus

---

[5]) Ebenso OLG. Frankfurt, Recht 03 S. 459. A. M. OLG. Colmar, Recht 04 S. 556.

[6]) Vgl. Meyer-Irmler § 45 Nr. 2c. Merzbacher § 45 Nr. 3. Ebenso OLG. (Hamburg) 9, 171. Anderer Meinung jedoch RG. 47, 413, welches aus dem Grundgedanken des Bauschsystems und § 25 folgert, daß die Gebühr sich nicht erhöhen kann. Dabei ist übersehen, daß § 25 nur für die Bauschgebühren des mittels eines Auftrages bestellten Prozeßbevollmächtigten gilt, für Einzelhandlungen auf Grund mehrerer Aufträge aber nur die Schranke des § 48 aufgestellt ist.

[7]) A.M. anscheinend RG. JW. 92 S. 235, 1, OLG. (Celle) 13, 262 und Meyer-Irmler § 44 Anm. 3, der sich irrig auf die Worte „sich beschränkt“ stützt. Vgl. hierzu § 44 N. 4 und § 43 N. 14, 17.

der Entstehungsgeschichte nicht zu erkennen. Anscheinend war nicht an eine Fortsetzung der Verhandlung, sondern der Beweisaufnahme gedacht. So wie der Abs. 2 Gesetz geworden ist, ist er nur auf die Verhandlung nach der Beweisaufnahme gemäß §§ 285, 370 ZPO. zu beziehen und dahin zu deuten, daß dem Anwalt, welcher zunächst mit der Vertretung im Beweistermine und darauf mit der Vertretung in der Nachverhandlung beauftragt ist, nur einmal die Gebühr in Höhe von fünf Zehnteln der Prozeßgebühr zusteht, während dieselbe an sich zweimal, aus § 45 und § 43 zu liquidieren wäre.

IV. Wertsberechnung.

15 Wie der Prozeßbevollmächtigte die Beweisgebühr nur nach dem Werte des Streitgegenstandes berechnen kann, auf welchen sich die Beweisaufnahme bezieht (§ 10 N. 74 ff.), so auch der aus § 45 liquidierende Anwalt. Soll z. B. in einem Prozesse über 3000 M. ein Beweistermin wahrgenommen werden, in dem nur ein Zeuge über einen Kompensationseinwand in Höhe von 1000 M. vernommen wird, so ist die Beweisgebühr nur nach einem Objekte von 1000 M. zu berechnen.

Anders dagegen verhält es sich mit der zweiten Gebühr. Ein Anwalt, der zum Prozeßbevollmächtigten während der Beweisaufnahme bestellt würde, hätte Anspruch auf die Prozeßgebühr vom ganzen zur Zeit der Vollmachtserteilung vorhandenen Streitobjekt ohne Rücksicht auf den Gegenstand der Beweisaufnahme. Fünf Zehnteile dieser Prozeßgebühr müssen auch dem nur mit der Beweisaufnahme betrauten Anwalt zustehen. Der Anwalt, der einen Beweistermin gewissenhaft wahrnehmen will, muß gewöhnlich den ganzen Inhalt der gesamten Akten durchstudieren; er kann bei der Entgegennahme der Information für den Beweistermin und bei Konferenzen mit der Partei seine Tätigkeit nicht immer auf den Gegenstand der Beweisaufnahme beschränken, und muß sein Verhalten im Beweistermine so einrichten, wie es die gesamte Lage des Rechtsstreits erfordert.[8])

V. Erstattungsfähigkeit der Gebühren des § 45.

16 Die Frage, ob und wann die Gebühren des § 45 vom Gegner zu erstatten sind, ist früher von den verschiedenen Senaten des Reichsgerichts verschieden beantwortet worden. Durch Beschluß der Vereinigten Zivilsenate vom 21. 6. 02[9]) ist nunmehr die Frage dahin entschieden worden:

> „Die Gebühren und Auslagen eines für Vertretung einer Partei in einem auswärtigen Beweisaufnahmetermine substituierten Rechtsanwalts sind insoweit, als sie die Reisekosten und Tagegelder des Prozeßbevollmächtigten nicht übersteigen, in jedem Falle — gleichviel, ob die Beweisaufnahme einfach oder schwierig ist — von dem in die Prozeßkosten verurteilten Gegner zu erstatten."

17 VI. Die Gebühr des § 46.

Wird der nicht zum Prozeßbevollmächtigten bestellte Rechtsanwalt[10]) mit der Anfertigung eines Schriftsatzes beauftragt, so erhält er dafür eine Gebühr in Höhe von fünf Zehnteln der Prozeßgebühr.

---

[8]) Kammergericht 15. 4. 05 im Recht 05 Nr. 1522.

[9]) RG. 51, 11. Nimmt der Prozeßbevollmächtigte den auswärtigen Beweistermin wahr, so läßt OLG. (Karlsruhe) 13, 100 die Prüfung offen, ob nicht die zweckentsprechende Rechtsverfolgung durch einen Substituten gerade so gut gewahrt werden konnte und dadurch Mehrkosten erspart worden wären. Auf demselben Standpunkte steht OLG. (Hamburg) 13, 101, das ebenfalls die Frage der zweckentsprechenden Rechtsverfolgung prüft.

[10]) RG. JW. 90 S. 84, 17.

1. Der Anfertigung steht die Unterzeichnung eines Schriftsatzes gemäß 18
§ 5 gleich.

2. Auch hier wird die Höhe der Gebühr in Gemäßheit der §§ 19, 20, 23, 19
41 beeinflußt, im Urkundenprozeß beträgt die Gebühr z. B. nur $^{3}/_{10}$.

3. Wird der Rechtsanwalt im Laufe einer Instanz mit der Anfertigung 20
mehrerer Schriftsätze beauftragt, so kann die Gesamtgebühr gemäß § 48 niemals mehr als eine volle Prozeßgebühr betragen.

§ 47.

Für einen ertheilten Rat erhält der nicht zum Prozeßbevollmächtigten bestellte Rechtsanwalt eine Gebühr in Höhe von drei Zehnteilen der Prozeßgebühr.

Eine Gebühr in Höhe von fünf Zehnteilen der Prozeßgebühr steht dem mit Einlegung der Berufung oder der Revision beauftragten Rechtsanwalte zu, wenn derselbe von der Einlegung abrät und der Auftraggeber seinen Auftrag zurücknimmt.

I. Entstehungsgeschichte. 1. Motive. Von der konsulativen Tätig- 1
keit eines Rechtsanwaltes, welche den Beginn oder die Fortsetzung eines den Vorschriften der Zivilprozeßordnung unterliegenden Verfahrens vor den ordentlichen Gerichten betrifft, scheidet hier das Gutachten mit juristischer Begründung aus, da die Vergütung dafür späterhin (§ 88) geregelt ist. Dagegen ist der Fall vorzusehen, daß ein nicht zum Prozeßbevollmächtigten bestellter Rechtsanwalt bezüglich des Beginnes oder der Fortsetzung eines solchen Verfahrens Rat zu erteilen hat, gleichviel ob der Rat das Ob? oder das Wie? oder beides betrifft. Die Unterscheidung eines Rates von einem ausgearbeiteten Gutachten mit juristischer Begründung wird in der Praxis selten Schwierigkeiten machen, da regelmäßig aus den Umständen entnommen werden kann, wohin die eigentliche Absicht des Auftraggebers geht und eventuell es Sache des Rechtsanwaltes ist, sich hierüber Gewißheit zu verschaffen.

Auch bei der Ratserteilung besteht das Wesen der Tätigkeit des Anwaltes in Einziehung der Information. Es erscheint also auch hier richtig, die Gebühr auf eine Quote der Prozeßgebühr festzusetzen. Bei Bemessung der Gebühr kam in Betracht, daß einerseits dem rechtsuchenden Publikum die Einholung eines sachverständigen Rates nicht zu sehr verteuert werden dürfe, andererseits aber auch eine Kautel dafür erforderlich sei, daß die konsultative Tätigkeit des Rechtsanwaltes nicht über das Bedürfnis hinaus in Anspruch genommen werde. Die Beschränkung auf einen Höchstbetrag, wie sie die §§ 14 bis 17 des preußischen Tarifes vom 12. 5. 51 enthalten, erscheint hier ebensowenig wie sonst angezeigt.

Eine besondere Berücksichtigung verdient der Fall, wenn ein mit der Einlegung der Berufung oder der Revision beauftragter Rechtsanwalt von der Einlegung des Rechtsmittels abrät und der Auftraggeber dem Rate folgt. Unzweifelhaft hat in einem solchen Falle der Anwalt eine Gebühr für den Rat zu beanspruchen, da der Auftraggeber die Ratserteilung, wenn er sie auch nicht verlangt hat, nachträglich genehmigt. Es erscheint aber auch zweckmäßig und angemessen, nach dem Vorgange des preußischen Tarifs (§ 12 Abs. 2 zum Gesetze vom 12. 5. 51), die Gebühr höher, als sonst für einen Rat, zu normieren. Denn die Erfahrung hat gelehrt, daß hierdurch der erfolglosen Einlegung von Rechtsmitteln in wirksamer Weise begegnet wird.

2. In der Reichstagskommission wurde ohne Widerspruch von irgend 2
einer Seite behufs Verhütung einer mißverständlichen Auffassung des Abs. 1 dieses Paragraphen zum Protokolle vom 11. 3. 79 folgendes konstatiert:

„Die in Abs. 1 § 46 (jetzt 47) aufgeführte Erteilung eines Rates und die hierfür dem Sachwalter zu gewährende Gebühr bezieht sich lediglich auf die im § 1 der Vorlage begrenzten Angelegenheiten. Ein Rat des Rechtsanwaltes, welcher eine andere, von § 1 der Vorlage nicht betroffene Angelegenheit betrifft, ist nicht nach der Gebührenbestimmung des § 46 (jetzt 47), sondern nach landesgesetzlichen Taxbestimmungen zu honorieren." [1])

3 3. In der Reichstagskommission war ferner die Streichung des Abs. 2 beantragt worden. (Protokoll vom 11. 3. 79.) Diesem Antrage widersetzten sich die Regierungskommissare, indem ausgeführt wurde:

„Abs. 2 sei nicht überflüssig, weil sich nicht alle Fälle unter den § 14 und auch nicht unter § 47 Abs. 1 subsumieren ließen. Es falle der bestimmte Auftrag, ein Rechtsmittel einzuwenden, nicht allemal unter den Begriff des Gesuches um einen Rat; es könne deshalb auch die Abratung von einem solchen Vorgehen unter Umständen nicht unter den Abs. 1 fallen. Sachlich unterschieden seien die Tätigkeiten unter 1 und 2, da im letzteren Falle sich der Rechtsanwalt über den Stand und die Lage eines bereits anhängigen und in erster Instanz entschiedenen Prozesses informieren müsse, was in der Regel schwieriger ist, als einen bloßen Rat zu erteilen. Dem § 14 gegenüber enthalte zudem die Bestimmung eine Erweiterung, da es möglich sei, daß der Vorgang des Absatzes 2 stattfinden könne, ehe eine formelle Vollmachtserteilung und Bestellung zum Prozeßbevollmächtigten stattgefunden habe, nach der Absicht des Entwurfs aber auch für den weiteren Fall die Prozeßgebühr zu $^{5}/_{10}$ der Sachwalter beziehen soll, wie im § 14. Gegen die Anwendbarkeit des Abs. 1 im § 47 auf Fall 2 spreche auch der Umstand, daß die Gebühr im Abs. 2 nicht jeder Rechtsanwalt bei dem Abraten erhalten soll, sondern nur der bei dem für die Entscheidung über das Rechtsmittel zuständigen Gerichte zugelassene Rechtsanwalt."

Demgegenüber wies ein Abgeordneter darauf hin, daß der Schlußsatz in Abs. 2 zu einem unhaltbaren und für den Rechtsanwalt unerträglichen Zustande führen müsse, wenn die Gebühr von dem tatsächlichen Erfolge, daß nunmehr der Auftraggeber kein Rechtsmittel einwende, abhängig gemacht werde. Es müsse genügen, wenn die Partei dem Anwalte gegenüber, der von der Einwendung des Rechtsmittels abratet, ausdrücklich oder konkludent zu erkennen gegeben habe, daß sie den Auftrag zurücknehme. Sobald dies geschehe, habe der Anwalt die Gebühr des § 47 Abs. 2 zu beziehen, auch dann, wenn sich die betreffende Partei hierauf vielleicht an einen anderen Anwalt wende und infolgedessen dennoch die Einlegung des Rechtsmittels geschieht. Es wurde hierauf der Antrag gestellt, statt der Schlußworte in Abs. 2: „sich dabei beruhigt", wie es in der Vorlage lautete, zu setzen: „seinen Auftrag zurücknimmt". Dieser Antrag wurde angenommen, und diese Fassung ist dann in das Gesetz übergegangen. [2])

4 **II. Begriff der Ratserteilung.** Unter der „Erteilung eines Rates" ist nach dem allgemeinen Sprachgebrauch zu verstehen die Mitteilung einer Ansicht, wie der Anfragende in einer bestimmten Lage sich verhalten solle. Die Ratserteilung in Rechtsangelegenheiten kann sowohl darauf gerichtet sein, dem Anfragenden

[1]) Vgl. die „Zusammenstellung 2c." unter Nr. 3 (Drucksachen des Reichstages Nr. 137 S. 41). Vgl. hierzu auch Erl. § 1 N. 65.

[2]) S. Bölk, GOfRA. Note 2 zu § 47 S. 92, 93. Die hier entwickelte Auffassung ist verkannt bzw. nicht ausreichend gewürdigt in dem Urteile des LG. Glogau vom 21. 1. 88 (BreslAKZ. 88 S. 14, 15).

sein Verhalten behufs Begründung oder Aufrechterhaltung eines materiellen Rechtsverhältnisses anzugeben, als auch darauf, sein Verhalten zur formellen Geltendmachung oder Abwehr eines Rechtsanspruchs zu bestimmen.

Eine Ratserteilung im Sinne der GO. wird aber nicht schon jeder Rat in nebensächlichen Punkten sein, sondern nur eine solche Ratserteilung, welche für die Beurteilung und Auffassung einer Rechtsangelegenheit und demnächst für die Art und Weise ihrer Behandlung von Einfluß und Bedeutung ist.[3])

Wenngleich nun die Beeinflussung des Verhaltens des Anfragenden als Zweck und notwendiges Element der Ratserteilung anzuerkennen sein wird, kann man doch von einer Ratserteilung auch in dem Falle sprechen, wo dieser Zweck nicht ohne weiteres erkennbar ist, nämlich im Falle der einfachen juristischen Auskunft. Wenn z. B. ohne besondere Beziehung auf einen konkreten Fall der Klient anfragt, welches Erbrecht der Ehegatte nach dem BGB. hat, so muß man davon ausgehen, daß der Anfrage nicht ein rein theoretisches Interesse zugrunde liegt, sondern daß das Ergebnis der Anfrage das Verhalten des Anfragenden zu bestimmen geeignet ist; schon die Möglichkeit der Beeinflussung muß genügen, um die Äußerung des Anwalts als Ratserteilung erscheinen zu lassen.

Die Ratserteilung kann eine *schriftliche* oder *mündliche* sein.

1. Von der *schriftlichen* Ratserteilung unterscheidet sich die „Ausarbeitung 5
eines *Gutachtens* mit juristischer Begründung", welche im § 88 besonders behandelt ist. Der Unterschied ist im wesentlichen ein quantitativer; während bei der Ratserteilung eine kurze Begründung genügt, oder auch jede Begründung unterbleiben kann, verlangt das Rechtsgutachten eine ausführliche Begründung.[4]) Ob Ratserteilung oder Rechtsgutachten vorliegt, wird im Zweifel nach dem Auftrage zu entscheiden sein.

2. Die *mündliche* Ratserteilung ist nicht identisch mit der *Besprechung*; 6
mit Unrecht wird die Gebühr des § 47 Konferenzgebühr genannt. Die Besprechung braucht durchaus nicht zu einer Ratserteilung zu führen; dann ist auch eine Gebühr aus § 47 nicht begründet Ebenso kann dieselbe Angelegenheit in mehreren Besprechungen behandelt werden und nur zu *einer* Ratserteilung führen; dann ist nur *einmal* zu liquidieren.[5]) Andererseits aber kann es innerhalb einer Besprechung zu *mehreren* verschiedenen Ratserteilungen kommen; dann ist für jede einzelne Ratserteilung besonders zu liquidieren.[6])

III. Gegenstand der Ratserteilung. Der § 47 zieht der Gebühren- 7
forderung für die *beratende* Berufstätigkeit des Rechtsanwaltes eine objektive Grenze durch die Beschränkung auf $^{3}/_{10}$ einer Prozeßgebühr nach dem Werte des *Streitgegenstandes*. Streitgegenstand in diesem Sinne kann nur der Gegenstand, d. h. die *Rechtsangelegenheit* sein, auf welche sich Ratserholung und Ratserteilung beziehen. Es kann weder darauf ankommen, ob die Ratserholung auf mehrere Rechtsfragen sich bezieht, noch ob die Ratserteilung mehrere Rechtsfragen betrifft, noch weniger darauf, ob sich durch Frage und Auskunft die Möglichkeit mehrerer Rechtsstreite ergibt, sondern lediglich darauf, welche Rechtsangelegenheit Gegenstand der Frage und Auskunft gewesen. Die Gebühr des § 47 würde in das Ungemessene steigen, wenn man die Zulässigkeit der Forderung mehrfacher Gebühr für dieselbe Konferenz nicht streng auf den Fall beschränkte, wo verschiedene heterogene Rechtsangelegenheiten mit verschiedenen Objekten Gegenstand der Besprechung und Ratserteilung gewesen

[3]) EGH. 3, 9 und 4, 63.

[4]) Vgl. Erl. zu § 88.

[5]) EGH. 3, 9; 4, 63; 8, 247. Vgl hierzu *Joachim*, Preuß. GO. Art. 11 N. 12ff.

[6]) RG. JW. 86 S. 459, 5; RG.St. 14, 371.

sind. Dabei sind die Begriffe „Rechtsangelegenheit" und „Rechtsfrage" nicht zu verwechseln. Nur eine Rechtsangelegenheit ist Gegenstand des Verfahrens vor den Gerichten, nie eine bloße Rechtsfrage, nur bei ersterer kann von einem Streitgegenstande die Rede sein und dessen Wert bestimmt werden, nicht bei einer bloßen Rechtsfrage ohne Beziehung auf einen bestimmten Gegenstand. Der Streitgegenstand schafft die Rechtsfragen, nicht umgekehrt die Rechtsfragen den Streitgegenstand. Das Gesetz legt darauf, ob und welche und wieviel Ansprüche in Beziehung auf den Gegenstand der Konferenz möglich und denkbar sind, überhaupt kein Gewicht. Der Rechtsanwalt hat die Gebühr des § 47 unzweifelhaft auch dann zu fordern, wenn sich ergibt, daß ein Verfahren vor den Gerichten überhaupt nicht stattfinden kann, sei es, weil der Gegenstand nicht vor sie gehört, sei es, weil ein klagbarer Anspruch für oder gegen den Ratsucher nicht zu begründen ist. Das Gesetz gibt deshalb aber auch nur $^{3}/_{10}$ einer Prozeßgebühr, indem es unterstellt, daß der Gegenstand der Ratserteilung, d. h. die Rechtsangelegenheit Gegenstand eines Prozesses ist. Dadurch ist nicht ausgeschlossen, daß Gegenstand einer und derselben Konferenz mehrere Rechtsangelegenheiten mit verschiedenen Objekten sein können. In solchem Falle kann die Gebühr des § 47 für jede der verschiedenen Rechtsangelegenheiten nach ihrem verschiedenen Objekte gefordert werden. Aber dieselbe Rechtsangelegenheit wird dadurch nicht zu verschiedenen und mehreren Rechtsangelegenheiten, daß sich aus ihr mehrere und verschiedene Prozesse mit verschiedenem Inhalte entwickeln können.[7])

IV. Die Gebühren des § 47.

8 Der § 47 bewilligt für die Ratserteilung eine Gebühr in Höhe von drei Zehnteln der Prozeßgebühr, für den qualifizierten Rat des Abs. 2 eine Gebühr von fünf Zehnteilen.

A. Gebühr des Abs. 1.

9 1. Voraussetzung für die Ratsgebühr ist,

a) daß der in Anspruch genommene Anwalt nicht Prozeßbevollmächtigter ist. Letzterer darf für Ratserteilung niemals besonders liquidieren, alle Ratserteilungen werden durch die Prozeßgebühr abgegolten;[8])

10 b) der Rat muß von der Partei erbeten sein, sei es unmittelbar oder mittelbar bei Erteilung eines auf eine andere Tätigkeit gerichteten Auftrages. Z. B. wird in der Erteilung eines Auftrages zur Anstellung einer Klage regelmäßig auch der Auftrag liegen zur Prüfung der Sache und zur Abgabe einer abratenden Erklärung, falls die Rechtsverfolgung aussichtslos erscheint;[9]) denn die Partei weiß, daß der Anwalt nicht jede Klage ohne Prüfung ihrer Aussichten anstellen darf. Darum ist es auch gleichgültig, ob der Anwalt mit dem Abraten die Ablehnung des Auftrages verbindet. Geschieht indessen die Ablehnung ohne jede Prüfung und Ratserteilung, so ist eine Gebühr nicht begründet.

11 2. Die Gebühr für erteilten Rat wird in Beziehung gebracht zur Prozeßgebühr. Daraus folgt, daß auch für die Ratsgebühr alle Momente maßgebend sind, welche die Höhe der Prozeßgebühr beeinflussen. Betrifft danach der Rat den Beginn oder die Fortsetzung eines Wechselprozesses, so beträgt die Ratsgebühr $^{3}/_{10}$ von $^{6}/_{10}$ der Sätze des § 9.

[7]) RG.St. 14, 367 ff. Vgl. auch N. 6.
[8]) Anders bei Begutachtung, s. § 88.
[9]) Vgl. LG. Breslau in Bresl.AKZ. 92 S. 43. A.M. für den Regelfall Meyer-Irmler § 47 Anm. 1 Abs. 2.

3. Die Gebühr ist eine **Bauschgebühr**; sie vergütet daher nicht nur den 12
Rat selbst, sondern zugleich die gesamte Tätigkeit, welche notwendig und aufgewendet worden ist, um die Ratserteilung vorzubereiten. Mit der Ratsgebühr abgegolten ist danach auch die Prüfung des von der Partei unterbreiteten Materials sowie die selbständige Beschaffung des Materials durch Erkundigung, Einsicht von Akten und Registern 2c.[10])

Ebenso kann die Gebühr für die Erteilung des Rats in **derselben** 13
Rechtsangelegenheit niemals mehr als 3/10 betragen, wenn auch **wiederholt** der Rat erbeten und erteilt ist. Wie schon hervorgehoben, ist Gegenstand der Ratserteilung immer die Rechtsangelegenheit; es ist deshalb gleichgültig, ob dieselbe verschiedene Rechtsfragen ergibt, die in verschiedenen Konferenzen beantwortet werden; für alle Ratserteilungen, die dieselbe Rechtsangelegenheit betreffen, ist immer nur die einmalige Bauschgebühr von 3/10 gegeben.[11])

4. Wenn im Anschluß und in Verfolg eines Rates Auftrag zu einer ge- 14
bührenpflichtigen Tätigkeit erteilt wird, so erscheint die Ratserteilung in der Regel nur als Vorbereitung und Bestandteil der später aufgetragenen Tätigkeit und ist deshalb nicht besonders zu honorieren. Wird nach Ratserteilung Prozeßvollmacht erteilt, so ist die besondere Honorierung des Rates schon nach § 49 ausgeschlossen; in anderen Fällen späterer Tätigkeit wird die analoge Anwendung des § 49 angemessen erscheinen.

B. **Die Gebühr des Abs. 2.** 15

1. **Voraussetzung** des Ansatzes einer Gebühr in Höhe von 5/10 der Prozeßgebühr ist:

a) Der Anwalt muß **bereits den Auftrag zur Einlegung der Berufung bzw. Revision erhalten** haben. Danach kommt hier nur in Betracht der Anwalt der Berufungs- oder Revisionsinstanz, nicht etwa auch der Anwalt der ersten Instanz. Andererseits muß bereits der Auftrag zur Einlegung des Rechtsmittels bestimmt erteilt sein; daher findet Abs. 2 keine Anwendung, wenn der Auftrag nicht auf Einlegung des Rechtsmittels, sondern nur auf Prüfung der Aussichten des Rechtsmittels gegangen ist. Im letzteren Falle entsteht nur die Gebühr des Abs. 1 oder, falls die Voraussetzungen des § 88 vorliegen, die Gebühr für ein Gutachten. Dasselbe gilt auch, wenn der Auftrag auf Prüfung und eventuelle Einlegung bei Gutbefund gegangen ist; hier ist der Auftrag zur Einlegung suspendiert bis zum Gutbefund, die Bedingung ist aber nicht eingetreten.

b) Der angegangene Anwalt muß **von der Einlegung abgeraten** 16
haben. Hat der Anwalt die Berufung bzw. Revision bereits eingelegt und rät er nun von der Weiterverfolgung ab, so ist der Fall des Abs. 2 nicht gegeben, der Rat wird vielmehr durch die mit der Einlegung verdiente Prozeßgebühr abgegolten.

c) Der Auftraggeber muß **seinen Auftrag zurückgenommen** haben. 17
Besteht die Partei auf ihrem Auftrage und der Anwalt lehnt die Einlegung des Rechtsmittels ab, so kann er nur die Gebühr nach Abs. 1 liquidieren.[12]) Eine Zurücknahme des Auftrages im Sinne des § 47 Abs. 2 liegt immer dann

---

[10]) Vgl. EGH. 8, 253 sowie die Ausführungen für den analogen Fall der Prozeßgebühr § 13 N. 14 und Anm. 7, 8 u. 9.

[11]) Unrichtig deshalb Meyer-Irmler Anm. 3 Abs. 3, der für mehrfachen, dieselbe Angelegenheit betreffenden Rat mehrfache Gebühren bewilligt und auf 10/10 beschränkt. Vgl. auch EGH. 3, 9 und 8, 247.

[12]) Vgl. N. 10. Auch hier abweichend Meyer-Irmler Anm. 4 und LG. Glogau in Bresl.AKZ. 88 S. 14, die gar keine Gebühr bewilligen wollen.

vor, wenn die Partei von der Einlegung durch den abratenden Anwalt Abstand nimmt, mag sie auch einen anderen Anwalt mit der Einlegung beauftragen, also von der Einlegung des Rechtsmittels überhaupt nicht Abstand nehmen.

18 2. Die Gebühr beträgt $^{5}/_{10}$ der Prozeßgebühr. Für die Anwälte beim Reichsgericht ist noch der § 52 zu beachten; für diese beträgt die Gebühr des § 47 Abs. 2 danach $^{13}/_{20}$ der Sätze des § 9.

§ 48.

Der nicht zum Prozeßbevollmächtigten bestellte Rechtsanwalt erhält höchstens die für den Prozeßbevollmächtigten bestimmte Gebühr, falls die ihm aufgetragenen Handlungen in den Kreis derjenigen Tätigkeit fallen, für welche die dem Prozeßbevollmächtigten zustehende Gebühr bestimmt ist.

§ 49.

Wird ein Rechtsanwalt, nachdem er in einer Rechtssache tätig gewesen, zum Prozeßbevollmächtigten bestellt, so erhält er für die ihm vorher aufgetragenen Handlungen, soweit für dieselben die dem Prozeßbevollmächtigten zustehende Gebühr bestimmt ist, und als Prozeßbevollmächtigter zusammen nicht mehr an Gebühren, als ihm zustehen würde, wenn er vorher zum Prozeßbevollmächtigten bestellt worden wäre.

I. Entstehungsgeschichte der §§ 48 und 49.

1 1. Motive. Im Anschlusse an die vorstehenden Bestimmungen muß Vorkehrung getroffen werden, daß der nicht zum Prozeßbevollmächtigten bestellte Rechtsanwalt, der nur einzelne Handlungen vornimmt, für diese zusammen nicht höhere Gebühren erhalte, als der wirkliche Prozeßbevollmächtigte. Geschieht dies nicht, so würde unter Umständen zu besorgen sein, daß ein Rechtsanwalt die Prozeßvollmacht ablehnte, um durch Ausführung von Einzelaufträgen höhere Gebühren zu erzielen. Daher soll sowohl derjenige Rechtsanwalt, welcher nur einzelne Handlungen, die in den Kreis der durch die Gebühr des Prozeßbevollmächtigten vergüteten Tätigkeit fallen, vornimmt (§ 48), als auch derjenige Rechtsanwalt, welcher, nachdem er bereits in einer Rechtssache tätig gewesen, später zum Prozeßbevollmächtigten bestellt wird (§ 49), im ganzen nicht mehr Gebühren erheben, als er erhalten würde, wenn er von vornherein zum Prozeßbevollmächtigten bestellt worden wäre.

2 2. Über den Begriff: „Rechtssache" in § 49 wurde in der Reichstagskommission unter Zustimmung der Regierungsvertreter zum Protokolle vom 11. 3. 79 konstatiert, daß „für die erwähnte Rechtssache die im § 1 festgestellte Beschränkung gelte, von welcher in der Hauptsache das ganze Gesetz beherrscht wird".[1]) Hiernach ist § 49 auf andere Rechtssachen, welche nicht vor den ordentlichen Gerichten in einem durch die deutschen Prozeßordnungen geregelten Verfahren erledigt werden, nicht unmittelbar anwendbar, wohl aber vermöge des Umstandes, daß durch die Landesgesetzgebung in einzelnen deutschen Bundesstaaten die Vorschriften dieser GO. im ganzen auch auf gewisse andere Rechtssachen ausgedehnt worden sind.[2])

---

[1]) Vgl. die „Zusammenstellung usw." unter Nr. 4 (Drucks. des Reichstages Nr. 137 S. 41, Stenogr. Ber. Anl. S. 1214).

[2]) Vgl. Joachim, Preuß. GO. Art. 2.

II. Bedeutung der §§ 48, 49. 3

Durch die Bestimmungen der §§ 48, 49 soll verhindert werden, daß der Anwalt für einzelne, in einer Rechtssache aufgewendete Tätigkeiten mehr Gebühren erhält, als wenn er alle diese Tätigkeiten als Prozeßbevollmächtigter vorgenommen hätte. Der Prozeßbevollmächtigte erhält für seine gesamte Tätigkeit, mag dieselbe auch noch so umfangreich sein, immer nur die Bauschgebühren des § 13 mit den in §§ 14—18 enthaltenen Modifikationen. Diese Gebühren ergeben daher die Begrenzung der Gesamtgebühren für die sämtlichen Einzelhandlungen auch des nicht zum Prozeßbevollmächtigten bestellten Anwalts in einer Rechtssache. Dabei sind die Bestimmungen der §§ 25, 26 zu beachten und ist insbesondere hervorzuheben, daß die Vorschriften der §§ 48, 49 sich ebenso wie die des § 13 immer nur auf Eine Instanz beziehen; werden Einzelhandlungen in mehreren Instanzen vorgenommen, so berechnen sich die Gebühren für jede Instanz besonders.

III. Die Vorschrift des § 48 begrenzt die Einzelgebühren für Einzelhand- 4
lungen. Die Gesamtheit der in einer Rechtssache aufzuwendenden Tätigkeiten wird im § 13 in vier Tätigkeitskreise aufgelöst, für deren jeden eine besondere Gebühr bestimmt ist, nämlich die Prozeßgebühr, die Verhandlungsgebühr, die Vergleichsgebühr und die Beweisgebühr.[3]) Für die Bestimmung der Gesamtgebühren für Einzelhandlungen ist deshalb zunächst zu untersuchen, in welche der vier Tätigkeitskreise die Einzelhandlungen fallen würden, wenn sie vom Prozeßbevollmächtigten vorgenommen wären; für jede auf diese Weise hergestellte Tätigkeitsgruppe ist sodann die für sie in §§ 13, 14—18 bestimmte Gebühr die Höchstgebühr. Daraus ergibt sich:

1. Hat der nicht zum Prozeßbevollmächtigten bestellte Anwalt mehrere 5
Einzelhandlungen vorgenommen, für welche als Gebühr Teile der Prozeßgebühr bestimmt sind z. B. mehrere Schriftsätze angefertigt (§ 46), Rat erteilt (§ 47), den Verkehr geführt (§ 44), so erhält er insgesamt höchstens eine volle Prozeßgebühr.

2. Hat der Anwalt mehrmals die Vertretung in der mündlichen Verhand- 6
lung oder die Ausführung der Parteirechte übernommen (§ 43), so erhält er außer der ihm zustehenden Prozeßgebühr insgesamt höchstens die Verhandlungsgebühr der §§ 13, 17, also höchstens $\frac{15}{10}$.

3. Hat der Anwalt mehrere Beweistermine wahrgenommen, so erhält er, 7
abgesehen von der Prozeßgebühr, immer nur einmal die Beweisgebühr des § 13 Nr. 4.[4])

IV. Die Vorschrift des § 49. Wird der Anwalt Prozeßbevollmächtigter, 8
nachdem er bereits in der Rechtssache tätig gewesen ist, so erhält er für seine gesamte Tätigkeit nur diejenigen Gebühren, die ein Prozeßbevollmächtigter für die gesamte Tätigkeit erhalten hätte. Auch in diesem Falle beschränken sich daher die Gebühren auf die Sätze der §§ 13, 14—18 für jede der vier Tätigkeitsgruppen. Wird daher der Verkehrsanwalt später Prozeßbevollmächtigter, so erhält er die Prozeßgebühr nicht von neuem.[5])

---

[3]) Vgl. § 13 N. 10.
[4]) Vgl. § 45 N. 9.
[5]) OLG. Breslau 19. 3. 03 Recht 03 S. 215.

§ 50.

Wird der einem Rechtsanwalt erteilte Auftrag vor Beendigung der Instanz aufgehoben, so stehen dem Rechtsanwalte die Gebühren in gleicher Weise zu, als wenn die Instanz zur Zeit der Aufhebung des Auftrags durch Zurücknahme der gestellten Anträge erledigt wäre, unbeschadet der aus einem Verschulden sich ergebenden zivilrechtlichen Folgen.

1 **I. Motive.** Der § 50 spricht den Grundsatz aus, daß, wenn der dem Rechtsanwalte erteilte Auftrag vor Beendigung der Instanz aufgehoben wird, dem Rechtsanwalte die Gebühren in derselben Weise zustehen, als wenn die Instanz zur Zeit der Aufhebung des Auftrages durch Zurücknahme der gestellten Anträge erledigt wäre. Der Entwurf legt kein Gewicht darauf, wodurch der Auftrag aufgehoben ist, ob durch Tod, durch Kündigung oder auf andere Weise, ebensowenig ob die Kündigung eine rein willkürliche oder durch die Lage der Sache motivierte gewesen ist.

Der Entwurf geht davon aus, daß das zwischen dem Auftraggeber und dem Rechtsanwalte bestehende Rechtsverhältnis lediglich den Grundsätzen des bürgerlichen Rechtes unterliegt und nach diesen zu beurteilen, und daß hier nur die eine Folge jenes Rechtsverhältnisses zu regeln ist, wieviel der Rechtsanwalt an Gebühren zu fordern hat, wenn keinem der beiden Teile eine Verschuldung zur Last fällt. Ausschließlich nach dem bürgerlichen Rechte bestimmt sich dagegen die Frage, welche Folgen ein vertragswidriges Verhalten, insbesondere der unberechtigte Rücktritt vom Vertrage (Kündigung) oder die Nichterfüllung desselben hat, bzw. inwieweit derjenige, welcher ohne Grund kündigt oder den Vertrag nicht erfüllt, seinem Mitkontrahenten verantwortlich und zum Schadensersatze verpflichtet ist. Hiernach werden die einzelnen Fälle, welche hier in Frage kommen können, z. B. Kündigung wegen Aufgebens der Zulassung zur Rechtsanwaltschaft, wegen Übersiedelung an ein anderes Gericht bzw. einen anderen Ort, wegen nachlässiger Führung der Sache durch den Anwalt, wegen Nichtbezahlung des erforderten Vorschusses durch die Partei usw., ihre Erledigung finden. Der Entwurf mußte sich diese Schranke setzen, weil bezüglich der Folgen eines vertragswidrigen Verhaltens der einem Rechtsanwalte erteilte Auftrag anderen Aufträgen vollständig gleich steht und daher denselben Vorschriften unterliegen muß. Jedenfalls ist der Unterschied der Partikularrechte nicht von der Bedeutung, daß ein Bedürfnis anerkannt werden könnte, dem künftigen allgemeinen bürgerlichen Gesetzbuche vorgreifend, hier jetzt schon eine einheitliche Regelung vorzunehmen.

2 **II. Bedeutung des § 50.**

Die Tätigkeit des Anwalts wird abgegolten durch Bauschgebühren, welche innerhalb eines jeden Tätigkeitskreises (§ 13) für die gesamte Tätigkeit bis zur Beendigung der Instanz ein Entgelt darstellen, dessen Höhe von dem Maße der aufgewendeten Tätigkeit unabhängig ist. Wird der Auftrag nun vor Beendigung der Instanz erledigt, so ist das Maß der Tätigkeit in den meisten Fällen geringer, als wenn erst die Beendigung der Instanz der Tätigkeit ein Ziel gesetzt hätte. Der § 50 schreibt nun vor, daß diese Verringerung der Tätigkeit ohne Einfluß auf die Höhe der Gebühr sein soll, daß es vielmehr so angesehen werden soll, als ob zur Zeit der Aufhebung des Auftrages die Instanz erledigt wäre Dabei soll es gleichgültig sein, aus welchem Grunde der Auftrag aufgehoben worden ist. Vorbehalten sind allein die zivilrechtlichen Folgen des Verschuldens.

Der § 50 bestimmt demnach die Höhe der dem Anwalt bei Aufhebung des Auftrages vor Beendigung der Instanz zustehenden Gebühren für den Fall, daß keinem Teile ein Verschulden an der vorzeitigen Erledigung des Auftrages zur Last fällt.[1]) 3

Trifft den Auftraggeber ein Verschulden an der Aufhebung, z. B. die Kündigung wird durch sein vertragswidriges Verhalten veranlaßt, so ist er zwar zum Ersatze des dem Anwalt durch die Aufhebung entstehenden Schadens gemäß § 628 Abs. 2 BGB. verpflichtet; indessen kommt diese Verpflichtung praktisch für die Gebührenhöhe nicht in Betracht. 4

Trifft dagegen den Anwalt ein Verschulden an der Aufhebung, so steht ihm gemäß § 628 BGB. ein Anspruch auf Vergütung insoweit nicht zu, als seine bisherigen Leistungen infolge der Aufhebung für den Auftraggeber kein Interesse haben. Dies ist insoweit der Fall, als der Auftraggeber dem neu zu bestellenden Anwalt die gleichen Gebühren noch einmal zu zahlen hat.[2]) Wenn z. B., nachdem bereits kontradiktorisch verhandelt ist, der Auftrag durch Verschulden des Anwalts aufgehoben wird, darauf durch einen neuen Anwalt nochmals verhandelt wird, so hat der neue Anwalt die Prozeßgebühr und die Verhandlungsgebühr zu beanspruchen; der frühere Anwalt verliert deshalb den Anspruch auf die Prozeß- und Verhandlungsgebühr. 5

III. Verschulden des Anwalts. Die Aufhebung des Auftrages ist vom Anwalt verschuldet, wenn sie auf sein vertragswidriges Verhalten zurückzuführen ist. Dabei ist es gleichgültig, ob dieses Verhalten unmittelbar zur Aufhebung führt oder dem Auftraggeber Anlaß zur Aufhebung gibt. 6

Vertragswidrig ist das Verhalten, wenn es dem Inhalt des Vertrages widerspricht. Mit der Übernahme des Auftrages verpflichtet sich der Anwalt zu dessen Durchführung nach Maßgabe der die Erledigung der Angelegenheit bestimmenden gesetzlichen Vorschriften, und insbesondere in dem Rahmen der dem Anwalt zugewiesenen öffentlich-rechtlichen Stellung. Ein jeder Dienstvertrag steht unter diesen Voraussetzungen und hat diese Verpflichtungen stillschweigend zum Inhalt. Bei der Erfüllung dieser Verpflichtungen hat der Anwalt Vorsatz und Fahrlässigkeit zu vertreten (§ 276 BGB.); ebenso wie eigenes Verschulden hat er ferner zu vertreten das Verschulden der Personen, deren er sich zur Erfüllung seiner Verpflichtungen bedient (§ 278 BGB.).

Die auch für das anwaltliche Dienstverhältnis anwendbare Bestimmung des § 627 Abs. 1 BGB., daß beim Vertrage über Dienste höherer Art, die auf Grund besonderen Vertrauens übertragen zu werden pflegen, die Kündigung auch ohne wichtigen Grund zulässig ist, besagt nur, daß das Dienstverhältnis jederzeit beendet werden kann, sie will jedoch nicht auch weiter besagen, daß bei derartigen Verträgen jeder Teil berechtigt sei, willkürlich durch Kündigung sich seinen Verpflichtuugen zu entziehen. Dies würde dem Wesen des gegenseitigen Vertrages und insbesondere dem oben erörterten Inhalte des anwaltlichen Dienstvertrages widersprechen. Die in der Kündigung liegende Erfüllungsweigerung kann vielmehr ein vertragswidriges Verhalten darstellen, das eine Schadensersatzpflicht herbeiführt.[3]) Andererseits enthält aber die Kündigung aus § 627 auch nicht unter allen Umständen ein vertragswidriges Verhalten, nämlich dann nicht, wenn ein wichtiger Grund für diese Kündigung vorliegt.[4])

[1]) Vgl. hierzu und für das Folgende die Ausführungen zu § 1 N. 7.

[2]) Vgl. RG. JW. 98 S. 390, 19; 99 S. 30, 7. Solchenfalls hat die Partei auch keinen Anspruch auf Erstattung der Kosten mehrerer Anwälte: KG. 2. 1. 03 in KGBl. 03 S. 17.

[3]) Vgl. Landgericht II Berlin in KGBl. 03 S. 39 und KG. in OLG. 15, 196.

[4]) RG. 33, 370; OLG. (KG.) 15, 196.

7 Geht man von diesen Gesichtspunkten aus, so ergibt sich im einzelnen folgendes:

1. Die Kündigung des Anwalts kann aus dem Verhalten des Auftraggebers begründet sein, nämlich dann,

a) wenn letzterer seine Vertragspflichten verletzt, z. B. den Vorschuß, zu dessen Zahlung er nach § 84 GO. verpflichtet ist, nicht zahlt;

b) wenn der Auftraggeber sich derartig gegen den Anwalt benimmt, daß dem letzteren eine weitere Tätigkeit nicht zugemutet werden kann.[5])

8 2. Der wichtige Grund kann auch in der Sache selbst liegen. Wenn sich z. B. im Laufe der Prozeßführung, etwa nach dem Ergebnis einer Beweisaufnahme, herausstellt, daß die Rechtsverfolgung des Auftraggebers aussichtslos erscheint, so ist dem Anwalt nach den durch seine Stellung begründeten Pflichten die Fortführung des Prozesses nicht mehr zuzumuten, er ist zur Kündigung berechtigt, ja auch verpflichtet.[6]) Wenn dagegen bereits bei Übernahme des Auftrages die Aussichtslosigkeit bestand und nur vom Anwalte wegen mangelhafter Prüfung übersehen ist, so liegt ein Verschulden des Anwaltes vor, für welches er schadensersatzpflichtig ist; da der Schaden in der Aufwendung der entstandenen Gebühr besteht, so wird der Anwalt Gebühren nicht liquidieren dürfen.

9 3. Der wichtige Grund kann endlich aus den persönlichen Verhältnissen des Anwalts entnommen sein. Hier kommt insbesondere die Aufgabe der Zulassung in Betracht. Man wird davon auszugehen haben, daß dem Anwalt der Auftrag erteilt und von ihm übernommen wird wegen seiner Stellung als Anwalt beim Prozeßgericht, im Zweifel also auch nur für die Zeit, während welcher er diese Stellung einnimmt, nicht aber umgekehrt mit der Verpflichtung, diese Stellung beizubehalten, um den Auftrag zu Ende führen zu können; es kann daher auch nicht als ein vertragswidriges Verhalten angesehen werden, wenn der Anwalt aus Gründen, deren Würdigung nur seiner eigenen Erwägung überlassen werden kann, seine Stellung aufgibt und deshalb die bis dahin geführten Prozesse unerledigt läßt.[7]) Indessen können doch auch hier besondere Umstände vorliegen, welche ein Verschulden des Anwalts darstellen, z. B. wenn der Anwalt bei Übernahme des Auftrages seine schon bestehende Absicht, die Zulassung aufzugeben, verschweigt,[8]) oder wenn er durch Pflichtwidrigkeit seine Löschung in der Anwaltliste herbeiführt.[9])

10 **IV. Geltungsgebiet des § 50.** Der § 50 kommt zur Anwendung nicht nur, wenn der Anwalt zum Prozeßbevollmächtigten bestellt ist, sondern auch, wenn ihm nur die Vertretung in einem Prozeßabschnitt z. B. in der Zwangsvollstreckung oder im Beweisaufnahmeverfahren übertragen ist.

Als Ausnahmevorschriften von der Regel des § 50 kommen in Betracht: § 14 (Erledigung des Auftrags vor Einreichung bzw. Zustellung eines Schriftsatzes), § 39 (im Verteilungsverfahren) und § 90.

---

[5]) RG. JW. 98 S. 161, 26; S. 278, 3.

[6]) RG. 33, 370. Vgl. jedoch OLG. 15, 196. Eine ohne Auftrag erfolgte Zurücknahme der Klage oder Berufung steht nicht ohne Weiteres der Kündigung gleich. LG. II Berlin in KGBl. 02 S. 61.

[7]) So wörtlich RG. 33, 371. Vgl. auch RG. JW. 94 S. 278, 2; Gruchot 38, 1168. Grundsätzlich sind dann auch die Kosten beider Anwälte erstattungsfähig. RG. JW 98 S. 161; KG. in KGBl. 03 S. 17.

[8]) RG. 33, 371.

[9]) RG. JW. 98 S. 390, 19; OLG. Marienwerder im Recht 04 S. 171.

§ 51.

Bei Vertretung mehrerer Streitgenossen, einschließlich der Nebeninterveniеnten, stehen dem Rechtsanwalte die Gebühren nur einmal zu. Bei nachträglichem Beitritte von Streitgenossen erhöht sich durch jeden Beitritt die Prozeßgebühr um zwei Zehnteile. Die Erhöhung wird nach dem Betrage berechnet, bei welchem die Vollmachtgeber gemeinschaftlich beteiligt sind; mehrere Erhöhungen dürfen den einfachen Betrag der Prozeßgebühr nicht übersteigen.

I. Motive. Bei der Bemessung der Gebühren für den Fall, daß ein 1
Rechtsanwalt mehrere Streitgenossen vertritt, gehen diejenigen Gebührenordnungen, welche hierfür überhaupt eine besondere Bestimmung getroffen haben, von dem Grundsatze aus, daß der Rechtsanwalt, sofern er nur ein den Genossen gemeinsames Interesse verfolgt, auch nur den einfachen Gebührensatz zu fordern berechtigt ist. (Preußen, § 5 Nr. 5 des Tarifs vom 12. 5. 51 und andere.) Die Frage, wie sich der Betrag auf die einzelnen Streitgenossen verteilt, wird entweder gar nicht berührt oder es wird Verteilung nach der Kopfzahl vorgeschrieben (wie in Lübeck). Ebenso wird die Frage, ob die Ansprüche der Streitgenossen behufs Feststellung der einzelnen Wertklasse zusammengezählt werden sollen, im allgemeinen nicht besonders erörtert und nur von Württemberg im bejahenden Sinne entschieden.

Am ausführlichsten wird der Fall der Streitgenossenschaft und deren Vertretung durch einen Rechtsanwalt in den Gesetzgebungen von Preußen und Baden verhandelt. In beiden Staaten wird als Regel die Liquidierung des einfachen Betrages aufgestellt. In Preußen darf jedoch der Rechtsanwalt in bezug auf diejenigen Streitgenossen welche ihn nachträglich bevollmächtigt haben, die Gebühren für Schriftsätze, Konferenzen und Schreiben, welche durch diesen Hinzutritt veranlaßt worden sind, besonders liquidieren. Anders gestaltet sich die Berechnung, wenn die mehreren durch einen Rechtsanwalt vertretenen Personen nicht ein und dasselbe Interesse haben. Dann werden die Gebühren nach dem Betrage des Interesses jedes einzelnen besonders berechnet, im Falle der Kumulation jedoch nach dem Gesamtbetrage der kumulierten Forderungen. In Baden kann der gemeinschaftliche Anwalt von demjenigen Streitgenossen, welcher besondere Einreden vorgebracht hat, den Kopfteil an der Bauschgebühr doppelt ansprechen. Hat ein Dritter einen besonderen Anwalt aufgestellt, ohne den Rechtsstreit allein auf sich zu nehmen, so bezieht sein Anwalt $^{7}/_{10}$ der Gebühr des Hauptanwaltes. Hat endlich ein Dritter seine Teilnahme am Prozesse lediglich durch Abgabe einzelner Erklärungen betätigt, so werden für diese von dem Anwalte Einzelgebühren erhoben.

Alle diese Unterscheidungen bieten offenbar zahlreiche Schwierigkeiten und Zweifel in der Anwendung. Es kann aber überhaupt die Voraussetzung, daß durch das Vorhandensein von Streitgenossen eine die Berücksichtigung erheischende Mehrarbeit für den die mehreren vertretenden Anwalt entstehe, wenigstens soweit das System der Zivilprozeßordnung in Frage kommt, als allgemein zutreffend nicht anerkannt werden, da die besonderen Anführungen, welche der Anwalt namens eines einzelnen Streitgenossen macht, nicht mehr Weiterungen veranlassen, als wenn sie von den übrigen oder durch einen besonderen Anwalt vorgebracht würden. Einzelne eigenartige Fälle, für welche dieser Grund nicht zutrifft, müssen bei einem Bauschgebührensysteme außer Betracht bleiben. Als Regel kann nur gelten, daß, wenn die Streitgenossen nicht gleichzeitig

Vollmacht erteilen, eine Vermehrung der Schriftsätze, der Konferenzen oder der Korrespondenz eintritt. Es steigert sich also diejenige Tätigkeit, welche durch die Prozeßgebühr vergütet werden soll, und es rechtfertigt sich danach eine Erhöhung der Prozeßgebühr, nicht auch der übrigen Gebühren, und nur in dem bezeichneten Falle. Der Entwurf schlägt deshalb für jeden nachfolgenden gesonderten Beitritt von Streitgenossen eine Erhöhung der Prozeßgebühr um je zwei Zehnteile vor mit der Maßgabe, daß bei einer Mehrheit solcher Beitritte der doppelte Betrag der einfachen Gebühr nicht überschritten werden darf. Die Berechnung gestaltet sich einfach, wenn, wie in den meisten Fällen, die Streitgenossen bei dem Streitgegenstande in gleicher Höhe interessiert sind. Dagegen bedarf es einer näheren Angabe der Berechnungsart für den umgekehrten Fall. Dann frägt es sich nämlich, von welchem Betrage die hinzutretende Quote zu berechnen ist. Das Interesse des zum höchsten Betrage beteiligten Genossen kann nicht maßgebend sein, weil dann unter Umständen die hinzutretenden zwei Zehnteile den Betrag übersteigen würden, welchen der hinzutretende Genosse an Gebühren zu zahlen hätte, wenn er sich durch einen besonderen Anwalt vertreten ließe. Sonach kann die Erhöhung nur von demjenigen Betrage berechnet werden, bei welchem die Vollmachtgeber gemeinschaftlich beteiligt sind. Ein Beispiel möge zur Erläuterung dienen:

Stellt bei einem Rechtsstreite über 10 000 Mk. zunächst der bei dem ganzen Streitgegenstande beteiligte A, dann der in Höhe von 1600 Mk. beteiligte B, demnächst der in Höhe von 60 Mk. beteiligte C Vollmacht aus, so erhöht sich die regelmäßige Prozeßgebühr von 64 Mk. durch den Hinzutritt von B um zwei Zehnteile des Gebührensatzes der 10. Wertklasse, also um 6 Mk. 40 Pfg., und durch den Hinzutritt von C um zwei Zehnteile des Gebührensatzes der 2. Klasse, also um 60 Pfg., zusammen also um 7 Mk. oder auf 71 Mk. Nach dem Grundsatze des § 3 haftet aber A nur in Höhe von 64 Mk., B nur in Höhe von 32, C nur in Höhe von 3 Mk. Wenn noch weitere Genossen einer nach dem anderen zutreten, so darf die Prozeßgebühr doch das Duplum, also hier den Betrag von 128 M., nicht übersteigen.

Zugleich ergibt sich, daß, wenn eine Rechtsgemeinschaft zwischen den Streitgenossen in Ansehung des Streitgegenstandes auch nicht einmal teilweise vorhanden ist (ZPO. § 57), eine Erhöhung der Prozeßgebühr um eine Quote nicht eintritt. Für solche Fälle bedarf es aber auch einer Erhöhung nicht, da hier der Hinzutritt von Streitgenossen für den die mehreren vertretenden Anwalt meistenteils eine höhere Wertklasse bedingen wird. In gleicher Weise wird sich die Gebührenberechnung gestalten, wenn mehrere Prozesse, in welchen derselbe Anwalt tätig ist, verbunden werden (ZPO. § 138), nur daß selbstverständlich die Verbindung eine Verringerung der vorher schon erwachsenen Gebühren nicht zur Folge haben kann. Werden z. B. zwei Prozesse über je 200 Mk. nach stattgehabter kontradiktorischer Verhandlung vor der Beweisaufnahme verbunden, so berechnet sich die Prozeß- wie die Verhandlungsgebühr für jeden Prozeß besonders nach dem Gebührensatze der 4., die Beweisgebühr, sowie die Gebühr für die nach der Beweisaufnahme stattfindende weitere Verhandlung für beide zusammen nach dem Gebührensatze der 6. Wertklasse. Die Modifikationen, welche eintreten, wenn die Verbindung der Prozesse wieder aufgehoben wird (ZPO. § 141), bedürfen keiner Darlegung.

2 **II. Streitgenossen und Nebenintervenienten.** Mehrere Personen können als Streitgenossen gemeinschaftlich klagen oder verklagt werden, wenn sie in Ansehung des Streitgegenstandes in Rechtsgemeinschaft stehen oder wenn sie aus demselben tatsächlichen oder rechtlichen Grunde berechtigt oder verpflichtet sind. (§ 59 ZPO.), ferner wenn gleichartige und auf einem im wesentlichen

gleichartigen tatsächlichen oder rechtlichen Grunde beruhende Ansprüche oder Verpflichtungen der Gegenstand des Rechtsstreits bilden (§ 60 ZPO.).

Wer ein rechtliches Interesse daran hat, daß in einem zwischen anderen Personen anhängigen Rechtsstreite die eine Partei obsiege, kann dieser Partei zum Zwecke ihrer Unterstützung als Nebenintervenient beitreten (§ 66 ZPO.); er gilt in gewissen Beziehungen als Streitgenosse der Hauptpartei (§ 69 ZPO.). Nebenintervenient ist insbesondere der dritte, welcher auf eine Streitverkündung dem Streitverkünder beitritt (§ 74 ZPO.).

Eine Streitgenossenschaft kann auch nachträglich dadurch entstehen, daß an Stelle einer Partei mehrere Rechtsnachfolger treten (§§ 239, 727 ZPO.), oder daß gemäß § 147 ZPO. die Verbindung mehrerer bei dem Gerichte anhängiger Prozesse derselben oder verschiedener Parteien angeordnet wird; hier werden die verschiedenen Personen auf der einen Parteiseite vom Zeitpunkte der Verbindung ab Streitgenossen.[1])

III. Voraussetzung des § 51. Die Anwendung des § 51 hat zur Voraussetzung, daß zwischen den Streitgenossen eine Gemeinschaft in Ansehung des Streitgegenstandes, ganz oder teilweise, besteht.[2]) Nur in diesem Falle kann sich die Frage nach der Gesamtvergütung erheben. Besteht dagegen eine Gemeinschaft bezüglich des Streitgegenstandes nicht, ist vielmehr der Streitgegenstand bei den einzelnen Streitgenossen verschieden, so handelt es sich um „mehrere in einer Klage geltend gemachte Ansprüche", und es kommt § 5 ZPO. bzw. § 11 GKG. über die Zusammenrechnung der Streitgegenstände zur Anwendung.[3]) Dies gilt insbesondere, wenn nur gleichartige und auf einem im wesentlichen gleichartigen, tatsächlichen und rechtlichen Grunde beruhende Ansprüche oder Verpflichtungen mehrerer Auftraggeber den Streitgegenstand bilden (sog. unechte Streitgenossenschaft, § 60 ZPO.). Wenn also z. B. eine Versicherungsgesellschaft in einer Klage, oder nach Verbindung gemäß § 147 ZPO. in einem Prozesse, gegen mehrere Versicherte, welche unter denselben oder ähnlichen Bedingungen Versicherungsverträge abgeschlossen haben, auf Zahlung der Prämienbeträge klagt, so ist bei den einzelnen Versicherten der Streitgegenstand ein verschiedener; der Wert des Streitgegenstandes des ganzen Prozesses ergibt sich gemäß § 5 ZPO. aus der Zusammenrechnung der einzelnen Streitgegenstände. Der Rechtsanwalt, welcher mehrere Versicherte vertritt, wird seine Gesamtgebühr nach dem durch Zusammenrechnung der einzelnen Haftsummen gefundenen Streitwert zu berechnen haben. 3

IV. Bedeutung des § 51. Wenn der Rechtsanwalt mehrere Streitgenossen vertritt, so können sich zwei Fragen erheben: einmal, wie hoch sich die Gesamtvergütung des Rechtsanwaltes beläuft, dann aber auch, inwieweit der einzelne Auftraggeber haftet. Die letztere Frage ist in § 3 entschieden;[4]) der § 51 entscheidet die Frage nach der Gesamtvergütung. Grundsätzlich sollen dem Rechtsanwalt bei Vertretung mehrerer Streitgenossen die Gebühren nur einmal zustehen; nur für den Fall des nachträglichen Beitritts von Streitgenossen wird eine Ausnahme gemacht insofern, als sich durch jeden Beitritt die Prozeßgebühr um zwei Zehntel bis zum Höchstbetrage einer ganzen Prozeßgebühr erhöhen soll. 4

Für die Anwendung des § 51 werden die Nebenintervenienten in jeder Beziehung als Streitgenossen behandelt.[5])

[1]) RG. JW. 91 S. 201, 15. Vgl. hierzu auch die Ausführungen zu § 3 N. 10–12.
[2]) Dies ist auch dann der Fall, wenn der Anspruch in erster Linie gegen den einen Beklagten und nur eventuell gegen den anderen (für den Fall, daß dieser und nicht der erstere als passiv legitimiert anzusehen) gerichtet wird. RG. JW. 91 S. 526, 2.
[3]) Vgl. RG. JW. 91 S. 201, 15. [4]) Vgl. § 3 S. 55ff. [5]) RG. 35, 361.

Bei Verbindung mehrerer, getrennt anhängig gemachter Prozesse beginnt die Anwendung des § 51 erst mit dem Zeitpunkte der Verbindung. [6])

5 **V. Nachträglicher Beitritt.** Der § 51 hat nicht den nachträglichen Beitritt zum Prozesse, der nur bei Nebeninterventienten möglich wäre, sondern *den nachträglichen Beitritt zur Prozeßvollmacht*, mithin diejenigen Fälle im Auge, wo Streitgenossen nachträglich den gleichen Prozeßbevollmächtigten bestellen, welchen andere Streitgenossen bereits bestellt hatten. [7]) Dabei stehen die Nebeninterventienten den Streitgenossen gleich; § 51 findet also auch Anwendung wenn der Nebenintervenient nachträglich den Anwalt der Hauptpartei bestellt oder die Hauptpartei den Anwalt des Nebeninterventienten. [8])

6 1. Für die Frage, ob *nachträglicher Beitritt* vorliegt, ist allein entscheidend, daß die Vertretung dem Anwalte von einem Streitgenossen übertragen wird, nachdem er bereits von einem anderen Streitgenossen bestellt war. Im Falle der Verbindung mehrerer Prozesse gemäß § 147 ZPO. wird es deshalb darauf ankommen, ob die durch die Verbindung zu Streitgenossen gewordenen Personen bereits vor der Verbindung von demselben Anwalt vertreten gewesen sind oder nicht; ersterenfalls ist bereits bei Beginn der Anwendung des § 51 der Anwalt ein gemeinschaftlicher, anderenfalls ist der neue Streitgenosse erst nachträglich der Vollmacht des anderen beigetreten. [9])

7 2. Im Falle nachträglichen Beitritts findet eine *Erhöhung der Prozeßgebühr* statt.

a) Nur die Gebühren des die Streitgenossen vertretenden Anwalts erhöhen sich; dagegen werden die Gebühren des Gegenanwalts nicht berührt. [10])

8 b) Die Erhöhung beträgt für „jeden Beitritt" zwei Zehnteile. Damit ist gemeint, daß jede Neuerteilung einer Vollmacht die Erhöhung begründet. Geben *mehrere* Streitgenossen *zu gleicher Zeit* dem Anwalt, welcher bereits einen Streitgenossen vertritt, Vollmacht, so ist dies nur als *ein* Beitritt anzusehen.

c) Die Erhöhungsgebühr wird von dem Betrage berechnet, bei welchem
9 die Vollmachtgeber, d. h. der erste und der nachträgliche, *gemeinschaftlich beteiligt* sind. Ein Beispiel geben die Motive (oben I) für den Fall, daß der erste Vollmachtgeber zum höchsten Betrage beteiligt ist. Wenn aber z. B. der Hautschuldner auf Zahlung von 2000 Mk. und zugleich der Bürge auf Zahlung von 1000 Mk. verklagt ist, der Anwalt zunächst die Vertretung des Bürgen (1000 Mk.) übernommen hat und nachträglich die Vertretung des Hauptschuldners übernimmt, so wird die Erhöhung, trotzdem die nachträgliche Vollmacht auf 2000 Mk. geht, doch nur von dem gemeinschaftlichen Objekt von 1000 Mk. berechnet; die Prozeßgebühr selbst berechnet sich natürlich nach dem Streitwert von 2000 M.

10 d) *Mehrere Erhöhungen* dürfen den einfachen Betrag der Prozeßgebühr nicht übersteigen. Wenn nun eine Reihe von Streitgenossen mit verschiedenen Beträgen beteiligt ist, so kann zweifelhaft sein, von welchem Betrage die Prozeßgebühr zu bestimmen ist, welche den Höchstsatz bilden soll. Man wird anzunehmen haben, daß den Maßstab zu geben hat diejenige Prozeßgebühr, welche der Anwalt für die Vertretung der Streitgenossen als Gesamtgebühr ohne die Erhöhungen haben würde. Hat also der Anwalt zehn Streitgenossen zu vertreten, von denen *einer* mit 100000 Mk., fünf mit je 80000 Mk. und

[6]) JW. 91 S. 201, 15.

[7]) RG. 35, 361.

[8]) RG. 35, 361. OLG. (Hamburg) 15, 197.

[9]) Das Reichsgericht in JW. 91, S. 201, 15 scheint „nachträglichen Beitritt" im Falle der Verbindung niemals anzuerkennen.

[10]) Oberst. LG. München 25. 1. 97 (Samml. 16, 300).

vier mit je 70000 Mk. in Betracht kommen, so ist die Prozeßgebühr nach einem Wert von 100000 Mk. = 219 Mk. zu berechnen; mehr als 219 Mk. darf die Summe der Erhöhungen nicht betragen. Nimmt man an, daß jeder der zehn Streitgenossen einzeln und nacheinander die Vollmacht erteilt hat, so würden die Erhöhungen an sich betragen 5 × Mk. 37,80 Pfg. = 189 Mk. + 4 × Mk. 34,80 Pfg. = 139 Mk. 20 Pfg. zusammen 328 Mk. 20 Pfg., welcher Betrag aber auf 219 Mk. ermäßigt werden muß.

VI. Aufhebung der Streitgenossenschaft. Wie eine Streitgenossenschaft 11
durch Verbindung mehrerer Prozesse gemäß § 147 ZPO. entstehen kann, so kann sie auch wieder aufgehoben werden dadurch, daß das Gericht entweder gemäß § 145 ZPO. anordnet, daß mehrere in einer Klage erhobene Ansprüche in getrennten Prozessen verhandelt werden, oder gemäß § 150 ZPO. den früheren Verbindungsbeschluß wieder aufhebt. In solchen Fällen hört die Streitgenossenschaft mit dem Trennungsbeschlusse wieder auf, und alle nach diesem Beschlusse entstehenden Gebühren werden jedem Auftraggeber gegenüber besonders berechnet. Diese Regel findet insbesondere auch Anwendung für die gesonderte Beschreitung der höheren Instanzen. Ist gegenüber mehreren Beklagten gesondert durch verschiedene Urteile erkannt, war demnach schon für die Verhandlung der ersten Instanz die Streitgenossenschaft aufgehoben, so hat der Anwalt, welcher für jeden der Beklagten gesondert Berufung einlegt, nicht nach § 50 nur eine Gebühr, sondern für jede Einlegung besonders zu liquidieren.[11]) Sind dagegen durch dasselbe Urteil mehrere Streitgenossen verurteilt, so sind sie Streitgenossen geblieben; legt der Anwalt nun zunächst nur für den einen und erst später für den anderen Streitgenossen Berufung ein, so findet der § 51 Satz 2 Anwendung.[12])

§ 52.

Für die bei dem Reichsgerichte zugelassenen Rechtsanwälte erhöhen sich die Gebührensätze in der Revisionsinstanz um drei Zehnteile.

I. Motive. Das Gerichtskostengesetz bestimmt in § 49, daß sich die Sätze 1
der Gerichtsgebühren in der Berufungsinstanz um ein Viertel, in der Revisionsinstanz um die Hälfte erhöhen. Mit Rücksicht hierauf war zu erwägen, ob eine solche Erhöhung in diesen höheren Instanzen sich auch für die Anwaltsgebühren rechtfertige. Dafür läßt sich geltend machen, daß in die höheren Instanzen vorwiegend die in tatsächlicher oder rechtlicher Beziehung zweifelhaften und schwierigen Sachen gelangen, welche eine stärkere Anspannung der geistigen Tätigkeit des Anwaltes erfordern. Dagegen spricht aber die Erwägung, daß die oft sehr zeitraubende Sammlung des tatsächlichen Materials vorwiegend dem Anwalte erster Instanz obliegt, und daß die Vergütung für die Anwälte höherer Instanz sich schon deshalb durchschnittlich höher stellt, weil die Wertobjekte sich im Durchschnitte steigern. Die Bedeutung dieses letzteren Umstandes erhellt aus den in Preußen gemachten Erfahrungen, wo die Gebühren für die höheren Instanzen (von 3000 Mk. an aufwärts) niedriger als die Gebühren für die erste Instanz normiert sind.

Von den dem Vorstande des deutschen Anwaltvereins erstatteten Gutachten hat sich nur eines für eine Minderung, sieben für eine Steigerung nach den Instanzen ausgesprochen; alle übrigen befürworten die gleichmäßige Behandlung.

---

[11]) RG. JW. 98 S. 54, 30. [12]) RG. JW. 92 S. 219, 20.

Der Entwurf hat eine Erhöhung der Gebühren in der Berufungsinstanz nicht für angezeigt erachtet, da im allgemeinen nicht angenommen werden kann, daß die Tätigkeit des Prozeßbevollmächtigten in der Berufungsinstanz eine größere ist, als in der ersten Instanz. Wollte man eine Erhöhung eintreten lassen, so wäre kein innerer Grund vorhanden, sie etwa auf diejenigen Sachen zu beschränken, in welchen das Oberlandesgericht zuständig ist. Würde die Erhöhung aber auch auf diejenigen Sachen ausgedehnt, in welchen das Amtsgericht in erster Instanz entschieden hat, so wäre die Folge davon eine Verschiedenheit der Gebührenberechnung für die Tätigkeit der Rechtsanwälte bei dem Landgerichte, sowie eine unverhältnismäßige, dem Interesse der Rechtsuchenden nachteilige Verteuerung der Kosten, deren Prozentsatz bei kleinen Streitgegenständen ohnehin ein viel höherer ist, als bei großen.

Anders liegt die Sache in betreff der Revisionsinstanz. Für das Rechtsmittel der Revision ist, abgesehen von dem Falle des § 8 des Einführungsgesetzes zum Gerichtsverfassungsgesetze nur ein Gericht, das Reichsgericht, zuständig und die Rechtsanwaltschaft bei dem Reichsgerichte ist nach den §§ 100, 101 der Rechtsanwaltsordnung streng lokalisiert. Es liegt im Interesse einer gedeihlichen Rechtspflege, daß die Rechtsanwaltschaft bei dem Reichsgerichte der Bedeutung dieses höchsten Gerichtshofes entspreche und von den durch rechtswissenschaftliche Bildung und praktische Tüchtigkeit hervorragenden Rechtsanwälten als ein Ziel ihres Strebens ins Auge gefaßt werde. Solange ein einheitliches bürgerliches Recht nicht besteht, wird ferner die Tätigkeit der Rechtsanwälte des Reichsgerichtes eine besonders schwierige sein. Der Grund, daß eine Verteuerung der Prozeßkosten zu vermeiden sei, fällt bei Gegenständen im Werte von mehr als 1500 Mk., welche hier wesentlich in Betracht kommen, weniger ins Gewicht, weil bei ihnen der Prozentsatz der Kosten im Verhältnisse zum Streitgegenstande bereits erheblich niedriger ist. Auf diesen Erwägungen beruht die in § 52 vorgeschlagene Erhöhung der Gebühren für die bei dem Reichsgerichte zugelassenen Rechtsanwälte um drei Zehnteile.

2 **II. Die Anwendbarkeit des § 52** ist an das Zusammentreffen der beiden Voraussetzungen geknüpft, daß der Rechtsanwalt beim Reichsgerichte zugelassen ist, und daß es sich um eine bürgerliche Rechtsstreitigkeit handelt, welche in der Revisionsinstanz anhängig ist.

3 1. Die Vorschrift des § 52 findet mithin einerseits keine Anwendung auf die bei dem Obersten Landesgerichte (München) zugelassenen Rechtsanwälte, andererseits tritt auch für die beim Reichsgerichte zugelassenen Rechtsanwälte selbst in bürgerlichen Rechtsstreitigkeiten die Gebührenerhebung des § 52 nicht ein in der Beschwerde-Instanz und in der Berufungs-Instanz. Letztere kann vorkommen:

a) in Patentsachen nach § 33 des Patentgesetzes vom 7. 4. 91 (RGBl. S. 79 ff.) und nach der Verordnung betreffend das Berufungsverfahren beim Reichsgerichte in Patentsachen vom 6. 12. 91 (RGBl. S. 389), in diesem Verfahren finden an sich die Vorschriften der GO. gemäß § 91 Nr. 2 Anwendung;[1]

b) in Konsulargerichtsbarkeitssachen nach dem Gesetze über die Konsulargerichtsbarkeit vom 7. 4. 00 (RGBl. S. 213) §§ 14, 45;

c) in Schutzgebietssachen nach dem Schutzgebietsgesetz vom 25. 7. bzw. 10. 9. 00 (RGBl. S. 809 ff.) §§ 2 und 3.

(Vgl. übrigens § 91 N. 2 und die Erläuterungen dazu, sowie Erläut. zu § 1 N. 50, 51.)

[1] Vgl. RG. in Annalen 1, 129.

2. Dagegen tritt die Erhöhung gemäß § 52 auch dann ein, wenn im Wiederaufnahmeverfahren eine Nichtigkeitsklage oder Restitutionsklage gemäß § 584 ZPO. vor dem Reichsgericht erhoben wird. Auch hier handelt es sich um einen Prozeß in der Revisionsinstanz, die durch die Wiederaufnahme wieder eröffnet wird; denn nach § 590 ZPO. wird „die Hauptsache von neuem verhandelt" und nach § 584 ZPO. ist „das Revisionsgericht" zuständig.[2]) 4

III. Gebührenbezug. Sämtliche Gebührensätze, welche überhaupt zum Ansatz kommen, werden um 3/10 erhöht. Der § 52 bezieht sich nicht nur auf die regulären Gebührensätze der §§ 9, 13—18, sondern auch auf Gebühren für besonders tarifierte Tätigkeiten, so die aus §§ 19, 20 GO. Auch die Gebühr für Abraten von der beim Reichsgericht einzulegenden Revision (§ 47 Abs. 2 GO.) wird für die Reichsgerichtsanwälte um 3/10 zu erhöhen sein. 5

Dritter Abschnitt.

Gebühren im Konkursverfahren.

Vorbemerkungen.

I. Über die **Art der Vergütung** der anwaltlichen Tätigkeit im Konkursverfahren sprechen sich **die Motive** folgendermaßen aus:

„Eine vergleichende Übersicht des bestehenden Rechtszustandes bezüglich der Anwaltsgebühren im Konkursverfahren läßt erkennen, daß auch hier das System der Einzelgebühren im Laufe der Zeit mehr und mehr dem Bauschgebührensysteme weichen mußte. Auffallend erscheint in dieser Hinsicht nur, daß das altpreußische Recht für den Konkurs die Einzelgebühren in weit größerer Ausdehnung festgehalten hat, als für den Zivilprozeß. Dieser Umstand findet jedoch seine Erklärung weniger in sachlichen Gründen, als in der geschichtlichen Entwicklung der Gesetzgebung. Bei Aufstellung des Tarifs vom 12. 5. 51 trug das preußische Konkursverfahren im wesentlichen die charakteristischen Züge des gemeinrechtlichen Konkursprozesses. Erst die Konkursordnung vom 8. 5 55 schuf ein Verfahren, welches die Entscheidung streitiger Ansprüche nicht mehr zum Gegenstande hat. Die früheren Tarifbestimmungen paßten danach nicht mehr für das neu geregelte Verfahren. Indem man trotzdem zur analogen Anwendung derselben sich veranlaßt fand mußte man vorzugsweise auf die Einzelgebühren des Tarifs eingehen, weil diese am meisten von der Gestaltung des Verfahrens unabhängig sind. Für den Entwurf kann aus diesem Vorgange kein Motiv zu einer Abweichung von dem Systeme fester Bauschgebühren entnommen werden. Für letzteren sprechen vielmehr die schon dargelegten allgemeinen Gründe. Denselben ist hier sogar noch ein verstärktes Gewicht beizulegen, da das

---

[2]) Ebenso RG. 57, 231; Meyer-Jrmler § 52 N. 2; Willenbücher § 52 N. 2. A. M. Pafferoth § 52 N. 3 u. Drucker Anm. 1, die irrig das Reichsgericht als „erste Instanz" ansehen.

Konkursverfahren sich noch weniger, als der Zivilprozeß in festen Stadien abwickelt und deshalb der Möglichkeit einer willkürlichen Vermehrung der Einzelhandlungen noch mehr, als der Zivilprozeß, Raum gibt.

Dieses Fehlen fester Stadien im Konkursverfahren macht es untunlich, die Gebühren des Anwaltes nach zeitlich begrenzten Abschnitten des Verfahrens abzustufen. Den einzelnen, von der Konkursordnung vorgeschriebenen Terminen ist nicht eine solche Bedeutung beizulegen, wie etwa in bürgerlichen Rechtsstreitigkeiten den Terminen zur mündlichen Verhandlung, vielmehr wird sich die Tätigkeit des Anwaltes außerhalb dieser Termine in der mannigfachsten Weise geltend zu machen haben. Aus diesen Gründen wird auch eine nach Wahrnehmung der Termine bemessene Vergütung nicht als eine geeignete bezeichnet werden können. Ebensowenig läßt sich für die Regelung der Anwaltsgebühren die Tätigkeit des Anwaltes zur Konstituierung der Aktivmasse von der Tätigkeit zur Ermittlung der Schuldmasse absondern, da vielfach dieselben Handlungen dem einen wie dem anderen Zwecke gleichzeitig dienen. Die Tätigkeit des Anwaltes im Konkurse hat die gesamte Auseinandersetzung der Schuldverhältnisse zum Gegenstande und muß bei Bestimmung der Tarifsätze als ein Ganzes durch eine Bauschsumme vergütet werden. Daneben wird die eine oder die andere Tätigkeit, wie solche im Konkursverfahren zu der bezeichneten Haupttätigkeit hinzutreten kann, zu berücksichtigen, und werden dafür weitere Gebührensätze zu gewähren sein.

Endlich ist noch die Vergütung für einzelne Akte besonders festzusetzen, weil der dem Rechtsanwalte erteilte Auftrag sich auf solche beschränken kann."

Aus dem Prinzipe des Bauschsystems folgt, daß es für die Höhe der Gebühr völlig unerheblich ist, ob der Tätigkeitskreis, für den die Bauschgebühr bestimmt ist, im einzelnen Falle eine größere oder geringere Ausdehnung hat, insbesondere ob die Tätigkeit in einem oder mehreren Terminen sich erledigt; die Gebühr ist verdient, sobald der Anwalt nur irgend eine in den Tätigkeitskreis fallende Mühewaltung entwickelt hat.

Im übrigen ist die Struktur des die Gebühren im Konkursverfahren regelnden dritten Abschnitts folgende:

Zunächst ist für die Tätigkeit im Eröffnungsverfahren sowie für die Vertretung im ganzen je eine Bauschgebühr bestimmt (§§ 54, 55). Daneben werden für gewisse Tätigkeiten, welche der allgemeinen Vertretungstätigkeit hinzutreten können, besondere Bauschgebühren gewährt (§§ 56, 56, 60). Als Sondergebühr für einen einzelnen Akt ist sodann die Gebühr des § 57 festgesetzt für den Fall, daß sich die Tätigkeit des Anwalts auf die Anmeldung einer Forderung beschränkt. Der § 53 trifft endlich Bestimmung über die Wertsklassen, die Gebührensätze und die Wertsfestsetzung, der § 59 über die Wertsberechnung und die §§ 61 und 62 über einige Folgen des Bauschsystems.

II. Die im dritten Abschnitte vorgesehenen Gebühren stehen dem Rechtsanwalte nur zu, sofern er den Gemeinschuldner oder einen Gläubiger vertritt. Dabei ist stets die Kompetenzbestimmung des § 1, durch welche das von diesem Gesetze beherrschte Gebiet überhaupt abgegrenzt wird, zu beachten. Demgemäß fällt unter dieses Gesetz lediglich die Berufstätigkeit des Rechtsanwaltes in einem durch die deutsche Konkursordnung geregelten Verfahren vor den ordentlichen Gerichten, sowie die beratende

Tätigkeit, welche den Beginn oder die Fortsetzung eines solchen Verfahrens betrifft.

1. Die Beachtung dieses Grundsatzes führt zu einigen Ergebnissen, welche schon in der Reichstagskommission erörtert und konstatiert worden sind. Unter Zustimmung der Regierungskommissare ist zum Protokolle vom 12. 3. 79 konstatiert worden:

a) daß die Tätigkeit eines Rechtsanwalts, welcher von einem Klienten den Auftrag erhalten hat, außergerichtlich ein Arrangement mit dessen Gläubigern herbeizuführen, und welcher diesen Auftrag ausführt, ebenso wie die Tätigkeit zur Herbeiführung eines außergerichtlichen Vergleiches in einer einzelnen Sache zu behandeln ist, und daß die Tätigkeit eines Rechtsanwalts in diesem Falle und solange ein Konkursverfahren nicht anhängig ist, nicht unter die in § 1 GO. gegebenen Grenzen, daher auch nicht unter diese Gebührenordnung, sondern unter die landesgesetzliche Taxordnung falle;[1])

b) daß der eine Partei in einem anhängigen Konkurse vertretende Rechtsanwalt außer den ihm nach Abschnitt 3 zukommenden Gebühren bei Erhebung von Geldern und Ablieferung derselben nach den hierfür in § 87 des Gesetzes festgesetzten Gebühren Bezahlung verlangen kann;[2])

c) daß, wenn es im Laufe des Konkurses wegen Anerkennung oder Nichtanerkennung einer Forderung zu einem nach den Bestimmungen der ZPO. durchzuführenden Rechtsstreite kommt, die Gebühren für diesen Rechtsstreit seitens der beteiligten Anwälte nach dem Abschnitte 2 der Gebührenordnung besonders zu berechnen sind; und

d) daß der die Gebühren im Konkurse behandelnde Abschnitt 3 der Gebührenordnung keinerlei Einfluß auf die vom Konkursgerichte nach § 77 (jetzt § 85) der KO. für den Konkursverwalter festzusetzende Entschädigung hat, daß diese vielmehr, soweit es sich lediglich um Verwaltung der Masse handelt, unabhängig vom Abschnitte 3 der GO. festzustellen ist[3]) und daß, soweit es sich hierbei um etwa im Interesse der Masse zu führende Prozesse handelt lediglich der Abschnitt 2 der GO. maßgebend ist und neben der Entschädigung des Konkursverwalters für die Verwaltung der Masse Platz greift.[4])

2. Ein weiterer Fall, in welchem die Vorschriften dieses Abschnittes außer Anwendung bleiben, betrifft die Tätigkeit des Rechtsanwalts, welcher lediglich als Beauftragter des Konkursverwalters handelt. Dieser Fall ist bereits in den Motiven (S. 65 zu §§ 55, 56 Schlußabsatz) in Erwägung gezogen worden, indem daselbst ausgeführt wird:

Es könnte in Frage kommen, nach welchen Grundsätzen die Tätigkeit des Rechtsanwalts zu vergüten sei, dessen sich der Konkursverwalter als Vertreters, Beistandes oder Beraters bedient. Sofern es sich um die Vertretung in einem

---

[1]) Für Preußen vgl. hierzu Joachim, Pr.GO. Art. 14 N. 6.

[2]) Ebenso wird § 88 anwendbar sein, wie überhaupt die Bestimmungen der Abschnitte 5 bis 7 auf alle Geschäfte des in § 1 bestimmten Kreises anzuwenden sind. Der Anwalt kann daher neben seinen Gebühren auch die Auslagen, insbesondere auch Reisekosten liquidieren.

[3]) Dasselbe gilt auch vom Mitgliede des Gläubigerausschusses, dessen Auslagen und Vergütung nach § 91 KO. vom Konkursgericht festgesetzt werden. Für Preußen vgl. hierzu Joachim, Pr.GO. Art. 16. Vgl. ferner LG. Schweidnitz in Bresl. AKZ. 92 S. 31; LG. Stuttgart in Württ. Gerichtsbl. 19, 30; Neuruppin in KGBl. 97 S. 28. Für die Tätigkeit als Mitglied des Gläubigerausschusses bewilligt das AG. I Berlin unter Billigung des Landgerichts lediglich Stundengelder (2 M. pro Stunde); Beschluß des AG. I Abt. 82 vom 5. 3. 02 und des LG. I ZK. 2 vom 8. 4. 02 i. S. Sevring & Co. Konk. 81 N. 11301.

[4]) Vgl. Völk, GOf.RA. Note 2 zu § 55, desgl. die „Zusammenstellung usw." (Drucks. des Reichstages Nr. 137 S. 40).

durch den Konkurs veranlaßten, aber außerhalb des Konkursverfahrens liegenden Verfahren, z. B. in einem Prozesse, welchen der Konkursverwalter gemäß § 8 KO. aufnimmt oder welchen er für die Masse anstrengt oder welcher gegen die Konkursmasse angestrengt wird, handelt, kann ein Zweifel nicht entstehen (indem dann der Rechtsanwalt nach den Bestimmungen des Abschnitts 2 dieses Gesetzes zu honorieren sein wird); ebensowenig kann die Anwendbarkeit des § 47 bedenklich sein, wenn der erteilte Rat den Beginn oder die Fortsetzung eines den Vorschriften der Zivilprozeßordnung unterliegenden Verfahrens betrifft (§ 1). Andererseits ist es nach den Grundsätzen der Konkursordnung nicht für zulässig zu erachten, daß der Verwalter seine Vertretung für das Konkursverfahren im ganzen oder für einzelne ihm durch das Gesetz zugewiesene Handlungen einem Rechtsanwalte überträgt. Dagegen kann sich der Verwalter innerhalb des Konkursverfahrens selbst des Beistandes eines Rechtsanwalts, sowie des Rates eines solchen bedienen. Besondere Gebührenbestimmungen für eine derartige Tätigkeit des Rechtsanwalts zu treffen, erscheint nicht angezeigt, und es regelt sich daher hier die Vergütung nach der allgemeinen Bestimmung des § 89. Daß die Vorschrift des § 4 in solchen Fällen keine Anwendung finden kann, ergibt sich daraus, daß das Gesetz Gebühren für die Vertretung hier nicht vorsieht."

Einen passenden Anhalt werden in diesem Falle die §§ 45 bis 47 gewähren können.

III. Allein auch soweit das Anwendungsgebiet des § 1 gegeben ist, werden durch die Vorschriften des dritten Abschnittes doch nicht alle denkbaren Fälle der Anwaltstätigkeit im Konkursverfahren umfaßt bzw. erschöpft. Insoweit nun die Vorschriften dieses Abschnittes eine Lücke aufweisen, ist der ergänzende allgemeine Grundsatz des § 89 durchgreifend, daß die Gebühr „unter entsprechender Anwendung der Bestimmungen dieses Gesetzes zu bemessen" ist. Hätte z. B. ein Konkursgläubiger, der seine Forderung selbst angemeldet hat, einen Rechtsanwalt nur mit der Vertretung im Prüfungstermine beauftragt oder bloß seinen Beistand in diesem Termine in Anspruch genommen, so würde § 56 Nr. 1 den Maßstab für Bemessung der entsprechenden Vergütung zu geben geeignet sein, obwohl § 56 an sich zunächst nur auf den Rechtsanwalt Bezug hat, dem die allgemeine vollständige Vertretung im Konkursverfahren übertragen ist. Dasselbe gilt von der Vertretung oder Beistandleistung in einem anderen einzelnen Termine. Eine Gebühr für Ladung des Schuldners zur Leistung des Offenbarungseides (KO. § 125, GKG. § 56) ist nicht vorgesehen. Sollte der Rechtsanwalt lediglich mit dieser Tätigkeit befaßt werden, so würde auch hier § 89 Platz greifen, und der passende Anhalt in den §§ 32, 23 zu finden sein. Auch bei Erteilung von Rat über einen einzelnen bestimmten Punkt, z. B. über den Zwangsvergleich, in welcher Weise dazu Vorschläge zu machen oder ob die gemachten Vorschläge annehmbar sind, wird die Vergütung nach § 89 zu berechnen d. h. § 47 analog anzuwenden sein. Ist dem Rechtsanwalte nur die Anfertigung des Antrages auf Konkurseröffnung übertragen, so wird § 54 zutreffenden Anhalt gewähren. In allen diesen Fällen sind aber für die Wertberechnung die Grundsätze des § 59 im Auge zu behalten.

IV. Die Kosten, welche den einzelnen Gläubigern durch ihre Teilnahme am Konkursverfahren erwachsen, also auch die Gebühren und Auslagen des von ihnen bevollmächtigten Rechtsanwalts, können im Konkursverfahren selbst nicht geltend gemacht werden. (§ 63 Nr. 2 KO.) Der Gläubiger, welcher sich im Konkursverfahren durch einen Rechtsanwalt vertreten läßt, kann also die von dem Rechtsanwalte nach diesem Abschnitte zu liquidierenden Gebühren aus der Konkursmasse nicht erstattet verlangen.

§ 53.

Auf die Gebühren im Konkursverfahren finden die Vorschriften der §§ 9, 11, 12 entsprechende Anwendung.

I. Motive. Der Entwurf schließt sich dem Vorgange des Gerichtskosten- 1
gesetzes an, welches in § 50 die für bürgerliche Rechtsstreitigkeiten festgesetzten Wertklassen und Gebührensätze auch für Konkurssachen beibehält. Hierfür, sowie für die Ausdehnung der Vorschriften der §§ 11, 12 auf den Konkurs, wird es einer besonderen Begründung nicht bedürfen.

II. Die angezogenen Vorschriften. Maßgebend sind auch für die Ge- 2
bühren im Konkursverfahren die Wertsklassen und Gebührensätze des § 9. Der angezogene § 11 macht die für die Berechnung der Gerichtsgebühren maßgebende Festsetzung des Wertes auch für die Berechnung der Gebühren der Rechtsanwälte maßgebend. Die gerichtlichen Gebühren und die beim Ansatze derselben zu beobachtenden Grundsätze über die Wertfestsetzung im Konkursverfahren bestimmen sich vornehmlich nach den Vorschriften des §§ 50 bis 52 des GKG., welche lauten:

„§ 50. Auf die Gebühren im Konkursverfahren finden die Vorschriften des § 8 über die Wertsklassen und den Gebührenersatz, sowie der §§ 14, 16, 17 dieses Gesetzes und des § 3 der Zivilprozeßordnung über die Wertsfestsetzung entsprechende Anwendung.

§ 51. Für das Konkursverfahren, einschließlich des der Eröffnung vorangegangenen Verfahrens, werden erhoben:

(Nr. 1—5 enthalten die Gebührensätze.)

§ 52. Die im § 51 bestimmte Gebühr wird nach dem Betrage der Aktivmasse erhoben. Massekosten, mit Ausnahme der Gebühren des Konkursgerichtes, des Konkursverwalters und des Gläubigerausschusses, sowie Masseschulden werden abgesetzt. Gegenstände, welche zur abgesonderten Befriedigung dienen, werden nur in Höhe des für diese nicht erforderlichen Betrages angesetzt.

Ist die Aktivmasse höher als die Schuldenmasse, so wird die Gebühr nach dem Betrage der letzteren erhoben.

Für die Berechnung der Masse ist die Zeit der Beendigung des Verfahrens maßgebend."

Die in § 52 GKG. für die Festsetzung des Wertes der Aktivmasse gegebenen Vorschriften finden gleichmäßig auch auf die Rechtsanwaltsgebühren Anwendung, soweit für die Berechnung der letzteren der Betrag der Aktivmasse bestimmend ist. Dies trifft in den in § 59 Abs. 1 bezeichneten Fällen zu, wenn nämlich der Auftrag von dem Gemeinschuldner erteilt ist. Daneben aber enthält der § 50 Abs. 2 noch eine selbständige Vorschrift für die Wertsberechnung in dem Falle, daß der Auftrag von einem Konkursgläubiger erteilt ist.

Die Verweisung auf § 12 gibt endlich auch im Konkursverfahren dem Rechtsanwalte das selbständige Beschwerderecht.

§ 54.

Im Verfahren über einen Antrag auf Eröffnung des Konkursverfahrens (Konkursordnung §§ 104 bis 106) erhält der Rechtsanwalt zwei Zehnteile, oder, wenn er einen Gläubiger vertritt, fünf Zehnteile der Sätze des § 9.

1 **I. Motive.** Das Verfahren, welches die Eröffnung eines Konkurses bezweckt, bereitet dem Anwalte des Gläubigers, in dessen Auftrage der Antrag gestellt wird, eine nicht unbeträchtliche Arbeit; es kommt hierbei in Betracht, daß zur Glaubhaftmachung der Zahlungsunfähigkeit des Gemeinschuldners (KO. § 97) die Einziehung von Information notwendig ist, sowie daß infolge der Anhörung des Schuldners die Erhebung weiterer Ermittlungen sich als erforderlich darstellen kann. Auch bei den Anordnungen, welche das Gericht gemäß § 98 der KO. zur Sicherung der Masse zu treffen berechtigt ist, wird die Mitwirkung des betreibenden Rechtsanwaltes nicht ohne Einfluß sein. Rechtfertigt es sich daher schon an sich, dem Rechtsanwalte für die Vertretung in dem auf Eröffnung des Konkurses gerichteten Verfahren eine Vergütung zu gewähren, so tritt noch für die Trennung dieser Gebühren von denen des Konkursverfahrens der Umstand hinzu, daß es unbillig sein würde, dem Rechtsanwalte, welcher für einen Gläubiger die Eröffnung des Konkurses betrieben hat, hierfür nebst der folgenden Vertretung im Konkursverfahren zusammen nur das gleiche Honorar zu gewähren, wie demjenigen, der seinen Auftraggeber nur in dem bereits eingeleiteten Konkursverfahren vertritt. Die Gebühr des § 54 soll aber ferner auch dem Rechtsanwalte zustehen, welcher von dem Gemeinschuldner im Vorverfahren den Auftrag zur Vertretung erhalten hat. Der Schuldner wird den Beistand eines Rechtsanwaltes vorzugsweise dann suchen, wenn er die Konkurseröffnung abwenden will; und gerade dann wird regelmäßig die Sachlage Zweifel oder Schwierigkeiten bieten.

Jedoch erscheint es sachgemäß, die Gebühr für den Vertreter des Gemeinschuldners nach einer niedrigeren Quote zu bemessen, weil dessen Gebühr von dem Betrage der Aktivmasse berechnet wird, während für den Vertreter eines Gläubigers nur der Betrag der Forderung des letzteren maßgebend ist (§ 59).

2 **II. Die Gebühren im Eröffnungsverfahren.**

1. In dem Verfahren über einen Antrag auf Eröffnung des Konkurses ist hinsichtlich des Gebührenbezuges zu unterscheiden, ob der Rechtsanwalt den Gemeinschuldner oder einen Gläubiger vertritt.

3 a) Vertritt der Rechtsanwalt den Gemeinschuldner, sei es, daß dieser selbst die Eröffnung des Konkurses beantragt (KO. § 104), sei es, daß der Antrag von einem Gläubiger gestellt ist, und der Schuldner darüber gehört wird (KO. § 105), so erhält er zwei Zehnteile der Sätze des § 9, wobei der Betrag der Aktivmasse als Gegenstandswert zugrunde zu legen ist (GKG. § 52 i. V. m. § 59 Abs. 1 GO.).

4 b) Vertritt der Rechtsanwalt dagegen einen Gläubiger, welcher die Eröffnung des Konkursverfahrens beantragt (KO. § 105), so erhält er fünf Zehnteile der Sätze des § 9, wobei nach § 59 Abs. 2 der Nennwert der Forderung des Gläubigers als Gegenstandswert maßgebend ist. Ob die im § 106 der KO. vorgesehenen Anordnungen erlassen worden sind oder nicht, ist hierbei unerheblich.

5 2. In gleicher Weise wie bei dem gewöhnlichen Eröffnungsverfahren der

angezogenen §§ 104—106 KO. bestimmen sich die Gebühren auch bei dem Eröffnungsverfahren in den Fällen der §§ 207, 208 KO. (Konkurs der Aktiengesellschaft), §§ 209, 210 KO. (Konkurs der offenen Handelsgesellschaft, Kommanditgesellschaft und Kommanditgesellschaft auf Aktien), § 213 KO. (Konkurs einer juristischen Person oder eines Vereins), §§ 214 ff. KO. (Nachlaßkonkurs) und § 236 KO. (Konkurs über das Gesamtgut bei fortgesetzter Gütergemeinschaft). In diesen Fällen steht der Vertretung des Gemeinschuldners gleich die Vertretung des Vorstandes oder Liquidators der Aktiengesellschaft (§ 208), des persönlich haftenden Gesellschafters oder Liquidators (§ 210), des Erben, Nachlaßpflegers, Nachlaßverwalters oder Testamentsvollstreckers (§ 217), während die Vertretung eines Nachlaßgläubigers der Vertretung des Gläubigers gleichsteht.

3. Wie die Motive (s. Erläut. I) deutlich ergeben, erhält der Rechtsanwalt 6
die Gebühren des § 54 besonders d. h. er bezieht daneben auch noch die in den §§ 55 und 56 bestimmten Gebühren, wenn er den Auftraggeber in dem demnächst eingeleiteten Konkursverfahren weiter vertritt.

Vorbemerkung zu §§ 55, 56.

Während der § 54 die Gebühren bestimmt, die der Rechtsanwalt für seine Tätigkeit im Eröffnungsverfahren erhält, bestimmen die §§ 55, 56 die Gebühren, welche dem Rechtsanwalt für die Vertretung in dem eingeleiteten Konkursverfahren zustehen.

Zur Erläuterung der §§ 55, 56 werden erörtert:

I. Materialien (1—2).
II. Verhältnis der §§ 55 und 56 zu einander (3).
III. Die Vertretungsgebühr des § 55 (4—9).
IV. Die Nebengebühren des § 56 (10—15).

§ 55.

Für die Vertretung im Konkursverfahren erhält der Rechtsanwalt sechs Zehnteile, wenn jedoch die Vertretung vor dem allgemeinen Prüfungstermine (Konkursordnung § 138) sich erledigt oder erst nach demselben beginnt, vier Zehnteile der Sätze des § 9.

§ 56.

Der Rechtsanwalt erhält die Sätze des § 9 besonders:
1. für die Tätigkeit bei Prüfung der Forderungen;
2. für die Tätigkeit in dem Zwangsvergleichsverfahren;
3. für die Tätigkeit in dem Verteilungsverfahren.

I. Materialien. 1

1. Die Motive begründen die §§ 55, 56 wie folgt:

„Die §§ 55, 56 normieren die Gebühr, falls dem Rechtsanwalte die Vertretung eines Beteiligten für das ganze Verfahren übertragen ist.

„Für die Vertretung im allgemeinen, insbesondere auch für die Einziehung der Information und für den ganzen Betrieb der Sache einschließlich der Anmeldung der Konkursforderung, gibt § 55 den Bauschsatz, welcher jedoch eine Kürzung erfährt, wenn die Vertretung vor dem allgemeinen Prüfungstermine endigt oder erst nach demselben beginnt. Zu einer solchen Abgrenzung gibt der Prüfungstermin einen geeigneten Anhalt, weil in ihm die Ermittlung der Schuldmasse im wesentlichen abgeschlossen wird und weil er den Zeitpunkt festsetzt, von welchem ab eine Verteilung (KO. § 137) und ein Zwangsvergleich (KO. § 160) stattfinden kann.

§ 56 bezeichnet die Tätigkeiten des Rechtsanwaltes, für welche er eine besondere Gebühr erhalten soll. Keine derselben muß notwendig im Konkursverfahren geleistet werden, jede bedingt aber eine Vermehrung der Gesamttätigkeit. Diese Vermehrung tritt demzufolge im stärkeren Maße ein, wenn mehrere zusammentreffen. Durch diese Sonderung gewinnt also der Entwurf den Vorteil einer Abstufung der Gebühren nach dem Durchschnittsmaßstabe der geleisteten Arbeit."

2 2. In der Reichstagskommission ist unter Zustimmung der Regierungskommissare zum Protokolle vom 12. 3. 79 konstatiert worden, daß die §§ 55 und 56 die Bedeutung haben, daß der im Konkurse einen Gläubiger vertretende Rechtsanwalt sechs bzw. vier Zehnteile eines einmaligen in § 9 aufgenommenen Gebührensatzes erhält (mag man diese Vergütung nun Prozeßgebühr nennen oder wie man will), und neben dieser Gebühr aus § 9, sofern er während der Vertretung des Gläubigers im Konkurse eine der in § 56 vorgezeichneten Handlungen vornimmt, für jede dieser Handlungen noch besonders die in § 56 für jede derselben festgesetzte Gebühr, jedoch mit dem Unterschiede, daß erstere Gebühr, im § 55 nach dem Nennwerte der Anmeldung, letztere in § 56 nach der anfallenden Dividende berechnet wird.[1])

3 **II. Verhältnis der §§ 55 und 56 zueinander.** Die §§ 55 und 56 ergeben zusammen diejenigen Gebühren, welche für die Vertretung im Konkursverfahren in den gewöhnlichen Fällen entstehen können. Dabei gibt § 55 die Gebühren für die Vertretung im allgemeinen d. h. für den Betrieb einschließlich der Information, während daneben im § 56 Nebengebühren bestimmt sind, falls innerhalb der Vertretung eine der drei im § 56 aufgeführten Tätigkeiten entwickelt wird. An sich fallen diese drei Tätigkeiten in den Betrieb; man kann also sagen: die Vertretungsgebühr des § 55 erhöht sich um die Sätze des § 56, falls neben dem allgemeinen Betrieb noch eine der Tätigkeiten des § 56 entwickelt wird.

4 **III. Die Vertretungsgebühr des § 55.**

1. Die Gebühr des § 55 ist eine Bauschgebühr, welche dazu bestimmt ist, die gesamte Tätigkeit eines Anwalts in Vertretung des Gemeinschuldners oder eines Konkursgläubigers innerhalb eines Konkursverfahrens abzugelten, soweit nicht die GO. für eine bestimmte Tätigkeit noch eine besondere Gebühr bewilligt.

5 Durch die Gebühr des § 55 wird demnach insbesondere abgegolten

a) die Einziehung der Information, sei es vom Auftraggeber oder dritten Personen,[2]) die Konferenzen, die Mitteilungen an die Partei und der Verkehr mit dem Gericht oder dem Konkursverwalter;

6 b) bei der Vertretung eines Gläubigers auch die Anmeldung der Forderung zum Konkurse Der § 57 gewährt für die Anmeldung nur dann besonders eine Gebühr, wenn die Tätigkeit des Anwalts sich auf diese Anmeldung beschränkt, nicht jedoch, wenn sie innerhalb der aufgetragenen Vertretung geschieht;

7 c) jede Tätigkeit im Konkursverfahren, welche nicht in den Kreis der im § 56 aufgeführten Tätigkeiten fällt.

---

[1]) S. Völk, GOfRA. Note 3 zu § 55. Vgl. auch § 59.
[2]) Vgl. hierzu § 13 N. 14.

2. Die Höhe der Vertretungsgebühr ist verschieden, je nachdem die Vertretung sich auf das ganze Verfahren bezieht oder nicht. Im ersten Falle beträgt die Gebühr sechs Zehnteile der Sätze des § 9. Hat der Anwalt dagegen nicht in dem ganzen Verfahren die Vertretung geführt, so bildet der allgemeine Prüfungstermin (§§ 141 ff. KO.) eine Grenzscheide. Eine Vertretung, die sich vor dem allgemeinen Prüfungstermine erledigt, z. B. weil das Konkursverfahren gemäß §§ 202 ff eingestellt wird, oder die erst nach dem allgemeinen Prüfungstermine beginnt, berechtigt nur zu einer ermäßigten Vertretungsgebühr in Höhe von vier Zehnteilen der Sätze des § 9. 8

3. Die Wertsklasse für die Vertretungsgebühr wird gemäß § 59 bestimmt 9

a) bei Vertretung des Gemeinschuldners nach dem Betrage der Aktivmasse (§ 52 GKG. bei § 53 GO. N. 3);

b) bei Vertretung eines Konkursgläubigers nach dem Nennwerte der Forderung.

IV. Die Nebengebühren des § 56. 10

1. Die Gebühren des § 56 sind — wie schon ausgeführt — neben der allgemeinen Vertretungsgebühr des § 55 zu erheben. Das Gesetz geht davon aus, daß die in § 56 aufgeführten Tätigkeiten nicht notwendig im Konkurse geleistet werden müssen, daß vielmehr eine, durch § 53 abgegoltene, Vertretung auch ohne diese Tätigkeiten denkbar ist, daß aber, wenn solche Tätigkeiten geleistet werden, eine zu besonderen Gebühren berechtigende Vermehrung der Vertretungstätigkeit eintritt.

2. Jeder der drei Tätigkeitskreise berechtigt zur Erhebung einer besonderen Gebühr in Höhe der Sätze des § 9. Hat demnach der Anwalt alle drei Tätigkeiten geleistet, so gebühren ihm die Sätze des § 9 dreimal nebeneinander. Die Gebühren sind Bauschgebühren; auf den Umfang der Tätigkeit kommt es deshalb nicht an. 11

3. Die zu je einer Gebühr berechtigenden Tätigkeiten sind 12

a) die Tätigkeit bei Prüfung der Forderungen. Hier wird im wesentlichen die Wahrnehmung der Prüfungstermine in Betracht kommen. Welches Ergebnis die Prüfung hat, ist gleichgültig. Auch die Wahrnehmung eines besonderen Prüfungstermins (§ 142 KO.) begründet die Gebühr nach dem Prinzip des Bauschsystems.

Daß die im Wege der Klage erfolgende Feststellung streitig gebliebener Forderungen zu besonderen Gebühren für das Prozeßverfahren berechtigt, ist nicht zweifelhaft (vgl. Vorb. z. 3. Abschn. II, 1 c);

b) die Tätigkeit im Zwangsvergleichsverfahren. Zur Entstehung der Gebühr genügt irgend eine Tätigkeit in dem in §§ 173—188 KO. behandelten Zwangsvergleichsverfahren. Dieses Verfahren bildet — analog dem Vergleichsverfahren nach § 13 Nr. 3 — für die Gebührenerhebung einen besonderen Abschnitt des Konkursverfahrens; auf den Umfang der in diesem Abschnitte des Verfahrens entwickelten Tätigkeit kommt es nicht an. So würde z. B. schon die Empfangnahme der Ladung des § 179 KO. und Beratung des Gläubigers genügen; der Wahrnehmung des Vergleichstermins bedarf es nicht. 13

c) die Tätigkeit in dem Verteilungsverfahren. Auch hier genügt irgend eine Tätigkeit in dem durch die §§ 149—172 KO. geregelten, der Verteilung gewidmeten Abschnitt des Verfahrens. 14

Daß neben der Gebühr des § 56 dem Anwalte auch die Erhebungsgebühr des § 87 zusteht, ist schon in der Vorbemerkung vor § 53 zu II, 1 b hervorgehoben.

15 4. Die Wertsklasse wird für die Gebühren des § 56 gemäß § 59 bestimmt

a) bei Vertretung des Gemeinschuldners nach dem Betrage der Aktivmasse,

b) bei Vertretung eines Konkursgläubigers nach dem Werte der Forderung unter Anwendung des § 148 KO. d. h. nach der voraussichtlichen Konkursdividende.

§ 57.

Beschränkt sich die Tätigkeit des Rechtsanwalts auf die Anmeldung einer Konkursforderung, so erhält derselbe zwei Zehnteile der Sätze des § 9.

1 **I. Motive.** Der § 57 bestimmt die Höhe der Gebühr, wenn sich der Auftrag des Rechtsanwaltes auf die Anmeldung einer Konkursforderung beschränkt. Diese Gebühr mußte natürlich erheblich geringer bemessen werden als diejenige, welche in § 55 für „die Vertretung im Konkurse" bestimmt ist.

II. Die Gebühr des § 57.

2 1. § 57 setzt voraus, daß der Rechtsanwalt nichts weiter als die Anmeldung einer Konkursforderung besorgt. Die §§ 55, 56 bleiben demnach hier außer Anwendung. Sollte der Rechtsanwalt nachträglich noch mit anderen einzelnen Handlungen oder mit der Vertretung für das Konkursverfahren im ganzen beauftragt werden, so ist für den Gebührenansatz die einschränkende Vorschrift des § 61 zu beachten.

3 2. Die Gebühr des § 57 wird gemäß § 59 Abs. 2 von dem Nennwerte der Forderung berechnet.

§ 58.

Für die Vertretung:

1. in der Beschwerdeinstanz;
2. in dem Verfahren über Anträge auf Anordnung von Sicherheitsmaßregeln im Falle des § 197 Absatz 2 der Konkursordnung

erhält der Rechtsanwalt besonders die im zweiten Abschnitte (§§ 23, 41) bestimmten Gebühren.

1 **I. Motive.** § 58 erwähnt zwei Fälle, in welchen für die Tätigkeit des Rechtsanwaltes die Vorschriften des zweiten Abschnittes Anwendung finden, gleichviel, ob die Tätigkeit sich auf die fraglichen Handlungen beschränkt oder ob dies nicht der Fall ist und dem Rechtsanwalte daher noch außerdem Gebühren nach den Vorschriften dieses Abschnittes zustehen.

1. Gemäß § 66 der KO. findet gegen die Entscheidungen im Konkursverfahren, sofern eine Anfechtung derselben nicht überhaupt ausgeschlossen ist, wie in den Fällen der §§ 87, 88, 151, 174 Abs. 3, 175, die sofortige Beschwerde nach Maßgabe der §§ 530 ff. der ZPO. statt. Außerdem kann die gewöhnliche Beschwerde insoweit in Frage kommen, als die Konkursordnung die Vorschriften der Zivilprozeßordnung für anwendbar erklärt. Ein Unterschied zwischen der Beschwerde im Konkursverfahren und in bürgerlichen Rechtsstreitigkeiten liegt demnach nicht vor, und es rechtfertigt sich demgemäß die gleiche Be-

messung der Gebühren für die Beschwerdeinstanz in Konkurssachen wie in bürgerlichen Rechtsstreitigkeiten. Dieselben betragen drei Zehnteile der im § 9 gedachten Sätze (§ 41).

2. Der zweite Fall des § 58 betrifft die Vertretung des Rechtsanwaltes in dem Verfahren, in welchem das Gericht auf gestellten Antrag Sicherheitsmaßregeln gegen den Gemeinschuldner anordnen kann, der einen Zwangsvergleich geschlossen hat, nachträglich aber wegen betrüglichen Bankrotts in gerichtliche Untersuchung gerät. Sowie dieses Verfahren von dem vorhergegangenen Konkursverfahren sich vollständig absondert, so rechtfertigt sich auch eine besondere Vergütung des Rechtsanwaltes für die Vertretung in demselben. Die Tätigkeit des Rechtsanwaltes erscheint dieselbe, wie in dem Verfahren, welches auf Anordnung oder Aufhebung eines Arrestes oder einer einstweiligen Verfügung (ZPO. §§ 801, 802, 813, 815 bis 822) gerichtet ist, — eine Tätigkeit, für welche gemäß § 23 Nr. 1 des Entwurfs mit Bezug auf § 35 Nr. 4 des Gerichtskostengesetzes[1]) eine Gebühr von drei Zehnteilen festgesetzt ist.

II. Bedeutung des § 58. Aus der allgemeinen Vertretung hebt der § 58 2
noch zwei Arten von Tätigkeiten heraus, die immer besonders zu honorieren sind. Insofern stehen diese Tätigkeiten in gleichem Verhältnis zu der Vertretungstätigkeit des § 55 wie die Tätigkeiten des § 56. Beschränkt sich dagegen der Auftrag auf eine dieser Tätigkeiten, so ist nur die Gebühr des § 58, nicht etwa daneben noch die allgemeine Vertretungsgebühr des § 55 zu liquidieren.

Wegen der Gleichheit dieser Tätigkeiten mit den entsprechenden Tätigkeiten im Zivilprozeßverfahren bestimmen sich die Gebühren hier nach dem zweiten Abschnitt.

III. Die Vertretung in der Beschwerdeinstanz.

Nach § 73 Abs. 2 KO. findet gegen die Entscheidungen im Konkursver- 3
fahren in der Regel die sofortige Beschwerde statt. Doch kann auch die gewöhnliche Beschwerde vorkommen in den auf Grund des § 75 KO. nach den Regeln der ZPO. zu behandelnden Fällen der §§ 380, 390, 404 ZPO. sowie in den Fällen der §§ 159, 160, 183 GVG.

1. a) Die Gebühren bestimmen sich nach § 41 GO. Sie betragen 4
demnach drei Zehnteile der in den §§ 13—18 bestimmten Gebühren, und sind nicht nur als Prozeßgebühr, sondern auch als Verhandlungs- und Beweisgebühr denkbar.

b) Auch bei der gewöhnlichen Beschwerde wird die Prozeßgebühr in allen 5
Fällen zu liquidieren sein, weil in der Vorinstanz keinesfalls eine Prozeßgebühr zustand.

c) Die Gebühren kommen zur Entstehung, gleichgültig, ob der Anwalt für 6
den Beschwerdeführer oder für den Beschwerdegegner eine Tätigkeit entfaltet.

2. In den Fällen einer Beschwerde gegen den Beschluß auf Eröffnung des 7
Konkursverfahrens (KO. § 109), sowie einer Beschwerde gegen den Beschluß über Bestätigung eines Zwangsvergleiches (KO. §§ 189, 230 Abs. 2, 236) gestaltet sich die Wertsberechnung gemäß § 56 je nach der Person des Auftraggebers verschieden. Geht der Auftrag vom Gemeinschuldner aus, so ist der Betrag der Aktivmasse maßgebend. Geht dagegen der Auftrag von einem Konkursgläubiger aus, so ist im Falle des § 109 KO. der Nennwert der Forderung, anderenfalls der wirkliche

[1] Jetzt nach der durch die Novelle veränderten Fassung: § 35 Nr. 3.

Wert derselben (KO. § 148) als Gegenstandswert der Berechnung zugrunde zu legen. Diese Grundsätze finden Anwendung, gleichviel ob der Rechtsanwalt für den Auftraggeber die Beschwerde eingelegt hat, oder ob er den Auftraggeber als Gegner des Beschwerdeführers vertritt und mit einer schriftlichen Erklärung gehört ist (ZPO. § 573 Abs. 2).

IV. Die Vertretung im Falle der Nr. 2.

8 Nach § 197 Abs. 2 KO. kann das Konkursgericht auf Antrag Sicherungsmaßregeln gegen den Gemeinschuldner anordnen, der einen Zwangsvergleich abgeschlossen hat, nachträglich aber wegen betrüglichen Bankrotts in gerichtliche Untersuchung gerät. Dieses Verfahren sondert sich vom Konkursverfahren vollständig ab und rechtfertigt deshalb besondere Gebühren. Das Analogon ist das Verfahren betreffend Arrest oder einstweilige Verfügung; die Gebühren sind deshalb wie die Gebühren in einem solchen Verfahren normiert.

9 1. Die Gebühren bestimmen sich nach § 23 GO. i. V. m. § 35 Nr. 3 GKG.;[2]) sie betragen drei Zehnteile, da die Anordnung niemals durch Urteil, sondern immer nur durch Beschluß ergehen kann.[3])

10 2. Die Wertsberechnung ist in § 59 nicht geregelt. Der Vertreter des beauftragten Gläubigers wird nach dem Werte der Forderung berechnen dürfen. Sein Interesse geht auf Erlangung der Konkursdividende, welche durch die Maßregel sichergestellt werden soll; bei entsprechender Anwendung des § 6 ZPO. und der Grundsätze bei Arrest und einstweiliger Verfügung[4]) muß außer Betracht bleiben, ob der Gegenstand der Sicherungsmaßregel zur Befriedigung aller Gläubiger ausreicht. Unrichtig ist daher, den Wert nach demjenigen Betrage zu bestimmen, welchen der Gläubiger bei anteiliger Befriedigung aus dem Gegenstande der Sicherungsmaßregel zu erwarten hat[5]); ebenso unrichtig aber die Berechnung nach dem Werte des Gegenstandes der Sicherungsmaßregel.[6])

§ 59.

Die Gebühren der §§ 54 bis 56, sowie des § 58 im Falle der Beschwerde gegen den Beschluß über Eröffnung des Konkursverfahrens (Konkursordnung § 109) oder den Beschluß über Bestätigung eines Zwangsvergleichs (Konkursordnung §§ 189, 230 Abs. 2, § 236) werden, wenn der Auftrag von dem Gemeinschuldner erteilt ist, nach dem Betrage der Aktivmasse (Gerichtskostengesetz § 52) berechnet.

Ist der Auftrag von einem Konkursgläubiger erteilt, so werden die Gebühren der §§ 54, 55, 57 und die Gebühr im Falle der Beschwerde gegen den Beschluß über Eröffnung des Konkursverfahrens nach dem Nennwerte der Forderung, die Gebühren des § 56 und die Gebühr im Falle der Beschwerde gegen den Beschluß über die Bestätigung eines Zwangsvergleichs nach dem Werte der Forderung des Gläubigers unter entsprechender Anwendung des § 148 der Konkursordnung berechnet.

1 **I. Materialien.** 1. Die Motive begründen den § 59 wie folgt:

„Bei Bemessung der Gerichtsgebühren konnte es nicht zweifelhaft sein, den Betrag der Aktivmasse zugrunde zu legen, da das Konkursverfahren ausschließlich die Befriedigung der Gläubiger zum Zwecke hat und hierzu das

---

[2]) Vgl. § 23 N. 17 ff. [3]) Vgl. Jaeger, KO. zu § 73 Anm. 2.

[4]) Vgl. Erl. § 10 N. 110 ff., 113, 117.

[5]) So Meyer-Irmler § 58 Anm. 3.

[6]) So Pfafferoth § 58 Anm. zu 2 Abs. 2: Willenbücher § 58 Anm.: Drucker § 59 Anm. 1 b unter Anwendung des § 58 Abs. 2 GKG.

zur Konkursmasse gehörige Aktivvermögen des Schuldners bestimmt ist. Nur in dem Falle, daß die Passivmasse geringer als die Aktivmasse ist, muß die erstere für die Gerichtsgebühren entscheiden. — Vgl. § 52 des Gerichtskostengesetzes und die Begründung zu dem § 47 des Entwurfs desselben a. a. O. S. 78 ff. — Eine Ausnahme ist mit Rücksicht auf die unverhältnismäßigen Weiterungen, welche mit der Ausmittlung der Aktivmasse verbunden sein können, für die geringe Gebühr zugelassen, welche nach § 53 des Gerichtskostengesetzes bei Versagung der Zulassung des Antrages auf Konkurseröffnung oder bei Zurücknahme des zugelassenen Antrages erhoben wird, indem für diese Gebühr der Streitgegenstand nach den für nichtvermögensrechtliche Ansprüche geltenden Grundsätzen zu bestimmen ist.

Anders liegt die Sache für die Anwaltsgebühren im Konkursverfahren. Vertritt der Anwalt den Gemeinschuldner, so erscheint es allerdings gerechtfertigt, der Berechnung der Gebühren den Betrag der Aktivmasse zugrunde zu legen, da diese die Höhe des für den Gemeinschuldner in Frage stehenden Interesses darstellt, und es bedarf auch keiner Ausnahme für die Fälle des § 53 Abs. 2 des Gerichtskostengesetzes, weil im Falle der Versagung der Zulassung des Antrages auf Eröffnung des Konkursverfahrens der Gemeinschuldner gar nicht in die Lage kommt, einen Vertreter zu bestellen, und im Falle der Zurücknahme des zugelassenen Antrages der Vertreter des Gemeinschuldners von dem Stande der Aktivmasse ausreichende Kenntnis haben wird. Hiernach hat der Entwurf in dem Absatze 1 des § 59 bei Vertretung des Gemeinschuldners in jenen Fällen den Betrag der Aktivmasse als Grundlage für die Berechnung der Anwaltsgebühren aufgestellt.

Vertritt dagegen der Rechtsanwalt einen Konkursgläubiger, so kann unmöglich der Betrag der Aktivmasse für die Gebühren des Anwaltes maßgebend sein, weil dieselbe zwar das Interesse aller Gläubiger, aber nicht das des einzelnen bestimmt. Das Interesse des letzteren kann man vielmehr entweder im Nennwerte seiner zu dem Konkursverfahren angemeldeten Forderung oder in dem Handelswerte derselben suchen, wie sich dieser durch die Aussicht auf die zu erzielende Dividende bestimmt. Für den letzteren Weg darf die Vorschrift im § 136 der Konkursordnung herangezogen werden, nach welcher in einem Prozesse über die Richtigkeit oder das Vorrecht einer Forderung der Wert des Streitgegenstandes mit Rücksicht auf das Verhältnis der Teilungs- zur Schuldenmasse von dem Prozeßgerichte nach freiem Ermessen festzusetzen ist. Die entsprechende Anwendung dieses Grundsatzes läßt sich aber nur in den Fällen praktisch durchführen, in welchen diese Dividende auch wirklich übersehen werden kann.

Dies trifft für die Gebühren des § 56, sowie im Falle einer Beschwerde gegen den Beschluß über Bestätigung eines Zwangsvergleiches zu. Hier wird es meistens nicht zweifelhaft sein, welcher Betrag auf die Forderung des Auftraggebers entfallen wird.

In den Fällen der §§ 54 und 57 dagegen, wenn es sich darum handelt, ob überhaupt ein Konkursverfahren eintreten soll, oder wenn der Rechtanwalt, nachdem das Verfahren eröffnet worden ist, nur die Anmeldung einer Forderung besorgt hat, wird sich die Höhe der Dividende auch nicht annähernd bestimmen lassen. Dasselbe ist auch dann der Fall, wenn der Gläubiger oder der Gemeinschuldner gegen den Beschluß über Eröffnung des Konkursverfahrens Beschwerde einlegt (§ 58 Ziff. 1). Aber selbst für die Berechnung der Gebühr, welche § 55 für die allgemeine Vertretung des Gläubigers im Konkursverfahren festsetzt, wird es häufig, insbesondere wenn der Rechtsanwalt die Vertretung nicht bis zum Ende oder doch mindestens bis zum Prüfungstermine geführt hat, an einer nach dem Grundsatze des § 136 der Konkursordnung zu bemessenden Basis für die Bemessung seiner Gebührenforderung fehlen. Aus diesen Gründen erschien es erforderlich, in den im Absatze 2 des § 59 bestimmten Fällen die Gebühr nach dem Nennwerte der Forderung des vertretenen Gläubigers zu berechnen.

Zu bemerken ist nur, daß auf die in § 59 erfolgte Normierung der Wertberechnung bei der Bemessung der Gebühren in den §§ 54 bis 57 Rücksicht genommen ist. Hieraus erklärt sich, daß in § 55 nur sechs bzw. vier Zehnteile der Gebühr, in § 56 für jede der dort erwähnten Tätigkeiten die volle Gebühr zugebilligt ist."

2 2. Über die Ergebnisse der im Gesetze hier aufgestellten Regeln nach Ziffern im einzelnen Falle wurden in der Reichstagskommission (Protokoll vom 12. 3. 79) Berechnungen aufgestellt. Ein Abgeordneter setzte den Fall, daß ein Anwalt, welcher einen Gläubiger vertritt, vollständig tätig wird und alle Handlungen vornimmt, welche in den §§ 54, 55 und 56 Nr. 1, 2, 3 vorgesehen sind. Beträgt nun die geltend gemachte Forderung 1000 Mk. und kommt dieselbe vollständig, also mit 100 % zum Zuge, so erhält der Anwalt

a) für das Verfahren auf Eröffnung des Konkurses (§ 54) fünf Zehntel der Sätze des § 9	14,— M.
b) für die Vertretung im Konkursverfahren (§ 55) sechs Zehntel der Sätze des § 9	16,80 „
c) nach §§ 56 und 59 Abs. 2:	
1. für die Tätigkeit bei Prüfung der Forderungen die Sätze des § 9 nach dem Handelswerte der Forderung also von 1000 M.	28,— M.
2. für die Tätigkeit im Zwangsvergleichsverfahren ebenso	28,— „
3. für die Tätigkeit im Verteilungsverfahren ebenso . .	28,— „
zusammen	114,80 M.

Bei einem Anfalle von 50 %, also bei einem wirklichen Werte der Forderung von 500 M., berechnen sich obige Gebühren wie folgt:

a)	. . . . .	14,— M.
b)	. . . . .	16,80 „
c)	1.	19,— „
	2.	19,— „
	3.	19,— „
	Sa.	87,80 M.

S. hierüber sowie weitere Beispiele bei Völk, GOfRA. Note 2 zu § 59.

3 **II. Wertsschätzung.** Soweit für die Gebührenberechnung der wirkliche — unter entsprechender Anwendung des § 148 KO. zu ermittelnde — Wert einer Konkursforderung maßgebend ist, wird eine gerichtliche Wertfestsetzung, an welche die Berechnung sich anlehnen könnte, nicht immer vorhanden sein, namentlich dann nicht, wenn der Auftrag des Rechtsanwalts schon vor vollständiger Beendigung des Konkursverfahrens sich erledigt. Hiernach wird mangels einer gerichtlichen Festsetzung der Rechtsanwalt entweder auf Grund der vorläufigen Angaben des zu befragenden Konkursverwalters über den ungefähren Betrag der künftigen Dividende den Wert angemessen zu arbitrieren oder durch Einklagung der geforderten Gebühren die richterliche Entscheidung anzurufen und herbeizuführen haben. Die pflichtmäßige, hinreichend glaubhaft ge-

machte Erklärung des Konkursverwalters muß in solchem Falle für die Festsetzung des Streitwertes maßgebend sein.[1]) Falls ein Zwangsvergleich zustande kommt, wird die Akkordrate, welche dann den Handelswert der Forderung darstellt, maßgebend sein. Die Wertsbestimmungen des § 59 finden Anwendung gleichgiltig, ob Forderungen mit oder ohne Absonderungsrecht am Konkurse teilnehmen.[2])

§ 60.

In einem wieder aufgenommenen Konkursverfahren erhält der Rechtsanwalt die Gebühren nach den Bestimmungen der §§ 55 bis 59 besonders.

I. Motive. Die Wiederaufnahme des durch Zwangsvergleich abge- 1
schlossenen Konkursverfahrens gemäß § 184 [jetzt § 198] der Konkursordnung — im Falle der rechtskräftigen Verurteilung des Gemeinschuldners wegen betrüglichen Bankrotts — ist als ein neues Verfahren anzusehen, das ebenso wie das frühere bekannt gemacht werden muß (KO. §§ 100, 103, 104, 106), an welchem sich die früheren wie die neuen Gläubiger beteiligen (KO. § 186) und in welchem das Verfahren soweit als nötig wiederholt werden muß (KO. § 187). Sowie also für dieses wieder aufgenommene Verfahren nach § 58 des Gerichtskostengesetzes die volle Gebühr aufs neue erhoben wird, so erschien es auch angemessen, den Rechtsanwälten die regelmäßige Gebühr des Konkursverfahrens besonders zu gewähren.

II. Bedeutung des § 60.

Die Vertretung in einem wieder aufgenommenen Konkursverfahren ist als ein vollständig neuer und gesonderter Auftrag zu behandeln und zu honorieren, auch wenn derselbe Rechtsanwalt bereits in dem voraufgegangenen Konkursverfahren Vertreter desselben Auftraggebers gewesen ist.

Der § 60 erwähnt jedoch nur die Gebühren der §§ 55—59, nicht jedoch auch die des § 54, und es entsteht deshalb die Frage, ob die Gebühren des § 54 für das Eröffnungsverfahren nicht entstehen können. Man wird diese Gebühren dem Vertreter des Gläubigers, welcher den Antrag auf Wiederaufnahme stellt, zubilligen müssen, da dessen Tätigkeit aus der gewöhnlichen Vertretungstätigkeit herausfällt und derjenigen des § 54 völlig analog ist. Die Nichtaufnahme des § 54 in den § 60 kann nur darin seinen Grund haben, daß im § 60 nur die Gebühren für das bereits wieder aufgenommene Verfahren bestimmt werden sollten.[1])

Die Gebühren des § 56 Nr. 2 können nicht mehr entstehen, da nach § 175 Nr. 3 KO. ein Zwangsvergleich nicht mehr möglich ist.

§ 61.

Insoweit dem Rechtsanwalte Gebühren für die Vornahme einzelner Handlungen im Konkursverfahren zustehen, darf der Gesamtbetrag derselben die im § 55 bestimmte Gebühr nicht übersteigen.

Wird der Rechtsanwalt, nachdem er einzelne Handlungen im Konkursverfahren vorgenommen hat, mit der Vertretung im Konkursverfahren

---

[1]) Vgl. OLG. Karlsruhe 21. 1. 85 (ZZP. 12, 153) und Erläuterungen zu § 10 N. 89 ff.
[2]) OLG. Hamburg in Hans. Ger. Z. 1887 Beibl. S. 32; Willenbücher Anm. 2.
[1]) A.M. Merzbacher, GO. § 60 Anm. 2 und Willenbücher § 60. Anm.

beauftragt, so erhält er zusammen nicht mehr an Gebühren, als ihm zustehen würde, wenn er vorher mit der Vertretung im Konkursverfahren beauftragt worden wäre.

1 **I. Motive.** § 61 drückt bezüglich des Konkursverfahrens denselben Gedanken aus, der sich in betreff der bürgerlichen Rechtsstreitigkeiten in § 49 ausgesprochen findet, und es genügt daher, auf die Motive zu dem letzteren Paragraphen zu verweisen.

2 **II. Bedeutung des § 61.** Der § 61 will verhüten, daß der Anwalt, welcher nur einzelne Handlungen vornimmt, für diese zusammen höhere Gebühren erhalte, als derjenige Anwalt, der mit der Vertretung im Konkursverfahren allgemein beauftragt ist. Dabei entspricht § 61 Abs. 1 dem § 48 und § 61 Abs. 2 dem § 49. Der Bestellung zum Prozeßbevollmächtigten in Zivilprozeßsachen entspricht hier die Übertragung der Vertretung im Konkursverfahren gemäß § 55. Deshalb müssen die in Abs. 1 erwähnten einzelnen Handlungen in den Kreis der Tätigkeit fallen, für welche die Gebühr des § 55 bestimmt ist, um die Bestimmung des Abs. 1 zur Anwendung zu bringen. Wenn daher z. B. der Anwalt zuerst eine Tätigkeit aus § 56 Nr. 1, dann aus § 56 Nr. 2 und dann aus § 56 Nr. 3 ausgeübt hat und diese Gebühren zusammen die Gebühr aus § 55 übersteigen, so findet dennoch § 61 Abs. 1 keine Anwendung.

§ 62.

Die Gebühren werden für jeden Auftrag gesondert, ohne Rücksicht auf andere Aufträge, berechnet.

1 **I. Motive.** Der in § 62 vorgesehene Fall eines Zusammentreffens mehrerer Aufträge in der Hand eines Anwaltes liegt im Konkursverfahren anders als im Zivilprozesse. In dem letzteren konnte, wie zu § 51 ausgeführt ist, eine durch die Mehrheit von Streitgenossen herbeigeführte Mehrarbeit in der Hauptsache unberücksichtigt gelassen werden, weil sie nicht notwendig eintritt und eventuell im Verhältnisse zu der gesamten Tätigkeit des Anwaltes gewöhnlich ohne Belang ist. Anders im Konkursverfahren.

Von praktischer Bedeutung sind hierbei allein die Fälle, wenn mehrere Konkursgläubiger denselben Anwalt zum Vertreter haben. Auszusondern ist zunächst der Fall, wenn den mehreren Machtgebern eine und dieselbe Forderung zusteht, z. B., wenn sie als Erben eines im Laufe des Verfahrens verstorbenen Gläubigers auftreten. Hier liegt sachlich nur ein Auftrag vor. Werden aber von den einzelnen Machtgebern verschiedene Forderungen geltend gemacht, so bedingt das Zusammentreffen der Aufträge notwendig eine Mehrarbeit des gemeinschaftlichen Anwaltes und diese ist im Verhältnisse zur Gesamttätigkeit keineswegs so gering anzuschlagen, wie in dem entsprechenden Falle des § 51. In dem Falle des Zusammentreffens der Aufträge mehrerer Konkursgläubiger liegt dem Rechtsanwalte in gleicher Weise die Wahrung der Rechte aus der durch den Konkurs begründeten Gemeinschaft wie die Geltendmachung der Sonderansprüche des einzelnen Gläubigers ob; wogegen letzterer Teil der Tätigkeit bei Vertretung mehrerer Litiskonsorten im Zivilprozesse entweder gar nicht oder doch nur mit untergeordneter Bedeutung vorkommen kann. Die einzelnen Forderungen im Konkurse machen immer eine besondere Information und eine besondere Tätigkeit notwendig. Die durch den einzelnen Auftrag veranlaßte besondere Tätigkeit erhält so im Verhältnisse zu der allen Auftraggebern gemeinsam dienenden Tätigkeit eine solche Bedeutung, daß es unbillig wäre, sie bei Bemessung der Gebühren außer Betracht zu lassen.

Die Berücksichtigung ist in doppelter Weise möglich:

1. es kann eine Steigerung der Gebühr, welche für die Ausführung des Einzelauftrages festgesetzt wird, beim Hinzutritt eines weiteren Auftrages zugebilligt werden; oder
2. es kann mit Rücksicht auf das regelmäßige Zusammentreffen mehrerer Aufträge die Gebühr für den Einzelauftrag von vornherein niedriger, als es bei der erst bezeichneten Regelung geschehen müßte, normiert und für die einzelne Gebührenberechnung dem Hinzutreten anderer Aufträge ein Einfluß nicht eingeräumt werden.

Auf dem zweiten Wege gestaltet sich natürlich die Vergütung zu gering, wenn in einem Konkurse der Rechtsanwalt nur für einen Gläubiger tätig wird, und es wird auf eine Ausgleichung durch ein Zusammentreffen von Aufträgen in anderen Sachen gerechnet. In der Möglichkeit, daß solche Rechnung als unzutreffend sich ergeben kann, liegt das Bedenkliche dieses Weges. Trotzdem entscheidet sich der Entwurf zugunsten desselben.

Schon die Ausführung der zu 1 bezeichneten Regelung stößt auf Schwierigkeiten. Sie gestaltet sich nur dann einfach, wenn gleichberechtigte Forderungen der mehreren Gläubiger in dieselbe Wertklasse fallen. Dann kann die Erhöhung der Gesamtgebühr um eine nach der Zahl der Aufträge zu bemessende Quote angeordnet werden. Das würde aber zu ganz verkehrten Ergebnissen führen, wenn die Forderungen in verschiedene Wertklassen fallen. Ist der Unterschied der Beträge sehr bedeutend, so würde sich unter Umständen die Gesamtgebühr höher herausstellen, als die Summe der Gebühren, welche mehreren Anwälten, wenn die Aufträge unter sie verteilt worden wären, zuständen. Diese Bemerkung wird genügen, um die Behauptung zu begründen, daß die Beschreitung des zu 1 bezeichneten Weges zu verwickelten Bestimmungen führen muß, welche die praktische Handhabung des Tarifs erschweren würden.

Dazu tritt, daß bei einer solchen Regelung kein einziger Gläubiger in der Lage sein würde, den voraussichtlichen Betrag der Anwaltsgebühren im voraus annähernd zu berechnen und später die Gebührenrechnung zu kontrollieren. Vorzugsweise wird auf die Möglichkeit der Veranschlagung der Gebühren Gewicht zu legen sein. In einem weiteren Umfange, als an den Rechtsuchenden im Zivilprozesse, tritt an den Gläubiger im Konkurse die Notwendigkeit heran, zu erwägen, ob die Kosten der Bestellung eines Mandatars zu dem erreichbaren Zwecke im richtigen Verhältnisse stehen. Die Ungewißheit über die Höhe dieser Kosten würde dieser Erwägung und deshalb auch häufig der Bestellung eines Anwalts hinderlich sein.

Daraus ergibt sich, daß der zu 2 bezeichnete Weg im Interesse des Gläubigers wie des Anwaltes den Vorzug verdient.

II. Bedeutung des § 62. 2

Die gesonderte Berechnung der Gebühren für jeden Auftrag gemäß § 62 tritt nur dann ein, wenn verschiedene Aufträge mehrerer Interessenten vorliegen, bezieht sich indessen nicht auf den Fall, daß eine und dieselbe Forderung den mehreren Auftraggebern zusteht. Der in den Motiven hierfür hervorgehobene Fall, daß die mehreren Machtgeber als Erben eines im Laufe des Verfahrens verstorbenen Gläubigers auftreten, kann nur als Beispiel gelten; man wird dasselbe annehmen müssen für alle Fälle, in welchen die mehreren Machtgeber Mitberechtigte an einer gemeinschaftlichen Forderung sind, weil auch dann die von ihnen — wenngleich einzeln und zu verschiedenen Zeiten — erteilten Aufträge in Wirklichkeit als ein Auftrag sich darstellen.

3 Aus der Vorschrift des § 62 folgt aber auch, daß die Haftung der mehreren Auftraggeber gemäß § 3 hier nicht eintritt; jeder Auftraggeber haftet allein für die durch Ausführung seines Auftrages entstandenen Gebühren; bei Auslagen, welche für die Ausführung der Aufträge untrennbar entstanden sind, wird allerdings die Haftung aus § 3 nicht zu umgehen sein.

Vierter Abschnitt.

Gebühren in Strafsachen.

Vorbemerkungen.

1 I. Über das System der Gebühren in Strafsachen sprechen sich die Motive folgendermaßen aus:

> „Auch bezüglich der Anwaltsgebühren in Strafsachen war das System der Bauschgebühren als das allein geeignete anzuerkennen. Nach den Vorschriften der StPO. fällt der Schwerpunkt der Tätigkeit eines Rechtsanwaltes in Strafsachen, falls derselbe nicht etwa ausschließlich im Vorverfahren seinem Klienten Beistand geleistet hat, in die mündliche Hauptverhandlung. Die Mühe, welche der Rechtsanwalt vor der Hauptverhandlung auf die Einziehung der Information und auf das Studium der rechtlichen Seite der Sache zu verwenden hat, gelangt erst in der mündlichen Hauptverhandlung zur Verwertung. Erwägt man ferner noch, daß die Anfertigung von Schriftsätzen im Strafverfahren fast gänzlich in den Hintergrund tritt, so ergibt sich von selbst, daß nach der StPO. für ein System von Einzelgebühren gar kein Raum vorhanden ist. Die Tätigkeit, welche der Rechtsanwalt, abgesehen von einer Verteidigung im Vorverfahren, auf die Verteidigung bzw. Vertretung eines Angeklagten verwendet, läßt sich in einzelne Teile nicht auflösen und kann deshalb nur mit Bauschsätzen vergütet werden.
>
> Bei der Frage, nach welchem Maßstabe die einzelne Bauschgebühr zu bemessen sei, glaubte der Entwurf sich denjenigen Systemen anschließen zu sollen, welche die Sätze nach der Ordnung der Gerichte abstufen. Der Maßstab des Gerichtskostengesetzes (§ 62), nach welchem die Höhe der erkannten Strafe entscheidet, konnte nicht in Frage kommen, weil er das Maß der Vergütung in ein umgekehrtes Verhältnis zum Erfolge der Tätigkeit stellen würde. Die Gebührenordnungen, welche das Bauschsystem zugrunde legen, haben die Anwaltsgebühren entweder nach der Kategorie der strafbaren Handlung oder nach der Ordnung des Ge-

richtes, vor welchem die Verhandlung stattfindet, abgestuft. Beide Abstufungen führen zu demselben Resultate, insoweit die Übertretungen vor dem Einzelrichter, die Vergehen vor dem Gerichtskollegium und die Verbrechen vor dem Schwurgerichte verhandelt werden. Wäre durch die deutsche StPO. bzw. durch das GVG. die Zuständigkeit der Gerichte nach der Dreiteilung der strafbaren Handlungen durchgeführt, so hätte der Entwurf auch die Anwaltsgebühren nach der Qualifikation der strafbaren Handlungen regeln können. Da aber das GVG. in den §§ 27, 29, 73—75 jene Einteilung der strafbaren Handlungen nicht als durchgängige Norm für die Zuständigkeit der Gerichte angenommen hat, sondern in ziemlich erheblichem Grade davon abgewichen ist, so hat der Entwurf es allein maßgebend sein lassen, vor welchem Gerichte die Verhandlung geschieht. Demnach unterscheidet der Entwurf drei Stufen der Gebühren, je nachdem die Verhandlung vor dem Schöffengerichte, vor der Strafkammer oder vor dem Schwurgerichte bzw. dem Reichsgerichte stattgefunden hat.

Ein anderer Weg der Abstufung bot sich noch in der Anwendung des Maßstabes der höchsten im Gesetze auf das unter Anklage gestellte Reat angedrohten Strafe. Scheinbar würde damit der Forderung, daß die Anwaltsgebühr zu dem Aufwande an Zeit und Arbeit, welcher dem Anwalte verursacht wird, im entsprechenden Verhältnisse stehen soll, am besten Rechnung getragen, weil sich mit der größeren Wichtigkeit der Sache auch die Anforderungen an die Zeit und die geistige Anspannung des Anwalts steigern. Allein die Wichtigkeit der Sache steht nicht immer zu dem Höchstmaße der auf das Reat angedrohten Strafe in gleichem Verhältnisse. Gerade bei den am häufigsten vorkommenden Delikten ist die gesetzliche Strafe in so weiten Grenzen bemessen, daß die Abstufung nach dem Höchstmaße einer Menge geringfügiger Sachen eine große Bedeutung beilegen würde. Diese Unzuträglichkeit vermeidet das System des Entwurfs, indem es alle diejenigen Vergehen, welche das Gesetz (GVG. § 27 Nr. 2 bis 8) oder im einzelnen Falle die Strafkammer (§ 75 a. a. O.) wegen ihres unbedeutenden Charakters vor die Schöffengerichte verweiset, in die niedrigste Stufe bringt."

II. Das Gesetz gibt in den §§ 63—66 die Bauschgebühren für die Verteidigung in der Hauptverhandlung, in § 67 diejenigen für das Vorverfahren; sodann sind in den §§ 68, 69, 73 Abs. 2, 74, 75 noch besondere Gebühren für eine Reihe von Einzelhandlungen (Einlegung von Rechtsmitteln, Rechtfertigung bzw. Begründung derselben, Anfertigung von Privatklagen, Beschwerden, sowie anderer Vorstellungen und Anträge) vorgesehen, zumal die Möglichkeit nicht ausgeschlossen ist, daß sich der dem Rechtsanwalte als Verteidiger oder Vertreter erteilte Auftrag auf diese Einzelhandlungen beschränkt, und mithin der die Anrechnung vorschreibende Grundsatz des § 70 keine Anwendung finden kann. Der § 70 gibt dann die Begrenzung der Instanz, und schließlich wird in § 73 die Vertretung eines Privatklägers, Nebenklägers oder einer Verwaltungsbehörde geregelt. 2

III. Gleichwohl sind durch die Vorschriften dieses Abschnittes keineswegs alle denkbaren Fälle der in Strafsachen vorkommenden Tätigkeiten des Rechtsanwalts getroffen, und es muß auch hier darauf hingewiesen werden, daß für alle in den Vorschriften der §§ 63 bis 75 nicht berücksichtigten Fälle die allgemeine subsidiäre Bestimmung des § 89 bzw. § 90 Platz greift, soweit die zu vergütende Tätigkeit an sich in den Bereich dieses Gesetzes gemäß § 1 gezogen 3 werden kann. Als solche — unnormiert gebliebenen — Fälle mögen folgende hervorgehoben werden:

4 1. die Vergütung für die auf Einziehung der Information und auf das rechtliche Studium der Sache verwendete Mühe, falls der Rechtsanwalt aus irgend einem Grunde nicht dazu kommt, die Verteidigung in der Hauptverhandlung zu führen, sei es, daß letztere überhaupt wegfällt, weil die Eröffnung des Hauptverfahrens gemäß §§ 202 ff. StPO. abgelehnt wird oder der Angeklagte inzwischen flüchtig geworden oder verstorben ist, sei es, daß der Angeklagte demnächst einen anderen Rechtsanwalt mit der Verteidigung in der Hauptverhandlung betraut. In diesem Falle dürften nach Analogie der §§ 48, 49 und 14 Abs. 1, § 67 fünf Zehnteile der Sätze des § 63 als entsprechende Vergütung zu liquidieren sein, wobei übrigens auf den Umstand, ob der Rechtsanwalt bereits einen Schriftsatz eingereicht hat oder nicht, kein Gewicht zu legen sein wird, da im Strafverfahren die Anfertigung von Schriftsätzen — wie die Motive richtig bemerken — im allgemeinen nur von untergeordneter Bedeutung ist.[1])

5 2. die Beistandleistung in einem einzelnen Termine, z. B. im Vorverfahren (StPO. § 191) oder vor einem ersuchten oder beauftragten Richter (StPO. §§ 222 bis 224). Da auch diese Sondertätigkeit, wenn sie mit Erfolg geleistet werden soll, vorgängige Mühewaltungen des Rechtsanwalts wie Informationseinziehung, Gerichtsakteneinsicht und dgl. notwendig macht, so wird auch hier derselbe Satz wie zu 1, d. h. $^5/_{10}$ der Bauschgebühren des § 63 als angemessene Vergütung zuzubilligen sein, wofür § 45 oder die §§ 64 bzw. 67 den geeigneten Anhalt gewähren können;[2]) in Privatklagesachen erscheint dieser Satz schon auf Grund der konformen Bestimmung des § 65 gerechtfertigt. Die gleiche Gebühr wird dem Rechtsanwalte auch dann zustehen, wenn er die Vorbereitung zu dem Termine bereits getroffen hat, der Auftrag jedoch vor dem Termine aus irgend einem Grunde sich erledigen sollte (vgl. § 45 Abs. 1 Schlußsatz).

6 3. die Erteilung eines Rates, wofür die Gebühr nach Analogie des § 47 zu bemessen sein wird, d. h. auf $^3/_{10}$ der Sätze des § 63 für einen einfachen Rat, hingegen auf $^5/_{10}$, wenn der Auftrag auf Einlegung der Berufung oder Revision gerichtet gewesen ist, der Rechtsanwalt davon abrät und der Auftraggeber seinen Auftrag zurücknimmt. Für den letzteren Fall sind auch hier, wie in bürgerlichen Rechtsstreitigkeiten, die für eine Erhöhung der Gebühr maßgebend gewesenen gesetzgeberischen Motive, nämlich,

> daß es in der Regel schwieriger sei, über den Stand und die Lage eines bereits anhängigen und in erster Instanz entschiedenen Prozesses sich zu informieren, als einen bloßen Rat zu erteilen, und
>
> daß die höheren Gerichte gegen Sachen, in welchen ein Erfolg des Rechtsmittels nicht abzusehen ist, tunlichst zu schützen seien,

in gleicher Weise zutreffend; es tritt hier sogar noch als verstärkendes Moment hinzu, daß die Rechtsmittelfristen in Strafsachen erheblich kürzer sind, und da-

[1]) Zustimmend OLG. Braunschweig 10. 11. 92 (ArchfStR. 92 S. 369); LG. I Berlin in KGBl. 91 S. 50 und 97 S. 80; LG. Halle und Magdeburg in Naumb.AKZ. 91 S. 63 und 95 S. 105 und 113. Ebenso Meyer-Irmler Vorb. 2a. Pfafferoth Vorb. II a will die Vergütung je nach dem Umfange der Tätigkeit bis zum vollen Betrage des § 67 gewähren, während LG. Ratibor (Bresl.AKZ. 92 S. 92) jeden Anspruch verneint.

[2]) Ebenso Meyer-Irmler Vorb. 2b, während Pfafferoth Vorb. II b auch hier die Gebühr nach dem Umfange der Tätigkeit bemessen will.

durch eine besonders beschleunigte Tätigkeit des Rechtsanwaltes in den gedachten Fällen erforderlich gemacht wird.[3])

4. die Anfertigung einer Anschlußerklärung für den Nebenkläger 7
(§ 436 StPO.) sowie die Anfertigung eines besonderen Antrages auf Zuerkennung von Buße (§ 44 StPO.), falls der Rechtsanwalt demnächst in der Hauptverhandlung weder als Vertreter noch als Beistand der Auftraggeber auftritt bzw. tätig wird. Die Vergütung für ausschließliche Anfertigung dieser Schriftsätze wird entsprechend der Bestimmung in § 68 ebenfalls auf fünf Zehnteile der Sätze des § 63 zu bemessen sein. Wollte man die Vorschrift des § 73 Abs. 1 als den zur Vergleichung geeigneten Maßstab annehmen, so würde in den weitaus häufigsten Fällen derselbe Gebührensatz sich ergeben; passender erscheint indessen die Analogie des § 68, weil dadurch zugleich diejenigen Fälle getroffen werden, in welchen die Strafkammer in erster Instanz mit der fraglichen Strafsache befaßt ist. Da sowohl der Antrag auf Zuerkennung einer Buße, als auch die schriftliche Anschlußerklärung des Nebenklägers eine gründliche Informationseinziehung und eine sorgfältige tatsächliche und rechtliche Begründung erheischen, so würde es nicht angemessen erscheinen, die Ausarbeitung dieser Schriften mit den geringfügigen und dementsprechend niedrig taxierten Tätigkeiten, wie sie § 69 im Auge hat, auf gleiche Stufe zu stellen.[4])

In den vorstehend (1 bis 4) erörterten Fällen bestimmt sich die der Ge- 8
bührenberechnung zugrunde zu legende Wertstufe principaliter nach der Ordnung des Gerichts, welches in erster Instanz erkannt hat, eventuell jedoch, d. h. in denjenigen Sachen, in welchen es zu einem Hauptverfahren nicht kommt und deshalb von einem erkennenden Gerichte überhaupt keine Rede sein kann, nach der Ordnung desjenigen Gerichtes, welches in erster Instanz für die fragliche Straftat zuständig ist, bzw. gewesen sein würde.[5])

5. Nach § 200 Abs. 1 des Strafgesetzbuches ist, wenn wegen einer öffent- 9
lich oder durch Verbreitung von Schriften, Darstellungen oder Abbildungen begangenen Beleidigung auf Strafe erkannt wird, dem Beleidigten zugleich die Befugnis zuzusprechen, die Verurteilung auf Kosten des Schuldigen öffentlich bekannt zu machen, wobei die Art der Bekanntmachung sowie die Frist zu derselben in dem Urteile zu bestimmen ist. Die in Gemäßheit dieser Vorschrift erfolgende öffentliche Bekanntmachung der Verurteilung auf Kosten des Schuldigen hat einen pönalen Charakter;[6]) sie ist als eine für das Vergehen der Beleidigung angedrohte Nebenstrafe aufzufassen, und zwar mit Rücksicht auf die das Vermögen des Schuldigen treffende Kostenpflicht als Vermögensstrafe. Die Ausführung dieser „Bekanntmachung" kann demgemäß erst nach eingetretener Rechtskraft des Strafurteiles stattfinden, erfolgt jedoch nicht seitens des Gerichts[7]) von Amts wegen oder auf Antrag des Beleidigten, sondern bleibt dem Beleidigten bzw. dessen Erben selbständig überlassen. Die Geltend-

[3]) Ebenso Meyer-Irmler Vorb. 2c und Pfafferoth Vorb. IIc, der jedoch höchstens 2 Mk. zubilligen will, wenn der Rat sich nur auf die in § 69 bezeichneten Angelegenheiten bezieht. EGH. 7, 55 hält eine angemessene Gebühr für zulässig.

[4]) Wie Pfafferoth § 73 Anm. 8 will. Der hier vertretenen Ansicht auch Meyer-Irmler Vorb. 2d und Willenbücher Vorb. 2d.

[5]) Vgl. § 66 Satz 2 mit § 67 und den Motiven dazu in Erläuterung I daselbst.

[6]) S. RG.St. 6, 180; 13, 319; 14, 154; 29, 47; Meves, Schutz der Warenbezeichnungen S. 182.

[7]) Nur in den Fällen des § 196 StGB. ist in Preußen die Mitwirkung der Strafvollstreckungsbehörde bei der Publikation in Gemäßheit der nach § 200 Abs. 1 StGB. dem Verletzten zugesprochenen Befugnis angeordnet durch Zirkularverfügung des Justizministers vom 5. 2. 81 — I 129 — (s. Müller, Preuß. Justizverwaltung S. 1412); vgl. auch Beschl. des vormaligen preuß. Obertribunals vom 9. 9. 74 (preuß. JMBl. S. 265).

machung der Publikationsbefugnis durch den Beleidigten ist also **Verwirklichung** eines judikatmäßigen Rechtes und bildet ganz ebenso wie die Einziehung einer dem Beleidigten zugesprochenen Buße einen Teil der **Vollstreckung** des Straferkenntnisses. Die Tätigkeit des Rechtsanwalts, welcher sich dem Auftrage unterzieht, eine solche „öffentliche Bekanntmachung der Verurteilung des Beleidigers" in Ausführung des rechtskräftigen Straferkenntnisses zu besorgen, stellt sich daher als ein **Akt der Zwangsvollstreckung** dar, welcher als solcher besonders zu vergüten ist, und zwar nicht bloß demjenigen Rechtsanwalte, welcher ausschließlich mit dem Betriebe dieser Vollstreckungsmaßregel betraut worden, sondern auch demjenigen, welcher bereits vorher, d. h. im gerichtlichen Vor- oder Hauptverfahren der betreffenden Privatklagesache für den Auftraggeber als Vertreter oder Beistand tätig gewesen ist. Denn da die fragliche Anwaltstätigkeit ihrer Natur nach, wie eben dargelegt, nur in der Vollstreckungsinstanz ausgeübt bzw. geleistet werden kann, und also nicht mehr zur Instanz des durch rechtskräftiges Urteil bereits abgeschlossenen Hauptverfahrens gehört, so erscheint es auch unzulässig, dieselbe schon durch die lediglich für die ordentlichen Instanzen des Strafprozeßverfahrens bestimmten Verteidigungs- bzw. Vertretungsgebühren der §§ 63ff. nach dem die Anrechnung vorschreibenden Grundsatze des § 70 für mitabgegolten zu erachten.[8]) Erscheint hiernach eine **besondere** Vergütung für diese Mühewaltung geboten, so wird dieselbe am entsprechendsten im Sinne des § 89 unter Zugrundelegung der analogen Vorschrift des § 75 Nr. 2, woselbst die Gebühr für ähnliche, dem Parteibetriebe überantwortete Akte der Vollstreckung im Strafverfahren in gleicher Weise festgesetzt ist, nach § 23 Nr. 2 zu bestimmen sein, welcher dem Rechtsanwalte für Akte der Zwangsvollstreckung in bürgerlichen Rechtsstreitigkeiten drei Zehnteile der regelmäßigen Rechtsstreitgebühren (§§ 13—18) zubilligt. Es ist daher auch im vorliegenden Vollstreckungsfalle die Gebühr am passendsten auf **drei Zehnteile der ordentlichen Instanzgebühren des § 63**[9]) zu bemessen und demgemäß mit 3,60 M. oder mit 6 M. in Ansatz zu bringen, je nachdem das Schöffengericht oder die Strafkammer in erster Instanz erkannt hat. — Die Entlohnung der fraglichen Anwaltstätigkeit nach § 69 der GO. kann keinesfalls für zutreffend erachtet werden. Denn § 69 hat lediglich die Anfertigung einzelner Schriften (Anträge, Gesuche, Erklärungen) von untergeordneter Bedeutung im Auge und gewährt dafür eine geringe Sondergebühr von je 2 M., welche nur dann zur Erhebung gelangt, wenn die betreffende Einzel-

---

[8]) Irrigerweise ist dies angenommen in den Beschlüssen des OLG. München vom 29. 1. 91 (**Seuffert**, BlfRA. 56, 182), des LG. Magdeburg v. 14. 1. 87 (Naumb.AKZ. S. 13, 14 Ziff. 4), des LG. Halle vom 30. 10. 86 (Naumb.AKZ. S. 94 Ziff. 4) und vom 19. 2. 89 (a. a. O. S. 40 Ziff. 4), sowie des LG. Potsdam vom 6. 1. 98 (Naumb. AKZ. S. 45 Ziff. 2). Vgl. dagegen die im Sinne der diesseits vertretenen Ansicht gehaltenen Ausführungen in dem Beschlusse des LG. Stendal II. StK. vom 20. 12. 89 (Naumb.AKZ. 90 S. 13, 14). Eine **besondere** Gebühr bewilligen auch **Meyer-Irmler** Vorb. 2e; **Pfafferoth** § 70 A. 3; **Willenbücher** § 69 A. 2b.

[9]) Dieser Berechnungsmodus ist offenbar entsprechender, zutreffender und gerechter, als die in dem Beschlusse des LG. Halle vom 29. 6. 86 (Naumb.AKZ. S. 70 Ziff. 2) und des LG. Torgau v. 14. 7. 87 (Naumb AKZ. S. 87 Ziff. 2) in Anwendung gebrachte Berechnungsart, wonach unter vorgängiger Annahme eines besonderen nach § 10 GKG. auf 200 Mk. zu schätzenden Gegenstandswertes der betreffenden Publikationsbefugnis lediglich $^{3}/_{10}$ von 7 Mk., also 2,10 Mk. als Gesamtvergütung zugebilligt werden, da es an jedem stichhaltigen Rechtfertigungsgrunde dafür fehlt, in **allen** Fällen der gedachten Art unterschiedslos gerade das **niedrigste** unschätzbare Objekt zur Grundlage der Berechnung zu nehmen. Die Berechnung nach einem gemäß § 10 zu schätzenden Objekt billigt auch **Meyer-Irmler** Vorb. 2a. Dagegen billigen die hier vertretene Berechnung LG. II Berlin v. 1. 5. 90 (KGBl. S. 59); LG. I Berlin v. 24. 4. 95 (KGBl. S. 58); LG. Magdeburg v. 23. 5. 98 (Naumb.AKZ. S. 77 Ziff. 3); LG. Elbing v. 26. 2. 01 (Pos. Mschr. S. 53).

tätigkeit allein und losgelöst von der Verteidigung bzw. Vertretung im Hauptverfahren dem Rechtsanwalte übertragen ist, dagegen in Wegfall kommt bzw. angerechnet werden muß, wenn dem Rechtsanwalte in demselben Strafverfahren als Verteidiger oder Vertreter bereits eine Bauschgebühr zusteht. Davon unterscheidet sich wesentlich die hier in Rede stehende Tätigkeit einerseits dadurch, daß dieselbe unter allen Umständen besonders zu honorieren ist, also nicht bloß dann, wenn dieselbe den ausschließlichen Gegenstand eines selbständigen Auftrages bildet, sondern auch dann, wenn der damit betraute Rechtsanwalt bereits vorher die Vertretung des Auftraggebers in der Instanz des Hauptverfahrens geführt hat, andererseits dadurch, daß sich dieselbe nicht auf die Anfertigung eines Schriftsatzes, etwa des an die betreffende Zeitungsexpedition zu richtenden Insertionsgesuches, beschränkt, sondern eine ganze Gruppe verschiedenartiger Einzelhandlungen umfaßt, indem sie der Regel nach mit dem Antrage an den Gerichtsschreiber auf Erteilung einer mit der Bescheinigung der Vollstreckbarkeit versehenen, beglaubigten Abschrift der Urteilsformel (§ 483 Abs. 1 StPO.), deren Erteilung von Amts wegen ungeachtet der Vorschrift in § 200 Abs. 3 des Strafgesetzbuches häufig übersehen wird, zu beginnen hat, sodann aber noch — außer dem erwähnten Insertionsgesuche — die Kontrolle der wirklich und richtig stattgehabten Bekanntmachung durch Einsicht eines einzufordernden Belagsblattes, die Prüfung und Berichtigung der Insertionskostenrechnung den Versuch der gütlichen Wiedereinziehung der Kosten von dem Schuldigen, sowie die notwendige Korrespondenz mit dem Auftraggeber begreift. Es ist ersichtlich, daß die Vergütung einer solchen Mehrheit von Tätigkeiten durch die geringe Sondergebühr des § 69, anstatt durch eine Bauschgebühr oder durch eine Quote derselben, mit der gesetzgeberischen Absicht bzw. mit den Grundanschauungen der GOfRA. nicht in Einklang zu bringen ist.[10])

Nach denselben Grundsätzen bemißt sich die Vergütung des Rechtsanwaltes, 10
welchem in den Fällen des § 165 des Strafgesetzbuches, des § 17 Abs. 2 des Markenschutzgesetzes vom 30. 11. 74 (RGBl. S. 143), des § 36 Abs. 3 des Patentgesetzes vom 7. 4. 91 (RGBl. S. 79 ff., 89), des § 10 Gebrauchsmusterschutzgesetzes vom 1. 6. 91 (RGBl. S. 290), des § 19 Ges. z. Schutz der Warenbezeichnungen vom 12. 5. 94 (RGBl. S. 441) und § 13 Ges. z. Bekämpfung des unlauteren Wettbewerbs vom 27. 5. 96 (RGBl. S. 145) die Publikationsbesorgung übertragen ist.

Die Gebühr für Besorgung der Publikation ist erstattungsfähig; der 11
§ 503 StPO. verlangt nur die Voraussetzungen des § 91 ZPO., nach dessen Absatz 2 die Kosten eines Rechtsanwalts ohne Prüfung der Notwendigkeit der Annahme eines solchen immer erstattungsfähig sind.[11])

IV. Abgesehen von den in der Vorbemerkung III erörterten Fällen können 12
in Strafsachen noch zweierlei Tätigkeiten des Rechtsanwalts in Frage kommen, deren Vergütung nicht ausdrücklich normiert und deshalb zweifelhaft ist,

A. Der Verkehr des Rechtsanwalts mit der Staatsanwaltschaft.

[10]) AM. Willenbücher § 69 Anm. 2b; Pfafferoth § 69 Anm. 3; LG. Nordhausen 19. 11. 86 (Naumb.AKZ. 87, S. 13 Ziff. 3), LG. Torgau 14. 7. 87 (Naumb.AKZ. S. 87 Ziff. 2) und LG. Halle 11. 3. 94 und v. 19. 6. 94 (Naumb.AKZ. S. 68, 69 Ziff. 3 und S. 120 Ziff. 4; LG. Hirschberg vom 5. 2. 95 und 3. 6. 96 (Bresl.AKZ. 95 S. 44 und 96 S. 53); LG. Naumburg v. 29. 11. 98 (Naumb.AKZ. 99 S. 8), welche ohne ausreichende Begründung den § 69 auf den vorliegenden Fall zur Anwendung gebracht wissen wollen.

[11]) Ebenso Meyer-Irmler Vorb. 2e; LG. Stendal in Naumb.AKZ. 90 S. 13; LG. II Berlin in KGBl. 90 S. 59; dagegen aber eine andere Strafkammer des LG. II ebendort, weil Vermittlung eines Anwalts nicht geboten gewesen.

Wie schon zu § 1 Note 45 ausgeführt worden, liegt diese Tätigkeit außerhalb des durch § 1 dieses Gesetzes begrenzten Herrschaftsgebietes, so daß die Vorschriften der GO. unmittelbar keine Anwendung finden können.[12]) Da indessen die Landesgebührenordnungen der Bundesstaaten ausdrückliche, den vorwürfigen Fall betreffende Gebührenbestimmungen vollständig vermissen lassen, andererseits aber, wie insbesondere in Preußen durch Art. 14 Ges. vom 27. 9. 99, in solchem Falle eine entsprechende Anwendung der Deutschen Gebührenordnung vorgesehen ist, so erscheint es angemessen und geboten, bei dem Versuche einer Regelung der Vergütung für diese Anwaltstätigkeit dennoch auf die Vorschriften dieser GO. zurückzugehen. Es ist ferner nicht zu verkennen, daß die Befugnisse und Obliegenheiten der Staatsanwaltschaft sowohl den ordentlichen Gerichten oder anderen Behörden, als auch den Parteien gegenüber — abgesehen von den durch die Deutsche ZPO. vorgesehenen Fällen der Mitwirkung in Ehesachen und Entmündigungssachen — im großen und ganzen lediglich nach den Vorschriften der deutschen Strafprozeßordnung sich regeln und bestimmen. Es muß deshalb für zulässig erachtet werden, die den ausschließlichen Verkehr mit der Staatsanwaltschaft betreffenden Berufsgeschäfte der Rechtsanwälte unter den Gesichtspunkt jener ausdehnenden, die entsprechende Anwendbarkeit der deutschen GOfRA. anordnenden Bestimmung der Landesgebührenordnungen zu bringen und demgemäß die Vergütung der Rechtsanwälte für die auf den Verkehr mit der Staatsanwaltschaft sich beschränkende Berufstätigkeit ebenfalls nach den Vorschriften der deutschen GO. vom 7. 7. 79 eintreten zu lassen.[13])

Mit Rücksicht auf die Art und Beschaffenheit der in Rede stehenden Anwaltstätigkeit kann es weiterhin keinem Bedenken unterliegen, daß die Vor-

---

[12]) Die entgegengesetzte Ansicht von Willenbücher (Anm. 3 Abs. 3 zu § 1 S. 89) und von Pfafferoth (GOfRA. Vorb. V. S. 186), welche die deutsche GO. für direkt maßgebend erklären, kann nicht als richtig anerkannt werden. Ersterer bemerkt in dieser Hinsicht a. a. O.: „Die Staatsanwaltschaft gilt im Sinne der GOfRA. nicht als andere Behörde, sondern als Organ der ordentlichen Gerichte (KVG. § 142), so daß auch die bei ihr betriebenen Angelegenheiten nach diesem Gesetze zu remunerieren sind“, ohne auf eine nähere Begründung dieser streitigen Behauptung unter genauer Bezeichnung der angeblich direkt zutreffenden Vorschriften der GO. sich einzulassen. Letzterer meint, die durch die Staatsanwaltschaft geleitete Vorbereitung der öffentlichen Klage sei schon als erstes Stadium des strafgerichtlichen Verfahrens anzusehen, selbst wenn damit ein Gericht noch nicht befaßt ist, und falle demgemäß in das Anwendungsgebiet des § 1, zumal nach den Ausführungen der Motive zu diesem § 1 die deutsche GOfRA. auch auf die ein gerichtliches Verfahren bloß vorbereitende Berufstätigkeit des Rechtsanwaltes sich erstrecke. Diese Auffassung tritt jedoch in Widerspruch mit der Grundanschauung der Strafprozeßordnung, welche das bei der Staatsanwaltschaft schwebende Ermittlungsverfahren (§§ 158, 159 StPO.), um das es hier vornehmlich sich handelt, in § 501 selbst als „außergerichtliches“ Verfahren bezeichnet (vgl. auch Loewe Anm. 1 zu § 501). Auch charakterisiert sich die fragliche Tätigkeit als eine Gruppe konzentrischer Berufshandlungen, welche einen für sich bestehenden Selbstzweck haben, keineswegs als eine bloß vorbereitende Tätigkeit, da es derselben an einer Fortsetzung vor den ordentlichen Gerichten der Regel nach gebricht. Denn der dem Rechtsanwalt erteilte Auftrag, namens des Denunzianten, gleichviel ob er zugleich „Verletzter“ ist oder nicht, eine Straftat lediglich durch geeignete Inanspruchnahme der Staatsanwaltschaft zu verfolgen, findet — abgesehen von dem seltenen Falle, daß der Auftraggeber zugleich die Befugnisse des Nebenklägers besitzt und demnächst von dem Anschlußrechte Gebrauch macht, — regelmäßig seine Erledigung bzw. seinen Abschluß, sobald das ordentliche Gericht den weiteren Betrieb der Strafsache übernimmt, weil damit der wesentliche Zweck des Auftrages erreicht ist, auch dem Auftraggeber, welcher nicht die Rechte des Nebenklägers hat, in dem eingeleiteten gerichtlichen Strafverfahren keine die weitere Vertretung bedingende Parteirolle zusteht. Die unmittelbare Anwendung der GOfRA. auf die Berufstätigkeit des Rechtsanwalts, welche auf den Verkehr mit der Staatsanwaltschaft sich beschränkt, kann somit keinesfalls für zulässig erachtet werden.

[13]) Vgl. hierzu auch Joachim, Pr. GO. Art. 14 N. 5. Der gleichen Ansicht unter ausdrücklicher Billigung der diesseitigen Gründe KG VIII 14. 12. 04 in KGBl. 05 S. 44.

schriften in diesem Abschnitte 4 der GO. (Gebühren in Strafsachen) zur analogen Anwendbarkeit am geeignetsten erscheinen und vorwiegend in Betracht zu ziehen sind.

Was die Höhe der Gebührensätze anlangt, so ist zu unterscheiden, ob sich die Tätigkeit des Anwalts lediglich auf die Anfertigung eines Schriftsatzes beschränkt, oder ob ihm gleichzeitig die weitere Vertretung im Vorbereitungsverfahren, d. h. also die Kontrolle der von der Staatsanwaltschaft angeordneten Maßnahmen, sowie die fortgesetzte Korrespondenz mit der Staatsanwaltschaft oder deren Organen einerseits und mit dem Antragsteller andererseits übertragen ist. In letzerem Falle erscheint es angemessen, die Sätze des § 67 zu gewähren, weil in diesem Falle die Tätigkeit des den Antragsteller voll vertretenden Rechtsanwalts in Ansehung des Aufwandes von Zeit und Arbeit der Mühewaltung eines Verteidigers im Vorverfahren im wesentlichen gleichkommen wird. Mit dem Momente, wo das ordentliche Gericht mit der Strafsache befaßt wird, findet die Tätigkeit des den Antragsteller vertretenden Rechtsanwalts der Regel nach ihren Abschluß, es sei denn, daß der Antragsteller als Nebenkläger aufzutreten befugt ist; erstreckt sich in diesem Falle die Tätigkeit des Rechtsanwalts auch auf die weitere Vertretung vor Gericht, so treten noch die nach § 73 GO. zu berechnenden Gebühren hinzu. Beschränkt sich dagegen die Tätigkeit des Rechtsanwaltes auf Anfertigung eines an die Staatsanwaltschaft gerichteten Schriftsatzes, so rechtfertigt sich eine Gebühr in Höhe von fünf Zehnteilen der Sätze des § 63 durch dieselben Gründe, welche für die in § 68 erwähnten Schriften maßgebend und hier ebenfalls zutreffend sind. Dabei werden aber Schriften ohne rechtlichen oder materiellen Inhalt, wie bloße Benachrichtigungen, Beschleunigungsgesuche, kurze Anzeigen und dgl. von der Gebührenerhebung ausgeschlossen sein müssen. — Endlich kann bei Abmessung der Gebühr auch hier nur auf die Zuständigkeit das entscheidende Gewicht gelegt werden, weil es sonst an einem Maßstabe fehlen würde in denjenigen Fällen, in welchen das ordentliche Gericht mit der Sache überhaupt nicht befaßt wird. [14])

B. Die zweite hier unter wesentlich gleichen Gesichtspunkten in Betracht 13
kommende Anwaltstätigkeit, deren Vergütung einer ausdrücklichen Normierung entbehrt, ist die Beistandleistung seitens des Rechtsanwalts in einem der Privatklage wegen Beleidigung notwendig vorausgehenden Sühneverfahren vor der zuständigen Vergleichsbehörde (StPO. § 420), d. h. speziell in Preußen vor dem Schiedsmanne (s. Schiedsmannsordnung v. 29. 3. 79 — GS. S. 321 ff. —). Auch diese anwaltliche Berufstätigkeit fällt eigentlich nicht unter die Vorschriften dieses Gesetzes, weil sie der Regel nach nicht ein Verfahren vor den ordentlichen Gerichten betrifft, und schon aus diesem Grunde die Kompetenzbestimmung des § 1 entgegensteht. Gleichwohl werden analoge Vorschriften dieser GO. auch hier zugrunde zu legen sein. Die betreffende Tätigkeit des Rechtsanwalts kann darin bestehen, daß der Rechtsanwalt für den Beleidigten, welcher Privatklage erheben will, die Anzeige an den Schiedsmann bzw. den Antrag auf Anberaumung eines Sühnetermins fertigt und dann in diesem Termine dem Beleidigten Beistand leistet, oder auch dem zum Ausgleiche bereiten Beleidiger assistiert, bzw. bei dem Versuche, eine Aussöhnung zwischen den Parteien schon vor dem Schiedsmanne herbeizuführen, auf der einen oder anderen Seite mitwirkt, wozu es in allen Fällen der vorgängigen Einziehung sachlicher Information bedarf. Für diese Mühewaltung wird als entsprechende bzw. angemessene Vergütung die in § 65 oder in § 67 Nr. 1 bestimmte Gebühr von

[14]) Ebenso KG. VIII 14. 12. 04 KGBl. 05 S. 44.

6 M. anzunehmen sein, da die fragliche Beistandleistung im Sühneverfahren hinsichtlich des Zeitaufwandes und der Arbeitsanspannung der durch eine Beweisaufnahme verursachten Mehrarbeit oder der Tätigkeit im Vorverfahren in den meisten Fällen gleichkommen dürfte. Beschränkt sich dagegen die Tätigkeit des Rechtsanwalts auf Beantragung eines Sühnetermins vor dem Schiedsmanne, so wird als Vergütung für diesen Antrag der durch entsprechende Anwendung des § 69 sich ergebende Satz von 2 M. angemessen sein.[15])

14 V. Die Vorschriften des Abschnittes 4 finden nach § 91 Nr. 3 bis 5 entsprechende Anwendung im Disziplinarverfahren gegen Reichsbeamte, im ehrengerichtlichen Verfahren gegen Rechtsanwälte und bei der Untersuchung von Seeunfällen. Vgl. § 91 und die Erläuterungen dazu. In gleicher Weise sind die Vorschriften dieses Abschnittes durch Landesgesetze einzelner Bundesstaaten auch noch auf andere, der Landesgesetzgebung unterliegende Strafsachen ausgedehnt worden.[16])

15 VI. Nach § 150 StPO. hat der im Falle der notwendigen Verteidigung (§ 140 StPO.) von Amtswegen zum Verteidiger bestellte Rechtsanwalt für die geführte Verteidigung einen Gebührenanspruch an die Staatskasse.

16 1. Der Anspruch an die Staatskasse ist nicht etwa auf die Gebühr für die Verteidigung in der Hauptverhandlung zu beschränken. Vielmehr steht dieser Anspruch dem im Vorverfahren bestellten Verteidiger (§ 142 StPO.) auch für die Tätigkeit im Vorverfahren zu; diese Tätigkeit darf sich allerdings nicht auf die Vorbereitung der Hauptverhandlung (z. B. durch Akteneinsicht und Konferenzen) beschränken, sondern muß dem Gerichte gegenüber entwickelt sein und bezweckt haben, dem Vorverfahren einen dem Angeschuldigten günstigen Abschluß zu geben.[17]) Dasselbe gilt von den Gebühren für Einlegung und Rechtfertigung von Rechtsmitteln bzw. für die Vertretung in den höheren Instanzen. Denn die Bestellung zum Verteidiger erfolgt der Regel nach ganz allgemein und nicht bloß für die erste Instanz, da die Verteidigung eine einheitliche, in jeder Lage des Verfahrens zulässige ist (§ 137 Abs. 1 StPO.); der „zum Verteidiger (allgemein) bestellte" Rechtsanwalt ist also auch berechtigt und verpflichtet, auf Grund seiner eigenen Erwägungen und seiner eigenen Rechtserfahrung vorzugehen und die ihm erforderlich erscheinenden Rechtsmittel zu ergreifen, sofern nicht ein ausdrücklicher Widerspruch seines Klienten erfolgt.[18]) Dagegen

---

[15]) Ebenso LG. Magdeburg in Naumb.AKZ. 94 S. 112; LG. I Berlin in KGBl. 02 S. 25; Meyer-Irmler Vorb. A. 3 S. 104.

[16]) Vgl. für Preußen: Ges. v. 27. 9. 99 Art. 2 Nr. 1, 2, 6, 7.

[17]) Vgl. Justizm.-Reskript v. 14. 11. 92 in KGBl. 93 S. 50.

[18]) S. JW. 83 S. 302 und Loewe S. 387 in Note 11b zu § 140 StPO., wo bemerkt ist:

> „Aus dem Umstande, daß die Notwendigkeit der Verteidigung nur in erster Instanz Platz greift, ist nicht etwa zu folgern, daß die Funktion des bestellten Verteidigers mit Erlassung des Urteils erster Instanz von selbst erlösche; vielmehr steht einem bestellten Verteidiger die Befugnis zur Einlegung von Rechtsmitteln ꝛc. (§§ 339, 405) in gleicher Weise wie dem gewählten Verteidiger zu."

A. M. inbetreff der Gebühren für Begründung einer Revision KG. X. ZS. 9. 12. 93 (KGBl. 94 S. 17, 18; preuß. JMBl 94 S. 88—90), wo ausgeführt ist, daß die Grenzen des vom Staate erteilten Auftrages in den Fällen einer notwendigen Verteidigung regelmäßig nur von der in § 199 StPO. vorgeschriebenen Aufforderung bis zum Abschlusse des Verfahrens in 1. Inst. reichen und daß es nur eine Verteidigung innerhalb dieser Grenzen sei, für deren Ausführung das Gesetz in § 150 StPO. die Verpflichtung des Staates zur Gebührenvergütung habe festsetzen wollen. Ebenso OLG. Dresden v 8. 8. 98 (Dresd.Ann. 19, 482). Dagegen wird die oben vertretene Ansicht aus dem inneren Grunde der Bestellung und aus der Entstehungsgeschichte des § 150 StPO verteidigt und gebilligt vom KG. ArchStr. 37, 310, im Urteile des LG. Thorn v. 10. 4. 00 (KGBl. 00 S. 102 und Pos.Mschr. 00 S. 135), ferner vom Landgericht Kassel in JW. 05 S. 277, vom OLG.

liegt die Anfertigung eines Gnadengesuches außerhalb der notwendigen Verteidigung und ist deshalb nicht aus der Staatskasse zu vergüten.[19])

2. Obwohl § 150 StPO. seinem Wortlaute nach nur von den „Gebühren" spricht, so muß die Ersatzpflicht der Staatskasse doch auch auf die „Auslagen" bezogen werden. Denn da dem — sei es von Amts wegen, sei es auf Antrag — bestellten Verteidiger der Staat mit seiner fiskalischen Verpflichtung, für die Kosten der Verteidigung einzutreten, als Auftraggeber gegenübersteht, was bei Beratung der Vorschrift sowohl im Reichstage als auch von einem Bundesratsmitgliede ausdrücklich anerkannt worden ist,[20]) so erscheint es selbstverständlich, daß der Staat auch die aus der Natur des Verhältnisses sich ergebende Pflicht, dem Beauftragten seine notwendigen und nützlichen Auslagen zu erstatten, zu übernehmen hat. In der Praxis ist es demgemäß unbedenklich, daß dem zum Verteidiger bestellten Rechtsanwalte auch seine notwendigen Auslagen aus der Staatskasse vergütet werden müssen,[21]) so insbesondere die Schreibgebühren für aus den Gerichtsakten gefertigte Abschriften, z. B. einer umfänglichen Anklageschrift und des darauf gefaßten Beschlusses, desgleichen für Abschriften der Eingaben des Rechtsanwalts an das Gericht,[22]) ebenso Tagegelder, Fuhrkosten und Entschädigungen für Nachtquartier;[23]) jedoch haben gemäß der ausdrücklichen Vorschrift des § 39 Abs. 2 der Rechtsanwaltsordnung die nicht am Sitze des Gerichts wohnhaften Rechtsanwälte auf Reisekosten und Tagegelder für die Reise nach dem Sitze des Gerichts keinen Anspruch. Bezüglich der streitigen Berechtigung zum Ansatz von Schreibgebühren und Porto für die Kostenrechnung und den Antrag auf Zahlung vgl. die Erl. zu § 6 N. 4. 17

3. Der gemäß § 150 StPO. gewährte Anspruch an die Staatskasse hat zur Voraussetzung, daß der Rechtsanwalt zum Verteidiger bestellt worden 18

Stuttgart 11. 11. 03 in JW. 06 S. 593 und Württ.Jahrb. 16, 226 und mit ausführlicher Begründung vom OLG. Kassel in OLG. 13, 262.

[19]) OLG. München 21. 3 88 (Sammlung ꝛc. 5, 125; ArchfStR. 37, 226); ebenso OLG. Dresden 10. 12. 85 (Dresd. Ann. 7, 389).

[20]) S. stenographischen Bericht vom 30. 11. 76 S. 481, 482.

Für Preußen vgl. auch die durch Zirkularverfügung vom 1. 10. 84 (I 3253) mitgeteilte Verfügung des Justizministers vom 3. 7. 84 (I 06), in welcher ebenfalls hervorgehoben ist, daß der Staat dem Rechtsanwalte, welcher zum Verteidiger von Amts wegen bestellt worden ist, als Auftraggeber gegenüberstehe, und im Anschlusse hieran folgendes ausgeführt wird:

> „Die Festsetzung der Gebühren des zum Verteidiger bestellten Rechtsanwaltes erfolgt daher nicht, wie die Festsetzung der Zeugengebühren (§ 17 der Gebührenordnung vom 30. 6. 78), durch richterliche Entscheidung, gegen welche Beschwerde nach Maßgabe der Strafprozeßordnung stattfindet, sondern unter Vorbehalt des ordentlichen Rechtsweges lediglich im Justizverwaltungswege nach Maßgabe der Vorschriften [in Nr. 16e, 17c und 68 Abs. 5 der Etatsinstruktion vom 19. 4. 93], und es sind etwaige Beschwerden gemäß § 85 des Ausführungsgesetzes vom 24. 4. 78 im Aufsichtswege zu erledigen."

S. ArchfStR. 36 S. 30, 31; Naumb AKZ. 84 S. 301; Müller, Justizverwaltung S. 125. Dieser Grundsatz ist in Nr. V der Allgemeinen Verfügung vom 15. 3. 92 (JMBl. S. 109, 110) ausdrücklich aufrecht erhalten und in dem späteren Justizministerialreskripte v. 14. 11. 92 I 4599 (KGBl. 93 S. 50) erneut darauf hingewiesen.

[21]) S. z. B. OLG. Königsberg 19. 12. 89 in ArchfStR. 37, 450: „Zu den Gebühren der Rechtsanwälte im Sinne des § 150 der StPO. gehören auch die baren Auslagen." Vgl. auch Erl. § 1 N. 5.

[22]) S. OLG. Dresden 13. 8. 80 (Dresd. Ann. 2, 503), OLG. München 23. 11. 81 (Samml. von Entsch. des OLG. München in Gegenst. des Strafr. und Strafproz. 1, 554, 555), OLG. Karlsruhe in JW. 82 S. 51; vgl. auch OLG. Köln 30. 4. 86 (RheinArch. Bd. 76 Abt. II S. 65)

[23]) OLG. Jena StS. 7. 4. 91 (Thür. BlfR. 38, 275—277).

ist, wobei es dann nicht weiter darauf ankommt, ob die Verteidigung eine gesetzlich gebotene, also notwendige war (§ 140 StPO.) oder nicht (§ 141 a. a. O.) Dem zum Verteidiger gewählten Rechtsanwalte steht dagegen dieser Anspruch nicht zu, und zwar auch dann nicht, wenn die Verteidigung eine notwendige war.[24]) Ist indessen gemäß § 499 Abs. 2 StPO. dahin erkannt worden, daß die dem — freigesprochenen oder außer Verfolgung gesetzten — Angeschuldigten erwachsenen notwendigen Auslagen der Staatskasse aufzuerlegen, so wird auch der Anspruch des zum Verteidiger gewählten Anwalts auf Ersatz seiner nach Maßgabe der GOfRA. berechneten Gebühren und Auslagen aus der Staatskasse — und zwar ohne Unterschied, ob die Verteidigung eine notwendige gewesen oder nicht — unter Umständen anzuerkennen sein, da auch diese Verteidigungskosten zu den in § 499 Abs. 2 StPO. gedachten notwendigen Auslagen gehören können, was nach der konkreten Sachlage des einzelnen Falles zu beurteilen ist, und worüber das Gericht nach billigem Ermessen zu befinden hat. Die Kosten der Verteidigung können hierdurch der Staatskasse in all den Fällen auferlegt werden, wo das Gericht die Verteidigung nach Lage der Sache für nötig erachtet. Die grundsätzliche Ablehnung des Ersatzes der Verteidigungskosten auf die Betrachtung hin, solche seien dem Ermessen des Gerichtes entrückt, beruht auf einem Rechtsirrtume.[25])

19 Der dem Privatkläger im Armenrecht bestellte Rechtsanwalt (§ 419 Abs. 3 StPO.) hat ebensowenig einen Anspruch an die Staatskasse, wie der im Zivilprozeß einer armen Partei bestellte Anwalt.[26])

20 4. Die Vergütung des bestellten Verteidigers wird nicht vom Gericht, sondern im Justizverwaltungswege unter Vorbehalt des Rechtsweges festgesetzt; es folgt dies aus dem zwischen dem Staat und dem Offizialverteidiger bestehenden Auftrags-(Dienst-)Verhältnis.[27])

Vorbemerkung zu §§ 63—66.

Die §§ 63—66 bestimmen die Gebühren des Rechtsanwalts als Verteidigers in der Hauptverhandlung, und zwar die §§ 63—65 für die Hauptverhandlung erster Instanz, § 66 für die Hauptverhandlung in den Rechtsmittelinstanzen.

§ 63.

In Strafsachen erhält der Rechtsanwalt als Verteidiger in der Hauptverhandlung erster Instanz:

1. vor dem Schöffengerichte . . . . 12 Mark;
2. vor der Strafkammer . . . . 20 Mark;
3. vor dem Schwurgericht oder dem Reichsgerichte . . 40 Mark.

---

[24]) Die Zahlung aus der Staatskasse kann auch nicht dadurch herbeigeführt werden, daß im Falle einer notwendigen Verteidigung der vom Angeklagten gewählte Verteidiger seine Bestellung zum Offizialverteidiger beantragt. Dresd. Ann. 1, 37.

[25]) Vgl. RG. I StS. 29. 6. 82 (Rechtspr. 4, 635); s. auch RG. III. StS. 29. 11. 83. (JW. 84 S. 25 Ziff. 5 und S. 26 Ziff. 20).

[26]) RGSt. 25, 360.

[27]) Für Preußen ist dies ausgesprochen in der JustMV. v. 3. 7./1. 10. 84 (Naumb. AKZ. 84 S. 301; ArchSt. 36, 30), vom 15. 3. 92 (JMBl. S. 109) und vom 14. 11. 92 (KGBl. 93 S. 50).

§ 64.

Erstreckt sich die Verhandlung auf mehrere Tage, so erhöhen sich die im § 63 bestimmten Gebühren für jeden weiteren Tag der Verteidigung um fünf Zehnteile.

Im Verfahren auf erhobene Privatklage findet diese Bestimmung nicht Anwendung.

§ 65.

Findet in den auf Privatklage verhandelten Sachen eine Beweisaufnahme statt, so erhöht sich die im § 63 bestimmte Gebühr um 6 Mark.

Vorbemerkung zu §§ 63—65.

Die §§ 63—65 geben die Gebühren für die Hauptverhandlung erster Instanz. Zur Erläuterung werden erörtert:

I. Motive zu §§ 63—65 (1).
II. Gebührenstufen (2, 3).
III. Die durch § 63 abgegoltene Thätigkeit (4—8).
IV. Die Gebühr für die Hauptverhandlung (9—18).
V. Erhöhung der Gebühr für die Hauptverhandlung (19—26).
VI. Vergleich im Privatklageverfahren (27, 28).

I. Motive zu §§ 63—65. Zur Vergleichung mit den Gebühren des Entwurfs erscheint es angezeigt, zunächst die Bestimmungen der preußischen Gesetze vom 3. 5. 53 § 15 und vom 1. 5. 75 heranzuziehen. Nach denselben erhält der Verteidiger in Strafsachen: 1

1. in den zur Kompetenz des Einzelrichters gehörigen Sachen 5 M. 70 Pfg.;
2. in den zur Zuständigkeit der Gerichtskollegien gehörenden Sachen 11 M. 30 Pfg.; wenn aber die Untersuchung wegen eines Verbrechens oder wegen eines mit höherer Strafe als 600 M. Geldbuße oder sechsmonatiger Freiheitsentziehung bedrohten Vergehens eröffnet ist: 18 M. 80 Pfg.;
3. in den zur Zuständigkeit der Schwurgerichte gehörenden Sachen 37 M. 50 Pfg.; wenn aber der Anklagebeschluß auf ein mit schwererer Strafe als zehnjähriger Freiheitsstrafe bedrohtes Verbrechen gerichtet ist: 75 M.

Wenn demgegenüber, je nach der Zuständigkeit der Schöffengerichte, der Strafkammern und der Schwurgerichte, der Entwurf Sätze von 12 M., 20 M. und 40 M. aufstellt, so liegt in diesen letzteren im Vergleiche zu den preußischen Gebühren einerseits keine Erhöhung, da nicht bloß die geringeren Vergehen, für welche in Preußen die Gebühr von 11 M. 30 Pfg. besteht, dem Schöffengerichte überwiesen worden sind (GVG. § 27 Nr. 2—8), sondern diesem auch ein großer Teil der schwereren Vergehen durch die Strafkammer im einzelnen Falle überwiesen werden kann (a. a. O. § 75). Ebenso sind gewisse Kategorien von Verbrechen, für welche in Preußen mindestens eine Gebühr von 37 M. 50 Pfg. bestand, der Zuständigkeit der Strafkammern zugeteilt (GVG. § 73 Nr. 2—7). Es werden deshalb gegenüber einer Steigerung für einzelne Fälle in einer vermutlich zahlreicheren Reihe anderer Fälle die Verteidigungsgebühren in Strafsachen nach dem gegenwärtigen Entwurfe niedriger als in Preußen sein. Dennoch liegt hierin andererseits eine Benachteiligung der preußischen Rechtsanwälte im ganzen nicht, weil dieselben zur Übernahme der Verteidigung vermögensloser Angeklagter, wenn ihnen dieselbe vom Gerichte übertragen war, ohne Entschädigung verpflichtet waren, während nach § 150 der StPO. dem zum Verteidiger bestellten Rechtsanwalte für die geführte Verteidigung die Gebühren nach Maßgabe der Gebührenordnung aus der Staatskasse gezahlt werden müssen. . . .

Er erübrigt daher nur, die Gebührensätze allgemein in solcher Höhe zu normieren, daß den verschiedenen dabei zur Erwägung kommenden Rücksichten gebührend Rechnung getragen wird.

Der Entwurf konnte die Gebühren um so mehr, wie geschehen, feststellen, als durch das von ihm zugelassene Prinzip der Vertragsfreiheit etwaigen Mißständen im einzelnen Falle Abhilfe geschaffen werden kann. . . .

Liegt, wie bereits ausgeführt worden ist, der Schwerpunkt der anwaltlichen Verteidigung in der mündlichen Verhandlung, so ergibt sich hieraus von selbst, daß auch auf die Zeit Rücksicht genommen werden muß, welche der Rechtsanwalt in dieser Hauptverhandlung aufwenden muß. . . . Der Entwurf hat es den Rücksichten der Billigkeit entsprechend erachtet, zu bestimmen, daß, wenn die Verhandlung sich auf mehrere Tage erstreckt, die Sätze des § 63 sich für jeden folgenden Tag weitere Verhandlung um die Hälfte erhöhen. Dies trifft selbstverständlich auch dann zu, wenn infolge einer Unterbrechung die Verhandlung nicht fortgesetzt wird, sondern von neuem beginnt (§ 228 StPO.) Eine Erhöhung der Gebühren um den vollen Betrag derselben erschien nicht angemessen, da die Bauschgebühr des Entwurfs ja nicht bloß zur Vergütung der Tätigkeit im Termine bestimmt ist.

Bezüglich der Privatklagesachen glaubte der Entwurf jedoch diese Bestimmung des § 64 nicht anwenden zu können. Im Gebiete des altpreußischen Rechtes werden die sogenannten Injuriensachen nach den für bürgerliche Rechtsstreitigkeiten geltenden Vorschriften verhandelt. Nach diesen Vorschriften werden auch die Gebühren der Gerichte und Anwälte zum Ansatze gebracht, wobei je nach der Bedeutung des Falles das Objekt auf 180 oder 300, unter Umständen auch auf 1200 oder 3000 M. angenommen wird (Ges. vom 10. 5. 51 § 11, Ges. vom 9. 5. 54 Art. 3). In den 1866 erworbenen Provinzen werden die Gebühren verschieden abgestuft, je nachdem nach stattgehabter Beweisaufnahme oder ohne dieselbe erkannt worden ist, oder die Sache ohne Erkenntnis erledigt worden ist (V. vom 30. 8. 67 § 17 — GS. S. 1412 —). Bei dieser Art der Regelung zeigt sich unzweifelhaft eine Annäherung an die im altpreußischen Rechte für die Anwaltsgebühren im Zivilprozesse geltenden Grundsätze. Dieselbe rechtfertigt sich aber auch aus der in vielen Beziehungen hervortretenden nahen Verwandtschaft des Verfahrens in Privatklagesachen mit dem in bürgerlichen Rechtsstreitigkeiten. Insbesondere hat die Zulässigkeit der Zurücknahme einer Privatklage (StPO § 431) zur häufigen Folge, daß das Verfahren vor Erlaß eines Urteils abschließt. Es muß daher auf die größere oder geringere Ausdehnung des Verfahrens und die durch dieselbe bedingte Verschiedenheit des Umfanges der anwaltlichen Tätigkeit Rücksicht genommen werden. In dieser Richtung kann es nicht von Belang erscheinen, ob die Sache durch Urteil zur Erledigung gelangt; wohl aber, ob eine Beweisaufnahme stattgefunden hat, da diese immer eine Steigerung der Tätigkeit des Anwaltes nach sich zieht, welche in Privatklagesachen infolge des Wegfalles der staatsanwaltlichen Tätigkeit von relativ größerer Bedeutung ist, als in den sonstigen Strafsachen. Auf dieser Erwägung beruht die Vorschrift des § 65, sofern dieselbe die Gebühr in Privatklagesachen abstuft. Neben dieser Erhöhung im Falle einer Beweisaufnahme kann eine anderweite Steigerung der Gebühr für den Fall, daß eine Privatklagesache infolge einer Aussetzung an mehreren Tagen verhandelt wird, um so weniger in Frage kommen (§ 64 Abs. 2), als solche Aussetzungen häufig nur durch das Verhalten der Partei oder der Anwälte bedingt werden.

II. Gebührenstufen. Für Feststellung der Gebührenstufe ist lediglich maßgebend, vor welchem Gerichte die Hauptverhandlung erster Instanz stattgefunden hat. Es kommt demgemäß der Satz zu 1 von 12 M. nicht bloß dann zur Anwendung, wenn das Schöffengericht nach § 27 des GVG. von vornherein zuständig war, sondern auch dann, wenn die Sache auf Grund des § 75 a. a. O. von der Strafkammer dem Schöffengerichte überwiesen worden ist. Derselbe Satz wird auch anzuwenden sein in dem — allerdings praktisch seltenen — Falle, daß die Verhandlung vor dem Amtsrichter ohne Zuziehung von Schöffen (StPO. § 211 Abs. 2) stattgefunden hat. 2

Da es nicht auf die Strafsache, sondern nur auf das Gericht ankommt, vor dem die Hauptverhandlung stattgefunden hat, so muß auch für die Höhe der Gebühr ohne Einfluß sein, daß die Hauptverhandlung mehrere verbundene Sachen betrifft. Eine Erhöhung der Gebühr tritt hier nur dann ein, wenn die verbundenen Sachen mehrere Beschuldigte betreffen, und der Rechtsanwalt dieselben verteidigt (§ 72). Werden dagegen die zuvor verbunden gewesenen Strafsachen getrennt, so ist für jede Verhandlung gesondert zu liquidieren. 3

III. Die durch § 63 abgegoltene Tätigkeit. Die Gebühr des § 63 ist nach dessen Wortlaute bestimmt für die „Verteidigung in der Hauptverhandlung". Sie ist eine Bauschgebühr. 4

1. Die Gebühr soll den Rechtsanwalt nicht etwa bloß für die Verteidigung in dem Hauptverhandlungstermine erster Instanz entschädigen (vgl. Motive S. 390 Mitte); dieselbe begreift vielmehr die Vergütung für alle Mühewaltungen, welche der Rechtsanwalt zur Vorbereitung und Ausführung der Verteidigung im Hauptverfahren, d. h. seit dem Beschlusse über Eröffnung des Hauptverfahrens aufgewendet hat. (Vgl. § 70). Die Gebühr vergilt daher insbesondere auch alle Konferenzen und alle Schriftsätze, welche im Laufe des Hauptverfahrens vorgekommen sind. War der Rechtsanwalt dagegen schon vor dem Eröffnungsbeschlusse, d. h. also im Vorverfahren für den Klienten tätig, so erhält er neben der Gebühr des § 63 auch noch die im § 67 bestimmte Vergütung. 5

2. Es ist gleichgültig, ob der Rechtsanwalt den anwesenden Angeklagten verteidigt oder — in den gesetzlich zulässigen Fällen (StPO. §§ 231, 233, 319, 322, 427, 451, 457, 474) — den nicht anwesenden Angeklagten vertritt. In allen diesen Fällen handelt es sich um eine Verteidigung im Sinne dieses Gesetzes. 6

3. In dem Verfahren bei Einziehungen und Vermögensbeschlagnahmen erfolgt nach § 478 StPO. die Verhandlung in einem Termine, auf welchen die Bestimmungen über die Hauptverhandlung entsprechende Anwendung finden. Vertritt hier der Rechtsanwalt eine Person, welche einen rechtlichen Anspruch auf den Gegenstand der Einziehung, Vernichtung oder Unbrauchbarmachung hat, so steht ihm ebenfalls die Gebühr des § 63 zu. 7

4. Nach der besonderen Bestimmung des § 73 kommt § 63 auch in Ansehung der Gebühren für die Vertretung eines Privatklägers, eines Nebenklägers oder einer Verwaltungsbehörde (§ 464 StPO.) zur Anwendung. 8

9 **IV. Die Gebühr für die Hauptverhandlung.** Die Gebühr des § 63 ist bestimmt für den „Verteidiger in der Hauptverhandlung." Voraussetzung ihrer Entstehung ist danach, daß eine Hauptverhandlung stattgefunden und der Anwalt in ihr die Verteidigung geführt hat. Andererseits aber kommt es auf den Umfang der Verhandlung und das Maß der vom Anwalt entwickelten Tätigkeit nicht an.

10 1. Die Hauptverhandlung muß jedenfalls begonnen haben. Die Hauptverhandlung beginnt in erster Instanz mit dem Aufrufe der Zeugen und Sachverständigen (§ 242 StPO.), ebenso in der Berufungsinstanz (§ 365 StPO.), in der Revisionsinstanz mit dem Vortrage des Berichterstatters (§ 391 StPO.) Danach bildet der Aufruf der Zeugen und Sachverständigen bereits einen Teil der Hauptverhandlung.[1]) Muß wegen Ausbleibens von Zeugen sofort vertagt werden, so hat die Hauptverhandlung dennoch begonnen. Sind Zeugen und Sachverständige nicht geladen, so beginnt die Hauptverhandlung in erster Instanz mit der Vernehmung des Angeklagten über seine persönlichen Verhältnisse[2]) (§ 242 Abs. 2 StPO.), in der Berufungsinstanz mit dem Vortrage des Berichterstatters (§ 365 StPO.) Dagegen liegt der Aufruf des Angeklagten bzw. der Parteien in Privatklagesachen noch vor dem Beginn der Hauptverhandlung.[3]) Wird deshalb nach Feststellung des Ausbleibens des Angeklagten sofort Vertagung beschlossen, so hat eine Hauptverhandlung nicht begonnen.[4])

11 In Schwurgerichtssachen beginnt die Hauptverhandlung mit der Bildung der Geschworenenbank durch Auslosung der Geschworenen (§ 278 StPO.); zu dieser Bildung kann erst geschritten werden, wenn die in §§ 279, 280 StPO. vorgeschriebenen Vorbereitungen getroffen, insbesondere die erforderlichen Entscheidungen über Ausscheiden von Geschworenen getroffen sind. Wenn daher aus irgend einem Grunde, z. B. weil die Mindestzahl von 24 Geschworenen nicht übrig geblieben und die Ergänzung nicht gelungen ist, zur Bildung der Geschwornenbank nicht geschritten werden kann, und deshalb Vertagung erfolgen muß, so hat die Hauptverhandlung nicht begonnen..[5]) Falls die für eine Verhandlung gebildete Geschworenenbank gemäß § 286 StPO. für eine andere Verhandlung beibehalten wird, weil die Beteiligten sich damit vor der Beeidigung der Geschworenen einverstanden erklärt haben, so hat die Hauptverhandlung mit dieser Erklärung, die die Bildung der Geschworenenbank feststellt, begonnen, auch wenn es dann z. B. wegen vorgerückter Zeit nicht zur sachlichen Verhandlung kommt.[6])

12 2. Hat die Hauptverhandlung einmal begonnen, so ist die Gebühr des § 63 verdient. Welchen Umfang die Hauptverhandlung annimmt, ist gleichgültig; insbesondere ist es gleichgültig, ob die Sache durch Erlaß eines Urteils erledigt wird. Wenn daher nach Beginn der Hauptverhandlung die Sache vertagt wird, so erhält der Anwalt die Gebühr des § 63 auch dann, wenn er die Verteidigung in dem weiteren Termine nicht mehr führt.

---

[1]) OLG. Rostock in DJZ. 99 S. 320 und Meckl.Z. 17, 306.

[2]) Vgl. auch OLG. Karlsruhe in Bad.AKZ. 96 S. 48, 6 und Naumb.AKZ. 96 S. 123, 2.

[3]) Dies folgt aus dem Wortlaut der §§ 229, 231 StPO. Ob der Angeklagte ausgeblieben ist, wird durch den Aufruf festgestellt; ergibt der Aufruf das Ausbleiben des Angeklagten, so „findet eine Hauptverhandlung nicht statt", bzw. wird nur ausnahmsweise „zur Hauptverhandlung geschritten". A. M. anscheinend LG. Halle Naumb.AKZ. 87 S. 67.

[4]) Vgl. LG. I Berlin KGBl. 91 S. 50.

[5]) Vgl. RG. JW. 95 S. 123, 12; OLG. Karlsruhe Bad.AKZ. 96 S. 39, 14.

[6]) OLG. Karlsruhe 27. 12. 95 in ArchfStr. 44, 292.

Andererseits ist aber die Gebühr des § 63 eine Bauschgebühr für die 13
Hauptverhandlung. Daraus folgt, daß die Gebühr die Verteidigung in allen notwendigen Terminen zur Hauptverhandlung bis zu deren Abschluß zu vergelten bestimmt ist.

a) Wird die Verhandlung nach deren Beginn vertagt, so ist für die 14
zweite Verhandlung nicht etwa eine neue Gebühr aus § 63 zu liquidieren; vielmehr vergilt die erste Gebühr auch die zweite Verhandlung und es tritt nur eine Erhöhung der Gebühr gemäß § 64 ein (s. unten N. 20—22).

Dasselbe gilt von jeder weiteren Verhandlung bis zur Erledigung der 15
Sache in der Instanz Dabei muß es für die Gebührenfrage gleichgültig erscheinen, ob die Hauptverhandlung nur unterbrochen und binnen vier Tagen fortgesetzt wird, oder ob sie von neuem begonnen werden muß (§ 228 StPO.).

b) Erledigt wird die Instanz nicht nur durch ein Urteil (§ 259 16
StPO.), sondern auch durch einen Beschluß, mittels dessen das Gericht seine Unzuständigkeit ausspricht und die Sache an das zuständige Gericht verweist (§ 270). Daraus ergibt sich, daß für die Verhandlung vor dem zuständigen Gericht von neuem eine Gebühr aus § 63 zu liquidieren ist. Eine neue Gebühr ist ferner auch zu liquidieren, wenn die Sache von der höheren Instanz gemäß §§ 369, 394 StPO. an die untere Instanz zurückverwiesen ist und nun in unterer Instanz zum zweiten Male — ebenso wenn sie zum dritten Male usw. — „anderweit" verhandelt wird. Auch hier war durch das später aufgehobene Urteil die Instanz erledigt. Einen Zweifel könnte nur die Analogie des § 26 für Gebühren in bürgerlichen Rechtsstreitigkeiten ergeben; aber für Strafsachen besteht eben eine derartige ausdrückliche Bestimmung, wie sie für bürgerliche Rechtsstreitigkeiten gemäß § 26 dieses Gesetzes in Verbindung mit § 31 des GKG. aufgestellt ist, nicht, und jene Bestimmung ist nicht ohne weiteres auf Strafsachen zu übertragen, vielmehr ist aus dem Schweigen des Gesetzes für diesen Fall gerade das Gegenteil zu entnehmen. Es kommt ferner in Betracht, daß die gemäß § 394 Abs. 2, 3 der Strafprozeßordnung stattfindende „anderweite" Verhandlung eine ganz neue, selbständige Verhandlung ist und keineswegs nur als eine Wiederholung oder bloße Fortsetzung der früheren Verhandlung angesehen werden kann, da letztere insoweit, als die Aufhebung der Entscheidung reicht, ihre Existenz vollständig verloren hat.[7]) Für die Richtigkeit dieser Auffassung spricht auch die Analogie des § 77 des GKG., nach welchem, wenn im Wiederaufnahmeverfahren das frühere Urteil aufrecht erhalten wird, für das neue Verfahren die Gerichtsgebühren nach denselben Bestimmungen erhoben werden, wie für das frühere.[8])

3. Gleichgültig ist das Maß und der Umfang der Tätigkeit des An- 17
walts; dieselben sind vielmehr lediglich dessen pflichtmäßigem Ermessen überlassen. Es genügt daher eventuell auch schon die bloße Anwesenheit des Anwalts in der Hauptverhandlung, z. B. wenn dieselbe abgebrochen wird, nachdem sie soeben durch Aufruf der Zeugen begonnen hat. Daß der Anwalt bereits in ihr irgend eine Tätigkeit entwickelt hat, ist nicht nötig.

4. Kommt es, nachdem der Anwalt mit der Verteidigung in der Haupt- 18

---

[7]) S. Loewe Anm. 6b am Schlusse zu § 394 StPO. S. 718 und Anm. 5 zu § 393 a. a. O. S. 715.

[8]) Gl. A. Meyer-Irmler Anm. 5 zu § 63 S. 106; Willenbücher Anm. 1d zu § 63 S. 191; Pfafferoth GO. Anm. 5 Abs. 2 zu § 63 S. 190; OLG. Rostock 19. 7. 81 (Mecklb. Z. 2, 129); LG. Halle a. d. S. 15. 10. 87 (Naumb. AKZ. 88 S. 17); LG. I Berlin 5. 4. 89 (KGBl. 92 S. 4); OLG. Oldenburg 27. 12. 02 in DJZ 03 S. 59; a. M. LG. Torgau 28. 5. 85 (Naumb. AKZ. 85 S. 369, 11); LG. Magdeburg 6. 12. 87 (Naumb. AKZ. 88 S. 32, 3), OLG. Jena in ThürBlRpfl. 32, 182, welche nur die Zusatzgebühr des § 64 zubilligen.

verhandlung beauftragt ist, überhaupt **nicht** zur Hauptverhandlung, so steht dem Anwalt auch nicht die Gebühr des § 63 zu. In diesem Falle wird gemäß § 89 eine entsprechende Gebühr zu finden sein, die nach dem Maße der entwickelten Tätigkeit zu schätzen sein wird, aber unter der Gebühr des § 63 verbleiben muß.[9])

19 **V. Erhöhung der Gebühr für die Hauptverhandlung.** Die Gebühr des § 63 für die Hauptverhandlung **erhöht** sich in den beiden Fällen der §§ 64 und 65.

20 A. **Erstreckt** sich die Verhandlung in Strafsachen — mit Ausschluß der Privatklagesachen — auf mehrere Tage, so **erhöhen** sich die Gebühren des § 63 für jeden weiteren Tag der Verteidigung um fünf Zehnteile.

21 1. Die Gebühr nach § 63 ist vom Rechtsanwalte verdient, sobald in seiner Gegenwart die Hauptverhandlung **begonnen** hat (§§ 242, 278 365, 391 StPO.). Durch denselben Umstand ist auch der Anspruch auf die Zusatzgebühr nach § 64 bedingt. Hat also die Hauptverhandlung **noch gar nicht begonnen**, ist z. B. wegen Ausbleibens des Angeklagten im Hauptverhandlungstermine gleich von vornherein, also vor dem Beginne der Hauptverhandlung, **Vertagung** der Sache beschlossen worden, so ist auch der Fall des § 64 nicht gegeben, und die Erhöhung tritt demgemäß nicht ein. Dagegen ist der Anspruch auf die erhöhte Gebühr nicht davon abhängig, daß der Verteidiger bereits aktiv (durch Stellung von Fragen oder Anträgen) an der — demnächst unterbrochenen — Verhandlung sich beteiligt hat. Im übrigen erfolgt die Erhöhung sowohl, wenn die abgebrochene Hauptverhandlung an anderen Tagen da fortgesetzt wird, wo sie vorher aufgehört hatte, als auch dann, wenn sie nach § 228 StPO. von neuem begonnen werden muß.[10]) Auch wenn bloß die Urteilsverkündung ausgesetzt ist und später (innerhalb einer Woche) in einem besonderen Termine stattfindet (§§ 267, 396 StPO.), steht dem Rechtsanwalte für Wahrnehmung dieses Publikationstermines die Gebührenerhöhung nach § 64 zu; denn die Erlassung des Urteils bildet nach § 259 Abs. 1 StPO. stets einen **Teil der Hauptverhandlung**, so daß also ebenfalls ein „Sich-erstrecken der Verhandlung" im Sinne des § 64 vorliegt.[11])

22 2. Unter „Tag" im Sinne des § 64 ist nach der üblichen Auffassung der regelmäßige **Kalendertag**, unter Berechnung von Mitternacht bis Mitternacht, zu verstehen, nicht etwa stets genau ein Zeitraum von 24 Stunden. Der § 64 trifft mithin auch zu, wenn die Hauptverhandlung etwa um 5 Uhr nachmittags begonnen hat und über die Mitternachtsstunde sich ausdehnt, sei es auch auf noch so kurze Zeit nach Mitternachts 12 Uhr.[12])

23 B. Für **Privatklagesachen** gilt **nicht** die Bestimmung des § 64; eine **Erhöhung** der Gebühr des § 63 findet nicht für die Erstreckung der Verhandlung statt, sondern nach § 65 **für eine Beweisaufnahme**.

24 1. Für die Bestimmung des Begriffes einer „**Beweisaufnahme**" im Sinne des § 65 sind die Vorschriften der StPO. (§§ 243 ff.) maßgebend.[13])

---

[9]) Vgl. OLG. Oldenburg DJZ. 03 S. 59.

[10]) OLG. Rostock 28. 2. 91 (Mecklb.Ztschr. 10, 251); OLG. Karlsruhe (Bad.AKZ. 96 S. 48); OLG. Köln 18. 11. 98 (Rhein.Arch. 94 I, 178).

[11]) Vgl. **Osius-Bendix** Anm. zu § 64 GOfRA. S. 409, 410; **Meyer-Irmler** Anm. 1 zu § 64 S. 107.

[12]) Ebenso **Meyer-Irmler** Anm. 2 zu § 64; **Willenbücher** Anm. 2 zu § 64 S. 192; **Schönfeld** S. 49 und **preußisches** Justizministerialreskript vom 30. 12. 84 — IV 1124 — (ArchStS. 36, 30). Vgl. auch Erläut. zu § 78 GO.

[13]) Voraussetzung ist natürlich eine Beweisaufnahme innerhalb des Hauptverfahrens; LG. I Berlin KGBl. 96 S. 109. — Wenn in der Berufungsverhandlung vor dem Land-

Gleichgültig ist es, ob die Beweisaufnahme vor dem erkennenden Gerichte oder vor einem ersuchten oder beauftragten Richter (StPO. § 222) stattgefunden hat. Fraglich könnte es nur sein, ob der Rechtsanwalt die Gebühr des § 65 auch dann zu beanspruchen hat, wenn er einer solchen Beweisaufnahme vor einem ersuchten oder beauftragten Gerichte nicht beigewohnt hat. Diese Frage wird zu bejahen sein. Denn es handelt sich hier nicht speziell um eine Beweisgebühr (im Sinne des § 13 Nr. 4), sondern um eine Erhöhung der Gebühr für die Verteidigung in der Hauptverhandlung auf Grund des Umstandes, daß eine Beweisaufnahme stattgefunden hat, und daß dadurch die Mühewaltung des Rechtsanwaltes, welcher bei Führung der Verteidigung das Ergebnis der Beweisaufnahme zu berücksichtigen hat, eine größere geworden ist, gleichviel, ob der Rechtsanwalt den auswärtigen Beweistermin selbst wahrgenommen hat oder nicht. Für diese Auffassung spricht auch der Wortlaut der gesetzlichen Vorschrift, welche — ohne eine weitere Unterscheidung zu treffen — die Erhöhung lediglich von der Voraussetzung abhängig macht, daß eine Beweisaufnahme stattgefunden hat[14]) Demgemäß ist auch in der Reichstagskommission auf geschehene Anregung zum Protokolle vom 20. 3. 79 konstatiert worden, daß, wenn es in den auf Privatklage verhandelten Sachen überhaupt zu einer Beweisaufnahme komme, die Erhöhung der im § 63 bestimmten Gebühr um 6 M. eintrete.[15])

2. Die Erhöhung der Gebühr um 6 M. nach § 65 tritt auch bei mehr- 25
facher Beweisaufnahme in derselben Sache immer nur einmal ein. Dies ergibt schon der Wortlaut des § 65. Durch wen die Beweisaufnahme veranlaßt worden, ob durch den Privatkläger oder durch dessen Gegner, ist belanglos.[16])

3. Die in den §§ 63 bis 65 aufgestellten Gebührenvorschriften beziehen 26
sich — soweit dieselben Privatklagesachen betreffen — zunächst nur auf den Verteidiger des Angeklagten; gemäß § 73 Abs. 1 finden jedoch diese Bestimmungen auch auf die Vertretung des Privatklägers entsprechende Anwendung.

VI. Vergleich im Privatklageverfahren. Eine besondere Vergleichs- 27
gebühr im Privatklageverfahren ist der GO. fremd, und für den mit der Vertretung bzw. Verteidigung überhaupt betrauten Rechtsanwalt neben dessen sonstigen Gebühren auch nicht anzuerkennen. Es mag zugegeben werden, daß die Tätigkeit des in einer Privatklagesache bevollmächtigten Rechtsanwaltes durch dessen Bemühungen um das Zustandebringen eines Vergleiches eine unter Umständen erhebliche Steigerung erfahren, und daß dann für diese Mehrarbeit auch ein besonderer Vergütungsanspruch gerechtfertigt erscheinen kann; es wird dies jedoch nicht immer der Fall sein, es kann ja sogar oft das Gegenteil ein-

gerichte die Aussagen von bereits erstinstanzlich vor dem Schöffengerichte vernommenen Zeugen verlesen worden sind, so hat eine „Beweisaufnahme" im Sinne des § 65 der GO f RA. stattgefunden. OLG. Jena StS. 12. und 26. 5. 91 (Thür BlfR. 38, 275). Ist jedoch die Vorlesung der erstinstanzlichen Zeugenaussagen im unmittelbaren Anschlusse an den Vortrag des Urteils erster Instanz und also vor dem Gehör des Angeklagten erfolgt, so kann man in dieser Vorlesung nur einen Teil der Berichterstattung, nicht eine Beweisaufnahme im Sinne des § 65 der GO. erblicken. OLG. Jena Feriensenat 5. 8. 93 (Thür. BlfR. 41, 166, 167). — In betreff der „Verlesung von Urkunden 2c." (§ 248 StPO.) vgl. noch Beschluß des LG. Halle 16. 9. 90 (Naumb.AKZ. 90 S. 94 Ziff. 2) und LG. I Berlin (KGBl. 91 S. 119).

[14]) LG. Halle 14. 2, 87 (Naumb.AKZ. S. 67 Ziff. 1 b).

[15]) S. Bölk Note 2 zu § 65 S. 118; vgl. auch Meyer-Irmler Anm. 2 zu § 65 S. 107.

[16]) OLG. Rostock 20. 5. 80 (Mecklb.Z. 1, 39).

treten, so z. B. dann, wenn gleich im ersten Hauptverhandlungstermine noch vor Beginn der prozessualischen Verhandlung der Vergleich hauptsächlich durch die erfolgreichere Mitwirkung des Richters zustande kommt und dadurch dem Rechtsanwalte, welchem trotzdem die volle Gebühr des § 63 zusteht, ein beträchtlicher Teil an Zeit und Arbeit erspart bleibt, indem die weitere Wahrnehmung der Interessen des Privatklägers bzw. die eigentliche Verteidigung des Beschuldigten sich dann vollständig erübrigt. Die Annahme, daß die Nichtfestsetzung einer Vergleichsgebühr für das Privatklageverfahren auf einem Übersehen der gesetzgebenden Faktoren beruhe, und daß deshalb eine solche Gebühr nach der Hilfsvorschrift des § 89 unter Heranziehung analoger Bestimmungen ersatzweise zu konstruieren sei, kann nicht für begründet erachtet werden. Wie aus den Motiven zum § 65 klar hervorgeht, hat der Gesetzgeber den Fall, daß das Verfahren sehr häufig vor Erlaß eines Urteils durch Zurücknahme der Privatklage bzw. durch Vergleich seinen Abschluß findet, sehr wohl im Auge gehabt und dabei auch die nahe Verwandtschaft des Verfahrens in Privatklagesachen mit demjenigen in bürgerlichen Rechtsstreitigkeiten in vergleichende Berücksichtigung gezogen. Es war demnach für den Gesetzgeber sehr naheliegender Anlaß vorhanden zu der Erwägung, ob eine der Vergleichsgebühr in Zivilprozessen (§ 13 Nr. 3) entsprechende Gebühr nicht auch für das Privatklageverfahren zu statuieren sei, zumal die Gesichtspunkte, welche den Vergleich in bürgerlichen Rechtsstreitigkeiten bei Normierung der Anwaltsgebühren einer besonderen, gesetzlichen Begünstigung wert erscheinen ließen (s. Erläut. I Abs. 7 zu § 13 oben S. 166), in wesentlich gleichem Maße auch für das Privatklageverfahren zutreffen. Bei dieser Sachlage läßt sich nun mit Grund gewiß nicht behaupten, daß der Fall der Beendigung des Privatklageverfahrens durch Vergleich dem Gesetzgeber entgangen sei, vielmehr ist aus dem Umstande, daß dessen ungeachtet eine ausdrückliche Bestimmung über eine solche Vergleichsgebühr im Gesetze keine Aufnahme gefunden hat, die berechtigte Schlußfolgerung zu ziehen, daß der Gesetzgeber von einer solchen Normierung mit gutem Vorbedachte Abstand genommen hat, weil er dem Rechtsanwalte im Privatklageverfahren eine besondere Gebühr für das Zustandebringen eines Vergleiches bzw. für die Mitwirkung bei einem zur Beilegung der Sache abgeschlossenen Vergleiche nicht hat zubilligen wollen. Die mittelbare Aufstellung einer solchen Gebühr auf der Grundlage analoger Taxvorschriften würde mithin der deutlich erkennbaren gesetzgeberischen Ansicht widerstreiten und erscheint demgemäß unzulässig. Der mit Vollmacht für das Verfahren versehene Rechtsanwalt hat daher auch im Falle der Erledigung einer Privatklagesache durch Vergleich, ohne Unterschied, in welchem größeren oder geringeren Umfange er dabei mittätig gewesen ist, nur auf die regelmäßigen gesetzlichen Gebühren nach § 67 (für das Vorverfahren), § 63 (für das Hauptverfahren) und bzw. § 65 (bei stattgehabter Beweisaufnahme) begründeten Anspruch. Etwaige Unbilligkeiten oder Härten in dieser Hinsicht können überdies mit Hilfe des zugelassenen Prinzips der Vertragsfreiheit leicht ausgeglichen werden.[17])

28 Sollte der seltene und außergewöhnliche Fall vorkommen, daß dem Rechtsanwalte in einer Privatklagesache, ohne dessen Bevollmächtigung für das Verfahren überhaupt, seitens einer Partei ausschließlich der Auftrag erteilt wird, einen Vergleich mit der Gegenpartei anzubahnen und zum Abschlusse zu bringen, so wird dem Rechtsanwalte, welcher einen solchen Auftrag

[17]) Vgl. LG. Hirschberg 25. 1. 87 (Bresl.AKZ. 88 S. 28; Naumb.AKZ. 88 S. 103, 4) und LG. I Berlin 5. StK. 25. 3. 91 (KGBl. S. 50, 51); ebenso Meyer-Irmler Anm. 4 vor § 63 S. 104; Willenbücher S. 202 in Anm. 2 zu § 70 GO. — A. M. Mosson in JW. 88 S. 147, 148 und LG. Halberstadt 8. 2. 89 (Naumb.AKZ. 90 S. 64, 2).

annimmt und ausführt, mit Rücksicht darauf, daß er dann in gleicher Weise mit der ganzen Sache erschöpfend befaßt wird wie bei der Vertretung des Privatklägers oder bei der Verteidigung des Beschuldigten im Hauptverfahren, als entsprechende Vergütung für diese Tätigkeit im Sinne des § 89 die volle Instanzgebühr des § 63 zuzubilligen sein, wobei die analoge Bestimmung in § 37 Abs. 3 GO. den passenden Anhalt gewährt.[18])

§ 66.

In der Berufungsinstanz sowie in der Revisionsinstanz stehen dem Rechtsanwalte die in den §§ 63 bis 65 bestimmten Sätze zu. Die Stufe bestimmt sich nach der Ordnung des Gerichts, welches in erster Instanz erkannt hat.

I. Motive. Die Gebühren in den höheren Instanzen anders zu bemessen als in erster Instanz, liegen ausreichende Gründe nicht vor. Die abweichenden Vorgänge der bestehenden Tarife können auch hier um so weniger maßgebend sein, als zwischen denselben Gegensätze bestehen. Die Vorschrift des preußischen Rechtes (§ 15 B des Gesetzes vom 5. 5. 53, § 17 C der Verordnung vom 30. 8. 67), welche, wenn der Angeschuldigte das Rechtsmittel eingelegt hat, die Gebühren nach der in erster Instanz erkannten Strafe bemißt, paßt nicht in das System des Entwurfs; für die Fälle der Einlegung des Rechtsmittels seitens des Staatsanwaltes stimmt der Entwurf mit dem in Preußen diesseits des Rheins geltenden Rechte überein. 1

Auch für die bei dem Reichsgerichte zugelassenen Rechtsanwälte konnte eine Erhöhung der Gebühren (nach Analogie des § 52) nicht in Frage kommen, weil jeder Rechtsanwalt befugt ist, vor dem Reichsgerichte als Verteidiger aufzutreten (RAO. § 26).

II. Bedeutung des § 66. § 66 bestimmt lediglich die Gebühren des Verteidigers für die Hauptverhandlung der Berufungs- bzw. Revisionsinstanz. Für die Tätigkeit außerhalb der Hauptverhandlung werden die Gebühren in §§ 68, 69, 71 bestimmt, jedoch nur für den Fall, daß der Auftrag sich auf diese Einzeltätigkeiten beschränkt. (Vgl. § 70.) 2

III. Die Gebühren. Die Gebühr für die Verteidigung in der Hauptverhandlung ist in den höheren Instanzen keine höhere, wie in der unteren Instanz. Die Gebührenstufe richtet sich auch für die höheren Instanzen nach dem Gericht der unteren Instanz. Hat daher in erster Instanz das Schöffengericht erkannt, so beträgt in den höheren Instanzen die Gebühr — abgesehen von den Erhöhungsgründen der §§ 64, 65, 72 — immer nur 12 M.; hat die Strafkammer in erster Instanz erkannt, so beträgt die Gebühr immer nur 20 M. 3

Nach den §§ 63, 66 belaufen sich demgemäß die Gebühren der Rechts-

[18]) Über die juristische Natur derartiger Vergleiche und über die Streitfrage, ob dieselben „zur Zwangsvollstreckung geeignete Titel" im Sinne des § 98 ZPO. darstellen und demgemäß eine geeignete bzw. zulässige Unterlage für das gerichtliche Kostenfestsetzungsverfahren bilden, s. die Ausführungen von Dr. de Jonge in der DJZ. 88 S. 110 bis 112, Blome in Goltd. 41, 26 und Gorden in Goltd. 45, 20. Vgl. auch § 73 N. 8 und Anm. 9 und § 75 N. 3.

anwälte für die Verteidigung im Hauptverfahren in Strafsachen regelmäßig auf folgende Sätze:

A. vor dem Schöffengerichte auf 12 M.,

B. vor dem Landgerichte:

a) wenn dasselbe als Berufungsgericht in zweiter Instanz entscheidet (GVG. § 76), auf 12 M.,

b) wenn es als erkennendes Gericht in erster Instanz entscheidet (GVG. §§ 73, 74), auf 20 M.,

C. vor dem Schwurgerichte auf 40 M.,

D. vor dem Oberlandesgerichte:

a) wenn dasselbe in dritter Instanz über das Rechtsmittel der Revision gegen Urteile der Strafkammern in der Berufungsinstanz entscheidet (GVG. § 123 Nr. 2), auf 12 M.,

b) wenn es in zweiter Instanz über das Rechtsmittel der Revision gegen erstinstanzliche Urteile der Strafkammern entscheidet (GVG. § 123 Nr. 3), auf 20 M.,

E. vor dem Reichsgerichte:

a) wenn dasselbe in dritter Instanz über das Rechtsmittel der Revision gegen Urteile der Strafkammern in der Berufungsinstanz entscheidet (GVG. § 136 Abs. 2), auf 12 M.,

b) wenn dasselbe in zweiter Instanz über das Rechtsmittel der Revision gegen erstinstanzliche Urteile der Strafkammern entscheidet (GVG. § 136 Abs. 1 Nr. 2), auf 20 M.,

c) wenn es in zweiter Instanz über das Rechtsmittel der Revision gegen Urteile der Schwurgerichte entscheidet (GVG. § 136 Abs. 1 Nr. 2), auf 40 M.,

d) wenn es in erster und letzter Instanz entscheidet (GVG § 136 Abs. 1 Nr. 1), auf 40 M. —

4 Diese regelmäßigen Sätze steigern sich, wenn einer der Erhöhungsgründe der §§ 64, 65, 72 vorliegt, auf dem anderthalbfachen Betrag Eine weitere Steigerung kann eintreten, wenn beide Erhöhungsgründe zusammentreffen.

5 **IV. Gebühr für die Reichsgerichtsanwälte.** Eine Erhöhung der Gebühren findet auch für die beim Reichsgericht zugelassenen Anwälte in der Revisionsinstanz nicht statt; eine dem § 52, der sich nur auf Vertretung in Zivilsachen bezieht, entsprechende Bestimmung ist nicht getroffen.

§ 67.

Für die Verteidigung im Vorverfahren erhält der Rechtsanwalt:

1. in den zur Zuständigkeit der Schöffengerichte gehörigen Sachen . . . . 6 Mark;
2. in den zur Zuständigkeit der Strafkammer gehörigen Sachen . . . . 10 Mark;
3. in den zur Zuständigkeit der Schwurgerichte oder des Reichsgerichts gehörigen Sachen . . . . 20 Mark.

1 **I. Motive.** Die Verteidigung im Vorverfahren (§§ 137, 142 StPO.), welche niemals eine notwendige ist, muß als ein völlig abgesonderter Teil

der Tätigkeit eines Verteidigers angesehen werden. Sie muß deshalb auch besonders vergütet werden. Die Bemessung der Gebühr auf die Hälfte der Sätze des § 63 sucht dem Durchschnittsmaße der zu entwickelnden Tätigkeit gerecht zu werden. Hervorzuheben ist, daß für die Bestimmung der Stufe es darauf ankommt, welches Gericht zuständig ist, nicht vor welchem in erster Instanz die Hauptverhandlung stattfindet (§ 63). Auf die Zuständigkeit allein konnte das entscheidende Gewicht gelegt werden, weil es sonst an einem Maßstabe für diejenigen Sachen fehlen würde, in welchen es zu einem Hauptverfahren nicht kommt.

2 II. **Das Vorverfahren.** Eine Begriffsbestimmung des Wortes „Vorverfahren", welche jeden Zweifel ausschließen möchte, ist weder in der Strafprozeßordnung, aus welcher dieser Ausdruck entnommen ist und deren Bestimmungen darüber also auch hier maßgebend sein müssen, noch in diesem Gesetze enthalten. Als unbestritten kann angenommen werden, daß das „Vorverfahren" eines Strafprozesses sowohl die Vorbereitung der öffentlichen Klage (das sog. Vorbereitungsverfahren, richtiger: Ermittlungsverfahren, — Buch 2 Abschnitt 2 §§ 156 bis 175 StPO. —), als auch die gerichtliche Voruntersuchung (ebenda Abschnitt 3 §§ 176 bis 195) umfaßt. Dies ist aus § 65 der StPO. mit ziemlicher Gewißheit zu folgern; denn der im 4. Absatze dieses Paragraphen gebrauchte Ausdruck „Vorverfahren" soll offenbar ebensowohl auf die im 2. Absatze daselbst erwähnte „Voruntersuchung", als auch auf das „vorbereitende Vorfahren", wovon im 3. Absatze daselbst die Rede ist, Bezug haben und beide Verfahren begreifen. Darin stimmen auch die Kommentatoren der StPO. überein.[1]) Streitig dagegen ist, ob auch derjenige Abschnitt des Verfahrens, welcher zwischen der Erhebung der öffentlichen Klage bzw. der Einreichung der Anklageschrift seitens der Staatsanwaltschaft und dem Beschlusse des Gerichtes, durch welchen das Hauptverfahren eröffnet wird, inmitten liegt und welcher in der Überschrift zum 4. Abschnitte des zweiten Buches der StPO. als „Entscheidung über die Eröffnung des Hauptverfahrens" bezeichnet ist, insbesondere aber auch das darunter begriffene, in Gemäßheit des § 199 StPO. eintretende Verfahren im Sinne der Strafprozeßordnung und dieses Gesetzes zum „Vorverfahren" oder zum „Hauptverfahren" oder wohin sonst gehört. Der § 199 war in dem Entwurfe der StPO. nicht enthalten; derselbe ist erst durch die Reichstagskommission aufgenommen worden, um in denjenigen Strafsachen, in welchen es keine Berufungsinstanz gibt, dem Angeschuldigten für den Wegfall dieses Rechtsmittels einigen Ersatz zu bieten durch Gewährung eines erhöhten Schutzes gegen die Gefahr, daß die Hauptverhandlung ohne genügende Vorbereitung der Verteidigung stattfinde.[2]) In Konsequenz dieser Einschaltung des § 199 ist dann auch dem § 140 der StPO. noch nachträglich der Absatz 3 hinzugefügt worden, welcher die Bestimmung enthält, daß in den dort bezeichneten Fällen der notwendigen Verteidigung dem Angeschuldigten schon dann ein Verteidiger von Amts wegen zu bestellen ist, „sobald die im § 199 vorgeschriebene Aufforderung stattgefunden hat". Wenn nun der zum Verteidiger gewählte oder bestellte Rechtsanwalt für seinen Klienten bereits auf Grund des § 199, also noch vor der eigentlichen Eröffnung des Hauptverfahrens, in Tätigkeit getreten ist, indem er z. B. Einwendungen gegen die Eröffnung des Haupt-

[1]) Vgl. insbesondere Loewe StPO. Anm. 5 zu § 65 und Anm. 3 zu § 66, sowie Nr. 2 der allgemeinen Bemerkungen zum 2. bis 6. Abschnitte des zweiten Buches; ferner Thilo StPO. Note 6 zu § 65; Dochow-Hellweg, Vorbem. zu Buch 2 StPO. S. 90; Dochow, Reichsstrafprozeß § 58 (IX. Gliederung des Verfahrens) Nr. 1 u. a.
[2]) Protokolle S. 300ff., 315ff.: Hahn, Materialien zur StPO. II, 1546.

verfahrens erhoben, oder sonstige Anträge auf Einleitung einer Voruntersuchung bzw. auf Ergänzung der bereits stattgehabten Voruntersuchung bzw. auf Vornahme einzelner Beweiserhebungen vor der Hauptverhandlung gestellt hat, so entsteht demgemäß die Frage, wie diese Anwaltstätigkeit zu vergüten ist. In der Rechtsprechung haben sich darüber dreierlei Ansichten gebildet. Nach der einen Meinung gehöre die fragliche Tätigkeit schon zum Hauptverfahren und werde durch die Bauschgebühr des § 63 mit abgegolten.[3]) Nach einer zweiten Meinung falle die fragliche Tätigkeit weder in das Vorverfahren noch in das Hauptverfahren, da ersteres bereits mit Einreichung der Anklageschrift seitens der Staatsanwaltschaft abschließe, letzteres dagegen erst mit dem im § 201 StPO. vorgesehenen Gerichtsbeschlusse beginne, sondern bewege sich in dem Stadium eines „Zwischenverfahrens", welches sich zwischen Vorverfahren und Hauptverfahren einschiebe; da nun für die Vergütung der Anwaltstätigkeit in diesem „Zwischenverfahren" die GO. keine ausdrückliche Bestimmung enthalte, so sei die Gebühr nach dem subsidiären § 89 festzusetzen, und gewähre für solche Festsetzung der § 67 den geeigneten Anhalt.[4]) Nach dieser Ansicht kann die Gebühr des § 67 in derselben Strafsache seitens desselben Rechtsanwalts unter Umständen zweimal zum Ansatze kommen, wenn nämlich der Rechtsanwalt außer in dem gedachten sog. „Zwischenverfahren" auch noch im eigentlichen Vorverfahren d. h. im Vorbereitungsverfahren oder in der gerichtlichen Voruntersuchung tätig gewesen ist. Nach der dritten und vorherrschenden Meinung sei die in Rede stehende Tätigkeit des Verteidigers zum Vorverfahren zu rechnen und also nach § 67 zu vergüten.[5])

3 Von diesen drei Meinungen kann nur die letzte als die richtige anerkannt werden; denn nur die dieser dritten Ansicht zugrunde liegende Auffassung, daß die zufolge § 199 StPO., sowie jede von der eigentlichen Eröffnung des Hauptverfahrens aufgewendete Tätigkeit des Verteidigers noch in den Bereich des Vorverfahrens fällt, entspricht der Terminologie der StPO. und tritt mit keiner ausdrücklichen Vorschrift der Gesetze in Widerspruch. Abgesehen von dem (hier nicht interessierenden) technischen Begriffe der „Untersuchung", worunter die Prozeßstadien der Voruntersuchung und des Hauptverfahrens zusammengefaßt werden, im Gegensatze zu dem Vorbereitungs- bzw. Ermittlungs- (Skrutinial-) Verfahren hat die StPO. in Ansehung der Gliederung des Verfahrens erster Instanz nur die Unterscheidung zwischen dem „Hauptverfahren" und dem „Vorverfahren" aufgestellt, ohne indessen über die Ausdehnung bzw. über den Umfang dieser Zeitabschnitte des Verfahrens genauere Bestimmungen zu treffen. Als unstreitig feststehend kann jedenfalls angenommen werden, daß das „Hauptverfahren" erst mit dem gemäß § 201 der StPO. gefaßten Er-

---

[3]) So: OLG. Oldenburg in JW. 87 S. 262, 263 und OLG. Rostock 20. 7. 80 (Mecklb. Ztschr. 1, 41); letzteres hat jedoch in dem neueren Beschlusse vom 28. 5. 88 (Mecklb. Ztschr. 8, 166—169) der dritten Meinung sich angeschlossen.

[4]) So: OLG. Dresden 28. 3. 81 (Dresd. Ann. 2, 504; Wallm. Bd. VI 82 S. 414) und LG. Torgau 16 6. 91 (Naumb. AKZ. S. 88, 2).

[5]) So: OLG. München 21. 1. 82 (Zeitschrift des Anwaltsvereins für Bayern XXII. Jahrg. S. 40, 47: Wallm. VI 82 S. 716; Wengler R. F III, 431), OLG. Breslau 12. 12. 83 (JW. 84 S. 40; DRAZ. II 84 S. 61, 62), OLG. Stuttgart 9. 1. 86 (JW. S. 213, 214), LG. Halberstadt (Naumb AKZ. 87 S. 14 Ziff. 5; Schreibst. III. Jahrg. S. 106), OLG. Jena 12. 4. 87 (Thür.BlfR. 35, 178—181), OLG. Rostock 28. 5. 88 (Mecklb.Ztschr. VIII 89 S. 166—169), OLG. Karlsruhe 5. 11. 88 und 8. 11. 88 (JW. 89 S. 90; Bad.Annal 89 S. 311—313); KG. 23. 4. 91 (ArchfStr. 39, 198); KG. X 3 4. 95 (JMBl. 95 S. 161; Bresl.AKZ. 95 S. 32; KGBl. 95 S. 68); OLG. Karlsruhe 3. 12. 95 (Bad.AKZ. 96 S. 55); LG. I Berlin 30. 10. 90 (KGBl. 90 S. 95); LG. Darmstadt JW. 90 S. 330; LG. Halberstadt Naumb.AKZ. 87 S. 14.

öffnungsbeschlusse, womit die Strafsache bei dem erkennenden Gerichte anhängig wird, seinen Anfang nimmt.[6]) Der im § 201 der StPO. erwähnte Beschluß des Gerichtes auf Eröffnung des Hauptverfahrens bildet also die natürliche Grenzscheide zwischen „Hauptverfahren" und „Vorverfahren", und es kann hiernach nicht zweifelhaft sein, daß alle vor Erlaß dieses Eröffnungsbeschlusses liegenden Handlungen noch zum Vorverfahren gehören,[7]) mithin auch die zufolge des § 199 von dem Verteidiger entfaltete Tätigkeit. Die Richtigkeit dieser Auslegung findet ihre Bestätigung in den mannigfachen Bestimmungen der StPO., welche in irgend einer Beziehung von dem Vorverfahren handeln. (Vgl. §§ 58, 65, 66, 82, 142, 149, 208, 232, 250). Einen besonders deutlichen Beweis liefert die Vorschrift in § 250 Abs. 2, inhalts deren das „Vorverfahren" und das „nach Eröffnung des Hauptverfahrens" eintretende Verfahren als verschiedene, aufeinanderfolgende bzw. sich begrenzende Prozeßstadien in alternativer Konstruktion einander gegenübergestellt sind. Auch aus den Bestimmungen in § 23 Abs. 3 der StPO. und in § 80 der RAO. erhellt, daß die Entscheidung über die Eröffnung des Hauptverfahrens noch nicht zum Hauptverfahren zu rechnen ist. Zieht man außerdem in Betracht, daß wie in den §§ 63 und 67 dieses Gesetzes so auch an mehreren Stellen der Strafprozeßordnung — vgl. § 58 Abs. 2, § 65 Abs. 1 und Abs. 4, § 149 Abs. 1 und Abs. 3 — der Ausdruck „Vorverfahren" in unmittelbaren Gegensatz gebracht ist zur „Hauptverhandlung", d. h. also zu einem erst späteren Abschnitte des Hauptverfahrens, woraus leicht gefolgert werden könnte, daß das Vorverfahren sogar bis an die Hauptverhandlung heranreiche,[8]) so ist für die Bestimmung des Begriffes „Vorverfahren" sicherlich eine ausdehnende Auslegung mit weit größerem Rechte angezeigt, als eine einschränkende. Aus allen diesen Gründen kann es keinem Bedenken unterliegen, daß im Sinne der StPO. und dieser GO. die auf Grund des § 199 StPO. von dem Verteidiger entwickelte Tätigkeit ebenso wie jede andere vor dem Beschlusse über die Eröffnung des Hauptverfahrens (§ 201 StPO.) aufgewendete Mühewaltung zum „Vorverfahren" gehört und daß der Rechtsanwalt hierfür gemäß § 67 Vergütung beanspruchen kann.[9]) [10])

[6]) Vgl. Loewe in Note 2a zu § 66 StPO. S. 285: „Die StPO. versteht unter dem „Hauptverfahren" nicht die Hauptverhandlung, sondern denjenigen Abschnitt des Prozesses, welcher mit dem in § 201 bezeichneten Beschlusse beginnt und während dessen die Sache bei dem erkennenden Gerichte anhängig ist: die Hauptverhandlung ist ein Teil des Hauptverfahrens," desgl. in Nr. 2 der Vorbem. zum 2. bis 6. Abschnitte des 2. Buches der StPO. S. 419; ebenso Dochow-Hellweg in der Vorbem. zum 2. Buche der StPO. S. 90, Dochow Reichsstrafprozeß § 58 Nr. 1 Abs. 3 und andere.

[7]) Dies war nach den Protokollen der Justizkommission des Reichstages (s. S. 825) auch die Auffassung der betreffenden Redaktionskommission. Vgl. auch Pfafferoth Handb. S. 71 Anm. 5: „Das Vorverfahren — schließt mit dem die Eröffnung des Hauptverfahrens anordnenden Beschlusse ab." Ebenso KG. X 22. 9. 00 (KGBl. 00 S. 101.)

[8]) Angenommen ist dies z. B. von Meyer Prozeßkosten S. 68 in der Anm. zu § 67 GO., wo er „Vorverfahren" als das „Verfahren vor der Hauptverhandlung" erklärt.

[9]) Ebenso: Meyer-Irmler Anm. 2 S. 109; Willenbücher S. 194, 195 in Anm. 3 zu § 67: Pfafferoth GO. S. 194 in Anm. 4 zu § 67; Osius-Bendix S. 410; Schönfeld S. 50; R. Sydow S. 40 in Anm. 1 zu § 67; Fuchs in ArchfStR. 35, 85; Kronecker ebenda 36, 197 ff., 205; Hassenstein ebenda 36, 30; Wyszomirski ebenda 35, 245; Pinner JW. 85 S. 231. Gleicher Meinung ist auch der preußische Justizminister, welcher seine übereinstimmende Ansicht in der durch Runderlaß vom 1. 10. 84 I 3253 mitgeteilten Verfügung v. 3. 7. 84 I 06 (ArchfStR. 36, 30, 31; Naumb.AKZ. 84 S. 301: Müller S. 124, 125) folgendermaßen zum Ausdrucke gebracht hat:

„Ew. ꝛc. erwidere ich, daß ich Ihre Auffassung, wonach das Vorverfahren im Sinne des § 67 der GOfRA. vom 7. 7. 79 erst durch den Beschluß über die Eröffnung des Hauptverfahrens (§ 201 der StPO.) seine Beendigung findet, für zu-

4 **III. Vorverfahren im Privatklageverfahren.** Auch in den auf Privatklage verhandelten Strafsachen muß eine Gliederung des Verfahrens in ein „Vorverfahren“ und in ein „Hauptverfahren“ angenommen werden. Zwar kann in Privatklagesachen von einer gerichtlichen Voruntersuchung keine Rede sein, weil dieselbe gemäß § 176 Abs. 3 StPO. in allen zur Zuständigkeit der Schöffengerichte gehörigen Sachen überhaupt für unzulässig erklärt ist. Auch ist ein eigentliches Ermittlungsverfahren im Sinne der §§ 158ff. StPO. hier streng genommen nicht recht denkbar. Andererseits erscheint jedoch das in Gemäßheit der §§ 421 bis 423 StPO. eintretende Verfahren dem in Abschnitt 4 Buch 2 der StPO. behandelten Verfahren („Entscheidung über die Eröffnung des Hauptverfahrens“), welches nach den Ausführungen in der vorstehenden Erläuterung II eben noch zum „Vorverfahren“ zu rechnen ist, insofern sehr nahe verwandt, als darin ebenfalls die Entscheidung über die Eröffnung des Hauptverfahrens erst vorbereitet wird, und ebenso der Verkehr zwischen Gericht und Parteien, soweit ein solcher noch vor dem Beschlusse über die Eröffnung des Hauptverfahrens erfolgen soll, nach ganz gleichartigen Vorschriften, wie bei den auf öffentliche Klage zu verhandelnden Strafsachen, sich abwickelt.[11]) Auch in Privatklagesachen ist die sachliche Unterscheidung zwischen „Vorverfahren“, d. h. der vorbereitenden Tätigkeit des Amtsrichters, und „Hauptverfahren“, d. h. der erkennenden Tätigkeit des Schöffengerichtes, nach Maßgabe der Vorschriften der StPO. nicht zu verkennen, wenngleich diese Unterscheidung formell nicht besonders betont bzw. nicht mit

---

treffend erachte. Die abweichende Ansicht, daß das Vorverfahren ausschließlich das Verfahren zur Vorbereitung der öffentlichen Klage und die gerichtliche Voruntersuchung umfasse (StPO. zweites Buch Abschnitte 2 und 3), würde zu der durch nichts begründeten Annahme eines Zwischenverfahrens führen, welches aus den Prozeßhandlungen nach Abschluß des Vorverfahrens (im Sinne dieser abweichenden Meinung) bis zur Eröffnung des Hauptverfahrens bestände. Alle Prozeßhandlungen, welche nicht dem Hauptverfahren angehören, müssen im Sinne des allegierten § 67 zum Vorverfahren gerechnet werden, mithin alle diejenigen Handlungen, welche, da sie vor Eröffnung des Hauptverfahrens vorgenommen worden, nicht Teile desselben sein können rc.“

Ebenso in den späteren preuß. JMReskripten vom 10. 7. 90 (Naumb.AKZ. S. 95 Ziff. 3, Bresl.AKZ. S. 72), vom 18. 1. 92 IVa 4499 (Bbl. S. 62) und vom 14. 11. 92 I 4599 (KGBl. 93 S. 50, Bbl. 93 S. 78). Vgl. auch Verfügung der Vorstandsbeamten des OLG. Königsberg vom 9. 7. 84 O. 5885 (ArchiStR. 36, 31, 32). Ebenso vgl. RG.St. 18, 417.

[10]) In den Verfahrensarten ohne Eröffnungsbeschluß fehlt die Scheidung in Vor- u. Hauptverfahren. Man wird den Strafbefehl dem Eröffnungsbeschluß gleichstellen müssen. Vgl. Willenbücher Anm. 3 letzter Absatz S. 195 und Thiesing in JW. 06 S. 100.

[11]) Diese augenscheinliche Gleichartigkeit hebt schon Meves hervor in „Das Strafverfahren nach der DStPO. (Berlin 79)“, wo S. 157 Note 47 zum Privatklageverfahren folgendes ausgeführt ist:

„Nach § 423 StPO. soll der Richter über die Eröffnung des Hauptverf. nach Maßgabe der Bestimmungen entscheiden, welche bei einer vom StA. ohne vorgängige Voruntersuchung erhobenen Anklage Anwendung finden. Er ist deshalb berechtigt, vor der Beschlußfassung noch Erhebungen zur Aufklärung des Sachverhältnisses aufzunehmen. Diese seine vorbereitende Tätigkeit hat sich hauptsächlich auf die Einwendungen des Besch. zu beziehen. Bestehen dessen Erklärungen nur in einem Bestreiten des tatsächlichen Vortrages der Klage, so ist für solche Vorermittlungen kein Grund gegeben. Erhebt er Einreden, so können dies solche sein, die entweder das Klagerecht des Privatkl. ausschließen sollen, wie z. B. die Einrede der Verspätung des Strafantrages, der Verzeihung und des Vergleiches, der bereits in einem anderen Verf. erfolgten Bestrafung wegen der Tat, der Anhängigkeit einer von einem Mitkl. oder zweiten Antragsberechtigten schon angestellten Privatkl. usw., oder aus tatsächl. Gründen dem Kl. das Recht zur Kl. absprechen sollen, wie z. B. die Einrede der Erwiderung auf der Stelle. Nur die ersteren sind einer Prüfung und Vorermittlung zu unterziehen, da ihre Richtigkeit der Eröffnung des Hauptverf. entgegensteht, während die Wirksamkeit der letzteren auf dem Ergebnisse der Beweisaufnahme beruht und dem Ermessen des erkennenden Richters überlassen bleiben muß.“

ausdrücklichen Worten hervorgehoben ist. Es kommt ferner in Betracht, daß, wenn der Rechtsanwalt des Beschuldigten gemäß § 422 StPO. eine Gegenerklärung anfertigt und bei Gericht einreicht, damit im wesentlichen fast regelmäßig der Zweck verfolgt wird, von vornherein die Eröffnung des Hauptverfahrens überhaupt zu verhindern. Eine derartige — gerade auf Verhütung des Hauptverfahrens gerichtete und jedenfalls außerhalb desselben aufgewendete — Tätigkeit als einen Teil des noch gar nicht vorhandenen Hauptverfahrens aufzufassen, würde gegen alle Regeln der Logik verstoßen und muß deshalb für unzulässig erachtet werden.

Es widerstreitet schließlich auch den allgemeinen Grundsätzen der Billigkeit und entspricht — gerade mit Rücksicht auf die in den §§ 67, 70 der GO. getroffenen Bestimmungen und im Hinblick auf den in den Motiven wiederholt hervorgehobenen, ausschlaggebenden Grundgedanken, mit dem größeren Aufwande an Zeit und Arbeitskraft auch eine Steigerung der Gebühren eintreten zu lassen, — offenbar nicht der gesetzgeberischen Absicht, den Rechtsanwalt, welcher eine Privatklagesache von Anfang an betreibt, also neben der Tätigkeit in der Hauptverhandlung noch eine Menge Vorarbeiten leistet, welche seine Zeit und Arbeitskraft in erhöhtem Maßstabe in Anspruch nehmen, mit demjenigen Rechtsanwalte, welcher beispielsweise erst am Tage vor dem Hauptverhandlungstermine mit der Sache betraut wird, dessen Tätigkeit sich also lediglich auf die Vertretung bzw. Verteidigung in der Hauptverhandlung beschränkt, in Ansehung des Gebührenbezuges auf gleiche Stufe zu stellen.

Aus allen diesen Gründen ist der Schluß gerechtfertigt, daß auch in Privatklagesachen ein Vorverfahren im Sinne der GO. anzunehmen ist, zu welchem auf seiten des Privatklägers hauptsächlich die Erhebung der Klage bzw. die Einreichung der Anklageschrift (§ 421 StPO.) und auf seiten des Beschuldigten hauptsächlich die Anfertigung und Einreichung der Gegenerklärung (§ 422 StPO.) zu rechnen sind. Für diese und ähnliche im Vorverfahren d. h. vor Eröffnung des Hauptverfahrens notwendig aufgewendeten Tätigkeiten hat demnach der Rechtsanwalt als Vertreter des Privatklägers bzw. des Beschuldigten auch besondere Vergütung gemäß § 67 der GO. neben der Gebühr des § 63 zu beanspruchen. Gegen diese Ansicht spricht auch nicht die Bestimmung des § 73 Abs. 2, welche für die Anfertigung der Privatklage noch ausdrücklich die Gebühr des § 67 Nr. 1 zubilligt. Denn § 73 Abs. 2 will nur den Fall treffen, daß dem Anwalt lediglich die Anfertigung der Privatklage übertragen ist; die solchenfalls aus § 69 entstehende Gebühr von 2 M. ist „wegen der mit dieser Arbeit verbundenen Information" als zu gering befunden worden — wie sich aus den Motiven ergibt —, und darum bedurfte es einer besonderen Vorschrift.

In der Literatur[12]) ist die hier vertretene Auffassung die ausschließliche, und auch in der Rechtsprechung ist sie jetzt die herrschende geworden.[13])

[12]) S. Osius-Bendir S. 410 Anm. zu § 67 GO., Meyer-Irmler Anm. 3 zu § 67; Pfafferoth Anm. 5 zu § 67; Willenbücher Anm. 7—10 zu § 67 GO.; Merzbach § 73 A. 4; Drucker § 67 A. VI. R. Sydow Anm. 1. zu § 67; Pinner in der JW. 85 S. 232, 233 und Kronecker im ArchfStR. 36, 206 ff., 208—211.

[13]) OLG. Celle 13. 3. 90 (Naumb.AKZ. 90 S. 55); KG. X 12. 5. 97 (KGBl. 97 S. 75); LG. I Berlin 30. 5. 88 (Naumb.AKZ. 89 S. 14) und 11. 1. 97 (KGBl. 97 S. 55); LG. Altona in JW. 85 S. 113; LG. Halle in Naumb.AKZ. 93 S. 77; 95 S. 111 und 96 S. 95; andere sächs. Landgerichte in Naumb.AKZ. 85 S. 367, 398; 87 S. 46; 89 S. 92; 91 S. 47; 95 S. 49; schlesische Landgerichte in Bresl.AKZ. 88 S. 8, 13, 54; 90 S. 44; 91 S. 7, 24, 79. Anderer Ansicht LG. Halle in Naumb.AKZ. 85 S. 351; 87 S. 66; 88 S. 46; 89 S. 67; 94 S 22; andere sächs. Landgerichte in Naumb.AKZ. 82 S. 84; 96 S. 61; schlesische Landgerichte in Bresl.AKZ. 88 S. 46, 14a u. b; ferner LG. II Berlin 11. 4. 91 (KGBl. 91 S. 64) und 10. 12. 98 (KGBl. 99 S. 6).

5 **IV. Die Gebühr des § 67.**

1. Der Anspruch auf die Gebühr des § 67 ist erworben, sobald der schon im Vorverfahren zum Verteidiger bestellte oder gewählte Anwalt noch vor der Eröffnung des Hauptverfahrens eine Verteidigungshandlung vorgenommen hat. Die verschiedenartige, offenbar nicht absichtslose Fassung der beiden Gesetzesvorschriften, einerseits „erhält als Verteidiger in der Hauptverhandlung" in § 63 und andererseits im bewußten Gegensatze dazu: „erhält für die Verteidigung im Vorverfahren" in § 67, läßt darauf schließen, daß der Gesetzgeber einen selbständigen Akt der Verteidigung im Vorverfahren als wesentliche Voraussetzung für den Gebührenanspruch des § 67 im Sinne gehabt hat und aufgestellt haben wollte. Es ist daher nicht allein ausschlaggebend, daß die Tätigkeit des Anwalts noch in die Zeit vor Eröffnung des Hauptverfahrens fällt; auch eine solche Tätigkeit kann lediglich zum Zwecke der Vorbereitung der Verteidigung in der Hauptverhandlung ausgeübt sein und wird dann durch die Gebühr des § 63 mitabgegolten.[14]) Vielmehr ist zum Erwerb der Gebühr aus § 67 eine anwaltliche Tätigkeit erforderlich, welche auf die Wahrung und Geltendmachung der Rechte des Beschuldigten im Vorverfahren gerichtet ist. Daß diese Tätigkeit auch nach außen erkennbar hervorgetreten sei, insbesondere durch Stellung von Anträgen bei Gericht, ist durchaus nicht notwendig; vielmehr kann auch die bloße Akteneinsicht und Besprechung mit dem Klienten eine auf das Vorverfahren gerichtete Tätigkeit darstellen.[15]) Dabei muß es gleichgültig sein, ob eine solche Tätigkeit gleichzeitig auch der Vorbereitung der Hauptverhandlung dient; dies wird wohl zumeist der Fall sein.

6 2. Die Gebühr des § 67 ist eine Bauschgebühr; wie sie erworben wird durch jede Tätigkeit, welche sich als Verteidigung im Vorverfahren darstellt (s. Nr. 1), so vergilt sie auch die gesamte der Verteidigung im Vorverfahren dienende Tätigkeit, also nicht nur die Terminswahrnehmungen und Schriftsätze, sondern auch die Konferenzen mit dem Klienten und Dritten, sowie die etwaige Korrespondenz mit dem Klienten und Dritten behufs Ermittlungen, und die Akteneinsicht.[16])

7 **V. Gebührenstufen.** Für die Höhe der Gebühr aus § 67 ist ausschließlich maßgebend die Zuständigkeit. In den zur Zuständigkeit der Strafkammer gehörigen Sachen beträgt deshalb die Gebühr immer 10 M., auch wenn demnächst auf Grund des § 75 GVG. die Sache von der Strafkammer dem Schöffengerichte überwiesen wird.

Unter den zur Zuständigkeit des Reichsgerichts gehörigen Sachen sind die Hoch- und Landesverratssachen gemeint, in welchen das Reichsgericht in erster und letzter Instanz zuständig ist. (GVG. § 136 Nr. 1.)

---

[14]) Vgl. die in Anm. 9 angezogenen Reskripte des preußischen Justizministers vom 10. 7. 90, 18. 1. 92, und 14. 11. 92, ferner Verfügung des KG.Präsidenten vom 22. 3. 92 (KGBl. 93 S. 9, Bbl. 93 S. 40) und vom 31. 5. 95 (Naumb.AKZ. 96 S. 23) sowie OLG. Posen 17. 10. 93 (Naumb.AKZ. 94 S. 15, 16 Ziff. 1) und LG. Neu-Ruppin I. ZK. 23. 10. 93 (KGBl. 94 S. 29, 30). — Wegen der Entschädigung des Rechtsanwalts für die auf Einziehung der Information und auf das rechtliche Studium der Anklagesache verwendete Mühe, falls er aus irgend einem Grunde nicht dazu kommt, die Verteidigung in der Hauptverhandlung zu führen, s. Vorbemerkung III, 1 N. 4 zu diesem Abschnitte.

[15]) OLG. Karlsruhe 5. 11. 88 (JW. 89 S. 90), OLG. Jena StS. 4. 11. 90 (Thür. BlfR. 38, 66—68); KG. X 3. 4. 95 (KGBl. 95 S. 70; JMBl. S. 161); OLG. Karlsruhe 4. 12. 96 (Bad.AKZ. 97 S. 15); LG. I Berlin in KGBl. 90 S. 95; 93 S. 9; 94 S. 112 u. 113; LG. Gleiwitz in Bresl.AKZ. 95 S. 31. Ebenso Meyer-Irmler Anm. 5 zu § 67; Merzbacher Anm. 3 zu § 67. A. M. Willenbücher Anm. 5 zu § 67, Walter in früh. Aufl. u. OLG. (Darmstadt) 1, 333. [16]) EGH. 2, 60.

§ 68.

Fünf Zehnteile der im § 63 bestimmten Sätze stehen dem Rechtsanwalte zu für Anfertigung:

1. einer Schrift zur Rechtfertigung einer Berufung;
2. einer Schrift zur Begründung einer Revision;
3. eines Antrags auf Wiederaufnahme des Verfahrens;
4. eines Gnadengesuchs.

Die Stufe bestimmt sich nach der Ordnung des Gerichts, welches in erster Instanz erkannt hat.

I. Entstehungsgeschichte.

1. Motive: In den §§ 68, 69 werden Gebühren des Rechtsanwalts für die Anfertigung gewisser Schriftstücke festgesetzt, falls ihm diese allein und losgelöst von der Verteidigung in der Hauptverhandlung übertragen ist. Die Schriften zur Rechtfertigung einer Berufung (§ 358 StPO.), zur Begründung einer Revision (§ 384 a. a. O.) und zur Begründung eines Antrages auf Wiederaufnahme des Verfahrens (§ 406 a. a. O.) nehmen eine solche Zeit und Mühe des Rechtsanwalts in Anspruch, daß die Hälfte der im § 63 bestimmten Sätze als eine zu hohe Vergütung nicht erscheint. Die Vorschrift des Entwurfs schließt sich an die entsprechende Bestimmung des § 15 D des preußischen Gesetzes vom 3. 5. 53 an. 1

2. Im Entwurfe war Nr. 4 nicht enthalten; es war dies in den Motiven damit begründet, daß „Begnadigungsgesuche nicht in dem Rahmen des Strafverfahrens liegen". Die Reichstagskommission hat jedoch auf Antrag eines Mitgliedes die Nr. 4 aufgenommen (Prot. vom 20. 3. 79); dieselbe ist dann durch Beschluß des Reichstages mit Zustimmung der Regierung in das Gesetz übergegangen.[1]) 2

II. Voraussetzungen des Gebührenbezuges.

Die Gebühren des § 68 Nr. 1—3 stehen dem Anwalte nicht unter allen Umständen, sondern nur dann zu, wenn er lediglich mit einer dieser Tätigkeiten betraut ist. 3

1. Die Gebühr des § 68 Nr. 1 und 2 steht danach dem Anwalte nicht besonders zu, wenn er mit der Verteidigung in der Berufungs- oder Revisionsinstanz betraut ist; die Anfertigung der Berufungs- oder Revisionsbegründung wird dann durch die Gebühr des § 66 mit abgegolten. Fraglich ist, ob die Erwiderung auf eine Berufungsschrift oder Revisionsschrift ebenfalls unter § 68 fällt und nicht vielmehr unter § 69. Für letzteres wird angeführt, daß bei der allgemeinen Fassung des § 69 für die analoge Anwendung des § 68 gemäß § 89 kein Raum bleibe.[2]) Indessen dürfte doch zu erwägen sein, daß § 69 nur die formalen Schriftsätze im Auge hat, welche ein sachliches Eingehen und damit eine besondere auf die Sache gerichtete geistige Tätigkeit nicht erfordern. Die Erwiderung aber verlangt, ganz ebenso wie die Begründung, eine Durchdringung und Erörterung der Sache selbst in tatsächlicher und rechtlicher Beziehung. § 69 dürfte daher solche Schriftsätze nicht treffen, sondern § 68 gemäß § 89 anzuwenden sein. 4

2. Die Gebühr des § 68 Nr. 3 steht dem Anwalte nicht besonders zu, wenn ihm die Vertretung im Wiederaufnahmeverfahren übertragen ist. Da der 5

[1]) S. Völk GOfRA. Note 2 zu § 68 S. 120.
[2]) OLG. (Hamburg) 11, 342.

im Wiederaufnahmeverfahren gemäß § 410 StPO. ergehende Beschluß auf Erneuerung der Hauptverhandlung als Eröffnungsbeschluß im Sinne des § 201 StPO. anzusehen ist,[3]) so ist für das gesamte Verfahren bis zu diesem Beschlusse nach § 67 und für das spätere Verfahren nach § 63 zu liquidieren.

6 3. Anders verhält es sich dagegen mit der Anfertigung eines Gnadengesuchs. Da die Einlegung von Gnadengesuchen außerhalb des strafprozessualischen Verfahrens liegt und an sich nicht zur Aufgabe der Verteidigung vor Gericht gehört, so stellt die Anfertigung eines Gnadengesuches stets einen selbständigen Akt dar, welcher unter allen Umständen nach § 68 besonders zu vergüten ist, also auch demjenigen Rechtsanwalte, welcher dem Angeklagten in der betreffenden Strafsache bereits als Verteidiger gedient hat. Die Bemerkung im ersten Satze der Motive (s. Erläut. I) steht dieser Auffassung nicht entgegen, da bei Abfassung der Motive, welche sich lediglich auf die Regierungsvorlage beziehen, die vom Gnadengesuche handelnde Nr. 4 in der entsprechenden Vorschrift des Entwurfs noch gar nicht enthalten war. Vgl. übrigens Vorbem. VI zu diesem Abschnitte in N. 16 am Schlusse.

7 **III. Anfertigung.** Die Gebühr entsteht bereits für die Anfertigung der Schriftsätze, sie ist durch die Einreichung nicht bedingt; eine dem § 14 analoge Bestimmung ist für die Gebühren in Strafsachen nicht gegeben.

8 Dagegen gilt auch hier die im Ersten Abschnitt (Allgemeine Bestimmungen) enthaltene Vorschrift des § 5, wonach der Anwalt für die Unterzeichnung eines Schriftsatzes die gleichen Gebühren erhält wie für die Anfertigung.

9 **IV. Die Höhe der Gebühren.** Nach Abs. 2 richtet sich die Gebührenstufe nach der Ordnung des Gerichts, welches in erster Instanz erkannt hat. Dies führt für die Nr. 1, 2 und 4 zu klaren Ergebnissen. Bei dem Antrag auf Wiederaufnahme ist zu beachten, daß dasjenige Gericht zuständig ist, dessen Urteil angefochten wird, also eventuell das Berufungsgericht oder Revisionsgericht; auch in diesen Fällen richtet sich die Stufe nach dem Gericht erster Instanz des ursprünglichen Verfahrens.

10 Eine Steigerung der Gebühren aus §§ 64, 65 ist nach der Natur der Tätigkeiten des § 68 ausgeschlossen, dagegen ist eine Steigerung aus § 72 möglich.

§ 69.

Für Einlegung eines Rechtsmittels sowie für Anfertigung anderer, als der im § 68 bezeichneten Anträge, Gesuche und Erklärungen erhält der Rechtsanwalt je 2 Mark.

1 **I. Motive.** Für alle übrigen einzelnen Tätigkeiten, welche dem Rechtsanwalte als Verteidiger in Strafsachen übertragen werden können, insbesondere für die bloße Einlegung eines Rechtsmittels, für Anfertigung anderer, als der im § 68 bezeichneten Anträge, Gesuche und Erklärungen z. B. von Beschwerdeschriften (StPO. §§ 348 ff.), von Anträgen auf Entlassung aus der Haft oder Ladung von Zeugen usw., bestimmt § 69 eine feste Gebühr von 2 M. Wenn jedoch derselbe Rechtsanwalt, welcher das Rechtsmittel der Berufung oder der Revision eingelegt hat, das eingelegte Rechtsmittel rechtfertigt oder begründet, so erscheint neben der letzteren umfassenderen Tätigkeit und der durch sie begründeten Gebühr des § 68 die bei Einlegung des Rechtsmittels verwendete Mühe von so geringer Bedeutung, daß auf die Gebühr des § 68 Nr. 1 und 2 die Gebühr für Einlegung des Rechtsmittels anzurechnen ist (§ 71).

---

[3]) RG t. 18, 417.

II. Bedeutung des § 69. Der § 69 findet nur dann Anwendung, wenn der erteilte Auftrag und die Tätigkeit des Rechtsanwalts die Anfertigung derartiger Schriften lediglich und ausschließlich zum Gegenstande hat. Ist dem Rechtsanwalte die Verteidigung bzw. Vertretung im ganzen übertragen, so ist durch die hierfür zustehenden Bauschgebühren zugleich der gesamte schriftliche Verkehr des Rechtsanwalts in der betreffenden Strafsache mitabgegolten. (S. § 70.) Die Gebühr für Einlegung eines Rechtsmittels fällt ferner weg, wenn der Rechtsanwalt zugleich mit der Einlegung auch zur Begründung des Rechtsmittels beauftragt ist und dafür die Gebühr des § 68 erhält. (S. § 71.) 2

Zu den in § 69 gedachten — geringfügigeren — schriftlichen Vorstellungen ist — außer den in den Motiven (Erläut. 1) bereits aufgeführten Beispielen — auch zu rechnen: der Einspruch gegen einen amtsrichterlichen Strafbefehl (StPO. § 449)[1], der Antrag auf gerichtliche Entscheidung gegen eine polizeiliche Strafverfügung (a. a. O. § 453 Abs. 3, § 454) sowie der Antrag auf gerichtliche Entscheidung gegen einen verwaltungsbehördlichen Strafbescheid (a. a. O. § 459 Abs. 2). Ausgenommen dagegen sind außer den im § 68 bezeichneten auch die in § 73 Abs. 2 und in § 74 erwähnten Schriften. Desgleichen sind nicht hierher zu rechnen und also nicht nach § 69 zu vergüten: die schriftliche Anschlußerklärung eines Nebenklägers (StPO. § 436), der besondere Antrag auf Zuerkennung einer Buße (a. a. O. §§ 443–446), und die Beschwerde an den vorgesetzten Beamten der Staatsanwaltschaft über die Ablehnung eines Strafverfolgungsantrages (a. a. O. § 170 Abs. 1). S. Vorbemerkungen N. 7 und N. 12 zu diesem Abschnitte, sowie Erläut. zu § 68 N. 4 und § 74. 3

III. Die Gebühr. Die Gebühr des § 69 ist keine Bauschgebühr; sie kann deshalb für mehrere innerhalb derselben Instanz angefertigte Anträge ꝛc. mehrfach berechnet werden; Voraussetzung ist aber immer, daß es sich nicht um einen allgemeinen Auftrag zur Vertretung, sondern um Einzelaufträge handelt. 4

Dagegen kann für die vorangegangene Besprechung eine besondere Gebühr nicht liquidiert werden;[2] vielmehr wird diese vorbereitende Tätigkeit auch durch die Gebühr des § 69 mitabgegolten. 5

Der Anfertigung steht die Unterzeichnung gleich. (§ 5.) 6

Im Falle der Anfertigung für mehrere Auftraggeber erhöht sich die Gebühr gemäß § 72 auf 3 M. 7

§ 70.

Die in den §§ 63 bis 66 sowie die im § 67 bestimmten Gebühren umfassen die Anfertigung der zu derselben Instanz oder zu dem Vorverfahren gehörigen Anträge, Gesuche und Erklärungen, sowie die Einlegung von Rechtsmitteln gegen Entscheidungen oder Verfügungen derselben Instanz oder des Vorverfahrens.

I. Motive. In dem § 70 ist ausgesprochen, für welchen Umfang des Verfahrens die festgesetzte Bauschgebühr als solche, d. h. als Gebühr für die Gesamttätigkeit des Rechtsanwalts, Platz greift. 1

Was zunächst das Vorverfahren anbelangt, soll die im § 67 bestimmte Bauschgebühr das ganze Vorverfahren umfassen, so daß alle Erklärungen, Gesuche, Beschwerden im Laufe desselben durch diese Gebühr gedeckt und neben derselben keine besonderen Einzelgebühren gewährt werden.

[1]) Vgl. jedoch § 67 Anm. 10.
[2]) RG.St. 14, 371.

Ingleichen sollen die in § 63 für das Hauptverfahren in der ersten Instanz und in § 66 für das Hauptverfahren in den höheren Instanzen festgesetzten Gebühren nicht bloß eine Vergütung für die Verteidigung in der Hauptverhandlung, sondern auch für die übrige Tätigkeit des Rechtsanwalts in der betreffenden Instanz gewähren. Die Information, welcher der Rechtsanwalt zur Führung der Verteidigung überhaupt bedarf, reicht auch für die Anfertigung von schriftlichen Anträgen in der Instanz völlig aus, und diese selbst können nach der Natur des ganzen Verfahrens der Regel nach nicht so schwierig und kompliziert sein, um eine besondere Gebühr zu rechtfertigen.

Daß für die Einlegung von Rechtsmitteln dem Rechtsanwalte, welcher die Verteidigung in der Instanz der angefochtenen Entscheidung geführt hat, keine besondere Gebühr gewährt wird, erscheint mit Rücksicht auf die Vorschrift des § 339 StPO. zweckmäßig und wird einem Bedenken um so weniger unterliegen, als die Einlegung eines Rechtsmittels für denjenigen Anwalt, welcher vorher als Verteidiger mit der Sache befaßt war, ein verhältnismäßig geringes Maß von Tätigkeit erfordert. Unter den Begriff der „Einlegung" von Rechtsmitteln fallen nicht die Rechtfertigung einer Berufung oder die Stellung von Revisionsanträgen und deren Begründung (§§ 355, 358, 381, 385 StPO.). Dem Rechtsanwalte, welcher die Verteidigung in der Vorinstanz geführt hat, steht sonach für die Anfertigung der Berufungs- bzw. Revisionsschriften die Gebühr des § 68 besonders zu, vorausgesetzt, daß er nicht auch die Verteidigung in der betreffenden höheren Instanz führt; denn letzterenfalls umfaßt die ihm für die höhere Instanz zukommende Bauschgebühr (§ 66) zufolge der Vorschrift des § 70 auch die Anfertigung dieser Schriften.

2 **II. Die Gebühren der §§ 63—67 als Bauschgebühren.** Der § 70 spricht den Grundsatz aus, daß die Gebühren des § 63 (mit den Erhöhungen der §§ 64—65), des § 66 und des § 67 als Bauschgebühren die gesamte Tätigkeit in dem betreffenden Abschnitte des Verfahrens abzugelten bestimmt sind, so daß irgend eine weitere Gebühr nicht mehr zu liquidieren ist. Für die Gebührenerhebung für die anwaltliche Tätigkeit im Strafprozesse ergeben sich danach drei Abschnitte, die man „Instanzen" im Sinne des § 25 nennen könnte, nämlich

3 1. das Vorverfahren, welches vom Beginne des Verfahrens bis zur Eröffnung des Hauptverfahrens geht (vgl. § 67 Nr. 3). Zu diesem Abschnitt gehört auch und ist durch die Gebühr des § 67 mit abgegolten die Einlegung von Beschwerden und eventuell weiteren Beschwerden. Es wird nicht etwa eine neue gebührenpflichtige Instanz geschaffen, sondern die gesamte Tätigkeit in den Beschwerdeinstanzen ist durch die Gebühr des § 67 mitabgegolten.

4 2. das Hauptverfahren, welches bis zur Erledigung der Sache durch Urteil oder Unzuständigkeitsbeschluß geht (vgl. § 63 Nr. 16). Zu diesem Abschnitt gehört auch die Einlegung von Beschwerden und die Tätigkeit in der Beschwerdeinstanz; hierfür sind besondere Gebühren nicht zugelassen; ebenso gehört hierzu und begründet keine besondere Gebühr die Einlegung der Berufung oder der Revision gegen das ergehende Urteil, nicht jedoch auch deren Rechtfertigung.

5 3. die Berufungsinstanz bzw. die Revisionsinstanz. Diese begründen nach § 66 von neuem die Gebühren des § 63. Abgegolten durch diese

Gebühren wird dann auch die Einlegung und die Begründung der Berufung bzw. Revision, welche als Vorbereitung der Verteidigung in der Hauptverhandlung anzusehen sind.

Kommt es infolge von Zurückweisung zu einem neuen Verfahren der unteren Instanz, so entstehen dafür neue Gebühren (vgl. § 63 N. 16).

§ 71.

Auf die Gebühr für Rechtfertigung der Berufung (§ 68 Nr. 1) und auf die Gebühr für Begründung der Revision (§ 68 Nr. 2) wird die Gebühr für Einlegung des Rechtsmittels (§ 69) angerechnet.

Vgl. zu § 69 N. 2.

§ 72.

Im Falle der Verteidigung mehrerer Beschuldigter durch einen gemeinschaftlichen Verteidiger erhöhen sich die Gebühren um fünf Zehnteile.

I. Motive. Der hier vorgesehene Fall einer Verteidigung mehrerer Be- 1
schuldigter durch einen gemeinschaftlichen Verteidiger begründet unzweifelhaft eine Erhöhung der Gebühr über den Betrag hinaus, welcher bei Verteidigung eines einzelnen Beschuldigten zustehen würde. Aber es ist ebenso zweifellos, daß die Tätigkeit und der Zeitaufwand des Anwalts sich nicht im gleichen Verhältnisse mit der steigenden Zahl der Beschuldigten steigert. Die Fälle können sehr verschieden liegen; die Informationstätigkeit wird regelmäßig, der Zeitaufwand im Verhandlungstermine aber nicht immer eine erhebliche Steigerung erfahren. Der Entwurf sah sich daher genötigt, ohne Rücksicht auf die Zahl der hinzutretenden Mitbeschuldigten einen Durchschnittssatz für die in solchen Fällen eintretende Erhöhung der Gebühr zu greifen.

Für den Standpunkt des Entwurfs darf noch geltend gemacht werden, daß in einer größeren Anzahl von Angeklagten häufig der Anlaß liegen kann, die Verhandlung auf mehrere Tage zu erstrecken, durch welchen Umstand ohnehin nach § 64 eine Erhöhung der Gebühren bedingt wird.

II. Verteidigung mehrerer Beschuldigter. Wie sich aus § 155 StPO. 2
ergibt, ist „Beschuldigter" der allgemeinste Begriff, unter den sowohl der Angeschuldigte (gegen welchen die öffentliche Klage erhoben ist) als auch der Angeklagte (gegen welchen die Eröffnung des Hauptverfahrens beschlossen ist) fallen.

„Beschuldigter" ist der, gegen den sich ein Strafverfahren richtet, von Beginn des Verfahrens ab; durch die Wahl dieses Wortes ist demnach zum Ausdruck gebracht, daß die Vorschrift des § 72 für jedes Stadium des Verfahrens Anwendung zu finden hat.

Auf Grund des § 73 gilt für die Gebührenerhebung von der Vertretung 3
mehrerer Privatkläger oder Nebenkläger das gleiche wie von der Verteidigung mehrerer Beschuldigter. (Vgl. Erl. zu § 73.)

1. Gemäß § 146 StPO. kann die Verteidigung mehrerer Beschuldigter 4
durch einen gemeinschaftlichen Verteidiger geführt werden, insofern dies der Aufgabe der Verteidigung nicht widerstreitet. Die Verteidigung umfaßt auch die

Vertretung des Beschuldigten, soweit eine solche nach der Natur des Strafprozesses oder nach positiven Bestimmungen überhaupt zulässig ist.[1]) Im Sinne des § 72 umfaßt „Verteidigung" jedes Eintreten für den Beschuldigten, nicht nur in der Hauptverhandlung und im Vorverfahren, sondern auch in Einzelhandlungen, wie der Anfertigung von Gesuchen, Erklärungen und Anträgen jeder Art. Der § 72 ist daher sinngemäß auch für die Fälle der §§ 68, 69 anzuwenden,[2]) z. B. bei Einlegung oder Begründung der Berufurg für mehrere Beschuldigte durch einen Schriftsatz; wird dagegen für jeden Beschuldigten eine besondere Schrift gefertigt, so fehlt das „Gemeinschaftliche", und es wird für jede Schrift besonders liquidiert.

5 2. Mehrere Beschuldigte sind vorhanden, wenn sich das Verfahren von vornherein gegen mehrere Personen als Beteiligte, z. B. Anstifter, Mittäter, richtet. Das Gericht kann aber auch gemäß § 236 StPO. im Falle eines Zusammenhanges zwischen mehreren bei ihm anhängigen Strafsachen die Verbindung derselben zum Zwecke gleichzeitiger Verhandlung anordnen, und diese Bestimmung ist gemäß § 424 StPO. auch für Privatklagesachen anwendbar; durch eine solche Verbindung können nachträglich mehrere Beschuldigte bzw. mehrere Privatkläger oder Nebenkläger existent werden. Es ist selbstverständlich, daß die Anwendung des § 72 erst mit der Verbindung beginnt, während die Gebühren für die Tätigkeit vor der Verbindung für jede Sache besonders berechnet werden.[3])

6 3. Voraussetzung der Anwendung des § 72 ist, daß mehrere Personen vertreten werden.

a) Gleichgültig ist, ob es sich um physische oder juristische Personen handelt, soweit letztere überhaupt Subjekt oder Objekt eines Strafverfahrens sein können; ein rechtsfähiger Verein gilt daher nur als eine Person, ebenso z. B. die nach §§ 1, 12 des Gesetzes zur Bekämpfung des unlauteren Wettbewerbs von 27. 5. 96 mit Klagerecht ausgestatteten Verbände.

7 b) Der § 72 ist nicht anwendbar, wenn der Anwalt, der den Beschuldigten verteidigt, zugleich eine Tätigkeit für den, gemäß § 149 StPO. als Beistand zugelassenen Ehemann oder gesetzlichen Vertreter ausübt; denn hier handelt es sich nicht um Verteidigung mehrerer Beschuldigter. Die Tätigkeit wird in solchem Falle als zur Verteidigung des Beschuldigten gehörig anzusehen und nicht besonders zu honorieren sein. Dagegen findet § 72 Anwendung, wenn der Anwalt nicht nur den Verletzten, sei es als Privatkläger oder Nebenkläger (§§ 414, 435 StPO.), vertritt, sondern zugleich auch eine Person, welcher in den Strafgesetzen das Recht, selbständig auf Bestrafung anzutragen, beigelegt ist. (§§ 195, 196, 232 Abs. 3 Strafgesetzbuchs.)[4])

8 c) Der § 72 ist insbesondere nicht anwendbar, wenn im Privatklageverfahren Widerklage erhoben ist. (§ 428 StPO.) Hier ist der Privatkläger zugleich Beschuldigter, aber es handelt sich nur um Vertretung einer Person, nicht um Vertretung mehrerer Personen. Immerhin ist doch in solchem Falle die Steigerung der Tätigkeit des Anwalts eine bedeutende und nicht zu vergleichen mit dem Falle, daß die Privatklage mehrere Anklagepunkte enthält;[5]) denn hier hat der Anwalt zugleich die Strafverfolgung und die ganz anders

[1]) RG.St. 9, 78.
[2]) Ebenso Meyer-Irmler Anm. 5; Willenbücher Anm. 1; Pfafferoth Anm. 2. A. M. Schönfeld § 72 am Schluß.
[3]) Meyer-Irmler Anm. 2; LG. Halle, Naumb.AKZ. 87 S. 66 Z. 1 a.
[4]) Ebenso Meyer-Irmler Anm. 2.
[5]) Wie Meyer-Irmler Anm. 3 meint.

geartete Tätigkeit der verteidigenden Abwehr. Danach muß es angemessen erscheinen, gemäß § 89 den § 72 analog anzuwenden.[6])

III. Steigerung der Gebühren. Beim Eintreffen der Voraussetzungen des § 72 (vgl. Erl. II) erhöhen sich die Gebühren um fünf Zehnteile. 9

1. Die Erhöhung ist nur eine einmalige. Es ist gleichgültig die Zahl der vom Anwalt verteidigten Beschuldigten, gleichgültig aber auch, ob der Auftrag zur Verteidigung von mehreren gleichzeitig oder nach einander erteilt wird. 10

2. Der Steigerung unterworfen sind sämtliche Gebühren des vierten Abschnitts, nicht nur die Bauschgebühren, sondern auch die Gebühren für Einzelakte. (Vgl. N. 4.) 11

3. Die Steigerung des § 72 kann mit der in § 64 vorgesehenen Steigerung zusammentreffen. Der Rechtsanwalt, welcher z. B. in einer Schwurgerichtssache mehrere Angeklagte verteidigt, erhält demgemäß, falls die Sache an einem Tage erledigt wird, nach den §§ 63 und 72: 60 M., und falls die Sache nicht an einem Tage beendigt wird, für jeden folgenden Tag noch je 30 M; desgleichen erhält er neben diesen Gebühren noch 30 M. gemäß §§ 67 und 72, falls er schon im Vorverfahren für die mehreren Klienten tätig gewesen ist. 12

Ebenso können in Privatklagesachen die Erhöhungsgründe der §§ 65 und 72 zusammentreffen. In diesem Falle wird die nach § 72 zu liquidierende Gesamtgebühr dadurch gewonnen, daß der Betrag der gemäß § 65 erhöhten Gebühr des § 63 und dann nochmals die Hälfte dieses Betrages zusammenaddiert werden. Ob die Beweisaufnahme auf alle bzw. mehrere Privatkläger bzw. Angeklagte sich erstreckt oder nur auf einen der mehreren Beteiligten, dürfte nicht erheblich erscheinen, weil auch im letzteren Falle, namentlich wenn das für den Betroffenen günstige Ergebnis der Beweisaufnahme zugleich einen anderen Mitbeteiligten belastet, immerhin ein verhältnismäßig größerer Aufwand an Zeit und Arbeit für die Anwälte bei der Hauptverhandlung verursacht wird und weil außerdem das Gesetz für solche Unterscheidung keinen Anhalt bietet.[7]) 13

Die Gebühren in Privatklagesachen für die Vertretung mehrerer Privatkläger (§ 73 Abs. 1) bzw. für die Verteidigung mehrerer Beschuldigter berechnen sich demgemäß, wenn die Anwälte von Anfang an tätig sind und eine Beweisaufnahme stattfindet, folgendermaßen:

A. Für das Vorverfahren:

a) gemäß § 67 Nr. 1	6 M.
b) gemäß § 72 (Steigerung um $^5/_{10}$)	3 „

B. Für das Hauptverfahren:

a) gemäß § 63 Nr. 1 und 65	18 M.
b) gemäß § 72 (Steigerung um $^5/_{10}$)	9 „
	Sa. 36 Mk.

[6]) Gl. Ans. LG. Breslau (Bresl.AKZ. 92 S. 51); LG. Karlsruhe (Bad.AKZ. 94 S. 22 Z. 15 und 95 S. 37, 8; Naumb.AKZ. 95 S. 113); LG. Liegnitz (Bresl.AKZ 95 S. 75). A. A. Meyer-Irmler Anm. 3; Willenbücher Anm. 2; LG. I Berlin (KGBl. 93 S. 71); LG. Offenburg (Bad.AKZ 95 S. 19, 5); LG. Halle (Naumb.AKZ. 96 S. 61, 3); OLG. Naumburg (Naumb.AKZ. 98 S. 100); OLG. Darmstadt 25. 1. 98 (DJZ. 99 S. 260), während eine Entsch. 10. 8. 95 der hier vertretenen Ansicht war; LG. Karlsruhe in Bad. Rpr. 04 S. 313 und OLG. Karlsruhe ebenda 01, 275.

[7]) A. A. Meyer-Irmler Anm. 4; Willenbücher Anm. 3.

IV. Gebührenhaftung des einzelnen.

14 Die Haftung des einzelnen der mehreren Beschuldigten für die Gebühren des gemeinschaftlichen Anwaltes bestimmt sich nach der Vorschrift des § 3 dieses Gesetzes.[8]) Hat also beispielsweise in einer gegen 2 Beschuldigte gerichteten Privatklagesache A die Anschuldigung eingeräumt, B dagegen dieselbe bestritten, und ist dann nach stattgehabter Beweisaufnahme bezüglich der gegen B erhobenen Anschuldigung in der Sache erkannt worden, so stehen dem Rechtsanwalte für die Verteidigung der beiden Beschuldigten im Hauptverfahren an Gebühren zu:

a) nach § 63 Nr. 1	12 M.
b) nach § 65	6 "
c) nach § 72 (die Hälfte von a und b)	9 "
zusammen	27 M.

Der Anwalt kann wegen dieser Gebühren jeden der Beschuldigten aber nur in Höhe des Betrages in Anspruch nehmen, welcher bei abgesonderter Ausführung des Auftrages entstanden sein würde. In diesem Falle würden die Gebühren betragen haben:

a) für A nach § 63 Nr. 1		12 M.
b) für B nach § 63 Nr. 1	12 M.	
und nach § 65	6 "	
	zusammen	18 M.
	in Sa.	30 M.
also gegen die obige Aufstellung mehr		3 M.

Der Rechtsanwalt kann daher den A bis zur Höhe von 12 M. und den B bis zur Höhe von 18 M. in Anspruch nehmen (da die Mitverhaftung eines anderen Auftraggebers nach § 3 der GO. dem Rechtsanwalte gegenüber nicht geltend gemacht werden kann); der Rechtsanwalt muß aber die Einziehung der Gebühren einstellen, sobald er von beiden zusammen 27 M. erhalten hat.

15 **V. Vollmachtstempel.** Eine von mehreren Beschuldigten (bzw. Privatklägern) auf einen gemeinschaftlichen Verteidiger ausgestellte Vollmacht muß in Preußen mehrfach gestempelt werden, weil eine „Rechtsgemeinschaft" unter den Vollmachtgebern nicht vorliegt. (Tarifstelle 73 Abs. 6 des Stempelsteuergesetzes vom 31. 7. 95.[9])

§ 73.

In Ansehung der Gebühren für Vertretung eines Privatklägers, eines Nebenklägers oder einer Verwaltungsbehörde (Strafprozeßordnung § 464) kommen die Bestimmungen über die Gebühren für die Verteidigung zur entsprechenden Anwendung.

Die Anfertigung einer Privatklage begründet für den Rechtsanwalt die im § 67 Nr. 1 bestimmte Gebühr.

---

[8]) Vgl. Erl. zu § 3, besonders N. 14 und 33.

[9]) Vgl. Erl. zu § 3 N. 33 und das ausführliche Gutachten des ersten Zivilsenats des Kammergerichts vom 10. 5. 97 (KGBl. 99 S. 74), welches der Preuß. Justizminister durch Verfügung vom 15. 5. 99 im JMBl. S. 150 mit dem Bemerken veröffentlicht hat, daß er den Ausführungen des Kammergerichts beigetreten ist. Die gleiche Ansicht hat dasselbe Gericht im Beschlusse vom 23. 1. 98 ausgesprochen (Bresl.AKZ 99 S. 27).

I. **Motive.** Vertritt der Rechtsanwalt einen Privatkläger, so hat er nach 1
der Seite der Verfolgung eine Tätigkeit zu entwickeln, welche, was das Maß der Arbeit betrifft, von derjenigen des Verteidigers nicht verschieden ist. Der § 73 gewährt ihm daher dieselben Gebühren. Der Vertretung eines Privatklägers ist die Vertretung eines Nebenklägers gleichzustellen, da dieser gemäß § 437 StPO. nach erfolgtem Anschlusse die Rechte des Privatklägers hat; desgleichen ist die Vertretung einer Verwaltungsbehörde, falls diese nach § 464 der StPO. selbst die Anklage erhebt, ebenso wie die Vertretung eines Privatklägers zu behandeln.

Der Absatz 2 des § 73 sieht den Fall vor, daß dem Rechtsanwalte lediglich die Anfertigung der Privatklage übertragen ist. Wegen der mit dieser Arbeit verbundenen Information mußte eine höhere Gebühr, als die im § 69 angegebene, festgesetzt werden.

II. **Bedeutnug des § 73.** Die entsprechende Anwendung der Bestimmungen 2
über die Gebühren für die Verteidigung führt dahin, daß der Rechtsanwalt ebenso für die Vertretung des Privatklägers, Nebenklägers oder der Verwaltungsbehörde zu liquidieren hat wie der Verteidiger des Angeklagten. Dem Vertreter steht gemäß § 4 GO. der nach §§ 418, 437 StPO. zugelassene Beistand gleich. Besonders hervorzuheben ist:

1. Aus dem Wortlaute des § 73 Abs. 1 und aus der entsprechenden Be- 3
merkung der Motive dazu (s. Erläut. I), wonach keinerlei Unterscheidungen aufgestellt sind, ergibt sich, daß dem Vertreter des Privatklägers auch die Gebührenerhöhungen nach § 65 und, falls er mehrere Privatkläger vertritt, nach § 72 ganz ebenso wie dem Verteidiger zustatten kommen. Dagegen tritt die Erhöhung aus § 72 nicht ein für den Anwalt, der nur einen Privatkläger vertritt, dem aber mehrere Angeschuldigte gegenüberstehen. [1])

2. Auch dem Vertreter mehrerer Nebenkläger wird die gesteigerte 4
Gebühr des § 72 nicht versagt werden können. [2]) Dagegen hat der Vertreter eines Nebenklägers auf die Gebührenerhöhung nach § 65 keinen Anspruch, da § 65 ausdrücklich nur die „auf Privatklage" verhandelten Sachen betrifft und das Verfahren im Falle der Nebenklage ganz anders gestaltet ist, als in dem der Privatklage, in welchem der Privatkläger im wesentlichen die Funktionen der Staatsanwaltschaft wahrzunehmen hat. Es kommt ferner in Betracht, daß, wenn im Falle der Erhebung einer öffentlichen Klage von der Ermächtigung des § 75 Nr. 4 GVG. kein Gebrauch gemacht und also die Sache vor der Strafkammer verhandelt wird, der Vertreter des Nebenklägers ohnehin nach § 63 Nr. 2 die Gebühren mit 20 M. (bzw. bei Vertretung mehrerer Nebenkläger mit 30 M.) zu berechnen hat und eine weitere Steigerung dieses Gebührensatzes nach § 65 hier sicherlich nicht beabsichtigt ist. [3]) Unbedenklich hat aber ferner der Vertreter des Nebenklägers (oder einer Verwaltungsbehörde) Anspruch auf die Erhöhung des § 64 bei mehrtägiger Dauer der Verhandlung. [4]) Bezüglich der Gebühr bei Beschränkung auf Anfertigung der Anschlußerklärung vgl. Vorbem. zum vierten Abschnitt N. 7.

III. **Die Gebühr für Anfertigung der Privatklage.** Die im zweiten 5

[1]) Vgl. hierzu OLG. Darmstadt 31. 5. 98 (DJZ. 99 S. 260).
[2]) Vgl. LG. Naumburg (Naumb.AKZ. 95 S. 49).
[3]) Vgl. Meyer-Jrmler Note 3a zu § 73; LG. Karlsruhe 16. 2. 94 (Bad.AKZ. S. 22 Ziff. 14); a. M. OLG. Rostock 20. 5. 80 (Meckl.Z. 1, 39).
[4]) Ebenso Meyer-Jrmler Anm. 3c.

Absatze vorgesehene Gebühr ist — im Gegensatze zu den Bauschgebühren, welche Abs. 1 im Auge hat — eine Sondergebühr, welche lediglich Anwendung findet auf den Fall, daß Auftrag und Tätigkeit des Rechtsanwalts auf die Anfertigung einer Privatklage sich beschränkt. Zur Aufstellung dieser Sondergebühr fühlte der Gesetzgeber nach Inhalt der Motive (s. Erläut. I Abs 2) sich deshalb veranlaßt, weil er für Anfertigung einer Privatklage die im § 69 festgesetzte Sondergebühr von 2 M., welche anderenfalls hätte Platz greifen müssen, für zu gering erachtete. Mit Rücksicht auf die auch im Privatklageverfahren anzuerkennende Parität der Parteien und der denselben zugute kommenden Prozeßmaßregeln ist ebendieselbe, nach § 73 Abs. 2 zu liquidierende Sondergebühr auch demjenigen Rechtsanwalte zuzubilligen, dessen Tätigkeit nach dem ihm vom Beschuldigten erteilten Auftrage die Anfertigung einer Gegenerklärung auf die Privatklage (§§ 422, 423 StPO.) ausschließlich zum Gegenstande hat. Dasselbe gilt von Anfertigung einer Widerklage (§ 428 StPO.) — Ist der Rechtsanwalt mit der Vertretung des Privatklägers bzw. mit der Verteidigung des Beschuldigten für das ganze Verfahren von Anfang an betraut, so darf er für Anfertigung der Privatklage bzw. der Gegenerklärung nicht besondere Vergütung nach § 73 Abs. 2 beanspruchen, vielmehr wird er für diese Tätigkeit durch die ihm dann für das Vorverfahren gemäß § 67 zustehende Bauschgebühr nach dem die Anrechnung vorschreibenden Grundsatze des § 70 zugleich mitentschädigt. Daß im Privatklageverfahren die Anfertigung der Privatklage und bzw. der Gegenerklärung darauf ganz ebenso wie im ordentlichen Strafprozesse die Erhebung der öffentlichen Klage seitens der Staatsanwaltschaft und bzw. etwaiger Einwendungen gegen die Eröffnung des Hauptverfahrens seitens des Angeschuldigten sich als Akte darstellen, welche dem Vorverfahren angehören, ist bei § 67 ausgeführt. Übrigens spricht für die Richtigkeit dieser Annahme auch die Fassung der Vorschrift in § 73 Abs. 2, indem die zur Bestimmung der Gebühr gewählte Bezugnahme auf den das Vorverfahren behandelnden § 67 deutlich durchblicken läßt, daß der Gesetzgeber die Anfertigung der Privatklage als eine im Vorverfahren geleistete Tätigkeit aufgefaßt hat. Hätte in der Vorschrift des § 73 Abs. 2 diese Bedeutung nicht hineingelegt werden sollen, so hätte es der umschreibenden bzw. vermittelnden Bezugnahme auf § 67 nicht bedurft, sondern es wäre viel einfacher und zweckmäßiger gewesen, der Bestimmung eine glatte, direkte Fassung zu geben, etwa dahin: „Für Anfertigung einer Privatklage erhält der Rechtsanwalt eine Gebühr von 6 M.", und zum besseren, unzweideutigen Ausdrucke der gesetzgeberischen Willensmeinung vielleicht mit dem einschränkenden Zusatze: „soweit seine Tätigkeit ausschließlich darauf gerichtet ist".

Auch im Falle des § 73 Abs. 2 ist die Gebührenerhöhung nach § 72 nicht ausgeschlossen, sofern die Anträge mehrerer Privatkläger, welche selbständig auf Bestrafung anzutragen befugt sind, in einer Privatklage zusammengefaßt werden.

IV. Kostenerstattung bei Privatklage und Nebenklage.

6 A. Über die Kostenerstattung im Verfahren auf erhobene Privatklage bestimmt § 503 StPO. (Vgl. hierzu § 75, insbesondere Note 3 über die Voraussetzungen.) Zu erstatten sind die erwachsenen notwendigen Auslagen, unter welchen nach Abs. 3 § 503 die Gebühren und Auslagen eines Rechtsanwalts, dessen sich der Erstattungsberechtigte bedient hat, insoweit inbegriffen sind, als solche nach der Bestimmung des § 91 ZPO. die unterliegende Partei der obsiegenden zu erstatten hat.

1. Das Verfahren bestimmt sich nach den Grundsätzen der StPO., nicht 7
der ZPO.; es handelt sich um eine Entscheidung im Strafverfahren (§ 496 Abs. 2 StPO.)[5] Zuständig ist das Gericht, welches die Pflicht zur Kostentragung ausgesprochen hat,[6] also nicht, wie im Zivilprozeß, immer gerade das Gericht erster Instanz[7], an Stelle des Schöffengerichts tritt der Amtsrichter. Gegen den Beschluß des Amtsrichters findet Beschwerde statt (§ 346 StPO.), und zwar die einfache, nicht die sofortige, weil letztere nicht ausdrücklich für den Fall der Kostenfestsetzung in der StPO. bestimmt ist.[8] Die Beschwerde geht an die Strafkammer des Landgerichts in der Besetzung von 3 Richtern (§§ 72, 77 GVG.). Eine weitere Beschwerde ist ausgeschlossen (§ 352 StPO.). Anwaltszwang findet nicht statt.

2. Eines besonderen Schuldtitels bedarf es nicht; es genügt die 8
rechtskräftige Verurteilung einer Partei in die Kosten, ohne daß über die Erstattungspflicht noch eine besondere Entscheidung zu treffen ist.[9] Dagegen kann ein zur Beendigung des Verfahrens abgeschlossener Vergleich nicht die Grundlage für die Kostenfestsetzung bilden; die Bestimmungen der ZPO. sind hier nicht anwendbar, ein solcher Vergleich würde auch gar nicht unter § 794 ZPO. fallen.[10]

3. Die Gebühren und Auslagen des Rechtsanwalts sind ohne Prü- 9
fung der Notwendigkeit der Zuziehung festzusetzen; zu prüfen ist nur die Notwendigkeit der Reisekosten eines auswärtigen Rechtsanwalts sowie der etwaigen Kosten mehrerer Rechtsanwälte.

4. Stirbt der Verurteilte vor eingetretener Rechtskraft des Urteils, so 10
ist die Festsetzung der Kosten und deren Beitreibung aus dem Nachlaß ausgeschlossen; denn auf das Privatklageverfahren finden, soweit nicht abweichendes bestimmt ist, die Bestimmungen, welche auf das Verfahren auf erhobene öffentliche Klage gegeben sind, Anwendung (§ 424 StPO.), also auch § 497 Abs. 2 StPO.[11]

B. Der Nebenkläger hat gemäß § 437 StPO. nach erfolgtem Anschluß 11
die Rechte des Privatklägers; daß er auch die Pflichten des Privatklägers habe, ist nicht bestimmt. Daraus ergibt sich folgendes:

1. Wie die notwendigen Auslagen des Privatklägers sind auch die des 12
Nebenklägers erstattungsfähig, sobald nur der Angeklagte zu Strafe verurteilt ist, und dies selbst dann, wenn der Antrag auf Zuerkennung einer Buße abgewiesen worden ist.[12] Auch hier braucht die Erstattungspflicht nicht noch besonders ausgesprochen zu werden.[13]

2. Erfolgt die Freisprechung des Angeklagten, so ist der Nebenkläger dem 13
Angeklagten nicht (wie der Privatkläger) erstattungspflichtig; nur die Kosten

[5] Über die Ausbildung des in der StPO. nicht näher bestimmten Verfahrens in der Praxis vgl. Willenbücher S. 76ff, 81; Irmler in ArchfStr. 33, 177; Dombisch im Gerichtssaal 39, 203; Friedländer in ZStW. 20, 175. In Preußen ist das Verfahren durch die JMV. 15. 3. 92 (JMBl. S. 109) und ergänzend durch JMV. 30. 4. 02 (JMBl. S. 92) geregelt, in Sachsen durch JMVerordn. 16. 10. 89 (JMBl. S. 28).

[6] RG. I StS. 14. 1. 07 in KGBl. 07 S. 22.

[7] OLG. Kassel in ArchfStr. 39, 86.

[8] LG. Oels in Bresl.AKZ. 88 S. 26; OLG. Karlsruhe in Bad. Rpr. 03. 93.

[9] RG St. 10, 114.

[10] Die Frage ist verneint vom LG. II Berlin in KGBl. 92 S. 108 sowie in Ztschr. d. rheinpreuß. Amtsrichtervereins 6, 95 ArchfSt. 41, 26 (Blome); 45, 20 (Gordon). A. M. OLG. Königsberg in ArchfSt. 40, 462. Ist auf Grund des Vergleichs ein Gerichtsbeschluß über den Kostenpunkt ergangen, so kann Kostenfestsetzung erfolgen. LG. Bromberg in Pos.Mschr. 05, 10. Vgl. auch § 65 Anm. 17 und § 75 N. 3.

[11] Ebenso Willenbücher S. 77.

[12] RG.St. 6, 237; Rechtspr. d. RG. 4, 388; 5, 572; 9, 524.

[13] RG.St. 10, 113.

eines vom Nebenkläger erfolglos eingelegten Rechtsmittels treffen den Nebenkläger und machen ihn dem Angeklagten gegenüber erstattungspflichtig. [14])

§ 74.

Für Anfertigung eines Antrags auf gerichtliche Entscheidung im Falle des § 170 der Strafprozeßordnung erhält der Rechtsanwalt die im § 67 bestimmten Sätze.

1 **I. Motive.** Nach § 170 der StPO. muß der Antrag auf gerichtliche Entscheidung, welchen der Verletzte gegen den die Verfolgung ablehnenden Bescheid der Staatsanwaltschaft stellt, von einem Rechtsanwalte unterzeichnet sein. Die Tätigkeit des Rechtsanwalts hat auch in diesem Falle die Verfolgung, nicht die Verteidigung zum Gegenstande.

Wie im Vorverfahren (§ 67) der Schwerpunkt der Anwaltstätigkeit regelmäßig in der Information und in der Sammlung von Beweismaterial zur Führung des Entlastungsbeweises liegen wird, so wird die Arbeit des Rechtsanwalts im Falle des § 170 der StPO. sich auf die Sammlung und entsprechende Darstellung der belastenden Momente zu richten haben. Hieraus ergibt sich die Gleichstellung der Gebühr des § 74 mit der des § 67. Zwischen der Anfertigung des Antrages oder der bloßen Unterzeichnung desselben ist übrigens in betreff der Höhe des Gebührensatzes ein Unterschied nicht zu machen, wie sich aus § 5 ergibt.

2 **II. Bedeutung des § 74.** Der § 74 behandelt den besonderen Fall des § 170 StPO., der nicht eine Tätigkeit in der Verteidigung, sondern in der Strafverfolgung darstellt, und deshalb einer besonderen Gebührennorm bedurfte. Als Gebühr sind „die im § 67 bestimmten Sätze" bestimmt; für die Gebührenstufe kommt es sonach darauf an, welches Gericht für die Aburteilung zuständig sein würde. [1])

3 Sind bei dem Antrage auf gerichtliche Entscheidung mehrere Verletzte als Auftraggeber beteiligt, und hat der Rechtsanwalt für diese mehreren einen gemeinschaftlichen Antrag gemäß § 170 der StPO. gefertigt, so wird für die hierdurch gesteigerte Tätigkeit des Anwalts auch eine Erhöhung der Gebühr des § 74 um fünf Zehnteile in Gemäßheit des in § 72 ausgesprochenen Grundsatzes gerechtfertigt erscheinen und anzuerkennen sein. Zwar bezieht sich der § 72 seinem Wortlaute nach nur auf die Verteidigung, und § 73 hat die entsprechende Anwendung der Vorschriften über die Verteidigungsgebühren nur angeordnet, soweit es sich um die Vertretung eines Privatklägers, eines Nebenklägers oder einer Verwaltungsbehörde handelt; allein der Grund der Vorschrift des § 72 und die Tendenz derselben, welche darauf gerichtet ist, die dem Rechtsanwalte aus der Beteiligung mehrerer Auftraggeber notwendig erwachsende Mehrarbeit verhältnismäßig zu entschädigen, trifft zweifellos auch im Falle des § 74 zu, wenn die Tätigkeit des Rechtsanwalts zum Zwecke der Verfolgung einer Straftat seitens mehrerer in Anspruch genommen ist. Die Gleichberechtigung dieser beiden Richtungen anwaltlicher Berufstätigkeit in Strafsachen haben

[14]) Rechtspr. d. RG. 6, 197.
[1]) Vgl. Erl. § 67 N. 7.

auch die Motive allgemeinhin anerkannt und wiederholt zum Ausdrucke gebracht; s. Erläuterungen I zu §§ 73 und 74. [2])

Die Vergütung für Anfertigung einer Beschwerde über die Ablehnung eines Strafverfolgungsantrages an den vorgesetzten Beamten der Staatsanwaltschaft (§ 170 StPO.) bestimmt sich zwar nicht unmittelbar und ausdrücklich, aber in analoger Weise nach den Vorschriften dieses Gesetzes auf denselben Betrag. S. Vorbemerkung N. 12 zu diesem Abschnitte. 4

§ 75.

Nach Maßgabe der Vorschriften des zweiten Abschnitts (§ 23) stehen dem Rechtsanwalte Gebühren besonders zu für die Vertretung:

1. in dem Verfahren behufs Festsetzung der zu erstattenden Kosten (Strafprozeßordnung § 496 Absatz 2);
2. in der Zwangsvollstreckung aus Entscheidungen, welche über eine Buße oder über Erstattung von Kosten ergangen sind (Strafprozeßordnung §§ 495, 496).

I. Motive. Nach § 495 der StPO. erfolgt die Zwangsvollstreckung der über eine Vermögensstrafe oder Buße ergangenen Entscheidung nach den Vorschriften über die Vollstreckung der Urteile der Zivilgerichte. Infolge dieses Grundsatzes bestimmt § 78 Nr. 3a und b des GKG., [1]) daß auch die Gebühren in den im § 495 bezeichneten, sowie in einigen anderen verwandten Fällen nach den für bürgerliche Rechtsstreitigkeiten geltenden Vorschriften erhoben werden sollen (Motive zu § 70 des GKG.). Diesem Vorgange des § 78 schließt sich der Entwurf in § 75 an. Die Gebühren sollen daher in den dort angegebenen Fällen nach Maßgabe des § 23 Nr. 1, 2 erhoben werden. Nur der Fall der Zwangsvollstreckung einer Vermögensstrafe ist fortgelassen, weil auf die Vollstreckung der Strafe anzutragen nicht Sache des Privatklägers bzw. seines Vertreters ist. [2]) 1

II. Die angezogenen Bestimmungen der StPO. lauten: 2

§ 495. Die Vollstreckung der über eine Vermögensstrafe oder eine Buße ergangenen Entscheidung erfolgt nach den Vorschriften über die Vollstreckung der Urteile der Zivilgerichte.

§ 496. Jedes Urteil, jeder Strafbefehl und jede eine Untersuchung einstellende Entscheidung muß darüber Bestimmung treffen, von wem die Kosten des Verfahrens zu tragen sind.

Wenn über die Höhe der Kosten oder über die Notwendigkeit der unter ihnen begriffenen Auslagen Streit entsteht, so erfolgt hierüber besondere Entscheidung.

[2]) Gl. A. Willenbücher Anm. 1 zu § 74 GO.; Merzbacher Anm. 4; a. M. Meyer-Irmler Anm. 2 zu § 74, weil nicht die in § 67 bestimmte Gebühr, sondern die Sätze des § 67 zugebilligt seien; ferner Pfafferoth GO. Anm. 3 zu § 74 und Schönfeld Note zu § 74 S. 54.

[1]) Nach der durch die Novelle von 81 veränderten Fassung des GKG.: § 78 Nr. 2a und b.

[2]) Daß derartige Fälle in der Strafpraxis dennoch vorkommen können, was hier übersehen worden ist, ergibt sich aus Vorbemerkung N. 9 u. 10 zu diesem Abschnitte.

In Betracht können indessen hier ferner kommen:

§ 499 Abs. 2. Die dem Angeschuldigten erwachsenen notwendigen Auslagen können der Staatskasse auferlegt werden.

§ 501 Abs. 1. Ist ein, wenn auch nur außergerichtliches Verfahren durch eine wider besseres Wissen gemachte oder auf grober Fahrlässigkeit beruhende Anzeige veranlaßt worden, so kann das Gericht dem Anzeigenden . . . . . . die der Staatskasse und dem Beschuldigten erwachsenen Kosten auferlegen.

§ 503. In einem Verfahren auf erhobene Privatklage hat der Verurteilte auch die dem Privatkläger erwachsenen notwendigen Auslagen zu erstatten.

Wird der Beschuldigte außer Verfolgung gesetzt oder freigesprochen, oder wird das Verfahren eingestellt, so fallen dem Privatkläger die Kosten des Verfahrens sowie die dem Beschuldigten erwachsenen notwendigen Auslagen zur Last.

Ist den Anträgen des Privatklägers nur zum Teil entsprochen worden, so kann das Gericht die Kosten angemessen verteilen.

Mehrere Privatkläger und mehrere Angeklagte haften als Gesamtschuldner.

Unter den nach den Bestimmungen dieses Paragraphen zu erstattenden Auslagen sind, wenn sich der Gegner der erstattungspflichtigen Partei eines Rechtsanwalts bedient, die Gebühren und Auslagen des Anwalts insoweit inbegriffen, als solche nach der Bestimmung des § 91 der Zivilprozeßordnung die unterliegende Partei der obsiegenden zu erstatten hat.

§ 504 Abs. 1. Wird in dem Falle des § 173 der Angeschuldigte außer Verfolgung gesetzt oder freigesprochen, oder das Verfahren eingestellt, so finden auf den Antragsteller die Bestimmungen des § 503 Abs. 2, 3, 4, 5 entsprechende Anwendung. Das Gericht kann jedoch nach Befinden der Umstände den Antragsteller von der Tragung der Kosten ganz oder teilweise entbinden.

§ 505 Abs. 1. Die Kosten eines zurückgenommenen oder erfolglos eingelegten Rechtsmittels treffen denjenigen, der dasselbe eingelegt hat. War das Rechtsmittel von der Staatsanwaltschaft eingelegt, so können die dem Beschuldigten erwachsenen notwendigen Auslagen der Staatskasse auferlegt werden. Hatte das Rechtsmittel teilweisen Erfolg, so kann das Gericht die Kosten angemessen verteilen.

3 **III. Bedeutung des § 75.** Die in § 496 Abs. 2 StPO. geforderte Entscheidung erweist sich auch notwendig, ohne daß ein Streit entstanden zu sein braucht, wenn die Kosten wie z. B. in Privatklagesachen einer Privatperson zu erstatten sind, da diese ohne eine vollstreckbare Entscheidung die ihr zu erstattenden Kosten nicht beizutreiben vermag. Die herrschende Praxis hat daher von einer strengen Auslegung des § 496 Abs. 2 StPO. abgesehen und konform dem Verfahren im Zivilprozesse auch in Strafsachen ein Kostenfestsetzungsverfahren auf den einfachen Antrag des Erstattungsberechtigten hin für zulässig erachtet und angenommen.[3]) Neuerdings hat jedoch der erste Straf-

[3]) S. Osius-Bendix S. 412, 413 in der Anm. zu § 75 GO.; Willenbücher S. 73 ff. und Anm. 2 zu § 75 GO.; RG. 1, 233; OLG. Rostock 17. 12. 80 (Mecklb. Z. 1 42); OLG. Dresden 15. 4. 89 (Dresd. Ann. X 89 S. 391 ff.). OLG. Karlsruhe in Bad. Rpr. 00 S. 295. Wallm. Bd. VII 83 S. 478, 479. A. A. neuerdings LG. II Berlin StK. 5, 22. 2. 05 (KGBl. 05 S. 76), das den Nachweis eines Streits verlangt.

senat des Kammergerichts dem Wortlaute des § 496 wieder Rechnung getragen, jedoch ausgesprochen, daß ein Streit nicht nur dann vorliegt, wenn der zur Kostentragung Verpflichtete gegen die Höhe und Notwendigkeit der beanspruchten Kosten und Auslagen Einwendungen erhebt, sondern auch, wenn er die an ihn ergangene Aufforderung zur Zahlung der näher angegebenen Kosten und Auslagen unbeachtet läßt, da ein solches Verhalten den Schluß rechtfertigt, daß er die Höhe und Notwendigkeit der beanspruchten Kosten und Auslagen nicht anerkennt.[4]) Es empfiehlt sich daher eine vorausgehende Zahlungsaufforderung. Immerhin ist aber Voraussetzung der Kostenfestsetzung ein Urteil oder Beschluß des Gerichts gemäß § 496 StPO. Es genügt z. B. nicht ein im Privatklageverfahren über die Kostentragung abgeschlossener Vergleich; ein solcher Vergleich fällt auch nicht unter § 794 ZPO. und würde auch deshalb kein zur Festsetzung geeigneter Schuldtitel sein.[5]) Wenn dagegen auf Grund des Vergleichs ein Gerichtsbeschluß über die Kosten erlassen wird, so ist die Voraussetzung für die Festsetzung gegeben.[6])

Die Vorschrift in § 75 Ziff. 1 hat u. a. die Fälle der §§ 501, 502, 173 StPO., hauptsächlich aber die Kostenerstattung im Privatklageverfahren im Auge. Das gleiche gilt aber auch von den Kosten des Nebenklägers, da dieser gemäß § 437 StPO. nach erfolgtem Anschlusse die Rechte des Privatklägers hat, wobei es nicht einmal erforderlich ist, daß die Erstattungspflicht im Urteil ausgesprochen wird.[7])

Die Vorschrift des § 75 Ziff. 1 bezieht sich aber auch auf das Verfahren betreffend die Festsetzung der dem Angeschuldigten erwachsenen Kosten gegenüber der zur Erstattung verurteilten Staatskasse (§§ 499, 505 StPO.)[8]) Dagegen findet § 75 Ziff. 1 keine Anwendung auf die Liquidierung der gemäß § 150 der StPO. aus der Staatskasse zu zahlenden Verteidigungskosten seitens des bestellten Verteidigers, da es sich in diesem Falle nicht um eine Erstattunghandelt.[9])

IV. Die Gebühren. Die Gebühren werden in jedem der beiden Fälle des § 75 nach § 23 Nr. 1 bzw. Nr. 2 erhoben und betragen drei Zehnteile der in den §§ 13 bis 18 bestimmten Gebühren, wobei für das Kostenfestsetzungsverfahren der Betrag der erstattet verlangten Kosten,[10]) für das Verfahren behufs Beitreibung einer Buße der Betrag der erkannten Buße als Gegenstandswert der Gebührenberechnung zugrunde zu legen ist. 4

Dagegen wiederum für unbeschränkte Zulassung LG. Cottbus 11. 7. 05 und das LG. I Berlin in ständiger Praxis. (KGBl. 05 S. 99).

[4]) KGBl. 07 S. 22. Ebenso Hüssener in JW. 06 S. 186. Über das Verfahren vgl. im übrigen § 73 N. 6ff.

[5]) KGBl. 92 S. 108; Willenbücher S. 76; ArchfSt. 41, 26 und 45, 20. A. M. OLG. Königsberg im ArchfSt. 40, 462. Vgl. § 73, VI.

[6]) LG. Bromberg in Pos.Mtschr. 05 S. 10.

[7]) Vgl. RG. StS. 6, 237; 10, 114; 31, 230; JW. 83 S. 292; Rechtspr. d. RG. 5, 572; 6, 153 und 197; 9, 524. Vgl. § 73, N. 11ff.

[8]) OLG. Kolmar 31. 10. 88 (JZfEL. 14. Jahrg. 89 S. 38, 39); Allgemeine Verfügung des preußischen Justizministers, betreffend die Festsetzung der dem Beschuldigten erwachsenen notwendigen Auslagen, falls dieselben der Staatskasse auferlegt worden sind, vom 15. 3. 92 (preuß. JMBl. S. 109, 110), woselbst unter Nr. II Ziff. 3 ausdrücklich anerkannt ist, daß dem Rechtsanwalte für Anbringung des Antrages auf Festsetzung der Auslagen die in § 75 Nr. 1 der GOfRA. bestimmte Gebühr nicht streitig zu machen sei. A. M. OLG. Braunschweig 28. 4. und 2. 5. 85 (Zeitschrift für Rechtspflege in Braunschweig 85 S. 124).

[9]) S. die Vorbemerkung N. 17 zu diesem Abschnitte; vgl. auch Nr. V der in der vorhergehenden Anmerkung in bezug genommenen allgemeinen Verfügung des preuß. Justizministers vom 15. 3. 92.

[10]) S. Erläut. zu § 23 N. 20—24 und § 30 GO. N. 29—31. OLG. Darmstadt in DJZ. 98 S. 332.

Fünfter Abschnitt.

Auslagen.

Vorbemerkungen.

1 I. Die Motive leiten den Abschnitt über die „Auslagen" durch folgende Bemerkungen ein:

„Der Grundsatz, daß dem Rechtsanwalte notwendige und nützliche Auslagen, welche er zum Zwecke der Ausführung des ihm erteilten Auftrages gemacht hat, zu erstatten sind, ergibt sich aus der Natur des Mandatsverhältnisses. Die davon im § 77 in Betreff der Verpackung von Briefen und Akten gemachte Ausnahme rechtfertigt sich durch die Geringfügigkeit des in Rede stehenden Gegenstandes und lehnt sich an die Vorschrift in Nr. 1 der Allgemeinen Bestimmungen des Tarifs zum preußischen Gesetze vom 12. 5. 51 an. Es bedarf keiner ausdrücklichen Festsetzung, daß die Besorgung von Briefen am Orte oder zur Post zum allgemeinen Geschäftsbetriebe gehört, und daß dafür an Auslagen nur Porto beziehungsweise, wenn im einzelnen Falle die Annahme eines besonderen Boten notwendig war, der Lohn desselben berechnet werden kann. Besondere Bestimmungen sind nur für zwei Arten von Auslagen, nämlich für Schreibgebühren und für Geschäftsreisen, erforderlich, weil bei diesen die Ermittlung des für das einzelne Geschäft wirklich aufgewendeten Betrages auf Schwierigkeiten stößt, so daß es richtiger erscheint, ein für allemal Vergütungssätze zu normieren."

2 II. Demnach ergibt sich folgende Rechtslage:

Die GO. enthält keine allgemeine Bestimmung darüber, ob Auslagen des Anwalts demselben von der Partei zu erstatten sind; für diese, rein zivilrechtliche Frage sind die Bestimmungen des bürgerlichen Rechts maßgebend. Nun verordnet der, nach § 675 BGB. auch für das anwaltliche Dienstverhältnis zur Anwendung gelangende, § 670 BGB:

Macht der Beauftragte zum Zwecke der Ausführung des Auftrags Aufwendungen, die er den Umständen nach für erforderlich halten darf, so ist der Auftraggeber zum Ersatze verpflichtet.

Hat demnach der Anwalt Auslagen gemacht, so kommt es für die Frage der Ersatzpflicht nicht darauf an, daß diese Aufwendungen objektiv notwendig waren, sondern daß sie unter den vorliegenden Umständen nach vernünftigem Ermessen als zweckmäßig und geboten erscheinen mußten.[1])

Unter diesen Voraussetzungen kann der Anwalt z. B. Telephonkosten für eilige Mitteilungen erstattet verlangen, ebenso Reisekosten für eine von ihm für erforderlich gehaltene Reise zur Wahrnehmung eines auswärtigen Termins oder zu einer Lokalbesichtigung zwecks Information, ohne daß es eines besonderen Auftrages zur Reise bedarf.

Ausnahmen von der Regel des § 670 BGB. sind dagegen im § 77 GO.

---

[1]) Planck, Komm. z. BGB. § 670 N. 1a. Vgl. auch oben § 1 N. 5. Ebenso RG. 15, 404.

für Verpackung von Briefen und Akten und in §§ 80, 82, 83 GO. bezüglich Fuhrkosten vorgeschrieben.

Die Höhe des zu ersetzenden Betrages entspricht naturgemäß der Höhe der Aufwendung, die eventuell zu belegen ist. Nur bei den durch das Gesetz besonders normierten beiden Arten von Auslagen, den Schreibgebühren und Reisekosten, bedarf es keines Nachweises, daß die wirkliche Auslage den gesetzlichen Betrag erreicht hat oder daß beide sich decken. Der gesetzliche Betrag kann berechnet und beansprucht werden, auch wenn die Auslage geringer gewesen ist, was bei den Reisekosten in manchen Fällen der Fall sein wird; mehr als das Gesetz zubilligt, darf indessen — abgesehen von einer vertragsmäßigen Vereinbarung über diesen Punkt — nicht gefordert werden, auch wenn in Wirklichkeit die Auslage mehr betragen hat; nur bei den Fuhrkosten ist in dieser Hinsicht im § 78 Abs. 2 eine Ausnahme gemacht.

III. Zu den „Auslagen", welche der Rechtsanwalt von seinem Auftraggeber 3 erstattet verlangen kann, gehören insbesondere auch die verlegten Gerichtsvollziehergebühren und Stempelbeträge. Unter letzteren kommt namentlich der Vollmachtsstempel in Betracht. Vollmachten, von welchen in Rechtssachen, auf welche die ZPO., die StPO. oder die KO. Anwendung findet, Gebrauch gemacht wird, unterliegen auch nach Erlaß des GKG. vom 18. 6. 78 dem landesgesetzlichen Stempel, so daß deren Verwendung ohne Stempel straffällig ist; aus § 2 Abs. 1 des GKG. ist keineswegs zu folgern, daß Vollmachten zu prozessualischen Zwecken nunmehr stempelfrei seien, dieselben sind vielmehr hinsichtlich der Stempelpflichtigkeit nach Abs. 2 des genannten § 2 zu beurteilen und also insoweit einem Stempel unterworfen, als sie es auch ohne diesen Gebrauch im Prozeßverfahren sein würden.[2])

IV. Erstattungsfähigkeit der Auslagen. Die kostenpflichtige 4 Partei braucht nur solche Kosten und Auslagen zu erstatten, die die obsiegende Partei ihrem Anwalt zu zahlen verpflichtet ist.[3]) Trotz der Bestimmung des § 91 Abs. 2 Satz 1 ZPO. ist deshalb im Kostenfestsetzungsverfahren immerhin zu prüfen, ob der Anwalt den Ersatz der Auslagen von seiner Partei beanspruchen durfte. Im einzelnen s. Erl. zu §§ 76, 78.

V. Im Anwaltsprozesse wie im Parteiprozesse erstreckt sich die einstweilige 5 Kostenbefreiung einer armen Partei (§ 115 ZPO.) nicht bloß auf die Gebühren, sondern auch auf die Auslagen des Rechtsanwalts. Ein Ersatz der letzteren aus der Staatskasse findet nicht statt. Selbst eine Verpflichtung der Staatskasse, die Postgebühren für die Korrespondenz des einer armen Partei beigeordneten Anwaltes mit seiner Partei oder deren Bevollmächtigten zu tragen, wird als zu Recht bestehend nicht anerkannt.[4]) Nur soweit es sich um Ausfertigungen, Auszüge und Abschriften aus den Gerichtsakten handelt (§ 299 ZPO.), welche die Gerichtsschreiberei nach § 115 Ziff. 1 ZPO. der armen Partei kostenfrei anzufertigen hat, erlangt der Offizialanwalt, wenn das Gericht ihm bei Gewährung der Akteneinsicht auf dem Gerichte oder in seiner Wohnung zugleich die Anfertigung von Abschriften oder Auszügen überlassen hat, einen Anspruch auf Ersatz der infolge hiervon aufgewendeten, notwendigen Schreibgebühren aus der Staatskasse.[5])

---

[2]) KG. 5. 12. 81 (Johow 3, 260), RG. II. ZS. 8. 3. 87 (Bes.BeilzRA. S. 231 ff.), RG. IV. ZS. 5. 3. 88 (JW. S. 173, 31).

[3]) RG. 13, 312; 26, 378.

[4]) S. Reskript des preußischen Justizministers vom 12. 11. 83 I 4081 (JW. 84 S. 14; Müller S. 1200). RG. Gruchot 40, 1190; JW. 96 S. 320, 2.

[5]) S. RG. III. ZS. 16. 5. 82 (RG. 7 Nr. 103 S. 342; JW. 82 S. 188, 189; Wallm. Bd. IV 82 S. 151; Fenner-Mecke 3, 353).

§ 76.

Für die Höhe der dem Rechtsanwalte zustehenden Schreibgebühren sind die Vorschriften des § 80 des Gerichtskostengesetzes maßgebend.

1 **I. Entstehungsgeschichte.** Im Regierungsentwurfe bestand der dem jetzigen § 76 entsprechende § 75 aus zwei Absätzen, von denen der demnächst beseitigte Absatz 1 folgendermaßen lautete:

> „Schreibgebühren stehen dem Rechtsanwalte nur für die zum Zwecke der Einreichung bei Gericht oder zum Zwecke der Zustellung anzufertigenden Abschriften von Schriftsätzen, Urkunden, Urteilen oder Beschlüssen zu."

Zur Begründung der so vorgeschlagenen Gesetzesvorschrift bemerken die Motive (S. 80):

> „Fast alle Gebührenordnungen der einzelnen Bundesstaaten, sowohl diejenigen, welche auf dem Systeme der Einzelgebühren, als die, welche auf dem Systeme der Bauschgebühren beruhen, enthalten Bestimmungen, wonach der Rechtsanwalt ausnahmslos oder in der Regel für die im Betriebe des Prozesses anzufertigenden Abschriften eine Vergütung beanspruchen kann (vgl. preuß. Ges. vom 12. 5. 51, Tarif Allgem. Bestimmungen Nr. 2, Ges. vom 3. 5. 53 § 15; Bayern, Verordn. vom 21. 6. 70 bzw. 22 8. 73 und 27. 11. 75 Art. 9; Württemberg, Verordn. vom 29. 1. 69 § 72 u. s. w.). Diesem Vorgange schließt sich der Entwurf insoweit an, als er Schreibgebühren für Abschriften von Schriftsätzen, Urkunden, Urteilen und Beschlüssen zubilligt, wenn die Anfertigung der Abschriften zum Zwecke der Einreichung bei Gericht oder zum Zwecke der Zustellung erforderlich war. Im übrigen kann der Rechtsanwalt Schreibgebühren nicht beanspruchen, namentlich also nicht für seinen schriftlichen Verkehr mit dem Auftraggeber. Diese Einschränkung der Berechnung von Schreibgebühren wird die Aufstellung der Rechnungen wesentlich erleichtern und entspricht dem Grundgedanken des Bauschsystems. Als Konsequenz des letzteren könnte es vielleicht angezeigt erscheinen, auch für die zum Prozeßbetriebe regelmäßig erforderlichen Abschriften von Schriftsätzen keine Schreibgebühren zu bewilligen. Der Entwurf glaubte jedoch von dieser Konsequenz absehen und vielmehr den mit der Anfertigung solcher Abschriften immerhin verbundenen Aufwand von baren Auslagen vorwiegend berücksichtigen zu sollen."

2 Infolge eines in der Reichstagskommission gestellten Antrages wurde jedoch dieser Absatz 1 der Regierungsvorlage gestrichen und § 76 demnächst auch im Reichstage lediglich nach den Beschlüssen der Kommission (also ohne Absatz 1) widerspruchslos und im Einverständnisse mit den Bundesratsbevollmächtigten angenommen und so zum Gesetze erhoben. Zur Begründung des Kommissionsvorschlages wurde von dem Berichterstatter im Reichstage namentlich hervorgehoben, daß die Kommission mit der Streichung des Absatzes 1 beabsichtigt habe, dafür Vorsorge zu treffen, daß nicht durch Ausschluß insbesondere der Korrespondenz von der zu vergütenden Schreibgebühr eine Verringerung desjenigen Verkehrs, welcher zwischen Partei und Anwalt im Interesse des Prozesses absolut notwendig ist, eintrete. Dessenungeachtet sind die oben wiedergegebenen Motive zu dem gestrichenen Absatze 1

des § 76 durch diese Streichung nicht gegenstandslos geworden; dieselben sind vielmehr zur Erläuterung der nunmehrigen Gesetzesvorschrift über die dem Rechtsanwalte zustehenden Schreibgebühren vermöge des argum. e contr. von beachtenswerter Bedeutung geblieben. S. die folgende Erläut. III.

II. Die Höhe der Schreibgebühren. Wo dem Rechtsanwalte Schreib- 3
gebühren vergütet werden, soll für die Höhe § 80 des GKG. maßgebend sein. Aus der Bezugnahme des Gesetzes auf § 80 GKG. (und bzw. § 79 Nr. 1 ebenda) ergibt sich zugleich, daß wie dort für Schreibmaterialien ein besonderer Ansatz nicht statthaft ist.[1])

Die Bestimmung in § 80 des GKG., welche lautet:

> „Die Schreibgebühren werden für Ausfertigungen und Abschriften erhoben. Die Schreibgebühr beträgt für die Seite, welche mindestens zwanzig Zeilen von durchschnittlich zwölf Silben enthält, zehn Pfennig, auch wenn die Herstellung auf mechanischem Wege stattgefunden hat.
>
> Jede angefangene Seite wird voll berechnet."

findet also auf die von Rechtsanwälten zu liquidierenden Schreibgebühren nur Anwendung, soweit die Höhe des zu berechnenden Schreibgebührenbetrages in Frage kommt. Von der Berechnung des Schreibgebührenbetrages handelt ersichtlich nur der zweite und dritte Satz des § 80 GKG.; nur diese beiden Sätze kommen demnach hier in Betracht. Dagegen ist der erste Satz des § 80 GKG., welcher nicht über die Höhe der Schreibgebühren disponiert, sondern lediglich die Akte bestimmt, für welche gerichtliche Schreibgebühren erhoben werden dürfen, für dieses Gesetz völlig unmaßgeblich und belanglos.[2])

Im übrigen ist der gesetzlich bestimmte Inhalt bzw. Umfang von einer 4
Seite Schreibwerk, welche jedenfalls 240 Silben enthalten muß, nicht als Normalmaß, sondern als Mindestmaß zu betrachten. Enthält eine Seite mehr, so kann gleichwohl nur 10 Pf., also nicht etwa, wenn sie das Doppelte enthält, 20 Pf. gefordert werden.[3]) Enthält die Seite aber weniger, so muß eine entsprechende Abminderung der für jede Seite voll liquidierten Gebühr eintreten.[4])

Es gibt eine Reihe von Fällen, in denen die starre Vorschrift in Satz 2 5
des § 80 GKG. natur- und sinngemäß eine buchstäbliche Anwendung nicht zuläßt, z. B. bei mehrstelligen Zahlen, Formeln, Tabellen, Rechnungen, Zeichnungen usw. In solchen Fällen wird eine ausgleichsweise Berechnung und Abschätzung des für das Schreibwerk in Wirklichkeit benutzten oder billigerweise in Betracht kommenden Raumes einzutreten haben. Das gleiche trifft zu für den bei Anreden, Titulaturen, Unterschriftsformeln, Ergebenheitsadressen usw. sei es nach spezieller Vorschrift, sei es nach allgemeinem Herkommen eingeführten weiteren Abstand der Zeilen und die dabei übliche, durch die Ehrerbietung und den Respekt vor der angerufenen Behörde oder Autoritätsperson gebotene, größere und geräumigere Schreibweise.[5])

---

[1]) Mot. S. 80; vgl. auch JW. 80 S. 13.

[2]) So auch RG. 26, 428; 28, 401 (VZS.); anders früher RG. JW. 84 S. 302, 27; 88 S. 299; Gruchot 29, 1033.

[3]) OLG. Kiel 5. 2. 81 (Wallm. V, 446); RG. III. ZS. 8. 6. 88 (JW. S. 289 Ziff. 14. RG. 21, 419).

[4]) OLG. Jena II. ZS. von 80 (Thür.BlfRpfl. 28, 258); OLG. Kolmar II. ZS. 20. 4. 91 (JZfEL. 16. Jahrg. 91 S. 477, 478).

[5]) S. hierüber den Aufsatz „Über die Bemessung der Schreibgebühren" im Bbl. 87 S. 2 bis 4, sowie Dr. Kiene und Beschluß der ZK. des LG. Halle in Boschers Zeitschrift 36. Jahrg. 94 Nr. 7 S. 205 bis 207.

6 **III. Schreibgebührenpflichtige Schriften.** Der § 76 normiert nur die Höhe der dem Rechtsanwalte zustehenden Schreibgebühren; dagegen trifft das Gesetz darüber keine Bestimmung, in welchen Fällen der Rechtsanwalt Schreibgebühren beanspruchen kann bzw. welche einzelnen Schreibakte als schreibgebührenpflichtige zu betrachten sind. Bei Beantwortung dieser Frage wird nun zuvörderst ein Zurückgehen auf die älteren landesgesetzlichen Vorschriften unzulässig und ausgeschlossen erscheinen, weil die deutsche Anwaltsgebührenordnung sich die Aufgabe gestellt hat, wie das Gebührenwesen der Rechtsanwälte überhaupt, so auch die Schreibgebührenvergütung auf dem Gebiete der Prozeßordnungen für den Umfang des Reiches neu und einheitlich zu regeln, diese Aufgabe auch in ihrer eigenen Art durch den § 76 gelöst haben will. Die Frage wird demgemäß — abgesehen von den allgemeinen Grundsätzen über die Pflichten des Machtgebers, den Bevollmächtigten für allen nötigen oder nützlichen Aufwand zu entschädigen (vgl. Vorbemerk. II) — hauptsächlich nur aus dem vom Gesetze betonten besonderen Charakter der Schreibgebühren als „Auslagen", sowie aus der Entstehungsgeschichte des § 76 sich richtig entwickeln und zutreffend beantworten lassen. In dieser Hinsicht sind namentlich folgende Gesichtspunkte zu berücksichtigen:

Der Entwurf der GO. wollte gemäß § 75 Abs. 1 den Rechtsanwälten Schreibgebühren nur zubilligen für Abschriften von Schriftsätzen, Urkunden, Urteilen oder Beschlüssen, soweit solche zum Zwecke der Einreichung bei Gericht oder zum Zwecke der Zustellung anzufertigen sind. Diese Beschränkung ist im Reichstage gestrichen, also nicht in das Gesetz aufgenommen und dabei ausdrücklich hervorgehoben worden, daß namentlich der schriftliche Verkehr des Anwalts mit den Parteien von der Schreibgebührenvergütung nicht ausgeschlossen sein soll. (S. Erläut. I.) Hieraus ist mit Grund zu folgern, daß auch die anderweitigen (weder für das Gericht noch zur Zustellung bestimmten) Abschriften als schreibgebührenpflichtige Akte anzusehen sind, ohne hierbei mit dem Gesetze in Widerspruch zu treten.

Die GO. rechnet nun die Schreibgebühren zu den „Auslagen". Als „Auslagen" in diesem Sinne müssen jedoch nicht bloß die Schreiberlöhne, sondern alle Kosten gelten, welche durch Herstellung von Schreibwerk verursacht werden, also namentlich die Kosten für Anschaffung der notwendigen Materialien, als: Papier, Kuverts, Tinte, Federn usw., sowie der zweckentsprechenden Druckformulare, als: Prozeßvollmachten, Konkursvollmachten, Substitutionsvollmachten, Postanweisungen, Postpacketadressen usw. Denn die Motive lassen deutlich erkennen, daß ein besonderer Ansatz für Schreibmaterialien nicht statthaft ist, daß also für die auf Schreibmaterialien gemachten Aufwendungen durch die gesetzlich fixierten Schreibgebühren zugleich Ersatz geleistet werden soll. Außerdem spricht für die Richtigkeit dieser Auffassung auch die Vorschrift in § 80 des GKG., wonach Schreibgebühren auch für diejenigen Schriftstücke berechnet werden können, welche auf mechanischem Wege (also durch Druck, Metallographie, Tachographie oder dgl.) hergestellt worden sind. Es bleibt also hiernach ohne Belang, ob das Schreibwerk aus der Hand eines Lohnschreibers hervorgeht oder vom Rechtsanwalte selbst d. h. eigenhändig geleistet wird, ebenso wie es für den Ansatz der gerichtlichen Schreibgebühren nicht darauf ankommt, ob die Schriftstücke von Kanzleibeamten, von Gerichtsschreibern oder von den Richtern selbst gefertigt werden.[6])

7 Aus diesen Betrachtungen ergibt sich als oberster, allgemeiner Grundsatz, daß als schreibgebührenpflichtig jedes Schriftstück anzusehen

---

[6]) Vgl. Pfafferoth, Gerichtskostenwesen Anm. 1 Abs. 4 zu § 80 GKG. S. 146.

ist, welches als eine für den Auftraggeber bzw. in Ausführung des erteilten Auftrages aufgewendete notwendige oder nützliche „Auslage" in dem hier erörterten Sinne sich darstellt. Im einzelnen wird hiernach bloß folgender Unterschied aufgestellt werden können. Für die nach den mündlichen Angaben des Auftraggebers aufgenommenen Informationsprotokolle oder Registraturen, desgleichen für Konzepte, Entwürfe, Notizen, Exzerpte und dgl., welche der Rechtsanwalt lediglich für sich d. h. zu seiner Bequemlichkeit oder zur Unterstützung seines Gedächtnisses schreibt oder schreiben läßt, um dieselben als Grundlagen für seine künftige Berufstätigkeit in der Sache zu benutzen, können Schreibgebühren nicht in Ansatz gebracht werden, weil diese Schreibarbeiten sich als eine unmittelbar für den Auftraggeber aufgewendete notwendige Auslage nicht charakterisieren lassen, dieselben vielmehr nur der geistigen Berufstätigkeit des Anwalts zugute kommen und demgemäß durch die eigentlichen Gebühren hierfür als mit abgegolten zu erachten sind. Dagegen sind Schreibgebühren zu erheben für alle vom Rechtsanwalte ausgehenden, für andere bestimmten Schriften, sei es, daß dieselben für ein Gericht oder eine andere Behörde, oder für den Auftraggeber, oder für den Gegner oder für dritte Personen bestimmt sind, sowie für alle notwendigen Abschriften solcher oder anderer Schriften bzw. Urkunden. Gleichgültig erscheint es hierbei, ob solche Schriften nach Konzepten, Entwürfen usw. oder unmittelbar ohne schriftliche Unterlage, aus dem Kopfe bzw. nach Diktat, gefertigt werden, ob sie als Reinschriften oder br. m.-Schreiben ausgegeben werden, ob sie durch einen Gehilfen oder vom Rechtsanwalte selbst [7]) geschrieben sind, — da das Gesetz weder derartige Unterschiede kennt, noch überhaupt in dieser Hinsicht Beschränkungen auferlegt, und für die Adressaten ja nur die fertige Schrift in Betracht kommt, die gedachten Unterscheidungen also völlig unerheblich sind. [8])

Nach diesen Grundsätzen sind die Streitfragen, welche sich bei Auslegung des § 76 ergeben haben, zu entscheiden: 8

1. Streitig ist, ob dem Rechtsanwalt für die bei der Zustellung als Urschriften verwendeten Abschriften bzw. Konzepte der Schriftsätze Schreibgebühren zustehen. Das Reichsgericht hat die Frage Bd. 26 S. 428 bejaht, [9]) in

---

[7]) Die in einzelnen Entscheidungen (s. z. B. OLG. Stuttgart II. ZS. 14. 2. 84 in JW. S. 73, 74) zugrunde gelegte Annahme, daß dem Rechtsanwalte, welcher mit eigener Hand eine Reinschrift oder Abschrift fertigstellt, der Anspruch auf Schreibgebühr deshalb zu versagen sei, weil „in diesem Falle nicht der Ersatz einer Auslage in Frage stehe", ist eine irrige, hervorgerufen durch eine zu enge Auffassung des Begriffes „Auslage", welcher — wie bereits hervorgehoben — nicht lediglich in den an Hilfskräfte bezahlten Schreiberlöhnen sich erschöpft, sondern auch die Kosten für den Bedarf an Schreibmaterialien mit umfaßt, da ein besonderer Ansatz für letztere nach der gesetzgeberischen Absicht unstatthaft ist. Wenn also der Rechtsanwalt eigenhändig ein Schreiben gleich in mundo fertigt, so besteht die „Auslage" in Abnutzung der zum Schreiben dienenden Feder, im Verbrauch der nötigen Tinte, in Hingabe eines Briefbogens, eines Kuverts und des etwa erforderlichen Verschlußmaterials (Siegellack, Oblaten usw.). So geringfügig diese Auslage auch im einzelnen erscheint, so erheblich wird der Gesamtausgabeposten in einer größeren Anzahl von Fällen und für einen längeren Zeitraum. — Übrigens würde jene Ansicht zu dem unbilligen und grundsatzlosen Ergebnisse führen, daß die Schreibgebühr dem Rechtsanwalte auch in allen denjenigen Fällen abzusprechen sei, in welchen ein Dritter, z. B. ein im Hause des Anwalts aufgenommener Anverwandter, aus reiner Gefälligkeit, also unentgeltlich, dem Rechtsanwalte zeitweilig Kanzleiarbeiten leistet. S. auch ZZP. 12, 319 und OLG. Karlsruhe in Bad. Rpr. 01 S. 47.

[8]) Gl. A. Osius-Bendir S. 413, 414 in der Anm. zu § 76 GO. und OLG. Karlsruhe III. ZS. 28. 3. 81 (ZZP. 7, 356 ff.); Meyer-Irmler Anm. 1b am Schluß zu § 76 hält die vom Rechtsanwalt selbst gefertigten Urschriften (Konzepte) der Schriftsätze nicht für schreibgebührenpflichtig, weil die Schreibgebühren nur die verauslagte Schreibarbeit, nicht aber die dabei verwendeten Materialien zu ersetzen bestimmt seien.

[9]) Bejaht auch vom RG. (JW. 90 S. 374, 13); KG. (KGBl. 91 S. 37 und 51);

der Plenarentscheidung Bd. 28 S. 401 und S. 406 aber verneint.[10]) Es liegt indessen kein Grund vor, dem Rechtsanwalt für irgend eine Art von Schriftstücken, die innerhalb seiner Berufstätigkeit zur Erledigung der ihm erteilten Aufträge im Verkehr nach außen hin erforderlich werden, den Anspruch auf Schreibgebühren zu versagen. Die Urschriften dienen aber zur Einreichung bei Gericht zur Terminsbestimmung, sowie zur Zustellung.[11]) Soweit dies nicht der Fall ist, handelt es sich nur um eine Angelegenheit des inneren Geschäftsbetriebes des Rechtsanwalts, für welche keine besondere Vergütung verlangt werden kann.

9 2. Streitig ist, ob für die zur Klageurschrift verwendeten Abschriften von Wechseln und Protesturkunden im Wechselprozesse Schreibgebühren berechnet werden dürfen.[12]) Die Frage ist zu bejahen; die Besorgnis eines Verlustes der Urkunden bei Einreichung und Zustellung der Klage muß den Anwalt veranlassen, Abschriften zu verwenden.[13])

10 3. Streitig ist, ob der Rechtsanwalt für die abschriftliche Mitteilung der gegnerischen Schriftsätze, der Protokolle oder Gutachten Schreibgebühren berechnen darf. Die Frage ist zu bejahen; der Rechtsanwalt muß einerseits die Partei vollständig informieren und sie zur sachgemäßen Information veranlassen, was am besten durch jene Mitteilung geschieht, andererseits muß er stets vollständige Akten besitzen, um eine sachgemäße und sorgfältige Fortführung der Angelegenheit zu ermöglichen.[14])

11 4. Die abschriftliche Mitteilung von Beweisurkunden kann unter Umständen unnötig sein z. B. bei Urkunden von bedeutendem Umfange, bei denen nach § 131 Abs. 3 und § 134 ZPO. das Erbieten der Einsicht und die Niederlegung auf der Gerichtsschreiberei genügt.[15])

12 5. Für die Vollmacht und deren Abschrift sind Schreibgebühren nicht zu berechnen.[16]) Die Ausstellung der Vollmacht gehört nicht zur Ausführung des Auftrages.

6. Bezüglich der Adressen s. Erl. I zu § 77.

OLG. Karlsruhe (Bad.AKZ. 94 S. 29, 95 S. 52 und 97 S. 16, sowie ZZP. 7, 356); OLG. Köln (Rhein.Arch. Bd. 76 Heft II und Wallmann 86 S. 16); OLG. Rostock (Mecklb.Z. 9, 364); OLG. Kiel (Wallmann 5, 455).

[10]) Verneint auch vom OLG. Stuttgart (JW. 84 S. 73), OLG. Köln (ZZP. 15, 528); OLG. München (Wallmann 6, 592); LG. I Berlin (KGBl. 91 S. 15).

[11]) Ebenso Merzbacher Anm. 2a zu § 76. Vgl. auch LG. Kassel in JW. 05 S. 127.

[12]) Entscheidungen dafür und dagegen JW. 88 S. 299 und 300.

[13]) Ebenso KG. (KGBl. 91 S. 51 und 01 S. 122); OLG. Jena (Thür. BlfR. 8, 268); OLG. Naumburg (AKZ 88 S. 7); OLG. Karlsruhe (Bad.AKZ. 96 S. 40; OLG. Breslau (Bresl.AKZ. 97 S. 59). A. M. RG. (JW. 88 S. 299); KG. (JW. 88 S. 299); LG. I Berlin (KGBl. 92 S. 115).

[14]) Ebenso KG. (KGBl. 91 S. 38 u. S. 54); OLG. Jena (Thür. BlfR. 34, 190); LG. Halle (Naumb.AKZ. 92 S. 61). A. M. KG. (ZZP. 17, 474); OLG. Naumburg (Naumb.AKZ. 91 S. 54). Nur wenn die Sachlage besonders kompliziert, oder wenn der Anwalt befürchten muß, den Schriftsatz vor dem Termin nicht zurückzuerhalten, bewilligen Schreibgebühren RG. (JW. 85 S. 186 und Naumb.AKZ. 91 S. 104); OLG. Naumburg (Naumb.AKZ. 91 S. 104); LG. I Berlin (KGBl. 90 S. 90; 91 S. 102; 94 S. 12).

[15]) RG. JW. 98 S. 476, 7; OLG. Jena (Thür. BlfR. 30, 308).

[16]) Gl. Ansicht Meyer-Irmler Anm. 2a; OLG. Jena (Thür. BlfR. 30, 308). A. M. Walter in früh. Aufl.; Merzbacher Anm. 2c; OLG. Karlsruhe (Bad.AKZ. 94 S. 29 und 95 S. 52); LG. Naumburg (AKZ. 91 S. 88).

§ 77.

Für Verpackung von Briefen und Akten dürfen Auslagen nicht berechnet werden.

1 I. **Bedeutung des § 77.** Nicht bloß die Tätigkeit des Verpackens, sondern auch die nötigen Stoffe (Emballage) hat der Rechtsanwalt unentgeltlich aufzuwenden. [1])

Wie die Motive hervorheben (s. Vorbemerk. I zu diesem Abschnitte), lehnt sich § 77 an Nr. 1 der allgemeinen Bestimmungen des preußischen Tarifs vom 12. Mai 1851 an, jedoch mit einem bemerkenswerten Unterschiede. Während nämlich die altpreußische Vorschrift die „Emballage- und Verpackungskosten" schlechthin nicht zu den notwendigen baren Auslagen rechnet, welche die Rechtsanwälte neben den Gebührensätzen nur noch liquidieren können, spricht § 77 lediglich von „Briefen nnd Akten"; es erscheint somit für Verpackung „anderer Gegenstände" der Ansatz der wirklich entstandenen baren Auslagen nicht unbedingt ausgeschlossen.

2 Die Adressen von Briefen, Postkarten, Postanweisungen, Paketen, sowie die Begleitadressen gehören zur Verpackung; Auslagen, also auch Schreibgebühren, dürfen dafür nicht berechnet werden. [2])

3 II. **Porto.** Wirklich erwachsene Portoauslagen können stets in Ansatz gebracht werden und erscheinen dann auch der Regel nach ohne weitere Prüfung ihrer Notwendigkeit erstattungsfähig. Dies gilt namentlich auch für die Briefe des Rechtsanwalts an die mit ihm an demselben Orte wohnende eigene Partei und die Gegenpartei, welche durch die Stadtpost befördert werden, sobald der Umfang und die Ausdehnung der Stadt auf die Benutzung der Post, dieses ordnungsmäßigen, sichersten und wohlfeilsten Verkehrsinstitutes, hinweisen. Denn es kann dem Rechtsanwalte der Regel nach nicht zugemutet werden, die Korrespondenz am Orte, zumal in größeren Städten, durch seine Bediensteten bestellen zu lassen. [3])

§ 78.

Bei Geschäftsreisen erhält der Rechtsanwalt, vorbehaltlich der Bestimmungen in den §§ 18, 37, 39 Absatz 2 der Rechtsanwaltsordnung:

I.	**an Tagegeldern**	**12 Mark — Pf.;**
II.	**für ein Nachtquartier**	**5 Mark — Pf.;**
III.	**an Fuhrkosten einschließlich der Kosten der Gepäckbeförderung:**	

---

[1]) S. Schönfeld Abs. 1 der Note zu § 77 S. 56, 57.

[2]) Ebenso Meyer-Irmler Anm. 3 zu § 76; Willenbücher Anm. 1 zu § 77; RG. 31, 402; JW. 93 S. 270, 18; KG. (KGBl. 92 S. 84); OLG. Naumburg (Naumb. AKZ. 91 S. 21); OLG. Karlsruhe (Bad.AKZ. 95 S. 64. A. M. Walter in früh. Aufl.; EGH. 3, 137; OLG. München (Wallm. 5, 761); OLG. Darmstadt (JW. 89 S. 241); KG. (KGBl. 92 S. 38); OLG. Köln (ZfGB. 99 S. 170) und verschiedene Landgerichte. Pfafferoth Anm. 4 zu § 76 bewilligt für Postanweisungen und Postpacketadressen 10 Pfg.; Adressen auf Briefen und Postkarten dagegen seien als Fortsetzung des Schriftinhalts anzusehen.

[3]) OLG. Kiel II. ZS. 2. 6. 82 (Wallm. VII, 288; AGZ. 82 S. 187); RG. III. ZS. 29. 1. 86 (RG. 15, 404; JW. 86 S. 74, 13; BeiBeilzReichsA. 86 S. 104) und 6. 3 86 (Bolze Bd. 2). Das OLG. München hat sogar angenommen, daß dem Anwalte auch für die Sendung seiner Schriften an das Gericht die Benutzung der Stadtpost nicht verwehrt sei und daß die dadurch entstandenen Portoauslagen liquidiert werden können. Beschl. vom 1. 12. 81 (Wallm. VI, 592). Dies dürfte nicht allgemein annehmbar, sondern nach den örtlichen Verhältnissen zu beurteilen sein.

1. wenn die Reise auf Eisenbahnen oder Dampfschiffen gemacht werden kann, für das Kilometer . . . . — Mark 13 Pf.;
und für jeden Zu- und Abgang . . . . . 3 Mark — Pf.;
2. anderenfalls . . . . — Mark 60 Pf.;
für das Kilometer der nächsten fahrbaren Straßenverbindung.

Haben höhere Fuhrkosten aufgewendet werden müssen so werden diese erstattet.

1 I. **Motive.** Inwieweit die zu den Kosten verurteilte Partei verpflichtet ist, die Reisekosten des gegnerischen Anwalts zu erstatten, darüber treffen § 87 der ZPO., § 503 Abs. 5 der StPO. und §§ 18, 37 der RAO. Bestimmung. Vorbehaltlich dieser Vorschriften hat das Gesetz in den §§ 78 ff. nur den Betrag der Reisekosten festgesetzt.

Es könnte die Frage aufgeworfen werden, ob ein Bedürfnis vorliege, die Reisekosten der Rechtsanwälte reichsgesetzlich zu regeln, da doch für die Reisekosten der Justizbeamten, wie auch für die Reisekosten der Rechtsanwälte in solchen Angelegenheiten, auf welche dieses Gesetz keine Anwendung findet (§ 1), die landesgesetzlichen Vorschriften maßgebend bleiben. Die Frage muß indessen bejaht werden. Die Verschiedenheit der in den einzelnen Bundesstaaten geltenden Bestimmungen ist gerade auf diesem Gebiete eine sehr große und ist von einer viel größeren Tragweite, als die in betreff der Reisekosten der Justizbeamten bestehende. Denn der Beamte macht in der Regel nur in seinem Amtsbezirke Dienstreisen. Nach den Vorschriften der RAO. (§§ 26, 27 Abs. 2) kann dagegen jeder Rechtsanwalt vor jedem Gerichte im Gebiete des Deutschen Reiches als Vertreter, Beistand oder Verteidiger auftreten. Tritt ein Rechtsanwalt vor dem Gerichte eines anderen Bundesstaates auf, so würde der Zweifel entstehen, nach welchem Gesetze er Reisekosten zu beanspruchen hätte. Jedenfalls würde es erforderlich sein, die Reisegebühren für jene Fälle reichsgesetzlich zu regeln, in welchen auswärtige Anwälte vor dem Reichsgerichte auftreten. Hierzu kommt, daß bei den Gerichten, welche auf Grund eines Staatsvertrages für mehrere Bundesstaaten die Rechtspflege auszuüben haben, mögen sie eigentliche Kondominatgerichte sein oder nicht, voraussichtlich auswärts wohnende Anwälte aus den mehreren, bei dem Gerichte beteiligten Staaten zugelassen werden, so daß ein Teil dieser Anwälte nicht in dem Staate, in welchem das Gericht seinen Sitz hat, ihren Wohnsitz haben wird (vgl. RAO. § 18 Abs. 4 in Verbindung mit den §§ 9, 11, 12, 107). Abgesehen von dem auch hier entstehenden Zweifel, ob für die Reisekosten solcher Anwälte das am Sitze des gemeinsamen Gerichtes geltende Landesgesetz oder das des Wohnsitzes des Anwaltes maßgebend ist, wäre es im hohen Grade mißlich, wenn die bei einem und demselben Gerichte zugelassenen Anwälte in einem reichsgesetzlich geregelten Verfahren Reisekosten nach verschiedenen Partikulargesetzen zu beanspruchen hätten. Jedenfalls würde sonach der Zweck des Gesetzes, die Kosten des Prozesses, soweit dieselben in den Gebühren der Anwälte bestehen, einheitlich zu regeln, nur in unvollkommenem Maße erreicht werden, wenn das Gesetz nicht auch die Reisekosten der Anwälte in den Bereich seiner Bestimmungen zöge.

Bei Regelung der Reiseentschädigung der Rechtsanwälte bedürfen Bestimmungen nicht erst einer Abwehr, welche, wie Nr. 498 der Taxordnung von Sachsen-Altenburg vom 22. 5. 41 und Nr. 458 der Gebührentaxe von Reuß j. L. vom 15. 12. 55, nur sechzigjährigen Rechtsanwälten die Vergütung für einen Wagen gewähren, jüngere dagegen in der Regel auf

Reisen zu Pferde anweisen. Ebensowenig konnten die Reisekosten der Rechtsanwälte etwa zu den Reisekosten der Mitglieder der Gerichte, bei welchen sie zugelassen sind, in ein Verhältnis gesetzt werden, wie z. B. in Anhalt die Anwälte die Hälfte der den Mitgliedern der Kreisgerichte zustehenden Sätze erhalten. Bei den Beamten soll die Reiseentschädigung den durch den standesgemäßen Aufwand außerhalb des Wohnsitzes verursachten Mehrbedarf vergüten Bei den Rechtsanwälten ist dagegen der Zeitaufwand mit zu berücksichtigen, welchen die Reise verursacht und welcher dem Rechtsanwalte die Gelegenheit zu einer anderweitigen Ausnutzung seiner Zeit entzieht. Von diesen Gesichtspunkten ist bereits das preußische Gesetz vom 1. 5. 75 (GS. S. 209) ausgegangen, indem es den Rechtsanwälten eine höhere Reiseentschädigung gewährt, als den Mitgliedern der Gerichte, bei welchen dieselben zugelassen sind. Den Sätzen dieses Gesetzes glaubte sich der Entwurf um so mehr anschließen zu sollen, als sie erst vor wenigen Jahren festgestellt sind, und die Beträge für Fuhrkosten auch mit den für die Reichsbeamten in § 4 der Kaiserlichen Verordnung vom 21. 6. 75 (RGBl. S. 249) festgestellten im wesentlichen übereinstimmen.[1])

II. Anspruch auf Reiseentschädigung. Die §§ 78 ff. treffen nur Bestimmungen über die Höhe der Reisekosten, nicht auch über den Anspruch auf Reisekosten selbst. 2

1. Ob der Rechtsanwalt überhaupt Reisekosten für eine von ihm gemachte Geschäftsreise von seinem Auftraggeber zu fordern berechtigt ist, bestimmt sich nach der tatsächlichen Lage des Falles und den Grundsätzen des bürgerlichen Rechts, insbesondere des § 670 BGB.[2]) Der Rechtsanwalt wird danach Reisekosten nur dann nicht verlangen können, wenn er zu der Reise weder einen ausdrücklichen Auftrag erhalten hatte, noch der Auftrag aus den Umständen zu folgern, noch die Reise zur Ausführung des Auftrages nach vernünftigem Ermessen zweckmäßig und geboten war. Wer z. B einem nicht am Orte des Prozeßgerichtes wohnhaften Rechtsanwalte den Auftrag zur Vertretung im Prozesse gibt, hat — in Ermanglung besonderer Verabredungen — ihn damit auch beauftragt, die vor dem Prozeßgerichte an dessen Sitze anstehenden Termine wahrzunehmen, sofern der Rechtsanwalt dazu nach den Vorschriften der Rechtsanwaltsordnung (§§ 26 ff.) überhaupt befugt ist. Dies wird namentlich anzunehmen sein, wenn im Anwaltsprozesse ein bei dem betreffenden Kollegialgerichte zugelassener, aber nicht an dessen Sitze wohnhafter Rechtsanwalt zum Prozeßbevollmächtigten bestellt wird. (RAO. §§ 9, 11, 12, 107 Abs. 2.) Hier wird im Zweifel die Absicht des Auftraggebers nicht anders aufgefaßt werden können, als dahin, daß der Rechtsanwalt zu den Verhandlungsterminen an den Sitz des Prozeßgerichtes reisen soll. Anders wird die Frage zu beantworten sein, ob in der Erteilung der Prozeßvollmacht zugleich der Auftrag oder die Genehmigung dazu liegt, daß der Rechtsanwalt alle in der Sache anzuberaumenden Termine persönlich wahrnehme. Wenn z. B. in einer bei dem Landgerichte zu Königsberg in Preußen anhängigen Prozeßsache ein Zeuge durch das Amtsgericht in Konstanz zu vernehmen ist, so wird man den als Prozeßbevollmächtigten bestellten Rechtsanwalt zu Königsberg kaum für berechtigt zu erachten geneigt sein, die Kosten der Reise zur Wahrnehmung des Termins in Konstanz, falls er nicht ausdrücklich dazu beauftragt war, seinem 3

[1]) Nur die Vergütung für ein Nachtquartier ist von der Reichstagskommission abweichend auf 5 Mark. erhöht worden.

[2]) Vgl. Vorbem. vor § 76 Nr. II.

Auftraggeber in Rechnung zu stellen. Alle diese Fragen sind nach der tatsächlichen Lage des einzelnen Falls zu entscheiden. Nur soviel wird sich im allgemeinen sagen lassen, daß die Forderung der Reisekosten in der Regel insoweit begründet sein wird, als die Vertretung im Termine durch einen am Sitze des Gerichtes wohnhaften Rechtsanwalt oder, falls daselbst ein solcher nicht wohnhaft ist, durch einen in der Nähe desselben wohnhaften Rechtsanwalt ebensoviel Unkosten verursacht hätte.[3])

4 2. Zwischen dem von der Partei bevollmächtigten und dem vom Gerichte beigeordneten Rechtsanwalte, sowie zwischen dem als Verteidiger erwählten und dem vom Gerichte zum Verteidiger bestellten Rechtsanwalte besteht im allgemeinen kein Unterschied.[4]) Zu beachten ist jedoch die Vorschrift des § 39 Abs. 2 der RAO,[5]) wonach in denjenigen Fällen, in welchen nach § 144 der StPO. die Bestellung des Verteidigers durch den Vorsitzenden des Landgerichts oder durch den Amtsrichter zu erfolgen hat, den am Sitze des Gerichts wohnhaften Rechtsanwälten die innerhalb des Bezirks desselben wohnhaften und bei demselben zugelassenen gleichgestellt sind und deshalb auf Reisekosten und Tagegelder für die Reise nach dem Sitze des Gerichtes keinen Anspruch haben sollen, sowie die besonderen Vorschriften in den §§ 82 und 83 der GO. (Vgl. Erl. zu §§ 82, 83.)

5 3. Eine Geschäftsreise ist eine solche Reise, welche der Rechtsanwalt als solcher in Ausführung eines ihm als Anwalt übertragenen Auftrages macht. Eine Reise, welche der Rechtsanwalt als Zeuge zur Wahrung seiner Zeugnispflicht macht, begründet einen Anspruch auf Reisekosten gemäß §§ 78 ff. selbst dann nicht, wenn seine Vernehmung durch seine Berufstätigkeit hervorgerufen ist und mit ihr in Zusammenhang steht, z. B. wenn der Anwalt über seine Handlungen oder Wahrnehmungen als Prozeßbevollmächtigter vernommen wird.[6])

6 4. Wird die Geschäftsreise von einem, mindestens zwei Jahre im Justizdienste beschäftigten Rechtskundigen als Vertreter des Rechtsanwalts gemacht, so ist der Anspruch aus § 78 begründet.[7])

7 III. Höhe der Reiseentschädigung.

Wie bereits in der Vorbemerkung zu diesem Abschnitt hervorgehoben, wird der Betrag der dem Rechtsanwalte gewährten Reiseentschädigung durch die wirkliche Verauslagung weder bedingt, noch im allgemeinen beeinflußt; vielmehr erhält der Rechtsanwalt ein für allemal feststehende Sätze, nämlich Tagegelder, welche die Kosten des Aufenthalts und zugleich die Zeitversäumnis entgelten

---

[3]) S. Meyer-Irmler Anm. 1 zu § 78. Vgl. auch unten N. 26.

[4]) Vgl. Erl. § 1 N. 15.

[5]) Der von Amts wegen bestellte Verteidiger, welcher an einem zum Schwurgerichtsbezirke gehörigen Landgerichte, an welchem das Schwurgericht nicht zusammengetreten ist, zugelassen ist, hat für die Reise zur Hauptverhandlung vor dem Schwurgerichte Anspruch auf Tagegelder, Fuhrkosten und Entschädigung für Nachtquartier nach Maßgabe der GO. In diesem Falle findet § 39 Abs. 2 der RAO. keine Anwendung; denn diese Vorschrift betrifft nur diejenigen Rechtsanwälte, welche bei dem als Schwurgericht fungierenden Landgerichte zugelassen und bzw. in dessen Bezirke wohnhaft sind. OLG. Jena StS. 7. 4 91 (Thür. BlfR. 38, 275—277).

[6]) RG. JW. 92 S. 422, 5; OLG. (Dresden) 7, 232. A. A. anscheinend Merzbacher Anm. 1 zu § 78. Die Anwendung des § 78 ist mit Recht versagt bei Liquidation einer Reise des Anwalts als Mitgliedes des Gläubigerausschusses im Konkurse (LG. Neuruppin in KGBl. 97 S. 28) und als Konk.Verwalters (OLG. Darmstadt, Hess. Rechtspr. 4, 51; im „Recht" 03 S. 459).

[7]) Vgl. hierzu die Erl. zu § 1 N. 9. Gl. Ans. Meyer-Irmler Anm. 3 zu § 1; a. A. Willenbücher Anm. 7 zu 78; Pfafferoth Anm. 6 zu § 78 u. Walter in früh. Aufl. Nr. VI, welche nur die wirklichen Auslagen, soweit sie notwendig waren, in Rechnung gestellt wissen wollen

sollen, ferner einen Satz für ein genommenes Nachtquartier, und endlich einen bestimmten Satz als Fuhrkosten.

1. Die „Tagegelder“ sind nicht nach einer auf die Reise verwendeten 8
Zeit von je 24 Stunden, sondern nach Kalendertagen zuberechnen.[8]) Unter dem Ausdrucke „Tagegelder“ versteht man im gewöhnlichen Sprachgebrauche die Entschädigung, welche für gewisse Verrichtungen pro Kalendertag gewährt wird. In Rücksicht auf diesen mit jenem Ausdrucke verbundenen, allgemein üblichen Begriff ist in denjenigen Bestimmungen, durch welche Tagegelder nicht für Verrichtungen an Kalendertagen, sondern für solche während eines Zeitraums von 24 Stunden bewilligt werden, dieses auch ausdrücklich ausgesprochen, wie solches z. B. in § 1 der preußischen Verordnung vom 24. 12. 73 betreffend die den Justizbeamten bei Dienstgeschäften außerhalb des Gerichtsorts zu gewährenden Tagegelder und Reisekosten (GS. 74 S. 2 ff.), sowie in § 2 Abs. 2 des preußischen Gesetzes vom 1. 5. 75 betreffend die Gebühren der Anwälte und Advokaten (GS. S. 209) geschehen ist. Da nun eine solche ausdrückliche beschränkende Vorschrift in § 78 dieser GO. nicht aufgenommen ist, so muß angenommen werden, daß der Gesetzgeber von dem Begriffe, der im gewöhnlichen Leben mit dem Ausdrucke „Tagegelder“ verbunden wird, hier nicht hat abweichen, vielmehr unter „Tag“ den Kalendertag hat verstehen wollen. Die Richtigkeit dieser Auffassung geht aber auch aus den Motiven hervor, und zwar namentlich aus dem zur Erläuterung des § 79 angeführten Beispiels, in welchem die Gebühren für eine im Interesse mehrerer Auftraggeber nach verschiedenen Orten gemachte Rundreise berechnet werden. Tagegelder sind nicht nur für den Tag zu berechnen, an dem das Geschäft besorgt wird, sondern auch für den Reisetag. Wann die Reise anzutreten ist, unterliegt dem billigen Ermessen des Anwalts.[8a]) Der Tag beginnt und endet mit der Mitternacht.

2. Für ein Nachtquartier kann dann liquidiert werden, wenn der 9
Anwalt sich auf einer Geschäftsreise außerhalb seiner Behausung über Nacht hat aufhalten müssen. Für einen solchen Nachtaufenthalt werden gewöhnlich besondere Auslagen entstehen, die durch den Satz für Nachtquartier abgegolten werden sollen. Auch für eine Eisenbahnfahrt in der Nacht wird der Satz für Nachtquartier zuzubilligen sein, zumal bei einer Reise im Schlafwagen; ob der Nachtaufenthalt im Gasthaus oder im rollenden Zuge genommen wird, kann keinen Unterschied machen.

Der Ansatz für Nachtquartier beträgt immer 5 M., gleichgültig ob mehr oder weniger für den Nachtaufenthalt verwendet ist.

3. Bezüglich der Fuhrkosten unterscheidet § 78, ob die Reise auf Eisen- 10
bahnen oder Dampfschiffen gemacht werden kann oder nicht. Ist die Ausführung der Reise auf Eisenbahn oder Dampfschiff möglich, so kann sie in dieser Weise gemacht werden, selbst wenn der Landweg billiger gewesen wäre.[9]) Im übrigen wird man die Wahl der Transportmittel in das billige Ermessen des Anwalts stellen müssen; daß er immer die billigste Art der Reise wählen müßte,[10]) ist nicht unter allen Umständen anzunehmen, da ihm ein größerer

[8]) OLG. Köln III. ZS. vom 18. 10. 83 (Rhein.Arch. 74 Abt. II S. 31; DRAZ. Bd. III 84 S. 63, 64); ebenso Meyer, Prozeßkosten in Abs. 5 der Anm. zu § 78 GOfRA. S. 72; Meyer-Irmler Anm. 3a zu § 78; Willenbücher Anm. 2 zu § 78 GO. Vgl. Erläut. III zu § 65.

[8a]) OLG. Stuttgart im Württ. Jahrb. 3, 167 u. 9, 358. Einen Anhaltspunkt gewähren die Ausführungsbestimmungen v. 12. 10. u. 11. 11. 03 (RGBl. S. 291 u. Preuß. GS. S. 231.)

[9]) KG. Jahrbuch Bd. 21. B. 38 und KGBl. 01 S. 67.

[10]) So schreiben es z. B. die in Anm. 8a erwähnten Ausführungsbestimmungen bezüglich der Reisekosten der Justizbeamten besonders vor.

Zeitaufwand oder größere Unbequemlichkeiten lediglich einer geringfügigen Kostenersparnis halber nicht zugemutet werden kann. [11])

11 Die Ansätze des § 78 für Fuhrkosten sind auch dann zu liquidieren, wenn die Auslagen des Rechtsanwalts geringere gewesen sind; haben aber höhere Fuhrkosten verwendet werden müssen, so braucht der Rechtsanwalt — im Gegensatz zum Liquidat für Nachtquartier — sich nicht mit den gesetzlichen Sätzen zu begnügen, kann vielmehr gemäß Abs. 2 die höheren Fuhrkosten liquidieren und erstattet verlangen.

12 In den Fuhrkosten sind auch die Kosten für die Gepäckbeförderung mit einbegriffen; eine besondere Liquidation dieser Kosten ist unstatthaft. [12])

13 a) Bezüglich der Reise auf **Eisenbahnen oder Dampfschiffen** ist zu bemerken:

α) Unter den Begriff der „Eisenbahn" im Sinne dieses Gesetzes fällt auch die **Kleinbahn**, insbesondere auch die **Straßenbahn**. Zwar scheint die Bewilligung eines besonderen Ansatzes für „Zu- und Abgang" insofern nicht zu passen, als gewöhnlich die Fahrt nicht von einem Bahnhofe aus erfolgt und unter Umständen ein besonderer Weg zur nächsten Haltestelle der Straßenbahn nicht erforderlich bzw. ganz unbeträchtlich ist. Es muß aber angenommen werden, daß die GO. den Begriff „Eisenbahn" so verstanden hat, wie er bei Emanation der GO. in anderen bestehenden Reichsgesetzen und in der Rechtsprechung und Rechtslehre dazu aufgefaßt ist; hier kommt insbesondere das Reichshaftpflichtgesetz in Betracht, welches den Begriff „Eisenbahn" nach seinen Motiven zu § 1 sowie nach dem Urteile des Reichsoberhandelsgerichts vom 28. 11. 76, [13]) dem Urteile des Reichsgerichts vom 17. 3. 79 [14]) und nach sämtlichen Kommentatoren [15]) in dem weiteren, auch die Straßenbahnen umfassenden Sinne versteht. Hätte die GO. diese Begriffsbestimmung nicht adoptieren wollen, so würde sie dies zum Ausdruck gebracht haben. [16]) Man wird auch nicht einwenden können, daß zu den Eisenbahnen im Sinne des Haftpflichtgesetzes die Kleinbahnen lediglich wegen der gleichen Betriebsgefährlichkeit gerechnet werden, daß dieses Moment aber bei der Bestimmung der GO. nicht in Betracht komme; augenscheinlich ist aber der gesetzgeberische Grund für die Bestimmung des § 78 GO., daß die bezeichneten Transportmittel ganz allgemein dem öffentlichen Verkehr zu bestimmten billigeren Tarifen zur Verfügung stehen,

---

[11]) Vgl. **Osius-Bendir** S. 415 Abs. 4 zu § 78; ebenso **Meyer-Irmler** Anm. 3c; auch KG. in KGBl. 01 S. 77.

[12]) Neben den Fuhrkosten können auch gewöhnliche Chaussee-, Brückengelder u. dgl. nicht besonders liquidiert werden. Vgl. Preuß. MVerf. 15. 9. 48 (MBl. 49 S. 160).

[13]) ROHG. 21, 237.

[14]) RG. 1, 247.

[15]) **Endemann**, Haftpflicht S. 11; **Kah**, Haftpflichtgesetz S. 14; **Franz**, desgl. S. 2; **Eger**, desgl. S. 36 ff.

[16]) In Übereinstimmung hiermit definiert das Preuß. Kleinbahngesetz vom 28. 7. 92 im § 1:

„**Kleinbahnen** sind die dem öffentlichen Verkehre dienenden **Eisenbahnen**, welche wegen ihrer geringen Bedeutung für den Eisenbahnverkehr dem Gesetze für die Eisenbahnunternehmungen vom 3. 11. 38 nicht unterliegen.

Insbesondere sind Kleinbahnen der Regel nach solche Bahnen, welche hauptsächlich den örtlichen Verkehr innerhalb eines Gemeindebezirks oder benachbarten Gemeindebezirks vermitteln, sowie Bahnen, welche nicht mit Lokomotiven betrieben werden."

Daß die elektrischen Straßenbahnen Kleinbahnen im Sinne dieses Gesetzes sind, ergibt sich außer aus § 1 auch aus § 39.

Die in Anm. 8a erwähnten Ausführungsbestimmungen unterscheiden die Kleinbahnen in nebenbahnähnliche Kleinbahnen und in Straßenbahnen, und bewilligen bei Ersteren dieselben Fahrkosten wie bei Benutzung der Eisenbahn, bei Letzteren nur die wirklich verauslagten Beträge sowie Zu- und Abgang.

und diese ratio legis trifft auch bei den Kleinbahnen und Straßenbahnen zu. Für Reisen auf Kleinbahnen ist daher ganz ebenso zu liquidieren wie für solche auf Eisenbahnen; insbesondere ist auch die Gebühr für Zu- und Abgang anzusetzen.[17]) Die *Postverbindung* oder *Omnibusverbindung*, welche ebenfalls dem öffentlichen Verkehr zu bestimmten Tarifen dienen, müssen hier ausscheiden, weil sie eben auch nicht unter den, selbst weitest gezogenen, Begriff der „Eisenbahn" fallen können.

Ob die Eisenbahn durch Dampfkraft, Elektrizität oder durch tierische Kräfte betrieben wird, ist gleichgültig.

β) Den „Dampfschiffen", d. h. durch Dampfkraft getriebenen Schiffen, 14
müssen auch die durch *Elektrizität* getriebenen Wasserfahrzeuge gleichgestellt werden. Der Gesetzgeber hat wohl an die Fahrzeuge gedacht, welche dem öffentlichen Verkehr auf dem Wasserwege zu festen Tarifen dienen; als solche waren damals nur Dampfschiffe bekannt.

γ) Betreffs der Nebenkosten „Zu- und Abgang" ist in der Reichstags- 15
kommission zum Protokolle vom 19. 3. 79 konstatiert worden, daß *nicht* für *jeden* Zugang 3 M. und für *jeden* Abgang 3 M., sondern lediglich für *beide* zusammen 3 M. zu liquidieren sind. Dies ergibt sich auch aus dem in den Motiven zu § 79 angeführten Beispiele.[18])

Selbstverständlich können diese Nebenkosten bei jeder *nicht unter-* 16
brochenen Fahrt nur *einmal* liquidiert werden.[19]) Eine mehrfache Vergütung wird nur dann stattfinden können, wenn der Rechtsanwalt die Eisenbahn oder das Dampfschiff an einem Zwischenorte Berufsgeschäfte halber oder zum Zwecke des Übernachtens verlassen muß, oder auch bei Übergängen von Bahnhof zu Bahnhof (bzw. Anlegeplatz zu Anlegeplatz), wenn nämlich der Ankunftsbahnhof verlassen und die Reise von einem anderen Bahnhofe aus, welcher mit dem ersteren nicht in unmittelbarem Zusammenhange steht, sondern von demselben örtlich getrennt ist, fortgesetzt werden muß, auch der Übergang mittels durchgehender oder unmittelbar anschließender Züge nicht erfolgen kann bzw. untunlich ist. In etwaigen Zweifelsfällen wird immer zu bedenken sein, daß die Vergütung für „Ab- und Zugang" nur ein Ersatz entstandener Auslagen sein soll.[20])

Die Zusatzvergütung für „jeden Zu- und Abgang", welche gleich den sonstigen 17
Fuhrkosten ebenfalls für die *Hinreise und für die Rückreise je besonders* zu berechnen ist (§ 79 Abs. 1 GO.), bildet einen *einheitlichen, unteilbaren* Kostenbauschsatz; sie ist also nicht in zweierlei Entschädigungen von je 1,50 M. für jeden Zugang und für jeden Abgang zerlegbar, sondern stets nur im ganzen Betrage von 3 M. zum Ansatze zu bringen. Das Gesetz geht davon aus, daß bei derselben Reise mittels Eisenbahn oder Dampfschiff jedem Zugange ein Abgang folgen werde, und will deshalb regelmäßig bei jeder einzelnen Reise dieser Art die *volle*, in einen unteilbaren Rechnungsposten zusammengefaßte

[17]) Unrichtig ist die in JW. 01 S. 747 mitgeteilte Entscheidung eines Oberlandesgerichts, welche die Zu- und Abgangsgebühr in Anwendung der in Anm. 16 mitgeteilten Preuß. Vorschriften absetzt. Landesgesetzliche Vorschriften können das Reichsgesetz nicht ändern; sie sind auch gar nicht für Rechtsanwälte sondern für Beamte bestimmt.

[18]) S. *Völk* Note 2 zu § 78 S. 129, 130 und *Meyer*, Prozeßkosten in Abs. 6 der Anm. zu § 78 GOfRA. S. 72.

[19]) EGH. 5, 166.

[20]) S. *Pfafferoth*, Handbuch S. 77 Anm. 1. Vgl. auch die entsprechenden Grundsätze in den *preußischen* Staatsministerialbeschlüssen vom 13. 5. 84 (JMBl. S. 104) und vom 17. 4. 89 (JMBl. S. 137), bzw. in der Anlage zu ersterem, welche auch für die Reichsbeamten gelten (Armee-Verordnungsblatt 81 S. 334; Postamtsblatt 81 S. 390) und auf Geschäftsreisen der Rechtsanwälte eine analoge Anwendung gestatten.

Nebenvergütung von 3 M. zugebilligt wissen. Diese Auffassung ist von Wichtigkeit für die Gesamtberechnung der Fuhrkosten bei Geschäftsreisen, welche zum Teil auf der Eisenbahn oder auf dem Dampfschiffe zum Teil mittels anderer Transportgelegenheiten oder zu Fuß gemacht werden. Wird also z. B. nur die erste Hälfte der Reise mittels Eisenbahn, die zweite Hälfte von der verlassenen Eisenbahn-Zwischenstation aus bis zum Bestimmungsorte auf gewöhnlicher Landstraße mittels Wagens zurückgelegt, so ist doch neben den zur Hälfte nach Nr. III Ziff. 1, zur Hälfte nach Nr. III Ziff. 2 dieses § 78 zu berechnenden Fuhrkosten auch noch die Zusatzentschädigung für einmaligen Zu- und Abgang zum vollen Betrage von 3 M. — und zwar je besonders für die Hinreise und für die Rückreise — in Ansatz zu bringen.[21])

18 b) Falls die Reise auf Eisenbahnen oder Dampfschiffen nicht gemacht werden kann, ist für das Kilometer der nächsten fahrbaren Straßenverbindung je 60 Pfg. zu liquidieren.

19 α) In welcher Weise und mit welchen Transportmitteln die Reise gemacht wird, ist gleichgültig; gleichgültig ist insbesondere, ob der Rechtsanwalt sich eigenen oder fremden gemieteten Gespannes bedient oder die Reise auf dem Fahrrad, Automobil, Omnibus oder zu Fuß macht. In allen Fällen hat er, gleichgültig wie hoch seine Ausgaben gewesen sind, 60 Pfg. pro Kilometer zu liquidieren. Nur wenn der Rechtsanwalt höhere Fuhrkosten hat aufwenden müssen, ist er berechtigt, dieselben zu liquidieren.

20 β) Die Fuhrkosten können nur für den nächsten fahrbaren Weg liquidiert werden; der Rechtsanwalt hat daher den nächsten Weg zu wählen. Die Reisestrecke beginnt von der Wohnung bzw. den Geschäftsräumen des Rechtsanwalts, nicht etwa erst von der Weichbildgrenze; denn auch bei Reisen mit der Eisenbahn rechnet die Entfernung nicht von der Weichbildgrenze, sondern vom Bahnhof ab, und der Weg von der Wohnung zum Bahnhof wird durch die Zugangsgebühr entgolten. Die Bestimmung des § 80 steht dieser Annahme nicht entgegen. Die Reisestrecke endet bei der Örtlichkeit, an der die Geschäfte zu erledigen sind.

21 c) Bei Reisen, welche teils auf Eisenbahnen (Dampfschiffen), teils in anderer Weise zurückzulegen sind, wird jede Strecke für die betreffende Kategorie besonders berechnet. Wenn also z. B. der Anwalt eine Geschäftsreise vom Orte A nach dem Orte D macht und von A bis B mit der Eisenbahn 25 km, von B bis C zu Wagen 10 km und von C bis D wieder mit der Eisenbahn 20 km fahren muß, so hat er zu liquidieren

für A bis B 25×13 Pf. =	M.	3.25
für Zu- und Abgang	„	3.—
für B bis C 10×60 Pf. =	„	6.—
für C bis D 20×13 Pf. =	„	2.60
für Zu- und Abgang	„	3.—
zusammen	M.	17.85.

22 **IV. Erstattungsfähigkeit der Reisekosten.**

Die Erstattungsfähigkeit der Reisekosten des Anwalts der erstattungsberechtigten Partei bestimmt sich nach § 91 ZPO., welcher gemäß § 503 Abs. 5 StPO. auch in Privatklagesachen anwendbar ist, sowie nach §§ 18 Abs. 5 und 37 Rechtsanwaltsordnung.

---

[21]) Ebenso OLG. Jena I. ZS. 19. 10. 93 (Thür. BlfR. 41, 146, 147); a. M., aber unrichtig LG. Hall 7. 10. 92 (Boscher's Zeitschr. 36. Jahrg. 94 S. 241, 242). Anders die Ausführungsbestimmungen.

1. Nach § 91 Abs. 2 ZPO. sind „Reisekosten eines auswärtigen Anwalts“ 23
nur insoweit zu erstatten, als die Zuziehung nach dem Ermessen des Gerichts zur zweckentsprechenden Rechtsverfolgung oder Rechtsverteidigung notwendig war. Hiermit sind die Kosten für Reisen gemeint, welche ein nicht am Sitze des Prozeßgerichts wohnhafter Prozeßbevollmächtigter zu den Terminen des Prozeßgerichts macht.[22])

a) Im Anwaltsprozeß kann § 91 Abs. 2 ZPO. garnicht zur An- 24
wendung kommen, weil die Erstattung derartiger Reisekosten durch §§ 18 Abs. 5 und 37 RAO. ausgeschlossen ist. Es bestimmen nämlich:

§ 18 Abs. 5 RAO.:

„Die Mehrkosten, welche bei der Vertretung einer Partei vor einem Kollegialgerichte durch einen bei demselben zugelassenen Rechtsanwalt dadurch entstehen, daß der letztere seinen Wohnsitz nicht am Orte des Gerichts hat, ist die Gegenpartei zu erstatten nicht verpflichtet.“

und § 37 RAO.:

„Die Mehrkosten, welche bei der Vertretung einer armen Partei durch den ihr beigeordneten Rechtsanwalt dadurch entstehen, daß der letztere seinen Wohnsitz nicht am Orte des Gerichts hat, ist die Gegenpartei zu erstatten nicht verpflichtet.“

Als „Mehrkosten“ kommen hauptsächlich die Kosten der Reisen zum Prozeßgericht in Betracht. Andererseits kann es doch vorkommen, daß durch die Bestellung bzw. Beiordnung eines „auswärtigen Anwalts“ Kosten erspart werden, z. B. wenn eine Beweisaufnahme am Wohnorte des auswärtigen Anwalts stattgefunden hat, die dieser ohne Aufwendung von Reisekosten und sonstigen Gebühren wahrgenommen hat, während bei Bestellung eines am Orte des Prozeßgerichts wohnhaften Anwalts Reisekosten bzw. Gebühren aus § 45 GO. für Wahrnehmung des Beweistermins hätten aufgewendet werden müssen. In solchen Fällen sind nicht erstattbare „Mehrkosten“ nur der Überschuß der Reisekosten über den Betrag der ersparten Kosten; bis zum Betrage der ersparten Kosten sind daher die Reisekosten gleichwohl zu erstatten.[23])

b) Im Parteiprozeß und im Privatklageverfahren dagegen 25
kommt § 91 Abs. 2 ZPO. zur Anwendung, soweit es sich nicht um Reisekosten eines Armenanwalts handelt. Die Auslegung dieser Bestimmung aber ist streitig. Die herrschende Ansicht nimmt an, daß bezüglich der Reisekosten — und nur dieser allein — das Gericht zu prüfen habe sowohl, ob die Zuziehung gerade des auswärtigen Anwalts, als auch ob die Zuziehung eines Anwalts überhaupt notwendig war, und daß nur bei Bejahung beider Fragen der Ersatz der Reisekosten zuzubilligen sei.[24]) Dieser Ansicht wird man sich anschließen müssen. Wenn daher am Sitze des Gerichts kein Anwalt sich befindet bzw. die Sache übernehmen kann, so ist zunächst zu prüfen, ob nach Beschaffenheit der Umstände die Zuziehung eines Anwalts geboten war, eine Frage, die bei der Ungewißheit der späteren Entwicklung einer Sache und der

---

[22]) RG. 13, 313; 14, 378; JW. 86 S. 443, 1; 94 S. 9, 15; Gruchot 40, 661.

[23]) RG. 14, 377; JW. 94 S. 63, 11; OLG Karlsruhe in Bad.AKZ. 95 S. 16 u. 96 S. 55.

[24]) So Gaupp-Stein § 91 IX, 1; Petersen-Anger § 91 N. 17; Seuffert § 87 N. 3a; Willenbücher S. 29; Reincke § 91 N. 4Bea; Struckmann in ZZP. 10, 350 (gegen Roedenbeck); OLG. Jena (Thür. BlfR. 9, 59); KG. in KGBl. 90 S. 3 und S. 50; OLG. Naumburg (Naumb.AKZ. 98 S. 26); OLG. Hamburg (Seuff. Arch. 52, 350); OLG. Kolmar. (ZfEL. 23, 390). Dagegen wollen die Prüfung der Frage, ob die Zuziehung eines Rechtsanwalts überhaupt geboten war, wegen der Vorschrift des ersten Satzes des Abs. 2 § 91 ausschließen: Roedenbeck in ZZP. 9, 232; Hähn in DJZ. 03, 447; Meyer-Irmler § 78 Anm. 5bb; Wilmowski-Levy § 87 Anm. 6; OLG. Dresden (Sächs. Ann. 10, 162; 19, 187). LG. Kassel in JW. 03 S. 96. Vgl. auch DJZ. 03, 146.

gewöhnlichen Ungewandtheit des Publikums wohl kaum jemals zu verneinen sein dürfte.[25]) Bei der Prüfung der Frage, ob gerade der zugezogene Anwalt zuzuziehen war, wird entscheidend sein, daß die Prozeßkosten nicht willkürlich und grundlos verteuert werden dürfen; die Reisekosten werden deshalb in der Regel nur insoweit als notwendig anzusehen sein, als sie die Reisekosten eines im nächstbelegenen Orte wohnhaften Anwalts nicht übersteigen.[26])[27])

26 2. Bei Reisen des Prozeßbevollmächtigten oder eines anderen Anwalts zu auswärtigen Beweisterminen findet Abs. 2 § 91 keine Anwendung. Die Frage, ob und wann die Gebühren und Auslagen des Anwalts für Wahrnehmung eines auswärtigen Beweistermins erstattungsfähig sind, wurde in früheren Entscheidungen des Reichsgerichts verschieden beantwortet; teils[28]) wollte man die Erstattungspflicht davon abhängig machen, ob nach Lage des Falles die Vertretung im Beweistermine notwendig war, teils[29]) wollte man ohne Rücksicht auf die Lage des Falles grundsätzlich eine Kostenerstattungspflicht statuieren, weil jede Partei ein Recht und ein erhebliches Interesse an der Wahrnehmung der Beweistermine habe. Die Entscheidung der Vereinigten Zivilsenate vom 21. 6. 02 [30]) hat den letzteren Standpunkt adoptiert und ausgesprochen, daß die Kosten für Wahrnehmung eines auswärtigen Beweistermins in jedem Falle — geichgültig, ob die Beweisaufnahme einfach oder schwierig ist — zu erstatten sind. Damit ist aber noch nicht die Frage gelöst, ob die Reisekosten des Prozeßbevollmächtigten in voller Höhe zu erstatten sind. Hat der Prozeßbevollmächtigte einen anderen Anwalt zur Wahrnehmung des Beweistermins substituiert, so sind nach dem bezeichneten Plenarbeschluß dessen Gebühren und Auslagen insoweit, als sie die Reisekosten und Tagegelder des Prozeßbevollmächtigten nicht übersteigen, erstattungsfähig. Daraus könnte man folgern, daß nach Ansicht des Reichsgerichts die Erstattungspflicht unbedingt bis zur Höhe der Reiseentschädigung des Prozeßbevollmächtigten geht, daß also die vollen Reisekosten des letzteren in allen Fällen, und nicht nur bis zur Höhe der Kosten eines am Sitze des ersuchten Gerichts oder in dessen Nähe wohnhaften Anwalts,[31]) zu erstatten sind. Indessen wird man doch ein Prüfungsrecht aus Abs. 1 § 91 anerkennen müssen. Dabei wird man davon auszugehen haben, daß der Prozeßbevollmächtigte in erster Linie zur Vertretung der Partei auch im Beweisverfahren berufen und hierzu auch am besten geeignet ist; es müssen daher überwiegende Gründe vorliegen, welche ausnahmsweise die Zuziehung eines anderen Anwalts erheischen. Solche Gründe werden in der Regel in der Kostspieligkeit der Wahrnehmung auswärtiger Termine durch den Prozeßbevollmächtigten zu finden sein, sind aber nicht schon überall da anzuerkennen, wenn die Substituierung eines anderen Anwalts geringere Kosten verursacht hätte. Es kommt vielmehr wesentlich darauf an, ob die durch Wahrnehmung des Termins durch den Prozeßbevollmächtigen selbst erwachsenden Mehrkosten in einem Mißverhältnis stehen

[25]) Auf einen am Gerichtsorte wohnhaften Rechtskonsulenten darf die Partei nicht verwiesen werden; OLG. Jena (Thür. BlfR. 40, 240); OLG. Naumburg (Naumb.AKZ. 98 S. 27). Beim Vorhandensein eines Prozeßagenten kann die Frage zweifelhaft sein. Vgl. DJZ. 03, 146.

[26]) Vgl. OLG. Jena (Thür. BlfR. 29, 59; 45, 30); OLG. Dresden (Sächs.Arch. 5, 48; Sächs.Ann. 8, 444; 10, 162; 14, 282; 19, 187); OLG. Naumburg (Naumb.AKZ. 98 S. 27 und 99 S. 42), das nicht unbedingt die Annahme des nächstwohnenden Anwalts verlangt; LG. Potsdam (KGBl. 94 S. 23).

[27]) Die Erstattung von Reisekosten eines Anwalts zu auswärtigen Gerichtstagen ist abgelehnt vom LG. Saarbrücken (JW. 01 S. 741).

[28]) Insbesondere RG. JW. 89 S. 40, 2.

[29]) Insbesondere RG. JW. 97 S. 447, 4. [30]) RG. 51, 11

[31]) Wie RG. JW. 93 S. 564, 97 S. 78 und 99 S. 223 aussprechen.

zu dem Gegenstande des Streites und dem an sich berechtigten Interesse der Partei, sich durch ihren Prozeßbevollmächtigten selbst auch im Beweisverfahren vertreten zu lassen.[32])

§ 79.

Die Fuhrkosten werden für die Hin- und Rückreise besonders berechnet.

Hat ein Rechtsanwalt Geschäfte an verschiedenen Orten unmittelbar nach einander ausgerichtet, so ist der von Ort zu Ort zurückgelegte Weg ungeteilt der Berechnung der Fuhrkosten zugrunde zu legen.

Bei einer Reise zur Ausführung der Aufträge mehrerer Auftraggeber findet die Vorschrift des § 5 entsprechende Anwendung.

I. Motive. Die Grundsätze, daß die Fuhrkosten für die Hin- und Rück- 1
reise besonders zu berechnen sind, und daß jedes angefangene km für ein volles zu rechnen ist, sind bereits mehrfach in der Reichsgesetzgebung zum Ausdrucke gebracht (V. vom 21. 6. 75 §§ 5, 7; GO. für die Gerichtsvollzieher § 17; GO. für Zeugen und Sachverständige § 7).

Der zweite Satz des § 79 entspricht dem Grundsatze, daß Reisekosten, da sie Auslagen sind, nur soweit gefordert werden können, als die Reise wirklich stattgefunden hat. Bei Reisen, welche zur Ausführung der Aufträge mehrerer Auftraggeber gemacht sind, findet § 3 entsprechende Anwendung. Ist die Reise nur nach einem und demselben Orte gemacht, so liegt eine Schwierigkeit nicht vor. Der Rechtsanwalt kann die Reisekosten nur einmal, und zwar von jedem seiner Auftraggeber fordern. Wie sich die Sache gestaltet, wenn der Rechtsanwalt auf einer Reise die Aufträge mehrerer Auftraggeber an verschiedenen Orten ausgeführt hat, wird sich am besten aus folgendem Beispiele ergeben.

Wenn ein in Berlin wohnhafter Rechtsanwalt, welcher im Auftrage des A eine Reise nach Potsdam, im Auftrage des B eine Reise nach Magdeburg und im Auftrage des C eine Reise nach Stendal zu machen hat, diese Reise in einer Rundtour Berlin, Potsdam, Magdeburg, Stendal, Berlin erledigt, so stehen ihm an Fahrkosten zu:

für die Reise von Berlin	nach Potsdam .	für	26,1	km
„ „ „ „ Potsdam	„ Magdeburg	„	115,9	„
„ „ „ „ Magdeburg	„ Stendal .	„	58,73	„
„ „ „ „ Stendal	„ Berlin . .	„	106,—	„
			306,73 = 307	km

demnach für 307 km zu 13 Pf. 39,91 M.; außerdem für jeden Ab- und Zugang 3 M., also 12 M., zusammen 51,91 M. Fuhrkosten. Hierzu treten Tagegelder mit 12 M. für jeden Tag, desgleichen 5 M.[1]) für jedes Nachtquartier.

Mehr als diesen Betrag kann er von seinen drei Auftraggebern zusammen nicht verlangen. Die Frage, wieviel er von jedem einzelnen verlangen kann, beantwortet sich nach § 3 wie folgt. Er kann an Fuhrkosten beanspruchen:

1. von A:

für Hinreise nach Potsdam (26,1 oder)	27 km	
„ Rückreise	27 „	
	54 km	7,02 M.
für zwei Ab- und Zugänge		6,00 „
		13,02 M.

[32]) S. RG. JW. 86 S. 443, 1; 05 S. 50; Recht 05 S. 46.

[1]) In den Motiven ist noch gemäß der Bestimmung des Entwurfs das Nachtquartier mit 3 M. angesetzt.

2. von B:

für Hinreise nach Magdeburg 26,1 + 115,9 km		
zusammen	142 „	
„ Rückreise	142 „	
	284 km	36,92 M.
für zwei Ab- und Zugänge		6,00 „
		42,92 M.

3. von C:

für Hinreise nach Stendal	106 km	
„ Rückreise	106 „	
	212 km	27,56 M.
für zwei Ab- und Zugänge		6,00 „
		33,56 M.

außerdem von jedem Auftraggeber an Tagegeldern und für Nachtquartier so viel, als er zu fordern gehabt haben würde, wenn er die Reise für ihn allein gemacht hätte. Gesetzt, er hätte auf die ganze Reise 3 Tage und 2 Nächte gebraucht, und gesetzt ferner, er würde zu den Reisen für A und C nur je einen Tag, zu der für B aber zwei Tage und eine Nacht gebraucht haben, so würde er für die ganze Reise im ganzen 51,91 M. (an Fuhrkosten) + 46 M. (für 3 Tagegelder und 2 Nachtquartiere) = 97,91 M. zu fordern haben, und er würde

den A in Höhe von 25,02 M. (13,02 + 12),
„ B „ „ „ 71,92 „ (42,92 + 24 + 5),
„ C „ „ „ 45,56 „ (33,56 + 12)

in Anspruch nehmen können, jedoch mit der Maßgabe, daß, wenn z. B. B 71,92 M. gezahlt hätte, er von A und C zusammen nur noch den Rest von 25,99 M. fordern könnte.[2])

2 **II. Bedeutung des § 79.** Die Vorschriften des § 79 Abs. 1 und 2 stimmen mit der Vorschrift in § 4 der preußischen Verordnung vom 24. 12. 73 (GS. 74 S. 2—5) bezüglich der den Justizbeamten zu gewährenden Reisekosten vollständig überein.

Die einzelnen Absätze des § 79 führen zu folgenden Grundsätzen:

3 1. Die besondere Berechnung der Fuhrkosten für die Hinreise und die Rückreise ergibt, daß die Abrundung eventuell zweimal vorzunehmen und daß die Gebühr für Zu- und Abgang zweimal zu berechnen ist.

4 2. Der Abs. 2 behandelt die sog. Rundreise. Eine solche Rundreise ist vom Verlassen des Wohnorts bis zur Rückkehr in denselben nur als eine Reise anzusehen; der ganze zurückgelegte Weg ist als ein Ganzes der Berechnung zugrunde zu legen und nicht etwa der Weg von dem einen Geschäftsort zum anderen als besonderer Weg zu berechnen.[3]) (Vgl. das Beispiel in den Motiven, Erl. I.) Der Zu- und Abgang wird dabei immerhin mehrfach berechnet werden müssen, nur der Weg wird ungeteilt berechnet, also die Abrundung findet nur einmal statt.

---

[2]) Diesen Rest würde er von C ganz, von A nur bis zum Betrage von 25,02 Mk. beanspruchen dürfen.

[3]) Natürlich mit der Modifikation beim Wechsel der Transportmittelart s. § 78 N. 17.

3. Bei einer Reise zur Ausführung der Aufträge mehrerer 5
Auftraggeber soll § 3 entsprechende Anwendung finden, d. h. jeder Auftraggeber haftet dem Rechtsanwalt für denjenigen Betrag der Reisekosten, welcher bei abgesonderter Ausführung seines Auftrages erwachsen sein würde. Dies führt zu folgenden Ergebnissen:

a) Ist die Reise nur nach einem und demselben Orte gemacht, so 6
kann der Anwalt die Reisekosten zwar nur einmal, aber ganz von jedem Auftraggeber fordern.

b) Hat der Anwalt die Aufträge mehrerer Auftraggeber an verschiedenen 7
Orten, auf einer Rundreise, ausgeführt, so hat er im ganzen von sämtlichen Auftraggebern nur den nach Abs. 2 zu berechnenden Betrag zu fordern. Der Betrag dagegen, für den der einzelne Auftraggeber haftet, ist für jeden besonders nach Maßgabe des § 78 und § 79 Abs. 1 in der Weise zu berechnen, daß eine Reise vom Wohnorte nach dem Orte, wo das Geschäft für den betreffenden Auftraggeber ausgeführt ist, zugrunde gelegt wird. (Vgl. das Beispiel in den Motiven, Erl. I.) Dabei wird ein Umweg, der etwa erforderlich gewesen ist, nicht berechnet werden dürfen. Tagegelder und Nachtquartier sind jedem Auftraggeber in der Höhe in Rechnung zu stellen, in der sie bei einer Reise für ihn allein entstanden wären.

c) Bezüglich der Kostenerstattung sind die bei § 3 in N. 24—30, 8
insbesondere N. 26—27. 30, aufgestellten Grundsätze zur Anwendung zu bringen.[4])

§ 80.

Für Geschäfte am Wohnorte stehen dem Rechtsanwalte weder Tagegelder noch Fuhrkosten zu; dasselbe gilt von Geschäften außerhalb des Wohnortes in geringerer Entfernung als zwei Kilometer von demselben.

War der Rechtsanwalt durch außergewöhnliche Umstände genötigt, sich eines Fuhrwerks zu bedienen, oder waren sonstige notwendige Unkosten, wie Brücken- oder Fährgeld, aufzuwenden, so sind die Auslagen zu erstatten.

Für einzelne Ortschaften kann durch die Landesjustizverwaltung bestimmt werden, daß den Rechtsanwälten bei den nicht an der Gerichtsstelle vorzunehmenden Geschäften die verauslagten Fuhrkosten zu erstatten sind.

I. Motive. Die Vorschrift in Abs. 1 dieses Paragraphen stimmt mit 1
der Vorschrift des § 6 der für die Reichsbeamten erlassenen Verordnung vom 21. 6. 75 und dem § 17 der Gebührenordnung für Gerichtsvollzieher überein. Es liegt kein Grund vor, von diesem in den Reichsgesetzen wiederholt angenommenen Grundsatze hier abzuweichen. Nach dem Tarife zum preußischen Gesetze vom 12. 5. 51, Allgem. Bestimm. 3 B, erhält zwar der Rechtsanwalt, wenn er außerhalb seiner Wohnung und des Gerichtslokals Geschäfte besorgen muß, auch bei kleineren Entfernungen (die Grenze war früher 1/4 Meile und ist jetzt nach dem Gesetze vom 1. 5. 75 1 1/2 km) außer seinen sonstigen Gebühren noch eine besondere Gebühr (pro via). Allein diese Vorschrift erscheint in ihrer Allgemeinheit und zwar namentlich in ihrer Anwendung auf kleinere Städte ungerechtfertigt, da von Auslagen bei Wegen, welche der Anwalt zu Fuß zurücklegt, der Regel nach nicht die Rede sein kann. Soweit wirkliche Auslagen in Frage stehen, trifft Absatz 2 Vorsorge. Endlich gewährt Absatz 3 die Möglichkeit, da, wo der Grundsatz des Absatz 1 zu Un-

[4]) Vgl. hierzu LG. Gleiwitz (Bresl.AKZ. 89 S. 35) und AG. Greiffenberg (Bresl. AKZ. 94 S. 47).

zuträglichkeiten führen kann, insbesondere in großen Städten, diese Härten zu beseitigen.

2 **II. Ausschluß der Reiseentschädigung.** Der § 80 versagt die Reiseentschädigung in der Regel für Geschäfte am Wohnort oder in geringerer Entfernung als 2 Kilometer vom Wohnort. Eine Gebühr pro via kennt die GO. nicht.

3 1. Als Wohnort kann nicht auch der Ort gelten, an dem der Rechtsanwalt ein Zweigbureau errichtet hat oder regelmäßige Sprechstunden abhält; für die Reise an einen solchen Ort, besonders zum Gericht dieses Ortes, können daher Reisekosten berechnet werden. Der Anwalt muß nach § 18 RAO. seinen Wohnsitz am Orte des Gerichts seiner Zulassung nehmen; die im Gesetze nicht erwähnte, aber in der Rechtsprechung des Ehrengerichtshofs nicht ausgeschlossene Zulässigkeit der Errichtung eines Zweigbureaus an einem anderen Orte vermag einen Einfluß auf dessen gesetzlichen Wohnsitz und seine gesetzliche Befugnis, bei Gewährung seiner Berufstätigkeit außerhalb seines Wohnsitzes Reisekosten zu liquidieren, nicht auszuüben.[1])

4 Wenn dagegen gemäß § 18 Abs. 2 RAO. durch die Landesjustizverwaltung bestimmt ist, daß benachbarte Orte als ein Ort anzusehen sind, so kann für Reisen von einem dieser Orte zum anderen eine Reiseentschädigung nicht liquidiert werden.[2])

5 2. Für die Anwendung des Satzes 2 des Abs. 1 kommt es nur darauf an, daß die Weichbildgrenze des Wohnortes des Rechtsanwalts von der Stelle, wo das Dienstgeschäft vorgenommen wird, mindestens 2 km entfernt ist; die Weichbildgrenze oder die Mitte der Ortschaft, in welcher etwa die Stelle liegt, kommt nicht in Betracht.[3]) Die Entfernung bestimmt sich nicht nach der Luftlinie, sondern nach der Länge der ordentlichen Verkehrswege.

6 Selbstverständlich kommt nur die Entfernung vom Wohnorte des Rechtsanwalts in Betracht; handelt es sich um eine unter 2 km betragende Entfernung von einem Zwischenorte der Reise bis zum Endpunkte derselben, z. B. von einer Eisenbahnstation aus, auf welcher die Transportgelegenheit gewechselt werden muß, so kann § 80 nicht Platz greifen; dem Rechtsanwalte bleibt vielmehr für eine solche, wenngleich kürzere Zwischenstrecke als 2 km die nach §§ 78, 81 auszurechnende zusätzliche Reiseentschädigung gesichert.[4])

7 **III. Die Ausnahmen.** Von der Regel des Abs. 1 machen die Absätze 2 und 3 zwei Ausnahmen:

1. Hat der Rechtsanwalt notwendige Unkosten, wie Brücken- oder Fährgeld, aufgewendet, so sind ihm dieselben zu erstatten. Es können ferner außergewöhnliche Umstände die Benutzung eines Fuhrwerks nötig machen, z. B. bei Elementarereignissen wie Glatteis, Schneefall, Platzregen oder bei besonders gebotener Eile; sind hier Fuhrkosten aufgewendet, so sind sie dem Anwalt in der aufgewendeten Höhe zu erstatten.

8 2. In großen Städten kann die Versagung der Fuhrkosten unbillig er-

---

[1]) So EGH. 10 S. 7. Entgegengesetzter Ansicht OLG. Dresden in Sächs.Ann. 8, 444; 10, 162, und ihnen folgend Meyer-Irmler § 80 Anm. 1 a; Pfafferoth § 80 Anm.; Drucker § 80 Anm. 1; zweifelhaft Willenbücher § 80 Anm. 1 und § 78 Anm. 1. [2]) Ebenso Pfafferoth § 80 Anm.

[3]) KG. in Jahrbuch Bd. 21 B S. 38. Ebenso LG. II Berlin in KGBl. 90 S. 43, wo ausgeführt ist, daß das (frühere) Gerichtsgebäude in Charlottenburg von allen Endpunkten Berlins mehr als 2 km entfernt ist.

[4]) Ebenso Meyer-Irmler § 80 Anm. 1 b; A. M. LG. Ratibor II. ZK. 10. 5. 89 (Bresl.AKZ. S. 57, 58).

scheinen; zur Beseitigung etwaiger Härten kann deshalb nach Abs. 3 die Landesjustizverwaltung für einzelne Ortschaften bestimmen, daß den Rechtsanwälten bei den nicht an der Gerichtsstelle vorzunehmenden Geschäften die verauslagten Fuhrkosten zu erstatten sind. Eine solche Anordnung ist bisher nicht ergangen, während sie für die preuß. Gerichtsbeamten und Notare für notwendig erachtet worden ist.[5])

§ 81.

Bei Berechnung der Entfernungen wird jedes angefangene Kilometer für ein volles Kilometer gerechnet.

I. Die Vorschrift des § 81 stimmt überein mit § 7 der für die Reichsbeamten erlassenen Verordnung vom 21. 6. 75 (RGBl. S. 249), § 17 der GO. für Gerichtsvollzieher vom 24. 6. 78) (RGBl. S. 166), § 7 der GO. für Zeugen und Sachverständige vom 30. 6. 78 (RGBl. S. 173). Dagegen ist die Vorschrift in § 5 Abs. 2 der preußischen Verordnungen vom 24. 12. 73 (GS. 74 S. 2 ff.) und vom 8. 5. 76 (GS. S. 119, 120) über die Reisekosten der Justizbeamten, wonach bei Reisen von nicht weniger als 2 km aber unter 8 km die Reisekosten für 8 km zu gewähren seien, hier nicht aufgenommen. Es ist daher für Reisen der Rechtsanwälte auch bei den kürzeren Strecken von weniger als 8 Kilometer stets nur die wirkliche Entfernung nach vollen Kilometern maßgebend und der Berechnung zugrunde zu legen. 1

II. Die Abrundung kann für jede Reise einmal vorgenommen werden und zwar besonders für die Hinreise und besonders für die Rückreise. 2

Wird die Reise teils auf Eisenbahnen oder auf Dampfschiffen, teils in anderer Weise gemacht, so erfolgt die Abrundung für jedes einzelne Transportmittel besonders.

§ 82.

Der Rechtsanwalt, welcher seinen Wohnsitz verlegt, kann bei Fortführung eines ihm vorher erteilten Auftrags Tagegelder und Reisekosten nur insoweit verlangen, als sie ihm auch bei Beibehaltung seines Wohnsitzes zugestanden haben würden.

I. Motive. Der § 82 regelt einen Ausnahmefall, in welchem die Forderung von Reisekosten ausgeschlossen bzw. eingeschränkt sein soll. Die Vorschrift findet ihre Begründung darin, daß die Verlegung des Wohnsitzes lediglich von dem Willen des Rechtsanwalts abhängt und die Partei nicht einen Schaden erleiden soll, wenn der Rechtsanwalt nach übernommenem Auftrage größere Auslagen veranlaßt, als solche bei Übertragung desselben vorgesehen werden konnten. Eine anderweite Regulierung der Reisevergütung im Wege des Vertrages bleibt hier wie sonst den Beteiligten vorbehalten. 1

II. Die Fälle des § 82. Die Verlegung des Wohnsitzes wird in der Regel die Folge davon sein, daß der Rechtsanwalt die Zulassung bei 2

[5]) Allgem. Vf. d. Justizm. v. 17. 9. 95 (JMBl. S. 275), welche den Gerichtsbeamten und den Notaren für Berlin, Breslau, Reichenbach, Kassel, Hannover (mit Linden), Papenburg, Barmen, Cöln, Düsseldorf, Frankfurt a. M., Wiesbaden, Altona, Kiel, Königsberg, Erfurt, Halle, Magdeburg (mit Buckau), Posen und Stettin Erstattung der Fuhrkosten zubilligt, später ausgedehnt auf Charlottenburg, Elberfeld, Barmen und Essen.

dem Gerichte, bei welchem er zugelassen war, aufgibt und die Zulassung bei einem anderen Gerichte nachsucht und erhält, oder, falls er bei mehreren Gerichten zugelassen war, die Zulassung bei dem einen Gerichte aufgibt, dagegen bei dem anderen Gerichte beibehält. Vgl. RAO. §§ 18, 9, 11. Für alle diese Fälle ist § 82 maßgebend und zu beachten.

§ 83.

Hat ein Rechtsanwalt seinen Wohnsitz an einem Orte, an welchem sich kein Gericht befindet, so kann die Landesjustizverwaltung bestimmen, daß ihm Tagegelder und Reisekosten nur insoweit zustehen, als er solche auch verlangen könnte, wenn er seinen Wohnsitz an dem Orte des Amtsgerichts, in dessen Bezirke er wohnt, genommen hätte.

1 **I. Motive.** Nach § 18 Abs. 3 der RAO. kann die Landesjustizverwaltung einem bei einem Amtsgerichte zugelassenen Rechtsanwalte gestatten, an einem anderen Orte innerhalb seines Amtsgerichtsbezirkes seinen Wohnsitz zu nehmen. Nach § 107 a. a. O. sind ferner die zur Zeit des Inkrafttretens der Rechtsanwaltsordnung vorhandenen Rechtsanwälte, welche rechtzeitig ihre Zulassung bei dem Landgerichte ihres Wohnsitzes beantragen, befugt, ihren bisherigen Wohnsitz beizubehalten, also auch dann, wenn sich an diesem ein Gericht nicht befindet. Diese den Rechtsanwälten zugestandenen Vergünstigungen können dem rechtsuchenden Publikum nachteilig werden. Deshalb soll die Landesjustizverwaltung bestimmen können, daß ein solcher Rechtsanwalt, der seinen Wohnsitz an einem Orte hat, an welchem sich kein Gericht befindet, Reisekosten nur insoweit erhalten soll, als er sie beanspruchen könnte, wenn er seinen Wohnsitz an dem Orte des Amtsgerichtes genommen hätte, in dessen Bezirke er wohnt.

2 **II. Die Vorschrift des § 83** erscheint für die Praxis von untergeordneter Bedeutung, da die Niederlassung von Rechtsanwälten an Nichtgerichtsorten zu den außergewöhnlichen Seltenheiten gehört.

3 Für die Übergangszeit kann nach § 107 Abs. 2 RAO. der Zustand eintreten, daß ein Anwalt beim Landgerichte zugelassen ist und weder am Sitze des Landgerichts noch auch eines Amtsgerichts seinen Wohnsitz hat. In diesem — jetzt wohl nur noch äußerst seltenen — Falle kann der Rechtsanwalt Reisekosten zum Sitz des Landgerichts nur insoweit liquidieren, als solche vom Sitze des Amtsgerichts, in dessen Bezirk er wohnt, bis zum Sitze des Landgerichts zu erheben sein würden.

Sechster Abschnitt.

Einforderung von Gebühren und Auslagen.

Vorbemerkung.

Die Vorschriften über die Verpflichtung der Partei zur Zahlung eines Vorschusses (§ 84) und über die Fälligkeit und Einforderung der Gebühren und Auslagen (§§ 85, 86) stehen im engsten Zusammenhange miteinander, da die Vorschußzahlung der Sache nach nur eine Vorausbezahlung ist. Während in einzelnen Gebührenordnungen (Bayern, Sachsen, Württemberg,

Baden) die Frage des Vorschusses überhaupt nicht berührt ist, kann nach anderen Gebührenordnungen, welche auf dem Systeme der Vergütung der einzelnen Handlungen beruhen, der Rechtsanwalt, sei es sofort auf einmal oder in beliebigen Zwischenräumen vor Ausführung des ihm erteilten Auftrages einen Vorschuß fordern, welcher den Gesamtbetrag der Gebühren deckt. (Braunweig, Zivilprozeßordnung vom 19. 3. 50 § 404; Advokatenordnung vom 19. 3. 50 § 8; Hannover, Ges. vom 8. 11. 50 § 56; Lübeck. Ges. vom 26. 10. 63 § 41; Großherzogtum Sachsen, Ges. vom 29. 10. 40 § 29; Oldenburg, Anwaltsordnung vom 28. 6. 58 Art 6 § 2.) Bei dem Bauschsysteme, zu dessen Hauptvorzügen es gehört, daß das eigene Interesse des Anwalts die schnelle Beendigung des Rechtsstreites erheischt, ist aber der Zweifel berechtigt, ob dieses Interesse sich nicht erheblich abschwächen müsse, wenn der Rechtsanwalt den ganzen zu erwartenden Gebührenbetrag im Vorschusse bereits vorweg erhält. Von dieser Erwägung ausgehend bestimmt der § 6 des preußischen Gesetzes vom 12. 5. 51, daß es „dem zum Betriebe eines Prozesses bevollmächtigten Rechtsanwalte" gestattet ist, einen *angemessenen* Vorschuß zu fordern, daß dagegen der Anwalt, der nicht zum Prozeßbevollmächtigten bestellt ist, nur den *ungefähren* Betrag voraussichtlich zu machender *barer Auslagen* als Vorschuß fordern darf. Die hier gemachte Unterscheidung ist indessen in keiner Weise gerechtfertigt, da jeder, auch der nur mit einer einzelnen Handlung beauftragte Rechtsanwalt ein berechtigtes Interesse hat, durch einen Vorschuß auch die ihm für seine Arbeit gebührende Vergütung in gewissen Grenzen gesichert zu sehen. Der Entwurf hat daher mit Weglassung dieser Unterscheidung den Grundsatz des § 6 des preußischen Gesetzes vom 12. 5. 51 *generalisiert*. (Motive S. 84.)

§ 84.

Der Rechtsanwalt kann von seinem Auftraggeber angemessenen Vorschuß fordern.

I. Entstehungsgeschichte. 1. Die *Motive*: „Wie hoch der Vorschuß sein 1
dürfe, läßt sich in dem Gesetze nicht bestimmen. *Daß der Rechtsanwalt nicht verpflichtet sein kann, Auslagen aus eigenen Mitteln zu machen, versteht sich von selbst.* Er kann daher verlangen, daß ihm die *Auslagen vorschußweise* gezahlt werden. Was die Gebühren anlangt, so würde ein Vorschuß, welcher den *vermutlichen* Betrag derselben überstiege, niemals als ein angemessener erachtet werden können (Instruktion des preußischen Justizministers vom 12. 9. 51 zu § 6 des Gesetzes vom 12. 5. 51). *Welcher* Betrag aber innerhalb dieser Grenzen als angemessen sich darstellt, kann nur im einzelnen Falle beurteilt werden. Es wird in der Regel keinem Bedenken unterliegen, wenn der Rechtsanwalt bei dem *Beginne eines Rechtsstreites die Prozeßgebühr und die Verhandlungsgebühr*, letztere, wenn eine Beendigung durch Versäumnisurteil zu vermuten ist, *zur Hälfte*, als Vorschuß beansprucht.

Es könnte zweifelhaft erscheinen, ob überhaupt eine den Rechtsanwalt inbetreff der Höhe des Vorschusses beschränkende Bestimmung angezeigt ist, weil der Rechtsanwalt zur Übernahme eines Auftrages nicht verpflichtet ist und daher jede derartige Bestimmung leicht umgangen werden könnte. Allein von unmittelbar praktischer Bedeutung ist eine solche Vorschrift, weil der nach § 33 der RAO. beigeordnete Anwalt berechtigt ist, die Übernahme der Vertretung davon abhängig zu machen, daß ihm ein nach den Vorschriften dieses Gesetzes zu bemessender Vorschuß gezahlt wird (§ 38 der RAO.). Ein von dem Gerichte einer armen Partei in bürgerlichen Rechtsstreitigkeiten als Vertreter oder einem Angeklagten als Verteidiger bestellter Rechtsanwalt hat selbstredend keinen Anspruch auf Vorschußleistung."

2 2. Der Entwurf lautete: „Der Rechtsanwalt kann von seinem Auftraggeber einen angemessenen Vorschuß fordern". Das Wort: „einen" ist von der Reichstagskommission gestrichen und zur Begründung dieses Abstriches bzw. zur Klarstellung der Vorschrift in Übereinstimmung mit den Regierungskommissaren zum Protokolle vom 19. 3. 79 konstatiert worden, daß der Vorschuß nicht bloß einmal, etwa bei Übernahme des Mandats, sondern auch während der Ausführung desselben, also mehrmals solle gefordert werden können.

3 **II. Der Anspruch auf Vorschuß.**

Nach § 669 BGB. hat der Auftraggeber dem Beauftragten für die zur Ausführung des Auftrags erforderlichen Aufwendungen auf Verlangen Vorschuß zu leisten; durch § 675 BGB. ist diese Vorschrift auch auf Dienstverträge, welche eine Geschäftsbesorgung zum Gegenstande haben, ausgedehnt, also insbesondere auch auf das Verhältnis des Rechtsanwalts zu seiner Klientel. Dieser Vorschuß ist ein Auslagenvorschuß. Weiter geht der § 84 GO., welcher auch neben dem BGB Geltung hat. (Vgl. Einleitung § 4.) § 84 gewährt einen Anspruch auf Vorschuß nicht nur für die Auslagen, sondern auch für die Gebühren des Rechtsanwalts.

4 1. Den Anspruch auf Vorschuß hat nicht nur der Prozeßbevollmächtigte, sondern jeder Rechtsanwalt, wenn er auch nur mit der Vornahme einer Einzelhandlung betraut ist.

5 2. Der Anspruch auf Vorschuß geht nur gegen den „Auftraggeber". Wer als „Auftraggeber" anzusehen ist, ist oben bei § 1 N. 12—17 des näheren ausgeführt. In Betracht zu ziehen sind hier folgende Fälle:

6 a) Wenn der Rechtsanwalt auf Grund der §§ 34 RAO., § 115 ZPO., § 419 StPO., § 14 FGG. einer armen Partei zur vorläufig unentgeltlichen Wahrnehmung ihrer Rechte beigeordnet ist, so ist Auftraggeber die arme Partei, nicht etwa die Staatskasse. Von der armen Partei aber darf ein Vorschuß nicht verlangt werden; denn die Wahrnehmung ihrer Rechte soll „vorläufig unentgeltlich" geschehen. Die einstweilige Befreiung einer armen Partei erstreckt sich aber nicht nur auf die Gebühren des Anwalts, sondern auch auf dessen Auslagen, wie Porti oder etwaige Reisekosten;[1]) der Anwalt ist deshalb auch nicht berechtigt zur Einforderung eines Auslagenvorschusses.[2])

7 b) Wird im Falle der notwendigen Verteidigung gemäß § 140 StPO. dem Angeschuldigten ein Anwalt als Verteidiger von Amts wegen bestellt, so ist Auftraggeber die Staatskasse. Auch von dieser darf ein Vorschuß nicht verlangt werden, weil die Bestellung einen Zwang zur Übernahme enthält.

8 c) Im Falle der Beiordnung auf Grund des § 33 RAO. ist Auftraggeber die Partei; von ihr kann Vorschuß verlangt, ja nach § 38 RAO. die Übernahme der Vertretung von der Vorschußleistung abhängig gemacht werden.

Dasselbe gilt auch von der Bestellung des Anwalts als besonderen Vertreters (vgl. § 1 N. 15).

9 d) In den Fällen, wo dem Rechtsanwalt neben dem Auftraggeber noch ein zweiter Gebührenschuldner zu haften hat (Ehemann, Vater, Mutter;

---

[1]) RG. JW. 89 S. 401, 4; 96 S. 320, 2; Gruchot 40, 1190.

[2]) EGH. 1, 115; 3 127; 4, 160; 5, 57; 6, 221; 7, 56. A. M. Walter in früh. Aufl.

vgl. § 1 N. 17) ist ein Anspruch auf Vorschuß gegen den zweiten Gebührenschuldner nicht anzuerkennen, weil derselbe nicht Auftraggeber ist.[3]) Auch in den Fällen, wo der Ehemann die Kosten seiner Ehefrau vorzuschießen hat, kann der Anwalt gegen den Ehemann nicht ein eigenes Recht auf Vorschuß aus § 84 geltend machen, sondern nur im Auftrage und im Namen der Ehefrau deren Vorschußrecht betreiben.[4]) Hat die Ehefrau das Armenrecht, so entfällt ihr Vorschußrecht und damit auch die Geltendmachung desselben durch ihren Anwalt.[5])

10 3. Der Anspruch geht auf „angemessenen Vorschuß". Welcher Betrag angemessen ist, kann nur im einzelnen Falle beurteilt werden. Im allgemeinen darf ein Betrag bis zur Höhe der vermutlich entstehenden gesamten Gebühren und Auslagen verlangt werden; hat der Rechtsanwalt zunächst nur einen geringeren Vorschuß verlangt, so darf er während des Laufes des Rechtsstreits, insbesondere nach Verbrauchung dieses Vorschusses, einen weiteren Vorschuß verlangen.[6]) Der Betrag aller verlangten Vorschüsse darf nur nicht den Betrag der mutmaßlich zukünftigen Gesamtforderung übersteigen. — Von Wichtigkeit wird die Vorschrift übrigens nur bei der Beiordnung gemäß § 33 RAO.

11 4. Wird der verlangte Vorschuß nicht geleistet, so ergeben sich für den Rechtsanwalt folgende Rechte:

a) Der Rechtsanwalt könnte an sich den Anspruch auf angemessenen Vorschuß unter Aufrechterhaltung des Auftrags im Wege der Klage geltend machen. Nach der Annahme des Ehrengerichtshofes[7]) verstößt aber die Einklagung des Vorschusses gegen die anwaltliche Anstandspflicht.

12 b) Der Rechtsanwalt kann den Auftrag ablehnen, den bereits angenommenen Auftrag kündigen und niederlegen.[8]) Ist bis zur Niederlegung bereits eine gebührenpflichtige Tätigkeit ausgeübt, so ist der Rechtsanwalt berechtigt, hierfür die entstandenen Gebühren zu liquidieren (§ 628 Satz 1 BGB. und § 50 GO.);[9]) eine Kündigung durch Verschulden des Anwalts liegt dann jedenfalls nicht vor; vielmehr ist der Anwalt durch das vertragswidrige Verhalten des anderen Teiles zur Kündigung veranlaßt worden.

III. Verjährung.

13 1. Eine Verjährung des Anspruches auf Vorschuß kann nicht eintreten, weil derselbe bis zur Beendigung des Auftrages immer von neuem entsteht, mit der Beendigung aber der Vorschußanspruch durch den Anspruch auf die fällig gewordene Vergütung abgelöst wird.

14 2. Nach der Vorschrift des § 196 Nr. 16 BGB verjährt der Anspruch der Partei auf Rückzahlung der geleisteten Vorschüsse in zwei Jahren; die Verjährung beginnt nach §§ 198, 201 BGB. mit dem Schluß des Jahres, in welchem der Rückzahlungsanspruch entstanden d. h. der Auftrag erledigt ist.[10])

---

3) Vgl. RG. 37, 371; Gruchot 40, 656.

4) Der Antrag geht deshalb auch auf Zahlung des Vorschusses „an die Ehefrau zu Händen ihres Anwalts". Für die Höhe des der Ehefrau zu gewährenden Vorschusses wird der § 84 angezogen, weil nur in dieser Höhe eine Vorschlußleistung des Ehemanns notwendig wird. Vgl. RG. 47, 72.

5) RG. 37, 371; Gruchot 40, 656.

6) RG. 5, 416. Vgl. auch die Entstehungsgeschichte, oben N. 2.

7) EGH. 7, 56.

8) EGH. 8, 140.

9) Vgl. hierzu § 50 N. 2—5, 7. Die Frage wird besonders in dem Falle praktisch, wenn der erstinstanzliche Anwalt dem zweitinstanzlichen die Vertretung in zweiter Instanz überträgt, letzterer Berufung einlegt und Vorschuß verlangt, aber nicht erhalten kann.

10) Vgl. OLG. Hamburg in DJZ. 97 S. 44.

§ 85.

Dem Auftraggeber gegenüber werden die Gebühren des Rechtsanwalts fällig, sobald über die Verpflichtung, dieselben zu tragen, eine Entscheidung ergangen ist, sowie bei Beendigung der Instanz oder bei Erledigung des Auftrags.

1 **I. Motive.** Nach § 93 des Gerichtskostengesetzes werden die Gebühren und Auslagen der Gerichte fällig, sobald das Verfahren oder die Instanz
durch unbedingte Entscheidung über die Kosten,
durch Vergleich,
oder Zurücknahme,
oder anderweite Erledigung
beendet ist. Der Entwurf hat nur die Fälligkeit der Anwaltsgebühren dem Auftraggeber gegenüber zu regeln. Diesem gegenüber sollen sie fällig werden:

1. bei Erledigung des Auftrages, wie sich von selbst versteht;
2. sobald über die Frage, wer die Kosten zu tragen hat, eine Entscheidung ergangen ist, sei es eine unbedingte oder bedingte. Denn auch eine bedingte Entscheidung genügt, weil dem Anwalte gegenüber die Person des Schuldners hier außer Frage steht,
3. bei Beendigung der „Instanz", dies Wort natürlich in dem oben zu § 25 entwickelten Sinne genommen.

Die Vorschrift des § 697 der ZPO., daß die Kosten der Zwangsvollstreckung, also auch die betreffenden Anwaltsgebühren, zugleich mit dem zur Zwangsvollstreckung stehenden Anspruche beizutreiben sind, wird durch § 85 nicht berührt.

Die Erhebung und Ablieferung von Geldern ist eine für sich abgeschlossene Tätigkeit, bei welcher die sofortige Entnahme der Gebühren bei der Ablieferung für beide Teile eine Erleichterung gewährt (vgl. § 87). Auf Wertpapiere findet diese Vorschrift selbstredend keine Anwendung.

Was die Auslagen des Rechtsanwalts anlangt, so kann er dieselben sofort erstattet verlangen, soweit er sie nicht vorschußweise erhalten hat.

2 **II. Fälligkeit der Gebühren.** Der § 85 will bestimmen, wann dem Auftraggeber gegenüber die Gebühren des Rechtsanwalts fällig werden, d. h. von demselben eingefordert werden können; § 86 verlangt dann eine weitere formelle Voraussetzung für die Einforderung.

3 1. Nur die Fälligkeit gegenüber dem Auftraggeber soll bestimmt werden. Daneben bleibt die Vorschrift des § 788 ZPO., daß die Kosten der Zwangsvollstreckung, also auch die Anwaltsgebühren für dieselbe, zugleich mit dem zur Vollstreckung stehenden Anspruche vom Schuldner beizutreiben sind, ebenso bestehen wie die Vorschriften der §§ 692, 699 ZPO., nach denen auch die bisherigen Kosten des Verfahrens, also auch die Anwaltsgebühren, in den Zahlungsbefehl und Vollstreckungsbefehl aufgenommen und beigetrieben werden. Gegenüber dem zweiten Gebührenschuldner (§ 1 N. 17) wird die Fälligkeit zu gleicher Zeit wie gegenüber dem Auftraggeber eintreten.

4 2. Nur die Fälligkeit der Gebühren wird bestimmt. Bezüglich der Auslagen trifft § 85 keine Bestimmung Die Motive meinen, daß dieselben sofort fällig werden und erstattet verlangt werden können. Dies dürfte indessen nicht zutreffen, vielmehr die Fälligkeit zugleich mit der Fälligkeit der Gebühren anzunehmen sein. (Vgl. die näheren Ausführungen zu § 1 N. 28.)

Eine besondere Vorschrift über Fälligkeit und Einziehung der Gebühr für Erhebung und Ablieferung von Geldern findet sich in § 87 Abs. 3.

3. Die Fälligkeit der Gebühren tritt ein: 5

a) sobald über die Verpflichtung der Kostentragung eine Entscheidung ergangen ist, natürlich für die Instanz, in welcher die Gebühren entstanden sind. Die Entscheidung muß über die gesamten Kosten, nicht etwa nur über eine Quote, ergangen sein; ein Teilurteil, welches nur über einen Teil der Kosten erkennt, würde nicht genügen; dagegen würde ein Urteil, welches über die Kosten eines von mehreren Klägern oder Beklagten entscheidet, bezüglich der Gebühren gegenüber diesem Auftraggeber genügen, z. B. im Prozeß gegen Eheleute wird die Klage gegen den Ehemann kostenpflichtig abgewiesen. Auch ein bedingtes Endurteil genügt, da dem Anwalt gegenüber die Person des Schuldners außer Frage steht (vgl. Motive zu I);

b) bei Beendigung der Instanz. Wann die Instanz beendet ist, ist in den Erl. zu § 25 N. 6 und § 63 N. 16 des näheren ausgeführt;

c) bei Erledigung des Auftrags, auch wenn derselbe sich vor Beendigung der Instanz durch Kündigung erledigt.

4. Die Fälligkeit der Gebühren des Armenanwalts der armen 6
Partei gegenüber hat noch die weitere Voraussetzung des § 125 ZPO. Hierüber vgl. die Erl. zu § 1 N. 13.

III. Verjährung des Gebührenanspruchs.

Vgl. hierzu Erl. § 1 N. 27 und § 86 N. 7.

§ 86.

Die Einforderung der Gebühren und Auslagen ist nur zulässig, wenn vorher oder gleichzeitig eine von dem Rechtsanwalte unterschriebene Berechnung derselben mit Angabe des Wertes des Streitgegenstandes, sofern der Wert maßgebend, und unter Bezeichnung der zur Anwendung kommenden Bestimmungen dieses Gesetzes mitgeteilt wird.

Die Mitteilung dieser Berechnung kann auch nach erfolgter Zahlung verlangt werden, solange nicht die Handakten zurückgenommen sind oder oder die Verpflichtung des Rechtsanwalts zur Aufbewahrung derselben erloschen ist (Rechtsanwaltsordnung § 32).

I. Motive. Das Verfahren über den Betrag der von dem Prozeßgegner 1
zu erstattenden Anwaltsvergütung fällt unter die Bestimmungen der §§ 98, 99 der ZPO. Dagegen enthält die Zivilprozeßordnung keine Bestimmung über die Einforderung von Anwaltsgebühren von dem Auftraggeber und der Entwurf schreibt nur vor, daß der Anwalt seinem Auftraggeber spätestens mit der Einforderung der Gebühren eine von ihm unterschriebene Berechnung mit Angabe es Wertes des Streitgegenstandes, soweit derselbe maßgebend, und der zur Anwendung kommenden Bestimmungen dieses Gesetzes mitteilen soll. Darüber, wie die Einziehung der Gebühren von dem Auftraggeber erfolgt, sagt der Entwurf nichts.

Der Entwurf geht davon aus, daß, wenn der Auftraggeber nicht gutwillig zahlt, der Rechtsanwalt im ordentlichen Verfahren zu klagen hat, und daß nur in diesem ein etwaiger Streit über die Höhe der Gebühren zum Austrage zu bringen ist. Für die richterliche Festsetzung der Gebühren im Wege eines außerordentlichen Verfahrens fehlt es an jedem Grunde, wenn, wie im Entwurfe, die Gebühren fest bestimmt sind, eine Pflicht des Rechtsanwaltes zur Annahme angetragener Aufträge, als deren Korrelat in gewisser Beziehung die erleichterte Einziehung der Gebühren auf Grund eines richterlichen Festsetzungsdekretes betrachtet werden kann, nicht besteht, und endlich auch die Anwälte im allgemeinen und darum auch ihre Gebührenrechnungen der Aufsicht der Gerichte nicht unterstehen. Vielmehr hat auch der Rechtsanwalt einen Anspruch, gegenüber den Einwendungen des Mandanten in den Formen des ordentlichen Verfahrens gehört zu werden. Und andererseits würde die sofortige Vollstreckbarkeit der Gebührenforderung des Rechtsanwalts auf Grund eines richterlichen Festsetzungsbeschlusses eine Privilegierung der Rechtsanwaltschaft enthalten, welche der durch die Rechtsanwaltsordnung geschaffenen Stellung derselben nicht entspricht.

Die notwendige eigene Prüfung der Gebührenforderung durch die Partei erfordert die Mitteilung einer speziellen Berechnung. Doch glaubte der Entwurf, sich dem § 3 des preußischen Gesetzes vom 12. 5. 51, welcher im Falle der Unterlassung eine Ordnungsstrafe von 1 bis 5 Talern androht, nicht anschließen zu sollen; der Partei bleibt es überlassen, wegen unvollständiger Rechnungsaufstellung die Zahlung zu verweigern oder sich über den Rechtsanwalt bei der zuständigen Aufsichtsbehörde zu beschweren.

Mit Rücksicht auf das Recht der Partei, Irrtümer nachträglich geltend zu machen, oder auch die Erstattung der Gebühren von einem Dritten zu verlangen, soll nach Absatz 2 des § 86 der Rechtsanwalt verpflichtet sein, die Berechnung auch nach erfolgter Zahlung mitzuteilen. Jedoch erlischt diese Pflicht, wenn der Rechtsanwalt das Material zur Aufstellung der Berechnung herausgegeben hat oder aufzubewahren nicht mehr verbunden ist. Letzteres tritt zufolge der Vorschrift in § 32 der Rechtsanwaltsordnung mit Ablauf von 5 Jahren nach Beendigung des Auftrages und schon vor Beendigung dieses Zeitraumes ein, wenn der Auftraggeber, zur Empfangnahme der Handakten aufgefordert, sie nicht binnen sechs Monaten nach erhaltener Aufforderung in Empfang genommen hat.

2 **II. Einforderung der Gebühren und Auslagen.** Einforderung ist nicht nur die gerichtliche Einziehung, sondern schon die Zahlungsaufforderung;[1]) auch diese ist nur zulässig, wenn vorher oder gleichzeitig die formgerechte Berechnung mitgeteilt ist. Einer solchen Berechnung bedarf es dagegen nicht, wenn darauf ausdrücklich oder stillschweigend verzichtet wird, z. B. wenn bei erfolgter Ratserteilung sofort gezahlt wird. Immerhin wird auch in solchen Fällen die Berechnung gegeben werden müssen, wenn sie später verlangt wird.

3 Wenn der Betrag der Vergütung durch Vertrag abweichend von den gesetzlichen Vorschriften festgesetzt war, so braucht eine Mitteilung der Berechnung der gesetzlichen Gebühren nach der besonderen Bestimmung des § 93 Abs. 3 nur dann zu erfolgen, wenn der Auftraggeber sie verlangt.[2])

4 Geschieht die Einforderung ohne Mitteilung einer formgerechten Berechnung, so liegt darin:

1. ein Verstoß gegen § 28 RAO., der ehrengerichtliche Ahndung herbei-

---

[1]) EGH. 3, 129. Noch weiter geht das RG. in JW. 90 S. 306, 26, wo in der Zurückbehaltung eines Betrages mit der Erklärung, daß dieser Betrag das Honorar bilde, eine Geldendmachung der Gebühren gefunden wurde, für welche der Weg des § 86 vorgeschrieben sei.

[2]) A. M. anscheinend Meyer-Irmler § 86 N. 1 und Merzbacher § 86 N. 3 unter Berufung auf EGH. 5, 115; indessen war in diesem Falle die Berechnung vom Auftraggeber verlangt. Vgl. auch Meyer-Irmler § 93 N. 9.

führt.[3]) Der Auftraggeber hat ferner das Recht der Beschwerde beim Vorstand der Anwaltskammer (RAO. § 49 Nr. 1 u. 3).

2. Der Auftraggeber ist aber auch zur Zahlung nicht verpflichtet, solange 5
ihm nicht eine dem Abs. 1 entsprechende Berechnung mitgeteilt ist. Klagt daher der Anwalt, ohne vorher eine formgerechte Berechnung mitgeteilt zu haben, so ist seine Klage abzuweisen;[4]) teilt er die Berechnung erst mit der Klage oder im Laufe des Rechtsstreits mit, so ist er bei Anerkenntnis nach § 93 ZPO. in die Kosten zu verurteilen. Ein Versäumnisurteil kann der Anwalt auch nur dann erwirken, wenn er die vorherige Mitteilung behauptet oder wenigstens mit der Klage die Berechnung mitgeteilt hat; denn die Mitteilung ist Klagevoraussetzung, welche von Amts wegen zu prüfen ist.

3. Ist dagegen Zahlung erfolgt, so kann sie **nicht zurückgefordert** 6
werden. In einem Falle, welcher sich im Gebiete des preußischen Allgemeinen Landrechts und zwar noch unter der Herrschaft des preußischen Gesetzes vom 12. 5. 51, dessen § 3 eine wesentlich gleichlautende Bestimmung wie dieser § 86 enthält, zugetragen hat, ist zwar vom Reichsgerichte angenommen worden, daß der Auftraggeber, welcher, ohne eine solche den gesetzlichen Vorschriften entsprechende Liquidation erhalten zu haben, aus Irrtum gezahlt hat, das Gezahlte im Wege der condictio indebiti in Gemäßheit der §§ 166 ff. Tit. 16 Tl. I ALR. zurückzufordern berechtigt sei, weil auf seiner Seite auch nicht einmal eine moralische Verpflichtung im Sinne des § 178 a. a. O. zur Zahlung bestanden habe.[5]) Indessen ist diese Entscheidung kaum zu billigen und nach den Bestimmungen des BGB. (§§ 812 ff.) jedenfalls nicht gerechtfertigt. Der Vergütungsanspruch entsteht mit der Leistung der aufgetragenen Dienste (vgl. § 1 N. 6) und wird fällig bei Eintritt der Voraussetzungen des § 85; ein „rechtlicher Grund" für die Leistung ist also vorhanden (§ 812 BGB.). Dem Anspruche stand auch nicht eine Einrede entgegen, durch welche die Geltendmachung **dauernd** ausgeschlossen wurde (§ 813 BGB.). Durch die Annahme hat endlich der Anwalt nicht gegen ein gesetzliches Verbot verstoßen (§ 817 BGB.); denn die Annahme ist durch § 86 nicht für unzulässig erklärt, sondern die Einforderung.[6])

III. Die Berechnung. Die Mitteilung der formgerechten Berechnung ist 7
zwar Voraussetzung der Einforderung, aber nicht Voraussetzung des Anspruchs. Der Rechtsanwalt hat den Anspruch auf Vergütung, nur seine Geltendmachung muß in gewissen Formen geschehen.[7]) Daher ist der Beginn der **Verjährung** unabhängig von der Mitteilung der Berechnung und allein abhängig vom Eintritt der Fälligkeit nach § 85.

Die Berechnung, für welche nach § 6 eine Gebühr nicht in Ansatz gebracht 8
werden darf,[8]) muß

1. vom Anwalt unterschrieben sein;

2. die Angabe des Streitwerts enthalten, wenn der Wert für die Berechnung der Gebühren maßgebend ist, also bei bürgerlichen Rechtsstreitigkeiten (§ 9), im Konkursverfahren (§ 53), und in den Fällen der §§ 87, 90, 91 Nr. 1, 2.

---

[3]) EGH. 3, 129; 5, 115.

[4]) KG. KGBl. 97 S. 80.

[5]) S. Urt des RG. IV. ZS. vom 16. 6. 81 (Wallm. Bd. VI S. 93).

[6]) Gl. Ansicht Meyer-Irmler § 86 N. 2; Willenbücher § 86 N. 1.

[7]) Vgl. auch RG. II. ZS. 30. 4. 89. (Deutscher Reichs- ꝛc. Anzeiger Nr. 154 vom 2. 7. 89), wonach die Erfüllung der Formalität des § 86 in dem die Erwirkung eines Arrestbefehles betreffenden Verfahren gegenüber dem zur Zahlung der Gebühren Verpflichteten **nicht** erforderlich sei.

[8]) Vgl. § 6 N. 2—4.

Hat eine gerichtliche Festsetzung nicht stattgefunden, so muß der Anwalt selbst den Wert schätzen;

3. die Bezeichnung der zur Anwendung kommenden Bestimmungen der GO. enthalten, im Falle der §§ 89, 90 auch die Angabe dieser Paragraphen.[9])

9 **IV. Die gerichtliche Geltendmachung** ist in den Erl. zu § 1 N. 18 bis 26 dargestellt, auf welche hier verwiesen wird.

10 **V. Nachträgliches Verlangen der Mitteilung der Berechnung.** Der Auftraggeber kann ein Interesse haben, die Berechnung auch nach der Zahlung zu erhalten, um Irrtümer nachträglich geltend zu machen oder die Erstattung von Dritten zu verlangen; eine solche Mitteilung muß ihm daher nach Abs. 2 des § 86 gemacht werden; bei Weigerung kann der Auftraggeber Klage auf Mitteilung der Berechnung erheben. Indessen ist bezüglich des Abs. 2 in der Reichstagskommission auf gegebene Anregung zum Protokolle vom 19. 3. 79 konstatiert worden, daß diese Bestimmung nur dann Platz greifen soll, wenn der Auftraggeber nicht bereits eine Berechnung erhalten hat.[10]) Die Verpflichtung zur Mitteilung erlischt jedoch, wenn der Rechtsanwalt das Material zur Aufstellung der Berechnung herausgegeben hat, oder die Verpflichtung zur Aufbewahrung der Akten gemäß § 32 RAO. erloschen ist d. h. mit Ablauf von 5 Jahren nach Beendigung des Auftrags und schon vor Beendigung dieses Zeitraums, wenn der Auftraggeber, zur Empfangnahme der Akten aufgefordert, sie nicht binnen 6 Monaten nach erhaltener Aufforderung[11]) in Empfang genommen hat. Ist die Verpflichtung zur Aufbewahrung erloschen, so braucht der Rechtsanwalt die Berechnung selbst dann nicht mitzuteilen, wenn er auch noch im Besitze der Handakten ist.

Siebenter Abschnitt.

Schlußbestimmungen.

Vorbemerkung.

Der Regierungsentwurf enthielt an der Spitze der Schlußbestimmungen als § 86 folgende Vorschrift:

> „Für die Annahme oder Besorgung einer Zustellung, einschließlich der erforderlichen Mitteilungen an den Auftraggeber, steht dem Rechtsanwalte, welcher ausschließlich mit einer solchen Tätigkeit beauftragt ist, eine Gebühr von 50 Pfennig zu."

Zur Begründung ist in den Motiven S. 87, 88 folgendes ausgeführt: „Ebenso wie die ZPO. (§§ 160, 161 a. F.) Vorschriften für die Bestellung eines besonderen Zustellungsbevollmächtigten getroffen hat, und demnach ein Rechtsanwalt sowohl mit der Annahme einer Zustellung, als auch mit der Besorgung einer solchen ausschließlich beauftragt werden kann, so mußte auch der vorliegende Entwurf eine Gebühr für diese Tätigkeit des Rechtsanwaltes normieren. Der Rechtsanwalt hat nicht bloß den Gerichtsvollzieher oder den Gerichtsschreiber

---

[9]) EGH. 5, 129.

[10]) S. Wölk GOfRA. Note 2 am Schlusse zu § 86 S. 140.

[11]) Die übliche Aufforderung durch Zeitungsinserat würde nicht genügen, wenn nicht die Kenntnisnahme nachgewiesen werden kann.

(ZPO. § 179 a. F.) mit der Zustellung zu beauftragen, sondern auch seinen Auftraggeber von dem Ergebnisse der Ausführung zu benachrichtigen. Hierdurch rechtfertigt sich die für diese Gesamttätigkeit des Rechtsanwaltes bestimmte Gebühr von 50 Pf. — Vgl. Gerichtskostengesetz § 40, GO. für Gerichtsvollzieher § 2. — Auch in anderen Bundesstaaten wird für die hier normierte Tätigkeit eine feste Gebühr, wenngleich in verschiedener Höhe erhoben (Hannover, Ges. vom 8. 11. 50 § 41: 2½ Sgr.; Baden, Verordnung vom 20. 11. 74 § 16: 1 M. 50 Pf. bis 2 M.; Sachsen-Meiningen, Ges. vom 19. 7. 62 bzw. 75, Taxe Nr. 44: 20 Pfg.). Nur in Württemberg (Verordnung vom 29. 1 69 § 35) hat der Anwalt, welcher lediglich als Zustellungsbevollmächtigter aufgestellt ist, eine anderweit bemessene Gebühr, nämlich die Hälfte der für die arrha festgesetzten Beträge zu beanspruchen. Die feste Gebühr des Entwurfs empfiehlt sich aus der Erwägung, daß die hier vorliegende Tätigkeit des Anwaltes in einer einzelnen, im wesentlichen immer gleichartigen Handlung besteht."

In der Reichstagskommission wurde die Streichung dieses Paragraphen beantragt. Dem widersprach der Vertreter der Regierung mit der Begründung, daß bei dem Mangel einer bezüglichen besonderen Bestimmung diese Tätigkeit unter den § 89 fallen müsse und dann eine ganz unverhältnismäßig hohe Belohnung gefordert werden könnte. Es wurde demgemäß die Beschlußfassung über den Streichungs-Antrag bis zur Entscheidung über § 89 ausgesetzt. Nachdem dann § 89 diskutiert worden war, ist die Streichung des § 86 beschlossen worden (Prot. vom 21. 3. 79.) Bei diesem Abstriche ist es demnächst geblieben.[1])

§ 87.

Für Erhebung und Ablieferung von Geldern erhält der Rechtsanwalt eine Gebühr:

von 1 Mark für jedes angefangene Hundert des Betrages bis 1000 Mark;

von 50 Pfennig für jedes angefangene Hundert des weiteren Betrages bis 10000 Mark;

von 25 Pfennig für jedes angefangene Hundert des Mehrbetrages.

Für Erhebung und Ablieferung von Wertpapieren erhält der Rechtsanwalt nach Maßgabe des Wertes die Hälfte der vorstehenden Gebühren.

Die Gebühr für Erhebung und Ablieferung von Geldern kann von diesen bei der Ablieferung entnommen werden.

Vorbemerkung.

Der § 87 bestimmt eine Gebühr für Erhebung und Ablieferung von Geldern und Wertpapieren, die sog. Hebegebühr oder Inkassogebühr. Zur Erklärung der Bestimmung werden erörtert:

I. Motive (1).
II. Gebiet der Gebühr für Erhebung und Ablieferung (Hebegebühr) (2–5).
  A. Anwendungsgebiet (3).
  B. Tätigkeitskreis (4).
  C. Die Gebühr als bes. Gebühr (5).
III. Voraussetzungen der Gebühr.
  A. Auftrag (6).
  B. Erhebung und Ablieferung (7).
IV. Höhe der Gebühr. Gelder und Wertpapiere (8–11).
V. Entnahme der Gebühr. Zurückbehaltungsrecht und Berechnung (12–13).
VI. Erstattungsfähigkeit der Gebühr (14–17).

I. Motive. In der Mehrzahl der Bundesstaaten wird dem Rechtsanwalte 1

[1]) S. Völk, GOfRA. Vorb. zum siebenten Abschnitte S. 140, 141.

für die Erhebung und Ablieferung von Geldern eine besondere Vergütung gewährt. Die Bemessung derselben erfolgt jedoch nach verschiedenen Grundsätzen. Am einfachsten geschieht dies in der Weise, daß ohne Rücksicht auf das Mißverhältnis zwischen der Steigerung der Arbeit und dem Steigen des Betrages nur Ein Satz aufgestellt wird, so in Lippe-Detmold und Schwarzburg-Sondershausen $^1/_2$ Prozent, in Oldenburg $^2/_3$ Prozent, in Reuß älterer Linie 5 Sgr. von jedem Hundert Taler. In den übrigen Staaten werden mehrfache Abstufungen gemacht, einerseits nach der Höhe der Beträge (5 Abstufungen in Braunschweig; 4 in Sachsen-Altenburg, Reuß jüngerer Linie, Waldeck; 3 in Preußen, Bayern, Württemberg; 2 im Königreich Sachsen und Großherzogtum Sachsen), andererseits nach dem Umstande, ob das Geld im ganzen oder in einzelnen Beträgen erhoben bzw. verausgabt wird. In Sachsen und Württemberg wird die Gebühr von jedem besonders erhobenen Betrage auch besonders berechnet, in Sachsen-Meiningen wird die Gebühr auf das Doppelte (2 Prozent) erhöht, wenn das Geld im einzelnen erhoben oder ausgezahlt wird; in anderen Staaten (Großherzogtum Sachsen, Schwarzburg-Rudolstadt) tritt diese Erhöhung nur dann ein, wenn das Geld in mehr als drei Posten vereinnahmt oder verausgabt ist. Besonders verwickelt ist die weimarische Berechnung. Zuweilen wird auch unterschieden, je nachdem die Vereinnahmung oder Verausgabung des Geldes innerhalb oder außerhalb des Prozesses und in Anwesenheit des Klienten oder ohne dieselbe stattfindet (Sachsen-Altenburg, Reuß j. L.). Überall gilt jedoch der Grundsatz, daß mit dem höheren Betrage die Gebühren verhältnismäßig fallen.

Wertpapiere, Pretiosen und Urkunden werden in einzelnen Fällen noch ausdrücklich hervorgehoben, entweder so, daß für dieselben Gebühren wie bei barem Gelde berechnet werden (Oldenburg, für jede Urkunde jedoch stets $22^1/_2$ Sgr.), oder so, daß diese Gebühren nur zur Hälfte in Ansatz kommen (Sachsen, Sachsen-Weimar).

Der Entwurf schließt sich dem Prinzipe an, daß der Prozentsatz mit der steigenden Summe fällt.

Es erschien ferner angemessen, nach dem Vorgange Preußens und der übrigen Mehrzahl der Bundesstaaten die zu erhebende Gebühr in gewissen Abstufungen nach bestimmten festen Sätzen zu regeln. Die Gebühren sind bis zu 4000 Mark den bisher in Preußen festgesetzten annähernd gleich, darüber hinaus etwas höher.

Für Wertpapiere bewilligt der Entwurf die Hälfte der für Geld bestimmten Sätze, mit der Maßgabe jedoch, daß der Wert der Wertpapiere, also bei Papieren, welche einen Kurs haben, der letztere maßgebend ist.

Im Interesse der leichteren Berechnung und zur Vermeidung von Streitigkeiten mußte von den Unterscheidungen Abstand genommen werden, die in den einzelnen Taxordnungen mit Rücksicht auf die Zahl der zu erhebenden Posten, auf die Anwesenheit des Klienten, auf die Erhebung im Prozesse oder außerhalb desselben gemacht werden. Der Entwurf glaubte keine innere Berechtigung für diese Unterscheidungen finden zu können, da in allen vorliegenden Fällen die Tätigkeit des Rechtsanwalts wesentlich dieselbe bleibt. Hervorzuheben ist endlich, daß der Entwurf den Akt der Erhebung und der Ablieferung zusammenfaßt und hierfür nur eine einzige Gebühr dem Rechtsanwalt bewilligt. Dadurch wird jedoch selbstredend nicht ausgeschlossen, daß der Rechtsanwalt, wenn er eine Summe in verschiedenen Teilen, z. B. von verschiedenen Personen erhoben, aber zusammen abgeliefert hat, oder wenn er einen gleichzeitig erhobenen Gesamtbetrag in verschiedenen Teilen z. B. an verschiedenen Personen abgeliefert hat, die Gebühr für jeden Teil besonders liquidiert.

II. Gebiet der Gebühr für Erhebung und Ablieferung (Hebegebühr).

Die Anwendbarkeit des § 87 gibt zu einer Reihe von Zweifeln Anlaß. 2
Zunächst ist die Abgrenzung des Anwendungsgebiets dieser reichsgesetzlichen Vorschrift zweifelhaft, sodann ist auch bestritten, welche Tätigkeiten der § 87 vergüten will, und endlich ist zu erörtern, ob die Gebühr des § 87 in allen Fällen der Aufwendung der gekennzeichneten Tätigkeit zu liquidieren ist oder ob und in welchen Fällen diese Tätigkeit durch anderweitige Bauschgebühren mitabgegolten ist.

A. Anwendungsgebiet. Das Anwendungsgebiet der GO. beschränkt 3
sich nach § 1 auf die Berufstätigkeit des Rechtsanwalts in einem Verfahren vor den ordentlichen Gerichten, auf welches die ZPO., die StPO. oder die KO. Anwendung findet. Strenggenommen müßte daher die Anwendbarkeit des § 87 beschränkt sein auf die Tätigkeit innerhalb eines solchen Verfahrens. Indessen besagen doch die Motive, daß § 87 unterschiedslos gelten solle, gleichgültig ob die Erhebung im Prozesse oder außerhalb desselben stattfinde, und in der Tat beginnt der Betrieb eines Verfahrens für den Anwalt schon vor dem ersten gerichtlichen Akte und braucht mit dem letzten gerichtlichen Akte noch nicht abgeschlossen zu sein. Immerhin wird man das Geltungsgebiet des § 87 dahin einzuschränken haben, daß die Tätigkeit des Anwalts zu einem in § 1 bezeichneten Verfahren in Beziehung stehen und durch dasselbe veranlaßt sein muß. Wo jede Beziehung auf ein solches Verfahren fehlt, ist nicht § 87, sondern eventuell die landesgesetzliche Gebührenvorschrift zur Anwendung zu bringen.[1])

B. Tätigkeitskreis. Der § 87 bestimmt eine Gebühr für Erhebung 4
und Ablieferung von Geldern (oder Wertpapieren) ohne jede Unterscheidung, ob die Erhebung bei dem Auftraggeber oder bei Dritten stattfindet.[2]) Dennoch hat man den § 87 nicht unterschiedslos auf jede Erhebung anwenden wollen. Das Reichsgericht hat angenommen, die Bestimmung des § 87 betreffe nur den Fall, daß der Rechtsanwalt Gelder oder Wertpapiere, welche seinem Auftraggeber geschuldet werden, für diesen erhebt und an ihn abliefert; dies ergebe sich aus Absatz 3 der Bestimmung, wonach die Gebühr von dem Rechtsanwalte bei der Ablieferung entnommen werden kann, was nur in dem gedachten, nicht aber im entgegengesetzten Falle ausführbar sei; der umgekehrte Fall, daß der Rechtsanwalt Gelder von seinem Auftraggeber in Empfang nehme, um sie weiter zu befördern, z. B. für den Auftraggeber zu hinterlegen, gehöre mithin nicht zum Anwendungsgebiete des § 87.[3])

In ähnlichem Sinne haben auch einzelne Oberlandesgerichte entschieden.[4]) Dem Vorgange des Reichsgerichtes sind dann verschiedene Gerichte niederer Ordnung erfolgt.

Die Ansicht des Reichsgerichts kann indessen nicht als richtig anerkannt werden. Weder der Wortlaut der Gesetzesvorschrift, noch die Motive bieten für die aufgestellte Unterscheidung irgendwelchen Anhalt. Die Motive betonen vielmehr ausdrücklich, daß es bei der Gebühr des § 87 für Unterscheidungen an

[1]) Vgl. Joachim, Preuß. GO. Art. 13 N. 82—84.

[2]) Eine solche Unterscheidung macht z. B. § 13 der Preuß. Notariatsgebührenordnung; vgl. Joachim, Preuß. GO. Art. 13 N. 85 ff.

[3]) S. II. ZS. 4. 5. 83 (RG. 9, 329; Annal. 8, 89; JW S. 197, 24), sowie I. ZS. 26. 9. 83 (RG. 11, 364; JW. S. 278, 279) und I. ZS. 26. 9. 91 (JW. S. 485, 2; Naumb. AKZ. S. 103, 2).

[4]) OLG. Jena 27. 5. 80 (Thür.BlfR. 28 S. 103); OLG. Stuttgart 8. 4. 81 (Württemb. Gerichtsbl. 19, 190) nnd 17. 1. 82 (JW. S. 163); RG. in JW. 82 S. 130; OLG. Naumburg I. ZS. 4. 6. 90 (Naumb.AKZ. S. 71, 1); OLG. Colmar 13. 7. 98 und 16. 1. 99 (JZfEL. 24, 32 u. 332).

jeder inneren Berechtigung fehle, da in allen hierher gehörigen Fällen die Tätigkeit des Rechtsanwalts wesentlich dieselbe sei, die Aufstellung von Unterscheidungen überdies nur geeignet sein würde, die Berechnung zu erschweren und zu Streitigkeiten Veranlassung zu geben. Die Ansicht des Reichsgerichts verstößt außerdem gegen den gesetzgeberischen Grundgedanken, gegen die ratio legis. Denn die Gebühr des § 87 soll hauptsächlich dazu bestimmt sein, dem Rechtsanwalt für die mit der Empfangnahme und Verwahrung von Geldern zugleich übernommene besondere Verantwortlichkeit einen annähernden Ersatz zu bieten. Von diesem Gesichtspunkte aus ist es aber vollkommen gleichgültig, ob die Gelder von anderen für den Auftraggeber erhoben und an denselben abgeliefert, oder ob sie vom Auftraggeber erhoben und an dritte Personen abgeliefert werden; denn in beiden Fällen ist die Tätigkeit des Rechtsanwalts und bei gleichen Summen auch die vom Rechtsanwalt übernommene Verantwortlichkeit genau dieselbe. Die Fälle der vom Reichsgericht ausgeschiedenen Gattung sind zudem — auch ganz abgesehen von dem Falle der Sicherheitsleistung bzw. Hinterlegung — in der Praxis gar nicht selten. Denn es kommt oft genug vor, daß der verurteilte Beklagte, welcher durch den Prozeß mit dem Kläger, einem ehemaligen Geschäftsfreunde, zerfallen ist und nun mit demselben persönlich nichts mehr zu tun haben will, seinen prozeßbevollmächtigten Anwalt beauftragt, die klägerische Forderung an Hauptgeld und Zinsen urteilgemäß auszurechnen, und dann den Rechnungsbetrag seinem Anwalte mit dem Ersuchen übergibt, die Ablieferung an den Prozeßgegner für ihn zu besorgen. Ganz besonders häufig aber ist der Fall, daß der Anwalt, welcher für seinen Klienten ein außergerichtliches Arrangement mit dessen Gläubigern zustande gebracht hat, zur Ausführung desselben von dem Mandanten oder dem Bürgen die ganze Vergleichssumme übergeben erhält mit dem Auftrage, die Akkordraten der einzelnen Gläubiger auszurechnen und die entsprechenden Geldbeträge an dieselben gegen vorschriftsmäßige Quittungen bzw. Verzichterklärungen abzuliefern. Es ist nun kein vernünftiger Grund ersichtlich, warum der Rechtsanwalt in allen diesen Fällen für die vollkommen gleichartigen Geldablieferungsgeschäfte die Gebühr des § 87 nicht solle beanspruchen dürfen, während doch die Vorschrift des § 87 ihrem Wortlaute und Geiste nach diese Gebühr ganz allgemein und ausnahmslos „für Erhebung und Ablieferung von Geldern" dem Rechtsanwalte zugebilligt haben will.

Der einzige Gesichtspunkt, auf welchen das Reichsgericht seine Auffassung stützt, ist die Berufung auf die Vorschrift des Absatzes 3, nach welcher die Gebühr bei der Ablieferung entnommen werden kann, was allerdings nur ausführbar erscheint, sofern die Ablieferung an den Auftraggeber zu erfolgen hat. Allein auch diese Begründung ist verfehlt. Denn zuvörderst findet Abs. 3 unstreitig nur auf „Gelder", nicht auf „Wertpapiere" Anwendung; hieraus würde sich nach der Begründung des Reichsgerichts als Konsequenz ergeben, daß die Gebühr des § 87 bei Erhebung und Ablieferung von „Wertpapieren" dem Rechtsanwalt in allen Fällen zusteht, gleichviel ob die Erhebung von einer dritten Person und die Ablieferung an den Auftraggeber, oder die Erhebung vom Auftraggeber und die Ablieferung an eine dritte Person geschieht, während dieselbe Gebühr bei „Geldern" nur im ersteren Falle zulässig sein soll. Durch die fragliche Begründung des Reichsgerichts würde hiermit in die ganze, einheitliche Vorschrift des § 87 ein höchst seltsamer Widerspruch hineingetragen, welcher offenbar vom Gesetzgeber nicht beabsichtigt ist und auch in keiner Weise gerechtfertigt erscheint. Sodann charakterisiert sich die Vorschrift des Absatzes 3 als eine lex specialis, als eine Ausnahme- oder Sonderbestimmung, durch welche lediglich die in den §§ 85, 86 enthaltenen allgemeineren Vorschriften über die Einforderung der Gebühren und Auslagen zugunsten der Rechtsanwälte für diesen besonderen Fall modifiziert werden, indem angeordnet wird, daß mit Erhebung der Gebühr des § 87 der Rechtsanwalt nicht erst bis zur Beendigung der Instanz oder bis zur vollständigen Erledigung des Auftrages zu warten braucht. Sie will also dem Rechtsanwalte keine Verpflichtungen auferlegen, wie auch schon aus dem fakultativen „kann" klar erhellt, vielmehr ein jus privilegiatum für denselben schaffen, am allerwenigsten aber die durch den Absatz 1 dem Rechtsanwalte ganz allgemein und vorbehaltlos verliehenen Rechte einschränken oder verkürzen. Es bedarf endlich keiner besonderen Ausführung, ist vielmehr ein allgemein anerkannter Rechtsgrundsatz, daß derartige Spezialbestimmungen oder Privilegien für die Auslegung allgemeiner Gesetzesvorschriften nicht als zulässige Interpretationsmittel dienen dürfen, die Anwendung des Prinzips der Analogie bei solchen nach Gegenstand, Zweck und Umfang ganz verschiedenartigen Rechtsnormen vielmehr schlechterdings unstatthaft erscheint. Es enthält also einen Verstoß gegen diesen Rechtsgrundsatz, wenn das Reichsgericht zur Erläuterung der in den Absätzen 1 und 2 des § 87 enthaltenen generellen Vorschrift die Ausnahmebestimmung des Absatzes 3, wie geschehen, heranzieht.

Es ist mithin „jede" Empfangnahme und Ablieferung von Geld durch den Rechtsanwalt, soweit ein hierauf gerichteter Auftrag vorliegt, als eine Erhebung und Ablieferung im Sinne des § 87 anzusehen und insbesondere vollständig unerheblich, ob die Erhebung von dritten Personen und die Ablieferung an den Auftraggeber erfolgt, oder ob die Erhebung vom Auftraggeber und die Ablieferung an dritte Personen stattfindet. Die Vorschrift im ersten Absatze des § 87 bezieht sich nicht bloß auf Gelder, welche dem Auftraggeber geschuldet werden, sondern ebenso auch auf Gelder, welche der Auftraggeber schuldig ist.[5])

C. Die Gebühr des § 87 als besondere Gebühr. Streitig ist 5
ferner, ob die Gebühr des § 87 als eine in allen Fällen der bezeichneten Tätigkeit zu erhebende „besondere Gebühr" anzusehen. Die Frage ist zu bejahen; die Tätigkeit der Erhebung und Ablieferung von Geldern gehört insbesondere nicht zu dem durch die Bauschgebühr des § 13 vergüteten Prozeßbetriebe, mag sie im Laufe des Prozesses oder außerhalb desselben stattfinden.[6])

Für diese Annahme sprechen folgende Erwägungen:

Die durch die Gebühr des § 87 abzugeltende Tätigkeit ist eine ganz eigenartige, zu den anwaltlichen Berufsgeschäften an sich nicht gehörige, die nicht sowohl wegen ihres Inhalts, als wegen der mit ihr verbundenen besonderen Verantwortlichkeit honoriert wird. Deshalb wird auch die Gebühr nicht etwa unter Zugrundelegung der sonst für die anwaltliche Tätigkeit in der GO. aufgestellten Grundsätze und Wertsmesser berechnet, sondern in einer ein für allemal gleichhohen Quote des erhobenen Betrages; diese beiden Gebührensorten sind aber inkommensurabel, und es läßt sich nicht mehr sagen, daß die eine in der anderen enthalten sei. In Betracht zu ziehen ist ferner die Stellung des § 87 in der GO. § 87 steht im siebenten Abschnitte „Schlußbestimmungen" und zwar neben der Gebührenvorschrift des § 88 für Gutachten; deutet schon der Titel „Schlußbestimmungen" darauf hin, daß die in ihm aufgestellten Sätze eine besondere Stellung einnehmen und den sonstigen Regeln nicht unterliegen, so wird die Eigenart der Vorschrift des § 87 noch deutlicher durch ihre Stellung

[5]) Die gl. Ans. unter Widerlegung der reichsgerichtl. Auslegung, wird von sämtl. Kommentatoren vertreten: Meyer-Irmler § 87 Anm. 2a; Willenbücher § 87 Anm. 1; Pfafferoth § 87 N. 2. Ebenso der Aufsatz JW. 87 S. 246 und Eichhorn in JW. 87 S. 375ff, 385ff.; LG. I Berlin in KGBl. 96 S. 26; OLG. Dresden in Sächs. Ann. 2. 249; Wengler 82, 39; 84, 536. [6]) So RG. JW. 86 S. 113, 3 und S. 230, 19.

neben der Vorschrift des § 88, welcher eine stets besonders zu liquidierende Gebühr bestimmt. Man kann dagegen auch nicht einwenden, daß durch diese Stellung nicht die besondere Eigenart der Tätigkeit und ihrer Vergütung zum Ausdruck gebracht, sondern nur klargestellt werden sollte, daß die Inkassogebühr für die drei Verfahrensarten, Zivilprozeß, Konkurs und Strafprozeß, in gleicher Weise zu erheben sei; eine solche Absicht wäre nach der Systematik der GO. sicher in der Weise verwirklicht worden, daß die Bestimmung des § 87 in dem Abschnitt II für die bürgerlichen Rechtsstreitigkeiten, wo ihr hauptsächliches Anwendungsgebiet ist, Aufnahme gefunden, und in den Abschnitten III und IV eine den §§ 58 und 75 ähnliche Vorschrift die Anwendbarkeit dieser Bestimmung auch im Konkursverfahren und Strafverfahren ausgesprochen hätte. Für die diesseitige Ansicht spricht auch die ganz allgemeine Fassung der Vorschrift und schließlich wird jeder Zweifel über die Absicht des Gesetzgebers durch die Motive beseitigt. Die Motive zu § 87 verwerfen gerade jede Unterscheidung, ob die Erhebung innerhalb oder außerhalb des Prozesses geschieht, und die Motive zu § 57 des Entwurfs, welcher aus § 58 des Gesetzes „besondere Gebühren" bestimmt, bemerken für den Konkurs ausdrücklich:

> „daß neben der Gebühr für die allgemeine Vertretung im Konkursverfahren der Anwalt auch noch eine solche bei etwaiger Erhebung und Ablieferung von Geldern nach § 87 erheben kann, ergibt sich von selbst, ohne daß es einer besonderen Erwähnung bedarf."

Hier wird also gerade für einen Fall, in welchem nach der gegenteiligen Ansicht die Inkassogebühr durch die Prozeßgebühr gedeckt sein müßte, die besondere Erhebung der Inkassogebühr für selbstverständlich erklärt.

Die Gebühr des § 87 ist demnach immer besonders zu liquidieren, selbst dann, wenn die Erhebung zu prozessualen Zwecken geschieht. [7])

III. Voraussetzungen der Gebühr.

6 A. Auftrag. Wie überall, so ist auch hier zur Entstehung der Gebühr erforderlich, daß der Auftraggeber die Dienste des Anwalts in Anspruch genommen hat (Auftrag); indessen braucht doch dieser Auftrag nicht ausdrücklich erteilt zu sein, und ebenso kann der Auftrag durch die nachherige Billigung und Benutzung der Dienstleistung ersetzt werden. Ist, wie üblich, die Ermächtigung zum Empfange von Geldern in die Prozeßvollmacht aufgenommen, so liegt ein Auftrag unzweifelhaft vor, und ebenso ist ein Auftrag zu unterstellen, wenn der Auftraggeber selbst dem Anwalt Gelder zur Ablieferung an Dritte übergibt. Aber auch wenn die Ermächtigung nicht ausdrücklich in die Vollmacht aufgenommen ist, wird man doch beim Mangel entgegenstehender Momente einen stillschweigenden Auftrag annehmen müssen, weil es der Übung, und damit auch

---

[7]) A. A. Meyer-Irmler § 87 A. 2c. Gl. Ansicht Pfafferoth § 87 A. 2; Willenbücher § 87 A. 1, welcher die Tätigkeit als durch die Prozeßgebühr mitabgegolten erklärt, soweit sie zum „eigentlichen Prozeßbetrieb" gehöre und in die Prozeßvollmacht falle; darum sei die Gebühr zwar zu liquidieren für Erhebung und Ablieferung der Streitsumme oder Vergleichssumme (ebenso Stegemann in ZZP. 7, 361; Eichhorn JW. 87 S. 376; RG JW. 86 S. 113, 3; S. 230, 19; 89 S. 168, 4; 92 S. 372, 11; OLG. Jena in Thür.BlfR. 32, 151), aber nicht für Erhebung und Ablieferung der vom Gegner erstatteten Prozeßkosten und für die Tätigkeit bei Bestellung und Rücknahme der Zwangsvollstreckungs- und Arrest-Kaution, weil diese in den Bereich der Prozeßvollmacht falle (ebenso Eichhorn JW. 87 S. 375 ff.; RG. 9, 329; 11, 364; JW. 91 S. 485, 2; 92 S. 372, 11; KG. JW. 82 S. 131; OLG. Stuttgart JW. 82 S. 163; OLG. Naumburg in AKZ. 90 S. 71), und ebenfalls nicht für die Tätigkeit bei Sicherheitsbestellung nach § 419 Abs. 1 StPO., weil es sich auch hier nur um Beseitigung eines der Klage entgegenstehenden Hindernisses handle. Für den Konkurs will dagegen Meyer-Irmler die Gebühr aus § 87 immer besonders liquidiert wissen.

regelmäßig dem Parteiwillen entspricht, daß der Anwalt die vollständige Erledigung der ganzen Angelegenheit für die Partei, nicht nur die Erledigung des Rechtsstreits allein, übernimmt. Zahlt also der Gegner an den Anwalt, so geschieht die Annahme in Erledigung des von der Partei erteilten Auftrages und damit wird die Partei gebührenpflichtig. Ganz abwegig erscheint es dagegen, in solchen Fällen ein Vertragsverhältnis zwischen dem Anwalt und der Gegenpartei anzunehmen,[8]) das schon nach § 31 Nr. 2 RAO. unzulässig wäre und auch von der Gegenpartei nicht gewollt ist.[9]) Ob die Partei die Erstattung der Inkassogebühr von der Gegenpartei verlangen kann und inwiefern für die Erstattungspflicht das Verhalten der Gegenpartei in Betracht kommt, ist eine andere Frage. (Vgl. N. 17.)

B. Erhebung und Ablieferung. Voraussetzung des Gebührenanspruchs ist, daß beide Akte, die Erhebung und Ablieferung, im ursächlichen Zusammenhang stehen und von demselben Rechtsanwalt als Mittelsperson besorgt werden. Die Gebühr ist daher nicht begründet, wenn der Rechtsanwalt Vorschüsse oder Gebühren und Auslagen für eigene Rechnung erhebt oder ein anderes Guthaben lediglich für sich einzieht, weil es hier an dem Momente der „Ablieferung" fehlt. Dagegen wird die Gebühr nicht dadurch ausgeschlossen, daß der Rechtsanwalt eine Summe in verschiedenen Teilen z. B. von verschiedenen Personen, erhoben und zusammen abgeliefert hat, oder wenn er einen gleichzeitig erhobenen Gesamtbetrag in verschiedenen Teilen z. B. an verschiedene Personen abgeliefert hat. In diesen Fällen ist die Gebühr für jeden Teilbetrag besonders zu liquidieren. Werden z. B. von jedem der drei Beklagten 1000 M. erhoben und die erhobenen 3000 M. im ganzen an den Kläger abgeliefert, so beträgt die Gebühr dreimal je 10 M. = 30 M., nicht etwa nur einmalig von 3000 M. = 20 M.[10]) 7

IV. Höhe der Gebühr. Gelder und Wertpapiere. Der § 87 unterscheidet nicht, wie manche Landesgesetze,[11]) ob die Erhebung vom Auftraggeber oder von dritten Personen geschieht; nur der eine Unterschied wird gemacht, ob der Rechtsanwalt Gelder oder Wertpapiere erhebt und abliefert. Die Erhebung und Ablieferung von Wertpapieren begründet nur die Hälfte der für die Erhebung und Ablieferung von Geldern bestimmten Gebühr. Eine Mindestgebühr gibt es nicht. 8

1. Unter Geldern sind nicht nur die Münzen der Reichswährung, sondern auch einer fremden Währung, in der die Zahlung geschieht, zu verstehen, neben den Münzen aber auch alle anderen, im Verkehr allgemein gebräuchlichen Zahlungsmittel, wie Papiergeld, d. h. Banknoten und Kassenscheine.[12]) 9

2. Unter Wertpapieren sind nach Ansicht des Reichsgerichts solche Urkunden zu verstehen, welche Träger der Forderung selbst sind und als solche einen bestimmten Wert haben.[13]) Man wird anzunehmen haben, daß hier unter „Wertpapieren" nichts anderes zu verstehen ist, wie auch sonst in der Reichsgesetzgebung. Im Gesetz, betreffend die Pflichten der Kaufleute bei Aufbewah- 10

---

[8]) Wie Meyer-Irmler § 87 Anm. 2b will. Vgl. hierzu RG. in Recht 05 S. 166.

[9]) Vgl. hierzu LG. I Berlin KGBl. 92 S. 69.

[10]) Die Preuß. Notariats-GO. (§ 13), welche auch für die Tätigkeit der Rechtsanwälte in nichtstreitigen Angelegenheiten gilt, hat dieselbe Berechnungsart, begrenzt jedoch die in derselben Angelegenheit zu erhebenden Gebühren auf das Fünffache der Gebühr des Gesamtbetrages. Vgl. Joachim, Preuß. GO. Art. 13 N. 82—98. Die deutsche GO. kennt eine solche Begrenzung nicht.

[11]) Z. B. Preuß. NotGO. § 13.

[12]) OLG. (Darmstadt) 11, 64.

[13]) RG. 8, 375.

rung fremder Wertpapiere, vom 5. 7. 96 (RGBl. S. 183, 194) sind im § 1 als Beispiele von Wertpapieren besonders aufgeführt „Aktien, Kuxe, Interimsscheine, Erneuerungsscheine (Talons), auf den Inhaber lautende oder durch Indossament übertragbare Schuldverschreibungen“. Das alte Handelsgesetzbuch hatte als Beispiele von Wertpapieren angeführt: Staatspapiere und Aktien; das neue Handelsgesetzbuch stellt Beispiele nicht mehr auf, aber die Denkschrift (zu § 1 S. 11) meint, es könne nicht zweifelhaft sein, daß es sich um Papiere handelt, die ihrer Natur nach, insbesondere mit Rücksicht auf ihre erleichterte Übertragbarkeit, als Gegenstände des Handelsverkehrs in Betracht kommen; auch Wechsel, Schecks und ähnliche Papiere gehörten dazu. *Wertpapiere* sind danach Urkunden, bei denen die Geltendmachung des verbrieften Rechts an das Papier geknüpft ist und bei denen die Übertragung des Papiers die Übertragung des Rechts bedeutet.[14]) Es gehören hierher außer den einen Handelswert repräsentierenden Wechseln, z. B. an der Börse gehandelten Wechseln auf London, und den Schecks die verschiedenen Arten der Effekten, Aktien, Kuxe, Lose, Konnossemente, Warrants, Anweisungen. Dagegen gehören *nicht* zu Wertpapieren die sog. *Legitimationspapiere* wie Entreebilletts, Eisenbahnbilletts, Eßmarken, Pfandscheine, Sparkassenbücher, es sei denn, daß der Aussteller dem jedesmaligen Inhaber zur Leistung verpflichtet sein will (§ 807 BGB.). Zu den Wertpapieren gehören ferner *nicht* die *Schuldurkunden*, insbesondere Hypotheken-, Grundschuld- oder Rentenbriefe, da das Recht nicht in dem Briefe verkörpert ist.[15])

11 3. Für die Berechnung der Höhe der Gebühr ist maßgebend der *Wert*. Bei ausländischen Geldsorten sind sachgemäß die behufs Umrechnung fremder Währungen vom Bundesrat festgesetzten Mittelwerte zugrunde zu legen, welche gegenwärtig durch die Bekanntmachungen des Reichskanzlers vom 23. 3. 99 und 27. 6. 00 (Zentralblatt f. d. deutsche Reich 1899 S. 104 und 1900 S. 410) in folgender Weise bestimmt sind:

1 Pfund Sterling	= 20,40 Mk.	1 Rubel, 1 Kreditrubel	= 2,16 Mk.
1 Frank, Lira, Peseta (Gold), Löu, finnische Mark . . .	„ 0,80 „	1 türkischer Piaster	„ 0,18 „
1 österreichischer Gulden (Gold)	„ 2,00 „	1 Peso (Gold)	„ 4,00 „
1 „ „ (Währung)	„ 1,70 „	1 Dollar	„ 4,20 „
1 österreichisch-ungarische Krone	„ 0,85 „	1 deutsch-ostafrikanische oder indische Rupie	„ 1,35 „
1 Gulden holländischer Währung	„ 1,70 „	1 alter japanischer Goldyen .	„ 4,20 „
1 skandinavische Krone	„ 1,125 „	1 japanischer Yen	„ 2,10 „
1 alter Goldrubel	„ 3,20 „		

Bei *Wertpapieren* ist nicht der Nominalbetrag, sondern der *wirkliche Wert* zugrunde zu legen; haben sie Kurs, so ist der Tageskurs am Tage der Ablieferung maßgebend.

12 **V. Entnahme der Gebühr. Zurückbehaltungsrecht und Verrechnung.** Nach der Bestimmung des Abs. 3 kann der Rechtsanwalt die Gebühr für Erhebung und Ablieferung von Geldern bei der Ablieferung derselben sofort in Abzug bringen. Dieses *Entnahmerecht* steht ihm nur bei Ablieferung von Geldern zu, nicht auch bei Ablieferung von Wertpapieren, bei denen es erst einer Umrechnnng auf ihren Geldbetrag und eventuell einer nicht immer möglichen Teilung bedürfen würde.

---

[14]) So *Staub*, Komm. z. alten HGB. Art. 271 § 7; Komm. z. neuen HGB. § 1 Anm. 37; ähnlich *Düringer-Hachenburg*, Komm. z. HGB. § 1, VI, 3 S. 30.

[15]) RG. 26, 45 für das Preuß. Recht. Das gleiche gilt aber auch nach dem Recht des BGB.; die Hypothek entsteht und besteht auch ohne den Brief (vgl. *Hachenburg*, Vorträge S. 312); vgl. auch §§ 952 Abs. 2 und 1140 BGB.

Über dieses Entnahmerecht hinaus hat der Rechtsanwalt aber ein Zurückbehaltungsrecht an den erhobenen Geldern und Wertpapieren. In der Reichstagskommission ist unter Zustimmung der Regierungsvertreter zum Protokolle vom 2. 4. 79 konstatiert worden, daß sich das Verhältnis zwischen Mandant und Anwalt nach den (partikularrechtlichen) Bestimmungen über das Mandat auch bezüglich des Rententionsrechts regle.[16]) Mangels besonderer Vorschriften der GO. sind jetzt die Grundsätze des BGB. maßgebend, insbesondere § 273 BGB. Es ist davon auszugehen, daß der Gebührenanspruch und der Anspruch auf Herausgabe der erhobenen Gelder „aus demselben rechtlichen Verhältnis", dem Dienstvertrage, entstanden sind; die Ausschließung des Zurückbehaltungsrechts ergibt sich nicht aus dem Schuldverhältnis; soweit also der Rechtsanwalt einen fälligen Anspruch, sei es auf Gebühren (§ 85 GO.), sei es auf Vorschuß (§ 84) hat, hat er auch das Zurückbehaltungsrecht. Außerdem ist auch gemäß § 320 BGB. der Rechtsanwalt berechtigt, die Ablieferung erhobener Wertpapiere bis zur Zahlung der für Erhebung und Ablieferung derselben begründeten Gebühr zu verweigern. 13

Ist Geld erhoben, so kann der Rechtsanwalt auch seine fällige Gebühren- oder Vorschußforderung gegen die Forderung auf Ablieferung der Gelder aufrechnen (§ 387 BGB.); er darf also den eingezogenen Betrag auf seine Gebühren oder auf Vorschuß verrechnen.

V. Erstattungsfähigkeit der Gebühr.

Eine Erstattung der Inkassogebühr kann vom Gegner selbstredend nur dann verlangt werden, wenn die Partei sie zu zahlen verpflichtet war (s. N. 6). Selbst wenn aber auch der Gegner zur Erstattung verpflichtet ist, kann nicht immer diese Erstattung im Wege des Kostenfestsetzungsverfahrens verfolgt werden, weil letzteres nur die Erstattung der Prozeßkosten bezweckt, die durch die Erhebung entstandenen Kosten aber nicht immer zu den Prozeßkosten gehören. In solchen Fällen kann die Erstattung nur durch besondere Klage verfolgt werden.[17]) 14

1. Für die Erstattungsfähigkeit der Hebegebühr bei der Kostenfestsetzung in bürgerlichen Rechtsstreitigkeiten ist maßgebend die Vorschrift des § 91 ZPO. Danach ist Voraussetzung der Festsetzung, daß es sich um „Kosten des Rechtsstreits" handelt, und daß dieselben zur zweckentsprechenden Rechtsverfolgung oder Rechtsverteidigung notwendig waren. 15

a) Das Reichsgericht rechnet die Gebühr für Erhebung und Ablieferung der Streitsumme bzw. Vergleichssumme nicht zu den Kosten des Rechtsstreits, da die Erfüllung der bisher streitigen Verpflichtung eine außerhalb des Rechtsstreits liegende Handlung sei.[18]) Dieser Ansicht wird man sich für den Regelfall anschließen können; die Erstattung einer solchen Hebegebühr ist daher auf den Weg der Klage zu verweisen.[19]) Für Erhebungen innerhalb des Rechtsstreits, z. B. der Kosten vom Gegner oder zum Zwecke der Hinterlegung einer prozessualen Sicherheit, bewilligt andererseits das Reichsgericht überhaupt keine Hebegebühr, teils weil es die Tätigkeit als durch die Prozeßgebühr abgegolten

---

[16]) Vgl. „Zusammenstellung" unter Nr. 5 (RT.Drucksachen Nr. 137 S. 41).

[17]) Vgl. hierzu Eichhorn in JW. 87 S. 375 ff., 385 ff.; Geißler in JW 92. S. 437 ff.

[18]) RG. JW. 84 S. 170, 8; 86 S. 113, 3 und 230, 19; 89 S. 168; 92 S. 372; Gruchot 34, 762.

[19]) Daß die Hebegebühr auch in diesem Falle zu den Kosten des Rechtsstreits gehöre und festzusetzen sei, erklärt LG. Freiberg in JW. 92 S. 442 mit längerer Begründung; gleicher Ansicht sind OLG. Celle und Karlsruhe in ZZP. 7, 359 und 12, 155; OLG. Dresden in Wengler Arch. 3, 33; Walter in ZfGV. 8, 145.

ansieht (vgl. Anm. 7), teils weil die Erhebung vom Mandanten nicht gebührenpflichtig sei (vgl. Anm. 3). Danach müßte eine Festsetzung der Hebegebühr überhaupt ausgeschlossen erscheinen. Dieser Standpunkt ist indessen nicht zu billigen. Nachdem in vorstehenden Erörterungen ausgeführt ist, daß die Hebegebühr bei Erhebung innerhalb des Rechtsstreits durch die Prozeßgebühr nicht abgegolten (N. 5) und auch für Erhebung vom Mandanten zu liquidieren ist (N. 4), wird eine solche Gebühr als zu den Kosten des Rechtsstreits gehörig festzusetzen sein, soweit die weiteren Voraussetzungen des § 91 ZPO. zutreffen.

b) Für die Frage, ob die Kosten „zur zweckentsprechenden Rechtsverfolgung oder Rechtsverteidigung notwendig waren", ist nur die Notwendigkeit der Erhebung selbst maßgebend; gleichgültig dagegen ist die Frage, ob die Vermittlung durch einen Rechtsanwalt notwendig oder entbehrlich war.[20]) Da die Hebegebühr sowohl dem Prozeßbevollmächtigten als auch einem anderen Anwalt immer besonders zusteht, so kann es auch keinen Unterschied machen, ob die Hebung durch den Prozeßbevollmächtigten oder einen anderen Anwalt geschehen ist.[21])

16 2. Nach § 788 ZPO. sind die Kosten der Zwangsvollstreckung zugleich mit dem zur Vollstreckung stehenden Anspruche beizutreiben, auch hier aber nur die „notwendigen" Kosten. Ob und welche Erhebungskosten „notwendig" waren, kann im einzelnen Falle fraglich sein. Hervorzuheben ist:

a) Mitbeizutreiben sind die Kosten, welche zur Herbeiführung des Vollstreckungsverfahrens aufgewendet werden mußten, also die Kosten für die Hinterlegung einer Sicherheit.[22]) Ist letztere vom Anwalt erhoben und hinterlegt, so ist (nach den Grundsätzen zu 1) die dafür entstandene Hebegebühr erstattungsfähig und miteinzuziehen.

b) Ob die Hebegebühr für die Empfangnahme und Ablieferung des beizutreibenden Betrages durch den Anwalt miteinzuziehen ist, kann zweifelhaft sein.[23]) Man wird dies dann anzunehmen haben, wenn es sich im besonderen Falle als ein durch die Rücksicht auf zweckentsprechende Rechtsverfolgung gerechtfertigtes Verhalten bezeichnen läßt, daß der Gläubiger der eigenen Erhebung des beizutreibenden Betrages sich enthält und den Schuldner an den Anwalt verweist.[24])

17 3. Ist die Festsetzung oder Zwangseinziehung der Hebegebühr nach §§ 91, 788 ZPO. nicht zulässig, so ist die Erstattung mittels besonderer Klage zu verfolgen, wenn nach den Grundsätzen des Bürgerlichen Rechts eine Erstattungspflicht anzunehmen ist. Dies wird regelmäßig der Fall sein, wenn der Schuldner aus freien Stücken die Schuldsumme an den Anwalt, und nicht direkt an den Gläubiger, gezahlt und damit die Aufwendung der Hebegebühr durch den Gläubiger veranlaßt hat. Ist der Schuldner vom Gläubiger an den Anwalt verwiesen worden, so wird der Schuldner zur Erstattung der Hebegebühr nur dann verpflichtet sein, wenn durch besondere Umstände gerechtfertigt

---

[20]) Willenbücher S. 37; Meyer-Irmler § 87 Anm. 3c.

[21]) Wer auf dem Standpunkte steht, daß die Erhebung durch die Prozeßgebühr mitabgegolten wird, kann die an einen nichtprozeßbevollmächtigten Anwalt gezahlte Hebegebühr nur dann als zu den notwendigen Kosten gehörig ansehen, wenn ein Wechsel in der Person des Anwalts notwendig war (§ 91 ZPO.). So Meyer-Irmler Anm. 3c; RG. JW. 97 S. 323, 3.

[22]) Vgl. Gaupp-Stein § 788, I. Ebenso Willenbücher S. 37.

[23]) Das RG. 22, 324 verneint die Frage für den Regelfall, meint jedoch, daß unter besonderen Verhältnissen die Erhebungsgebühren zu den notwendigen Kosten zu rechnen und (bei der Subhastation) aus den Kaufgeldern zu zahlen seien.

[24]) Vgl. hierzu den Aufsatz JW. 92 S. 437, aber auch JW. 87 S. 375ff., 385ff.

ist, daß nicht an den Gläubiger direkt, sondern an dessen Anwalt gezahlt werden soll. Der Verzug des Schuldners allein enthält eine solche Rechtfertigung noch nicht.

§ 88.

Für die Ausarbeitung eines Gutachtens mit juristischer Begründung hat der Rechtsanwalt angemessene Vergütung zu beanspruchen. Über die Höhe der Vergütung wird im Prozeßwege, nach eingeholtem Gutachten des Vorstandes der Anwaltskammer, entschieden.

I. Motive. Der Entwurf hat es nicht für angezeigt erachtet, eine feste 1
Gebühr für die Ausarbeitung eines ausführlichen juristischen Gutachtens zu bestimmen. Der Versuch, die Gebühr nach dem Maßstabe der verwendeten Zeit zu bemessen, scheitert an der Unmöglichkeit, einen Durchschnittswert der Zeit solcher Personen, welche mit der Erstattung von Rechtsgutachten betraut werden, zu bestimmen. Der Wert des Streitgegenstandes erscheint ebensowenig als geeigneter Maßstab in Fällen dieser Art. Es kommt wesentlich auf die Arbeit des Anwalts im einzelnen Falle, auf die dazu gemachten Vorarbeiten und Studien, auf die Art der Behandlung usw. an. Es liegt ferner auch ein Interesse der Rechtsuchenden nicht vor, welches in solchen Fällen die Bestimmung einer festen Gebühr erheischte. Von einer Erstattung dieser Gebühr, einem Gegner gegenüber, kann der Natur der Sache nach nicht die Rede sein. Überdies sind die Fälle dieser Art so selten, daß es dem Auftraggeber, welcher ein solches Gutachten verlangt, überlassen bleiben kann, das Honorar zu vereinbaren, wenn er im voraus wissen will, wieviel er zu zahlen haben wird. Der Entwurf bestimmt daher, daß der Rechtsanwalt eine angemessene Vergütung beanspruchen, seine Arbeit also zunächst selbst taxieren dürfe. Im Falle des Streites entscheidet der Richter nach Maßgabe des § 93 (vgl. die Begründung desselben).

Wenn das Gesetz von „Ausarbeitung eines Gutachtens mit juristischer Begründung" spricht, so ist damit die Unterscheidung von einem schriftlichen Rat hinreichend klar ausgedrückt. Übrigens würde aber auch der Prozeßbevollmächtigte für ein derartiges Gutachten, welches er im Laufe des Prozesses auf Verlangen seines Vollmachtgebers ausarbeitet, eine besondere Gebühr nach § 88 fordern können, da die Prozeßgebühr die Vergütung für eine solche ausnahmsweise Arbeit zu gewähren nicht bestimmt ist.

II. Gutachten und schriftliche Ratserteilung.

Der Unterschied zwischen „einem mit juristischer Begründuug ausgearbeiteten 2
Gutachten" und „einem schriftlichen Rat" dürfte darin zu erblicken sein, daß ersteres alle tatsächlichen und rechtlichen Gesichtspunkte erschöpfend zu berücksichtigen und in dergestalt klarer und gründlicher Ausführung darzustellen hat, daß die konkrete gutachtliche Erklärung als notwendige Konsequenz, als zuverlässiges berechtigtes Schlußergebnis der Begründung deutlich zu erkennen ist bzw. überzeugend nachgewiesen erscheint, während der einfache „schriftliche Rat" lediglich die Mitteilung der anempfohlenen Maßregel bzw. der Art ihrer Ausführung zum Inhalte hat, ohne daß es nötig ist, die Gedankenoperation, d. h. die ganze Reihe von tatsächlichen und juristischen Erwägungen, logischen Folgerungen usw., durch welche der Ratgeber gerade zu dem konkreten Ratschlage bestimmt worden ist, dem Ratsucher aufzudecken. Für die richtige Wahl des Gebührensatzes (nach § 47 oder § 88) wird jedoch hauptsächlich die Intention des

Auftraggebers, welche entweder aus den Umständen zu entnehmen oder im Zweifelsfalle durch ausdrückliches Befragen des Auftraggebers festzustellen ist, entscheidend sein müssen. [1])

3 **III. Die Gebühr des § 88.** Für die Ausarbeitung eines Gutachtens soll der Anwalt „angemessene Vergütung" beanspruchen dürfen. Die Höhe der Vergütung braucht hier also nicht in irgend einer Beziehung zu den Gebührensätzen der GO. zu stehen, und ebensowenig braucht der Streitwert einen entscheidenden Maßstab zu bilden. Maßgebend wird der Umfang der auf die Ausarbeitung verwendeten Tätigkeit sowie der Vorarbeiten sein; dabei ist aber nicht ausgeschlossen, daß für die Bewertung dieser Arbeiten die Gebührensätze der GO. in Berücksichtigung gezogen werden.

In entsprechender Anwendung des § 315 BGB. ist die Höhe der Vergütung zunächst von dem Anwalte nach billigem Ermessen zu bestimmen. Im Streitfalle entscheidet auf Klage das Gericht. Der Schlußsatz des § 88 verpflichtet den Prozeßrichter, vor seiner Entscheidung ein Gutachten des Vorstandes der Anwaltskammer einzuholen, d. h. derjenigen AK., der der betr. RA. als Kammermitglied angehört, auch wenn das Prozeßgericht seinen Sitz in dem Bezirke einer anderen Kammer hat. An dieses Gutachten ist jedoch der Richter nicht gebunden.

4 **VI. Die Gebühr als besondere Gebühr.** Die Gebühr ist stets besonders zu berechnen, auch von dem Prozeßbevollmächtigten. Die Tätigkeit ist immer eine außerordentliche, durch irgend eine Bauschgebühr nicht abgegoltene. (s. Motive, a. Schluß.) Die Erstattung der Kosten ist nicht ausgeschlossen, wenn die Notwendigkeit der Einholung anzunehmen ist. [2])

§ 89.

Ist für das dem Rechtsanwalt übertragene Geschäft der Betrag der Gebühr in diesem Gesetze nicht bestimmt, so erhält er eine unter entsprechender Anwendung der Bestimmungen dieses Gesetzes zu bemessende Gebühr.

1 **I. Entstehungsgeschichte.** 1. Im Entwurfe lautete der Schluß des § 89 folgendermaßen:

„so erhält er (der Anwalt) für jede Stunde der auf die Ausführung des Geschäftes verwendeten Zeit 3 Mark. Die angefangene Stunde wird für voll berechnet."

In den Motiven (S. 91) ist darüber zur Begründung ausgeführt: „Die zu belohnende Tätigkeit des RA. ist eine so mannigfache und so vielseitiger Komplikationen fähige, daß der Entw. unmöglich alle einzelnen Fälle erschöpfen konnte. Es bedurfte vielmehr nach dem Vorgange des § 31 des Tarifs zum preuß. G. v. 12. 5. 51 einer subsidiären Bestimmung für den Fall, daß dem RA. ein Geschäft übertragen wird, für welches in dem vorliegenden Gesetze eine Gebühr nicht bestimmt ist. Als Maßstab für eine solche Gebührenfestsetzung kann nur die Zeit genommen werden, welche der RA. auf das übertragene Geschäft verwendet hat. Der Satz von 3 M. für die Stunde kann, wenn das Geschäft von längerer Dauer gewesen und mit Unterbrechungen daran gearbeitet worden ist, nicht für jede angefangene Stunde liquidiert, sondern es muß die Arbeitszeit zusammengerechnet werden, und nur der dann sich ergebende Bruchteil einer Stunde ist für voll in Ansatz zu bringen. Dies will im Anschlusse an die in Preußen geltende Vorschrift — J.M.Instr. vom 12. 9. 51 zu § 31 des Tarifs vom 12. 5. 51 — der zweite Satz des § 89 zum Ausdrucke bringen."

[1]) Vgl. Erläut. zu § 47 N. 5, S. 355.

[2]) RG. 13, 314. Bair ObLG. bei Seuffert 50, 218. JJP. 7, 285; vgl. jedoch OLG. Karlsruhe in Bad. Rpr. 01, 298.

2. In der Reichstagskommission stieß indessen die „Belohnung nach der Stunde" auf Widerspruch, und ein Mitglied stellte den Antrag, den § 89 dahin abzuändern, daß statt des Satzes von 3 M. für die Stunde „eine unter entsprechender Anwendung der Bestimmungen dieses Gesetzes zu bemessende Gebühr" gewährt werden solle. Dieser Antrag wurde laut Protokoll vom 31. 3. 79 zum Beschlusse erhoben und ist demnächst auch in das Gesetz übergegangen.[1]) 2

II. Die Fälle des § 89. Die Bestimmung des § 89 ist eine subsidiäre; sie will eine Gebühr bestimmen in solchen Fällen, in denen die Tätigkeit des Anwalts zwar in den Bereich des § 1 GO. fällt, aber eine Gebühr für eine solche Tätigkeit in der GO. nicht speziell festgesetzt ist. 3

Bei einer Durchgehung der einschlägigen Gesetze und bei Betrachtung der zutreffenden Materien sind in der Reichstagskommission folgende Geschäfte als unter § 89 fallend verzeichnet worden:

1. Fertigung eines Antrages auf Konkurseröffnung;
2. Beistandleistung in einem einzelnen Konkurstermine, wenn nur hierzu Vollmacht erteilt ist;
3. Rat bei einem einzelnen Akte im Konkursverfahren z. B. Abfassung der Akkordbedingungen;
4. dem Konkursverwalter geleistete Assistenz (s. Mot. in Vorbemerkung II, 2 zum dritten Abschnitte oben S. 372 3);
5. Vertretung von Aktionären bei einem Konkurse über eine Aktiengesellschaft oder bei einem Versuche solcher Aktionäre, auf das Verfahren Einwirkung zu erlangen, bzw. Assistenz hierbei;
6. Beistand in Sühneterminen bei Privatklagesachen;
7. Information zur Verteidigung in einer Strafsache, wenn es nicht zur Hauptverhandlung und auch nicht zu einem Vorverfahren kommt;
8. Vertretung in einem Beweistermine in einer Straf- bzw. Privatklagesache, falls die Vollmacht hierauf sich beschränkt;
9. unter denselben Voraussetzungen Rat in einer Strafsache;
10. Vertretung eines Nebenklägers, wenn es nicht zur Hauptverhandlung kommt;
11. Auftrag zur Ermittlung tatsächlicher Verhältnisse zum Zwecke irgend eines Verfahrens;
12. Annahme oder Besorgung einer Zustellung (s. Vorbemerkung zu diesem Abschnitte).

Diese Aufzählung ist jedoch keineswegs erschöpfend und bezüglich des unter Nr. 6 erwähnten Falles auch nicht ohne weiteres richtig, da diese Tätigkeit eigentlich außerhalb der in § 1 dieses Gesetzes bestimmten Grenzen liegt und deshalb die Vorschriften dieses Gesetzes streng genommen darauf nicht zur Anwendung gelangen können.

III. Die Gebühr ist unter entsprechender Anwendung der Bestimmungen der GO. zu finden; wenn eine zur entsprechenden Anwendung geeignete oder passende Bestimmung sich nicht finden lassen sollte, wird, wie im Falle des § 88, eine angemessene Gebühr zu erheben und über deren Höhe, sofern darüber Streit entsteht, im Prozeßwege zu entscheiden sein.[2]) 4

Die Bestimmung des § 8 findet nach seinem Wortlaute auf die nach § 89 zu bemessende Gebühr keine Anwendung; die Gebühr kann also hier auch unter 1 M. betragen.

[1]) Vgl. Völk GOfRA. Anm. 1 zu § 89 S. 144, 145. [2]) S. Osius-Bendix, Handbuch S. 419 Anm. zu § 89; Meyer-Irmler § 88 Anm. 2.

§ 90.

Insofern in diesem Gesetze für die begonnene oder vorbereitete Ausführung eines vor der vollständigen Ausführung erledigten Auftrags eine Gebühr nicht vorgesehen ist, erhält der Rechtsanwalt eine nach Maßgabe des § 89 zu bemessende Gebühr.

1 **I. Entstehungsgeschichte.** 1. Motive: Der § 90 enthält eine Anwendung des in § 89 getroffenen subsidiären Grundsatzes für die Fälle, in welchen ein Auftrag erteilt, die Ausführung auch schon begonnen, aber nicht beendigt ist, weil sich der Auftrag selbst aus irgend welchen Gründen erledigt hat. Für einzelne Fälle dieser begonnenen, aber unerledigt gebliebenen Tätigkeit des Rechtsanwaltes hat der Entwurf selbst Vorsorge treffen können, so im § 14 bezüglich der Prozeßgebühr. Diese Fälle gänzlich zu erschöpfen, war aber nicht tunlich. Es mußte daher im Hinblick auf die Bestimmung des § 89 bestimmt werden, daß auch für die begonnene, aber unerledigt gebliebene Ausführung eines Geschäftes dem Rechtsanwalte eine [nach der verwendeten Zeit berechnete] Belohnung gewährt werde. Dieselbe hat jedoch die sich von selbst ergebende Begrenzung, daß die nach [dem Zeitaufwande gemäß] § 89 bemessene Vergütung nicht den sonst normierten Gebührenbetrag überschreiten darf, welcher dem Rechtsanwalte zugestanden haben würde, falls er den Auftrag vollständig erledigt hätte.

2 2. Im Entwurfe lautete der Schluß des § 90:

„erhält der Rechtsanwalt eine nach Maßgabe des § 89 zu berechnende Gebühr bis zu dem für die vollständige Ausführung bestimmten Betrage."

Infolge der Abänderung des § 89 ist nun die Belohnnng nach der Zeit auch hier beseitigt.

3 **II. Die Höhe der Gebühr.** Wie der Entwurf ausdrücklich bestimmte und wie es auch der Natur der Sache entspricht, darf die nach § 90 zu bemessende Gebühr jedenfalls diejenige Gebühr nicht übersteigen, welche im Falle der vollständigen Ausführung des Auftrages begründet gewesen wäre. Innerhalb dieser Grenzen ist die Gebühr zu suchen; dabei werden die auf demselben Prinzipe beruhenden analogen Vorschriften in den §§ 14, 39, 48, 50 und 61 eine gewisse Richtschnur geben können.

Wenn für einzelne Abschnitte eines Verfahrens besondere Gebühren bestimmt sind, so ist nur die unvollendete Ausführung des Auftrages innerhalb eines solchen Abschnittes nach § 90 zu honorieren. Zu beachten ist dabei jedoch die Vorschrift des § 50.

§ 91.

Die Vorschriften dieses Gesetzes finden entsprechende Anwendung:

1. im schiedsrichterlichen Verfahren;
2. im Verfahren wegen Nichtigkeitserklärung oder Zurücknahme eines Patentes;
3. im Disziplinarverfahren nach Maßgabe des Gesetzes, betreffend die Rechtsverhältnisse der Reichsbeamten, vom 31. März 1873 (Reichs-Gesetzbl. S. 61);
4. im ehrengerichtlichen Verfahren gegen Rechtsanwälte;
5. bei der Untersuchung von Seeunfällen.

Für die Berechnung der Gebühren des im schiedsrichterlichen Verfahren als Prozeßbevollmächtigten bestellten Rechtsanwaltes gilt das gerichtliche Verfahren im Falle des § 1036 der Zivilprozeßordnung als zum schiedsrichterlichen Verfahren gehörig.

Das Verfahren vor der Disziplinarkammer, vor dem Ehrengerichte und vor dem Seeamte steht im Sinne des § 63 dem Verfahren vor der Strafkammer gleich.

Vorbemerkung.

Der § 91 erklärt die Vorschriften der GO. für anwendbar auf eine Reihe von Verfahren, welche nicht unter § 1 GO. fallen. Zur Erläuterung des § 91 werden erörtert:

I. Motive (1).
II. Bedeutung des § 91 (2—4).
III. Das schiedsrichterliche Verfahren (5—10).
IV. Das Verfahren wegen Nichtigkeitserklärung oder Zurücknahme eines Patents (11—12).
A. Das Verfahren vor dem Patentamt (13—21).
B. Das Verfahren vor dem Reichsgericht (22—24).
V. Die Verfahren der Nr. 3, 4, 5 (25 bis 28).
VI. Weitere Ausdehnung der Geltung der GO. durch die spätere Gesetzgebung (29—37).
VII. Anhang. Schiedsgerichte für Arbeiterversicherung und Reichsversicherungsamt (38.)

1 **I. Motive.** Der § 91 erklärt die Vorschrift des Gesetzes für anwendbar auf das schiedsrichterliche Verfahren und auf eine Anzahl von Fällen, in welchen das Verfahren zwar nicht durch die Prozeßordnungen, aber durch andere Reichsgesetze geregelt ist.

Zu Nr. 1. In betreff des schiedsrichterlichen Verfahrens, auf welches die Vorschriften der §§ 851 bis 872 der ZPO. Anwendung finden, könnte es zweifelhaft erscheinen, ob das Verfahren vor dem ordentlichen Gerichte behufs Vornahme richterlicher Handlungen, zu denen die Schiedsrichter nicht befugt sind (ZPO. § 862), zum schiedsrichterlichen Verfahren zu rechnen oder als ein besonderes Verfahren aufzufassen ist, für welches dem im schiedsrichterlichen Verfahren zum Prozeßbevollmächtigten bestellten Rechtsanwalte besondere Gebühren zustehen (vgl. § 22). Durch Abs. 2 wird der Zweifel im Sinne der ersten Alternative entschieden. Der Entwurf legt nämlich das Hauptgewicht auf den sachlichen Zusammenhang, neben welchem der Umstand, daß der Anwalt nicht mehr vor den Schiedsrichtern, sondern vor dem ordentlichen Gerichte tätig wird, von untergeordneter Bedeutung erscheint.

Zu Nr. 2. Das Verfahren wegen Nichtigkeitserklärung oder Zurücknahme eines Patents — Patentgesetz vom 25. 5. 77 §§ 27 ff. (RGBl. S. 507); Verordnung, betreffend das Berufungsverfahren beim Reichs-Oberhandelsgerichte in Patentsachen, vom 1. 5. 78 (RGBl. S. 90)[1] — ist, obwohl es nicht auf dem Grundsatze der Mündlichkeit beruht, doch ein förmliches kontradiktorisches, welches sich an das Verfahren der Zivilprozeßordnung anlehnt — § 29 a. a. O. — Die Tätigkeit der Rechtsanwälte in diesen Patentsachen wird sich daher nicht wesentlich von dem Betriebe anderer bürgerlicher Rechtsstreitigkeiten unterscheiden, und es rechtfertigt sich daher, ihnen auch in diesen Fällen die Gebühren des zweiten Abschnittes dieses Entwurfs zuzubilligen.

Das Verfahren in den Fällen der Nr. 3, 4, 5 betrifft Untersuchungen, deren Gegenstand teils die Bestrafung von Disziplinarvergehen (Nr. 3, 4) teils,

[1]) Jetzt: Patentgesetz vom 7. 4. 91 (RGBl. S. 79 ff.) und Verordnung, betreffend das Berufungsverfahren beim Reichsgerichte in Patentsachen vom 6. 12. 91 (RGBl. S. 389 ff.).

die Feststellung eines Tatbestandes ist, welche die Grundlage eines weiteren gerichtlichen Strafverfahrens bilden kann (Nr. 5). Das Verfahren ist dem für Strafsachen vorgeschriebenen ähnlich. In allen diesen Fällen kann die Tätigkeit eines Rechtsanwaltes erforderlich werden, indem sowohl der beschuldigte Reichsbeamte im Disziplinarverfahren (Reichsbeamtengesetz vom 31. 3. 73 §§ 101, 102), als auch der beschuldigte Rechtsanwalt im ehrengerichtlichen Verfahren (RAO. § 66) sich eines Rechtsanwaltes als Verteidigers oder Vertreters, endlich der Schiffer oder Steuermann im Verfahren vor dem Seeamte bzw. Ober-Seeamte (Ges. vom 27. 7. 77, betreffend die Untersuchung von Seeunfällen, §§ 22, 30) sich eines Rechtsanwaltes als Beistandes bedienen kann. Es erscheint deshalb angemessen, die in diesen Fällen stattfindende Tätigkeit des Rechtsanwaltes nach den Bestimmungen des vierten Abschnittes des Entwurfs zu vergüten. Da die Gebührensätze im Strafverfahren sich nach der Ordnung des Gerichtes, welches in erster Instanz mit der Sache befaßt war (§§ 63, 66, 68), abstufen, so bedurfte es hier noch der Bestimmung der Stufe; die Wahl der mittleren wird keiner Rechtfertigung bedürfen.

2 **II. Bedeutung des § 91.** Der § 91 schreibt für gewisse Verfahren, auf welche nicht die ZPO., StPO. und KO. Anwendung finden, in denen daher an sich die anwaltliche Tätigkeit nach § 1 GO. nicht nach den Bestimmungen der GO. zu vergüten ist, die entsprechende Anwendung der Vorschriften der GO. vor. Daraus ergibt sich folgendes:

3 1. Die Vergütung für die anwaltliche Tätigkeit in den bezeichneten Verfahren sowie für die beratende Berufstätigkeit, welche den Beginn oder die Fortsetzung eines solchen Verfahrens betrifft, ist der landesgesetzlichen Bestimmung entzogen und reichsgesetzlich geordnet. Irgend welche Vorschriften der Landesgesetze können daher unter keinen Umständen Anwendung finden.

4 2. Die Anwendung der Vorschriften der GO. soll eine entsprechende sein. Es sind daher die allgemeinen Grundsätze der GO., z. B. das Bauschsystem, zur Anwendung zu bringen, und die Gebühren nach den für rechtsähnliche Vorgänge gegebenen Vorschriften zu bemessen.

III. Das schiedsrichterliche Verfahren.

5 Im Sinne des § 91 ist das „schiedsrichterliche Verfahren“ dasjenige Verfahren, welches durch §§ 1025—1048 ZPO. geordnet ist und eine Vereinbarung, daß die Entscheidung einer Rechtsstreitigkeit durch Schiedsrichter erfolgen solle, zur Grundlage hat. Insbesondere gehört hierher nicht das Verfahren vor den Schiedsgerichten für Arbeiterversicherung, für welches vielmehr besondere Gebührenvorschriften gelten. (Vgl. VII. Anhang N. 38 S. 473)

Das schiedsrichterliche Verfahren kann nur eine bürgerliche Rechtsstreitigkeit betreffen; zur Anwendung gelangen deshalb die Gebührenvorschriften für bürgerliche Rechtsstreitigkeiten.

6 1. Innerhalb des Verfahrens kann sich die Notwendigkeit einer Intervention des Gerichts ergeben. Die Schiedsrichter sind zur Ladung und Beeidigung von Zeugen und Sachverständigen sowie zur Abnahme eines Parteieides nicht befugt; wird eine derartige Handlung für erforderlich erachtet, so muß ihre Vornahme durch das zuständige Gericht von der Partei erwirkt werden (§ 1036 ZPO.). Dieses gerichtliche Verfahren soll nun gemäß Abs. 2 für die Berechnung der Gebühren des im schiedsrichterlichen Verfahren als Prozeßbevollmächtigten bestellten Rechtsanwalts als zum schiedsrichterlichen Verfahren gehörig gelten. Daraus folgt, daß für das ganze schiedsrichterliche Verfahren von

der Anstellung der Klage bis zur Erledigung jede der in § 13 benannten Gebühren rücksichtlich eines jeden Teils des Streitgegenstandes nur einmal beansprucht werden kann (§ 25). Der Anwalt, dem bereits für seine Tätigkeit vor dem Schiedsgericht die Prozeßgebühr, Verhandlungsgebühr oder Beweisgebühr zusteht, kann daher eine solche Gebühr für das gerichtliche Verfahren aus § 1036 ZPO. nicht mehr liquidieren.[2]) Doch ist hier folgendes zu bemerken:

a) Es ist nicht ausgeschlossen, daß die Parteien für das schiedsrichterliche Verfahren zwei Instanzen bestimmen,[3]) dann sind sämtliche Gebühren für jede Instanz besonders anzusetzen. 7

b) Als zugehörig zum schiedsrichterlichen Verfahren ist lediglich das gerichtliche Verfahren aus § 1036 ZPO. anzusehen, nicht jedoch auch irgend ein anderes Verfahren anläßlich des Schiedsvertrages oder Schiedsverfahrens. Insbesondere gehört dazu nicht das gerichtliche Verfahren über die Ernennung (§§ 1029, 1031 ZPO.) oder die Ablehnung (§ 1032 ZPO.) eines Schiedsrichters oder über das Erlöschen eines Schiedsvertrages (§ 1033 ZPO.). Die anwaltliche Tätigkeit in diesen Verfahren gehört begrifflich gar nicht zum schiedsrichterlichen Verfahren und ist immer besonders zu honorieren, auch wenn der Anwalt die Partei im schiedsrichterlichen Verfahren vertritt.[4]) 8

2. Die Gebühren für die anwaltliche Tätigkeit im schiedsrichterlichen Verfahren sind unter entsprechender Anwendung der Vorschriften der GO. zu bestimmen. Die letzteren haben indessen das Verfahren nach der ZPO. zur Unterlage, während das schiedsrichterliche Verfahren ganz abweichend von dem der ZPO. durch Parteivereinbarung oder das Ermessen der Schiedsrichter bestimmt sein kann (§ 1034 ZPO.); z. B. braucht eine mündliche Verhandlung nicht stattzufinden, es genügt, daß die Partei schriftlich gehört ist. Die Anwendung der Gebührenvorschriften wird daher manchmal Schwierigkeiten begegnen. Es ist davon auszugehen, daß auch für die Vergütung der Anwaltstätigkeit im schiedsrichterlichen Verfahren der Grundsatz der Bauschgebühren gilt, daß sonach jede der im § 13 benannten Gebühren anzusetzen ist, sobald irgend eine Tätigkeit entwickelt wird, die in den Tätigkeitskreis der betreffenden Gebühr fällt. Wird also z. B. mündliche Verhandlung nicht beliebt, so ist eine Verhandlungsgebühr nicht zu liquidieren; werden ohne mündliche Verhandlung Beweise erhoben, so entsteht eine Beweisgebühr. 9

3. Die Gebühren für das schiedsrichterliche Verfahren sind auch erstattungsfähig. Das schiedsrichterliche Verfahren ist im 10. Buche der ZPO. zum Gegenstand besonderer Regelung gemacht; danach stellt es sich als besondere Art des Zivilprozesses dar, auf welche mangels abweichender Vorschriften die im 1. Buche zusammengestellten „Allgemeinen Bestimmungen", also auch die im fünften Titel des 1. Buchs enthaltenen Bestimmungen über die „Prozeßkosten", und insbesondere § 91, Anwendung finden müssen.[5]) Enthält der Schiedsspruch eine Kostenentscheidung, so können die Kosten auf Grund eines dazu ergangenen Vollstreckungsurteils von dem Gerichte, welches in erster Instanz über die Zulässigkeit der Zwangsvollstreckung erkannt hat, festgesetzt werden: der Schiedsspruch in Verbindung mit dem Vollstreckungsurteil bildet den nach § 104 ZPO. erforderlichen Titel.[6]) Fehlt es an diesen Voraussetzungen, so ist 10

[2]) Vgl. hierzu auch § 22 N. 12.
[3]) Vgl. RG. 17, 435; 29, 387.
[4]) Über die Gebühren vgl. § 22 N. 13—17.
[5]) LG. I Berlin KGBl. 96 S. 33.
[6]) KG. KGBl. 91 S. 53; 95 S. 86. Ebenso Delius bei Gruchot 39, 831 ff., während Cohn bei Gruchot 40, 584 ff. die Festsetzung dem Schiedsgericht selbst zuweist.

eine Kostenfestsetzung nicht möglich.[7]) Wird demnach das Vollstreckungsurteil abgelehnt und obsiegt also der Vollstreckungsbeklagte, gegen welchen sich die Entscheidung des Schiedsspruchs richtete, so kann der Obsiegende zwar die Erstattung der Kosten des schiedsrichterlichen Verfahrens verlangen, aber nur im Wege besonderer Klage.[8])

11 **IV. Das Verfahren wegen Richtigkeitserklärung oder Zurücknahme eines Patentes.**[9]) Nach § 10 Patentgesetzes vom 7. April 1891 (RGBl. S. 79) kann ein Patent unter gewissen Voraussetzungen für nichtig erklärt und nach § 11 zurückgenommen werden; die Erklärung der Nichtigkeit und die Zurücknahme erfolgt nach § 13 durch das Patentamt. Das Verfahren wird durch §§ 28—33 Patentgesetzes wie folgt bestimmt:

§ 28. Die Einleitung des Verfahrens wegen Erklärung der Nichtigkeit oder wegen Zurücknahme des Patents erfolgt nur auf Antrag.

Im Falle des § 10 Nr. 3 ist nur der Verletzte zu dem Antrage berechtigt.

Im Falle des § 10 Nr. 1 ist nach Ablauf von fünf Jahren, von dem Tage der über die Erteilung des Patents erfolgten Bekanntmachung (§ 27 Absatz 1) gerechnet, der Antrag unstattkaft.

Der Antrag ist schriftlich an das Patentamt zu richten und hat die Tatsachen anzugeben, auf welche er gestützt wird. Mit dem Antrage ist eine Gebühr von fünfzig Mark zu zahlen. Erfolgt die Zahlung nicht, so gilt der Antrag als nicht gestellt. Die Gebühr wird erstattet, wenn das Verfahren ohne Anhörung der Beteiligten beendet wird.

Wohnt der Antragsteller im Auslande, so hat er dem Gegner auf dessen Verlangen Sicherheit wegen der Kosten des Verfahrens zu leisten. Die Höhe der Sicherheit wird von dem Patentamt nach freiem Ermessen festgesetzt. Dem Antragsteller wird bei Anordnung der Sicherheitsleistung eine Frist bestimmt, binnen welcher die Sicherheit zu leisten ist. Erfolgt die Sicherheitsleistung nicht vor Ablauf der Frist, so gilt der Antrag als zurückgenommen.

§ 29. Nachdem die Einleitung des Verfahrens verfügt ist, fordert das Patentamt den Patentinhaber unter Mitteilung des Antrages auf, sich über denselben innerhalb eines Monats zu erklären.

Erklärt der Patentinhaber binnen der Frist sich nicht, so kann ohne Ladung und Anhörung der Beteiligten sofort nach dem Antrage entschieden und bei dieser Entscheidung jede von dem Antragsteller behauptete Tatsache für erwiesen angenommen werden.

§ 30. Widerspricht der Patentinhaber rechtzeitig, oder wird im Falle des § 29 Absatz 2 nicht sofort nach dem Antrage entschieden, so trifft das Patentamt, und zwar im ersteren Falle unter Mitteilung des Widerspruchs an den Antragsteller, die zur Aufklärung der Sache erforderlichen Verfügungen. Es kann die Vernehmung von Zeugen und Sachverständigen anordnen. Auf dieselben finden die Vorschriften der Zivilprozeßordnung entsprechende Anwendung. Die Beweisverhandlungen sind unter Zuziehung eines beeidigten Protokollführers aufzunehmen.

---

7) RG. JW. 94 S 543, 5. Zur Entscheidung über die Kosten des schiedsrichterl. Verf. kann das ord. Gericht nur dann angerufen werden, wenn eine Entsch. des Schiedsger. nicht mehr zu erlangen, z. B. der Schiedsrichter verstorben ist. RG. 59, 149.

8) LG I Berlin, KGBl. 96 S. 33.

9) Die Anwendung der GO. ist nicht ausgedehnt auf das Patenterteilungsverfahren, auch nicht auf das Widerspruchsverfahren nach § 5 Ges. zum Schutz der Warenbezeichnungen vom 12. 5. 94 (RGBl. S 441). Hierfür ist daher nach den landesgesetzlichen Gebührenbestimmungen zu liquidieren. Unrichtig ist daher die Entschdg. des KG. im PMZBl. 8, 275, die angemessene Sätze zubilligt.

Die Entscheidung erfolgt nach Ladung und Anhörung der Beteiligten.

Wird die Zurücknahme des Patents auf Grund des § 11 Nr. 2 beantragt, so muß der diesem Antrage entsprechenden Entscheidung eine Androhung der Zurücknahme unter Angabe von Gründen und unter Festsetzung einer angemessenen Frist vorausgehen.

§ 33. Gegen die Entscheidung des Patentamts (§§ 29, 30) ist die Berufung zulässig. Die Berufung geht an das Reichsgericht. Sie ist binnen 6 Wochen nach der Zustellung bei dem Patentamt schriftlich anzumelden und zu begründen.

Durch das Urteil des Gerichtshofs ist nach Maßgabe des § 31 auch über die Kosten des Verfahrens zu bestimmen.

Im übrigen wird das Verfahren vor dem Gerichtshof durch ein Regulativ bestimmt, welches von dem Gerichtshof zu entwerfen ist und durch Kaiserliche Verordnung unter Zustimmung des Bundesrats festgestellt wird.

Auf Grund des Abs. 3 des § 33 ist die Verordnung, betreffend das Berufungsverfahren beim Reichsgericht in Patentsachen vom 6. Dezember 1891 (RGBl. 389) ergangen, welche vorschreibt:

§ 1. Die in Gemäßheit des § 33 Absatz 1 des Patentgesetzes vom 7. April 1891 bei dem Patentamt einzureichende Berufungsschrift muß die Berufungsanträge sowie die Angabe der neuen Tatsachen und Beweismittel enthalten, welche der Berufungskläger geltend machen will.

§ 2. Ist die Berufungsschrift nicht rechtzeitig eingegangen oder nicht in deutscher Sprache abgefaßt oder enthält sie nicht die Berufungsanträge, so hat das Patentamt die Berufung als unzulässig zu verwerfen.

Der Berufungskläger kann binnen einer Woche nach Zustellung dieses Beschlusses auf die Entscheidung des Reichsgerichts antragen.

§ 3. Ist die Berufung zulässig, so wird die Berufungsschrift von dem Patentamt dem Berufungsbeklagten mit der Auflage mitgeteilt, seine schriftliche Erklärung innerhalb eines Monats nach der Zustellung bei dem Patentamt einzureichen.

Die Erklärung muß die Gegenanträge sowie die Angabe der neuen Tatsachen und Beweismittel enthalten, welche der Berufungsbeklagte geltend machen will.

§ 4. Das Patentamt legt die Verhandlungen nebst den Akten erster Instanz dem Reichsgerichte vor und benachrichtigt hiervon die Parteien unter Mitteilung der Gegenerklärung an den Berufungskläger.

§ 5. Das Reichsgericht trifft nach freiem Ermessen die zur Aufklärung der Sache erforderlichen Verfügungen.

Beweiserhebungen können durch Vermittlung des Patentamts erfolgen.

§ 6. Das Urteil des Reichsgerichts ergeht nach Ladung und Anhörung der Parteien.

Die Ladungsfrist beträgt mindestens 2 Wochen.

§ 7. Die Geltendmachung neuer Tatsachen und Beweismittel im Termin ist nur insoweit zulässig, als sie durch das Vorbringen des Berufungsbeklagten in der Erklärungsschrift veranlaßt wird.

Das Gericht kann auch Tatsachen und Beweise berücksichtigen, mit welchen die Parteien ausgeschlossen sind.

Auf eine noch erforderliche Beweisaufnahme findet die Bestimmung im § 5 Anwendung.

Soll das Urteil auf Umstände gegründet werden, welche von den Parteien nicht berührt sind, so sind diese zu veranlassen, sich hierüber zu äußern.

§ 8. Von einer Partei behauptete Tatsachen, über welche die Gegenpartei sich nicht erklärt hat, können für erwiesen angenommen werden.

Erscheint in dem Termine keine der Parteien, so ergeht das Urteil auf Grund der Akten.

§ 14. Die zur Praxis bei dem Reichsgericht zugelassenen Rechtsanwälte sind befugt, im Berufungsverfahren in Patentsachen die Vertretung zu übernehmen.

Den Parteien und deren Vertretern ist es gestattet, mit einem technischen Beistande zu erscheinen.

12 Danach ist das Verfahren in beiden Instanzen zwar im wesentlichen ein verwaltungsrechtliches Offizialverfahren,[10]) lehnt sich jedoch an das Verfahren der ZPO. an und ist etwa dem Verfahren in Statussachen (ZPO. sechstes Buch) vergleichbar.

Bezüglich der **Gebühren** in diesem Verfahren mag folgendes hervorgehoben werden:

13 A. Für das Verfahren vor dem Patentamt.

1. Der Anwalt, welcher gewissermaßen als Prozeßbevollmächtigter mit der Vertretung im ganzen Verfahren betraut ist, hat zu liquidieren:

a) die volle Prozeßgebühr, gleichgültig ob er den schriftlichen Antrag gestellt bzw. eine schriftliche Erklärung abgegeben hat oder nicht (vgl. § 13 N. 22);

14 b) die volle Verhandlungsgebühr für die mündliche Verhandlung, gleichgültig ob der Gegner verhandelt oder nicht. Die Partei, welche im Termine nicht erscheint, treffen keine Versäumnisfolgen, vielmehr hat das Patentamt auch in diesem Falle nach Lage der Sache, demnach unter Umständen auch gegen die allein erschienene Partei, zu entscheiden.[11]) Wenn aber ein Versäumnisurteil im Sinne der ZPO. nicht ergehen kann, so paßt nicht die Unterscheidung der kontradiktorischen und nicht kontradiktorischen Verhandlung, vielmehr ist in analoger Anwendung des Satz 2 Abs. 1 des § 16 GO., wie bei Statussachen, die Minderung der in § 13 Nr 2 bestimmten Vrrhandlungsgebühr auszuschließen.

Wird nach einer Beweisaufnahme mündlich verhandelt, so erhöht sich die Verhandlungsgebühr immer um $^5/_{10}$.

15 c) Für Vertretung im Beweisaufnahmeverfahren ist die Beweisgebühr zu liquidieren. Ob die Beweisaufnahme vor der mündlichen Verhandlung angeordnet und erhoben ist, oder erst auf Grund eines nach mündlicher Verhandlung ergangenen Beweisbeschlusses, kann keinen Unterschied machen; immerhin enthält die Vertretung im Beweisaufnahmeverfahren eine Tätigkeit des Anwaltes, welche weder mit dem Schriftwechsel und dem Betriebe, noch mit der mündlichen Verhandlung etwas zu tun hat, daher auch nicht durch die Prozeßgebühr und die Verhandlungsgebühr abgegolten sein kann.

16 d) Die Einlegung der Berufung und der Schriftwechsel vollzieht sich noch beim Patentamt. Nichtsdestoweniger ist die erste Instanz mit dem Urteil des Patentamts abgeschlossen; die Berufungsverhandlungen gehören zu einer neuen Instanz. Für die Einlegung der Berufung und den Schriftwechsel ist daher von neuem eine Prozeßgebühr zu berechnen.

17 2. Ist der Anwalt nicht mit der Vertretung im ganzen Verfahren, sondern nur mit Vornahme mit Einzelhandlungen betraut, so hat er in folgender Weise zu liquidieren:

---

[10]) Kohler, Handbuch des deutschen Patentrechts § 344 S. 795, § 355 S. 825.

[11]) Vgl. Entsch. Patentamts in Patentblatt 81 S. 227; Gareis, Die patentamtl. u. gerichtl. Entsch. in Patentsachen 3, 256; Seligsohn, Kommentar z. PG. § 30 N. 7; Kohler, Handbuch § 358 S. 832.

a) Hat er nur den Antrag oder die Berufungsschrift oder eine Erklärung angefertigt, so liquidiert er für jeden Schriftsatz gemäß § 46 eine Gebühr von $^5/_{10}$ der Prozeßgebühr, die jedoch auch die vorangegangenen Informationen und Ermittlungen mit abgilt. Für mehrere Schriftsätze kann in einer Instanz gemäß § 48 niemals mehr als die volle Prozeßgebühr liquidiert werden.

b) Ist der Anwalt nur mit der Wahrnehmung des Termins zur münd- 18
lichen Verhandlung betraut, so hat er gemäß § 43 neben der vollen Verhandlungsgebühr noch die halbe Prozeßgebühr.[12])

c) Ist der Anwalt nur mit der Wahrnehmung eines Beweistermins be- 19
auftragt, so erhält er gemäß § 45 die Beweisgebühr und fünf Zehnteile der Prozeßgebühr.[13])

3. Die Gebühren richten sich gemäß § 9 nach der Höhe des Streit- 20
wertes, welchen das Patentamt nach freiem Ermessen festsetzt, indem es den Wert, welchen die Aufrechterhaltung des Patents für den Inhaber hat, ziffermäßig abschätzt.[14]) Die Grundlagen für diese Abschätzung hat der Antragsteller im Kostenfestsetzungsgesuch beizubringen.

4. Die Kostenfestsetzung[15]) erfolgt ähnlich wie im Zivilprozeß; zahlt 21
der Schuldner nicht, so ersucht das Patentamt auf Antrag des Gläubigers das für den Schuldner zuständige Amtsgericht um Erteilung der Vollstreckungsklausel;[16]) den für vollstreckbar erklärten Beschluß erhält sodann der Gläubiger zum Betriebe der Zwangsvollstreckung.

B. Für das Verfahren vor dem Reichsgericht. 22

Die Einlegung der Berufung beim Patentamt und der Schriftwechsel kann sowohl von einem Reichsgerichtsanwalt[17]) als auch von einem anderen Anwalt erfolgen. Dagegen sind zur Vertretung in der mündlichen Verhandlung nur die Reichsgerichtsanwälte befugt,[18]) daneben aber kann jeder Anwalt als Beistand auftreten oder die Ausführung der Parteirechte übernehmen (RAO. §§ 27, 101).

1 Der Reichsgerichtsanwalt liquidiert, wenn ihm die Vertretung im ganzen 23
Verfahren übertragen ist, gleichgültig ob er Schriftsätze angefertigt hat oder nicht, die volle Prozeßgebühr und die volle Verhandlungsgebühr; ist ihm nur die Vertretung in der mündlichen Verhandlung aufgetragen, so liquidiert er gemäß § 43 neben der Verhandlungsgebühr die halbe Prozeßgebühr. Eine Erhöhung der Gebühren nach § 52 findet nicht statt, weil das Reichsgericht nicht als Revisionsinstanz entscheidet.[19])

2. Der Anwalt als Beistand liquidiert gemäß § 43 die Verhandlungs- 24
gebühr und die halbe Prozeßgebühr, letztere dann nicht, wenn ihm etwa bereits die volle Prozeßgebühr für den Schriftwechsel der Berufung zusteht.

V. Die Verfahren der Nr. 3, 4, 5. Die Vorschriften dieser GO. finden 25
entsprechende Anwendung bei dem Gebührenansatze des Rechtsanwalts für seine Tätigkeit:

---

[12]) Vgl. im übrigen § 43 N. 12–18.

[13]) Vgl. im übrigen § 45 N. 6—14.

[14]) RG. JW. 02 S. 131, 34. Vgl. die Privatmitteilung des Patentamts vom 30. 5. 84 bei Walter in früh. Aufl. — Die Wertsfestsetzung erfolgt nur bei Gelegenheit eines Kostenfestsetzungsantrages, da für die Höhe der Gerichtsgebühr der Streitwert nicht maßgebend ist.

[15]) Vgl. Kohler, Handbuch S. 844; Seligsohn, PG. § 31 N. 4; Robolski, Theorie u Praxis d. deutsch. Patentrechts S. 52; Rosenthal im Patentblatt 80 S. 113.

[16]) RG. Patentbl. 1 S. 15; Gareis 11, 152; RG. 33, 423; JW. 94 S. 509, 10.

[17]) RG. im Patentblatt 7, 116.

[18]) RG. im Patentblatt 90 S. 388, 389.

[19]) Vgl. § 52 N. 3.

1. im Disziplinarverfahren gegen Reichsbeamte nach Maßgabe des Gesetzes vom 31. 3. 73 (RGBl. S. 61). Im förmlichen Disziplinarverfahren wird nach geschlossener Voruntersuchung durch Beschluß der obersten Reichsbehörde die Sache vor die Disziplinarkammer verwiesen. Der Angeklagte kann sich des Beistandes eines Rechtsanwalts als Verteidigers bedienen und kann sich auch durch einen solchen in der Verhandlung vertreten lassen (§§ 101, 102 a. a. O.). Gegen die Entscheidung der Disziplinarkammer steht die Berufung an den Disziplinarhof offen. Die Anmeldung und Rechtfertigung der Berufung kann von seiten des Angeschuldigten auch durch einen bevollmächtigten Rechtsanwalt geschehen (§§ 111, 112, 116 Abs. 4 a. a. O.).

26 2. im ehrengerichtlichen Verfahren gegen Rechtsanwälte. Hier kann der beschuldigte Anwalt in demselben Umfange, wie solches im gewöhnlichen Strafverfahren zulässig ist, also namentlich auch schon im Vorverfahren, sich des Beistandes eines Rechtsanwalts als Verteidigers bedienen und sich durch einen solchen vertreten lassen. Dasselbe gilt für das Verfahren zweiter Instanz vor dem Ehrengerichtshofe. (StPO. §§ 137, 147, 167, 190, 191, 233, 322; RAO. §§ 66, 83, 91.)

27 3. bei der Untersuchung von Seeunfällen. In dem Verfahren vor dem Seeamte und dem Oberseeamte können sich der Schiffer und der Steuermann des Schiffes, dessen Unfall den Gegenstand der Untersuchung bildet, eines rechtskundigen Beistandes bedienen. Gegen die Entscheidungen des Seeamtes ist in gewissen Fällen das Rechtsmittel der Beschwerde an das Ober-Seeamt zulässig. Die Entscheidung des letzteren hat sich auch darüber auszusprechen, ob dem Beschwerdeführer die baren Auslagen des Beschwerdeverfahrens zur Last zu legen sind. [20]) Wird die vom Reichskommissar gegen den Spruch eines Seeamtes eingelegte Beschwerde durch die Entscheidung des Ober-Seeamtes zurückgewiesen, so können dem Gegner des Beschwerdeführers die ihm erwachsenen baren Auslagen aus der Reichskasse erstattet werden. [21])

28 In allen diesen Fällen finden die Vorschriften des Abschnittes 4, bzw. die allgemeinen Bestimmungen der Abschnitte 1, 5, 6 und 7 mit der Maßgabe Anwendung, daß die Gebühren so zu berechnen sind, als ob die Strafkammer entschieden habe bzw. zuständig sei.

29 VI. Weitere Ausdehnung der Geltung der GO. durch die spätere Gesetzgebung.

Durch die spätere Gesetzgebung ist die Geltung der GO. auch noch auf weitere Gebiete ausgedehnt worden:

A. Nach § 17 EG. zur Militärstrafgerichtsordnung vom 1. 12. 98 findet auf die Berufstätigkeit der zum Auftreten vor den Militärgerichten zugelassenen Rechtsanwälte (vgl. § 341 Nr. 5 Militärgerichtsordnung) die GO. Anwendung. [22]) Dabei stehen im Sinne des § 63 GO. den Strafkammern die Kriegsgerichte, dem Reichsgericht das Reichsmilitärgericht gleich.

30 1. Nach § 337 MStGO. kann sich der Angeklagte nach Abschluß des Ermittlungsverfahrens (§ 173 Abs. 5) des Beistandes eines Verteidigers bedienen, nicht jedoch im Verfahren vor den Standgerichten. Das Verfahren vom

---

[20]) Vgl. Gesetz vom 27. 7. 77, betreffend die Untersuchung von Seeunfällen, §§ 22, 30 (RGBl. S. 553) und Geschäftsordnung für das Ober-Seeamt vom 3. 5. 78 § 7 (RZBl. 78 S. 276).

[21]) S. Nachtrag zur Geschäftsordnung für das Ober-Seeamt vom 10. 5. 79 im RZBl. 79 S. 371.

[22]) Vgl. § 1 N. 49.

Abschluß des Ermittlungsverfahrens bis zur Hauptverhandlung (§§ 243—260) ist als Vorverfahren im Sinne des § 67 anzusehen; die Verteidigung in diesem Verfahren begründet daher eine Gebühr von 10 M.

2. Für die Verteidigung in der Hauptverhandlung ist nach § 63 eine 31
Gebühr von 20 M. zu liquidieren, die sich nach §§ 64, 72 GO. erhöhen kann.

3. Die Verteidigung vor dem Reichsmilitärgericht begründet eine Gebühr 32
von 20 M. (§§ 63, 66 GO.).

4) In den Fällen der §§ 338, 339 MStGO. ist ein Verteidiger von 33
Amts wegen zu bestellen, der seine Gebühren und Auslagen von der Militärjustizverwaltung erhält (§ 469 MStGO.).

B. Die GO. findet nach § 36 Reichsges. vom 1. 12. 98, betr. die 34
Dienstvergehen der richterlichen Militärjustizbeamten (RGBl. S. 1297) auf die Berufstätigkeit des Rechtsanwalts im Disziplinarverfahren gegen richterliche Militärjustizbeamte mit der Maßgabe entsprechende Anwendung, daß den Strafkammern die Disziplinarkammern, dem Reichsgericht der Disziplinarhof gleichzustellen sind.

C. In den durch das Gesetz über die Konsulargerichtsbarkeit vom 35
7. 4. 00 (RGBl. S. 213) geordneten Konsularsachen sind nach § 19 ibid. die reichsgesetzlichen Bestimmungen über die Kosten in bürgerlichen Rechtsstreitigkeiten, Konkurssachen und Strafsachen, damit auch die GO. für anwendbar erklärt.[23]) Nach § 76 ibid. soll jedoch, soweit die Gebühren der Rechtsanwälte durch Ortsgebrauch geregelt sind, dieser zunächst zur Anwendung kommen.

Das Berufungsverfahren für bürgerliche Rechtsstreitigkeiten — die Berufung geht ans Reichsgericht — ist ähnlich wie dasjenige im Patent-Nichtigkeitsverfahren geordnet; die Ausführungen zu N. 11 ff. sind auch hier entsprechend zu verwerten.[24])

D. Das Schutzgebietsgesetz vom 25. 7. 00 in der Fassung der 36
Bekanntmachung vom 10. 9. 00 (RGBl. S. 812) verordnet in § 3 auch in den Schutzgebieten die Anwendung der in § 19 des Gesetzes über die Konsulargerichtsbarkeit bezeichneten Vorschriften der Reichsgesetze, also auch der GO.,[25]) soweit nicht etwa gemäß § 6 Nr. 7 durch Kaiserliche Verordnung einfachere Bestimmungen über das Kostenwesen erlassen sind.

E. Nach der Kaiserl. Verordnung, betreffend die Rechtsverhältnisse der 37
Landesbeamten in den Schutzgebieten vom 9. 8. 96 (RGBl. S. 691) findet auf diese Beamten das Gesetz, betr. die Rechtsverhältnisse der Reichsbeamten vom 31. 3. 73, insbesondere auch die Bestimmungen über das Disziplinarverfahren entsprechende Anwendung. Disziplinargerichte sind nach Art. 9 in erster Instanz die Disziplinarkammern für die Schutzgebiete, in zweiter Instanz der Disziplinarhof für die Schutzgebiete, beide mit dem Sitze in Berlin. Auf die Verteidigung vor diesen Disziplinargerichten ist daher ebenfalls die GO. anzuwenden.

VII. Anhang. Schiedsgerichte für Arbeiterversicherung und Reichsversicherungsamt. 38

Für die Vertretung vor den Schiedsgerichten für Arbeiterversicherung und dem Reichsversicherungsamt in Angelegenheiten der Unfallversicherung und der Invaliditäts- und Altersversicherung findet

[23]) Vgl. § 1 N. 50.
[24]) Vgl. auch § 52 N. 3.
[25]) Vgl. § 1 N. 51.

die GO. keine Anwendung.[26]) Die in § 20 des Mantelgesetzes (Bekm. d. Reichskanzlers vom 5. 7. 00) vorbehaltene Kaiserliche Verordnung, betreffend die Gebühren der Rechtsanwälte vor den Schiedsgerichten und dem Reichsversicherungsamt, vom 22. 12. 01 (RGBl. S. 497) bestimmt folgendes:

§ 1. Die Vergütung für die Berufstätigkeit eines Rechtsanwalts bemißt sich im Verfahren vor einem Schiedsgerichte für Arbeiterversicherung auf den Betrag von drei bis dreißig Mark, im Verfahren vor dem Reichsversicherungsamt auf den Betrag von fünf bis fünfzig Mark.

Schweben in einem Streitfalle gegen mehrere Bescheide Rechtsmittel, so gilt das Verfahren über dieselben, wenn über sie gleichzeitig erkannt wird, nur als ein Verfahren.

§ 2. Für die Teilnahme an Beweisverhandlungen außerhalb der Gerichtsstätte kann, wenn die Anwesenheit des Rechtsanwalts geboten war, eine angemessene Entschädigung außer der Vergütung zugebilligt werden.

Eine Erstattung der Kosten für eine Reise zur mündlichen Verhandlung sowie von sonstigen Auslagen findet nicht statt. Jedoch ist bei der Festsetzung der im § 1 bezeichneten Vergütung innerhalb der dort gezogenen Grenzen auf Schreibgebühren und Portoauslagen Rücksicht zu nehmen.

§ 3. Diese Verordnung tritt am 1. Januar 1902 in Kraft.

§ 92.

Fällt eine dem Rechtsanwalte aufgetragene Tätigkeit, für welche ihm nach Vorschrift dieses Gesetzes eine Vergütung zusteht, zugleich in den Kreis derjenigen Angelegenheiten, in welchen die den Rechtsanwälten zustehende Vergütung durch landesgesetzliche Vorschrift geregelt ist, so kommt, soweit die Anwendung beider Vorschriften zu einer zweifachen Vergütung derselben Tätigkeit führen würde, nur eine derselben und zwar die dem Rechtsanwalte günstigere zur Anwendung.

1 **I. Motive.** Wie bereits bei § 1 bemerkt wurde, sind wegen des Nebeneinanderbestehens von Reichs- und Landesrecht bezüglich der Anwaltsgebühren Fälle denkbar, in welchen für ein dem Anwalte aufgetragenes Geschäft ein Anspruch auf Vergütung sowohl nach Reichsrecht als auch nach Landesrecht begründet werden kann. § 92 schließt zunächst eine doppelte Vergütung derselben Tätigkeit aus. Dabei ist es eine Frage tatsächlicher Natur, ob bei Anwendung beider Vorschriften dieselbe Tätigkeit zweifach vergütet erscheinen würde. Insofern diese Frage im einzelnen Falle zu verneinen ist, steht der Anwendung beider Vorschriften nichts im Wege. Denn in einem solchen Falle liegt nur scheinbar eine Tätigkeit vor, die Leistung des Anwalts sondert sich vielmehr nach Ziel und Gegenstand in zwei Leistungen. Das tritt klar hervor, wenn der Anwalt denselben Anspruch im reichsgesetzlichen und im landesgesetzlichen Verfahren geltend macht. Offenbar ist hier das Honorar für jedes Verfahren besonders zu berechnen; der zufällige Umstand, daß die Information für das eine Verfahren auch im anderen dem Anwalte zugute kommt, ist ebenso einflußlos,

[26]) Vgl. hierzu auch § 1 N. 48.

wie wenn der Anwalt eine für einen Auftraggeber eingezogene Information in einem anderen Rechtsstreite desselben oder in dem Rechtsstreite eines anderen Auftraggebers verwerten kann. Ganz gleich liegt der Fall, wenn der Anwalt vorbereitende Schritte für das eine wie für das andere Verfahren getan hat. Auch bei Erteilung eines Rats oder Gutachtens wird zu unterscheiden sein, ob dem Gegenstande nach, nicht bloß in der äußeren Erscheinung, zwei Leistungen oder nur eine vorliegen. Die Frage z. B., ob in einem gegebenen Falle, der Weg der Klage im Zivilprozesse einzuschlagen sei, kann von der Frage ob im Verwaltungsstreitverfahren vorzugehen sei, in der Prüfung und Erörterung je nach den verschiedenen in Betracht kommenden Gesichtspunkten vollständig getrennt gehalten werden, so daß in einem solchen Falle bei Bestimmung des Honorars die Anwendung der reichsrechtlichen und der landesrechtlichen Vorschriften nach Maßgabe der bezeichneten Trennung keinem gegründeten Bedenken unterliegen wird, wobei auf den rein äußerlichen Umstand, ob die Ergebnisse der Erörterungen in einem Gutachten zusammengefaßt werden, ein entscheidendes Gewicht nicht gelegt werden darf.

Das vorbezeichnete Verhältnis zeigt sich am klarsten, wenn das Gutachten des Rechtsanwalts sich darüber verbreitet, daß weder der Weg des Zivilprozesses noch der des Verwaltungsstreitverfahrens einzuschlagen sei.

Anders liegt die Sache, wenn der Rat des Anwalts nur darüber verlangt würde, welcher von zwei an sich offen stehenden Wegen vorzuziehen sei. Die Tätigkeit des Anwalts betrifft dann nur eine ihm vorgelegte Frage, und eine Sonderung der Tätigkeit, je nachdem Reichsrecht oder Landesrecht in Betracht kommt, ist unausführbar.

Wenn bei dem Zusammentreffen von Vorschriften des Reichsrechtes und des Landesrechtes nach Lage des Falles nur die einen oder anderen angewendet werden dürfen, so entspricht es zweifellos den Gründen der Billigkeit dem Rechtsanwalte einen Anspruch auf Vergütung nach den ihm günstigeren Bestimmungen zu gewähren. Das Interesse des Auftraggebers erscheint, da jede der beiden Gebührenvorschriften an sich anwendbar sein würde, vollständig gewahrt, wenn die kumulierte Anwendung ausgeschlossen wird.

II. Bedeutung des § 92. Der § 92 will verhindern, daß für eine und 2
dieselbe Tätigkeit eine doppelte Vergütung erhoben wird, weil die Tätigkeit sowohl in den Bereich der Vorschriften der GO. als auch der Landesgesetze fällt. Wenn z. B. der Anwalt um seinen Rat angegangen wird, ob ein Anspruch im Wege der Klage nach der ZPO. oder im Wege des Verwaltungsstreitverfahrens geltend zu machen sei, so betrifft seine Tätigkeit nur eine Frage; es soll deshalb auch nur eine Gebühr erhoben werden, und zwar die höhere.

Der Fall des § 92 ist danach nicht gegeben, wenn gar nicht ein und dieselbe Tätigkeit in Betracht kommt, sondern in Wirklichkeit zwei Leistungen vorliegen. Zweifellos ist dies, wenn derselbe Anspruch in einem nach der GO. zu vergütenden Verfahren und daneben oder nachher in einem der Bestimmung der Landesgebührenordnung unterliegenden Verfahren geltend gemacht wird. Dasselbe gilt auch, wenn die Tätigkeit die Vorbereitung beider Verfahrensarten betrifft, und insbesondere kann in einem Gutachten die zweifache Tätigkeit entwickelt sein.

Für die Anwendung des § 92 wird es sich daher immer fragen, ob nur eine Leistung oder eine zweifache Leistung vorliegt, wobei die Gleichzeitigkeit der ganzen Tätigkeit (z. B. in einem Gutachten) nicht allein entscheidend ist.

3 **III. Landesgesetzliche Regelung.** Die GO. kannte nur zwei Arten der Regelung der Vergütung, die durch ihre eigenen Vorschriften und die durch landesgesetzliche Vorschriften. Als „durch landesgesetzliche Vorschrift geregelt" galt die Vergütung auch dann, wenn das Landesgesetz eine bestimmte Taxe nicht enthielt, sondern vorschrieb, daß der RA. eine angemessene Vergütung fordern bzw. seine Tätigkeit selbst taxieren dürfe. Mit dem Inkrafttreten des BGB. ist noch eine dritte Art der Regelung möglich geworden bzw. die landesgesetzliche Regelung eingeengt. Soweit nämlich das Landesgesetz eine Taxe nicht enthält, kann es nicht mehr in Betracht kommen. Die Vergütung für die anwaltlichen Dienste ist nach der GO., eventuell nach den Vorschriften des BGB., insbesondere § 612, zu bestimmen; der § 612 aber läßt dem Landesgesetz nur insoweit Raum, als dasselbe eine Taxe aufstellt;[1]) besteht dagegen eine Taxe nicht, so tritt wieder die reichsgesetzliche Vorschrift in Kraft, nach welcher die übliche Vergütung als vereinbart gilt. Es kann danach jetzt auch eine Konkurrenz der Vorschriften der GO. und des BGB. eintreten, auch hier ist die Bestimmung des § 92 zur Anwendung zu bringen.

§ 93.[1])

Sofern der Rechtsanwalt nicht einer Partei zur Wahrnehmung ihrer Rechte beigeordnet oder als Verteidiger bestellt ist, kann der Betrag der der Vergütung durch Vertrag abweichend von den Vorschriften dieses Gesetzes festgesetzt werden. Die Festsetzung durch Bezugnahme auf das Ermessen eines Dritten ist ausgeschlossen.

Der Auftraggeber ist an den Vertrag nur gebunden, soweit er denselben schriftlich abgeschlossen hat.

Der Auftraggeber kann eine Berechnung der gesetzlichen Vergütung nach Maßgabe des § 86 verlangen.

Hat der Rechtsanwalt durch den Vertragsschluß die Genze der Mäßigung überschritten, so kann die durch Vertrag festgesetzte Vergütung im Prozeßwege, nach eingeholtem Gutachten des Vorstandes der Anwaltskammer, bis auf den in diesem Gesetze bestimmten Betrag herabgesetzt werden.

Vorbemerkung.

§ 93 enthält die Ausführung des in der Einleitung (S. 8ff.) entwickelten Grundsatzes der Vertragsfreiheit. Zur Erklärung der Einzelheiten der Vorschrift werden erörtert;

I. Entstehungsgeschichte (1—3).
II. Zulässigkeit der Vereinbarung (4—5).
III. Form des Vertragsschlusses (6—11).
IV. Zeit des Vertragsschlusses (12—15).
V. Inhalt des Vertrages (16—17).
VI. Anfechtung des Vertrages (18—22).
VII. Verpflichtung zur Aufstellung einer gesetzlichen Liquidation (23).
VIII. Einschränkungen der Vertragsfreiheit (24—26).

1 **I. Entstehungsgeschichte.**

1. Die die Vertragsfreiheit regelnden Bestimmungen der §§ 93, 94 hatten

---

[1]) Vgl. hierzu Joachim, Preuß. GO. Einleitung § 5, insbes. S. 12ff.

[1]) Zu diesem Paragraphen vgl. Anlage A zu den Motiven des Entwurfs dieser GO. (S. 98—104) mit der Überschrift „Gesetzliche Taxe und Vertragsfreiheit", welche in gedrängter Darstellung eine vortreffliche Übersicht über die geschichtliche Entwicklung dieser beiden gegensätzlichen Institute gewährt.

im Entwurf eine, insbesondere vom Absatz 4 des § 93 des Gesetzes abweichende, Fassung; sie lauteten:

§ 93. Sofern der Rechtsanwalt nicht einer Partei zur Wahrnehmung ihrer Rechte beigeordnet oder als Verteidiger bestellt ist, kann der Betrag der Vergütung durch Vertrag abweichend von den Vorschriften dieses Gesetzes festgesetzt werden. Die Festsetzung durch Bezugnahme auf das Ermessen eines Dritten ist ausgeschlossen.

Der Auftraggeber ist an den Vertrag nur gebunden, soweit er denselben schriftlich abgeschlossen hat.

In dem Verhältnisse des Auftraggebers oder Rechtsanwalts zu dem Erstattungspflichtigen ist die vertragsmäßige Festsetzung nicht maßgebend.

Der Auftraggeber kann eine Berechnung der gesetzlichen Vergütung nach Maßgabe des § 85 verlangen.

§ 94. Hat der Rechtsanwalt durch den Vertragsschluß die Grenzen der Mäßigung überschritten, so kann die durch den Vertrag festgesetzte Vergütung im Prozeßwege bis auf den in diesem Gesetze bestimmten Betrag herabgesetzt werden. Daß diese Grenzen überschritten sind, wird durch ein Gutachten des Vorstandes der Anwaltskammer festgestellt.

Diese Vorschrift findet entsprechende Anwendung, wenn der Rechtsanwalt durch den für die Ausarbeitung eines Gutachtens erhobenen Anspruch (§ 88) die Grenzen der Mäßigung überschritten hat.

Bei den Beratungen in der Kommission und im Reichstage ist Abs. 2 des § 93 des Entwurfs als § 94 des Gesetzes — mit geringer redaktioneller Änderung — aufgenommen, die Bestimmung des § 94 Abs. 1 des Entwurfs mit einer materiellen Änderung als Absatz 4 in § 93 des Gesetzes eingefügt, und Abs. 2 des § 94 des Entwurfs gestrichen worden. Die dem Entwurf beigegebenen Motive sind hier unverändert zu § 93 und § 94 wiedergegeben.

2. Die Motive lauten zu § 93: „Der Grundsatz, welcher in Abs. 1 des 2
§ 93 seinen Ausdruck gefunden hat, ist bereits in der Einleitung erörtert. Hervorzuheben ist nur, daß der Betrag der Vergütung sich aus dem Vertrage ergeben muß. Notwendig ist jedoch nicht, daß der Betrag im Vertrage selbst ziffermäßig zum Ausdrucke gebracht sei; er kann beispielsweise auch auf einen Prozentsatz oder auf eine bestimmte Summe über den Betrag der gesetzlichen Gebühren vereinbart werden. Dagegen kann die Festsetzung der Vergütung dem Ermessen eines Dritten nicht überlassen werden. Eine derartige Vereinbarung würde nicht ausschließen, daß die im Gesetze bestimmten Beträge maßgebend bleiben. Bezüglich der Zeit des Vertragsschlusses enthält sich das Gesetz jeder Bestimmung. Derselbe kann nicht bloß bei Annahme des Mandates, sondern auch jederzeit nachher erfolgen.

Es handelt sich ferner darum, die Schranken der Vertragsfreiheit zu bestimmen, bzw. Schutzmittel gegen den Mißbrauch derselben zu geben. Eine Beschränkung in dem Gegenstande des Vertrages durch Ausschluß des palmarium und der quota litis erscheint praktisch ohne Wert, weil sie leicht zu umgehen ist.[2]) Dagegen empfiehlt sich im Anschlusse an die Vorgänge in Hannover und Braunschweig als Schutzmittel die Schriftform; denn es liegt in der Natur der Sache, daß die Parteien, in ihrem Wunsche zu ihrem Rechte zu gelangen, leicht dem Anwalte gegenüber zu unüberlegten Versprechungen geneigt sind, wogegen die Notwendigkeit der schriftlichen Abfassung zu ernsterer Überlegung veranlaßt. Dieses Schutzes bedarf es aber nur für die Partei, dagegen nicht für den Anwalt, den schon die mündliche Zusage binden muß.

[2]) Vgl. jedoch die Entscheidungen des EGH. zu N. 25.

Der Vorbehalt einer **Genehmigung** des Vertrages durch eine Gerichtsbehörde oder durch den Vorstand der Anwaltskammer, wie dies in einigen Gesetzgebungen angeordnet ist, erscheint mit dem Rechte der Ablehnung der angetragenen Aufträge nicht vereinbar.

Auch wenn die Gebühren durch Vertrag festgesetzt sind, kann für den Auftraggeber eine Berechnung der aus dem Gesetze sich ergebenden Vergütung (Gebühren und Auslagen) von Wert sein; namentlich dann, wenn er die Erstattung der gesetzlichen Vergütung von einem anderen zu fordern berechtigt ist. Die Vorschrift des Abs. 3 gibt ihm das Recht, diese Berechnung zu verlangen.

So wenig es sich empfiehlt, die Vertragsfreiheit bei Bestimmung der Anwaltsvergütung durch den Vorbehalt einer Genehmigung seitens einer Behörde oder des Vorstandes der Anwaltskammer einzuschränken, so sehr erscheint es im Hinblick auf die, wenn auch voraussichtlich seltenen, doch immerhin denkbaren Fälle, daß die Geltendmachung des vertragsmäßigen Anspruches zu unstatthafter Härte führen kann, gerechtfertigt, unter gewissen Umständen die Anfechtung des Vertrages, nach dem Vorgange des französischen Rechtes und besonders des hannoverschen Gesetzes, zuzulassen. Die Grundlage der Anfechtung wird jedoch, wie bereits erwähnt, einerseits nicht erst in einer solchen Steigerung der Gebühren gefunden werden können, welche ein disziplinarisches Einschreiten gegen den Anwalt rechtfertigt, noch auch überall schon in einer den Umständen nicht entsprechenden Höhe der Vergütung enthalten sein.

Für die Frage, ob eine Überschreitung billiger Grenzen stattgefunden hat, ist die Sachlage, wie sie zur Zeit des Vertrages bekannt war, maßgebend; später erst eingetretene oder bekannt gewordene Umstände, welche eine Vereinfachung des Geschäftes zur Folge haben, müssen außer Betracht bleiben, selbst wenn erhellt, daß sie nicht durch eine besondere Tätigkeit oder Geschicklichkeit des Anwaltes herbeigeführt sind.

Das entscheidende Urteil über diese Voraussetzung der Anfechtung ist nach dem Vorgange des hannoverschen Gesetzes und im Anschlusse an die Rechtsanwaltsordnung dem für die Disziplin über den Rechtsanwalt nach § 49 Nr. 1 der RAO. zuständigen Vorstande der Anwaltskammer übertragen, welcher nach § 49 Nr. 4 der RAO. zur Erstattung von Gutachten an die Gerichte verpflichtet ist. **Lautet das Gutachten dahin, daß die Grenzen der Mäßigung nicht überschritten seien, so ist das Gericht daran gebunden;**[3]) im entgegengesetzten Falle kann es die Gebühren nach seinem Ermessen herabsetzen, jedoch mit der Maßgabe, daß es dabei selbstredend an die durch den gesetzlichen Gebührenbetrag bestimmte Grenze gebunden ist.

Es bedarf keiner besonderen Begründung, daß diese Grundsätze entsprechende Anwendung auch dann zu finden haben, wenn der Rechtsanwalt, welcher die Vergütung für ein von ihm gefordertes Gutachten (§ 88) selbst zu taxieren befugt war, bei der Aufstellung dieser Taxe die Grenzen der Mäßigung überschritten hat.

3 3. In der **Kommission** und auch später im **Reichstage** ist die „**Vertragsfreiheit**" vielfach angefochten worden. Dagegen wurde für dieselbe auf mannigfache Erfahrungen, namentlich in **Bayern**, hingewiesen, woselbst sie seit langer Zeit bestanden und „Veranlassung zu irgendwelcher Befürchtung nicht gegeben habe". (Protokoll vom 15. 3. 79.) Auch von seiten der Regierungsvertreter wurde für die Vertragsfreiheit eingetreten und zum Protokolle vom 13. 3. 79 erklärt, daß man den Vertrag, der häufig dem An-

[3]) Diese Begründung bezieht sich auf den § 94 Abs. 1 des Entwurfs, welcher in abgeänderter Fassung als § 93 Abs. 4 in das Gesetz aufgenommen ist.

walte vom Klienten entgegengetragen werde, nicht so mißtrauisch betrachten möge. Wenn man ein Ventil gegen die neue im Durchschnitte nicht eben für alle Fälle passende Taxe ausnahmsweise zulassen wolle, so sei der Vertrag den übrigen Vorschlägen, welche auf Selbsttaxe bzw. Extrahonorar abzielten, schon um deswillen vorzuziehen, weil man in dem größten deutschen Lande (Preußen) den Grundsatz habe, daß die unterliegende Partei der obsiegenden die aufgewendeten Kosten zu erstatten habe, was mit der Selbsttaxe unvereinbar sei.[4]) Dagegen ist in der Kommission und im Reichstage der Entwurf in § 94 Abs. 1 (jetzt § 93 Abs. 4) abgeändert worden.[5])

II. Zulässigkeit der Vereinbarung. 4

Die Übernahme eines Auftrages steht an sich im freien Belieben des Rechtsanwalts; nur in ganz bestimmten Fällen besteht ein Kontrahierungszwang.[6]) Im ersten Falle ist auch eine vertragsmäßige Festsetzung der Gebühren gestattet, dagegen in den Fällen des Kontrahierungszwangs naturgemäß ausgeschlossen.[7]) Danach ist die Vereinbarung der Vergütung nur unzulässig:

1. wenn der Rechtsanwalt einer Partei zur Wahrnehmung ihrer Rechte beigeordnet ist, nämlich

a) der Partei, welcher das Armenrecht bewilligt ist, sei es, daß eine Vertretung durch einen Anwalt geboten ist (§ 115 Nr. 3 ZPO.) oder nicht (§ 34 RAO.);

b) dem Entmündigten in den Fällen der §§ 668, 679 686 ZPO.;

c) der Partei, welche einen zu ihrer Vertretung geneigten Anwalt nicht findet, im Falle des § 33 RAO.;

2. wenn der Rechtsanwalt von Amts wegen zum Verteidiger bestellt ist (§§ 140 ff. StPO.).

Zu beachten ist indessen, daß nur die vertragsmäßige Festsetzung der Vergütung unzulässig ist, nicht aber auch die Annahme einer freiwillig gewährten Vergütung.[8]) 5

III. Form des Vertragsschlusses. Die Vereinbarung einer von den Sätzen der GO. abweichenden Vergütung würde nach den Bestimmungen des BGB. an eine Form nicht gebunden sein. Abweichend von diesen Bestimmungen hat jedoch § 93 Abs. 2 vorgeschrieben, daß der Auftraggeber an den Vertrag nur gebunden ist, soweit er denselben schriftlich abgeschlossen hat. 6

1. Da die Schriftform nur für die Gebundenheit des Auftraggebers verlangt wird, so ist der Anwalt an den Vertrag auch dann gebunden, wenn er selbst nur mündlich paktiert z. B. die Ermäßigung der Gebühren versprochen hat. 7

2. Der Auftraggeber dagegen ist nur gebunden, wenn er sich schriftlich verpflichtet hat. 8

a) Die Schriftform ist nur für den Auftraggeber vorgeschrieben. Auftraggeber ist nur der „Dienstberechtigte" im Sinne der §§ 612 ff. BGB.,[9]) nicht auch derjenige, der sich für das Honorar verbürgt oder ein solches dem Anwalt im Falle der Übernahme des Mandats verspricht.[10]) Die Versprechen dieser Personen unterliegen daher nur den gewöhnlichen Formvorschriften; der Bürge wird allerdings die Unverbindlichkeit der Hauptschuld einwenden können.

4) S. Völk GOfRA. Anm. 1 Abs. 3 zu § 93 S. 152.
5) Vgl. N. 19.
6) Vgl. § 1 N. 13—15.
7) Vgl. die Motive, Einleitung S. 22, oben Einl. § 2 S. 8, 9.
8) Vgl. EGH. 8, 152.
9) Vgl. hierzu § 1 N. 12.
10) Vgl. Seuff.Arch. 40, 218; ZZP. 9, 273.

9 b) Die Erfordernisse der Schriftform regeln sich nach dem BGB. § 126; die Urkunde muß vom Auftraggeber eigenhändig durch Namensunterschrift oder mittels gerichtlich oder notariell beglaubigten Handzeichens unterzeichnet sein. Es genügt aber die einseitige Unterzeichnung durch den Auftraggeber.

10 3. War die Schriftform nicht gewahrt, aber die mündlich versprochene Vergütung gezahlt, oder ist ein vom Anwalt gefordertes Honorar ohne weiteres vorbehaltlos gezahlt, so entsteht die Frage, ob das Gezahlte — bis auf den gesetzlichen Gebührenbetrag — zurückgefordert werden kann. Diese Frage hat auch die Reichstagskommission mehrfach beschäftigt. In der Reichstagskommission war erörtert worden, ob eine Herabminderung der Vergütung im Prozeßwege auch dann noch zulässig sei, wenn der Auftraggeber einen die gesetzliche Gebühr überschreitenden Betrag bezahlt oder genehmigt habe. Zur Klarstellung der Sache war in der Kommission folgender Antrag gestellt worden: „Hat nach Mitteilung einer den Vorschriften des Gesetzes (§§ 85, 86) entsprechenden Berechnung, in welcher der Rechtsanwalt eine die gesetzliche Gebühr überschreitende Vergütung fordert, der Auftraggeber die Vergütung, welche den gesetzlich bestimmten Betrag überschreitet, dem Rechtsanwalte bezahlt, so findet eine Herabsetzung dieser Gebühr nicht statt, sofern nicht nach Lage des Falles eine Rückforderung nach landesgesetzlichen Vorschriften begründet ist." (Protokoll vom 27. 5. 79.) Indessen hatte schon zum Protokolle vom 13. 3. 79 ein Regierungskommissar erklärt, daß nach der Absicht der Regierungsvorlage „dem Auftraggeber, der ohne in Irrtum, welcher an sich die condictio indebiti begründen würde, zu versieren, die Kostenforderung des Anwaltes bezahlt habe, nach dieser Zahlung kein Rückforderungsrecht zustehen solle". Es ist ferner von einem Regierungskommissar zum Protokolle vom 2. 4. 79 konstatiert worden, daß ebenso eine Herabminderung der Vergütung im Prozeßwege dann ausgeschlossen sein solle, wenn der Auftraggeber den die gesetzliche Gebühr überschreitenden Betrag in einer landesgesetzlich gültigen Form genehmigt habe. Die Absicht gehe dahin, klarzustellen, daß durch die GO. die einer Anerkennung oder einer Genehmigung einer Forderung beigelegte rechtliche Wirkung zum Nachteile des Rechtsanwalts nicht abgeändert werden solle. Hierauf konstatierte ein anderer Regierungskommissar weiter: „Nach der Absicht der Vorlage soll seitens des Auftraggebers, welcher freiwillig einen die gesetzliche Gebühr überschreitenden Betrag bezahlt hat, dieser im Prozeßwege nicht zurückgefordert werden können, wenn nicht solches aus Gründen des betreffenden materiellen Landesrechtes gerechtfertigt ist. Es ist nicht die Absicht der Vorlage, die Wirkung, welche die Landesgesetze der Anerkennung oder Genehmigung einer Forderung durch den Schuldner beilegen, zum Nachteile des Rechtsanwalts gegenüber dem Auftraggeber auszuschließen". Nach diesen Erklärungen und Konstatierungen wurde der obige, zum Protokolle vom 27. 5. 79 gestellte Antrag zurückgenommen, da die fragliche Bestimmung unnötig, indem die Rückforderung des freiwillig gezahlten Extrahonorars, abgesehen von allgemeinen gesetzlichen Vorschriften, auf Grund dieses Gesetzes nicht zulässig erscheine. Endlich hat die bemerkenswerte Konstatierung zum Protokolle vom 2. 4. 79 auch noch in der dem Kommissionsberichte hinzugefügten „Zusammenstellung usw." (Drucksachen Nr. 137 S. 41) unter Nr. 6 ihren bestimmt gefaßten Ausdruck dahin gefunden: „Nach Zahlung eines die gesetzliche Gebühr überschreitenden Betrages findet eine Herabminderung im Prozeßwege nicht mehr statt, wenn nicht nach Maßgabe des betreffenden Landesgesetzes eine Rückforderungsklage begründet ist." [11])

[11]) Vgl. Völk, § 93 Anm. 5 S. 153—155.

Danach wäre die Frage der Rückforderung lediglich nach den Bestimmungen des bürgerlichen Rechts zu lösen. Nach dem Preuß. ALR. war die Rückforderung des vorbehaltlos bezahlten Honorars ausgeschlossen, weil dieselbe „bei Zahlungen aus einem bloß wegen Mangels der gesetzmäßigen Form unverbindlichen Geschäft aus einer vorgeschützten Unwissenheit dieser gesetzlichen Vorschriften niemals stattfindet" (§ 176 I, 16).[12] Eine solche, die Heilung des Formmangels durch Erfüllung vorschreibende, allgemeine Bestimmung ist aber dem BGB. unbekannt; maßgebend sind jetzt die Vorschriften der §§ 812—814 BGB. Danach kann zurückgefordert werden, was „ohne rechtlichen Grund" geleistet ist (§ 812); dagegen ist die Rückforderung des zum Zwecke der Erfüllung einer Verbindlichkeit Geleisteten ausgeschlossen, wenn der Leistende gewußt hat, daß er zur Leistung nicht verpflichtet war (§ 814). Der Anwalt muß diese Kenntnis der Unverbindlichkeit beweisen. Letztere wird unbedingt anzunehmen sein, wenn der Auftraggeber auf den Antrag, ein Extrahonorar zu bewilligen sofort zahlt; denn hier weiß der Auftraggeber, daß der Anwalt keinen erzwingbaren Anspruch hat; dasselbe gilt auch, wenn der Auftraggeber vor der Zahlung auf die Unklagbarkeit des mündlich versprochenen Honorars aufmerksam gemacht ist. Ist dagegen der Auftraggeber in einem Irrtum über die Verbindlichkeit gewesen, so wird dadurch die Rückforderung nicht ausgeschlossen. In Frage kann aber weiter kommen, ob nicht die Leistung (Zahlung des formlos versprochenen Honorars) einer sittlichen Pflicht oder einer auf den Anstand zu nehmenden Rücksicht entsprach, und deshalb die Rückforderung ausgeschlossen ist (§ 814). Nach der Entstehungsgeschichte des § 814 kann zwar, wenn auf Grund eines wegen Formmangels ungültigen Geschäfts geleistet ist, die Rückerstattung nicht deshalb verweigert werden, weil Sitte und Anstand erforderten, auch eine formell nichtige Zusage zu erfüllen, oder weil es unanständig sei, sich auf den Formmangel zu berufen,[13] wohl aber wird man annehmen müssen, daß es einer sittlichen Pflicht entspricht, für geleistete Dienste, die nicht mehr rückgängig gemacht werden können, die vereinbarte Vergütung zu leisten und den Formmangel nicht dazu zu benutzen, sowohl diese Dienste, als auch die zu deren Beschaffung vereinbarterweise zu machende Aufwendung zu behalten. Wenn also die Vereinbarung bei Übernahme oder während der Ausführung des Auftrags getroffen ist, wird die Rückerstattung des Gezahlten verweigert werden dürfen. 11

Eine weitere Untersuchung ergibt aber auch, daß die Rückforderung unter allen Umständen als ausgeschlossen erscheinen muß. „Ohne rechtlichen Grund" wäre die Leistung nur dann, wenn der Honorarvertrag beim Mangel der Schriftform „nichtig" wäre. Nun bestimmt zwar § 125 BGB, daß ein Rechtsgeschäft, welches der durch das Gesetz vorgeschriebenen Form ermangelt, nichtig ist; indessen kann doch diese allgemeine Regel nur dann zur Anwendung kommen, wenn das die Schriftform vorschreibende Spezialgesetz nicht eine andere Folge des Formmangels bestimmt. Nun hat aber § 93 GO. jedenfalls nicht die Nichtigkeit an den Formmangel geknüpft; vielmehr ist der mündliche Vertrag für den Anwalt durchaus bindend. Es liegt danach kein nichtiges Rechtsgeschäft vor, sondern eine Art negotium claudicans: der eine Teil ist gebunden, der andere Teil nicht. Damit fällt aber auch die Voraussetzung der Kondiktion, die Leistung „ohne rechtlichen Grund".

IV. Zeit des Vertragsschlusses. Die vertragsmäßige Festsetzung kann jederzeit, sowohl bei als auch nach Übernahme des Mandats erfolgen. 12

---

[12]) Vgl. Bolze Bd. 1 Nr. 1614; KG. und LG. I Berlin in KGBl. 95 S. 119 und S. 134.

[13]) Protokolle II S. 2964, Bd. 2, 695; Planck, Komm. § 813 Anm. 2b S. 585.

13 1. Ist das Honorar *bei* Übernahme des Mandats vereinbart, so kann der vereinbarte Betrag auch als *Vorschuß* verlangt werden. Ist die Vereinbarung nur mündlich geschehen, so kann der Anwalt jederzeit das schriftliche Versprechen des Auftraggebers verlangen und bei Weigerung den Dienstvertrag kündigen. Die vollständige Erfüllung des Dienstvertrages durch den Anwalt würde die Klagbarkeit des mündlichen Versprechens nicht herbeiführen.

14 2. Das Honorar kann auch während der Ausführung des Mandats sowie nach vollständiger Erledigung des Auftrages vereinbart werden.

15 In der Reichstagskommission war die Auffassung vorherrschend gewesen, daß außer der „Vertragsfreiheit" dem Rechtsanwalte auch das *Recht* zustehe, in *außergewöhnlichen Fällen* eine *außerordentliche Vergütung* (*Extrahonorar*) zu beanspruchen. Es wurde geltend gemacht, daß die GO. in ihren Bauschsätzen nur für die *Durchschnittsgeschäfte* des Anwalts angemessen sei, für außergewöhnliche Fälle aber die entsprechende Belohnung nicht biete; dies gelte namentlich von den Gebühren in *Strafsachen*, bei deren Festsetzung in der Kommission gerade auf die Zulässigkeit einer außerordentlichen Vergütung zum Zwecke der Ausgleichung hingewiesen worden sei. (Protokoll vom 2. 4. 79.) Es war deshalb in der Kommission folgender § 94a beschlossen worden:

> „Ist der Betrag der Vergütung *nicht* durch Vertrag festgesetzt, so kann der Rechtsanwalt, welcher nicht einer Partei zur Wahrnehmung ihrer Rechte beigeordnet oder als Verteidiger bestellt ist, in außergewöhnlichen Fällen *neben* der gesetzlich bestimmten Vergütung bei Mitteilung der Berechnung derselben (§ 86) eine *außerordentliche Vergütung beanspruchen*.
>
> Über die Zulässigkeit und Höhe des Anspruches wird im Prozeßwege, nach eingeholtem Gutachten des Vorstandes der Anwaltskammer, entschieden."

Diese Vorschrift fand jedoch im Reichstage lebhaften Widerstand; als dann der Entwurf vom Reichstage an die Kommission zurückverwiesen worden war, hielt deshalb die Kommission nicht weiter daran fest, sondern beschloß, dem Reichstage einen neuen § 94a folgenden Inhaltes vorzuschlagen:

> „Ist der Betrag der Vergütung nicht durch Vertrag festgesetzt, so kann der Rechtsanwalt, welcher nicht einer Partei zur Wahrnehmung ihrer Rechte beigeordnet oder als Verteidiger bestellt ist, in außergewöhnlichen Fällen neben der gesetzlich bestimmten Vergütung bei Mitteilung der Berechnung derselben (§ 86) eine außerordentliche Vergütung *als solche* in Rechnung stellen. *Ein Rechtsanspruch auf diese Vergütung steht dem Rechtsanwalte nicht zu.*"

Dies geschah zum Protokolle vom 18. 5 79. Hiermit war die *Zulässigkeit* des Extrahonorars ausdrücklich bejaht und nur die *Klagbarkeit beseitigt*. *Für* die Annahme des Paragraphen in dieser Gestalt wurde namentlich geltend gemacht, daß dadurch für den Anwalt die Gefahr beseitigt werde, daß der § 352 des StGB., wenn auch mißverständlich, auf die Forderung einer die gesetzliche Gebühr übersteigenden Vergütung angewendet werde. Demgegenüber wurde in der Sitzung des Reichstages vom 10. 6. 79 von einem Abgeordneten bemerkt, der § 352 des StGB. komme nur dann in Betracht, wenn eine Vergütung begehrt werde, die vom Anwalte als *berechtigte Forderung* hingestellt werde. Ferner äußerte darüber in derselben Sitzung der Kommissar des Bundesrats, Geh. Oberjustizrat Kurlbaum II: „Es wird ein Grund für die Notwendigkeit der Forderung eines Extrahonorars hergeleitet aus dem StGB. Nun glaube ich nicht, daß das StGB. erhebliche Zweifel darüber übrig läßt, in welchem Sinne die fragliche Strafbestimmung gemeint ist, nämlich in dem Sinne, daß sie nur da Anwendung findet, wo etwas als eine zustehende Gebühr beansprucht wird. Daß es nicht durchaus wörtlich verstanden werden kann und anwendbar ist darauf, daß der Anwalt etwas erhebt, wovon er weiß, daß es der Zahlende überhaupt nicht oder nur in geringem Maße verschuldet, das zeigt ganz bestimmt der Zustand in denjenigen Ländern Deutschlands, in denen eine Gebührentaxe überhaupt nicht besteht, wo also immer eine Festsetzung nachfolgen müßte, mag dieselbe nun durch den Richter oder durch ein anderes Organ geschehen. Wenn in diesen Landesteilen der Anwalt irgend eine Gebühr liquidiert, dann weiß man immer, daß die Partei das nicht schuldet, es kommt erst auf die Festsetzung an. Wenn nun aber hinzukommt, daß dieses Gesetz ausdrücklich den Anwälten gestattet, mit ihrer Partei über die Gebühr eine vertragsmäßige Festsetzung abzuschließen, dann scheint es mir, daß auch die nachträgliche Beanspruchung eines Extrahonorars dem Anwalte ohne Verletzung des Strafgesetzbuches zusteht; denn der Ausspruch der Meinung, daß dem Anwalte wohl ein höheres Honorar zustehe, und der Wunsch, dasselbe bezahlt zu bekommen, ist nichts weiter, als die Aufforderung, einen Vertrag abzuschließen. Es kann nicht davon die Rede sein, daß dies strafbar wäre; sowie wir die Bestimmung über den Vertrag aufnehmen, ist die Anwendung des StGB. auf diese Aufforderung von vornherein ausgeschlossen." (Stenogr. Ber. 1879 S. 1580, 1582.)

Dieselbe Frage ist auch bei der dritten Beratung im Reichstage am 7. 6. 79 wieder angeregt worden. Es sprach sich nämlich der Abgeordnete Windthorst in der General-Diskussion darüber folgendermaßen aus: „Durch die Bestimmung des § 94a, wie ihn die Kommission zuerst und nachher noch in der zweiten Lesung, die sie vornahm, proponierte, wurde unter anderem auch der Zweck verfolgt, daß die Bestimmung des § 352 StGB. nicht in verkehrter Weise zur Anwendung komme gegen Advokaten, die etwa nach beendigtem Prozesse ein Mehr verlangen, als in der Taxe gegeben ist. Wenn die betreffenden Advokaten ein solches Mehr verlangen in einer Weise, welche der Partei klar macht, daß das Mehr nicht als ein Recht bzw. als Pflicht für sie in Anspruch genommen wird, so sind sie nach meinem Dafürhalten dem betreffenden Paragraphen des Strafgesetzes nicht unterworfen. Es hat bei der vorigen Beratung der Herr Vertreter der verbündeten Regierungen ausdrücklich ausgeführt, daß durch den Umstand, daß das Vertragsrecht eingeräumt worden, die Anwendbarkeit dieser kriminalistischen Strafe in beweisendem Falle ausgeschlossen sei. Der Paragraph der Anwaltsgebührenordnung, welcher den Vertrag zuläßt, sagt generell, daß ein Vertrag abgeschlossen werden kann; der Zeitpunkt, wann dieser Vertrag abgeschlossen werden muß oder abgeschlossen werden kann, ist in dem betreffenden Paragraphen mit keinem Worte bezeichnet. Es kann also der Vertrag nach dieser Bestimmung abgeschlossen werden am Anfange des Prozesses, er kann abgeschlossen werden im Laufe des Prozesses, er kann abgeschlossen werden nach vollendetem Prozesse, und ein Advokat, welcher nach vollendetem Prozesse eine Rechnung überreicht, welche klarstellt, welche taxmäßigen Gebühren ihm zukommen, und welcher daneben eine Extravergütung in Anspruch nimmt, macht damit nichts anderes als die Anforderung, einen Vertrag über die Gebühren nach vollendetem Prozesse zu schließen. Wird dieser Antrag angenommen, so ist der Vertrag perfekt, und kann dann, da der Vertrag überhaupt zugelassen ist, von einer kriminalistischen Bestrafung nicht die Rede sein; wird die Offerte nicht angenommen, dann freilich ist sie zurückgewiesen, und der Anwalt bekommt nichts, und wenn er nach Ablehnung seiner Vertragsofferte Versuche machen könnte und wollte, eine Extravergütung zu erlangen, so würde er in den Bereich der kriminalistischen Strafe geraten können. Es ist also dasjenige, was die Kommission mit ihrem letzten Vorschlage erreichen wollte, — ein Vorschlag, der im Hause nicht akzeptiert ist, — ganz vollständig ausführbar schon nach den jetzt vorhandenen Bestimmungen und wird in keiner Art vom Kriminalrichter bestraft werden können. Diese Auffassung des Vertragsverhältnisses hat der Herr Regierungskommissar das vorige Mal ausgeführt, und ich würde eigentlich glauben, daß, nachdem der Vertreter der verbündeten Regierungen diese Erklärung abgegeben, es undenkbar sei, daß ein Gericht andere Auffassungen noch geltend machen könnte. Ich wünsche aber, um irgend welchen Mißerkenntnissen der Gerichte vorzubeugen, ausdrücklich auf diese Erklärung des Vertreters der Reichsregierung hinzuweisen, diese Erklärung gleichsam zu akzeptieren und hinzuzufügen, daß, wenn heute weder von seiten der Regierung, noch aus dem Hause irgend eine andere Erklärung erfolgt, dadurch ein Einverständnis der gesetzgebenden Faktoren konstatiert wird, welches es mir unmöglich zu machen scheint, daß Gerichte noch Mißerkenntnisse fällen können." Hierauf erklärte der Kommissar des Bundesrates, Geh. Oberjustizrat Kurlbaum II, daß er den Ausführungen des Herrn Abgeordneten Windthorst über die Anwendbarkeit des § 352 des StGB. nur beistimmen könne. (Stenogr. Ber. 1879 S. 1683, 1684.) Infolge dieser Erörterungen und Erklärungen wurde im Reichstage die Annahme des vorgeschlagenen § 94a als überflüssig abgelehnt.

Danach ist es durchaus statthaft, nach beendetem Auftrag ein Extrahonorar in Antrag zu bringen. Damit wird der Partei der Vertragsantrag gemacht, den sie annehmen oder ablehnen kann; nimmt sie den Antrag an, so ist ein Honorar-Vertrag geschlossen. Auch in der sofortigen Zahlung ist eine — wenn auch formlose — Annahme des Antrages zu erblicken.

16 **V. Inhalt des Vertrages.** Nach § 93 kann „der Betrag der Vergütung" durch Vertrag festgesetzt werden.

1. Unter „Vergütung" sind die Gebühren und die Auslagen zu verstehen; nicht nur der Betrag der Gebühren kann vereinbart werden, sondern auch der Betrag der Auslagen z. B. die Höhe der Schreibgebühren, und insbesondere die Höhe der zu liquidierenden Reisekosten.

17 2. Der Vereinbarung unterliegt der Betrag der Vergütung; derselbe muß sich daher aus dem Vertrage mit Bestimmtheit ergeben. Es genügt also nicht die einfache Ausschließung der gesetzlichen Taxe, ebensowenig die Vereinbarung abweichender Grundsätze für die Liquidation, wenn nicht zugleich ein Quantum festgesetzt wird.[14]) Ausdrücklich im Gesetz ausgeschlossen ist die Bezugnahme auf das Ermessen eines Dritten. Dagegen kann der Betrag sowohl in der Weise bestimmt werden, daß ein Gesamthonorar vereinbart wird, als auch dadurch, daß neben den gesetzlichen Gebühren ein Extrahonorar vereinbart wird.

17a 3. Das Honorarversprechen kann bedingt sein dahin, daß der Anwalt den Prozeß in Person oder ohne Kündigung zu Ende führe. Ob dies der Fall, wird gegenüber einem schriftlichen Versprechen, das diese Bedingung nicht enthält, der

[14]) In der Reichstagskommission ist konstatiert worden, daß die Vereinbarung der Vergütung die an sich am 1. 10. 79 außer Kraft getretenen Bestimmungen einer Landesgebührenordnung zugrundezulegen, zulässig sei, vorausgesetzt, daß die betreffende Gebührenordnung ziffernmäßig festgestellte Sätze enthalte. (Protokoll vom 2. 4. 79.)

Auftraggeber zu beweisen haben; daß diese Bedingung ohne weiteres dem Versprechen innewohne, ist nicht anzunehmen.[15])

VI. Anfechtung des Vertrages. Gegenüber dem formgerecht zustandegekommenen Vertrage hat der Auftraggeber — und ebenso auch der Dritte — ein Anfechtungsrecht: wenn der Rechtsanwalt durch den Vertragsschluß die Grenze der Mäßigung überschritten hat, so kann die durch Vertrag festgesetzte Vergütung im Prozeßwege, nach eingeholtem Gutachten des Vorstandes der Anwaltskammer, bis auf den in der GO. bestimmten Betrag herabgesetzt werden. 18

1. Die Anfechtung erfolgt im Prozeßwege, sei es mittels Klage oder mittels Einwandes gegen die Klage auf Zahlung des Honorars. Eine den Betrag herabsetzende Entscheidung kann nur nach eingeholtem Gutachten des Vorstandes der Anwaltskammer[16]) ergehen, während ein solches Gutachten nicht eingeholt zu werden braucht, wenn das Gericht die Herabsetzung ablehnen will. Fraglich ist, ob der Richter an dieses Gutachten gebunden ist: die Frage ist indessen zu verneinen. Nach dem ursprünglichen Entwurf (§ 94 Abs. 1), auf welchen sich auch die die Frage bejahenden Motive beziehen, sollte allerdings das Gutachten „feststellen", ob die Grenzen der Mäßigung überschritten sind. Die Fassung des Entwurfs ist aber in der Kommission abgeändert worden, und zur Begründung dieser Abänderung bemerkte der Berichterstatter der Kommission bei der zweiten Lesung der §§ 93, 94 GO. in der Reichstagssitzung vom 2. 5. 79: 19

> „. . . Eine Abweichung (vom Entwurf) besteht nur darin, daß während nach dem Vorschlage der verbündeten Regierungen festgestellt werden soll durch ein Gutachten des Vorstandes der Anwaltskammer, daß die Grenze der Mäßigung überschritten sei, die Kommission geglaubt hat, diese Frage nicht an das Gutachten oder richtiger den Spruch der Anwaltskammer binden zu sollen, sondern dem Gericht auch über diese Frage und zwar nach vorher eingeholtem Gutachten der Anwaltskammer die Entscheidung zu lassen . . ."

Dieser Ausführung wurde von keiner Seite widersprochen, vielmehr die Fassung der Kommission zum Gesetz erhoben,[17]) und damit die Abänderung dahin sanktioniert, daß das Gericht an das Gutachten nicht gebunden ist.[18])

2. Ob die Grenze der Mäßigung überschritten ist, muß nach den Umständen des Falles beurteilt werden. Da die Überschreitung „durch den Vertragsschluß" stattgefunden haben soll, ist die Sachlage, wie sie zur Zeit des Vertragsschlusses bekannt war, maßgebend; später erst eingetretene oder bekannt gewordene Umstände, welche eine Vereinfachung des Geschäfts zur Folge haben, müssen ebenso außer Betracht bleiben, wie solche später eingetretenen Umstände, welche eine beim Vertragsschlusse nicht geahnte Schwierigkeit mit sich gebracht haben. Neben der voraussichtlichen Schwierigkeit wird insbesondere auch die Wichtigkeit des durch die anwaltlichen Bemühungen zu erreichenden Resultates für die Partei in Betracht zu ziehen sein. Bei Beurteilung der Frage wird endlich das Maß der Abweichung von den gesetzlichen Gebühren nicht immer von Bedeutung sein dürfen, da letztere unter der Herrschaft des Bauschsystems nicht immer dem Umfange der Mühewaltung entsprechen. 20

---

[15]) Vgl. Bad. Ann. 90 S. 19.

[16]) Ebenso wie in § 88 ist hier diejenige Anwaltskammer gemeint, der der Rechtsanwalt als Kammermitglied angehört. Vgl. § 88 N. 3.

[17]) Vgl. Sten. Ber. d. Reichstags 79 S. 921, 1590, 1684.

[18]) Gl.A. RG. in KGBl. 94 S. 55; Meyer-Jrmler § 93 Anm. 12.

21 3. Bei Überschreitung der Grenze der Mäßigung kann eine Herabsetzung erfolgen, sie muß aber nicht ausgesprochen werden. Die Herabsetzung findet auch ihre Grenze an dem Betrage der gesetzlichen Gebühren.

22 4. Fraglich ist, ob eine Herabsetzung auch noch nach der Zahlung erfolgen kann; die Frage ist zu verneinen. Nach den zu N. 10 mitgeteilten Verhandlungen der Kommission müßten die Voraussetzungen der Rückforderungsklage nach dem Bürgerlichen Recht vorliegen. Eine solche Klage würde sich aber aus den Bestimmungen der §§ 812 ff. BGB. nicht begründen lassen. [19])

23 **VII. Verpflichtung zur Aufstellung einer gesetzlichen Liquidation.** Trotz der Vereinbarung des Honorars kann der Auftraggeber doch eine Berechnung der gesetzlichen Vergütung verlangen, deren er manchmal, z. B. zur Ausübung des Rechts auf Kostenerstattung, bedürfen wird.

Diese Berechnung muß nach Maßgabe der Vorschriften des § 86 aufgestellt werden; sie kann aber auch hier nur so lange verlangt werden, als nicht die Handakten zurückgenommen sind, oder die Verpflichtung zur Aufbewahrung derselben erloschen ist. (Vgl. die Ausführungen zu § 86.)

24 **VIII. Einschränkungen der Vertragsfreiheit.** Durch eine schrankenlose Ausübung der Vertragsfreiheit kann der Rechtsanwalt gegen seine Berufspflicht verstoßen (§ 28 RAO.) und ehrengerichtliche Bestrafung verwirken. Auf die Gültigkeit des Vertrages kann der Verstoß gegen die Berufspflicht nur dann von Einfluß sein, wenn der Vertragsschluß zugleich gegen die guten Sitten verstößt; in diesem Falle ist das Rechtsgeschäft nichtig. (§ 138 BGB.)

25 Aus der Rechtsprechung des Ehrengerichtshofs mögen hierzu folgende Sprüche mitgeteilt werden:

1. Bei Abschluß des Vertrages muß der Auftraggeber darauf hingewiesen werden, daß das Honorar von der gesetzlichen Vergütung abweicht. [20])

2. Ein Vertrag, durch den der Anwalt sich eine Quote des Streitgegenstandes ausbedingt, ist unstatthaft, weil er die Stellung des zur Teilnahme an der Rechtspflege berufenen Anwalts auf die eines Gesellschafters der Partei herabdrückt. [21])

3. Unstatthaft ist die Vereinbarung, daß das Honorar auch dann zu zahlen sei, wenn der Auftrag zurückgenommen oder gekündigt werde oder die Sache sich vor oder gleich nach Beginn des Rechtsstreits erledige. [22])

4. Nicht unstatthaft ist die Abstufung des Honorars nach dem Erfolge sowie bei einer Tätigkeit außerhalb eines Prozesses die Festsetzung des Honorars nach Prozenten des Gegenstandes, wenn dies nur in angemessener und würdiger Weise geschieht. [23])

26 5.) Unstatthaft kann unter Umständen auch das Paktieren unter der Taxe sein. In der Reichstagskommission wurde sogar (zum Protokolle vom 13. 3. 79) der Antrag gestellt, das Paktieren unter der Taxe in der Regel ganz zu verbieten und zu bestimmen, daß die Verabredung einer geringeren als der gesetzlichen Gebühr nur bei Übernahme eines ganzen Inbegriffes von Geschäften und einer generellen Vertretung gestattet sei. Der Antrag wurde zwar abgelehnt, allein es wurde in der Kommission und ebenso bei der Ver-

[19]) Vgl. N. 11. Ebenso für das Preuß. Recht RG. Bolze Bd. 1 Nr. 1614.
[20]) EGH. 2, 69; 5, 32; 7, 10; 9, 96.
[21]) EGH. 1, 150, 244; 5, 74; 7, 121.
[22]) EGH. 7, 122; 9, 96, 149; KGBl. 98 S. 44.
[23]) EGH. 5, 133, 138, 140.

handlung im Plenum des Reichstages anerkannt, daß das Paktieren unter der Taxe häufig mit den allgemeinen Pflichten des Anwalts unvereinbar sein werde; ein Rechtsanwalt, welcher generell dem Publikum sein Dienste unter der Taxe — etwa um eine bestimmte Quote unter derselben — anbiete, verletze allerdings die ihm obliegenden Pflichten des Anstandes in so gröblicher Weise, daß eine ehrengerichtliche Bestrafung kaum einem Bedenken unterliegen würde; auf der anderen Seite könne aber ein Rechtsanwalt in einem einzelnen Falle aus den ehrenhaftesten Motiven seine Gebühren vertragsmäßig herabsetzen, z. B. wenn er eine Partei, welche einen kostspieligen Prozeß wegen der rechtlichen Zweifelhaftigkeit der Sache anzustrengen Bedenken trage, aus juristischem Interesse an der Entscheidung der zweifelhaften Rechtsfrage zur Anstrengung des Prozesses dadurch zu veranlassen sucht, daß er im Falle des Unterliegens auf seine Gebühren ganz oder teilweise verzichtet.[24])

§ 94.

Für das Verhältnis des Auftraggebers oder des Rechtsanwalts zu dem Erstattungspflichtigen kommt die vertragsmäßige Festsetzung der Vergütung (§ 93) nicht in Betracht.

I. Entstehungsgeschichte. Vgl. zunächst die Ausführungen zu § 93, I. 1
Zur früheren, nur redaktionell geänderten Bestimmung sprechen sich die Motive wie folgt aus:

„Es wird selbst von den Anhängern der unbeschränkten Vertragsfreiheit anerkannt, daß dem Gegner gegenüber eine gesetzliche Norm bei der Erstattung Platz greifen muß. Vgl. Verhandlungen des vierten deutschen Anwaltstages S 29 ff.

Der erstattungspflichtige Gegner darf nicht von dem Belieben des anderen Teiles abhängen, sondern muß gegen die Folgen der vertragmäßigen Festsetzung höherer Gebühren, als sie in diesem Gesetze bestimmt sind, gesichert werden. Dasselbe gilt in Strafsachen rücksichtlich der Staatskasse, sofern es sich um den Ersatz der Kosten für die notwendige Verteidigung eines freigesprochenen oder außer Verfolgung gesetzten Angeschuldigten handelt (StPO. § 499)."

II. Bedeutung des § 94. Die Vorschrift des § 94 soll den erstattungs- 2
pflichtigen Gegner gegen die Folgen der Vereinbarung höherer Gebühren sichern; der Gegner soll zur Erstattung nur bis zur Höhe der gesetzlichen Gebühren verpflichtet sein. Insofern enthält der § 94 eine Ergänzung des § 91 ZPO.: als „notwendige" Kosten sollen nur die gesetzlichen Gebühren angesehen werden. Hat indessen der Gegner durch Vergleich auch die Mehrkosten übernommen, wie dies in Privatklagesachen nicht selten vorkommt, so steht nichts im Wege, diese Mehrkosten zur Erstattung festzusetzen.[1])

Ist unter der Taxe paktiert, so ist zweifelhaft, ob auch eine solche 3
Festsetzung außer Betracht bleibt. Der Wortlaut des § 94 spricht dafür. Indessen ist doch zu beachten, daß nach § 91 ZPO. nur „die dem Gegner erwachsenen Kosten" zu erstatten sind, und daß eine Abänderung dieser Vorschrift durch die Vorschrift des § 94 nicht beabsichtigt gewesen ist. Als „er-

---

[24]) Stenogr. Ber. 2, 1586.
[1]) Ebenso Meyer-Irmler § 94 Anm. 1. Ablehnend LG. I Berlin KGBl. 91 S. 119.

wachsene" Kosten können aber nur diejenigen Kosten in Betracht kommen, die wirklich aufgewendet worden sind, Gebühren also nur soweit, als die Partei sie hat zahlen müssen. Die vertragsmäßige Ermäßigung der Gebühren kommt deshalb auch dem Erstattungspflichtigen zugute.[2])

§ 95.

Dieses Gesetz tritt im ganzen Umfange des Reiches gleichzeitig mit dem Gerichtsverfassungsgesetze in Kraft.

Der Tag des Inkrafttretens war der 1. 10. 79. S. § 1 des Einführungsgesetzes zum GVG. vom 27. 1. 77 (RGBl. S. 77).

Seit dem 1. 4. 91 ist die GOfRA. auch auf der laut Gesetz vom 15. 12. 90 (RGBl. S. 207) mit dem Deutschen Reiche vereinigten Insel Helgoland in Kraft getreten. S. Artikel I Nr. VIII Ziff. 8 der Verordnung, betreffend die Einführung von Reichsgesetzen in Helgoland, vom 22. 3. 91 (RGBl. S. 21 ff.).

Das Gesetz in der neuen, durch die Bekanntmachung des Reichskanzlers vom 20. 5. 98 (RGBl. S. 369) festgestellten, Fassung ist zugleich mit dem BGB. am 1. 1. 00 in Kraft getreten. In den Text der Bekanntmachung ist der § 95 nicht mehr aufgenommen.

Urkundlich unter Unserer Höchsteigenhändigen Unterschrift und beigedrucktem Kaiserlichen Insiegel.

Gegeben Bad Ems, den 7. Juli 1879.

(L. S.) **Wilhelm.**

Fürst v. Bismarck.

---

[2]) Gl. A. Willenbücher § 94 Anm. 3; Pfafferoth Anm. 2; Merzbacher Anm. 2. Dagegen will Meyer-Irmler § 94 Anm. 2 die Vertragsabsicht entscheiden lassen. Geht die Vereinbarung dahin, daß die Gebühren ermäßigt werden sollen, falls sie vom Gegner nicht eingezogen werden können, so werden allerdings zunächst die gesetzlichen Gebühren als erwachsene und erstattungspflichtige Kosten anzusehen sein, und die Ermäßigung, weil bedingt, zunächst nicht in Betracht kommen können.

II.

Gebühren-Tabellen.

Vorbemerkungen.

I. In Tabelle A sind die Gebühren für bürgerliche Rechtsstreitigkeiten und Konkurssachen ausgerechnet bis zur 63. Wertstufe, d. h. bis zu einem Wertbetrage des Streitgegenstandes von 100 000 ℳ. Für höhere Summen sind die Normalgebührensätze des § 9 bzw. des § 52 leicht nach folgendem Exempel zu berechnen:

a) im Falle des § 9 (Normalgebühr $^{10}/_{10}$):

Man erhöht die Summe, welche den Wert des Streitgegenstandes bezeichnet, auf die nächste durch 2000 glatt (ohne Überschuß) teilbare Ziffer, nimmt von dieser Summe $^{1}/_{10}$ Prozent und addiert dazu 119. Beträgt also z. B. der Wert des Streitgegenstandes 5 493 768 ℳ, so ist die nächste durch 2000 glatt teilbare Ziffer 5 494 000, davon $^{1}/_{10}$ Prozent beträgt 5494, dazu 119 addiert ergibt 5613 ℳ als Normalgebühr des § 9.

b) im Falle des § 52 (erhöhte Normalgebühr $^{13}/_{10}$):

Auch hier erhöht man zunächst die den Wert des Streitgegenstandes darstellende Summe auf die nächste glatt durch 2000 teilbare Ziffer, zieht davon 100 000 ab, nimmt von dem Überreste $^{13}/_{10}$ Prozent und addiert dazu 284,70 ℳ. Beträgt also, wie in dem Beispiele zu a der Wert des Streitgegenstandes 5 493 768 ℳ, so ist die nächste glatt durch 2000 teilbare Ziffer 5 494 000, davon 100 000 abgezogen, ergibt 5 394 000, von dieser Summe $^{13}/_{100}$ Prozent macht 7012,20 ℳ und dazu 284,70 ℳ addirt, ergibt 7296,90 ℳ als Normalgebühr des § 52. Man erhält natürlich dasselbe Resultat, wenn man $^{3}/_{10}$ der nach dem Grundsatze zu a ausgerechneten Normalgebühr zu dieser hinzuaddiert, also 5613 + 1683,90 (d. h. $^{3}/_{10}$ von 5613) = 7296,90 ℳ.

Die letzten beiden Kolonnen ($^{5}/_{20}$ und $^{3}/_{20}$) betreffen die Gebühr des § 17 für eine fortgesetzte nichtkontradiktorische Verhandlung im gewöhnlichen Verfahren bzw. im Urkunden- und Wechselprozesse.

II. In Tabelle B sind die Gebühren für Erhebung und Ablieferung von Geldern und Wertpapieren (§ 87) bis zu einem Gegenstandswerte von 10 000 ℳ ausgerechnet. Darüber hinaus beträgt diese Gebühr bei Geldern $^{1}/_{4}$ Prozent der Summe plus 30 ℳ, bei Wertpapieren $^{1}/_{8}$ Prozent des Wertes plus 15 ℳ. Die Gebühr des § 87 ist übrigens auch unter 10 000 ℳ ohne Zuhilfenahme der Tabelle leicht zu bestimmen. Dieselbe beläuft sich bei Summen bzw. Werten bis 1000 ℳ für Gelder auf 1 Prozent, für Wertpapiere auf $^{1}/_{2}$ Prozent, und bei Summen bzw. Werten über 1000 ℳ bis einschließlich 10 000 ℳ für Gelder auf $^{1}/_{2}$ Prozent plus 5 ℳ, bei Wertpapieren auf $^{1}/_{4}$ Prozent plus 2,50 ℳ.

Tabelle A. Bürgerliche Rechts-

Wertstufe	Wert des Streitgegenstandes.				Normalgebühren. §§ 9, 52. (Prozeß-, Verhandlungs- bezw. Vergleichs-Gebühr.) I. u. II. Instanz. Ordentliches Verfahren ($^{10}/_{10}$)	I. u. II. Instanz. Urkund.- u. Wechselprozesse ($^{6}/_{10}$)	III. (Revisions-) Instanz. Ordentliches Verfahren ($^{13}/_{10}$)	III. (Revisions-) Instanz. Urkund.- u. Wechselprozesse ($^{78}/_{100}$)
		ℳ		ℳ	ℳ	ℳ	ℳ	ℳ
1			bis einschl.	20	2,00	1,20	2,60	1,56
2	über	20	„ „	60	3,00	1,80	3,90	2,34
3	„	60	„ „	120	4,00	2,40	5,20	3,12
4	„	120	„ „	200	7,00	4,20	9,10	5,46
5	„	200	„ „	300	10,00	6,00	13,00	7,80
6	„	300	„ „	450	14,00	8,40	18,20	10,92
7	„	450	„ „	650	19,00	11,40	24,70	14,82
8	„	650	„ „	900	24,00	14,40	31,20	18,72
9	„	900	„ „	1200	28,00	16,80	36,40	21,84
10	„	1200	„ „	1600	32,00	19,20	41,60	24,96
11	„	1600	„ „	2100	36,00	21,60	46,80	28,08
12	„	2100	„ „	2700	40,00	24,00	52,00	31,20
13	„	2700	„ „	3400	44,00	26,40	57,20	34,32
14	„	3400	„ „	4300	48,00	28,80	62,40	37,44
15	„	4300	„ „	5400	52,00	31,20	67,60	40,56
16	„	5400	„ „	6700	56,00	33,60	72,80	43,68
17	„	6700	„ „	8200	60,00	36,00	78,00	46,80
18	„	8200	„ „	10000	64,00	38,40	83,20	49,92
19	„	10000	„ „	12000	68,00	40,80	88,40	53,04
20	„	12000	„ „	14000	72,00	43,20	93,60	56,16
21	„	14000	„ „	16000	76,00	45,60	98,80	59,28
22	„	16000	„ „	18000	80,00	48,00	104,00	62,40
23	„	18000	„ „	20000	84,00	50,40	109,20	65,52
24	„	20000	„ „	22000	88,00	52,80	114,40	68,64
25	„	22000	„ „	24000	92,00	55,20	119,60	71,76
26	„	24000	„ „	26000	96,00	57,60	124,80	74,88
27	„	26000	„ „	28000	100,00	60,00	130,00	78,00
28	„	28000	„ „	30000	104,00	62,40	135,20	81,12
29	„	30000	„ „	32000	108,00	64,80	140,40	84,24
30	„	32000	„ „	34000	112,00	67,20	145,60	87,36
31	„	34000	„ „	36000	116,00	69,60	150,80	90,48
32	„	36000	„ „	38000	120,00	72,00	156,00	93,60
33	„	38000	„ „	40000	124,00	74,40	161,20	96,72
34	„	40000	„ „	42000	128,00	76,80	166,40	99,84
35	„	42000	„ „	44000	132,00	79,20	171,60	102,96

streitigkeiten und Konkurssachen.

Bruchteile des Gebührensatzes des § 9 im Verfahren I. und II. Instanz.

2/10	3/10	4/10	5/10	5/20	3/20
ℳ	ℳ	ℳ	ℳ	ℳ	ℳ
0,40	0,60	0,80	1,00	0,50	0,30
0,60	0,90	1,20	1,50	0,75	0,45
0,80	1,20	1,60	2,00	1,00	0,60
1,40	2,10	2,80	3,50	1,75	1,05
2,00	3,00	4,00	5,00	2,50	1,50
2,80	4,20	5,60	7,00	3,50	2,10
3,80	5,70	7,60	9,50	4,75	2,85
4,80	7,20	9,90	12,00	6,00	3,60
5,60	8,40	11,20	14,00	7,00	4,20
6,40	9,60	12,80	16,00	8,00	4,80
7,20	10,80	14,40	18,00	9,00	5,40
8,00	12,00	16,00	20,00	10,00	6,00
8,80	13,20	17,60	22,00	11,00	6,60
9,60	14,40	19,20	24,00	12,00	7,20
10,40	15,60	20,80	26,00	13,00	7,80
11,20	16,80	22,40	28,00	14,00	8,40
12,00	18,00	24,00	30,00	15,00	9,00
12,80	19,20	25,60	32,00	16,00	9,60
13,60	20,40	27,20	34,00	17,00	10,20
14,40	21,60	28,80	36,00	18,00	10,80
15,20	22,80	30,40	38,00	19,00	11,40
16,00	24,00	32,00	40,00	20,00	12,00
16,80	25,20	33,60	42,00	21,00	12,60
17,60	26,40	35,20	44,00	22,00	13,20
18,40	27,60	36,80	46,00	23,00	13,80
19,20	28,80	38,40	48,00	24,00	14,40
20,00	30,00	40,00	50,00	25,00	15,00
20,80	31,20	41,60	52,00	26,00	15,60
21,60	32,40	43,20	54,00	27,00	16,20
22,40	33,60	44,80	56,00	28,00	16,80
23,20	34,80	46,40	58,00	29,00	17,40
24,00	36,00	48,00	60,00	30,00	18,00
24,80	37,20	49,60	62,00	31,00	18,60
25,60	38,40	51,20	64,00	32,00	19,20
26,40	39,60	52,80	66,00	33,00	19,80

Tabelle A. Bürgerliche Rechts-

Wertstufe.	Wert des Streitgegenstandes.	Normalgebühren. §§ 9, 52. (Prozeß-, Verhandlungs-, bzw. Vergleichsgebühr.) I. u. II. Instanz. Ordentliches Verfahren ($^{10}/_{10}$)	I. u. II. Instanz. Urkund.- u. Wechselprozesse ($^{6}/_{10}$)	III. (Revisions-) Instanz. Ordentliches Verfahren ($^{13}/_{10}$)	III. (Revisions-) Instanz. Urkund.- u. Wechselprozesse ($^{78}/_{100}$)
	ℳ	ℳ	ℳ	ℳ	ℳ
36	über 44 000 bis einschl. 46 000	136,00	81,60	176,80	106,08
37	„ 46 000 „ „ 48 000	140,00	84,00	182,00	109,20
38	„ 48 000 „ „ 50 000	144,00	86,40	187,20	112,32
39	„ 50 000 „ „ 52 000	147,00	88,20	191,10	114,66
40	„ 52 000 „ „ 54 000	150,00	90,00	195,00	117,00
41	„ 54 000 „ „ 56 000	153,00	91,80	198,90	119,34
42	„ 56 000 „ „ 58 000	156,00	93,60	202,80	121,68
43	„ 58 000 „ „ 60 000	159,00	95,40	206,70	124,02
44	„ 60 000 „ „ 62 000	162,00	97,20	210,60	126,36
45	„ 62 000 „ „ 64 000	165,00	99,00	214,50	128,70
46	„ 64 000 „ „ 66 000	168,00	100,80	218,40	131,04
47	„ 66 000 „ „ 68 000	171,00	102,60	222,30	133,38
48	„ 68 000 „ „ 70 000	174,00	104,40	226,20	135,72
49	„ 70 000 „ „ 72 000	177,00	106,20	230,10	138,06
50	„ 72 000 „ „ 74 000	180,00	108,00	234,00	140,40
51	„ 74 000 „ „ 76 000	183,00	109,80	237,90	142,74
52	„ 76 000 „ „ 78 000	186,00	111,60	241,80	145,08
53	„ 78 000 „ „ 80 000	189,00	113,40	245,70	147,42
54	„ 80 000 „ „ 82 000	192,00	115,20	249,60	149,76
55	„ 82 000 „ „ 84 000	195,00	117,00	253,50	152,10
56	„ 84 000 „ „ 86 000	198,00	118,80	257,40	154,44
57	„ 86 000 „ „ 88 000	201,00	120,60	261,30	156,78
58	„ 88 000 „ „ 90 000	204,00	122,40	265,20	159,12
59	„ 90 000 „ „ 92 000	207,00	124,20	269,10	161,46
60	„ 92 000 „ „ 94 000	210,00	126,00	273,00	163,80
61	„ 94 000 „ „ 96 000	213,00	127,80	276,90	166,14
62	„ 96 000 „ „ 98 000	216,00	129,60	280,80	168,48
63	„ 98 000 „ „ 100 000	219,00	131,40	284,70	170,82
	usw. von je „ 2000 zusätzlich	2,00	1,20	2,60	1,56

streitigkeiten und Konkurssachen.

Bruchteile des Gebührensatzes des § 9 im Verfahren I. und II. Instanz.

2/10	3/10	4/10	5/10	5/20	3/20
ℳ	ℳ	ℳ	ℳ	ℳ	ℳ
27,20	40,80	54,40	68,00	34,00	20,40
28,00	42,00	56,00	70,00	35,00	21,00
28,80	43,20	57,60	72,00	36,00	21,60
29,40	44,10	58,80	73,50	36,75	22,05
30,00	45,00	60,00	75,00	37,50	22,50
30,60	45,90	61,20	76,50	38,25	22,95
31,20	46,80	62,40	78,00	39,00	23,40
31,80	47,70	63,60	79,50	39,75	23,85
32,40	48,60	64,80	81,00	40,50	24,30
33,00	49,50	66,00	82,50	41,25	24,75
33,60	50,40	67,20	84,00	42,00	25,20
34,20	51,30	68,40	85,50	42,75	25,65
34,80	52,20	69,60	87,00	43,50	26,10
35,40	53,10	70,80	88,50	44,25	26,55
36,00	54,00	72,00	90,00	45,00	27,00
36,60	54,90	73,20	91,50	45,75	27,45
37,20	55,80	74,40	93,00	46,50	27,90
37,80	56,70	75,60	94,50	47,25	28,35
38,40	57,60	76,80	96,00	48,00	28,80
39,00	58,50	78,00	97,50	48,75	29,25
39,60	59,40	79,20	99,00	49,50	29,70
40,20	60,30	80,40	100,50	50,25	30,15
40,80	61,20	81,60	102,00	51,00	30,60
41,40	62,10	82,80	103,50	51,75	31,05
42,00	63,00	84,00	105,00	52,50	31,50
42,60	63,90	85,20	106,50	53,25	31,95
43,20	64,80	86,40	108,00	54,00	32,40
43,80	65,70	87,60	109,50	54,75	32,85
0,40	0,60	0,80	1,00	0,50	0,30

Tabelle B Erhebung und Ablieferung

Gegenstand (Summe bzw. Wert)				Gebühr des § 87 bei Geldern	Gebühr des § 87 bei Wertpapieren
	ℳ		ℳ	ℳ	ℳ
—	—	bis einschließlich	100	1,00	0,50
über	100	" "	200	2,00	1,00
"	200	" "	300	3,00	1,50
"	300	" "	400	4,00	2,00
"	400	" "	500	5,00	2,50
"	500	" "	600	6,00	3,00
"	600	" "	700	7,00	3,50
"	700	" "	800	8,00	4,00
"	800	" "	900	9,00	4,50
"	900	" "	1000	10,00	5,00
"	1000	" "	1100	10,50	5,25
"	1100	" "	1200	11,00	5,50
"	1200	" "	1300	11,50	5,75
"	1300	" "	1400	12,00	6,00
"	1400	" "	1500	12,50	6,25
"	1500	" "	1600	13,00	6,50
"	1600	" "	1700	13,50	6,75
"	1700	" "	1800	14,00	7,00
"	1800	" "	1900	14,50	7,25
"	1900	" "	2000	15,00	7,50
"	2000	" "	2100	15,50	7,75
"	2100	" "	2200	16,00	8,00
"	2200	" "	2300	16,50	8,25
"	2300	" "	2400	17,00	8,50
"	2400	" "	2500	17,50	8,75
"	2500	" "	2600	18,00	9,00
"	2600	" "	2700	18,50	9,25
"	2700	" "	2800	19,00	9,50
"	2800	" "	2900	19,50	9,75
"	2900	" "	3000	20,00	10,00
"	3000	" "	3100	20,50	10,25
"	3100	" "	3200	21,00	10,50
"	3200	" "	3300	21,50	10,75
"	3300	" "	3400	22,00	11,00
"	3400	" "	3500	22,50	11,25
"	3500	" "	3600	23,00	11,50
"	3600	" "	3700	23,50	11,75
"	3700	" "	3800	24,00	12,00
"	3800	" "	3900	24,50	12,25
"	3900	" "	4000	25,00	12,50
"	4000	" "	4100	25,50	12,75
"	4100	" "	4200	26,00	13,00
"	4200	" "	4300	26,50	13,25
"	4300	" "	4400	27,00	13,50
"	4400	" "	4500	27,50	13,75
"	4500	" "	4600	28,00	14,00
"	4600	" "	4700	28,50	14,25
"	4700	" "	4800	29,00	14,50
"	4800	" "	4900	29,50	14,75
"	4900	" "	5000	30,00	15,00

von Geldern und Wertpapieren.

Gegenstand (Summe bzw. Wert)				Gebühr des § 87 bei Geldern	Gebühr des § 87 bei Wertpapieren
	ℳ		ℳ	ℳ	ℳ
—	5000	bis einschließlich	5100	30,50	15,25
über	5100	" "	5200	31,00	15,50
"	5200	" "	5300	31,50	15,75
"	5300	" "	5400	32,00	16,00
"	5400	" "	5500	32,50	16,25
"	5500	" "	5600	33,00	16,50
"	5600	" "	5700	33 50	16,75
"	5700	" "	5800	34,00	17,00
"	5800	" "	5900	34,50	17,25
"	5900	" "	6000	35,00	17,50
"	6000	" "	6100	35,50	17,75
"	6100	" "	6200	36,00	18,00
"	6200	" "	6300	36,50	18,25
"	6300	" "	6400	37,00	18,50
"	6400	" "	6500	37,50	18,75
"	6500	" "	6600	38,00	19,00
"	6600	" "	6700	38,50	19,25
"	6700	" "	6800	39,00	19,50
"	6800	" "	6900	39,50	19,75
"	6900	" "	7000	40,00	20,00
"	7000	" "	7100	40,50	20,25
"	7100	" "	7200	41,00	20,50
"	7200	" "	7300	41,50	20,75
"	7300	" "	7400	42,00	21,00
"	7400	" "	7500	42,50	21,25
"	7500	" "	7600	43,00	21,50
"	7600	" "	7700	43,50	21,75
"	7700	" "	7800	44,00	22,00
"	7800	" "	7900	44,50	22,25
"	7900	" "	8000	45,00	22,50
"	8000	" "	8100	45,50	22,75
"	8100	" "	8200	46,00	23,00
"	8200	" "	8300	46,50	23,25
"	8300	" "	8400	47,00	23,50
"	8400	" "	8500	47,50	23,75
"	8500	" "	8600	48,00	24,00
"	8600	" "	8700	48,50	24,25
"	8700	" "	8800	49,00	24,50
"	8800	" "	8900	49,50	24,75
"	8900	" "	9000	50,00	25,00
"	9000	" "	9100	50 50	25,25
"	9100	" "	9200	51,00	25,50
"	9200	" "	9300	51,50	25,75
"	9300	" "	9400	52,00	26,00
"	9400	" "	9500	52,50	26,25
"	9500	" "	9600	53,00	26.50
"	9600	" "	9700	53,50	26,75
"	9700	" "	9800	54,00	27,00
"	9800	" "	9900	54 50	27,25
"	9900	" "	10000	55,00	27,50
weiter für jedes angefangene Hundert				0,25	0,12½

Anhang I.

Aus dem Entwurf eines Gesetzes betr. Änderungen des Gerichtsverfassungsgesetzes, der Zivilprozeßordnung, des Gerichtskostengesetzes und der Gebührenordnung für Rechtsanwälte:

Bei Gelegenheit der Neuordnung des amtsgerichtlichen Verfahrens soll auch — neben einer redaktionellen Änderung des § 36 Abs. 3 Satz 1 GO. — der die Höhe der Schreibgebühren regelnde § 76 GO. geändert werden. Die Änderung würde, wenn sie Gesetz wird, eine grundsätzliche und tiefeingreifende Neuerung bedeuten. Da ihre Einführung im Prinzip fast allgemein für wünschenswert gehalten wird, ist sie sehr wahrscheinlich. Die neuen Bestimmungen sollen deshalb hier einer Erörterung unterzogen werden.

Der Entwurf lautet:

§ 76 GO.

Für die Herstellung des Schreibwerkes sowie zum Ersatz der Postgebühren erhält der Rechtsanwalt Bauschsätze.

Der einzelne Bauschsatz beträgt zwanzig vom Hundert der zum Ansatze gelangenden Gebühr, jedoch mindestens fünfzig Pfennig und höchstens dreißig Mark.

Steht dem als Prozeßbevollmächtigten bestellten Rechtsanwalte nach § 13 Nr. 1, §§ 19, 52, die Prozeßgebühr zu, so beträgt die Summe der nach den §§ 13, 16 bis 20, 27, 28, 30 Abs. 1 Nr. 3, §§ 37, 38, 42, 50 bis 52 in einer Instanz anzusetzenden Bauschsätze mindestens drei Mark und höchstens fünfzig Mark und, wenn dem Rechtsanwalt auch nach § 13 Nr. 4, § 19 die Beweisgebühr oder nach § 13 Nr. 3, § 18 die Vergleichsgebühr zusteht, mindestens vier Mark und höchstens sechzig Mark.

Steht dem als Verteidiger oder als Vertreter eines Privatklägers, eines Nebenklägers oder einer Verwaltungsbehörde bestellten Rechtsanwalte die im § 63 bestimmte Gebühr zu, so beträgt der Bauschsatz mindestens vier Mark.

Neben den Bauschsätzen stehen dem Rechtsanwalte für die auf besonderes Verlangen gefertigten Abschriften Schreibgebühren zu. Für die Höhe der Schreibgebühren sind die Vorschriften des § 80 des Gerichtskostengesetzes maßgebend.

Der Ansatz der im § 79 Nr. 2 des Gerichtskostengesetzes bezeichneten Gebühren wird durch den Bauschsatz nicht ausgeschlossen.

Der Entwurf des § 76 verweist auf einige Bestimmungen des Gerichtskostengesetzes, welche ebenfalls im Entwurfe neu geregelt sind. Sie lauten:

§ 80 GKG. An baren Auslagen werden erhoben:

1. . . . . .

2. Telegraphengebühren und die im Fernverkehre nach § 7 der Fernsprechgebührenordnung v. 20. 12. 99 (RGBl. S. 711) zu entrichtenden Gebühren;

§ 80 GKG. Die Schreibgebühr beträgt für die Seite, welche mindestens zwanzig Zeilen von durchschnittlich zwölf Silben enthält, zwanzig Pfennig, auch wenn die Herstellung auf mechanischem Wege stattgefunden hat. Jede angefangene Seite wird als voll berechnet. Für Schriftstücke, die in fremden Sprachen abgefaßt sind, für Schriftstücke in tabellarischer Form sowie für Verzeichnisse, Listen, Rechnungen, Handzeichnungen und dergleichen kann die Höhe der Schreibgebühr von der Landesjustizverwaltung anderweit bestimmt werden.

Wie schon in den Vorbemerkungen zum fünften Abschnitt: „Auslagen" hervorgehoben (S. 420), sind dem Rechtsanwalt gemäß § 670 BGB. im Prinzip die Auslagen zu ersetzen. Der bisherige § 76 regelte nur die Höhe des Ansatzes für eine bestimmte Art von Auslagen, die für Herstellung des Schreibwerks; der neue § 76 geht weiter nach zwei Richtungen:

1. er umfaßt auch den Ersatz für die Auslagen an Postgebühren,
2. er sieht von einer Berücksichtigung des Umfanges der Aufwendungen ganz ab und bestimmt für beide Arten von Auslagen einen Bauschsatz.

Nur in den besonderen Fällen der Abs. 5 und 6 sind Auslagen für Schreibwerk und an Postgebühren neben dem Bauschsatz besonders zu vergüten.

Die Liquidation der Auslagen würde sich nach dem Entwurf in folgender Weise gestalten.

I. Schreibwerk und Auslagen an Postgebühren werden nicht im einzelnen und nur im Umfange der wirklichen Verauslagung liquidiert, sondern insgesamt in einem Bauschsatze ohne Rücksicht auf den Umfang der wirklichen Verauslagung.

II. Der Bauschsatz vergütet nicht nur das Schreibwerk, sondern deckt auch die Auslagen an Postgebühren. Hierzu gehören namentlich alle Porti, sowohl für die Korrespondenz mit der Partei und mit Dritten, als auch für den Verkehr mit dem Gericht und dem Gegner. Die Porti, welche bei einer Zustellung von Anwalt zu Anwalt entstehen, würden ebenfalls durch den Bauschsatz abgegolten sein. Besorgt indessen der Gerichtsvollzieher im Auftrage des Anwalts eine Zustellung, wie regelmäßig die Zustellung der Klage, so sind zwar in den Zustellungskosten, die der Gerichtsvollzieher regelmäßig meistens durch Nachnahme, vom Anwalt erhebt, auch Postgebühren enthalten; es sind dies jedoch nicht Postgebühren, die vom Anwalt aufgewendet werden, sondern Auslagen des Gerichtsvollziehers als Teil der Zustellungskosten. Die vom Anwalt verlegten Gerichtsvollzieherkosten müssen aber, ebenso wie etwa verlegte Gerichtskosten, in voller Höhe der Verauslagung von der Partei ersetzt werden.

III. Der Bauschsatz beträgt zwanzig Prozent der in Ansatz gebrachten gesamten Gebühren, nicht etwa nur e i n e r Gebühr des § 13. Ist also z. B. bei einem Objekt von 200—300 M. Prozeß-, Verhandlungs-, Beweis- und weitere Verhandlungsgebühr mit zusammen 30 M entstanden, so beträgt der Bauschsatz 6 M. Die Höhe des Bauschsatzes ist im Entwurf nach unten und nach oben begrenzt. Ob die Begrenzung eine angemessene ist, und ob nicht insbesondere für den Urkunden- und Wechselprozeß, in welchem der Umfang des nach der ZPO. notwendigen Schreibwerks ein außergewöhnlicher ist, eine besondere Regelung geboten ist, mag hier unerörtert bleiben.

IV. Neben dem Bauschsatze ist ausnahmsweise eine besondere Vergütung von Schreibgebühren für die auf besonderes Verlangen gefertigten Abschriften vorgesehen. Gemeint sind hier solche Abschriften, die nicht schon ohne weiteres im gewöhnlichen Geschäftsgange gefertigt zu werden pflegen, sondern nur auf besonderes Verlangen der vertretenen Partei, z. B. wenn die Partei zu ihrer

Information Abschrift der vom Anwalt gefertigten Schriftsätze zu haben wünscht Ob hierunter auch Abschriften fallen, welche von den zugestellten gegnerischen Schriftsätzen, zwecks Einholung der Information von der vertretenen Partei, gefertigt werden müssen, ist zweifelhaft und wohl zu verneinen.

Diese besonders anzusetzenden Schreibgeführen sollen nach dem in Bezug genommenen neuen § 80 GKG. nicht mehr 10 Pf., sondern 20 Pf. für die Seite betragen.

Neben dem Bauschsatz sollen besonders in Ansatz gebracht werden dürfen die an die Post verauslagten Telegraphen- und Fernsprechgebühren.

Anhang II.

Die landesgesetzlichen Gebührenvorschriften.

Die Vergütung für die Berufstätigkeit des Rechtsanwalts ist durch die Reichsgebührenordnung nur zu einem kleinen Teile, nämlich nur für das in den §§ 1 u. 91 umgrenzte Gebiet, bestimmt. Für die übrige Berufstätigkeit wird die Vergütung in den einzelnen Landesgesetzen geregelt. Diese Regelung ist in manchen Bundesstaaten eine lückenlose, in anderen Bundesstaaten ist sie auf bestimmte Gebiete beschränkt; in Hamburg ist die landesgesetzliche Regelung überhaupt unterblieben.

In den meisten Bundesstaaten, welche eine Neuregelung des Gebührenwesens aus Anlaß der Einführung des neuen Rechts vorgenommen haben, ist die preußische Gebührenordnung nicht nur vorbildlich gewesen, sondern zumeist wörtlich aufgenommen.

Die Erklärung der Bestimmungen der preuß. Gebührenordnung ist daher auch für die Gebührenordnungen der meisten Bundesstaaten verwendbar.

A. Preußische Gebührenordnung.

Gesetz, enthaltend die landesgesetzlichen Vorschriften über die Gebühren der Rechtsanwälte und der Gerichtsvollzieher.

Vom 27. September 1899 (GS. S. 317)

in der Fassung der Bekanntmachung vom 6. Oktober 1899 (GS. S. 381.)

Vorbemerkung.

Für die Vergütung der anwaltlichen Tätigkeit in Preußen, soweit sie nicht reichsgesetzlich geregelt ist, sind nicht einheitliche Grundsätze mit einer einheitlichen Gebührenreihe aufgestellt, vielmehr sind drei Gruppen zu unterscheiden:

1. Für die in Art. 2 aufgeführten Geschäfte sind die Gebührennormen der deutschen Gebührenordnung für Rechtsanwälte maßgebend;

2. Für die in Art. 13 und Art. 8 Abs. 2 aufgeführten Geschäfte sind die Gebührennormen der Preußischen Gebührenordnung für Notare in Anwendung zu bringen, die wiederum nicht auf einer einheitlichen Gebührenreihe beruhen;

3. Für die übrigen Geschäfte, soweit sie nicht überhaupt nach Art. 16 aus dem Rahmen der anwaltlichen Berufstätigkeit im engeren Sinne herausfallen, ist die Gebührenreihe des Art. 3 maßgebend. Die Gebührennormen sind auch hier verschieden; teils sind Bauschgebühren für einen bestimmten Kreis von Tätigkeiten, wie in den Art. 4—7, teils Gebühren für Einzeltätigkeiten bestimmt, wie besonders in den Art. 8—12.

Erster Abschnitt. Gebühren der Rechtsanwälte.

Art. 1. Die Vergütung für die Berufstätigkeit der Rechtsanwälte bestimmt sich, soweit sie nicht reichsgesetzlich geregelt ist, ausschließlich nach den nachstehenden Vorschriften.

1. Reichsgesetzlich ist die Vergütung der Berufstätigkeit des Rechtsanwalts in Preußen geregelt für das Gebiet der deutschen Gebührenordnung (siehe dort § 1 und § 91) sowie durch § 17 EG. z. MStGO. v. 1. 12. 98, §§ 19, 76 des RGes. über die Konsulargerichtsbarkeit v. 7. 4. 00 und §§ 2, 6 des Schutzgebietsgesetzes v. 10. 9. 00. (Vgl. oben § 1 N. 49–51.)

2. Eine jede Berufstätigkeit eines preußischen Rechtsanwalts mit Ausnahme des Gebiets, auf welchem die Vergütung reichsgesetzlich geregelt ist, ist nach dem vorliegenden Gesetz zu honorieren. Eine Ausnahme enthält nur der Art. 16. Beim Mangel einer speziellen Vorschrift ist Art. 14 anzuwenden. Der Maßstab des „Üblichen" nach § 612 BGB. ist nicht verwendbar.

3. Beim Zusammentreffen von Reichsrecht und Landesrecht ist § 92 RGO. anzuwenden.

4. Über Entstehung, Natur und Erlöschen des Vergütungsanspruchs vgl. oben § 1 N. 6. ff.

Art. 2. Die Deutsche Gebührenordnung für Rechtsanwälte findet entsprechende Anwendung auf die Berufstätigkeit des Rechtsanwalts:

1. in den vor besondere Gerichte gehörigen Rechtssachen, auf welche die Zivilprozeßordnung oder die Strafprozeßordnung Anwendung findet;
2. in den nach dem Gesetze, betreffend den Forstdiebstahl, vom 15. 4. 78 (GS. S. 222) zu behandelnden Strafsachen;
3. im Verwaltungsstreitverfahren;
4. im Verfahren vor dem Bundesamte für das Heimatwesen;
5. in dem Rechtsmittelverfahren, betreffend die Veranlagung von Staatssteuern;
6. im Verwaltungsstrafverfahren;
7. im Disziplinarverfahren.

Im Sinne der Gebührenordnung steht das Verwaltungsstrafverfahren dem Vorverfahren, das Verfahren vor der entscheidenden Disziplinarbehörde dem Verfahren vor der Strafkammer gleich.

1. Zu Nr. 1. Nach dieser Vorschrift bestimmt sich in Preußen die Vergütung nach der deutschen Gebührenordnung in allen Rechtssachen, auf welche die ZPO. oder StPO. Anwendung findet, mögen sie vor die ordentlichen oder besonderen Gerichte gehören. Die ZPO. oder StPO. als solche muß die Grundlage für das Verfahren bilden, wenn auch mit Abweichungen im einzelnen.

Besondere Gerichte im Sinne dieser Vorschrift sind:

A. reichsgesetzlich bestellt:

a) die Prisengerichte,

b) die Gewerbe- und Kaufmannsgerichte. Als Prozeßbevollmächtigte oder Beistände sind Anwälte jedoch nicht zugelassen.

B. landesgesetzlich bestellt:

a) Der Geheime Justizrat, nämlich das KG. in Berlin als 1. und 2. Inst., das RG. als 3. Inst. § 9 AG. z. ZPO. Art. III. Ges. v. 26. 4. 51;

b) die Die Rheinschiffahrtsgerichte, nämlich gewisse Amtsgerichte am Rhein als 1. Inst. und das OLG. Köln als 2. und letzte Instanz neben der Zentralkommission zu Mainz. Ges. v. 8. 3. 79 (GS. S. 129);

c) Die Elbzollgerichte, nämlich gewisse Amtsgerichte als 1. Inst., Landgerichte als 2. und letzte Inst. Ges. v. 9. 3. 79 (GS. S. 132);

d) Die Königl. Gewerbegerichte im Bezirk des vormaligen AppellGer. zu Köln. Ges. v. 11. 7. 91 (GS. S. 311);

e) Gerichte für agrarische Auseinandersetzungsangelegenheiten, nämlich Generalkommissionen und landwirtschaftliche Spruchkollegien bei den Regierungen als 1. Inst., das Oberlandeskulturgericht als 2. Inst., das Reichsgericht als 3. Inst. Ges. v. 18. 2. 80 (GS. S. 59) in der Fassung des Ges. v. 10. 10. 99 (GS. S. 403); V. v. 26. 9. 79 (RGBl. S. 287);

2. Zu Nr. 2. Das Verfahren nach §§ 55 ff. des Feld- und Forstpolizeigesetzes v. 1. 4. 80 (GS. S. 230) folgt den Vorschriften der Reichsprozeßordnungen. Es findet also darauf schon an sich die RAGO. Anwendung.

3. Zu Nr. 3. Zu unterscheiden vom Verwaltungsstreitverfahren, für welches die deutsche GO. Anwendung finden soll, ist das Beschlußverfahren. § 54 Ges. über die allgemeine Landesverwaltung v. 30. 7. 83 (GS. S. 195). Vgl. einerseits §§ 61—114, andererseits §§ 115—126. Im Beschlußverfahren ist nach Art. 8 ff. zu liquidieren. Auch das Verwaltungszwangsverfahren (vgl. VO. v. 15. 11. 99, GS. S. 545) gehört nicht hierher, zu liquidieren ist nach Art. 8 ff.

Welche Angelegenheiten im Verwaltungsstreitverfahren erledigt werden, bestimmt das Zuständigkeitsgesetz v. 1. 8. 83 (GS. S. 237). Überwiesen sind diesem Verfahren ferner auf Grund des § 7 Ges. v. 27. 4. 85 (GS. S. 127) eine Reihe von Streitigkeiten aus dem Gebiete der Arbeiterversicherung. Vgl. Kgl. VO. v. 9. 8. 92 (GS. S. 239), v. 23. 8. 99 und 29. 8. 00 (GS. S. 317).

Nach § 103 des Ges. v. 30. 7. 83 hat der unterliegende Teil die Gebühren eines RA. des obsiegenden Teiles nur insoweit zu erstatten, als sie für Wahrnehmung der mündl. Verhandlung vor den Bezirksausschusse und dem OVG. zu zahlen sind. Erstattungsfähig sind daher nur diejenigen Anwaltsgebühren, die ein RA., der lediglich mit der Wahrnehmung der mündlichen Verhandlung beauftragt ist, von seinem Mandanten zu fordern hat, also gemäß § 43 GO. die Verhandlungsgebühr und $^5/_{10}$ der Prozeßgebühr.

Im Verfahren vor dem Kreis- und Stadtausschuß sowie im Beschlußverfahren sind Anwaltskosten nicht erstattungsfähig (§§ 103, 124). OVG., KGBl. 01 S. 122.

4. Zu Nr. 4. Nr. 4 ist nicht nur insoweit maßgebend, als es sich um Streitigkeiten preuß. Armenverbände handelt, für deren Entscheidung durch das Pr. Ges. v. 8. 3. 71 (GS. S. 130) das Bundesamt für zuständig erklärt ist, sondern auch für das durch RGes. v. 6. 6. 70, Fassung v. 12. 3. 94 (RGBl. S. 9), geordnete Verfahren bei Streitigkeiten zwischen Armenverbänden verschiedener Bundesstaaten (interterritorialer Prozeß). In letzterem Falle besteht eine Kostenerstattungspflicht nicht, wohl aber gemäß § 58 Pr. AG. bei Streitigkeiten preuß. Armenverbände; die Kostenfestsetzung erfolgt durch die 1. Inst. (Bezirksausschuß).

5. Zu Nr. 5. Die Anwendung der Deutschen GO. ist beschränkt einerseits auf das Rechtsmittelverfahren, andererseits auf die Staatssteuersachen. Nicht nach der Deutschen GO., sondern nach den Art. 8—12 ist daher zu liquidieren im Veranlagungsverfahren und bei Veranlagung von Kommunalsteuern nach Kommunalabgabengesetz v. 14. 7. 93 (GS. S. 152).

Zu den Staatssteuern gehören:

a) die Einkommensteuer nach dem Einkommensteuergesetz v. 24. 6. 91 (GS. S. 175).

b) die Ergänzungssteuer (Vermögenssteuer) nach dem Ges. v. 14. 7. 93 (GS. S. 134).

c) die Gewerbe- und Betriebssteuer nach dem Ges. v. 24. 6. 91 (GS. S. 205). Dieselbe ist zwar durch Ges. v. 14. 7. 93 (GS. S. 119) „gegenüber der Staatskasse außer Hebung gesetzt" und den Gemeinden überwiesen, die Veranlagung und Verwaltung ist aber eine staatliche geblieben.

d) die Grund- und Gebäudesteuer nach den Ges. v. 20. 5. 61 (GS. S. 253 und 317).

Gegen die Veranlagung der Einkommen- und Ergänzungssteuer ist Berufung an die Berufungskommission, und gegen deren Entscheidung Beschwerde an das Oberverwaltungsgericht zulässig: ähnlich in Gewerbesteuersachen. In Grund- und Gebäudesteuersachen ist ein Reklamationsverfahren vorgesehen.

Die entsprechende Anwendung der Deutschen GO. begegnet den größten Schwierigkeiten, weil dieselbe auf unsere ZPO. zugeschnitten ist, mit deren Verfahren das Rechtsmittelverfahren in Steuersachen größtenteils gar nichts gemein hat. S. das nähere Joachim, PGO. S. 55 ff.

6. Zu Nr. 6. Ges. betr. das Verwaltungsstrafverfahren gegen die Zollgesetze und die sonstigen Vorschriften über indirekte Reichs- und Landesabgaben, sowie die Best. üb. die Schlacht- und Wildpretsteuer v. 26. 7. 97 (GS. S. 237). Eine Hauptverhandlung im Verwaltungsstrafverfahren findet nicht statt. Deshalb sind die Vorschriften der deutsch. GO. über das Vorverfahren für anwendbar erklärt. Ob gemäß § 67 die Gebühr 6 M. oder 10 M. beträgt, hängt davon ab, ob die Sache, wenn sie bei Gericht anhängig wäre, zur Zuständigkeit der Schöffengerichte oder der Strafkammer gehören würde.

7. Zu Nr. 7. Soweit das Disziplinarverfahren reichsgesetzlich geordnet ist, findet die Deutsche GO. schon nach ihrem § 91 Nr. 3 Anwendung. Das Reichsbeamtengesetz v. 31. 3. 1873 nebst dem Ergänzungsgesetz v. 21. 4. 86 findet aber nicht nur auf die Rechtsverhältnisse der Reichsbeamten, sondern auch derjenigen Beamten Anwendung, die ihr Diensteinkommen aus den Fonds eines Schutzgebietes beziehen. Art. 1. Kais. VO. v. 9. 8. 96 (RGBl. S. 691).

Nr. 7 verordnet die Anwendung der Deutschen GO. auch für jedes landesgesetzlich geordnete Disziplinarverfahren. Hierher gehören die Bestimmungen in folgenden Gesetzen: 1. Ges. v. 7. 5. 51 (GS. S. 218) u. 26. 3. 56 (GS. S. 201), betr. die Dienstvergehen der Richter; 2. Ges. v. 21. 7. 52 (GS. S. 465), betr. die Dienstvergehen der nichtrichterlichen Beamten, ausgedehnt durch V. v. 23. 9. 67 (GS. S. 1636) auf die Beamten in den neuerworbenen Landesteilen, geändert durch Ges. v. 9. 4. 79 (GS. S. 345); 3. § 5 Ges. v. 27. 3. 72 (GS. S. 278) gegen die Mitglieder der Oberrechnungskammer; 4. Ges. über die allgem. Landesverw. v. 30. 7. 83 (GS. S. 195), § 14 gegen die Mitglieder des Provinzialrats, § 32 gegen die Mitgl. des Bez.-Aussch., § 39 geg. d. Mitgl. des Kreis-(Stadt-)ausschusses, §§ 45, 47, 157 gegen die Behörden für den Stadtkreis Berlin; 5. Zuständigkeits-Ges. v. 1. 8. 83 (GS. S. 237) gegen Bürgermeister, Beigeordnete, Magistratsmitglieder und sonstige Gemeindebeamte (§ 20), gegen Gemeindevorsteher, Schöffen, Mitglieder des Gemeindevorstandes und sonstige Gemeindebeamte (§ 36); 6. Ges. betr. das Disziplinarverfahren bei dem OVG. v. 8. 5. 89 (GS. S. 107); 7. Ges. v. 17. 6. 98 (GS. S. 125) betr. die Privatdozenten an den Landesuniversitäten.

Durch Abs. 2 ist das Verfahren vor der entscheidenden Disziplinarbehörde dem Verfahren vor der Strafkammer gleichgestellt. Es sind daher überall diejenigen Gebührenvorschriften anzuwenden, welche für die zur Zuständigkeit der Strafkammer gehörigen Strafsachen bestimmt sind.

Art. 3. Volle Gebühr im Sinne der nachstehenden Vorschriften ist die im § 9 der Deutschen Gebührenordnung bestimmte Gebühr mit der Maßgabe, daß von 10000 bis 20000 Mark die Wertsklassen um je 2500 Mark und die Gebühren um je 4 Mark und von 20000 Mark an die Gebühren um je 5 Mark und die Wertsklassen bis 100000 Mark um je 5000 Mark, bis 300000 Mark um je 10000 Mark, bis 1 Million Mark um je 25000 Mark und darüber hinaus um je 50000 Mark steigen.

Siehe Tabelle.

Ein Höchstbetrag der Gebühren ist nicht bestimmt; dagegen ist ein Mindestbetrag der Gebühr durch Bezugnahme auf § 8 deutsch. GO. in Art. 15, und zwar auf 1 M., festgesetzt.

Vorbemerkungen zu Art. 4—6.

1. Die Gebührenvorschriften der Art. 4—6 haben zur Unterlage das Verfahren nach dem RGes. üb. d. Zwangsversteigerung und Zwangsverwaltung v. 24. 3. 97, dessen Anwendung aber zur Voraussetzung hat, daß das Grundbuch als angelegt anzusehen ist: ist dies nicht der Fall, so sind noch die früheren Zwangsversteigerungsgesetze anzuwenden. Aber auch dann sind die Art. 4—6 als maßgebend anzusehen.

2. Über den Vorbehalt der Anwendbarkeit der landesgesetzlichen Vorschriften in § 31 Abs. 2 RGO. siehe § 31 N. 3, 4 (oben S. 299).

3. Die Gebühren der Art. 4—6 sind Bauschgebühren für bestimmte Verfahrensabschnitte.

4. Die Art. 4—6 ordnen nur die Gebühren für Vertretung eines Beteiligten; für Vertretung einer nicht zu den Beteiligten gehörenden Person ist die Vergütung nicht in Art. 4—6, sondern in Art. 8—11 bestimmt.

Art. 4. Für die Vertretung eines Beteiligten im Verfahren der Zwangsversteigerung erhält der Rechtsanwalt drei Zehnteile der vollen Gebühr:
1. für die Vertretung bis zur Einleitung des Verteilungsverfahrens;
2. für die Vertretung im Verteilungsverfahren.

Der Vertreter des Antragstellers erhält außerdem drei Zehnteile der vollen Gebühr für die Wahrnehmung der Versteigerungstermine.

Die Gebühr für die Vertretung im Verteilungsverfahren steht dem Rechtsanwalt auch dann zu, wenn unter seiner Mitwirkung eine außergerichtliche Verteilung stattfindet.

Die Gebühren für die Vertretung des Gläubigers oder eines anderen Berechtigten (§ 9 Nr. 1, 2 des Gesetzes über die Zwangsversteigerung und die Zwangsverwaltung) bestimmen sich nach dem Werte des Rechtes, wenn jedoch der Wert des Gegenstandes der Zwangsversteigerung oder des Verteilungsverfahrens geringer ist, nach diesem; die neben einem Hauptanspruche bestehenden Ansprüche wegen der Kosten und Nebenleistungen bleiben unberücksichtigt. Im Falle der Vertretung eines anderen Beteiligten bestimmen sich die Gebühren nach dem Werte des Gegenstandes der Zwangsversteigerung oder des Verteilungsverfahrens oder des Anteils des Vertretenen an diesem Gegenstande. Auf die Berechnung des Wertes des Gegenstandes der Zwangsversteigerung oder des Verteilungsverfahrens finden die in Ansehung der Gerichtskosten geltenden Vorschriften Anwendung.

Beschränkt sich die Tätigkeit des Rechtsanwalts auf die Vertretung des Gläubigers in dem Verfahren bis zum Versteigerungstermine, so ist für die Gebührenberechnung an Stelle des Wertes des Rechtes der Wert des Anspruchs, wegen dessen die Zwangsversteigerung beantragt ist, maßgebend, sofern nicht die Wahrnehmung eines anderen Termins stattgefunden hat.

1. Das Verfahren der Zwangsversteigerung ist geregelt:

a) in erster Reihe durch das RGes. v. 24. 3. 97 (RGBl. S. 97 und 1898 S. 713). Dasselbe regelt
 α) die Zwangsversteigerung (und Zwangsverwaltung) von Grundstücken im Wege der Zwangsvollstreckung,
 β) die Zwangsversteigerung von Schiffen im Wege der Zwangsvollstreckung,
 γ) die Zwangsversteigerung und Zwangsverwaltung in besonderen Fällen, die nicht Zwangsvollstreckung sind, nämlich
  αα) auf Antrag des Konkursverwalters,
  ββ) auf Antrag des nicht unbeschränkt haftenden Erben und der sonstigen zum Aufgebot der Nachlaßgläubiger gemäß §§ 991, 999, 1000 ZPO. Berechtigten,
  γγ) zum Zwecke der Aufhebung einer Gemeinschaft;

b) die Vorschriften über Zwangsvollstreckung in Grundstücke, also das Ges. v. 24. 3. 97, finden auch Anwendung auf die Zwangsvollstreckung in eine Be-

rechtigung, für welche die sich auf Grundstücke beziehenden Vorschriften gelten (§ 870 ZPO), nämlich
α) das Erbbaurecht (§ 1017 BGB.),
β) das Erbpachtrecht mit Einschluß des Büdnerrechts und Häuslerrechts und das Recht zur Gewinnung eines den bergrechtlichen Vorschriften nicht unterliegenden Minerals (Art. 63 und 68 EG. z. BGB.),
γ) die landesgesetzlich, nämlich durch Art. 37, 38, 40 Pr. AG. z. BGB., bestimmten Berechtigungen;
c) durch Pr. AG. z. ZVG. v. 23. 9. 99 (GS. S. 291) sind besonders geregelt:
α) die Zwangsversteigerung und Zwangsverwaltung in Bergwerkseigentum, unbewegliche Bergwerksanteile und selbständige Kohlenabbau-Gerechtigkeiten sowie in einigen besonderen bergrechtlichen Fällen,
β) die Zwangsversteigerung zwecks Verkaufs eines baufälligen oder durch Feuer zerstörten Grundstücks nach §§ 40, 58, 60 I 8 ALR.

2. Die Vorschriften des Art. 4 sind nur dann anwendbar, wenn der RA. nach Art eines Prozeßbevollmächtigten mit der Vertretung eines Beteiligten beauftragt wird. Wird ihm nur ein einzelnes Geschäft, z. B. die Wahrnehmung des Versteigerungstermins übertragen, so finden die Art. 8 ff. Anwendung; es dürfen jedoch nach dem im Art. 15 Abs. 2 für anwendbar erklärten § 48 der d.GO. die im Art. 4 bestimmten Sätze nicht überschritten werden. Der Vertretungstätigkeit steht gleich die Tätigkeit als Beistand (Art. 15 u. § 4 d.GO.).

3. Beteiligte sind:

A. im Verfahren der Zwangsversteigerung eines Grundstücks
a) der Gläubiger, sowohl der betreibende, wie der beigetretene,
b) der Schuldner d. h. der zur Zeit der Einleitung des Verfahrens eingetragene Eigentümer oder sein Erbe,
c) diejenigen, für welche zur Zeit der Eintragung des Vollstreckungsvermerkes ein Recht im Grundbuch eingetragen oder durch Eintragung gesichert ist,
d) diejenigen, welche ein der Zwangsvollstreckung entgegenstehendes Recht, ein Recht an dem Grundstück oder an einem das Grundstück belastenden Rechte, einen Anspruch mit dem Rechte auf Befriedigung aus dem Grundstück oder ein Miet- oder Pachtrecht, auf Grund dessen ihnen das Grundstück überlassen ist, bei dem Vollstreckungsgericht anmelden und auf Verlangen des Gerichts oder eines Beteiligten glaubhaft machen.

B. bei der Zwangsversteigerung eines Schiffes
a) der Gläubiger,
b) der Schuldner, nicht nur der eingetragene Eigentümer, sondern auch der Eigenbesitzer, der Schiffer und der Ausrüster,
c) die Schiffsgläubiger, welche ihre Forderung angemeldet haben, immer jedoch auch ohne Anmeldung die Berufsgenossenschaft und die Invaliditäts-Versicherungsanstalt,
d) die Pfandgläubiger.

C. bei der Zwangsversteigerung in besonderen Fällen
a) im Falle des § 172 ZVG. der Konkursverwalter an Stelle des Gläubigers und Schuldners,
b) im Falle des § 175 ZVG. der Erbe oder sonstige Antragsberechtigte an Stelle des Gläubigers und Schuldners,
c) im Falle des § 180 ZVG. der Antragsteller anstelle des Gläubigers und der andere Anteilsberechtigte an Stelle des Schuldners.

D. bei der Zwangsversteigerung nach dem AusfG. v. 23. 9. 99
a) bei Versteigerung von Bergwerkseigentum der Repräsentant oder Grubenvorstand,

b) beim Verkauf eines baufälligen Hauses die antragsberechtigte Ortspolizei bzw. Obrigkeit.

4. Der Vertreter des Antragstellers erhält eine dreifache Gebühr, der Vertreter eines anderen Beteiligten eine zweifache Gebühr für die Tätigkeit in dem ganzen Verfahren. Der Vertreter eines Beteiligten erhält je eine Gebühr a) für die Vertretung bis zur Einleitung des Verteilungsverfahrens (ZVG. § 105), b) für die Vertretung im Verteilungsverfahren (ZVG. §§ 113 ff.). Der Vertreter des Antragstellers erhält außerdem noch eine Gebühr für die Wahrnehmung der Versteigerungstermine.

a) Die Gebühr zu a ist für die gesamte Tätigkeit bis zur Einleitung des Verteilungsverfahrens bestimmt. Es fallen hierunter

α) die Anordnung der Zwangsversteigerung. Für ein etwaiges Beschwerdeverfahren entsteht eine neue Gebühr nach Art. 4;

β) die Feststellung des geringsten Gebots und die Versteigerungstermine sowie der Zuschlag. Für Beschwerdeverfahren gegen den Zuschlag entsteht die Gebühr von neuem.

b) Die Gebühr zu b vergütet die gesamte Tätigkeit im Verteilungsverfahren. Es fallen hierunter

α) die Verteilungstermine und deren Vorbereitung,

β) die Ausführung des Teilungsplans. Wird an den Anwalt gezahlt, so entsteht eine besondere Hebegebühr nach Art. 13. Ebenso ist ein etwa notwendiges Aufgebotsverfahren besonders zu honorieren. Eine notwendig werdende Wiederversteigerung bildet ein neues Verfahren mit neuen Gebühren.

Die Gebühr zu b steht dem Rechtsanwalt auch bei außergerichtlicher Verteilung zu (§§ 143—145 ZVG.).

c) Antragsteller ist der Gläubiger, der die Zwangsversteigerung beantragt hat (ZVG. §§ 15, 146), eventuell der Konkursverwalter (ZVG. § 172), der Erbe mit beschränkter Haftung (ZVG. § 175), und der Miteigentümer (ZVG. § 180). Der beitretende Gläubiger ist nach § 27 ZVG. dem Antragsteller gleichgestellt. Bei Vertretung des Antragstellers erhält der Rechtsanwalt eine besondere Gebühr für Wahrnehmung der Versteigerungstermine, nicht für den Antrag.

5. Für die Wertsberechnung sind folgende Grundsätze aufgestellt:

a) Bei Vertretung des Gläubigers oder eines anderen Berechtigten (§ 9 Nr. 1 u. 2 ZVG.) ist maßgebend der Wert seines „Rechts" am Grundstücke, also seiner ganzen Forderung, auch wenn die Versteigerung nur wegen eines Teiles betrieben wird, aber ohne Zinsen und Nebenkosten.

Wenn die Tätigkeit sich auf das Verfahren bis zum Versteigerungstermin ohne Wahrnehmung irgend eines Termins beschränkt, ist maßgebend der Wert des Anspruchs, wegen dessen die Versteigerung beantragt wird, dann aber mit Zinsen und Nebenkosten.

Der Wert des Rechts bestimmt sich nach §§ 20, 21 Pr. GKG.

Ist der Wert des Gegenstandes der Versteigerung oder des Verteilungsverfahrens geringer als der Wert des Rechts, so ist ersterer maßgebend.

b) Bei Vertretung eines anderen Beteiligten, außer dem Gläubiger oder dinglich Berechtigten, also des Schuldners, Konkursverwalters, Erben, Anteilsberechtigten, Repräsentanten und Grubenvorstandes, Ortspolizeibehörde, ist maßgebend der Wert des Gegenstandes der Zwangsversteigerung oder des Verteilungsverfahrens oder des Anteils des Vertretenen an diesem Gegenstande.

Bezüglich des „Wertes des Gegenstandes der Zwangsversteigerung" kommen folgende Bestimmungen des Pr. GKG. in der Fass. v. 6. 10. 99 (GS. S. 326) zur Anwendung:

§ 124 Abs. 1. — Zwei Zehnteile der im § 8 des Deutschen GKG. bestimmten Gebühr werden erhoben für die Entscheidung, einschließlich des vorangegangenen

Verfahrens, über Anträge auf Anordnung der Zwangsversteigerung, der Zwangsverwaltung oder der Zwangsliquidation. Ist ein Gläubiger der Antragsteller, so werden die Gebühren nach dem Betrage der einzuziehenden Forderungen nebst den mit einzuziehenden Zinsen berechnet; im übrigen werden die Gebühren nach der Hälfte des Wertes des Gegenstandes der Zwangsversteigerung, der Zwangsverwaltung oder der Zwangsliquidation berechnet. Bei Gegenständen, welche der Grundsteuer oder der Gebäudesteuer unterliegen, ist der Wert auf den vierzigfachen Betrag des staatlich ermittelten Grundsteuerreinertrags und den fünfundzwanzigfachen Betrag des staatlich ermittelten Gebäudesteuernutzungswerts zu bestimmen. In den Hohenzoll. Landen ist an Stelle des nach der Grund- und Gebäudesteuer zu berechnenden Wertes der Steueranschlag maßgebend.

§ 127. — Die nach den §§ 125 (Verteilungsverfahren), 126 zu erhebenden Gebühren werden nach dem Gebote berechnet, für welches der Zuschlag erteilt ist.

Erreicht das Gebot nicht zwei Dritteile des Wertes des Gegenstandes, so treten diese zwei Dritteile bei Berechnung der nach § 125 Nr. 1, 2, 3 und § 126 zu erhebenden Gebühren anstelle des Gebots. Ist der Zuschlag nicht erteilt, so werden die nach § 125 zu erhebenden Gebühren nach dem Werte des Gegenstandes berechnet.

Auf die Berechnung des Wertes finden die Vorschriften des § 124 Abs. 1 Satz 3, 4 Anwendung.

Sind nach § 65 des Gesetzes über die Zwangsversteigerung und die Zwangsverwaltung Gegenstände besonders versteigert oder anderweit verwertet worden, so tritt für die Berechnung der Gebühren für das Verteilungsverfahren ihr Erlös dem Gebote hinzu.

Das in Betracht kommende „Gebot" ist nicht nur das Bargebot, sondern das ganze Meistgebot. Die Zinsen, welche vom Zuschlag laufen, sind nicht zu berücksichtigen.

6. Die Gebühren und Auslagen des RA. kommen gemäß §§ 10, 12 ZVG. neben dem Hauptanspruche zur Hebung; sie sind daher mit anzumelden.

7. Wird der RA. zum Zustellungs- oder Ermittelungsvertreter bestellt, so bestimmen sich seine Gebühren hierfür nicht nach Art. 4; sie werden vom Gericht nach freiem Ermessen festgesetzt.

8. Für Vertretung bei der freiwilligen gerichtlichen (notariellen) Versteigerung von Grundstücken sind die Vorschriften des Art. 4 gemäß Art. 14 entsprechend anwendbar.

Art. 5. Für die Vertretung des Gläubigers, des Schuldners oder des Konkursverwalters im Verfahren der Zwangsverwaltung, einschließlich des Verteilungsverfahrens, erhält der Rechtsanwalt jährlich zwei Zehnteile der vollen Gebühr nach dem Werte der jährlichen Einkünfte. Auf die Berechnung dieser Gebühr finden die in Ansehung der Gerichtskosten geltenden Vorschriften entsprechende Anwendung.

Der Vertreter des Antragstellers erhält außerdem drei Zehnteile der vollen Gebühr nach dem Werte der jährlichen Einkünfte; ist ein Gläubiger der Antragsteller und ist der Betrag der beizutreibenden Forderung und der miteinzuziehenden Zinsen geringer als der Wert der jährlichen Einkünfte, so ist dieser Betrag für die Gebührenberechnung maßgebend.

Beschränkt sich die Tätigkeit des Rechtsanwalts auf die Vertretung in dem Verfahren wegen Anordnung der Zwangsverwaltung, so erhält er nur die im Abs. 2 bestimmte Gebühr.

1. Die Zwangsverwaltung in Grundstücke ist geregelt durch ZVG §§ 146—161. Als besonderer Fall der Zwangsverwaltung außerhalb des Vollstreckungsverfahrens ist nur die ZV. auf Antrag des Konkursverwalters bestimmt (ZVG. §§ 172—174). Eine ZV. in Schiffe findet nicht statt. Statthaft ist auch die ZV. in die in Anm. 1 zu Art. 4 bezeichneten Berechtigungen und Bergwerke. Als Zwangsverwaltung ist nicht anzusehen die gerichtliche Verwaltung für Rechnung des Erstehers (§ 94 ZVG.) und die Sequestration zur Ausführung einer einstweiligen Verfügung nach § 936 ZPO.

2. Beteiligte bei der Zwangsverwaltung sind
a) der betreibende und beitretende Gläubiger,
b) der Schuldner, und zwar nicht nur der eingetragene Eigentümer, sondern auch der Eigenbesitzer,
c) die dinglich Berechtigten, oder ein der ZV. entgegenstehendes Recht besitzender Anwärter (§ 9 Nr. 1 u. 2),
d) der Konkursverwalter,
e) der Repräsentant oder Grubenvorstand bei ZV. in Bergwerke.

3. Art. 5 bestimmt die Gebühren im Zwangsverwaltungsverfahren nur für Vertretung des Gläubigers, des Schuldners und des Konkursverwalters. Für Vertretung eines anderen Beteiligten werden die Gebühren in Art. 6 Satz 2 bestimmt.

4. Durch die für jedes Jahr der Verwaltung anzusetzende, nach dem Betrage der Einkünfte zu berechnende Gebühr wird die gesamte Tätigkeit des RA., insbesondere seine Mitwirkung im Verteilungsverfahren und in den Terminen zur Leistung von Zahlungen (ZVG. §§ 156, 158) abgegolten. Für die Erhebung und Ablieferung von Geldern ist besonders zu liquidieren. Die Vorschriften über die Gerichtskosten sind enthalten in Pr. GKG § 130:

§ 130. — In dem Verfahren der Zwangsverwaltung werden für jedes Jahr fünf Zehnteile der im § 8 des Deutschen Gerichtskostengesetzes bestimmten Gebühr erhoben. Der Tag der Beschlagnahme gilt als der erste Tag eines jeden Verwaltungsjahrs.

Die Gebühr wird nach demjenigen Betrage der Einkünfte berechnet, welcher nach Berichtigung aller Ausgaben der Verwaltung und der laufenden Beträge der öffentlichen Lasten zur Verteilung gelangt, mindestens jedoch nach dem Betrage des Grundsteuerreinertrags und des Gebäudesteuernutzungswerts. In den Hohenzollernschen Landen tritt an Stelle des Grundsteuerreinertrags und Gebäudesteuernutzungswerts der Betrag von vier Prozent des Steueranschlags.

Das Verwaltungsjahr ist nicht das Kalenderjahr, das Jahr beginnt vielmehr mit der Beschlagnahme, d. h. mit dem Wirksamwerden nach §§ 32, 151 ZVG. Für jedes angefangene Jahr wird die Gebühr besonders berechnet.

5. Antragsteller ist der betreibende Gläubiger, der beitretende Gläubiger und der Konkursverwalter (ZVG. §§ 27, 146, 172) sowie der Antragsteller in den im Pr. AG. v. 23. 9. 99 geregelten Fällen der Zwangsverwaltung. Der Vertreter des Antragstellers erhält eine besondere Gebühr, jedoch nur einmal, nicht jährlich; sie ist nach den Einkünften des ersten Jahres zu berechnen, eventuell nach dem geringeren Betrage der beizutreibenden Forderung nebst Zinsen.

6. Bei der im Abs. 3 geregelten Beschränkung der Tätigkeit ist zu unterscheiden: Wird der Schuldner oder der Konkursverwalter vertreten, so beträgt die Gebühr $^3/_{10}$ der jedesmal nach dem Werte der jährlichen Einkünfte zu berechnenden vollen Gebühr. Im Falle der Vertretung des Gläubigers ist die Gebühr nach dem Betrage der Forderung nebst Zinsen zu berechnen, sofern er geringer ist als der Wert der jährlichen Einkünfte.

Art. 6. Auf die Vergütung der Berufstätigkeit eines Rechtsanwalts in einem Verteilungsverfahren außerhalb der Fälle der Zwangsversteigerung oder der Zwangsverwaltung finden die Vorschriften des Artikel 4 entsprechende Anwendung. Das gleiche gilt für ein Verteilungsverfahren im Falle der Zwangsverwaltung, wenn der Rechtsanwalt einen anderen Beteiligten als den Gläubiger, den Schuldner oder den Konkursverwalter vertritt; für die Berechnung des Wertes wiederkehrender Leistungen ist der Wert der Leistungen eines Jahres, für die Berechnung des Wertes des Gegenstandes des Verteilungsverfahrens ist der Wert der Einkünfte eines Jahres maßgebend.

1. Die Bestimmung des Art. 6 betrifft immer nur die Vertretung in einem Verteilungsverfahren und zwar

a) nach Satz 1 außerhalb der Zwangsversteigerung oder Zwangsverwaltung;
b) nach Satz 2 innerhalb einer Zwangsverwaltung in dem durch Art. 5 nicht geregelten Falle der Vertretung eines anderen Beteiligten als des Gläubigers, Schuldners oder Konkursverwalters.

2. Nach den Art. 52, 53, 54, 67, 109 des EG. z. BGB. und Art. 35 des Pr. AG. z. ZVG. kommt ein Verteilungsverfahren auch außerhalb der Fälle einer Zwangsversteigerung oder Zwangsverwaltung vor. Hierher gehört der Widerspruch eines Berechtigten gegen die Auszahlung der Entschädigung in den Fällen des Rayongesetzes v. 21. 12. 71 (RGBl. S. 459), des RGes. über die Kriegsleistungen v. 13. 6. 73 (RGBl. S. 129), des § 51 der RGewO., des RGes. über die Naturalleistungen für die bewaffnete Macht im Frieden v. 13. 2. 75 (RGBl. S. 52), der §§ 6, 7, 137, 138, 139 des Allg. Bergges., v. 24. 6. 65 (GS. S. 705), des Enteignungsgesetzes v. 11. 6. 74 (GS. S. 221).

3. Die Gebühr ist in beiden Fällen des Art. 6 die gleiche, nämlich die im Art. 4 Nr. 2 bestimmte Gebühr für die Vertretung im Verteilungsverfahren (drei Zehntel der vollen Gebühr). Sie ist eine einmalige Bauschgebühr für die gesamte Tätigkeit im Verteilungsverfahren.

Art. 7. Für die Vertretung eines Beteiligten im Verfahren der Zwangsliquidation einer Bahneinheit erhält der Rechtsanwalt drei Zehnteile der vollen Gebühr. Der Vertreter des Antragstellers erhält außerdem drei Zehnteile der vollen Gebühr für die Vertretung in der Versammlung der Bahnpfandgläubiger.

Auf die Wertberechnung finden die Vorschriften des Artikel 4 Abs. 4 entsprechende Anwendung.

1. In Betracht kommt das Ges. v. 19. 8. 95 (G.S. S. 499), das in der nach dem Ges. v. 11. 6. 02 (GS. S. 215) geänderten Fass. am 8. 7. 02 (GS. S. 237) bekannt gemacht ist. Dazu die JMV. v. 19. 9. 95 (JMBl. S. 286) u. v. 11. 11. 02 (JMBl. S. 275). Die Zwangsliquidation einer Bahneinheit ist eine Maßregel der Zwangsvollstreckung, bei der aber ein gerichtliches Verteilungsverfahren nicht stattfindet. Es kann aber auch eine Zwangsversteigerung und Zwangsverwaltung stattfinden, für welche die Gebühren nach Art. 4—6 zu berechnen sind.

2. Beteiligte sind die Bahnpfandgläubiger, der Bahneigentümer und der Konkursverwalter, nicht aber der Liquidator.

3. Die Gebühr ist eine Bauschgebühr für die gesamte Tätigkeit. Nur der Vertreter des Antragstellers erhält noch eine weitere Gebühr für Vertretung in der Versammlung der Bahnpfandgläubiger. Antragsteller kann jeder Beteiligte sein.

4. Für die Wertsberechnung kommt bei Vertretung eines Gläubigers der Wert des Rechts d. h. der Bahnpfandforderung ohne Zinsen und Nebenkosten oder der geringere Wert des Gegenstandes der Zwangsliquidation in Betracht, bei Vertretung des Bahneigentümers oder Konkursverwalters nur der letztere, der gemäß § 134 GKG. zu finden ist.

Vorbemerkungen zu Art. 8—12.

1. Die Vorschriften der Art. 8—12 kommen für alle anwaltlichen Geschäfte zur Anwendung, welche nicht in den Art. 2, 4—7 und 13 besonders hervorgehoben sind. Hierher gehören insbesondere

a) die Tätigkeit bei den Verwaltungsbehörden (außerhalb der Fälle des Art. 2) und bei den Polizeibehörden,

b) die Tätigkeit auf dem Gebiete der freiwilligen Gerichtsbarkeit (außerhalb der Fälle des Art. 13), also in Vormundschafts-, Nachlaß-, Grundbuch-, Registersachen, ferner Testamentsvollstreckungen und Vermögensverwaltungen,

c) die Tätigkeit im Verkehr mit Privatpersonen, insbesondere die außergerichtliche Rechtsverfolgung, außergerichtliche Vergleiche und Akkorde, soweit nicht Art. 14 anzuwenden ist.

2. Die Berufstätigkeit des RA. erschöpft sich in der Hauptsache in drei Gattungen von Geschäften, Anfertigung von Schriftsätzen (Art. 8 u. 9), Wahrnehmung von Terminen (Art. 10), Ratserteilungen und Besprechungen (Art. 11). Bei Schriftsätzen ist noch zwischen Schreiben an Behörden (Art. 8) und Privatpersonen (Art. 9) unterschieden.

Die Gebühren sind Einzelgebühren, können also in ein und derselben Angelegenheit mehrfach zum Ansatz gelangen. Es sind jedoch in Art. 10 u. 12 Bauschsätze bestimmt, welche die Summe der Einzelgebühren in einer Angelegenheit nicht überschreiten dürfen.

3. Jede der Einzelgebühren vergütet zugleich die mit der Erledigung des vergüteten Geschäfts verbundenen Nebengeschäfte z. B. die Akteneinsicht zur Vorbereitung des Schriftsatzes.

Art. 8. Für Anträge, Erklärungen und Beschwerden bei Behörden erhält der Rechtsanwalt zwei Zehnteile der vollen Gebühr. Für bloße Benachrichtigungen, Beschleunigungsgesuche, kurze Anzeigen und Schreiben ähnlicher Art kann diese Gebühr nur gefordert werden, falls nicht dem Rechtsanwalt in der gleichen Angelegenheit eine andere Gebühr zusteht.

Hat der Rechtsanwalt die einem Antrag oder einer Erklärung zugrunde liegende Urkunde entworfen, so steht ihm die im § 9 Abs. 2 der Gebührenordnung für Notare bestimmte Gebühr zu, wenn ein das Sach- und Rechtsverhältnis entwickelnder Vortrag erforderlich ist und dessen Einreichung von der Partei verlangt wird.

1. Behörden sind die Reichs-, Staats- und Kommunalbehörden oder selbständigen öffentlichen Beamten, überhaupt jedes unmittelbare oder mittelbare Organ der Staatsgewalt, welches berufen ist, unter öffentlicher Autorität für die Herbeiführung der Zwecke des Staates tätig zu sein, unter Umständen also auch der Notar.

2. „Erklärungen" sind zu unterscheiden von den rechtsgeschäftlichen Erklärungen, die Art. 13 behandelt. Letztere sind auf unmittelbare Hervorbringung eines rechtlichen Erfolges gerichtet, erstere wollen nur eine Behörde zu einem bestimmten Verhalten veranlassen. Besondere Arten der „Erklärungen" sind die Anträge und Beschwerden.

Auch der Entwurf solcher Erklärungen begründet die Gebühr.

3. Die Ausnahmebestimmung des Satz 2 bezieht sich auf solche Schriftsätze, die weder rechtliche Ausführungen noch sachliche Auseinandersetzungen enthalten. Unter „rechtlichen Ausführungen" ist die Erörterung der auf den Fall anzuwendenden Gesetzesvorschriften oder Rechtsgrundsätze, unter „sachlichen Auseinandersetzungen" die Darstellung der tatsächlichen Verhältnisse zu verstehen, aus denen Rechtsverhältnisse gefolgert werden. Die Ausnahmebestimmung findet auch dann Anwendung, wenn dem Schreiben der erwähnten Art eine gebührenpflichtige Tätigkeit nachfolgt. Erhält der RA. nachträglich noch einen weitergehenden Auftrag in derselben Angelegenheit, so muß er sich die bereits empfangenen Gebühren anrechnen.

4. Abs. 2 bringt die Gebühren der RA. in Übereinstimmung mit den Gebühren der Notare für die gleiche Tätigkeit. Der RA. erhält keine besondere Gebühr, wenn auch der Notar sie nicht erhalten würde. Vgl. hierzu § 9 RGO. hinter Art. 13. Auf Beschwerden findet Abs. 2 keine Anwendung; dieselben machen wohl immer eine sachliche Motivierung erforderlich. Die Gebühr beträgt eventuell fünf Zehntel des § 33 GKG.

Art. 9. Für Schreiben an Privatpersonen erhält der Rechtsanwalt ein Zehnteil der vollen Gebühr. Für Schreiben, die rechtliche Ausführungen oder sachliche Auseinandersetzungen nicht enthalten, kann diese Gebühr nur gefordert werden, falls nicht dem Rechtsanwalt in der gleichen Angelegenheit eine andere Gebühr zusteht. Für die der Einleitung eines Prozesses vorausgehenden Mahnungen, Kündigungen oder Schreiben ähnlicher Art kann eine Gebühr nicht gefordert werden, wenn dem Rechtsanwalte die Prozeßgebühr zusteht.

Auf Schreiben an den Auftraggeber, die eine Ratserteilung oder ein Gutachten enthalten, finden die für diese Geschäfte in den Artikeln 11, 15 gegebenen Gebührenvorschriften Anwendung. Für andere Schreiben an den Auftraggeber kann eine Gebühr auch dann nicht gefordert werden, wenn sie rechtliche Ausführungen oder sachliche Auseinandersetzungen enthalten; steht jedoch dem Rechtsanwalt in der gleichen Angelegenheit eine andere Gebühr nicht zu, so ist die im Abs. 1 Satz 1 bestimmte Gebühr zu erheben.

1. Privatpersonen, im Gegensatz zu „Behörden" (Art. 8), sind sowohl natürliche wie juristische Personen, sowohl der Auftraggeber, wie dritte Personen. Auch Behörden können aber als Privatpersonen in Betracht kommen, wenn sie nicht als Träger der Staatsgewalt, sondern als Vertreter privatrechtlicher Interessen angegangen werden, z. B. wenn ein Haftpflichtanspruch bei der Eisenbahndirektion geltend gemacht wird.

2. Die Schreiben an dritte Personen werden im ersten Absatz behandelt. Es werden unterschieden:

a) Schreiben, die rechtliche Ausführungen oder sachliche Auseinandersetzungen enthalten (vgl. Art. 8 Nr. 3), sog. materielle Schreiben. Für solche ist immer zu liquidieren, und zwar für jedes besonders, jedoch mit der Beschränkung des Gesamtbetrages auf eine volle Gebühr nach Art. 12.

b) Schreiben, die solchen Inhalt nicht haben; es sind dies Benachrichtigungen, Erinnerungen, kurze Anzeigen. Sie sind nur dann zu liquidieren, wenn sie die alleinige Tätigkeit in der Angelegenheit darstellen, jedoch nicht gebührenpflichtig, wenn eine weitere gebührenpflichtige Tätigkeit in der Angelegenheit vor oder nach ihrer Abfassung geübt wird.

c) Mahnungen, Kündigungen oder ähnliche Schreiben, die der Einleitung eines Prozesses vorangehen, sind an sich gebührenpflichtig. Die Gebühr fällt jedoch weg, wenn im nachfolgenden Prozeß dem Anwalt die Prozeßgebühr zusteht, d. h. die volle Prozeßgebühr des Prozeßbevollmächtigten, nicht auch schon, wenn infolge Erledigung des Auftrags gemäß § 14 RGO. nur die halbe Prozeßgebühr oder wenn die Korrespondenzgebühr aus § 44 RGO. zusteht.

3. Schreiben an den Auftraggeber sollen einer besonderen Gebühr nicht unterliegen, auch wenn sie rechtliche Ausführungen oder sachliche Auseinandersetzungen enthalten: Nur dann sollen sie gebührenpflichtig sein, wenn sie

a) eine Ratserteilung oder ein Gutachten enthalten. Sie unterliegen dann der Vorschrift des Art. 11 oder Art. 15, aber nur, wenn Rat oder Gutachten vom Auftraggeber verlangt sind,

b) wenn dem Rechtsanwalt eine andere Gebühr in der Angelegenheit nicht zusteht.

Art. 10. Für die Wahrnehmung eines Termins erhält der Rechtsanwalt drei Zehnteile der vollen Gebühr. Werden in derselben Angelegenheit mehrere Termine wahrgenommen, so beträgt die Gebühr für den zweiten und für jeden weiteren Termin zwei Zehnteile der vollen Gebühr.

Der Gesamtbetrag der Gebühren in derselben Angelegenheit darf in einer Instanz die volle Gebühr nicht übersteigen.

1. Die Gebühr vergütet die Wahrnehmung des Termins, ohne Rücksicht darauf, ob eine Verhandlung stattgefunden hat oder nicht, also auch dann, wenn sogleich vertagt wird. Die Terminsgebühr deckt auch die auf die Vorbereitung des Termins aufgewendete Tätigkeit; wird der Termin jedoch nach Vorbereitung aufgehoben, so ist für die Vorbereitung etwa nach Art. 14 Satz 2 zu liquidieren.

2. Für die Wahrnehmung auswärtiger Termine erhält der RA. außerdem die Reisekosten gemäß Art. 15 und §§ 78ff. d.GO.

Art. 11. Ein Zehnteil der vollen Gebühr erhält der Rechtsanwalt, falls nicht eine der in den Artikeln 8 bis 10 bestimmten Gebühren anzusetzen ist, für die Erteilung eines Rates sowie für eine Besprechung.

1. Art. 11 findet keine Anwendung in den Fällen der Art. 2, 4—7, sondern nur da, wo an sich Einzelgebühren zu liquidieren sind. In den Fällen des Art. 13 wird er jedoch anwendbar sein, wenn vor Erteilung eines Auftrages zu solchen Geschäften eine Ratserteilung oder Besprechung erfolgt.

2. Die Gebühr steht dem RA. auch zu für eine Konferenz (Besprechung), in der ein Rat nicht erteilt wird. Es ist dies eine Abweichung vom Grundsatz des § 47 d.GO.

3. Die Gebühr ist nur zu liquidieren, wenn eine andere gebührenpflichtige Tätigkeit in derselben Angelegenheit nicht erfolgt; sonst gilt die Ratserteilung oder Besprechung nur als gebührenfreie Vorbereitung der anderweitigen Tätigkeit.

4. Mehrere Besprechungen sind mehrmals zu liquidieren, jedoch zusammen nicht mehr als mit einer vollen Gebühr für jede Instanz.

5. Wenn in einer Besprechung in verschiedenen Angelegenheiten Rat erteilt wird, so ist für jeden Rat besonders zu liquidieren.

Art. 12. Der Gesamtbetrag der in einer Angelegenheit nach den Artikeln 8, 9, 11 anzusetzenden Gebühren darf in einer Instanz die volle Gebühr nicht übersteigen.

1. Für die Wahrnehmung von Terminen ist die besondere Begrenzung des Art. 10 Abs. 2 vorgeschrieben. Es können also die Gebühren aus Art. 8 bis 11 insgesamt den doppelten Betrag der vollen Gebühr (Art. 3) erreichen, aber nicht übersteigen.

2. Sind in einer Angelegenheit die nach Art. 8 bis 11 anzusetzenden Gebühren nach verschiedenen Werten zu berechnen, so ist der höchste dieser Werte maßgebend.

Art. 13. Auf die Anfertigung des Entwurfes eines Rechtsgeschäfts und die Vermittlung einer Auseinandersetzung sowie auf den Empfang, die Verwahrung und die Auszahlung von Geldern und Wertpapieren in Angelegenheiten, die nicht zur streitigen Rechtspflege gehören, finden die für die Gebühren der Notare geltenden Vorschriften entsprechende Anwendung.

Der Betrag der Vergütung für die Anfertigung eines Entwurfes kann nur insoweit abweichend durch Vertrag bestimmt werden, als dies nach § 26 der Gebührenordnung für Notare zulässig ist.

Die Vorschriften der §§ 19 bis 25 der Gebührenordnung für Notare finden auf Rechtsanwälte keine Anwendung.

1. Die Anwendung der Gebührenordnung für Notare für Vergütung der Berufstätigkeit des Anwalts ist beschränkt auf die in Abs. 1 aufgeführten Tätigkeiten und die im Art. 8 Abs. 2 bestimmte Tätigkeit. Für alle anderen Tätigkeiten auf dem Gebiete der freiwilligen Gerichtsbarkeit hat der Anwalt *nicht* nach der Gebührenordnung für Notare zu liquidieren; insbesondere ist § 15, der eine Fünfzehntelgebühr aussetzt, wenn für ein Geschäft des Notars eine Gebühr nicht bestimmt ist, nicht zur Anwendung zu bringen (vgl. Vorbem. zu Art. 8 bis 12 Nr. 1b).

2. Zur Anwendung kommen die nachstehenden Vorschriften der Gebührenordnung für Notare in der Fass. v. 6. 10. 99 (GS. S. 374) und des Pr. GKG. in der Fass. v. 6. 10. 99 (GS. S. 326).

A. Gebührenordnung für Notare: § 2. Die Gebühren werden nach dem Werte des Gegenstandes erhoben.

Auf die Berechnung des Wertes des Gegenstandes finden die Vorschriften des Preußischen Gerichtskostengesetzes entsprechende Anwendung.

§ 3. Der Mindestbetrag einer Gebühr beträgt 1,50 M., soweit nicht in dieser Gebührenordnung ein anderes bestimmt ist. Bei Versteigerungen werden die Gebühren für die Beurkundung des Zuschlags nur dann auf den Mindestbetrag erhöht, wenn die Summe dieser Gebühren in einem Versteigerungsverfahren 1,50 M. nicht erreicht.

Pfennigbeträge, welche ohne Bruch nicht durch zehn teilbar sind, werden auf den nächst höheren durch zehn teilbaren Betrag abgerundet.

§ 4. Volle Gebühr im Sinne dieser Gebührenordnung ist die im § 33 des Preuß. Gerichtskostengesetzes bestimmte Gebühr.

§ 5. Soweit die Notare für die Geschäfte zuständig sind, über welche der zweite Abschnitt des ersten Teiles, der § 66 Nr. 1 und der § 81 Abs. 2 des Preuß. Gerichtskostengesetzes Bestimmung treffen, erhalten sie die daselbst für die Tätigkeit des Richters festgesetzten Gebühren.

§ 6. Für Beurkundungen am Krankenlager oder in der Zeit von 8 Uhr abends bis 8 Uhr morgens erhält der Notar außer den ihm sonst zustehenden Gebühren zusätzlich noch fünf Zehnteile der vollen Gebühr; treffen beide Voraussetzungen zusammen, so wird diese Zusatzgebühr nur einmal erhoben.

§ 8. Für erforderte Entwürfe erhält der Notar acht Zehnteile der für die Beurkundung bestimmten Gebühr.

Wird von dem Notar auf Grund eines von ihm gefertigten Entwurfes demnächst das Rechtsgeschäft beurkundet oder erfolgt vor ihm die Anerkennung oder Beglaubigung von Unterschriften oder Handzeichen unter einem von ihm gefertigten Entwurfe, so darf im ganzen nicht mehr als die für die Beurkundung des Rechtsgeschäfts bestimmte Gebühr erhoben werden.

§ 9. Für die bei den Gerichtsbehörden einzureichenden Anträge behufs Erwirkung einer Eintragung in das Grundbuch oder andere gerichtliche Bücher oder Register oder behufs Erwirkung von Legalisationen sowie für die Einsendung einer von dem Notar aufgenommenen oder beglaubigten Urkunde können Gebühren nicht gefordert werden, wenn der Notar für die Aufnahme der eingesendeten oder seinen Anträgen zugrunde liegenden Urkunde Gebühren bezieht. Dasselbe gilt, wenn die Urkunde von dem Notar entworfen ist.

Wird der Notar in anderen Fällen mit der im Abs. 1 bezeichneten Tätigkeit beauftragt oder ist es notwendig, mit einem Antrag einen das Sach- und Rechtsverhältnis entwickelnden Vortrag zu verbinden, und wird die Einreichung desselben von der Partei verlangt, so erhält der Notar fünf Zehnteile der vollen Gebühr.

Unter Anträgen im Sinne der vorstehenden Bestimmungen sind auch Beschwerden zu verstehen.

§ 10. Für die Vermittlung einer Auseinandersetzung, die dem Notar von dem Gericht oder von den Beteiligten übertragen ist, erhält er das Zweifache des im § 57 des Preuß. Gerichtskostengesetzes bestimmten Gebührensatzes B. Wird das Verfahren nicht durchgeführt oder beschränkt es sich auf die Ermittlung oder Feststellung einer Masse, so ermäßigt sich die Gebühr auf die Hälfte.

Die Gebühren für die Beurkundung oder den Entwurf eines das Verfahren abschließenden Vertrags oder eines mit einem Dritten geschlossenen Vertrags sowie die Gebühren für Vermögensverzeichnisse, Schätzungen und Versteigerungen werden neben den im Abs. 1 bestimmten Gebühren besonders erhoben. Wird die Vermittlung der Auseinandersetzung dem Notar vom Gericht übertragen, so steht die Anfertigung des Auseinandersetzungsplans dem Entwurfe, die Beurkundung der Auseinandersetzung der Beurkundung eines das Verfahren abschließenden Vertrags gleich.

§ 13. Für Empfang, Verwahrung und Auszahlung von Geldern erhält der Notar:

1. im Falle des Empfanges zum Zwecke der Auszahlung an dritte Personen für Rechnung des Auftraggebers vom Betrage bis 50 M. einschließlich 40 Pfg., für jede angefangene 50 M. des weiteren Betrags bis 400 M. 20 Pfg., für jede angefangene 100 M. des weiteren Betrags bis 1000 M. 20 Pfg., für jede angefangene 200 M. des weiteren Betrags bis 10000 M. 20 Pfg. und für jede angefangene 500 M. des Mehrbetrags 20 Pfg.;
2. im Falle der Erhebung von dritten Personen für Rechnung des Auftraggebers das Zweifache der vorstehenden Gebührensätze.

Sind die Gelder im ersten Falle in mehreren Beträgen gesondert auszuzahlen oder im zweiten Falle in mehreren Beträgen gesondert zu erheben, so werden die Gebühren von jedem Betrage besonders berechnet, jedoch mit der Maßgabe, daß in einer und derselben Angelegenheit die Gebühren zusammen das Fünffache der Gebühr des Gesamtbetrags nicht übersteigen dürfen.

Für Empfang, Verwahrung und Ablieferung von Wertpapieren erhält der Notar nach Maßgabe des Wertes die Hälfte der vorstehenden Gebühren.

In den Fällen des § 13 findet die Bestimmung des § 3 keine Anwendung.

§ 26. Der Betrag der Vergütung des Notars kann abweichend von den Vorschriften dieser Gebührenordnung durch Vertrag festgesetzt werden, wenn es sich handelt:

1. um die Beurkundung von letztwilligen Verfügungen, Erbverträgen, Fideikommiß- oder Familienstiftungen, Familienschlüssen, Satzungen oder Beschlüssen von Korporationen, Vereinen, Gewerkschaften, Gesellschaften oder Genossenschaften oder der Organe derselben (Aufsichtsräte usw.);
2. um die Entwürfe zu den unter 1 bezeichneten Beurkundungen;
3. um eine von den Beteiligten dem Notar übertragene Vermittlung einer Auseinandersetzung;
4. um die Beurkundung des Herganges bei Verlosungen, bei Auslosung oder Vernichtung von Wertpapieren und bei Wahlversammlungen;
5. um ein unter §§ 13 oder 15 dieser Gebührenordnung fallendes Geschäft.

Durch die zugesicherte Vergütung sind die baren Auslagen mit abgegolten, falls nicht eine entgegenstehende Vereinbarung getroffen ist.

Der Auftraggeber ist an die Vereinbarung nur gebunden, soweit er dieselbe schriftlich geschlossen hat. Hat der Notar durch den Vertragsschluß die Grenze der Mäßigung überschritten, so kann die durch Vertrag festgesetzte Vergütung im Prozeßwege bis auf den in diesem Gesetze bestimmten Betrag herabgesetzt werden.

B. Preuß. GKG. § 20. Für die Wertberechnung ist der Zeitpunkt der Fälligkeit der Gebühren entscheidend.

Maßgebend für den in Ansatz zu bringenden Wert ist nur der Hauptgegenstand des Geschäfts. Früchte, Nutzungen, Zinsen, Schäden, Vertragsstrafen und Kosten werden nur berücksichtigt, wenn sie für sich den Gegenstand eines besonderen Geschäfts bilden.

§ 21. 1. Bei der Berechnung des Wertes einer Sache ist nur der gemeine Wert derselben in Betracht zu ziehen; handelt es sich um einen Verkauf derselben, so ist als Wert der Betrag des vereinbarten Kaufpreises mit Hinzufügung des Wertes der vorbehaltenen Nutzungen und ausbedungenen Leistungen in Ansatz zu bringen.

2. Der Wert des Besitzes einer Sache ist in der Regel dem Werte der Sache gleich zu achten.

3. Der Wert eines Pfandrechts oder der Sicherstellung einer Forderung richtet sich nach dem Betrage der Forderung; hat der Gegenstand des Pfandrechts einen geringeren Wert, so ist dieser maßgebend, soweit nicht die besonderen Vorschriften für Eintragungen im Grundbuche (§ 65) entgegenstehen. Bei Vorrangseinräumungen richtet sich der Wert nach dem Betrage der vortretenden Post und, wenn der Betrag der zurücktretenden Post der geringere ist, nach diesem.

4. Der Wert einer Grunddienstbarkeit wird durch den Wert, welchen dieselbe für das herrschende Grundstück hat, und wenn der Betrag, um welchen sich der Wert des dienenden Grundstücks durch die Dienstbarkeit mindert, größer ist, durch diesen Betrag bestimmt.

5. Der Wert des Rechtes auf wiederkehrende Nutzungen oder Leistungen wird nach den Vorschriften der §§ 15—19 des Erbschaftssteuerges. in der Fassung der Bekanntmachung vom 24. 5. 91 (GS. S. 78) [jetzt § 18 des Reichserbschaftssteuerges. v. 3. 6. 06] mit der Maßgabe berechnet, daß bei immerwährenden Nutzungen oder Leistungen das Fünfundzwanzigfache des einjährigen Betrags maßgebend ist. Steht der Zeitpunkt des Anfalls nicht fest, so tritt an dessen Stelle der Zeitpunkt der Begründung des Bezugsrechts.

6. Der Wert eines Miet- oder Pachtrechts bestimmt sich nach dem zusammenzurechnenden Werte aller Leistungen des Mieters oder Pächters während der ganzen Vertragszeit. Bei länger als 25 Jahre dauernden Miet- oder Pachtverhältnissen ist der fünfundzwanzigfache Betrag der einjährigen Leistung maßgebend. Bei unbestimmter Dauer des Vertrags erfolgt die Berechnung bei ländlichen Grundstücken unter Zugrundelegung dreier Jahre, in allen anderen Fällen unter Zugrundelegung eines Jahres; kann jedoch bei Verträgen, deren Dauer von einer Kündigung abhängt, die Auflösung des Vertragsverhältnisses erst zu einem späteren Zeitpunkte geschehen, so ist dieser Zeitpunkt maßgebend.

7. Der Wert der einem Fideikommiß- oder Lehnsfolger anfallenden Rechte ist nach den Bestimmungen unter Nr. 5 zu berechnen.

8. Bei Kurs habenden Wertpapieren ist der Tageskurs als Wert anzusehen. Die Umrechnung der in anderer als Reichswährung angegebenen Summen erfolgt nach den für die Erhebung des Wechselstempels vom Bundesrate festgesetzten Mittelwerten und, insoweit solche nicht bestimmt worden sind, nach dem laufenden Kurse.

§ 23. Bei nicht vermögensrechtlichen Angelegenheiten wird der Wert des Gegenstandes zu 2000 M., ausnahmsweise niedriger oder höher, jedoch nicht unter 200 M. und nicht über 50000 M. angenommen.

Ist mit einer nicht vermögensrechtlichen Angelegenheit eine mit ihr zusammenhängende vermögensrechtliche verbunden, so ist nur ein Wert, und zwar der höhere, maßgebend.

§ 33. Die Gebühren für gerichtliche Urkunden werden nach dem Werte des Gegenstandes erhoben.

Die volle Gebühr beträgt bei Gegenständen im Werte

1.	bis 20 Mark einschließlich					. . . .	0,40	Mark,
2.	von mehr als	20	bis	60	Mark	einschließlich	0,70	„
3.	„ „ „	60	„	120	„	„	1,20	„
4.	„ „ „	120	„	200	„	„	1,80	„
5.	„ „ „	200	„	300	„	„	2,40	„
6.	„ „ „	300	„	450	„	„	3	„
7.	„ „ „	450	„	650	„	„	3,60	„
8.	„ „ „	650	„	900	„	„	4,20	„
9.	„ „ „	900	„	1 200	„	„	5	„
10.	„ „ „	1 200	„	1 600	„	„	6	„
11.	„ „ „	1 600	„	2 100	„	„	7	„
12.	„ „ „	2 100	„	2 700	„	„	8	„
13.	„ „ „	2 700	„	3 400	„	„	9	„
14.	„ „ „	3 400	„	4 300	„	„	10	„
15.	„ „ „	4 300	„	5 400	„	„	11	„
16.	„ „ „	5 400	„	6 700	„	„	12	„
17.	„ „ „	6 700	„	8 200	„	„	13	„
18.	„ „ „	8 200	„	10 000	„	„	14	„
19.	„ „ „	10 000	„	12 000	„	„	15	„
20.	„ „ „	12 000	„	14 000	„	„	16	„
21.	„ „ „	14 000	„	16 000	„	„	17	„
22.	„ „ „	16 000	„	18 000	„	„	18	„
23.	„ „ „	18 000	„	20 000	„	„	19	„
24.	„ „ „	20 000	„	22 000	„	„	20	„
25.	„ „ „	22 000	„	24 000	„	„	21	„
26.	„ „ „	24 000	„	26 000	„	„	22	„
27.	„ „ „	26 000	„	28 000	„	„	23	„
28.	„ „ „	28 000	„	30 000	„	„	24	„
29.	„ „ „	30 000	„	35 000	„	„	26	„
30.	„ „ „	35 000	„	40 000	„	„	28	„
31.	„ „ „	40 000	„	50 000	„	„	30	„
32.	„ „ „	50 000	„	60 000	„	„	32	„
33.	„ „ „	60 000	„	70 000	„	„	34	„
34.	„ „ „	70 000	„	80 000	„	„	36	„
35.	„ „ „	80 000	„	90 000	„	„	38	„
36.	„ „ „	90 000	„	100 000	„	„	40	„

Die ferneren Wertklassen steigen um je 10 000 Mark und die Gebühren um je 1 Mark.

§ **34.** Die volle Gebühr wird erhoben für die Beurkundung einseitiger Erklärungen oder einseitiger Verträge, namentlich solcher, durch welche nur von seiten einer Partei Verbindlichkeiten übernommen oder bestehende Rechte anerkannt, abgetreten oder aufgehoben werden, ohne Unterschied, ob die Erklärungen nur von einzelnen Personen oder von mehreren Personen als Teilnehmern abgegeben werden und ob die der anderen Partei gemachten Zugeständnisse in derselben Verhandlung angenommen sind oder nicht.

§ **35.** Das Zweifache der vollen Gebühr wird erhoben für die Beurkundung zweiseitiger Verträge.

Eheverträge gelten stets als zweiseitige Verträge.

§ **36.** Wird zum Zwecke der Schließung eines zweiseitigen Vertrags zunächst der Antrag beurkundet, so werden hierfür fünfzehn Zehnteile der vollen Gebühr erhoben.

Auf die Beurkundung der Annahme eines Vertragsantrags findet die Vorschrift des § 38 Nr. 1 bei einseitigen und bei zweiseitigen Verträgen Anwendung.

§ 37. Wird mit der Beurkundung eines Rechtsgeschäfts die Beurkundung solcher Erklärungen eines Dritten verbunden, welche mit dem Rechtsgeschäft im inneren Zusammenhange stehen (z. B. Bürgschaften, Vorrangseinräumungen, Anerkennung einer abgetretenen Forderung seitens des Schuldners), so werden neben den in den §§ 34, 35 bestimmten Gebühren zusätzlich drei Zehnteile der vollen Gebühr erhoben.

Für die Zusatzgebühr ist der Wert der Erklärung des Dritten maßgebend.

§ 38. Fünf Zehnteile der vollen Gebühr werden erhoben:

1. für jede besondere Urkunde, in welcher die Zustimmung einzelner Teilnehmer zu einer bereits beurkundeten Erklärung beurkundet wird, ohne Unterschied, ob die letztere von derselben Behörde beurkundet ist oder nicht;
2. für Vollmachten;
3. für nachträgliche ergänzende oder abändernde Erklärungen, welche für sich kein besonderes Geschäft bilden und von derselben Behörde beurkundet werden;
4. für die Beurkundung der Wiederaufhebung eines noch von keiner Seite erfüllten Vertrags.

§ 39. Bei der Berechnung der Gebühren ist der Wert des Rechtsverhältnisses maßgebend, dessen Begründung, Übertragung, Feststellung oder Aufhebung den Gegenstand des Rechtsgeschäfts bildet. Bei Verträgen, welche den Austausch von Leistungen zum Gegenstande haben, kommt nur der Wert der Leistungen des einen Teiles und, wenn der Wert der beiderseitigen Leistungen ein verschiedener ist, der höhere in Betracht.

Handelt es sich um Änderungen eines bestehenden Rechtsverhältnisses und erhellt, daß die Änderung einen bestimmten Geldwert für die Beteiligten hat, so ist dieser maßgebend; anderenfalls ist die Bestimmung des § 23 mit der Einschränkung anwendbar, daß der Wert des von der Änderung betroffenen Rechtsverhältnisses nicht überschritten werden darf.

Bei zustimmenden Erklärungen einzelner Teilnehmer (§ 38 Nr. 1) kommt nur der Anteil derselben in Betracht.

Der Wert einer Generalvollmacht ist unter entsprechender Anwendung des § 23 zu bestimmen. Bei Vollmachten zum Abschluß eines bestimmten Rechtsgeschäfts ist der für dieses maßgebende Wert in Ansatz zu bringen, jedoch ist der Wert höchstens auf 50000 M. anzunehmen und bei der von einem Teilnehmer ausgestellten Vollmacht nur der Anteil desselben maßgebend.

Auf Anmeldungen zum Handelsregister oder zu ähnlichen Registern findet, sofern ein bestimmter Geldwert nicht erhellt, die Vorschrift des § 23 entsprechende Anwendung.

§ 40. Wenn in einer Verhandlung mehrere selbständige Rechtsgeschäfte beurkundet werden, so wird für jedes derselben die nach der Art des Geschäfts und dem Werte des Gegenstandes zu berechnende Gebühr besonders erhoben.

Stehen mehrere in einer Verhandlung beurkundete Erklärungen dergestalt in einem inneren Zusammenhange, daß sie ein einheitliches Rechtsgeschäft bilden, so werden die in den §§ 34—38 bestimmten Gebühren nur einmal erhoben. Dabei wird, wenn die mehreren Erklärungen einen verschiedenen Gegenstand haben, der Wert derselben zusammengerechnet, anderenfalls der Wert nur einmal zum Ansatze gebracht. Ist eine Forderung und deren Sicherstellung seitens des Schuldners gleichzeitig Gegenstand des Rechtsgeschäfts, so wird der einmalige Betrag der Forderung der Gebührenberechnung zugrunde gelegt. Unterliegen die zu einem Rechtsgeschäfte vereinigten Erklärungen zum Teil dem Satze des § 34, zum Teil dem des § 35, so tritt die Verdopplung der Gebühr nur nach dem Werte des zweiseitigen Vertrages ein.

Im Zweifel ist anzunehmen, daß alle in einer Urkunde zusammengefaßten Erklärungen, welche sich auf denselben Gegenstand beziehen oder die rechtlichen Beziehungen derselben Personen betreffen, ein einheitliches Rechtsgeschäft bilden.

§ **43.** Zwei Zehnteile des im § 57 bestimmten Gebührensatzes A werden erhoben:

1. für die Beurkundung oder Beglaubigung von Anträgen auf Eintragungen oder Löschungen im Grundbuch oder im Schiffsregister sowie von Eintragungs- oder Löschungsbewilligungen oder Zustimmungen nach § 27 der Grundbuchordnung oder nach § 105 des Gesetzes über die Angelegenheiten der freiwilligen Gerichtsbarkeit, sofern nicht gleichzeitig das zugrunde liegende Rechtsgeschäft beurkundet oder beglaubigt wird;
2. für die Beurkundung einer Auflassung, sofern nicht gleichzeitig das zugrunde liegende Rechtsgeschäft beurkundet wird oder nach § 58 Gebührenfreiheit eintritt;
3. für die Beurkundung oder Beglaubigung von Vollmachten zur Auflassung;
4. für die Beglaubigung einer Schuldurkunde, in welcher zugleich der Antrag auf Eintragung einer Hypothek oder die Bewilligung dieser Eintragung enthalten ist.

Ist die vorstehend bestimmte Gebühr höher als die in den §§ 34, 38, 42 vorgesehene Gebühr, so wird die letztere erhoben.

Die Vorschriften der §§ 39, 40 sind entsprechend anzuwenden.

§ **44.** Für die Errichtung eines Erbvertrags vor einem Richter wird die zweifache Gebühr erhoben, wenn der Erbvertrag mündlich erklärt oder der Entwurf vom Richter angefertigt wird. In allen anderen Fällen wird für die Errichtung einer Verfügung von Todes wegen vor einem Richter die volle Gebühr erhoben.

. . . .

Wird ein Erbvertrag gleichzeitig mit einem Ehevertrage beurkundet, so finden die Vorschriften des § 40 Anwendung.

Soweit die Gebühren für eine Verfügung über den gesamten Nachlaß oder einen Bruchteil desselben bei Lebzeiten des Verfügenden fällig werden, sind sie nach dem Werte des Vermögens zur Zeit der Fälligkeit zu berechnen.

Der Berechnung der Gebühren sind in der Regel die Angaben des Verfügenden über den Wert des Gegenstandes zugrunde zu legen. Eine Nachforderung der infolgedessen zu wenig angesetzten Gebühren wird durch die Vorschrift des § 12 nicht ausgeschlossen. Bezüglich dieser Nachforderung beginnt die Verjährung erst mit dem Schlusse des Jahres, in welchem die Eröffnung oder Rückgabe der Verfügung erfolgt ist.

§ **45.** Für die Errichtung von Familienfideikommissen, Familienstiftungen und Familienschlüssen wird das Zweifache der vollen Gebühr erhoben.

§ **53.** Wird auf Verlangen der Partei oder mit Rücksicht auf die Art der Rechtshandlung die leztere außerhalb der Gerichtsstelle vorgenommen, so werden neben den in diesem Abschnitte bestimmten Gebühren — mit Ausnahme der in den §§ 47, 49 Abs. 2, 50 vorgeschriebenen Gebühren — fünf Zehnteile der vollen Gebühr, jedoch mindestens 1 M. und höchstens 10 M., erhoben. Kann das Geschäft nicht an einem Kalendertage beendigt werden, so wird die Zusatzgebühr für jeden

Tag, an welchem das Gericht außerhalb der Gerichtsstelle tätig war, besonders erhoben; die Gebührenstufe für die Zusatzgebühr wird in diesem Falle durch eine Teilung des Wertes des Gegenstandes nach der Zahl der Tage ermittelt. Beziehen die Gerichtspersonen Tagegelder und Reisekosten oder die im § 116 bezeichnete Gebühr, so wird der Betrag derselben auf die Zusatzgebühr angerechnet.

Die Zusatzgebühr wird, sofern die Gerichtspersonen den Weg zur Vornahme des Geschäfts angetreten haben, auch dann in Ansatz gebracht, wenn das Geschäft aus einem in der Person des Beteiligten liegenden Grunde nicht zur Ausführung gelangt ist.

Die Vorschriften über die Erhebung von Vorschüssen für bare Auslagen finden auf die Zusatzgebühr entsprechende Anwendung.

§ **54.** Unterbleibt die beantragte Beurkundung einer Erklärung, nachdem das Gericht über dieselbe mit den Beteiligten verhandelt hat, so werden fünf Zehnteile der für die Beurkundung bestimmten Gebühr bis zu einem Höchstbetrage von 20 M. erhoben.

§ **55.** Die Gebühren für die Beurkundung eines Rechtsgeschäfts werden um ein Vierteil erhöht, wenn sich ein Beteiligter in fremder Sprache erklärt.

Die Gebührenerhöhung sowie die durch die Zuziehung eines Dolmetschers entstandenen Auslagen fallen dem Beteiligten zur Last, welcher die Zuziehung des Dolmetschers oder die Verhandlung in fremder Sprache veranlaßt hat.

§ **56** Satz 1. Die in diesem Abschnitte bestimmten Gebühren umfassen die gesamte Tätigkeit des Gerichts einschließlich aller Nebengeschäfte.

§ **90.** Soweit nicht vorstehend ein anderes bestimmt ist, werden in den unter diesen Abschnitt fallenden Angelegenheiten die Gebühren von dem Betrage der den Gegenstand des Verfahrens bildenden Vermögensmasse ohne Abzug der Schulden berechnet.

Betrifft ein Verfahren mehrere im Zusammenhang stehende Massen, so werden die Werte derselben zusammengerechnet. Die nach dem Gesamtwerte berechnete Gebühr wird auf die einzelnen Massen nach Verhältnis des Wertes derselben verteilt. Wird die Teilung des Nachlasses eines Ehegatten, welcher in einer Gütergemeinschaft gelebt hat, mit der Auseinandersetzung der Gütergemeinschaft verbunden, so wird bei der Anwendung der Vorschriften dieses Absatzes der Wert der gütergemeinschaftlichen Masse nur zur Hälfte und, sofern dem überlebenden Ehegatten von der gütergemeinschaftlichen Masse ein anderer Bruchteil als die Hälfte zufällt, zu diesem Bruchteil in Ansatz gebracht.

Werden nur einzelne Teile der Masse von den in diesem Abschnitte bezeichnete Gattungen von Geschäften berührt, so werden die Gebühren nur nach dem Werte dieser Teile berechnet.

3. Entwurf eines Rechtsgeschäftes. Gemeint ist der Entwurf zu einer rechtsgeschäftlichen Urkunde der freiwilligen Gerichtsbarkeit. Grundlegend für die Gebühr ist der § 8 RGO., der für Entwürfe acht Zehntel der für die Beurkundung bestimmten Gebühr zubilligt. Die maßgebende Gebührenskala ist die des § 33 GKG., jedoch ist die Mindestgebühr nach § 3 RGO. Eine Mark 50 Pfg. (nicht 1 Mk.).

Für die Wertsberechnung sind maßgebend die §§ 20, 21, 23 GKG.

Die Gebührensätze für Beurkundungen sind bestimmt in §§ 33 bis 45 und 53 bis 56. Danach gestalten sich die Gebühren für Entwürfe:

a) Für Entwurf eines einseitigen Rechtsgeschäfts (§ 34) oder einer Verfügung von Todes wegen entsteht eine Gebühr von acht Zehnteln der Sätze des § 33.

b) Für Entwurf eines zweiseitigen Vertrages (§ 35), eines Erbvertrages (§ 44), eines Ehevertrages (§ 35 Abs. 2), einer Stiftungsurkunde (§ 45) entsteht eine Gebühr von sechzehn Zehnteln der Sätze des § 33.

Ein zweiseitiger Vertrag ist nur ein solcher, in dem Leistungen oder Verpflichtungen beider Teile beurkundet werden.

c) Für Entwurf der Wiederaufhebung eines noch von keiner Seite erfüllten Vertrages oder für Entwurf einer Vollmacht, oder der Zustimmung einzelner Teilnehmer zu einer Erklärung, oder nachträglicher ergänzender Erklärungen entsteht eine Gebühr von vier Zehnteln der Sätze des § 33.

d) Enthält der Entwurf auch akzessorische Erklärungen Dritter (§ 37), so entsteht eine Zusatzgebühr von vierundzwanzig Hundertsteln der Sätze des § 33.

e) Zusatzgebühren in Höhe von vier Zehnteln entstehen in den Fällen des § 6 RGO. (Krankenlager und Nachtzeit) u. des § 53 GKG. (außerhalb der Geschäftsstelle).

f) In den Fällen des § 43 ist für den Entwurf sechzehn Hundertstel der Sätze des § 57 A GKG. zu berechnen.

g) Enthält der Entwurf mehrere Rechtsgeschäfte, so ist § 40 GKG. maßgebend.

Die **Vereinbarung** einer Gebühr ist nur bei den in § 26 RGO. aufgeführten Rechtsgeschäften zulässig.

4. **Vermittelung einer Auseinandersetzung** ist die Herbeiführung übereinstimmender Erklärungen der Beteiligten über die Auseinandersetzung. Zu unterscheiden davon ist die **Vertretung** eines Beteiligten, für welche die Gebühren nach Art. 8 bis 12 zu berechnen sind, und die **Testamentsvollstreckung**, die allerdings große Ähnlichkeit mit der Vermittelung hat, weshalb eine analoge Anwendung des § 10 RGO. angezeigt erscheint.

A. Fälle der Auseinandersetzung sind
   a) die A. einer Erbengemeinschaft gemäß § 2042 ff. BGB.,
   b) die A. einer Gütergemeinschaft,
   c) die A. einer sonstigen Gemeinschaft gemäß § 752 BGB., insbesondere auch der handelsrechtlichen Gemeinschaften,
   d) die A. geschiedener Eheleute gemäß § 1580 BGB.

B. Für die Gebührenberechnung ist gemäß § 90 GKG. maßgebend der Wert des Aktivbestandes ohne Abzug der Schulden.

5. **Empfang, Verwahrung und Auszahlung von Geldern und Wertpapieren.** § 13 RGO. ist nur anwendbar, soweit nicht § 87 dGO. maßgebend ist also nicht in den Fällen des § 1 dGO. und des Art. 2 PrGO. Vgl. im übrigen die Erl. zu § 87 oben S. 451 ff.

Art. 14. **Ist für das dem Rechtsanwalt übertragene Geschäft eine Gebühr nicht bestimmt, so erhält er eine unter entsprechender Anwendung der Vorschriften der Deutschen Gebührenordnung und dieses Gesetzes zu bemessende Gebühr. Das gleiche gilt, soweit für die begonnene oder vorbereitete Ausführung eines vor der vollständigen Ausführung erledigten Auftrags eine Gebühr nicht vorgesehen ist.**

1. Satz 1 enthält eine den §§ 88, 90 dGO. ähnliche Vorschrift; zur Anwendung sollen ähnliche Bestimmungen der dGO. und dieses Gesetzes kommen, deren Grundsätze am Besten passen. Die dGO. wird insbesondere entsprechend anwendbar sein

a) wenn die Tätigkeit in den Bereich der Strafsachen fällt z. B. der Verkehr mit der Staatsanwaltschaft (vgl. oben S. 383),

b) wo Bauschgebühr angebracht erscheint z. B. bei Herbeiführung eines außergerichtlichen Vergleichs oder Akkordes.

2. Satz 2 ist nicht anwendbar, wo Bauschgebühren für Gesamttätigkeit bestimmt sind z. B. Art. 4 bis 7, da es auf das Maß der entwickelten Tätigkeit nicht ankommt; anwendbar dagegen in den Fällen der Art. 8 bis 13 z. B. bei Auftrag zu einem Schreiben oder zur Wahrnehmung eines Termins.

Art 15. Die Vorschriften der §§ 2 bis 6, 8, 10 bis 12, 76 bis 86, 88, 93, 94 der Deutschen Gebührenordnung finden, soweit nicht ein anderes bestimmt ist, in den Fällen der Artikel 4 bis 14 entsprechende Anwendung.

In den Fällen der Artikel 4 bis 7 finden auch die Vorschriften der §§ 7, 25, 26, 29 bis 32, 35, 36, 48 bis 51 der Deutschen Gebührenordnung entsprechende Anwendung. Steht dem Rechtsanwalt in derselben Instanz eine Gebühr für den Antrag auf Eintragung einer Sicherungshypothek zu, so wird diese auf die im Artikel 4 Abs. 1 Nr. 1, im Artikel 5 Abs. 2 und im Artikel 7 Abs. 1 Satz 1 bestimmten Gebühren angerechnet.

1. Eine anderweitige Bestimmung, nämlich die Anwendung der RGO. und GKG. enthält Art. 13 für die dort bezeichneten Geschäfte in Ansehung der Wertsberechnung, des Mindestbetrages der Gebühr und der Zulässigkeit einer Vereinbarung über die Höhe der Gebühr.

2. Die in Abs. 2 angeordnete Anrechnung der Gebühr für den Antrag auf Eintragung einer Sicherungshypothek findet nur dann statt, wenn die Zwangseintragung sich als eine Vorbereitung weiterer Maßregeln der Zwangsversteigerung oder Zwangsverwaltung darstellt. Dies ist nicht der Fall, wenn die Zwangsverst. oder Zwangsverw. sich nicht unmittelbar an die Zwangseintragung anschließen soll, sondern erst später auf Grund eines neuen Auftrags in Auftrag gegeben wird.

Art. 16. Allgemeine Vorschriften über die Vergütung für eine Tätigkeit, welche die Zulassung zur Rechtsanwaltschaft nicht voraussetzt, sind auch für die Rechtsanwälte maßgebend.

In Betracht kommen die Tätigkeiten als Vormund (BGB. § 1836), Pfleger (BGB. § 1915), Nachlaßverwalter (BGB. § 1987), Konkursverwalter (KO. § 85), Mitglied des Gläubigerausschusses (§ 91 KO.), Zustellungsvertreter (ZwVG. § 7 Abs. 2, § 135) und als Zwangsverwalter (ZwVG. § 153. JMV. v. 8. 12. 99, JMBl. S. 791, § 16).

Art. 17. Die Vorschriften dieses Abschnittes treten gleichzeitig mit dem Bürgerlichen Gesetzbuch in Kraft. Für die vor diesem Zeitpunkt erteilten Aufträge bewendet es bei den bisherigen Vorschriften.

Zweiter Abschnitt.

(Enthält in den Art. 18 bis 26 Vorschriften, betreffend die Gebühren der Gerichtsvollzieher.)

Dritter Abschnitt. Schlußbestimmungen.

Art. 27. Aufgehoben werden vom Zeitpunkte des Inkrafttretens des Bürgerlichen Gesetzbuchs an:

1. Das Ausführungsgesetz zur Deutschen Gebührenordnung für Rechtsanwälte vom 2. 2. 80 (GS. S. 43);

(Nr. 2 und 3 betreffen Gesetze, die sich auf die Gebühren der Gerichtsvollzieher beziehen.)

Tabelle zur Berechnung der Rechtsanwaltsgebühren

nach den Artikeln 3—12 der Preußischen Gebührenordnung.

Wertsklasse.	Wertsstufe.		Volle Gebühr	1/10	2/10	3/10	5/10	6/10
	Über ℳ	bis einschließlich ℳ	ℳ	ℳ	ℳ	ℳ	ℳ	ℳ
1.		20	2	1,00	1,00	1,00	1,00	1,20
2.	20	60	3	1,00	1,00	1,00	1,50	1,80
3.	60	120	4	1,00	1,00	1,20	2,00	2,40
4.	120	200	7	1,00	1,40	2,10	3,50	4,20
5.	200	300	10	1,00	2,00	3,00	5,00	6,00
6.	300	450	14	1,40	2,80	4,20	7,00	8,40
7.	450	650	19	1,90	3,80	5,70	9,50	11,40
8.	650	900	24	2,40	4,80	7,20	12,00	14,40
9.	900	1 200	28	2,80	5,60	8,40	14,00	16,80
10.	1 200	1 600	32	3,20	6,40	9,60	16,00	19,20
11.	1 600	2 100	36	3,60	7,20	10,80	18,00	21,60
12.	2 100	2 700	40	4,00	8,00	12,00	20,00	24,00
13.	2 700	3 400	44	4,40	8,80	13,20	22,00	26,40
14.	3 400	4 300	48	4,80	9,60	14,40	24,00	28,80
15.	4 300	5 400	52	5,20	10,40	15,60	26,00	31,20
16.	5 400	6 700	56	5,60	11,20	16,80	28,00	33,60
17.	6 700	8 200	60	6,00	12,00	18,00	30,00	36,00
18.	8 200	10 000	64	6,40	12,80	19,20	32,00	38,40
19.	10 000	12 500	68	6,80	13,60	20,40	34,00	40,80
20.	12 500	15 000	72	7,20	14,40	21,60	36,00	43,20
21.	15 000	17 500	76	7,60	15,20	22,80	38,00	45,60
22.	17 500	20 000	80	8,00	16,00	24,00	40,00	48,00
23.	20 000	25 000	85	8,50	17,00	25,50	42,50	51,00
24.	25 000	30 000	90	9,00	18,00	27,00	45,00	54,00
25.	30 000	35 000	95	9,50	19,00	28,50	47,50	57,00
26.	35 000	40 000	100	10,00	20,00	30,00	50,00	60,00
27.	40 000	45 000	105	10,50	21,00	31,50	52,50	63,00
28.	45 000	50 000	110	11,00	22,00	33,00	55,00	66,00
29.	50 000	55 000	115	11,50	23,00	34,50	57,50	69,00
30.	55 000	60 000	120	12,00	24,00	36,00	60,00	72,00
31.	60 000	65 000	125	12,50	25,00	37,50	62,50	75,00
32.	65 000	70 000	130	13,00	26,00	39,00	65,00	78,00
33.	70 000	75 000	135	13,50	27,00	40,50	67,50	81,00
34.	75 000	80 000	140	14,00	28,00	42,00	70,00	84,00

Tabelle zur Berechnung der Rechtsanwaltsgebühren

nach den Artikeln 3–12 der Preuß. Gebührenordnung.

Wertsklasse.	Wertsstufe.		Volle Gebühr	$^1/_{10}$	$^2/_{10}$	$^3/_{10}$	$^5/_{10}$	$^6/_{10}$
	Über ℳ	bis einschließlich ℳ	ℳ	ℳ	ℳ	ℳ	ℳ	ℳ
35.	80 000	85 000	145	14,50	29	43,50	72,50	87,00
36.	85 000	90 000	150	15,00	30	45,00	75,00	90,00
37.	90 000	95 000	155	15,50	31	46,50	77,50	93,00
38.	95 000	100 000	160	16,00	32	48,00	80,00	96,00
39.	100 000	110 000	165	16,50	33	49,50	82,50	99,00
40.	110 000	120 000	170	17,00	34	51,00	85,00	102,00
41.	120 000	130 000	175	17,50	35	52,50	87,50	105,00
42.	130 000	140 000	180	18,00	36	54,00	90,00	108,00
43.	140 000	150 000	185	18,50	37	55,50	92,50	111,00
44.	150 000	160 000	190	19,00	38	57,00	95,00	114,00
45.	160 000	170 000	195	19,50	39	58,50	97,50	117,00
46.	170 000	180 000	200	20,00	40	60,00	100,00	120,00
47.	180 000	190 000	205	20,50	41	61,50	102,50	123,00
48.	190 000	200 000	210	21,00	42	63,00	105,00	126,00
49.	200 000	210 000	215	21,50	43	64,50	107,50	129,00
50.	210 000	220 000	220	22,00	44	66,00	110,00	132,00
51.	220 000	230 000	225	22,50	45	67,50	112,50	135,00
52.	230 000	240 000	230	23,00	46	69,00	115,00	138,00
53.	240 000	250 000	235	23,50	47	70,50	117,50	141,00
54.	250 000	260 000	240	24,00	48	72,00	120,00	144,00
55.	260 000	270 000	245	24,50	49	73,50	122,50	147,00
56.	270 000	280 000	250	25,00	50	75,00	125,00	150,00
57.	280 000	290 000	255	25,50	51	76,50	127,50	153,00
58.	290 000	300 000	260	26,00	52	78,00	130,00	156,00
59.	300 000	325 000	265	26,50	53	79,50	132,50	159,00
60.	325 000	350 000	270	27,00	54	81,00	135,00	162,00
61.	350 000	375 000	275	27,50	55	82,50	137,50	165,00
62.	375 000	400 000	280	28,00	56	84,00	140,00	168,00
63.	400 000	425 000	285	28,50	57	85,50	142,50	171,00
64.	425 000	450 000	290	29,00	58	87,00	145,00	174,00
65.	450 000	475 000	295	29,50	59	88,50	147,50	177,00
66.	475 000	500 000	300	30,00	60	90,00	150,00	180,00
70.	575 000	600 000	320	32,00	64	96,00	160,00	192,00
74.	675 000	700 000	340	34,00	68	102,00	170,00	204,00
78.	775 000	800 000	360	36,00	72	108,00	180,00	216,00
82.	875 000	900 000	380	38,00	76	114,00	190,00	228,00
86.	975 000	1 000 000	400	40,00	80	120,00	200,00	240,00
und so fort von je 50 000 ℳ steigend um			5	0,50	1	1,50	2,50	3,00

Tabelle zur Berechnung der Rechtsanwaltsgebühren

nach § 13 der Preußischen Gebührenordnung für Notare.
(Art. 13 der Preuß. GO. für Rechtsanwälte.)

Wertsklasse	Betrag		Auszahlung von		Erhebung von Dritten	
	Mehr als ℳ	bis einschließlich ℳ	Geld ℳ	Wertpapieren ℳ	Geld ℳ	Wertpapieren ℳ
1.		50	0,40	0,20	0,80	0,40
2.	50	100	0,60	0,30	1,20	0,60
3.	100	150	0,80	0,40	1,60	0,80
4.	150	200	1,00	0,50	2,00	1,00
5.	200	250	1,20	0,60	2,40	1,20
6.	250	300	1,40	0,70	2,80	1,40
7.	300	350	1,60	0,80	3,20	1,60
8.	350	400	1,80	0,90	3,60	1,80
9.	400	500	2,00	1,00	4,00	2,00
10.	500	600	2,20	1,10	4,40	2,20
11.	600	700	2,40	1,20	4,80	2,40
12.	700	800	2,60	1,30	5,20	2,60
13.	800	900	2,80	1,40	5,60	2,80
14.	900	1 000	3,00	1,50	6,00	3,00
15.	1 000	1 200	3,20	1,60	6,40	3,20
16.	1 200	1 400	3,40	1,70	6,80	3,40
17.	1 400	1 600	3,60	1,80	7,20	3,60
18.	1 600	1 800	3,80	1,90	7,60	3,80
19.	1 800	2 000	4,00	2,00	8,00	4,00
20.	2 000	2 200	4,20	2,10	8,40	4,20
21.	2 200	2 400	4,40	2,20	8,80	4,40
22.	2 400	2 600	4,60	2,30	9,20	4,60
23.	2 600	2 800	4,80	2,40	9,60	4,80
24.	2 800	3 000	5,00	2,50	10,00	5,00
29.	3 800	4 000	6,00	3,00	12,00	6,00
34.	4 800	5 000	7,00	3,50	14,00	7,00
39.	5 800	6 000	8,00	4,00	16,00	8,00
44.	6 800	7 000	9,00	4,50	18,00	9,00
49.	7 800	8 000	10,00	5,00	20,00	10,00
54.	8 800	9 000	11,00	5,50	22,00	11,00
59.	9 800	10 000	12,00	6,00	24,00	12,00
60.	10 000	10 500	12,20	6,10	24,40	12,20
61.	10 500	11 000	12,40	6,20	24,80	12,40
u. s. f. v. je 500 ℳ steigend um			0,20	0,10	0,40	0,20

B. Bayern.

1. Verordnung, die Gebühren der Rechtsanwälte in den Angelegenheiten der Rechtspflege betreffend.

Vom 26. März 1902. (Ges.- und Verordn.-Bl. S. 133.)

Art. **1.** Die ReichsGO. für RA. findet entsprechende Anwendung auf die Berufstätigkeit des RA.

1. in den vor die ordentlichen Gerichte gehörenden bürgerl. Rechtsstreitigkeiten mit Ausnahme der in den Art 17 bis 23 aufgeführten Angelegenheiten, auch soweit das Verfahren den Vorschriften der ZPO. oder der KO. nicht unterliegt,
2. in den vor besondere Gerichte gehörenden bürgerl. Rechtsstreitigkeiten, auf welche die ZPO. Anwendung findet,
3. in den vor die ordentlichen Gerichte gehörenden Strafsachen, auch soweit das Verfahren landesgesetzlich geregelt ist,
4. in den vor besondere Gerichte gehörenden Rechtssachen, auf welche die StPO. Anwendung findet.

Das Verfahren in Forstrügesachen vor dem Amtsgerichte steht dem Verfahren vor dem Schöffengerichte gleich.

Art. **2.** Die ReichsGO. für RA. findet entsprechende Anwendung auf die Berufstätigkeit des RA. im Dienststrafverfahren vor Justizbehörden.

Das Dienststrafverfahren, in dem eine Hauptverhandlung nicht stattfindet, steht dem Vorverfahren, das Dienststrafverfahren erster Instanz dem Verfahren vor der Strafkammer gleich.

In der Beschwerde- (Rekurs-) Instanz im Dienststrafverfahren, in dem eine Hauptverhandlung in erster Instanz nicht stattfindet, kommen insbesondere die § 63 Nr. 2, § 68 Nr. 2 der ReichsGO. f. RA. zur entsprechenden Anwendung.

Art. **3.** Der RA. erhält in dem Verfahren vor dem Gerichtshofe für Kompetenzkonflikte (Ges. v. 18. 8. 79, die Entsch. der Kompetenzkonfl. zw. den Gerichten und den Verwaltungsbehörden oder dem Verwaltungsgerichtshofe betr.),

a) für den Geschäftsbetrieb einschließlich der Information,
b) für die Erörterung der Sache in der öffentlichen Sitzung

e fünf Zehnteile der Sätze des § 9 der ReichsGO. f. RA.

Die Gebühr für die Erörterung der Sache in der öffentlichen Sitzung beträgt mindestens zehn Mark.

Ist der Auftrag zur Vertretung erledigt, bevor der RA. eine Denkschrift abgefaßt oder die Sache in der öffentlichen Sitzung erörtert hat, so erhält er nur die Hälfte der im Abs. 1 lit. a bestimmten Gebühr.

Im übrigen finden die für bürgerl. Rechtsstreitigkeiten geltenden Bestimmungen der ReichsGO. f. RA. entsprechende Anwendung.

Art. **4.** In allen anderen Angelegenheiten, für welche die Vergütung der Berufstätigkeit des RA. landesrechtlich zu regeln ist, sind ausschließlich die folgenden Vorschriften maßgebend.

Diese Vorschriften finden jedoch keine Anwendung auf die Berufstätigkeit des RA. in den Angelegenheiten der Verwaltung und der Verwaltungsrechtspflege, ferner auf die Berufstätigkeit, die ein RA. als Mitglied eines Gläubigerausschusses, als Konkursverwalter, Zwangsverwalter, Nachlaßverwalter, Zustellungsvertreter oder Vertreter eines im Verteilungsverfahren nicht ermittelten Berechtigten, als Vormund, Pfleger, Testamentsvollstrecker oder in einer ähnlichen Stellung ausübt.

Art. **5.** Volle Gebühr im Sinne der folgenden Vorschriften ist die im § 9 der ReichsGO. für RA. bestimmte Gebühr mit der Maßgabe, daß von 10000 bis 20000 Mark die Wertsklassen um je 2500 Mark und die Gebühren um je 4 Mark und von 20000 Mark an die Gebühren um je 5 Mark und die Wertsklassen bis 100000 Mark um je 5000 Mark, bis 300000 Mark um je 10000 Mark, bis 1 Million Mark um je 25000 Mark und darüber hinaus um je 50000 Mark steigen.

Art. **6.** Der RA. erhält für die Tätigkeit, die er zu seiner Information entwickelt, einschließlich der zu diesem Zwecke vorgenommenen Besprechungen und der Einsicht von Akten zwei Zehnteile der vollen Gebühr, jedoch mindestens zwei Mark. Ist die Tätigkeit des RA. besonders weitläufig oder schwierig, so kann die Gebühr bis auf fünf Zehnteile der vollen Gebühr erhöht werden (Informationsgebühr).

Die Gebühr kann in einer Instanz nur einmal beansprucht werden.

Vertritt der RA. den Auftraggeber in mehreren Instanzen, so erhält er die Gebühr in der höheren Instanz nur dann, wenn er in dieser zu seiner Information eine weitere Tätigkeit entwickelt hat.

Die Gebühr beträgt nur ein Zehnteil der vollen Gebühr, wenn die Tätigkeit des RA. die Zwangsvollstr. betrifft.

Die Gebühr kann nicht gefordert werden, wenn die Tätigkeit des RA. der Einleitung eines Prozesses vorausgeht und dem RA. die Prozeßgebühr oder eine Gebühr nach § 44 der ReichsGO. f. RA. zusteht, ferner wenn die Tätigkeit des RA. Mahnungen, Kündigungen oder Schreiben ähnlicher Art betrifft, die der Einleitung einer Zwangsvollstr. vorausgehen, und dem RA. eine Gebühr für den Antrag auf Einleitung der Zwangsvollstr. zusteht.

Art. 7. Der RA. erhält für die Erteilung eines Rates ein Zehnteil der vollen Gebühr.

Hat der RA. im Anschluß an die Erteilung des Rates eines der in den Art. 8 bis 12 bezeichneten Geschäfte vorzunehmen, für das nach diesen Artikeln oder nach Art. 13 eine besondere Gebühr anzusetzen ist, so kann die Gebühr für das Geschäft nur gefordert werden, soweit sie die Gebühr für den Rat übersteigt.

Art. 8. Der RA. erhält zwei Zehnteile der vollen Gebühr, jedoch mindestens zwei Mark, für Anträge, Erklärungen und Beschwerden bei Behörden. Die Gebühr kann bis auf vier Zehnteile der vollen Gebühr erhöht werden, wenn die Tätigkeit des RA. besonders weitläufig oder schwierig ist.

Hat der RA. die einem Antrag oder einer Erklärung zugrunde liegende Urkunde entworfen und erhält er hierfür eine Gebühr nach Art. 12, so steht ihm für den Antrag oder für die Erklärung die Gebühr aus Abs. 1 nur dann zu, wenn der Antrag oder die Erklärung eine das Sach- und Rechtsverhältnis entwickelnde Darstellung enthält und deren Einreichung vom Auftraggeber verlangt wird.

Für bloße Benachrichtigungen, Beschleunigungsgesuche, kurze Anzeigen, Gesuche um Abschriften oder Ausfertigungen und für ähnliche Schreiben erhält der RA. nur Schreibgebühren.

Art. 9. Der RA. erhält ein Zehnteil der vollen Gebühr für Abfassung eines Schreibens an eine andere Privatperson als den Auftraggeber, wenn es rechtliche Ausführungen oder sachliche Auseinandersetzungen enthält.

Für die der Einleitung eines Prozesses oder einer Zwangsvollstr. vorausgehenden Mahnungen, Kündigungen oder Schreiben ähnlicher Art kann diese Gebühr nicht gefordert werden, wenn dem RA. die Prozeßgebühr, eine Gebühr nach § 44 der ReichsGO. f. RA. oder eine Gebühr für den Antrag auf Einleitung der Zwangsvollstr. zusteht.

Auf ein Schreiben an den Auftraggeber, das einen von diesem erbetenen Rat enthält, findet die Bestimmung des Art. 7 Abs. 1, auf ein Gutachten mit juristischer Begründung die Bestimmung des § 88 der ReichsGO. f. RA. Anwendung.

Für andere Schreiben erhält der RA. nur Schreibgebühren.

Art. 10. Für die Wahrnehmung eines Termins vor einer Behörde erhält der RA. drei Zehnteile der vollen Gebühr, jedoch mindestens drei Mark; werden in derselben Instanz mehrere Termine wahrgenommen, so beträgt die Gebühr für den zweiten und für jeden weiteren Termin zwei Zehnteile der vollen Gebühr, jedoch mindestens zwei Mark (Terminsgebühr).

Für die Wahrnehmung eines Termins, der nur zur Übernahme oder zur Ablieferung von Geldern oder Wertpapieren bestimmt ist, erhält der RA. eine Terminsgebühr nur dann, wenn die Übernahme oder die Ablieferung in dem Termine nicht stattfindet. Die Gebühr beträgt in diesem Falle ein Zehnteil der vollen Gebühr, jedoch nicht mehr als die Gebühr für die Übernahme oder die Ablieferung betragen hätte.

Art. 11. Für die Mitwirkung beim Abschluß eines Vergleichs erhält der RA. die volle Gebühr.

Art. 12. Für das Entwerfen der Urkunde über ein Rechtsgeschäft erhält der RA. zwei bis fünf Zehnteile der vollen Gebühr. Wenn die Tätigkeit des RA. besonders weitläufig oder schwierig ist, kann die Gebühr bis auf den Betrag der vollen Gebühr erhöht werden.

Art. 13. Hat der RA. eines der in den Art. 7 bis 12 genannten Geschäfte vorbereitet oder begonnen, erledigt sich aber der Auftrag vor der vollständigen Ausführung, so erhält der RA. eine unter entsprechender Anwendung der Bestimmungen dieser Artikel zu bemessende Gebühr.

Art. 14. Dem RA. steht in derselben Instanz an Gebühren für die in den Art. 6 bis 9 genannten Geschäfte aus diesen Artikeln oder aus dem Art. 13 nicht mehr als eine volle Gebühr zu, jedoch nicht weniger als die Summe der Mindestgebühren für je eines der in Betracht kommenden Geschäfte beträgt.

An Terminsgebühren steht dem RA. in derselben Instanz nicht mehr als eine volle

Gebühr zu; wenn er einen unter Art. 10 Abs. 1 fallenden Termin wahrgenommen hat, erhält er mindestens drei Mark

Dem RA. stehen für die Mitwirkung beim Abschluß eines Vergleichs und an Terminsgebühren in der Instanz, in welcher der Vergleich abgeschlossen worden ist, nicht mehr als fünfzehn Zehnteile der vollen Gebühr zu, wenn der Vergleich vor der Behörde, bei der die Sache anhängig ist, oder vor einer ersuchten Behörde abgeschlossen worden ist.

Art. **15.** Die Gebühren werden nach dem Werte des Gegenstandes erhoben.

Auf die Wertsberechnung finden die Vorschriften der §§ 9, 9a, 11 bis 13 des GKG. Anwendung.

Ist der Gegenstand einer Schätzung nach Geld nicht fähig, so ist ein Wert von 200 bis 50000 Mark, wenn aber das Geschäft für den Auftraggeber ausnahmsweise von besonders hoher Bedeutung ist, ein Wert bis zu 100000 Mark anzunehmen. Ist mit einem nicht vermögensrechtlichen Anspruch ein aus ihm hergeleiteter vermögensrechtlicher verbunden, so ist nur ein einziger Anspruch und zwar der höhere maßgebend.

Art. **16.** Eine Gebühr kann nicht beansprucht werden für die mit der Erledigung eines Geschäfts verbundenen Nebengeschäfte und für die zur Vorbereitung eines Geschäfts erforderliche Tätigkeit, soweit nicht eine Gebühr hierfür besonders bestimmt ist. Insbesondere kann hiernach eine Gebühr nicht beansprucht werden für das Entwerfen einer dem RA. oder von dem RA. zu erteilenden Vollmacht, für das Entgegennehmen von Zustellungen sowie für Vermerke zu den Handakten des RA., wenn sie nur den Zweck haben, Aufschluß über seine Tätigkeit und über den Stand der Sache zu geben.

Art. **17.** Für die Vertretung eines Beteiligten im Verfahren der Zwangsversteig. erhält der RA. drei Zehnteile der vollen Gebühr

1. für die Vertretung bis zur Einleitung des Verteilungsverfahrens,
2. für die Vertretung im Verteilungsverfahren.

Für die Vertretung des Antragstellers bis zur Einleitung des Verteilungsverfahrens erhält der RA. statt der im Abs. 1 Nr. 1 bestimmten Gebühr vier Zehnteile der vollen Gebühr, wenn er einen Antrag auf Zwangsversteig. gestellt oder einen Versteigerungstermin wahrgenommen hat; hat er einen solchen Antrag gestellt und einen Versteigerungstermin wahrgenommen, so erhält er sechs Zehnteile der vollen Gebühr.

Für die Vertretung eines anderen Beteiligten bis zur Einleitung des Verteilungsverfahrens erhält der RA. statt der im Abs. 1 Nr. 1 bestimmten Gebühr, wenn er einen Versteigerungstermin wahrgenommen hat, vier Zehnteile der vollen Gebühr.

Drei Zehnteile der vollen Gebühr erhält der RA. auch dann, wenn unter seiner Mitwirkung eine außergerichtliche Verteilung stattfindet; auf diese Gebühr wird die Gebühr für die Vertretung im Verteilungsverfahren angerechnet.

Art. **18.** Für die Berechnung der im Art. 17 bestimmten Gebühren ist im Falle der Vertretung des Gläubigers oder eines anderen Berechtigten (§ 9 Nr. 1, 2 des Ges. über die Zwangsversteig. und die Zwangsverw. v. 24./3 97) der Wert des Rechtes maßgebend, wobei die neben einem Hauptanspruche bestehenden Ansprüche wegen der Kosten und Nebenleistungen unberücksichtigt bleiben. Im Falle der Vertretung des Gläubigers ist der nach § 13 des GKG. sich berechnende Wert des Anspruchs, wegen dessen die Zwangsversteig. beantragt ist, maßgebend, wenn er größer ist als der Wert des Rechtes ohne Kosten und Nebenleistungen. Ist im Falle der Erteilung des Zuschlags das Meistgebot, in den Fällen, in denen das Verfahren vor der Erteilung des Zuschlags erledigt wird, der Wert des Gegenstandes der Zwangsversteig. geringer als der nach Satz 1 oder Satz 2 maßgebende Betrag, so ist das Meistgebot oder der Wert des Gegenstandes der Zwangsversteig. maßgebend.

Bei der Vertretung eines anderen Beteiligten bestimmen sich die Gebühren im Falle der Erteilung des Zuschlags nach dem Meistgebot oder nach dem Anteile des Vertretenen an dem Meistgebot, in den Fällen, in denen das Verfahren vor der Erteilung des Zuschlags erledigt wird, nach dem Werte des Gegenstandes der Zwangsversteig. oder nach dem Anteile des Vertretenen an diesem Werte.

Der Wert mehrerer Rechte oder Ansprüche, ebenso mehrere Meistgebote oder Werte von Gegenständen der Zwangsversteig., auf die sich das Recht des Auftraggebers erstreckt, sind zusammenzurechnen.

Beschränkt sich die Tätigkeit des RA. auf die Vertretung in dem Verfahren bis zum Versteigerungstermin und hat die Wahrnehmung eines anderen Termins nicht stattgefunden, so ist für die Berechnung der Gebühr des Vertreters des Gläubigers der Wert des Anspruchs des Gläubigers, wegen dessen die Zwangsversteig. beantragt ist, maßgebend. Für die Berechnung der Gebühr des Vertreters eines anderen Beteiligten als des Antragstellers ist der Betrag maßgebend, der in demselben Falle der Berechnung der Gebühr des Vertreters des Antragstellers zugrunde zu legen wäre. Sind in dem Falle des Satzes 2 mehrere Antragsteller vorhanden, so ist unter den der Berechnung der Gebühren ihrer Vertreter in demselben Falle zugrunde zu legenden Beträgen der größte maßgebend. Der nach Abs. 1 bis 3 zugrunde zu legende Betrag ist maßgebend, wenn er geringer ist.

Art. **19.** Für die Vertretung des Gläubigers, des Schuldners oder des Konkursverwalters im Verfahren der Zwangsverw., einschließlich des Verteilungsverfahrens, erhält der RA. jährlich zwei Zehnteile der vollen Gebühr aus dem Betrage, der in jedem Verwaltungsjahre zur Verteilung an die Gläubiger gelangt (Wert der Einkünfte des Jahres), jedoch mindestens jährlich zehn Mark. Die Vorschrift des Art. 17 Abs. 4 ist entsprechend anzuwenden.

Der RA. erhält außerdem für den Antrag auf Anordnung der Zwangsverw. oder auf Zulassung des Beitritts, wenn er einen Gläubiger vertritt, einmal drei Zehnteile der vollen Gebühr aus dem sich nach § 13 des GKG. berechnenden Werte des Anspruchs oder der Ansprüche, wegen deren die Zwangsverw. von ihm beantragt ist, wenn er den Konkursverwalter vertritt, einmal drei Zehnteile der vollen Gebühr aus dem Werte der Einkünfte des Verwaltungsjahrs, in dem der Antrag gestellt ist, in jedem der beiden Fälle jedoch mindestens zehn Mark.

Beschränkt sich die Tätigkeit des RA. auf die Vertretung in dem Verfahren wegen Anordnung der Zwangsverw. oder wegen Zulassung des Beitritts, so erhält er, wenn er einen Antrag auf Zwangsverw. gestellt hat, nur die ihm nach Abs. 2 zukommende Gebühr. Hat er einen solchen Antrag nicht gestellt, so erhält er als Vertreter eines Gläubigers einmal zwei Zehnteile der vollen Gebühr aus dem Werte des Anspruchs oder der Ansprüche des Gläubigers, wegen deren die Zwangsverw. beantragt ist, als Vertreter des Konkursverwalters einmal zwei Zehnteile der vollen Gebühr aus dem Werte der Einkünfte des Verwaltungsjahrs, in dem der Antrag gestellt ist, auf den sich die Tätigkeit des RA. bezieht, und wenn sie sich auf mehrere in verschiedenen Jahren gestellte Anträge bezieht, aus dem größten Jahresbetrage der Einkünfte; die Gebühr beträgt mindestens fünf Mark. Für den Vertreter des Schuldners gilt das im Satze 2 für den Vertreter des Konkursverwalters bestimmte.

Art. **20.** Vertritt der RA. im Verfahren der Zwangsverw. einen anderen Berechtigten als den Gläubiger, so erhält er für die Vertretung in dem Verfahren wegen Anordnung der Zwangsverw. oder wegen Zulassung des Beitritts einmal zwei Zehnteile, für die Vertretung in dem weiteren Verfahren einmal drei Zehnteile der vollen Gebühr aus dem Werte der wiederkehrenden Leistungen; für die Berechnung dieses Wertes ist der Wert der Leistungen eines Jahres maßgebend. Der Wert der Einkünfte des Verwaltungsjahres, in dem der RA. zuerst eine Tätigkeit für den Berechtigten entwickelt hat, ist statt des Wertes der Leistungen eines Jahres maßgebend, wenn er geringer ist als dieser Wert. Die Gebühr für die Vertretung in dem Verfahren wegen Anordnung der Zwangsverw. oder wegen Zulassung des Beitritts beträgt mindestens fünf Mark, die Gebühr für die Vertretung in dem weiteren Verfahren mindestens zehn Mark. Die Vorschrift des Art. 17 Abs. 4 ist entsprechend anzuwenden.

Art. **21.** Ist in den Fällen der Art. 19, 20 die Gebühr aus dem Werte der Einkünfte zu berechnen, so ist der volle Wert der Einkünfte des Verwaltungsjahrs auch dann maßgebend, wenn der dem RA. erteilte Auftrag vor der Beendigung des Verwaltungsjahrs aufgehoben wird.

An die Stelle der in den Art. 19, 20 bestimmten geringsten Beträge der Gebühren tritt die Hälfte dieser Beträge, wenn der RA. denselben Beteiligten gleichzeitig im Verfahren der Zwangsverst. bezüglich derselben Gegenstände vertritt.

Art. **22.** Die für das Verfahren der Zwangsverst. geltenden Vorschriften sind auch bei der gerichtlichen Versteigerung eines Bergwerks oder einer Anlage, auf welche die Vorschrift des Art. 258 des Bergges. Anwendung findet, und bei der im Art. 267 Abs. 2 des Bergges. vorgeschriebenen Zwangsversteig. eines unbeweglichen Kuxes anzuwenden.

Art. **23.** Auf die Berufstätigkeit des RA. in einem Verteilungsverfahren außerhalb der Fälle der Zwangsverst. und der Zwangsverw., das nach den für die Verteilung des Erlöses im Falle der Zwangsverst. geltenden Vorschriften zu erledigen ist, finden die Vorschriften der Art. 17, 18 entsprechende Anwendung.

Art. **24.** Im Verfahren zur Vermittlung der Auseinandersetzung in Ansehung eines Nachlasses oder des Gesamtguts einer ehelichen oder fortgesetzten Gütergemeinschaft erhält der RA. je die volle Gebühr

1. für den Geschäftsbetrieb einschließlich der Information,
2. für die Wahrnehmung der Termine vor dem Amtsgericht oder dem Notar einschließlich der Mitwirkung bei einer Vereinbarung über vorbereitende Maßregeln und über den Auseinandersetzungsplan.

Hat der RA. den Antrag auf Vermittlung der Auseinandersetzung gestellt so stehen ihm weitere fünf Zehnteile der vollen Gebühr zu.

Die Berechnung der Gebühr erfolgt aus dem Werte des Anteils des Auftraggebers an dem Nachlaß oder dem Gesamtgut; ein Abzug der Schulden findet nicht statt.

Art. **25.** Die Vorschriften der Art. 6 bis 16 finden auf die in den Art. 17 bis 24 aufgeführten Angelegenheiten nur dann Anwendung, wenn sich der Auftrag auf eine einzelne Tätigkeit oder auf mehrere einzelne Tätigkeiten im Verfahren beschränkt.

Art. **26.** Ist für das dem RA. übertragene Geschäft eine Gebühr nicht bestimmt, so erhält er eine unter entsprechender Anwendung der Vorschriften der ReichsGO. f. RA. und dieser Verordnung zu bemessende Gebühr.

Art. **27.** Die Vorschriften der §§ 2 bis 8, 11, 12, 26, § 29 Abs. 2, § 30, § 31 Abs. 1, §§ 32 bis 36, 76 bis 87, 93, 94 der ReichsGO. f. RA. finden, soweit nicht ein anderes bestimmt ist, in den Fällen der Art. 4 bis 26 entsprechende Anwendung.

In den Fällen der Art. 17 bis 23 finden auch die Vorschriften der §§ 10, 25, 29 Abs. 1, §§ 41, 48 bis 51, 90 der ReichsGO. f. RA., in den Fällen des Art. 24 dieselben Bestimmungen mit Ausnahme des § 41 entsprechende Anwendung.

Sind der Auftrag zu einem Antrag auf Eintragung einer Sicherungshypothek und der Auftrag zur Einleitung des Verfahrens der Zwangsversteig. oder des Verfahrens der Zwangsverw. bezüglich desselben Anspruchs auf Grund desselben Schuldtitels gleichzeitig erteilt worden, so wird, wenn beide Aufträge ausgeführt werden, die Gebühr für den Antrag auf Eintragung der Sicherungshypothek auf die im Art. 17 Abs. 2 oder im Art. 19 Abs. 2 bestimmte Gebühr angerechnet.

Art. **28.** Diese Verordnung tritt am 1. April 1902 in Kraft.

Die Vergütung für die Berufstätigkeit des RA. zur Erledigung von Aufträgen, die vor diesem Zeitpunkt erteilt sind, bestimmt sich nach den bisherigen Vorschriften.

Für den erbschaftlichen Liquidationsprozeß (Art. 150 bis 157 des Ges. z. Ausf. der ReichsZPO. und KO. v. 23. 2. 79) sowie für das Hypothekenreinigungsverfahren bleiben die bisherigen Vorschriften in Geltung.

Das gleiche gilt für die Verfahren der Zwangsversteig., der Zwangsverw. und der gerichtlichen Versteigerung, auf welche die Vorschriften des Ges. v. 23. 2. 79, die Zwangsvollstr. i. d. unbew. Verm. wegen Geldforderungen betr., und des Ges. v. 29. 5. 86, Änderungen der Bestimmungen über die Zwangsvollstr. i. d. unbew. Verm. betr., anzuwenden sind. Für das Verfahren der Zwangsversteig. eines gemeinschaftlichen Grundstücks zum Zwecke der Aufhebung der Gemeinschaft gelten dagegen die Bestimmungen dieser Verordnung schon vor dem Zeitpunkt, in welchem das Grundbuch als angelegt anzusehen ist; in diesem Verfahren erhält der RA. für den Antrag auf Wiederversteig. (Art. 87 des Ges. v. 23. 2. 79, Art. 28 des Ges. v. 29. 5. 86) einschließlich der weiteren Tätigkeit bis zur Einleitung des Verteilungsverfahrens neben den im Art. 17 bestimmten Gebühren weitere drei Zehnteile der vollen Gebühr.

Die Bestimmung des Art. 27 Abs. 3 ist auch auf die Vormerkung einer Hypothek nach Art. 40 des Ges. v. 29. 5. 86, Änderungen der Bestimmungen über die Zwangsvollstr. i. d. unbew. Verm. betr., entsprechend anzuwenden.

Art. **29.** Das Staatsministerium der Justiz ist beauftragt, die erforderlichen Ausführungsbestimmungen zu erlassen und nach Ablauf von drei Jahren über die Wirkungen dieser Verordnung und darüber zu berichten, ob nach den gemachten Erfahrungen eine Änderung dieser Verordnung angezeigt erscheint. Bis zu dieser Zeit ist das Staatsministerium der Justiz ermächtigt, im Falle des Bedürfnisses einzelne Änderungen und Ergänzungen vorzunehmen.

2. Verordnung, die Gebühren der Rechtsanwälte in den Angelegenheiten der Verwaltung und der Verwaltungsrechtspflege betreffend.

Vom 26. März 1902. (Ges.- u. Verordn.-Bl. S. 144.)

Art. **1.** Der RA. erhält für die Tätigkeit, die er zu seiner Information entwickelt, einschließlich der zu diesem Zwecke vorgenommenen Besprechungen und der Einsicht von Akten eine Gebühr von zwei bis vierzig Mark (Informationsgebühr).

Die Gebühr kann in einer Instanz nur einmal beansprucht werden.

Vertritt der RA. den Auftraggeber in mehreren Instanzen, so erhält er die Gebühr in der höheren Instanz nur dann, wenn er in dieser zu seiner Information eine weitere Tätigkeit entwickelt hat.

Die Gebühr kann nicht gefordert werden, wenn die Tätigkeit des RA. der Einleitung eines Prozesses vorausgeht und dem RA. die Prozeßgebühr oder eine Gebühr nach § 44 der ReichsGO. f. RA. zusteht.

Art. 2. Der RA. erhält für die Erteilung eines Rats eine Gebühr von einer Mark bis zwanzig Mark.

Hat der RA. im Anschluß an die Erteilung des Rats eines der in den Art. 3 bis 7 bezeichneten Geschäfte vorzunehmen, für das nach diesen Artikeln oder nach Art. 8 eine besondere Gebühr anzusetzen ist, so erhält er für den Rat und für das Geschäft nur eine einzige Gebühr, die innerhalb des weitesten in Betracht kommenden Spielraums zu bemessen ist.

Art. 3. Der RA. erhält für Anträge, Erklärungen und Beschwerden bei Behörden eine Gebühr von drei Mark bis vierzig Mark.

Für bloße Benachrichtigungen, Beschleunigungsgesuche, kurze Anzeigen, Gesuche um Abschriften oder Ausfertigungen und für ähnliche Schreiben erhält er nur Schreibgebühren.

Art. 4. Der RA. erhält für Abfassung eines Schreibens an eine andere Privatperson als den Auftraggeber eine Gebühr von zwei Mark bis zwanzig Mark, wenn es rechtliche Ausführungen oder sachliche Auseinandersetzungen enthält.

Auf ein Schreiben an den Auftraggeber, das einen von diesem erbetenen Rat enthält, findet die Bestimmung des Art. 2 Abs. 1 Anwendung.

Für die Ausarbeitung eines Gutachtens mit juristischer Begründung erhält der RA. eine angemessene Vergütung.

Für andere Schreiben erhält der RA. nur Schreibgebühren.

Art. 5. Für die Wahrnehmung eines Termins vor einer Behörde erhält der RA. eine Gebühr von fünf bis fünfzig Mark (Terminsgebühr).

Die Gebühr für die mündliche Verhandlung vor dem Verwaltungsgerichtshofe beträgt mindestens zehn Mark.

Für die Wahrnehmung eines Termins, der nur zur Übernahme oder zur Ablieferung von Geldern oder Wertpapieren bestimmt ist, erhält der RA. eine Terminsgebühr nur dann, wenn die Übernahme oder die Ablieferung in dem Termine nicht stattfindet.

Art. 6. Für die Mitwirkung bei dem Abschluß eines Vergleichs erhält der RA. eine Gebühr von fünf Mark bis fünfzig Mark.

Wird der Vergleich vor einer Behörde abgeschlossen, so erhält der RA. für die Wahrnehmung des Termins und für die Mitwirkung beim Abschlusse des Vergleichs nur eine einzige Gebühr, die zwischen fünf Mark und fünfzig Mark zu bemessen ist.

Art. 7. Für das Entwerfen der Urkunde über ein Rechtsgeschäft erhält der RA. eine Gebühr von fünf Mark bis fünfzig Mark.

Art. 8. Hat der RA. eines der in den Art. 2 bis 7 genannten Geschäfte vorbereitet oder begonnen, erledigt sich aber der Auftrag vor der vollständigen Ausführung, so erhält der RA. eine unter entsprechender Anwendung der Bestimmungen dieser Artikel zu bemessende Gebühr.

Art. 9. Eine Gebühr kann nicht beansprucht werden für die mit der Erledigung eines Geschäfts verbundenen Nebengeschäfte und für die zur Vorbereitung eines Geschäfts erforderliche Tätigkeit, soweit nicht eine Gebühr hierfür besonders bestimmt ist. Insbesondere kann hiernach eine Gebühr nicht beansprucht werden für das Entwerfen einer dem RA. oder von dem RA. zu erteilenden Vollmacht, für das Entgegennehmen von Zustellungen sowie für Vermerke zu den Handakten des RA., wenn sie nur den Zweck haben, Aufschluß über seine Tätigkeit und über den Stand der Sache zu geben.

Art. 10. Soweit diese Verordnung einen Spielraum gewährt, sind bei der Ausmessung der Gebühr die besonderen Umstände des einzelnen Falles, insbesondere der Umfang und die Schwierigkeit der Sache, die von dem RA. entwickelte Tätigkeit, die Bedeutung der Sache für den Auftraggeber und die Leistungsfähigkeit des Pflichtigen zu berücksichtigen.

Art. 11. In Sachen von besonderer Wichtigkeit oder Schwierigkeit kann eine das höchste Maß überschreitende Gebühr bewilligt werden.

Art. 12. Für Geschäfte am Wohnorte stehen dem RA. weder Tagegelder noch Fuhrkosten zu. Dasselbe gilt von Geschäften an Orten, die weniger als zwei Kilometer von dem Wohnort entfernt sind. War der RA. durch außergewöhnliche Umstände genötigt, sich eines Fuhrwerks zu bedienen, oder waren sonstige notwendige Unkosten wie Brücken- oder Fährgeld aufzuwenden, so sind die Auslagen zu erstatten.

Bei der Vornahme eines Geschäfts an einem Orte, der außerhalb des Wohnorts gelegen und von diesem nicht weniger als zwei Kilometer entfernt ist, erhält der RA. neben der Gebühr für das Geschäft noch ein Tagegeld von zwanzig Mark für den ganzen und von zehn Mark für den halben Tag. Für Übernachten gebührt dem RA. außer dem Tagegeld eine Entschädigung von sechs Mark.

Das Tagegeld kann für die außerhalb des Wohnorts wegen des vorzunehmenden

Geschäfts zugebrachte Zeit, nach Kalendertagen berechnet, beansprucht werden. Eine Abwesenheit von mehr als sechs Stunden gilt für einen ganzen Tag.

Außer dem Tagegeld und der Entschädigung für Übernachten erhält der RA. noch Ersatz der Reisekosten.

Bei allen Reisen, die ohne Nachteil für den Reisezweck durch Benützung von Eisenbahnen oder Dampfschiffen zurückgelegt werden können, hat der RA. nur auf Vergütung der Kosten dieser Beförderungsgelegenheit Anspruch. Auf Eisenbahnen gebührt ihm ein Platz in der zweiten, auf Dampfschiffen in der ersten Klasse. Bei der Benützung dieser Beförderungsgelegenheit gebührt dem RA. noch die Vergütung der auf die Fahrt oder den Gepäcktransport zu und von den Bahnhöfen und den Landungsplätzen bestrittenen Auslagen nach dem ortsüblichen Satze.

Soweit die Benützung der Eisenbahn oder des Dampfschiffs nicht möglich oder nicht tunlich ist, kann der RA. sich eines besonderen Gefährts bedienen. Bei Benützung eines solchen gebührt ihm der ortsübliche Preis und zwar auch dann, wenn er sein eigenes Fuhrwerk benützt.

Legt der RA. bei einer Dienstreise den Weg zu Fuß oder unter Benützung des Fahrrades zurück, so hat er Anspruch auf eine Reisekostenvergütung von 0,20 M. für jeden vollen Kilometer des Hin- und Rückwegs. Bruchteile von Kilometern kommen nicht in Betracht. Würden die Kosten bei Benutzung von Eisenbahn, Dampfschiff oder Gefährt geringer sein, so kann die Reisekostenvergütung nur in dem geringeren Betrage beansprucht werden.

Nimmt der RA. auf der nämlichen Reise mehrere Geschäfte vor, so darf er die Reiseentschädigung nur einmal ansetzen; er hat dieselbe auf die verschiedenen Geschäfte in angemessener Weise zu verteilen.

Art **13.** Im übrigen finden die Vorschriften der §§ 2 bis 8, 76, 77, 84 bis 87, 93, 94 der ReichsGO für RA., soweit nicht ein anderes bestimmt ist, entsprechende Anwendung.

Art. **14.** In den anhängigen oder anhängig gewesenen Angelegenheiten, in denen eine Distriktsverwaltungsbehörde, eine der Distriktsverwaltungsbehörde gleich zu achtende oder eine ihr untergeordnete Behörde, eine Kreisregierung oder eine ihr gleich zu achtende Stelle, eine Militärbehörde, die Flurbereinigungskommission, die Oberberufungskommission in Steuersachen, der Verwaltungsgerichtshof oder ein Ministerium zur Entscheidung zuständig ist und der RA. bei einer Behörde tätig gewesen ist, können der RA. und der Auftraggeber die Festsetzung des Betrags der Gebühren und Auslagen verlangen, die der RA. von seinem Auftraggeber für die Tätigkeit in der Instanz zu beanspruchen hat, in der er bei einer Behörde tätig gewesen ist.

Art. **15.** Die Festsetzung erfolgt in jeder Instanz durch die in der Angelegenheit selbst zuständige Behörde nach den für das Verfahren in der Angelegenheit selbst maßgebenden Vorschriften; die Festsetzung der bei dem Kompetenzsenate des Verwaltungsgerichtshofs erwachsenen Gebühren und Auslagen erfolgt durch den Verwaltungsgerichtshof. Die Entscheidung ist dem RA. und dem Auftraggeber von Amts wegen zuzustellen.

Die Festsetzung kann, wenn der Antrag nur von dem RA. oder nur von dem Auftraggeber gestellt ist, zunächst unter ausdrücklichem Vorbehalte des Erinnerungsrechts der Beteiligten erfolgen. Diese vorläufige Feststellung kann auch dann, wenn in streitigen Fällen öffentliche mündliche Verhandlung geboten ist, in geheimer Sitzung stattfinden.

Art. **16.** Erinnerungen gegen die vorläufige Festsetzung sind binnen einer Frist von zwei Wochen geltend zu machen; die Frist beginnt mit dem Zeitpunkt, in dem die Entscheidung dem Beteiligten zugestellt worden ist.

Gegen die über die Erinnerungen ergehende Entscheidung und gegen die ohne Vorbehalt des Erinnerungsrechts erfolgende Festsetzung steht dem RA. und dem Auftraggeber das gleiche Rechtsmittel zu, das in der Angelegenheit selbst einem Beteiligten zusteht; in Rayon-Angelegenheiten ist gegen die Entscheidung oder Festsetzung der Festungskommandantur Rekurs an das vorgesetzte Generalkommando zulässig. Ist das Rechtsmittel gegen eine Entscheidung in der Angelegenheit selbst an eine Frist nicht gebunden, so ist es in dem Verfahren der Festsetzung binnen einer Frist von zwei Wochen einzulegen; die Frist beginnt mit dem Zeitpunkt, in dem die Entscheidung der Partei, die das Rechtsmittel einlegt, zugestellt worden ist. Eine Anfechtung der über das Rechtsmittel ergehenden Entscheidung findet nicht statt.

Die Geltendmachung der Erinnerungen und die Einlegung der Rechtsmittel muß schriftlich oder zu Protokoll erfolgen.

Art. **17.** Die Festsetzung erfolgt in erster Instanz gebührenfrei. Der RA. kann für den Antrag auf Festsetzung eine Gebühr nicht beanspruchen.

Art. **18.** Ist die Festsetzung nach den Art. 14 bis 16 erfolgt, so kann der RA. Gebühren oder Auslagen von seinem Auftraggeber nur nach Maßgabe dieser Festsetzung beansprucben, es sei denn, daß der Betrag der Vergütung durch Vertrag bestimmt ist. Der Umstand, daß die Festsetzung durch eine unzuständige Behörde erfolgt ist, ist ohne Einfluß auf ihre Gültigkeit.

Art. **19.** Der RA. darf den Anspruch auf Gebühren und Auslagen gegen den Auftraggeber, wenn eine Festsetzung nach den Art. 14 bis 16 zulässig ist, erst nach der Festsetzung bei Gericht geltend machen, es sei denn, daß der Betrag der Vergütung durch Vertrag bestimmt ist.

Art. **20.** An Stelle der Vorschriften der Art. 1 bis 11 dieser Verordnung findet die ReichsGO. für RA. entspr. Anwendung auf die Berufstätigkeit des RA.

1. im Strafverfahren im Verwaltungsweg und
2. im Dienststrafverfahren.

Das Strafverfahren im Verwaltungswege steht dem Vorverfahren in den zur Zuständigkeit des Schöffengerichts gehörenden Sachen gleich, wenn die Sache, falls sie bei Gericht anhängig wäre, zur Zuständigkeit des Schöffengerichts gehören würde, dem Vorverfahren in den zur Zuständigkeit der Strafkammer gehörenden Sachen, wenn die Sache, falls sie bei Gericht anhängig wäre, zur Zuständigkeit der Strafkammer gehören würde.

Das Dienststrafverfahren, in dem eine Hauptverhandlung nicht stattfindet, steht dem Vorverfahren gleich. Das Dienststrafverfahren erster Instanz steht, wenn die Entscheidung von einer Behörde oder einem Beamten erlassen wird, die einer Distriktsverwaltungsbehörde untergeordnet sind, dem Verfahren vor dem Schöffengericht, in allen übrigen Fällen dem Verfahren vor der Strafkammer gleich.

In der Beschwerde- (Rekurs-, Reklamations-) Instanz im Strafverfahren im Verwaltungsweg und in der Beschwerde- (Rekurs-) Instanz im Dienststrafverfahren, in dem eine Hauptverhandlung in erster Instanz nicht stattfindet, kommen, wenn das Verf. in erster Instanz dem Verf. vor dem Schöffenger. gleichsteht, insbes. die § 63 Nr. 1, § 68 Nr. 1 der ReichsGO. f. RA. und, wenn das Verf. in erster Instanz dem Verf. vor der Strafkammer gleichsteht, insbes. die § 63 Nr. 2, § 68 Nr. 2 dieser GO. zur Anwendung.

Art. **21.** Die Art. 14 bis 19 finden auf die im Art. 20 genannten Angelegenheiten keine Anwendung.

Art. **22.** Ist für das dem RA. übertragene Geschäft eine Gebühr nicht bestimmt, so erhält er eine unter entsprechender Anwendung der Vorschriften dieser Verordnung zu bemessende Gebühr.

Art. **23.** Die Berufstätigkeit des RA., die sich auf ein Gesuch um Abhilfe nach Art. 2 des Gesetzes zur Ausführung der ReichsZPO. und KO. bezieht, wird nach den Bestimmungen dieser Verordnung vergütet.

Art. **24.** Diese Verordnung tritt am 1. April 1902 in Kraft.

Die Vergütung für die Berufstätigkeit des RA. zur Erledigung von Aufträgen, die vor diesem Zeitpunkt erteilt sind, bestimmt sich nach den bisherigen Vorschriften.

Art. **25.** Die Ministerien sind beauftragt, die erforderlichen Ausführungsbestimmungen zu erlassen und nach Ablauf von drei Jahren über die Wirkung dieser Verordnung und darüber zu berichten, ob nach den gemachten Erfahrungen eine Änderung dieser Verordnung angezeigt erscheint. Bis zu dieser Zeit sind die Ministerien ermächtigt, im Falle des Bedürfnisses einzelne Änderungen und Ergänzungen vorzunehmen.

3. Verordnung, die Gebühren der Rechtsanwälte im Verfahren vor dem K. Landesversicherungsamte betreffend.

Vom 4. April 1902 (Ges.- u. Verordn.-Bl. S. 155).

§ **1.** Die Vergütung für die Berufstätigkeit eines RA. im Verfahren vor dem K. Landesversicherungsamte bemißt sich auf den Betrag von fünf bis fünfzig Mark.

Schweben in einem Streitfalle gegen mehrere Bescheide Rechtsmittel, so gilt das Verfahren über dieselben, wenn über sie gleichzeitig erkannt wird, nur als ein Verfahren.

§ **2.** Für die Teilnahme an Beweisverhandlungen außerhalb der Gerichtsstätte kann, wenn die Anwesenheit des RA. geboten war, eine angemessene Entschädigung außer der Vergütung zugebilligt werden.

Eine Erstattung der Kosten für eine Reise zur mündlichen Verhandlung sowie von sonstigen Auslagen findet nicht statt. Jedoch ist bei der Festsetzung der im § 1 bezeichneten Vergütung innerhalb der dort gezogenen Grenzen auf Schreibgebühren und Portoauslagen Rücksicht zu nehmen.

C. Königreich Sachsen.

1. Kostenordnung für Rechtsanwälte und Notare.

Vom 22. Juni 1900 (Ges.- u. Verordn.-Bl. S. 364).

I. Kosten der Rechtsanwälte.

a) Zwangsversteigerung, Zwangsverwaltung, Verteilungsverfahren.

§ 1. Für die Gebühren und Auslagen der Rechtsanwälte bei der Zwangsverst. und der Zwangsverwalt. von Grundstücken gelten die Vorschriften der §§ 2 bis 7, 9 bis 12, des § 31 Abs. 1, des § 39, des § 41 Abs. 1 Nr. 1, der §§ 76 bis 87, 93, 94 der GO. f. RA. sowie der §§ 2 bis 5, 7 dieses Gesetzes.

§ 2. Der Rechtsanwalt erhält:
1. drei Zehnteile der Gebühr für den Antrag auf Anordnung der Zwangsverst. oder der Zwangsverw. oder auf Zulassung eines Beitritts;
2. ein Zehnteil der Gebühr für einen Antrag auf Bestimmung eines neuen Versteigerungstermins in den Fällen der §§ 43, 85 des RGes. über die Zwangsverst. und die Zwangsverw. oder für einen Antrag auf Fortsetzung des eingestellten Verfahrens;
3. zwei Zehnteile der Gebühr für die Anmeldung eines Rechtes, das der Anmeldung bedarf;
4. ein Zehnteil der Gebühr für die Glaubhaftmachung eines Rechtes, wenn es deren bedarf;
5. ein Zehnteil der Gebühr für die Vertretung eines Gläubigers oder sonstigen Berechtigten in einem zu Erörterungen über das geringste Gebot und die Versteigerungsbedingungen bestimmten besonderen Termine;
6. drei Zehnteile der Gebühr für die Vertretung eines Gläubigers oder sonstigen Berechtigten im Versteigerungstermine;
7. fünf Zehnteile der Gebühr für die Vertretung des Schuldners im Zwangsversteigerungsverfahren vor dem Vollstreckungsgerichte.

§ 3. Der Mindestbetrag jeder der im § 2 unter Nr. 1 bis 6 bestimmten Gebühren ist zwei Mark, der Mindestbetrag der daselbst unter Nr. 7 geordneten Gebühr sechs Mark.

§ 4. Gebühren, deren Erhebung nicht nach den §§ 1, 2 zulässig ist, stehen dem RA. weder im Zwangsversteigerungsverf. noch im Zwangsverwaltungsverf. zu.

Bleibt ein begonnenes Geschäft aus einem Grunde unvollendet, der nicht in der Person des RA. eintritt, so kann dieser einen Teil der Gebühr erheben. Der Teil ist nach dem Verhältnis zu bestimmen, in welchem die schon erfolgte Tätigkeit zu der unterbliebenen steht.

§ 5. Die Vorschriften der §§ 1 bis 4 sind auch anzuwenden, wenn der Gegenstand des Verfahrens ein Bergbaurecht ist oder eine sonstige Berechtigung, für welche die sich auf Grundstücke beziehenden Vorschriften gelten oder ein im Schiffsregister eingetragenes Schiff oder ein ausländisches Schiff, das, wenn es ein deutsches Schiff wäre, in das Schiffsregister eingetragen werden müßte.

Ist die Schätzung eines Bergbaurechts auf Grund der Vorschrift im § 29 Absatz 2 des Ges., die Zwangsvollstr. i. d. unbew. Verm. betr., v. 18. 6. 00 (GuVBl. S. 317ff.) unterblieben, so wird der Wert des Bergbaurechts zu 2000 Mark, ausnahmsweise niedriger oder höher, jedoch nicht unter 500 Mark und nicht über 50000 Mark angenommen.

§ 6. Soweit außerhalb der Zwangsvollstr. in das unbewegliche Vermögen ein Verteilungsverfahren nach den für die Verteilung des Erlöses im Falle der Zwangsversteigerung geltenden Grundsätzen eröffnet wird, ist die Vorschrift im § 39 der GebO. f. RA. anzuwenden.

§ 7. Die Vorschriften der §§ 1 bis 6 sind anzuwenden, wenn das Verfahren nach dem 31. 12. 99 beantragt worden ist.

b) Sonstige Angelegenheiten.

§ 8. In anderen als den in den §§ 1, 5 und 6 bez. Angelegenheiten sind die Kosten der RA., soweit sie nicht reichsgesetzlich geregelt sind, ausschließlich nach den Vorschriften der §§ 9 bis 20 zu erheben.

Die Vorschriften der §§ 9 bis 20 sind nicht anzuwenden auf die Tätigkeit, die ein RA. kraft Bestellung oder Wahl zum Mitgliede eines Gläubigerausschusses oder kraft Ernennung zum Konkursverwalter, zum Zwangsverwalter oder in einer ähnlichen Stellung ausübt.

§ 9. Die volle Gebühr im Sinne der §§ 10 bis 20 beträgt bei Gegenständen im Werte von.

1.	bis 20 Mk. einschließlich						2	Mk.
2.	von mehr als	20	bis	60	Mk.	einschließlich	3	"
3.	" " "	60	"	120	"	"	4	"
4.	" " "	120	"	200	"	"	7	"
5.	" " "	200	"	300	"	"	10	"
6.	" " "	300	"	450	"	"	14	"
7.	" " "	450	"	650	"	"	19	"
8.	" " "	650	"	900	"	"	24	"
9.	" " "	900	"	1 200	"	"	28	"
10.	" " "	1 200	"	1 600	"	"	32	"
11.	" " "	1 600	"	2 100	"	"	36	"
12.	" " "	2 100	"	2 700	"	"	40	"
13.	" " "	2 700	"	3 400	"	"	44	"
14.	" " "	3 400	"	4 300	"	"	48	"
15.	" " "	4 300	"	5 400	"	"	52	"
16.	" " "	5 400	"	6 700	"	"	56	"
17.	" " "	6 700	"	8 200	"	"	60	"
18.	" " "	8 200	"	10 000	"	"	64	"
19.	" " "	10 000	"	12 000	"	"	68	"
20.	" " "	12 000	"	14 000	"	"	72	"
21.	" " "	14 000	"	16 000	"	"	76	"
22.	" " "	16 000	"	18 000	"	"	80	"
23.	" " "	18 000	"	20 000	"	"	84	"
24.	" " "	20 000	"	22 000	"	"	88	"
25.	" " "	22 000	"	24 000	"	"	92	"
26.	" " "	24 000	"	26 000	"	"	96	"
27.	" " "	26 000	"	28 000	"	"	100	"
28.	" " "	28 000	"	30 000	"	"	104	"
29.	" " "	30 000	"	32 000	"	"	108	"
30.	" " "	32 000	"	34 000	"	"	112	"
31.	" " "	34 000	"	36 000	"	"	116	"
32.	" " "	36 000	"	38 000	"	"	120	"
33.	" " "	38 000	"	40 000	"	"	124	"
34.	" " "	40 000	"	42 000	"	"	128	"
35.	" " "	42 000	"	44 000	"	"	132	"
36.	" " "	44 000	"	46 000	"	"	136	"
37.	" " "	46 000	"	48 000	"	"	140	"
38.	" " "	48 000	"	50 000	"	"	144	"

Die ferneren Wertklassen steigen bis 100 000 Mk um je 5000 Mk., bis 300 000 Mk. um je 10 000 Mk., bis 1 000 000 Mk. um je 25 000 Mk. und darüber hinaus um je 50 000 Mk. und die Gebühren in jeder Klasse um je 5 Mk.

Bei nicht vermögensrechtlichen Gegenständen, sowie bei vermögensrechtlichen Gegenständen, deren Wert nicht geschätzt werden kann, ist ein Wert von 200 bis 50 000 Mk., wenn aber das Geschäft für den Auftraggeber ausnahmsweise von besonders hoher Bedeutung ist, ein Wert bis zu 100 000 Mk. anzunehmen.

§ 10. In Angelegenheiten, die vor deutschen Behörden wahrzunehmen sind, darf der Gesamtbetrag der Terminsgebühren (§ 12) in derselben Instanz nicht höher sein, als die volle Gebühr. Dasselbe gilt in solchen Angelegenheiten von dem in derselben Instanz erwachsenden Gesamtbetrage der in den §§ 11, 13, 14 geordneten Gebühren.

§ 11. Zwei Zehnteile der vollen Gebühr erhält der RA. für an Behörden oder Beamte gerichtete Gesuche, Anträge, Erklärungen oder Beschwerden. Die Gebühr kann bis auf vier Zehnteile der vollen Gebühr erhöht werden, wenn die Tätigkeit des RA. besonders schwierig oder zeitraubend ist.

Diese Gebühr kann, falls der RA. die einem Antrag oder einer Erklärung zugrunde liegende Urkunde entworfen hat und die Urkunde zu den im § 15 bezeichneten gehört, nur dann erhoben werden, wenn ein das Sach- und Rechtsverhältnis entwickelnder Vortrag erforderlich ist und dessen Einreichung von der Partei verlangt wird.

Für kurze Anzeigen, Beschleunigungsgesuche, Gesuche um Abschriften oder Ausfertigungen und für ähnliche Schreiben beträgt die Gebühr eine Mark.

§ 12. Für die Abwartung des in einer Angelegenheit stattfindenden ersten Termins erhält der RA. drei Zehnteile, für die Abwartung der weiteren Termine je zwei Zehnteile der vollen Gebühr (Terminsgebühr).

Die Terminsgebühr kann erhoben werden, wenn der RA. vor einer Behörde auf deren Erfordern zu erscheinen hat.

Bei Terminen, die nur zur Empfangnahme oder Ablieferung von Geldern oder Wertpapieren bestimmt sind, beträgt die Terminsgebühr ein Zehnteil der vollen Gebühr.

Die Terminsgebühr beträgt, außer im Falle des dritten Absatzes, mindestens zwei Mark.

§ 13. Ein Zehnteil der vollen Gebühr erhält der RA. für Abfassung eines Schreibens an eine andere Privatperson, als den Auftraggeber, wenn dieses rechtliche Ausführungen oder sachliche Auseinandersetzungen enthält.

In anderen Fällen beträgt die Gebühr für Abfassung eines Schreibens an eine Privatperson, insbesondere an den Auftraggeber, eine Mark bis fünf Mark. Für Mahnbriefe können keine Gebühren gefordert werden, wenn dem RA. die Prozeßgebühr ganz oder teilweise zusteht.

§ 14. Ein Zehnteil der vollen Gebühr, mindestens aber zwei Mark, erhält der RA. für einen Rat oder eine Besprechung, wenn er nicht daraufhin eines der im § 11 Abs. 1, § 12 bezeichneten Geschäfte vorzunehmen hat.

§ 15. Zwei bis fünf Zehnteile der vollen Gebühr erhält der RA. für Entwerfung eines Vertrags, eines Testaments, eines Stiftungsgeschäfts oder einer Vereinssatzung. Wenn die Tätigkeit des Anwalts besonders schwierig oder zeitraubend ist, kann diese Gebühr bis auf den Betrag der vollen Gebühr erhöht werden.

Die Gebühr kann auch dann nur einmal erhoben werden, wenn der RA. zu demselben Geschäfte mehrere Entwürfe fertigt.

§ 16. Gebührenfrei sind die mit Erledigung eines Geschäfts verbundenen Nebengeschäfte und die zur Vorbereitung eines Geschäfts erforderliche Tätigkeit, soweit nicht eine Gebühr dafür besonders bestimmt ist; insbesondere sind hiernach gebührenfrei die Entwerfung einer dem RA. selbst zu erteilenden Vollmacht oder einer von ihm zu erteilenden Nachvollmacht sowie Vermerke zu den Handakten des RA., wenn sie nur den Zweck haben, Aufschluß über dessen Tätigkeit und über den Stand der Sache zu geben.

§ 17. Im übrigen finden die Vorschriften der §§ 2 bis 8, 10 bis 12, 76 bis 85, 86 Abs. 1, 87 bis 90, 93, 94 der GO. f. RA. entspr. Anwendung. Die Mitteilung der in § 86 bezeichneten Berechnung kann auch nach erfolgter Zahlung verlangt werden solange nicht die Handakten zurückgenommen sind oder die Verpflichtung des RA. zur Aufbewahrung derselben erloschen ist. Bei Vereinbarung einer Vergütung nach § 93 ist der Auftraggeber auch dann an den Vertrag gebunden, wenn er ihn nicht schriftlich geschlossen hat.

§ 18. In einem Verfahren, auf das die ZPO. oder die StPO. nach landesgesetzlichen Vorschriften anzuwenden ist, werden die Kosten nach der GO. f. RA. erhoben.

§ 19. Aufgehoben werden, soweit es nicht schon früher geschehen ist, die §§ 23 und 24 der Advokatenordnung für das Kgr. Sachsen, in der Fassung der Verordnung, die Abänderung einiger, die Advokaten betreffenden Bestimmungen enthaltend, v. 30. 4. 73 (GuVBl. S. 412 ff.).

§ 20. Für die Aufträge, die vor dem Inkrafttreten der §§ 8 bis 19 erteilt worden sind, bewendet es bei dem bisherigen Rechte.

II. Kosten der Notare.

2. Verordnung betr. die Gebühren der Rechtsanwälte im Verfahren vor dem Landesversicherungsamt.

Vom 27. Februar 1902. (Ges.- u. Verordn.-Bl. S. 98).

Mit Genehmigung Sr. Majestät des Königs wird mit Rücksicht auf die Verordn. v. 12. 12. 00 (GuVBl. S. 990) auf Grund von § 20 Abs. 1 des Ges., betr. die Abänderung der Unfallversicherungsgesetze, v. 30. 6. 00 (RGBl. S. 573) verordnet, was folgt:

§ 1. Die Vergütung für die Berufstätigkeit eines RA. bemißt sich im Verfahren vor dem Landes-Versicherungsamte auf den Betrag von fünf bis fünfzig Mark.

Schweben in einem Streitfalle gegen mehrere Urteile Rechtsmittel, so gilt das Verfahren über dieselben, wenn über sie gleichzeitig erkannt wird, nur als ein Verfahren.

§ 2. Für die Teilnahme an Beweisverhandlungen außerhalb der Gerichtsstätte kann, wenn die Anwesenheit des RA. geboten war, eine angemessene Entschädigung außer der Vergütung zugebilligt werden.

Eine Erstattung der Kosten für eine Reise zur mündlichen Verhandlung sowie von sonstigen Auslagen findet nicht statt. Jedoch ist bei der Festsetzung der im § 1 bezeichneten Vergütung innerhalb der dort gezogenen Grenzen auf Schreibgebühren und Portoauslagen Rücksicht zu nehmen.

D. Württemberg.

1. Verordnung, betreffend die Vergütung für die Berufstätigkeit der Rechtsanwälte im Verfahren vor den Gemeindegerichten und bei der Zwangsvollstreckung in unbewegliches Vermögen.

Vom 27. September 1879. (Reg.-Bl. S. 406.)

§ **1.** Die Bestimmungen der ReichsGO. f. RA. v. 7. 7. 79 (RGBl. S. 176 ff.) finden entsprechende Anwendung auf die Berufstätigkeit der RA. in dem Verfahren vor den Gemeindegerichten (Art. 3 bis 13 des AG. z. RZPO. v. 18. 8. 79, Reg.-Bl. S. 173 ff.).

§ 2 (ist ersetzt durch Verordnung vom 14. November 1899).

§ **3.** Bezüglich der Vergütung für die Berufstätigkeit der RA. in Angelegenheiten der freiwill. Gerichtsbarkeit verbleiben die bestehenden Vorschriften in Kraft.*)

2. Verordnung, betreffend eine Gebührenordnung für die Gemeindegerichte.

Vom 28. Juni 1902. (Reg.-Bl. S. 221.)

§ **9.** Auf die Berufstätigkeit der RA. in dem Verf. vor den Gemeindegerichten finden die Bestimmungen der GO. f. RA. (RGBl. 98 S. 692) entsprechende Anwendung.

3. Verordnung, betreffend eine Gebührenordnung für öffentliche Notare, Rechtsanwälte und andere in Rechtsangelegenheiten tätige Personen.

Vom 14. November 1899. (Reg.-Bl. S. 964.)

Rechtsanwälte.

§ **26.** Wenn ein RA., der zugleich öffentlicher Notar ist, Geschäfte der nichtstreitigen Gerichtsbarkeit, für welche in dieser Gebührenordnung Bestimmungen getroffen sind, besorgt, so sind die Vorschriften, welche in dieser Gebührenordnung für öffentliche Notare getroffen sind, vorbehältlich der Vorschrift des Abs. 2 und mit Ausnahme der Bestimmung des § 20 Abs. 1 maßgebend. Für Geschäftsreisen des RA., der zugleich öffentlicher Notar ist, stehen demselben Taggelder und Reisekosten nach den Vorschriften der §§ 78 bis 81 der GO. f. RA. (RGBl. 98 S. 692) mit der Maßgabe zu, daß die Kosten auf mehrere Geschäfte nach der Bestimmung des § 20 Abs. 2 der gegenwärtigen Gebührenordnung zu verteilen sind. Die Vorschrift des § 20 Abs. 2 findet hinsichtlich der Notariatsgeschäfte auch dann Anwendung, wenn auf einer Reise gleichzeitig Rechtsanwaltgeschäfte erledigt werden.

Auf die Ausarbeitung eines Gutachtens findet § 88 der GO. f. RA. entsprechende Anwendung.

§ **27.** Die Vergütung für die Berufstätigkeit der RA. in dem Verf. der Zwangsverst. und Zwangsverw. (Ges. v. 24. 3. 97, RGBl. 98 S. 713) bestimmt sich ausschließlich nach den Vorschriften der §§ 28 bis 32.

§ **28.** Volle Gebühr ist die im § 9 der GO. f. RA. best. Gebühr mit der Maßgabe, daß von 10000 bis 20000 Mk. die Wertsklassen um je 2500 Mk. und die Gebühren um je 4 Mk. und von 20000 Mk. an die Gebühren um je 5 Mk. und die Wertsklassen bis 100000 Mk. um je 5000 Mk., bis 300000 Mk. um je 10000 Mk., bis 1 Million Mark um je 25000 Mk. und darüber hinaus um je 50000 Mk. steigen.

§ **29.** Für die Vertretung eines Beteiligten im Verfahren der Zwangsversteigerung erhält der RA. drei Zehnteile der vollen Gebühr:

1. für die Vertretung bis zur Einleitung des Verteilungsverfahrens;
2. für die Vertretung im Verteilungsverfahren.

Der Vertreter des Antragstellers erhält außerdem drei Zehnteile der vollen Gebühr für die Wahrnehmung der Versteigerungstermine.

Die Gebühr für die Vertretung im Verteilungsverfahren steht dem RA. auch dann zu, wenn unter seiner Mitwirkung eine außergerichtliche Verteilung stattfindet.

Die Gebühren für die Vertretung des Gläubigers oder eines anderen Berechtigten (§ 9 Nr. 1 und 2 des Ges. über die Zwangsverst. und Zwangsverw.) bestimmen sich nach dem Werte des wahrzunehmenden Rechtes, wenn jedoch der Wert des Gegenstandes der Zwangsverst. geringer ist, nach diesem; die neben einem Hauptanspruch bestehenden Ansprüche wegen der Kosten und anderer Nebenleistungen mit Ausnahme der miteinzuziehenden

*) Die im § 3 bezeichn. Vorschr. sind enthalten in den Verordn. über die Gebühren der Anwälte in gerichtl. Angeleg. v. 29. 1. 69 (Reg.-Bl. S. 79) und 30. 4. 75 (Reg.-Bl. S. 336).

Zinsen bleiben unberücksichtigt. Im Falle der Vertretung eines anderen Beteiligten bestimmen sich die Gebühren nach dem Werte des Gegenstandes der Zwangsverst., bzw. des Anteils der Vertretenen an diesem Gegenstand.

Als Wert des Gegenstandes der Zwangsverst. ist der Betrag der Schätzungssumme anzusehen.

§ 30. Für die Vertretung des Gläubigers, des Schuldners oder des Konkursverwalters im Verfahren der Zwangsverw. einschließlich des Verteilungsverfahrens erhält der RA. jährlich zwei Zehnteile der vollen Gebühr nach dem Werte der jährlichen Einkünfte abzüglich der Kosten der Verwaltung.

Der Vertreter des Antragstellers erhält außerdem drei Zehnteile der vollen Gebühr nach dem Werte der jährlichen Einkünfte abzüglich der Kosten der Verwaltung; ist ein Gläubiger der Antragsteller und ist der Betrag der beizutreibenden Forderung zuzüglich der miteinzuziehenden Zinsen geringer als der Wert der jährlichen Einkünfte abzüglich der Kosten der Verwaltung, so ist dieser Betrag für die Gebührenberechnung maßgebend.

Beschränkt sich die Tätigkeit des RA. auf die Vertretung in dem Verfahren wegen Anordnung der Zwangsverw. so erhält er nur die in Abs. 2 bestimmte Gebühr.

Vertritt der RA. einen anderen Beteiligten als den Gläubiger, Schuldner oder Konkursverwalter, so finden die Vorschriften des § 29 entsprechende Anwendung; für die Berechnung des Wertes wiederkehrender Leistungen ist der Wert der Leistungen eines Jahres, für die Berechnung des Wertes des Gegenstandes des Verteilungsverfahrens ist der Betrag der Einkünfte eines Jahres abzüglich der Kosten der Verwaltung maßgebend.

§ 31. Für die Wahrnehmung eines Termins erhält der RA., sofern er im übrigen nicht mit der Vertretung eines Beteiligten beauftragt ist, zwei Zehnteile der vollen Gebühr. Dieselbe Gebühr erhält der RA., dessen Tätigkeit sich auf die Anfertigung eines bei dem Vollstreckungsgericht, bzw. bei dem für die Zwangsverst. aufgestellten Kommissär einzureichenden Schriftsatzes oder auf die Erteilung eines Rates beschränkt.

Auf die Wertsberechnung finden die Vorschriften der §§ 29 Abs. 4 und 5, 30, 32, entsprechende Anwendung.

§ 32. Die Vorschriften der §§ 2 bis 8, 10 bis 12, 25, 26, 29 bis 32, 35, 36, 48 bis 51, 76 bis 86, 88, 93, 94 der GO. f. RA. finden, soweit nicht ein anderes bestimmt ist, in den Fällen der §§ 28 bis 31 entsprechende Anwendung. Steht dem RA. in derselben Instanz eine Gebühr für den Antrag auf Eintragung einer Sicherungshypothek zu, so wird diese auf die im § 29 Abs. 1 Ziff. 1 und in § 30 Abs. 2 bestimmten Gebühren angerechnet.

§ 41. Die gegenwärtige Verordnung tritt mit dem 1. 1. 00 in Kraft; sie findet auf die zu diesem Zeitpunkt noch nicht beendigten Geschäfte keine Anwendung.

Mit demselben Zeitpunkt treten alle entgegenstehenden Verordnungen und Verfügungen außer Wirksamkeit, so insbesondere:

1. ꝛc.
3. von der Kgl. Verordn. v. 27. 9. 79, betr. die Vergütung für die Berufstätigkeit der RA. im Verf. vor den Gemeindegerichten und bei der Zwangsvollstr. in unbew. Vermögen (Reg.-Bl. S. 406), der § 2.

Unser Justizministerium ist mit der Vollziehung dieser Verordnung beauftragt.

4. Verfügung des Min. d. J., betr. die Gebühren der Rechtsanwälte im Verfahren vor dem Landes-Versicherungsamt.

Vom 22. Januar 1902. (Reg.-Bl. S. 18.)

Auf Grund des § 20 Abs. 1 des Ges. betr. die Abänderung der Unfallversicherungsges. v. 30. 6. 00 (RGBl. S. 573) wird hiermit nachstehendes verfügt:

§ 1. Die Vergütung für die Berufstätigkeit eines RA. bemißt sich im Verfahren vor dem Landes-Versicherungsamt auf den Betrag von fünf bis fünfzig Mark.

Schweben in einem Streitfall gegen mehrere Bescheide Rechtsmittel, so gilt das Verfahren über dieselben, wenn über sie gleichzeitig erkannt wird, nur als ein Verfahren.

§ 2. Für die Teilnahme an Beweisverhandlungen außerhalb der Gerichtsstätte kann, wenn die Anwesenheit des RA. geboten war, eine angemessene Entschädigung außer der Vergütung zugebilligt werden.

Eine Erstattung der Kosten für eine Reise zur mündlichen Verhandlung sowie von sonstigen Auslagen findet nicht statt. Jedoch ist bei der Festsetzung der in § 1 bezeichneten Vergütung innerhalb der dort gezogenen Grenzen auf Schreibgebühren und Portoauslagen Rücksicht zu nehmen.

§ 3. Vorstehende Bestimmungen treten mit dem Tag ihrer Verkündigung in Kraft.

E. Baden.

1. Verordnung, die Gebühren der Rechtsanwälte betreffend.

Vom 16. September 1879. (Ges.- u. Verordn.-Bl. S. 687.)

I. Besondere Gerichte und Verfahrungsarten.

§ 1. Die Vorschriften der GO. f. RA. v. 7. 7. 79 finden entsprechende Anwendung in denjenigen Rechtssachen, welche vor besonderen Gerichten oder in besonderem Verfahren zu verhandeln sind, mit der Bestimmung, daß bei Klagen von Ehefrauen auf Vermögensabsonderung, im Aufgebotsverfahren wegen Liegenschaften und bei Anträgen auf Erlassung eines Sperrbefehls wegen einer abhanden gekommenen Urkunde für die Wertsberechnung die Vorschriften der §§ 3 und 4 des Ges. v. 22. 2. d. J. (GuVBl. Nr. XV), die Einführung des GKG. im Großh. Baden betr., maßgebend sind.

II. Freiwillige Gerichtsbarkeit.

§ 2. In Angelegenheit der freiwilligen Gerichtsbarkeit haben die RA. für ihre Bemühungen anzusprechen:

1. für Schriftsätze, einschließlich der Nachträge zu denselben, sowie für mündliche Verhandlungen, Anwohnen bei Verhandlungen und Vergleichstagfahrten eine Gebühr von mindestens 2 Mk., welche sich in Sachen, deren Gegenstand den Wert von über 50 Mk. erreicht, von da an um je 30 Pfg. erhöht und zwar:
   a) bei einem Werte von über 50 bis zu vollen 300 Mk. mit jeden weiter hinzukommenden 25 Mk. des Wertes:
   b) bei einem Werte von über 300 Mk. bis zu vollen 2000 Mk. mit jeden weiteren 50 Mk.;
   c) von über 2000 Mk. an mit jeden weiteren 250 Mk.

   Die höchste Gebühr, sowie die Gebühr in Fällen, wo das Interesse der Partei nicht in Geldwert angeschlagen werden kann, beträgt jedoch für eine der oben genannten Bemühungen bei den Amtsgerichten 10 Mk., bei den Kollegialgerichten 20 Mk.;
2. für einfache Erklärungen und Gesuche, Anrufen, Anzeigen, Vorlagen bei den Amtsgerichten 1 Mk. 50 Pf., bei den Kollegialgerichten 2 Mk.;
3. für Aufstellung einer Spezialvollmacht bei den Amtsgerichten 2 Mk.; bei den Kollegialgerichten 3 Mk.

Im übrigen finden die Bestimmungen der §§ 2—7, 76—82, 84—88, 93 und 94 der GO. f. RA. v. 7. 7. 79 entsprechende Anwendung.

§ 3. Auf die Wertsberechnung finden Anwendung die Vorschriften des § 8 Ziff. 2, § 9 Ziff. 1 und Ziff. 2 lit. b., § 10 Ziff. 1 und § 12 des Ges. v. 22. 2. d. J. (GuVBl. Nr. XV), die Einführung des GKG. betreffend.

§ 4. Die für die Berechnung der Gerichtsgebühren maßgebende Festsetzung des Wertes ist für die Berechnung der Gebühren der RA. maßgebend.

§ 5. Gegen den Gerichtsbeschluß, durch welchen der Wert festgesetzt wird, findet Beschwerde des RA. statt: dieselbe ist binnen zwei Wochen auszuführen und durch das im Instanzenzug vorgesetzte Gericht zu erledigen. Gegen eine Feststellung des Oberlandesgerichts findet solche nicht statt.

2. Verordnung, die Gebühren der Anwälte in Verwaltungsstreitigkeiten, Verwaltungs- und Polizeisachen betreffend. Vom 8. Oktober 1884.

(Ges.- u. Verordn.-Bl. S. 409.)

3. Verordnung, die Gebühren der Rechtsanwälte im Verfahren vor dem Landesversicherungsamte betr.

Vom 14. Januar 1902. (Ges.- u. Verordn.-Bl. S. 40.)

§ 1. Die Vergütung für die Berufstätigkeit eines RA. bemißt sich im Verfahren vor dem Landesversicherungsamt auf den Betrag von 5 bis 50 Mk.

Schweben in einem Streitfalle gegen mehrere Bescheide Rechtsmittel, so gilt das Verfahren über dieselben, wenn über sie gleichzeitig erkannt wird, nur als ein Verfahren.

§ 2. Für die Teilnahme an Beweisverhandlungen außerhalb der Gerichtsstätte kann, wenn die Anwesenheit des RA. geboten war, eine angemessene Entschädigung außer der Vergütung zugebilligt werden.

Eine Erstattung der Kosten für eine Reise zur mündlichen Verhandlung sowie von sonstigen Auslagen findet nicht statt. Jedoch ist bei der Festsetzung der im § 1 bezeichneten

Vergütung innerhalb der dort gezogenen Grenzen auf Schreibgebühren und Portoauslagen Rücksicht zu nehmen.

§ 3. Diese Verordnung tritt am 1. 1. 02 in Kraft.

F. Übersicht

der in den einzelnen Bundesstaaten, einschließlich Elsaß-Lothringen, erlassenen

landesgesetzlichen Vorschriften über die Gebühren der Rechtsanwälte.

Anhalt. Gesetz, enthaltend die landesgesetzlichen Vorschriften über die Gebühren der Rechtsanwälte und Gerichtsvollzieher v. 23. 3. 00. (GS. S. 631.)

Baden. Vgl. oben S. 536.

Bayern. Vgl. oben S. 523.

Braunschweig. Gesetz v. 24. 3. 82, die für die Berufstätigkeit der Rechtsanwälte außerhalb der deutschen GO. f. Rechtsanwälte zu gewährenden Vergütungen betreffend. (Ges.- u. Verordn.-Samml. S. 45.)

Kostengesetz zu dem Reichsgesetz über die Zwangsversteigerung und Zwangsverwaltung v. 24. 3. 97 und zu dem Ausführungsgesetz dazu v. 12. 6. 99 Nr. 49 (S. 495) §§ 19—26.

Bremen. Gesetz, betr. Zwangsvollstreckung wegen Geldforderungen in Schiffe, gerichtliche Schiffsverkäufe und Arreste in Schiffe (§§ 48 ff.) v. 15. 12. 87. (GBl. S. 162.)

Gesetz, betr. Ausführung des deutschen Gerichtskostengesetzes pp. nebst Gebührenbestimmungen für Rechtsanwälte u. Gerichtsvollzieher v. 31. 12. 99. (GBl. S. 461.)

Elsaß-Lothringen. Gerichtskostengesetz v. 6. 12. 99 (GBl. S. 213) nebst Ges. betr. die Abänderung v. 8. 7. 03. (S. 33.)

Verordnung, betr. das Verfahren vor den Bezirksräten und dem Kaiserlichen Rat v. 23. 3. 89. (GBl. S. 35.)

Hamburg. Die Honorierung beruht auf Gewohnheitsrecht; für Expropriationssachen § 36 des Gesetzes v. 14. 6. 79. (GS. S. 79.)

Hessen. Verordnung, die Gebühren der Rechtsanwälte betreffend. Vom 25. 1. 02. (Reg.-Bl. S. 19.)

Lippe. Ausführungsgesetz zur Deutschen Gebührenordnung für Rechtsanwälte v. 12. 2. 80. (GS. S. 45.)

Revidierte Taxordnung für die Geschäfte der Rechtsanwälte v. 15. 6. 64. (GS. S. 598.)

Tarif für die Berechnung der Rechtsanwaltsgebühren im Verwaltungsstreitverfahren v. 2. 9. 98. (GS. S. 391.)

Lübeck. Lübeckische Gebührenordnung für Rechtsanwälte v. 12. 11. 00. (Sammlg. S. 332.)

Lübeckisches Gerichtskostengesetz v. 12. 11. 00 (Sammlg. S. 285) mit Nachträgen v. 21. 1. 01 (Sammlg. S. 3), v. 25. 1. 04 (Sammlg. S. 34), v. 6. 3. 05 (Sammlg. S. 25) u. v. 23. 5. 06 (Sammlg. S. 63).

Mecklenburg-Schwerin. Verordnung zur Ausführung der GO. f. Rechtsanwälte v. 18. 12. 99. (Reg.-Bl. S. 899.)

Bekanntm. v. 9. 1. 02, betr. die Gebühren der Rechtsanwälte im Verfahren vor dem Landesversicherungsamte. (Reg.-Bl. S. 6.)

Mecklenburg-Strelitz. Verordnung zur Ausführung der GO. f. Rechtsanwälte v. 18. 12. 99. (Offizieller Anzeiger f. Gesetzg. u. Staatsverw. S. 907.)

Oldenburg. Gesetz für das Herzogtum Oldenburg und das Fürstentum Birkenfeld, betr. die landesgesetzlichen Vorschriften über die Gebühren der Rechtsanwälte u. der Gerichtsvollzieher, v. 19. 12. 00. (GBl. S. 103.)

Gesetz, betr. die Verwaltungsgerichtsbarkeit v. 9. 5. 06 (§ 99 Abs. 4). (GBl. S. 693.)

Desgl. für das Fürstentum Lübeck v. 13. 3. 03. (GBl. f. d. Fürstent. Lübeck S. 425.)

Gesetz, betr. die Verwaltungsgerichtsbarkeit v. 9. 5. 06 (§ 99 Abs. 4). (GBl. f. d. Fürstent. Lübeck S. 269.)

Preußen. Vgl. oben S. 498.

Reuß ä. L. Gebührenordnung für Notare und Rechtsanwälte v. 18. 11. 99 (GS. S. 189.)

Regierungsverordnung v. 30. 9. 02 betr. die Gebühren der Rechtsanwälte im Verfahren vor dem Landesversicherungsamte. (GS. S. 87.)

Reuß j. L. GO. für Notare und Rechtsanwälte v. 10. 8. 99. (GS. S. 209.) Gerichtskostengesetz v. 10. 8. 99 (GS. S. 142). [Nachträge dazu v. 30. 3. 05 (GS. S. 195), 10. 7. 05 (GS. S. 247), u. v. 12. 3. 07 (GS. S. 23).]

Kgr. Sachsen. Vgl. oben S. 531.

Sachsen-Altenburg. Kostenordnung für Notare und Rechtsanwälte v. 24. 12. 99. (GS. S. 407.)

Sachsen-Koburg-Gotha. Verordnung über die Gebühren der Rechtsanwälte und Gerichtsvollzieher v. 15. 12. 99. (GS. f. Gotha S. 393 gemeinsch. Nr. 637.)

Sachsen-Meiningen. GO. f. Rechtsanwälte v. 23. 12. 99. (Sammlg. S. 547.)

Sachsen-Weimar. Gesetz über die Gebühren der Sachwalter und Notare v. 29. 10. 40 (Reg.-Bl. S. 212) u. Nachtragsverordnung v. 14. 4. 68 (Reg.-Bl. S. 198.) Ministerialverordnung, die Ausführung der Rechtsanwaltsordnung betr. v. 30. 10. 79 — § 20 — (Reg.-Bl. S. 519).

Schaumburg-Lippe. Publikandum, Advokatentaxe betr. v. 23. 4. 63.

Schwarzburg-Rudolstadt. Gesetz, betr. den Ansatz und die Erhebung der Gebühren der Rechtsanwälte, v. 25. 3. 59 (GS. S. 81) und abändernde Gesetze v. 5. 5. 65 (GS. S. 69) und 24. 5. 67 (GS. S. 37.).

Verordnung, betr. die Ausführung der Rechtsanwaltsordnung v. 27. 1. 80. § 18. (GS. S. 13.)

Schwarzburg-Sondershausen. Gesetz über die Gebühren der Rechtsanwälte und Gerichtsvollzieher v. 24. 12. 99. (GS. S. 541.)

Waldeck. Gesetz über die Einführung des Preuß. GKG. und des Preuß. Ges. enthaltend die landesgesetzlichen Vorschriften über die Gebühren der Rechtsanwälte und der Gerichtsvollzieher v. 11. 12. 99. (GS. S. 186.)

Württemberg. Vgl. oben S. 534.

Sachregister.

(Die Zahlen verweisen auf die Seiten.)

A.

B.

C.

D.

H.

L.

M.

V.

W.

Lippert & Co. (G. Pätz'sche Buchdr.), Naumburg a/S.

Das Anfechtungsgesetz vom 21. Juli 1879 und die §§ 29 ff. der Konkursordnung in den seit 1. Januar 1900 geltenden Fassungen, erläutert durch die Entscheidungen des Reichsgerichts von **W. Luks,** Justizrat. 2. vermehrte Auflage. 1902. M. 1,20.

Das Aufgebotsverfahren nach Reichsrecht und Preuß. Landesrecht bearbeitet von Dr. **P. Daude,** Geh. Regierungsrat. 3., umgearbeitete Auflage. 1900. Kartoniert M. 6,50.

Deutsches Bau- und Nachbarrecht unter besonderer Berücksichtigung der preuß. Landesgesetzgebung von **W. Müller,** Amtsgerichtsrat in Arnsberg. 2., umgearbeitete Auflage. 1903. Kartoniert M. 4.

Ehescheidungsrecht und Ehescheidungsprozeß. Von **J. Erler.** 2., umgearbeitete Auflage. 1900. Kartoniert. M. 5.

Das Entmündigungsverfahren nach der ZPO. und dem BGB. Von Dr. **P. Daude,** Geh. Regierungsrat. 2. Auflage. 1899. Kartoniert M. 3,50.

Das Reichsgesetz über die Angelegenheiten der freiw. Gerichtsbarkeit. Mit Erläuterungen von **Georg Wellstein,** Oberlandesgerichtsrat. 2., umgearbeitete Auflage. 1906. Kartoniert M. 8.

Gewerbeordnung für das Deutsche Reich erläutert von Dr. **P. Kayser,** weiland Senatspräsident beim Reichsgericht. 3., gänzlich umgearbeitete Auflage von Dr. **K. Steiniger,** Kämmerer der Stadt Berlin. 1901. Ausgabe für das Reich. Geb. M. 5,50. — Ausgabe für Preußen. Geb. M. 6,50. — Ausgabe für Elsaß-Lothringen. Geb. M. 6.

Die Reichs-Grundbuchordnung vom 24. März 1897 mit Anmerkungen und Sachregister von **Willenbücher,** Geh. Justizrat, Oberlandesgerichtsrat a. D. 3., vermehrte Auflage. 1905. a) Ausgabe für das Reich. Kartoniert M. 1,50. b) Ausgabe für Preußen. Kartoniert M. 2,40.

Handelsgesetzbuch vom 10. Mai 1897 und Allgemeine Deutsche Wechselordnung nebst Einf.- u. Ergänzungsgesetzen (Ausgabe ohne Seerecht), erläutert durch die Rechtsprechung des Reichsgerichts u. des vorm. Reichs-Oberhandelsgerichts. Herausg. von **J. Basch,** Justizrat. 6. Auflage. 1905. Geb. M. 2.
— Ausgabe mit Seerecht. 5. Auflage. 1902. Geb. M. 4.

Das Kostenfestsetzungsverfahren, die Deutsche Gebührenordnung für Rechtsanwälte und die landesgesetzlichen Vorschriften über die Gebühren der Rechtsanwälte. Mit Erläuterungen von **Willenbücher,** Geh. Justizrat. 6., umgearbeitete Auflage. 1906. Kartoniert M. 6.

Das Liegenschaftsrecht des Bürgerl. Gesetzbuchs und die **Reichs-Grundbuchordnung** mit Erläuterungen von **Willenbücher,** Geh. Justizrat. 1904. a) Ausgabe für das Reich. Geb. M. 8. — b) Ausgabe für Preußen. Geb. M. 10.

Das Militärstrafrecht für Heer und Marine des Deutschen Reichs. Handbuch für Kommando- und Gerichtsstellen, für Offiziere und Juristen. Von **K. Elsner v. Gronow** und **G. Sohl,** Kriegsgerichtsräten. 1906. Geb. M. 10.

Das Strafgesetzbuch für das Deutsche Reich vom 15. Mai 1871. Mit den Entscheidungen des Reichsgerichts. Von Dr. **P. Daude,** Geh. Regierungsrat. 10. Auflage. 1907. Geb. M. 3,60.

Die Strafprozeßordnung für das Deutsche Reich und das Gerichtsverfassungsgesetz, in der Fassung vom 5. Juni 1905. Mit den Entscheidungen des Reichsgerichts. Von **Dr. P. Daude.** 7. Auflage. 1908. Geb. M. 4.

Taschenwörterbuch zum **Corpus juris civilis** und anderen römischen Rechtsquellen. Mit einer Übersicht über Juristen, Leges und Senatus Consulta nebst zwei Verwandtschaftstafeln. 1907. Kartoniert M. 2.

Vereine ohne Rechtsfähigkeit nach dem neuen Rechte. Von Dr. **Otto Gierke,** Geh. Justizrat, ord. Professor in Berlin. 2., ergänzte Auflage. 1902. M. 1,20.

Die Verfassung des Deutschen Reichs nebst Ausführungsgesetzen. Für den praktischen Gebrauch erläutert von **O. Reincke,** w. Reichsgerichtsrat. 1906. M. 5; geb. M. 6.

Deutsches Vormundschaftsrecht, erläutert von **A. Hesse,** Reichsgerichtsrat. 1900. Kartoniert M. 7.

Allgemeine Deutsche Wechselordnung mit Kommentar in Anmerkungen und der Wechselprozeß nach den Reichs-Justizgesetzen von Dr. **H. Rehbein,** w. Reichsgerichtsrat. 7., verbesserte Auflage. 1904. Kartoniert M. 4.

Das Reichs-Zivilrecht. Die Reichsgesetzgebung über Bürgerliches Recht und Zivilprozeß. Mit Anmerkungen und Sachregister von **O. Rudorff,** Oberlandesgerichtsrat und Dr. **Schaefer,** Landrichter. 1900. M. 13; gebunden M. 15,50.

Die Deutsche Zivilprozeßordnung. Mit den Entscheidungen des Reichsgerichts. Von **W. Peters,** w. Landgerichtsrat. 4. Aufl. Neue, wohlfeile Ausgabe von **K. Elsner v. Gronow,** vorm. Amtsrichter. 1906. Geb. M. 2,40.

Die Deutsche Zivilprozeßordnung. Erläutert von **O. Reincke,** w. Reichsgerichtsrat. 5., neubearbeitete Auflage. 1904. M. 20; gebdn. M. 22.

Das Gesetz v. 5. Juni 1905, betr. Änderungen der ZPO., nebst Erläuterungen, ist beigegeben.

Die Zollgesetzgebung des Deutschen Reichs. Herausgegeben von **P. Havenstein,** Kammergerichtsrat. 2., neu bearbeitete Auflage. 1906. M. 7,50; gebunden M. 8,50.

Das Reichsgesetz über die Zwangsversteigerung und die Zwangsverwaltung. Erläutert von **Dr. P. Altmann,** Landrichter. 1904. Ausgabe für das Reich. Gebdn. M. 7. Ausgabe für Preußen. Gebdn. M. 7.

FSC
www.fsc.org
MIX
Papier | Fördert gute Waldnutzung
FSC® C083411

Kolibri 360 GmbH
Ferdinand-Jühlke-Straße 7
99095 Erfurt, Deutschland
produktsicherheit@kolibri360.de